황남기
표준판례 및 최신판례정리
-헌법편-

머리말
PREFACE

수험생들이 시험이 어렵다고 느끼는 이유는 무엇일까요?

내가 공부할 때 보지 않은 곳에서 선지가 출제되면 어렵게 느낍니다. 소위 말하는 'Legal mind'가 뛰어나서, 문제 확장능력이 뛰어나서, 공부하지 않은 부분에서 출제가 되더라도 응용해서 맞출 수 있는 학생들이 있을 수 있습니다.

그렇지만 그런 학생들은 굉장히 극소수입니다. 그런 능력을 갖추고 있다고 해도, 시험장에서 주는 압박으로 인해 공부했던 것도 틀리는 실수를 하는데, 공부하지 않았던 것을 응용하여 문제를 맞출 수 있는 능력을 제대로 발휘하는 것이란 굉장히 어려운 일일 것입니다.

수험은 결국 나 자신을 정확하게 파악하는 것에서부터 시작됩니다. 내가 어떤 사람의 유형인지 냉정하게 잘 판단해야 합니다. **기출에 나왔던 선지이지만 표현을 조금만 다르게 바꾸면 우수수 틀리는 유형도 있으며, 나오지 않은 것들은 다 틀리는 유형도 있습니다.**

결국 이를 극복할 수 있는 것은 기출의 양을 남들보다 많이 가져가고, 남들보다 모의고사를 많이 푸는 수 밖에 없습니다. 또한, 기출에 나오지 않은 것들은 '모의고사'에서 보충해야 합니다.

결국, 시험장에서 시험이 상대적으로 쉽게 느껴지기 위해서는 시험장에서 새롭게 보는 문제가 없도록 하는 것이 단기간에 합격해서 나가는 유일한 방법입니다.

여러분이 할 일은 기출과 모의고사를 많이 푸는 것입니다. 제가 해야할 일은 기출과 양질의 모의고사를 많이 만들고, 여러분께 제공하는 일입니다. 그렇다면, 시험을 분석해서 기출에 나오지 않은 선지의 비율과 어떻게 모의고사를 구성해야 하는지는 제 몫입니다.

기출에서 나오지 않은 선지는 20~30%입니다. 기출에서 나오지 않은 선지에서 많은 부분을 차지하는 것이 최신판례입니다.

판례는 특히 기출에 많이 반영되어있지 않지만, 출제가능성이 매우 높습니다.

기본강의 수강, 기출문제 회독, 모의고사 응시 이 3가지만 열심히 따라오신다면 불합격이 어려울 단계에 이를 것이라 생각합니다. 본서를 통해 시험장에서 낯선 선지를 마주치는 것이 아닌, 전부 다 공부했던 선지여서 합격하시길 바랍니다.

2024년 1월

황남기

목차
CONTENTS

Part 01. 헌법 총론

01. 헌법의 개념 ··· 3
02. 헌법의 기본원리 ··· 7
　제1절 민주주의 원리 ·· 7
　제2절 법치국가원리 ·· 18
　제3절 사회국가 원리 ·· 31
03. 국민, 영토, 통일, 국제평화주의 ··· 33

Part 02. 기본권

01. 기본권 총론 ··· 45
　제1절 기본권의 개념 ·· 45
　제2절 기본권의 본질적 내용 ·· 45
　제3절 기본권의 주체 ·· 46
　제4절 기본권의 성격 ·· 54
　제5절 기본권의 효력 ·· 54
　제6절 기본권의 제한 ·· 57
02. 개별 기본권 ··· 65
　제1절 인간의 존엄과 가치 및 행복추구권 ·· 65
　제2절 평등 ·· 77
　제3절 신체의 자유 ·· 80
　제4절 사생활의 비밀과 자유 ·· 102
　제5절 양심의 자유, 종교의 자유, 학문과 예술의 자유 ···························· 120
　제6절 표현의 자유, 집회·결사의 자유 ·· 130

제7절 직업의 자유, 재산권, 거주이전의 자유 ………………………………………… 151
제8절 선거권, 공무담임권, 청원권 ……………………………………………………… 177
제9절 재판청구권, 형사보상청구권, 극가배상청구권 ………………………………… 191
제10절 교육의 권리, 근로의 권리, 근로3권 …………………………………………… 209
제11절 인간다운 생활을 할 권리, 혼인과 가족 보호, 보건권, 환경권 …………… 221

Part 03. 국가 조직

01. 입법부 ……………………………………………………………………………………… 233
02. 행정부 ……………………………………………………………………………………… 246
03. 사법부 ……………………………………………………………………………………… 256
04. 헌법재판소 ………………………………………………………………………………… 265

부 록

2022년 1월 - 2023년 10월 판례 문제 ……………………………………………………… 301

표준판례 및 최신판례 정리

Part 01.
헌법 총론

01. 헌법의 개념
02. 헌법의 기본원리
03. 국민, 영토, 통일, 국제평화주의

01. 헌법의 개념

Part 01. 헌법총론

001 관습헌법에 대한 설명으로 옳지 않은 것은?

① 성문헌법이라고 하여도 그 속에 모든 헌법사항을 빠짐없이 완전히 규율하는 것은 불가능하고 또한 헌법은 국가의 기본법으로서 간결성과 함축성을 추구하기 때문에 형식적 헌법전에는 기재되지 아니한 사항이라도 이를 불문헌법(不文憲法) 내지 관습헌법으로 인정할 소지가 있다.
② 국민이 대한민국의 주권자이며, 국민은 최고의 헌법제정권력이기 때문에 성문헌법의 제·개정에 참여할 뿐만 아니라 헌법전에 포함되지 아니한 헌법사항을 필요에 따라 관습의 형태로 직접 형성할 수 있다.
③ 관습헌법은 일반적인 헌법사항에 해당하는 내용 중에서도 특히 국가의 기본적이고 핵심적인 사항으로서 일반적인 헌법사항 중 과연 어디까지가 이러한 기본적이고 핵심적인 헌법사항에 해당하는지 여부는 일반추상적인 기준을 설정하여 확정하여야 한다.
④ 관습헌법이 성립하기 위하여서는 기본적 헌법사항에 관하여 어떠한 관행, 관행의 반복성, 항상성, 명료성, 국민적 합의를 요한다.
⑤ 관습헌법은 성문헌법과 동일한 효력을 가지므로 관습헌법사항은 하위규범형식인 법률에 의하여 개정될 수 없고 헌법개정의 대상이 된다.

▶ **정답 및 해설**

① [O] 성문헌법이라고 하여도 그 속에 모든 헌법사항을 빠짐없이 완전히 규율하는 것은 불가능하고 또한 헌법은 국가의 기본법으로서 간결성과 함축성을 추구하기 때문에 형식적 헌법전에는 기재되지 아니한 사항이라도 이를 불문헌법(不文憲法) 내지 관습헌법으로 인정할 소지가 있다. 특히 헌법제정 당시 자명(自明)하거나 전제(前提)된 사항 및 보편적 헌법원리와 같은 것은 반드시 명문의 규정을 두지 아니하는 경우도 있다(헌재 2004. 10. 21. 2004헌마554등).

② [O] 헌법 제1조 제2항은 '대한민국의 주권은 국민에게 있고, 모든 권력은 국민으로부터 나온다.'고 규정한다. 이와 같이 국민이 대한민국의 주권자이며, 국민은 최고의 헌법제정권력이기 때문에 성문헌법의 제·개정에 참여할 뿐만 아니라 헌법전에 포함되지 아니한 헌법사항을 필요에 따라 관습의 형태로 직접 형성할 수 있다. 그렇다면 관습헌법도 성문헌법과 마찬가지로 주권자인 국민의 헌법적 결단의 의사의 표현이며 성문헌법과 동등한 효력을 가진다고 보아야 한다(헌재 2004. 10. 21. 2004헌마554등).

③ [X] 관습헌법은 이와 같은 일반적인 헌법사항에 해당하는 내용 중에서도 특히 국가의 기본적이고 핵심적인 사항으로서 법률에 의하여 규율하는 것이 적합하지 아니한 사항을 대상으로 한다. 일반적인 헌법사항 중 과연 어디까지가 이러한 기본적이고 핵심적인 헌법사항에 해당하는지 여부는 일반추상적인 기준을 설정하여 재단할 수는 없고, 개별적 문제사항에서 헌법적 원칙성과 중요성 및 헌법원리를 통하여 평가하는 구체적 판단에 의하여 확정하여야 한다(헌재 2004. 10. 21. 2004헌마554등).

④ [O] 관습헌법이 성립하기 위하여서는 관습법의 성립에서 요구되는 일반적 성립 요건이 충족되어야 한다. 첫째, 기본적 헌법사항에 관하여 어떠한 관행 내지 관례가 존재하고, 둘째, 그 관행은 국민이 그 존재를 인식하고 사라지지 않을 관행이라고 인정할 만큼 충분한 기간 동안 반복 내지 계속되어야 하며(반복 · 계속성), 셋째, 관행은 지속성을 가져야 하는 것으로서 그 중간에 반대되는 관행이 이루어져서는 아니 되고(항상성), 넷째, 관행은 여러 가지 해석이 가능할 정도로 모호한 것이 아닌 명확한 내용을 가진 것이어야 한다(명료성). 또한 다섯째, 이러한 관행이 헌법관습으로서 국민들의 승인 내지 확신 또는 폭넓은 컨센서스를 얻어 국민이 강제력을 가진다고 믿고 있어야 한다(국민적 합의).

⑤ [O] 우리나라와 같은 성문의 경성헌법 체제에서 인정되는 관습헌법사항은 하위규범형식인 법률에 의하여 개정될 수 없다. 영국과 같이 불문의 연성헌법 체제에서는 법률에 대하여 우위를 가지는 헌법전이라는 규범형식이 존재하지 아니하므로 헌법사항의 개정은 일반적으로 법률개정의 방법에 의할 수밖에 없을 것이다. 그러나 우리 헌법의 경우 헌법 제10장 제128조 내지 제130조는 일반법률의 개정절차와는 다른 엄격한 헌법개정절차를 정하고 있으며, 동 헌법개정절차의 대상을 단지 '헌법'이라고만 하고 있다. 따라서 관습헌법도 헌법에 해당하는 이상 여기서 말하는 헌법개정의 대상인 헌법에 포함된다고 보아야 한다(헌재 2004. 10. 21. 2004헌마554등).

정답 ③

002 헌법에 대한 설명으로 옳지 않은 것은?

① 법률의 합헌적 해석은 법률의 조항 문구가 간직한 말의 뜻을 넘어서 말의 뜻이 완전히 다른 의미로 변질하지 아니하는 범위 안이어야 한다는 문의적 한계와 입법권자가 그 법률을 제정하여 추구하고자 하는 입법자의 명백한 의지와 입법 목적을 헛되게 하는 내용으로 해석할 수 없다는 법목적에 따른 한계가 있다.
② 헌법의 전문과 각 개별규정은 이념적 · 논리적으로는 규범 상호 간의 우열을 인정할 수 있는 것이 사실이다.
③ 헌법의 전문과 각 개별규정상 이념적 · 논리적으로는 규범 상호 간의 우열은 헌법의 어느 특정규정이 다른 규정의 효력을 전면 부인할 수 있는 정도의 개별적 헌법규정 상호 간에 효력상 차등을 뜻한다.
④ 상위규범은 하위규범의 효력근거가 되는 동시에 해석근거가 되는 것이므로, 헌법은 법률에 대하여 형식적인 효력의 근거가 될 뿐만 아니라 내용적인 합치를 요구한다.
⑤ 헌법재판소의 헌법해석은 헌법이 내포하고 있는 특정한 가치를 탐색 · 확인하고 이를 규범적으로 관철하는 작업인 점에 비추어, 헌법재판소가 행하는 구체적 규범통제의 심사기준은 원칙적으로 헌법재판을 할 당시에 규범적 효력을 가지는 헌법이다.

▶ 정답 및 해설

① [O] 법률의 합헌적 해석은 법률의 조항 문구가 간직한 말의 뜻을 넘어서 말의 뜻이 완전히 다른 의미로 변질하지 아니하는 범위 안이어야 한다는 문의적 한계와 입법권자가 그 법률을 제정하여 추구하고자 하는 입법자의 명백한 의지와 입법 목적을 헛되게 하는 내용으로 해석할 수 없다는 법목적에 따른 한계가 있다 (헌재 1989. 7. 14. 88헌가5등).
② [O] 헌법의 전문과 각 개별규정은 서로 밀접한 관련을 맺어서 헌법의 모든 규정 가운데는 헌법의 근본가치를 더 추상적으로 선언한 것도 있고, 이를 더 구체적으로 표현한 것도 있어서 이념적 · 논리적으로는 규범 상호 간의 우열을 인정할 수 있는 것이 사실이다(헌재 1995. 12. 28. 95헌바3).

③ [X] 이때 인정되는 규범 상호 간의 우열은 추상적 가치규범의 구체화에 따른 것으로 헌법의 통일적 해석에서는 유용하지만, 그것이 헌법의 어느 특정규정이 다른 규정의 효력을 전면 부인할 수 있는 정도의 개별적 헌법규정 상호 간에 효력상 차등을 뜻하는 것은 아니다(헌재 1995. 12. 28. 95헌바3).
④ [O] 상위규범은 하위규범의 효력근거가 되는 동시에 해석근거가 되는 것이므로, 헌법은 법률에 대하여 형식적인 효력의 근거가 될 뿐만 아니라 내용적인 합치를 요구하고 있기 때문이다(헌재 1989. 7. 21. 89헌마38).
⑤ [O] 헌법재판소가 행하는 구체적 규범통제의 심사기준은 원칙적으로 헌법재판을 할 당시에 규범적 효력을 가지는 현행헌법이다(2013.3.1, 2010헌바132 등).

정답 ③

003 헌법에 대한 설명으로 옳지 않은 것은?

① 만약 계속 재판을 하였더라면 무죄판결이 나올 것이 명백하였으나 공소기각재판을 한 경우를 무죄선고에 포함하여 소급적으로 봉급을 받도록 하는 법률해석은 입법자의 취지에 반하지 않으므로 합헌적 법률해석으로 정당화될 수 있다.
② 헌법정신에 맞도록 법률의 내용을 해석·보충하거나 정정하는 '헌법합치적 법률해석' 역시 '유효한' 법률조항의 의미나 문구를 대상으로 하는 것이지, 이를 넘어 이미 실효된 법률조항을 대상으로 하여 헌법합치적인 법률해석을 할 수 있다.
③ 대통령과 국무총리가 서울이라는 하나의 도시에 소재하고 있어야 한다는 관습헌법의 존재를 인정할 수 없다.
④ 국가보위입법회의가 제정한 법률과 이에 따라 행하여진 재판 및 예산 기타 처분 등은 그 효력을 지속하며, 이 헌법 기타의 이유로 제소하거나 이의를 할 수 없다고 규정한 1980년 헌법 부칙 제6조 제3항은 승계하지 않았다고 봐야 할 것이어서 모든 국민은 아무런 제약이 따르지 않는 기본권에 의하여 언제 어떤 절차로 만들어졌느냐에 관계없이 모든 법률에 대하여 법적 절차에 의해서 그 위헌성 유무를 따질 수 있다.
⑤ 저항권이 헌법이나 실정법에 규정이 있는지를 가려볼 필요도 없이 국회법 소정의 협의 없는 개의시간의 변경과 회의일시를 통지하지 아니한 입법과정의 하자는 저항권 행사의 대상이 아니다.

▶ 정답 및 해설

① [O] 「군인사법」 제48조 제4항 후단의 '무죄의 선고를 받은 때'의 의미와 관련하여, 형식상 무죄판결뿐 아니라 공소기각재판을 받았다 하더라도 그와 같은 공소기각의 사유가 없었더라면 무죄가 선고될 현저한 사유가 있는 이른바 내용상 무죄재판의 경우도 이에 포함된다고 확대해석함이 법률의 문의적 한계 내의 합헌적 법률해석에 부합한다(대판 2004.8.20, 2004다22377).
② [X] 헌법정신에 맞도록 법률의 내용을 해석·보충하거나 정정하는 '헌법합치적 법률해석' 역시 '유효한' 법률조항의 의미나 문구를 대상으로 하는 것이지, 이를 넘어 이미 실효된 법률조항을 대상으로 하여 헌법합치적인 법률해석을 할 수는 없는 것이어서, 유효하지 않은 법률조항을 유효한 것으로 해석하는 결과에 이르는 것은 '헌법합치적 법률해석'을 이유로도 정당화될 수 없다 할 것이다(2012. 5.31, 2009헌바123).
③ [O] 국무총리제도가 채택된 이후 대통령과 국무총리가 서울이라는 하나의 도시에 소재하는 것은 관습헌법에 해당하지 않는다(2005. 11.24, 2005헌마579 등).
④ [O] 1980년 헌법 부칙 제6조 제3항은 "국가보위입법회의가 제정한 법률과 이에 따라 행하여진 재판및 예산 기타 처분 등은 그 효력을 지속하며, 이 헌법 기타의 이유로 제소하거나 이의를 할 수 없다."라고 규정한다. 그런데 이 규정은 1980년 헌법의 기본권 보장 규정과도 모순·충돌되는 것이었던 만큼 현행 헌법에서

는 국민의 민주화 요구에 부응하여 반성적 견지에서 제소금지 조항을 승계하지 않았다고 봐야 할 것이어서 모든 국민은 아무런 제약이 따르지 않는 기본권에 의하여 언제 어떤 절차로 만들어졌느냐에 관계없이 모든 법률에 대하여 법정절차에 의해서 그 위헌성 유무를 따질 수 있다(헌재 1989. 12. 18. 89헌마32등).

⑤ [O] 저항권은 국가권력이 헌법의 기본원리를 중대하게 침해하고 그 침해가 헌법 존재 자체를 부인하는 것으로서 다른 합법적인 구제수단으로는 목적을 달성할 수 없을 때 국민이 자기의 권리·자유를 지키기 위해서 실력으로 저항하는 권리이다. 따라서 저항권이 헌법이나 실정법에 규정이 있는지를 가려볼 필요도 없이 국회법 소정의 협의 없는 개의시간의 변경과 회의일시를 통지하지 아니한 입법과정의 하자는 저항권 행사의 대상이 아니다(헌재 1997. 9. 25. 97헌가4).

정답 ②

02. 헌법의 기본원리

Part 01. 헌법총론

제1절 민주주의 원리

004 위헌정당해산에 대한 설명 중 옳은 것(○)과 옳지 않은 것(×)을 올바르게 조합한 것은? (다툼이 있는 경우 판례에 의함)

ㄱ. 강제적 정당해산을 결정을 할 때 헌법 제37조 제2항이 규정하고 있는 비례원칙이 적용되지 않으므로 헌법 제8조 제4항의 명문규정상 요건이 구비된 경우에도 해당 정당의 위헌적 문제성을 해결할 수 있는 다른 대안적 수단이 있는 경우, 정당해산결정이 헌법적으로 정당화될 수 있다.

ㄴ. 어떤 정당이 민주적 기본질서를 부정하고 이를 적극적으로 공격하는 것으로 보인다면 행정부의 통상적인 처분에 의해서는 해산될 수 있다.

ㄷ. 헌법 제8조 제4항의 정당의 활동은 정당 기관의 행위나 주요 정당관계자, 당원 등의 행위로서 그 정당에게 귀속시킬 수 있는 활동 일반을 의미한다.

ㄹ. 헌법 제8조 제4항은 정당해산심판의 사유를 "정당의 목적이나 활동이 민주적 기본질서에 위배될 때"로 규정하고 있는데, 여기서 말하는 민주적 기본질서의 '위배'란, 민주적 기본질서에 대한 단순한 위반이나 저촉을 의미한다.

ㅁ. 헌법재판소의 해산결정으로 정당이 해산되는 경우에 그 정당 소속 국회의원이 의원직을 상실하는지에 대하여 명문의 규정은 없으나 헌법재판소의 정당해산결정이 있는 경우 그 정당 소속 국회의원의 의원직은 당선 방식을 불문하고 모두 상실되어야 한다.

① ㄱ(○), ㄴ(○), ㄷ(×), ㄹ(○), ㅁ(○)
② ㄱ(×), ㄴ(×), ㄷ(○), ㄹ(×), ㅁ(○)
③ ㄱ(○), ㄴ(×), ㄷ(×), ㄹ(×), ㅁ(×)
④ ㄱ(×), ㄴ(○), ㄷ(○), ㄹ(○), ㅁ(×)
⑤ ㄱ(×), ㄴ(○), ㄷ(×), ㄹ(○), ㅁ(×)

▶ 정답 및 해설

ㄱ. [×] 강제적 정당해산은 헌법상 핵심적인 정치적 기본권인 정당활동의 자유에 대한 근본적 제한이므로, 헌법재판소는 이에 관한 결정을 할 때 **헌법 제37조 제2항이 규정하고 있는 비례원칙을 준수해야만 한다.** 따라서 헌법 제8조 제4항의 명문규정상 요건이 구비된 경우에도 해당 정당의 위헌적 문제성을 해결할 수 있는 **다른 대안적 수단이 없고**, 정당해산결정을 통하여 얻을 수 있는 사회적 이익이 정당해산결정으로 인해

초래되는 정당활동 자유 제한으로 인한 불이익과 민주주의 사회에 대한 중대한 제약이라는 사회적 불이익을 초과할 수 있을 정도로 큰 경우에 한하여 정당해산결정이 헌법적으로 **정당화될 수 있다**(헌재 2014. 12. 19. 2013헌다1)

ㄴ. [X] 정당해산심판제도는 정부의 일방적인 행정처분에 의해 진보적 야당이 등록취소되어 사라지고 말았던 우리 현대사에 대한 반성의 산물로서 제3차 헌법개정을 통해 헌법에 도입된 것이다. 우리나라의 경우 이 제도는 발생사적 측면에서 정당을 보호하기 위한 절차로서의 성격이 부각된다. 따라서 모든 정당의 존립과 활동은 최대한 보장되며, 설령 어떤 정당이 민주적 기본질서를 부정하고 이를 적극적으로 공격하는 것으로 보인다 하더라도 국민의 정치적 의사형성에 참여하는 정당으로서 존재하는 한 헌법에 의해 최대한 두텁게 보호되므로, **단순히 행정부의 통상적인 처분에 의해서는 해산될 수 없고**, 오직 헌법재판소가 그 정당의 위헌성을 확인하고 해산의 필요성을 인정한 경우에만 정당정치의 영역에서 배제된다. 그러나 한편 이 제도로 인해서, 정당활동의 자유가 인정된다 하더라도 민주적 기본질서를 침해해서는 안 된다는 헌법적 한계 역시 설정된다(헌재 2014. 12. 19. 2013헌다1).

ㄷ. [O] **'정당의 활동'이란, 정당 기관의 행위나 주요 정당관계자, 당원 등의 행위로서 그 정당에게 귀속시킬 수 있는 활동 일반을 의미한다**(헌재 2014. 12. 19. 2013헌다1).

ㄹ. [X] 헌법 제8조 제4항은 정당해산심판의 사유를 "정당의 목적이나 활동이 민주적 기본질서에 위배될 때"로 규정하고 있는데, 여기서 말하는 민주적 기본질서의 '위배'란, 민주적 기본질서에 대한 **단순한 위반이나 저촉을 의미하는 것이 아니라**, 민주사회의 불가결한 요소인 정당의 존립을 제약해야 할 만큼 그 정당의 목적이나 활동이 우리 사회의 민주적 기본질서에 대하여 실질적인 해악을 끼칠 수 있는 구체적 위험성을 초래하는 경우를 가리킨다(헌재 2014. 12. 19. 2013헌다1).

ㅁ. [O] 헌법재판소의 해산결정으로 정당이 해산되는 경우에 그 정당 소속 국회의원이 의원직을 상실하는지에 대하여 명문의 규정은 없으나, 정당해산심판제도의 본질은 민주적 기본질서에 위배되는 정당을 정치적 의사형성과정에서 배제함으로써 국민을 보호하는 데에 있는데 해산정당 소속 국회의원의 의원직을 상실시키지 않는 경우 정당해산결정의 실효성을 확보할 수 없게 되므로, 이러한 정당해산제도의 취지 등에 비추어 볼 때 헌법재판소의 정당해산결정이 있는 경우 그 정당 소속 국회의원의 의원직은 당선 방식을 불문하고 모두 상실되어야 한다.

정답 ②

005 선거제도에 대한 설명으로 옳지 않은 것은?

① '선거운동'을 법집행자의 자의를 허용할 소지를 제거할 수 있고, 건전한 상식과 통상적인 법감정을 가진 사람이면 누구나 그러한 표지를 갖춘 선거운동과 단순한 의견개진을 구분할 수 있으므로 선거운동기간을 제한하여 그 기간 외의 선거운동을 처벌하는 것은 헌법 제12조 제1항이 요구하는 죄형법정주의의 명확성의 원칙에 위배된다고 할 수 없다.

② 국회를 구성함에 있어 국회의원의 지역대표성이 고려되어야 한다고 할지라도 이것이 국민주권주의의 출발점인 투표가치의 평등보다 우선시 될 수는 없으며 지방자치제도가 정착되어 지역대표성을 이유로 헌법상 원칙인 투표가치의 평등을 현저히 완화할 필요성이 예전에 비해 크지 아니하다.

③ 지역구 국회의원선거구구역표 중 인구편차 상하33⅓%의 기준을 넘어서는 선거구에 관한 부분은 위 선거구가 속한 지역에 주민등록을 마친 청구인들의 선거권 및 평등권을 침해한다.

④ 자치구·시·군의원 선거구 획정에 있어서는 행정구역, 지역대표성 등 2차적 요소도 인구비례의 원칙 못지않게 함께 고려해야 할 필요성이 크다.

⑤ 자치구·시·군의원의 지역대표성과 각 분야에 있어서의 지역 간 불균형 등 2차적 요소를 고려하여 자치구·시·군의원 선거구 획정과 관련하여 헌법이 허용하는 인구편차의 기준을 인구편차 상하 33⅓%(인구비례 2 : 1)로 변경하는 것이 타당하다.

▶ 정답 및 해설

① 【O】 선거운동이라 함은 특정 후보자의 당선 내지 이를 위한 득표에 필요한 모든 행위 또는 특정후보자의 낙선에 필요한 모든 행위 중 당선 또는 낙선을 위한 것이라는 목적의사가 객관적으로 인정될 수 있는 능동적, 계획적 행위를 말하는 것으로 풀이할 수 있다. 즉, 단순한 의견개진 등과 구별되는 가벌적 행위로서의 선거운동의 표지로 당선 내지 득표(반대후보자의 낙선)에의 목적성, 그 목적성의 객관적 인식가능성, 능동성 및 계획성이 요구된다 할 것이다.
'선거운동'을 위와 같이 풀이한다면 법집행자의 자의를 허용할 소지를 제거할 수 있고, 건전한 상식과 통상적인 법감정을 가진 사람이면 누구나 그러한 표지를 갖춘 선거운동과 단순한 의견개진을 구분할 수 있으므로 헌법 제12조 제1항이 요구하는 죄형법정주의의 명확성의 원칙에 위배된다고 할 수 없다(헌재 2008. 10. 30. 2005헌바32).

② 【O】 인구편차 상하 33⅓%를 넘어 인구편차를 완화하는 것은 지나친 투표가치의 불평등을 야기하는 것으로, 이는 대의민주주의 관점에서 바람직하지 아니하고, 국회를 구성함에 있어 국회의원의 지역대표성이 고려되어야 한다고 할지라도 이것이 국민주권주의의 출발점인 투표가치의 평등보다 우선시 될 수는 없다. 특히, 현재는 지방자치제도가 정착되어 지역대표성을 이유로 헌법상 원칙인 투표가치의 평등을 현저히 완화할 필요성이 예전에 비해 크지 아니하다(헌재 2014. 10. 30. 2012헌마192등).

③ 【O】 지역구 국회의원선거에서 현재의 시점에서 헌법이 허용하는 인구편차의 기준을 인구편차 상하33⅓%를 넘어서지 않는 것으로 봄이 타당하다. 다라서 심판대상 선거구구역표 중 인구편차 상하33⅓%의 기준을 넘어서는 선거구에 관한 부분은 위 선거구가 속한 지역에 주민등록을 마친 청구인들의 선거권 및 평등권을 침해한다(헌재 2014. 10. 30. 2012헌마192등).

④ 【O】 자치구·시·군의원은 주로 지역적 사안을 다루는 지방의회의 특성상 지역대표성도 겸하고 있고, 우리나라는 도시와 농어촌 간의 인구격차가 크고 각 분야에 있어서의 개발불균형이 현저하므로, 자치구·시·군의원 선거구 획정에 있어서는 행정구역, 지역대표성 등 2차적 요소도 인구비례의 원칙 못지않게 함께 고려해야 할 필요성이 크다(2018. 6. 28. 2014헌마166).

⑤ 【X】 인구편차 상하 33⅓%(인구비례 2:1)의 기준을 적용할 경우 자치구·시·군의원의 지역대표성과 각 분야에 있어서의 지역 간 불균형 등 2차적 요소를 충분히 고려하기 어려운 반면, 인구편차 상하 50%(인구비례 3:1)를 기준으로 하는 방안은 2차적 요소를 보다 폭넓게 고려할 수 있다. 인구편차 상하 60%의 기준에서 곧바로 인구편차 상하 33⅓%의 기준을 채택하는 경우 선거구를 조정하는 과정에서 예기치 않은 어려움에 봉착할 가능성이 크므로, 현재의 시점에서 자치구·시·군의원 선거구 획정과 관련하여 헌법이 허용하는 인구편차의 기준을 인구편차 상하 50%(인구비례 3:1)로 변경하는 것이 타당하다(2018. 6. 28. 2014헌마166).

정답 ⑤

006 국회의원선거에서 비례대표의석배분방식으로서 1인 1표제를 도입하여 정당투표를 인정하지 않고 지역구 후보자에 대한 지지를 정당에 대한 지지로 환산하여 비례대표 국회의원 당선을 결정하는 공직선거법에 대한 설명으로 옳은 것은?

① 1인 1표제를 채택하여 유권자에게 별도의 정당투표를 인정하지 않고 있으며, 지역구선거에서 표출된 유권자의 의사를 그대로 정당에 대한 지지의사로 의제하여 비례대표의석을 배분토록 하는 것은 국민의 의사를 제대로 반영하고, 국민의 자유로운 선택권을 보장할 것 등을 요구하는 민주주의원리에 부합하지 않는다.
② 비례대표제를 채택하는 경우 직접선거의 원칙은 의원의 선출을 요구하나 정당의 비례적인 의석확보도 선거권자의 투표에 의하여 직접 결정될 것을 요구하는 것은 아니다.
③ 비례대표의원의 선거는 지역구의원의 선거와는 별도의 선거이나 이에 관한 유권자의 별도의 의사표시, 즉 정당명부에 대한 별도의 투표가 있어야 하는 것은 아니다.
④ 비례대표의원의 선출에 있어서는 정당의 명부작성행위가 최종적·결정적인 의의를 가지게 되면 평등선거의 원칙에 위배된다.
⑤ 현행 1인1표제하에서의 비례대표의석배분방식에서, 지역구후보자에 대한 투표는 지역구의원의 선출에 기여함과 아울러 그가 속한 정당의 비례대표의원의 선출에도 기여하는 2중의 가치를 지니게 되는데 반하여, 무소속후보자에 대한 투표는 그 무소속후보자의 선출에만 기여할 뿐 비례대표의원의 선출에는 전혀 기여하지 못하므로 보통선거원칙에 위배된다.

▶ **정답 및 해설**

① [O] 공직선거 및 선거부정방지법(이하 "공선법")은 이른바 1인 1표제를 채택하여(제146조 제2항) 유권자에게 별도의 정당투표를 인정하지 않고 있으며, 지역구선거에서 표출된 유권자의 의사를 그대로 정당에 대한 지지의사로 의제하여 비례대표의석을 배분토록 하고 있는바(제189조 제1항), 이러한 비례대표제 방식에 의하면, 유권자가 지역구후보자나 그가 속한 정당 중 어느 일방만을 지지할 경우 지역구후보자 개인을 기준으로 투표하든, 정당을 기준으로 투표하든 어느 경우에나 자신의 진정한 의사는 반영시킬 수 없으며, 후보자든 정당이든 절반의 선택권을 박탈당할 수밖에 없을 뿐만 아니라, 신생정당에 대한 국민의 지지도를 제대로 반영할 수 없어 기존의 세력정당에 대한 민의 실제 지지도를 초과하여 그 세력정당에 의석을 배분하여 주게 되는바, 이는 선거에 있어 국민의 의사를 제대로 반영하고, 국민의 자유로운 선택권을 보장할 것 등을 요구하는 민주주의원리에 부합하지 않는다(2018. 6. 28. 2014헌마166).
② [X] 비례대표제를 채택하는 경우 직접선거의 원칙은 의원의 선출뿐만 아니라 정당의 비례적인 의석확보도 선거권자의 투표에 의하여 직접 결정될 것을 요구하는바, 비례대표의원의 선거는 지역구의원의 선거와는 별도의 선거이므로 이에 관한 유권자의 별도의 의사표시, 즉 **정당명부에 대한 별도의 투표가 있어야 함에도** 현행제도는 정당명부에 대한 투표가 따로 없으므로 결국 비례대표의원의 선출에 있어서는 정당의 명부작성행위가 최종적·결정적인 의의를 지니게 되고, 선거권자들의 투표행위로써 비례대표의원의 선출을 직접·결정적으로 좌우할 수 없으므로 직접선거의 원칙에 위배된다(2018. 6. 28. 2014헌마166).
③ [X] 비례대표제를 채택하는 경우 직접선거의 원칙은 의원의 선출뿐만 아니라 정당의 비례적인 의석확보도 선거권자의 투표에 의하여 직접 결정될 것을 요구하는바, 비례대표의원의 선거는 지역구의원의 선거와는 별도의 선거이므로 이에 관한 유권자의 별도의 의사표시, 즉 **정당명부에 대한 별도의 투표가 있어야 함에도** 현행제도는 정당명부에 대한 투표가 따로 없으므로 결국 비례대표의원의 선출에 있어서는 정당의 명부작성행위가 최종적·결정적인 의의를 지니게 되고, 선거권자들의 투표행위로써 비례대표의원의 선출을 직접·결정적으로 좌우할 수 없으므로 직접선거의 원칙에 위배된다(2018. 6. 28. 2014헌마166).

④ [×] 비례대표의원의 선출에 있어서는 정당의 명부작성행위가 최종적·결정적인 의의를 지니게 되고, 선거권자들의 투표행위로써 비례대표의원의 선출을 직접·결정적으로 좌우할 수 없으므로 직접선거의 원칙에 위배된다[2018. 6. 28. 2014헌마166].

⑤ [×] 현행 1인1표제하에서의 비례대표의석배분방식에서, 지역구후보자에 대한 투표는 지역구의원의 선출에 기여함과 아울러 그가 속한 정당의 비례대표의원의 선출에도 기여하는 2중의 가치를 지니게 되는데 반하여, 무소속후보자에 대한 투표는 그 무소속후보자의 선출에만 기여할 뿐 비례대표의원의 선출에는 전혀 기여하지 못하므로 투표가치의 불평등이 발생하는바, 자신이 지지하는 정당이 자신의 지역구에 후보자를 추천하지 않아 어쩔 수 없이 무소속후보자에게 투표하는 유권자들로서는 자신의 의사에 반하여 투표가치의 불평등을 강요당하게 되는바, 이는 합리적 이유없이 무소속 후보자에게 투표하는 유권자를 차별하는 것이라 할 것이므로 **평등선거의 원칙**에 위배된다[2018. 6. 28. 2014헌마166]. 　　　　　　　**정답** ①

007 선거운동금지에 대한 설명으로 옳지 않은 것을 모두 조합한 것은?

ㄱ. 대통령령이 정한 언론인의 선거운동을 금지한 공직선거법은 다양한 언론매체 중에서 어느 범위로 한정될지, 어떤 업무에 어느 정도 관여하는 자까지 언론인에 포함될 것인지 등을 예측하기 어려우므로 포괄위임금지원칙을 위반한다.

ㄴ. 한국철도공사의 상근직원에 대하여 선거운동을 금지하고 이를 위반한 경우 처벌하도록 규정한 공직선거법 제60조 제1항 제5호 중 제53조 제1항 제4호는 선거와 관련된 모든 행위태양을 금지하는 것이 아니라 정치적 의사표현 중 선거와 직접 관련성이 있는 선거운동만을 금지하므로, 선거운동의 자유를 침해하지 아니한다.

ㄷ. 경선운동은 원칙적으로 공직선거에서의 당선 또는 낙선을 위한 행위인 선거운동에 해당하지 않으나 당내경선의 형평성과 공정성을 담보하기 위해서 국가가 개입하여야 하는 정도가 공직선거와 동등하다고 보기 어려우므로, 광주광역시 광산구 시설관리공단의 상근직원이 당원이 아닌 자에게도 투표권을 부여하는 당내경선에서 경선운동을 할 수 없도록 금지·처벌하는 공직선거법이 과잉금지원칙에 반하는지 여부를 판단할 때에는 엄격한 심사기준이 적용되어야 한다.

ㄹ. 농업협동조합법·수산업협동조합법에 의하여 설립된 조합의 상근직원에 대하여 선거운동을 금지하는 구 공직선거법 제60조 제1항 제5호 중 제53조 제1항 제5호는 일률적으로 모든 상근직원에 대하여 일체의 선거운동을 원칙적으로 금지하는 것은 선거운동의 자유를 과도하게 제한하는 것이어서 과잉금지원칙에 반하여 청구인들의 선거운동의 자유를 침해한다.

ㅁ. 보호영역으로서의 '선거운동'의 자유가 문제되는 경우 표현의 자유 및 선거권과 일반적 행동자유권으로서의 행복추구권은 서로 특별관계에 있어 기본권의 내용상 특별성을 갖는 표현의 자유 및 선거권이 우선 적용된다.

① ㄱㄴㄷ　　　② ㄴㄹ　　　③ ㄷㄹㅁ
④ ㄴㄹㅁ　　　⑤ ㄱㅁ

▶ 정답 및 해설

ㄱ. [O] 금지조항은 '대통령령으로 정하는 언론인'이라고만 하여 '언론인'이라는 단어 외에 대통령령에서 정할 내용의 한계를 설정하지 않았다. 관련조항들을 종합하여 보아도 방송, 신문, 뉴스통신 등과 같이 다양한 언론매체 중에서 어느 범위로 한정될지, 어떤 업무에 어느 정도 관여하는 자까지 언론인에 포함될 것인지 등을 예측하기 어렵다. 그러므로 금지조항은 포괄위임금지원칙을 위반한다(헌재 2016. 6. 30. 2013헌가1).

ㄴ. [X] 심판대상조항은 한국철도공사에서 상근직원으로 근무하는 자가 선거에 직·간접적으로 영향력을 행사하는 행위를 금지하여 선거의 형평성과 공정성을 확보하기 위한 것이므로 입법목적의 정당성을 인정할 수 있고, 한국철도공사의 상근직원에 대하여 선거운동을 금지하고 이를 위반한 경우 처벌하는 것은 위와 같은 목적의 달성에 적합한 수단으로 인정된다.
그러나 한국철도공사 상근직원의 지위와 권한에 비추어볼 때, 특정 개인이나 정당을 위한 선거운동을 한다고 하여 그로 인한 부작용과 폐해가 일반 사기업 직원의 경우보다 크다고 보기 어려우므로, 직급이나 직무의 성격에 대한 검토 없이 일률적으로 모든 상근직원에게 선거운동을 전면적으로 금지하고 이에 위반한 경우 처벌하는 것은 선거운동의 자유를 지나치게 제한하는 것이다. 또한, 한국철도공사의 상근직원은 공직선거법의 다른 조항에 의하여 직무상 행위를 이용하여 선거운동을 하거나 하도록 하는 행위를 할 수 없고, 선거에 영향을 미치는 전형적인 행위도 할 수 없다. 더욱이 그 직을 유지한 채 공직선거에 입후보할 수 없는 상근임원과 달리, 한국철도공사의 상근직원은 그 직을 유지한 채 공직선거에 입후보하여 자신을 위한 선거운동을 할 수 있음에도 타인을 위한 선거운동을 전면적으로 금지하는 것은 과도한 제한이다. 따라서 심판대상조항은 선거운동의 자유를 침해한다(2018. 2. 22. 2015헌바124).

ㄷ. [O] 당내경선은 공직선거 자체와는 구별되는 정당 내부의 자발적인 의사결정에 해당하고, 경선운동은 원칙적으로 공직선거에서의 당선 또는 낙선을 위한 행위인 선거운동에 해당하지 않는다. 따라서 당내경선의 형평성과 공정성을 담보하기 위해서 국가가 개입하여야 하는 정도가 공직선거와 동등하다고 보기 어려우므로, 심판대상조항이 과잉금지원칙에 반하는지 여부를 판단할 때에는 엄격한 심사기준이 적용되어야 한다(2021. 4. 29. 2019헌가11).

ㄹ. [X] 재판관 이선애, 재판관 이은애, 재판관 이종석, 재판관 이영진의 기각의견
심판대상조항이 협동조합 상근직원의 선거운동을 원칙적으로 금지하는 것은 선거의 형평성과 공정성을 확보하려는 것으로서, 입법목적의 정당성 및 수단의 적합성이 인정된다. 농협동조합이 가지는 공법인적 특성과 기능적 공공성에 더하여, 협동조합의 상근직원이 각 지역 주민들의 생활에 매우 밀접한 직무를 수행하고 있는 점 등을 고려해볼 때, 협동조합의 상근직원이 그 직을 그대로 유지한 채 선거운동을 할 경우에는 선거의 공정성·형평성이 저해될 우려가 있다. 한편, 공직선거법과 농업협동조합법·수산업 협동조합법에는 협동조합의 상근직원이 그의 지위와 권한을 선거운동에 남용하지 못하도록 제한하는 규정들이 일부 존재하나, 그러한 규정들만으로 선거의 공정성·형평성이 충분히 확보될 수 있는지 불분명하고, 달리 입법목적을 달성할 수 있는 효과적인 대안을 상정하기도 어렵다. 심판대상조항은 정치적 의사표현 중 당선 또는 낙선을 위한 직접적인 활동만을 금지할 뿐이므로, 협동조합의 상근직원은 여전히 선거와 관련하여 일정 범위 내에서는 자유롭게 자신의 정치적 의사를 표현하면서 후보자에 대한 정보를 충분히 교환할 수 있다. 따라서 심판대상조항은 침해의 최소성 및 법익의 균형성을 충족한다. 결국 심판대상조항은 과잉금지원칙에 반하여 청구인들의 선거운동의 자유를 침해하지 않는다(2022. 11. 24. 2020헌마417).
재판관 유남석, 재판관 이석태, 재판관 김기영, 재판관 문형배, 재판관 이미선의 인용의견
협동조합은 일부 공법인적 특성을 가지고 있기는 하지만, 그 존립목적이나 설립·관리의 측면에서 볼 때 자주적 단체로서 기본적으로 사법인에 가깝다고 할 수 있다. 또한 협동조합의 상근직원이 수행하는 직무 내용은 일반 사기업 직원의 직무와 크게 다르지 않으며, 이들에게 정치적 중립성이 요구된다거나, 선거운동에 부당하게 동원할 우려가 있는 권력적 요소 내지 영향력이 있다고 볼 수도 없다. 이러한 점을 종합하여 볼 때, 특별히 협동조합의 상근직원에 대하여 선거운동을 원칙적으로 금지할 필요가 있다고 보기 어렵다.
게다가 공직선거법과 농업협동조합법·수산업협동조합법은 이미 협동조합의 상근직원이 그의 지위와 권한을 선거운동에 남용하지 못하도록 제한하는 규정들을 충분히 마련하고 있다. 설령 이러한 제반 규정들

만으로 선거의 공정성을 담보하기 부족하다그 하더라도, 협동조합 상근직원 중 선거운동이 제한되는 주체의 범위를 최소화하거나, 제한되는 선거운동의 범위를 최소화하려는 노력 없이, 일률적으로 모든 상근직원에 대하여 일체의 선거운동을 원칙적으로 금지하는 것은 선거운동의 자유를 과도하게 제한하는 것이다. 따라서 심판대상조항은 과잉금지원칙에 반하여 청구인들의 선거운동의 자유를 침해한다.

ㅁ. [O] 보호영역으로서의 '선거운동'의 자유가 문제되는 경우 표현의 자유 및 선거권과 일반적 행동자유권으로서의 행복추구권은 서로 특별관계에 있어 기본권의 내용상 특별성을 갖는 표현의 자유 및 선거권이 우선 적용된다(2004. 4. 29. 2002헌마467).

정답 ②

008 선거제도에 대한 설명으로 옳지 않은 것은?

① 지역구국회의원선거에서 유효투표총수의 100분의 15 이상인 때에는 후보자가 지출한 선거비용의 전액을, 100분의 10 이상 100분의 15 미만인 때에는 후보자가 지출한 선거비용의 반액을 각 보전하도록 규정하고 있는 공직선거법 제122조의2 제1항 제1호 청구인의 평등권을 침해한다고 할 수 없다.

② 지역구국회의원선거예비후보자의기탁금 반환 사유로 예비후보자가 당의 공천심사에서 탈락하고 후보자등록을 하지 않았을 경우를 규정하지 않은 공직선거법 제57조 제1항 제1호는 과잉금지원칙에 반하여 청구인의 재산권을 침해한다.

③ 대구교육대학교 총장임용후보자선거 후보자가 제1차 투표에서 최종 환산득표율의 100분의 15 이상을 득표한 경우에만 기탁금의 반액을 반환하도록 하고 반환하지 않는 기탁금은 대학 발전기금에 귀속되도록 규정한 '대구교육대학교 총장임용후보자 선정규정' 제24조 제2항이 과잉금지원칙에 위배되어 청구인의 재산권을 침해한다.

④ 제1차 투표에서 유효투표수의 100분의 15 이상을 득표한 경우에는 기탁금 전액을, 100분의 10 이상 100분의 15 미만을 득표한 경우에는 기탁금 반액을 반환하고, 반환되지 않은 기탁금은 경북대학교발전기금에 귀속하도록 정한 '경북대학교 총장임용후보자 선정 규정' 제20조 제2항 및 제3항이 청구인의 재산권을 침해한다고 할 수 없다.

⑤ 경북대학교 총장임용후보자선거의 후보자로 등록하려면 3,000만 원의 기탁금을 납부하고 후보자등록신청 시 기탁금납부영수증을 제출하도록 정한 '경북대학교 총장임용후보자 선정 규정' 제20조 제1항 및 제26조 제2항 제7호는 기본권 제한이 과도하여 후보자로서의 성실성을 갖춘 사람도 출마를 포기하게 할 가능성이 있으므로 청구인의 공무담임권을 침해한다.

▶ 정답 및 해설

①[O] 국가예산의 효율적 집행을 도모하고 후보자 난립 등으로 인한 부작용을 방지하기 위하여 일정 득표율을 기준으로 일정 선거비용만을 보전하여 주도록 하는 것은 그 목적이 정당하고 수단 역시 적정하다고 할 것이다. 또한, 득표율을 기준으로 보전 여부를 결정하는 것이 가장 합리적이고, 득표율이 10% 미만인 자는 당선가능성이 거의 없는 자이며, 지난 18대 지역구국회의원 선거에서 절반에 이르는 후보자가 선거비용을 보전 받았을 뿐 아니라 국가가 후보자들이 개인적으로 부담하는 선거비용 외에도 상당한 부분의 선거비용을 부담하고 있는 점 등을 고려하면, 이 사건 급률조항이 입법재량권의 한계를 일탈하여 자의적으로 청구인의 평등권을 침해한다고 할 수 없다(헌재 2010. 5. 27. 2008헌마491).

②[O] 정당의 추천을 받고자 공천신청을 하였음에도 정당의 후보자로 추천받지 못한 예비후보자는 소속 정당에 대한 신뢰·소속감 또는 당선가능성 때문에 본선거의 후보자로 등록을 하지 아니할 수 있다. 이를 두

고 예비후보자가 처음부터 진정성이 없이 예비후보자 등록을 하였다거나 예비후보자로서 선거운동에서 불성실하다고 단정할 수 없다. 심판대상조항으로 인해 정당 공천관리위원회의 심사에서 탈락한 예비후보자가 소속 정당을 탈당하고 본선거의 후보자로 등록한다면 오히려 무분별한 후보자 난립의 결과가 발생할 수도 있다. 예비후보자가 본선거에서 정당후보자로 등록하려 하였으나 자신의 의사와 관계없이 정당 공천관리위원회의 심사에서 탈락하여 본선거의 후보자로 등록하지 아니한 것은 후보자 등록을 하지 못할 정도에 이르는 객관적이고 예외적인 사유에 해당한다. 따라서 이러한 사정이 있는 예비후보자가 납부한 기탁금은 반환되어야 함에도 불구하고, 심판대상조항이 이에 관한 규정을 두지 아니한 것은 입법형성권의 범위를 벗어난 과도한 제한이라고 할 수 있다. 이러한 예비후보자에게 그가 납부한 기탁금을 반환한다고 하여 예비후보자의 성실성과 책임성을 담보하는 공익이 크게 훼손된다고 할 수 없으므로, 그 공익은 심판대상조항이 이러한 예비후보자에게 기탁금을 반환하지 아니하도록 함으로써 그가 입게 되는 기본권 침해의 불이익보다 크다고 단정할 수 없다. 그러므로 심판대상조항은 과잉금지원칙에 반하여 청구인의 재산권을 침해한다(2018. 1. 25. 2016헌마541).

③ [O] 이 사건 기탁금귀속조항에 따르면, 선거를 완주하여 성실성을 충분히 검증 받은 후보자는 물론, 최다득표를 하여 총장임용후보자로 선정된 사람조차도 기탁금의 반액은 반환 받지 못하게 된다. 이는 난립후보라고 할 수 없는 성실한 후보자들을 상대로도 기탁금의 발전기금 귀속을 일률적으로 강요함으로써 대학의 재정을 확충하는 것과 다름없다. 기탁금 반환 조건을 현재보다 완화하더라도 충분히 후보자의 난립을 방지하고 후보자의 성실성을 확보할 수 있음에도, 이 사건 기탁금귀속조항은 후보자의 성실성이나 노력 여하를 막론하고 기탁금의 절반은 반드시 대학 발전기금에 귀속되도록 하고 나머지 금액의 반환 조건조차 지나치게 까다롭게 규정하고 있다. 그러므로 이 사건 기탁금귀속조항은 과잉금지원칙에 위반되어 청구인의 재산권을 침해한다(2021. 12. 23. 2019헌마825).

④ [O] 이 사건 기탁금귀속조항이 적용된 총장임용후보자선거에서 9명에 이르는 적지 않은 후보자가 후보자로 등록하였고, 이 중 3명의 후보자가 납부한 기탁금 전액 내지 반액을 반환받았다. 기탁금 반환 요건을 완화하면 기본권 제한은 완화되지만, 기탁금 납부 부담 또한 줄게 되어 후보자 난립 방지 및 후보자의 성실성 확보라는 목적은 달성하기 어려울 수 있다. 기탁금 반환 요건을 충족하지 못한 후보자들을 모두 불성실하다고 평할 수 없지만, 이러한 반환 요건을 둔 것은 이를 완화할 경우 우려되는 폐해를 막기 위한 불가피한 선택이자 후보자의 진지성과 성실성을 담보하기 위한 최소한의 제한이다. 따라서 이 사건 기탁금귀속조항은 청구인의 재산권을 침해하지 않는다(2022. 5. 26. 2020헌마1219).

⑤ [X] 이 사건 기탁금납부조항은 후보자 난립에 따른 선거의 과열을 방지하고 후보자의 성실성을 확보하기 위한 것이다. 경북대학교는 총장임용후보자 선정 방식으로 직선제를 채택하고, 전화, 정보통신망을 이용한 지지 호소 등 다양한 방식의 선거운동을 허용하고 있으므로, 선거가 과열되거나 혼탁해질 위험이 인정된다. 기탁금 제도를 두는 대신에 피선거권자의 자격 요건을 강화하면 공무담임권이 더 크게 제한될 소지가 있고, 추천인 요건을 강화하는 경우 사전 선거운동이 과열될 수 있으며, 선거운동 방법의 제한 및 이에 관한 제재를 강화하면 선거운동의 자유가 위축될 우려도 있다. 3,000만 원의 기탁금액은 경북대학교 전임교원의 급여액 등을 고려하면 납부할 수 없거나 입후보 의사를 단념케 할 정도로 과다하다고 할 수 없다. 따라서 이사건 기탁금납부조항은 청구인의 공무담임권을 침해하지 아니한다. 따라서 이 사건 기탁금귀속조항은 청구인의 재산권을 침해하지 않는다(2022. 5. 26. 2020헌마1219).

재판관 유남석, 재판관 이선애, 재판관 이은애의 반대의견
경북대학교는 총장임용후보자선거의 피선거권을 10년 이상 재직한 전임교원 등으로 제한하고 있다. 전임교원으로 임용되려면 교육공무원법상의 임용 결격사유가 없어야 하고, 교육, 연구 등에 관한 객관적 사유에 근거한 심사를 통과하여야 하므로, 위 요건을 갖춘 후보자 중 최소한의 성실성을 갖추지 못하였다고 단언할 수 있는 경우가 얼마나 될지 의문이다. 그럼에도 후보자 난립의 우려가 있다면 피선거권 및 선거운동 규제에 관한 기존 규정을 충실히 집행하거나 규제를 더욱 강화함으로써 목적을 달성할 수 있을 것이다. 또한 이 사건 기탁금납부조항은 기탁금액의 측면에서도 기본권 제한이 과도하여 후보자로서의 성실성을 갖춘 사람도 출마를 포기하게 할 가능성이 있다. 따라서 이 사건 기탁금납부조항은 청구인의 공무담임권을 침해한다. 이 사건 기탁금납부조항이 청구인의 공무담임권을 침해하므로, 이를 전제로 삼아 설계된 이 사건 기탁금귀속조항 또한 청구인의 재산권을 침해한다.

정답 ⑤

009 정당등록과 취소에 대한 설명 중 옳은 것(○)과 옳지 않은 것(×)을 올바르게 조합한 것은? (다툼이 있는 경우 판례에 의함)

ㄱ. 정당으로 등록되기에 필요한 요건으로서 5개 이상의 시·도당 및 각 시·도당마다 1,000명 이상의 당원을 갖출 것을 요구하는 것은 "상당한 기간 또는 계속해서", "상당한 지역에서" 국민의 정치적 의사형성 과정에 참여해야 한다는 헌법상 정당의 개념표지를 구현하기 위한 합리적인 제한이다.

ㄴ. 정당등록수리행위로 정당법상의 정당임을 법적으로 확인받는 것 외에 기존에 등록된 정당들에게 곧바로 어떠한 법적 불이익이 발생한다고 보기 어렵다.

ㄷ. 정당의 시·도당은 1천인 이상의 당원을 가져야 한다고 규정한 정당법 제18조 제1항은 헌법 제8조 제1항의 정당의 자유 자체를 처음부터 전면 부정하는 결과를 초래한다는 점에서 입법목적의 정당성 및 수단의 적합성을 인정하기 어렵다.

ㄹ. 입법자는 정당설립의 자유를 최대한 보장하는 방향으로 입법하여야 하고, 헌법재판소는 정당설립의 자유를 제한하는 국회의원선거에 참여하여 의석을 얻지 못하고 유효투표총수의 100분의 2 이상을 득표하지 못한 정당에 대해 그 등록을 취소하도록 한 정당법 제44조 제1항 제3호의 합헌성을 심사할 때 헌법 제37조 제2항에 따라 엄격한 비례심사를 하여야 한다.

ㅁ. 국회의원선거에 참여하여 의석을 얻지 못하고 유효투표총수의 100분의 2 이상을 득표하지 못한 정당에 대해 그 등록을 취소하도록 한 정당법 제44조 제1항 제3호는 과잉금지원칙에 위반되어 청구인들의 정당설립의 자유를 침해한다.

① ㄱ(○), ㄴ(○), ㄷ(×), ㄹ(○), ㅁ(○)
② ㄱ(×), ㄴ(×), ㄷ(○), ㄹ(×), ㅁ(○)
③ ㄱ(○), ㄴ(×), ㄷ(×), ㄹ(×), ㅁ(×)
④ ㄱ(×), ㄴ(○), ㄷ(○), ㄹ(○), ㅁ(×)
⑤ ㄱ(×), ㄴ(○), ㄷ(×), ㄹ(○), ㅁ(×)

▶ 정답 및 해설

ㄱ. [○] 이 사건 법률조항이 비록 정당으로 등록되기에 필요한 요건으로서 5개 이상의 시·도당 및 각 시·도당마다 1,000명 이상의 당원을 갖출 것을 요구하고 있기 때문에 국민의 정당설립의 자유에 어느 정도 제한을 가하는 점이 있는 것은 사실이나, 이러한 제한은 "상당한 기간 또는 계속해서", "상당한 지역에서" 국민의 정치적 의사형성 과정에 참여해야 한다는 헌법상 정당의 개념표지를 구현하기 위한 합리적인 제한이라고 할 것이므로, 그러한 제한은 헌법적으로 정당화된다고 할 것이다(헌재 2006. 3. 30. 2004헌마246).

ㄴ. [○] 정당등록제도는 정당과 그 외 정치적 결사를 구분하여 법적 관계를 명확하게 하는 취지의 제도이므로, 이 사건 수리행위로 인하여 더불어시민당이 정당법상의 정당임을 법적으로 확인받는 것 외에 기존에 등록된 정당들에게 곧바로 어떠한 법적 불이익이 발생한다고 보기 어렵다. 청구인이 주장하는 선거에서의 불공정한 경쟁이나 정당보조금 등의 불이익은 공직선거법이나 정치자금법 등 별도의 법률 규정에 의하여 결정되는 것이므로, 설령 청구인이 그러한 불이익을 입었다고 하더라도 이는 이 사건 수리행위로 인한 직접적인 법적 효과로 보기 어렵고, 단지 간접적·사실적·경제적 불이익에 불과하다. 따라서 청구인은 이 사건 수리행위에 대하여 기본권침해의 자기관련성을 갖추었다고 보기 어렵다(2023. 3. 23. 2020헌마56).

ㄷ. [×] 우리나라에 현존하는 정당의 수, 각 시·도의 인구 및 유권자수, 인구수 또는 선거인수 대비 당원의 비율, 당원의 자격 등을 종합하여 보면, 시·도당은 1,000명 이상의 당원을 가져야 한다고 규정한 법정당원수 조항이 신생정당의 창당이나 기성정당의 추가적인 시·도당 창당을 현저히 어렵게 하여 시·도당창당준비위원회의 대표자들에게 지나치게 과도한 부담을 지운 것이라고 보기 어렵다. 당원수가 시·도당을 창

당하기에 부족한 경우에는 기초자치단체나 국회의원지역구에서 기초조직인 당원협의회를 통해 국민의 정치적 의사형성에 참여하는 활동을 하는 것도 가능하다. 그밖에 홈페이지, 블로그, 사회관계망 서비스(SNS) 등을 활용하여 시·도당 창당 지연으로 인한 정당활동의 위축을 최소화할 방법도 널리 열려 있다. 각 시·도당창당준비위원회의 대표자들은 법정당원수 조항으로 인해 당원이 1,000명 이상이 될 때까지 시·도당 창당이 지연되는 불이익을 입을 뿐이므로, 이들이 제한받는 사익의 정도가 공익에 비하여 크다고 보기도 어렵다. 따라서 법정당원수 조항은 과잉금지원칙을 위반하여 각 시·도당창당준비위원회의 대표자들의 정당조직의 자유와 정당활동의 자유를 포함한 정당의 자유를 침해하지 아니한다(2022. 11. 24. 2019헌마445).
재판관 이석태, 재판관 김기영, 재판관 이미선의 반대의견
법정당원수 조항은 헌법 제8조 제1항의 정당의 자유 자체를 처음부터 전면 부정하는 결과를 초래한다는 점에서 입법목적의 정당성 및 수단의 적합성을 인정하기 어렵다. 설령 '당원수'를 정당이 헌법적 과제를 이행하기 위하여 필요한 최소한의 견고하고 지속적인 조직요건을 판단하는 유일한 기준으로 삼을 수 있다고 보더라도, 새로운 정책이념을 가진 신생정당이나 군소정당의 진입과 활동이 어렵지 않도록 당원의 수를 상대적으로 정하는 것이 정당설립의 자유와 복수정당제를 규정한 헌법 제8조 제1항의 취지에 부합한다. 나아가 정당법상 당원협의회는 그 활동을 위한 사무소 등을 일체 둘 수 없도록 규정하고 있으므로 당원협의회를 통해 국민의 정치적 의사형성에 참여하는 활동이 충분히 가능하다거나, 당원협의회가 시·도당을 대신할 수 있다고 보기도 어렵다. 신생정당과 기성정당을 구분하여 시·도당의 조직요건을 달리 정하는 방안 등 법정당원수 조항으로 인한 기본권 침해가 최소화될 수 있는 방안을 강구하는 것이 어려워 보이지도 않는다. 법정당원수 조항은 과잉금지원칙을 위반하여 각 시·도당창당준비위원회의 대표자인 나머지 청구인들의 정당조직의 자유와 정당활동의 자유를 포함한 정당의 자유를 침해한다.

ㄹ. [O] 정당은 국민과 국가의 중개자로서 정치적 도관의 기능을 수행하여 주체적·능동적으로 국민의 다원적 정치의사를 유도·통합함으로써 국가정책의 결정에 직접 영향을 미칠 수 있는 규모의 정치적 의사를 형성하고 있다. 오늘날 대의민주주의에서 차지하는 정당의 이러한 의의와 기능을 고려하여, 헌법 제8조 제1항은 국민 누구나가 원칙적으로 국가의 간섭을 받지 아니하고 정당을 설립할 권리를 기본권으로 보장함과 아울러 복수정당제를 제도적으로 보장하고 있다. 따라서 입법자는 정당설립의 자유를 최대한 보장하는 방향으로 입법하여야 하고, 헌법재판소는 정당설립의 자유를 제한하는 법률의 합헌성을 심사할 때에 헌법 제37조 제2항에 따라 엄격한 비례심사를 하여야 한다(헌재 2014. 1. 28. 2012헌마431등).

ㅁ. [O] 일정기간 동안 공직선거에 참여할 기회를 수 회 부여하고 그 결과에 따라 등록취소 여부를 결정하는 등 덜 기본권 제한적인 방법을 상정할 수 있고, 정당법에서 법정의 등록요건을 갖추지 못하게 된 정당이나 일정 기간 국회의원선거 등에 참여하지 아니한 정당의 등록을 취소하도록 하는 등 현재의 법체계 아래에서도 입법목적을 실현할 수 있는 다른 장치가 마련되어 있으므로, 정당등록취소조항은 침해의 최소성 요건을 갖추지 못하였다. 나아가, 정당등록취소조항은 어느 정당이 대통령선거나 지방자치선거에서 아무리 좋은 성과를 올리더라도 국회의원선거에서 일정 수준의 지지를 얻는 데 실패하면 등록이 취소될 수밖에 없어 불합리하고, 신생·군소정당으로 하여금 국회의원선거에의 참여 자체를 포기하게 할 우려도 있어 법익의 균형성 요건도 갖추지 못하였다. 따라서 정당등록취소조항은 과잉금지원칙에 위반되어 청구인들의 정당설립의 자유를 침해한다(헌재 2014. 1. 28. 2012헌마431등). 정답 ①

010 정당제도에 대한 설명으로 옳지 않은 것은?

① 초·중등학교 교원에 대하여는 정당가입을 금지하면서 대학교원에게는 허용하는 것은 합리적 차별이므로 평등원칙에 반하지 아니한다.
② 정당의 자유를 규정하는 헌법 제8조 제1항이 기본권의 규정형식을 취하고 있지 아니하고 또한 '국민의 기본권에 관한 장'인 제2장에 위치하고 있지 아니하므로, '정당의 설립과 가입의 자유'의 근거규정이 될 수 없다.

③ 오늘날의 의회민주주의가 정당의 존재없이는 기능할 수 없다는 점에서 심지어 '위헌적인 정당을 금지해야 할 공익'도 정당설립의 자유에 대한 입법적 제한을 정당화하지 못하도록 규정한 것이 헌법의 객관적인 의사라면, 입법자가 그외의 공익적 고려에 의하여 정당설립금지조항을 도입하는 것은 원칙적으로 헌법에 위반된다.
④ 경찰청장은 퇴직일부터 2년 이내에는 정당의 발기인이 되거나 당원이 될 수 없도록 한 경찰법은 공무담임권과 직업의 자유를 제한하지 않는다.
⑤ 경찰청장은 퇴직일부터 2년 이내에는 정당의 발기인이 되거나 당원이 될 수 없도록 한 경찰법은 목적은 정당하나 정당의 자유를 제한함에 있어서 갖추어야 할 적합성의 엄격한 요건을 충족시키지 못한 것으로 판단되므로 정당설립 및 가입의 자유를 침해한다.

▶ 정답 및 해설

① 【O】 초·중등학교 교원에 대하여는 정당가입을 금지하면서 대학교원에게는 허용하는 것은, 기초적인 지식 전달, 연구기능 등 직무의 본질이 서로 다른 점을 고려한 합리적 차별이므로 평등원칙에 반하지 아니한다(헌재 2014. 3. 27. 2011헌바42).
② 【X】 이 사건 법률조항은 '누구나 국가의 간섭을 받지 아니하고 자유롭게 정당을 설립하고 가입할 수 있는 자유'를 제한하는 규정이다. 정당에 관한 한 헌법 제8조는 일반결사에 관한 헌법 제21조에 대한 특별규정이므로, 정당의 자유에 관하여는 헌법 제8조 제1항이 우선적으로 적용된다. 그러나 정당의 자유를 규정하는 헌법 제8조 제1항이 기본권의 규정형식을 취하고 있지 아니하고 또한 '국민의 기본권에 관한 장'인 제2장에 위치하고 있지 아니하므로, 이 사건 법률조항으로 말미암아 침해된 기본권은 '정당의 설립과 가입의 자유'의 근거규정으로서, '정당설립의 자유'를 규정한 헌법 제8조 제1항과 '결사의 자유'를 보장하는 제21조 제1항에 의하여 보장된 기본권이라 할 것이다(1999. 12. 23. 99헌마135).
③ 【O】 민주적 의사형성과정의 개방성을 보장하기 위하여 정당설립의 자유를 최대한으로 보호하려는 헌법 제8조의 정신에 비추어, 정당의 설립 및 가입을 금지하는 법률조항은 이를 정당화하는 사유의 중대성에 있어서 적어도 '민주적 기본질서에 대한 위반'에 버금가는 것이어야 한다고 판단된다. 다시 말하면, 오늘날의 의회민주주의가 정당의 존재없이는 기능할 수 없다는 점에서 심지어 '위헌적인 정당을 금지해야 할 공익'도 정당설립의 자유에 대한 입법적 제한을 정당화하지 못하도록 규정한 것이 헌법의 객관적인 의사라면, 입법자가 그외의 공익적 고려에 의하여 정당설립금지조항을 도입하는 것은 원칙적으로 헌법에 위반된다(1999. 12. 23. 99헌마135).
④ 【O】 청구인들은 정당가입을 금지하는 이 사건 법률조항으로 말미암아 결과적으로 퇴직 후 2년간은 정당의 추천이 아닌 무소속으로만 각종 공직선거에 입후보할 수밖에 없게 되었다. 그러나 이 사건 법률조항이 규율하는 것은 국민 누구나가 공직선거에 입후보하여 당선될 수 있는 피선거권, 즉 선거직 공무원을 포함한 모든 공직에 취임할 수 있는 권리로서 공무담임권이 아니라, 정당의 설립과 가입에 관한 자유이다. 물론 이 사건 법률조항이 규정하는 정당가입의 금지로 인하여 청구인들이 정당의 공천을 받을 수 없다는 결과가 발생하고 이로써 공직선거에 입후보할 수 있는 기회를 사실상 잃게 되는 경우도 있을 수 있을 것이다. 그러나 그렇다고 하여 공직선거에 출마하여 당선될 수 있는 권리 그 자체가 침해받는 것은 아니다. 청구인들이 공무담임권에 대한 제약을 받는 것은 단지 정당공천을 받는 경우에 일반적으로 기대할 수 있는 보다 높은 선출의 가능성일 뿐이다. 따라서 피선거권에 대한 제한은 이 사건 법률조항이 가져오는 간접적이고 부수적인 효과에 지나지 아니하므로 헌법 제25조의 공무담임권(피선거권)은 이 사건 법률조항에 의하여 제한되는 청구인들의 기본권이 아니다. 또한 청구인들은 직업의 자유도 침해되었다고 주장하나, 공무원직에 관한 한 공무담임권은 직업의 자유에 우선하여 적용되는 특별법적 규정이고, 위에서 밝힌 바와 같이 공무담임권(피선거권)은 이 사건 법률조항에 의하여 제한되는 청구인들의 기본권이 아니므로, 직업의 자유 또한 이 사건 법률조항에 의하여 제한되는 기본권으로서 고려되지 아니한다(1999. 12. 23. 99헌마135).
⑤ 【O】 경찰청장의 직무의 독립성과 정치적 중립의 확보'라는 입법목적이 입법자가 추구할 수 있는 헌법상 공

익이라는 점에서는 의문의 여지가 없고, 이러한 공익은 매우 중요한 것이라고 보아야 하며, 이러한 공익을 실현해야 할 현실적 필요성도 존재하므로 이 사건 법률조항의 입법목적의 정당성은 인정된다. 1980년 이래 현재까지(1999. 11. 1.) 퇴직한 총 18명의 경찰총수 중에서 퇴임 후 2년 이내에 정당공천을 통하여 국회의원이나 지방자치단체의 장으로서 선출된 경우가 한번도 없다는 사실, 본질적으로 경찰청장의 정치적 중립성은 그의 직무의 정치적 중립을 존중하려는 집권세력이나 정치권의 노력이 선행되지 않고서는 결코 실현될 수 없다는 사실 등에 비추어 볼 때, 경찰청장이 퇴임후 공직선거에 입후보하는 경우 당적취득금지의 형태로써 정당의 추천을 배제하고자 하는 이 사건 법률조항이 어느 정도로 입법목적인 '경찰청장 직무의 정치적 중립성'을 확보할 수 있을지 그 실효성이 의문시된다. 따라서 이 사건 <u>법률조항은 정당의 자유를 제한함에 있어서 갖추어야 할 적합성의 엄격한 요건을 충족시키지 못한 것으로 판단되므로</u> 이 사건 법률조항은 정당설립 및 가입의 자유를 침해하는 조항이다(1999. 12. 23. 99헌마135). **정답** ②

제2절 법치국가원리

011 텔레비전방송수신료에 대한 헌법소원 사건에 대한 설명으로 옳지 않은 것을 모두 조합한 것은?

ㄱ. 수신료 징수업무를 한국방송공사가 직접 수행할 것인지 제3자에게 위탁할 것인지, 위탁한다면 누구에게 위탁하도록 할 것인지, 위탁받은 자가 자신의 고유업무와 결합하여 징수업무를 할 수 있는지는 징수업무 처리의 효율성 등을 감안하여 결정할 수 있는 사항으로서 국민의 기본권제한에 관한 본질적인 사항이므로 텔레비전 방송수신료의 부과와 그 징수업무의 위탁을 규정한 방송법 제64조 및 제67조 제2항은 법률유보의 원칙에 위반된다.
ㄴ. 오늘날 법률유보원칙은 단순히 행정작용이 법률에 근거를 두기만 하면 충분한 것이 아니라, 국가공동체와 그 구성원에게 기본적이고도 중요한 의미를 갖는 영역, 특히 국민의 기본권실현과 관련된 영역에 있어서는 국민의 대표자인 입법자가 그 본질적 사항에 대해서 스스로 결정하여야 한다는 요구까지 내포하고 있다.
ㄷ. 한국방송공사법의 수신료는 조세도 아니나 공사의 서비스에 대한 대가나 수익자부담금이다.
ㄹ. 수신료는 국민의 재산권보장의 측면에서나 공사에게 보장된 방송자유의 측면에서나 국민의 기본권실현에 관련된 영역에 속하는 것이고, 수신료금액의 결정은 납부의무자의 범위, 징수절차 등과 함께 수신료에 관한 본질적이고도 중요한 사항이므로, 수신료금액의 결정은 입법자인 국회가 스스로 행하여야 할 것이다.
ㅁ. 텔레비전방송수신료의 금액에 대하여 국회가 스스로 결정하거나 결정에 관여함이 없이 한국방송공사로 하여금 결정하도록 한 한국방송공사법 제36조 제1항은 헌법 제59조의 조세법률주의에 위반된다.

① ㄱㄴㄷ
② ㄴㄹㅁ
③ ㄷㄹㅁ
④ ㄱㄷㅁ
⑤ ㄱㄷ

▶ 정답 및 해설

ㄱ. [X] 수신료 징수업무를 한국방송공사가 직접 수행할 것인지 제3자에게 위탁할 것인지, 위탁한다면 누구에게 위탁하도록 할 것인지, 위탁받은 자가 자신의 고유업무와 결합하여 징수업무를 할 수 있는지는 징수업무 처리의 효율성 등을 감안하여 결정할 수 있는 사항으로서 국민의 기본권제한에 관한 본질적인 사항이 아니라 할 것이다. 따라서 텔레비전 방송수신료의 부과와 그 징수업무의 위탁을 규정한 방송법 제64조 및 제67조 제2항은 법률유보의 원칙에 위반되지 아니한다(2008. 2. 28. 2006헌바70).

ㄴ. [O] 오늘날 법률유보원칙은 단순히 행정작용이 법률에 근거를 두기만 하면 충분한 것이 아니라, 국가공동체와 그 구성원에게 기본적이고도 중요한 의미를 갖는 영역, 특히 국민의 기본권실현과 관련된 영역에 있어서는 국민의 대표자인 입법자가 그 본질적 사항에 대해서 스스로 결정하여야 한다는 요구까지 내포하고 있다(의회유보원칙). 그런데 텔레비전방송수신료는 대다수 국민의 재산권 보장의 측면이나 한국방송공사에게 보장된 방송자유의 측면에서 국민의 기본권실현에 관련된 영역에 속하고, 수신료금액의 결정은 납부의무자의 범위 등과 함께 수신료에 관한 본질적인 중요한 사항이므로 국회가 스스로 행하여야 하는 사항에 속하는 것임에도 불구하고 한국방송공사법 제36조 제1항에서 국회의 결정이나 관여를 배제한 채 한국방송공사로 하여금 수신료금액을 결정해서 문화관광부장관의 승인을 얻도록 한 것은 법률유보원칙에 위반된다(1999. 5. 27. 98헌바70).

ㄷ. [X] 이 법에 의해 부과·징수되는 수신료는 조세도 아니고 서비스의 대가로서 지불하는 수수료도 아니다. 당해사건법원이 위헌제청신청 기각이유에서 밝힌 바와 같이 수신료는 공영방송사업이라는 특정한 공익사업의 소요경비를 충당하기 위한 것으로서 일반 재정수입을 목적으로 하는 조세와 다르다. 또, 텔레비전방송을 수신하기 위하여 수상기를 소지한 자에게만 부과되어 공영방송의 시청가능성이 있는 이해관계인에게만 부과된다는 점에서도 일반 국민·주민을 대상으로 하는 조세와 차이가 있다. 그리고 '공사의 텔레비전방송을 수신하는 자'가 아니라 '텔레비전방송을 수신하기 위하여 수상기를 소지한 자'가 부과대상이므로 실제 방송시청 여부와 관계없이 부과된다는 점, 그 금액이 공사의 텔레비전방송의 수신정도와 관계없이 정액으로 정해져 있는 점 등을 감안할 때 이를 **공사의 서비스에 대한 대가나 수익자부담금으로 보기도 어렵다**. 따라서 수신료는 공영방송사업이라는 특정한 공익사업의 경비조달에 충당하기 위하여 수상기를 소지한 특정집단에 대하여 부과되는 특별부담금에 해당한다고 할 것이다(1999. 5. 27. 98헌바70).

ㄹ. [O] 수신료는 국민의 재산권보장의 측면에서나 공사에게 보장된 방송자유의 측면에서나 국민의 기본권실현에 관련된 영역에 속하는 것이고, 수신료금액의 결정은 납부의무자의 범위, 징수절차 등과 함께 수신료에 관한 본질적이고도 중요한 사항이므로 수신료금액의 결정은 입법자인 국회가 스스로 행하여야 할 것이다. 물론 여기서 입법자의 전적인 자의가 허용되는 것은 아니어서, 입법자는 공사의 기능이 제대로 수행될 수 있으며 방송프로그램에 관한 자율성이 보장될 수 있도록 적정한 규모의 수신료를 책정하여야 하고, 공사에게 보장된 방송의 자유를 위축시킬 정도의 금액으로 결정하여서는 아니된다.
국회가 수신료금액을 법률로써 직접 규정하는 것에 어려움이 있다면 적어도 그 상한선만이라도 정하고서 공사에 위임할 수도 있고, 공사의 예산을 국회에서 승인토록 하는 절차규정을 둘 수도 있을 것이며, 또 수신료금액의 1차적인 결정권한을 전문성과 중립성을 갖춘 독립된 위원회에 부여하고서 국회가 이를 확정하는 방안도 있을 수 있다. 그런데 이 법 제36조 제1항은 국회의 결정 내지 관여를 배제한 채 공사로 하여금 수신료의 금액을 결정하도록 맡기고 있다. 공사가 전적으로 수신료금액을 결정할 수 있게 되면 공영방송사업에 필요한 정도를 넘는 금액으로 정할 수 있고, 또 일방적 수신자의 처지에 놓여 있는 국민의 경제적 이해관계가 무시될 수도 있다. 이 조항은 공사의 수신료금액 결정에 관하여 공보처장관의 승인을 얻도록 규정하고 있으나, 이는 행정기관에 의한 방송통제 내지 영향력 행사를 초래할 위험을 내포하는 것이어서 위와 같은 문제점에 대한 하등의 보완책이 되지 못한다. 이상과 같은 이유로 이 법 제36조 제1항은 법률유보원칙(의회유보원칙)에 어긋나는 것이어서, 헌법 제37조 제2항과 법치주의원리 및 민주주의원리에 위반된다 아니할 수 없다.(1999. 5. 27. 98헌바70).

ㅁ. [X] 한국방송공사법제36조 제1항은 **법률유보원칙(의회유보원칙)에 어긋나는 것이어서, 헌법 제37조 제2항과 법치주의원리 및 민주주의원리에 위반된다** 아니할 수 없다.(1999. 5. 27. 98헌바70).

정답 ④

012 법률유보원칙에 대한 설명으로 옳지 않은 것을 모두 조합한 것은?

> 「경찰관 직무집행법」 제2조(직무의 범위) 경찰관은 다음 각 호의 직무를 수행한다.
> 7. 그 밖에 공공의 안녕과 질서 유지
>
> 제10조(경찰장비의 사용 등) ① 경찰관은 직무수행 중 경찰장비를 사용할 수 있다. 다만, 사람의 생명이나 신체에 위해를 끼칠 수 있는 경찰장비(이하 이 조에서 '위해성 경찰장비'라 한다)를 사용할 때에는 필요한 안전교육과 안전검사를 받은 후 사용하여야 한다.
> ② 제1항 본문에서 '경찰장비'란 무기, 경찰장구, 최루제와 그 발사장치, 살수차, 감식기구, 해안 감시기구, 통신기기, 차량·선박·항공기 등 경찰이 직무를 수행할 때 필요한 장치와 기구를 말한다.
> ④ 위해성 경찰장비는 필요한 최소한도에서 사용하여야 한다.
> ⑥ 위해성 경찰장비의 종류 및 그 사용기준, 안전교육·안전검사의 기준 등은 대통령령으로 정한다.

ㄱ. 집회나 시위 해산을 위한 살수차 사용은 중요한 기본권에 대한 중대한 제한이므로, 살수차 사용요건이나 기준은 법률에 근거를 두어야 한다.
ㄴ. 위해성 경찰장비 사용의 위험성과 기본권 보호 필요성에 비추어 볼 때, 「경찰관 직무집행법」과 대통령령에 규정된 위해성 경찰장비의 사용방법은 법률유보원칙에 따라 엄격하게 제한적으로 해석하여야 한다.
ㄷ. 최루액을 섞은 혼합살수행위는 집회·시위의 현장에서 최루제를 실제로 분사할 때 그 분사하는 구체적 방법에 관한 것일 뿐 새로운 위해성 경찰장비에 해당하지 않을 뿐 아니라 「경찰관 직무집행법」 제10조 제2항에 근거를 두고 있으므로 법률유보원칙에 위배된다고 할 수 없다.
ㄹ. 직사살수행위로 시위참가자를 사망케 이르게 한 것은 직사살수행위는 「경찰관 직무집행법」 등에 근거하고 있지 않은 바, 법률유보원칙에 위배된다.
ㅁ. 경찰권 발동의 근거가 되는 일반조항을 인정하더라도 경찰권 발동에 관한 조리상의 원칙이나 법원의 통제에 의해 그 남용이 억제될 수 있다는 점을 종합해 보면, 경찰 임무의 하나로서 '기타 공공의 안녕과 질서유지'를 규정한 구 「경찰법」 제3조 및 「경찰관 직무집행법」 제2조는 일반적 수권조항으로서 경찰권 발동의 법적 근거가 될 수 있다고 할 것이므로, 위 조항들에 근거한 이 사건 통행제지행위는 법률유보원칙에 위배된 것이라고 할 수 없다.

① ㄱ, ㄴ, ㄹ   ② ㄱ, ㄹ, ㅁ   ③ ㄴ, ㄷ, ㅁ   ④ ㄷ, ㄹ, ㅁ

▶ 정답 및 해설

ㄱ. [O] 신체의 자유는 다른 기본권 행사의 전제가 되는 핵심적 기본권이고, 집회의 자유는 인격 발현에 기여하는 기본권이자 표현의 자유와 함께 대의민주주의 실현의 기본 요소다. 집회나 시위 해산을 위한 살수차 사용은 이처럼 중요한 기본권에 대한 중대한 제한이므로, 살수차 사용요건이나 기준은 법률에 근거를 두어야 한다(2018. 5.31. 2015헌마476).
ㄴ. [O] 위해성 경찰장비 사용의 위험성과 기본권 보호 필요성에 비추어 볼 때, 「경찰관 직무집행법」과 이 사

건 대통령령에 규정된 위해성 경찰장비의 사용방법은 법률유보원칙에 따라 엄격하게 지한적으로 해석하여야 한다. 위해성 경찰장비는 본래의 사용방법에 따라 지정된 용도로 사용되어야 하며 다른 용도나 방법으로 사용하기 위해서는 반드시 법령에 근거가 있어야 한다(2018.5.31, 2015헌마476).

ㄷ. [X] 국민의 기본권과 관련 있는 중요한 법규적 사항은 최소한 법률의 구체적 위임을 받은 법규명령에 규정되어야 한다. 그럼에도 불구하고 「경찰관 직무집행법」이나 이 사건 대통령령 등 법령의 구체적 위임 없이 국민의 생명과 신체에 심각한 위험을 초래할 수 있는 살수차를 이용한 혼합살수방식을 규정하고 있는 이 사건 지침은 법률유보원칙에 위배된다. 따라서 이 사건 지침만을 근거로 한 이 사건 혼합살수행위 역시 법률유보원칙에 위배하여 청구인들의 신체의 자유와 집회의 자유를 침해한 공권력 행사로 헌법에 위반된다(2018.5.31, 2015헌마476).

ㄹ. [X] 법령에 근거를 두고 있으나 과잉금지원칙 위반으로 보고 있다.

> 이 사건 근거조항들은 살수차의 사용요건 등을 정한 것으로서 집회·시위 현장에서 경찰의 살수행위라는 구체적 집행행위를 예정하고 있다. 경찰관은 이 사건 근거조항들에 의하여 직사살수를 할 것인지 여부를 개별적·구체적 집회 또는 시위 현장에서 재량적 판단에 따라 결정하므로, 기본권에 대한 침해는 이 사건 근거조항들이 아니라 구체적 집행행위인 '직사살수행위'에 의하여 비로소 발생하는 것이다.
> 이 사건 직사살수행위를 통하여 청구인 백▽▽가 홀로 경찰 기동버스에 매여 있는 밧줄을 잡아당기는 행위를 억제함으로써 얻을 수 있는 공익은 거의 없거나 미약하였던 반면, 청구인 백▽▽는 이 사건 직사살수행위로 인하여 사망에 이르렀으므로, 이 사건 직사살수행위는 법익의 균형성도 충족하지 못하였다(2020.4.23, 2015헌마1149).

ㅁ. [X] 선지는 반대의견이다. 헌법재판소의 법정의견은 과잉금지원칙 위반 여부만 심리했다. 그러나 보충의견은 법률유보원칙에도 위반된다고 보았다.

> 법정의견 : 대규모의 불법·폭력 집회나 시위를 막아 시민들의 생명·신체와 재산을 보호한다는 공익은 중요한 것이지만, 당시의 상황에 비추어 볼 때 이러한 공익의 존재 여부나 그 실현 효과는 다소 가상적이고 추상적인 것이라고 볼 여지도 있고, 비교적 덜 제한적인 수단에 의하여도 상당 부분 달성될 수 있었던 것으로 보여 일반 시민들이 입은 실질적이고 현존하는 불이익에 비하여 결코 크다고 단정하기 어려우므로 법익의 균형성 요건도 충족하였다고 할 수 없다. 따라서 이 사건 통행제지행위는 과잉금지원칙을 위반하여 청구인들의 일반적 행동자유권을 침해한 것이다(2011.6.30., 2009헌마406).
> 보충의견 : 경찰의 임무 또는 경찰관의 직무 범위를 규정한 「경찰법」 제3조, 「경찰관 직무집행법」 제2조는 그 성격과 내용 및 아래와 같은 이유로 '일반적 수권조항'이라 하여 국민의 기본권을 구체적으로 제한 또는 박탈하는 행위의 근거조항으로 삼을 수는 없으므로 위 조항 역시 이 사건 통행제지행위 발동의 법률적 근거가 된다고 할 수 없다. 따라서 경찰청장의 이 사건 통행제지행위는 법률적 근거를 갖추지 못한 것이므로 법률유보원칙에도 위반하여 청구인들의 일반적 행동자유권을 침해한 것이다.
> 반대의견 : 시의적절하고 효율적인 경찰권 행사를 위한 현실적 필요성이 있다는 점과 경찰권 발동의 근거가 되는 일반조항을 인정하더라도 경찰권 발동에 관한 조리상의 원칙이나 법원의 통제에 의해 그 남용이 억제될 수 있다는 점을 종합해 보면, 경찰 임무의 하나로서 '기타 공공의 안녕과 질서유지'를 규정한 「경찰법」 제3조 및 「경찰관 직무집행법」 제2조는 일반적 수권조항으로서 경찰권 발동의 법적 근거가 될 수 있다고 할 것이므로, 위 조항들에 근거한 이 사건 통행제지행위는 법률유보원칙에 위배된 것이라고 할 수 없다.

정답 ④

013 신뢰보호원칙에 대한 설명으로 옳은 것은?

① 헌법상의 민주주의의 파생원칙인 신뢰보호의 원칙은 국민이 법률적 규율이나 제도가 장래에도 지속할 것이라는 합리적인 신뢰를 바탕으로 이에 적응하여 개인의 법적 지위를 형성해 왔을 때에는 국가로 하여금 그와 같은 국민의 신뢰를 되도록 보호할 것을 요구한다.
② 신뢰보호원칙은 법률이나 그 하위법규뿐만 아니라 국가관리의 입시제도와 같이 국·공립대학의 입시전형을 구속하여 국민의 권리에 직접 영향을 미치는 제도운영지침의 개폐에도 적용된다.
③ 종합생활기록부에 의하여 절대평가와 상대평가를 병행, 활용하도록 한 교육부장관 지침이 교육개혁위원회의 교육개혁방안에 따라 절대평가가 이루어질 것으로 믿고 특수목적고등학교에 입학한 학생들의 신뢰이익을 침해한다.
④ 만일 법률에 따른 개인의 행위가 단지 법률이 반사적으로 부여하는 기회의 활용을 넘어서 국가에 의하여 일정 방향으로 유인된 것이라면 특별히 보호가치가 있는 신뢰이익이 인정될 수 없고, 원칙적으로 개인의 신뢰보호가 국가의 법률개정이익에 우선된다고 볼 여지가 없다.
⑤ 법원조직법이 종전에는 사법연수원 수료만으로 판사임용자격을 부여하였던 것을 판사임용에 단계적으로 3년, 5년, 7년, 10년 이상의 법조경력을 요하는 것으로 개정하면서, 법 개정 당시 이미 사법연수원에 입소한 사람들에 대해서도 이 개정법을 적용하도록 한 것이 종전 규정에 대한 청구인들의 신뢰를 침해한다고 할 수 없다.

▶ 정답 및 해설

①【X】헌법상의 법치국가원리의 파생원칙인 신뢰보호의 원칙은 국민이 법률적 규율이나 제도가 장래에도 지속할 것이라는 합리적인 신뢰를 바탕으로 이에 적응하여 개인의 법적 지위를 형성해 왔을 때에는 국가로 하여금 그와 같은 국민의 신뢰를 되도록 보호할 것을 요구한다(헌재 1997. 7. 16. 97헌마38).
②【O】이 원칙은 법률이나 그 하위법규뿐만 아니라 국가관리의 입시제도와 같이 국·공립대학의 입시전형을 구속하여 국민의 권리에 직접 영향을 미치는 제도운영지침의 개폐에도 적용되는 것이다(헌재 1997. 7. 16. 97헌마38).
③【X】청구인들이 이른바 특수목적고등학교인 외국어고등학교에 입학하기 위하여 원서를 제출할 당시 시행되었던 종합생활기록부 제도는 처음부터 절대평가와 상대평가를 예정하고 있었고, 대학입학전형에 있어서 학생부를 절대평가방법으로 활용할 것인가 상대평가방법으로 활용할 것인가 등 그 반영방법도 대학의 자율에 일임되어 있었다. 따라서 그 이후 공표된 이 사건 제도개선보완시행지침은 1999학년도까지 대입전형자료로 절대평가와 상대평가를 병행하도록 하고 다만 종전 종합생활기록부제도의 문제점을 보완하기 위하여 과목별 석차의 기록방법 등 세부적인 사항을 개선, 변경한 데 불과하므로 이로인하여 청구인들의 헌법상 보호할 가치가 있는 신뢰가 침해되었다고 볼 수 없다(헌재 1997. 7. 16. 97헌마38).
④【X】개인의 신뢰이익에 대한 보호가치는 ① 법령에 따른 개인의 행위가 국가에 의하여 일정방향으로 유인된 신뢰의 행사인지, ② 아니면 단지 법률이 부여한 기회를 활용한 것으로서 원칙적으로 사적 위험부담의 범위에 속하는 것인지 여부에 따라 달라진다. 만일 법률에 따른 개인의 행위가 단지 법률이 반사적으로 부여하는 기회의 활용을 넘어서 <u>국가에 의하여 일정 방향으로 유인된 것이라면 특별히 보호가치가 있는 신뢰이익이 인정될 수 있고, 원칙적으로 개인의 신뢰보호가 국가의 법률개정이익에 우선된다고 볼 여지가 있다</u>(헌재 1997. 7. 16. 97헌마38).
⑤【X】이 사건에서 청구인들의 신뢰이익에 대비되는 공익이 중대하고 장기적 관점에서 필요한 것이라 하더라도, 이 사건 심판대상조항을 이 사건 법원조직법 개정 당시 이미 사법연수원에 입소한 사람들에게도 반드시 시급히 적용해야 할 정도로 긴요하다고는 보기 어렵고, 종전 규정의 적용을 받게 된 사법연수원 2년차들과 개정 규정의 적용을 받게 된 사법연수원 1년차들인 청구인들 사이에 위 공익의 실현 관점에서 이들

을 달리 볼 만한 합리적인 이유를 찾기도 어려우므로, 이 사건 심판대상 조항이 개정법 제42조 제2항을 법 개정 당시 이미 사법연수원에 입소한 사람들에게 적용되도록 한 것은 신뢰보호원칙에 반한다고 할 것이다 (헌재 2012. 11. 29. 2011헌마786등).

정답 ②

014 다음 심판대상에 대한 헌법재판소 결정과 일치하는 것은 모두 몇 개인가?

> 「형법」제70조(노역장유치) ② 선고하는 벌금이 1억 원 이상 5억 원 미만인 경우에는 300일 이상, 5억 원 이상 50억 원 미만인 경우에는 500일 이상, 50억 원 이상인 경우에는 1,000일 이상의 유치기간을 정하여야 한다.
> 부칙 제2조(적용례 및 경과조치) ① 제70조 제2항의 개정규정은 이 법 시행 후 최초로 공소가 제기되는 경우부터 적용한다.

ㄱ. 노역장유치조항은 경제적 능력 유무에 따른 차별이라고 볼 수 있다.
ㄴ. 선고하는 벌금이 1억 원 이상 5억 원 미만인 경우에는 300일 이상, 5억 원 이상 50억 원 미만인 경우에는 500일 이상, 50억 원 이상인 경우에는 1,000일 이상의 유치기간의 하한을 정한 「형법」은 신체의 자유를 침해한다.
ㄷ. 형벌불소급원칙이 적용되는 '처벌'의 범위는 「형법」이 정한 형벌의 종류에 한정된다.
ㄹ. 노역장유치조항을 소급적용함으로써 달성할 수 있는 공익은 그리 크다고 볼 수 없다. 강화된 제재의 경고 기능이 작동되지 않은 상태에서 행한 행위에 대해 사후입법으로 무겁게 책임을 묻는 것은, 기존 법질서에 대한 신뢰보호와 법적 안정성을 위해 소급입법을 금지하는 정신에 부합하지 않는다. 따라서 부칙조항은 헌법상 제13조 제2항의 소급입법금지원칙에 위반된다.
ㅁ. 노역장유치란 벌금납입의 대체 수단이자 납입강제기능을 갖는 벌금형의 집행방법이며, 벌금형에 대한 환형처분이라는 점에서 형벌과는 구별된다. 따라서 노역장유치기간의 하한을 정한 것은 벌금형을 대체하는 집행방법을 강화한 것에 불과하며, 이를 소급적용한다고 하여 형벌불소급의 문제가 발생한다고 보기는 어렵고 소급입법금지원칙의 문제일 뿐이다.
ㅂ. 甲에 대해 1억 원 이상의 벌금을 선고하는 경우 노역장유치기간의 하한을 법률에 정해두게 되면 벌금의 납입을 심리적으로 강제할 수 있고 1일 환형유치금액 사이의 지나친 차이를 좁혀 형평성을 도모할 수 있으므로, 노역장유치조항은 입법목적 달성에 적절한 수단이다.
ㅅ. 노역장유치는 벌금을 납입하지 않는 경우를 대비한 것으로 벌금을 납입한 때에는 집행될 여지가 없고, 노역장유치로 벌금형이 대체되는 점 등을 고려하면, 甲이 입게 되는 불이익이 노역장유치조항으로 달성하고자 하는 공익에 비하여 크다고 할 수 없다.
ㅇ. 甲에 대해 위 「형법」부칙 조항에 의하여 노역장유치조항을 적용할 수 있으며, 이는 형벌불소급원칙에 위반되지 않는다.

① 없음 ② 1개 ③ 2개
④ 3개 ⑤ 4개

▶ 정답 및 해설

ㄱ. [×] 청구인들은 노역장유치조항이 벌금을 납입할 자력이 있는 자와 없는 자를 차별한다고 주장하나, 이 조항은 경제적 능력의 유무와 상관없이 모든 벌금미납자에게 적용되고, 벌금의 납입능력에 따른 노역장유치가능성의 차이는 이 조항이 예정하고 있는 차별이 아니라 벌금형이라는 재산형이 가지고 있는 본질적인 성격에서 비롯된 것일 뿐이므로, 노역장유치조항이 경제적 능력이 있는 자와 없는 자를 차별한다고 볼 수 없다(2017. 10. 26, 2015헌바239 등).

ㄴ. [×] 노역장유치는 그 실질이 신체의 자유를 박탈하는 것으로서 <u>징역형과 유사한 형벌적 성격을 가지고 있으므로 형벌불소급원칙의 적용대상이 된다</u>(2017.10.26, 2015헌바239 등).

ㄷ. [×] 형벌불소급원칙이 적용되는 '처벌'의 범위를 「형법」이 정한 형벌의 종류에만 한정되는 것으로 보게 되면, 「형법」이 정한 형벌 외의 형태로 가해질 수 있는 형사적 제재나 불이익은 소급적용이 허용되는 결과가 되어, 법적 안정성과 예측가능성을 보장하여 자의적 처벌로부터 국민을 보호하고자 하는 형벌불소급원칙의 취지가 몰각될 수 있다. 형벌불소급원칙에서 의미하는 '처벌'은 단지 「형법」에 규정되어 있는 형식적 의미의 형벌 유형에 국한되지 않는다(2017.10.26, 2015헌바239).

ㄹ. [×] 별개의견으로 제시된 의견이다. 헌법재판소의 법정의견은 형벌불소급원칙 위반이라고 한다.

ㅁ. [×] 형벌불소급원칙에서 의미하는 '처벌'은 「형법」에 규정되어 있는 형식적 의미의 형벌유형에 국한되지 않으며, 범죄행위에 따른 제재의 내용이나 실제적 효과가 형벌적 성격이 강하여 신체의 자유를 박탈하거나 이에 준하는 정도로 신체의 자유를 제한하는 경우에는 형벌불소급원칙이 적용되어야 한다.

ㅂ. [O] 노역장유치조항은 노역장유치가 고액 벌금의 납입을 회피하는 수단으로 이용되는 것을 막고 1일 환형유치금액에 대한 형평성을 제고하기 위한 것으로, 이러한 입법목적은 정당하다. 1억 원 이상의 벌금을 선고하는 경우 노역장유치기간의 하한을 법률에 정해 두게 되면, 벌금의 납입을 심리적으로 강제할 수 있고 1일 환형유치금액 사이의 지나친 차이를 좁혀 형평성을 도모할 수 있으므로, 노역장유치조항은 입법목적 달성에 적절한 수단이다.

ㅅ. [O] 형벌불소급원칙이 적용되는 '처벌'의 범위를 형법이 정한 형벌의 종류에만 한정되는 것으로 보게 되면, 「형법」이 정한 형벌 외의 형태로 가해질 수 있는 형사적 제재나 불이익은 소급적용이 허용되는 결과가 되어, 법적 안정성과 예측가능성을 보장하여 자의적 처벌로부터 국민을 보호하고자 하는 형벌불소급원칙의 취지가 몰각될 수 있다. 형벌불소급원칙에서 의미하는 '처벌'은 단지 「형법」에 규정되어 있는 형식적 의미의 형벌 유형에 국한되지 않는다. … 노역장유치는 집행방법이 징역형과 동일하다. 또한 「형법」은 판결선고 전의 구금일수 전부를 유치기간에 산입하고, 구금일수의 1일을 유치기간의 1일로 계산하는 등(「형법」 제57조), 노역장유치의 실질을 징역형과 같은 것으로 규정하고 있다. 따라서 노역장유치는 벌금형에 부수적으로 부과되는 환형처분으로서, 그 실질은 신체의 자유를 박탈하여 징역형과 유사한 형벌적 성격을 가지고 있으므로, 형벌불소급원칙의 적용대상이 된다.

ㅇ. [×] 부칙조항은 노역장유치조항의 시행 전에 행해진 범죄행위에 대해서도 공소제기의 시기가 노역장유치조항의 시행 이후이면 이를 적용하도록 하고 있는바, 부칙조항은 범죄행위 당시 보다 불이익한 법률을 소급하여 적용하도록 하는 것이라고 할 수 있으므로, 헌법상 형벌불소급원칙에 위반된다. **정답** ③

015 형벌불소급원칙에 대한 헌법재판소 또는 대법원 판례와 일치하는 것은?

① 형벌불소급의 원칙은 좁은 의미에서는 소급적인 범죄의 설정과 형벌의 가중을 금지하는 것이지만, 넓은 의미에서는 형사소추가 가능한 기간을 연장하여 상대방의 법적 지위를 현저히 불리하게 하는 것도 포함하므로 공소시효기간을 연장하는 것은 형벌불소급의 원칙에 반한다.

② 전자장치 부착명령은 비형벌적 보안처분으로서 소급효금지원칙이 적용되지 않으므로 전자장치 부착법 시행 당시 대상자에 포함되지 않았던 사람들까지 부착명령의 대상자로 포함시켰더라도

소급효금지원칙에 위배된다고 할 수 없다.
③ 형벌불소급의 원칙은 '행위의 가벌성'이 관한 것이기 때문에 소추가능성뿐 아니라 가벌성에는 영향을 미치지 않는 공소시효에 관한 규정은 원칙적으로 그 효력범위에 포함된다.
④ 「디엔에이신원확인정보의 이용 및 보호에 관한 법률」 시행 당시 디엔에이감식시료 채취대상범죄로 이미 징역이나 금고 이상의 실형을 선고받아 그 형이 확정되어 수용 중인 사람에 대하여 디엔에이신원확인정보를 수집 이용하는 것은 보안처분의 성격을 지니므로 소급입법금지원칙이 적용된다.
⑤ 2012. 12. 18. 법률 제11556호로 전부개정된 '성폭력범죄의 처벌 등에 관한 특례법' 시행 전 행하여진 성폭력범죄로 아직 공소시효가 완성되지 아니한 것에 대하여도 공소시효에 관한 특례의 개정규정을 적용하도록 한 '성폭력범죄의 처벌 등에 관한 특례법' 부칙 제3조 중 제21조 제1항 및 제3항 제1호 가운데 형법 제298조(강제추행)에 관한 부분은 신뢰보호의 원칙에 반한다.

정답 및 해설

① [X] 행위의 가벌성은 행위에 대한 소추가능성의 전제조건이지만 소추가능성은 가벌성의 조건이 아니므로 공소시효의 정지규정을 과거에 이미 행한 범죄에 대하여 적용하도록 하는 법률이라 하더라도 그 사유만으로 헌법 제12조 제1항 및 제13조 제1항에 규정한 죄형법정주의의 파생원칙인 형벌불소급의 원칙에 언제나 위배되는 것으로 단정할 수는 없다(1996.2.16, 96헌가2 등).

② [O] 이 사건 부착명령은 범죄행위를 한 사람에 대한 응보를 주된 목적으로 그 책임을 추궁하는 사후적 처분인 형벌과 구별되는 비형벌적 보안처분으로서 소급효금지원칙이 적용되지 아니한다. … 따라서 이 사건 부칙조항에 따른 전자장치 부착명령은 비형벌적 보안처분으로서 소급효금지원칙이 적용되지 아니하므로 전자장치부착법 시행 당시 대상자에 포함되지 않았던 사람들까지 부착명령의 대상자로 포함시켰다고 하여 소급효금지원칙에 위배되는 것은 아니다(헌재 2012. 12. 27. 2010헌가82등).

③ [X] 형벌불소급의 원칙은 '행위의 가벌성'에 관한 것이기 때문에 소추가능성에만 연관될 뿐이고 가벌성에는 영향을 미치지 않는 공소시효에 관한 규정은 원칙적으로 그 효력범위에 포함되지 않는다. 따라서 공소시효의 정지규정을 과거에 이미 행한 범죄에 대하여 적용하도록 하는 법률이라 하더라도 그 사유만으로 헌법 제12조 제1항 및 제13조 제1항에 규정한 죄형법정주의의 파생원칙인 형벌불소급의 원칙에 언제나 위배되는 것으로 단정할 수는 없다(2021. 6.24 2018헌바457).

④ [X] 디엔에이신원확인정보의 수집·이용은 수형인 등에게 심리적 압박으로 인한 범죄예방효과를 가진다는 점에서 보안처분의 성격을 지니지만, 처벌적인 효과가 없는 비형벌적 보안처분으로서 소급입법금지원칙이 적용되지 않는다. 이 사건 법률의 소급적용으로 인한 공익적 목적이 당사자의 손실보다 더 크므로, 이 사건 부칙조항이 법률 시행 당시 디엔에이감식시료 채취 대상범죄로 실형이 확정되어 수용 중인 사람들까지 이 사건 법률을 적용한다고 하여 소급입법금지원칙에 위배되는 것은 아니다. (2014.8.28, 2011헌마28 등).

⑤ [X] 대처능력이 현저히 미약하여 범행대상이 되기 쉽고 범행에 따른 피해의 정도도 더 큰 13세 미만의 사람에 대한 강제추행 등 죄질이 매우 나쁜 성폭력범죄에 대해서는 가해자가 살아있는 한 처벌할 수 있도록 하고, 미성년자에 대한 성폭력범죄에 대해서도 그 특수성을 고려하여 피해자인 미성년자가 성년이 되었을 때부터 공소시효를 진행하게 하는 조항을 그 시행 전에 이루어진 사건에도 적용하여 형사처벌의 가능성을 연장함으로써, 그 범죄로 인해 훼손된 불법적인 상태를 바로잡아 실체적 정의를 실현하는 것을 그 목적으로 한다. 제2심판대상조항이 형사소송법의 공소시효에 관한 조항의 적용을 배제하고 새롭게 규정된 조항을 적용하도록 하였다고 하더라도, 이로 인하여 제한되는 성폭력 가해자의 신뢰이익이 공익에 우선하여 특별히 헌법적으로 보호해야 할 가치나 필요성이 있다고 보기 어렵다. 따라서 제2심판대상조항은 신뢰보호 원칙에 반한다고 할 수 없다(2021. 6. 24. 2018헌바457).

정답 ②

016 1979년 12월 12일과 1980년 5월 18일을 전후하여 발생한 헌정질서파괴범죄의공소시효등에관한특별법 제2조의 헌정질서파괴범죄행위에 대하여 국가의 소추권행사에 장애사유가 존재한 기간은 공소시효의 진행이 정지된 것으로 본다고 규정한 5·18민주화운동등에 관한 특별법 제2조에 대한 위헌법률심판에 관한 설명으로 옳은 것은?

① 개별사건법률은 원칙적으로 평등원칙에 위배되는 자의적 규정이라는 강한 의심을 불러 일으키는 것이므로 특정규범이 개별사건법률에 해당한다 하여 곧바로 헌법에 위반된다.
② 공소시효가 이미 완성된 경우에 그 뒤 다시 소추할 수 있도록 법률로써 규정하는 것은 헌법 제12조 제1항 후단의 적법절차의 원칙과 제13조 제1항의 형벌불소급의 원칙 정신에 비추어 헌법적으로 받아들일 수 없는 위헌적인 것이다.
③ 진정소급입법이라 하더라도 기존의 법을 변경하여야 할 공익적 필요는 심히 중대한 반면에 그 법적 지위에 대한 개인의 신뢰를 보호하여야 할 필요가 상대적으로 적어 개인의 신뢰이익을 관철하는 것이 객관적으로 정당화될 수 없는 경우에는 예외적으로 허용될 수 있다.
④ 공소시효가 아직 완성되지 않은 경우 위 법률조항은 단지 진행중인 공소시효를 연장하는 법률로서 이른바 진정소급효를 가진다.
⑤ 부진정소급입법이 허용되는 예외적인 경우로는 일반적으로, 국민이 소급입법을 예상할 수 있었거나, 법적 상태가 불확실하고 혼란스러웠거나 하여 보호할 만한 신뢰의 이익이 적은 경우와 소급입법에 의한 당사자의 손실이 없거나 아주 경미한 경우, 그리고 신뢰보호의 요청에 우선하는 심히 중대한 공익상의 사유가 소급입법을 정당화하는 경우를 들 수 있다.

▶ **정답 및 해설**

①[×] 개별사건법률은 원칙적으로 평등원칙에 위배되는 자의적 규정이라는 강한 의심을 불러일으키는 것이지만, 개별법률금지의 원칙이 법률제정에 있어서 입법자가 평등원칙을 준수할 것을 요구하는 것이기 때문에 특정규범이 개별사건법률에 해당한다 하여 곧바로 위헌을 뜻하는 것은 아니며, 이러한 차별적 규율이 합리적인 이유로 정당화될 수 있는 경우에는 합헌적일 수 있다. 이른바 12·12 및 5·18 사건의 경우 그 이전에 있었던 다른 헌정질서파괴범과 비교해 보면, 공소시효의 완성 여부에 관한 논의가 아직 진행중이고, 집권과정에서의 불법적 요소나 올바른 헌정사의 정립을 위한 과거청산의 요청에 미루어 볼 때 비록 특별법이 개별사건법률이라고 하더라도 입법을 정당화할 수 있는 공익이 인정될 수 있으므로 위 법률조항은 헌법에 위반되지 않는다(헌재 1996. 2. 16. 96헌가2등).

②[×] 형벌불소급의 원칙은 "행위의 가벌성" 즉 형사소추가 "언제부터 어떠한 조건하에서" 가능한가의 문제에 관한 것이고, "얼마동안" 가능한가의 문제에 관한 것은 아니므로, 과거에 이미 행한 범죄에 대하여 공소시효를 정지시키는 법률이라 하더라도 그 사유만으로 헌법 제12조 제1항 및 제13조 제1항에 규정한 죄형법정주의의 파생원칙인 형벌불소급의 원칙에 언제나 위배되는 것으로 단정할 수는 없다(헌재 1996. 2. 16. 96헌가2등).

③[○] <u>진정소급입법이라 하더라도 기존의 법을 변경하여야 할 공익적 필요는 심히 중대한 반면에 그 법적 지위에 대한 개인의 신뢰를 보호하여야 할 필요가 상대적으로 적어 개인의 신뢰이익을 관철하는 것이 객관적으로 정당화될 수 없는 경우에는 예외적으로 허용될 수 있다.</u> … 진정소급입법이 허용되는 예외적인 경우로는 일반적으로, 국민이 소급입법을 예상할 수 있었거나, 법적 상태가 불확실하고 혼란스러웠거나 하여 보호할 만한 신뢰의 이익이 적은 경우와 소급입법에 의한 당사자의 손실이 없거나 아주 경미한 경우, 그리고 신뢰보호의 요청에 우선하는 심히 중대한 공익상의 사유가 소급입법을 정당화하는 경우를 들 수 있다. … 우리 헌정사에 다시는 그와 같은 불행한 사태가 반복되지 않도록 자유민주적 기본질서의 확립을

위한 헌정사적 이정표를 마련하여야 할 공익적 필요는 매우 중대한 반면, 이 사건 반란행위자들 및 내란행위자들의 군사반란죄나 내란죄의 공소시효완성으로 인한 법적 지위에 대한 신뢰이익이 보호받을 가치가 별로 크지 않다는 점에서, 이 법률조항은 위 행위자들의 신뢰이익이나 법적 안정성을 물리치고도 남을 만큼 월등히 중대한 공익을 추구하고 있다고 평가할 수 있어, 이 법률조항이 위 행위자들의 공소시효완성에 따르는 법적 지위를 소급적으로 박탈하고, 그들에 대한 형사소추를 가능하게 하는 결과를 초래하여 그 합헌성 인정에 있어서 엄격한 심사기준이 적용되어야 한다고 하더라도, 이 법률조항은 헌법적으로 정당화된다고 할 것이다(헌재 1996. 2. 16. 96헌가2등).

④ [×] 공소시효가 아직 완성되지 않은 경우 이 법률조항은 단지 진행중인 공소시효를 연장하는 법률로서 이른바 부진정소급효를 갖게 되나, 공소시효제도에 근거한 개인의 신뢰와 공시시효의 연장을 통하여 달성하려는 공익을 비교형량하여 공익이 개인의 신뢰보호이익에 우선하는 경우에는 소급효를 갖는 법률도 헌법상 정당화될 수 있다(헌재 1996. 2. 16. 96헌가2등).

⑤ [×] 진정소급입법이 허용되는 예외적인 경우로는 일반적으로, 국민이 소급입법을 예상할 수 있었거나, 법적 상태가 불확실하고 혼란스러웠거나 하여 보호할 만한 신뢰의 이익이 적은 경우와 소급입법에 의한 당사자의 손실이 없거나 아주 경미한 경우, 그리고 신뢰보호의 요청에 우선하는 심히 중대한 공익상의 사유가 소급입법을 정당화하는 경우를 들 수 있다(헌재 1996. 2. 16. 96헌가2등).

정답 ③

017 소급입법금지원칙에 대한 설명으로 옳은 것은?

① 친일재산을 그 취득·증여 등 원인행위시에 국가의 소유로 하도록 규정한 친일재산귀속법 제3조 제1항 본문이 부진정소급입법으로서 헌법 제13조 제2항에 반하지 않는다.
② 2009. 12. 31. 개정된 이 사건 감액조항을 2009. 1. 1.까지 소급하여 적용하도록 규정한 사립학교교직원 연금법 부칙 제1조 단서 중 공무원연금법 제64조 제1항 제1호 부분이 소급입법금지원칙에 위배된다.
③ 부당환급받은 세액을 징수하는 근거규정인 개정조항을 개정된 법 시행 후 최초로 환급세액을 징수하는 분부터 적용하도록 규정한 「법인세법」 부칙조항은 이미 완성된 사실·법률관계를 규율하는 진정소급입법에 해당하나, 이를 허용하지 아니하면 위 개정조항과 같이 법인세 부과처분을 통하여 효율적으로 환수하지 못하고 부당이득반환 등 복잡한 절차를 거칠 수밖에 없어 중대한 공익상 필요에 의하여 예외적으로 허용된다.
④ 2009.12.31. 공무원이거나 공무원이었던 자가 재직 중의 사유로 금고 이상의 형을 받은 경우(직무와 관련이 없는 과실로 인한 경우 및 소속 상관의 정당한 직무상의 명령에 따르다가 과실로 인한 경우는 제외한다), 대통령령으로 정하는 바에 따라 퇴직급여 및 퇴직수당의 일부를 감액하여 지급하도록 한 「공무원연금법」 조항을 2010.1.1.부터 적용하도록 규정한 「공무원연금법」 부칙 본문은 진정소급입법에 해당하므로 신뢰보호원칙에 위배되어 헌법에 위반된다.
⑤ 「언론중재 및 피해구제 등에 관한 법률」 시행 전의 언론보도로 인한 정정보도청구에 대하여도 언론중재법을 적용하도록 규정한 언론중재법 부칙 제2조는 소위 부진정소급입법에 해당한다.

▶ **정답 및 해설**

① [×] 이 사건 귀속조항은 진정소급입법에 해당하지만, 진정소급입법이라 할지라도 예외적으로 국민이 소급입법을 예상할 수 있었던 경우와 같이 소급입법이 정당화되는 경우에는 허용될 수 있다(헌재 2011. 3. 31. 2008헌바141등).

② [○] 청구인이 2009. 4.부터 2009. 12. 31.까지 퇴직연금을 전부 지급받았는데 이는 전적으로 또는 상당 부분 국회가 개선입법을 하지 않은 것에 기인한 것이다. 그럼에도 이미 받은 퇴직연금 등을 환수하는 것은 국가기관의 잘못으로 인한 법집행의 책임을 퇴직교원들에게 전가시키는 것이며, 퇴직급여를 소급적으로 환수당하지 않을 것에 대한 청구인의 신뢰이익이 적다고 할 수도 없다. 이 사건 부칙조항으로 달성하려는 교원 범죄의 예방, 원의 성실 근무 유도, 교원에 대한 국민의 신뢰 제고, 제재의 실효성 확보 등은 범죄를 저지른 교원을 당연퇴직시키거나, 장래 지급될 퇴직연금을 감액하는 방법으로 충분히 달성할 수 있고, 이 사건 부칙조항으로 보전되는 사립학교교직원연금의 재정규모도 그리 크지 않을 것으로 보이는 반면, 헌법불합치결정에 대한 입법자의 입법개선의무의 준수, 신속한 입법절차를 통한 법률관계의 안정 등은 중요한 공익상의 사유라고 볼 수 있다. 또한 이 점에 대한 신뢰는 사법기관과 입법기관 전체에 대한 객관적인 신뢰라는 면에서, 신뢰보호의 요청이 공익상의 사유에 우선한다고 볼 수 있다. … 따라서 이 사건 부칙조항은 헌법 제13조 제2항에서 금지하는 소급입법에 해당하며 예외적으로 소급입법이 허용되는 경우에도 해당하지 아니하므로, 소급입법금지원칙에 위반하여 청구인의 재산권을 침해한다(헌재 2013. 9. 26. 2013헌바170).

③ [×] 심판대상조항은 개정조항이 시행되기 전 환급세액을 수령한 부분까지 사후적으로 소급하여 개정된 징수조항을 적용하는 것으로서 헌법 제13조 제2항에 따라 원칙적으로 금지되는 이미 완성된 사실·법률관계를 규율하는 <u>진정소급입법에 해당한다</u>. 법인세를 부당 환급받은 법인은 소급입법을 통하여 이자상당액을 포함한 조세채무를 부담할 것이라고 예상할 수 없었고, 환급세액과 이자상당액을 법인세로서 납부하지 않을 것이라는 신뢰는 보호할 필요가 있다. 나아가 개정 전 「법인세법」 아래에서도 환급세액을 부당이득반환청구를 통하여 환수할 수 있었으므로, <u>신뢰보호의 요청에 우선하여 진정소급입법을 하여야 할 매우 중대한 공익상 이유가 있다고 볼 수도 없다</u>(2014.7.24, 2012헌바105).

④ [×] 소급입법에 의한 재산권 침해 여부: 이 사건 감액조항에 따라 퇴직연금의 일부가 감액하여 지급되지만, 이는 이 사건 부칙조항의 시행일인 2010.1.1.이후에 지급받는 퇴직연금부터 적용된다. 즉 이 사건 부칙조항은 이미 발생하여 이행기에 도달한 퇴직연금수급권의 내용을 변경함이 없이 이 사건 부칙조항의 시행 이후의 법률관계, 다시 말해 장래에 이행기가 도래하는 퇴직연금 수급권의 내용을 변경함에 불과하므로, 이미 종료된 과거의 사실관계 또는 법률관계에 새로이 법률이 소급적으로 적용되어 과거를 법적으로 <u>새로이 평가하는 진정소급입법에는 해당하지 아니한다</u>. 위와 같이 보호해야 할 퇴직연금 수급자의 신뢰는 합리적이고 정당한 것이라고 보기 어려운 반면, 이 사건 부칙조항에 의하여 보호되는 공익은 매우 중대하다고 할 것이므로, 이 사건 부칙조항이 헌법상 신뢰보호의 원칙에 위반된다고 볼 수도 없다(2016.6.30, 2014헌바365).

⑤ [×] <u>「언론중재 및 피해구제 등에 관한 법률」</u>(이하 '언론중재법'이라 한다) 시행 전의 언론보도로 인한 정정보도청구에 대하여도 <u>언론중재법을 적용하도록 규정한 언론중재법 부칙 제2조는</u> 이미 종결된 과거의 법률관계를 소급하여 새로이 규율하는 것이기 때문에 <u>소위 진정소급입법에 해당한다</u>(2006.6.29, 2005헌마165 등).

정답 ②

018
1945.8.9. 이후 성립된 거래를 전부 무효로 한 재조선미국육군사령부군정청 법령 제2호 제4조 본문과 1945.8.9. 이후 일본 국민이 소유하거나 관리하는 재산을 1945.9.25.자로 전부 미군정청이 취득하도록 정한 재조선미국육군사령부군정청 법령 제33호 제2조에 대한 헌법재판소의 결정에 대한 설명으로 옳지 않은 것은?

① 이 사건 법령들은 1945.9.25, 1945.12.6. 공포되었음에도 이 사건 무효조항은 1945. 8.9.을 기준으로 하여 일본인 소유의 재산에 대한 거래를 전부 무효로 하고 있으므로 진정소급입법으로서의 성격을 갖는다.

② 이 사건 법령들은 1945.9.25, 1945.12.6. 공포되었고 공포될 당시에는 "모든 국민은 소급입법에 의하여 … 재산권을 박탈당하지 아니한다."라는 헌법 제13조 제2항와 같은 헌법규정이 존재하지 아니하였으므로 현행헌법에 따라 소급입법금지원칙에 위반되는지 여부에 따라 헌법 위반을 심사

할 수 없다.
③ 이 사건 법령들은 진정소급입법에 해당하나, 소급입법금지원칙에 위반되지 아니한다.
④ 한국인이 일본인으로부터 취득한 재산임에도 심판대상조항에 따라 귀속재산으로 인정되어 재산권이 제한될 수도 있으나, 이는 소급입법으로 인한 부수적인 결과에 불과하다. 결국 청구인들의 위 주장은 소급입법에 의하여 재산권이 박탈당하였다는 주장에 다름 아니므로, 이에 대하여는 별도로 판단하지 아니한다.
⑤ 1945.8.9. 이후 성립된 거래를 전부무효로 한 재조선미국육군사령부군정청 법령 제2호 제4조 본문과 1945. 8.9. 이후 일본 국민이 소유하거나 관리하는 재산을 1945.9.25.자로 전부 미군정청이 취득하도록 정한 재조선미국육군사령부군정청 법령은 법률로서의 효력을 가지므로 위헌법률심판의 대상이 된다.

▶ 정답 및 해설

① [O] 이 사건 법령들은 1945.9.25, 1945.12.6. 각 공포되었음에도 이 사건 무효조항은 1945.8.9.을 기준으로 하여 일본인 소유의 재산에 대한 거래를 전부 무효로 하고 있고, 이 사건 귀속조항은 이 사건 무효조항의 적용대상이 되는 일본인 재산을 1945.9.25.로 소급하여 전부 미군정청의 소유가 되도록 정하고 있어서, 진정소급입법으로서의 성격을 갖는다(2021.1.28, 2018헌바88).

② [X] 헌법 제13조 제2항은 '모든 국민은 소급입법에 의하여 … 재산권을 박탈당하지 아니한다'고 하여 소급입법을 금지하고 있다. 이 사건 법령들이 제정·공포될 당시에는 위 조항과 같은 헌법규정이 존재하지 아니하였으나, 앞서 살펴 본 바와 같이 이 사건 법령들은 제헌 헌법 제100조에 의하여 대한민국 법질서 내로 편입되었고, 「구 법령 정리에 관한 특별조치법」제1조 내지 제3조에 따라 1962.1.20. 폐지되었음에도 귀속재산의 처리와 관련하여 여전히 유효한 재판규범으로서 실질적 규범력을 갖추고 있으므로, **현행헌법에 따라 소급입법금지원칙에 위반되는지 여부를 살펴 볼 필요가 있다**(2021.1.28, 2018헌바88).

③ [O] 일본인들이 불법적인 한일병합조약을 통하여 조선 내에서 축적한 재산을 1945.8.9. 상태 그대로 일괄 동결시키고 그 산일과 훼손을 방지하여 향후 수립될 대한민국에 이양한다는 공익은, 한반도 내의 사유재산을 자유롭게 처분하고 일본 본토로 철수하고자 하였던 일본인이나, 일본의 패망 직후 일본인으로부터 재산을 매수한 한국인들에 대한 신뢰보호의 요청보다 훨씬 더 중대하다. 심판대상조항은 소급입법금지원칙에 대한 예외로서 헌법 제13조 제2항에 위반되지 아니한다(2021.1.28, 2018헌바88).

④ [O] 한국인이 일본인으로부터 취득한 재산임에도 심판대상조항에 따라 귀속재산으로 인정되어 재산권이 제한될 수도 있으나, 이는 소급입법으로 인한 부수적인 결과에 불과하다. 결국 청구인들의 위 주장은 소급입법에 의하여 재산권이 박탈당하였다는 주장에 다름 아니므로, 이에 대하여는 별도로 판단하지 아니한다 (2021.1.28., 2018헌바88).

⑤ [O] 당시 군정장관이 제정한 법령 기타 법규의 공포방식에 관하여는 이를 규율하는 법규가 없었고, 그로 인하여 오늘날 법률로 제정되어야 할 사항 중 많은 부분이 '법령 기타 법규'의 형식으로 제정되었으며, 그 공포절차에 있어서는 관보게재의 방식에 의하거나 관보게재 외의 방식에 의하기도 하였다. '법령 기타의 법규'의 형식을 가졌다고 하여 반드시 법률보다 하위의 규범인 것은 아니었고, 그 내용이 입법사항에 관한 것이라면 법률과 같은 효력을 가지는 것으로 이해되었다. 이 사건 법령들은 1945.9.25., 1945.12.6. 각 군정장관의 명의로 공포된 것으로 법령(Ordinance)의 형식을 가졌지만, 각 '패전국 정부 등의 재산권 행사 등의 금지에 관한 사항', '재산권 이전 조치에 관한 사항'과 같이 오늘날 법률로 제정되어야 할 입법사항을 규율하고 있으므로 <u>법률로서의 효력을 가진다고 볼 수 있다</u>. 심판대상조항은 법률로서의 효력을 가지고 시행되었고 이후 폐지된 조항이지만 계쟁 토지가 귀속재산인지 여부와 관련하여 현재까지도 여전히 유효한 재판규범으로서 적용되고 있고, 당해 사건 재판에서도 이 사건 토지가 심판대상조항에 따라 귀속재산에 해당하는지 여부가 당해 사건 재판의 결론에 결정적인 영향을 미치므로, 심판대상조항은 헌법소원대상성 및 재판의 전제성이 모두 인정된다(헌재 2021.1.28., 2018헌바88).

정답 ②

019 형벌의 적정성에 대한 설명으로 옳지 않은 것은?

① 반국가적 범죄를 반복하여 저지른 자에 대한 법정형의 최고를 사형으로 하도록 규정한 국가보안법 제13조 중 다시 범한 죄가 찬양·고무등죄인 경우에도 법정형의 최고를 사형으로 하도록 규정한 부분이 비례의 원칙에 반한다.
② 밀수범에 있어서 예비한 자를 본죄에 준하여 처벌하도록 한 '특정범죄 가중처벌 등에 관한 법률'은 가혹한 형벌로서 책임과 형벌 사이의 비례성의 원칙에 위배된다.
③ 단순매수나 단순판매목적소지의 마약사범에 대하여도 사형·무기 또는 10년 이상의 징역에 처하도록 특정범죄가중처벌등에 관한 법률은 마약의 판매목적소지 행위에 대하여까지 영리범과 동일하게 가중처벌하고 있는데 이는 국가형벌권의 지나친 남용이라 할 것이다.
④ 수뢰액이 5천만 원 이상 1억 원 미만인 경우에는 7년 이상의 유기징역에 처하도록 한 '특정범죄 가중처벌 등에 관한 법률'은 책임과 형벌 간 비례원칙이나 평등원칙에 위배된다.
⑤ 주거침입강제추행죄와 주거침입준강제추행죄에 대하여 무기징역 또는 7년 이상의 징역에 처하도록 한 '성폭력범죄의 처벌 등에 관한 특례법'이 제3조 제1항이 책임과 형벌 간의 비례원칙에 위배된다.

▶ 정답 및 해설

① [O] 반국가적 범죄를 반복하여 저질렀다는 이유만으로 다시 범한 죄가 국가보안법 제7조 제5항, 제1항과 같이 비교적 경미한 범죄라도 사형까지 선고할 수 있도록 한 것은 그 법정형이 형벌체계상의 균형성을 현저히 상실하여 정당성을 잃은 것이고, 이러한 형의 불균형은 반국가적 범죄로부터 국가 및 국민을 보호한다는 위와 같은 입법목적으로도 극복할 수는 없는 것이다. 그러므로 이 사건 법률조항은 법정형의 종류와 범위를 정할 때는 인간의 존엄과 가치를 존중하고, 형벌이 죄질과 책임에 상응하도록 정하여야 한다는 실질적 법치국가의 이념에 반한다(헌재 2002. 11. 28. 2002헌가5).
② [O] 예비행위란 아직 실행의 착수조차 이르지 아니한 준비단계로서, 실질적인 법익에 대한 침해 또는 위험한 상태의 초래라는 결과가 발생한 기수와는 그 행위태양이 다르고, 법익침해가능성과 위험성도 다르므로, 이에 따른 불법성과 책임의 정도 역시 다르게 평가되어야 한다. **그럼에도 예비행위를 본죄에 처벌하도록 하고 있는 심판대상조항은 그 불법성과 책임의 정도에 비추어 지나치게 과중한 형벌을 규정하고 있는 것이다.** 따라서 심판대상조항은 구체적 행위의 개별성과 고유성을 고려한 양형판단의 가능성을 배제하는 가혹한 형벌로서 책임과 형벌 사이의 비례성의 원칙에 위배된다(2019. 2. 28. 2016헌가13).
③ [O] 마약의 판매목적소지는 마약의 매도행위에 대한 예비죄를 독립된 구성요건으로 한 것인바, 마약의 매도행위는 영리의 추구를 그 핵심적 성질로 하므로 비영리의 단순판매목적소지는 그 행위의 발생 개연성 및 마약확산에 기여하는 정도가 극히 미미하다 할 것인데, 위 특가법 조항은 이러한 행위에 대하여까지 영리범과 동일하게 가중처벌하고 있는데 이는 국가형벌권의 지나친 남용이라 할 것이다(2003. 11. 27. 2002헌바24).
④ [X] 가중처벌조항은 형법의 규정만으로는 공무원 등의 수뢰행위를 예방하고 척결하기에 미흡하다는 고려에 따라 도입된 것이다. 뇌물죄의 병폐는 수뢰액이 많을수록 가중되므로 수뢰액이 많은 사람을 엄하게 처벌할 필요성이 있고, 공무원 등이 그 직무에 관하여 5천만 원 이상을 수수·요구 또는 약속한 경우 그 죄질과 범정이 무겁고 비난가능성이 크므로, 7년 이상의 징역형이라는 중한 법정형을 정하여 작량감경을 하더라도 집행유예를 선고할 수 없게 한 데에는 합리적 이유가 있다. 그리고 비록 수뢰액의 다과가 뇌물죄의 경중을 가늠하는 유일한 기준은 아니라 할지라도 가장 중요한 기준이 되므로, 수뢰액만으로 가중처벌 조건을 정한 데에는 합리적인 이유가 있다. 따라서 가중처벌조항이 책임과 형벌 간 비례원칙이나 평등원칙에 위배된다고 볼 수 없다(2017.7.27. 2015헌바301).
⑤ [O] 주거침입강제추행죄의 법정형을 '무기징역 또는 5년 이상의 징역'으로 정한 규정에 대하여 2006. 12. 2

8. 2005헌바85 결정부터 2018. 4. 26. 2017헌바498 결정에 이르기까지 여러 차례 합헌으로 판단하였고, 동일한 법정형을 규정한 주거침입준강제추행죄에 관한 조항에 대해서도 2020. 9. 24. 2018헌바171 결정에서 합헌으로 판단하였다. 심판대상조항은 법정형의 하한을 '징역 5년'으로 정하였던 2020. 5. 19. 개정 이전의 구 성폭력처벌법 제3조 제1항과 달리 **그 하한을 '징역 7년'으로 정함으로써, 주거침입의 기회에 행해진 강제추행 및 준강제추행의 경우에는** 다른 법률상 감경사유가 없는 한 법관이 정상참작감경을 하더라도 집행유예를 선고할 수 없도록 하였다. 이에 따라 주거침입의 기회에 행해진 강제추행 또는 준강제추행의 불법과 책임의 정도가 아무리 경미한 경우라고 하더라도, 다른 법률상 감경사유가 없으면 일률적으로 징역 3년 6월 이상의 중형에 처할 수밖에 없게 되어, 형벌개별화의 가능성이 극도로 제한된다. 심판대상조항은 법정형의 '상한'을 무기징역으로 높게 규정함으로써 불법과 책임이 중대한 경우에는 그에 상응하는 형을 선고할 수 있도록 하고 있다. 그럼에도 불구하고 **법정형의 '하한'을 일률적으로 높게 책정하여 경미한 강제추행 또는 준강제추행의 경우까지 모두 엄하게 처벌하는 것은 책임주의에 반한다.** 심판대상조항은 그 법정형이 형벌 본래의 목적과 기능을 달성함에 있어 필요한 정도를 일탈하였고, 각 행위의 개별성에 맞추어 그 책임에 알맞은 형을 선고할 수 없을 정도로 과중하므로, 책임과 형벌 간의 비례원칙에 위배된다(2023. 2. 23. 2021헌가9).

> 정답 ④

제3절 사회국가 원리

020 사회국가 원리에 대한 설명 중 옳은 것(○)과 옳지 않은 것(×)을 올바르게 조합한 것은? (다툼이 있는 경우 판례에 의함)

ㄱ. 장애인의 복지를 향상해야 할 국가의 의무가 다른 다양한 국가과제에 대하여 최우선적인 배려를 요청할 수 있으므로 헌법의 규범으로부터는 '장애인을 위한 저상버스의 도입'과 같은 구체적인 국가의 행위의무를 도출할 수 있다.

ㄴ. 과실책임의 원리를 기본원칙으로 특수한 불법행위책임에 관하여 위험책임의 원리를 수용하는 것은 입법정책에 관한 사항으로서 입법자의 재량에 속한다고 할 수 없으므로 자유시장 경제질서에 위반된다.

ㄷ. 헌법 제15조의 직업의 자유 또는 헌법 제32조의 근로의 권리, 사회국가원리 등에 근거하여 실업방지 및 부당한 해고로부터 근로자를 보호하여야 할 국가의 의무를 도출할 수는 있을 것이나, 국가에 대한 직접적인 직장존속보장청구권을 근로자에게 인정할 헌법상의 근거는 없다.

ㄹ. 우리 헌법은 사회국가원리를 명문으로 규정하고 있고 헌법의 전문, 사회적 기본권의 보장(헌법 제31조 내지 제36조), 경제 영역에서 적극적으로 계획하고 유도하고 재분배하여야 할 국가의 의무를 규정하는 경제에 관한 조항(헌법 제119조 제2항 이하) 등과 같이 사회국가원리의 구체화하고 있다.

ㅁ. 조세나 보험료와 같은 공과금의 부과에 있어서 사회국가원리는 입법자의 결정이 자의적인가를 판단하는 하나의 중요한 기준을 제공하며, 일반적으로 입법자의 결정을 정당화하는 헌법적 근거로서 작용한다.

① ㄱ(○), ㄴ(○), ㄷ(×), ㄹ(○), ㅁ(○)   ② ㄱ(×), ㄴ(×), ㄷ(○), ㄹ(×), ㅁ(○)
③ ㄱ(○), ㄴ(×), ㄷ(×), ㄹ(×), ㅁ(×)   ④ ㄱ(×), ㄴ(○), ㄷ(○), ㄹ(○), ㅁ(×)
⑤ ㄱ(×), ㄴ(○), ㄷ(×), ㄹ(○), ㅁ(×)

▶ 정답 및 해설

ㄱ. [×] **장애인의 복지를 향상해야 할 국가의 의무가 다른 다양한 국가과제에 대하여 최우선적인 배려를 요청할 수 없을 뿐 아니라,** 나아가 헌법의 규범으로부터는 '장애인을 위한 저상버스의 도입'과 같은 구체적인 국가의 행위의무를 **도출할 수 없는 것이다.** 국가에게 헌법 제34조에 의하여 장애인의 복지를 위하여 노력을 해야 할 의무가 있다는 것은, 장애인도 인간다운 생활을 누릴 수 있는 정의로운 사회질서를 형성해야 할 국가의 일반적인 의무를 뜻하는 것이지, 장애인을 위하여 저상버스를 도입해야 한다는 구체적 내용의 의무가 헌법으로부터 나오는 것은 아니다(헌재 2002. 12. 18. 2002헌마52).

ㄴ. [×] 과실책임의 원리를 기본원칙으로 하면서 이 사건 법률조항과 같은 특수한 불법행위책임에 관하여 위험책임의 원리를 수용하는 것은 입법정책에 관한 사항으로서 입법자의 **재량에 속한다고 할 것이므로**, 이 사건 법률조항이 위험책임의 원리에 기하여 무과실책임을 지운 것만으로 자유시장 경제질서에 위반된다고 할 수 없다(헌재 1998. 5. 28. 96헌가4등).

ㄷ. [○] 헌법 제15조의 직업의 자유 또는 헌법 제32조의 근로의 권리, 사회국가원리 등에 근거하여 실업방지 및 부당한 해고로부터 근로자를 보호하여야 할 국가의 의무를 도출할 수는 있을 것이나, 국가에 대한 직접적인 직장존속보장청구권을 근로자에게 인정할 헌법상의 근거는 없다(2002. 11. 28. 2001헌바50).

ㄹ. [×] **우리 헌법은 사회국가원리를 명문으로 규정하고 있지는 않지만**, 헌법의 전문, 사회적 기본권의 보장(헌법 제31조 내지 제36조), 경제 영역에서 적극적으로 계획하고 유도하고 재분배하여야 할 국가의 의무를 규정하는 경제에 관한 조항(헌법 제119조 제2항 이하) 등과 같이 사회국가원리의 구체화된 여러 표현을 통하여 사회국가원리를 수용하였다(헌재 2002. 12. 18. 2002헌마52)

ㅁ. [○] 조세나 보험료와 같은 공과금의 부과에 있어서 사회국가원리는 입법자의 결정이 자의적인가를 판단하는 하나의 중요한 기준을 제공하며, 일반적으로 입법자의 결정을 정당화하는 헌법적 근거로서 작용한다. 특히 경제적 약자나 중소기업에 대한 조세감면혜택 등과 같이 사회 정책적 고려에 기초한 차별대우가 자의적인가를 판단하는 경우에 사회국가원리는 입법자의 형성권을 정당화하는 하나의 헌법적 가치결정을 의미한다(헌재 2000. 6. 29. 99헌마289).

정답 ②

03. 국민, 영토, 통일, 국제평화주의

Part 01. 헌법총론

021 국적에 대한 설명으로 옳지 않은 것은?

① 부계혈통주의원칙을 채택한 「국적법」은 모가 한국인인 자녀와 그 모에게 불리한 영향을 끼치므로 헌법 제11조 제1항의 남녀평등원칙에 어긋난다.
② 구법상 부가 외국인이기 때문에 대한민국 국적을 취득할 수 없었던 한국인 모의 자녀 중에서 신법(부모양계혈통주의조항) 시행 전 10년 동안에 태어난 자에게만 대한민국 국적을 취득하도록 하는 경과규정은 평등원칙에 위배된다.
③ 1978.6.14.부터 1998.6.13. 사이에 태어난 모계출생자가 대한민국 국적을 취득할 수 있도록 특례를 두면서 2004.12.31.까지 국적취득신고를 한 경우에만 대한민국 국적을 취득하도록 한 「국적법」 조항은 평등원칙에 위배된다고 할 수 없다.
④ 병역법 제8조에 따라 병역준비역에 편입된 자는 편입된 때부터 3개월 이내에 하나의 국적을 선택하도록 한 국적법은 국적이탈의 자유를 침해한다고 할 수 없다.
⑤ 법무부장관으로 하여금 거짓이나 그 밖의 부정한 방법으로 귀화허가를 받은 자에 대하여 그 허가를 취소할 수 있도록 규정하면서도 그 취소권의 행사기간을 따로 정하고 있지 아니한 「국적법」 조항은 귀화허가 취소권의 행사기간의 제한이 없고, 시행령에 그 행사기간이 위임된 바도 없으므로, 명확성원칙 및 포괄위임입법금지원칙은 문제되지 않는다.

▶ 정답 및 해설

①【O】부계혈통주의원칙을 채택한 구법조항은 출생한 당시의 자녀의 국적을 부의 국적에만 맞추고 모의 국적은 단지 보충적인 의미만을 부여하는 차별을 하고 있다. 이렇게 한국인 부와 외국인 모 사이의 자녀와 한국인 모와 외국인 부 사이의 자녀를 차별취급하는 것은, 모가 한국인인 자녀와 그 모에게 불리한 영향을 끼치므로 헌법 제11조 제1항의 남녀평등원칙에 어긋난다(2000.8.31, 97헌가12).

②【O】구법상 부가 외국인이기 때문에 대한민국 국적을 취득할 수 없었던 한국인 모의 자녀 중에서 신법(부모양계혈통주의조항) 시행 전 10년 동안에 태어난 자에게만 대한민국 국적을 취득하도록 하는 경과규정은 구법조항의 위헌적인 차별로 인하여 불이익을 받은 자를 구제하는 데 신법 시행 당시의 연령이 10세가 되는지 여부는 헌법상 적정한 기준이 아닌 또 다른 차별취급이므로, 부칙조항은 헌법 제11조 제1항의 평등원칙에 위배된다(2000.8.31, 97헌가12).

③【O】개정된 부칙조항은 「국적법」이 부모양계혈통주의원칙을 도입함에 따라 개정된 「국적법」 시행 이전에 태어난 모계출생자에게 대한민국 국적을 취득할 기회를 부여함으로써 모계출생자가 받았던 차별을 해소하기 위한 특례를 규정한 것이다. 심판대상조항이 모계출생자에게 신고의무를 부여한 것은 그동안 대한민국 국적자가 아니었던 모계출생자의 국적관계를 조기에 확정하여 법적 불확실성을 조기에 제거하고, 불필요한 행정 낭비를

줄이면서도, 위 모계출생자가 대한민국 국적을 취득할 의사가 있는지 여부를 확인하기 위한 것으로서 합리적인 이유가 있다. 심판대상조항은 특례의 적용을 받는 모계출생자가 그 권리를 조속히 행사하도록 하여 위 모계출생자의 국적·법률관계를 조속히 확정하고, 국가기관의 행정상 부담을 줄일 수 있도록 하며, 위 모계출생자가 권리를 남용할 가능성을 억제하기 위하여 특례기간을 2004.12.31.까지로 한정하고 있는바, 이를 불합리하다고 볼 수 없다(2015.11.26, 2014헌바211).

④ [X] 심판대상 법률조항의 존재로 인하여 복수국적을 유지하게 됨으로써 대상자가 겪어야 하는 실질적 불이익은 구체적 사정에 따라 상당히 클 수 있다. 국가에 따라서는 복수국적자가 공직 또는 국가안보와 직결되는 업무나 다른 국적국과 이익충돌 여지가 있는 업무를 담당하는 것이 제한될 가능성이 있다. 현실적으로 이러한 제한이 존재하는 경우, 특정 직업의 선택이나 업무 담당이 제한되는 데 따르는 사익 침해를 가볍게 볼 수 없다. 심판대상 법률조항은 과잉금지원칙에 위배되어 청구인의 국적이탈의 자유를 침해한다(2020. 9.24, 2016헌마889).

⑤ [O] 청구인은 이 사건 법률조항이 귀화허가 취소권의 행사기간을 따로 정하고 있지 않아 당사자로서는 귀화허가를 언제까지 취소할 수 있는지 예측할 수 없어 명확성원칙 및 포괄위임입법금지원칙에 위반된다고 주장한다. 그러나 청구인의 주장 자체에 의하더라도 이 사건 법률조항에는 귀화허가 취소권의 행사기간의 제한이 없고, 시행령에 그 행사기간이 위임된 바도 없으므로, 명확성원칙 및 포괄위임입법금지원칙은 문제되지 않고, 청구인의 위 주장은 결국 이 사건 법률조항이 기간의 제한 없이 귀화허가를 취소할 수 있도록 규정한 것이 과잉금지원칙에 위반하여 청구인의 거주·이전의 자유 및 행복추구권을 침해하였다는 것이므로, 그에 대한 판단 외에는 별도로 살피지 아니한다(2015.9.24., 2015헌바26).

정답 ④

022 북한 주민에 대한 설명으로 옳은 것은?

① 조선인을 부친으로 하여 출생한 자는 남조선과도정부법률 제11호 국적에 관한 임시조례의 규정에 따라 조선국적을 취득하였다가 제헌헌법의 공포와 동시에 대한민국의 국적을 취득하였다 할 것이나 북한 주민이 북한 국적이나 공민증을 발급받았다면 대한민국 국적을 상실한다.

② 외국환거래에 있어서 아태위원회나 북한 주민이 국내 거주자인지 비거주자인지 또는 「남북교류협력에 관한 법률」상 '북한의 주민'에 해당하는지 여부는 법률해석의 문제가 아니라 헌법 제3조의 영토조항에 따라 결정할 문제이다.

③ 마약거래범죄자인 북한이탈주민을 보호대상자로 결정하지 않을 수 있도록 규정한 「북한이탈주민의 보호 및 정책지원에 관한 법률」 제9조 제1항은 마약거래범죄자인 북한이탈주민의 인간다운 생활을 할 권리를 침해한다.

④ 우리 헌법이 '대한민국의 영토는 한반도와 그 부속도서로 한다'는 영토조항을 두고 있는 이상 북한지역은 당연히 대한민국의 영토가 되며, 개별 법률의 적용에서 북한지역을 외국에 준하는 지역으로, 북한의 주민 또는 법인 등을 외국인에 준하는 지위에 있는 자로 규정하는 것은 헌법상 영토조항에 위반되어 허용될 수 없다.

⑤ 북한 주민은 「대일항쟁기 강제동원 피해조사 및 국외강제동원 희생자 등 지원에 관한 특별법」상 위로금 지급 제외대상인 '대한민국 국적을 갖지 아니한 사람'에 해당하지 않는다.

▶ 정답 및 해설

① [X] 조선인을 부친으로 하여 출생한 자는 남조선과도정부법률 제11호 국적에 관한 임시조례의 규정에 따라 조선국적을 취득하였다가 제헌헌법의 공포와 동시에 대한민국의 국적을 취득하였다 할 것이고, 설사 그가 북한법의 규정에 따라 북한 국적을 취득하여 중국주재 북한대사관으로부터 북한의 해외공민증을

발급받은 자라 하더라도 북한지역 역시 대한민국의 영토에 속하는 한반도의 일부를 이루는 것이어서 대한민국의 주권이 미칠 뿐이고 대한민국의 주권과 부딪치는 어떠한 국가단체의 주권을 법리상 인정할 수 없는 점에 비추어 볼 때 그러한 사정은 그가 대한민국 국적을 취득하고 이를 유지함에 있어 아무런 영향을 끼칠 수 없다(대판 1996.11.12, 96누1221).

② [X] 당해 사건과 같이 남한과 북한 주민 사이의 외국환 거래에 대하여는 법 제15조 제3항에 규정되어 있는 '거주자 또는 비거주자' 부분 즉 대한민국 안에 주소를 둔 개인 또는 법인인지 여부가 문제되는 것이 아니라, 「남북교류협력에 관한 법률」(이하 '남북교류법'이라 한다) 제26조 제3항의 '남한·북한' 즉 군사분계선 이남지역과 그 이북지역의 주민인지 여부가 문제되는 것이다. 즉, 외국환거래의 일방 당사자가 북한의 주민일 경우 그는 이 사건 법률조항의 '거주자' 또는 '비거주자'가 아니라 남북교류법의 '북한의 주민'에 해당하는 것이다. 그러므로 당해 사건에서 아태위원회가 법 제15조 제3항에서 말하는 '거주자'나 '비거주자'에 해당하는지 또는 남북교류법상 '북한의 주민'에 해당하는지 여부는 법률해석의 문제에 불과한 것이고, 헌법 제3조의 영토조항과는 관련이 없다(2005.6.30, 2003헌바114).

③ [X] 마약거래범죄자라는 이유로 보호대상자로 결정되지 못한 북한이탈주민도 「북한이탈주민의 보호 및 정착지원에 관한 법률」에 따른 정착지원시설 보호, 거주지 보호, 학력 및 자격인정, 국민연금 특례 등의 보호 및 지원을 받을 수 있고, 일정한 요건 아래 「국민기초생활 보장법」에 따른 급여 등을 받을 수 있는 등으로 인간다운 생활을 위한 객관적인 최소한의 보장을 받고 있으므로, 이 사건 법률조항이 마약거래범죄자인 북한이탈주민의 인간다운 생활을 할 권리를 침해한다고 볼 수 없다(2014.3.27, 2012헌마192).

④ [X] 우리 헌법이 '대한민국의 영토는 한반도와 그 부속도서로 한다'는 영토조항(제3조)을 두고 있는 이상 대한민국의 헌법은 북한지역을 포함한 한반도 전체에 그 효력이 미치고 따라서 북한지역은 당연히 대한민국의 영토가 되므로, 북한을 법 소정의 '외국'으로, 북한의 주민 또는 법인 등을 '비거주자'로 바로 인정하기는 어렵지만, 개별 법률의 적용 내지 준용에 있어서는 남북한의 특수관계적 성격을 고려하여 북한지역을 외국에 준하는 지역으로, 북한주민 등을 외국인에 준하는 지위에 있는 자로 규정할 수 있다고 할 것이다(2005.6.30, 2003헌바114).

⑤ [O] 북한 주민은 「대일항쟁기 강제동원 피해조사 및 국외강제동원 희생자 등 지원에 관한 특별법률」상 위로금 지급 제외대상인 '대한민국 국적을 갖지 아니한 사람'에 해당하지 않는다(대판 2016.1.28., 2011두24675).

정답 ⑤

023 재외국민과 재외동포에 대한 설명으로 옳지 않은 것은?

① 재외동포법의 적용대상에서 정부수립이전이주동포, 즉 대부분의 중국동포와 구 소련동포 등을 제외한 재외동포의출입국과 법적지위에 관한 법률에 대해 수혜범위에서 제외된 재외동포가 평등권 침해를 주장할 수 없다.
② 국내에 주소를 두지 아니한 피상속인의 국내 소재 재산에 대하여 상속세를 부과함에 있어 인적공제를 하지 않도록 한 구 「상속세법」 제11조 제1항은 헌법 제2조의 재외국민 보호조항에 위반되지 아니한다.
③ 「대일항쟁기 강제동원 피해조사 및 국외강제동원 희생자 등 지원에 관한 특별법」은 국민이 부담하는 세금을 재원으로 하여 국외강제동원 희생자와 그 유족에게 위로금 등을 지급함으로써 그들의 고통과 희생을 위로해 주기 위한 법으로서 국가가 유족에게 일방적인 시혜를 베푸는 것이므로, 그 수혜범위에서 외국인인 유족을 배제하고 대한민국 국민인 유족만을 대상으로 한 것은 평등원칙에 위배되지 않는다.
④ 단순한 단기체류가 아니라 국내에 거주하는 재외국민, 특히 외국의 영주권을 보유하고 있으나 상당한 기간 국내에서 계속 거주하고 있는 자들은 일반 국민과 실질적으로 동일하므로, 국내에

거주하는 대한민국 국민을 대상으로 하는 보육료·양육수당 지원에 있어 양자를 달리 취급할 아무런 이유가 없다.
⑤ 주민등록만을 요건으로 주민투표권의 행사 여부가 결정되도록 함으로써 '주민등록을 할 수 없는 국내 거주 재외국민'을 '주민등록이 된 국민인 주민'에 비해 차별하고, 나아가 '주민투표권이 인정되는 외국인'과의 관계에서도 차별을 하는 것은 국내 거주 재외국민의 평등권을 침해하는 것으로 위헌이다.

▶ **정답 및 해설**

① [X] '수혜적 법률'의 경우에는 수혜범위에서 제외된 자가 그 법률에 의하여 평등권이 침해되었다고 주장하는 당사자에 해당되고, 당해 법률에 대한 위헌 또는 헌법불합치 결정에 따라 수혜집단과의 관계에서 평등권침해 상태가 회복될 가능성이 있다면 기본권 침해성이 인정된다(헌재 2001. 11. 29. 99헌마494).

② [O] 법률조항이 비거주자에 대하여 상속세 인적 공제 적용을 배제하였다 하더라도 국가가 재외국민을 보호할 의무를 행하지 않은 경우라고는 볼 수 없다(2001.12.20., 2001헌바25).

③ [O] **「대일항쟁기 강제동원 피해조사 및** 국외강제동원 희생자 등 지원에 관한 특별법」은 국민이 부담하는 세금을 재원으로 하여 국외강제동원 희생자와 그 유족에게 위로금 등을 지급함으로써 그들의 고통과 희생을 위로해 주기 위한 법으로서 국가가 유족에게 일방적인 시혜를 하는 것이다. 현실적으로 사할린 지역 국외강제동원 희생자와 그 유족들 모두에게 위로금을 지급하기 어려운 예산상의 제약이 따른다면, 대한민국 국민이 부담하는 세금으로 조성되는 위로금 등을 대한민국 국적을 갖고 있는 국외강제동원 희생자와 그 유족에게 우선적으로 지급하는 것은 나름의 불가피한 선택이다. 따라서 대한민국 국적을 갖고 있지 아니한 국외강제동원 희생자의 유족을 위로금 지급대상에서 제외하였다고 하여 이를 현저히 자의적이거나 불합리한 것이라고 볼 수 없으므로 평등원칙에 위배되지 않는다(2015.12.23., 2013헌바11).

④ [O] 양육수당 역시 영유아가 90일 이상 해외에 장기체류하는 경우에는 그 기간 동안 비용의 지원을 정지하도록 하였다(법 제34조의2 제3항). 이와 같은 법의 목적과 보육이념, 보육료·양육수당 지급에 관한 법규정을 종합할 때, 보육료·양육수당은 영유아가 국내에 거주하면서 국내에 소재한 어린이집을 이용하거나 가정에서 양육되는 경우에 지원이 되는 것으로 제도가 마련되어 있다. 단순한 단기체류가 아니라 국내에 거주하는 재외국민, 특히 외국의 영주권을 보유하고 있으나 상당한 기간 국내에서 계속 거주하고 있는 자들은 「주민등록법」상 재외국민으로 등록·관리될 뿐 '국민인 주민'이라는 점에서는 다른 일반 국민과 실질적으로 동일하므로, 단지 외국의 영주권을 취득한 재외국민이라는 이유로 달리 취급할 아무런 이유가 없어 위와 같은 차별은 청구인들의 평등권을 침해한다(2018.1.25., 2015헌마1047).

⑤ [O] 주민등록만을 요건으로 주민투표권의 행사 여부가 결정되도록 함으로써 '주민등록을 할 수 없는 국내 거주 재외국민'을 '주민등록이 된 국민인 주민'에 비해 차별하고 있고, 나아가 '주민투표권이 인정되는 외국인'과의 관계에서도 차별을 행하고 있는바, 그와 같은 차별에 아무런 합리적 근거도 인정될 수 없으므로 국내 거주 재외국민의 헌법상 기본권인 평등권을 침해하는 것으로 위헌이다(2007.6.28., 2004헌마643). **정답** ①

024 한·일어업조약에 대한 헌법재판소 판례와 일치하지 않는 것은 모두 몇 개인가?

ㄱ. 한·일어업협정체결은 「헌법재판소법」 제68조 제1항의 공권력 행사로서 헌법소원의 대상이 된다.
ㄴ. 헌법 전문에 기재된 3·1 정신은 우리나라 헌법의 연혁적·이념적 기초로써 헌법이나 법률 해석의 해석기준으로 작용할 뿐만 아니라 국민의 개별적 기본권성을 도출해낼 수 있는 근거이다.
ㄷ. 영토조항을 헌법상 기본권으로 보는 견해는 거의 존재하지 않는다. 영토조항만을 근거로 하여 독자적으로 헌법소원을 청구할 수는 없다. 다만, 영토의 변경은 국민의 주관적 기본권의 영향을 미치지 않을 수 없으므로 국민의 기본권 침해에 대한 권리구제를 위하여 그 전제조건으로써 영토권을 헌법상 기본권으로 간주할 수 있다.
ㄹ. 국회 본회의에서의 동의절차가 국회의 의결권과 국민의 평등권을 침해하였다고 볼 수 없다.
ㅁ. 한·일간의 합의의사록도 헌법 제6조의 조약에 해당하므로 국회의 동의가 필요한 조약이다.
ㅂ. 독도 등을 중간수역으로 정한 대한민국과 일본국 간의 어업에 관한 협정은 배타적 경제수역을 직접 규정한 것이 아니고, 독도의 영유권 문제나 영해 문제와는 직접적인 관련을 가지지 아니하므로 헌법상 영토조항에 위반되지 않는다.

① 1개 ② 2개 ③ 3개
④ 4개 ⑤ 5개

▶ 정답 및 해설

ㄱ.[○] ㄷ.[○] ㄹ.[○] 2001.3.21, 99헌마139 등

ㄴ.[×] 청구인들이 침해받았다고 주장하는 기본권 가운데 '헌법 전문에 기재된 3·1 정신'은 우리나라 헌법의 연혁적·이념적 기초로서 헌법이나 법률해석에서의 해석기준으로 작용한다고 할 수 있지만, 그에 기하여 곧바로 국민의 개별적 기본권성을 도출해낼 수는 없다고 할 것이므로, 본안판단의 대상으로부터 제외하기로 한다(2001.3.21, 99헌마139 등).

ㅁ.[×] 이 사건 협정의 합의의사록은 한일 양국 정부의 어업질서에 관한 양국의 협력과 협의 의향을 선언한 것으로서, 이러한 것들이 곧바로 구체적인 법률관계의 발생을 목적으로 한 것으로는 보기 어려울 것이므로, 합의의사록은 조약에 해당하지 아니하고, 이를 국회에 상정하지 아니한 것이 국회의 의결권과 국민의 정치적 평등권을 침해하였다고 볼 수 없다(2001.3.21, 99헌마139 등).

ㅂ.[○] 이 사건 협정은 배타적경제수역을 직접 규정한 것이 아닐 뿐만 아니라 배타적경제수역이 설정된다 하더라도 영해를 제외한 수역을 의미하며, 이러한 점들은 이 사건 협정에서의 이른바 중간수역에 대해서도 동일하다고 할 것이므로 독도가 중간수역에 속해 있다 할지라도 독도의 영유권 문제나 영해 문제와는 직접적인 관련을 가지지 아니한 것임은 명백하다 할 것이다(2001.3.21, 99헌마139 등). **정답** ②

025 국가보안법에 대한 설명으로 옳지 않은 것을 모두 조합한 것은?

ㄱ. 현 단계에 있어서의 북한은 대남적화노선을 고수하면서 대한민국 자유민주주의체제의 전복을 획책하고 있는 반국가단체라는 성격만을 가지므로, 한반도의 이북지역을 불법적으로 점유하고 있는 불법단체에 불과하다.
ㄴ.「국가보안법」과「남북교류협력에 관한 법률」은 입법목적과 규제대상을 달리하고 있어, 구「국가보안법」제6조 제1항 소정의 잠입・탈출죄에서의 '잠입・탈출'과「남북교류협력에 관한 법률」제27조 제1항 소정의 죄에서의 '왕래'는 각 행위의 목적이 다르고 두 죄는 각기 그 구성요건이 다르기 때문에「형법」제1조 제2항이 적용될 수 없다.
ㄷ.「국가보안법」의 해석・적용상 북한을 반국가단체로 보고 이에 동조하는 반국가활동을 규제하는 것 자체가 헌법이 규정하는 국제평화주의나 평화통일의 원칙에 위반된다고 할 수 없다.
ㄹ.「국가보안법」은 헌법 제3조에 근거를 두는 법률로서 헌법 제37조 제2항의 일반적 법률유보와는 관계가 없다.
ㅁ.「남북교류협력에 관한 법률」과「국가보안법」의 상호관계에 대해서, 헌법재판소는 양 법률의 규제대상이 동일한 점을 들어 일반법과 특별법의 관계로 파악하고 있다.

① ㄱㄷㄹ ② ㄴㄷㅁ ③ ㄷㄹㅁ
④ ㄱㄹㅁ ⑤ ㄴㄷㄹ

▶ 정답 및 해설

ㄱ. [X] 북한은 조국의 평화적 통일을 위한 대화와 협력의 동반자임과 동시에 적화통일노선을 고수하면서 우리의 자유민주주의 체제를 전복하고자 획책하는 반국가단체의 성격도 아울러 가지고 있고, 반국가단체 등을 규율하는「국가보안법」의 규범력이 상실되었다고 볼 수는 없다(대판 전합체 2008.4.17, 2003도758).
ㄴ. [O]「국가보안법」과「남북교류협력에 관한 법률」은 상호 그 입법목적과 규제대상을 달리하고 있으며 따라서 구「국가보안법」제6조 제1항 소정의 잠입・탈출죄와「남북교류협력에 관한 법률」제27조 제2항 제1호 소정의 죄는 각기 그 구성요건을 달리하고 있는 것이므로 위 두 법률조항에 관하여「형법」제1조 제2항이 적용될 수 없고, 청구인에 대한 공소장기재의 공소사실을 보면 청구인의 행위에 관하여는「남북교류협력에 관한 법률」은 적용될 여지가 없다고 할 것이므로 그 법률 제3조의 위헌 여부가 당해 형사사건에 관한 재판의 전제가 된 경우라고 할 수 없다(1993.7.29, 92헌바48).
ㄷ. [O] 북한이 남・북한의 유엔동시가입, 소위 남북합의서의 채택・발효 및「남북교류협력에 관한 법률」등의 시행 후에도 대남적화노선을 고수하면서 우리 자유민주주의체제의 전복을 획책하고 지금도 각종 도발을 계속하고 있음이 엄연한 현실인 점에 비추어, 국가의 존립・안전과 국민의 생존 및 자유를 수호하기 위하여「국가보안법」의 해석・적용상 북한을 반국가단체로 보고 이에 동조하는 반국가활동을 규제하는 것 자체가 헌법이 규정하는 국제평화주의나 평화통일의 원칙에 위반된다고 할 수 없다(1997.1.16, 89헌마240).
ㄹ. [X] 헌법 제37조 제2항도「국가보안법」의 근거로 보는 견해가 있다.

▌「국가보안법」의 근거

- **헌법 제3조를 근거로 보는 설**: 북한은 헌법 제3조상 반국가단체이고 국가보안법은 대한민국의 존립과 자유민주적 기본질서에 위해를 주는 반국가단체의 활동을 규제하는 법이므로 헌법 제3조가「국가보안법」의 근거이다.
- **헌법 제37조 제2항설**:「국가보안법」은 언론의 자유, 거주・이전의 자유, 양심의 자유 등을 제한하는 법이므로 기본권 제한입법의 헌법상 근거인 헌법 제37조 제2항이「국가보안법」의 근거가 된다.

ㅁ. [X] 「남북교류협력에 관한 법률」과 「국가보안법」은 적용영역이 다르므로 양자는 특별법과 일반법의 관계가 성립하지 않는다. 또한 전자의 시행으로 「국가보안법」의 효력이 상실되는 것은 아니다(1993. 7. 29, 92헌바48).

정답 ④

026 남북교류협력에 관한 법률에 대한 설명 중 옳은 것(○)과 옳지 않은 것(×)을 올바르게 조합한 것은? (다툼이 있는 경우 판례에 의함)

ㄱ. 헌법상의 여러 통일 관련 조항들은 국가의 통일의무를 선언한 것이므로, 그로부터 국민 개개인의 통일에 대한 기본권, 특히 국가기관에 대하여 통일과 관련된 구체적인 행위를 요구하거나 일정한 행동을 할 수 있는 권리도 도출된다.

ㄴ. 남북합의서는 북한 당국이 각기 정치적인 책임을 지고 상호간에 그 성의 있는 이행을 약속한 것이기는 하나 법적 구속력이 있는 것은 아니어서 이를 국가간의 조약 또는 이에 준하는 것으로 볼 수 없고, 국내법과 동일한 효력이 인정되는 것도 아니다.

ㄷ. 통일부장관이 북한 주민 등과의 접촉을 원하는 자로부터 승인신청을 받아 그 접촉의 시기와 장소, 대상 및 목적 등 구체적인 내용을 검토하여 승인 여부를 결정하도록 하는 것은 평화통일원칙을 규정한 헌법 제4조에 위반된다고 볼 수 없다.

ㄹ. 「남북교류협력에 관한 법률」에 관하여 헌법재판소는 남한의 주민이 북한의 주민과 접촉하고자 할 때에 통일부장관의 승인을 얻도록 한 것은 남북교류협력의 일관성을 유지하고 책임소재를 명백히 하려는 데에 그 입법목적이 있지만, 국민들의 평화적 교류·협력을 통일부장관의 자의적 판단에 일임함으로써 포괄위임금지원칙에 위배된다고 하였다.

ㅁ. 남북교류법에서 남북관계에 관한 기본적 용어정리, 통신·왕래·교역·협력사업 등에 관한 포괄적 규정과 타법률에 대한 우선적용 등을 규정하고 있는 관계로 그 적용범위 내에서 국가보안법의 적용이 배제된다는 점에서, 이 법은 평화적 통일을 지향하기 위한 기본법으로서의 성격을 갖고 있다고 할 수 있다.

① ㄱ(○), ㄴ(○), ㄷ(×), ㄹ(○), ㅁ(○)
② ㄱ(×), ㄴ(×), ㄷ(○), ㄹ(×), ㅁ(○)
③ ㄱ(○), ㄴ(×), ㄷ(×), ㄹ(×), ㅁ(×)
④ ㄱ(×), ㄴ(○), ㄷ(○), ㄹ(×), ㅁ(○)
⑤ ㄱ(×), ㄴ(○), ㄷ(×), ㄹ(○), ㅁ(×)

▶ 정답 및 해설

ㄱ. [X] 헌법상의 여러 통일 관련 조항들은 국가의 통일의무를 선언한 것이기는 하지만, 그로부터 국민 개개인의 통일에 대한 기본권, 특히 국가기관에 대하여 통일과 관련된 구체적인 행동을 요구하거나 일정한 행동을 할 수 있는 **권리가 도출된다고 볼 수 없다**(2000. 7. 20, 98헌바63).

ㄴ. [○] 남북한 당국이 각기 정치적인 책임을 지고 상호간에 그 성의 있는 이행을 약속한 것이기는 하나 법적 구속력이 있는 것은 아니어서 이를 국가간의 조약 또는 이에 준하는 것으로 볼 수 없고, 따라서 국내법과 동일한 효력이 인정되는 것도 아니다"고 판시하여(대법원 1999. 7. 23. 선고 98두14525 판결), 남북합의서가 법률이 아님은 물론 국내법과 동일한 효력이 있는 조약이나 이에 준하는 것으로 볼 수 없다는 것을 명백히 하였다. 따라서 설사 이 사건 법률조항이 남북합의서의 내용과 배치되는 점을 포함하고 있다고 하더라도, 그것은 이 사건 법률조항이 헌법에 위반되는지의 여부를 판단하는 데에 아무런 관련이 없다고 할 것이다(2000. 7. 20,

98헌바63).
ㄷ. [O] 통일부장관이 북한 주민 등과의 접촉을 원하는 자로부터 승인신청을 받아 구체적인 내용을 검토하여 승인 여부를 결정하는 절차는 현 단계에서는 불가피하므로 「남북교류협력에 관한 법률」 제9조 제3항은 평화통일을 선언한 헌법 전문, 헌법 제4조, 헌법 제66조 제3항 및 기타 헌법상의 통일조항에 위배된다고 볼 수 없다(2000. 7.20, 98헌바63).
ㄹ. [X] 포괄위임입법금지의 원칙이란 법률이 대통령령 등의 하위법규에 입법을 위임할 경우에는 법률로써 그 위임의 범위를 구체적으로 정하여야 하며, 일반적이고 포괄적인 입법위임은 허용되지 아니한다는 것을 뜻하는 것이므로, 통일부장관의 승인권에 관한 기준이나 구체적 내용 등을 대통령령 등에 위임하지 아니하고 있는 이 사건 법률조항에 관하여 포괄위임금지의 원칙이 적용될 여지는 없다(2000.7.20., 98헌바63).
ㅁ. [O] 이 법에서 남북관계에 관한 기본적 용어정리, 통신·왕래·교역·협력사업 등에 관한 포괄적 규정(제9조 내지 제23조)과 타법률에 대한 우선적용(제3조) 등을 규정하고 있는 관계로 그 적용범위 내에서 국가보안법의 적용이배제된다는 점에서, 이 법은 평화적 통일을 지향하기 위한 기본법으로서의 성격을 갖고 있다고 할 수 있다(2000. 7.20, 98헌바63).

정답 ④

027 국제법존중주의에 대한 설명으로 옳지 않은 것은?

① "세계인권선언"은 보편적, 효과적인 승인과 준수를 국내적·국제적인 점진적조치에 따라 확보할 것을 노력하도록, 모든 국민과 모든 나라가 달성하여야할 공통의 기준"으로 선언하는 의미는 있으나 그 선언내용인 각 조항이 바로 보편적인 법적 구속력을 가지거나 국제법적 효력을 갖는 것으로 볼 것은 아니다.
② 국제노동기구의 제87호 협약(결사의 자유 및 단결권 보장에 관한 협약), 제98호협약(단결권 및 단체교섭권에 대한 원칙의 적용에 관한 협약), 제151호 협약(공공부문에서의 단결권 보호 및 고용조건의 결정을 위한 절차에 관한 협약)은 우리나라가 비준한 바가 없고, 헌법 제6조 제1항에서 말하는 일반적으로 승인된 국제법규로서 헌법적 효력을 갖는 것이라고 볼 만한 근거도 없으므로, 이 사건 심판대상규정에 대한 위헌심사의 척도가 될 수 없다.
③ 국가의 주권적 행위는 다른 국가의 재판권으로부터 면제되는 것이 원칙이라 할 것이나, 국가의 사법적(私法的) 행위에 대하여는 당해 국가를 피고로 하여 우리나라의 법원이 재판권을 행사할 수 있다.
④ 평화적 생존권은 개인의 구체적 권리로서 국가에 대하여 침략전쟁에 강제되지 않고 평화적 생존을 할 수 있도록 요청할 수 있는 효력 등을 지닌 것이라고 볼 수 있으므로 평화적 생존권은 헌법상 보장되는 기본권이라고 할 수 있다.
⑤ 군대의 외국 파견은 그 성격상 국방 및 외교에 관련된 고도의 정치적 결단을 요하는 문제로서, 헌법과 법률이 정한 절차를 지켜 이루어진 것임이 명백하므로, 대통령과 국회의 판단은 존중되어야 하고 우리 재판소가 사법적 기준만으로 이를 심판하는 것은 자제되어야 한다.

▶ 정답 및 해설

① [O] "세계인권선언"에 관하여 보면, 이는 그 전문에 나타나 있듯이 "인권 및 기본적 자유의 보편적인 존중과 준수의 촉진을 위하여 …… 사회의 각 개인과 사회 각 기관이 국제연합 가맹국 자신의 국민 사이에 또 가맹국 관할하의 지역에 있는 시민들 사이에 기본적인 인권과 자유의 존중을 지도교육함으로써 촉진하고 또한 그러한 보편적, 효과적인 승인과 준수를 국내적·국제적인 점진적조치에 따라 확보할 것을 노력하도록, 모든 국민과

모든 나라가 달성하여야 할 공통의 기준"으로 선언하는 의미는 있으나 그 선언내용인 각 조항이 바로 보편적인 법적 구속력을 가지거나 국제법적 효력을 갖는 것으로 볼 것은 아니다(헌재 2007. 8. 30. 2003헌바51등).

② 【O】 국제노동기구의 제87호 협약(결사의 자유 및 단결권 보장에 관한 협약), 제98호 협약(단결권 및 단체교섭권에 대한 원칙의 적용에 관한 협약), 제151호 협약(공공부문에서의 단결권 보호 및 고용조건의 결정을 위한 절차에 관한 협약)은 우리나라가 비준한 바가 없고, 헌법 제6조 제1항에서 말하는 일반적으로 승인된 국제법규로서 헌법적 효력을 갖는 것이라고 볼 만한 근거도 없으므로, 이 사건 심판대상규정에 대한 위헌심사의 척도가 될 수 없다(헌재 1998. 7. 16. 97헌바23).

③ 【O】 국제관습법에 의하면 국가의 주권적 행위는 다른 국가의 재판권으로부터 면제되는 것이 원칙이라 할 것이나, 국가의 사법적(私法的) 행위까지 다른 국가의 재판권으로부터 면제된다는 것이 오늘날의 국제법이나 국제관례라고 할 수 없다. 따라서 우리나라의 영토 내에서 행하여진 외국의 사법적 행위가 주권적 활동에 속하는 것이거나 이와 밀접한 관련이 있어서 이에 대한 재판권의 행사가 외국의 주권적 활동에 대한 부당한 간섭이 될 우려가 있다는 등의 특별한 사정이 없는 한, 외국의 사법적 행위에 대하여는 당해 국가를 피고로 하여 우리나라의 법원이 재판권을 행사할 수 있다고 할 것이다(대법원 1998. 12. 17. 선고 97다39216).

④ 【X】 청구인들이 평화적 생존권이란 이름으로 주장하고 있는 평화란 헌법의 이념 내지 목적으로서 추상적인 개념에 지나지 아니하고, 개인의 구체적 권리로서 국가에 대하여 침략전쟁에 강제되지 않고 평화적 생존을 할 수 있도록 요청할 수 있는 효력 등을 지닌 것이라고 볼 수 없다. 따라서 평화적 생존권은 **헌법상 보장되는 기본권이라고 할 수는 없다 할 것이다**(헌재 2009. 5. 28. 2007헌마369).

⑤ 【O】 이 사건 파견결정은 그 성격상 국방 및 외교에 관련된 고도의 정치적 결단을 요하는 문제로서, 헌법과 법률이 정한 절차를 지켜 이루어진 것임이 명백하므로, 대통령과 국회의 판단은 존중되어야 하고 우리 재판소가 사법적 기준만으로 이를 심판하는 것은 자제되어야 한다. 오랜 민주주의 전통을 가진 외국에서도 외교 및 국방에 관련된 것으로서 고도의 정치적 결단을 요하는 사안에 대하여는 줄곧 사법심사를 자제하고 있는 것도 바로 이러한 취지에서 나온 것이라 할 것이다. 이에 대하여는 설혹 사법적 심사의 회피로 자의적 결정이 방치될 수도 있다는 우려가 없을 수 있으나 그러한 대통령과 국회의 판단은 궁극적으로는 선거를 통해 국민에 의한 평가와 심판을 받게 될 것이다. 그렇다면 이 사건 파견결정에 대한 사법적 판단을 자제함이 타당하다(헌재 2004. 4. 29. 2003헌마814).

정답 ④

표준판례 및 최신판례 정리

Part 02.
기본권

01. 기본권 총론
02. 개별 기본권

01. 기본권 총론

Part 02. 기본권

제1절 기본권의 개념

제2절 기본권의 본질적 내용

028 기본권에 대한 설명 중 옳은 것(○)과 옳지 않은 것(×)을 올바르게 조합한 것은? (다툼이 있는 경우 판례에 의함)

ㄱ. 우리 헌법 제2장 국민의 권리와 의무 가운데에서 의무를 제외한 부분이 원칙적으로 기본권에 해당함은 인정할 수 있으나, 헌법상의 위 규정들 이외에서는 기본권성을 인정할 수 없다.
ㄴ. "헌법전문에 기재된 3·1정신"은 우리나라 헌법의 연혁적·이념적 기초로서 헌법이나 법률해석의 해석기준으로 작용한다고 할 수 있지만, 그에 기하여 곧바로 국민의 개별적 기본권성을 도출해낼 수는 없다.
ㄷ. 영토조항만을 근거로 하여 독자적으로는 헌법소원을 청구할 수 없다 할지라도, 모든 국가권능의 정당성의 근원인 국민의 기본권 침해에 대한 권리구제를 위하여 그 전제조건으로서 영토에 관한 권리를, 이를테면 영토권이라 구성하여, 이를 헌법소원의 대상인 기본권의 하나로 간주하는 것은 가능하다.
ㄹ. 표현의 자유를 주된 기본권으로 하여 과잉금지의 원칙에 위배되지 않는다고 판단한 이상, 경합적 또는 보충적 관계에 있는 기본권의 침해 여부 및 문화국가원리 위배 여부에 관하여도 같은 결론에 이른다.
ㅁ. 기본권의 본질적 내용은 만약 이를 제한하는 경우에는 기본권 그 자체가 무의미하여지는 경우에 그 본질적인 요소를 말하는 것으로서, 이는 개별 기본권마다 다를 수 없다할 것이다.

① ㄱ(○), ㄴ(○), ㄷ(×), ㄹ(○), ㅁ(○)
② ㄱ(×), ㄴ(×), ㄷ(○), ㄹ(×), ㅁ(○)
③ ㄱ(○), ㄴ(×), ㄷ(×), ㄹ(×), ㅁ(×)
④ ㄱ(×), ㄴ(○), ㄷ(○), ㄹ(○), ㅁ(×)
⑤ ㄱ(×), ㄴ(○), ㄷ(×), ㄹ(○), ㅁ(×)

▶ 정답 및 해설

ㄱ. [×] 헌법상 보장된 기본권이 구체적으로 무엇을 의미하는지 반드시 명확하지는 않다. <u>우리 헌법 제2장 국민의 권리와 의무 가운데에서 의무를 제외한 부분이 원칙적으로 기본권에 해당함은 인정할 수 있으나, 그에 한정할 것인지 또는 헌법상의 위 규정들 이외에서도 기본권성을 인정할 수 있는지, 나아가서 헌법의 명문의 규정이 없다하더라도 인정되는 기본권이 존재하는지, 존재한다면 구체적으로 어떠한 것인지에 대하여는 반드시 명확하다고만은 할 수 없다</u>(헌재 2001. 3. 21. 99헌마139등).

ㄴ. [○] "헌법전문에 기재된 3.1정신"은 우리나라 헌법의 연혁적·이념적 기초로서 헌법이나 법률해석의 해석기준으로 작용한다고 할 수 있지만, 그에 기하여 곧바로 국민의 개별적 기본권성을 도출해낼 수는 없다(헌재 2001. 3. 21. 99헌마139등).

ㄷ. [○] 국민의 개별적 기본권이 아니라 할지라도 기본권보장의 실질화를 위하여서는, 영토조항만을 근거로 하여 독자적으로는 헌법소원을 청구할 수 없다 할지라도, 모든 국가권능의 정당성의 근원인 국민의 기본권 침해에 대한 권리구제를 위하여 그 전제조건으로서 영토에 관한 권리를, 이를테면 영토권이라 구성하여, 이를 헌법소원의 대상인 기본권의 하나로 간주하는 것은 가능한 것으로 판단된다(헌재 2001. 3. 21. 99헌마139등).

ㄹ. [○] 청구인들은 예술의 자유, 일반적 인격권, 행복추구권, 신체의 자유, 직업의 자유, 재산권 등의 침해와 헌법상 문화국가원리 위배를 주장하나, 위 각 기본권침해의 구체적 사유에 대하여는 언급이 없는데다가, 표현의 자유를 주된 기본권으로 하여 과잉금지의 원칙에 위배되지 않는다고 판단한 이상, 경합적 또는 보충적 관계에 있는 기본권의 침해 여부 및 문화국가원리 위배 여부에 관하여도 같은 결론에 이른다(헌재 2009. 5. 28. 2006헌바109).

ㅁ. [×] 기본권을 국가안전보장, 질서유지와 공공복리를 위하여 필요한 경우에는 법률로써 제한할 수 있으나 그 본질적인 내용은 침해할 수 없다(헌법 제37조 제2항). 기본권의 본질적 내용은 만약 이를 제한하는 경우에는 기본권 그 자체가 무의미하여지는 경우에 그 본질적인 요소를 말하는 것으로서, 이는 **개별 기본권마다 다를 수 있을 것이다**(헌재 1996. 1. 25. 93헌바5등).

정답 ④

제3절 기본권의 주체

029 배아에 대한 설명으로 옳지 않은 것은?

① 법학자, 윤리학자, 철학자, 의사 등의 직업인들이 보존기간이 경과한 잔여배아를 각종 연구에 사용할 수 있도록 허용하고 있는 「생명윤리 및 안전에 관한 법률」조항에 의해 불편을 겪는다고 하더라도, 이는 사실적·간접적 불이익에 불과하여 기본권 침해의 가능성 및 자기관련성을 인정할 수 없다.

② 어느 시점부터 기본권 주체성이 인정되는지, 또 어떤 기본권에 대해 기본권 주체성이 인정되는지는 생명의 근원에 대한 생물학적 인식을 비롯한 자연과학·기술 발전의 성과와 그에 터 잡은 헌법의 해석으로부터 도출되는 규범적 요청을 고려하여 판단하여야 할 것이다.

③ 초기배아는 수정이 된 배아라는 점에서 형성 중인 생명의 첫걸음을 떼었다고 볼 여지가 있기는 하나 아직 모체에 착상되거나 원시선이 나타나지 않은 이상 기본권 주체성 및 국가의 보호필요

성을 인정할 수 없다.
④ 배아생성자의 배아에 대한 자기결정권은 자기결정이라는 인격권적 측면에도 불구하고 배아의 법적 보호라는 헌법적 가치에 명백히 배치될 경우에는 그 제한의 필요성이 상대적으로 큰 기본권이라 할 수 있다.
⑤ 배아에 대한 5년의 보존기간 및 보존기간 경과 후 폐기의무를 규정한 것은 배아생성자의 배아에 대한 자기결정권을 침해한다고 할 수 없다.

▶ **정답 및 해설**

① [O] 배아를 임신목적뿐만 아니라 연구목적으로 이용할 수 있도록 허용하는 법률이 시행된 경우 법학자, 윤리학자, 철학자, 의사 등의 직업인으로 이루어진 청구인들의 청구는 청구인들이 이 사건 심판대상조항으로 인해 불편을 겪는다고 하더라도 사실적 간접적 불이익에 불과한 것이고, 청구인들에 대한 기본권 침해의 가능성 및 자기관련성을 인정하기 어렵다(2010.5.27, 2005헌마346).
② [O] 출생 전 형성 중의 생명에 대해서 헌법적 보호의 필요성이 크고 일정한 경우 그 기본권 주체성이 긍정된다고 하더라도, 어느 시점부터 기본권 주체성이 인정되는지, 또 어떤 기본권에 대해 기본권 주체성이 인정되는지는 생명의 근원에 대한 생물학적 인식을 비롯한 자연과학·기술 발전의 성과와 그에 터 잡은 헌법의 해석으로부터 도출되는 규범적 요청을 고려하여 판단하여야 할 것이다(2010. 5.27 2005헌마346).
③ [X] 초기배아는 수정된 배아라는 점에서 형성 중인 생명의 첫걸음을 뗐다고 볼 여지가 있기는 하나 아직 모체에 착상되거나 원시선이 나타나지 않은 이상 현재의 자연과학적 인식수준에서 독립된 인간과 배아 간의 개체적 연속성을 확정하기 어렵다고 봄이 일반적이라는 점, 배아의 경우 현재의 과학기술수준에서 모태 속에서 수용될 때 비로소 독립적인 인간으로의 성장가능성을 기대할 수 있다는 점, 수정 후 착상 전의 배아가 인간으로 인식된다거나 그와 같이 취급하여야 할 필요성이 있다는 사회적 승인이 존재한다고 보기 어려운 점 등을 종합적으로 고려할 때, <u>기본권 주체성을 인정하기 어렵다</u>. 그러나 오늘날 생명공학 등의 발전과정에 비추어 인간의 존엄과 가치가 갖는 헌법적 가치질서로서의 성격을 고려할 때 인간으로 발전할 잠재성을 갖고 있는 초기배아라는 원시생명체에 대하여도 위와 같은 헌법적 가치가 소홀히 취급되지 않도록 노력해야 할 <u>국가의 보호의무가 있음을 인정하지 않을 수 없다 할 것이다</u>(2010.5.27, 2005헌마346).
④ [O] 배아의 경우 형성 중에 있는 생명이라는 독특한 지위로 인해 국가에 의한 적극적인 보호가 요구된다는 점, 배아의 관리·처분에는 공공복리 및 사회 윤리적 차원의 평가가 필연적으로 수반되지 않을 수 없다는 점에서도 그 제한의 필요성은 크다고 할 것이다. 그러므로 배아생성자의 배아에 대한 자기결정권은 자기결정이라는 인격권적 측면에도 불구하고 배아의 법적 보호라는 헌법적 가치에 명백히 배치될 경우에는 그 제한의 필요성이 상대적으로 큰 기본권이라 할 수 있다(2010.5.27, 2005헌마346).
⑤ [O] 이 사건 심판대상조항이 배아에 대한 5년의 보존기간 및 보존기간 경과 후 폐기의무를 규정한 것은 그 입법목적의 정당성과 방법의 적절성이 인정되며, 입법목적을 실현하면서 기본권을 덜 침해하는 수단이 명백히 존재한다고 할 수 없는 점, 5년 동안의 보존기간이 임신을 원하는 사람들에게 배아를 이용할 기회를 부여하기에 명백히 불합리한 기간이라고 볼 수 없는 점, 배아 수의 지나친 증가와 그로 인한 사회적 비용의 증가 및 부적절한 연구목적의 이용가능성을 방지하여야 할 공익적 필요성의 정도가 배아생성자의 자기결정권이 제한됨으로 인한 불이익의 정도에 비해 작다고 볼 수 없는 점 등을 고려하면, 이 사건 심판대상조항이 피해의 최소성에 반하거나 법익의 균형성을 잃었다고 보기 어렵다(2010.5.27., 2005헌마346).

정답 ③

030 다음 설명 중 사람은 생존한 동안 권리와 의무의 주체가 된다고 규정한 민법 제3조와 태아는 손해배상 청구권에 관하여는 이미 출생한 것으로 본다고 규정한 민법 제762조와 관련된 헌법재판소 판례와 일치하지 않는 것은 모두 몇 개인가?

ㄱ. 모든 인간은 헌법상 생명권의 주체가 되며, 형성 중의 생명인 태아에게도 생명에 대한 권리가 인정되어야 한다. 따라서 태아도 헌법상 생명권의 주체가 되며, 국가는 헌법 제10조에 따라 태아의 생명을 보호할 의무가 있다.

ㄴ. 「민법」제762조는 "태아는 손해배상의 청구권에 관하여는 이미 출생한 것으로 본다."라고 규정함으로써 '살아서 출생한 태아'와는 달리 '살아서 출생하지 못한 태아'에 대해서는 손해배상청구권을 부정함으로써 후자에게 불리한 결과를 초래하고 있으나 이러한 결과는 사법(私法)관계에서 요구되는 법적 안정성의 요청이라는 법치국가이념에 의한 것으로 헌법적으로 정당화된다 할 것이므로, 그와 같은 차별적 입법조치가 있다는 이유만으로 곧 국가가 기본권 보호를 위해 필요한 최소한의 입법적 조치를 다하지 않아 그로써 위헌적인 입법적 불비나 불완전한 입법상태가 초래된 것이라고 볼 수 없다.

ㄷ. 태아가 살아서 출생한 경우 태아 상태에서 가해진 불법행위로 인한 손해배상청구는 「민법」 제762조에 의해 유효하게 행사할 수 있으므로, 태아가 사산한 경우 태아 자신에게 불법적인 생명 침해로 인한 손해배상청구권을 인정하지 않고 있다고 하여 입법자가 태아의 생명 보호를 위해 국가에게 요구되는 최소한의 보호조치마저 취하지 않은 것이라 비난할 수는 없다.

ㄹ. 사산된 태아에게 불법적인 생명 침해로 인한 손해배상청구권을 인정하지 않는 것은 입법형성의 한계를 명백히 일탈한 것으로 보기 어려우므로 기본권 보호의무를 위반한 것으로 볼 수 없다.

ㅁ. 국가는 헌법 제10조에 따라 태아의 생명을 보호할 의무가 있지만, 태아를 위하여 「민법」상 일반적 권리능력까지도 인정하여야 한다는 헌법적 요청이 도출되지는 않는다.

ㅂ. 인간이라는 생명체의 형성이 출생 이전의 그 어느 시점에서 시작됨을 인정하더라도, 법적으로 사람의 시기를 출생의 시점에서 시작되는 것으로 보는 것이 헌법적으로 금지된다고 할 수 없으나, 동일한 생명이라 할지라도 법질서가 생명의 발전과정을 일정한 단계들로 구분하고 그 각 단계에 상이한 법적 효과를 부여하는 것이 불가능하다.

① 없음.   ② 1개   ③ 2개
④ 3개   ⑤ 4개

▶ **정답 및 해설**

ㄱ. [O] 모든 인간은 헌법상 생명권의 주체가 되며, 형성 중의 생명인 태아에게도 생명에 대한 권리가 인정되어야 한다. 따라서 태아도 헌법상 생명권의 주체가 된다. 따라서 태아도 헌법상 생명권의 주체가 되며, 국가는 헌법 제10조에 따라 태아의 생명을 보호할 의무가 있다(2008.7.31, 2004헌바81).

ㄴ. [O] 이 사건 법률조항들의 경우에도 '살아서 출생한 태아'와는 달리 '살아서 출생하지 못한 태아'에 대해서는 손해배상청구권을 부정함으로써 후자에게 불리한 결과를 초래하고 있으나 이러한 결과는 사법(私法)관계에서 요구되는 법적 안정성의 요청이라는 법치국가이념에 의한 것으로 헌법적으로 정당화된다 할 것이

므로, 그와 같은 차별적 입법조치가 있다는 이유만으로 곧 국가가 기본권 보호를 위해 필요한 최소한의 입법적 조치를 다하지 않아 그로써 위헌적인 입법적 불비나 불완전한 입법상태가 초래된 것이라고 볼 수 없다(2008.7.31, 2004헌바81). 2017년 법무사

ㄷ. [O] 입법자는 「형법」과 「모자보건법」 등 관련 규정들을 통하여 태아의 생명에 대한 직접적 침해 위험을 규범적으로 충분히 방지하고 있으므로 이 사건 법률조항들이 태아가 사산한 경우에 한해서 태아 자신에게 불법적인 생명 침해로 인한 손해배상청구권을 인정하지 않고 있다고 하여 단지 그 이유만으로 입법자가 태아의 생명 보호를 위해 국가에게 요구되는 최소한의 보호조치마저 취하지 않은 것이라 비난할 수 없다(2008.7.31, 2004헌바81).

ㄹ. [O] 태아도 생명권의 주체가 되며 국가는 태아의 생명을 보호할 의무가 있지만, 그 생명 침해로 인한 손해배상청구권이 태아의 생명권으로부터 직접 도출된다고 보기 어렵고, 생명의 발전과정에 대해 언제나 동일한 법적 효과를 부여해야 하는 것은 아니므로 태아가 살아서 출생할 것을 조건으로 손해배상청구권을 인정한다고 해도 국가가 생명권 보호의무를 위반한 것은 아니다(2008.7.31, 2004헌바81). 2002년 사시

ㅁ. [O] 태아는 형성 중의 인간으로서 생명을 보유하고 있으므로 국가는 태아를 위하여 각종 보호조치들을 마련해야 할 의무가 있다. 하지만 그와 같은 국가의 기본권 보호의무로부터 태아의 출생 전에, 또한 태아가 살아서 출생할 것인가와는 무관하게, 태아를 위하여 「민법」상 일반적 권리능력까지도 인정하여야 한다는 헌법적 요청이 도출되지는 않는다(2008.7.31., 2004헌바81).

ㅂ. [X] 인간이라는 생명체의 형성이 출생 이전의 그 어느 시점에서 시작됨을 인정하더라도, 법적으로 사람의 시기를 출생의 시점에서 시작되는 것으로 보는 것이 헌법적으로 금지된다고 할 수 없고, 동일한 생명이라 할지라도 법질서가 생명의 발전과정을 일정한 단계들로 구분하고 그 각 단계에 상이한 법적 효과를 부여하는 것이 불가능하지 않다(2008.7.31., 2004헌바81).

정답 ②

031 기본권 주체에 대한 설명으로 옳은 것은?

① 출국만기보험금은 퇴직금의 성질을 가지고 있으나 그 지급시기에 관한 것은 근로조건의 문제이므로 외국인 청구인들에게 기본권 주체성이 인정되지 않는다.
② 근로의 권리의 내용 중 일할 자리에 관한 권리는 사회권적 기본권의 성격도 갖고 있으나, 외국인 근로자라고 하여 일할 자리에 대한 기본권 주체성을 부인할 수는 없다.
③ 인간의 권리로서 외국인에게도 주체성이 인정되는 일정한 기본권은 불법체류 여부에 따라 그 인정 여부가 달라지는 것은 아니다.
④ 불법체류 중인 외국인이라 하더라도 불법체류라는 것은 관련 법령에 의하여 체류자격이 인정되지 않는다는 것일 뿐이므로, '인간의 권리'로서 외국인에게도 주체성이 인정되는 일정한 기본권에 관하여 불법체류 여부에 따라 그 인정 여부가 달라지는 것은 아니다. 그러므로 불법체류 중인 외국인이 '국가인권위원회의 공정한 조사를 받을 권리' 역시 변호인의 조력을 받을 권리, 재판청구권 등과 마찬가지로 외국인에게도 헌법상 인정되는 기본권에 해당한다고 보아야 한다.
⑤ 외국인에게 직장선택의 자유에 대한 기본권 주체성을 인정한다는 것은 이들에게 우리 국민과 동일한 수준의 직장선택의 자유가 보장된다는 것을 의미하는 것이다.

▶ 정답 및 해설

① [X] 헌법상 근로의 권리는 '일할 자리에 관한 권리'만이 아니라 '일할 환경에 관한 권리'도 의미하는데, '일할 환경에 관한 권리'는 인간의 존엄성에 대한 침해를 방어하기 위한 권리로서 외국인에게도 인정되며, 건강한 작업환경, 일에 대한 정당한 보수, 합리적인 근로조건의 보장 등을 요구할 수 있는 권리 등을 포함한

다. 여기서의 근로조건은 임금과 그 지불방법, 취업시간과 휴식시간 등 근로계약에 의하여 근로자가 근로를 제공하고 임금을 수령하는 데 관한 조건들이고, 이 사건 출국만기보험금은 퇴직금의 성질을 가지고 있어서 그 지급시기에 관한 것은 근로조건의 문제이므로 외국인인 청구인들에게도 기본권 주체성이 인정된다(2016.3.31, 2014헌마367).

② [×] 근로의 권리란 인간이 자신의 의사와 능력에 따라 근로관계를 형성하고, 타인의 방해를 받음이 없이 근로관계를 계속 유지하며, 근로의 기회를 얻지 못한 경우에는 국가에 대하여 근로의 기회를 제공하여 줄 것을 요구할 수 있는 권리를 말하며, 이러한 근로의 권리는 사회권적 기본권의 성격이 강하므로 이에 대한 외국인의 기본권 주체성을 전면적으로 인정하기는 어렵다. 그러나 근로의 권리는 '일할 자리에 관한 권리' 만이 아니라 '일할 환경에 관한 권리'도 함께 내포하고 있는바, 후자는 자유권적 기본권의 성격도 갖고 있어 건강한 작업환경, 일에 대한 정당한 보수, 합리적인 근로조건의 보장 등을 요구할 수 있는 권리 등을 포함한다고 할 것이므로 외국인 근로자라고 하여 이 부분에까지 기본권 주체성을 부인할 수는 없다. 즉 근로의 권리의 구체적인 내용에 따라, 국가에 대하여 고용증진을 위한 사회적·경제적 정책을 요구할 수 있는 권리는 사회권적 기본권으로서 국민에 대하여만 인정해야 하지만, 최소한의 근로조건을 요구할 수 있는 권리로서 자유권적 기본권의 성격도 아울러 가지므로 이러한 경우 외국인 근로자에게도 그 기본권 주체성을 인정함이 타당하다(2002.11.28, 2001헌바50).

③ [○] 「헌법재판소법」 제68조 제1항 소정의 헌법소원은 기본권의 주체이어야만 청구할 수 있는데, 단순히 '국민의 권리'가 아니라 '인간의 권리'로 볼 수 있는 기본권에 대해서는 외국인도 기본권의 주체가 될 수 있다. 나아가 청구인들이 불법체류 중인 외국인들이라 하더라도, 불법체류라는 것은 관련 법령에 의하여 체류자격이 인정되지 않는다는 것일 뿐이므로, '인간의 권리'로서 외국인에게도 주체성이 인정되는 일정한 기본권에 관하여 불법체류 여부에 따라 그 인정 여부가 달라지는 것은 아니다(2012.8.23, 2008헌마430).

④ [×] 「헌법재판소법」 제68조 제1항 소정의 헌법소원은 기본권의 주체이어야만 청구할 수 있는데, 단순히 '국민의 권리'가 아니라 '인간의 권리'로 볼 수 있는 기본권에 대해서는 외국인도 기본권의 주체가 될 수 있다. 나아가 청구인들이 불법체류 중인 외국인들이라 하더라도, 불법체류라는 것은 관련 법령에 의하여 체류자격이 인정되지 않는다는 것일 뿐이므로, '인간의 권리'로서 외국인에게도 주체성이 인정되는 일정한 기본권에 관하여 불법체류 여부에 따라 그 인정 여부가 달라지는 것은 아니다. 청구인들이 침해받았다고 주장하고 있는 신체의 자유, 주거의 자유, 변호인의 조력을 받을 권리, 재판청구권 등은 성질상 인간의 권리에 해당한다고 볼 수 있으므로, 위 기본권들에 관하여는 청구인들의 기본권 주체성이 인정된다. 그러나 '국가인권위원회의 공정한 조사를 받을 권리'는 헌법상 인정되는 기본권이라고 하기 어렵고, 이 사건 보호 및 강제퇴거가 청구인들의 노동3권을 직접 제한하거나 침해한 바 없음이 명백하므로, 위 기본권들에 대하여는 본안판단에 나아가지 아니한다(2012.8.23., 2008헌마430).

⑤ [×] 직업의 자유 중 이 사건에서 문제되는 직장선택의 자유는 인간의 존엄과 가치 및 행복추구권과도 밀접한 관련을 가지는 만큼 단순히 국민의 권리가 아닌 인간의 권리로 보아야 할 것이므로 권리의 성질상 참정권, 사회권적 기본권, 입국의 자유 등과 같이 외국인의 기본권 주체성을 전면적으로 부정할 수는 없고, 외국인도 제한적으로라도 직장선택의 자유를 향유할 수 있다고 보아야 한다. 한편 기본권 주체성의 인정 문제와 기본권 제한의 정도는 별개의 문제이므로, 외국인에게 직장선택의 자유에 대한 기본권 주체성을 인정한다는 것이 곧바로 이들에게 우리 국민과 동일한 수준의 직장선택의 자유가 보장된다는 것을 의미하는 것은 아니라고 할 것이다(2011.9.29, 2007헌마1083 등).

정답 ③

032 지방자치단체와 그 장의 기본권 주체성에 대한 설명으로 옳은 것은?

① 지방자치단체의 장은 주민들의 기본권을 보호하기 위해 필요한 범위 내에서 그 자신이 기본권의 주체가 될 수 있다.
② 지방자치단체의 장은 주민의 복리를 증진하기 위하여 활동하는 범위 내에서 기본권을 향유할 수 없다.
③ 선출직공무원인 하남시장에 대한 주민소환은 공무담임권과 관련된 것이라기보다는 직무상의 권한 행사와 관련된 것이므로 지방자치단체의 장에게는 기본권의 주체성이 인정된다 할 수 없다.
④ 지방자치단체장은 국민의 기본권을 보호 내지 실현하여야 할 책임과 의무를 가지는 국가기관의 지위를 갖기 때문에 「주민소환에 관한 법률」의 관련 규정으로 인해 자신의 공무담임권이 침해됨을 이유로 헌법소원을 청구할 수 있는 기본권 주체로 볼 수 없다.
⑤ 공직자는 국가기관의 지위에서 순수한 직무상의 권한행사와 관련하여 기본권 침해를 주장하는 경우에는 기본권의 주체성을 인정하기 어려울 뿐 아니라 그 외의 사적인 영역에 있어서는 기본권의 주체가 될 수 없다.

▶ 정답 및 해설

①[X] 지방자치단체의 장은 기본권의 주체가 될 수 없는 것이 원칙이지만(1999.5.29, 98헌마214), 일반 국민의 지위에서는 기본권의 주체가 될 수 있다. 지문과 같이 지방자치단체의 장이 주민의 기본권을 보호하기 위한 행위를 하는 것은 일반 국민의 지위에서가 아닌 지방자치단체의 장의 지위에 기한 것이므로 기본권 주체가 될 수 없다.

②[O] 지방자치단체의 장이 주민의 복리를 증진하기 위하여 활동하는 것은 지방자치단체의 장의 지위에 기한 것이므로 기본권 주체로서의 기본권 행사에 해당하지 아니한다.

③[X] 청구인은 선출직 공무원인 하남시장으로서 이 사건 법률조항으로 인하여 공무담임권 등이 침해된다고 주장하여, 순수하게 직무상의 권한행사와 관련된 것이라기보다는 공직의 상실이라는 개인적인 불이익과 연관된 공무담임권을 다투고 있으므로, 이 사건에서 청구인에게는 기본권의 주체성이 인정된다 할 것이다(1995.3.23, 95헌마53).

④[X] 국가 및 그 기관 또는 조직의 일부나 공법인은 원칙적으로는 기본권의 '수범자'로서 기본권의 주체가 되지 못하고, 다만 국민의 기본권을 보호 내지 실현하여야 할 책임과 의무를 지니는 데 그칠 뿐이므로(1994.12.29, 93헌마120), 공직자가 국가기관의 지위에서 순수한 직무상의 권한 행사와 관련하여 기본권 침해를 주장하는 경우에는 기본권의 주체성을 인정하기 어렵다 할 것이나, <u>그 외의 사적인 영역에 있어서는 기본권의 주체가 될 수 있는 것이다</u>(2009.3.26, 2007헌마843).

⑤[X] 국가 및 그 기관 또는 조직의 일부나 공법인은 원칙적으로는 기본권의 '수범자'로서 기본권의 주체가 되지 못하고, 다만 국민의 기본권을 보호 내지 실현하여야 할 책임과 의무를 지니는 데 그칠 뿐이므로, <u>공직자가 국가기관의 지위에서 순수한 직무상의 권한 행사와 관련하여 기본권 침해를 주장하는 경우에는 기본권의 주체성을 인정하기 어려우나, 그 외의 사적인 영역에 있어서는 기본권의 주체가 될 수 있다.</u> 청구인은 선출직공무원인 하남시장으로서 주민소환투표가 발의된 경우 주민소환 투표대상자의 권한을 정지시키는 이 사건 법률조항으로 인하여 공무담임권 등이 침해된다고 주장하여, 순수하게 직무상의 권한 행사와 관련된 것이라기보다는 공직의 상실이라는 개인적인 불이익과 연관된 공무담임권을 다투고 있으므로, 기본권의 주체성이 인정된다(2009.3.26., 2007헌마843).

정답 ②

033 기본권 주체성에 대한 설명으로 옳은 것은?

① 국회의원은 국회 내 의안처리과정에서 질의권·토론권 및 표결권 등을 침해받았음을 원인으로 하는 경우 헌법소원을 제기할 적격이 있다.
② 공법상 재단법인 방송문화진흥회가 최다출자자인 방송사업자는 관련 규정에 의하여 공법상의 의무를 부담하고 있기 때문에 기본권 주체가 될 수 없다.
③ 서울시의회는 기본권의 '수범자'이자 기본권의 주체로서 그 '소지자'이므로 기본권의 주체가 될 수 있고 따라서 헌법소원을 제기할 수 있는 적격이 있다.
④ 학교안전공제회는 공법인적 성격과 사법인적 성격을 겸유하고 있는데, 재판청구권의 주체가 될 수 있다.
⑤ 헌법상 기본권의 주체가 될 수 있는 법인은 원칙적으로 사법인에 한하는 것이고 공법인은 헌법의 수범자이지 기본권의 주체가 될 수 없으므로 축협중앙회의 경우는 기본권의 주체가 될 수 없다.

▶ 정답 및 해설

① [X] 입법권은 헌법 제40조에 의하여 국가기관으로서의 국회에 속하는 것이고, 국회의원이 국회 내에서 행사하는 질의권·토론권 및 표결권 등은 입법권 등 공권력을 행사하는 국가기관인 국회의 구성원의 지위에 있는 국회의원에게 부여된 권한으로서 국회의원 개인에게 헌법이 보장하는 권리 즉 기본권으로 인정된 것이라고 할 수는 없다(1995.2.23, 91헌마231).
② [X] 청구인의 경우 공법상 재단법인인 방송문화진흥회가 최다출자자인 방송사업자로서「방송법」등 관련 규정에 의하여 공법상의 의무를 부담하고 있지만,「상법」에 의하여 설립된 주식회사로 설립목적은 언론의 자유의 핵심 영역인 방송사업이므로 이러한 업무수행과 관련하여 당연히 기본권 주체가 될 수 있고, 그 운영을 광고수익에 전적으로 의존하고 있는 만큼 이를 위해 사경제주체로서 활동하는 경우에도 기본권 주체가 될 수 있는바, 이 사건 심판청구는 청구인이 그 운영을 위한 영업활동의 일환으로 방송광고를 판매하는 지위에서 그 제한과 관련하여 이루어진 것이므로 그 기본권 주체성을 인정할 수 있다(2013.9.26., 2012헌마271).
③ [X] 기본권의 보장에 관한 각 헌법규정의 해석상 국민(또는 국민과 유사한 지위에 있는 외국인과 사법인)만이 기본권의 주체라 할 것이고, 국가나 국가기관 또는 국가조직의 일부나 공법인은 기본권의 '수범자'이지 기본권의 주체로서 그 '소지자'가 아니고 오히려 국민의 기본권을 보호 내지 실현해야 할 책임과 의무를 지니고 있는 지위에 있을 뿐이므로, 공법인인 지방자치단체의 의결기관인 청구인 의회는 기본권의 주체가 될 수 없고 따라서 헌법소원을 제기할 수 있는 적격이 없다(1998.3.26, 96헌마345).
④ [O] 공제회는「학교안전사고 예방 및 보상에 관한 법률」에 의하여 설립된 공공단체로서, 국가로부터 존립목적을 부여받아 행정목적을 수행하는 공법인적 특성을 갖고 있다. 반면, 공제회는「민법」이 적용되던 과거 학교안전공제회와 동일한 성격의 단체일 뿐, 행정관청 또는 그로부터 행정권한을 위임받은 단체로 보기 어렵다. 이처럼 공제회는 공법인적 성격과 사법인적 성격을 겸유하고 있는데, 공제회가 일부 공법인적 성격을 갖고 있다고 하더라도 공무를 수행하거나 고권적 행위를 하는 경우가 아닌 사경제주체로서 활동하는 경우나 조직법상 국가로부터 독립한 고유업무를 수행하는 경우, 그리고 다른 공권력 주체와의 관계에서 지배복종관계가 성립되어 일반 사인처럼 그 지배하에 있는 경우 등에는 기본권 주체가 될 수 있다(2015.7.30, 2014헌가7).
⑤ [X] 헌법상 기본권의 주체가 될 수 있는 법인은 원칙적으로 사법인에 한하는 것이고 공법인은 헌법의 수범자이지 기본권의 주체가 될 수 없다. 축협중앙회의 경우는 지역별·업종별 축협과 비교할 때 회원의 임의탈퇴나 임의해산이 불가능한 점 등 그 공법인성이 상대적으로 크다고 할 것이지만 이로써 공법인이라고 단정할 수는 없는 반면, 그 존립목적 및 설립형식에서의 자주적 성격에 비추어 사법인적 성격도 부인할 수 없으므로, 축협중앙회는 공법인성과 사법인성을 겸유한 특수한 법인으로서 이 사건에서 기본권의 주체가 될 수 있다(헌재 2000. 6. 1. 99헌마553).

정답 ④

034 기본권 주체성에 대한 설명으로 옳지 않은 것은?

① 정당은 국민의 정치적 의사형성에 참여하기 위한 조직으로 성격상 권리능력 없는 단체에 속하지만, 구성원과는 독립하여 그 자체로서 기본권의 주체가 될 수 있고, 그 조직 자체의 기본권이 직접 침해당한 경우 자신의 이름으로 헌법소원심판을 청구할 수 있다.
② 정당이 침해된다고 주장하는 기본권은 생명·신체의 안전에 관한 것으로서 성질상 자연인에게만 인정되는 것이므로, 이와 관련하여 진보신당과 같은 권리능력 없는 단체는 기본권의 행사에 있어 그 주체가 될 수 없다.
③ 정당은 그 정당원이나 일반 국민의 기본권이 침해됨을 이유로 이들을 위하거나 이들을 대신하여 헌법소원심판을 청구하는 것은 원칙적으로 허용된다.
④ 근로의 권리는 근로자를 개인의 차원에서 보호하기 위한 권리로서 개인인 근로자가 근로의 권리의 주체가 되는 것이고, 노동조합은 그 주체가 될 수 없다.
⑤ 헌법 제33조 제1항이 보장하고 있는 근로자의 근로 3권은 근로자들의 집단적 활동을 보장하기 위한 권리로서, 개인인 근로자뿐 아니라 단결체인 노동조합도 근로 3권의 주체가 된다.

▶ 정답 및 해설

① [O] (헌재 2008. 12. 26. 2008헌마419등).
② [O] 정당인 진보신당은 국민의 정치적 의사형성에 참여하기 위한 조직으로 성격상 권리능력 없는 단체에 속하지만, 구성원과는 독립하여 그 자체로서 기본권의 주체가 될 수 있고, 그 조직 자체의 기본권이 직접 침해당한 경우 자신의 이름으로 헌법소원심판을 청구할 수 있다. 그러나 이 사건에서 정당인 진보신당이 침해된다고 주장하는 기본권은 생명·신체의 안전에 관한 것으로서 성질상 자연인에게만 인정되는 것이므로, 이와 관련하여 진보신당과 같은 권리능력 없는 단체는 기본권의 행사에 있어 그 주체가 될 수 없다. 또한 진보신당이 그 정당원이나 일반 국민의 기본권이 침해됨을 이유로 이들을 위하거나 이들을 대신하여 헌법소원심판을 청구하는 것은 원칙적으로 허용되지 않는다(헌재 2008. 12. 26. 2008헌마419등).
③ [X] 이 사건에서 정당인 진보신당이 침해된다고 주장하는 기본권은 생명·신체의 안전에 관한 것으로서 성질상 자연인에게만 인정되는 것이므로, 이와 관련하여 진보신당과 같은 권리능력 없는 단체는 기본권의 행사에 있어 그 주체가 될 수 없다. 또한 진보신당이 그 정당원이나 일반 국민의 기본권이 침해됨을 이유로 이들을 위하거나 **이들을 대신하여 헌법소원심판을 청구하는 것은 원칙적으로 허용되지 않는다**(헌재 2008. 12. 26. 2008헌마419등).
④ [O] 헌법 제32조 제1항은 국가의 개입·간섭을 받지 않고 자유로이 근로를 할 자유와, 국가에 대하여 근로의 기회를 제공하는 정책을 수립해 줄 것을 요구할 수 있는 권리 등을 기본적인 내용으로 하고 있다. 이러한 근로의 권리는 근로자를 개인의 차원에서 보호하기 위한 권리로서 개인인 근로자가 근로의 권리의 주체가 되는 것이고, 노동조합은 그 주체가 될 수 없는 것으로 이해해야 한다(헌재 2009. 2. 26. 2007헌바27).
⑤ [O] 헌법 제33조 제1항이 보장하고 있는 근로자의 근로 3권은 근로자들의 집단적 활동을 보장하기 위한 권리로서, 개인인 근로자뿐 아니라 단결체인 노동조합도 근로 3권의 주체가 된다. 근로 3권의 법적 성격은 자유권적 기본권으로서의 성격과 사회권적 기본권으로서의 성격을 모두 포함하는 것이며, 근로 3권의 실질적 보장을 위하여 국가의 적극적인 활동 즉 적정한 입법조치를 할 의무가 있는 것으로 해석되어야 한다(헌재 2009. 2. 26. 2007헌바27).

정답 ③

제4절 기본권의 성격

제5절 기본권의 효력

035 기본권에 대한 설명으로 옳은 것은?

① 헌법 제15조에 의한 직업선택의 자유는 데 직업의 선택 혹은 수행의 자유는 각자의 생활의 기본적 수요를 충족시키는 방편이 되고, 또한 개성신장의 바탕이 된다는 점에서 주관적 공권의 성격이 두드러진 것이기는 하나, 객관적 법질서의 구성요소라고 할 수 는 없다.
② 기본권은 공동체의 객관적 가치질서로서의 성격을 가지므로, 적어도 생명·신체의 보호와 같은 중요한 기본권적 법익 침해에 대해서는 그것이 국가가 아닌 제3자로서의 사인에 의해서 유발된 것이라고 하더라도 국가가 적극적인 보호의 의무를 진다.
③ 국가의 보호의무를 입법자가 어떻게 실현하여야 할 것인가 하는 문제는 입법자의 책임범위에 속하므로, 헌법재판소는 권력분립의 관점에서 소위 과잉보호금지원칙을, 즉 국가가 국민의 법익보호를 위하여 적절하고 효율적인 최대한의 보호조치를 취했는가를 기준으로 심사한다.
④ 공개되지 아니한 타인간의 대화를 녹음 또는 청취하여 지득한 대화의 내용을 공개하거나 누설한 자를 처벌하는 통신비밀보호법은 대화자의 통신의 비밀과 공개자의 표현의 자유라는 두 기본권 간 경합이 발생한다.
⑤ 통신의 비밀와 표현의 자유의 자유 충돌시 표현의 자유가 상위기본권으로 더 우선시되어야 한다.

▶ 정답 및 해설

①【X】 헌법 제15조에 의한 직업선택의 자유는 자신이 원하는 직업 내지 직종을 자유롭게 선택하는 직업선택의 자유와 그가 선택한 직업을 자기가 결정한 방식으로 자유롭게 수행할 수 있는 직업수행의 자유를 포함하는 개념이다. 그런데 직업의 선택 혹은 수행의 자유는 각자의 생활의 기본적 수요를 충족시키는 방편이 되고, 또한 개성신장의 바탕이 된다는 점에서 주관적 공권의 성격이 두드러진 것이기는 하나, 다른 한편으로는 국민 개개인이 선택한 직업의 수행에 의하여 국가의 사회질서와 경제질서가 형성된다는 점에서 사회적 시장경제질서라고 하는 객관적 법질서의 구성요소이기도 하다. 따라서 각 개인이 향유하는 직업에 대한 선택 및 수행의 자유는 공동체의 경제사회질서에 직접적인 영향을 미치는 것이기 때문에 공동체의 동화적 통합을 촉진시키기 위하여 필요불가결한 경우에는 헌법 제37조 제2항 전문규정에 따라 제한을 가할 수 있다(헌재 1996. 8. 29. 94헌마113).
②【O】 헌법 제10조의 규정에 의하면, 국가는 개인이 가지는 불가침의 기본적 인권을 확인하고 이를 보장할 의무를 지고 기본권은 공동체의 객관적 가치질서로서의 성격을 가지므로, 적어도 생명·신체의 보호와 같은 중요한 기본권적 법익 침해에 대해서는 그것이 국가가 아닌 제3자로서의 사인에 의해서 유발된 것이라고 하더라도 국가가 적극적인 보호의 의무를 진다(2020. 3. 26. 2017헌마1281).
③【X】 국가의 보호의무를 입법자가 어떻게 실현하여야 할 것인가 하는 문제는 입법자의 책임범위에 속하므로, 헌법재판소는 권력분립의 관점에서 소위 **과소보호금지원칙을**, 즉 국가가 국민의 법익보호를 위하여 적어도 적절하고 효율적인 **최소한의 보호조치**를 취했는가를 기준으로 심사하게 되어, 결국 헌법재판소로서는 국가가 특정조치를 취해야만 당해 법익을 효율적으로 보호할 수 있는 유일한 수단인 특정조치를 취하지

않은 때에 보호의무의 위반을 확인하게 된다고 보았다(헌재 1997. 1. 16. 90헌마110등).
④ [×] 이 사건 법률조항은 다른 한편으로는 위법하게 취득한 타인간의 대화내용을 공개하는 자를 처벌함으로써 그 대화내용을 공개하는 자의 표현의 자유를 제한하게 된다. 즉, 위법하게 취득한 타인간의 대화내용이 민주국가에서 여론의 형성 등 공익을 위해 일반에게 공개할 필요가 있는 것이라 하더라도 이 사건 법률조항이 그 대화내용의 공개를 금지함으로써, 이를 공개하려고 하거나 공개한 자는 표현의 자유를 제한받게 되는 것이다. 따라서 이 사건 법률조항에 의하여 대화자의 통신의 비밀과 공개자의 표현의 자유라는 **두 기본권이 충돌하게 된다**(2011. 8. 30. 선고 2009헌바42).
⑤ [×] 기본권이 충돌하는 경우 헌법의 통일성을 유지하기 위하여 상충하는 기본권 모두 최대한으로 그 기능과 효력을 발휘할 수 있도록 조화로운 방법이 모색되어야 하므로, 과잉금지원칙에 따라서 제한하는 법률조항의 목적이 정당한 것인가, 그러한 목적을 달성하기 위하여 마련된 수단이 표현의 자유를 제한하는 정도와 대화의 비밀을 보호하는 정도 사이에 적정한 비례를 유지하고 있는가의 관점에서 심사하기로 한다(2011. 8. 30. 선고 2009헌바42).

정답 ②

036 구 교통사고처리 특례법 제4조 제1항 본문 중 업무상 과실 또는 중대한 과실로 인한 교통사고로 말미암아 피해자로 하여금 상해에 이르게 한 경우 공소를 제기할 수 없도록 한 부분에 대한 헌법재판소 판례와 일치하지 않는 것은 모두 몇 개인가?

ㄱ. 교통사고 피해자가 업무상 과실 또는 중대한 과실로 인하여 '중상해'를 입은 경우, 구「교통사고처리 특례법」제4조 제1항 본문 중 업무상 과실 또는 중대한 과실로 인한 교통사고로 말미암아 피해자로 하여금 상해에 이르게 한 경우 공소를 제기할 수 없도록 한 부분은 그 목적의 정당성이 인정되며, 그 수단의 적절성도 인정된다.

ㄴ. 교통사고 피해자가 업무상 과실 또는 중대한 과실로 인하여 '중상해가 아닌 상해'를 입은 경우 구「교통사고처리 특례법」제4조 제1항 본문 중 업무상 과실 또는 중대한 과실로 인한 교통사고로 말미암아 피해자로 하여금 상해에 이르게 한 경우 공소를 제기할 수 없도록 한 부분은 과잉금지원칙에 위배되어 재판절차진술권을 침해한다.

ㄷ. 교통사고 피해자가 업무상 과실 또는 중대한 과실로 인하여 '중상해'를 입은 경우 구「교통사고처리 특례법」제4조 제1항 본문 중 업무상 과실 또는 중대한 과실로 인한 교통사고로 말미암아 피해자로 하여금 상해에 이르게 한 경우 공소를 제기할 수 없도록 한 부분에는 엄격한 심사기준에 의하여 판단한다.

ㄹ. 교통사고 피해자가 업무상 과실 또는 중대한 과실로 인하여 '중상해'를 입은 경우 구「교통사고처리 특례법」제4조 제1항 본문 중 업무상 과실 또는 중대한 과실로 인한 교통사고로 말미암아 피해자로 하여금 상해에 이르게 한 경우 공소를 제기할 수 없도록 한 부분은 교통사고로 중상해를 입은 피해자들의 평등권을 침해하는 것이라 할 것이다.

ㅁ. 구「교통사고처리 특례법」제4조 제1항 본문 중 업무상 과실 또는 중대한 과실로 인한 교통사고로 말미암아 피해자로 하여금 상해에 이르게 한 경우 공소를 제기할 수 없도록 한 부분은 국가의 기본권 보호의무의 위반 여부에 관한 심사기준인 과소보호금지의 원칙에 위반한 것이라고 볼 수 없다.

ㅂ. 구「교통사고처리 특례법」제4조 제1항 본문 중 업무상 과실 또는 중대한 과실로 인한 교통사고로 말미암아 피해자로 하여금 상해에 이르게 한 경우 공소를 제기할 수 없도록 한 부분이 과소보호금지원칙에 위배되지 않으면 과잉금지원칙 위반을 심사할 수 없다.

① 1개　　　　　　② 2개　　　　　　③ 3개
④ 4개　　　　　　⑤ 5개

▶ 정답 및 해설

ㄱ. [O] 이 사건 법률조항은 자동차 수의 증가와 자가운전 확대에 즈음하여 운전자들의 종합보험 가입을 유도하여 교통사고 피해자의 손해를 신속하고 적절하게 구제하고, 교통사고로 인한 전과자 양산을 방지하기 위한 것으로 그 목적의 정당성이 인정되며, 그 수단의 적절성도 인정된다. 그러나 교통사고 피해자가 신체의 상해로 인하여 생명에 대한 위험이 발생하거나 불구 또는 불치나 난치의 질병에 이르게 된 경우, 즉 중상해를 입은 경우(「형법」제258조 제1항 및 제2항 참조), 사고발생 경위, 피해자의 특이성(노약자 등)과 사고발생에 관련된 피해자의 과실 유무 및 정도 등을 살펴 가해자에 대하여 정식기소 이외에도 약식기소 또는 기소유예 등 다양한 처분이 가능하고 정식기소된 경우에는 피해자의 재판절차진술권을 행사할 수 있게 하여야 함에도, 이 사건 법률조항에서 가해차량이 종합보험 등에 가입하였다는 이유로「교통사고처리 특례법」제3조 제2항 단서조항에 해당하지 않는 한 무조건 면책되도록 한 것은 기본권침해의 최소성에 위반된다(2009.2.26, 2005헌마764 등).

ㄴ. [X] 이 사건 법률조항이 교통사고로 인한 피해자에게 중상해가 아닌 상해의 결과만을 야기한 경우 가해운전자에 대하여 가해차량이 종합보험 등에 가입되어 있음을 이유로 공소를 제기하지 못하도록 규정한 한도 내에서는, 그 제정목적인 교통사고로 인한 피해의 신속한 회복을 촉진하고 국민생활의 편익을 도모하려는 공익과 동 법률조항으로 인하여 침해되는 피해자의 재판절차에서의 진술권과 비교할 때 상당한 정도 균형을 유지하고 있으며, 단서조항에 해당하지 않는 교통사고의 경우에는 대부분 가해 운전자의 주의의무 태만에 대한 비난가능성이 높지 아니하고, 경미한 교통사고 피의자에 대하여는 비형벌화하려는 세계적인 추세 등에 비추어도 위와 같은 목적의 정당성, 방법의 적절성, 피해의 최소성, 이익의 균형성을 갖추었으므로 과잉금지의 원칙에 반하지 않는다(2009.2.26, 2005헌마764 등).

ㄷ. [O] 단서조항에 해당하지 않는 교통사고로 중상해를 입은 피해자와 단서조항에 해당하는 교통사고의 중상해 피해자 및 사망사고의 피해자 사이의 차별 문제는 교통사고 운전자의 기소 여부에 따라 피해자의 헌법상 보장된 재판절차진술권이 행사될 수 있는지 여부가 결정되어 이는 기본권 행사에 있어서 중대한 제한을 구성하기 때문에 엄격한 심사기준에 의하여 판단한다(2009.2.26, 2005헌마764).

ㄹ. [O] 교통사고로 인하여 중상해를 입은 결과, 식물인간이 되거나 평생 심각한 불구 또는 난치의 질병을 안고 살아가야 하는 피해자의 경우, 그 결과의 불법성이 사망사고 보다 결코 작다고 단정할 수 없으므로, 교통사고로 인하여 피해자가 사망한 경우와 달리 중상해를 입은 경우 가해운전자를 기소하지 않음으로써 그 피해자의 재판절차진술권을 제한하는 것 또한 합리적인 이유가 없는 차별취급이라고 할 것이다. 따라서 이 사건 법률조항으로 인하여 단서조항에 해당하지 아니하는 교통사고로 중상해를 입은 피해자를 단서조항에 해당하는 교통사고의 중상해 피해자 및 사망사고의 피해자와 재판절차진술권의 행사에 있어서 달리 취급한 것은, 단서조항에 해당하지 아니하는 교통사고로 중상해를 입은 피해자들의 평등권을 침해하는 것이라 할 것이다(2009.2.26, 2005헌마764).

ㅁ. [O] 국가의 신체와 생명에 대한 보호의무는 교통과실범의 경우 발생한 침해에 대한 사후처벌뿐 아니라, 무엇보다도 우선적으로 운전면허취득에 관한 법규 등 전반적인 교통 관련 법규의 정비, 운전자와 일반 국민에 대한 지속적인 계몽과 교육, 교통안전에 관한 시설의 유지 및 확충, 교통사고 피해자에 대한 보상제도 등 여러 가지 사전적·사후적 조치를 함께 취함으로써 이행된다 할 것이므로, 형벌은 국가가 취할 수 있는 유효적절한 수많은 수단 중의 하나일 뿐이지, 결코 형벌까지 동원해야만 보호법익을 유효적절하게 보호할 수 있다는 의미의 최종적인 유일한 수단이 될 수는 없다 할 것이다. 따라서 이 사건 법률조항은 국가의 기본권 보호의무의 위반 여부에 관한 심사기준인 과소보호금지의 원칙에 위반한 것이라고 볼 수 없다(2009.2.26, 2005헌마764).

ㅂ. [X]「교통사고처리 특례법」제4조 제1항 본문 중 업무상 과실 또는 중대한 과실로 인한 교통사고로 말미암아 피해자로 하여금 상해에 이르게 한 경우 공소를 제기할 수 없도록 한 부분이 과소보호금지원칙에 위

배되지 않았으나, 교통사고 피해자가 업무상 과실 또는 중대한 과실로 인하여 '중상해'를 입은 경우「교통사고처리 특례법」제4조 제1항 본문 중 업무상 과실 또는 중대한 과실로 인한 교통사고로 말미암아 피해자로 하여금 상해에 이르게 한 경우 공소를 제기할 수 없도록 한 부분은 과잉금지원칙에 위배되어 재판절차진술권을 침해한다.

정답 ②

제6절 기본권의 제한

037 기본권 제한의 한계에 대한 설명으로 옳은 것은?

① 일반적 법률유보조항으로 헌법 제37조 제2항은 기본권 제한입법의 수권규정이지만, 그것은 동시에 기본권 제한입법의 한계 규정이기도 하다.
② 헌법상 법치주의의 한 내용인 법률유보의 원칙은 국민의 기본권 실현에 관련된 영역에 있어서 국가 행정권의 행사에 관하여 적용되는 것이지, 기본권규범과 관련 없는 경우에까지 준수되도록 요청되는 것이라고 할 것이다.
③ 청원경찰은 근무의 공공성 때문에 일정한 경우에 공무원과 유사한 대우를 받고 있는 등으로 일반 근로자와 공무원의 복합적 성질을 가지고 있으므로 청원경찰 징계는 법률유보의 원칙이 적용된다.
④ 형사피해자의 재판절차진술권을 규정한 헌법 제27조 제5항이 정한 법률유보는 제한적 법률유보원칙이므로 이에 대하 제한에는 엄격한 비례원칙이 적용된다.
⑤ 국가배상청구권의 요건으로 고의 또는 과실을 규정하고 있는 국가배상법 제2조 제1항은 이미 형성된 국가배상청구권의 행사 및 존속을 제한하는 법조항이므로 과잉금지원칙에 위배했는지를 기준으로 헌법상 국가배상청구권을 침해하는지 여부를 심사한다.

▶ 정답 및 해설

①[O] 일반적 법률유보조항(一般的 法律留保條項)으로 헌법 제37조 제2항에서 "국민의 모든 자유와 권리는 국가안전보장·질서유지 또는 공공복리를 위하여 필요한 경우에 한하여 법률로서 제한할 수 있으며, 제한하는 경우에도 자유와 권리의 본질적인 내용을 침해할 수 없다."고 규정하고 있다. … 헌법 제37조 제2항의 규정은 **기본권 제한입법의 수권(授權) 규정이지만, 그것은 동시에 기본권 제한입법의 한계(限界) 규정이기도 하기 때문에**, 입법부도 수권의 범위를 넘어 자의적인 입법을 할 수 있는 것은 아니며, 사유재산권을 제한하는 입법을 함에 있어서도 그 본질적인 내용의 침해가 있거나 과잉금지의 원칙에 위배되는 입법을 할 수 없음은 자명한 것이다(헌재 1990. 9. 3. 89헌가95).
②[X] 헌법상 법치주의의 한 내용인 법률유보의 원칙은 국민의 기본권 실현에 관련된 영역에 있어서 국가 행정권의 행사에 관하여 적용되는 것이지, 기본권규범과 관련 없는 경우에까지 준수되도록 요청되는 것은 아니라 할 것이다(헌재 2010. 2. 25. 2008헌바160).
③[X] 청원경찰은 근무의 공공성 때문에 일정한 경우에 공무원과 유사한 대우를 받고 있는 등으로 일반 근로자와 공무원의 복합적 성질을 가지고 있지만, 그 임면주체는 국가 행정권이 아니라 청원경찰법상의 청원주로서 그 근로관계의 창설과 존속 등이 본질적으로 사법상 고용계약의 성질을 가지는바, 청원경찰의 징계

로 인하여 사적 고용계약상의 문제인 근로관계의 존속에 영향을 받을 수 있다 하더라도 이는 국가 행정주체와 관련되고 기본권의 보호가 문제되는 것이 아니어서 **여기에 법률유보의 원칙이 적용될 여지가 없으므로**, 그 징계에 관한 사항을 법률에 정하지 않았다고 하여 법률유보의 원칙에 위반된다 할 수 없다(헌재 2010. 2. 25. 2008헌바160).

④ [×] 헌법 제27조 제5항이 정한 법률유보는 법률에 의한 기본권의 제한을 목적으로 하는 자유권적 기본권에 대한 법률유보의 경우와는 달리 기본권으로서의 재판절차진술권을 보장하고 있는 헌법규범의 의미와 내용을 법률로써 구체화하기 위한 이른바 기본권형성적 법률유보에 해당한다. 따라서 헌법이 보장하는 형사피해자의 재판절차진술권을 어떠한 내용으로 구체화할 것인가에 관하여는 입법자에게 입법형성의 자유가 부여되고 있으며, 다만 **그것이 재량의 범위를 넘어 명백히 불합리한 경우에 비로소 위헌의 문제가 생길 수 있다**(헌재 2003. 9. 25. 2002헌마533).

⑤ [×] 헌법상 국가배상청구권이 성립하기 위한 요건으로서 헌법 제29조 제1항 제1문은 '공무원의 직무상 불법행위로 손해를 받은' 것을 요건으로 하나, 한편으로 '법률이 정하는 바에 의하여'라고 하여 국가배상청구권의 구체적 형성을 법률에 유보하고 있다. 따라서 헌법상 국가배상청구권의 '불법행위' 역시 이를 법률에서 구체적으로 형성할 수 있는 개념이라고 할 것이다. 따라서 **심판대상조항이 국가배상청구권의 성립요건으로서 공무원의 고의 또는 과실을 규정한 것은 법률로 이미 형성된 국가배상청구권의 행사 및 존속을 제한한다고 보기 보다는 국가배상청구권의 내용을 형성하는 것이라고 할 것이므로**, 헌법상 국가배상제도의 정신에 부합하게 국가배상청구권을 형성하였는지의 관점에서 심사하여야 한다. 이하에서는 심판대상조항이 국가배상청구권의 성립요건으로서 공무원의 고의 또는 과실을 요구함으로써 무과실책임을 인정하지 않은 것이 입법형성권의 자의적 행사로서 헌법상 국가배상청구권을 침해하는지 여부를 살펴본다(헌재 2020. 3. 26. 2016헌바55).

정답 ①

038 명확성원칙에 대한 설명으로 옳은 것은 모두 몇 개인가?

ㄱ. 모든 법규범의 문언을 순수하게 기술적 개념만으로 구성하는 것은 입법기술적으로 불가능하고 또 바람직하지도 않기 때문에 어느 정도 가치개념을 포함한 일반적, 규범적 개념을 사용하지 않을 수 없으나 명확성의 원칙이란 기본적으로 최대한의 명확성을 요구하는 것이다.

ㄴ. 법문언이 해석을 통해서, 즉 법관의 보충적인 가치판단을 통해서 그 의미내용을 확인해낼 수 있고, 그러한 보충적 해석이 해석자의 개인적인 취향에 따라 좌우될 가능성이 있더라도 명확성의 원칙에 반한다고 할 수 없다 할 것이다.

ㄷ. 죄형법정주의가 지배되는 형사 관련 법률에서는 명확성의 정도가 강화되어 더 엄격한 기준이 적용되나, 일반적인 법률에서는 명확성의 정도가 그리 강하게 요구되지 않기 때문에 상대적으로 완화된 기준이 적용된다.

ㄹ. 처벌법규의 구성요건이 다소 광범위하여 어떤 범위에서 법관의 보충적인 해석이 있어야 하는 개념을 사용하였다면 헌법이 요구하는 처벌법규의 명확성원칙에 배치된다고 보아야 한다.

ㅁ. 명확성의 원칙은 모든 법률에 있어서 동일한 정도로 요구되므로 개개의 법률이나 법조항의 성격에 따라 요구되는 정도에 차이가 있을 수 없으며, 어떠한 규정이 부담적 성격을 가지는 경우에는 수익적 성격을 가지는 경우에 비하여 명확성의 원칙이 더욱 엄격하게 요구되는 것은 아니다.

ㅂ. 처벌법규나 조세법규와 같이 국민의 기본권을 직접적으로 제한하거나 침해할 소지가 있는 법규에 대해서는 명확성의 원칙이 적용되지만, 국민에게 수익적인 급부행정 영역이나 규율

대상이 지극히 다양하거나 수시로 변화하는 성질의 것일 때에는 명확성원칙이 적용되지 않는다.

① 1개 ② 2개 ③ 3개
④ 4개 ⑤ 5개

▶ **정답 및 해설**

ㄱ. [✕] 모든 법규범의 문언을 순수하게 기술적 개념만으로 구성하는 것은 입법기술적으로 불가능하고 또 바람직하지도 않기 때문에 어느 정도 가치개념을 포함한 일반적, 규범적 개념을 사용하지 않을 수 없다. 따라서 명확성의 원칙이란 기본적으로 최대한이 아닌 **최소한의 명확성**을 요구하는 것이다. 그러므로 법문언이 해석을 통해서, 즉 법관의 보충적인 가치판단을 통해서 그 의미내용을 확인해낼 수 있고, 그러한 보충적 해석이 해석자의 개인적인 취향에 따라 좌우될 가능성이 없다면 명확성의 원칙에 반한다고 할 수 없다 할 것이다(헌재 1998. 4. 30. 95헌가16).

ㄴ. [✕] 법문언이 해석을 통해서, 즉 법관의 보충적인 가치판단을 통해서 그 의미내용을 확인해낼 수 있고, 그러한 보충적 해석이 해석자의 개인적인 취향에 따라 좌우될 **가능성이 없다면** 명확성의 원칙에 반한다고 할 수 없다 할 것이다(헌재 1998. 4. 30. 95헌가16).

ㄷ. [O] 명확성의 원칙에서 명확성의 정도는 모든 법률에 있어서 동일한 정도로 요구되는 것은 아니고 개개의 법률이나 법조항의 성격에 따라 요구되는 정도에 차이가 있을 수 있으며 각각의 구성요건의 특수성과 그러한 법률이 제정되게 된 배경이나 상황에 따라 달라질 수 있다고 할 것이다. 즉, 죄형법정주의가 지배되는 형사 관련 법률에서는 명확성의 정도가 강화되어 더 엄격한 기준이 적용된다(죄형법정주의상의 명확성원칙). 그러나 일반적인 법률에서는 명확성의 정도가 그리 강하게 요구되지 않기 때문에 상대적으로 완화된 기준이 적용된다(일반적 명확성원칙)(2008.9.24, 2007헌바114).

ㄹ. [✕] 죄형법정주의의 원칙에서 파생되는 명확성의 원칙은 법률이 처벌하고자 하는 행위가 무엇이며 그에 대한 형벌이 어떠한 것인지를 누구나 예견할 수 있고, 그에 따라 자신의 행위를 결정할 수 있도록 구성요건을 명확하게 규정하는 것을 의미한다. 그러나 처벌법규의 구성요건이 명확하여야 한다고 하여 모든 구성요건을 단순한 서술적 개념으로 규정하여야 하는 것은 아니고, 다소 광범위하여 법관의 보충적인 해석을 필요로 하는 개념을 사용하였다고 하더라도 통상의 해석방법에 의하여 건전한 상식과 통상적인 법감정을 가진 사람이면 당해 처벌법규의 보호법익과 금지된 행위 및 처벌의 종류와 정도를 알 수 있도록 규정하였다면 처벌법규의 명확성에 배치되는 것이 아니다(대판 2014.1.29, 2013도12939).

ㅁ. [✕] **명확성의 원칙은 모든 법률에 있어서 동일한 정도로 요구되는 것은 아니고 개개의 법률이나 법조항의 성격에 따라 요구되는 정도에 차이가 있을 수 있으며**, 각각의 구성요건의 특수성과 그러한 법률이 제정되게 된 배경이나 상황에 따라 달라질 수 있지만, 일반론으로는 어떤 규정이 부담적 성격을 가지는 경우에는 수익적 성질을 가지는 경우에 비하여 명확성의 원칙이 **더욱 엄격하게 요구된다**(1992.2.25, 89헌가104).

ㅂ. [✕] 처벌법규나 조세를 부과하는 조세법규와 같이 국민의 기본권을 직접적으로 제한하거나 침해할 소지가 있는 법규에서는 구체성·명확성의 요구가 강화되어 그 위임의 요건과 범위가 더 엄격하게 규정되어야 하는 반면, 일반적인 급부행정이나 조세감면 혜택을 부여하는 조세법규의 경우에는 위임의 구체성·명확성의 요구가 완화되어 위임의 요건과 범위가 덜 엄격하게 규정될 수 있으며, 규율대상이 지극히 다양하거나 수시로 변화하는 성질의 것일 때에도 마찬가지다(2006.12.28., 2005헌바59). ➡ 급부행정이나 규율대상이 지극히 다양하거나 수시로 변화하는 성질의 것일 때에도 명확성원칙이 적용되나 명확성의 정도는 완화된다.

정답 ①

039 기본권 제한에 대한 설명으로 옳은 것은?

① 헌법 제37조 제2항에서 기본권 제한의 근거로 제시하고 있는 질서유지의 개념은 국가의 존립·헌법의 기본질서의 유지 등을 포함하는 개념으로서 결국 국가의 독립, 영토의 보전, 헌법과 법률의 기능, 헌법에 의하여 설치된 국가기관의 유지 등의 의미로 이해될 수 있을 것이다.
② 헌법은 헌법 제119조 이하의 경제에 관한 장에서 "균형있는 국민경제의 성장과 안정, 적정한 소득의 분배, 시장의 지배와 경제력남용의 방지, 경제주체간의 조화를 통한 경제의 민주화, 균형있는 지역경제의 육성, 중소기업의 보호육성, 소비자보호 등"의 경제영역에서의 국가목표를 명시적으로 규정함으로써 국가가 경제정책을 통하여 달성하여야 할 "공익"을 구체화하고, 동시에 헌법 제37조 제2항의 기본권제한을 위한 일반법률유보에서의 "국가안전보장"을 구체화하고 있다.
③ 경제적 기본권의 제한을 정당화하는 공익이 헌법에 명시적으로 규정된 목표에만 제한되는 것은 아니고, 헌법은 단지 국가가 실현하려고 의도하는 전형적인 경제목표를 예시적으로 구체화하고 있을 뿐이므로 기본권의 침해를 정당화할 수 있는 모든 공익을 아울러 고려하여 법률의 합헌성 여부를 심사하여야 한다.
④ 헌법 제23조 제3항에서 규정하고 있는 '공공필요'는 "국민의 재산권을 그 의사에 반하여 강제적으로라도 취득해야 할 공익적 필요성"으로서, '공공필요'의 개념은 '공익성'과 '필요성'이라는 요소로 구성되어 있는바, 기본권 일반의 제한사유인 '공공복리'보다 넓게 보는 것이 타당하다.
⑤ 헌법 제37조 제2항은 기본권제한에 관한 일반적 법률유보조항이라고 할 수 있는데, 법률유보의 원칙은 "법률에 의한 규율"만을 요청하는 것이고 "법률에 근거한 규율"을 요청하는 것이 아니기 때문에 기본권제한의 형식이 반드시 법률의 형식이어야 한다.

▶ 정답 및 해설

①[×] 헌법 제37조 제2항은 "국민의 모든 자유와 권리는 국가안전보장·질서유지 또는 공공복리를 위하여 필요한 경우에 한하여 법률로써 제한할 수 있으며, 제한하는 경우에도 자유와 권리의 본질적인 내용을 침해할 수 없다."고 하는 이른바 일반적 법률유보조항을 두고 있는바, 국가의 안전보장은 헌법상 중요한 국가적 법익의 하나로서 위의 규정 외에도 헌법 제5조 제2항, 제39조 제1항, 제66조 제2항, 제69조 등이 국가의 안전보장과 관련이 있는 것이다. **헌법 제37조 제2항에서 기본권 제한의 근거로 제시하고 있는 국가의 안전보장의 개념은** 국가의 존립·헌법의 기본질서의 유지 등을 포함하는 개념으로서 결국 국가의 독립, 영토의 보전, 헌법과 법률의 기능, 헌법에 의하여 설치된 국가기관의 유지 등의 의미로 이해될 수 있을 것이다(헌재 1992. 2. 25. 89헌가104).

②[×] 헌법은 헌법 제119조 이하의 경제에 관한 장에서 "균형있는 국민경제의 성장과 안정, 적정한 소득의 분배, 시장의 지배와 경제력남용의 방지, 경제주체간의 조화를 통한 경제의 민주화, 균형있는 지역경제의 육성, 중소기업의 보호육성, 소비자보호 등"의 경제영역에서의 국가목표를 명시적으로 규정함으로써 국가가 경제정책을 통하여 달성하여야 할 "공익"을 구체화하고, 동시에 헌법 제37조 제2항의 기본권제한을 위한 일반법률유보에서의 **"공공복리"를 구체화하고 있다.** 그러나 경제적 기본권의 제한을 정당화하는 공익이 헌법에 명시적으로 규정된 목표에만 제한되는 것은 아니고, 헌법은 단지 국가가 실현하려고 의도하는 전형적인 경제목표를 예시적으로 구체화하고 있을 뿐이므로 기본권의 침해를 정당화할 수 있는 모든 공익을 아울러 고려하여 법률의 합헌성 여부를 심사하여야 한다(헌재 1996. 12. 26. 96헌가18).

③[○] 경제적 기본권의 제한을 정당화하는 공익이 헌법에 명시적으로 규정된 목표에만 제한되는 것은 아니고, 헌법은 단지 국가가 실현하려고 의도하는 전형적인 경제목표를 예시적으로 구체화하고 있을 뿐이므로 기본권의 침해를 정당화할 수 있는 모든 공익을 아울러 고려하여 법률의 합헌성 여부를 심사하여야 한다

(헌재 1996. 12. 26. 96헌가18).

④ [×] 헌법 제23조 제3항에서 규정하고 있는 '공공필요'는 "국민의 재산권을 그 의사에 반하여 강제적으로라도 취득해야 할 공익적 필요성"으로서, 공공필요'의 개념은 '공익성'과 '필요성'이라는 요소로 구성되어 있는바, '공익성'의 정도를 판단함에 있어서는 오늘날 공익사업의 범위가 확대되는 경향에 대응하여 재산권의 존속보장과의 조화를 위해서는, '공공필요'의 요건에 관하여, 공익성은 추상적인 공익 일반 또는 **국가의 이익 이상의 중대한 공익을 요구하므로 기본권 일반의 제한사유인 '공공복리'보다 좁게 보는 것이 타당하다**(헌재 2014. 10. 30. 2011헌바172등).

⑤ [×] 헌법 제37조 제2항은 기본권제한에 관한 일반적 법률유보조항이라고 할 수 있는데, 법률유보의 원칙은 **"법률에 의한 규율"만을 요청하는 것이 아니라 "법률에 근거한 규율"을 요청하는 것이기 때문에 기본권의 제한에는 법률의 근거가 필요할 뿐이고 기본권제한의 형식이 반드시 법률의 형식일 필요는 없다**(헌재 2005. 3. 31. 2003헌마87).

정답 ③

040 과잉금지원칙에 대한 설명 중 옳지 않은 것을 모두 조합한 것은?

ㄱ. 국회의 입법에 의하여 지방자치권이 침해되었는지 여부를 심사함에 있어서는 지방자치권의 본질적 내용이 침해되었는지 여부만을 심사하면 족하지 않고, 기본권침해를 심사하는데 적용되는 과잉금지원칙이나 평등원칙등을 적용하여야 한다.

ㄴ. 헌법 제37조 제2항에 제시된 국가안전보장, 질서유지, 공공복리 외에 단순한 입법정책적 목적도 정당한 목적이 될 수 있다.

ㄷ. 제대군인가산점제도는 공무원채용시험 응시 등 취업준비에 있어 제대군인이 아닌 사람에 비하여 상대적으로 불리한 처지에 놓이게 된 제대군인의 사회복귀를 지원한다는 것은 입법정책적으로 얼마든지 가능하고 또 매우 필요하다고 할 수 있으므로 이 입법목적은 정당하다.

ㄹ. 국가작용에 있어서 취해진 어떠한 조치나 선택된 수단은 그것이 달성하려는 사안의 목적에 적합하여야 함은 당연하지만 과잉금지의 원칙이라는 것이 목적달성에 필요한 유일의 수단선택을 요건으로 하는 것이다.

ㅁ. 입법목적을 달성하기 위하여 가능한 여러 수단들 가운데 입법목적을 달성하기 위한 수단으로서 반드시 가장 합리적이며 효율적인 수단을 선택하여야 한다.

① ㄱㄷㄹ
② ㄴㄷㄹ
③ ㄱㄹㅁ
④ ㄷㄹㅁ
⑤ ㄴㄷㅁ

▶ 정답 및 해설

ㄱ. [×] 헌법 제117조 제1항에 의해 지방자치단체에게 보장된 지방자치권은 절대적인 것이 아니고 법령에 의하여 형성되는 것이므로, 입법자는 지방자치에 관한 사항을 형성하면서 지방자치단체의 지방자치권을 제한할 수 있다. 그러나 법령에 의하여 지방자치단체의 지방자치권을 제한하는 것이 가능하다고 하더라도, 지방자치단체의 존재 자체를 부인하거나 각종 권한을 말살하는 것과 같이 그 제한이 불합리하여 지방자치권의 본질적인 내용을 침해하여서는 아니 된다. 따라서 <u>국회의 입법에 의하여 지방자치권이 침해되었는지 여부를 심사함에 있어서는 지방자치권의 본질적 내용이 침해되었는지 여부만을 심사하면 족하고, 기본권침해를 심사하는데 적용되는 과잉금지원칙이나 평등원칙 등을 적용할 것은 아니다</u>(헌재 2010. 10. 28. 2007헌라4)

ㄴ. [O] 가산점제도의 주된 목적은 군복무 중에는 취업할 기회와 취업을 준비하는 기회를 상실하게 되므로 이러한 불이익을 보전해 줌으로써 제대군인이 군복무를 마친 후 빠른 기간내에 일반사회로 복귀할 수 있도록 해 주는 데에 있다. 인생의 황금기에 해당하는 20대 초·중반의 소중한 시간을 사회와 격리된 채 통제된 환경에서 자기개발의 여지없이 군복무 수행에 바침으로써 국가·사회에 기여하였고, 그 결과 공무원 채용시험 응시 등 취업준비에 있어 제대군인이 아닌 사람에 비하여 상대적으로 불리한 처지에 놓이게 된 제대군인의 사회복귀를 지원한다는 것은 입법정책적으로 얼마든지 가능하고 또 매우 필요하다고 할 수 있<u>으므로 이 입법목적은 정당하다</u>. … 그러나 가산점제도로 인하여 침해되는 것은 헌법이 강도 높게 보호하고자 하는 고용상의 남녀평등, 장애인에 대한 차별금지라는 헌법적 가치이다. 그러므로 법익의 일반적, 추상적 비교의 차원에서 보거나, 차별취급 및 이로 인한 부작용의 결과가 위와 같이 심각한 점을 보거나 가산점제도는 법익균형성을 현저히 상실한 제도라는 결론에 이르지 아니할 수 없다(헌재 1999. 12. 23. 98헌마363).
ㄷ. [O] ㄴ해설참조
ㄹ. [X] 국가작용에 있어서 취해진 어떠한 조치나 선택된 수단은 그것이 달성하려는 사안의 목적에 적합하여야 함은 당연하지만 그 조치나 수단이 목적달성을 위하여 유일무이한 것일 필요는 없는 것이다. 국가가 어떠한 목적을 달성함에 있어서는 어떠한 조치나 수단 하나만으로서 가능하다고 판단할 경우도 있고 다른 여러 가지의 조치나 수단을 병과 하여야 가능하다고 판단하는 경우도 있을 수 있으므로 과잉금지의 원칙이라는 것이 **목적달성에 필요한 유일의 수단선택을 요건으로 하는 것이라고 할 수는 없는 것이다**. 물론 여러 가지의 조치나 수단을 병행하는 경우에도 그 모두가 목적에 적합하고 필요한 정도내의 것이어야 함은 말할 필요조차 없다(헌재 1989. 12. 22. 88헌가13).
ㅁ. [X] 입법목적을 달성하기 위하여 가능한 여러 수단들 가운데 구체적으로 어느 것을 선택할 것인가의 문제가 기본적으로 입법재량에 속하는 것이기는 하다. 그러나 위 입법재량이라는 것도 자유재량을 말하는 것은 아니므로 입법목적을 달성하기 위한 수단으로서 **반드시 가장 합리적이며 효율적인 수단을 선택하여야 하는 것은 아니라**고 할지라도 적어도 현저하게 불합리하고 불공정한 수단의 선택은 피하여야 할 것이다(헌재 1996. 4. 25. 92헌바47).

정답 ③

041 과잉금지원칙에 옳지 않은 것을 모두 조합한 것은?

ㄱ. 지구당을 폐지한 것에 수단의 적정성이 있는가 하는 것은 상대적으로 엄격한 심사기준에 의하여 판단하여야 한다.
ㄴ. 침해의 최소성의 관점에서, 입법자는 그가 의도하는 공익을 달성하기 위하여 우선 기본권을 보다 적게 제한하는 단계인 기본권행사의 '여부'에 관한 규제로써 공익을 실현할 수 있는가를 시도하고 이러한 방법으로는 공익달성이 어렵다고 판단되는 경우에 비로소 그 다음 단계인 기본권행사의 '방법'에 관한 규제를 선택해야 한다.
ㄷ. 입법자가 필요적 규정이 아닌 임의적 규정으로도 법의 목적을 실현할 수 있는 경우에 구체적 사안의 개별성과 특수성을 고려할 수 있는 가능성을 일체 배제하는 필요적 규정을 둔다면, 이는 비례의 원칙의 한 요소인 '법익균형성의 원칙'에 위배된다.
ㄹ. '의료행위'의 사회적 기능이나 사회적 연관성의 비중은 매우 크다고 할 수 있으므로 요양기관강제지정제를 택한 것은 최소침해의 원칙에 반하는가'에 대한 판단은 '입법자의 판단이 현저하게 잘못되었는가'하는 명백성의 통제에 그치는 것이 타당하다고 본다.
ㅁ. 대학 교원의 단결권에 대한 제한이 헌법에 위배되는지 여부가 문제가 된 경우, 교육공무원 아닌 대학 교원에 대해서는 과잉금지원칙 위배 여부를 기준으로, 교육공무원인 대학 교원에 대해서는 입법형성의 범위를 일탈하였는지 여부를 기준으로 나누어 심사한다.

① ㄱㄴㄷ　　　　　② ㄴㄷㄹ　　　　　③ ㄱㄹㅁ
④ ㄷㄹㅁ　　　　　⑤ ㄴㄷㅁ

▶ 정답 및 해설

ㄱ. [×] 지구당 폐지는 위 입법목적을 달성하는데 효과적이고 적절한 수단일 뿐만 아니라, 지구당을 강화할 것인가 여부에 관한 선택은 헌법의 테두리를 벗어나지 않는 한 입법자가 합목적적으로 판단할 당·부당의 문제에 그치고 합헌·위헌의 문제로까지 되는 것은 아니어서 **지구당을 폐지한 것에 수단의 적정성이 있는가 하는 것은 상대적으로 완화된 심사기준에 의하여 판단하여야 하므로, 수단의 적정성을 인정할 수 있으며**, … (헌재 2004. 12. 16. 2004헌마456)

ㄴ. [×] 입법자는 공익실현을 위하여 기본권을 제한하는 경우에도 입법목적을 실현하기에 적합한 여러수단 중에서 되도록 국민의 기본권을 가장 존중하고 기본권을 최소로 침해하는 수단을 선택해야 한다. 기본권을 제한하는 규정은 기본권행사의 '방법'에 관한 규정과 기본권행사의 '여부'에 관한 규정으로 구분할 수 있다. 침해의 최소성의 관점에서, 입법자는 그가 의도하는 공익을 달성하기 위하여 우선 기본권을 보다 적게 제한하는 단계인 **기본권행사의 '방법'에 관한 규제**로써 공익을 실현할 수 있는가를 시도하고 이러한 방법으로는 공익달성이 어렵다고 판단되는 경우에 비로소 그 다음 단계인 **기본권행사의 '여부'에 관한 규제**를 선택해야 한다(헌재 1998. 5. 28. 96헌가5).

ㄷ. [×] 입법자가 필요적 규정이 아닌 임의적 규정으로도 법의 목적을 실현할 수 있는 경우에 구체적 사안의 개별성과 특수성을 고려할 수 있는 가능성을 일체 배제하는 필요적 규정을 둔다면, 이는 비례의 원칙의 한 요소인 **'최소침해성의 원칙'에** 위배된다(헌재 1998. 5. 28. 96헌가12).

ㄹ. [○] 의료인은 의료공급자로서의 기능을 담당하고 있고, 의료소비자인 전국민의 생명권과 건강권의 실질적 보장이 의료기관의 의료행위에 의존하고 있으므로, '의료행위'의 사회적 기능이나 사회적 연관성의 비중은 매우 크다고 할 수 있다. 이러한 관점에서 볼 때, '국가가 계약지정제를 택하더라도 입법목적을 똑같이 효율적으로 달성할수 있기 때문에 강제지정제를 택한 것은 최소침해의 원칙에 반하는가'에 대한 판단은 '입법자의 판단이 현저하게 잘못되었는가'하는 명백성의 통제에 그치는 것이 타당하다고 본다(헌재 2002. 10. 31. 99헌바76등).

ㅁ. [○] 고등교육법 제2조에 규정된 고등교육을 실시하기 위한 학교는 국가가 설립·경영하거나 국가가 국립대학 법인으로 설립하는 국립학교, 지방자치단체가 설립·경영하는 공립학교, 학교법인이 설립·경영하는 사립학교로 구분하며(고등교육법 제3조). 고등교육법 제2조의 학교 중 국립 또는 공립의 학교에 근무하는 교원 및 조교는 교육공무원이다(교육공무원법 제2조 제1항, 제3항). 즉 대학 교원에는 교육공무원인 교원과 교육공무원이 아닌 교원이 모두 포함되어 있다. 이 사건에서는 대학 교원을 교육공무원 아닌 대학 교원과 교육공무원인 대학 교원으로 나누어, 각각의 단결권에 대한 제한이 헌법에 위배되는지 여부에 관하여 살펴보기로 하되, 교육공무원 아닌 대학 교원에 대해서는 과잉금지원칙 위배 여부를 기준으로, 교육공무원인 대학 교원에 대해서는 입법형성의 범위를 일탈하였는지 여부를 기준으로 나누어 심사하기로 한다(2018. 8. 30. 2015헌가38).

정답 ①

042 기본권 제한의 한계에 대한 설명으로 옳지 않은 것은?

① 본질적 내용에 관한 학설중 상대설은 본질적 내용이 비례원칙에 따라 결정되는 가변적 것으로 보는 견해인데 헌법재판소의 사형제도 판례는 상대설을 취한 결정이라고 할 수 있다.
② 동성동본금혼제도는 그 입법목적이 이제는 혼인에 관한 국민의 자유와 권리를 제한할 '사회질서'나 '공공복리'에 해당될 수 없다는 점에서 헌법 제37조 제2항에도 위반된다.
③ 청구인 대통령의 지시로 피청구인 대통령 비서실장, 정무수석비서관, 교육문화수석비서관, 문화체육관광부장관이 야당 소속 후보를 지지하였거나 정부에 비판적 활동을 한 문화예술인이나 단체를 정부의 문화예술 지원사업에서 배제할 목적으로, 한국문화예술위원회, 영화진흥위원회, 한국출판문화산업진흥원 소속 직원들로 하여금 특정 개인이나 단체를 문화예술인 지원사업에서 배제하도록 한 일련의 지시 행위는 목적의 정당성이 인정되지 않는다.
④ 군사법경찰관의 피의자 구속기간의 연장을 허용하는 군사법원법 제242조는 헌법상 정당화되기 위하여 필요한 요건의 하나인 수단의 적절성 원칙에 부합되지 아니한다.
⑤ 세무사 자격 보유 변호사로 하여금 세무조정업무를 할 수 없도록 규정한 법인세법 제60조 제9항 제3호 및 소득세법 제70조 제6항 제3호는 자격 부여 과정에서 세무조정업무 수행능력이 검증된 세무사와 공인회계사, 그리고 세무사등록부에 등록한 변호사에게만 세무조정업무를 허용하여, 세무조정업무 수행능력이 검증되지 아니하였고 세무사법상 법률사무가 아닌 세무대리업무를 할 수 없는 세무사 자격 보유 변호사에 대하여는 세무조정업무를 허용하지 않고 있다. 이러한 업무 제한은 입법목적 달성을 위한 적합한 수단이다.

▶ **정답 및 해설**

①【O】생명권에 대한 제한은 곧 생명권의 완전한 박탈을 의미한다 할 것이므로, 사형이 비례의 원칙에 따라서 최소한 동등한 가치가 있는 다른 생명 또는 그에 못지아니한 공공의 이익을 보호하기 위한 불가피성이 충족되는 예외적인 경우에만 적용되는 한, 그것이 비록 생명을 빼앗는 형벌이라 하더라도 헌법 제37조 제2항 단서에 위반되는 것으로 볼 수는 없다(헌재 1996. 11. 28. 95헌바1).
②【O】동성동본금혼제도는 그 입법목적이 이제는 혼인에 관한 국민의 자유와 권리를 제한할 '사회질서'나 '공공복리'에 해당될 수 없다는 점에서 헌법 제37조 제2항에도 위반된다(헌재 1997. 7. 16. 95헌가6).
③【O】이 사건 지원배제 지시는 정부에 대한 비판적 견해를 가진 청구인들을 제재하기 위한 목적으로 행해진 것인데, 이는 헌법의 근본원리인 국민주권주의와 자유민주적 기본질서에 반하므로, 그 목적의 정당성을 인정할 수 없어 청구인들의 표현의 자유를 침해한다(2020. 12. 23. 2017헌마416).
④【O】군사법경찰단계에서의 장기구금을 통하여 수사목적을 달성하려는 것은 인권침해의 우려가 매우 높은 방식이어서 각국의 입법에서 그 예를 찾아보기 어려울 뿐만 아니라 국제인권규정에도 부합하지 아니하므로 이는 기본권제한이 헌법상 정당화되기 위하여 필요한 요건의 하나인 수단의 적절성 원칙에 부합되지 아니하고, 나아가 불필요하게 구속을 장기화한다는 점에서도 이것은 기본권제한이 헌법상 정당화되기 위하여 필요한 또 하나의 요건인 피해의 최소성원칙에도 부합되지 않는다(헌재 2003. 11. 27. 2002헌마193)
⑤【X】위 조항들은 세무조정업무의 전문성을 확보하고 부실 세무조정을 방지함으로써 납세자의 권익을 보호하고 세무행정의 원활한 수행 및 납세의무의 적정한 이행을 도모하려는 것이다. 이러한 세무조정업무를 수행하기 위해서는 세법 및 관련 법령에 대한 전문 지식과 법률에 대한 해석·적용능력이 필수적으로 요구된다. 세법 및 관련 법령에 대한 해석·적용에 있어서는 세무사나 공인회계사보다 변호사에게 오히려 전문성과 능력이 인정됨에도 불구하고, 위 조항들은 세무사 자격 보유 변호사를 세무조정업무에서 전면적으로 배제시키고 있으므로, 수단의 적합성을 인정할 수 없다(헌재 2018. 4. 26. 2016헌마116).

정답 ⑤

02. 개별 기본권

Part 02. 기본권

제1절 인간의 존엄과 가치 및 행복추구권

043 인간의 존엄과 가치, 행복추구권에 대한 설명으로 옳은 것을 모두 조합한 것은?

ㄱ. 자유와 권리의 보장은 1차적으로 헌법상 개별적 기본권규정을 매개로 이루어지지만, 기본권제한에 있어서 인간의 존엄과 가치를 침해한다거나 기본권형성에 있어서 최소한의 필요한 보장조차 규정하지 않음으로써 결과적으로 인간으로서의 존엄과 가치를 훼손한다면, 헌법 제10조에서 규정한 인간의 존엄과 가치에 위반된다고 할 것이다.

ㄴ. 헌법 제10조의 행복추구권은 국민이 행복을 추구하기 위하여 필요한 급부를 국가에게 적극적으로 요구할 수 있는 것을 내용으로 하는 권리이자, 국민이 행복을 추구하기 위한 활동을 국가권력의 간섭 없이 자유롭게 할 수 있다는 포괄적인 의미의 자유권으로서의 성격도 가진다.

ㄷ. 인간의 존엄성은 '국가권력의 과제'로서 국민이 제3자에 의하여 인간존엄성을 위협받을 때 국가는 이를 보호할 의무를 부담한다.

ㄹ. 헌법 제10조의 국민의 인권을 보장할 의무, 제2조 제2항의 재외국민 보호의무, 헌법 전문(前文)은, 국가의 국민에 대한 일반적·추상적 의무를 선언한 것이거나 국가의 기본적 가치질서를 선언한 것일 뿐이어서 그 조항 자체로부터 국가의 국민에 대한 구체적인 작위의무가 나올 수 없다.

ㅁ. 구금의 목적 달성을 위하여 필요최소한의 범위 내에서는 수형자의 기본권에 대한 제한이 불가피하다 하더라도, 국가는 인간의 존엄과 가치에서 비롯되는 위와 같은 국가형벌권 행사의 한계를 준수하여야 하고, 어떠한 경우에도 수형자가 인간으로서 가지는 존엄과 가치를 훼손할 수 없다.

① ㄱㄴㄷ ② ㄴㄷㄹ ③ ㄱㄷㅁ
④ ㄷㄹㅁ ⑤ ㄴㄷㅁ

▶ 정답 및 해설

ㄱ. [O] 헌법 제10조에서 규정한 인간의 존엄과 가치는 헌법이념의 핵심으로, 국가는 헌법에 규정된 개별적 기본권을 비롯하여 헌법에 열거되지 아니한 자유와 권리까지도 이를 보장하여야 하며, 이를 통하여 개별 국민이 가지는 인간으로서의 존엄과 가치를 존중하고 확보하여야 한다는 헌법의 기본원리를 선언한 조항이다. 따라서 자유와 권리의 보장은 1차적으로 헌법상 개별적 기본권규정을 매개로 이루어지지만, 기본권 제한에 있어서 인간의 존엄과 가치를 침해한다거나 기본권형성에 있어서 최소한의 필요한 보장조치 규정하지 않음으로써 결과적으로 인간으로서의 존엄과 가치를 훼손한다면, 헌법 제10조에서 규정한 인간의 존엄과 가치에 위반된다고 할 것이다(헌재 2000. 6. 1. 98헌마216).

ㄴ. [X] 헌법 제10조의 행복추구권은 국민이 행복을 추구하기 위하여 필요한 급부를 국가에게 적극적으로 요구할 수 있는 것을 내용으로 하는 것이 아니라, 국민이 행복을 추구하기 위한 활동을 국가권력의 간섭 없이 자유롭게 할 수 있다는 포괄적인 의미의 자유권으로서의 성격을 가진다. 그런데 이 사건 규정은 보상금 수급권에 대한 일정 요건하의 지급정지를 규정하고 있는 것으로 자유권이나 자유권의 제한영역에 관한 규정이 아니므로, 이 사건 규정이 행복추구권을 침해한다고 할 수는 없다(헌재 2000. 6. 1. 98헌마216).

ㄷ. [O] 인간의 존엄성은 '국가권력의 한계'로서 국가에 의한 침해로부터 보호받을 개인의 방어권일뿐 아니라, '국가권력의 과제'로서 국민이 제3자에 의하여 인간존엄성을 위협받을 때 국가는 이를 보호할 의무를 부담한다(헌재 2011. 8. 30. 2006헌마788).

ㄹ. [X] 헌법 전문, 제2조 제2항, 제10조와 이 사건 협정 제3조의 문언에 비추어 볼 때, 피청구인이 이 사건 협정 제3조에 따라 분쟁해결의 절차로 나아갈 의무는 일본국에 의해 자행된 조직적이고 지속적인 불법행위에 의하여 인간의 존엄과 가치를 심각하게 훼손당한 자국민들이 배상청구권을 실현하도록 협력하고 보호하여야 할 헌법적 요청에 의한 것으로서, 그 의무의 이행이 없으면 청구인들의 기본권이 중대하게 침해될 가능성이 있으므로, 피청구인의 작위의무는 헌법에서 유래하는 작위의무로서 그것이 법령에 구체적으로 규정되어 있는 경우라고 할 것이다. 특히, 우리 정부가 직접 원폭피해자들의 기본권을 침해하는 행위를 한 것은 아니지만, 일본에 대한 배상청구권의 실현 및 인간으로서의 존엄과 가치의 회복에 대한 장애상태가 초래된 것은 우리 정부가 청구권의 내용을 명확히 하지 않고 '모든 청구권'이라는 포괄적인 개념을 사용하여 **이 사건 협정을 체결한 것에도 책임이 있다는 점에 주목한다면, 그 장애상태를 제거하는 행위로 나아가야 할 구체적 의무가 있음을 부인하기 어렵다**(2011. 8. 30. 2008헌마648).

ㅁ. [O] 구금의 목적 달성을 위하여 필요최소한의 범위 내에서는 수형자의 기본권에 대한 제한이 불가피하다 하더라도, 국가는 인간의 존엄과 가치에서 비롯되는 위와 같은 국가형벌권 행사의 한계를 준수하여야 하고, 어떠한 경우에도 수형자가 인간으로서 가지는 존엄과 가치를 훼손할 수 없다. 이 사건의 경우, 성인 남성인 청구인이 이 사건 방실에 수용된 기간 동안 1인당 실제 개인사용가능면적은, 2일 16시간 동안에는 1.06㎡, 6일 5시간 동안에는 1.27㎡였다. 이러한 1인당 수용면적은 우리나라 성인 남성의 평균 신장인 사람이 팔다리를 마음껏 뻗기 어렵고, 모로 누워 '칼잠'을 자야 할 정도로 매우 협소한 것이다. 그렇다면 청구인이 이 사건 방실에 수용된 기간, 접견 및 운동으로 이 사건 방실 밖에서 보낸 시간 등 제반 사정을 참작하여 보더라도, 청구인은 이 사건 방실에서 신체적·정신적 건강이 악화되거나 인격체로서의 기본 활동에 필요한 조건을 박탈당하는 등 극심한 고통을 경험하였을 가능성이 크다. 따라서 청구인이 인간으로서 최소한의 품위를 유지할 수 없을 정도로 과밀한 공간에서 이루어진 이 사건 수용행위는 청구인의 인간으로서의 존엄과 가치를 침해한다(헌재 2016. 12. 29. 2013헌마142).

정답 ③

044 한센병환자에 대한 동의없는 정관수술에 대한 손해배상이 청구된 사건이다. 설명으로 옳지 않은 것은?

① 환자는 헌법 제10조에서 규정한 개인의 인격권과 행복추구권에 의하여 생명과 신체의 기능을 어떻게 유지할 것인지에 대하여 스스로 결정하고 의료행위를 선택할 권리를 보유한다.
② 의료행위 주체가 설명의무를 소홀히 하여 환자로 하여금 자기결정권을 실질적으로 행사할 수 없게 하였다면 그 자체만으로는 불법행위가 성립할 수 없다.
③ 국가가 한센병 환자의 치료 및 격리수용을 위하여 운영·통제해 온 ○○ ○○○병원 등에 소속된 의사나 간호사 또는 의료보조원 등이 한센인들에게 시행한 정관절제수술과 임신중절수술은 그에 관한 동의 내지 승낙을 받지 아니하였다면 헌법상 신체를 훼손당하지 아니할 권리와 태아의 생명권 등을 침해하는 행위이다.
④ 환자의 권리 침해행위가 정부의 정책에 따른 정당한 공권력의 행사라고 인정받으려면 법률에 그에 관한 명시적인 근거가 있어야 하고, 과잉금지의 원칙에 위배되지 아니하여야 하며, 침해행위의 상대방인 한센인들로부터 '사전에 이루어진 설명에 기한 동의(prior informed consent)'가 있어야 한다.
⑤ 한센인들을 상대로 정관절제수술이나 임신중절수술을 시행하였다면 설령 이러한 조치가 정부의 보건정책이나 산아제한정책을 수행하기 위한 것이었다고 하더라도 이는 위법한 공권력의 행사로서 민사상 불법행위가 성립한다.

▶ 정답 및 해설

① [O] 환자는 헌법 제10조에서 규정한 개인의 인격권과 행복추구권에 의하여 생명과 신체의 기능을 어떻게 유지할 것인지에 대하여 스스로 결정하고 의료행위를 선택할 권리를 보유한다. 따라서 수술과 같이 신체를 침해하는 의료행위를 하는 경우 환자로부터 의료행위에 대한 동의 내지 승낙을 받아야 하고, 동의 등의 전제로서 질병의 증상, 치료방법의 내용 및 필요성, 발생이 예상되는 위험 등에 관하여 당시의 의료수준에 비추어 상당하다고 생각되는 사항을 설명하여 환자가 필요성이나 위험성을 충분히 비교해 보고 의료행위를 받을 것인지를 선택할 수 있도록 하여야 한다(대법원 2017. 2. 15. 선고 2014다230535 판결).
② [X] 만일 의료행위 주체가 위와 같은 설명의무를 소홀히 하여 환자로 하여금 자기결정권을 실질적으로 행사할 수 없게 하였다면 그 자체만으로도 불법행위가 성립할 수 있다. 국가가 한센병 환자의 치료 및 격리수용을 위하여 운영·통제해 온 ○○ ○○○병원 등에 소속된 의사나 간호사 또는 의료보조원 등이 한센인들에게 시행한 정관절제수술과 임신중절수술은 신체에 대한 직접적인 침해행위로서 그에 관한 동의 내지 승낙을 받지 아니하였다면 헌법상 신체를 훼손당하지 아니할 권리와 태아의 생명권 등을 침해하는 행위이다(대법원 2017. 2. 15. 선고 2014다230535 판결).
③ [O] 국가가 한센병 환자의 치료 및 격리수용을 위하여 운영·통제해 온 ○○ ○○○병원 등에 소속된 의사나 간호사 또는 의료보조원 등이 한센인들에게 시행한 정관절제수술과 임신중절수술은 신체에 대한 직접적인 침해행위로서 그에 관한 동의 내지 승낙을 받지 아니하였다면 헌법상 신체를 훼손당하지 아니할 권리와 태아의 생명권 등을 침해하는 행위이다(대법원 2017. 2. 15. 선고 2014다230535 판결).
④ [O] 한센인들의 임신과 출산을 사실상 금지함으로써 자손을 낳고 단란한 가정을 이루어 행복을 추구할 권리는 물론이거니와 인간으로서의 존엄과 가치, 인격권 및 자기결정권, 내밀한 사생활의 비밀 등을 침해하거나 제한하는 행위임이 분명하다. 더욱이 위와 같은 침해행위가 정부의 정책에 따른 정당한 공권력의 행사라고 인정받으려면 법률에 그에 관한 명시적인 근거가 있어야 하고, 과잉금지의 원칙에 위배되지 아니하여야 하며, 침해행위의 상대방인 한센인들로부터 '사전에 이루어진 설명에 기한 동의(prior informed consent)'가 있어야 한다(대법원 2017. 2. 15. 선고 2014다230535 판결).

⑤ [O] 만일 국가가 위와 같은 요건을 갖추지 아니한 채 한센인들을 상대로 정관절제수술이나 임신중절수술을 시행하였다면 설령 이러한 조치가 정부의 보건정책이나 산아제한정책을 수행하기 위한 것이었다고 하더라도 이는 위법한 공권력의 행사로서 민사상 불법행위가 성립한다(대법원 2017. 2. 15. 선고 2014다230535 판결).

정답 ②

045 인간의 존엄과 가치, 행복추구권에 대한 설명으로 옳지 않은 것은?

① 친생부인의 소에 제척기간을 설정한 것 자체가 잘못이라는 것은 아니고 단지 기간을 정함에 있어 부(父)가 자(子)와의 사이에 친생자관계가 존재하지 않음을 알았는지의 여부에 관계없이 일률적으로 '그 출생을 안 날로부터 1년내'라고 규정함으로써, 친생부인권의 행사를 현저히 곤란하게 하거나 사실상 박탈하는 것과 같은 결과를 초래하는 것이 잘못이고 헌법에 위반된다.
② 친생부인의 소의 제척기간을 규정한 민법(2005. 3. 31. 법률 제7427호로 개정된 것) 제847조 제1항 중 "부(夫)가 그 사유가 있음을 안 날부터 2년내" 부분은 친생부인의 소의 제척기간에 관한 입법재량의 한계를 일탈하지 않은 것으로서 헌법에 위반되지 아니한다.
③ 자의적인 '기소유예처분'이 헌법재판소에 의해 위헌선언을 받은 이유는 '피의자'의 평등권과 행복추구권 침해이나, 자의적인 '불기소처분'은 '피해자'의 평등권과 재판절차진술권 침해한다.
④ 지역 방언을 자신의 언어로 선택하여 공적 또는 사적인 의사소통과 교육의 수단으로 사용하는 것은 행복추구권에서 파생되는 일반적 행동의 자유 내지 개성의 자유로운 발현의 한 내용이 된다 할 것이므로 공문서를 표준어 규정에 따라 작성하도록 한 국어기본법 제14조 제1항은 행복추구권과 부모들의 자녀교육권의 침해가 문제되므로, 각기 비례의 원칙 위반 여부를 심사한다.
⑤ 법률행위의 영역에 있어서는 계약을 체결할 것인가의 여부, 체결한다면 어떠한 내용의, 어떠한 상대방과의 관계에서, 어떠한 방식으로 계약을 체결하느냐 하는 것도 당사자 자신이 자기의사로 결정하는 자유뿐만 아니라 원치 않으면 계약을 체결하지 않을 자유, 즉 원치 않는 계약의 체결은 법이나 국가에 의하여 강제받지 않을 자유인 이른바 계약자유의 원칙도, 인간의 존엄과 가치로부터 파생되는 것이라 할 것이다.

▶ 정답 및 해설

① [O] 이 사건의 경우 친생부인의 소의 제척기간을 일률적으로 자(子)의 출생을 안 날로부터 1년으로 규정함으로써 부(父)가 자(子)의 친생자 여부에 대한 의심도 가지기 전에 그 제척기간이 경과하여 버려 결과적으로 부(父)로 하여금 혈연관계가 없는 친자관계를 부인할 수 있는 기회를 극단적으로 제한하고 또 자(子)의 출생 후 1년이 지나서 비로소 그의 자(子)가 아님을 알게 된 부(父)로 하여금 당사자의 의사에 반하면서까지 친생부인권을 상실하게 하는 것이다. 이는 인간이 가지는 보편적 감정에도 반할 뿐만 아니라 자유로운 의사에 따라 친자관계를 부인하고자 하는 부(父)의 가정생활과 신분관계에서 누려야 할 인격권 및 행복추구권을 침해하고 있는 것이다(헌재 1997. 3. 27. 95헌가14).
② [O] 헌법재판소 1997. 3. 27. 95헌가14등 결정의 취지에 따라 2005. 3. 31. 법률 제7427호로 개정된 민법 제847조 제1항은 '친생부인의 사유가 있음을 안 날'을 제척기간의 기산점으로 삼음으로써 부(夫)가 혈연관계의 진실을 인식할 때까지 기간의 진행을 유보하고, '그로부터 2년'을 제척기간으로 삼음으로써 부(夫)의 친생부인의 기회를 실질적으로 보장하고 있다. 또한 2년이란 기간은 자녀의 불안정한 지위를 장기간 방치하지 않기 위한 것으로서 지나치게 짧다고 볼 수 없다. 따라서 민법 제847조 제1항 중 "부(夫)가 그 사유가 있음을 안 날부터 2년내" 부분은 친생부인의 소의 제척기간에 관한 입법재량의 한계를 일탈하지 않은 것으로서 헌

법에 위반되지 아니한다(헌재 2015. 3. 26. 2012헌바357).

③【O】육군 보병 제2사단 보통군사법원 검찰부 1988년 형제 52호 사건에 있어서 검찰관이 1988년 9월 30일에 청구인에 대하여 한 기소유예처분은 청구인(피의자)의 평등권과 행복추구권을 침해한 것이므로 이를 취소한다(헌재 1989. 10. 27. 98헌마56).

부산지방검찰청 2004년 형제90호 사건에서 피청구인이 2004. 4. 16. 피고소인에 대하여 한 불기소처분 중 의장법위반 부분은 청구인(피해자)의 평등권과 재판절차상의 진술권을 침해한 것이므로 이를 취소한다(헌재 2005. 6. 30. 2005헌마116).

④【O】언어는 의사소통 수단으로서 다른 동물과 인간을 구별하는 하나의 주요한 특징으로 인식되고, 모든 언어는 지역, 세대, 계층에 따라 각기 상이한 방언을 가지고 있는바, 이들 방언은 이를 공유하는 사람들의 의사소통에 중요한 역할을 담당하며, 방언 가운데 특히 지역 방언은 각 지방의 고유한 역사와 문화 등 정서적 요소를 그 배경으로 하기 때문에 같은 지역주민들 간의 원활한 의사소통 및 정서교류의 기초가 되므로, 이와 같은 지역 방언을 자신의 언어로 선택하여 공적 또는 사적인 의사소통과 교육의 수단으로 사용하는 것은 행복추구권에서 파생되는 일반적 행동의 자유 내지 개성의 자유로운 발현의 한 내용이 된다 할 것이다. 국어기본법 제14조 제1항의 공문서를 표준어 규정에 따라 작성하는 것에 관한 부분은 공문서를 작성 또는 이용하는 국민의 행복추구권의 침해 여부가 문제되고, 구 국어기본법 제18조의 교과용 도서를 표준어 규정에 따라 제작하게 한 부분에 관하여는 학생들의 행복추구권과 부모들의 자녀교육권의 침해가 문제되므로, 각기 비례의 원칙 위반 여부에 관하여 살펴보기로 한다(헌재 2009. 5. 28. 2006헌마618 전원재판부).

⑤【X】헌법 제10조 전문은 "모든 국민은 인간으로서의 존엄과 가치를 가지며, 행복을 추구할 권리를 가진다."고 규정하고 있다. 여기의 행복추구권 속에 함축된 일반적인 행동자유권과 개성의 자유로운 발현권은 국가안전보장, 질서유지 또는 공공복리에 반하지 않는 한 입법 기타 국정상 최대의 존중을 필요로 하는 것이라고 볼 것이다. 일반적 행동자유권에는 적극적으로 자유롭게 행동을 하는 것은 물론 소극적으로 행동을 하지 않을 자유 즉 부작위의 자유도 포함되는 것으로, <u>법률행위의 영역에 있어서는 계약을 체결할 것인가의 여부, 체결한다면 어떠한 내용의, 어떠한 상대방과의 관계에서, 어떠한 방식으로 계약을 체결하느냐 하는 것도 당사자 자신이 자기의사로 결정하는 자유뿐만 아니라 원치 않으면 계약을 체결하지 않을 자유, 즉 원치 않는 계약의 체결은 법이나 국가에 의하여 강제받지 않을 자유인 이른바 계약자유의 원칙도, 여기의 일반적 행동자유권으로부터 파생되는 것</u>이라 할 것이다. 이는 곧 헌법 제119조 제1항의 개인의 경제상의 자유의 일종이기도 하다. 그렇다면 특수건물의 소유자에게 특약부 화재보험계약체결의 강제는 계약자유의 원칙에 대한 제약인 동시에 헌법상의 일반적 행동자유권 내지 경제활동의 자유의 제한이 된다고 할 것이다(헌재 1991. 6. 3. 89헌마204).

정답 ⑤

046 인간의 존엄과 가치, 행복추구권에 대한 설명으로 옳지 않은 것을 모두 조합한 것은?

ㄱ. 화재로 인한 재해보상과 보험가입에 관한 법률 제5조의 '특수건물' 부분에 동법 제2조 제3호 가목 소정의 '4층 이상의 건물'을 포함시키는 것은 헌법에 위반된다.
ㄴ. 채권자의 재산권과 채무자와 수익자의 일반적 행동의 자유 내지 계약의 자유 및 수익자의 재산권이 서로 충돌하게 되는 경우, 기본권의 서열이나 법익의 형량을 통해 어느 한 쪽의 기본권을 우선시키고 다른 쪽의 기본권을 후퇴시킬 수 밖에 없다.
ㄷ. 형법상 간통죄는 선량한 성풍속 및 일부일처제에 기초한 혼인제도를 보호하고 부부간 정조의무를 지키게 하기 위한 것으로 그 입법목적의 정당성은 인정되나 적절하고 실효성 있는 수단이라고 할 수 없다.
ㄹ. 혼인을 빙자하여 음행의 상습없는 부녀를 기망하여 간음한 자를 처벌하는 것은 그 목적과 방법은 정당하나 최소성원칙에 반한다.
ㅁ. 혼인빙자간음죄는 여성의 성적자기결정권 뿐 아니라 남성의 성적자기결정권 및 사생활의 비밀과 자유를 과잉제한하는 것으로 헌법에 위반된다.

① ㄱㄷㅁ   ② ㄴㄷㄹ   ③ ㄷㅁ
④ ㄴㄷㅁ   ⑤ ㄴㄹ

▶ 정답 및 해설

ㄱ. [O] 4층 이상의 건물에 대하여 획일적으로 임의보험의 원칙을 배제하고 가입강제토록 별도의 규정을 둘 필요는 없다 할 것이며, 이 점에서 기본권 제한에 있어서 그 선택된 수단이 정당하거나 또한 부득이한 것이 되지 못한다고 할 것이다. 앞서 본 바와 같이 제5조 제1항의 보험가입강제는 체계부조화의 문제점이 있고 또 기본권침해의 요소가 없지 않은 제도라면, 이는 개인의 경제상의 자유와 창의의 존중을 기본으로 하는 경제질서하에서는 어디까지나 예외적인 것이어야 하며, 그리고 엄격한 요건아래서만 인정되어야 할 것이다.
따라서 이러한 법일수록 목적달성을 위하여 최소한의 범위로 국한시켜야 하며 다른 합헌적인 대체수단이 있으면 이를 따를 것이고 함부로 확대입법한다는 것은 과잉금지의 원칙에 합치될 수 없는 것이다 (1991. 6. 3. 89헌마204).

ㄴ. [X] 채권자취소권의 제소기간에 관한 민법 제406조 제2항 중 '법률행위 있은 날로부터 5년 내에서 인정하고 있는 채권자취소권이 행사되면 채권자의 재산권인 채권의 실효성은 확보될 수 있는 반면, 채무자와 수익자간의 법률행위가 취소되고 수익자가 취득한 재산이 채무자의 책임재산으로 회복되게 됨으로써 채무자 및 수익자의 일반적 행동의 자유 내지 계약의 자유와 수익자의 재산권이 제한되는 결과를 가져오게 된다. 이와 같이 채무자의 책임재산을 둘러싸고 채권자의 재산권과 채무자와 수익자의 일반적 행동의 자유 내지 계약의 자유 및 수익자의 재산권이 서로 충돌하게 되는 경우, 기본권의 서열이나 법익의 형량을 통해 어느 한 쪽의 기본권을 우선시키고 다른 쪽의 기본권을 후퇴시킬 수는 없으므로, 이러한 경우에는 헌법의 통일성을 유지하기 위해 상충하는 기본권 모두가 최대한으로 그 기능과 효력을 발휘할 수 있도록 조화로운 방법을 모색하되, 법익형량의 원리, 입법에 의한 선택적 재량 등을 종합적으로 참작하여 심사하여야 할 것이다(2006. 11. 30. 2003헌바66).

ㄷ. [O] 심판대상조항은 선량한 성풍속 및 일부일처제에 기초한 혼인제도를 보호하고 부부간 정조의무를 지키게 하기 위한 것으로 그 입법목적의 정당성은 인정된다. 오늘날 간통죄는 간통행위자 중 극히 일부만 처벌될 뿐만 아니라 잠재적 범죄자를 양산하여 그들의 기본권을 제한할 뿐, 혼인제도 및 정조의무를 보호하기 위한 실효성은 잃게 되었다. 혼인과 가정의 유지는 당사자의 자유로운 의지와 애정에 맡겨야지, 형벌을

통하여 타율적으로 강제될 수 없는 것이므로, 심판대상조항이 일부일처제의 혼인제도와 가정질서를 보호한다는 목적을 달성하는 데 적절하고 **실효성 있는 수단이라고 할 수 없다**(헌재 2015. 2. 26. 2009헌바17).

ㄹ. [×] 이 사건 법률조항의 경우 입법목적에 정당성이 인정되지 않는다. 첫째, 남성이 위력이나 폭력 등 해악적 방법을 수반하지 않고서 여성을 애정행위의 상대방으로 선택하는 문제는 그 행위의 성질상 국가의 개입이 자제되어야 할 사적인 내밀한 영역인데다 또 그 속성상 과장이 수반되게 마련이어서 우리 형법이 혼전 성관계를 처벌대상으로 하지 않고 있으므로 혼전 성관계의 과정에서 이루어지는 통상적 유도행위 또한 처벌해야 할 이유가 없다. 다음 여성이 혼전 성관계를 요구하는 상대방 남자와 성관계를 가질 것인가의 여부를 스스로 결정한 후 자신의 결정이 착오에 의한 것이라고 주장하면서 상대방 남성의 처벌을 요구하는 것은 여성 스스로가 자신의 성적자기결정권을 부인하는 행위이다. 또한 혼인빙자간음죄가 다수의 남성과 성관계를 맺는 여성 일체를 '음행의 상습 있는 부녀'로 낙인찍어 보호의 대상에서 제외시키고 보호대상을 '음행의 상습없는 부녀'로 한정함으로써 여성에 대한 남성우월적 정조관념에 기초한 가부장적·도덕주의적 성 이데올로기를 강요하는 셈이 된다. 결국 이 사건 법률조항은 남녀 평등의 사회를 지향하고 실현해야 할 국가의 헌법적 의무(헌법 제36조 제1항)에 반하는 것이자, 여성을 유아시(幼兒視)함으로써 여성을 보호한다는 미명 아래 사실상 국가 스스로가 여성의 성적자기결정권을 부인하는 것이 되므로, 이 사건 법률조항이 보호하고자 하는 여성의 성적자기결정권은 여성의 존엄과 가치에 역행하는 것이다.

ㅁ. [○] 이 사건 법률조항은 남녀평등의 사회를 지향하고 실현해야 할 헌법 제36조의 제1항의 국가의 헌법적 의무에 반하는 것이자, **여성을 유아시함으로써 여성을 보호한다는 미명 아래 사실상 국가 스스로가 여성의 성적자기결정권을 부인하는 것이 되므로**, 결국 이 사건 법률조항이 보호하고자 하는 여성의 성적자기결정권은 여성의 존엄과 가치에 역행하는 것이다. 이 사건 법률조항은 목적의 정당성, 수단의 적절성 및 피해최소성을 갖추지 못하였고 법익의 균형성도 이루지 못하였으므로, 헌법 제37조 제2항의 과잉금지원칙을 위반하여 남성의 성적자기결정권 및 사생활의 비밀과 자유를 과잉제한하는 것으로 헌법에 위반된다(헌재 2009. 11. 26. 2008헌바58).

정답 ⑤

047 낙태죄에 대한 헌법재판소 결정과 일치하지 않는 것은 모두 몇 개인가?

ㄱ. 자기결정권에는 임신한 여성이 자신의 신체를 임신상태로 유지하여 출산할 것인지 여부에 대하여 결정할 수 있는 권리가 포함되어 있다.
ㄴ. 자기낙태죄 조항이 임신한 여성의 자기결정권을 침해한다고 이미 판단한 이상, 여성의 건강권, 평등권, 신체의 완전성에 관한 권리, 모성을 보호받을 권리 침해여부는 판단하지 아니한다.
ㄷ. 자기낙태죄 조항은 임신한 여성의 자기결정권과 태아의 생명권의 직접적인 충돌을 해결해야 하는 사안으로 보는 것이 적절하다.
ㄹ. 자기낙태죄 조항은 태아의 생명을 보호하기 위한 것으로서, 정당한 입법목적을 달성하기 위한 적합한 수단이 아니므로 임신한 여성의 자기결정권을 침해한다.
ㅁ. 자기낙태죄 조항이 위헌이면 임신한 여성의 촉탁 또는 승낙을 받아 낙태하게 한 의사를 처벌하는 의사낙태죄 조항도 위헌이라고 보아야 한다.
ㅂ. 모자보건법에서 정한 자기낙태의 위법성을 조각하는 정당화사유에 '임신 유지 및 출산을 힘들게 하는 다양하고 광범위한 사회적·경제적 사유에 의한 낙태갈등 상황이 포섭된다.
ㅅ. 태아의 생명권을 보호하고자 하는 공익의 중요성은 태아의 성장 상태에 따라 달라진다고 볼 수 없으며, 임신 중의 특정한 기간 동안에는 임신한 여성의 인격권이나 자기결정권이 우선하고 그 이후에는 태아의 생명권이 우선한다고 할 수도 없다.

ㅇ. 생명의 전체적 과정에 대해 법질서가 언제나 동일한 법적 보호 내지 효과를 부여하고 있는 것은 아니므로 국가가 생명을 보호하는 입법적 조치를 취함에 있어 인간생명의 발달단계에 따라 그 보호정도나 보호수단을 달리할 수 있다.
ㅈ. 사회적·경제적 사유에 따른 낙태를 허용할 경우 현실적으로 낙태의 전면 허용과 동일한 결과를 초래하여 일반적인 생명경시 풍조를 유발할 우려가 있다.
ㅊ. 임신부의 자기결정권과 태아의 생명권 충돌은 양립조정할 수 없는 관계이므로 실제적 조화의 원칙에 따라 양 기본권의 실현을 최적화할 수 있는 해법을 선택할 수는 없고 추상적인 형량에 의하여 양자택일 방식으로 선택된 어느 하나의 법익을 위해 다른 법익을 희생할 수밖에 없다.
ㅋ. '임신 제1삼분기(first trimester, 대략 마지막 생리기간의 첫날부터 14주 무렵까지)'에는 어떠한 사유를 요구함이 없이 임신한 여성이 자신의 숙고와 판단 아래 낙태할 수 있도록 하여야 하므로 자기낙태죄 조항 및 의사낙태죄 조항에 대하여 단순위헌결정을 하여야 한다.
ㅌ. 단순위헌의견이 3인, 헌법불합치의견이 4인인 경우 주문은 헌법불합치결정이다.
ㅍ. 자기낙태죄 조항은 태아의 생명을 보호하기 위한 것으로서 목적은 정당하나 정당한 입법목적을 달성하기 위한 적합한 수단은 아니다. 낙태죄에 대한 헌법재판소 결정과 일치하지 않는 것은 모두 몇 개인가?

① 6개 ② 7개 ③ 8개
④ 9개 ⑤ 10개

▶ 정답 및 해설

ㄱ. [O] 자기결정권에는 여성이 그의 존엄한 인격권을 바탕으로 하여 자율적으로 자신의 생활영역을 형성해 나갈 수 있는 권리가 포함되고, 여기에는 임신한 여성이 자신의 신체를 임신상태로 유지하여 출산할 것인지 여부에 대하여 결정할 수 있는 권리가 포함되어 있다.
ㄴ. [O] 청구인은 자기낙태죄 조항이 여성의 건강권, 평등권, 신체의 완전성에 관한 권리, 모성을 보호받을 권리 등을 침해한다고 주장하나, 앞서 살펴본 바와 같이 자기낙태죄 조항이 임신한 여성의 자기결정권을 침해한다고 이미 판단한 이상, 청구인의 나머지 주장들에 대하여는 더 나아가 판단하지 아니한다.
ㄷ. [X] 자기낙태죄 조항의 존재와 역할을 간과한 채 임신한 여성의 자기결정권과 태아의 생명권의 직접적인 충돌을 해결해야 하는 사안으로 보는 것은 적절하지 않다.
ㄹ. [X] 자기낙태죄 조항은 태아의 생명을 보호하기 위한 것으로서, 정당한 입법목적을 달성하기 위한 적합한 수단이다. 자기낙태죄 조항은 입법목적을 달성하기 위하여 필요한 최소한의 정도를 넘어 임신한 여성의 자기결정권을 제한하고 있어 침해의 최소성을 갖추지 못하였고, 태아의 생명 보호라는 공익에 대하여만 일방적이고 절대적인 우위를 부여함으로써 법익균형성의 원칙도 위반하였으므로, 과잉금지원칙을 위반하여 임신한 여성의 자기결정권을 침해한다.
ㅁ. [O] 자기낙태죄 조항과 동일한 목표를 실현하기 위하여 임신한 여성의 촉탁 또는 승낙을 받아 낙태하게 한 의사를 처벌하는 의사낙태죄 조항도 같은 이유에서 위헌이라고 보아야 한다.
ㅂ. [X] 모자보건법에서 정한 자기낙태의 위법성을 조각하는 정당화사유는 ① 본인이나 배우자의 우생학적·유전학적 정신장애나 신체질환, ② 본인이나 배우자의 전염성 질환, ③ 강간 또는 준강간에 의한 임신, ④ 혼인할 수 없는 혈족 또는 인척 간의 임신, ⑤ 모체의 건강에 대한 위해나 위해 우려이다. 위 사유들은 대부분 형법 제22조의 긴급피난이나 제20조의 정당행위로서 위법성 조각이 가능하거나, 임신의 유지와 출산에 대한 기대가능성이 없음을 이유로 책임조각이 가능하다고 보는 시각까지 있을 정도로 매우 제한적이고

한정적인 사유들이다. 위 사유들에는 '임신 유지 및 출산을 힘들게 하는 다양하고 광범위한 사회적·경제적 사유에 의한 낙태갈등 상황'이 전혀 포섭되지 않는다.

ㅅ. 【X】 태아가 모체를 떠난 상태에서 독자적인 생존을 할 수 있는 경우에는, 그렇지 않은 경우와 비교할 때 훨씬 인간에 근접한 상태에 도달하였다고 볼 수 있다. 이러한 점들을 모두 고려한다면, 태아가 모체를 떠난 상태에서 독자적으로 생존할 수 있는 시점인 임신 22주 내외에 도달하기 전이면서 동시에 임신 유지와 출산 여부에 관한 자기결정권을 행사하기에 충분한 시간이 보장되는 시기까지의 낙태에 대해서는 국가가 생명보호의 수단 및 정도를 달리 정할 수 있다고 봄이 타당하다.

ㅇ. 【O】 생명의 전체적 과정에 대해 법질서가 언제나 동일한 법적 보호 내지 효과를 부여하고 있는 것은 아니다. 따라서 국가가 생명을 보호하는 입법적 조치를 취함에 있어 인간생명의 발달단계에 따라 그 보호정도나 보호수단을 달리하는 것은 불가능하지 않다.

ㅈ. 【X】 자기낙태죄 조항은 모자보건법에서 정한 사유에 해당하지 않는다면 결정가능기간 중에 다양하고 광범위한 사회적·경제적 사유를 이유로 낙태갈등 상황을 겪고 있는 경우까지도 예외 없이 전면적·일률적으로 임신의 유지 및 출산을 강제하고, 이를 위반한 경우 형사처벌하고 있다. 따라서, 자기낙태죄 조항은 입법목적을 달성하기 위하여 필요한 최소한의 정도를 넘어 임신한 여성의 자기결정권을 제한하고 있어 침해의 최소성을 갖추지 못하였고, 태아의 생명 보호라는 공익에 대하여만 일방적이고 절대적인 우위를 부여함으로써 법익균형성의 원칙도 위반하였으므로, 과잉금지원칙을 위반하여 임신한 여성의 자기결정권을 침해한다.

ㅊ. 【X】 일정한 경우에 있어서 임신한 여성들은 자신이 처한 사회적·경제적 상황을 고려하였을 때 임신·출산·육아를 도저히 감당할 수 없을 것이고, 만약 자녀가 출생하면 어머니가 될 자신뿐만 아니라 태어날 자녀마저도 불행해질 것이라는 판단 하에 낙태를 결심하고 실행한다는 것이다. 위와 같은 판단의 옳고 그름을 따지기에 앞서, 이러한 낙태갈등 상황이 전개된다는 것은 '가해자 대 피해자'의 관계로 임신한 여성과 태아의 관계를 고정시켜서는 태아의 생명 보호를 위한 바람직한 해법을 찾기 어렵다는 것을 시사해 준다. 이러한 특성은 추상적인 형량에 의하여 양자택일 방식으로 선택된 어느 하나의 법익을 위해 다른 법익을 희생할 것이 아니라, 실제적 조화의 원칙에 따라 양 기본권의 실현을 최적화할 수 있는 해법을 모색하고 마련할 것을 국가에 요청하고 있다.

ㅋ. 【X】 헌법불합치결정을 하였다. 위헌결정의 논리를 기억해야 한다.

ㅌ. 【O】 단순위헌의견이 3인, 헌법불합치의견이 4인인 경우 주문의 표시 및 종전결정의 변경: 자기낙태죄 조항과 의사낙태죄 조항이 헌법에 위반된다는 단순위헌의견이 3인이고, 헌법에 합치되지 아니한다는 헌법불합치의견이 4인이므로, 단순위헌의견에 헌법불합치의견을 합산하면 법률의 위헌결정을 함에 필요한 심판정족수에 이르게 된다. 따라서 위 조항들에 대하여 헌법에 합치되지 아니한다고 선언하되, 2020. 12. 31.을 시한으로 입법자가 개선입법을 할 때까지 계속적용을 명한다.

ㅍ. 【X】 자기낙태죄 조항은 모자보건법이 정한 예외를 제외하고는 임신기간 전체를 통틀어 모든 낙태를 전면적·일률적으로 금지하고, 이를 위반할 경우 형벌을 부과함으로써 임신의 유지·출산을 강제하고 있으므로, 임신한 여성의 자기결정권을 제한한다. 자기낙태죄 조항은 태아의 생명을 보호하기 위한 것으로서, 정당한 입법목적을 달성하기 위한 적합한 수단이다(헌재 2019. 4. 11. 2017헌바127).

정답 ③

048 혼인금지에 대한 설명 중 옳은 것(○)과 옳지 않은 것(×)을 올바르게 조합한 것은? (다툼이 있는 경우 판례에 의함)

ㄱ. 인격권과 행복추구권은 개인의 자기운명결정권을 전제로 하고 자기운명결정권은 다시 성적 상대방의 결정권, 나아가 배우자결정권을 포함한다.

ㄴ. 동성동본금혼을 규정한 민법 제809조 제1항은 이제 사회적 타당성 내지 합리성을 상실하고 있음과 아울러 인간으로서의 존엄과 가치 및 행복추구권을 규정한 헌법이념 및 개인의 존엄과 양성의 평등에 기초한 혼인과 가족생활의 성립·유지라는 헌법규정에 정면으로 배치될 뿐 아니라, 남계혈족에만 한정하여 성별에 의한 차별을 함으로써 헌법상의 평등의 원칙에도 위반되며, 그 입법목적이 정당하지 않다는 점에서 헌법 제37조 제2항에도 위반된다.'는 이유로 헌법불합치 결정을 하였으나 8촌 이내 혈족 사이의 혼인금지의 목적은 정당하다.

ㄷ. 유전학적 연구결과에 의하더라도 8촌 이내 혈족 사이의 혼인이 일률적으로 그 자녀나 후손에게 유전적으로 유해한지에 대한 과학적인 증명이 있었다고 보기 어려우므로, 유전학적 관점은 혼인의 상대방을 선택할 자유를 제한하는 합리적인 이유가 될 수 없다. 따라서 8촌 이내의 혈족 사이에서는 혼인할 수 없도록 하는 민법 제809조 제1항은 입법목적 달성에 필요한 범위를 넘는 과도한 제한으로서 과잉금지원칙에 위배하여 혼인의 자유를 침해한다.

ㄹ. 8촌 이내의 혈족 사이에서는 혼인할 수 없도록 하는 민법 제809조 제1항은 헌법 제36조에서 도출되는 '혼인과 가족생활을 스스로 결정하고 형성할 수 있는 자유'(혼인의 자유)를 제한하고 이 경우 과잉금지원칙을 기준으로 위헌여부를 심사한다.

ㅁ. 8촌 이내의 혈족 사이에서는 혼인할 수 없도록 하는 민법을 위반한 혼인을 무효로 하는 민법 제815조 제2호는 과잉금지원칙에 위배하여 혼인의 자유를 침해한다.

① ㄱ(○), ㄴ(○), ㄷ(×), ㄹ(○), ㅁ(○)
② ㄱ(×), ㄴ(×), ㄷ(○), ㄹ(×), ㅁ(○)
③ ㄱ(○), ㄴ(×), ㄷ(×), ㄹ(×), ㅁ(×)
④ ㄱ(×), ㄴ(○), ㄷ(○), ㄹ(○), ㅁ(×)
⑤ ㄱ(×), ㄴ(○), ㄷ(×), ㄹ(○), ㅁ(×)

▶ 정답 및 해설

ㄱ. [○] 헌법 제10조는 "모든 국민은 인간으로서의 존엄과 가치를 가지며, 행복을 추구할 권리를 가진다. 국가는 개인이 가지는 불가침의 기본적 인권을 확인하고 이를 보장할 의무를 진다"고 규정함으로써 모든 기본권의 종국적 목적(기본이념)이라 할 수 있고 인간의 본질이며 고유한 가치인 개인의 인격권과 행복추구권을 보장하고 있다. 그리고 이러한 개인의 인격권·행복추구권은 개인의 자기운명결정권을 그 전제로 하고 있으며, 이 자기운명결정권에는 성적(性的)자기결정권 특히 혼인의 자유와 혼인에 있어서 상대방을 결정할 수 있는 자유가 포함되어 있다(헌재 1997. 7. 16. 95헌가6등)

ㄴ. [○] 동성동본금혼제도는 그 입법목적이 이제는 혼인에 관한 국민의 자유와 권리를 제한할 '사회질서'나 '공공복리'에 해당될 수 없다는 점에서 헌법 제37조 제2항에도 위반된다(헌재 1997. 7. 16. 95헌가6).
8촌 이내의 혈족 사이에서는 혼인할 수 없도록 하는 민법 제809조 제1항은 근친혼으로 인하여 가까운 혈족 사이의 상호관계 및 역할, 지위와 관련하여 발생할 수 있는 혼란을 방지하고 가족제도의 기능을 유지하기 위한 것으로서 정당한 입법목적 달성을 위한 적합한 수단에 해당한다(2022. 10. 27. 2018헌바115).

ㄷ. [×] 이 사건 금혼조항은 근친혼으로 인하여 가까운 혈족 사이의 상호관계 및 역할, 지위와 관련하여 발생할 수 있는 혼란을 방지하고 가족제도의 기능을 유지하기 위한 것으로서 정당한 입법목적 달성을 위한 적

합한 수단에 해당한다. 이 사건 금혼조항은, 촌수를 불문하고 부계혈족 간의 혼인을 금지한 구 민법상 동성동본금혼 조항에 대한 헌법재판소의 헌법불합치 결정의 취지를 존중하는 한편, 우리 사회에서 통용되는 친족의 범위 및 양성평등에 기초한 가족관계 형성에 관한 인식과 합의에 기초하여 혼인이 금지되는 근친의 범위를 한정한 것이므로 그 합리성이 인정되며, 입법목적 달성에 불필요하거나 과도한 제한을 가하는 것이라고는 볼 수 없으므로 침해의 최소성에 반한다고 할 수 없다. 나아가 이 사건 금혼조항으로 인하여 법률상의 배우자 선택이 제한되는 범위는 친족관계 내에서도 8촌 이내의 혈족으로, 넓다고 보기 어렵다. 그에 비하여 8촌 이내 혈족 사이의 혼인을 금지함으로써 가족질서를 보호하고 유지한다는 공익은 매우 중요하므로 이 사건 금혼조항은 법익균형성에 위반되지 아니한다. 그렇다면 이 사건 금혼조항은 과잉금지원칙에 위배하여 혼인의 자유를 침해하지 않는다(2022. 10. 27. 2018헌바115].

ㄹ.【O】심판대상조항은 8촌 이내의 혈족 사이의 혼인을 금지하고, 이에 위반한 혼인은 무효로 하여 '혼인과 가족생활을 스스로 결정하고 형성할 수 있는 자유'(이하 '혼인의 자유'라 한다)를 제한하고 있다. 이러한 제한이 헌법 제37조 제2항이 정한 기본권 제한의 한계 원리 내의 것인지 살펴본다(2022. 10. 27. 2018헌바115].

ㅁ.【O】이 사건 무효조항의 입법목적은 근친혼이 가까운 혈족 사이의 신분관계 등에 현저한 혼란을 초래하고 가족제도의 기능을 심각하게 훼손하는 경우에 한정하여 무효로 하더라도 충분히 달성 가능하고, 위와 같은 경우에 해당하는지 여부가 명백하지 않다면 혼인의 취소를 통해 장래를 향하여 혼인을 해소할 수 있도록 규정함으로써 가족의 기능을 보호하는 것이 가능하므로, 이 사건 무효조항은 입법목적 달성에 필요한 범위를 넘는 과도한 제한으로서 침해의 최소성을 충족하지 못한다. 나아가 이 사건 무효조항을 통하여 달성되는 공익은 결코 적지 아니하나, 이 사건 무효조항으로 인하여 제한되는 사익 역시 중대함을 고려하면, 이 사건 무효조항은 법익균형성을 충족하지 못한다. 그렇다면, 이 사건 무효조항은 과잉금지원칙에 위배하여 혼인의 자유를 침해한다(2022. 10. 27. 2018헌바115].

정답 ①

049 소비자의 권리에 대한 설명으로 옳지 않은 것을 모두 조합한 것은?

ㄱ. 주세법의 구입명령제도는 독과점규제와 지역경제육성이라는 헌법상의 경제목표를 실현코자 하는 것이므로 정당한 입법목적을 가진 것이라 아니할 수 없고, 또 그 입법목적을 달성하기에 이상적인 제도라고까지는 할 수 없을 지라도 전혀 부적합한 것이라고는 단정할 수 없다.

ㄴ. 자도소주구입명령제도에 대한 소주제조업자의 강한 신뢰보호이익이 인정되나 이러한 신뢰보호도 법률개정을 통한 "능력경쟁의 실현"이라는 보다 우월한 공익에 직면하여 종래의 법적 상태의 존속을 요구할 수는 없다 할 것이고, 다만 개인의 신뢰는 적절한 경과규정을 통하여 고려되기를 요구할 수 있는데 지나지 않는다 할 것이다.

ㄷ. 탁주의 공급구역제한제도를 규정하고 있는 주세법 제5조 제3항 기존의 대형주류제조업체가 시장에 참가하여 전국적인 독과점을 형성하게 되면 사실상 소비자결정권이 형해화되는 결과가 초래될 수도 있다는 점을 고려할 때, 소비자선택권을 침해하지 않는다.

ㄹ. 국민의 생명·신체 내지 보건 등 매우 중요한 사항에 관한 것인 경우, 특히 미국산 쇠고기 위생조건을 완화하는 고시와 같이 위험성을 내포한 식재료가 대량으로 수입되어 국내에서 제대로 검역되지 못한 채 유통됨으로써 일반 소비자에게 초래될 수 있는 위험의 정도와 내용이 매우 중대하고 심각할 뿐 아니라 이를 돌이키거나 통제하는 것이 불가능한 사안에 있어서는, 제3자의 권리나 공익을 침해함이 없이 채택할 수 있는 더 개선된 다른 보호수단이 존재하거나, 보호법익에 대한 위험을 최소화하기 위한 충분한 노력과 시도를 다하였다는 점이 명백하지 아니한 한, 헌법상 충분한 보호조치를 취한 것이라고 판단할 수 없다 할 것이다.

ㅁ. 전동킥보드의 최고속도는 25km/h를 넘지 않아야 한다고 규정한 구 '안전확인대상 생활용품의 안전기준'은 과잉금지원칙을 위반하여 소비자의 자기결정권 및 일반적 행동자유권을 침해하지 아니한다.

① ㄱㄴㅁ   ② ㄷㄹ   ③ ㄴㄷㄹ
④ ㄷㄹㅁ   ⑤ ㄱㄹ

▶ 정답 및 해설

ㄱ. [X] 헌법 제119조 제2항은 독과점규제라는 경제정책적 목표를 개인의 경제적 자유를 제한할 수 있는 정당한 공익의 하나로 명문화하고 있다. 독과점규제의 목적이 경쟁의 회복에 있다면 이 목적을 실현하는 수단 또한 자유롭고 공정한 경쟁을 가능하게 하는 방법이어야 한다. 그러나 <u>주세법의 구입명령제도는 전국적으로 자유경쟁을 배제한 채 지역할거주의로 자리잡게 되고 그로써 지역 독과점현상의 고착화를 초래하므로, 독과점규제란 공익을 달성하기에 적정한 조치로 보기 어렵다</u>(1996. 12. 26. 96헌가18).

ㄴ. [O] 이 사건의 경우 국가가 장기간에 걸쳐 추진된 주정배정제도, 1도1사원칙에 의한 통폐합정책 및 자도소주구입명령제도를 통하여 신뢰의 근거를 제공하고 국가가 의도하는 일정한 방향으로 소주제조업자의 의사결정을 유도하려고 계획하였으므로, 자도소주구입명령제도에 대한 소주제조업자의 강한 신뢰보호이익이 인정된다. 그러나 이러한 신뢰보호도 법률개정을 통한 "능력경쟁의 실현"이라는 보다 우월한 공익에 직면하여 종래의 법적 상태의 존속을 요구할 수는 없다 할 것이고, 다만 개인의 신뢰는 적절한 경과규정을 통하여 고려되기를 요구할 수 있는데 지나지 않는다 할 것이다(1996. 12. 26. 96헌가18).

ㄷ. [O] 기존의 대형주류제조업체가 시장에 참가하여 전국적인 독과점을 형성하게 되면 사실상 소비자결정권이 형해화되는 결과가 초래될 수도 있다는 점을 고려할 때, 이 사건 공급구역제한제도로 인하여 부득이 발생하는 다소간의 소비자선택권의 제한을 두고 헌법에 위반되는 것이라고 할 수는 없다(헌재 1999. 7. 22. 98헌가5).

ㄹ. [X] 이 사건 고시가 개정 전 고시에 비하여 완화된 수입위생조건을 정한 측면이 있다 하더라도, 미국산 쇠고기의 수입과 관련한 위험상황 등과 관련하여 개정 전 고시 이후에 달라진 여러 요인들을 고려하고 지금까지의 관련 과학기술 지식과 OIE 국제기준 등에 근거하여 보호조치를 취한 것이라면, 이 사건 고시상의 보호조치가 체감적으로 완벽한 것은 아니라 할지라도, 위 기준과 그 내용에 비추어 쇠고기 소비자인 국민의 생명·신체의 안전을 보호하기에 전적으로 부적합하거나 매우 부족하여 그 보호의무를 명백히 위반한 것이라고 단정하기는 어렵다 할 것이다(2008. 12. 26. 2008헌마419).

ㅁ. [O] 전동킥보드의 자전거도로 통행을 허용하는 조치를 실시하기 위해서는 제조·수입되는 전동킥보드가 일정 속도 이상으로는 동작하지 않도록 제한하는 것이 선행되어야 한다.
소비자가 아직 전동킥보드의 자전거도로 통행이 가능하지 않음에도 불구하고 최고속도 제한기준을 준수한 제품만을 구입하여 이용할 수밖에 없는 불편함이 있다고 하여 전동킥보드의 최고속도를 제한하는 안전기준의 도입이 입법목적 달성을 위한 수단으로서의 적합성을 잃었다고 볼 수는 없다. 최고속도 제한을 두지 않는 방식이 이를 두는 방식에 비해 확실히 더 안전한 조치라고 볼 근거가 희박하고, 최고속도가 시속 25km라는 것은 자전거도로에서 통행하는 다른 자전거보다 속도가 더 높아질수록 사고위험이 증가할 수 있는 측면을 고려한 기준 설정으로서, 전동킥보드 소비자의 자기결정권 및 일반적 행동자유권을 박탈할 정도로 지나치게 느린 정도라고 보기 어렵다. 심판대상조항은 과잉금지원칙을 위반하여 소비자의 자기결정권 및 일반적 행동자유권을 침해하지 아니한다(2020. 2. 27. 2017헌마1339).

정답 ⑤

제2절 평등

050 평등권에 대한 설명으로 옳은 것은?

① 헌법 제11조 제1항에 정한 법 앞에서의 평등의 원칙은 결코 일체의 차별적 대우를 부정하는 절대적 평등을 의미하는 것은 아니나, 법을 적용함에 있어서 뿐만 아니라 입법을 함에 있어서도 불합리한 차별대우를 하여서는 아니 된다는 것을 뜻한다.
② 헌법 제11조 제1항 전문은 "법 앞에"라는 한정구를 두고, '모든 국민은 평등하다'고 선언하고 있으므로 헌법 제11조 제1항의 평등원칙은 입법자를 구속하지 않는다.
③ 기본권 규정은 그 성질상 사법관계에 간접 적용될 수 있는 예외적인 것을 제외하고는 직접적으로 사법관계에 효력을 미치게 된다.
④ 평등권은 사인간에 직접 적용되는 기본권이므로 평등권침해의 위법성 인정을 위하여 반드시 사인간의 평등권 보호에 관한 별개의 입법이 있어야 한다.
⑤ 유사한 성격의 규율대상에 대하여 이미 입법이 있다면, 평등원칙을 근거로 입법자에게 청구인들에게도 적용될 입법을 하여야 할 헌법상의 의무가 발생한다고 볼 수 있다.

▶ 정답 및 해설

①【O】 헌법 제11조 제1항에 정한 법 앞에서의 평등의 원칙은 결코 일체의 차별적 대우를 부정하는 절대적 평등을 의미하는 것은 아니나, 법을 적용함에 있어서 뿐만 아니라 입법을 함에 있어서도 불합리한 차별대우를 하여서는 아니 된다는 것을 뜻한다. 즉, 사리에 맞는 합리적인 근거 없이 법을 차별하여 적용하여서는 아니 됨은 물론 그러한 내용의 입법을 하여서도 아니 된다는 것이다(헌재 1989. 5. 24. 89헌가37등).

②【X】 헌법 제11조 제1항에 정한 법 앞에서의 평등의 원칙은 결코 일체의 차별적 대우를 부정하는 절대적 평등을 의미하는 것은 아니나, 법을 적용함에 있어서 뿐만 아니라 입법을 함에 있어서도 불합리한 차별대우를 하여서는 아니 된다는 것을 뜻한다(헌재 1989. 5. 24. 89헌가37등).

③【X】 기본권 규정은 그 성질상 사법관계에 **직접 적용될 수 있는 예외적인 것을 제외**하고는 사법상의 일반원칙을 규정한 민법 제2조, 제103조, 제750조, 제751조 등의 내용을 형성하고 그 해석 기준이 되어 **간접적으로** 사법관계에 효력을 미치게 된다(대법원 2011. 1. 27. 선고 2009다19864 판결).

④【X】 평등권은 사인간에 간접 적용되는 기본권이나 민법의 일반조항을 통해 사인간에 적용될 수 있으므로 그 위법성 인정을 위하여 반드시 사인간의 평등권 보호에 관한 별개의 입법이 있어야만 하는 것은 아니다
관련판례: 사적 단체를 포함하여 사회공동체 내에서 개인이 성별에 따른 불합리한 차별을 받지 아니하고 자신의 희망과 소양에 따라 다양한 사회적·경제적 활동을 영위하는 것은 그 인격권 실현의 본질적 부분에 해당하므로 평등권이라는 기본권의 침해도 민법 제750조의 일반규정을 통하여 사법상 보호되는 인격적 법익침해의 형태로 구체화되어 논하여질 수 있고, 그 위법성 인정을 위하여 반드시 사인간의 평등권 보호에 관한 별개의 입법이 있어야만 하는 것은 아니다(대법원 2011. 1. 27. 선고 2009다19864 판결).

⑤【X】 유사한 성격의 규율대상에 대하여 이미 입법이 있다 하더라도, 평등원칙을 근거로 입법자에게 청구인들에게도 적용될 입법을 하여야 할 헌법상의 의무가 발생한다고 볼 수 없다. 왜냐하면 평등원칙은 원칙적으로 입법자에게 헌법적으로 아무런 구체적인 입법의무를 부과하지 않고, 다만, 입법자가 평등원칙에 반하는 일정 내용의 입법을 하게 되면, 이로써 피해를 입게 된 자는 직접 당해 법률조항을 대상으로 하여 평등원칙의 위반여부를 다툴 수 있을 뿐이기 때문이다(헌재 1996. 11. 28. 93헌마258).

정답 ①

051 평등권에 대한 설명 중 옳지 않은 것을 모두 조합한 것은?

ㄱ. 서로 비교될 수 있는 사실관계가 모든 관점에서 완전히 동일한 것이 아니라 단지 일정 요소에 있어서만 동일한 경우에, 두 개의 사실관계가 본질적으로 동일한가의 판단은 일반적으로 당해 법률조항의 의미와 목적에 달려있다.
ㄴ. 평등원칙위반여부 심사에서 엄격한 심사를 하는 경우는 두 가지인데 하나는 '헌법에서 특별히 평등을 요구하고 있는 경우'이고, 다른 하나는 '관련 기본권에 대한 중대한 제한을 초래하는 경우'이다.
ㄷ. 자의심사의 경우에는 단순히 합리적인 이유의 존부문제가 아니라 차별을 정당화하는 이유와 차별간의 상관관계에 대한 심사, 즉 비교대상간의 사실상의 차이의 성질과 비중 또는 입법목적(차별목적)의 비중과 차별의 정도에 적정한 균형관계가 이루어져 있는가를 심사한다.
ㄹ. 제11조 제1항 후문의 규정은 불합리한 차별의 금지에 초점이 있는 것으로서, 예시한 사유가 있는 경우에 절대적으로 차별을 금지할 것을 요구함으로써 입법자에게 인정되는 입법형성권을 제한하는 것이다.
ㅁ. 친일반민족행위자의 후손이라는 점이 헌법 제11조 제1항 후문의 사회적 신분에 해당하고 친일반민족 행위자의 후손에 대한 차별은 평등권 침해 여부의 심사에서 엄격한 기준을 적용해야 하는 경우에 해당한다.

① ㄱㄴㅁ   ② ㄷㄹ   ③ ㄴㄷㄹ
④ ㄷㄹㅁ   ⑤ ㄱㄹ

▶ 정답 및 해설

ㄱ. [O] 평등의 원칙은 입법자에게 본질적으로 같은 것을 자의적으로 다르게, 본질적으로 다른 것을 자의적으로 같게 취급하는 것을 금하고 있다. 그러므로 비교의 대상을 이루는 두 개의 사실관계 사이에 서로 상이한 취급을 정당화할 수 있을 정도의 차이가 없음에도 불구하고 두 사실관계를 서로 다르게 취급한다면, 입법자는 이로써 평등권을 침해하게 된다. 그러나 서로 비교될 수 있는 사실관계가 모든 관점에서 완전히 동일한 것이 아니라 단지 일정 요소에 있어서만 동일한 경우에, 비교되는 두 사실관계를 법적으로 동일한 것으로 볼 것인지 아니면 다른 것으로 볼 것인지를 판단하기 위하여는 어떠한 요소가 결정적인 기준이 되는가가 문제된다. 두 개의 사실관계가 본질적으로 동일한가의 판단은 일반적으로 당해 법률조항의 의미와 목적에 달려있다 (헌재 1996. 12. 26. 96헌가18).

ㄴ. [O] 평등위반 여부를 심사함에 있어 엄격한 심사척도에 의할 것인지, 완화된 심사척도에 의할 것인지는 입법자에게 인정되는 입법형성권의 정도에 따라 달라지게 될 것이다. 먼저 헌법에서 특별히 평등을 요구하고 있는 경우 엄격한 심사척도가 적용될 수 있다. 헌법이 스스로 차별의 근거로 삼아서는 아니 되는 기준을 제시하거나 차별을 특히 금지하고 있는 영역을 제시하고 있다면 그러한 기준을 근거로 한 차별이나 그러한 영역에서의 차별에 대하여 엄격하게 심사하는 것이 정당화된다. <u>다음으로 차별적 취급으로 인하여 관련 기본권에 대한 중대한 제한을 초래하게 된다면 입법형성권은 축소되어 보다 엄격한 심사척도가 적용되어야 할 것이다</u>(헌재 1999. 12. 23. 98헌마363).

ㄷ. [X] 평등권의 침해 여부에 대한 심사는 그 심사기준에 따라 자의금지원칙에 의한 심사와 비례의 원칙에 의한 심사로 크게 나누어 볼 수 있다. 자의심사의 경우에는 차별을 정당화하는 합리적인 이유가 있는지만을 심사하기 때문에 그에 해당하는 비교대상간의 사실상의 차이나 입법목적(차별목적)의 발견·확인에 그치는 반면에, <u>비례심사의 경우에는 단순히 합리적인 이유의 존부문제가 아니라 차별을 정당화하는 이유와 차

별간의 상관관계에 대한 심사, 즉 비교대상간의 사실상의 차이의 성질과 비중 또는 입법목적(차별목적)의 비중과 차별의 정도에 적정한 균형관계가 이루어져 있는가를 심사한다.(헌재 2001. 2. 22. 2000헌마25)

ㄹ.【×】 사회적 신분에 대한 차별금지는 헌법 제11조 제1항 후문에서 예시된 것인데, 헌법 제11조 제1항 후문의 규정은 불합리한 차별의 금지에 초점이 있는 것으로서, 예시한 사유가 있는 경우에 절대적으로 차별을 금지할 것을 요구함으로써 입법자에게 인정되는 입법형성권을 제한하는 것은 아니다(헌재 2011. 3. 31. 2008헌바141등)

ㅁ.【×】 친일반민족행위자의 후손이라는 점이 헌법 제11조 제1항 후문의 사회적 신분에 해당한다 할지라도 이것만으로는 헌법에서 특별히 평등을 요구하고 있는 경우라고 할 수 없고, 아래와 같이 친일재산의 국가귀속은 연좌제금지원칙이 적용되는 경우라고 볼 수도 없으며 그 외 달리 친일반민족행위자의 후손을 특별히 평등하게 취급하도록 규정한 헌법 규정이 없는 이상, 친일반민족 행위자의 후손에 대한 차별은 평등권 침해 여부의 심사에서 엄격한 기준을 적용해야 하는 경우라 볼 수 없다(헌재 2011. 3. 31. 2008헌바141등).

정답 ④

052 평등권에 대한 설명으로 옳지 않은 것은?

① 주민투표권은 헌법상의 권리, 즉 기본권으로 인정되지 않지만, 주민투표권의 부여에 차별이 존재하면 그것을 평등권 침해 문제로 다룰 수는 있다.
② 평등선거의 원칙은 평등의 원칙이 선거제도에 적용된 것으로서 투표의 수적평등, 즉 1인 1표의 원칙(one person, one vote)과 투표의 성과가치(成果價值)의 평등, 즉 1표의 투표가치가 대표자선정이라는 선거의 결과에 대하여 기여한 정도에 있어서도 평등하여야 한다는 원칙(one vote, one value)을 포함한다.
③ 제도 개선의 과정에서 일시적으로 존재할 수 있는 차별이라면 정당화될 수 있으나 평등권을 침해하는 차별이라 볼 수 없다.
④ 법의 일반성을 충족시키지 못하는 법률, 즉 개별사건법률이라 하더라도 이것이 평등권 침해라는 결론에 이르는 충분한 이유로 되는 것은 아니고, 합리적인 이유가 없다고 판단되는 경우에만 위헌이라 판단될 수 있다.
⑤ 시혜적 법률은 국민의 권리를 제한하거나 새로운 의무를 부과하는 법률과 마찬가지로 입법자에게 보다 광범위한 입법형성의 자유가 인정되므로 그 내용이 현저하게 합리성이 결여되었다고 보이지 아니하는 한 헌법에 위반된다 할 수는 없다.

▶ 정답 및 해설

①【O】 주민투표권은 헌법상의 열거되지 아니한 권리 등 그 명칭의 여하를 불문하고 헌법상의 기본권성이 부정된다는 것이 우리 재판소의 일관된 입장이라 할 것인데, 이 사건에서 그와 달리 보아야 할 아무런 근거를 발견할 수 없다. 그렇다면 이 사건 심판청구는 헌법재판소법 제68조 제1항의 헌법소원을 통해 그 침해 여부를 다툴 수 있는 기본권을 대상으로 하고 있는 것이 아니므로 그러한 한에서 이유 없다. 하지만 주민투표권이 헌법상 기본권이 아닌 법률상의 권리에 해당한다하더라도 비교집단 상호간에 차별이 존재할 경우에 헌법상의 평등권 심사까지 배제되는 것은 아니다(헌재 2010. 11. 25. 2009헌바27).
②【O】 평등선거의 원칙은 평등의 원칙이 선거제도에 적용된 것으로서 투표의 수적평등, 즉 1인 1표의 원칙(one person, one vote)과 투표의 성과가치(成果價值)의 평등, 즉 1표의 투표가치가 대표자선정이라는 선거의 결과에 대하여 기여한 정도에 있어서도 평등하여야 한다는 원칙(one vote, one value)을 그 내용으로 할 뿐만 아

나라 일정한 집단의 의사가 정치과정에서 반영될 수 없도록 차별적으로 선거구를 획정하는 이른바 '게리맨더링'에 대한 부정을 의미하기도 한다(헌재 2001. 10. 25. 2000헌마92등).
③ [O] 헌법상 평등의 원칙은 국가가 언제 어디서 어떤 계층을 대상으로 하여 기본권에 관한 상황이나 제도의 개선을 시작할 것인지를 선택하는 것을 방해하지는 않는다. 말하자면 국가는 합리적인 기준에 따라 능력이 허용하는 범위 내에서 법적 가치의 상향적인 구현을 위한 제도의 단계적 개선을 추진할 수 있는 길을 선택할 수 있어야 한다. 그것이 허용되지 않는다면 모든 사항과 계층을 대상으로 하여 동시에 제도의 개선을 추진하는 예외적인 경우를 제외하고는 어떠한 제도의 개선도 평등의 원칙 때문에 그 시행이 불가능하다는 결과에 이르게 되어 불합리할 뿐만 아니라 평등의 원칙이 실현하고자 하는 가치와도 어긋나기 때문이다(헌재 1990. 6. 25. 89헌마107).
④ [O] 특정법률 또는 법률조항이 단지 하나의 사건만을 규율하려고 한다 하더라도 이러한 차별적 규율이 합리적인 이유로 정당화될 수 있는 경우에는 합헌적일 수 있다. 따라서 개별사건법률의 위헌 여부는, 그 형식만으로 가려지는 것이 아니라, 나아가 평등의 원칙이 추구하는 실질적 내용이 정당한지 아닌지를 따져야 비로소 가려진다(헌재 1996. 2. 16. 96헌가2등).
⑤ [X] 시혜적인 법률은 국민의 권리를 제한하거나 새로운 의무를 부과하는 법률과는 달리 입법자에게 보다 광범위한 입법형성의 자유가 인정되므로, 입법자는 그 입법의 목적, 수혜자의 상황, 국가예산 등 제반사항을 고려하여 그에 합당하다고 스스로 판단하는 내용의 입법을 할 권한이 있고, 그렇게 하여 제정된 법률의 내용이 현저하게 합리성이 결여되었다고 보이지 아니하는 한 헌법에 위반된다 할 수는 없다(헌재 2007. 7. 26. 2004헌마914등 참조).

정답 ⑤

제3절 신체의 자유

053 병(兵)에 대한 징계처분으로 일정기간 부대나 함정(艦艇) 내의 영창, 그 밖의 구금장소에 감금하는 영창처분이 가능하도록 규정한 구 군인사법 제57조 제2항 중 '영창'에 관한 부분에 대해 헌법재판소법 제68조 제2항의 헌법소원이 청구되었다. 이에 대한 설명으로 옳은 것은?

① 현행 군인사법에 따르면 병과 하사관은 군인이라는 공통점을 제외하고는 그 복무의 내용과 보직, 진급, 전역체계, 보수와 연금 등의 지급에서 상당한 차이가 있으며, 그 징계의 종류도 달리 규율하고 있으므로 병과 하사관은 영창처분의 차별취급을 논할 만한 비교집단이 된다고 보기 어려우므로, 평등원칙 위배 여부는 판단할 필요가 없다.
② 군대 내 지휘명령체계를 확립하고 전투력을 제고한다는 공익은 매우 중요한 공익이므로 과잉금지원칙에 위배된다고 할 수 없다.
③ 법정의견에 따르면 심판대상조항에 의한 영창처분은 그 인신구금과 같이 기본권에 중대한 침해를 가져오는 것으로 영장주의 원칙이 적용되므로 법관이 관여하도록 규정되어 있지 않은 채 인신구금이 이루어질 수 있도록 하고 있어 헌법 제12조 제1항, 제3항의 영장주의의 본질을 침해하고 있다.
④ 헌법 제12조 제3항의 문언이나 성격상 영장주의는 징계절차에 그대로 적용된다고 볼 수 없으므로 심판대상은 영장주의에 위반되지 않는다.

⑤ 심판대상조항은 병의 복무규율 준수를 강화하고, 복무기강을 엄정히 하기 위하여 제정된 것으로 군의 지휘명령체계의 확립과 전투력 제고를 목적으로 하는바, 그 입법목적은 정당하나, 심판대상조항은 수단의 적합성은 인정되지 않는다.

▶ 정답 및 해설

① [O] 현행 군인사법에 따르면 병과 하사관은 군인이라는 공통점을 제외하고는 그 복무의 내용과 보직, 진급, 전역체계, 보수와 연금 등의 지급에서 상당한 차이가 있으며, 그 징계의 종류도 달리 규율하고 있다. 따라서 병과 하사관은 영창처분의 차별취급을 논할 만한 비교집단이 된다고 보기 어려우므로, 평등원칙 위배 여부는 더 나아가 살피지 아니한다(헌재 2020. 9. 24. 2017헌바157등).
② [X] 군대 내 지휘명령체계를 확립하고 전투력을 제고한다는 공익은 매우 중요한 공익이나, 심판대상조항으로 과도하게 제한되는 병의 신체의 자유가 위 공익에 비하여 결코 가볍다고 볼 수 없어, 심판대상조항은 법익의 균형성 요건도 충족하지 못한다. 이와 같은 점을 종합할 때, 심판대상조항은 과잉금지원칙에 위배된다.
③ [X] 지문은 보충의견이었다. 헌법재판소의 법정의견은 영장주의에 대한 의견이 없다.
④ [X] 지문은 반대의견이었다. 헌법재판소의 법정의견은 영장주의에 대한 의견이 없다. 다만, 전경에 대한 징계 사건에서 영장주의가 영창에 적용되지 않는다는 것이 헌법재판소 법정의견이었다.
⑤ [X] 심판대상조항은 병의 복무규율 준수를 강화하고, 복무기강을 엄정히 하기 위하여 제정된 것으로 군의 지휘명령체계의 확립과 전투력 제고를 목적으로 하는바, 그 입법목적은 정당하고, 심판대상조항은 병에 대하여 강력한 위하력을 발휘하므로 수단의 적합성도 인정된다. 심판대상조항에 의한 영창처분은 징계처분임에도 불구하고 신분상 불이익 외에 신체의 자유를 박탈하는 것까지 그 내용으로 삼고 있어 징계의 한계를 초과한 점, 심판대상조항에 의한 영창처분은 그 실질이 구류형의 집행과 유사하게 운영되므로 극히 제한된 범위에서 형사상 절차에 준하는 방식으로 이루어져야 하는데, 영창처분이 가능한 징계사유는 지나치게 포괄적이고 기준이 불명확하여 영창처분의 보충성이 담보되고 있지 아니한 점, 심판대상조항은 징계위원회의 심의·의결과 인권담당 군법무관의 적법성 심사를 거치지만, 모두 징계권자의 부대 또는 기관에 설치되거나 소속된 것으로 형사절차에 준할만한 중립적이고 객관적인 절차라고 보기 어려운 점, 심판대상조항으로 달성하고자 하는 목적은 인신구금과 같이 징계를 중하게 하는 것으로 달성되는 데 한계가 있고, 병의 비위행위를 개선하고 행동을 교정할 수 있도록 적절한 교육과 훈련을 제공하는 것 등으로 가능한 점, 이와 같은 점은 일본, 독일, 미국 등 외국의 입법례를 살펴보더라도 그러한 점 등에 비추어 심판대상조항은 침해의 최소성 원칙에 어긋난다(헌재 2020. 9. 24. 2017헌바157등).

정답 ①

054 신체의 자유에 대한 설명으로 옳지 않은 것은?

ㄱ. 정신질환자의 보호의무자 2인의 동의와 정신과 전문의 1인 진단만 있으면 정신질환자를 정신의료기관에 입원시킬 수 있도록 한 법률은 개인의 자기결정권이나 통신의 자유를 직접 제한하는 것이다.

ㄴ. 보호의무자 2인의 동의와 정신건강의학과 전문의 1인의 진단으로 정신질환자에 대한 보호입원이 가능하도록 한 구「정신보건법」조항은 보호입원이 정신질환자 본인에 대한 치료와 사회의 안전 도모라는 측면에서 긍정적인 효과가 있으므로 정신질환자의 신체의 자유를 침해하지 아니한다.

ㄷ. 무죄판결을 받은 피고인을 즉시 석방하지 않고 석방절차를 이유로 피고인의 의사에 반하여 교도소로 강제연행하는 행위는 헌법 제12조의 규정에 비추어 도저히 허용될 수 없는 것이다.

ㄹ. 전과나 감호처분을 선고받은 사실 등 법정의 요건에 해당되면 재범의 위험성 유무에도 불구하고 반드시 그에 정한 보호감호를 선고하여야 할 의무를 법관에게 부과한 사회보호법 제5조 제1항은 과잉금지원칙에 위반된다.

ㅁ. 「민사집행법」상 재산명시의무를 위반한 채무자에 대하여 법원이 결정으로 한 감치는 죄형법정주의에 포섭될 수 없다.

① ㄱㄴ
② ㄴㄷㅁ
③ ㄷㄹㅁ
④ ㄱㅁ
⑤ ㄱㄴㅁ

▶ **정답 및 해설**

ㄱ. [X] 심판대상조항은 정신질환자의 보호의무자 2인의 동의와 정신과전문의 1인의 진단만 있으면 정신질환자를 본인의 의사에 반하여 6개월까지 정신의료기관에 입원시킬 수 있도록 하고 있으므로, 정신질환자의 신체의 자유를 제한한다. 그런데 위와 같이 기본권을 제한하기 위해서는 헌법 제37조 제2항에 따른 과잉금지원칙을 준수하여야 하는바, 심판대상조항이 과잉금지원칙을 위반하여 정신질환자의 신체의 자유를 침해하는지 여부를 살펴본다(2016.9.29, 2014헌가9).

ㄴ. [X] 보호입원기간도 최초부터 6개월이라는 장기로 정해져 있고, 이 또한 계속적인 연장이 가능하여 보호입원이 치료의 목적보다는 격리의 목적으로 이용될 우려도 큰 점, 보호입원절차에서 정신질환자의 권리를 보호할 수 있는 절차들을 마련하고 있지 않은 점, 기초정신보건심의회의 심사나 「인신보호법」상 구제청구만으로는 위법·부당한 보호입원에 대한 충분한 보호가 이루어지고 있다고 보기 어려운 점 등을 종합하면, 심판대상조항은 침해의 최소성원칙에 위배된다. 심판대상조항이 정신질환자를 신속·적정하게 치료하고, 정신질환자 본인과 사회의 안전을 도모한다는 공익을 위한 것임은 인정되나, 정신질환자의 신체의 자유 침해를 최소화할 수 있는 적절한 방안을 마련하지 아니함으로써 지나치게 기본권을 제한하고 있다. 따라서 심판대상조항은 법익의 균형성 요건도 충족하지 못한다(2016.9.29., 2014헌가9).

ㄷ. [O] 일련의 사실에 의하여 생각건대, 무죄 등 판결 선고 후 석방대상 피고인이 교도소에서 지급한 각종 지급품의 회수, 수용시의 휴대금품 또는 수용 중 영치된 금품의 반환 내지 환급문제 때문에 임의로 교도관과 교도소에 동행하는 것은 무방하지만, 피고인의 동의를 얻지 않고 의사에 반하여 교도소로 연행하는 것은 헌법 제12조의 규정에 비추어 도저히 허용될 수 없는 것이다(헌재 1997. 12. 24. 95헌마247).

ㄹ. [O] 구 사회보호법 제5조 제1항은 동 조항에 정한 전과나 감호처분을 선고받은 사실 등 법정의 요건에 해당되면 재범의 위험성 유무에도 불구하고 반드시 그에 정한 보호감호를 선고하여야 할 의무를 법관에게 부과하여 법관의 판단재량을 박탈하고 있는 것으로 볼 수밖에 없다.
결국 구 사회보호법 제5조 제1항은 헌법 제12조 제1항 후문에 정한 적법절차에 위반됨은 물론 헌법 제37조 제2항에 정한 과잉금지원칙에 위반된다고 할 것이며, 나아가 법원의 판단재량의 기능을 형해화시켜 헌법 제27조 제1항에 정한 국민의 법관에 의한 정당한 재판을 받을 권리를 침해하였다 할 것이다 (헌재 1989. 7. 14. 88헌가5등)

ㅁ. [O] 청구인은 심판대상조항에 의한 감치제도는 「형법」 규정에 존재하지 않는 형벌을 규정한 것으로서 죄형법정주의에 위반된다는 주장도 하고 있으나, 감치는 형벌에 해당하지 않아 죄형법정주의의 영역에 포섭될 수 없을 뿐만 아니라, 청구인의 주장은 결국 「형법」상의 형벌이 아닌 감치를 통하여 채무자를 구금하는 것이 채무자의 신체의 자유를 침해한다는 것이므로, 이 부분 주장에 대하여는 별도로 판단하지 아니한다(2014.9.25., 2013헌마11).

정답 ①

055 성폭력범죄를 저지른 성도착증 환자에 대한 검사의 치료명령청구를 규정한 성폭력범죄자의 성충동 약물치료에 관한 법률 제4조와 법원의 치료명령 선고를 규정한 동법 제8조에 대한 헌법재판소 판례와 일치하지 않는 것은?

① 성충동 약물치료에 사용되는 약물은 성도착증의 병리적 문제를 근본적으로 해결하는 치료제가 아닌 점 등을 고려할 때 수단의 적절성에 의문이 있으므로 재범 억제 효과는 제한적이거나 한시적이고 그 달성 여부가 불확실하나, 피치료자가 받게 되는 불이익은 심대하므로, 심판대상조항들은 인간의 존엄과 가치에 반하여 법익균형성이 인정되지 않는다. 따라서 검사의 치료명령청구조항과 법원의 치료명령 선고조항은 모두 과잉금지원칙에 위배되어 치료명령 피청구인의 신체의 자유 등 기본권을 침해하는 것으로서 헌법에 위반된다.

② 성폭력범죄를 저지른 성도착증 환자로서 재범의 위험성이 인정되는 19세 이상의 사람에 대해 법원이 15년의 범위에서 법관이 치료명령선고를 하도록 한 「성폭력범죄자의 성충동 약물치료에 관한 법률」 제8조는 장기형이 선고되는 경우 치료명령의 선고시점과 집행시점 사이에 상당한 시간적 간극이 있어서, 집행시점에서 발생할 수 있는 불필요한 치료와 관련한 부분에 대하여는 침해의 최소성과 법익균형성을 인정하기 어려우므로 피치료자의 신체의 자유를 침해한다.

③ 심판대상법률 제4조의 검사의 치료명령청구는 과잉금지원칙에 위배된다고 할 수 없다.

④ 심판대상조항들은 피치료자의 정신적 욕구와 신체기능에 대한 통제를 그 내용으로 하는 것으로서, 신체의 완전성이 훼손당하지 아니할 자유를 포함하는 헌법 제12조의 신체의 자유를 제한하나, 사회공동체의 일반적인 생활규범의 범위 내에서 사생활을 자유롭게 형성해 나가고 그 설계 및 내용에 대해서 외부로부터의 간섭을 받지 아니할 권리인 헌법 제17조의 사생활의 자유를 제한한다.

⑤ 심판대상조항들은 피치료자의 동의를 요건으로 하지 않으므로, 환자가 질병의 치료 여부 및 방법 등을 결정할 수 있는 신체에 관한 자기결정권 내지 성행위 여부 등에 관한 성적자기결정권 등 헌법 제10조에서 유래하는 개인의 자기운명결정권을 제한한다.

▶ 정답 및 해설

① [×] 법정의견에 따르면 검사의 치료명령청구는 헌법에 위반되지 않는다. 법원의 선고부분만 위헌으로 보았다.
반대의견 : 심판대상조항들에 의한 재범 억제효과는 제한적이거나 한시적이고 그 달성 여부가 불확실하나, 피치료자가 받게 되는 불이익은 심대하므로, 심판대상조항들은 인간의 존엄과 가치에 반하여 법익균형성이 인정되지 않는다. 따라서 심판대상조항들은 모두 과잉금지원칙에 위배되어 치료명령 피청구인의 신체의 자유 등 기본권을 침해하는 것으로서 헌법에 위반된다(2015.12.23. 2013헌가9).

② [○] 「성폭력범죄자의 성충동 약물치료에 관한 법률」(이하 '성충동약물치료법'이라 한다)에 의하면, 장기형이 선고되는 경우 치료명령의 선고시점과 집행시점 사이에 상당한 시간적 간극이 존재하게 되고, 장기간의 수감생활 중의 사정변경으로 인하여 집행시점에서 치료의 필요성이 없게 된 경우 불필요한 치료의 가능성이 있으며, 이를 배제할 수 있는 절차가 없음에도 선고시점에서 치료명령청구가 이유 있는 때에는 치료명령을 선고하도록 한 성충동약물치료법 제8조 제1항은 위와 같은 범위에서 침해의 최소성이 인정되지 않는다. 앞서 침해의 최소성과 관련하여 본 바와 같이, 장기형 선고로 인한 치료명령의 선고시점과 집행시점의 상당한 시간적 간극으로 인하여 집행시점에서 발생할 수 있는 불필요한 치료와 관련해서는 피치료자의 침해되는 사익이 더 크다고 볼 수 있으므로 법익균형성을 인정하기 어렵다(2015.12.23. 2013헌가9).

③ [O] 검사의 치료명령청구에 관한「성폭력범죄자의 성충동 약물치료에 관한 법률」제4조 제1항은 과잉금지원칙에 위배되지 아니하나, 법원의 치료명령선고에 관한「성폭력범죄자의 성충동 약물치료에 관한 법률」제8조 제1항은 집행시점에서 불필요한 치료를 막을 수 있는 절차가 마련되어 있지 않은 점과 관련하여 과잉금지원칙을 위배하여 피치료자의 신체의 자유 등 기본권을 침해한다(2015.12.23, 2013헌가9).
④ [O] 심판대상조항들은 피치료자의 정신적 욕구와 신체기능에 대한 통제를 그 내용으로 하는 것으로서 신체의 완전성이 훼손당하지 아니할 자유를 포함하는 헌법 제12조의 신체의 자유를 제한하고, 사회공동체의 일반적인 생활규범의 범위 내에서 사생활을 자유롭게 형성해 나가고 그 설계 및 내용에 대해서 외부로부터의 간섭을 받지 아니할 권리인 헌법 제17조의 사생활의 자유를 제한한다. 또한 심판대상조항들은 피치료자의 동의를 요건으로 하지 않으므로, 환자가 질병의 치료 여부 및 방법 등을 결정할 수 있는 신체에 관한 자기결정권 내지 성행위 여부 등에 관한 성적 자기결정권 등 헌법 제10조에서 유래하는 개인의 자기운명결정권을 제한한다. 그 밖에 강제적인 성적 욕구·기능의 통제 자체로 대상자로 하여금 물적 취급을 받는 느낌, 모욕감과 수치심을 가지게 할 수 있으므로 헌법 제10조로부터 유래하는 인격권 역시 제한한다(2015.12.23., 2013헌가9).
⑤ [O] 심판대상조항들은 피치료자의 동의를 요건으로 하지 않으므로, 환자가 질병의 치료 여부 및 방법 등을 결정할 수 있는 신체에 관한 자기결정권 내지 성행위 여부 등에 관한 성적자기결정권 등 헌법 제10조에서 유래하는 개인의 자기운명결정권을 제한한다. 그 밖에 강제적인 성적 욕구·기능의 통제 자체로 대상자로 하여금 물적(物的) 취급을 받는 느낌, 모욕감과 수치심을 가지게 할 수 있으므로 헌법 제10조로부터 유래하는 인격권 역시 제한한다(2015.12.23., 2013헌가9).

정답 ①

056 외국에서 형의 전부 또는 일부의 집행을 받은 자에 대하여 형을 감경 또는 면제할 수 있도록 규정한 형법에 대한 헌법재판소 판례와 일치하지 않는 것은?

① 외국에서 실제로 형의 집행을 받았음에도 불구하고 우리「형법」에 의한 처벌시 이를 전혀 고려하지 않는다면 신체의 자유에 대한 과도한 제한이 될 수 있으므로 그와 같은 사정은 어느 범위에서든 반드시 반영되어야 한다.
② 헌법상 일사부재리원칙은 외국의 형사판결에 대하여는 적용된다고 할 것이므로 외국에서 형의 전부 또는 일부의 집행을 받은 자에 대하여 형을 감경 또는 면제할 수 있도록 규정한「형법」은 헌법 제13조 제1항의 이중처벌금지원칙에 위반된다.
③ 동일한 범죄로 외국에서 형의 집행을 받고 다시 국내에서 처벌을 받은 자와 국내에서만 형의 집행을 받은 자는 '본질적으로 동일한 비교집단'이라고 할 수 없어 차별취급 여부를 논할 수 없으므로 평등원칙 위반이라는 주장은 이유 없다.
④ 외국에서 형의 전부 또는 일부의 집행을 받은 자에 대하여 형을 감경 또는 면제할 수 있도록 규정한「형법」은 형의 종류에 따라 청구인의 신체의 자유 내지 재산권 등을 제한한다. 국가형벌권의 행사 및 그 한계는 신체의 자유와 가장 밀접한 관계에 있다고 할 것이므로 이 사건 법률조항이 신체의 자유를 제한함에 있어 그 헌법적 한계를 지키고 있는지 여부를 판단하기로 한다.
⑤ 피고인이 동일한 행위에 관하여 외국에서 형사처벌을 과하는 확정판결을 받았다 하더라도 이런 외국 판결은 우리나라에서는 기판력이 없으므로 여기에 일사부재리원칙이 적용될 수 없다.

▶ **정답 및 해설**

① [O] 입법자는 외국에서 형의 집행을 받은 자에게 어떠한 요건 아래, 어느 정도의 혜택을 줄 것인지에 대하여, 우리의 역사와 문화, 시대적 상황, 외국에서 처벌받은 자의 실질적인 불이익을 감안하는 것에 대한 국민 일반의 가치관과 법감정, 국가권력의 독점에 의하여 이루어지는 형벌의 특수성 및 국가사법권의 독자성 등 여러 요소를 종합적으로 고려하여 정할 수 있고, 이러한 점에서 입법자에게는 일정 부분 재량권이 인정된다. 그러나 신체의 자유는 정신적 자유와 더불어 헌법이념의 핵심인 인간의 존엄과 가치를 구현하기 위한 가장 기본적인 자유로서 모든 기본권 보장의 전제조건이므로 최대한 보장되어야 하는바(1992.4.14, 90헌마82 참조), 외국에서 실제로 형의 집행을 받았음에도 불구하고 우리 형법에 의한 처벌시 이를 전혀 고려하지 않는다면 신체의 자유에 대한 과도한 제한이 될 수 있으므로 **그와 같은 사정은 어느 범위에서든 반드시 반영되어야 하고**, 이러한 점에서 입법형성권의 범위는 다소 축소될 수 있다(2015.5.28, 2013헌바129).

② [X] '시민적 및 정치적 권리에 관한 국제규약' 제14조 제7항은 "어느 누구도 각국의 법률 및 형사절차에 따라 이미 확정적으로 유죄 또는 무죄선고를 받은 행위에 관하여서는 다시 재판 또는 처벌을 받지 아니한다."라고 규정하고 있다. 유엔 인권이사회(Human Rights Committee)도 위 조항의 일사부재리원칙이 다수 국가의 관할에 대하여 적용되는 것이 아니며, 단지 판결이 내려진 국가에 대한 관계에서 이른바 이중위험(double jeopardy)을 금지하는 것으로 보고 있다(유엔 인권이사회 결정 No. 204/1986 참조). 따라서 헌법상 일사부재리원칙은 외국의 형사판결에 대하여는 적용되지 아니한다고 할 것이므로, 이 사건 법률조항은 헌법 제13조 제1항의 이중처벌금지원칙에 위반되지 아니한다(2015.5.28, 2013헌바129).

③ [O] 헌법 제13조 제1항의 이중처벌금지원칙은 대한민국 내에서 구속력을 가지므로 이 사건 법률조항은 헌법상 이중처벌금지원칙에 반하지 않는다. 따라서 동일한 범죄로 외국에서 형의 집행을 받고 다시 국내에서 처벌을 받은 자와 국내에서만 형의 집행을 받은 자는 '본질적으로 동일한 비교집단'이라고 할 수 없어 차별취급 여부를 논할 수 없으므로 평등원칙 위반이라는 주장은 이유 없다(2015.5.28, 2013헌바129).

④ [O] 이 사건 법률조항은 우리 「형법」에 의한 처벌시 외국에서의 형 집행의 반영 여부를 법관의 재량에 맡김으로써 위와 같은 사정이 반영되지 아니한 채 별도로 처벌받을 수 있도록 하고 있으므로, 형의 종류에 따라 청구인의 신체의 자유 내지 재산권 등을 제한한다. 국가형벌권의 행사 및 그 한계는 신체의 자유와 가장 밀접한 관계에 있다고 할 것이므로, 이하에서는 이 사건 법률조항이 신체의 자유를 제한함에 있어 그 헌법적 한계를 지키고 있는지 여부를 판단하기로 한다(2015.5.28, 2013헌바129).

⑤ [O] 형사판결은 국가주권의 일부분인 형벌권 행사에 기초한 것으로서, 외국의 형사판결은 원칙적으로 우리 법원을 기속하지 않으므로 동일한 범죄행위에 관하여 다수의 국가에서 재판 또는 처벌을 받는 것이 배제되지 않는다. 따라서 이중처벌금지원칙은 동일한 범죄에 대하여 대한민국 내에서 거듭 형벌권이 행사되어서는 안 된다는 뜻으로 새겨야 할 것이다. 대법원도 이와 같은 전제에서 "피고인이 동일한 행위에 관하여 외국에서 형사처벌을 과하는 확정판결을 받았다 하더라도 이런 외국 판결은 우리나라에서는 기판력이 없으므로 여기에 일사부재리원칙이 적용될 수 없다."라고 판시한 바 있다. 또한, '시민적 및 정치적 권리에 관한 국제규약' 제14조 제7항은 "어느 누구도 각국의 법률 및 형사절차에 따라 이미 확정적으로 유죄 또는 무죄선고를 받은 행위에 관하여서는 다시 재판 또는 처벌을 받지 아니한다."라고 규정하고 있다. 유엔 인권이사회(Human Rights Committee)도 위 조항의 일사부재리원칙이 다수 국가의 관할에 대하여 적용되는 것이 아니며, 단지 판결이 내려진 국가에 대한 관계에서 이른바 이중위험(double jeopardy)을 금지하는 것으로 보고 있다. 따라서 헌법상 일사부재리원칙은 외국의 형사판결에 대하여는 적용되지 아니한다고 할 것이므로, 이 사건 법률조항은 헌법 제13조 제1항의 이중처벌금지원칙에 위반되지 아니한다(2015.5.28., 2013헌바129).

정답 ②

057 구금에 대한 설명으로 옳지 않은 것은?

① 「형사소송법」의 피고인 구속기간은 '법원이 형사재판을 할 수 있는 기간' 내지 '법원이 구속사건을 심리할 수 있는 기간'을 의미한다.
② 「군사법원법」상 군사법경찰관의 피의자 구속기간을 10일 추가로 연장할 수 있도록 한 「군사법원법」 조항은 과잉금지원칙에 위반된다.
③ 「국가보안법」 제7조(찬양·고무 등) 및 제10조(불고지)의 죄에 대해 검사와 사법경찰관이 구속기간을 10일 더 연장할 수 있도록 한 「국가보안법」 제19조는 과잉금지의 원칙을 현저하게 위배하여 피의자의 신체의 자유, 무죄추정의 원칙 및 신속한 재판을 받을 권리를 침해하는 것이다.
④ 「형사소송법」 피의자 구속기간에 「국가보안법」 회합통신죄에 대해 검사와 사법경찰관이 구속기간을 10일 더 연장할 수 있도록 한 「국가보안법」 제19조는 평등의 원칙, 신체의 자유, 무죄추정의 원칙 및 신속한 재판을 받을 권리 등을 침해하는 것은 아니다.
⑤ 해당 법관으로 하여금 미결구금일수를 형기에 산입하되, 그 산입범위는 재량에 의하여 결정하도록 한 「형법」 제57조는 남상소를 방지라는 입법목적 달성을 위한 적절한 수단이라고 할 수 없다.

▶ 정답 및 해설

①[×] 이 사건 법률조항에서 말하는 구속기간은 이를 순수하게 문언 그대로 해석하면, '법원이 피고인을 구속한 상태에서 재판할 수 있는 기간'을 의미한다고 볼 것이고, 이와는 달리 '법원이 형사재판을 할 수 있는 기간' 내지 '법원이 구속사건을 심리할 수 있는 기간'을 의미한다고 볼 수는 없다. 즉, 이 사건 법률조항은 미결구금의 부당한 장기화로 인하여 피고인의 신체의 자유가 침해되는 것을 방지하기 위한 목적에서 미결구금기간의 한계를 설정하고 있는 것이지, 신속한 재판의 실현 등을 목적으로 법원의 재판기간 내지 심리기간 자체를 제한하려는 규정이라 할 수는 없다. 이는 구속기간이 만료되더라도 보석을 허가하여 구속피고인을 석방한 다음 불구속상태에서 재판을 계속 진행할 수 있다는 점에서도 충분히 뒷받침된다(2001.6.28, 99헌가14).
②[O] 이 사건 법률규정이 과잉금지의 원칙에 위배되는지 여부를 심사함에 있어서는 그 제한되는 기본권의 중요성이나 기본권 제한방식의 중첩적·가중적 성격에 비추어 엄격한 기준에 의할 것이 요구된다. 국가안보와 직결되는 사건과 같이 수사를 위하여 구속기간의 연장이 정당화될 정도의 중요사건이라면 더 높은 법률적 소양이 제도적으로 보장된 군검찰관이 이를 수사하고 필요한 경우 그 구속기간의 연장을 허용하는 것이 더 적절하기 때문에, 군사법경찰관의 구속기간을 연장까지 하면서 이러한 목적을 달성하려는 것은 부적절한 방식에 의한 과도한 기본권의 제한이라고 아니할 수 없다(2003.11.27, 2002헌마193).
③[O] 「국가보안법」 제7조(찬양·고무 등) 및 제10조(불고지)의 죄는 구성요건이 특별히 복잡한 것도 아니고 사건의 성질상 증거수집이 더욱 어려운 것도 아니어서 굳이 수사기관에서 일반형사사건의 최장구속기간 30일보다 더 오래 피의자를 구속할 필요가 있다고 인정되지 아니한다. 그럼에도 불구하고, 「국가보안법」 제19조가 제7조 및 제10조의 범죄에 대하여서까지 「형사소송법」상의 수사기관에 의한 피의자 구속기간 30일보다 20일이나 많은 50일을 인정한 것은 국가형벌권과 국민의 기본권과의 상충관계 형량을 잘못하여 불필요한 장기구속을 허용하는 것이어서 입법목적의 정당성만을 강조한 나머지 방법의 적정성 및 피해의 최소성의 원칙 등을 무시한 것이라고 아니할 수 없고 결국 헌법 제37조 제2항의 기본권 제한입법의 원리로서 요구되는 과잉금지의 원칙을 현저하게 위배하여 피의자의 신체의 자유, 무죄추정의 원칙 및 신속한 재판을 받을 권리를 침해하는 것임이 명백하다(1992.4.14, 90헌마82).
④[O] 1991.5.31. 개정 전후의 「국가보안법」 제3조, 제5조, 제8조, 제9조에 해당하는 범죄에 대한 수사에 있어서는 그 피의자들에 대한 구속기간을 최소한의 범위 내에서 연장할 상당한 이유가 있으며, 또 그 구속기간의 연장에는 지방법원 판사의 허가를 받도록 되어 있어서 수사기관의 부당한 장기구속에 대한 법적 방지

장치도 마련되어 있으므로 「국가보안법」 제19조 중 위 각 죄에 관한 구속기간의 연장 부분은 헌법에 규정된 평등의 원칙, 신체의 자유, 무죄추정의 원칙 및 신속한 재판을 받을 권리 등을 침해하는 위헌법률조항이라고 할 수 없다(1997.6.26, 96헌가8 등).

⑤ [O] 「형법」 제57조 제1항은 해당 법관으로 하여금 미결구금일수를 형기에 산입하되, 그 산입범위는 재량에 의하여 결정하도록 하고 있는바, 이처럼 미결구금일수 산입범위의 결정을 법관의 자유재량에 맡기는 이유는 피고인이 고의로 부당하게 재판을 지연시키는 것을 막아 형사재판의 효율성을 높이고, 피고인의 남상소를 방지하여 상소심 법원의 업무부담을 줄이는 데 있다. 「형법」 제57조 제1항 중 '또는 일부' 부분이 상소제기 후 미결구금일수의 일부가 산입되지 않을 수 있도록 하여 피고인의 상소의사를 위축시킴으로써 남상소를 방지하려 하는 것은 입법목적 달성을 위한 적절한 수단이라고 할 수 없고, 남상소를 방지한다는 명목으로 오히려 구속 피고인의 재판청구권이나 상소권의 적정한 행사를 저해한다. 더욱이 구속 피고인이 고의로 재판을 지연하거나 부당한 소송행위를 하였다고 하더라도 이를 이유로 미결구금기간 중 일부를 형기에 산입하지 않는 것은 처벌되지 않는 소송상의 태도에 대하여 형벌적 요소를 도입하여 제재를 가하는 것으로서 적법절차의 원칙 및 무죄추정의 원칙에 반한다(2009.6.25., 2007헌바25).

정답 ①

058 구금 관련 헌법재판소 판례에 대한 설명으로 옳은 것은 모두 몇 개인가?

ㄱ. 상소제기 후 상소를 취하한 때까지의 구금일수를 법정통산의 대상에서 제외하고 있는 「형사소송법」은 신체의 자유를 침해한다.
ㄴ. 피고인이 범행 후 미국으로 도주하였다가 한국과 미국정부 간의 범죄인 인도조약에 따라 체포되어 인도될 때까지 구금된 기간은 본형에 산입될 미결구금일수에 해당한다.
ㄷ. 1심 결정에 의한 소년원 수용기간을 항고심 결정에 의한 보호기간에 산입하지 아니하는 「소년법」 규정은 형사사건에서 미결구금일수가 본형에 산입되는 것과 비교하면 평등원칙에 위반된다.
ㄹ. 검사가 상소제기하기 전 미결구금일수를 본형에 산입하지 않도록 한 「형사소송법」 조항은 신체의 자유와 평등권을 침해한다.
ㅁ. 판결선고 전 구금일수 산입범위를 법관의 재량에 맡긴 「형법」 조항은 평등권을 침해한다.
ㅂ. 미결구금일수의 본형산입의 문제는 기본적으로 입법자의 광범위한 입법형성의 자유가 인정되는 영역인바, 그 재량 행사에 따른 입법이 명백히 불합리하지 않은 한 이를 위헌이라고 할 수 없으므로 반드시 전부 본형에 산입하여야만 인권이 보호된다는 논리는 성립할 수 없다.

① 없음.　　　　　② 1개　　　　　③ 2개
④ 3개　　　　　⑤ 4개

▶ 정답 및 해설

ㄱ. [O] 상소제기 후 상소 취하시까지의 미결구금을 형기에 산입하지 아니하는 것은 헌법상 무죄추정의 원칙 및 적법절차의 원칙, 평등원칙 등을 위배하여 합리성과 정당성 없이 신체의 자유를 지나치게 제한하는 것이고, 따라서 '상소제기 후 미결구금일수의 산입'에 관하여 규정하고 있는 이 사건 법률조항들이 상소제기 후 상소 취하시까지의 미결구금일수를 본형에 산입하도록 규정하지 아니한 것은 헌법에 위반된다(2009.12.29, 2008헌가13 등).

ㄴ. [X] 피고인이 미결구금일수로서 본형에의 산입을 요구하는 기간은 공소의 목적을 달성하기 위하여 어쩔 수 없이 이루어진 강제처분의 기간이 아니라 피고인이 범행 후 미국으로 도주하였다가 대한민국정부와 미합중국정부 간의 범죄인 인도조약에 따라 체포된 후 인도절차를 밟기 위한 기간에 불과하여 본형에 산입될 미결구금일수에 해당한다고 볼 수 없을 뿐 아니라, 원심이 피고인에 대한 미결구금일수를 일부라도 본형에 산입한 이상 상고이유에서 지적하는 바와 같이 미결구금일수의 산입에 관한 법리를 오해하여 판결에 영향을 미친 위법이 없다(대판 2009.5.28, 2009도1446).

ㄷ. [X] 이 사건 법률조항에 의하여 청구인과 형사사건에서 미결구금일수가 본형에 산입되는 자와의 차별취급이 존재하나, 소년원 수용이라는 보호처분은 도망이나 증거인멸을 방지하여 수사, 재판 또는 형의 집행을 원활하게 진행하기 위한 것이 아니라 반사회성 있는 소년을 교화하고 건전한 성장을 돕기 위한 것으로서 그 차별대우를 정당화하는 합리적 이유가 존재하므로 청구인의 평등권도 침해하지 아니한다(2015.12.23, 2014헌마768).

ㄹ. [O] 검사 상소제기일로부터 미결구금일수를 본형에 산입하도록 한 「형사소송법」 제482조는 검사가 상소하기 전의 구금일수에 대해서는 산입할 근거가 없어 검사가 상소를 언제 제기하느냐에 따라서 법원이 선고한 형에 변경을 가져오게 되므로 피고인의 신체의 자유를 침해하게 되고, 검사가 상소를 제기한 시점에 따라 형이 달라지므로 평등원칙에도 위반된다(2000.7.20, 99헌가7).

ㅁ. [O] 미결구금을 허용하는 것 자체가 헌법상 무죄추정의 원칙에서 파생되는 불구속수사의 원칙에 대한 예외인데, 「형법」 제57조 제1항 중 '또는 일부 부분'은 그 미결구금일수 중 일부만을 본형에 산입할 수 있도록 규정하여 그 예외에 대하여 사실상 다시 특례를 설정함으로써, 기본권 중에서도 가장 본질적인 신체의 자유에 대한 침해를 가중하고 있다(2000.7.20, 99헌가7).

ㅂ. [X] 미결구금은 신체의 자유를 침해받는 피의자 또는 피고인의 입장에서 보면 실질적으로 자유형의 집행과 다를 바 없으므로, 인권 보호 및 공평의 원칙상 형기에 전부 산입되어야 한다. 따라서 「형법」 제57조 제1항 중 '또는 일부 부분'은 헌법상 무죄추정의 원칙 및 적법절차의 원칙 등을 위배하여 합리성과 정당성 없이 신체의 자유를 침해한다(2009.6.25., 2007헌바25).

정답 ④

059 체포영장을 집행하는 경우 필요한 때에는 타인의 주거 등에서 피의자 수사를 할 수 있도록 한 형사소송법에 대한 헌법재판소 판례에 대한 설명으로 옳지 않은 것은 모두 몇 개인가?

ㄱ. 체포영장을 집행하는 경우 필요한 때에는 타인의 주거 등에서 피의자 수사를 할 수 있도록 한 「형사소송법」 제216조 제1항 제1호는 명확성원칙에 위배된다.
ㄴ. 헌법 제12조 제3항과는 마찬가지로 헌법 제16조 후문은 영장주의에 대한 예외를 명문화하고 있다.
ㄷ. 헌법 제16조에서 영장주의에 대한 예외를 마련하고 있지 않으므로 주거에 대한 압수나 수색에 있어 영장주의가 예외 없이 반드시 관철되어야 함을 의미하는 것이다.
ㄹ. 체포영장을 집행하는 경우 필요한 때에는 타인의 주거 등에서 피의자 수사를 할 수 있도록 한 「형사소송법」은 영장주의에 위반된다.
ㅁ. 피의자가 사형·무기 또는 장기 3년 이상의 징역이나 금고에 해당하는 죄를 범하였다고 의심할 만한 상당한 이유가 있고, 피의자가 증거를 인멸할 염려가 있거나 피의자가 도망하거나 도망할 우려가 있는 경우에는 수색영장 없이 주거에 대한 수색이 가능하다.
ㅂ. 체포영장을 집행하는 경우 필요한 때에는 타인의 주거 등에서 피의자 수사를 할 수 있도록 한 형사소송법에 대해 헌법불합치결정을 하였다.
ㅅ. 헌법재판소는 헌법 제16조에 대해 영장주의 위반을 이유로 헌법불합치결정을 하였다.

① 1개　　　　　　　　② 2개　　　　　　　　③ 3개
④ 4개　　　　　　　　⑤ 5개

▶ **정답 및 해설**

ㄱ. [✗] 심판대상조항은 수사기관이 피의자를 체포하기 위하여 필요한 때에는 영장 없이 타인의 주거 등에 들어가 피의자를 찾는 행위를 할 수 있다는 의미로서, 심판대상조항의 '피의자 수사'는 '피의자 수색'을 의미함을 어렵지 않게 해석할 수 있다. 이상을 종합하여 보면, 심판대상조항은 피의자가 소재할 개연성이 소명되면 타인의 주거 등 내에서 수사기관이 피의자를 수색할 수 있음을 의미하는 것으로 누구든지 충분히 알 수 있으므로, 명확성원칙에 위반되지 아니한다(2018.4.26, 2015헌바370 등).

ㄴ. [✗] 헌법 제12조 제3항은 "체포·구속·압수 또는 수색을 할 때에는 적법한 절차에 따라 검사의 신청에 의하여 법관이 발부한 영장을 제시하여야 한다. 다만, 현행범인인 경우와 장기 3년 이상의 형에 해당하는 죄를 범하고 도피 또는 증거인멸의 염려가 있을 때에는 사후에 영장을 청구할 수 있다."라고 규정함으로써 사전영장주의에 대한 예외를 명문으로 인정하고 있다. 이와 달리 헌법 제16조 후단은 "주거에 대한 압수나 수색을 할 때에는 검사의 신청에 의하여 법관이 발부한 영장을 제시하여야 한다."라고 규정하고 있을 뿐 영장주의에 대한 예외를 명문화하고 있지 않다(2018.4.26, 2015헌바370 등).

ㄷ. [✗] 주거 공간에 대한 긴급한 압수·수색의 필요성, 주거의 자유와 관련하여 영장주의를 선언하고 있는 헌법 제16조의 취지 등을 종합하면, 헌법 제16조의 영장주의에 대해서도 그 예외를 인정하되, 이는 ⓐ 그 장소에 범죄혐의 등을 입증할 자료나 피의자가 존재할 개연성이 소명되고, ⓑ 사전에 영장을 발부받기 어려운 긴급한 사정이 있는 경우에만 제한적으로 허용될 수 있다고 보는 것이 타당하다(2018.4.26, 2015헌바370 등).

ㄹ. [○] 심판대상조항은 체포영장을 발부받아 피의자를 체포하는 경우에 필요한 때에는 영장 없이 타인의 주거 등 내에서 피의자 수사를 할 수 있다고 규정함으로써, 앞서 본 바와 같이 별도로 영장을 발부받기 어려운 긴급한 사정이 있는지 여부를 구별하지 아니하고 피의자가 소재할 개연성만 소명되면 영장 없이 타인의 주거 등을 수색할 수 있도록 허용하고 있다. 이는 체포영장이 발부된 피의자가 타인의 주거 등에 소재할 개연성은 소명되나, 수색에 앞서 영장을 발부받기 어려운 긴급한 사정이 인정되지 않는 경우에도 영장 없이 피의자 수색을 할 수 있다는 것이므로, 헌법 제16조의 영장주의 예외요건을 벗어나는 것으로서 영장주의에 위반된다(2018. 4.26, 2015헌바370 등).

ㅁ. [○] 먼저 현행범인 체포의 경우에 관하여 보건대, 현행범인은 범죄의 실행 중이거나 실행의 즉후인 자를 말하고(「형사소송법」 제211조 제1항), 범인으로 호창되어 추적되고 있는 등 「형사소송법」 제211조 제2항 각 호에 해당하는 자는 현행범인으로 간주된다. 현행범인이 수사기관의 추격을 피하여 타인의 주거 등에 들어가는 경우 이를 확인한 수사기관으로서는 현행범인 체포를 위하여 그 장소에 바로 들어가 피의자 수색을 할 수 있어야 한다. 이 경우 현행범인이 타인의 주거 등에 소재할 개연성 및 수색에 앞서 수색영장을 발부받기 어려운 긴급한 사정이 충분히 인정된다. <u>현행범인 체포의 경우에는 헌법 제16조의 영장주의의 예외를 인정할 수 있다.</u> 다음으로 긴급체포의 경우에 관하여 보건대, 긴급체포는 피의자가 사형·무기 또는 장기 3년 이상의 징역이나 금고에 해당하는 죄를 범하였다고 의심할 만한 상당한 이유가 있고, 피의자가 증거를 인멸할 염려가 있거나 피의자가 도망하거나 도망할 우려가 있는 경우로서 긴급을 요하여 지방법원 판사의 체포영장을 받을 수 없는 때에 영장 없이 피의자를 체포하는 것이다. 이러한 경우에도 피의자가 타인의 주거 등에 소재할 개연성 및 수색에 앞서 수색영장을 발부받기 어려운 긴급한 사정이 충분히 인정된다. 따라서 <u>긴급체포의 경우 역시 헌법 제16조의 영장주의의 예외를 인정할 수 있다</u>(2018.4.26, 2015헌바370 등).

ㅂ. [○] ㅅ. [✗] 심판대상조항의 위헌성은 근본적으로 헌법 제16조에서 영장주의를 규정하면서 그 예외를 명시적으로 규정하지 아니한 잘못에서 비롯된 것이다. 늦어도 2020.3.31.까지는 현행범인 체포, 긴급체포, 일정 요건하에서의 체포영장에 의한 체포의 경우에 영장주의의 예외를 명시하는 것으로 <u>위 헌법조항이 개정되고, 그에 따라 심판대상조항(심판대상조항과 동일한 내용의 규정이 「형사소송법」 제137조에도 존재한다)이 개정되는 것이 바람직하며</u>, 위 헌법조항이 개정되지 않는 경우에는 심판대상조항만이라도 이 결정의 취지에 맞게 개정되어야 함을 지적하여 둔다. 위 시한까지 개선입법이 이루어지지 않으면 심판대상조항은 2020.4.1.부터 그 효력을 상실한다(2018.4.26, 2015헌바370 등).

정답 ④

060 체포영장을 집행하는 경우 필요한 때에는 타인의 주거 등에서 피의자 수사를 할 수 있도록 한 형사소송법에 대한 헌법재판소 판례에 대한 설명으로 옳지 않은 것은 모두 몇 개인가?

ㄱ. 체포영장을 집행하는 경우 필요한 때에는 타인의 주거 등에서 피의자 수사를 할 수 있도록 한 「형사소송법」 제216조 제1항 제1호는 명확성원칙에 위배된다.
ㄴ. 헌법 제12조 제3항과는 달리 헌법 제16조 후문은 "주거에 대한 압수나 수색을 할 때에는 검사의 신청에 의하여 법관이 발부한 영장을 제시하여야 한다."라고 규정하고 있을 뿐 영장주의에 대한 예외를 명문화하고 있지 않다.
ㄷ. 헌법 제16조에서 영장주의에 대한 예외를 마련하고 있지 않으므로 주거에 대한 압수나 수색에 있어 영장주의가 예외 없이 반드시 관철되어야 함을 의미하는 것이다.
ㄹ. 체포영장을 집행하는 경우 필요한 때에는 타인의 주거 등에서 피의자 수사를 할 수 있도록 한 「형사소송법」은 영장주의에 위반된다.
ㅁ. 피의자가 사형·무기 또는 장기 3년 이상의 징역이나 금고에 해당하는 죄를 범하였다고 의심할 만한 상당한 이유가 있고, 피의자가 증거를 인멸할 염려가 있거나 피의자가 도망하거나 도망할 우려가 있는 경우에는 수색영장 없이 주거에 대한 수색이 가능하다.
ㅂ. 심판대상조항의 위헌성은 근본적으로 헌법 제16조에서 영장주의를 규정하면서 그 예외를 명시적으로 규정하지 아니한 잘못에서 비롯된 것이다. 늦어도 2020. 3.31.까지는 현행범인 체포, 긴급체포, 일정 요건하에서의 체포영장에 의한 체포의 경우에 영장주의의 예외를 명시하는 것으로 위 헌법조항이 개정되고, 그에 따라 심판대상조항이 개정되는 것이 바람직하며, 위 헌법조항이 개정되지 않는 경우에는 심판대상조항만이라도 이 결정의 취지에 맞게 개정되어야 한다.
ㅅ. 헌법재판소는 헌법 제16조에 대해 영장주의 위반을 이유로 헌법불합치결정을 하였다.

① 1개　　② 2개　　③ 3개
④ 4개　　⑤ 5개

▶ **정답 및 해설**

ㄱ. [X] 심판대상조항은 수사기관이 피의자를 체포하기 위하여 필요한 때에는 영장 없이 타인의 주거 등에 들어가 피의자를 찾는 행위를 할 수 있다는 의미로서, 심판대상조항의 '피의자 수사'는 '피의자 수색'을 의미함을 어렵지 않게 해석할 수 있다. 이상을 종합하여 보면, 심판대상조항은 피의자가 소재할 개연성이 소명되면 타인의 주거 등 내에서 수사기관이 피의자를 수색할 수 있음을 의미하는 것으로 누구든지 충분히 알 수 있으므로, 명확성원칙에 위반되지 아니한다(2018.4.26. 2015헌바370 등).

ㄴ. [O] 헌법 제12조 제3항은 "체포·구속·압수 또는 수색을 할 때에는 적법한 절차에 따라 검사의 신청에 의하여 법관이 발부한 영장을 제시하여야 한다. 다만, 현행범인인 경우와 장기 3년 이상의 형에 해당하는 죄를 범하고 도피 또는 증거인멸의 염려가 있을 때에는 사후에 영장을 청구할 수 있다."라고 규정함으로써 사전영장주의에 대한 예외를 명문으로 인정하고 있다. 이와 달리 헌법 제16조 후단은 "주거에 대한 압수나 수색을 할 때에는 검사의 신청에 의하여 법관이 발부한 영장을 제시하여야 한다."라고 규정하고 있을 뿐 영장주의에 대한 예외를 명문화하고 있지 않다(2018.4.26. 2015헌바370 등).

ㄷ. [X] 주거 공간에 대한 긴급한 압수·수색의 필요성, 주거의 자유와 관련하여 영장주의를 선언하고 있는 헌법 제16조의 취지 등을 종합하면, 헌법 제16조의 영장주의에 대해서도 그 예외를 인정하되, 이는 ⓐ 그

장소에 범죄혐의 등을 입증할 자료나 피의자가 존재할 개연성이 소명되고, ③ 사전에 영장을 발부받기 어려운 긴급한 사정이 있는 경우에만 제한적으로 허용될 수 있다고 보는 것이 타당하다(2018.4.26, 2015헌바370 등).

ㄹ. [O] 심판대상조항은 체포영장을 발부받아 피의자를 체포하는 경우에 필요한 때에는 영장 없이 타인의 주거 등 내에서 피의자 수사를 할 수 있다고 규정함으로써, 앞서 본 바와 같이 별도로 영장을 발부받기 어려운 긴급한 사정이 있는지 여부를 구별하지 아니하고 피의자가 소재할 개연성만 소명되면 영장 없이 타인의 주거 등을 수색할 수 있도록 허용하고 있다. 이는 체포영장이 발부된 피의자가 타인의 주거 등에 소재할 개연성은 소명되나, 수색에 앞서 영장을 발부받기 어려운 긴급한 사정이 인정되지 않는 경우에도 영장 없이 피의자 수색을 할 수 있다는 것이므로, 헌법 제16조의 영장주의 예외요건을 벗어나는 것으로서 영장주의에 위반된다(2018. 4.26, 2015헌바370 등).

ㅁ. [O] 먼저 현행범인 체포의 경우에 관하여 보건대, 현행범인은 범죄의 실행 중이거나 실행의 즉후인 자를 말하고,(「형사소송법」제211조 제1항), 범인으로 호창되어 추적되고 있는 등 「형사소송법」제211조 제2항 각 호에 해당하는 자는 현행범인으로 간주된다. 현행범인이 수사기관의 추격을 피하여 타인의 주거 등에 들어가는 경우 이를 확인한 수사기관으로서는 현행범인 체포를 위하여 그 장소에 바로 들어가 피의자 수색을 할 수 있어야 한다. 이 경우 현행범인이 타인의 주거 등에 소재할 개연성 및 수색에 앞서 수색영장을 발부받기 어려운 긴급한 사정이 충분히 인정된다. <u>현행범인 체포의 경우에는 헌법 제16조의 영장주의의 예외를 인정할 수 있다</u>. 다음으로 긴급체포의 경우에 관하여 보건대, 긴급체포는 피의자가 사형·무기 또는 장기 3년 이상의 징역이나 금고에 해당하는 죄를 범하였다고 의심할 만한 상당한 이유가 있고, 피의자가 증거를 인멸할 염려가 있거나 피의자가 도망하거나 도망할 우려가 있는 경우로서 긴급을 요하여 지방법원 판사의 체포영장을 받을 수 없는 때에 영장 없이 피의자를 체포하는 것이다. 이러한 경우에도 피의자가 타인의 주거 등에 소재할 개연성 및 수색에 앞서 수색영장을 발부받기 어려운 긴급한 사정이 충분히 인정된다. 따라서 <u>긴급체포의 경우 역시 헌법 제16조의 영장주의의 예외를 인정할 수 있다</u>(2018.4.26, 2015헌바370 등).

ㅂ. [O] ㅅ. [X] 심판대상조항의 위헌성은 근본적으로 헌법 제16조에서 영장주의를 규정하면서 그 예외를 명시적으로 규정하지 아니한 잘못에서 비롯된 것이다. 늦어도 2020.3.31.까지는 현행범인 체포, 긴급체포, 일정 요건하에서의 체포영장에 의한 체포의 경우에 영장주의의 예외를 명시하는 것으로 <u>위 헌법조항이 개정되고, 그에 따라 심판대상조항(심판대상조항과 동일한 내용의 규정이 「형사소송법」 제137조에도 존재한다)이 개정되는 것이 바람직하며, 위 헌법조항이 개정되지 않는 경우에는 심판대상조항만이라도 이 결정의 취지에 맞게 개정되어야 함을 지적하여 둔다. 위 시한까지 개선입법이 이루어지지 않으면 심판대상조항은 2020.4.1.부터 그 효력을 상실한다</u>(2018.4.26, 2015헌바370 등).

정답 ③

061 변호인 조력을 받을 권리에 대한 설명으로 옳지 않은 것은? (다툼이 있는 경우 판례에 의함)

① 헌법재판소 판례에 따르면 형사절차가 종료되어 교정시설에 수용 중인 수형자는 원칙적으로 변호인의 도움을 받을 권리의 주체가 아니다.
② 헌법상 명문의 규정은 없지만, 불구속 피의자의 경우에도 변호인의 조력을 받을 권리는 우리 헌법에 나타난 법치국가원리, 적법절차원칙에서 인정되는 당연한 내용이다.
③ 변호인의 조력을 받을 권리는 체포·구속을 당하지 아니한 불구속 피의자·피고인에게도 인정되지만, 임의동행의 형식으로 연행된 피내사자의 경우나 형사절차가 종료되어 교정시설에 수용 중인 수형자에게는 인정되지 아니한다.
④ 헌법 제12조 제4항에서 "누구든지 체포 또는 구속을 당한 때에는 즉시 변호인의 조력을 받을 권리를 가진다."라고 규정하고 있지만, 대법원은 임의동행한 피내사자의 경우에 대해서도 변호인과의 접견교통권이 보장된다고 본다.

⑤ 변호인과의 접견이 구속된 자의 배우자와의 접견과 동시에 이루어진 경우에도 구속된 사람과 변호인과의 대화내용에 비밀이 보장되어야 하는 이상, 수사관이 청구인으로 하여금 그의 변호인 및 그의 배우자와 동시에 접견을 시키면서 소속직원을 접견에 참여시켜 대화내용을 듣거나 기록하게 하였으니 이는 위헌임을 면할 수 없으며, 이로 인하여 청구인의 변호인의 조력을 받을 권리를 침해한 것이다.

▶ **정답 및 해설**

① [O] 형사절차가 종료되어 교정시설에 수용 중인 수형자는 원칙적으로 변호인의 조력을 받을 권리의 주체가 될 수 없으나, 재심절차 등에는 변호인 선임을 위한 일반적인 교통·통신이 보장될 수 있다(1998. 8. 27, 96헌마398).

② [O] <u>우리 헌법은 변호인의 조력을 받을 권리가 불구속 피의자·피고인 모두에게 포괄적으로 인정되는지 여부에 관하여 명시적으로 규율하고 있지는 않지만</u>, 불구속 피의자의 경우에도 변호인의 조력을 받을 권리는 우리 헌법에 나타난 법치국가원리, 적법절차원칙에서 인정되는 당연한 내용이고, 헌법 제12조 제4항도 이를 전제로 특히 신체구속을 당한 사람에 대하여 변호인의 조력을 받을 권리의 중요성을 강조하기 위하여 별도로 명시하고 있다(2004. 9. 23, 2000헌마138).

③ [X] ④ [O] 변호인의 조력을 받을 권리를 실질적으로 보장하기 위하여는 변호인과의 접견교통권의 인정이 당연한 전제가 되므로, 임의동행의 형식으로 수사기관에 연행된 피의자에게도 변호인 또는 변호인이 되려는 자와의 접견교통권은 당연히 인정된다고 보아야 하고, 임의동행의 형식으로 연행된 피내사자의 경우에도 이는 마찬가지이다(대결 1996. 6. 3., 96모18).

⑤ [O] 변호인과의 접견이 구속된 자의 배우자와의 접견과 동시에 이루어진 경우에도 구속된 사람과 변호인과의 대화내용에 비밀이 보장되어야 하는 이상, 변호인과의 대화내용이 청취 당하여서는 아니 되는 것이므로 그 경우에도 관계공무원의 참여는 허용될 수 없는 것이며, 구속된 자와 변호인 이외의 자와의 접견에 관계공무원의 참여가 꼭 필요한 경우라면 수사기관이나 교도소는 변호인 접견과 변호인 이외의 자와의 접견을 분리하여 실시하면 되는 것이다. 그럼에도 불구하고 피청구인은 청구인으로 하여금 그의 변호인 및 그의 배우자와 동시에 접견을 시키면서 소속직원을 접견에 참여시켜 대화내용을 듣거나 기록하게 하였으니 이는 위헌임을 면할 수 없으며, 이로 인하여 청구인의 변호인의 조력을 받을 권리를 침해한 것이다(헌재 1992. 1. 28. 91헌마111).

정답 ③

062

청구인은 수단국적의 외국인이다. 청구인은 인천국제공항에 도착하여 난민인정신청을 하였고, 난민인정심사 회부 여부 결정시까지 인천국제공항 송환대기실에 수용되었다. 청구인은 피청구인 인천공항 출입국·외국인청장의 난민인정심사 불회부 결정 취소의 소를 제기하였고, 청구인의 변호인은 소송이 계속 중이던 피청구인에게 청구인의 접견을 신청하였으나, 피청구인은 이를 거부하였다. 청구인은 위와 같은 피청구인의 변호인 접견신청 거부행위가 헌법 제12조 제4항 본문에 규정된 변호인의 조력을 받을 권리 및 재판청구권을 침해한다고 주장하면서, 헌법소원심판을 청구하였다. 이에 대한 설명 중 옳은 것(○)과 옳지 않은 것(×)을 올바르게 조합한 것은? (다툼이 있는 경우 판례에 의함)

ㄱ. 헌법 제12조 제1항 제2문, 제2항 내지 제7항은 당해 헌법조항의 문언상 혹은 당해 헌법조항에 규정된 구체적인 신체의 자유 보장 방법의 속성상 형사절차에만 적용됨이 분명한 경우가 아니라면, 형사절차에 한정되지 않는 것으로 해석하는 것이 타당하다.

ㄴ. 헌법 제12조 제4항 본문은 "누구든지 체포 또는 구속을 당한 때에는 즉시 변호인의 조력을

받을 권리를 가진다."라고 규정하고 있는바, 이와 같은 변호인의 조력을 받을 권리는 형사절차에서 피의자 또는 피고인의 방어권 보장을 위한 것으로서 출입국관리법상 보호 또는 강제퇴거의 절차에도 적용된다고 보기는 어렵다.

ㄷ. 인천공항출입국·외국인청장이 인천국제공항 송환대기실에 수용된 난민에 대한 변호인 접견신청을 거부한 행위는 변호인의 조력을 받을 권리를 침해한다.

ㄹ. 헌법 제12조 제4항 본문의 문언 및 헌법 제12조의 조문 체계, 변호인 조력권의 속성, 헌법이 신체의 자유를 보장하는 취지를 종합하여 보면 헌법 제12조 제4항 본문에 규정된 "구속"은 구속뿐 아니라, 행정절차에서 이루어진 구속까지 포함하는 개념이다. 따라서 헌법 제12조 제4항 본문에 규정된 변호인의 조력을 받을 권리는 행정절차에서 구속을 당한 사람에게도 즉시 보장된다.

ㅁ. 출입국항에서 입국불허결정을 받아 송환대기실에 있는 사람과 변호사 사이의 접견교통권의 보장은 헌법상 보장되는 재판청구권의 한 내용으로 볼 수 있으므로, 이 사건 변호사 접견신청 거부는 재판청구권의 한 내용으로서 청구인의 변호사의 도움을 받을 권리를 제한한다. 이 사건 변호사 접견신청 거부는 아무런 법률상의 근거 없이 이루어졌고, 국가안전보장, 질서유지, 공공복리를 달성하기 위해 필요한 기본권 제한 조치로 볼 수도 없으므로, 청구인의 재판청구권을 침해한다.

① ㄱ(○), ㄴ(○), ㄷ(×), ㄹ(○), ㅁ(○)
② ㄱ(○), ㄴ(×), ㄷ(○), ㄹ(○), ㅁ(×)
③ ㄱ(○), ㄴ(×), ㄷ(×), ㄹ(×), ㅁ(×)
④ ㄱ(×), ㄴ(○), ㄷ(○), ㄹ(○), ㅁ(×)
⑤ ㄱ(×), ㄴ(○), ㄷ(×), ㄹ(○), ㅁ(×)

▶ 정답 및 해설

ㄱ. [○] 헌법 제12조 제1항은 제1문에서 "모든 국민은 신체의 자유를 가진다."고 규정한다. 신체의 자유를 보장하는 헌법 제12조 제1항 제1문은 문언상 형사절차만을 염두에 둔 것이 아님이 분명하다. 또한 신체의 자유는 그에 대한 제한이 형사절차에서 가해졌든 행정절차에서 가해졌든 간에 보장되어야 하는 자연권적 속성의 기본권이므로, 신체의 자유가 제한된 절차가 형사절차인지 아닌지는 신체의 자유의 보장 범위와 방법을 정함에 있어 부차적인 요소에 불과하다. 우리 헌법은 신체의 자유를 똣문으로 규정하여 보장하는 헌법 제12조 제1항 제1문에 이어 제12조 제1항 제2문, 제2항 내지 제7항에서 신체의 자유가 제한될 우려가 있는 특별한 상황들을 열거하면서, 각각의 상황별로 신체의 자유의 보장 방법을 구체적으로 규정한다. 따라서 형사절차를 특히 염두에 둔 것이 아닌 헌법 제12조 제1항 제1문과의 체계적 해석의 관점에서 볼 때, 헌법 제12조 제1항 제2문, 제2항 내지 제7항은 당해 헌법조항의 문언상 혹은 당해 헌법조항에 규정된 구체적인 신체의 자유 보장 방법의 속성상 형사절차에만 적용됨이 분명한 경우가 아니라면, 형사절차에 한정되지 않는 것으로 해석하는 것이 타당하다 (헌재 2018.05.31. 2014헌마346).

ㄴ. [×] 헌법 제12조 제4항 본문에 규정된 변호인의 조력을 받을 권리가 행정절차에서 구속된 사람에게도 즉시 보장되는지 여부(적극) 헌법 제12조 제4항 본문의 문언 및 헌법 제12조의 조문 체계, 변호인 조력권의 속성, 헌법이 신체의 자유를 보장하는 취지를 종합하여 보면 헌법 제12조 제4항 본문에 규정된 "구속"은 사법절차에서 이루어진 구속뿐 아니라, 행정절차에서 이루어진 구속까지 포함하는 개념이다. 따라서 헌법 제12조 제4항 본문에 규정된 변호인의 조력을 받을 권리는 행정절차에서 구속을 당한 사람에게도 즉시 보장된다. 종래 이와 견해를 달리하여 헌법 제12조 제4항 본문에 규정된 변호인의 조력을 받을 권리는 형사절차에서 피의자 또는 피고인의 방어권을 보장하기 위한 것으로서 출입국관리법상 보호 또는 강제퇴거의 절차에도 적용된다고 보기 어렵다고 판시한 우리 재판소 결정(헌재 2012. 8. 23. 2008헌마430)은, 이 결정 취지와 저

촉되는 범위 안에서 변경한다(헌재 2018.05.31. 2014헌마346).
ㄷ. 【O】 청구인에게 변호인 접견신청을 허용한다고 하여 국가안전보장, 질서유지, 공공복리에 어떠한 장애가 생긴다고 보기는 어렵고, 필요한 최소한의 범위 내에서 접견 장소 등을 제한하는 방법을 취한다면 국가안전보장이나 환승구역의 질서유지 등에 별다른 지장을 주지 않으면서도 청구인의 변호인 접견권을 제대로 보장할 수 있다. 따라서 이 사건 변호인 접견신청 거부는 국가안전보장이나 질서유지, 공공복리를 위해 필요한 기본권 제한 조치로 볼 수도 없다. 이 사건 변호인 접견신청 거부는 이러한 측면에서 보아도 청구인의 변호인의 조력을 받을 권리를 침해한 것이다(2018.05.31.2014헌마346).
ㄹ. 【O】 헌법 제12조 제4항 본문의 문언 및 헌법 제12조의 조문 체계, 변호인 조력권의 속성, 헌법이 신체의 자유를 보장하는 취지를 종합하여 보면 헌법 제12조 제4항 본문에 규정된 "구속"은 사법절차에서 이루어진 구속뿐 아니라, 행정절차에서 이루어진 구속까지 포함하는 개념이다. 따라서 헌법 제12조 제4항 본문에 규정된 변호인의 조력을 받을 권리는 행정절차에서 구속을 당한 사람에게도 즉시 보장된다(헌재 2018.05.31. 2014헌마346).
ㅁ. 【X】 별개의견이다. 별개의견은 행정절차에서는 변호인 조력을 받을 권리가 보장되지 않으므로 이 사건은 변호인조력이 받을 권리가 적용될 수 없고 재판청구권 문제로 보았다. 헌재의 법정의견은 변호인의 조력을 받을 권리침해로 보았다.

정답 ②

063 서신검열에 대한 설명으로 옳지 않은 것은? (다툼이 있는 경우 판례에 의함)

① 미결구금자가 수발하는 서신이 변호인 또는 변호인이 되려는 자와의 서신임이 확인되고 미결구금자의 범죄혐의 내용이나 신분에 비추어 소지금지품의 포함 또는 불법 내용의 기재 등이 있다고 의심할 만한 합리적인 이유가 없음에도 그 서신을 검열하는 행위는 위헌이다.
② 구치소장이 변호인접견실에 CCTV를 설치하여 미결수용자와 변호인 간의 접견을 관찰한 행위는 미결수용자의 변호인의 조력을 받을 권리를 침해하지 않는다.
③ 교도소장이 금지물품 동봉 여부를 확인하기 위하여 미결수용자와 같은 지위에 있는 수형자의 변호인이 위 수형자에게 보낸 서신을 개봉한 후 교부한 행위가 위 수형자가 변호인의 조력을 받을 권리를 침해한다.
④ 교도소 측에서 상대방이 변호인이라는 사실을 확인할 수 있어야 미결수용자와 변호인 사이의 서신은 원칙적으로 그 비밀을 보장받을 수 있다.
⑤ 교도소장이 금지물품 동봉 여부를 확인하기 위하여 미결수용자와 같은 지위에 있는 수형자의 변호인이 위 수형자에게 보낸 서신을 개봉한 후 교부한 행위는 변호인의 조력을 받을 권리제한이다.

▶ 정답 및 해설

①【O】④【O】 미결수용자와 변호인 사이의 서신으로서 그 비밀을 보장받기 위하여는, 첫째, 교도소 측에서 상대방이 변호인이라는 사실을 확인할 수 있어야 하고, 둘째, 서신을 통하여 마약 등 소지금지품의 반입을 도모한다든가 그 내용에 도주·증거인멸·수용시설의 규율과 질서의 파괴·기타 형벌법령에 저촉되는 내용이 기재되어 있다고 의심할 만한 합리적인 이유가 있는 경우가 아니어야 한다(1995.7.21, 92헌마144).
②【O】 X-ray 물품검색이나 변호인접견실에 설치된 비상벨만으로는 교정사고를 방지하거나 금지물품을 적발하는 데 한계가 있으므로 CCTV 관찰행위는 그 목적을 달성하기 위하여 필요한 범위 내의 제한이다. 따라서 CCTV 관찰행위는 청구인의 변호인의 조력을 받을 권리를 침해한다고 할 수 없다(2016.4.28, 2015헌마243).
③【X】 발신자가 변호사로 표시되어 있다고 하더라도 실제 변호사인지 여부 및 수용자의 변호인에 해당하는지 여부를 확인하는 것은 불가능하거나 지나친 행정적 부담을 초래한다. 미결수용자와 같은 지위에 있는

수형자는 서신 이외에도 접견 또는 전화통화에 의해서도 변호사와 접촉하여 형사소송을 준비할 수 있다. 이 사건 서신개봉행위와 같이 금지물품이 들어 있는지를 확인하기 위하여 서신을 개봉하는 것만으로는 미결수용자와 같은 지위에 있는 수형자가 변호인의 조력을 받을 권리를 침해하지 아니한다(2021.10.28., 2019헌마973).

⑤ [O] 청구인은 이 사건 서신개봉행위가 통신비밀의 자유를 침해한다고도 주장한다. 그러나 그 내용을 살펴보면 청구인은 미결수용자의 일반 서신 개봉 문제를 다루는 것이 아니라 미결수용자와 변호인 사이의 서신 개봉 문제를 쟁점으로 하고 있다. 변호인의 조력을 받을 권리의 주요 내용은 신체구속을 당한 사람과 변호인 사이의 충분한 접견교통을 허용하여야 한다는 것으로, 이는 교통 내용에 대한 비밀보장과 부당한 간섭의 배제를 포괄하며(헌재 1995. 7. 21. 92헌마144 참조), 청구인의 주장은 위와 같은 의미의 변호인의 조력을 받을 권리 침해에 관한 것이라고 볼 수 있으므로 통신비밀의 자유 침해 여부에 대하여는 별도로 판단하지 아니한다(2021.10.28., 2019헌마973). **정답** ③

064

피의자 甲이 체포영장에 의하여 체포되었다. 피의자 신문 중 변호사인 乙은 피의자 가족들의 의뢰를 받아 피의자와의 접견을 신청하였으나, 교도관은 「형의 집행 및 수용자의 처우에 관한 법률 시행령」 제58조 제1항에 근거하여 접견을 거부하였고 피청구인 검사는 접견 조치를 취하지 아니하였다. 변호사인 乙의 헌법소원심판 청구에 대한 설명으로 옳지 않은 것은?

> 형의 집행 및 수용자의 처우에 관한 법률 시행령 제58조(접견) ① 수용자의 접견은 매일(공휴일 및 법무부장관이 정한 날은 제외한다) 「국가공무원 복무규정」 제9조에 따른 근무시간 내에서 한다.
> 형사소송법 제243조의2(변호인의 참여 등) ① 검사 또는 사법경찰관은 피의자 또는 그 변호인·법정대리인·배우자·직계친족·형제자매의 신청에 따라 변호인을 피의자와 접견하게 하거나 정당한 사유가 없는 한 피의자에 대한 신문에 참여하게 하여야 한다.

① 담당교도관의 접견 불허 통보 이후 피청구인 검사가 별다른 조치를 취하지 아니하였다면 헌법소원의 대상이 되는 검사의 접견불허행위가 있었다고 보아야 한다.
② 피의자신문 중 변호인 등의 접견신청이 있는 경우에는 피의자를 수사기관으로 호송한 교도관에게 이를 허가하거나 제한할 권한은 인정되지 않는다.
③ 수용자에 대한 접견신청이 있는 경우 그 장소가 교도관의 수용자 계호 및 통제가 요구되는 공간이라면 교도소장·구치소장 또는 그 위임을 받은 교도관이 그 허가 여부를 결정하는 것이 원칙이나 피의자신문 중 변호인 접견신청이 있는 경우에는 검사 또는 사법경찰관이 그 허가 여부를 결정할 주체이다.
④ '변호인이 되려는 자'의 접견교통권 역시 피체포자 등의 '변호인의 조력을 받을 권리'를 기본권으로 인정한 결과 발생하는 간접적이고 부수적인 효과로서 형사소송법 등 개별 법률을 통하여 구체적으로 형성된 법률상의 권리에 불과하고, '헌법상 보장된 독자적인 기본권'으로 볼 수는 없다.
⑤ 형의 집행 및 수용자의 처우에 관한 법률 시행령 제58조는 검사 또는 사법경찰관이 그 허가 여부를 결정하는 피의자신문 중 변호인 등의 접견신청의 경우에는 적용되지 않으므로, 위 조항을 근거로 변호인 등의 접견신청을 불허하거나 제한할 수는 없다고 할 것이므로 위 조항을 근거로 한 변호인 등의 접견신청을 불허는 법률유보원칙에 위배된다.

▶ 정답 및 해설

① 【O】 담당교도관의 접견 불허 통보 이후 피청구인 검사가 별다른 조치를 취하지 아니한 것은 실질적으로 청구인의 접견신청을 불허한 것과 동일하게 평가할 수 있으므로 이 사건 검사의 접견불허행위는 헌법소원의 대상이 되는 공권력의 행사로서 존재한다고 할 것이다(2019. 2. 28. 2015헌마1204).

② 【O】 피의자신문 중 변호인 등의 접견신청이 있는 경우에는 앞서 본 바와 같이 검사 또는 사법경찰관이 그 허가 여부를 결정하여야 하므로, 피의자를 수사기관으로 호송한 교도관에게 이를 허가하거나 제한할 권한은 인정되지 않는다고 할 것이다. 결국 이 사건에 있어서 피청구인 교도관에게 청구인과 피의자 윤ㅇ현의 접견 허가 여부를 결정할 권한이 있었다고 볼 수 없으므로, 이 사건 교도관의 접견불허행위는 헌법재판소법 제68조 제1항에서 헌법소원의 대상으로 삼고 있는 '공권력의 행사'에 해당하지 아니한다.

③ 【O】 수용자에 대한 접견신청이 있는 경우 이는 수용자의 처우에 관한 사항이므로 그 장소가 교도관의 수용자 계호 및 통제가 요구되는 공간이라면 교도소장·구치소장 또는 그 위임을 받은 교도관이 그 허가 여부를 결정하는 것이 원칙이라 할 것이다. 그런데 형사소송법 제34조는 변호인의 접견교통권과 '변호인이 되려는 자'의 접견교통권에 차이를 두지 않고 함께 규정하고 있으므로, '변호인이 되려는 자'가 피의자신문 중에 형사소송법 제34조에 따라 접견신청을 한 경우에도 그 허가 여부를 결정할 주체는 검사 또는 사법경찰관이라고 보아야 할 것이고, 그러한 해석이 형사소송법 제243조의2 제1항의 내용에도 부합한다.

④ 【X】 변호인 선임을 위하여 피의자·피고인(이하 '피의자 등'이라 한다)이 가지는 '변호인이 되려는 자'와의 접견교통권은 헌법상 기본권으로 보호되어야 하고, '변호인이 되려는 자'의 접견교통권은 피의자 등이 변호인을 선임하여 그로부터 조력을 받을 권리를 공고히 하기 위한 것으로서, 그것이 보장되지 않으면 피의자 등이 변호인 선임을 통하여 변호인으로부터 충분한 조력을 받는다는 것이 유명무실하게 될 수밖에 없다. 이와 같이 '변호인이 되려는 자'의 접견교통권은 피의자 등을 조력하기 위한 핵심적인 부분으로서, 피의자 등이 가지는 헌법상의 기본권인 '변호인이 되려는 자'와의 접견교통권과 표리의 관계에 있다. 따라서 피의자 등이 가지는 '변호인이 되려는 자'의 조력을 받을 권리가 실질적으로 확보되기 위해서는 '변호인이 되려는 자'의 접견교통권 역시 헌법상 기본권으로서 보장되어야 한다(이하 '변호인'과 '변호인이 되려는 자'를 합하여 '변호인 등'이라 한다)[2019. 2. 28. 2015헌마1204].

⑤ 【O】 형집행법 제41조 제4항의 위임을 받은 이 사건 접견시간 조항은 수용자의 접견을 '국가공무원 복무규정'에 따른 근무시간 내로 한정함으로써 피의자와 변호인 등의 접견교통을 제한하고 있으나, 앞서 본 바와 같이 위 조항은 교도소장·구치소장이 그 허가 여부를 결정하는 변호인 등의 접견신청의 경우에 적용되는 것으로서, 검사 또는 사법경찰관이 그 허가 여부를 결정하는 피의자신문 중 변호인 등의 접견신청의 경우에는 적용되지 않으므로, 위 조항을 근거로 변호인 등의 접견신청을 불허하거나 제한할 수는 없다고 할 것이다. 따라서 이 사건 검사의 접견불허행위는 헌법이나 법률의 근거 없이 이루어졌다고 할 것이다(2019. 2. 28. 2015헌마1204).

정답 ④

065 수용자 접견시 녹음이나 녹화에 대한 설명 중 옳은 것을 모두 조합한 것은?

ㄱ. 변호인의 조력을 받을 권리는 '형사사건'에서의 변호인의 조력을 받을 권리에 국한되는 것은 아니므로, 수형자가 형사사건의 변호인이 아닌 민사사건, 행정사건, 헌법소원사건 등에서 변호사와 접견할 경우에도 헌법상 변호인의 조력을 받을 권리의 주체가 될 수 있다.
ㄴ. 구치소장이 수용된 청구인과 배우자의 접견을 녹음한 행위는 청구인의 사생활 비밀의 자유를 침해하지 않는다.
ㄷ. 변호사와 접견하는 경우에도 수용자의 접견은 원칙적으로 접촉차단시설이 설치된 장소에서 하도록 규정하고 있는 「형의 집행 및 수용자의 처우에 관한 법률 시행령」 규정은 청구인의 재판청구권을 지나치게 제한하고 있으므로 헌법에 위반된다.

ㄹ. 수형자와 그 수형자의 헌법소원사건의 국선대리인인 변호사의 접견 내용을 녹음, 기록한 행위는 청구인의 재판을 받을 권리를 침해한다.
ㅁ. 구치소장이 변호인접견실에 CCTV를 설치하여 미결수용자와 변호인 간의 접견을 관찰한 행위는 청구인의 변호인의 조력을 받을 권리를 침해한다.

① ㄱㄴㅁ ② ㄷㄹ ③ ㄴㄷㄹ
④ ㄷㄹㅁ ⑤ ㄱㄹ

정답 및 해설

ㄱ. [×] 헌법재판소는 변호인의 조력을 받을 권리가 수형자의 경우에도 그대로 보장되는지에 대하여, 변호인의 조력을 받을 권리에 대한 헌법과 법률의 규정 및 취지에 비추어 보면 형사절차가 종료되어 교정시설에 수용 중인 수형자는 원칙적으로 변호인의 조력을 받을 권리의 주체가 될 수 없다고 선언한 바 있다. 즉, 변호인의 조력을 받을 권리는 '형사사건'에서의 변호인의 조력을 받을 권리를 의미한다. 따라서 수형자가 형사사건의 변호인이 아닌 민사사건, 행정사건, 헌법소원사건 등에서 변호사와 접견할 경우에는 원칙적으로 헌법상 변호인의 조력을 받을 권리의 주체가 될 수 없다(2013.9.26, 2011헌마398).

ㄴ. [○] 이 사건 녹음행위는 교정시설 내의 안전과 질서유지에 기여하기 위한 것으로서 그 목적이 정당할 뿐 아니라 수단이 적절하다. 또한, 소장은 미리 접견 내용의 녹음 사실 등을 고지하며, 접견기록물의 엄격한 관리를 위한 제도적 장치도 마련되어 있는 점 등을 고려할 때 침해의 최소성 요건도 갖추었고, 이 사건 녹음행위는 미리 고지되어 청구인의 접견 내용은 사생활의 비밀로서의 보호가치가 그리 크지 않다고 할 것이므로 법익의 불균형을 인정하기도 어려워, 과잉금지원칙에 위반하여 청구인의 사생활의 비밀과 자유를 침해하였다고 볼 수 없다(2012.12.27, 2010헌마153).

ㄷ. [○] 이 사건 접견조항에 따르면 수용자는 효율적인 재판준비를 하는 것이 곤란하게 되고, 특히 교정시설 내에서의 처우에 대하여 국가 등을 상대로 소송을 하는 경우에는 소송의 상대방에게 소송자료를 그대로 노출하게 되어 무기대등의 원칙이 훼손될 수 있다. 변호사 직무의 공공성, 윤리성 및 사회적 책임성은 변호사접견권을 이용한 증거인멸, 도주 및 마약 등 금지물품 반입 시도 등의 우려를 최소화시킬 수 있으며, 변호사접견이라 하더라도 교정시설의 질서 등을 해할 우려가 있는 특별한 사정이 있는 경우에는 예외를 두도록 한다면 악용될 가능성도 방지할 수 있다. 따라서 이 사건 접견조항은 과잉금지원칙에 위배하여 청구인의 재판청구권을 지나치게 제한하고 있으므로, 헌법에 위반된다(2013.8.29, 2011헌마122).

ㄹ. [○] 수형자와 변호사와의 접견 내용을 녹음, 녹화하게 되면 그로 인해 제3자인 교도소 측에 접견 내용이 그대로 노출되므로 수형자와 변호사는 상담과정에서 상당히 위축될 수밖에 없고, 특히 소송의 상대방이 국가나 교도소 등의 구금시설로서 그 내용이 구금시설 등의 부당처우를 다투는 내용일 경우에 접견 내용에 대한 녹음, 녹화는 실질적으로 당사자대등의 원칙에 따른 무기평등을 무력화시킬 수 있다. 변호사는 다른 전문직에 비하여도 더욱 엄격한 직무의 공공성 등이 강조되고 있는 지위에 있으므로, 소송사건의 변호사가 접견을 통하여 수형자와 모의하는 등으로 법령에 저촉되는 행위를 하거나 이에 가담하는 등의 행위를 할 우려는 거의 없다. 또한, 접견의 내용이 소송준비를 위한 상담 내용일 수밖에 없는 변호사와의 접견에 있어서 수형자의 교화나 건전한 사회복귀를 위해 접견 내용을 녹음, 녹화할 필요성을 생각하는 것도 어렵다. 이 사건에 있어서 청구인과 헌법소원 사건의 국선대리인인 변호사의 접견 내용에 대해서는 접견의 목적이나 접견의 상대방 등을 고려할 때 녹음, 기록이 허용되어서는 아니 될 것임에도, 이를 녹음, 기록한 행위는 청구인의 재판을 받을 권리를 침해한다(2013.9.26., 2011헌마398).

ㅁ. [×] X-ray 물품검색기나 변호인접견실에 설치된 비상벨만으로는 교정사고를 방지하거나 금지물품을 적발하는 데 한계가 있으므로 CCTV 관찰행위는 그 목적을 달성하기 위하여 필요한 범위 내의 제한이다. 따라서 CCTV 관찰행위는 청구인의 변호인의 조력을 받을 권리를 침해한다고 할 수 없다(2016.4.28., 2015헌마243).

정답 ③

066 甲은 절도죄를 범하여 유죄의 확정판결을 받고 현재 교도소에 수용 중인 자이다. 甲은 교도소 내의 처우와 관련하여 헌법소원심판을 청구하고자 변호사 乙과의 접견을 신청하였으나, 교도소장 丙은 접견을 불허하였다. 이에 甲은 변호사 乙에게 편지를 발송하고자 하였는데, 교도소장 丙은 수용자가 밖으로 내보내는 모든 서신을 봉함하지 않은 상태로 제출하게 하고 제출된 甲의 서신 내용을 검열한 다음 서신 발송을 거부하였다. 이에 대한 설명으로 옳지 않은 것은? (다툼이 있는 경우 판례에 의함)

① 서신검열행위는 이른바 권력적 사실행위로서 행정심판이나 행정소송의 대상이 되는 행정처분으로 볼 수 있으나, 위 검열행위가 이미 완료되어 행정심판이나 행정소송을 제기하더라도 소의 이익이 부정될 수밖에 없으므로 헌법소원심판을 청구하는 외에 다른 효과적인 구제방법이 있다고 보기 어렵기 때문에 보충성원칙의 예외에 해당한다.
② 자유형은 수형자를 일정한 장소에 구금하여 사회로부터 격리시켜 그 자유를 박탈함과 동시에 그의 교화·갱생을 도모하고자 함에 그 본질이 있으므로, 수형자의 기본권은 특별권력관계 내에서 인정되는 포괄적 명령권과 징계권에 의하여 개별적 법률의 근거 없이도 제한이 가능하다. 그러나 이러한 경우에도 기본권의 본질적 내용은 침해할 수 없다.
③ 사관생도의 모든 사적 생활에서까지 예외 없이 금주의무를 이행할 것을 요구하는 것은 사관생도의 일반적 행동자유권은 물론 사생활의 비밀과 자유를 지나치게 제한하는 것이다.
④ 교도소장 丙은 구「형의 집행 및 수용자의 처우에 관한 법률 시행령」제65조 제1항(수용자는 보내려는 서신을 봉함하지 않은 상태로 교정시설에 제출하여야 한다)에 따라 甲의 서신을 봉함하지 않은 상태로 제출하게 하였는바, 위 시행령조항은 수용자의 도주를 예방하고 교도소 내의 규율과 질서를 유지하기 위한 불가피한 것으로서 비례의 원칙에 위반하여 수용자의 통신비밀의 자유를 침해한다.
⑤ 헌법재판소의 판례에 따르면, 교도소장 丙의 서신발송거부행위는 행정심판 및 행정소송의 대상이 되므로, 이러한 사전구제절차를 거치지 아니하고 서신발송거부행위에 대하여 헌법소원심판을 청구하는 것은 보충성원칙에 위배되어 부적법하다.

▶ **정답 및 해설**

① [O] 법 제6조의 청원제도는 서신검열행위를 대상으로 그 효력을 다툴 수 있는 권리구제절차가 아니므로「헌법재판소법」제68조 제1항 단서의 '다른 법률에 구제절차가 있는 경우'에 해당한다고 볼 수 없다. 그리고 위 서신검열행위는 이른바 권력적 사실행위로서 행정심판이나 행정소송의 대상이 되는 행정처분으로 볼 수 있으나, 위 검열행위가 이미 완료되어 행정심판이나 행정소송을 제기하더라도 소의 이익이 부정될 수밖에 없으므로 헌법소원심판을 청구하는 외에 다른 효과적인 구제방법이 있다고 보기 어렵기 때문에 보충성의 원칙에 대한 예외에 해당한다고 보는 것이 상당하다(1998. 8.27, 96헌마398).
② [X] 헌법 제18조에서 "모든 국민은 통신의 비밀을 침해받지 아니한다."라고 규정하여 통신의 비밀을 침해받지 아니할 권리 즉, 통신의 자유를 국민의 기본권으로 보장하고 있다. 따라서 통신의 중요한 수단인 서신의 당사자나 내용은 본인의 의사에 반하여 공개될 수 없으므로 서신의 검열은 원칙으로 금지된다고 할 것이다. 그러나 위와 같은 기본권도 절대적인 것은 아니므로 헌법 제37조 제2항에 따라 국가안전보장·질서유지 또는 공공복리를 위하여 필요한 경우에는 법률로써 제한할 수 있고, 다만 제한하는 경우에도 그 본질적인 내용은 침해할 수 없다.
징역형 등이 확정되어 교정시설에서 수용 중인 수형자도 통신의 자유의 주체가 됨은 물론이다. 그러나「행형법」은 교정시설의 질서를 유지하고 수형자의 교정·교화를 도모하기 위하여 수형자가 서신을 수발할 경

우에는 교도소장의 허가와 교도관의 검열을 요하도록 규정하고 있다(제18조 제1항·제3항).
이 사건의 쟁점은 피청구인이 이 법률조항에 따라 시행한 서신검열행위가 국가안전보장·질서유지 또는 공공복리를 위하여 '필요한 경우'에 해당하는지 여부와 그 검열이 통신의 자유의 본질적인 내용을 침해하는 것인지 여부이다(1998.8.27., 96헌마398).

➡ 헌법재판소 판례에 의하면 수형자의 복역관계에서도 법치국가원리가 적용된다(2004.12. 26, 2002헌마478 참조)고 판시하고 있는바 수형자의 기본권을 제한하는 경우에도 개별적인 법률의 근거를 요한다. 따라서 본 사건의 경우 기본권 제한의 개별적인 법률의 근거는 존재하므로(행형법), 단지 그러한 기본권 제한이 통신의 자유의 본질적인 내용을 침해하는 것인지 여부만 문제될 뿐이다.

③ 【O】 육군3사관학교 사관생도인 甲이 4회에 걸쳐 학교 밖에서 음주를 하여 '사관생도 행정예규' 제12조(금주조항)에서 정한 품위유지의무를 위반하였다는 이유로 육군3사관학교장이 교육운영위원회의 의결에 따라 甲에게 퇴학처분을 한 사안에서, 첫째, 사관학교의 설치목적과 교육목표를 달성하기 위하여 사관학교는 사관생도에게 교내 음주행위, 교육·훈련 및 공무수행 중의 음주행위, 사적 활동이더라도 신분을 나타내는 생도 복장을 착용한 상태에서 음주하는 행위, 생도 복장을 착용하지 않은 상태에서 사적 활동을 하는 때에도 이로 인하여 사회적 물의를 일으킴으로써 품위를 손상한 경우 등에는 이러한 행위들을 금지하거나 제한할 필요가 있으나 여기에 그치지 않고 나아가 사관생도의 모든 사적 생활에서까지 예외 없이 금주의무를 이행할 것을 요구하는 것은 사관생도의 일반적 행동자유권은 물론 사생활의 비밀과 자유를 지나치게 제한하는 것이고, 둘째, 구 예규 및 예규 제12조에서 사관생도의 모든 사적 생활에서까지 예외 없이 금주의무를 이행할 것을 요구하면서 제61조에서 사관생도의 음주가 교육 및 훈련 중에 이루어졌는지 여부나 음주량, 음주 장소, 음주행위에 이르게 된 경위 등을 묻지 않고 일률적으로 2회 위반시 원칙으로 퇴학 조치하도록 정한 것은 사관학교가 금주제도를 시행하는 취지에 비추어 보더라도 사관생도의 기본권을 지나치게 침해하는 것이므로, 위 금주조항은 사관생도의 일반적 행동자유권, 사생활의 비밀과 자유 등 기본권을 과도하게 제한하는 것으로서 무효인데도 위 금주조항을 적용하여 내린 퇴학처분이 적법하다고 본 원심판결에 법리를 오해한 잘못이 있다(대판 2018.8.30, 2016두60591).

④ 【O】 이 사건 시행령조항은 교정시설의 안전과 질서유지, 수용자의 교화 및 사회복귀를 원활하게 하기 위해 수용자가 밖으로 내보내는 서신을 봉함하지 않은 상태로 제출하도록 한 것이나, 이와 같은 목적은 교도관이 수용자의 면전에서 서신에 금지물품이 들어 있는지를 확인하고 수용자로 하여금 서신을 봉함하게 하는 방법, 봉함된 상태로 제출된 서신을 X-ray 검색기 등으로 확인한 후 의심이 있는 경우에만 개봉하여 확인하는 방법, 서신에 대한 검열이 허용되는 경우에만 무봉함 상태로 제출하도록 하는 방법 등으로도 얼마든지 달성할 수 있다고 할 것인바, 위 시행령조항이 수용자가 보내려는 모든 서신에 대해 무봉함상태의 제출을 강제함으로써 수용자의 발송 서신 모두를 사실상 검열가능한 상태에 놓이도록 하는 것은 기본권 제한의 최소침해성요건을 위반하여 수용자인 청구인의 통신비밀의 자유를 침해하는 것이다(2012.2.23, 2009헌마333).

⑤ 【O】 이 사건 서신 발송거부행위를 대상으로 한 심판청구부분에 관하여 살펴본다. 헌법소원심판은 다른 법률에 구제절차가 있는 경우에는 그 절차를 모두 거친 후가 아니면 청구할 수 없게 되어 있다. 피청구인의 서신발송 거부행위에 대하여는 「행정심판법」 및 「행정소송법」에 의한 심판이나 소송이 가능할 것이므로 이 절차를 거치지 아니한 채 제기된 이 심판청구 부분은 부적법하다(1998.8.27., 96헌마398).

정답 ②

067 신체의 자유에 대한 설명으로 옳지 않은 것은?

① 구속적부심 사건에서 피의자의 변호인에게 고소장과 피의자신문조서에 대한 열람 및 등사를 거부한 경찰서장의 정보비공개결정이 변호인의 피구속자를 조력할 권리 및 알 권리를 침해하여 헌법에 위반된다.
② 고소로 시작된 형사피의사건의 구속적부심절차에서 피구속자의 변호를 맡은 변호인으로서는 피구속자에 대한 고소장과 경찰의 피의자신문조서의 열람은 피구속자를 충분히 조력하기 위하여 변호인에게 반드시 보장되지 않으면 안 되는 핵심적 권리이다.
③ 디엔에이감식시료채취영장 발부 과정에서 채취대상자에게 자신의 의견을 밝히거나 영장 발부 후 불복할 수 있는 절차 등에 관하여 규정하지 아니한 '디엔에이신원확인정보의 이용 및 보호에 관한 법률 제8조가 청구인들의 재판청구권을 침해하는 동시에 적법절차원칙에 위반되는지 여부가 문제가 되는 경우 헌법재판소는 적법절차원리에 위반되는지 여부를 판단한다.
④ 청구인이 구속적부심사청구권을 행사한 다음 검사가 법원의 결정이 있기 전에 기소하는 경우(이른바 전격기소), 영장에 근거한 구속의 헌법적 정당성에 대하여 법원이 실질적인 판단을 하지 못하고 그 청구를 기각할 수밖에 없도록 한 형사소송법은 적부심사청구권의 본질적 내용을 제대로 구현하지 아니하였기 때문에 위헌이다.
⑤ 체포·구속적부심사청구권의 경우 헌법적 차원에서 독자적인 지위를 가지고 있기 때문에 입법자가 전반적인 법체계를 통하여 관련자에게 그 구체적인 절차적 권리를 제대로 행사할 수 있는 기회를 최소한 1회 이상 제공하여야 할 의무가 있다고 보아야 한다.

▶ **정답 및 해설**

①[O] 이 사건에서는 고소사실이 사인 사이의 금전수수와 관련된 사기에 관한 것이고 증거자료를 별첨하고 있기 때문에 특별한 사정이 없는 한 고소장이나 피의자신문조서를 변호인에게 열람시켜도 이로 인하여 국가안전보장·질서유지 또는 공공복리에 위험을 가져올 우려라든지 또는 사생활침해를 초래할 우려가 있다고 인정할 아무런 자료가 없다. 그렇다면 변호인에게 고소장과 피의자신문조서에 대한 열람 및 등사를 거부한 경찰서장의 정보비공개결정은 변호인의 피구속자를 조력할 권리 및 알 권리를 침해하여 헌법에 위반된다(헌재 2003. 3. 27. 2000헌마474).
②[O] 고소로 시작된 형사피의사건의 구속적부심절차에서 피구속자의 변호를 맡은 변호인으로서는 피구속자에 대한 고소장과 경찰의 피의자신문조서를 열람하여 그 내용을 제대로 파악하지 못한다면 피구속자가 무슨 혐의로 고소인의 공격을 받고 있는 것인지 그리고 이와 관련하여 피구속자가 수사기관에서 무엇이라고 진술하였는지 그리고 어느 점에서 수사기관 등이 구속사유가 있다고 보았는지 등을 제대로 파악할 수 없게 되고 그 결과 구속적부심절차에서 피구속자를 충분히 조력할 수 없음이 사리상 명백하므로 <u>위 서류들의 열람은 피구속자를 충분히 조력하기 위하여 변호인에게 반드시 보장되지 않으면 안 되는 핵심적 권리이다</u>(헌재 2003. 3. 27. 2000헌마474).
③[X] 헌법재판소는 "형사소송절차에서의 적법절차원리는 형사소송절차의 전반을 기본권 보장의 측면에서 규율하여야 한다는 기본원리를 천명하고 있는 것으로 이해하여야 하므로, 결국 포괄적, 절차적 기본권으로 파악되고 있는 재판청구권의 보호영역과 사실상 중복되는 것이어서, 공정한 재판을 받을 권리의 침해 여부에 대한 판단 속에는 적법절차원리 위반 여부에 대한 판단까지 포함되어 있다. 따라서 이 사건 영장절차조항이 적법절차원리에 위반되는지 여부는 별도로 살펴보지 아니하고 있다(헌재 2018. 8. 30. 2016헌마344등).
④[O] 검사가 전격기소를 한 이후 피고인에게 인정되는 '구속취소'라는 후속절차가 보장되어 있다고 하더라도 그에 따르는 적지 않은 시간적, 정신적, 경제적인 부담을 청구인에게 지워야 할 이유도 없으며, 기소이

전단계에서 이미 행사된 적부심사청구권의 당부에 대하여 법원으로부터 실질적인 심사를 받을 수 있는 청구인의 절차적 기회를 완전히 박탈하여야 하는 합리적인 근거도 없기 때문에, 입법자는 그 한도 내에서 적부심사청구권의 본질적 내용을 제대로 구현하지 아니하였기 때문에 위헌이다(헌재 2004. 3. 25. 2002헌바104).

⑤ [O] 헌법 제12조 제6항은 '누구든지 체포 또는 구속을 당한 때에는 적부의 심사를 법원에 청구할 권리를 가진다'고 규정하고 있는 바, 위 규정은 '체포·구속을 당한 때'라고 하는 매우 구체적인 상황에 관련하여 헌법적 차원에서 '적부의 심사를 법원에 청구할 권리'라는 구체적인 절차적 권리를 보장하고 있지만, 입법자의 형성적 법률이 존재하지 아니하는 경우 현실적으로 법원에서 당사자의 '체포·구속적부심사청구권'에 대하여 심리할 방법이 없기 때문에, 입법자가 법률로써 구체적인 내용을 형성하여야만 권리주체가 실질적으로 이를 행사할 수 있는 경우에 해당하는 것으로서, 이른바 헌법의 개별규정에 의한 헌법위임(Verfassungsauftrag)이 존재한다고 볼 수 있다. 나아가 이러한 체포·구속적부심사청구권의 경우 헌법적 차원에서 독자적인 지위를 가지고 있기 때문에 입법자가 전반적인 법체계를 통하여 관련자에게 그 구체적인 절차적 권리를 제대로 행사할 수 있는 기회를 최소한 1회 이상 제공하여야 할 의무가 있다고 보아야 한다(헌재 2004. 3. 25. 2002헌바104).

정답 ③

068 성폭력범죄자에 대해 위치추적 전자장치 부착명령을 청구할 수 있도록 한 구 '특정 범죄자에 대한 위치추적 전자장치 부착 등에 관한 법률'에 관한 헌법재판소 결정에 대한 설명으로 옳지 않은 것은?

① 성폭력범죄자에 대해 위치추적 전자장치 부착명령을 청구할 수 있도록 한 구 '특정 범죄자에 대한 위치추적 전자장치 부착 등에 관한 법률'은 전자장치 부착은 과거의 불법에 대한 응보가 아닌 장래의 재범 위험성을 방지하기 위한 보안처분에 해당되므로, 부착명령청구조항은 헌법 제13조 제1항 후단의 이중처벌금지원칙에 위배되지 아니한다.

② 보안처분이 형벌적 성격이 강하여 신체의 자유를 박탈하거나 박탈에 준하는 정도로 신체의 자유를 제한하는 경우에도 소급처벌금지원칙이 적용된다고 할 수 없다.

③ 전자장치 부착은 비형벌적 보안처분에 해당되므로 범죄행위 당시에 없었던 위치추적 전자장치 부착명령을 출소예정자에게 소급 적용할 수 있도록 한 '특정 범죄자에 대한 위치추적 전자장치 부착 등에 관한 법률' 부칙규정은 소급처벌금지원칙에 위반되지 않는다.

④ 범죄행위 당시에 없었던 위치추적 전자장치 부착명령을 출소예정자에게 소급 적용할 수 있도록 한 '특정 범죄자에 대한 위치추적 전자장치 부착 등에 관한 법률' 부칙은 과잉금지원칙에 반하여 피부착자의 인격권 등을 침해하지 아니한다.

⑤ 성폭력범죄자에 대해 위치추적 전자장치 부착명령을 청구할 수 있도록 한 구 '특정 범죄자에 대한 위치추적 전자장치 부착 등에 관한 법률' 중 '성폭력범죄를 2회 이상 범하여 그 습벽이 인정될 것을 요건'은 명확성원칙에 위반되지 않는다.

▶ 정답 및 해설

① [O] (2015. 9. 24. 2015헌바35)

② [X] 보안처분은 형벌과 달리 행위자의 장래 위험성에 근거하는 것으로 행위시가 아닌 재판시의 재범 위험성 여부에 대한 판단에 따라 결정되므로, 원칙적으로 재판 당시 현행법을 소급적용할 수 있다. 그러나 보안처분의 범주가 넓고 그 모습이 다양한 이상, 보안처분에 속한다는 이유만으로 일률적으로 소급처벌금지원칙이 적용된다거나 그렇지 않다고 단정해서는 안 되고, 보안처분으로 형벌불소급의 원칙이 유명무실하게 되는 것도 허용될 수 없다. 따라서 보안처분이라 하더라도 형벌적 성격이 강하여 신체의 자유를 박탈하거나 박탈에 준하는 정도로 신체의 자유를 제한하는 경우에는 소급처벌금지원칙이 적용된다 (2015. 9. 24. 20

15헌바35).

③ [O] 전자장치 부착은 전통적 의미의 형벌이 아닐 뿐 아니라, 이를 통하여 피부착자의 행동 자체를 통제하는 것도 아니라는 점에서, 처벌적인 효과를 나타낸다고 보기 어렵다. 따라서 전자장치 부착은 비형벌적 보안처분에 해당되므로, 이를 소급적으로 적용할 수 있도록 한 부칙경과조항은 소급처벌금지원칙에 위반되지 않는다(2015. 9. 24. 2015헌바35).

④ [O] 전자장치 부착명령의 소급적용은 성폭력범죄의 재범 방지 및 사회 보호에 있어 실질적인 효과를 나타내고 있는 점, 장래의 재범 위험성으로 인한 보안처분의 판단시기는 범죄의 행위시가 아닌 재판시가 될 수밖에 없으므로 부착명령 청구 당시 형 집행 종료일까지 6개월 이상 남은 출소예정자가 자신이 부착명령 대상자가 아니라는 기대를 가졌더라도 그 신뢰의 보호가치는 크지 아니한 점, 피부착자의 기본권 제한을 최소화하기 위하여 법률은 피부착자에 대한 수신자료의 열람·조회를 엄격히 제한하고 부착명령의 탄력적 집행을 위한 가해제 제도를 운영하고 있는 점 등을 고려할 때, 부칙경과조항은 과잉금지원칙에 반하여 피부착자의 인격권 등을 침해하지 아니한다(2015. 9. 24. 2015헌바35).

⑤ [O] 성폭력범죄의 습벽이란 행위자의 성격, 범행의 유사성 등을 종합하여 판단된 피부착자의 성폭력범죄의 경향 및 버릇을 의미하는 것으로서 법관의 보충적 해석을 통하여 충분히 확정될 수 있으므로, 이를 요건으로 한 부착명령청구조항은 명확성원칙에 위배되지 아니한다(2015. 9. 24. 2015헌바35). **정답** ②

제4절 사생활의 비밀과 자유

069 사생활의 비밀과 자유에 대한 설명으로 옳지 않은 것은?

① 자동차 운전자에게 좌석안전띠를 매도록 하고, 이를 위반했을 때 범칙금을 납부하도록 통고하는 도로교통법은 사생활의 비밀과 자유를 제한하는 것은 아니다.
② 변호사의 업무와 관련된 수임사건의 건수 및 수임액이 변호사의 내밀한 개인적 영역에 속하는 것이라고 보기 어렵고 따라서 변호사에게 전년도에 처리한 수임사건의 건수 및 수임액을 소속 지방변호사회에 보고하도록 규정하고 있는 구 변호사법 제28조의2가 청구인들의 사생활의 비밀을 침해하는것이라 할 수 없다.
③ 제공된 접견녹음파일로 특정개인을 식별할 수 있고, 그 대화내용등은 인격주체성을 특징짓는 사항으로 그 개인의 동일성을 식별할 수 있게 하는 정보이므로, 정보주체인 청구인의 동의 없이 구치소장이 검사의 요청에 따라 수용자와 배우자의 접견녹음파일을 제공한 행위는 청구인의 개인정보자기결정권을 제한한다.
④ 구치소장이 수용자의 거실에 폐쇄회로 텔레비전('CCTV')을 설치하여 계호한 행위가 과잉금지원칙에 위배하여 수용자의 사생활의 비밀 및 자유를 침해한다고 할 수 없다.
⑤ 구금시설 내 CCTV 설치·운용에 관하여 직접적으로 규정한 법률규정은 없으며, CCTV에 의하여 녹화된 내용은 얼마든지 재생이 가능하고 복사 또는 편집되어 유포될 가능성이 있는 것이어서 교도관의 시선계호를 전제로 한 행형법 규정을 엄중격리대상자의 수용거실에 CCTV를 설치하여 24시간 감시하는 행위에 대한 근거법률로 보기는 어려우므로, 결국 CCTV 설치행위는 헌법 제17조 및 제37조 제2항에 위반된다.

▶ **정답 및 해설**

① [O] 일반 교통에 사용되고 있는 도로는 국가와 지방자치단체가 그 관리책임을 맡고 있는 영역이며, 수많은 다른 운전자 및 보행자 등의 법익 또는 공동체의 이익과 관련된 영역으로, 그 위에서 자동차를 운전하는 행위는 더 이상 개인적인 내밀한 영역에서의 행위가 아니며, 자동차를 도로에서 운전하는 중에 좌석안전띠를 착용할 것인가 여부의 생활관계가 개인의 전체적 인격과 생존에 관계되는 '사생활의 기본조건'이라거나 자기결정의 핵심적 영역 또는 인격적 핵심과 관련된다고 보기 어려워 더 이상 사생활영역의 문제가 아니므로, 운전할 때 운전자가 좌석안전띠를 착용할 의무는 청구인의 사생활의 비밀과 자유를 침해하는 것이라 할 수 없다(헌재 2003. 10. 30. 2002헌마518).

② [O] 일반적으로 경제적 내지 직업적 활동은 복합적인 사회적 관계를 전제로 하여 다수 주체 간의 상호작용을 통하여 이루어지는 것이고, 특히 변호사의 업무는 다른 어느 직업적 활동보다도 강한 공공성을 내포한다는 점 등을 감안하여 볼 때, 변호사의 업무와 관련된 수임사건의 건수 및 수임액이 변호사의 내밀한 개인적 영역에 속하는 것이라고 보기 어렵고, 따라서 이 사건 법률조항이 청구인들의 사생활의 비밀과 자유를 침해하는 것이라 할 수 없다(헌재 2009. 10. 29. 2007헌마667).

③ [O] 이 사건 제공행위에 의하여 제공된 접견녹음파일로 특정개인을 식별할 수 있고, 그 대화내용 등은 인격주체성을 특징짓는 사항으로 그 개인의 동일성을 식별할 수 있게 하는 정보이므로, 정보주체인 청구인의 동의 없이 접견녹음파일을 관계기관에 제공하는 것은 청구인의 개인정보자기결정권을 제한하는 것이다. 그런데 이 사건 제공행위는 형사사법의 실체적 진실을 발견하고 이를 통해 형사사법의 적정한 수행을 도모하기 위한 것으로 그 목적이 정당하고, 수단 역시 적합하다. 또한, 접견기록물의 제공은 제한적으로 이루어지고, 제공된 접견내용은 수사와 공소제기 등에 필요한 범위 내에서만 사용하도록 제도적 장치가 마련되어 있으며, 사적 대화내용을 분리하여 제공하는 것은 그 구분이 실질적으로 불가능하고, 범죄와 관련 있는 대화내용을 쉽게 파악하기 어려워 전체제공이 불가피한 점 등을 고려할 때 침해의 최소성 요건도 갖추고 있다. 나아가 접견내용이 기록된다는 사실이 미리 고지되어 그에 대한 보호가치가 그다지 크다고 볼 수 없는 점 등을 고려할 때, 법익의 불균형을 인정하기도 어려우므로, 과잉금지원칙에 위반하여 청구인의 개인정보자기결정권을 침해하였다고 볼 수 없다(헌재 2012. 12. 27. 2010헌마153).

④ [O] 이 사건 CCTV 계호행위는 피해의 최소성 요건을 갖추었다 할 것이고, 이로 인하여 청구인의 사생활에 상당한 제약이 가하여진다고 하더라도, 청구인의 행동을 상시적으로 관찰함으로써 그의 생명·신체를 보호하고 교정시설 내의 안전과 질서를 보호하려는 공익 또한 그보다 결코 작다고 할 수 없으므로, 법익의 균형성도 갖추었다. 따라서 이 사건 CCTV 계호행위가 과잉금지원칙을 위배하여 청구인의 사생활의 비밀 및 자유를 침해하였다고는 볼 수 없다(헌재 2011. 9. 29. 2010헌마413).

⑤ [X] 이 사건 CCTV 설치행위는 행형법 및 교도관직무규칙 등에 규정된 교도관의 계호활동 중 육안에 의한 시선계호를 CCTV 장비에 의한 시선계호로 대체한 것에 불과하므로, 이 사건 CCTV 설치행위에 대한 특별한 법적 근거가 없더라도 일반적인 계호활동을 허용하는 법률규정에 의하여 허용된다고 보아야 한다(2008. 5. 29. 2005헌마137).

정답 ⑤

070 공중시설에서의 흡연금지에 대한 헌법재판소 결정에 대한 설명으로 옳은 것은?

① 흡연권은 사생활의 자유뿐만 아니라 생명권에까지 연결되는 것이므로 흡연권이 혐연권보다 상위의 기본권이다.
② 상하의 위계질서가 있는 기본권끼리 충돌하는 경우에는 상위기본권우선의 원칙에 따라 하위기본권이 제한될 수 있으므로, 혐연권은 흡연권을 침해하지 않는 한에서 인정되어야 한다.
③ 흡연권은 헌법 제17조의 사생활의 자유에서 그 헌법적 근거를 찾을 수 있으나 인간으로서의 존엄과 가치와 행복 추구권에서 자유로운 흡연에의 결정 및 흡연행위를 포함하는 흡연권 그 근거를 찾을 수 없다.
④ 헌법 제34조 제1항이 보장하는 인간다운 생활권은 자유권적 기본권이 아닌 사회권적 기본권의 일종으로서, 헌법적 권리로서는 인간의 존엄에 상응하는 '최소한의 물질적인 생활'의 유지에 필요한 급부를 요구할 수 있는 권리를 의미하므로 자유로이 흡연을 할 흡연권은 이에 포섭된다.
⑤ 흡연을 전통문화라고 할 수는 없으므로 헌법 제9조의 전통문화 계승발전조항에 의하여 흡연권이 보장된다고 할 수는 없다.

▶ 정답 및 해설

①[×] 흡연권은 사생활의 자유를 실질적 핵으로 하는 것이고 혐연권은 사생활의 자유뿐만 아니라 생명권에까지 연결되는 것이므로 혐연권이 흡연권보다 상위의 기본권이다(헌재 2004. 8. 26. 2003헌마457).
②[×] 상하의 위계질서가 있는 기본권끼리 충돌하는 경우에는 상위기본권우선의 원칙에 따라 하위기본권이 제한될 수 있으므로, 흡연권은 혐연권을 침해하지 않는 한에서 인정되어야 한다(헌재 2004. 8. 26. 2003헌마457).
③[×] 사생활의 자유란 사회공동체의 일반적인 생활규범의 범위 내에서 사생활을 자유롭게 형성해 나가고 그 설계 및 내용에 대해서 외부로부터의 간섭을 받지 아니할 권리를 말하는바, 흡연을 하는 행위는 이와 같은 사생활의 영역에 포함된다고 할 것이므로, 흡연권은 헌법 제17조에서 그 헌법적 근거를 찾을 수 있다. 또 <u>인간으로서의 존엄과 가치를 실현하고 행복을 추구하기 위하여서는 누구나 자유로이 의사를 결정하고 그에 기하여 자율적인 생활을 형성할 수 있어야 하므로, 자유로운 흡연에의 결정 및 흡연행위를 포함하는 흡연권은 헌법 제10조에서도 그 근거를 찾을 수 있다</u>(헌재 2004. 8. 26. 2003헌마457).
④[×] 헌법 제34조 제1항이 보장하는 인간다운 생활권은 자유권적 기본권이 아닌 사회권적 기본권의 일종으로서, 헌법적 권리로서는 인간의 존엄에 상응하는 '최소한의 물질적인 생활'의 유지에 필요한 급부를 요구할 수 있는 권리를 의미하므로 자유로이 흡연을 할 흡연권은 이에 포섭되지 아니한다(헌재 2004. 8. 26. 2003헌마457).
⑤[○] 흡연을 전통문화라고 할 수는 없으므로 헌법 제9조에 의하여 흡연권이 보장된다고 할 수는 없다(헌재 2004. 8. 26. 2003헌마457).

정답 ⑤

071 주민등록증발급신청서에 지문을 날인하여 신청하여야 하도록 한 주민등록법 시행령(2005.3.31. 대통령령 제18772호로 개정되기 전의 것) 제33조와 경찰청장의 지문보관행위에 대한 설명 중 옳은 것(○)과 옳지 않은 것(×)을 올바르게 조합한 것은? (다툼이 있는 경우 판례에 의함)

ㄱ. 신체의 자유는 신체의 안정성이 외부로부터의 물리적인 힘이나 정신적인 위험으로부터 침해당하지 아니할 자유와 신체활동을 임의적이고 자율적으로 할 수 있는 자유를 의미하는데, 열 손가락의 지문을 날인할 의무를 부과하는 것은 乙의 신체활동의 자유를 제한하는

것으로 볼 수 있다.
ㄴ. 사람의 지문은 개인의 고유성, 동일성을 나타내고, 정보주체를 타인으로부터 식별가능하게 하는 개인정보이다.
ㄷ. 주민등록시 지문을 날인하도록 하여 개인의 지문정보를 수집하고 경찰청장이 이를 보관·전산화하여 범죄수사목적에 이용하는 지문날인제도는 자신에 관한 정보를 언제 누구에게 어느 범위까지 알려지고 또 이용되도록 할 것인지를 정보주체가 스스로 결정할 수 있는 헌법상 개인정보자기결정권을 침해하지 않는다.
ㄹ. 지문은 그 정보주체를 타인으로부터 식별가능하게 하는 개인정보이므로, 시장·군수 또는 구청장이 개인의 지문정보를 수집하고, 경찰청장이 이를 보관·전산화하여 범죄수사목적에 이용하는 것은 모두 개인정보자기결정권을 제한한다.
ㅁ. 지문정보는 그 자체로 개인의 존엄과 인격권에 큰 영향을 미칠 수 있는 민감한 정보라고 볼 수 있으므로, 유전자정보 등과 같은 다른 생체정보와 같이 그 보호정도가 높다고 할 수 있다.

① ㄱ(○), ㄴ(○), ㄷ(×), ㄹ(○), ㅁ(○)
② ㄱ(×), ㄴ(×), ㄷ(○), ㄹ(×), ㅁ(○)
③ ㄱ(○), ㄴ(×), ㄷ(×), ㄹ(×), ㅁ(×)
④ ㄱ(×), ㄴ(○), ㄷ(○), ㄹ(○), ㅁ(×)
⑤ ㄱ(×), ㄴ(○), ㄷ(×), ㄹ(○), ㅁ(×)

▶ 정답 및 해설

ㄱ. [×] 우리 헌법 제12조 제1항 전문에서 보장하는 신체의 자유는 신체의 안정성이 외부로부터의 물리적인 힘이나 정신적인 위험으로부터 침해당하지 아니할 자유와 신체활동을 임의적이고 자율적으로 할 수 있는 자유를 말하는 것이다. 그렇다면 이 사건 시행령조항이 주민등록증 발급대상자에 대하여 열 손가락의 지문을 날인할 의무를 부과하는 것만으로는 신체의 안정성을 저해한다거나 신체활동의 자유를 제약한다고 볼 수 없으므로, 이 사건 시행령조항에 의한 신체의 자유의 침해가능성은 없다고 할 것이다(2005.5.26, 99헌마513 등).

ㄴ. [○] 개인의 고유성, 동일성을 나타내는 지문은 그 정보주체를 타인으로부터 식별가능하게 하는 개인정보이므로, 시장·군수 또는 구청장이 개인의 지문정보를 수집하고, 경찰청장이 이를 보관·전산화하여 범죄수사목적에 이용하는 것은 모두 개인정보자기결정권을 제한하는 것이라고 할 수 있다(2005.5.26, 99헌마513 등).

ㄷ. [○] 이 사건 지문날인제도로 인하여 정보주체가 현실적으로 입게 되는 불이익에 비하여 경찰청장이 보관·전산화하고 있는 지문정보를 범죄수사활동, 대형사건사고나 변사자가 발생한 경우의 신원확인, 타인의 인적 사항 도용 방지 등 각종 신원확인의 목적을 위하여 이용함으로써 달성할 수 있게 되는 공익이 더 크다고 보아야 할 것이므로, 이 사건 지문날인제도는 법익의 균형성의 원칙에 위배되지 아니한다. 결국 이 사건 지문날인제도가 과잉금지의 원칙에 위배하여 청구인들의 개인정보자기결정권을 침해하였다고 볼 수 없다(2005.5.26, 99헌마513 등).

ㄹ. [○] 주민등록증 발급대상자로 하여금 주민등록증 발급신청서에 열 손가락의 지문을 찍도록 하고 있는 이 사건 시행령조항은 지문정보의 수집에 관한 규정이고, 개인의 고유성, 동일성을 나타내는 지문은 그 정보주체를 타인으로부터 식별가능하게 하는 개인정보이므로, 시장·군수 또는 구청장이 개인의 지문정보를 수집하는 것은 청구인들의 개인정보자기결정권을 제한한다(2005.5.26, 99헌마5113 등).

ㅁ. [×] 지문정보는 그 자체로 개인의 존엄과 인격권에 큰 영향을 미칠 수 있는 민감한 정보라고 보기 어려워 유전자정보 등과 같은 다른 생체정보와 달리 그 보호 정도가 높다고 할 수 없으므로, 이러한 사정도 과잉금지원칙 위배 여부를 판단함에 있어서 고려되어야 한다(2015.5.28., 2011헌마731).

정답 ④

072

개인별로 주민등록번호를 부여하면서 주민등록번호 변경에 관한 규정을 두고 있지 않은 주민등록법 (2007.5.11. 법률 제8422호로 전부개정된 것) 제7조에 대한 설명 중 옳은 것(○)과 옳지 않은 것(×)을 올바르게 조합한 것은? (다툼이 있는 경우 판례에 의함)

> ㄱ. 주민등록번호 부여제도에 대하여 입법을 하였으나 주민등록번호의 변경에 대하여는 아무런 규정을 두지 아니한 진정입법부작위의 위헌 여부가 문제된다.
> ㄴ. 모든 주민에게 고유한 주민등록번호를 부여하면서 이를 변경할 수 없도록 한 것은 주민 생활의 편익을 증진시키고 행정사무를 신속하고 효율적으로 처리하기 위한 것으로 입법목적의 정당성과 수단의 적합성을 인정할 수 있다.
> ㄷ. 국가가 「개인정보 보호법」 등의 입법을 통하여 주민등록번호 처리 등을 제한하고, 유출이나 오·남용을 예방하는 조치를 취하였다면, 이러한 조치는 국민의 개인정보자기결정권에 대한 충분한 보호가 될 수 있다.
> ㄹ. 주민등록번호 변경을 인정하는 경우 주민등록번호의 개인식별기능이 약화되어 주민등록번호제도의 입법목적 달성이 어렵게 되고, 범죄은폐, 탈세, 채무면탈 또는 신분세탁 등의 불순한 용도로 이를 악용하는 경우까지 발생할 우려가 있으므로 개인별로 주민등록번호를 부여하면서 주민등록번호 변경에 관한 규정을 두고 있지 않은 「주민등록법」은 과잉금지원칙에 위배되어 개인정보자기결정권을 침해한다고 볼 수 없다.
> ㅁ. 위헌성은 주민등록번호 변경에 관하여 규정하지 아니한 부작위에 있으므로, 「주민등록법」에 대하여 단순위헌결정을 할 경우 주민등록번호제도 자체에 관한 근거규정이 사라지게 되어 법적 공백이 생기게 된다는 점 등을 고려하면, 헌법불합치결정을 선고하면서 입법자가 개선입법을 할 때까지 계속 적용을 명할 수 있다.

① ㄱ(○), ㄴ(○), ㄷ(×), ㄹ(○), ㅁ(×)
② ㄱ(×), ㄴ(×), ㄷ(○), ㄹ(×), ㅁ(○)
③ ㄱ(○), ㄴ(×), ㄷ(×), ㄹ(○), ㅁ(×)
④ ㄱ(×), ㄴ(○), ㄷ(○), ㄹ(○), ㅁ(×)
⑤ ㄱ(×), ㄴ(○), ㄷ(×), ㄹ(×), ㅁ(○)

정답 및 해설

ㄱ. [×] 청구인들이 주장하는 것은 위 조항들의 내용이 위헌이라는 것이 아니라, 주민등록번호의 잘못된 이용에 대비한 '주민등록번호 변경'에 대하여 아무런 규정을 두고 있지 않은 것이 헌법에 위반된다는 것이므로, 이는 주민등록번호 부여제도에 대하여 입법을 하였으나 주민등록번호의 변경에 대하여는 아무런 규정을 두지 아니한 부진정입법부작위가 위헌이라는 것이다(2015.12.23, 2013헌바68 등).

ㄴ. [○] 심판대상조항이 모든 주민에게 고유한 주민등록번호를 부여하면서 이를 변경할 수 없도록 한 것은 주민생활의 편익을 증진시키고 행정사무를 신속하고 효율적으로 처리하기 위한 것으로서, 그 입법목적의 정당성과 수단의 적합성을 인정할 수 있다(2015.12.23, 2013헌바68 등). ➡ 최소성원칙과 법익균형성원칙 위반

ㄷ. [×] 이러한 현실에서 주민등록번호 유출 또는 오·남용으로 인하여 발생할 수 있는 피해 등에 대한 아무런 고려 없이 주민등록번호 변경을 일률적으로 허용하지 않는 것은 그 자체로 개인정보자기결정권에 대한 과도한 침해가 될 수 있다. 비록 국가가 「개인정보 보호법」이나 「정보통신망 이용촉진 및 정보보호 등에 관한 법률」 등의 입법을 통하여 주민등록번호 처리와 수집·이용을 제한하고, 주민등록번호의 유출이나 오·남용을 예방하는 조치를 취하고 있다고는 하나, … 위와 같은 조치만으로는 국민의 개인정보자기결정권에 대한 충분한 보호가 된다고 보기 어렵다(2015.12.23, 2013헌바68 등).

ㄹ. [X] 국가가 「개인정보 보호법」 등으로 정보보호를 위한 조치를 취하고 있더라도, 여전히 주민등록번호를 처리하거나 수집·이용할 수 있는 경우가 적지 아니하며, 이미 유출되어 발생된 피해에 대해서는 뚜렷한 해결책을 제시해 주지 못하므로, 국민의 개인정보를 충분히 보호하고 있다고 보기 어렵다. 한편, 개별적인 주민등록번호 변경을 허용하더라도 변경 전 주민등록번호와의 연계 시스템을 구축하여 활용한다면 개인식별기능 및 본인 동일성 증명기능에 혼란이 발생할 가능성이 없고, 일정한 요건하에 객관성과 공정성을 갖춘 기관의 심사를 거쳐 변경할 수 있도록 한다면 주민등록번호 변경절차를 악용하려는 시도를 차단할 수 있으며, 사회적으로 큰 혼란을 불러일으키지도 않을 것이다. 따라서 주민등록번호 변경에 관한 규정을 두고 있지 않은 심판대상조항은 과잉금지원칙에 위배되어 개인정보자기결정권을 침해한다(2015.12.23, 2013헌바68 등).

ㅁ. [O] 심판대상조항의 위헌성은 주민등록번호 변경에 관하여 규정하지 아니한 부작위에 있는바, 이를 이유로 심판대상조항에 대하여 단순위헌결정을 할 경우 주민등록번호제도 자체에 관한 근거규정이 사라지게 되어 용인하기 어려운 법적 공백이 생기게 되고, 주민등록번호 변경제도를 형성함에 있어서는 입법자가 광범위한 입법재량을 가지므로, 심판대상조항에 대하여는 헌법불합치결정을 선고하되, 2017.12.31.을 시한으로 입법자가 개선입법을 할 때까지 계속 적용하기로 한다(2015.12.23, 2013헌바68 등). **정답 ⑤**

073 CCTV 설치에 관한 헌법재판소결정에 대한 설명으로 옳지 않은 것은?

① CCTV 설치조항으로 인해 보호자 전원이 반대하지 않는 한 어린이집 설치·운영자는 어린이집에 CCTV를 설치할 의무를 지게 되고 CCTV 설치시 녹음기능 사용을 할 수 없으므로, 위 조항은 어린이집 설치·운영자들의 직업수행의 자유를 제한한다.
② 「영유아보육법」에서 보호자가 자녀 또는 보호아동의 안전을 확인할 목적으로 CCTV 영상정보 열람을 할 수 있도록 규정한 것은 어린이집 보육교사의 개인정보자기결정권을 침해하지 않는다.
③ 구치소장이 변호인접견실에 CCTV를 설치하여 미결수용자와 변호인 간의 접견을 관찰한 행위는 미결수용자의 변호인의 조력을 받을 권리를 침해하지 않는다.
④ 엄중격리대상자의 수용거실에 CCTV를 설치하여 24시간 감시하는 행위가 법률유보의 원칙에 위배되어 사생활의 자유·비밀을 침해한다고 할 수 없다.
⑤ 변호인과의 자유로운 접견은 신체구속을 당한 사람에게 보장된 변호인의 조력을 받을 권리의 가장 중요한 내용이어서 국가안전보장·질서유지 또는 공공복리 등 어떠한 명분으로도 제한될 수 있는 성질의 것이 아니므로 변호인과의 접견 자체에 대해 아무런 제한도 가할 수 없으므로 CCTV가 설치된 변호인접견실에서의 미결수용자와 변호인 간의 접견은 허용되지 아니한다.

▶ 정답 및 해설

① [O] CCTV 설치조항으로 인해 보호자 전원이 반대하지 않는 한 어린이집 설치·운영자는 어린이집에 CCTV를 설치할 의무를 지게 되고 CCTV 설치시 녹음기능 사용을 할 수 없으므르, 위 조항은 어린이집 설치·운영자인 청구인들의 직업수행의 자유를 제한한다(2017.12.28., 2015헌마994).
② [O] 이를 통해 달성할 수 있는 보호자와 어린이집 사이의 신뢰회복 및 어린이집 아동학대 근절이라는 공익의 중대함에 반하여, 제한되는 사익이 크다고 보기 어렵다. 따라서 「영유아보육법」 제15조의5 제1항 제1호는 과잉금지원칙을 위반하여 어린이집 보육교사 등의 개인정보자기결정권 및 어린이집 원장의 직업수행의 자유를 침해하지 아니한다(2017.12.28., 2015헌마994)

③ [O] X-ray 물품검색기나 변호인접견실에 설치된 비상벨만으로는 교정사고를 방지하거나 금지물품을 적발하는 데 한계가 있으므로 CCTV 관찰행위는 그 목적을 달성하기 위하여 필요한 범위 내의 제한이다. 따라서 CCTV 관찰행위는 청구인의 변호인의 조력을 받을 권리를 침해한다고 할 수 없다(2016.4.28., 2015헌마243).

④ [O] 이 사건 CCTV 설치행위는 「행형법」 및 교도관직무규칙 등에 규정된 교도관의 계호활동 중 육안에 의한 시선계호를 CCTV 장비에 의한 시선계호로 대체한 것에 불과하므로, 이 사건 CCTV 설치행위에 대한 특별한 법적 근거가 없더라도 일반적인 계호활동을 허용하는 법률규정에 의하여 허용된다고 보아야 한다. 한편 CCTV에 의하여 감시되는 엄중격리대상자에 대하여 지속적이고 부단한 감시가 필요하고 자살·자해나 흉기 제작 등의 위험성 등을 고려하면, 제반 사정을 종합하여 볼 때 기본권 제한의 최소성요건이나 법익균형성의 요건도 충족하고 있다(2008.5.29, 2005헌마137 등).

⑤ [X] 변호인과의 자유로운 접견은 신체구속을 당한 사람에게 보장된 변호인의 조력을 받을 권리의 가장 중요한 내용이어서 국가안전보장·질서유지 또는 공공복리 등 어떠한 명분으로도 제한될 수 있는 성질의 것이 아니라고 할 것이나, 이는 구속된 자와 변호인 간의 접견이 실제로 이루어지는 경우에 있어서의 '자유로운 접견', 즉 '대화내용에 대하여 비밀이 완전히 보장되고 어떠한 제한, 영향, 압력 또는 부당한 간섭 없이 자유롭게 대화할 수 있는 접견'을 제한할 수 없다는 것이지, **변호인과의 접견 자체에 대해 아무런 제한도 가할 수 없다는 것을 의미하는 것은 아니다.** 즉, 변호인의 조력을 받을 권리 역시 다른 모든 헌법상 기본권과 마찬가지로 국가안전보장·질서유지 또는 공공복리를 위하여 필요한 경우에는 법률로써 제한할 수 있는 것이며, 변호인의 조력을 받을 권리의 내용 중 하나인 변호인과의 접견교통권 역시 국가안전보장·질서유지 또는 공공복리를 위해 필요한 경우에는 법률로써 제한될 수 있다. CCTV가 설치된 변호인접견실에서의 미결수용자와 변호인 간의 접견은 접견 방식에 의하여 변호인의 조력을 받을 권리를 제한하는 측면이 있으므로 헌법 제37조 제2항에 따라 필요한 경우에 한하여 최소한도로 실시되어야 한다(2016. 4. 28. 2015헌마243).

정답 ⑤

074 신상정보등록과 개인정보자기결정권에 대한 설명으로 옳지 않은 것은?

① 통신매체이용음란죄로 유죄판결이 확정된 사람을 일률적으로 신상정보등록대상자가 되도록 하는 것은 침해의 최소성에 위배되어 개인정보자기결정권을 침해한다.

② 「성폭력범죄의 처벌 등에 관한 특례법」 위반(카메라 등 이용 촬영, 카메라 등 이용 촬영 미수)죄로 유죄판결이 확정된 자를 신상정보 등록대상자가 되도록 규정한 심판대상조항은 개인정보자기결정권을 침해한다.

③ 성적 목적 공공장소침입죄로 유죄판결이 확정된 자는 신상정보 등록대상자가 된다고 규정한 「성폭력범죄의 처벌 등에 관한 특례법」 조항이 과잉금지원칙에 위배되어 개인정보자기결정권을 침해하지 않는다.

④ 신상정보 등록대상자에게 출입국시 신고의무를 부과하는 「성폭력범죄의 처벌 등에 관한 특례법」 제43조의2 제1항, 제2항이 개인정보자기결정권을 침해한다고 할 수 없다.

⑤ 관할 경찰관서의 장으로 하여금 등록대상자와 연 1회 직접 대면 등의 방법으로 등록정보의 진위와 변경 여부를 확인하도록 규정한 「성폭력범죄의 처벌 등에 관한 특례법」는 개인정보자기결정권을 침해한다고 할 수 없다.

▶ 정답 및 해설

① [O] 통신매체이용음란죄의 구성요건에 해당하는 행위 태양은 행위자의 범의·범행 동기·행위 상대방·행위 횟수 및 방법 등에 따라 매우 다양한 유형이 존재하고, 개별 행위유형에 따라 재범의 위험성 및 신상정

보 등록 필요성은 현저히 다르다. 그런데 심판대상조항은 통신매체이용음란죄로 유죄판결이 확정된 사람은 누구나 법관의 판단 등 별도의 절차 없이 필요적으로 신상정보 등록대상자가 되도록 하고 있고, 등록된 이후에는 그 결과를 다툴 방법도 없다. 그렇다면 심판대상조항은 통신매체이용음란죄의 죄질 및 재범의 위험성에 따라 등록대상을 축소하거나, 유죄판결 확정과 별도로 신상정보 등록 여부에 관하여 법관의 판단을 받도록 하는 절차를 두는 등 기본권 침해를 줄일 수 있는 다른 수단을 채택하지 않았다는 점에서 침해의 최소성원칙에 위배된다(2016.3.31, 2015헌마688).

② [×] 인격체인 피해자의 성적 자유 및 함부로 촬영당하지 않을 자유를 침해하는 성범죄로서의 본질은 같으므로 입법자가 개별 카메라 등 이용촬영죄의 행위 태양, 불법성을 구별하지 않은 것이 지나친 제한이라고 볼 수 없고, 신상정보 등록대상자가 된다고 하여 그 자체로 사회복귀가 저해되거나 전과자라는 사회적 낙인이 찍히는 것은 아니므로 침해되는 사익은 크지 않은 반면 이 사건 등록조항을 통해 달성되는 공익은 매우 중요하다. 따라서 이 사건 등록조항은 개인정보자기결정권을 침해하지 않는다(2015.7.30, 2014헌마340 등).

③ [○] 성적 목적 공공장소침입죄는 공공화장실 등 일정한 장소를 침입하는 경우에 한하여 성립하므로 등록조항에 따른 등록대상자의 범위는 이에 따라 제한되는바, 등록조항은 침해의 최소성원칙에 위배되지 않는다. 등록조항으로 인하여 제한되는 사익에 비하여 성범죄의 재범 방지와 사회 방위라는 공익이 크다는 점에서 법익의 균형성도 인정된다. 따라서 등록조항은 청구인의 개인정보자기결정권을 침해하지 않는다(2016.10.27, 2014헌마709).

④ [○] 출입국신고조항은 신고의무자가 6개월 이상 국외에 체류할 경우에만 신고를 요하고, 신상정보 등록제도의 효과적인 운영을 위한 정보의 정확성 제고와 행정의 효율성을 위해 불가피하다(2019.11.28., 2017헌마399).

⑤ [○] 대면확인조항은 정보의 최신성과 정확성을 확보하기 위하여 필요하고, 등록대상자에게 책임에 상응하는 부담만을 부과하고 있으므로 등록대상자에게 과중한 부담을 주는 것이라고 보기 어렵다(2019. 11.28, 2017헌마399).

정답 ②

075 신상정보 보관과 개인정보자기결정권에 대한 설명으로 옳지 않은 것을 모두 조합한 것은?

ㄱ. 피의자가 검사로부터 '혐의 없음'의 불기소처분을 받은 경우 혐의 범죄의 법정형에 따라 일정 기간 피의자의 지문정보와 함께 인적 사항·죄명·입건관서·입건일자·처분 결과 등을 보존하도록 한 「형의 실효 등에 관한 법률」 조항은 피의자의 개인정보자기결정권을 침해한다.

ㄴ. 성범죄의 재범을 억제하고 수사의 효율성을 제고하기 위하여, 법무부장관이 등록대상자의 재범위험성이 상존하는 20년 동안 신상정보를 등록하게 하고 위 기간 동안 각종 의무를 부과하는 「성폭력범죄의 처벌 등에 관한 특례법」 관련 조항은 비교적 경미한 등록대상 성범죄를 저지르고 재범의 위험성도 인정되지 않는 자들에 대해서는 달성되는 공익과 침해되는 사익 사이의 법익의 균형성이 인정되지 않으므로 등록대상자의 개인정보자기결정권을 침해한다.

ㄷ. 「형의 실효 등에 관한 법률」에서 수사경력 자료의 보존 및 보존기간을 정하면서 범죄경력 자료의 삭제에 대해 규정하지 않은 것은 개인정보자기결정권을 침해한다.

ㄹ. 카메라나 그 밖에 이와 유사한 기능을 갖춘 기계장치를 이용하여 성적 욕망 또는 수치심을 유발할 수 있는 다른 사람의 신체를 그 의사에 반하여 촬영한 범죄로 3년 이하의 징역형을 선고받은 사람의 등록정보를 최초등록일부터 15년 동안 보존·관리하도록 규정한 것은 청구인의 개인정보자기결정권을 침해한다.

ㅁ. 법무부장관이 성범죄로 벌금형을 선고받은 사람의 등록정보를 10년간 보존·관리하도록 규정한 「성폭력범죄의 처벌 등에 관한 특례법」 제45조는 개인정보자기결정권을 침해한다고 할 수 없다.

① ㄱㄴㅁ   ② ㄷㄹ   ③ ㄱㄷㄹ
④ ㄴㄹㅁ   ⑤ ㄴㄷㄹ

▶ 정답 및 해설

ㄱ. [✕] '혐의없음' 불기소처분에 관한 이 사건 개인정보를 보존함으로써 얻고자 하는 공익은 크다고 보아야 할 것이므로, 이 사건 법률조항이 법익의 균형성을 상실하였다고 볼 수도 없다. 따라서 이 사건 법률조항이 과잉금지의 원칙에 위반하여 청구인의 개인정보자기결정권을 침해한다고 볼 수 없다(2009.10.29, 2008헌마257).

ㄴ. [○] 도촬 유죄판결을 받은 자 20년 범죄기록 보존 카메라이용 촬영죄 등으로 유죄판결이 확정된 자에 대한 등록정보를 최초등록일부터 20년간 보존·관리하여야 한다고 규정한 「성폭력범죄의 처벌 등에 관한 특례법」은 비교적 경미한 등록대상 성범죄를 저지르고 재범의 위험성도 많지 않은 자들에 대해서는 달성되는 공익과 침해되는 사익 사이의 불균형이 발생할 수 있으므로 이 사건 관리조항은 개인정보자기결정권을 침해한다(2015.7.30, 2014헌마340 등). ➡ 헌법불합치결정

ㄷ. [✕] 범죄경력자료를 범인 추적과 실체적 진실 발견, 각종 결격사유 판단 등을 위한 자료로 사용하기 위해 보존하는 것은 그 목적에 있어 정당하고 수단의 적합성을 갖추고 있다. 범죄경력자료의 삭제를 규정하지 않은 것이 청구인의 개인정보자기결정권을 침해한다고 볼 수 없다(2012.7.26., 2010헌마446).

ㄹ. [✕] 심판대상조항은 성범죄의 재범을 억제하고 재범이 현실적으로 이루어진 경우 수사의 효율성과 신속성을 높이기 위하여, 법무부장관이 이 사건 범죄로 3년 이하의 징역형을 선고받은 사람의 등록정보를 최초등록일부터 15년 동안 보존·관리하도록 규정한 것으로, 입법목적의 정당성 및 수단의 적합성이 인정된다. 헌재 2015.7.30. 2014헌마340 등 헌법불합치결정에 따라 개정된 「성폭력범죄의 처벌 등에 관한 특례법」 제45조 제1항은 선고형에 따라 등록기간을 10년부터 30년까지 달리하여 형사책임의 경중 및 재범의 위험성에 따라 등록기간을 차등화하였다. 이 사건 범죄로 3년 이하의 징역형을 선고받은 사람은 재범의 위험성이 상당히 인정되는 사람이므로, 심판대상조항이 등록기간을 보다 세분화하거나 법관의 판단을 받을 수 있는 별도의 절차를 두지 않았더라도 불필요한 제한을 부과한 것이라 보기 어렵다. 「성폭력범죄의 처벌 등에 관한 특례법」은 신상정보 등록 면제제도를 도입하여, 재범의 위험성이 낮아진 경우 신상정보의 등록을 면할 수 있는 수단도 마련되어 있으므로 침해의 최소성이 인정된다. 심판대상조항으로 인하여 침해되는 사익보다 성범죄자의 재범 방지 및 사회 방위의 공익이 우월하므로, 법익의 균형성도 인정된다. 그렇다면, 심판대상조항은 청구인의 개인정보자기결정권을 침해하지 않는다(2018.3.29, 2017헌마396).

ㅁ. [○] 관리조항은 그 관리기간이 형사책임의 경중에 따라 세분화되어 있고 일정한 경우 그 기간을 단축할 수 있도록 하고 있으며, 그 자체로 등록대상자의 생활에 장애를 주는 것은 아니다(2019.11.28., 2017헌마399).

정답 ③

076. 불처분결정된 소년부송치 사건에 대하여 보존기간을 규정하지 않은 '형의 실효 등에 관한 법률'에 대해 법원이 위헌제청하였다. 이에 대한 헌법재판소결정에 설명으로 옳지 않은 것은?

① 개인정보의 공개와 이용에 관하여 정보주체 스스로가 결정할 권리인 개인정보자기결정권의 보호대상이 되는 개인정보는 개인의 신체, 신념, 사회적 지위, 신분 등과 같이 개인의 인격주체성을 특징짓는 사항으로서 그 개인의 동일성을 식별할 수 있게 하는 일체의 정보라고 할 수 있다.

② 이 사건 조항으로 인하여 소년부송치 후 불처분결정을 받은 소년이 다른 처분이나 판결을 받은 소년에 비해 불리한 차별을 받게 되어 평등원칙에 위배되는지 여부에 대해서는 개인정보자기결정권에 대한 침해 여부의 논의에 포함되므로 이에 대하여 따로 판단하지 아니한다.

③ 불처분결정된 소년부송치 사건에 대하여 보존기간을 규정하지 않은 '형의 실효 등에 관한 법률'은 목적의 정당성과 수단의 적합성이 인정된다.
④ 불처분결정된 소년부송치 사건의 수사경력자료가 조회 및 회보되는 경우에도 이를 통해 추구하는 실체적 진실 발견과 형사사법의 정의 구현이라는 공익이 당사자가 입을 수 있는 실질적 또는 심리적 불이익과 그로 인한 재사회화 및 사회복귀의 어려움보다 크므로 심판대상조항은 과잉금지원칙을 위반하여 소년부송치 후 불처분결정을 받은 자의 개인정보자기결정권을 침해한다고 할 수 없다.
⑤ 심판대상조항에 대하여 단순위헌결정을 하는 경우 수사경력자료의 삭제 및 소년에 대한 수사경력자료의 보존기간에 대한 근거규정이 사라지게 되는 불합리한 결과가 발생하고, 심단대상조항의 위헌성을 제거하는 방식에 대하여는 입법자의 재량이 인정되므로 헌법불합치 결정을 선고한다.

▶ 정답 및 해설

① [O] 개인정보의 공개와 이용에 관하여 정보주체 스스로가 결정할 권리인 개인정보자기결정권의 보호대상이 되는 개인정보는 개인의 신체, 신념, 사회적 지위, 신분 등과 같이 개인의 인격주체성을 특징짓는 사항으로서 그 개인의 동일성을 식별할 수 있게 하는 일체의 정보라고 할 수 있다. 또한, 그러한 개인정보를 대상으로 한 조사·수집·보관·처리·이용 등의 행위는 모두 원칙적으로 개인정보자기결정권에 대한 제한에 해당한다(헌재 2021.6.24, 2018헌가2).
② [O] 이 사건 구법 조항으로 인하여 **소년부송치 후 불처분결정을 받은 소년이 다른 처분이나 판결을 받은 소년에 비해 불리한 차별을 받게 되어 평등원칙에 위배되는지 여부도 문제될 수 있으나 이 부분은 결국 개인정보자기결정권에 대한 침해 여부의 논의에 포함되므로 이에 대하여 따로 판단하지 아니한다.**
③ [O] 심판대상조항은 소년에 대한 수사경력자료의 삭제 및 보존기간에 대하여 규정하면서 법원에서 불처분결정된 소년부송치 사건에 대하여는 규정하지 않아 수사경력자료에 기록된 개인정보가 당사자의 사망시까지 보존된다. 수사경력자료는 불처분결정의 효력을 뒤집고 다시 형사처벌을 할 필요성이 인정되는 경우 재수사에 대비한 기초자료 또는 소년이 이후 다른 사건으로 수사나 재판을 받는 경우 기소 여부의 판단자료나 양형 자료가 되므로, 해당 수사경력자료의 보존은 목적의 정당성과 수단의 적합성이 인정된다(헌재 2021.6.24, 2018헌가2).
④ [X] 불처분결정된 소년부송치 사건의 수사경력자료가 조회 및 회보되는 경우에도 이를 통해 추구하는 실체적 진실발견과 형사사법의 정의 구현이라는 공익에 비해, 당사자가 입을 수 있는 실질적 또는 심리적 불이익과 그로 인한 재사회화 및 사회복귀의 어려움이 더 크다. 따라서 심판대상조항은 과잉금지원칙을 위반하여 소년부송치 후 불처분결정을 받은 자의 개인정보자기결정권을 침해한다(헌재 2021.6.24, 2018헌가2).
⑤ [O] 심판대상조항에 대하여 단순위헌결정을 하는 경우 수사경력자료의 삭제 및 소년에 대한 수사경력자료의 보존기간에 대한 근거규정이 사라지게 되는 불합리한 결과가 발생하고, 심단대상조항의 위헌성을 제거하는 방식에 대하여는 입법자의 재량이 인정된다. 따라서 구법 조항에 대하여 헌법불합치 결정을 선고하되, 계속적용을 명한다면 위헌선언의 효력이 당해사건에 미치지 못할 우려가 있으므로 그 적용을 중지하고, 현행법 조항에 대하여는 헌법불합치 결정을 선고하되, 2023. 6. 30.을 시한으로 개선입법이 이루어질 때까지 계속 적용을 명한다.

정답 ④

077 보안관찰대상자에 대해 출소 후 거주지 보고와 거주지 변동시 보고의무를 부과하는 보안관찰법에 대한 설명으로 옳은 것은?

① 경찰서에 대상자 신규발생이 그리 많지 않고 시행령에 동태보고도 규정되어 있어 이미 확보한 자료를 토대로 대상자의 실거주 여부 확인이 어렵지 않아 보다 완화된 방법으로도 입법목적을 충분히 달성할 수 있으므로 보안관찰처분대상자가 교도소 등에서 출소한 후 7일 이내에 출소사실을 신고하도록 정한 구 보안관찰법 제6조 제1항은 과잉금지원칙을 위반하여 청구인의 사생활의 비밀과 자유 및 개인정보자기결정권을 침해한다.

② 출소 후 신고조항 및 위반시 처벌조항은 대상자라는 이유만으로 재범의 위험성이 인정되지 않은 사람들에게 신고의무를 부과하고 그 위반시 형사처벌하도록 정하여, 보안처분에 대한 죄형법정주의적 요청에 위배된다.

③ 보안관찰처분대상자가 교도소 등에서 출소한 후 기존에 보안관찰법 제6조 제1항에 따라 신고한 거주예정지 등 대통령령이 정하는 사항에 대해 정보에 변동이 생길 때마다 7일 이내에 이를 신고하도록 정한 보안관찰법 제6조 제2항 전문이 포괄위임금지원칙에 위배되지 않는다.

④ 신고한 거주예정지 등이 변동될 경우 변동신고하도록 하고 이를 위반할 경우 처벌하도록 정한 보안관찰법 제27조가 무기한의 신고의무를 부담시키더라도 신고의무기간에 일률적인 상한을 두어서는 입법목적 달성이 어려운 바, 과잉금지원칙을 위반하여 청구인의 사생활의 비밀과 자유 및 개인정보자기결정권을 침해하지 아니한다.

⑤ 보안관찰 대상자는 재범의 위험성이 인정된 상태가 아니므로 대상자에게 부과하는 신고의무는 일종의 행정상 협력의무에 불과하다. 설령 이러한 의무 불이행으로 재범의 위험성 판단에서 필요한 정보가 원활하게 제공되지 않더라도 관할경찰서장은 스스로 정보를 수집하는 부담을 질 뿐 그로 인하여 재범의 위험성 판단이 불가능해지는 것은 아니다. 그럼에도 대상자가 변동사항 신고를 하지 아니한 경우 피보안관찰자의 신고의무 위반과 같이 2년 이하의 징역 또는 100만 원 이하의 벌금으로 처벌하는 것은 책임에 비하여 지나치게 과한 형벌을 정한 것이다.

▶ 정답 및 해설

①【X】 보안관찰해당범죄는 민주주의체제의 수호와 사회질서의 유지, 국민의 생존 및 자유에 중대한 영향을 미치는 범죄인 점, 보안관찰법은 대상자를 파악하고 재범의 위험성 등 보안관찰처분의 필요성 유무의 판단자료를 확보하기 위하여 위와 같은 신고의무를 규정하고 있다는 점 등에 비추어 출소 후 신고의무 위반에 대한 제재수단으로 형벌을 택한 것이 과도하다거나 법정형이 다른 법률들에 비하여 각별히 과중하다고 볼 수도 없다. 따라서 출소 후 신고조항 및 위반시 처벌조항은 과잉금지원칙을 위반하여 청구인의 사생활의 비밀과 자유 및 개인정보자기결정권을 침해하지 아니한다(헌재 2021.6.24., 2017헌바479).

②【X】 청구인은 심판대상조항이 적법절차원칙, 책임과 형벌간의 비례원칙, 실질적 죄형법정주의에도 위배된다고 주장하나, 이는 심판대상조항이 헌법 제37조 제2항의 과잉금지원칙에 위반된다는 주장과 다름없으므로, 별도로 판단하지 아니한다(헌재 2021.6.24., 2017헌바479). * 문제의 선지는 반대의견이다.

③【O】 변동신고조항 및 법 제6조 제1항에서 정한 신고의무사항은 대상자에게 재범의 위험성이 있는지 판단하기 위한 정보일 것이므로, 법 제6조 제1항에서 대통령령으로 정하도록 위임한 신고사항에는 대상자의 생활환경, 성행 등을 파악하는 데 필요한 직업, 재산, 가족 및 교우관계 등에 관한 정보도 포함될 것임을 충분히 예측할 수 있다(헌재 2021.6.24, 2017헌바479).

④【X】 변동신고조항은 출소 후 기존에 신고한 거주예정지 등 정보에 변동이 생기기만 하면 신고의무를 부과

하는바, 의무기간의 상한이 정해져 있지 아니하여, 대상자로서는 보안관찰처분을 받은 자가 아님에도 무기한의 신고의무를 부담한다. … 그렇다면 변동신고조항 및 위반시 처벌조항은 대상자에게 보안관찰처분의 개시 여부를 결정하기 위함이라는 공익을 위하여 지나치게 장기간 형사처벌의 부담이 있는 신고의무를 지도록 하므로, 이는 과잉금지원칙을 위반하여 청구인의 사생활의 비밀과 자유 및 개인정보자기결정권을 침해한다(헌재 2021.6.24., 2017헌바479).

⑤ [×] 대상자와 피보안관찰자에 맞게 각각에 대하여 신고의무를 부과하는 것 자체가 불합리하다고 볼 수 없고, 각 신고의무 모두 그 이행을 통한 관련 자료 확보의 필요성이 있다는 점 등에 비추어, 각자에게 '신고의무'를 부과하고 그 위반에 대해 동일한 법정형을 정한 것이 곧바로 평등원칙에 위반된다고 보기 어렵다. 또한 보안관찰과 치료감호·보호관찰이 신고의무 부과 및 제재에 있어 다른 이유는 그 제도의 목적과 취지, 법적 성질, 대상자의 지위와 처분의 내용에 차이가 있기 때문이다.

따라서 출소후 신고조항 및 위반 시 처벌조항은 평등원칙에 위반되지 않는다(헌재 2021.6.24., 2017헌바479).

정답 ③

078 개인정보자기결정권에 대한 설명으로 옳지 않은 것은?

① 피청구인 대통령의 지시로 피청구인 대통령 비서실장, 정무수석비서관, 교육문화수석비서관, 문화체육관광부장관이 야당 소속 후보를 지지하였거나 정부에 비판적 활동을 한 문화예술인이나 단체를 정부의 문화예술 지원사업에서 배제할 목적으로 개인의 정치적 견해에 관한 정보를 수집·보유·이용한 행위는 법률유보원칙을 위반하여 청구인들의 개인정보자기결정권을 침해한다.

② 서울특별시 교육감 등이 민감한 정보라고 보기 어려운 졸업생의 성명, 생년월일 및 졸업일자 정보를 교육정보시스템(NEIS)에 보유하는 행위가 그 정보주체의 개인정보자기결정권을 침해한다고 할 수 없다.

③ 야당 소속 후보자 지지 혹은 정부 비판은 정치적 견해로서 개인의 인격주체성을 특징짓는 개인정보에 해당하나, 그것이 지지 선언 등의 형식으로 공개적으로 이루어진 것이라면 개인정보자기결정권에서 보호되지 않는다.

④ 국회의원인 甲이 '각급 학교 교원의 교원단체 및 교원노조 가입현황 실명자료'를 인터넷을 통하여 공개하였다면, 이는 개인정보자기결정권의 보호대상이 되는 개인정보를 일반 대중에게 공개함으로써 해당 교원들의 개인정보자기결정권을 침해하는 것이다.

⑤ 개인정보자기결정권의 보호대상이 되는 개인정보는 반드시 개인의 내밀한 영역이나 사사(私事)의 영역에 속하는 정보에 국한되지 않고 공적 생활에서 형성되었거나 이미 공개된 개인정보까지 포함한다.

▶ 정답 및 해설

① [○] 이 사건 정보수집 등 행위의 대상인 정치적 견해에 관한 정보는 공개된 정보라 하더라도 개인의 인격주체성을 특징짓는 것으로, 개인정보자기결정권의 보호범위 내에 속하며, 국가가 개인의 정치적 견해에 관한 정보를 수집·보유·이용하는 등의 행위는 개인정보자기결정권에 대한 중대한 제한이 되므로 이를 위해서는 법령상의 명확한 근거가 필요함에도 그러한 법령상 근거가 존재하지 않으므로 이 사건 정보수집 등 행위는 법률유보원칙을 위반하여 청구인들의 개인정보자기결정권을 침해한다(2020.12.23., 2017헌마416).

② [○] 개인의 존엄과 인격권에 심대한 영향을 미칠 수 있는 민감한 정보라고 보기 어려운 성명, 생년월일, 졸업일자 정보만을 NEIS에 보유하고 있는 것은 목적의 달성에 필요한 최소한의 정보만을 보유하는 것이라

할 수 있고, 공공기관의개인정보보호에관한법률에 규정된 개인정보 보호를 위한 법규정들의 적용을 받을 뿐만 아니라 피청구인들이 보유목적을 벗어나 개인정보를 무단 사용하였다는 점을 인정할 만한 자료가 없는 한 NEIS라는 자동화된 전산시스템으로 그 정보를 보유하고 있다는 점만으로 피청구인들의 적법한 보유행위 자체의 정당성마저 부인하기는 어렵다(헌재 2005. 7. 21. 2003헌마282등).

③ [X] 야당 소속 후보자 지지 혹은 정부 비판은 정치적 견해로서 개인의 인격주체성을 특징짓는 개인정보에 해당하고, 그것이 지지 선언 등의 형식으로 공개적으로 이루어진 것이라고 하더라도 여전히 개인정보자기결정권의 보호범위 내에 속한다(2020.12.23., 2017헌마416).

④ [O] 국회의원인 甲 등이 '각급 학교 교원의 교원단체 및 교원노조 가입현황 실명자료'를 인터넷을 통하여 공개한 사안에서, 위 정보는 개인정보자기결정권의 보호대상이 되는 개인정보에 해당하므로 이를 일반 대중에게 공개하는 행위는 해당 교원들의 개인정보자기결정권과 전국교직원노동조합의 존속, 유지, 발전에 관한 권리를 침해하는 것이고, 甲 등이 위 정보를 공개한 표현행위로 인하여 얻을 수 있는 법적 이익이 이를 공개하지 않음으로써 보호받을 수 있는 해당 교원 등의 법적 이익에 비하여 우월하다고 할 수 없으므로, 甲 등의 정보공개행위는 위법하다(대판 2014.7.24., 2012다49933).

⑤ [O] 개인정보자기결정권의 보호대상이 되는 개인정보는 개인의 신체, 신념, 사회적 지위, 신분 등과 같이 개인의 인격주체성을 특징짓는 사항으로서 그 개인의 동일성을 식별할 수 있게 하는 일체의 정보라고 할 수 있고, 반드시 개인의 내밀한 영역이나 사사(私事)의 영역에 속하는 정보에 국한되지 않고 공적 생활에서 형성되었거나 이미 공개된 개인정보까지 포함한다(2005.7.21, 2003헌마282 등). **정답 ③**

079 가족관계증명서 교부청구에 대한 설명으로 옳지 않은 것은?

① 직계혈족이면 가족관계기본증명서 교부를 청구하도록 하여 가정폭력 피해자의 개인정보를 보호하기 위한 구체적 방안을 마련하지 아니한 것은 청구인의 개인정보자기결정권을 침해한다.
② 직계혈족이 자녀의 가족관계증명서와 기본증명서의 교부를 청구하는 것 자체가 위헌은 아니다.
③ 정보주체의 배우자나 직계혈족이 정보주체의 위임 없이도 정보주체의 가족관계 상세증명서의 교부 청구를 할 수 있도록 하는 '가족관계의 등록 등에 관한 법률' 제14조 제1항은 정보주체의 현재의 혼인의 배우자 및 직계혈족의 이익 보호에만 지나치게 치우친 방법이므로, 달성하려는 입법목적과 그로 인해 제한되는 개인정보자기결정권 사이에 적절한 균형을 달성하지 못하였다. 따라서 과잉금지원칙에 위반되어 청구인의 개인정보자기결정권을 침해한다.
④ 직계혈족이면 가족관계증명서 및 기본증명서의 교부를 청구하도록 가족관계의 등록 등에 관한 법률은 목적은 정당하나 목적 달성을 위하여 적합한 수단이 된다고 할 수 있으나 최소성원칙에 반한다.
⑤ 형제자매에게 가족관계등록부 등의 기록사항에 관한 증명서 교부청구권을 부여하는 '가족관계의 등록 등에 관한 법률' 제14조 제1항 본문 중 '형제자매' 부분이 과잉금지원칙을 위반하여 청구인의 개인정보자기결정권을 침해한다.

▶ 정답 및 해설

① [O] 이 사건 법률조항은 가정폭력 가해자에 대한 별도의 제한 없이 직계혈족이기만 하면 사실상 자유롭게 그 자녀의 가족관계증명서와 기본증명서의 교부를 청구하여 발급받을 수 있도록 함으로써, 그로 인하여 가정폭력 피해자인 청구인의 개인정보가 가정폭력 가해자인 전 배우자에게 무단으로 유출될 수 있는 가능성을 열어놓고 있다. 이 사건 법률조항에 대하여 단순위헌결정을 하여 당장 그 효력을 상실시킬 경우 가정폭

력 가해자가 아닌 직계혈족까지 자녀의 가족관계증명서와 기본증명서의 교부를 청구할 수 있는 근거규정이 없어지게 되어 법적 공백의 상태가 발생한다. 이는 직계혈족이 자녀의 가족관계증명서와 기본증명서의 교부를 청구하는 것 자체를 위헌으로 판단한 것이 아닌데도 이를 위헌으로 판단한 경우와 동일한 결과를 나타내게 된다. 이러한 이유로 이 사건 법률조항에 대하여 단순위헌결정을 하는 대신 헌법불합치결정을 선고하되, 2021년 12월 31일을 시한으로 입법자가 이 사건 법률조항의 위헌성을 제거하고 합리적인 내용으로 법률을 개정할 때까지 이를 계속 적용하도록 할 필요가 있다(2020. 8. 28, 2018헌마927).

② [O] 이는 직계혈족이 자녀의 가족관계증명서와 기본증명서의 교부를 청구하는 것 자체를 위헌으로 판단한 것이 아닌데도 이를 위헌으로 판단한 경우와 동일한 결과를 나타내게 된다. 이러한 이유로 이 사건 법률조항에 대하여 단순위헌결정을 하는 대신 헌법불합치결정을 선고하되, 2021년 12월 31일을 시한으로 입법자가 이 사건 법률조항의 위헌성을 제거하고 합리적인 내용으로 법률을 개정할 때까지 이를 계속 적용하도록 할 필요가 있다(2020. 8. 28, 2018헌마927).

③ [×] 심판대상조항은 정보주체의 배우자나 직계혈족이 스스로의 정당한 법적 이익을 지키기 위하여 정보주체 본인의 위임 없이도 가족관계 상세증명서를 간편하게 발급받을 수 있게 해 주는 것이므로, 상세증명서 추가 기재 자녀의 입장에서 보아도 자신의 개인정보가 공개되는 것을 중대한 불이익이라고 평가하기는 어렵다. 나아가 가족관계 관련 법령은 가족관계증명서 발급 청구에 관한 부당한 목적을 파악하기 위하여 '청구사유기재'라는 나름의 소명절차를 규정하는 점 등을 아울러 고려하면 심판대상조항은 그 입법목적과 그로 인해 제한되는 개인정보자기결정권 사이에 적절한 균형을 달성한 것으로 평가할 수 있다. 심판대상조항은 과잉금지원칙에 위배되어 청구인의 개인정보자기결정권을 침해하지 아니한다(2022. 11. 24. 2021헌마130).

④ [O] 이 사건 법률조항은 가족 간의 신뢰와 유대에 기초하여 직계혈족이 자신이나 그 자녀의 친족·상속 등과 관련된 권리의무관계를 증명하기 위한 기초자료로서 자녀 본인 및 부모 등의 신분정보가 기재되어 있는 가족관계증명서 및 기본증명서를 쉽고 편리하게 발급받을 수 있도록 하기 위한 것이다. 이처럼 직계혈족과 자녀 등의 편익 증진을 위해 직계혈족에게 가족관계증명서 및 기본증명서의 교부청구권을 부여하고 있는 이 사건 법률조항의 입법목적은 정당하다. 또한, 이 사건 법률조항이 특별한 제한 없이 직계혈족에게 가족관계등록법상 가족관계증명서 및 기본증명서의 교부청구권을 부여하는 것은 그 목적 달성을 위하여 적합한 수단이 된다. …이 사건 법률조항이 **가정폭력 가해자인 직계혈족에 대하여 아무런 제한 없이 그 자녀의 가족관계증명서 및 기본증명서의 발급을 청구할 수 있도록 하여, 결과적으로 가정폭력 피해자인 청구인의 개인정보**가 무단으로 가정폭력 가해자에게 유출될 수 있도록 한 것은 입법목적을 달성하기 위하여 필요한 범위를 넘어선 것이므로 침해의 최소성에 위배된다(2020. 8. 28, 2018헌마927)

⑤ [O] 본인은 인터넷을 이용하거나 위임을 통해 각종 증명서를 발급받을 수 있으며, 가족관계등록법 제14조 제1항 단서 각 호에서 일정한 경우에는 제3자도 각종 증명서의 교부를 청구할 수 있으므로 형제자매는 이를 통해 각종 증명서를 발급받을 수 있다. 따라서 이 사건 법률조항은 침해의 최소성에 위배된다. 또한, 이 사건 법률조항을 통해 달성하려는 공익에 비해 초래되는 기본권 제한의 정도가 중대하므로 법익의 균형성도 인정하기 어려워, 이 사건 법률조항은 청구인의 개인정보자기결정권을 침해한다(헌재 2016. 6. 30. 2015헌마924).

정답 ③

080 서울 용산경찰서장이 2013.12.18. 및 2013.12.20. 피청구인 국민건강보험공단에게 청구인들의 요양급여내역의 제공을 요청하였고 국민건강보험공단은 건강보험 요양급여내역 제공하였다. 이에 대한 설명으로 옳은 것은?

① 서울 용산경찰서장이 2013.12.18. 및 2013.12.20. 피청구인 국민건강보험공단에게 청구인들의 요양급여내역의 제공을 요청한 행위는 과잉금지원칙에 위배되어 청구인들의 개인정보자기결정권을 침해한다.
② 국민건강보험공단이 2013.12.20. 서울 용산경찰서장에게 청구인들의 요양급여내역을 제공한 행위가 영장주의에 위배되어 청구인들의 개인정보자기결정권을 침해한다고 할 수 없다.
③ 이 사건 정보 제공행위와 가장 밀접한 관계에 있는 개인정보자기결정권 침해 여부를 판단하더라도 인간의 존엄과 가치, 행복추구권, 사생활의 비밀과 자유 침해 여부를 판단도 부가적으로 할 필요가 있다.
④ 서울 용산경찰서장이 체포영장이 발부된 피의자인 청구인들의 소재를 신속하게 파악하여 적시에 청구인들을 검거할 수 있도록 하고 이를 통하여 국가형벌권의 적정한 수행에 기여하고자 하는 공익은 매우 중대하므로 이 사건 정보 제공행위는 이 사건 정보 제공조항 등이 정한 요건에 부합하는 것으로서 과잉금지원칙에 위배되어 청구인들의 개인정보자기결정권을 침해하였다고 볼 수 없다.
⑤ 이 사건 사실조회행위는 강제력이 개입되는 강제수사에 해당하므로, 이에 응하여 이루어진 이 사건 정보 제공행위에도 영장주의가 적용된다.

▶ **정답 및 해설**

①[×] 이 사건 사실조회행위의 근거조항인 이 사건 사실조회조항은 수사기관에 공사단체 등에 대한 사실조회의 권한을 부여하고 있을 뿐이고, 국민건강보험공단은 서울 용산경찰서장의 사실조회에 응하거나 협조하여야 할 의무를 부담하지 않는다. 따라서 이 사건 사실조회행위만으로는 청구인들의 법적 지위에 어떠한 영향을 미친다고 보기 어렵고, 국민건강보험공단의 자발적인 협조가 있어야만 비로소 청구인들의 개인정보자기결정권이 제한된다. 그러므로 이 사건 사실조회행위는 공권력 행사성이 인정되지 않는다(2018.8.30, 2014헌마368).
②[○] 이 사건 사실조회조항은 수사기관에 사실조회의 권한을 부여하고 있을 뿐이고, 이에 근거한 이 사건 사실조회행위에 대하여 국민건강보험공단이 응하거나 협조하여야 할 의무를 부담하는 것이 아니다. 따라서 이 사건 사실조회행위는 강제력이 개입되지 아니한 임의수사에 해당하므로, 이에 응하여 이루어진 이 사건 정보 제공행위에도 영장주의가 적용되지 않는다. 그러므로 이 사건 정보 제공행위는 영장주의원칙에 위배되지 않는다(2018.8.30, 2014헌마368).
③[×] 청구인들은 이 사건 정보 제공행위가 인간의 존엄과 가치, 행복추구권, 사생활의 비밀과 자유 등도 침해한다고 주장하나, 이 사건 정보 제공행위와 가장 밀접한 관계에 있는 개인정보자기결정권 침해 여부를 판단하는 이상 이에 관하여 별도로 판단하지 않는다(2018.8.30, 2014헌마368).
④[×] 서울 용산경찰서장은 청구인들의 소재를 파악한 상태였거나 다른 수단으로 충분히 파악할 수 있었으므로 이 사건 정보 제공행위로 얻을 수 있는 수사상의 이익은 거의 없거나 미약하였던 반면, 청구인들은 자신도 모르는 사이에 민감정보인 요양급여정보가 수사기관에 제공되어 개인정보자기결정권에 대한 중대한 불이익을 받게 되었으므로, 이 사건 정보제공 행위는 법익의 균형성도 갖추지 못하였다. 결국 이 사건 정보제공 행위는 과잉금지원칙에 위배되어 청구인들의 개인정보자기결정권을 침해하였다(2018.8.30., 2014헌마368).

⑤ [X] 이 사건 사실조회조항은 수사기관에 사실조회의 권한을 부여하고 있을 뿐이고, 이에 근거한 이 사건 사실조회행위에 대하여 국민건강보험공단이 응하거나 협조하여야 할 의무를 부담하는 것이 아니다. 따라서 이 사건 사실조회행위는 강제력이 개입되지 아니한 임의수사에 해당하므로, 이에 응하여 이루어진 이 사건 정보 제공행위에도 영장주의가 적용되지 않는다. 그러므로 이 사건 정보 제공행위는 영장주의원칙에 위배되지 않는다(2018.8.30., 2014헌마368). **정답 ②**

081 변호사시험에 대한 설명으로 옳은 것을 모두 조합한 것은?

ㄱ. 변호사시험 성적이 정보주체의 요구에 따라 수정되거나 삭제되는 등 정보주체의 통제권이 인정되는 성질을 가진 개인정보가 아니므로 변호사시험 성적을 합격자에게 공개하지 않도록 규정한 「변호사시험법」은 개인정보자기결정권을 제한하고 있다고 보기 어렵다.

ㄴ. 특정시험에 대한 응시 및 합격 여부, 합격연도 등도 개인정보에 포함되지 않으므로 그러한 사실이 알려지는 시기, 범위 등을 응시자 스스로 결정할 권리는 개인정보자기결정권의 보장범위에 속한다고 할 수 없다.

ㄷ. 법무부장관은 변호사시험 합격자가 결정되면 즉시 명단을 공고하여야 한다고 규정한 「변호사시험법」으로 응시자들의 개인정보자기결정권에 대한 제한이 발생한다.

ㄹ. 법무부장관은 변호사시험 합격자가 결정되면 즉시 명단을 공고하여야 한다고 규정한 「변호사시험법」의 개인정보자기결정권에 대한 과잉금지원칙 위배 여부를 심사하는 이상 사생활의 비밀과 자유가 침해 여부는 따로 살펴보지 않는다.

ㅁ. 시험 관리업무의 공정성과 투명성은 전체 합격자의 응시번호만을 공고하는 등의 방법으로도 충분히 확보될 수 있고, 법률서비스 수요자는 대한변호사협회 홈페이지 등을 통해 변호사에 대한 더 상세하고 정확한 정보를 얻을 수 있으므로, 합격자명단을 공개하는 것보다 청구인들의 개인정보자기결정권을 덜 침해하면서 입법목적을 달성할 수 있는 다른 수단이 존재한다.

ㅂ. 변호사시험 합격자명단이 공고되면, 특정인의 재학 사실을 아는 사람은 그의 성명과 합격자명단을 대조하는 방법으로 그의 불합격 사실을 확인할 수 있는바, 변호사시험 응시 및 합격 여부에 관한 사실이 널리 공개되는 것은 청구인들의 개인정보자기결정권에 대한 중대한 제한이라 할 수 있다.

① ㄱ, ㄷ, ㄹ ② ㄴ, ㄹ ③ ㄷ, ㄹ
④ ㄷ, ㅁ, ㅂ ⑤ ㄴ, ㅁ, ㅂ

▶ 정답 및 해설

ㄱ. [O] 개인정보자기결정권의 한 내용인 자기 정보공개청구권은 자신에 관한 정보가 부정확하거나 불완전한 상태로 보유되고 있는지 여부를 알기 위하여 정보를 보유하고 있는 자에게 자신에 관한 정보의 열람을 청구함으로써 개인정보를 보호하고, 개인정보의 수집, 보유, 이용에 관한 통제권을 실질적으로 보장하기 위하여 인정되는 것이다. 그런데 위 청구인의 변호사시험 성적 공개 요구는 개인정보의 보호나 개인정보의 수집, 보유, 이용에 관한 통제권을 실질적으로 보장해 달라는 것으로 보기 어렵고, 변호사시험 성적이 정보주체의 요구에 따라 수정되거나 삭제되는 등 정보주체의 통제권이 인정되는 성질을 가진 개인정보라고 보

기도 어렵다. 따라서 심판대상조항이 개인정보자기결정권을 제한하고 있다고 보기 어렵다(2015.6.25, 2011헌마769 등).

ㄴ.【X】특정 시험에 대한 응시 및 합격 여부, 합격연도 등도 개인정보에 포함되고, 그러한 사실이 알려지는 시기, 범위 등을 응시자 스스로 결정할 권리는 개인정보자기결정권의 보장범위에 속한다고 할 수 있다(2020.3.26, 2018헌마77 등).

ㄷ.【O】심판대상조항에 따라 합격자명단이 공고되면, 법학전문대학원 졸업자 또는 졸업예정자라는 한정된 집단에 속한 사람이 응시하는 변호사시험 특성에 비추어, 특정인의 법학전문대학원 재학 또는 졸업 사실을 이미 알고 있는 그 주변 사람들은 성명이 공개된 사람의 합격 사실뿐만 아니라 위 정보를 결합하여 특정인의 불합격 사실도 알 수 있으므로, 결국 응시자들의 개인정보자기결정권에 대한 제한이 발생한다(2020.3.26, 2018헌마77 등).

ㄹ.【O】청구인은 심판대상조항에 따라 합격자명단이 공개됨으로써 사생활의 비밀과 자유가 침해된다고 주장하나, 변호사라는 전문자격을 취득하거나 취득하지 못하였다는 사실이 내밀한 사적 영역에 속하는 것인지 의문일 뿐만 아니라, 설사 이에 속한다고 하더라도 개인정보자기결정권의 보호영역과 중첩되는 범위 안에서만 관련되어 있으므로, 개인정보자기결정권에 대한 과잉금지원칙 위배 여부를 심사하는 이상 따로 살펴보지 않는다(2020.3.26, 2018헌마77 등).

ㅁ.【X】더욱이 변호사에게 직접 등록증서를 보여주도록 요청하거나 대한변호사협회 홈페이지를 통하여 검색하는 것은 자격시험에 합격한 법률전문가가 변호사등록을 한 경우에만 유용한 방법인데, 실무상 변호사 자격이 있는 사람이 법령에 의하여 변호사등록을 하지 않고도 법률서비스를 제공할 수 있는 경우도 있으므로, 일반 국민의 입장에서 볼 때는 매회 변호사시험 합격자명단이 널리 공개되는 것이 변호사 자격 소지에 대한 신뢰를 형성하는 데 기여하는 바가 적지 않다. 이처럼 심판대상조항은 변호사 자격 소지에 대한 일반 국민의 신뢰를 형성하고 법률서비스 수요자의 편의를 확보하는 데 도움이 되며, 달리 이를 대체할 만한 수단이 발견되지 않는다(2020. 3.26, 2018헌마77 등).

ㅂ.【X】심판대상조항은 법무부장관이 시험관리업무를 위하여 수집한 응시자의 개인정보 중 합격자의 성명을 공개하도록 하는 데 그치므로, 청구인들의 개인정보자기결정권이 제한되는 범위와 정도는 매우 제한적이다(2020.3.26, 2018헌마77 등).

정답 ①

082 사생활의 비밀과 자유에 대한 설명으로 옳지 않은 것은?

① 디엔에이신원확인정보는 개인식별을 위한 최소한의 정보인 단순한 숫자에 불과하여 이로부터 개인의 유전정보를 확인할 수 없는 것이어서 개인의 존엄과 인격권에 심대한 영향을 미칠 수 있는 민감한 정보라고 보기 어려운 바, 채취대상자가 사망할 때까지 디엔에이신원확인정보를 데이터베이스에 수록, 관리할 수 있도록 규정한 '디엔에이신원확인정보의 이용 및 보호에 관한 법률' 제13조 제3항 중 수형인등에 관한 부분이 청구인들의 개인정보자기결정권을 침해한다고 할 수 없다.

② 금융감독원의 4급 이상 직원에 대하여 공직자윤리법상 재산등록의무를 부과하는 공직자윤리법 제3조 제1항 제13호 중 공직자윤리법 시행령 제3조 제4항 제15호에 관한 부분이 금융감독원의 4급 직원인 청구인들의 사생활의 비밀의 자유를 침해한다고 할 수 없다.

③ 송·수신이 완료된 전기통신에 대한 압수·수색 사실을 수사대상이 된 가입자에게만 통지하도록 하고, 그 상대방에 대하여는 통지하지 않도록 한 통신비밀보호법은 적법절차원칙에 위배되어 개인정보자기결정권을 침해한다고 볼 수 없다.

④ 가축전염병의 발생 예방 및 확산 방지를 위해 축산관계시설 출입차량에 차량무선인식장치를 설

치하여 이동경로를 파악할 수 있도록 한 구「가축전염병예방법」조항은 축산관계시설에 출입하는 청구인들의 개인정보자기결정권을 침해하지 않는다.
⑤ 변호사 정보 제공 웹사이트 운영자가 대법원 홈페이지에서 제공하는 '나의 사건검색' 서비스를 통해 수집한 사건정보를 이용하여 변호사들의 '승소율이나 전문성 지수 등'을 제공하는 서비스를 한 것은 인격권을 침해한 것으로 볼 수 있다.

▶ 정답 및 해설

① 【O】 디엔에이신원확인정보는 개인식별을 위한 최소한의 정보인 단순한 숫자에 불과하여 이로부터 개인의 유전정보를 확인할 수 없는 것이어서 개인의 존엄과 인격권에 심대한 영향을 미칠 수 있는 민감한 정보라고 보기 어렵고, 디엔에이신원확인정보의 수록 후 디엔에이감식시료와 디엔에이의 즉시 폐기, 무죄 등의 판결이 확정된 경우 디엔에이신원확인정보의 삭제, 디엔에이인적관리자와 디엔에이신원확인정보담당자의 분리, 디엔에이신원확인정보데이터베이스관리위원회의 설치, 업무목적 외 디엔에이신원확인정보의 사용·제공·누설 금지 및 위반시 처벌, 데이터베이스 보안장치 등 개인정보보호에 관한 규정을 두고 있으므로 이 사건 삭제조항은 침해최소성 원칙에 위배되지 않는다. 디엔에이신원확인정보를 범죄수사 등에 이용함으로써 달성할 수 있는 공익의 중요성에 비하여 청구인의 불이익이 크다고 보기 어려워 법익균형성도 갖추었다. 따라서 이 사건 삭제조항이 과도하게 개인정보자기결정권을 침해한다고 볼 수 없다(헌재 2018. 8. 30. 2016헌마344등).

② 【O】 이 사건 재산등록 조항에 의하여 제한되는 사생활 영역은 재산관계에 한정됨에 비하여 이를 통해 달성할 수 있는 공익은 금융감독원 업무의 투명성 및 책임성 확보 등으로 중대하므로 법익균형성도 충족하고 있다. 따라서 이 사건 재산등록 조항은 청구인들의 사생활의 비밀과 자유를 침해하지 아니한다(헌재 2014. 6. 26. 2012헌마331).

③ 【O】 전기통신의 특성상 수사대상이 된 가입자와 전기통신을 송·수신한 상대방은 다수일 수 있는데, 이들 모두에 대하여 그 압수·수색 사실을 통지하도록 한다면, 수사대상이 된 가입자가 수사를 받았다는 사실이 상대방 모두에게 알려지게 되어 오히려 위 가입자가 예측하지 못한 피해를 입을 수 있고, 또한 통지를 위하여 상대방의 인적사항을 수집해야 함에 따라 또 다른 개인정보자기결정권의 침해를 야기할 수도 있다. 이상과 같은 점들을 종합하여 볼 때, 송·수신이 완료된 전기통신에 대한 압수·수색 사실을 수사대상이 된 가입자에게만 통지하도록 하고, 그 상대방에 대하여는 통지하지 않도록 한 심판대상조항은 적법절차원칙에 위배되어 청구인들의 개인정보자기결정권을 침해하지 않는다(2018. 4. 26. 2014헌마1178).

④ 【O】 차량무선인식장치 장착대상 차량의 범위를 최소한으로 한정하고 차량출입정보의 수집범위와 용도를 제한하는 등 심판대상조항으로 인한 기본권 침해를 최소화하기 위한 조치들이 마련되어 있고, 이로 인해 제한되는 청구인들의 개인정보자기결정권에 비하여 가축전염병의 확산방지를 통해 달성하고자 하는 공익이 결코 작다고 할 수 없으므로, 심판대상조항은 청구인들의 개인정보자기결정권을 침해하지 아니한다(2015. 4. 30., 2013헌마81).

⑤ 【X】 웹사이트 운영자가 사건정보를 이용하여 승소율이나 전문성 지수 등을 제공하는 서비스를 하는 행위는 그에 의하여 얻을 수 있는 법적 이익이 이를 공개하지 않음으로써 얻을 수 있는 정보주체의 인격적 법익에 비하여 우월한 것으로 보여 변호사들의 개인정보에 관한 인격권을 침해하는 위법한 행위로 평가할 수 없다(대판 전합체 2011.9.2, 2008다42430).

정답 ⑤

제5절 양심의 자유, 종교의 자유, 학문과 예술의 자유

083 양심적 병역거부에 대한 헌법재판소 결정으로 옳은 것은 몇 개인가?

ㄱ. 양심적 병역거부자인 청구인은 입법자가 병역의 종류에 관하여 병역종류조항에 입법은 하였으나 그 내용이 대체복무제를 포함하지 아니하여 불충분하다는 진정입법부작위를 다투는 것이라고 봄이 상당하다.
ㄴ. '양심적' 병역 거부는 실상 당사자의 '양심에 따른' 혹은 '양심을 이유로 한' 병역 거부를 가리키는 것일 뿐만 아니라 병역 거부가 '도덕적이고 정당하다'는 의미를 내포한다.
ㄷ. 양심의 자유에서 파생하는 입법자의 의무는 단지 입법과정에서 양심의 자유를 고려할 것을 요구하는 '일반적 의무'이지 구체적 내용의 대안을 제시해야 할 헌법적 입법의무가 아니므로, 양심의 자유는 입법자가 구체적으로 형성한 병역의무의 이행을 양심상의 이유로 거부하거나 법적 의무를 대신하는 대체의무의 제공을 요구할 수 있는 권리가 아니다.
ㄹ. 대체복무제를 규정하고 있지 않은 병역법 제5조는 정당한 입법목적을 달성하기 위한 적합한 수단으로 볼 수 있으나 최소성원칙에 위배되어 과잉금지 원칙에 위반되어 양심의 자유를 침해한다.
ㅁ. 대체복무제를 규정하고 있지 않은 병역법 제5조는 '작위에 의한 양심실현의 자유'를 제한하고 있다.
ㅂ. 헌법상 양심의 자유에 의해 보호받는 '양심'으로 인정할 것인지의 판단은 그것이 깊고, 확고하며, 진실된 것이어야만 하므로 양심적 병역 거부를 주장하는 사람은 자신의 '양심'을 외부로 표명하여 증명할 최소한의 의무를 진다.

① 1개 ② 2개 ③ 3개
④ 4개 ⑤ 5개

▶ 정답 및 해설

ㄱ. [X] 비군사적 성격을 갖는 복무도 입법자의 형성에 따라 병역의무의 내용에 포함될 수 있고, 대체복무제는 그 개념상 병역종류조항과 밀접한 관련을 갖는다. 따라서 청구인들은 입법자가 병역의 종류에 관하여 병역종류조항에 입법은 하였으나 그 내용이 대체복무제를 포함하지 아니하여 불충분하다는 부진정입법부작위를 다투는 것이라고 봄이 상당하다(2018.06.28. 2011헌바379).
ㄴ. [X] '양심적' 병역 거부라는 말은 병역 거부가 '양심적', 즉 도덕적이고 정당하다는 것을 가리킴으로써, 그 반면으로 병역의무를 이행하는 사람은 '비양심적'이거나 '비도덕적'인 사람으로 치부하게 될 여지가 있다. 하지만 앞에서 살펴 본 양심의 의미에 따를 때, '양심적' 병역 거부는 실상 당사자의 '양심에 따른' 혹은 '양심을 이유로 한' 병역 거부를 가리키는 것일 뿐이지 병역 거부가 '도덕적이고 정당하다'는 의미는 아닌 것이다. 따라서 '양심적' 병역 거부라는 용어를 사용한다고 하여 병역의무 이행은 '비양심적'이 된다거나, 병역을 이행하는 거의 대부분의 병역의무자들과 병역의무 이행이 국민의 숭고한 의무라고 생각하는 대다수 국민들이 '비양심적'인 사람들이 되는 것은 결코 아니다(2018.6.28. 2011헌바379 등).
ㄷ. [X] 헌법재판소는 2004년 입법자에 대하여 국가안보라는 공익의 실현을 확보하면서도 병역거부자의 양심

을 보호할 수 있는 대안이 있는지 검토할 것을 권고하였는데, 그로부터 14년이 경과하도록 이에 관한 입법적 진전이 이루어지지 못하였다. 그사이 국가인권위원회, 국방부, 법무부, 국회 등 국가기관에서 대체복무제 도입을 검토하거나 그 도입을 권고하였으며, 법원에서도 최근 하급심에서 양심적 병역거부에 대해 무죄판결을 선고하는 사례가 증가하고 있다. 이러한 모든 사정을 감안해 볼 때 국가는 이 문제의 해결을 더 이상 미룰 수 없으며, 대체복무제를 도입함으로써 병역종류조항으로 인한 기본권 침해 상황을 제거할 의무가 있다.

ㄹ. [O] 병역종류조항은, 병역부담의 형평을 기하고 병역자원을 효과적으로 확보하여 효율적으로 배분함으로써 국가안보를 실현하고자 하는 것이므로 **정당한 입법목적을 달성하기 위한 적합한 수단이다.** 양심적 병역거부자의 수는 병역자원의 감소를 논할 정도가 아니고, 이들을 처벌한다고 하더라도 교도소에 수감할 수 있을 뿐 병역자원으로 활용할 수는 없으므로, 대체복무제 도입으로 병역자원의 손실이 발생한다고 할 수 없다. 전체 국방력에서 병역자원이 차지하는 중요성이 낮아지고 있는 점을 고려하면, 대체복무제를 도입하더라도 우리나라의 국방력에 의미 있는 수준의 영향을 미친다고 보기는 어렵다. 국가가 관리하는 객관적이고 공정한 사전심사절차와 엄격한 사후관리 절차를 갖추고, 현역복무와 대체복무 사이에 복무의 난이도나 기간과 관련하여 형평성을 확보해 현역복무를 회피할 요인을 제거한다면, 심사의 곤란성과 양심을 빙자한 병역기피자의 증가 문제를 해결할 수 있다. 따라서 대체복무제를 도입하면서도 병역의무의 형평을 유지하는 것은 충분히 가능하다. 위와 같이 대체복무제의 도입이 우리나라의 국방력에 유의미한 영향을 미친다거나 병역제도의 실효성을 떨어뜨린다고 보기 어려운 이상, 우리나라의 특수한 안보상황을 이유로 대체복무제를 도입하지 않거나 그 도입을 미루는 것이 정당화된다고 할 수는 없다. 따라서 대체복무제라는 대안이 있음에도 불구하고 군사훈련을 수반하는 병역의무만을 규정한 병역종류조항은, **침해의 최소성 원칙에 어긋난다**(2018.06.28. 2011헌바379).

ㅁ. [X] 이 사건 청구인 등이 자신의 종교관·가치관·세계관 등에 따라 일체의 전쟁과 그에 따른 인간의 살상에 반대하는 진지한 내적 확신을 형성하였다면, 그들이 집총 등 군사훈련을 수반하는 병역의무의 이행을 거부하는 결정은 양심에 반하여 행동할 수 없다는 강력하고 진지한 윤리적 결정이며, 병역의무를 이행해야 하는 상황은 개인의 윤리적 정체성에 대한 중대한 위기상황에 해당한다. 이와 같이 병역종류조항에 대체복무제가 마련되지 아니한 상황에서, 양심상의 결정에 따라 입영을 거부하거나 소집에 불응하는 이 사건 청구인 등이 현재의 대법원 판례에 따라 처벌조항에 의하여 형벌을 부과받음으로써 양심에 반하는 행동을 강요받고 있으므로, 이 사건 법률조항은 '양심에 반하는 행동을 강요당하지 아니할 자유', 즉, '부작위에 의한 양심실현의 자유'를 제한하고 있다(헌재 2018. 6. 28. 2011헌바379 등).

ㅂ. [O] 특정한 내적인 확신 또는 신념이 양심으로 형성된 이상 그 내용 여하를 떠나 양심의 자유에 의해 보호되는 양심이 될 수 있으므로, 헌법상 양심의 자유에 의해 보호받는 '양심'으로 인정할 것인지의 판단은 그것이 깊고, 확고하며, 진실된 것인지 여부에 따르게 된다. 그리하여 양심적 병역 거부를 주장하는 사람은 자신의 '양심'을 외부로 표명하여 증명할 최소한의 의무를 진다(2018.06.28. 2011헌바379 등).

정답 ②

084 법률에 의한 사과 강요에 대한 설명 중 옳은 것은?

① '사과한다'는 행위는 내심의 윤리적 판단·감정 내지 의사의 표현이므로, 외부에서 강제할 수 있는 성질의 것이 아니다. 아직 성장과정에 있는 학생이라 하더라도 의사에 반한 윤리적 판단이나 감정을 외부에 표명하도록 강제하는 것은 학생들의 인격과 양심의 형성에 왜곡을 초래하는바, 가해학생에 대한 조치로 피해학생에 대한 서면사과를 규정한 구 학교폭력예방법은 양심의 자유와 인격권을 침해한다.
② 인간의 존엄과 가치에서 유래하는 인격권은 자연적 생명체로서 개인의 존재를 전제로 하는 기본권으로서 그 성질상 법인에게는 적용될 수 없다. 따라서 시청자사과를 규정한 방송법은 법인의 인격권을 제한하지 않으므로 헌법에 위반된다고 할 수 없다.
③ 선거기사심의위원회가 불공정한 선거기사를 보도하였다고 인정한 언론사에 대하여 언론중재위원회를 통하여 사과문을 게재할 것을 명하도록 하는 공직선거법은 헌법에 위반된다고 보기 어렵고 사과문 게재 명령을 이행하지 않은 언론사 발행인이나 대표자에 대하여 징역이나 벌금 등 형벌을 부과하도록 하고 있으므로 언론사 대표자나 발행인 등의 일반적 행동의 자유를 침해하여 헌법에 위반된다.
④ "명예회복에 적당한 처분"에 사죄광고를 포함시켜 법인에게 사죄광고를 명하는 것은 법인 대표자의 양심의 자유를 침해한다.
⑤ 법인도 헌법상 기본권의 주체가 될 수 있는 것은 두말할 필요가 없으나 법률에 따라 인격이 부여되는 법인의 특성상 자연인과 같은 기본권을 누릴 수는 없다.

▶ 정답 및 해설

①【X】서면사과 조치는 내용에 대한 강제 없이 자신의 행동에 대한 반성과 사과의 기회를 제공하는 교육적 조치로 마련된 것이고, 가해학생에게 의견진술 등 적정한 절차적 기회를 제공한 뒤에 학교폭력 사실이 인정되는 것을 전제로 내려지는 조치이며, 이를 불이행하더라도 추가적인 조치나 불이익이 없다. 또한 이러한 서면사과의 교육적 효과는 가해학생에 대한 주의나 경고 또는 권고적인 조치만으로는 달성하기 어렵다. 따라서 이 사건 서면사과조항이 가해학생의 양심의 자유와 인격권을 과도하게 침해한다고 보기 어렵다 [2023. 2. 23. 2019헌바93].
*재판관 이선애, 재판관 김기영, 재판관 문형배의 이 사건 서면사과조항에 대한 반대의견 : '사과한다'는 행위는 내심의 윤리적 판단·감정 내지 의사의 표현이므로, 외부에서 강제할 수 있는 성질의 것이 아니다. 아직 성장과정에 있는 학생이라 하더라도 의사에 반한 윤리적 판단이나 감정을 외부에 표명하도록 강제하는 것은 학생들의 인격과 양심의 형성에 왜곡을 초래하고, 그 양심의 자유 및 인격권의 제한 정도가 성인들의 것보다 작다고 단정할 수 없다.
만약 가해학생에게 학교폭력에 대한 경각심이나 잘못된 행위임을 일깨울 필요가 있다면, 이 사건 서면사과조항과 같은 사과의 강제가 아니라 주의나 경고 등의 조치로도 충분히 목적을 달성할 수 있고, 피해학생에 대한 사과를 위한 교사의 적절한 개입과 지도가 이루어질 수 있는 법적 근거가 필요하다면 피해학생에 대한 서면사과를 권고적 조치로 규정하는 것도 가능하다. 따라서 가해학생에게 서면사과를 강제하는 이 사건 서면사과조항은 가해학생의 양심의 자유와 인격권을 침해한다[2023. 2. 23. 2019헌바93].
②【X】법인도 법인의 목적과 사회적 기능에 비추어 볼 때 그 성질에 반하지 않는 범위 내에서 인격권의 한 내용인 사회적 신용이나 명예 등의 주체가 될 수 있고 법인이 이러한 사회적 신용이나 명예 유지 내지 법인격의 자유로운 발현을 위하여 의사결정이나 행동을 어떻게 할 것인지를 자율적으로 결정하는 것도 법인의 인격권의 한 내용을 이룬다고 할 것이다. 그렇다면 이 사건 심판대상조항은 방송사업자의 의사에 반한

사과행위를 강제함으로써 방송사업자의 인격권을 제한한다. …이 사건 심판대상조항은 시청자 등 국민들로 하여금 방송사업자가 객관성이나 공정성 등 저버린 방송을 했다는 점을 스스로 인정한 것으로 생각하게 만듦으로써 방송에 대한 신뢰가 무엇보다 중요한 방송사업자에 대하여 그 사회적 신용이나 명예를 저하시키고 법인격의 자유로운 발현을 저해하는 것인바, 방송사업자의 인격권에 대한 제한의 정도가 이 사건 심판대상조항이 추구하는 공익에 비해 결코 작다고 할 수 없으므로 이 사건 심판대상조항은 법익의 균형성원칙에도 위배된다(2012. 8. 23. 2009헌가27).

③ [X] 이 사건 법률조항들이 추구하는 목적, 즉 선거기사를 보도하는 언론사의 공적인 책임의식을 높임으로써 민주적이고 공정한 여론 형성 등에 이바지한다는 공익이 중요하다는 점에는 이론의 여지가 없으나, 언론에 대한 신뢰가 무엇보다 중요한 언론사에 대하여 그 사회적 신용이나 명예를 저하시키고 인격의 자유로운 발현을 저해함에 따라 발생하는 인격권 침해의 정도는 이 사건 법률조항들이 달성하려는 공익에 비해 결코 작다고 할 수 없다. 결국 이 사건 법률조항들은 언론사의 인격권을 침해하여 헌법에 위반된다(2015. 7. 30. 2013헌가8).

※ 재판관 강일원의 이 사건 사과문 게재 조항에 대한 반대의견 및 이 사건 처벌조항에 대한 별개의견
법인의 인격권, 즉 법인의 인격을 자유롭게 발현할 권리가 무엇을 뜻하는지, 그 헌법적 근거가 무엇인지는 분명하지 않다. 이 사건 사과문 게재 조항은 언론사인 법인으로 하여금 그 의사에 반하는 사과문을 게재하도록 강제하는 규정이므로, 언론사의 소극적 표현의 자유나 일반적 행동의 자유를 제한할 뿐이다. 공직선거의 중요성과 불공정한 선거기사를 바로 시정하지 않으면 원상회복이 사실상 불가능할 수 있는 점 등을 감안할 때, 사과문의 내용이 언론사의 권리를 지나치게 침해하는 것이 아닌 한, 불공정한 선거기사를 게재한 언론사에 대하여 사과문 게재를 명하는 것 자체는 언론사의 기본권에 대한 과도한 제한이라고 볼 수 없다. 이 사건에서 보더라도, 사과문 게재 명령은 법정의견이 대안으로 제시한 선거기사심의위원회의 결정사실을 그대로 공표하는 방안과 본질적으로 다르지 않다. 따라서 사과문 게재 명령을 가능하게 한 입법자의 결단이 헌법에 위반된다고 보기 어렵다. 한편, 언론사가 사과문 게재 명령을 이행하지 않을 경우, 해당 언론사에게 벌금형을 부과하거나, 언론사 또는 그 발행인이나 대표자에게 행정제재를 가함으로써 이 사건 사과문 게재 조항의 입법목적을 달성할 수 있다. 그런데 이 사건 처벌조항은 사과문 게재 명령을 이행하지 않은 언론사 발행인이나 대표자에 대하여 징역이나 벌금 등 형벌을 부과하도록 하고 있으므로 언론사 대표자나 발행인 등의 일반적 행동의 자유를 침해하여 헌법에 위반된다.

④ [O] 사죄강제의 강제는 양심도 아닌 것이 양심인 것처럼 표현할 것의 강요로 인간양심의 왜곡·굴절이고 겉과 속 다른 이중인격형성의 강요인 것으로 침묵의 자유의 파생인 양심에 반하는 행위의 강제금지에 저촉되는 것이며, 따라서 우리 헌법이 보호하고자 하는 정신적 기본권의 하나인 양심의 자유의 제약(법인의 경우라면 그 대표자에게 양심표명의 강제를 요구하는 결과가 된다)이라고 보지 않을 수 없다(헌재 1991. 4. 1. 89헌마160).

⑤ [X] 법인도 법인의 목적과 사회적 기능에 비추어 볼 때 그 성질에 반하지 않는 범위 내에서 인격권의 한 내용인 사회적 신용이나 명예 등의 주체가 될 수 있고 법인이 이러한 사회적 신용이나 명예 유지 내지 법인격의 자유로운 발현을 위하여 의사결정이나 행동을 어떻게 할 것인지를 자율적으로 결정하는 것도 법인의 인격권의 한 내용을 이룬다고 할 것이다. 그렇다면 이 사건 심판대상조항은 방송사업자의 의사에 반한 사과행위를 강제함으로써 방송사업자의 인격권을 제한한다(2012. 8. 23. 2009헌가27).

정답 ④

085 양심의 자유에 대한 설명 중 옳은 것(○)과 옳지 않은 것(×)을 올바르게 조합한 것은? (다툼이 있는 경우 판례에 의함)

ㄱ. 준법서약서사건에서 헌법재판소는 양심의 자유에 의해 보호되는 양심에는 개인의 세계관이나 주의·신조 등도 포함되고, 준법서약서를 쓰지 않을 경우 자신의 신조 또는 사상을 그대로 유지한다는 것을 소극적으로 표명하게 되므로, 양심의 영역을 건드린다고 볼 수 있다고 하였다.
ㄴ. 사업자단체의 「독점규제 및 공정거래에 관한 법률」 위반행위가 있을 때 공정거래위원회가 당해 사업자단체에 대하여 '법 위반사실의 공표'를 명할 수 있도록 하는 법률조항은 양심의 자유를 제한한다.
ㄷ. 법원이 피고인에게 유죄로 인정된 범죄행위를 뉘우치거나 그 범죄행위를 공개하는 취지의 말이나 글을 발표하도록 하는 내용의 사회봉사를 명하고 이를 위반할 경우 「형법」 제64조 제2항에 의하여 집행유예의 선고를 취소할 수 있도록 함으로써 그 이행을 강제하는 것은 피고인의 양심의 자유를 침해하지 않는다.
ㄹ. 연말정산 간소화를 위하여 의료기관에게 환자들의 의료비 내역에 관한 정보를 국세청에 제출하는 의무를 부과하고 있는 「소득세법」 제165조 제1항에 대한 헌법소원심판에서 헌법재판소는 법적 강제수단의 존부와 관계없이 양심의 자유를 제한한다고 하였다.
ㅁ. 연말정산 간소화를 위하여 의료기관에게 환자들의 의료비 내역에 관한 정보를 국세청에 제출하는 의무를 부과하고 있는 「소득세법」 제165조 제1항은 양심의 자유를 침해한다고 할 수 없다.

① ㄱ(○), ㄴ(○), ㄷ(×), ㄹ(○), ㅁ(○)
② ㄱ(×), ㄴ(×), ㄷ(×), ㄹ(○), ㅁ(○)
③ ㄱ(○), ㄴ(×), ㄷ(×), ㄹ(×), ㅁ(×)
④ ㄱ(×), ㄴ(○), ㄷ(○), ㄹ(○), ㅁ(×)
⑤ ㄱ(×), ㄴ(○), ㄷ(×), ㄹ(×), ㅁ(×)

▶ 정답 및 해설

ㄱ. [×] 이 사건 준법서약은 어떤 구체적이거나 적극적인 내용을 담지 않은 채 단순한 헌법적 의무의 확인·서약에 불과하다 할 것이어서 양심의 영역을 건드리는 것이 아니다(2002.4.25, 98헌마425 등).
ㄴ. [×] 누구라도 자신이 비행을 저질렀다고 믿지 않는 자에게 본심에 반하여 사죄 내지 사과를 강요한다면 이는 윤리적 도의적 판단을 강요하는 것으로서 경우에 따라서는 양심의 자유를 침해하는 행위에 해당한다고 할 여지가 있으나, '법 위반사실의 공표명령'은 법규정의 문언상으로 보아도 단순히 법 위반사실 자체를 공표하라는 것일 뿐, 사죄 내지 사과하라는 의미요소를 가지고 있지는 아니하다. 공정거래위원회의 실제 운용에 있어서도 '특정한 내용의 행위를 함으로써 「독점규제 및 공정거래에 관한 법률」을 위반하였다는 사실'을 일간지 등에 공표하라는 것이어서 단지 사실관계와 법을 위반하였다는 점을 공표하라는 것이지 행위자에게 사죄 내지 사과를 요구하고 있는 것으로는 보이지 않는다. 따라서 이 사건 법률조항의 경우 사죄 내지 사과를 강요함으로 인하여 발생하는 양심의 자유의 침해 문제는 발생하지 않는다. 그렇다면 이 사건 법률조항 중 '법 위반사실의 공표' 부분은 위반행위자의 양심의 자유를 침해한다고 볼 수 없다(2002.1.31., 2001헌바43).
ㄷ. [×] 법원이 피고인에게 유죄로 인정된 범죄행위를 뉘우치거나 그 범죄행위를 공개하는 취지의 말이나 글을 발표하도록 하는 내용의 사회봉사를 명하고 이를 위반할 경우 「형법」 제64조 제2항에 의하여 집행유예

의 선고를 취소할 수 있도록 함으로써 그 이행을 강제하는 것은, 헌법이 보호하는 피고인의 양심의 자유, 명예 및 인격에 대한 심각하고 중대한 침해에 해당하므로 허용될 수 없고, 또 법원이 명하는 사회봉사의 의미나 내용은 피고인이나 집행담당기관이 쉽게 이해할 수 있어 집행과정에서 그 의미나 내용에 관한 다툼이 발생하지 않을 정도로 특정되어야 하므로, 피고인으로 하여금 자신의 범죄행위와 관련하여 어떤 말이나 글을 공개적으로 발표하라는 사회봉사를 명하는 것은 경우에 따라 피고인의 명예나 인격에 대한 심각하고 중대한 침해를 초래할 수 있고, 그 말이나 글이 어떤 의미나 내용이어야 하는 것인지 쉽게 이해할 수 없어 집행과정에서 그 의미나 내용에 관한 다툼이 발생할 가능성이 적지 않으며, 유죄로 인정된 범죄행위를 뉘우치거나 그 범죄행위를 공개하는 취지의 말이나 글을 발표하도록 하는 취지의 것으로도 해석될 가능성이 적지 않으므로 이러한 사회봉사명령은 위법하다(대판 2008.4.11, 2007도8373).

ㄹ. [O] 소득공제증빙서류 제출의무자들인 의료기관 등으로서는 과세자료를 제출하지 않을 경우 국세청으로부터 행정지도와 함께 세무조사와 같은 불이익을 받을 수 있다는 심리적 강박감을 가지게 되는바, 결국 이 사건 법령조항에 대하여는 의무불이행에 대하여 간접적이고 사실적인 강제수단이 존재하므로 법적 강제수단의 존부와 관계없이 청구인들의 양심의 자유를 제한한다(2008.10.30, 2006헌마1401 등).

ㅁ. [O] 이 사건 법령조항으로 얻게 되는 납세자의 편의와 사회적 제비용의 절감을 위한 연말정산 간소화라는 공익이 이로 인하여 제한되는 의사들의 양심실현의 자유에 비하여 결코 적다고 할 수 없으므로, 이 사건 법령조항은 피해의 최소성원칙과 법익의 균형성도 충족하고 있다. 따라서 이 사건 법령조항은 헌법에 위반되지 아니한다(2008.10.30, 2006헌마1401 등). 정답 ②

086 ○○학교가 실시한 종교과목 수업은 기독교 교리에 입각한 종파교육이라고 할 것인데 ○○학교가 이 사건 교육부고시와는 달리 대체과목을 개설하지 아니함으로써 학생들에게 선택의 기회를 부여하지 않았고 실질적인 참가의 자율성도 보장하지 아니하였다 하여 손해배상이 청구되었다. 이에 대한 설명 중 옳은 것은 몇 개인가?

ㄱ. 사학 설립자나 학교법인이 가지는 사학 운영의 자유에는 설립자나 학교법인의 종교적·세계관적 교육이념에 따라 교과과정을 자유롭게 형성할 자유가 당연히 포함되므로 종교단체가 설립한 사립학교, 즉 '종립학교'에서 종교행사 및 종교과목 수업을 할 자유는 종교의 자유뿐만 아니라 사학의 자유라는 관점에서도 일반적으로 보장되어야 한다.

ㄴ. 종립학교의 학교법인이 국·공립학교의 경우와는 달리 종교교육을 할 자유와 운영의 자유를 가진다고 하더라도, 그 종립학교가 공교육체계에 편입되어 있는 이상 원칙적으로 학생의 종교의 자유, 교육을 받을 권리를 고려한 대책을 마련하는 등의 조치를 취하는 속에서 그러한 자유를 누린다.

ㄷ. 종립학교가 고등학교 평준화정책에 따라 강제배정으로 입학한 학생들을 상대로 특정 종교의 종교행사를 사전동의 없이 계속 실시하면서, 불참시 불이익을 주어 사실상 참가 거부가 불가능한 분위기를 조성하는 등 신앙이 없는 학생들이 그러한 행사에 대한 참가 여부를 자유로운 상태에서 결정할 수 없도록 하는 것은, 학생의 종교에 관한 인격적 법익을 침해하는 위법한 행위이다.

ㄹ. 고등학교 평준화정책에 따른 학교 강제배정제도에 의하여 학생이나 학교법인의 기본권에 일부 제한이 가하여진다고 하더라도 그것만으로는 위 제도가 학생이나 학교법인의 기본권을 본질적으로 침해하는 위헌적인 것이라고까지 할 수는 없다.

ㅁ. 종립학교(종교단체가 설립한 사립학교)가 가지는 종교교육의 자유 및 운영의 자유와 학생들이 가지는 소극적 종교행위의 자유 및 소극적 신앙고백의 자유 사이에 충돌이 생기게 되는데, 이와 같이 하나의 법률관계를 둘러싸고 두 기본권이 충돌하는 경우에는 구체적인 사안에서의 사정을 종합적으로 고려한 이익형량과 함께 양 기본권 사이의 실제적인 조화를 꾀하는 해석 등을 통하여 이를 해결하여야 한다.

① 1개 ② 2개 ③ 3개
④ 4개 ⑤ 5개

▶ 정답 및 해설

ㄱ. [○] 설립자나 학교법인이 가지는 사학 운영의 자유에는 설립자나 학교법인의 종교적·세계관적 교육이념에 따라 교과과정을 자유롭게 형성할 자유가 당연히 포함되므로 종교단체가 설립한 사립학교 즉 '종립학교'에서 종교행사 및 종교과목 수업을 할 자유는 종교의 자유뿐만 아니라 사학의 자유라는 관점에서도 일반적으로 보장되어야 한다(대판 전합체 2010.4.22, 2008다38288).

ㄴ. [○] 종립학교의 학교법인이 국·공립학교의 경우와는 달리 종교교육을 할 자유와 운영의 자유를 가진다고 하더라도, 그 종립학교가 공교육체계에 편입되어 있는 이상 원칙적으로 학생의 종교의 자유, 교육을 받을 권리를 고려한 대책을 마련하는 등의 조치를 취하는 속에서 그러한 자유를 누린다고 해석하여야 한다(대판 전합체 2010. 4.22, 2008다38288).

ㄷ. [○] 종립학교가 고등학교 평준화정책에 따라 강제배정된 학생들을 상대로 특정 종교의 교리를 전파하는 종파적인 종교행사와 종교과목 수업을 실시하면서 참가 거부가 사실상 불가능한 분위기를 조성하고 대체과목을 개설하지 않는 등 신앙을 갖지 않거나 학교와 다른 신앙을 가진 학생의 기본권을 고려하지 않은 것은, 우리 사회의 건전한 상식과 법감정에 비추어 용인될 수 있는 한계를 벗어나 학생의 종교에 관한 인격적 법익을 침해하는 위법한 행위이고, 그로 인하여 인격적 법익을 침해받는 학생이 있을 것임이 충분히 예견가능하고 그 침해가 회피가능하므로 과실 역시 인정된다(대판 전합체 2010.04.22, 2008다38288).

ㄹ. [○] 공교육체계의 헌법적 도입과 우리의 고등학교 교육 현실 및 평준화정책이 고등학교 입시의 과열과 그로 인한 부작용을 막기 위하여 도입된 사정, 그로 인한 기본권의 제한 정도 등을 모두 고려한다면, 고등학교 평준화정책에 따른 학교 강제배정제도에 의하여 학생이나 학교법인의 기본권에 일부 제한이 가하여진다고 하더라도 그것만으로는 위 제도가 학생이나 학교법인의 기본권을 본질적으로 침해하는 위헌적인 것이라고까지 할 수는 없다.

ㅁ. [○] 고등학교 평준화정책에 따른 학교 강제배정제도가 위헌이 아니라고 하더라도 여전히 종립학교(종교단체가 설립한 사립학교)가 가지는 종교교육의 자유 및 운영의 자유와 학생들이 가지는 소극적 종교행위의 자유 및 소극적 신앙고백의 자유 사이에 충돌이 생기게 되는데, 이와 같이 하나의 법률관계를 둘러싸고 두 기본권이 충돌하는 경우에는 구체적인 사안에서의 사정을 종합적으로 고려한 이익형량과 함께 양 기본권 사이의 실제적인 조화를 꾀하는 해석 등을 통하여 이를 해결하여야 하고, 그 결과에 따라 정해지는 양 기본권 행사의 한계 등을 감안하여 그 행위의 최종적인 위법성 여부를 판단하여야 한다. 정답 ⑤

087 종교의 자유에 대한 설명으로 옳지 않은 것은?

① 매년 반복하여 시행되는 사법시험의 시행일을 일요일로 정하는 것이 청구인의 일요일에 예배행사에 참석할 종교적 행위의 자유를 제한한다.
② 군종장교는 국가공무원인 참모장교로서 종교적 중립성을 견지해야 하므로 소속종단의 종교를

④ [X] 헌법 제31조 제4항이 규정하는 교육의 자주성 및 대학의 자율성은 헌법 제22조 제1항이 보장하는 학문의 자유의 확실한 보장을 위해 꼭 필요한 것으로서 대학에 부여된 헌법상 기본권인 대학의 자율권이므로, 국립대학인 청구인도 이러한 대학의 자율권의 주체로서 헌법소원심판의 청구인 능력이 인정된다(2015.12.23, 2014헌마1149).

⑤ [O] 단과대학은 대학을 구성하는 하나의 조직·기관일 뿐이고, 단과대학장은 그 지위와 권한 및 중요도에서 대학의 장과 구별된다. 또한 대학의 장을 구성원들의 참여에 따라 자율적으로 선출한 이상, 하나의 보직에 불과한 단과대학장의 선출에 다시 한번 대학교수들이 참여할 권리가 대학의 자율에서 당연히 도출된다고 보기 어렵다. 따라서 단과대학장의 선출에 참여할 권리는 대학의 자율에 포함된다고 볼 수 없어, 이 사건 심판대상조항에 의해 대학의 자율성이 침해될 가능성이 인정되지 아니한다(2014.1.28., 2011헌마239).

정답 ④

089 예술의 자유와 표현의 자유에 대한 설명으로 옳지 않은 것은?

① 언론·출판의 자유의 내용 중 의사표현·전파의 자유에 있어서 의사표현 또는 전파의 매개체는 어떠한 형태이건 가능하며 그 제한이 없으므로, 담화·연설·토론·연극·방송·음악·영화·가요 등과 문서·소설·시가·도화·사진·조각·서화 등 모든 형상의 의사표현 또는 의사전파의 매개체를 포함한다.

② 청소년이용음란물의 제작·수입·수출 행위를 처벌하는 「청소년의 성보호에 관한 법률」은 표현의 자유, 즉 언론·출판의 자유를 제한하는 것으로 볼 수 있다.

③ 청소년이용음란물의 제작·수입·수출 행위를 처벌하는 「청소년의 성보호에 관한 법률」은 헌법 제37조 제2항의 과잉금지의 원칙 내지 비례의 원칙에 반하지 아니하여 표현의 자유를 침해한다고 할 수 없을 뿐 아니라 그 본질적인 내용을 침해한다고 볼 수도 없다.

④ 비디오물을 포함하는 음반제작자에 대하여 일정한 시설을 갖추어 문화공보부에 등록할 것을 명하는 음반에 관한 법률 제3조 제1항은 예술의 자유나 언론·출판의 자유를 본질적으로 침해하였다거나 헌법 제37조 제2항의 과잉금지의 원칙에 반한다고 할 수 있다.

⑤ 음반시설이 자기소유이어야 음반등록이 가능하다고 음반에 관한 법률을 해석하는 것은 헌법상 금지된 허가제의 수단으로 남용될 우려가 있으므로 예술의 자유, 언론·출판의 자유, 평등권을 침해할 수 있게 되고, 죄형법정주의에 반하는 결과가 된다.

▶ 정답 및 해설

① [O] 헌법 제21조에서 보장하고 있는 언론·출판의 자유 즉 표현의 자유는 전통적으로는 사상 또는 의견의 자유로운 표명(발표의 자유)과 그것을 전파할 자유(전달의 자유)를 의미하고, 개인이 인간으로서의 존엄과 가치를 유지하고 행복을 추구하며 국민주권을 실현하는데 필수불가결한 것으로서, 종교의 자유, 양심의 자유, 학문과 예술의 자유 등의 정신적인 자유를 외부적으로 표현하는 자유라고 할 수 있으며, 위 언론·출판의 자유의 내용으로서는 의사표현·전파의 자유, 정보의 자유, 신문의 자유 및 방송·방영의 자유 등이 있는데, 이러한 언론·출판의 자유의 내용 중 의사표현·전파의 자유에 있어서 의사표현 또는 전파의 매개체는 어떠한 형태이건 가능하며 그 제한이 없으므로, 담화·연설·토론·연극·방송·음악·영화·가요 등과 문서·소설·시가·도화·사진·조각·서화 등 모든 형상의 의사표현 또는 의사전파의 매개체를 포함한다 (헌재 2002. 4. 25. 2001헌가27).

② [O] '청소년이용음란물' 역시 의사형성적 작용을 하는 의사의 표현·전파의 형식 중 하나임이 분명하므로

언론·출판의 자유에 의하여 보호되는 의사표현의 매개체라는 점에는 의문의 여지가 없는바, 청소년의 수치심을 야기시키는 신체의 전부 또는 일부 등을 노골적으로 노출하여 음란한 내용을 표현한 것으로서, 필름·비디오물·게임물 또는 컴퓨터 기타 통신매체를 통한 영상 등의 형태로 된 것의 제작·수입·수출 행위를 처벌하는 「청소년의 성보호에 관한 법률」은 위와 같은 의사표현의 매개체에 의한 일정한 내용의 표현을 금지하고 있다는 점에서 헌법상 보장되고 있는 표현의 자유, 즉 언론·출판의 자유를 제한하는 것으로 볼 수 있다(헌재 2002. 4. 25. 2001헌가27).

③ [O] 언론·출판 등 표현의 자유가 다소 제한된다 하더라도 청소년의 성을 보호한다는 입법목적과 청소년이용음란물의 성격과 그 제작행위 등 범죄의 죄질과 그 제작 유통에 따른 파급효과, 법정형 등을 감안하면 헌법 제37조 제2항의 과잉금지의 원칙 내지 비례의 원칙에 반하지 아니하여 표현의 자유를 침해한다고 할 수 없을 뿐 아니라 그 본질적인 내용을 침해한다고 볼 수도 없다(헌재 2002. 4. 25. 2001헌가27).

④ [×] 구 음반에 관한 법률 제3조 제1항이 비디오물을 포함하는 음반제작자에 대하여 일정한 시설을 갖추어 문화공보부에 등록할 것을 명하는 것은 음반제작에 필수적인 기본시설을 갖추지 못함으로써 발생하는 폐해방지 등의 공공복리목적을 위한 것으로서 헌법상 금지된 허가제나 검열제와는 다른 차원의 규정이고, 예술의 자유나 언론·출판의 자유를 본질적으로 침해하였다거나 헌법 제37조 제2항의 과잉금지의 원칙에 반한다고 할 수 없다(헌재 1993. 5. 13. 91헌바17).

⑤ [O] 법률 제3조 제1항 각호에 규정한 시설은 임차 또는 리스 등에 의하여도 갖출 수 있으므로, 동항 및 동법 제13조 제1항 제1호는 동법 제3조 제1항 각호에 규정한 시설을 자기소유여야 하는 것으로 해석하는 한, 헌법상 금지된 허가제의 수단으로 남용될 우려가 있으므로 예술의 자유, 언론·출판의 자유, 평등권을 침해할 수 있게 되고, 죄형법정주의에 반하는 결과가 된다(헌재 1993. 5. 13. 91헌바17).

정답 ④

제6절 표현의 자유, 집회·결사의 자유

090 검열금지원칙에 대한 설명 중 옳은 것(○)과 옳지 않은 것(×)을 올바르게 조합한 것은? (다툼이 있는 경우 판례에 의함)

ㄱ. 헌법상 검열금지원칙은 검열의 주체와 무관하게 모든 형태의 사전적인 규제를 금지하는 것이다.
ㄴ. 검열은 행정권이 주체가 되어야 하고 표현하기 이전에 표현물의 제출의무와 이에 대한 사전적 통제 그리고 표현의 내용을 심사·선별하여 표현을 금지하고 심사절차를 관철할 수 있는 강제수단이 있어야 한다. 이 모든 요건이 충족되어야 검열에 해당하여 헌법에 위반되게 된다.
ㄷ. 언론·출판에 대한 사전검열은 법률로써도 불가능한 것으로서 절대적으로 금지되는 것이며, 그러한 사전검열은 비례의 원칙이나 명확성의 원칙에 반하는지 여부를 살펴볼 필요도 없이 헌법에 위반된다.
ㄹ. 헌법 제21조 제1항과 제2항은 모든 국민은 언론·출판의 자유를 가지며, 언론·출판에 대한 허가나 검열은 인정되지 아니한다고 규정하고 있으므로, 검열을 수단으로 한 제한은 국가안전보장·질서유지 또는 공공복리를 위하여 필요한 경우에 한하여 법률로써 하는 경우

에만 허용될 수 있다.
ㅁ. 의료광고의 심의기관이 행정기관인가 여부는 기관의 형식에 의하기보다는 그 실질에 따라 판단되어야 하며, 민간심의기구가 심의를 담당하는 경우에도 행정권의 개입 때문에 자율성이 보장되지 않는다면 헌법이 금지하는 행정기관에 의한 사전검열에 해당하게 될 것이다.

① ㄱ(○), ㄴ(○), ㄷ(×), ㄹ(○), ㅁ(○)
② ㄱ(×), ㄴ(○), ㄷ(○), ㄹ(×), ㅁ(○)
③ ㄱ(○), ㄴ(×), ㄷ(×), ㄹ(×), ㅁ(×)
④ ㄱ(×), ㄴ(○), ㄷ(○), ㄹ(○), ㅁ(×)
⑤ ㄱ(×), ㄴ(○), ㄷ(×), ㄹ(○), ㅁ(×)

▶ 정답 및 해설

ㄱ. [×] 검열은 행정권이 주체가 되어 사상이나 의견 등이 발표되기 이전에 예방적 조치로서 그 내용을 심사·선별하여 발표를 사전에 억제하는 것이다. 의사표현 이후의 사법적 규제는 검열이 아니다. 영화상영 후 표현규제는 검열이 아니다. 그러나 사전적 규제라고 해서 모두 검열인 것은 아니다. 다른 검열 요건을 충족해야 하기 때문이다.
ㄴ. [○] 모든 요소가 충족되어야 검열에 해당한다.
ㄷ. [○] 헌법 제21조 제2항이 언론·출판에 대한 검열금지를 규정한 것은 비록 헌법 제37조 제2항이 국민의 자유와 권리를 국가안전보장·질서유지 또는 공공복리를 위하여 필요한 경우에 한하여 법률로써 제한할 수 있도록 규정하고 있다고 할지라도, 언론·출판의 자유에 대하여는 검열을 수단으로 한 제한만은 법률로써도 허용되지 아니 한다는 것을 밝힌 것이다(2005.2.3, 2004헌가8).
ㄹ. [×] 헌법 제37조 제2항이 국민의 자유와 권리를 국가안전보장·질서유지 또는 공공복리를 위하여 필요한 경우에 한하여 법률로써 제한할 수 있도록 규정하고 있다고 하여도 언론·출판의 자유에 대하여는 검열을 수단으로 한 제한만은 법률로써도 절대 허용되지 아니 한다고 할 것이다(1996.10.31., 94헌가6).
ㅁ. [○] 의료광고의 심의기관이 행정기관인가 여부는 기관의 형식에 의하기보다는 그 실질에 따라 판단되어야 한다. 따라서 검열을 행정기관이 아닌 독립적인 위원회에서 행한다고 하더라도, 행정권이 주체가 되어 검열절차를 형성하고 검열기관의 구성에 지속적인 영향을 미칠 수 있는 경우라면 실질적으로 그 검열기관은 행정기관이라고 보아야 한다. 그렇게 해석하지 아니한다면 검열기관의 구성은 입법기술상의 문제에 지나지 않음에도 불구하고 정부에게 행정관청이 아닌 독립된 위원회의 구성을 통하여 사실상 검열을 하면서도 헌법상 검열금지원칙을 위반하였다는 비난을 면할 수 있는 길을 열어주기 때문이다(2015.12.23, 2015헌바75).

정답 ②

091 헌법 제21조 제2항의 허가제금지와 검열금지원칙에 대한 설명으로 옳은 것은?

① 사전허가금지의 대상은 언론·출판의 자유의 내재적 본질인 표현의 내용을 보장하는 것은 물론, 언론·출판을 위해 필요한 물적 시설이나 언론기업의 주체인 기업인으로서의 활동까지 포함하는 것이다.
② 헌법상 사전검열은 표현의 자유 보호대상이면 예외 없이 금지되고, 의료기기에 대한 광고는 표현의 자유의 보호대상이 됨과 동시에 사전검열금지원칙의 적용대상이 된다.
③ 인터넷신문의 등록요건으로 5인 이상의 취재 및 편집인력을 고용하도록 하는 것은 헌법 제21조 제2항의 사전허가금지원칙에 위배되어 표현의 자유를 침해한다.
④ 헌법 제21조 제2항의 '허가'는 '행정청이 주체가 되어 집회의 허용 여부를 사전에 결정하는 것'으로서 행정청에 의한 사전허가 뿐 아니라 입법자가 법률로써 일반적으로 집회를 제한하는 것도 헌법상 사전허가금지에 해당한다.
⑤ 방송사업허가제는 방송의 공적 기능을 보장하기 위한 제도로서 표현 내용에 대한 가치판단에 입각한 사전봉쇄 내지 그와 같은 실질을 가진다고 볼 수 있으므로, 헌법상 금지되는 언론·출판에 대한 허가에 해당한다.

▶ 정답 및 해설

①【X】 사전허가금지의 대상은 어디까지나 언론·출판 자유의 내재적 본질인 표현의 내용을 보장하는 것을 말하는 것이지, 언론·출판을 위해 필요한 물적 시설이나 언론기업의 주체인 기업인으로서의 활동까지 포함되는 것으로 볼 수는 없다. 즉, 언론·출판에 대한 허가·검열금지의 취지는 정부가 표현의 내용에 관한 가치판단에 입각해서 특정 표현의 자유로운 공개와 유통을 사전봉쇄하는 것을 금지하는 데 있으므로, 내용 규제 그 자체가 아니거나 내용 규제효과를 초래하는 것이 아니라면 헌법이 금지하는 '허가'에는 해당되지 않는다(2016.10.27, 2015헌마1206 등).
②【O】 현행 헌법상 사전검열은 표현의 자유 보호대상이면 예외 없이 금지된다. 의료기기에 대한 광고는 의료기기의 성능이나 효능 및 효과 또는 그 원리 등에 관한 정보를 널리 알려 해당 의료기기의 소비를 촉진시키기 위한 상업광고로서 헌법 제21조 제1항의 표현의 자유의 보호대상이 됨과 동시에 같은 조 제2항의 사전검열금지원칙의 적용대상이 된다(2020.8.28, 2017헌가35 등).
③【X】 등록조항은 인터넷신문의 명칭, 발행인과 편집인의 인적사항 등 인터넷신문의 외형적이고 객관적 사항을 제한적으로 등록하도록 하고 있고, 고용조항 및 확인조항은 5인 이상 취재 및 편집 인력을 고용하되, 그 확인을 위해 등록시 서류를 제출하도록 하고 있다. 이런 조항들은 인터넷신문에 대한 인적 요건의 규제 및 확인에 관한 것으로, 인터넷신문의 내용을 심사·선별하여 사전에 통제하기 위한 규정이 아님이 명백하다. 따라서 등록조항은 사전허가금지원칙에도 위배되지 않는다(2016.10.27, 2015헌마1206 등). ➡ 다만, 과잉금지원칙위반으로서 표현의 자유를 침해한다.
④【X】 헌법 제21조 제2항의 '허가'는 '행정청이 주체가 되어 집회의 허용 여부를 사전에 결정하는 것'으로서 행정청에 의한 사전허가는 헌법상 금지되지만, 입법자가 법률로써 일반적으로 집회를 제한하는 것은 헌법상 '사전허가금지'에 해당하지 않는다(2014.4.24., 2011헌가29).
⑤【X】 내용 규제 그 자체가 아니거나 내용 규제의 효과를 초래하는 것이 아니라면 헌법 제21조 제2항의 금지된 '허가'에는 해당되지 않는다. 한편, 헌법 제21조 제3항은 통신·방송의 시설기준을 법률로 정하도록 규정하여 일정한 방송시설기준을 구비한 자에 대해서만 방송사업을 허가하는 허가제가 허용될 여지를 주는 한편 행정부에 의한 방송사업허가제의 자의적 운영이 방지되도록 하고 있다. 정보유통 통로의 유한성, 사회적 영향력 등 방송매체의 특성을 감안할 때, 그리고 위 헌법 제21조 제3항의 규정에 비추어 보더라도, 종합유선방송 등에 대한 사업허가제를 두는 것 자체는 허용된다(2001.5.31, 2000헌바43 등).

정답 ②

092 언론중재법에 대한 헌법재판소 결정에 대한 설명으로 옳지 않은 것은?

① 신문의 다양성 보장을 명분으로 국가가 신문사의 소유규제나 겸영규제 등의 방식으로 직접 개입하는 것은 그 자체로 신문의 자유 침해한다고 할 수 없다.
② 여론의 다양성을 보장하기 위해 일간신문사가 뉴스통신이나 방송(종합편성 및 보도전문편성에 한함) 사업을 겸영하지 못하도록 금지하는 신문법 제15조 제2항은 신문사업자인 청구인들(동아일보사·조선일보사)의 신문의 자유를 침해한다고 할 수 없다.
③ 일간신문의 지배주주(주식 또는 지분의 2분의1 이상을 소유하는 자)가 다른 일간신문을 경영하는 법인이 발행한 주식 또는 지분의 2분의 1 이상을 취득 또는 소유할 수 없도록 금지하는 것은 신문의 자유를 침해한다.
④ 일간신문의 지배주주가 뉴스통신 법인의 주식 또는 지분의 2분의 1 이상을 취득 또는 소유할 수 없도록 금지하는 것은 신문의 자유를 침해한다.
⑤ 신문시장의 투명성을 제고하고 겸영금지·소유제한 규제의 실효성을 담보하기 위하여 신문의 발행부수와 판매부수, 구독수입과 광고수입 등 신문사업의 내역을 신문발전위원회에 신고·공개하도록 요구하는 것은 신문의 자유를 침해한다고 할 수 없다.

▶ 정답 및 해설

① [O] 신문의 다양성을 보장하기 위한 국가의 적절한 규율은 경향보호와 모순된다기보다는 상호보완적인 것이라고 보아야 한다. 따라서 신문의 공적 기능과 책임, 신문의 다양성 보장에 관련된 입법규율들이 그 자체로 경향보호에 위배된다는 청구인들의 주장은 받아들일 수 없다(헌재 2006. 6. 29. 2005헌마165등).
② [O] 일간신문이 뉴스통신이나 방송사업과 같은 이종 미디어를 겸영하는 것을 어떻게 규율할 것인가 하는 것은 고도의 정책적 접근과 판단이 필요한 분야로서, 겸영금지의 규제정책을 지속할 것인지, 지속한다면 어느 정도로 규제할 것인지의 문제는 입법자의 미디어정책적 판단에 맡겨져 있다. [내용규제와 달리 구조적 규제에 대한 위헌심사의 기준을 완화함] 신문법 제15조 제2항은 신문의 다양성을 보장하기 위하여 필요한 한도 내에서 그 규제의 대상과 정도를 선별하여 제한적으로 규제하고 있다고 볼 수 있다. 규제 대상을 일간신문으로 한정하고 있고, 겸영에 해당하지 않는 행위, 즉 하나의 일간신문법인이 복수의 일간신문을 발행하는 것 등은 허용되며, 종합편성이나 보도전문편성이 아니어서 신문의 기능과 중복될 염려가 없는 방송채널사용사업이나 종합유선방송사업, 위성방송사업 등을 겸영하는 것도 가능하다. 그러므로 신문법 제15조 제2항은 헌법에 위반되지 아니한다(헌재 2006. 6. 29. 2005헌마165등).
③ [O] 제15조 제3항은 일간신문 지배주주에 의한 신문의 복수소유를 함께 규제하고 있는데, 신문의 다양성을 보장하기 위하여 신문의 복수소유를 제한하는 것 자체가 헌법에 위반된다고 할 수 없지만, 신문의 복수소유가 언론의 다양성을 저해하지 않거나 오히려 이에 기여하는 경우도 있을 수 있는 바, 이 조항은 신문의 복수소유를 일률적으로 금지하고 있어서 필요 이상으로 신문의 자유를 제약하고 있다(헌재 2006. 6. 29. 2005헌마165등).
④ [X] 이종 미디어 간의 교차소유를 어떻게 규율할 것인지의 문제는 고도의 정책적 접근과 판단이 필요한 분야로서 입법자의 미디어정책적 판단이 존중되어야 한다. 따라서 신문법 제15조 제3항에서 일간신문의 지배주주가 뉴스통신 법인의 주식 또는 지분의 2분의1 이상을 취득 또는 소유하지 못하도록 함으로써 이종 미디어간의 결합을 규제하는 부분은 언론의 다양성을 보장하기 위한 필요한 한도 내의 제한이라고 할 것이어서, 신문의 자유를 침해한다고 할 수 없다(헌재 2006. 6. 29. 2005헌마165등).
⑤ [O] 신문법 제16조가 신문기업 자료의 신고·공개 제도를 둔 것은 신문시장의 투명성을 제고하고, 신문법 제15조의 겸영금지 및 소유제한 규정의 실효성을 담보함으로써 신문의 다양성이라는 헌법적 요청을 구현하기 위해서다. 신문기업은 일반기업에 비하여 공적 기능과 사회적 책임이 크기 때문에 그 소유구조는 물

론 경영활동에 관한 자료를 신고·공개하도록 함으로써 그 투명성을 높이고 신문시장의 경쟁질서를 정상화할 필요성이 더욱 크다. 신문법 제16조에서 신고·공개하도록 규정하고 있는 사항 중 상당부분은 상법 등 다른 법률에 의해 이미 공시 또는 공개되고 있는 것들이고, 그 밖에 전체 발행부수, 유가 판매부수, 구독수입과 광고수입과 같은 사항을 추가적으로 신고·공개하도록 하고 있지만, 이는 신문 특유의 기능보장을 위하여 필요한 범위 내의 것이다. 따라서 이 조항들이 신문의 자유를 지나치게 침해한다거나, 일반 사기업에 비하여 평등원칙에 반하는 차별을 가하는 위헌규정이라 할 수 없다(헌재 2006. 6. 29. 2005헌마165등).

정답 ④

093 언론중재법에 대한 헌법재판소 결정에 대한 설명으로 옳지 않은 것은?

ㄱ. 1개 일간신문사의 시장점유율 30%, 3개 일간신문사의 시장점유율 60% 이상인 자를 시장지배적사업자로 추정하는 신문법 제17조가 신문사업자인 청구인들의 신문의 자유와 평등권을 침해한다.
ㄴ. 신문의 다양성을 보장하기 위하여 시장지배적 신문사업자를 신문발전기금의 지원대상에서 제외하는 것은 평등원칙에 위배된다.
ㄷ. 신문사에 고충처리인을 두어야 한다는 것과 고충처리인에 관한 사항을 공표하여야 한다고 규정한 언론중재법 제6조는 헌법에 위반되지 아니한다.
ㄹ. 사실적 주장에 관한 언론보도가 진실하지 않아 피해를 입은 자에게 신문사의 고의·과실이나 위법성이 없더라도 정정보도를 요구할 수 있는 권리(=정정보도청구권)를 인정하는 것은 신문사의 편집의 자유를 침해한다.
ㅁ. 정정보도청구의 소를 민사집행법상의 가처분절차에 의하여 재판하도록 함으로써 보도의 진실 여부에 대한 사실인정을 증명이 아닌 소명만으로도 할 수 있게 하는 것은 신문사의 공정한 재판을 받을 권리 및 보도의 자유를 침해한다.
ㅂ. 정정보도청구권을 인정하는 규정과 정정보도청구소송의 심리절차를 정하는 규정을 언론중재법의 시행 전에 행하여진 언론보도에 대해서 소급적용하도록 한 부칙조항은 허용될 수 없는 부진정소급입법에 해당하여 헌법에 위반되지 않는다.

① 1개　　　　　　　　　② 2개　　　　　　　　　③ 3개
④ 4개　　　　　　　　　⑤ 5개

▶ 정답 및 해설

ㄱ. [O] 시장점유율이 높다는 이유만으로, 즉 독자의 선호도가 높아서 발행부수가 많다는 점을 이유로 신문사업자를 차별하는 것, 그것도 시장점유율 등을 고려하여 신문발전기금 지원의 범위와 정도에 있어 합리적 차등을 두는 것이 아니라 기금 지원의 대상에서 아예 배제하는 것은 합리적이 아니다. 발행부수가 많은 신문사업자를 시장지배적사업자제도를 이용하여 규제하려고 한다면 먼저 그 지배력의 남용 유무를 조사하여 그 남용이 인정될 때에만 기금 지원의 배제라는 추가적 제재를 가하는 것이 시장지배적사업자제도의 취지에 맞다. 따라서 신문법 제34조 제2항 제2호는 합리적인 이유 없이 발행부수가 많은 신문사업자를 차별하는 것이므로 평등원칙에 위배된다(헌재 2006. 6. 29. 2005헌마165등).
ㄴ. [O] 제17조의 시장지배적사업자를 신문발전기금의 지원대상에서 배제하는 것은 시장지배적사업자와 그렇지 아니한 신문사업자 사이에 차별을 가하는 것이다. 그런데, 시장점유율이 높다는 이유만으로, 즉 독자의

선호도가 높아서 발행부수가 많다는 점을 이유로 신문사업자를 차별하는 것, 그것도 시장점유율 등을 고려하여 신문발전기금 지원의 범위와 정도에 있어 합리적 차등을 두는 것이 아니라 기금 지원의 대상에서 아예 배제하는 것은 합리적이 아니다. 따라서 이 조항은 합리적인 이유 없이 발행부수가 많은 신문사업자를 차별하는 것이므로 평등원칙에 위배된다(헌재 2006. 6. 29. 2005헌마165등).

ㄷ. [O] 언론중재법 제6조에 의하여 신문사에게 강제되는 것은 고충처리인을 두어야 한다는 것과 고충처리인에 관한 사항을 공표하여야 한다는 것 뿐이고, 그 외에 고충처리인제도의 운영에 관한 사항은 전적으로 신문사업자의 자율에 맡겨져 있다. 뿐만아니라 고충처리인제도의 직무권한은 권고나 자문에 불과하여 실질적으로 신문사를 구속하는 효과도 적다. 이에 비해 고충처리인제도가 원활하게 기능할 경우 달성되는 공익은 매우 크다. 고충처리인제도는 언론피해의 예방, 피해발생시의 신속한 구제 및 분쟁해결에 있어서 적은 비용으로 큰 효과를 나타낼 수 있다. 그러므로 언론중재법 제6조 제1항·제4항·제5항은 헌법에 위반되지 아니한다(헌재 2006. 6. 29. 2005헌마165등).

ㄹ. [X] 신문사 측에 고의·과실이 없거나 위법성조각사유가 인정되는 등의 이유로 민사상의 불법행위책임이나 형사책임을 추궁할 수 없는 경우도 있다. 이러한 경우 피해자에 대한 적합한 구제책은 신문사나 신문기자 개인에 대한 책임추궁이 아니라, 문제의 보도가 허위임을 동일한 매체를 통하여 동일한 비중으로 신속히 보도·전파하도록 하는 것이다. 물론 신문이 공공의 이익에 관련되는 중요한 사안에 관하여 위축되지 않고 신속히 보도하는 것은 매우 중요하지만, 언론보도가 진실하지 않아 타인의 권리를 계속해서 침해하고 있는데도 이를 정정하지 않은 채로 그대로 내버려 두는 것은 정의에 반한다. 따라서 언론중재법 제14조 제2항이 신문의 자유를 침해하는 것이라고 볼 수 없다(헌재 2006. 6. 29. 2005헌마165등).

ㅁ. [O] 진실에 부합하지 않을 개연성이 있다는 소명만으로 정정보도 책임을 지게 되므로 언론사로서는 사후의 분쟁에 대비하여 진실임을 확신할 수 있는 증거를 수집·확보하지 못하는 한, 사실주장에 관한 보도를 주저하게 될 것이다. 이러한 언론의 위축효과는 중요한 사회적 관심사에 대한 신속한 보도를 자제하는 결과를 초래하고 그로 인한 피해는 민주주의의 기초인 자유언론의 공적 기능이 저하된다는 것이다. 이와 같이 피해자의 보호만을 우선하여 언론의 자유를 합리적인 이유 없이 지나치게 제한하는 것은 위헌이다.

ㅂ. [X] 언론중재법 부칙 제2조 본문은 언론중재법의 시행 전에 행하여진 언론보도에 대하여도 동법을 적용하도록 규정하고 있다. 이에 따라 정정보도청구권의 성립요건과 정정보도청구소송의 심리절차에 관하여 언론중재법이 소급하여 적용됨으로써 언론사의 종전의 법적 지위가 새로이 변경되었다. 이것은 이미 종결된 과거의 법률관계를 소급하여 새로이 규율하는 것이기 때문에 소위 진정 소급입법에 해당한다. **진정 소급입법은 헌법적으로 허용되지 않는 것이 원칙이고 이를 예외적으로 허용할 특단의 사정도 이 부칙조항에 대해 인정되지 않으므로 헌법에 위반된다**(헌재 2006. 6. 29. 2005헌마165등).   정답 ②

094 인터넷신문을 발행하기 위한 등록요건으로 취재 인력 3명 이상을 포함하여 취재 및 편집 인력 5명 이상을 상시 고용하도록 요구하는 신문법에 대한 헌법재판소 결정에 대한 설명으로 옳지 않은 것을 모두 조합한 것은?

ㄱ. 고용요건은 언론의 표현 방법이나 내용에 대한 규제, 즉 신문의 기능과 본질적으로 관련된 부분에 대한 규제라기보다는 인터넷신문의 형태로 언론 활동을 하기 위한 외적 조건을 규제하는 것에 불과하고, 외적 조건을 갖추지 못한 자들은 인터넷신문이 아닌 다른 형태의 언론 활동을 할 수 있다는 점 등을 고려할 때, 고용조항에 의해 언론의 자유가 직접 제한받는다고 볼 수 없다.

ㄴ. 5인 이상의 고용 요건을 갖추지 못한 경우에는 인터넷신문을 등록할 수 없게 되고, 이에 따라 자신이 선택한 직업(언론인으로서의 직업)을 자신이 결정한 방식(인터넷신문의 제호로 뉴스를 발행하는 방식)으로 수행할 수 없게 된다. 즉, 고용조항과 확인조항에 의해 청구인

들은 직업수행의 자유를 직접 제한받는다. 따라서 이 사건은 언론의 자유가 아니라 직업수행의 자유를 침해하는지 여부를 중심으로 판단하여야 한다.

ㄷ. 신문법이 인터넷신문이 "독자적 기사 생산과 지속적인 발행 등 대통령령이 정하는 기준"을 충족하도록 규정하고 있고, 이에 따라 대통령령에서 그 기준의 하나로 위 상시고용 요건을 규정한 경우, 대통령령은 법률에 근거가 없는 것으로서 법률유보의 원칙에 위반된다.

ㄹ. 헌법 제21조 제2항의 사전허가금지의 대상은 어디까지나 언론·출판 자유의 내재적 본질인 표현의 내용을 보장하는 것을 말하는 것이지, 언론·출판을 위해 필요한 물적 시설이나 언론기업의 주체인 기업인으로서의 활동까지 포함되는 것으로 볼 수는 없다.

ㅁ. 5인 이상의 고용 요건을 갖추지 못한 경우에는 인터넷신문을 등록할 수 없게 한 고용조항은 인터넷신문에 대한 인적 요건의 규제 및 확인에 관한 것으로, 인터넷신문의 내용을 심사·선별하여 사전에 통제하기 위한 규정이 아님이 명백하다. 따라서 등록조항은 사전허가금지원칙에도 위배되지 않는다.

ㅂ. 5인 이상의 고용 요건을 갖추지 못한 경우에는 인터넷신문을 등록할 수 없게 한 고용조항은 최소성원칙에 반하여 청구인들의 언론의 자유를 침해한다. 고용조항은 취재 및 편집 역량을 갖춘 인터넷신문만 등록할 수 있도록 함으로써 인터넷신문의 언론으로서의 신뢰성 및 사회적 책임을 제고하기 위한 것이고, 확인조항은 인터넷신문의 고용 인원을 객관적으로 확인하기 위한 조항으로 입법목적의 정당성 및 수단의 적합성이 인정된다.

① ㄱㄴㄷ ② ㄴㅁㅂ ③ ㄱㄷㅁㅂ
④ ㄷㄹㅁ ⑤ ㄱㄷㅁ

▶ 정답 및 해설

ㄱ. [X] 고용조항의 입법목적이 인터넷신문의 신뢰성 제고이고, 신문법 규정들은 언론사로서의 인터넷신문의 규율 및 보호를 위한 규정들이다. 따라서 고용조항으로 인하여 청구인들의 직업수행의 자유보다는 언론의 자유가 보다 직접적으로 제한된다고 보이므로 언론의 자유 제한 여부를 중심으로 살펴본다(헌재 2016. 10. 27. 2015헌마1206등).

ㄴ. [X] 고용조항의 입법목적이 인터넷신문의 신뢰성 제고이고, 신문법 규정들은 언론사로서의 인터넷신문의 규율 및 보호를 위한 규정들이다. 따라서 고용조항으로 인하여 청구인들의 직업수행의 자유보다는 언론의 자유가 보다 직접적으로 제한된다고 보이므로 언론의 자유 제한 여부를 중심으로 살펴본다(헌재 2016. 10. 27. 2015헌마1206등).

ㄷ. [X] 법률(신문법)은 인터넷신문이 충족하여야 할 '독자적 기사 생산에 관한 기준'을 대통령령에 위임하고 있고, 대통령령은 이 위임에 따라 독자적 기사 생산을 위한 요건으로 상시 고용 인원을 규정하고 있다. 신문법상 인터넷신문의 사회적 책임에 관한 규정과 물적 시설 요건이 필요하지 않은 인터넷신문의 특성 등에 비추어 볼 때, 인터넷신문이 갖추어야 할 인적 요건에 대해 정하고 있는 상시고용조항은 법률의 위임 범위 안에 있다고 인정된다(헌재 2016. 10. 27. 2015헌마1206등).

ㄹ. [O] 헌법 제21조 제2항은 행정권이 주체가 되어 사상이나 의견 등이 발표되기 전에 예방적 조치로 그 내용을 심사·선별하여 발표를 사전에 억제하는, 즉 허가받지 아니한 것의 발표를 금지하는 제도를 금지하고 있다. 여기에서 사전허가금지의 대상은 어디까지나 언론·출판 자유의 내재적 본질인 표현의 내용을 보장하는 것을 말하는 것이지, 언론·출판을 위해 필요한 물적 시설이나 언론기업의 주체인 기업인으로서의 활동까지 포함되는 것으로 볼 수는 없다.

ㅁ. [O] 등록조항은 인터넷신문의 명칭, 발행인과 편집인의 인적사항 등 인터넷신문의 외형적이고 객관적 사

항을 제한적으로 등록하도록 하고 있고, 고용조항 및 확인조항은 5인 이상 취재 및 편집 인력을 고용하되, 그 확인을 위해 등록 시 서류를 제출하도록 하고 있다. 이런 조항들은 인터넷신문에 대한 인적 요건의 규제 및 확인에 관한 것으로, 인터넷신문의 내용을 심사·선별하여 사전에 통제하기 위한 규정이 아님이 명백하다. 따라서 등록조항은 사전허가금지원칙에도 위배되지 않는다(헌재 2016. 10. 27. 2015헌마1206등).

ㅂ. [O] 인터넷신문 기사의 품질 저하 및 그로 인한 폐해가 인터넷신문의 취재 및 편집 인력이 부족하여 발생하는 문제라고 단정하기 어렵다. 오히려 이런 폐해는 주요 포털사이트의 검색에 의존하는 인터넷신문의 유통구조로 인한 것이므로, 인터넷신문이 포털사이트에 의존하지 않고 독자적으로 유통될 수 있는 방안을 마련하는 것이 이런 문제를 해결하기 위한 더 근원적인 방법이다. 또한 급변하는 인터넷 환경과 기술 발전, 매체의 다양화 및 신규 또는 대안 매체의 수요 등을 감안하더라도, 취재 및 편집 인력을 상시 일정 인원 이상 고용하도록 강제하는 것이 인터넷신문의 언론으로서의 신뢰성을 제고하기 위해 반드시 필요하다고 보기도 어렵다. 따라서 **침해의 최소성이 인정되지 않는다**. 고용조항 및 확인조항은 과잉금지원칙에 위배되어 청구인들의 언론의 자유를 침해한다(헌재 2016. 10. 27. 2015헌마1206등). **정답** ①

095 표현의 자유에 대한 설명으로 옳은 것은?

① "음란" 개념은 적어도 수범자와 법집행자에게 적정한 지침을 제시하고 있다고 볼 수 있어 명확성원칙에 반하지 않으나, "저속"의 개념에는 출판사등록이 취소되는 성적 표현의 하한이 열려 있을 뿐만 아니라 폭력성이나 잔인성 및 천한 정도도 그 하한이 모두 열려 있기 때문에 출판을 하고자 하는 자는 어느 정도로 자신의 표현내용을 조절해야 되는지를 도저히 알 수 없도록 되어 있어 명확성의 원칙 및 과도한 광범성의 원칙에 반한다.

② 모든 표현이 시민사회의 자기교정기능에 의해서 해소될 수 있는 것은 아니다. 일정한 표현은 일단 표출되면 그 해악이 대립되는 사상의 자유경쟁에 의한다 하더라도 아예 처음부터 해소될 수 없는 성질의 것이거나 또는 다른 사상이나 표현을 기다려 해소되기에는 너무나 심대한 해악을 지닌 것이 있다. 바로 이러한 표현에 대하여는 국가의 개입이 1차적인 것으로 용인되고, 헌법상 언론·출판의 자유에 의하여 보호되지 않는데, 헌법 제21조 제4항이 바로 이러한 표현의 자유에 있어서의 한계를 설정한 것이라고 할 것이다.

③ "공공의 안녕질서 또는 미풍양속을 해하는 내의 통신"(불온통신)을 금지시키고 이를 위반하는 통신에 대해서는 정보통신부장관이 온라인서비스사업자에게 그 통신에 대한 취급을 거부·정지 또는 제한하는 명령을 내릴 수 있게 한 전기통신사업법은 헌법 제37조 제2항의 "국가의 안전보장 질서유지"와, "미풍양속"은 헌법 제21조 제4항의 "공중도덕이나 사회윤리"와 비교하여 볼 때 동어반복이라 해도 좋을 정도로 동이한 용어를 사용하고 있으므로 명확성원칙에 반하지 않는다.

④ 공익을 '해할 목적'은 행위의 주요 독적이 공익을 해하는 것인 때를 의미하는바, 그 의미가 불명확하다고 보기 어렵고 '내용의 허위'란 내용이 진실에 부합하지 않는 것으로서, "허위의 통신"은 그 의미가 명확하므로, 공익을 해할 목적으로 전기통신설비에 의하여 공연히 허위의 통신을 한 자를 형사 처벌하는 전기통신기본법 제47조 제1항은 죄형법정주의의 명확성원칙에 위배되지 않는다.

⑤ 방송통신심의위원회의 직무의 하나로 '건전한 통신윤리의 함양을 위하여 필요한 사항으로서 대통령령이 정하는 정보의 심의 및 시정요구'를 규정하고 있는 '방송통신위원회의 설치 및 운영에 관한 법률에서 '건전한 통신윤리'란 헌법 제21조 제4항의 '공중도덕이나 사회윤리', 방송통신위원회법 제18조 제1항의 '정보통신에서의 건전한 문화 창달'과 비교하여 볼 때 동어반복이라 해도

좋을 정도로 전혀 구체화되어 있지 않은 것으로, 어떠한 표현행위가 과연 '건전한 통신윤리'의 함양에 필요한 사항인지 아닌지에 관한 판단은 사람마다의 가치관, 윤리관에 따라 크게 달라질 수밖에 없고, 행정기관으로서도 그 의미내용을 객관적으로 확정하기 어렵다.

▶ 정답 및 해설

① [O] "음란" 개념은 적어도 수범자와 법집행자에게 적정한 지침을 제시하고 있다고 볼 수 있고 또 법적용자의 개인적 취향에 따라 그 의미가 달라질 수 있는 가능성도 희박하다고 하지 않을 수 없다. 따라서 이 사건 법률조항의 "음란" 개념은 그것이 애매모호하여 명확성의 원칙에 반한다고 할 수 없다. 음란"의 개념과는 달리 "저속"의 개념은 그 적용범위가 매우 광범위할 뿐만 아니라 법관의 보충적인 해석에 의한다 하더라도 그 의미내용을 확정하기 어려울 정도로 매우 추상적이다. 이 "저속"의 개념에는 출판사등록이 취소되는 성적 표현의 하한이 열려 있을 뿐만 아니라 폭력성이나 잔인성 및 천한 정도도 그 하한이 모두 열려 있기 때문에 출판을 하고자 하는 자는 어느 정도로 자신의 표현내용을 조절해야 되는지를 도저히 알 수 없도록 되어 있어 명확성의 원칙 및 과도한 광범성의 원칙에 반한다(헌재 1998. 4. 30. 95헌가16).

② [X] 문제의 선지는 헌법 제21조 제4항이 바로 이러한 표현의 자유에 있어서의 한계로 보아 음란한 표현이 표현의 자유에서 보호되지 않는다는 구판례의 논거이다(헌재 1998. 4. 30. 95헌가16). 그러나 판례변경으로 헌법 제21조 제4항은 **언론·출판의 자유에 대한 제한의 요건을 명시한 규정으로 볼 것이고, 헌법상 표현의 자유의 보호영역 한계를 설정한 것이라고는 볼 수 없고** 음란한 표현도 보호된다고 한다.

※ 관련판례 : 헌법 제21조 제4항은 "언론·출판은 타인의 명예나 권리 또는 공중도덕이나 사회윤리를 침해하여서는 아니 된다."고 규정하고 있는바, 이는 언론·출판의 자유에 따르는 책임과 의무를 강조하는 동시에 **언론·출판의 자유에 대한 제한의 요건을 명시한 규정으로 볼 것이고, 헌법상 표현의 자유의 보호영역 한계를 설정한 것이라고는 볼 수 없다.** 따라서 음란표현도 헌법 제21조가 규정하는 언론·출판의 자유의 보호영역에는 해당하되, 다만 헌법 제37조 제2항에 따라 국가 안전보장·질서유지 또는 공공복리를 위하여 제한할 수 있는 것이라고 해석하여야 할 것이다(2009. 5. 28. 2006헌바109).

③ [X] "공공의 안녕질서 또는 미풍양속을 해하는"이라는 불온 통신의 개념은 너무나 불명확하고 애매하다. 여기서의 "공공의 안녕질서"는 헌법 제37조 제2항의 "국가의 안전보장·질서유지"와, "미풍양속"은 헌법 제21조 제4항의 "공중도덕이나 사회윤리"와 비교하여 볼 때 **동어반복이라 해도 좋을 정도로 전혀 구체화되어 있지 아니하다.** 이처럼, "공공의 안녕질서", "미풍양속"은 매우 추상적인 개념이어서 어떠한 표현행위가 과연 "공공의 안녕질서"나 "미풍양속"을 해하는 것인지, 아닌지에 관한 판단은 사람마다의 가치관, 윤리관에 따라 크게 달라질 수밖에 없고, 법집행자의 통상적 해석을 통하여 그 의미내용을 객관적으로 확정하기도 어렵다. 따라서 전기통신사업법 제53조 제1항은 규제되는 표현의 내용이 명확하지 아니하여 명확성의 원칙에 위배된다(헌재 2002. 6. 27. 99헌마480).

④ [X] 이 사건 법률조항은 "공익을 해할 목적"의 허위의 통신을 금지하는바, 여기서의 "공익"은 형벌조항의 구성요건으로서 구체적인 표지를 정하고 있는 것이 아니라, 헌법상 기본권 제한에 필요한 최소한의 요건 또는 헌법상 언론·출판의 자유의 한계를 그대로 법률에 옮겨 놓은 것에 불과할 정도로 그 의미가 불명확하고 추상적이다. 따라서 어떠한 표현행위가 "공익"을 해하는 것인지, 아닌지에 관한 판단은 사람마다의 가치관, 윤리관에 따라 크게 달라질 수밖에 없으며, 이는 판단주체가 법전문가라 하여도 마찬가지이고, 법집행자의 통상적 해석을 통하여 그 의미내용이 객관적으로 확정될 수 있다고 보기 어렵다. 나아가 현재의 다원적이고 가치상대적인 사회구조 하에서 구체적으로 어떤 행위상황이 문제되었을 때에 문제되는 공익은 하나로 수렴되지 않는 경우가 대부분인바, 공익을 해할 목적이 있는지 여부를 판단하기 위한 공익간 형량의 결과가 언제나 객관적으로 명백한 것도 아니다. 결국, 이 사건 법률조항은 수범자인 국민에 대하여 일반적으로 허용되는 '허위의 통신' 가운데 어떤 목적의 통신이 금지되는 것인지 고지하여 주지 못하고 있으므로 표현의 자유에서 요구하는 명확성의 요청 및 죄형법정주의의 명확성원칙에 위배하여 헌법에 위반된다(2010. 12. 28. 2008헌바157).

⑤ [X] 이 사건 법률조항 중 '건전한 통신윤리'라는 개념은 다소 추상적이기는 하나, 전기통신회선을 이용하

여 정보를 전달함에 있어 우리 사회가 요구하는 최소한의 질서 또는 도덕률을 의미하고, '건전한 통신윤리의 함양을 위하여 필요한 사항으로서 대통령령이 정하는 정보(이하 '불건전정보'라 한다)'란 이러한 질서 또는 도덕률에 저해되는 정보로서 심의 및 시정요구가 필요한 정보를 의미한다고 할 것이며, 정보통신영역의 광범위성과 빠른 변화속도, 그리고 다양하고 가변적인 표현형태를 문자화하기에 어려운 점을 감안할 때, 위와 같은 함축적인 표현은 불가피하다고 할 것이어서, 이 사건 법률조항이 명확성의 원칙에 반한다고 할 수 없다(2012. 2. 23. 2011헌가13).

정답 ①

096 인터넷 게시판에 글을 쓰고자 하는 경우 본인확인을 받도록 한 법률들에 대한 설명 중 옳은 것(○)과 옳지 않은 것(×)을 올바르게 조합한 것은? (다툼이 있는 경우 판례에 의함)

ㄱ. 인터넷게시판 본인확인제는 인터넷이라는 매체에 글을 쓰고자 하는 자와 다른 매체에 글을 쓰는 자를 차별취급하고 있으나, 이러한 차별취급에 관한 판단은 익명표현의 자유의 침해 여부에 관한 판단과 동일하다고 할 수 있으므로 평등권 침해 여부는 별도로 판단하지 아니한다.

ㄴ. 인터넷게시판을 설치·운영하는 정보통신서비스 제공자에게 본인확인조치의무를 부과하여 게시판 이용자로 하여금 본인확인절차를 거쳐야만 게시판을 이용할 수 있도록 하는 본인확인제를 규정한 '정보통신망 이용촉진 및 정보보호 등에 관한 법률'은 표현의 자유, 개인정보자기결정권, 언론의 자유를 침해한다.

ㄷ. 인터넷언론사가 선거운동기간 중에 인터넷게시판과 대화방에 정당·후보자에 대해 지지·반대의 글을 게시할 수 있도록 운영하는 경우 게시자의 실명을 기입하도록 하는 기술적 조치를 취해야 한다는 의무를 부과하고 있는 법규정은 결국 인터넷 사용자가 실명을 거치지 않고는 정치적 의견을 표출할 수 없도록 사전에 막는 것이므로 사전검열금지의 원칙에 반하여 인터넷 사용자의 표현의 자유를 침해하는 것이다.

ㄹ. 국가기관, 지방자치단체, 「공공기관의 운영에 관한 법률」 제5조 제3항에 따른 공기업·준정부기관 및 「지방공기업법」에 따른 지방공사·지방공단으로 하여금 정보통신망 상에 게시판을 설치·운영하려면 게시판 이용자의 본인 확인을 위한 방법 및 절차의 마련 등 대통령령으로 정하는 필요한 조치를 하도록 규정한 '정보통신망 이용촉진 및 정보보호 등에 관한 법률'은 과잉금지원칙을 준수하고 있으므로 청구인의 익명표현의 자유를 침해한다.

ㅁ. 본인확인제는 정보통신서비스 제공자에게 인터넷게시판을 운영함에 있어서 본인확인조치를 이행할 의무를 부과하여 정보통신서비스 제공자의 직업수행의 자유도 제한하나, 본인확인제의 도입배경 등을 고려할 때 이 사건과 가장 밀접한 관계에 있고 또 침해의 정도가 큰 주된 기본권은 언론의 자유라고 할 수 있다.

① ㄱ(○), ㄴ(○), ㄷ(×), ㄹ(×), ㅁ(○)
② ㄱ(×), ㄴ(×), ㄷ(○), ㄹ(×), ㅁ(○)
③ ㄱ(○), ㄴ(×), ㄷ(×), ㄹ(○), ㅁ(×)
④ ㄱ(×), ㄴ(○), ㄷ(○), ㄹ(○), ㅁ(×)
⑤ ㄱ(×), ㄴ(○), ㄷ(×), ㄹ(○), ㅁ(×)

▶ **정답 및 해설**

ㄱ. **【○】** 청구인은 본인확인제가 인터넷이라는 매체에 글을 쓰고자 하는 자에 대하여만 본인확인절차를 거치도록 함으로써 다른 매체에 글을 쓰는 자와 합리적 이유 없이 차별취급하여 인터넷에 글을 쓰고자 하는 자의 평등권을 침해한다고 주장하나, 청구인이 주장하는 차별취급은 본인확인제가 <u>인터넷상의 익명표현의 자유를 제한함에 따라 부수적으로 발생할 수밖에 없는 결과일 뿐인 것으로서 그에 관한 판단은 익명표현의 자유의 침해 여부에 관한 판단과 동일하다고 할 것이므로 별도로 판단하지 아니한다</u>(2012.8.23, 2010헌마47 등).

ㄴ. **【○】** 이 사건 법령조항들이 표방하는 건전한 인터넷 문화의 조성 등 입법목적은, 인터넷 주소 등의 추적 및 확인, 당해 정보의 삭제·임시조치, 손해배상, 형사처벌 등 인터넷 이용자의 표현의 자유나 개인정보자기결정권을 제약하지 않는 다른 수단에 의해서도 충분히 달성할 수 있음에도, 인터넷의 특성을 고려하지 아니한 채 본인확인제의 적용범위를 광범위하게 정하여 법집행자에게 자의적인 집행의 여지를 부여하고, 목적 달성에 필요한 범위를 넘는 과도한 기본권 제한을 하고 있으므로 침해의 최소성이 인정되지 아니한다. 이러한 인터넷게시판 이용자 및 정보통신서비스 제공자의 불이익은 본인확인제가 달성하려는 공익보다 결코 더 작다고 할 수 없으므로, 법익의 균형성도 인정되지 않는다. 따라서 본인확인제를 규율하는 이 사건 법령조항들은 과잉금지원칙에 위배하여 인터넷게시판 이용자의 표현의 자유, 개인정보자기결정권 및 인터넷게시판을 운영하는 정보통신서비스 제공자의 언론의 자유를 침해한다(2012. 8.23, 2010헌마47 등).

ㄷ. **【×】** 검열금지원칙 위반은 아니고 최근에 과잉금지원칙 위반으로 위헌결정되었다. 본인확인제는 표현을 금지하는 것은 아니므로 검열에 해당하지 않는다.
관련판례 : 청구인 손○규 등은 본인확인제가 인터넷상에서 자유로운 의견표명을 사전에 제한하는 실질적인 사전검열이라 주장하나, 이 사건 본인확인제는 게시 글의 내용에 따라 규제를 하는 것이 아니고, 정보통신서비스 제공자의 삭제의무를 규정하고 있지도 않은바, 의견발표 전에 국가기관에 의하여 그 내용을 심사, 선별하여 일정한 사상표현을 저지하는 사전적 내용심사로는 볼 수 없으므로 사전검열금지원칙에 위배된다고 할 수 없다(2012. 8. 23. 2010헌마47).

ㄹ. **【×】** 국가기관, 지방자치단체, 「공공기관의 운영에 관한 법률」 제5조 제3항에 따른 공기업·준정부기관 및 「지방공기업법」에 따른 지방공사·지방공단으로 하여금 정보통신망 상에 게시판을 설치·운영하려면 게시판 이용자의 본인 확인을 위한 방법 및 절차의 마련 등 대통령령으로 정하는 필요한 조치를 하도록 규정한 '정보통신망 이용촉진 및 정보보호 등에 관한 법률'은 공공기관등이 설치·운영하는 게시판이라는 한정적 공간에 적용되는 점 등에 비추어 볼 때 기본권 제한의 정도가 크지 않다. 그에 반해 공공기관등이 설치·운영하는 게시판에 언어폭력, 명예훼손, 불법정보의 유통이 이루어지는 것을 방지함으로써 얻게 되는 건전한 인터넷 문화 조성이라는 공익은 중요하다. 따라서 심판대상조항은 법익의 균형성을 충족한다. 심판대상조항은 과잉금지원칙을 준수하고 있<u>으므로 청구인의 익명표현의 자유를 침해하지 않는다</u>(2022.12.22. 2019헌마654).

ㅁ. **【○】** 본인확인제는 정보통신서비스 제공자에게 인터넷게시판을 운영함에 있어서 본인확인조치를 이행할 의무를 부과하여 정보통신서비스 제공자의 직업수행의 자유도 제한하나, 청구인 회사의 주장 취지 및 앞에서 살펴본 본인확인제의 도입배경 등을 고려할 때 이 사건과 가장 밀접한 관계에 있고 또 침해의 정도가 큰 주된 기본권은 언론의 자유라 할 것이고, 게시판 운영자의 언론의 자유의 제한은 게시판 이용자의 표현의 자유의 제한에 수반되는 결과라고 할 수 있으므로, 이하에서는 게시판 이용자의 표현의 자유 침해 여부를 중심으로 하여 게시판 운영자의 언론의 자유 등 침해 여부를 함께 판단하기로 한다(2012. 8.23, 2010헌마47 등).

정답 ①

097 표현의 자유에 대한 설명 중 옳지 않은 것을 모두 조합한 것은?

ㄱ. 상업광고도 표현의 자유의 보호영역에 속하는 것이나 상업광고 규제에 관한 비례의 원칙이 적용되지 않는다.
ㄴ. 상업광고도 표현의 자유의 보호영역에 속하는 것이므로 상업광고 규제에 관한 비례의 원칙 심사에 있어서 피해의 최소성원칙에서는 같은 목적을 달성하기 위하여 달리 덜 제약적인 수단이 없을 것인지 혹은 입법목적을 달성하기 위하여 필요한 최소한의 제한인지를 심사한다.
ㄷ. 상업광고 규제에 관하여 비례의 원칙에 의한 심사를 하더라도 그중 '피해의 최소성'원칙은 같은 목적을 달성하기 위하여 달리 덜 제약적인 수단이 없을 것인지 혹은 입법목적을 달성하기 위하여 필요한 최소한의 제한인지를 심사하기보다는 '입법목적을 달성하기 위하여 필요한 범위 내의 것인지'를 심사하는 정도로 엄격한 심사를 요한다.
ㄹ. 누구든지 특정의료기관이나 특정의료인의 기능이나 진료방법에 관한 광고를 하지 못하도록 금지하는 의료법은 비례의 원칙에 위배하여 표현의 자유와 직업수행의 자유를 침해한다.
ㅁ. 일반적으로 국가가 개인의 표현행위를 규제하는 경우, 표현내용에 대한 규제는 원칙적으로 중대한 공익의 실현을 위하여 불가피한 경우에 한하여 엄격한 요건하에서 허용되는 반면, 표현내용과 무관하게 표현의 방법을 규제하는 것은 합리적인 공익상의 이유로 폭넓은 제한이 가능하다.

① ㄱㄴㄷ   ② ㄷㄹ   ③ ㄴㄷㄹ
④ ㄷㄹㅁ   ⑤ ㄱㄹ

▶ 정답 및 해설

ㄱ. [X] ㄴ. [X] ㄷ. [X] 상업광고는 표현의 자유의 보호영역에 속하지만 사상이나 지식에 관한 정치적·시민적 표현행위와는 차이가 있고, 직업수행의 자유에 있어서도 인격발현과 개성신장에 미치는 효과가 중대한 것이 아니다. 그러므로 상업광고 규제에 관하여 비례의 원칙에 의한 심사를 하더라도 그중 '피해의 최소성'원칙은 같은 목적을 달성하기 위하여 달리 덜 제약적인 수단이 없을 것인지 혹은 입법목적을 달성하기 위하여 필요한 최소한의 제한인지를 심사하기보다는 '입법목적을 달성하기 위하여 필요한 범위 내의 것인지'를 심사하는 정도로 완화되는 것이 상당하다(2005.10.27., 2003헌가3).

ㄹ. [O] 이 사건 법률조항이 보호하고자 하는 공익의 달성 여부는 불분명할 것인 반면, 이 사건 조항은 의료인에게 자신의 기능과 진료방법에 관한 광고와 선전을 할 기회를 박탈함으로써 표현의 자유를 제한하고, 다른 의료인과의 영업상 경쟁을 효과적으로 수행하는 것을 방해함으로써 직업수행의 자유를 제한하고 있고, 소비자의 의료정보에 대한 알 권리를 제약하게 된다. 따라서 보호하고자 하는 공익보다 제한되는 사익이 더 중하다고 볼 것이므로 이 사건 조항은 법익의 균형성 원칙에도 위배된다. 결국 이 사건 조항은 헌법 제37조 제2항의 비례의 원칙에 위배하여 표현의 자유와 직업수행의 자유를 침해하는 것이다 (2005.10.27., 2003헌가3)

ㅁ. [O] 일반적으로 국가가 개인의 표현행위를 규제하는 경우, 표현내용에 대한 규제는 원칙적으로 중대한 공익의 실현을 위하여 불가피한 경우에 한하여 엄격한 요건하에서 허용되는 반면, **표현내용과 무관하게 표현의 방법을 규제하는 것은 합리적인 공익상의 이유로 폭넓은 제한이 가능하다.** 뿐만 아니라, 서명요청 활동은 주민소환청구권 행사의 전제 내지 실현수단의 의미를 가지므로 주민소환제도에 대한 경우와 마찬가지로 그 내용과 방법에 관하여 입법자의 형성의 자유가 인정되는 영역이라고도 할 수 있다. 따라서 **주민소환투표청구를 위한 서명요청 활동을 '소환청구인서명부를 제시'하거나 '구두로 주민소환투표의 취지나 이유를 설명**

하는' 두 가지 경우로만 엄격히 제한하고 이에 위반할 경우 형사처벌하는 주민소환법에 대한 과잉금지원칙 위반 여부를 심사함에 있어서는, 일반적인 표현의 자유에 대한 제한에 적용되는 엄격한 의미의 과잉금지원칙 위반 여부의 심사가 아닌 실질적으로 완화된 심사를 함이 상당하고, 특히 '피해의 최소성' 요건은 입법목적을 달성하기 위한 덜 제약적인 수단은 없는지 혹은 필요한 최소한의 제한인지를 심사하기 보다는 '입법목적을 달성하기 위하여 필요한 범위 내의 것인지'를 심사하는 정도로 완화시켜 판단하여야 할 것이다(2011. 12. 29. 2010헌바368).

정답 ①

098 정치자금에 대한 설명으로 옳지 않은 것은?

① 정당이 후원자들로부터 정당의 목적에 따른 활동에 필요한 정치자금을 모금하는 것은 정당의 조직과 기능을 원활하게 수행하는 필수적인 요소이자 정당활동의 자유를 보장하기 위한 필수불가결한 전제로서, 정당활동의 자유의 내용에 당연히 포함된다.
② 정당이 개인이나 단체로부터 정치자금을 받을 수 있는 후원회를 지정할 수 없도록 금지하는 정치자금법은 정치적 부패 방지라는 목적은 정당하나 수단의 적합성 요건과 침해최소성 요건을 갖추지 못하여 정당의 정당활동의 자유와 국민의 정치적 표현의 자유를 과도하게 침해한다.
③ 국민의 자발적 정치조직인 정당에 대한 과도한 국가보조는 정당의 국민의존성을 떨어뜨리고 정당과 국민을 멀어지게 할 우려가 있고 과도한 국가보조는 국민의 지지를 얻고자 하는 노력이 실패한 정당이 스스로 책임져야 할 위험부담을 국가가 상쇄하는 것으로서 정당간 자유로운 경쟁을 저해할 수 있다.
④ 노동단체의 정치자금 기부를 금지한 법률조항은 노동단체가 단지 단체교섭 및 단체협약 등의 방법으로 '근로조건의 향상'이라는 본연의 과제만을 수행해야 하고 그 외의 모든 정치적 활동을 해서는 안 된다는 사고에 바탕을 둔 것으로, 헌법상 보장된 정치적 자유의 의미 및 그 행사가능성을 공동화시키는 것이다.
⑤ 단체의 목적을 달성하기 위하여 필요한 경우에도 일률적으로 정치자금 기부를 금지하는 것은 적절한 수단이라고 할 수 없으며, 내부의 민주적 의사결정과정을 거친 정치자금 기부에 대하여도 단순히 단체 구성원의 의사에 어긋날 우려가 있다는 이유로 일률적으로 제한하는 것 역시 입법목적 달성을 위한 적합한 방법이라고 할 수 없으므로 모든 단체와 법인의 정치자금을 기부할 수 없도록 하는 정치자금법은 과잉금지원칙에 반하여 단체의 정치적 활동의 자유나 결사의 자유를 과도하게 제한하므로 헌법에 위반된다.

▶ 정답 및 해설

① [O] 정당에 대한 정치자금 기부는 국민이 자신의 정치적 견해를 표명하는 매우 효과적인 수단일 뿐만 아니라, 정당에 영향력을 행사하는 중요한 방법의 하나가 된다. 또한 이 사건 법률조항은 정당이 목적에 따른 활동에 필요한 비용을 마련하기 위해 후원회를 지정·운영하는 것을 금지함으로써 헌법 제8조가 보장하는 정당활동의 자유를 제한한다. 정당이 후원자들로부터 정당의 목적에 따른 활동에 필요한 정치자금을 모금하는 것은 정당의 조직과 기능을 원활하게 수행하는 필수적인 요소이자 정당활동의 자유를 보장하기 위한 필수불가결한 전제로서, 정당활동의 자유의 내용에 당연히 포함된다.
② [O] 이 사건 법률조항은 정당 후원회를 금지함으로써 불법 정치자금 수수로 인한 정경유착을 막고 정당의 정치자금 조달의 투명성을 확보하여 정당 운영의 투명성과 도덕성을 제고하기 위한 것이다. 정당과 기업의 유착은 필연적으로 민의를 왜곡시키고 정치적 부패를 야기함으로써 헌법이 지향하고 있는 정당제 민주

주의를 훼손시킬 우려가 크기 때문에 이를 방지할 필요가 있다는 점에서, 이 사건 법률조항의 목적의 **정당성을 인정할 수 있다.**
이 사건 법률조항이 정당 후원회 자체를 금지하는 것은 일반 국민의 정치적 표현의 자유를 과도하게 침해하고, 스스로 재정을 충당하려는 정당활동의 자유를 과도하게 침해한다. 더군다나 현행 국고보조금 및 기탁금 제도가 거대정당 내지 원내 교섭단체가 구성된 기득정당에 비하여 군소정당 내지 신생정당에게 현저히 불리하게 운영되고 있는 현실에서, 이 사건 법률조항이 정당으로 하여금 일반 국민들로부터 정치자금을 조달하는 것마저 금지하는 것은 군소정당이나 신생정당에게 지나치게 가혹할 뿐만 아니라, 결과적으로 다양한 신진 정치세력의 진입을 막고 정당간 자유로운 경쟁을 막아 정당정치 발전을 가로막게 될 우려가 있다. 따라서 **이 사건 법률조항은 수단의 적합성 요건과 침해최소성 요건을 갖추지 못하였다.**

③ [○] 헌법 제8조 제3항은 "정당은 법률이 정하는 바에 의하여 국가의 보호를 받으며, 국가는 법률이 정하는 바에 의하여 정당운영에 필요한 자금을 보조할 수 있다."고 규정하고 있고, 이에 따라 정치자금법에서 정당 운영자금에 대한 국가보조를 규정하고 있다. 그러나 국가보조는 정당의 공적 기능의 중요성을 감안하여 정당의 정치자금 조달을 보완하는 데에 그 의의가 있으므로, 본래 <u>국민의 자발적 정치조직인 정당에 대한 과도한 국가보조는 정당의 국민의존성을 떨어뜨리고 정당과 국민을 멀어지게 할 우려가 있다. 이는 국민과 국가를 잇는 중개자로서의 정당의 기능, 즉 공당으로서의 기능을 약화시킴으로써 정당을 국민과 유리된 정치인들만의 단체, 즉 사당으로 전락시킬 위험이 있다. 뿐만 아니라 과도한 국가보조는 국민의 지지를 얻고자 하는 노력이 실패한 정당이 스스로 책임져야 할 위험부담을 국가가 상쇄하는 것으로서 정당간 자유로운 경쟁을 저해할 수 있다.</u> 정당 스스로 재정충당을 위하여 국민들로부터 모금 활동을 하는 것은 단지 '돈을 모으는 것'에 불과한 것이 아니라 궁극적으로 자신의 정강과 정책을 토대로 국민의 동의와 지지를 얻기 위한 활동의 일환이며, 이는 정당의 헌법적 과제 수행에 있어 본질적인 부분의 하나인 것이다(2015. 12. 23. 2013헌바168).

④ [○] 노동단체가 단지 단체교섭 및 단체협약 등의 방법으로 '근로조건의 향상'이라는 본연의 과제만을 수행해야 하고 그 외의 모든 정치적 활동을 허서는 안 된다는 사고에 바탕을 둔 이 사건 법률조항의 입법목적은 법의 개정에 따라 그 근거를 잃었을 뿐만 아니라 헌법상 보장된 정치적 자유의 의미 및 그 행사가능성을 공동화시키는 것이다(1999.11.25. 95헌마154).

⑤ [×] **국내외 법인단체의 정치자금 기부금지**
금권정치와 정경유착의 차단, 단체와의 관계에서 개인의 정치적 기본권 보호 등 이 사건 기부금지조항에 의하여 달성되는 공익은 대의민주제를 채택하고 있는 민주국가에서 매우 크고 중요하다는 점에서 법익균형성원칙도 충족된다. 따라서 이 사건 기부금지조항이 과잉금지원칙에 위반하여 정치활동의 자유 등을 침해하는 것이라 볼 수 없다(2010.12.28., 2008헌바89). <u>정답</u> ⑤

099 선거운동에 대한 설명으로 옳지 않은 것은?

① 누구든지 선거일 전 180일(보궐선거등에서는 그 선거의 실시사유가 확정된 때)부터 선거일까지 선거에 영향을 미치게 하기 위한 벽보 게시, 인쇄물 배부·게시를 금지하는 공직선거법 제93조 제1항 본문 중 '벽보 게시, 인쇄물 배부·게시'에 관한 부분 및 이에 위반한 경우 처벌하는 공직선거법 제255조 제2항 제5호 중 '제93조 제1항 본문의 벽보 게시, 인쇄물 배부·게시'에 관한 부분은 정치적 표현의 자유를 침해한다고 할 수 없다.

② 선거일 전 180일부터 선거일까지 선거에 영향을 미치게 하기 위하여 정당 또는 후보자를 지지·추천하거나 반대하는 내용이 포함되어 있거나 정당의 명칭 또는 후보자의 성명을 나타내는 문서·도화의 배부·게시 등을 금지하고 처벌하는 공직선거법 제93조 제1항을 인터넷에서의 선거운동에까지 적용한다면 표현의 자유를 침해한다.

③ 선거일 전 180일부터 선거일까지 선거에 영향을 미치게 하기 위하여 선거에 영향을 미치게 하기 위한 광고물의 설치·진열·게시나 표시물의 착용을 금지하는 공직선거법 제90조 제1항 제1호는 정치적 표현의 자유를 침해한다.

④ 선거운동기간 중 어깨띠 등 표시물을 사용한 선거운동을 금지한 공직선거법 제68조 제2항 및 이에 위반한 경우 처벌하는 같은 법 제255조 제1항 제5호는 과잉금지원칙에 반하여 정치적 표현의 자유를 침해한다.

⑤ 당내경선과정에서 경선운동은 원칙적으로 공직선거에서의 당선 또는 낙선을 위한 행위인 선거운동에 해당한다고 할 수 없다.

▶ **정답 및 해설**

① [×] 인쇄물배부 등 금지조항은 선거에서의 균등한 기회를 보장하고 선거의 공정성을 확보하기 위한 것으로서 입법목적의 정당성 및 수단의 적합성이 인정된다. 그러나 벽보·인쇄물은 시설물 등과 비교하여 보더라도 투입되는 비용이 상대적으로 적어 경제력 차이로 인한 선거 기회 불균형의 문제가 크지 않고, 그러한 우려도 선거비용을 규제하거나 벽보·인쇄물의 종류나 금액 등을 제한하는 수단을 통해서 방지할 수 있다. 또한 공직선거법상 후보자 비방 금지 규정 등을 통해 무분별한 흑색선전 등의 방지도 가능한 점을 종합하면, 인쇄물배부 등 금지조항은 목적 달성에 필요한 범위를 넘어 장기간 동안 벽보 게시, 인쇄물 배부·게시를 금지·처벌하는 것으로서 침해의 최소성에 반한다. 또한 인쇄물배부 등 금지조항으로 인하여 일반 유권자나 후보자가 받는 정치적 표현의 자유에 대한 제약이 위 조항을 통하여 달성되는 공익보다 중대하므로 인쇄물배부 등 금지조항은 법익의 균형성에도 위배된다. 따라서 인쇄물배부 등 금지조항은 과잉금지원칙에 반하여 정치적 표현의 자유를 침해한다(2022. 7. 21. 2017헌바100).

② [○] 이 사건 법률조항에 대한 법익균형성 판단에는 국민의 선거참여를 통한 민주주의의 발전 및 민주적 정당성의 제고라는 공익 또한 감안하여야 할 것인데, 인터넷상 정치적 표현 내지 선거운동을 금지함으로써 얻어지는 선거의 공정성은 명백하거나 구체적이지 못한 반면, 인터넷을 이용한 의사소통이 보편화되고 각종 선거가 빈번한 현실에서 선거일 전 180일부터 선거일까지 장기간 동안 인터넷상 정치적 표현의 자유 내지 선거운동의 자유를 전면적으로 제한함으로써 생기는 불이익 내지 피해는 매우 크다 할 것이므로, 이 사건 법률조항은 법익균형성의 요건도 갖추지 못하였다고 할 것이다(헌재 2011. 12. 29. 2007헌마1001등).

③ [○] 심판대상조항은 선거에서의 균등한 기회를 보장하고 선거의 공정성을 확보하기 위한 것으로서 정당한 목적 달성을 위한 적합한 수단에 해당한다. 그러나 선거비용 제한·보전 제도 및 일반 유권자가 과도한 비용을 들여 물건을 설치·진열·게시하거나 착용하는 행위를 제한하는 수단을 통해서 선거에서의 기회균등이라는 심판대상조항의 입법목적의 달성이 가능하며, 공직선거법상 후보자 비방 금지 규정 등을 통해 무분별한 흑색선전 등의 방지도 가능한 점을 종합하면, 심판대상조항은 목적 달성에 필요한 범위를 넘어 장기간 동안 선거에 영향을 미치게 하기 위한 광고물의 설치·진열·게시나 표시물의 착용을 금지·처벌하는 것으로서 침해의 최소성에 반한다. 또한 심판대상조항으로 인하여 일반 유권자나 후보자가 받는 정치적 표현의 자유에 대한 제약이 달성되는 공익보다 중대하므로 심판대상조항은 법익의 균형성에도 위배된다. 따라서 심판대상조항은 과잉금지원칙에 반하여 정치적 표현의 자유를 침해한다(2022. 7. 21. 2017헌가1).

④ [○] 공직선거법상 후보자 비방 금지 규정 등에 비추어 심판대상조항이 무분별한 흑색선전 방지 등을 위한 불가피한 수단이라고 보기도 어려우므로, 심판대상조항은 <u>필요한 범위를 넘어 표시물을 사용한 선거운동을 포괄적으로 금지·처벌하는 것으로서 침해의 최소성에 반한다</u>. 또한 심판대상조항으로 인하여 일반 유권자나 후보자가 받는 정치적 표현의 자유에 대한 제약이 달성되는 공익보다 중대하므로 심판대상조항은 법익의 균형성에도 위배된다(2022. 7. 21. 2017헌가4).

⑤ [○] 당내경선은 공직선거 자체와는 구별되는 정당 내부의 자발적인 의사결정에 해당하고, 경선운동은 원칙적으로 공직선거에서의 당선 또는 낙선을 위한 행위인 **선거운동에 해당하지 않는다**(헌재 2021.4.29., 2019헌가11).

정답 ①

100 표현의 자유에 대한 설명으로 옳지 않은 것은?

① 반국가단체나 그 구성원 또는 그 지령을 받은 자의 활동을 찬양·고무를 금지하고 처벌하는 국가보안법은 그 소정 행위가 국가의 존립·안전을 위태롭게 하거나 자유민주적 기본질서에 위해를 줄 경우에 적용된다고 할 것이므로 이러한 해석하에 헌법에 위반되지 아니한다는 합헌적 법률해석을 하는 것이 타당하다.
② 헌법재판소는 어떤 법률의 개념이 다의적이고 그 어의의 테두리 안에서 여러 가지 해석이 가능할 때 위헌적인 결과가 될 해석을 배제하면서 합헌적이고 긍정적인 면은 살려야 한다.
③ 국가의 존립·안전을 위태롭게 한다 함은 모든 폭력적 지배와 자의적 지배 즉 반국가단체의 일인독재 내지 일당독재를 배제하고 다수의 의사에 의한 국민의 자치, 자유·평등의 기본 원칙에 의한 법치주의적 통치질서의 유지를 어렵게 만드는 것이고, 이를 보다 구체적으로 말하면 기본적 인권의 존중, 권력분립, 의회제도, 복수정당제도, 선거제도, 사유재산과 시장경제를 골간으로 한 경제질서 및 사법권의 독립 등 우리의 내부 체제를 파괴·변혁시키려는 것으로 풀이할 수 있을 것이다.
④ 대한민국을 모욕할 목적으로 국기를 손상, 제거 또는 오욕한 자를 처벌하는 「형법」 제105조의 국기모독죄는 표현의 자유를 침해한다고 할 수 없다.
⑤ 대한민국 또는 헌법상 국가기관을 모욕, 비방하거나 그에 관한 사실 왜곡, 허위사실 유포 또는 기타 방법으로 대한민국의 안전, 이익 또는 위신을 해하거나 해할 우려가 있는 표현이나 행위를 한 자에 대하여 형사처벌하도록 규정한 구 「형법」의 국가모독죄는 과잉금지원칙에 위반하여 표현의 자유를 침해한다.

▶ 정답 및 해설

① [O] 국가보안법 제7조 제1항 및 제5항(1980. 12. 31. 법률 제3318호)은 각 그 소정 행위가 국가의 존립·안전을 위태롭게 하거나 자유민주적 기본질서에 위해를 줄 경우에 적용된다고 할 것이므로 이러한 해석하에 헌법에 위반되지 아니한다(헌재 1990. 4. 2. 89헌가113).
② [O] 어떤 법률의 개념이 다의적이고 그 어의의 테두리 안에서 여러 가지 해석이 가능할 때 헌법을 그 최고법규로 하는 통일적인 법질서의 형성을 위하여 헌법에 합치되는 해석 즉 합헌적인 해석을 택하여야 하며, 이에 의하여 위헌적인 결과가 될 해석을 배제하면서 합헌적이고 긍정적인 면은 살려야 한다는 것이 헌법의 일반 법리이다. 이러한 합헌적 제한해석과 주문례는 헌법재판제도가 정착된 여러 나라에 있어서 널리 활용되는 통례인 것으로서 법률에 일부 합헌적 요소가 있음에도 불구하고 위헌적 요소 때문에 전면위헌을 선언할 때 생길 수 있는 큰 충격을 완화하기 위한 방안이기도 하다(헌재 1990. 4. 2. 89헌가113).
③ [X] 국가의 존립·안전을 위태롭게 한다 함은 대한민국의 독립을 위협·침해하고 영토를 침략하며 헌법과 법률의 기능 및 헌법기관을 파괴·마비시키는 것으로 외형적인 적화공작(赤化工作) 등을 일컫는다. **자유민주적 기본질서에 위해를 준다 함은** 모든 폭력적 지배와 자의적 지배 즉 반국가단체의 일인독재 내지 일당독재를 배제하고 다수의 의사에 의한 국민의 자치, 자유·평등의 기본 원칙에 의한 법치주의적 통치질서의 유지를 어렵게 만드는 것이고, 이를 보다 구체적으로 말하면 기본적 인권의 존중, 권력분립, 의회제도, 복수정당제도, 선거제도, 사유재산과 시장경제를 골간으로 한 경제질서 및 사법권의 독립 등 우리의 내부 체제를 파괴·변혁시키려는 것으로 풀이할 수 있을 것이다(헌재 1990. 4. 2. 89헌가113).
④ [O] 국기는 국가의 역사와 국민성, 이상 등을 응축하고 헌법이 보장하는 질서와 가치를 담아 국가의 정체성을 표현하는 국가의 대표적 상징물이다. 심판대상조항은 국기를 존중, 보호함으로써 국가의 권위와 체면을 지키고, 국민들이 국기에 대하여 가지는 존중의 감정을 보호하려는 목적에서 입법된 것이다. 그러므로

심판대상조항은 과잉금지원칙에 위배되어 청구인의 표현의 자유를 침해한다고 볼 수 없고, 표현의 자유의 본질적 내용을 침해한다고도 할 수 없다(2019.12.27, 2016헌바96).

⑤ [O] 심판대상조항에서 규정하고 있는 '기타 방법', 대한민국의 '이익' 이나 '위신' 등과 같은 개념은 불명확하고 적용범위가 지나치게 광범위하며, 이미 「형법」, 「국가보안법」, 「군사기밀 보호법」에서 대한민국의 안전과 독립을 지키기 위한 처벌규정을 두고 있는 점, 국가의 '위신'을 훼손한다는 이유로 표현행위를 형사처벌하는 것은 자유로운 비판과 참여를 보장하는 민주주의 정신에 위배되는 점, 형사처벌조항에 의하지 않더라도 국가는 보유하고 있는 방대한 정보를 활용해 스스로 국정을 홍보할 수 있고, 허위사실 유포나 악의적인 왜곡 등에 적극적으로 대응할 수도 있는 점 등을 고려하면 심판대상조항은 침해의 최소성원칙에도 어긋난다. 나아가 민주주의 사회에서 국민의 표현의 자유가 갖는 가치에 비추어 볼 때, 기본권 제한의 정도가 매우 중대하여 법익의 균형성 요건도 갖추지 못하였으므로, 심판대상조항은 과잉금지원칙에 위배되어 표현의 자유를 침해한다(2015.10.21., 2013헌가20).

정답 ③

101 알권리에 대한 설명으로 옳지 않은 것은?

① 사상 또는 의견의 자유로운 표명은 자유로운 의사의 형성을 전제로 하는데, 자유로운 의사의 형성은 충분한 정보에의 접근이 보장됨으로써 비로소 가능한 것이므로 정보에의 접근·수집·처리의 자유 즉 "알 권리"는 표현의 자유에 당연히 포함되는 것으로 보아야 하는 것이다.
② 토지조사부 열람 등사는 법률의 제정이 없더라도 불가능한 것이 아니라고 할 것이다.
③ 알 권리에 대한 제한의 정도는 청구인에게 이해관계가 있고 공익에 장애가 되지 않는다면 널리 인정해야 할 것으로 생각하며, 적어도 토지조사부 열람 등사는 직접의 이해관계가 있는 자에 대하여서는 의무적으로 공개하여야 한다는 점에 대하여는 이론의 여지가 없다.
④ 정치자금의 수입·지출내역 및 첨부서류 등의 열람기간을 공고일로부터 3월간으로 제한하고 있는 구 「정치자금법」 조항은 과잉금지원칙에 위배되어 알 권리를 침해한다.
⑤ 부모의 교육정보에 대한 알 권리에는 자신의 자녀를 가르치는 교원이 어떠한 자격과 경력을 가진 사람인지는 물론 어떠한 정치성향과 가치관을 가지고 있는 사람인지에 대한 정보가 포함된다고 할 수 없으므로, 개별 교원이 어떤 교원단체나 노동조합에 가입해 있는지에 대한 정보공개를 제한하는 것은 학부모인 청구인들의 알 권리를 제한하는 것은 아니다.

▶ 정답 및 해설

① [O] 헌법 제21조가 보장하는 언론출판의 자유는 사상 또는 의견의 자유로운 표명(발표의 자유)과 그것을 전파할 자유(전달의 자유)를 의미한다. 사상 또는 의견의 자유로운 표명은 자유로운 의사의 형성을 전제로 하는데, 자유로운 의사의 형성은 충분한 정보에의 접근이 보장됨으로써 비로소 가능한 것이며, 다른 한편으로 자유로운 표명은 자유로운 수용 또는 접수와 불가분의 관계에 있다고 할 것이다. 그러한 의미에서 정보에의 접근·수집·처리의 자유 즉 "알 권리"는 표현의 자유에 당연히 포함되는 것으로 보아야 하는 것이다.
② [O] 알 권리가 헌법규정만으로 이를 실현할 수 있는가 구체적인 법률의 제정이 없이는 불가능한 것인가에 대하여서는 다시 견해가 갈릴 수 있지만, 본 건 서류에 대한 열람·복사 민원의 처리는 법률의 제정이 없더라도 불가능한 것이 아니라고 할 것이고, 또 비록 공문서 공개의 원칙보다는 공문서의 관리·통제에 중점을 두고 만들어진 규정이기는 하지만 '정부공문서 규정' 제36조 제2항이 미흡하나마 공문서의 공개를 규정하고 있는 터이므로 이 규정을 근거로 해서 국민의 알 권리를 곧바로 실현시키는 것이 가능하다고 보아야 할 것이다(1989.9.4., 88헌마22).
③ [O] '알 권리'도 헌법유보(제21조 제4항)와 일반적 법률유보(제37조 제2항)에 의하여 제한될 수 있음은 물론이

며,… 알 권리에 대한 제한의 정도는 청구인에게 이해관계가 있고 공익에 장애가 되지 않는다면 널리 인정해야 할 것으로 생각하며, 적어도 직접의 이해관계가 있는 자에 대하여서는 의무적으로 공개하여야 한다는 점에 대하여는 이론의 여지가 없을 것으로 사료된다(1989.9.4., 88헌마22).

④ [O] 선거관리위원회는 데이터 생성·저장기술의 발전을 이용해 자료 보관, 열람 등의 업무부담을 상당 부분 줄여왔고, 앞으로도 그 부담이 과도해지지 않도록 할 수 있을 것으로 보인다. 이를 종합하면 정치자금을 둘러싼 분쟁 등의 장기화 방지 및 행정부담의 경감을 위해 열람기간의 제한 자체는 둘 수 있다고 하더라도, 현행 기간이 지나치게 짧다는 점은 명확하다. 짧은 열람기간으로 인해 청구인 신○○는 회계보고된 자료를 충분히 살펴 분석하거나, 문제를 발견할 실질적 기회를 갖지 못하게 되는바, 달성되는 공익과 비교할 때 이러한 사익의 제한은 정치자금의 투명한 공개가 민주주의 발전에 가지는 의미에 비추어 중대하다. 그렇다면 이 사건 열람기간제한 조항은 과잉금지원칙에 위배되어 청구인 신○○의 알 권리를 침해한다(2021.5.27., 2018헌마1168).

⑤ [X] 자녀교육권을 실질적으로 보장하기 위해서는 자녀의 교육에 필요한 정보가 제공되어야 하는바 학부모는 교육정보에 대한 알 권리를 가진다. 이러한 정보 속에는 자신의 자녀를 가르치는 교원이 어떠한 자격과 경력을 가진 사람인지는 물론 어떠한 정치성향과 가치관을 가지고 있는 사람인지에 대한 정보도 포함되는 것이므로, 교원의 교원단체 및 노동조합 가입에 관한 정보도 알 권리의 한 내용이 될 수 있다. 그러므로 개별 교원이 어떤 교원단체나 노동조합에 가입해 있는지에 대한 정보 공개를 제한하는 것은 학부모인 청구인들의 알 권리를 제한하는 것이다(2011.12.29., 2010헌마293). **정답 ⑤**

102 다음 사례에 대한 설명으로 옳은 것은?

> 2017.12.12. 법률 제15154호로 개정된 「변호사시험법」은 시험에 응시한 사람이 본인의 성적 공개를 청구할 수 있도록 허용하면서, 시험에 응시한 사람은 해당 시험의 합격자 발표일부터 1년 내에 법무부장관에게 본인의 성적 공개를 청구할 수 있다고 규정하고(제18조 제1항), 개정법 시행 전에 시험에 합격한 사람은 법 시행일부터 6개월 내에 법무부장관에게 본인의 성적 공개를 청구할 수 있다고 규정하였다(부칙 제2조). 2015년 실시된 제4회 변호사시험에 합격한 자가 개정된 「변호사시험법」에 대해 헌법소원심판을 청구하였다.

① 시험에 응시한 사람은 해당 시험의 합격자 발표일부터 1년 내에 법무부장관에게 본인의 성적 공개를 청구할 수 있다고 규정한 「변호사시험법」은 알 권리를 침해한다.
② 헌법재판소는 변호사시험 성적을 공개하라는 것일 뿐, 성적 공개기간에 관해 어떠한 제한도 할 수 없다는 입장이 아니므로 개정법 시행 전에 시험에 합격한 사람은 법 시행일부터 6개월 내에 법무부장관에게 본인의 성적 공개를 청구할 수 있다고 규정한 「변호사시험법」은 신뢰보호원칙에 위반된다고 할 수 없다.
③ 개정법 시행 전에 시험에 합격한 사람은 법 시행일부터 6개월 내에 법무부장관에게 본인의 성적 공개를 청구할 수 있다고 규정한 「변호사시험법」이 표현의 자유를 침해하는지 여부를 중심으로 판단하여야 한다.
④ 성적공개조항을 「변호사시험법」이 개정된 2017.12.12. 이후에 실시하는 변호사시험에 응시한 사람에게 적용하도록 하면서 기존 합격자는 법시행일로부터 6개월 내에 법무부장관에게 본인의 성적 공개를 청구할 수 있도록 한 「변호사시험법」 부칙은 정보에 대한 접근을 본질적으로 침해하는 정도로 짧다고 보기 어려워 과잉금지원칙을 위반하여 청구인의 정보공개청구권을 침해한다

고 할 수 없다.
⑤ 변호사성적 공개문제는 직업선택의 자유와 개인정보자기결정권을 제한한다.

▶ 정답 및 해설

① [X] 성적 공개조항은 「변호사시험법」이 개정된 2017.12.12. 이후에 실시하는 변호사시험에 응시한 사람에게 적용되고, 특례조항은 그 이전에 실시된 변호사시험에 합격한 사람에게 적용된다. 청구인은 2015년 실시된 제4회 변호사시험에 합격하였으므로, 성적 공개조항의 수범자가 아닌 제3자에 불과하다. 따라서 성적 공개조항에 대한 심판청구는 기본권 침해의 자기관련성을 인정할 수 없어 부적법하다(2019.7.25, 2017헌마1329).

② [O] 청구인은 특례조항이 2015.6.25, 2011헌마769 등 결정의 취지에 어긋나므로 신뢰보호원칙에 위배된다고 주장한다. 신뢰보호원칙이란 국민이 어떤 법적 상태가 장래에도 그대로 존속될 것이라는 합리적인 신뢰를 바탕으로 하여 일정한 법적 지위를 형성한 경우, 국가는 국민의 신뢰를 보호하여야 한다는 원칙이다(2004.12. 16, 2003헌마226 등). 그런데 위 결정의 취지는 <u>변호사시험 성적을 공개하라는 것일 뿐, 성적 공개기간에 관해 어떠한 제한도 할 수 없다는 것이 아니다.</u> 위 결정에 따라 기간 제한 없는 성적 공개에 대한 신뢰가 형성될 수 없는 이상, 이에 관한 신뢰보호원칙 위반 여부에 대해서는 따로 판단하지 아니한다(2019.7.25, 2017헌마1329).

③ [X] 특례조항이 표현의 자유를 침해한다고 주장하나, 표현의 자유는 알 권리와 표리일체의 관계에 있으므로, 정보공개청구권 침해 여부를 판단하면서 함께 살펴보는 것으로 충분하다(2019.7.25, 2017헌마1329).

④ [X] 변호사시험 성적은 변호사시험 합격자의 우수성의 징표로 작용할 수 있고, 법조직역의 진출과정에서 객관적 지표로서 기능할 수 있다. 변호사 채용과정에서 변호사시험 성적 제출을 요구하는 경우도 적지 않으며, 구직자 스스로 채용에 유리하다고 판단하여 성적을 제출하는 경우도 있다. 이처럼 변호사시험 합격자는 변호사시험 성적에 관하여 특별한 이해관계를 맺는다. 변호사의 취업난이 가중되고 있다는 점, 이직을 위해서도 변호사시험 성적이 필요할 수 있다는 점 등을 고려하면, 변호사시험 합격자에게 취업 및 이직에 필요한 상당한 기간 동안 자신의 성적을 활용할 기회를 부여할 필요가 있다. 특례조항에서 정하고 있는 '이 법 시행일부터 6개월 내'라는 기간은 변호사시험 합격자가 취업시장에서 성적 정보에 접근하고 이를 활용하기에 지나치게 짧다. <u>변호사시험 합격자는 성적 공개청구기간 내에 열람한 성적 정보를 인쇄하는 등의 방법을 통해 개별적으로 자신의 성적 정보를 보관할 수 있으나, 성적 공개청구기간이 지나치게 짧아 정보에 대한 접근을 과도하게 제한하는 이상, 이러한 점을 들어 기본권 제한이 충분히 완화되어 있다고 보기도 어렵다. 이상을 종합하면, 특례조항은 과잉금지원칙에 위배되어 청구인의 정보공개청구권을 침해한다</u>(2019.7.25., 2017헌마1329).

⑤ [X] 심판대상조항은 변호사시험 합격자에 대하여 그 성적을 공개하지 않도록 규정하고 있을 뿐이고, 이러한 시험 성적의 비공개가 청구인들의 법조인으로서의 직역 선택이나 직업수행에 있어서 어떠한 제한을 두고 있는 것은 아니므로 심판대상조항이 청구인들의 직업선택의 자유를 제한하고 있다고 볼 수 없다. 청구인의 변호사시험 성적 공개 요구는 개인정보의 보호나 개인정보의 수집, 보유, 이용에 관한 통제권을 실질적으로 보장해 달라는 것으로 보기 어렵고, 변호사시험 성적이 정보주체의 요구에 따라 수정되거나 삭제되는 등 정보주체의 통제권이 인정되는 성질을 가진 개인정보라고 보기도 어렵다. 따라서 심판대상조항이 개인정보자기결정권을 제한하고 있다고 보기 어렵다(2015. 6. 25. 2011헌마769).　　　**정답 ②**

103 집회의 자유에 대한 설명 중 옳은 것은?

① 헌법에서 금지하고 있는 집회에 대한 허가는 입법권이 주체가 되어 집회의 내용·시간·장소 등을 사전심사하여 일반적인 집회금지를 특정한 경우에 해제함으로써 집회를 할 수 있게 하는 제도를 의미한다.

② 일출시간 전, 일몰시간 후에는 옥외집회 또는 시위를 금지하고, 다만 옥외집회의 경우 예외적으로 관할 경찰관서장이 허용할 수 있도록 한 구 '집회 및 시위에 관한 법률은 헌법 제21조 제2항이 규정하는 허가제 금지에 위반된다고 할 수 없다.
③ 헌법재판소가 스스로 일정한 시간대를 기준으로 하여 일출시간 전, 일몰시간 후에는 옥외집회 또는 시위를 금지하고, 다만 옥외집회의 경우 예외적으로 관할 경찰관서장이 허용할 수 있도록 한 구 '집회 및 시위에 관한 법률의 위헌적인 부분과 합헌적인 부분의 경계를 명확하게 정하는 것은 입법자의 일차적인 입법 권한과 책임에 대한 제약으로 작용하여 권력분립의 원칙을 침해할 가능성을 배제할 수 없으므로, 전부위헌결정을 하여야 한다.
④ 국회의사당 경계 지점으로부터 100미터 이내의 장소에서의 옥외집회를 전면적으로 금지하는 것은 국회의 기능을 보호하는 데 기여할 수 있으나 수단의 적합성이 인정되지 않는다.
⑤ 사법행정과 관련된 의사표시 전달을 목적으로 한 집회는 법관의 독립을 침해할 우려가 있으므로 금지되어야 한다.

▶ 정답 및 해설

① [X] 허가는 검열은 입법권이 주체가 되는 것이 아니라 행정권이 주제가 된다.
헌법 제21조 제2항은 집회에 대한 허가제는 집회에 대한 검열제와 마찬가지이므로 이를 절대적으로 금지하겠다는 헌법개정권력자인 국민들의 헌법가치적 합의이며 헌법적 결단이다. 또한 위 조항은 헌법 자체에서 직접 집회의 자유에 대한 제한의 한계를 명시한 것이므로 기본권 제한에 관한 일반적 법률유보조항인 헌법 제37조 제2항에 앞서서, 우선적이고 제1차적인 위헌심사기준이 되어야 한다. 헌법 제21조 제2항에서 금지하고 있는 '허가'는 행정권이 주체가 되어 집회 이전에 예방적 조치로서 집회의 내용·시간·장소 등을 사전심사하여 일반적인 집회금지를 확정한 경우에 해제함으로써 집회를 할 수 있게 하는 제도, 즉 허가를 받지 아니한 집회를 금지하는 제도를 의미한다(2009.9.24, 2008헌가25). 2021년 경찰승진
② [O] 헌법 제21조 제2항에 의하여 금지되는 '허가'는 '행정청이 주체가 되어 집회의 허용 여부를 사전에 결정하는 것'으로, 법률적 제한이 실질적으로 행정청의 허가 없는 옥외집회를 불가능하게 하는 것이라면 헌법상 금지되는 사전허가제에 해당하지만, 그에 이르지 아니하는 한 헌법 제21조 제2항에 반하는 것은 아니다. 이 사건 법률조항의 단서 부분은 본문에 의한 제한을 완화시키려는 것이므로 헌법이 금지하고 있는 '옥외집회에 대한 일반적인 사전허가'라고 볼 수 없다. 한편, 이 사건 법률조항 중 단서 부분은 시위에 대하여 적용되지 않으므로 야간 시위의 금지와 관련하여 헌법상 '허가제 금지' 규정의 위반 여부는 문제되지 아니한다(2014. 4. 24. 2011헌가29).
③ [X] 이 사건 법률조항은 사회의 안녕질서를 유지하고 시민들의 주거 및 사생활의 평온을 보호하기 위한 것으로서 정당한 목적 달성을 위한 적합한 수단이 된다. 그러나 '일출시간 전, 일몰시간 후'라는 광범위하고 가변적인 시간대의 옥외집회 또는 시위를 금지하는 것은 오늘날 직장인이나 학생들의 근무·학업 시간, 도시화·산업화가 진행된 현대사회의 생활형태 등을 고려하지 아니하고 목적 달성을 위해 필요한 정도를 넘는 지나친 제한을 가하는 것이어서 최소침해성 및 법익균형성 원칙에 반한다. **심판대상조항들은 '일몰시간 후부터 같은 날 24시까지의 옥외집회 또는 시위'에 적용되는 한 헌법에 위반된다.**
④ [X] 심판대상조항은 국회의원과 국회에서 근무하는 직원, 국회에 출석하여 진술하고자 하는 일반 국민이나 공무원 등이 어떠한 압력이나 위력에 구애됨이 없이 자유롭게 국회의사당에 출입하여 업무를 수행하며, 국회의사당을 비롯한 국회 시설의 안전이 보장될 수 있도록 하기 위한 목적에서 입법된 것으로 그 목적은 정당하고, 국회의사당 경계 지점으로부터 100미터 이내의 장소에서의 옥외집회를 전면적으로 금지하는 것은 국회의 기능을 보호하는 데 기여할 수 있으므로 수단의 적합성도 인정된다(2018.5.31, 2013헌바322 등). 최소성원칙 위반이다.
⑤ [X] 법원 인근에서의 집회라 할지라도 법관의 독립을 위협하거나 재판에 영향을 미칠 염려가 없는 집회도 있다. 예컨대 법원을 대상으로 하지 않고 검찰청 등 법원 인근 국가기관이나 일반법인 또는 개인을 대상으

로 한 집회로서 재판업무에 영향을 미칠 우려가 없는 집회가 있을 수 있다.
<u>법원을 대상으로 한 집회라도 사법행정과 관련된 의사표시 전달을 목적으로 한 집회 등 법관의 독립이나 구체적 사건의 재판에 영향을 미칠 우려가 없는 집회도 있다.</u> 한편 「집회 및 시위에 관한 법률」은 심판대상조항 외에도 집회·시위의 성격과 양상에 따라 법원을 보호할 수 있는 다양한 규제수단을 마련하고 있으므로, 각급 법원 인근에서의 옥외집회·시위를 예외적으로 허용한다고 하더라도 이러한 수단을 통하여 심판대상조항의 입법목적은 달성될 수 있다. 심판대상조항은 입법목적을 달성하는 데 필요한 최소한도의 범위를 넘어 규제가 불필요하거나 또는 예외적으로 허용가능한 옥외집회·시위까지도 일률적·전면적으로 금지하고 있으므로, 침해의 최소성원칙에 위배된다(2018.07.26, 2018헌바137). **정답 ②**

104 집회와 결사의 자유에 대한 설명 중 옳지 않은 것은?

① 미리 계획도 되었고 주최자도 있지만 집회시위법이 요구하는 시간 내에 신고를 할 수 없는 옥외집회 즉 긴급집회의 경우에, 신고 가능한 즉시 신고를 했거나, 또는 신고를 하지 않았지만 신고를 할 수 없는 긴급한 사정이 있고 옥외집회나 시위가 평화롭게 진행되어 타인의 법익이나 공공의 안녕질서에 대한 직접적인 위험이 명백하게 초래되지 않았다면, 미신고 위반을 이유로 처벌할 수 없다.
② 초·중·고 교사의 정치단체의 결성에 관여하거나 이에 가입할 수 없도록 한 국가공무원법 제65조는 '정치단체'는 '특정 정당이나 특정 정치인을 지지·반대하는 단체로서 그 결성에 관여하거나 가입하는 경우 공무원의 정치적 중립성 및 교육의 정치적 중립성을 훼손할 가능성이 높은 단체'로 한정할 수 있다. 따라서 '정치단체'의 범위가 지나치게 광범위하다거나 법관의 해석에 의하여 무한히 확대될 위험이 있다고 보기 어렵다.
③ 초·중등 교원이 정당의 당원이 되거나 정당의 결성에 관여하는 것을 금지하는 정당법 및 국가공무원법은 정당가입의 자유를 침해한다고 할 수 없다.
④ 구 「주택건설촉진법」상의 주택조합은 주택이 없는 국민의 주거생활의 안정을 도모하고 모든 국민의 주거수준 향상을 기한다는 공공목적을 위하여 법이 구성원의 자격을 제한적으로 정해 놓은 특수조합이어서, 이는 헌법상 결사의 자유가 뜻하는 헌법상 보호법익의 대상이 되는 단체가 아니다.
⑤ 상공회의소가 결사의 자유의 주체가 되는 사법인으로 기본적으로는 임의단체라고 하더라도 일반결사에 비하여 여러 규제와 혜택을 법령으로 규정하고 있으므로, 결사의 자유의 제한과 관련하여 순수한 사적인 임의결사의 기본권이 제한되는 경우에 비해서는 완화된 심사기준을 적용할 수 있다.

▶ **정답 및 해설**

①[○] 심판대상조항은 집회의 자유를 실질적으로 제한하거나 형해화하지 아니한다. 신고사항은 이익충돌을 조정하기 위하여 필요한 사항들이다. 또한 '48시간 전'의 신고시간이 지나치게 길다고 볼 수 없다. 한편, 심판대상조항은 예외 없이 모든 옥외집회에 대하여 신고의무를 부과하고 있으나, 미리 계획도 되었고 주최자도 있지만 집회시위법이 요구하는 시간 내에 신고를 할 수 없는 옥외집회, 즉 긴급집회의 경우에는 신고가능성이 존재하는 즉시 신고하여야 하는 것으로 해석된다. 따라서 신고 가능한 즉시 신고한 긴급집회의 경우에까지 심판대상조항을 적용하여 처벌할 수는 없다(헌재 2014. 1. 28. 2011헌바174등).

② [×] 「국가공무원법」 조항 중 '그 밖의 정치단체'에 관한 부분은, '그 밖의 정치단체'가 무엇인가에 대하여 규범 내용을 확정할 수 없는 불명확한 개념을 사용하고 있어, 표현의 자유를 규제하는 법률조항, 형벌의 구성요건을 규정하는 법률에 대하여 헌법이 요구하는 명확성원칙의 엄격한 기준을 충족하지 못하였다. 「국가공무원법」 조항 중 '그 밖의 정치단체'에 관한 부분은 어떤 단체에 가입하는가에 관한 집단적 형태의 '표현의 내용'에 근거한 규제이므로, 더욱 규제되는 표현의 개념을 명확하게 규정할 것이 요구된다. 그럼에도 위 조항은 '그 밖의 정치단체'라는 불명확한 개념을 사용하여, 수범자에 대한 위축효과와 법 집행 공무원의 자의적 판단 위험을 야기하고 있다. 위 조항이 명확성원칙에 위배된다(2020.4.23., 2018헌마551).

③ [○] 이 사건 정당가입 금지조항은 침해의 최소성 원칙에 반하지 않는다. 정치적 중립성, 초·중등학교 학생들에 대한 교육기본권 보장이라는 공익은 공무원들이 제한받는 사익에 비해 중대하므로 법익의 균형성 또한 인정된다(2020.4.23., 2018헌가551).

④ [○] 「주택건설촉진법」상의 주택조합은 주택이 없는 국민의 주거생활의 안정을 도모하고 모든 국민의 주거수준의 향상을 기한다는(동법 제1조) 공공목적을 위하여 법이 구성원의 자격을 제한적으로 정해 놓은 특수조합이어서 이는 헌법상의 결사의 자유가 뜻하는 헌법상 보호법익의 대상이 되는 단체가 아니다(1994.2.24, 92헌바43).

⑤ [○] 상공회의소는 상공업자들의 사적인 단체이기는 하나, 설립·회원·기관·의결방법·예산편성과 결산 등이 「상공회의소법」에 의하여 규율되고, 단체결성·가입·탈퇴에 상당한 제한이 있는 조직이며 다른 결사와 달리 일정한 공적인 역무를 수행하면서 지방자치단체의 행정지원과 자금지원 등의 혜택을 받고 있는 법인이므로, 이 사건 법률조항에 의한 결사의 자유 제한이 과잉금지원칙에 위배되는지 판단할 때에는, 순수한 사적인 임의결사에 비해서 완화된 기준을 적용할 수 있다(2006.5.25., 2004헌가1).   **정답** ②

제7절 직업의 자유, 재산권, 거주이전의 자유

105 직업의 자유의 자유에 대한 설명 중 옳지 않은 것은?

① 직업선택의 자유와 직업행사의 자유는 기본권 주체에 대한 그 제한의 효과가 다르기 때문에 제한에 대한 위헌심사기준도 다르며, 특히 직업행사의 자유에 대한 제한의 경우 인격발현에 대한 침해의 효과가 일반적으로 직업선택 그 자체에 대한 제한에 비하여 작기 때문에 그 제한이 보다 폭넓게 허용된다.

② 시설경비업을 허가받은 경비업자로 하여금 허가받은 경비업무 외의 업무에 경비원을 종사하게 하는 것을 금지하고, 이를 위반한 경비업자에 대한 허가를 취소하도록 정하고 있는 경비업법 제7조 제5항은 과잉금지원칙에 반하여 시설경비업을 수행하는 경비업자의 직업의 자유를 침해한다.

③ 경비업을 경영하고 있는 자들이나 다른 업종을 경영하면서 새로이 경비업에 진출하고자 하는 자들로 하여금, 경비업을 전문으로 하는 별개의 법인을 설립하지 않는 한 경비업과 그 밖의 업종을 겸영하지 못하도록 금지하고 있는 「경비업법」은 당사자의 능력이나 자격과 상관있는 주관적 사유에 의한 제한은 월등하게 중요한 공익을 위하여 명백하고 확실한 위험을 방지하기 위한 경우에만 정당화될 수 있고, 따라서 헌법재판소가 이 사건을 심사함에 있어서는 헌법 제37조 제2항이 요구하는바 과잉금지의 원칙, 즉 엄격한 비례의 원칙이 그 심사척도가 된다.

④ 경비업을 경영하고 있는 자들이나 다른 업종을 경영하면서 새로이 경비업에 진출하고자 하는 자들로 하여금, 경비업을 전문으로 하는 별개의 법인을 설립하지 않는 한 경비업과 그 밖의 업종을 겸영하지 못하도록 금지하고 있는 「경비업법」은 목적의 정당성은 있으나 방법의 적절성을 갖추지 못하여 직업의 자유를 침해한다.
⑤ 경비업자가 시설경비업무 또는 신변보호업무 중 집단민원현장에 일반경비원을 배치하는 경우 경비원을 배치하기 48시간 전까지 배치허가를 신청하고 허가를 받도록 정한 「경비업법」 제18조 제2항은 과잉금지원칙을 위반하여 경비업자의 직업수행의 자유를 침해하지 않는다.

▶ **정답 및 해설**

① [O] 헌법재판소는 직업수행의 자유 제한의 경우에는 입법자의 재량의 여지가 많으므로, 그 제한을 규정하는 법령에 대한 위헌 여부를 심사하는데 있어서 좁은 의미의 직업선택의 자유에 비하여 상대적으로 폭넓은 법률상의 규제가 가능한 것으로 보아 다소 완화된 심사기준을 적용하여 왔다(헌재 2001. 6. 28. 2001헌마132).
② [O] 비경비업무의 수행이 경비업무의 전념성을 직접적으로 해하지 아니하는 경우가 있음에도 불구하고, 심판대상조항은 경비업무의 전념성이 훼손되는 정도를 고려하지 아니한 채 경비업자가 경비원으로 하여금 비경비업무에 종사하도록 하는 것을 일률적·전면적으로 금지하고, 경비업자가 허가받은 시설경비업무 외의 업무에 경비원을 종사하게 한 때에는 필요적으로 경비업의 허가를 취소하도록 규정하고 있는 점, 누구든지 경비원으로 하여금 경비업무의 범위를 벗어난 행위를 하게 하여서는 아니 된다며 이에 대한 제재를 규정하고 있는 「경비업법」 제15조의2 제2항, 제19조 제1항 제7호 등을 통해서도 경비업무의 전념성을 충분히 확보할 수 있는 점 등에 비추어 볼 때, 심판대상조항은 침해의 최소성에 위배되고, 경비업무의 전념성을 중대하게 훼손하지 않는 경우에도 경비원에게 비경비업무를 수행하도록 하면 허가받은 경비업 전체를 취소하도록 하여 경비업을 전부 영위할 수 없도록 하는 것은 법익의 균형성에도 반한다. 따라서 심판대상조항은 **과잉금지원칙에 위반하여 시설경비업을 수행하는 경비업자의 직업의 자유를 침해한다**(2023. 3. 23. 2020헌가19).
③ [X] 심판대상조항은 경비업을 경영하고 있는 자들이나 다른 업종을 경영하면서 새로이 경비업에 진출하고자 하는 자들로 하여금 경비업을 전문으로 하는 별개의 법인을 설립하지 않는 한 경비업과 그 밖의 업종 간에 택일하도록 법으로 강제하고 있다. 이와 같이 **당사자의 능력이나 자격과 상관없는 객관적 사유**에 의한 제한은 월등하게 중요한 공익을 위하여 명백하고 확실한 위험을 방지하기 위한 경우에만 정당화될 수 있고, 따라서 헌법재판소가 이 사건을 심사함에 있어서는 헌법 제37조 제2항이 요구하는바 과잉금지의 원칙, 즉 엄격한 비례의 원칙이 그 심사척도가 된다(헌재 2002. 4. 25. 2001헌마614).
④ [O] 심판대상조항은 비전문적인 영세경비업체의 난립을 막고 전문경비업체를 양성하며, 경비원의 자질을 높이고 무자격자를 차단하여 불법적인 노사분규 개입을 막고자 하는 입법목적 자체는 정당하다고 보인다. 그러나 방법의 적절성의 관점에서 살펴볼 때 '경지업체의 전문화'라는 측면에서 현대의 경비업은 경비장비의 제조·설비·판매업이나 네트워크를 통한 정보산업, 시설물 유지관리, 나아가 경비원교육업 등을 포함하는 '토탈서비스(total service)'를 절실히 요구하고 있는 추세이고 법에서 규정하고 있는 좁은 의미의 경비업만을 영위하도록 하는 것은 영세한 경비업체의 난립을 방치하는 효과를 가진다는 점과 '경비원의 자질을 높이고 무자격자를 차단하여 불법적인 노사분규 개입을 방지하는 것'도 경비원교육의 강화·자격요건이나 보수 등의 근무여건의 향상을 통해 그 목적을 효과적이고 적절하게 달성할 수 있다는 점에서 방법의 적절성을 갖추지 못했다(헌재 2002. 4. 25. 2001헌마614).
⑤ [O] 배치허가 신청기한에 예외를 두거나 사후신고를 할 수 있도록 하는 경우에는 자격미달의 경비원을 기습 배치하는 등 악용의 소지가 있다. 따라서 심판대상조항이 일률적으로 경비업자에게 집단민원현장에 경비원을 배치하는 시점을 기준으로 48시간 전까지 배치허가를 신청하도록 한 것은 과도하지 않으며, 심판대상조항을 통해 달성되는 공익인 국민의 생명과 안전 및 재산은 제한되는 경비업자의 사익보다 월등히 크므로, **심판대상조항은 과잉금지원칙을 위반하여 경비업자의 직업수행의 자유를 침해하지 않는다**(2023. 2. 23. 2018헌마246).

정답 ③

106 직업의 자유에 대한 설명 중 옳지 않은 것은?

① 백화점 또는 대형 할인매장에서 운영하는 자가용자동차(셔틀버스)를 금지하는 「여객자동차운수사업법」은 직업행사의 자유제한이나 비례원칙에 위반되지 않는다.
② 제1종 운전면허의 취득요건으로 양쪽 눈의 시력이 각각 0.5 이상일 것을 요구하는 「도로교통법 시행령」은 운전업무종사자에게는 주관적 사유에 의한 직업의 자유제한이고 시력기준에 미달하는 자는 제1종 운전면허 대상 차량을 자신이 직접 운전하는 방법으로는 자신의 영업에 제공할 수 없게 되어 직업수행의 자유에도 일정한 제한을 받게 된다.
③ 피보험자인 전 국민의 의료보험수급권을 보장할 목적으로 의료기관을 요양기관으로 강제로 지정하는 '강제지정제'의 경우는 직업선택의 자유의 제한이론인 단계이론에 의할 때, 가장 완화된 심사기준을 적용하여야 한다.
④ 학원강사 자격제는 주관적 사유에 의한 직업선택의 자유를 제한한다.
⑤ 방송문화진흥회가 최다 출자자인 방송사업자의 경우 한국방송광고진흥공사가 위탁하는 방송광고에 한하여 방송광고를 할 수 있도록 한 「방송광고판매 대행 등에 관한 법률」은 제3단계인 객관적 사유에 의한 직업선택의 자유 제한이다.

▶ 정답 및 해설

①[O] 심판대상조항은 그 목적의 정당성과 방법의 적합성을 인정할 수 있고, 나아가 피해의 최소성과 법익의 균형성을 갖춘 것이므로, 비록 이로 말미암아 청구인들의 영업의 자유에 제약을 가한 점이 있다 하더라도 그 제약은 헌법상 정당한 범위 내의 제한이라고 할 수 있다(헌재 2001. 6. 28. 2001헌마132).
②[O] 심판대상조문에서 정한 시력기준에 미달하는 자는 제1종 운전면허를 요구하는 직업에 종사할 수 없게 되어 좁은 의미의 직업선택의 자유에 제한을 받게 된다. **운전면허는 운전업무종사자에 대한 일정한 자격을 설정한 것으로 볼 수 있는데,** 자격요건의 설정은 원칙적으로 입법형성의 자유에 속하는 것이고, 다만 그 자격요건의 설정이 재량의 범위를 넘어 명백히 불합리하게 된 경우에는 기본권 침해 등의 문제가 생길 수 있다. 심판대상조문에서 정한 시력기준에 미달하는 자는 제1종 운전면허 대상 차량을 자신이 직접 운전하는 방법으로는 자신의 영업에 제공할 수 없게 되어 직업수행의 자유에도 일정한 제한을 받게 된다(헌재 2003. 6. 26. 2002헌마677).
③[O] 단계이론에 의할 때, '객관적 사유에 의한 직업결정의 자유의 제한'에 있어서 가장 엄격한 심사기준을 적용한다. 즉, 월등하게 중요한 공익을 위하여 명백하고 확실한 위험을 방지하기 위한 경우에만 정당화될 수 있다. '강제지정제'는 '직업행사의 자유 제한'에 해당한다.
④[O] 이 사건 심판대상은 주관적 사유로 직업의 자유를 제한하고 있으므로 직업행사의 자유 제한보다는 엄밀한 정당화가 요구되나 객관적 사유에 의한 직업 선택의 자유를 제한하는 경우에 비하면 입법자는 넓은 재량을 가지므로 보다 유연하고 탄력적 심사가 필요하다(2003.9.25, 2002헌마519).
⑤[X] 직업수행의 자유가 보장된다 하더라도 기본권 제한 입법의 한계조항인 헌법 제37조 제2항에 따라 국가안전보장·질서유지 또는 공공복리를 위하여 불가피한 경우에는 이를 제한할 수 있고, 이 경우 직업선택의 자유에 비하여 상대적으로 폭넓은 입법적 규제가 가능하다. 물론 이러한 경우 그 수단은 목적 달성에 적절한 것이어야 하고, 또한 필요한 정도를 넘는 지나친 것이어서는 아니 된다. 이 사건 심판대상조항이 공영방송사의 경우 공영미디어렙인 한국방송광고진흥공사만을 통해 방송광고 판매를 하도록 한 것은 미디어렙 경쟁체제에서 나타날 수 있는 방송의 상업화 등 부작용을 방지하고, 공영방송사에 대한 광고주나 특정인의 부당한 영향력 행사를 차단하여 방송의 공공성, 공정성, 다양성을 확보하기 위한 것으로, 방송문화진흥회가 최다출자자인 청구인과 같은 공영방송사는 그 존립근거나 운영주체의 특성상 상대적으로 더 높은 수준의 공공성을 요구받는 것이 당연하다. 방송광고의 가격이나 광고총량을 통제하여 방송이 시청률

위주의 지나친 상업적 방송이 되는 것을 막고, 시청률은 낮더라도 공익성이 높은 프로그램의 경우에는 적정한 가격에 방송광고를 판매할 수 있도록 그 규제가 가능한 공영미디어렙을 통해 방송광고를 판매하도록 하는 것은 과잉금지원칙에 위반된다고 볼 수 없다(2013.9.26, 2012헌마271).   **정답** ⑤

107 직업의 자유에 대한 설명으로 옳지 않은 것은?

① 시각장애인에 대하여만 안마사 자격인정을 받을 수 있도록 하는 것은 당사자의 능력이나 자격과 상관없으므로 객관적 허가요건에 의한 직업선택의 자유에 대한 제한에 해당한다.
② 시각장애인만이 안마사가 될 수 있도록 한 안마사규칙에 대해 헌법재판소는 위헌이라고 한 바 있었으나, 안마사법에 대해서는 위헌이 아니라고 하였다.
③ 치과전문의 자격인정요건으로 '외국의 의료기관에서 치과의사 전문의 과정을 이수한 사람'을 포함하지 아니한 「치과의사전문의의 수련 및 자격인정 등에 관한 규정」 제18조 제1항이 청구인들의 직업수행의 자유를 침해한다.
④ 보건복지부장관이 의료법 및 위 규정의 위임에 따라 치과전문의 자격시험을 실시하기 위하여 필요한 시행규칙의 개정 등 절차를 마련하지 아니하는 입법부작위는 직업의 자유, 행복추구권 및 평등권뿐 아니라 학문의 자유를 침해한다.
⑤ 치과전문의제도의 불시행으로 인하여 치과의사의 재산권은 침해되었다고 할 수 없다.

▶ 정답 및 해설

①[O] 안마사 자격인정에 있어서 비맹제외기준은 시각장애인이 아닌 사람의 직업선택의 자유를 직접 침해하고 있고, 이는 당사자의 능력이나 자격과 상관없는 객관적 허가요건에 의한 직업선택의 자유에 대한 제한을 의미하므로, 헌법 제37조 제2항이 요구하는 과잉금지의 원칙을 충족하여야 할 것이다(2006.5.25., 2003헌마715).
②[O] 헌법재판소는 과거 시각장애인에 한하여 안마사 자격인정을 받을 수 있도록 하는, 이른바 비맹제외기준을 설정하고 있는 안마사에 관한 규칙이 법률유보원칙에 위배하여 일반인의 직업선택의 자유를 침해한다고 보았다(2006.5.25, 2003헌마715 등). 그 후 국회에서 「의료법」을 개정하여 법률에서 비맹제외기준을 설정한 것이 직업선택의 자유를 침해하는지 여부가 문제된 사안에서는 시각장애인에 한하여 안마사 자격을 인정하는 것을 합헌으로 판시하였다(2008.10.30, 2006헌마1098 등).
③[O] 외국의 의료기관에서 치과전문의 과정을 이수한 사람에 대해 그 외국의 치과전문의 과정에 대한 인정절차를 거치거나, 치과전문의자격시험에 앞서 예비시험제도를 두는 등 직업의 자유를 덜 제한하는 방법으로도 입법목적을 달성할 수 있고, 이미 국내에서 치과의사면허를 취득하고 외국의 의료기관에서 치과전문의 과정을 이수한 사람들에게 다시 국내에서 전문의 과정을 다시 이수할 것을 요구하는 것은 지나친 부담을 지우는 것이므로, 심판대상조항은 침해의 최소성원칙에 위배되고 법익의 균형성도 충족하지 못한다. 따라서 심판대상조항은 과잉금지원칙에 위배되어 청구인들의 직업수행의 자유를 침해한다(2015.9.24, 2013헌마197).
④[X] 청구인들은 직업으로서 치과전문의를 선택하고 이를 수행할 자유(직업의 자유)를 침해당하고 있다. 또한 청구인들은 전공의수련과정을 사실상 마치고도 치과전문의 자격시험의 실시를 위한 제도가 미비한 탓에 치과전문의 자격을 획득할 수 없었고 이로 인하여 형벌의 위험을 감수하지 않고는 전문과목을 표시할 수 없게 되었으므로,(「의료법」 제55조 제2항, 제69조 참조) 행복추구권을 침해받고 있고, 이 점에서 전공의수련과정을 거치지 않은 일반 치과의사나 전문의시험이 실시되는 다른 의료 분야의 전문의에 비하여 불합리한 차별을 받고 있다.
➡ 학문의 자유: 치과전문의 자격시험이 실시되지 아니하더라도 치과의사가 어느 전문 분야에 관하여 전문적인

교육을 받고, 연구를 함에 있어 법률상 또는 현실적으로 특별한 제한이나 불이익을 받고 있다고는 할 수 없으며, 따라서 치과전문의제도의 불시행으로 인하여 청구인들의 학문의 자유가 침해되었다고 할 수는 없다(1998.7.16, 96헌마246).

⑤ [○] 급료청구권이나 급료는 재산권이므로 이들 자체를 박탈하는 것은 재산권의 침해라고 할 수 있지만, 전문의 자격의 불비로 인하여 급료를 정함에 있어 불이익을 받는 것은 사실적·경제적 기회의 문제에 불과할 뿐 재산권의 침해라고 보기 어렵다(1998.7.15., 96헌마246).   정답 ④

108 전문과목을 표시한 치과의원은 그 표시한 전문과목에 해당하는 환자만을 진료하여야 한다고 규정한 의료법에 대해 헌법소원심판이 청구되었다. 이에 대한 설명 중 옳지 않은 것을 모두 조합한 것은?

ㄱ. 전문과목을 표시한 치과의원은 그 표시한 전문과목에 해당하는 환자만을 진료하여야 한다고 규정한 「의료법」이 치과전문의의 직업수행의 자유 및 의료소비자의 선택권을 침해하는지 여부가 주된 쟁점이다.

ㄴ. 청구인이 가졌던 신뢰는 전문과목을 표시한 치과의원이 모든 전문과목의 진료를 할 수 있을 것으로 예측 내지 기대한 것에 불과하므로 심판대상「의료법」이 신뢰보호원칙에 위배되어 청구인들의 직업수행의 자유를 침해한다고 볼 수 없다.

ㄷ. 심판대상조항은 명확성원칙에 위배되어 청구인들의 직업수행의 자유를 침해한다.

ㄹ. 심판대상조항은 전문의 자격제도를 둔 취지, 국내 실정에 맞는 의료지식 및 관행, 의료소비자의양상 등을 숙지한 사람만 치과전문의 자격인정을 받을 수 있게 한 입법목적, 심판대상조항은 청구인들이 국내에서 전공의 수련과정을 이수하지 못하도록 하는 제한이 없는 점, 치과의사인 청구인들은 심판대상조항에 따라 외국에서 전문의 수련과정을 마치더라도 국내에서 전공의 수련과정을 마친 것과 동일하게 인정받지 못한다는 사실을 잘 알고 있었을 것으로 보이는 점 등을 종합적으로 고려할 때, 심판대상조항이 입법재량의 범위를 벗어나 청구인들의 직업선택의 자유를 침해한다고 볼 수 없다.

ㅁ. 1차 의료기관의 전문과목 표시에 대해 불이익을 주어 치과 전문의들이 2차 의료기관에 근무하도록 유도하는 것은 적정한 치과 의료 전달체계의 정립을 위해 적절한 방안이 될 수 없다.

ㅂ. 의사전문의와 치과전문의 모두 혼자의 치료를 위한 전문성을 필요로 한다는 점을 감안하면, 치과전문의의 자격 인정 요건을 의사전문의의 경우와 다르게 규정할 특별한 사정이 있다고 보기도 어렵다. 따라서 심판대상조항은 청구인들의 평등권을 침해한다.

① ㄱㄷㅁ ② ㄴㄷㄹ ③ ㄷㄹㅁ
④ ㄱㄷㄹ ⑤ ㄴㄷㅁ

▶ 정답 및 해설

ㄱ. [×] 청구인들은 심판대상조항이 환자의 자기결정권을 침해한다고 주장한다. 청구인들이 의료인(치과전문의)의 지위와 의료소비자(환자)의 지위를 동시에 갖고 있기는 하나, 이 사건에서는 심판대상조항이 치과전문의의 직업수행의 자유 및 평등권을 침해하는지 여부가 주된 쟁점이고, 의료소비자의 선택권이 제한되는 것은 치과전문의의 진료영역을 제한함에 따라 발생하는 효과이므로, 치과전문의의 직업수행의 자유 및 평

등권의 침해 여부를 판단하는 과정에서 이를 함께 고려하는 것으로 충분하다. 따라서 환자의 자기결정권 침해 여부는 별도로 판단하지 아니한다(2015.5.28, 2013헌마799).
ㄴ. [O] 심판대상조항이 2011.4.28. 신설되어 그 시행까지 2년 6개월이 넘는 유예기간을 두었던 점 등을 고려할 때, 청구인들의 신뢰이익에 대한 침해 정도가 그다지 중하다고 볼 수도 없다. 따라서 심판대상조항은 신뢰보호원칙에 위반하여 청구인들의 직업수행의 자유를 침해한다고 볼 수 없다.
ㄷ. [×] **심판대상조항이 명확성원칙에 위배되어 청구인들의 직업수행의 자유를 침해하는지 여부(소극)**
치과전문의가 되기 위해서는 치과의사 면허를 받은 자가 치과전공의 수련과정을 거쳐 치과전문의 자격시험에 합격해야 하므로, 심판대상조항의 수범자인 치과전문의는 각 전문과목의 진료 내용과 진료영역 및 전문과목 간의 차이점 등을 알 수 있다. 따라서 심판대상조항은 명확성원칙에 위배되어 직업수행의 자유를 침해한다고 볼 수 없다.
ㄹ. [×] 일반적으로 직업수행의 자유에 대하여는 직업선택의 자유와는 달리 공익목적을 위하여 상대적으로 폭넓은 입법적 규제가 가능한 것이지만, 그렇다고 하더라도 그 수단은 목적달성에 적절한 것이어야 하고 또한 필요한 정도를 넘는 지나친 것이어서는 아니 된다.
ㅁ. [O] 1차 의료기관의 전문과목 표시에 대해 불이익을 주어 치과 전문의들이 2차 의료기관에 근무하도록 유도하는 것은 적정한 치과 의료 전달체계의 정립을 위해 적절한 방안이 될 수 없다. 또한 심판대상조항은 자신의 전문과목 환자만 진료해도 충분한 수익을 올릴 수 있는 전문과목에의 편중현상을 심화시킬 수 있다. 따라서 심판대상조항은 수단의 적절성과 침해의 최소성을 갖추지 못하였다.
ㅂ. [O] 1976년부터 2003년까지 의사전문의와 치과전문의를 함께 규율하던 구 '전문의의 수련 및 자격 인정 등에 관한 규정'(2003. 6. 30. 대통령령 제18040호로 치과전문의 규정이 제정되기 전의 것)이 의사전문의 자격 인정 요건과 치과전문의 자격 인정 요건에 대하여 동일하게 규정하였던 점이나, 의사전문의와 치과전문의 모두 환자의 치료를 위한 전문성을 필요로 한다는 점을 감안하면, 치과전문의 자격 인정 요건을 의사전문의의 경우와 다르게 규정할 특별한 사정이 있다고 보기도 어렵다. 따라서 심판대상조항은 청구인들의 평등권을 침해한다.

정답 ④

109 직업의 자유에 대한 설명 중 옳은 것은?

① 한국방송광고공사와 이로부터 출자를 받은 회사가 아니면 지상파방송사업자에 대해 방송광고 판매대행을 할 수 없도록 규정하고 있는 구 방송법 제73조 제5항은 직업수행의 자유에 대한 제한이지만 그 실질이 직업수행의 자유를 형해화시키는 경우에는 그것이 직업선택이 아닌 직업수행의 자유에 대한 제한이라고 하더라도 엄격한 심사기준이 적용된다 할 것이다.
② 법령에서 사법시험 시행 전에 선발예정인원을 정하는 정원제를 규정하는 것은 사법시험을 통하여 변호사에게 필요한 자질과 능력을 검증하는 것이 아니라 변호사의 사회적 수급상황 등을 고려한 것이기에 객관적 사유에 의한 직업의 자유의 제한에 해당한다.
③ 학원설립·운영자가 구 「학원의 설립·운영 및 과외교습에 관한 법률」을 위반하여 벌금형을 선고받은 경우 등록의 효력을 잃도록 규정하고 있는 것은 당사자의 능력이나 자격과는 하등 관련이 없는 객관적 사유에 의한 직업선택의 자유에 대한 제한이다.
④ 한국산업인력공단의 "2019년도 제56회 변리사 국가자격시험 시행계획 공고" 가운데 '2019년 제2차 시험과목 중 특허법과 상표법 과목에 실무형 문제를 각 1개씩 출제' 부분이 사건 공고가 과잉금지원칙을 위반하여 직업선택의 자유를 침해한다.
⑤ 변호사의 자격이 있는 자에게 더 이상 세무사 자격을 부여하지 않는 구 세무사법은 선택한 직업을 자기가 원하는 방식으로 자유롭게 수행할 수 있는 '직업수행의 자유'를 제한한다.

▶ 정답 및 해설

① 【O】 지상파 방송광고가 전체 방송광고 시장의 대부분을 차지하고 있는 우리나라 광고시장의 현실을 감안할 때, 지상파방송사업자에 대한 방송광고 판매대행을 한국방송광고공사나 이로부터 출자를 받은 방송광고 판매대행사만 하도록 하는 것은 청구인과 같은 민영 방송광고 판매대행사의 직업수행의 자유를 유명무실하게 할 우려가 있다. 이와 같이 직업수행의 자유에 대한 제한이지만 그 실질이 직업수행의 자유를 형해화시키는 경우에는 그것이 직업선택이 아닌 직업수행의 자유에 대한 제한이라고 하더라도 엄격한 심사기준이 적용된다 할 것이다(헌재 2008. 11. 27. 2006헌마352).

② 【X】 시험제도란 본질적으로 응시자의 자질과 능력을 측정하는 것이며, 합격자의 결정을 상대평가(정원제)와 절대평가 중 어느 것에 의할 것인지는 측정방법의 선택의 문제일 뿐이고, 이 사건 법률조항이 사법시험의 합격자를 결정하는 방법으로 정원제를 취한 이유는 상대평가라는 방식을 통하여 응시자의 자질과 능력을 검정하려는 것이므로 이는 객관적 사유가 아닌 주관적 사유에 의한 직업선택의 자유의 제한이다(2010.5. 27., 2008헌바110).

③ 【X】 청구인과 같은 학원설립·운영자는 「학원의 설립·운영 및 과외교습에 관한 법률」 위반으로 벌금형을 선고받을 경우 이 사건 효력상실조항에 따라 그 등록은 효력을 잃게 되고, 다시 등록을 하지 않는 이상 학원을 설립·운영할 수 없게 된다. 이는 일정한 직업을 선택함에 있어 기본권 주체의 능력과 자질에 따른 제한으로서 이른바 '주관적 요건에 의한 좁은 의미의 직업선택의 자유의 제한'에 해당한다(2014.1.28., 2011헌바252).

④ 【X】 이 사건 공고는 변리사시험 응시자로 하여금 일정 수준 이상의 기술적 전문지식과 실무능력을 평가받도록 함으로써 심화되는 국내외 산업재산권 분쟁에 대응할 수 있는 능력을 갖춘 변리사를 선발·양성하기 위한 것으로, 목적의 정당성 및 수단의 적합성이 인정된다. 이 사건 공고로 인하여 청구인들이 실무형 문제를 풀어야 하는 부담을 지게 되지만, 청구인들이 제한받게 되는 사익이 이 사건 공고로 달성하고자 하는 공익보다 크다고 보기 어려우므로, 이 사건 공고는 법익의 균형성 원칙에 위배되지 않는다. 그렇다면 이 사건 공고는 과잉금지원칙을 위반하여 청구인들의 직업선택의 자유를 침해하지 않는다(2019. 5. 30. 2018헌마1208).

⑤ 【X】 헌법 제15조는 "모든 국민은 직업선택의 자유를 가진다."라고 규정하여 개인이 원하는 직업을 자유롭게 선택하는 '좁은 의미의 직업선택의 자유'와 그가 선택한 직업을 자기가 원하는 방식으로 자유롭게 수행할 수 있는 '직업수행의 자유'를 보장하고 있다. 이 사건 법률조항은 종건과 달리 변호사의 자격이 있는 사람으로 하여금 '세무사로서' 세무대리업무를 수행하기 위해서는 별도로 세무사 자격시험에 합격할 것을 요구하여 세무사라는 직업을 선택할 수 있는 자유를 제한한다(2021. 7. 15. 2018헌마279).

정답 ①

110. 직업의 자유에 대한 설명 중 옳은 것(○)과 옳지 않은 것(×)을 올바르게 조합한 것은? (다툼이 있는 경우 판례에 의함)

ㄱ. 허가받은 지역 밖에서의 이송업의 영업을 금지하고 처벌하는 '응급의료에 관한 법률'은 과잉금지원칙을 위반하여 직업수행의 자유를 침해한다고 볼 수 없다.
ㄴ. 변호사의 자격이 있는 자에게 더 이상 세무사 자격을 부여하지 않는 구 세무사법은 신뢰보호원칙에 반하여 직업선택의 자유를 침해한다.
ㄷ. 세무사 자격 보유 변호사로 하여금 세무사로서 세무사의 업무를 할 수 없도록 규정한 세무사법 제20조 제1항 본문 중 변호사에 관한 부분은 세무사 자격 보유 변호사의 직업선택의 자유를 침해한다.
ㄹ. 유사군복의 판매 목적 소지를 금지하는 '군복 및 군용장구의 단속에 관한 법률'은 과잉금지원칙을 위반하여 직업의 자유 내지 일반적 행동의 자유를 침해한다.
ㅁ. 의료인은 어떠한 명목으로도 둘 이상의 의료기관을 운영할 수 없다고 규정한 의료법은 과잉금지원칙에 반한다.

① ㄱ(○), ㄴ(○), ㄷ(×), ㄹ(○), ㅁ(○)
② ㄱ(×), ㄴ(×), ㄷ(○), ㄹ(×), ㅁ(○)
③ ㄱ(○), ㄴ(×), ㄷ(○), ㄹ(×), ㅁ(×)
④ ㄱ(×), ㄴ(○), ㄷ(○), ㄹ(○), ㅁ(×)
⑤ ㄱ(×), ㄴ(○), ㄷ(×), ㄹ(○), ㅁ(×)

▶ 정답 및 해설

ㄱ. [○] 허가받은 지역 밖에서의 이송업의 영업을 금지하고 처벌하는 '응급의료에 관한 법률'은 국민의 생명과 건강에 직결되는 응급이송체계를 적정하게 확립한다는 공익의 중요성에 비추어 영업지역의 제한에 따라 침해되는 이송업자의 사익이 크다고 보기는 어려우므로 법익의 균형성도 인정된다. 따라서 심판대상조항은 과잉금지원칙을 위반하여 직업수행의 자유를 침해한다고 볼 수 없다(2018. 2. 22. 2016헌바100).

ㄴ. [×] 청구인들의 신뢰는 입법자에 의하여 꾸준히 축소되어 온 세무사 자격 자동부여 제도에 관한 것으로서 그 보호의 필요성이 크다고 보기 어렵다. 나아가 설령 그것이 보호가치가 있는 신뢰라고 하더라도 변호사인 청구인들은 변호사법 제3조에 따라 변호사의 직무로서 세무대리를 할 수 있으므로 신뢰이익을 침해받는 정도가 이 사건 부칙조항이 달성하고자 하는 공익에 비하여 크다고 보기 어렵다. 따라서 이 사건 부칙조항은 신뢰보호원칙을 위배하여 청구인들의 직업선택의 자유를 침해하지 않는다(2021. 7. 15. 2018헌마27).

ㄷ. [○] 세무사로서 세무대리를 일체 할 수 없게 됨으로써 세무사 자격 보유 변호사가 받게 되는 불이익이 심판대상조항으로 달성하려는 공익보다 경미하다고 보기 어려우므로, 심판대상조항은 법익의 균형성도 갖추지 못하였다. 그렇다면, 심판대상조항은 과잉금지원칙을 위반하여 세무사 자격 보유 변호사의 직업선택의 자유를 침해하므로 헌법에 위반된다(2018. 4. 26. 2015헌가19).

ㄹ. [×] 유사군복이 모방하고 있는 대상인 전투복은 군인의 전투용도로 세심하게 고안되어 제작된 특수한 물품이다. 이를 판매 목적으로 소지하지 못하여 입는 개인의 직업의 자유나 일반적 행동의 자유의 제한 정도는, 국가안전을 보장하고자 하는 공익에 비하여 결코 중하다고 볼 수 없다. 따라서 심판대상조항은 과잉금지원칙을 위반하여 직업의 자유 내지 일반적 행동의 자유를 침해한다고 볼 수 없다(2019. 4. 11. 2018헌가14).

ㅁ. [×] 이 사건 법률조항은 의료인으로 하여금 하나의 의료기관에서 책임 있는 의료행위를 하게 하여 의료행위의 질을 유지하고, 지나친 영리추구로 인한 의료의 공공성 훼손 및 의료서비스 수급의 불균형을 방지하며, 소수의 의료인에 의한 의료시장의 독과점 및 의료시장의 양극화를 방지하기 위한 것이다. 국가가 국민의 건강을 보호하고 적정한 의료급여를 보장해야 하는 사회국가적 의무 등을 종합하여 볼 때, 이 사건 법률조항은 과잉금지원칙에 반한다고 할 수 없다(2019. 8. 29. 2014헌바212).

정답 ③

111 직업의 자유에 대한 설명 중 옳지 않은 것을 모두 조합한 것은?

ㄱ. 공중보건의사에 편입되어 공중보건의사로 복무하는 것은 직업선택의 자유의 보호대상이 되는 '직업' 개념에 포함된다.
ㄴ. 약사 또는 한약사가 아닌 자연인'의 약국 개설을 금지하고 위반 시 형사처벌하는 약사법 제20조 제1항이 과잉금지원칙에 반하여 직업의 자유를 침해한다고 할 수 없다.
ㄷ. 안경사 면허를 가진 자연인에게만 안경업소의 개설 등을 할 수 있도록 하여 안경사들로만 구성된 법인 형태의 안경업소 개설까지 허용하지 않는 구 의료기사 등에 관한 법률은 직업의 자유에 대한 필요 이상의 제한으로 그 침해의 정도도 상당하므로, 과잉금지원칙에 반하여 직업수행의 자유를 침해한다.
ㄹ. 변호사는 계쟁권리(係爭權利)를 양수할 수 없다고 규정한 변호사법 제32조는 변호사의 직업수행의 자유를 침해하지 않는다.
ㅁ. 과세관청의 공무원을 증원하거나 세무사에게 성실신고확인서를 작성하는 공적 지위를 부여하거나 소득세 신고 이후 과세관청의 조사 결과 불성실신고가 확인된 사업자 등으로 성실신고확인서 제출의무 대상자를 한정하는 등 기본권을 덜 제한하는 방법이 있으므로, 심판대상조항은 과잉금지원칙에 위배되어 세무사의 직업행사의 자유를 침해한다.

① ㄱㄷㅁ   ② ㄷㄹ   ③ ㄴㄷㄹ
④ ㄷㄹㅁ   ⑤ ㄱㄹ

▶ **정답 및 해설**

ㄱ.【X】 청구인이 공중보건의사에 편입되어 공중보건의사로 복무하는 것은 병역의 종류의 하나인 보충역으로서 병역의무를 이행하기 위한 것이므로, 직업선택의 자유의 보호대상이 되는 '직업' 개념에 포함된다고 보기 어렵다. 따라서 직업선택의 자유 침해 여부는 문제되지 않는다(2020. 9. 24. 2017헌마643).
ㄴ.【O】 약국 개설은 전 국민의 건강과 보건, 나아가 생명과도 직결된다는 점에서, 달성되는 공익보다 제한되는 사익이 더 중하다고 볼 수 없다. 심판대상조항은 과잉금지원칙에 반하여 직업의 자유를 침해하지 않는다(2020. 10. 29. 2019헌바249).
ㄷ.【X】 대규모 자본을 가진 비안경사들이 법인의 형태로 안경시장을 장악하여 개인 안경업소들이 폐업하면 안경사와 소비자 간 신뢰관계 형성이 어려워지고, 독과점으로 인해 안경 구매비용이 상승할 수 있다. 반면 현행법에 의하더라도 안경사들은 협동조합, 가맹점 가입, 동업 등의 방법으로 법인의 안경업소 개설과 같은 조직화, 대형화 효과를 어느 정도 누릴 수 있다. 따라서 심판대상조항은 과잉금지원칙에 반하지 아니하여 자연인 안경사와 법인의 직업의 자유를 침해하지 아니한다(2021. 6. 24. 2017헌가31).
ㄹ.【O】 심판대상조항은 변호사에게 요구되는 윤리성을 담보하고, 의뢰인과의 신뢰관계 균열을 방지하며, 법률사무 취급의 전문성과 공정성 등을 확보하고자 마련된 것이다. 계쟁권리 양수는 변호사의 직무수행 과정에서 의뢰인과의 사이에 신뢰성과 업무수행의 공정성을 훼손할 우려가 크기에 양수의 대가를 지불하였는지를 불문하고 금지할 필요가 있다. 양수가 금지되는 권리에는 계쟁목적물은 포함되지 않으며 '계쟁 중'에만 양수가 금지된다는 점을 고려하면 변호사로 하여금 계쟁권리를 양수하지 못하도록 하는 것을 과도한 제한이라고 볼 수 없다. 따라서 이 조항은 변호사의 직업수행의 자유를 침해하지 않는다(2021. 10. 28. 2020헌바488).
ㅁ.【X】 세무사의 입장에서도 성실신고 확인업무를 충실히 수행하여 그 성실성을 담보하면 과태료나 직무정지와 같은 불이익 없이 오히려 수임을 통해 금전적 이득을 볼 수 있으므로 그 제한이 과중하다고 보기 어

려워 법익균형성도 충족한다. 심판대상조항은 과잉금지원칙에 위배되어 세무사 등의 직업수행의 자유를 침해하지 않는다(2019. 7. 25. 2016헌바392). **정답** ①

112 직업의 자유의 자유 설명 중 옳지 않은 것을 모두 조합한 것은?

ㄱ. 외국인근로자의 사업장 변경 사유를 제한하는 외국인고용법 제25조 제1항은 외국인근로자의 사업장 변경 사유를 제한하는 외국인고용법 제25조 제1항은 근로의 권리를 제한하지 않으나 직업선택의 자유 중 직장선택의 자유를 제한한다.
ㄴ. '특정 시점부터 해당 직업을 선택하고 직업수행을 개시할 자유'가 직업선택의 자유, 직업수행의 자유의 내용으로 보호된다.
ㄷ. 법무법인에 대하여 변호사법 제38조 제2항(변호사 겸직허가)을 준용하지 않고 있어 변호사 업무 외의 업무를 수행할 수 없도록 한 변호사법이 법무법인의 영업의 자유를 침해한다.
ㄹ. 지역아동센터 시설별 신고정원의 80% 이상을 돌봄취약아동으로 구성하도록 정한 '2019년 지역아동센터 지원 사업안내'는 직업수행의 자유를 침해한다고 할 수 없다.
ㅁ. 집단급식소에 근무하는 영양사의 직무를 규정한 조항인 식품위생법 제52조 제2항을 위반한 자를 처벌하는, 식품위생법 제96조는 직무를 수행하지 아니한 행위 일체를 처벌대상으로 하는 것이 아니라 집단급식소의 위생과 안전을 침해할 위험이 있는 행위로 한정하여 처벌대상으로 하고 있다. 그러므로 처벌조항은 과잉금지원칙에 위반되지 않는다.

① ㄱㄷㅁ
② ㄷㄹ
③ ㄴㄷㅁ
④ ㄷㄹㅁ
⑤ ㄱㄹ

▶ 정답 및 해설

ㄱ. [O] 청구인들은 본안 심판대상조항들이 근로의 권리를 침해한다고 주장하나, 근로의 권리를 구체화한 근로기준법이나 산업안전보건법 등 법령은 외국인근로자에게도 모두 적용되고, 사용자가 의무를 위반한 경우 외국인근로자가 그에 따른 법정 구제절차를 이용하는 데 아무런 제한이 없다. 나아가 헌법상 근로의 권리에, 열악한 근로환경을 갖춘 사업장을 이탈하여 다른 사업장으로 이직함으로써 사적(私的)으로 근로환경을 개선하거나 해결하는 방법을 보장하는 것까지 포함된다고 볼 수는 없다. 따라서 본안 심판대상조항들은 근로의 권리를 제한하지 않는다. 이 사건 사유제한조항 및 이 사건 고시조항은 외국인근로자의 사업장 변경 사유를 제한하고 있는바, 이로 인하여 외국인근로자는 일단 형성된 근로관계를 포기하고 직장을 이탈하는 데 있어 제한을 받게 되므로 이는 직업선택의 자유 중 직장선택의 자유를 제한하고 있다(2021. 12. 23. 2020헌마395).
ㄴ. [X] 병역의무 이행을 이유로 수련기간에서 2개월이 제외되었다고 하여 어떠한 불이익한 처우를 받는 것도 아니므로, 이 사건에서 청구인들이 주장하는 취지의 '특정 시점부터 해당 직업을 선택하고 직업수행을 개시할 자유'가 직업선택의 자유, 직업수행의 자유의 내용으로 보호된다고 보기는 어렵다(2020. 9. 24. 2019헌마472).
ㄷ. [X] 법무법인이 변호사 직무와 구분되는 영리행위는 할 수 없도록 함으로써 법무법인이 단순한 영리추구 기업으로 변질되는 것을 방지하기 위한 것으로 과잉금지원칙에 위반되지 않는다(2020. 7. 16. 2018헌바195).
ㄹ. [O] 이용 아동구성이 달라진다고 하여 청구인 운영자들의 지역아동센터 운영에 어떠한 본질적인 차이를 가져온다고 보기 어렵고, 청구인 운영자들은 국가의 재정적 지원에 상응하는 공익적 의무를 부담할 수 있

다는 것을 충분히 예견할 수 있다. 따라서 이 사건 이용아동규정이 청구인 운영자들의 직업 수행의 자유를 중대하게 제한하고 있다고 할 수 없다(2022. 1. 27. 2019헌마583).

ㅁ. [×] 처벌조항으로 인해 집단급식소에 근무하는 영양사는 그 경중 또는 실질적인 사회적 해악의 유무에 상관없이 직무수행조항에서 규정하고 있는 직무를 단 하나라도 불이행한 경우 상시적인 형사처벌의 위험에 노출된다. 이는 범죄의 설정에 관한 입법재량의 한계를 현저히 일탈하여 과도하다고 하지 않을 수 없다. 그러므로 **처벌조항은 과잉금지원칙에 위반된다**(2023. 3. 23. 2019헌바14). 정답 ③

113 수용자와 접견이나 증인 신문에 대한 설명 중 옳은 것(○)과 옳지 않은 것(×)을 올바르게 조합한 것은? (다툼이 있는 경우 판례에 의함)

ㄱ. 변호사와 접견하는 경우에도 수용자의 접견은 원칙적으로 접촉차단시설이 설치된 장소에서 하도록 규정하고 있는 형의 집행 및 수용자의 처우에 관한 법률 시행령 제58조 제4항은 재판청구권을 침해한다.

ㄴ. 민사재판, 행정재판, 헌법재판 등에서 소송사건의 대리인이 되려고 하는 변호사는 아직 소송대리인으로 선임되기 전이라는 이유로 접촉차단시설이 설치된 장소에서 일반접견의 형태로 수용자를 접견하도록 한 '형의 집행 및 수용자의 처우에 관한 법률 시행령' 제58조 제4항 제2호는 과잉금지원칙에 반하여 변호사인 청구인의 직업수행의 자유를 침해한다.

ㄷ. 소송사건의 대리인인 변호사가 수형자를 접견하고자 하는 경우 소송계속 사실을 소명할 수 있는 자료를 제출하도록 규정하고 있는 '형의 집행 및 수용자의 처우에 관한 법률 시행규칙' 제29조의2 제1항 제2호 중 '수형자 접견'에 관한 부분은 과잉금지원칙에 위배되어 변호사인 청구인의 직업수행의 자유를 침해한다.

ㄹ. '피고인 등'에 대하여 차폐시설을 설치하고 증인을 신문할 수 있도록 한 부분이 청구인의 공정한 재판을 받을 권리 및 변호인의 조력을 받을 권리를 침해한다고 할 수 없다.

ㅁ. '변호인이 되려는 자'의 자격으로 피의자 접견 신청을 하였음에도 이를 허용하기 위한 조치를 취하지 않은 검사의 행위(검사의 접견불허행위)가 직업의 자유를 침해한다. 수용자와 접견이나 증인 신문에 대한 설명 중 옳은 것(○)과 옳지 않은 것(×)을 올바르게 조합한 것은? (다툼이 있는 경우 판례에 의함)

① ㄱ(○), ㄴ(○), ㄷ(×), ㄹ(○), ㅁ(○)
② ㄱ(×), ㄴ(×), ㄷ(○), ㄹ(×), ㅁ(○)
③ ㄱ(○), ㄴ(×), ㄷ(×), ㄹ(×), ㅁ(×)
④ ㄱ(○), ㄴ(×), ㄷ(○), ㄹ(○), ㅁ(×)
⑤ ㄱ(×), ㄴ(○), ㄷ(×), ㄹ(○), ㅁ(×)

▶ 정답 및 해설

ㄱ. [○] 이 사건 접견조항에 따르면 수용자는 효율적인 재판준비를 하는 것이 곤란하게 되고, 특히 교정시설 내에서의 처우에 대하여 국가 등을 상대로 소송을 하는 경우에는 소송의 상대방에게 소송자료를 그대로 노출하게 되어 무기대등의 원칙이 훼손될 수 있다. 변호사 직무의 공공성, 윤리성 및 사회적 책임성은 변호사 접견권을 이용한 증거인멸, 도주 및 마약 등 금지물품 반입 시도 등의 우려를 최소화시킬 수 있으며, 변호사접견이라 하더라도 교정시설의 질서 등을 해할 우려가 있는 특별한 사정이 있는 경우에는 예외를 두도록 한다면 악용될 가능성도 방지할 수 있다. 따라서 이 사건 접견조항은 과잉금지원칙에 위배하여 청

구인의 재판청구권을 지나치게 제한하고 있으므로, 헌법에 위반된다(2013. 8. 29. 2011헌마122).

ㄴ. [×] 상소권회복 또는 재심청구 사건은 형 집행의 직접적 원인이 되는 확정판결에 대한 불복절차이고 청구요건과 절차가 까다롭기 때문에 변호사 선임 전이라도 접견상의 제약을 완화하고 있으나, 민사·행정 등 일반적인 소송사건의 경우 형 집행의 원인이 되는 확정판결과 직접 관련되어 있다거나 소송대리인이 되려는 변호사와의 접견 장소나 방법에 특례를 두어야 할 정도로 요건과 절차가 특별히 까다롭다고 볼 수 없다. 따라서 심판대상조항은 변호사인 청구인의 업무를 원하는 방식으로 자유롭게 수행할 수 있는 자유를 침해한다고 할 수 없다. [2022. 2. 24. 2018헌마1010] 기각결정

ㄷ. [○] 심판대상조항은 소송사건의 대리인인 변호사라 하더라도 변호사접견을 하기 위해서는 소송계속 사실 소명자료를 제출하도록 규정함으로써 이를 제출하지 못하는 변호사는 일반접견을 이용할 수밖에 없게 되었다. 일반접견은 접촉차단시설이 설치된 일반접견실에서 10분 내외 짧게 이루어지므로 그 시간은 변호사접견의 1/6 수준에 그친다. 또한 그 대화 내용은 청취·기록·녹음·녹화의 대상이 되므로 교정시설에서 부당한 처우를 당했다는 등의 사정이 있는 수형자는 위축된 나머지 법적 구제를 단념할 가능성마저 배제할 수 없다. 심판대상조항은 소제기 전 단계에서 충실한 소송준비를 하기 어렵게 하여 변호사의 직무수행에 큰 장애를 초래하고, 변호사의 도움이 가장 필요한 시기에 접견에 대한 제한의 정도가 위와 같이 크다는 점에서 수형자의 재판청구권 역시 심각하게 제한될 수밖에 없고, 이로 인해 법치국가원리로 추구되는 정의에 반하는 결과를 낳을 수도 있다.
따라서 심판대상조항은 과잉금지원칙에 위배되어 변호사인 청구인의 직업수행의 자유를 침해한다[2021. 10. 28. 2018헌마60].

ㄹ. [○] 강력범죄 또는 조직폭력범죄의 수사와 재판에서 범죄입증을 위해 증언한 자의 안전을 효과적으로 보장해 줄 수 있는 조치가 마련되어야 할 필요성은 매우 크고, 경우에 따라서는 증인이 피고인의 변호인과 대면하여 진술하는 것으로부터 보호할 필요성이 있을 수 있다. 피고인 등과 증인 사이에 차폐시설을 설치한 경우에도 피고인 및 변호인에게는 여전히 반대신문권이 보장되고, 증인신문과정에서 증언의 신빙성에 대한 최종 판단 권한을 가진 재판부가 증인의 진술태도를 충분히 관찰할 수 있으며, 형사소송법은 차폐시설을 설치하고 증인신문절차를 진행할 경우 피고인으로부터 의견을 듣도록 하는 등 피고인이 받을 수 있는 불이익을 최소화하기 위한 장치를 마련하고 있다. 따라서 심판대상조항은 과잉금지원칙에 위배되어 청구인의 공정한 재판을 받을 권리 및 변호인의 조력을 받을 권리를 침해한다고 할 수 없다[2016. 12. 29. 2015헌바221].

ㅁ. [×] 이 사건 접견시간 조항은 검사 또는 사법경찰관이 그 허가 여부를 결정하는 피의자신문 중 변호인 등의 접견신청의 경우에는 적용되지 않으므로, 위 조항을 근거로 변호인 등의 접견신청을 불허하거나 제한할 수는 없는 점 등을 종합해 볼 때, 청구인의 피의자 윤○현에 대한 접견신청은 '변호인이 되려는 자'에게 보장된 접견교통권의 행사 범위 내에서 이루어진 것이고, 또한 이 사건 검사의 접견불허행위는 헌법이나 법률의 근거 없이 이를 제한한 것이므로 **청구인의 접견교통권을** 침해하였다고 할 것이다[2019. 2. 28. 2015헌마1204]. *별개의견은 변호인의 접견교통권을 기본권으로 보지 않고 직업의 자유 침해라고 하였음. 정답 ④

114 변호사 광고에 관한 규정에 대해 헌법소원심판이 청구되었다. 이에 대한 설명 중 옳은 것(○)과 옳지 않은 것(×)을 올바르게 조합한 것은? (다툼이 있는 경우 판례에 의함)

ㄱ. 사건 또는 법률사무의 수임료에 관하여 공정한 수임질서를 저해할 우려가 있는 무료 또는 부당한 염가를 표방하는 광고와 변호사 등은 무료 또는 부당한 염가의 법률상담 방식에 의한 광고를 금지하는 변호사 광고에 관한 규정이 과잉금지원칙에 위반된다.

ㄴ. 변호사 또는 소비자로부터 금전·기타 경제적 대가(알선료, 중개료, 수수료, 회비, 가입비, 광고비 등 명칭과 정기·비정기 형식을 불문한다)를 받고 법률상담 또는 사건 등을 소개·알선·유인하기 위하여 변호사등과 소비자를 연결하거나 변호사등을 광고·홍보·소개하

는 행위를 금지하는 변호사 광고에 관한 규정 중 '변호사등과 소비자를 연결하거나' 부분이 과잉금지원칙에 위반된다고 할 수 없다.
ㄷ. 수사기관과 행정기관의 처분·법원 판결 등의 결과 예측을 표방하는 광고와 변호사등이 아님에도 수사기관과 행정기관의 처분·법원 판결 등의 결과 예측을 표방하는 서비스를 취급·제공하는 행위를 금지하는 변호사 광고에 관한 규정이 과잉금지원칙에 위반된다고 할 수 없다.
ㄹ. 변호사 또는 소비자로부터 금전·기타 경제적 대가(알선료, 중개료, 수수료, 회비, 가입비, 광고비 등 명칭과 정기·비정기 형식을 불문한다)를 받고 법률상담 또는 사건등을 소개·알선·유인하기 위하여 변호사등과 소비자를 연결하거나 변호사등을 광고·홍보·소개하는 행위를 금지한 변호사 광고에 관한 규정 중 '변호사등을 광고·홍보·소개하는 행위' 부분은 과잉금지원칙에 위반하여 청구인들의 표현의 자유, 직업의 자유를 침해한다고 할 수 없다.
ㅁ. 협회의 유권해석에 반하는 내용의 광고를 금지하는 변호사 광고에 관한 규정, 협회의 회규, 유권해석에 위반되는 행위를 목적 또는 수단으로 하여 행하는 법률상담 광고를 금지하는 변호사 광고에 관한 규정이 법률유보원칙에 위반되지 않는다.

① ㄱ(○), ㄴ(○), ㄷ(×), ㄹ(○), ㅁ(○)
② ㄱ(×), ㄴ(×), ㄷ(○), ㄹ(×), ㅁ(○)
③ ㄱ(○), ㄴ(×), ㄷ(×), ㄹ(×), ㅁ(×)
④ ㄱ(○), ㄴ(×), ㄷ(○), ㄹ(○), ㅁ(×)
⑤ ㄱ(×), ㄴ(○), ㄷ(○), ㄹ(×), ㅁ(×)

▶ 정답 및 해설

ㄱ. [×] 무료 또는 부당한 염가의 수임료를 표방하거나 무료 또는 부당한 염가의 법률상담 방식을 내세운 광고를 금지하는 것은, 무고한 법률 소비자들의 피해를 막고 정당한 수임료나 법률상담료를 제시하는 변호사들을 보호함으로써 공정한 수임질서를 확립하기 위한 것으로 그 공익은 매우 중대하다. 위와 같은 내용의 광고를 제외하고도 청구인들에게는 다양한 방법과 내용의 광고가 원칙적으로 허용되는 점과 위 조항들로 인한 제한은 변호사에게 법률사무 전반을 독점시키고 있음에 따라 발생하는 규제인 점 등을 고려하면, 위 조항으로 달성하고자 하는 공익은 제한되는 사익보다 크다고 할 것이므로, 위 규정들은 법익의 균형성도 갖추었다. 따라서 위 규정들은 과잉금지원칙에 위배되지 아니한다(2022. 5. 26. 2021헌마619).

ㄴ. [○] 경제적 대가가 결부된 사건 등의 알선 행위에 터 잡은 광고 행위를 규제하는 위 규정들은 변호사의 공공성 및 공정한 수임질서의 유지, 소비자의 피해방지라는 입법목적을 달성하기 위한 적합한 수단이다. 위 규정들로 달성하고자 하는 변호사의 공공성이나 공정한 수임질서의 유지, 소비자 피해방지는 매우 중대한 데 반해, 법률상담 또는 사건 등의 연결이나 알선과 관련하여 경제적 대가를 지급하는 형태의 광고를 할 수 없게 됨으로써 침해되는 청구인들의 이익은 크다고 보기 어려우므로, 위 규정은 법익의 균형성도 갖추었다. 따라서 위 규정들은 과잉금지원칙에 위배되지 아니한다(2022. 5. 26. 2021헌마619).

ㄷ. [○] 수사기관과 행정기관의 처분이나 법원 판결 등의 결과 예측을 표방하는 광고를 금지하는 위 규정들은 법률사무 처리의 공공성과 신뢰성을 유지하고 소비자의 피해를 방지라는 입법목적을 달성하기 위한 적합한 수단이다.
특정한 내용의 광고만을 금지하는 위 규정으로 인하여 제한되는 청구인들의 사익은 위 규정들로 달성하려는 법률사무 처리의 공공성과 신뢰성 유지, 소비자 피해방지라는 공익보다 크다고 할 수 없으므로, 위 규정들은 법익의 균형성도 갖추었다. 따라서 위 규정들은 과잉금지원칙에 위배되지 아니한다(2022. 5. 26. 2021헌마619).

ㄹ. [×] 이 사건 대가수수 광고금지규정으로 인하여 청구인 변호사들은 광고업자에게 유상으로 광고를 의뢰하는 것이 사실상 금지되어 표현의 자유, 직업의 자유에 중대한 제한을 받게 되고, 청구인 회사로서도 변호사들로부터 광고를 수주하지 못하게 되어 영업에 중대한 제한을 받게 된다. 따라서 위 규정은 법익의 균형성도 갖추지 못하였다. 그러므로 이 사건 대가수수 광고금지규정은 과잉금지원칙을 위반하여 청구인들의 표현의 자유, 직업의 자유를 침해한다(2022. 5. 26. 2021헌마619).

ㅁ. [×] 이 사건 유권해석위반 광고금지규정의 '협회의 유권해석'을 전자의 일반적·추상적인 법령 해석이라고 보든, 후자의 개별적·구체적인 사안에 대한 질의 회신이라고 보든, 위 규정 위반이 징계사유가 될 수 있음을 고려하면 적어도 수범자인 변호사등은 이 사건 유권해석위반 광고금지규정에서 유권해석을 통해 금지될 수 있는 내용들의 대강을 알 수 있어야 한다.
그런데 수범자들은 유권해석이 내려지기 전까지는 금지되는 내용이 무엇인지 도저히 알 수 없다. 따라서 이 사건 유권해석위반 광고금지규정은 수권법률로부터 위임된 범위를 벗어나는 규율 내용까지 포함할 가능성이 있으므로, 위임 범위 내에서 명확하게 규율 범위를 정하고 있다고 보기 어렵다. 그러므로 이 사건 유권해석위반 광고금지규정은 법률유보원칙을 위반하여 청구인들의 표현의 자유, 직업의 자유를 침해한다(2022. 5. 26. 2021헌마619).

정답 ⑤

115 재산권에 대한 설명 옳은 것(○)과 옳지 않은 것(×)을 올바르게 조합한 것은? (다툼이 있는 경우 판례에 의함)

ㄱ. 주주권은 주주의 자격과 분리하여 양도·질권설정·압류할 수 없고 시효에 걸리지 않아 보통의 채권과 상이한 성질을 가지므로 헌법상 재산권 보장의 대상이 되지 않는다.

ㄴ. 특수임무와 관련하여 국가를 위하여 특별한 희생을 한 특수임무수행자의 경우, '특수임무수행자 보상심의위원회'의 심의·의결을 거쳐 특수임무수행자로 인정되기 전에는 당사자의 보상금수급권은 헌법이 보장하는 재산권이라고 할 수 없다.

ㄷ. 약사의 한약조제권은 구체적인 권리가 아닌 단순한 이익이나 재화의 획득에 관한 기회 등은 재산권 보장의 대상이 아니다.

ㄹ. 장기미집행 도시계획시설결정의 실효제도는 도시계획시설부지로 하여금 도시계획시설결정으로 인한 사회적 제약으로부터 벗어나게 하는 것으로서 결과적으로 개인의 재산권이 보다 보호되는 측면이 있는 것은 사실이며, 이와 같은 보호는 헌법상 재산권으로부터 당연히 도출되는 권리이다.

ㅁ. 구 「태평양전쟁 전후 국외 강제동원희생자 등 지원에 관한 법률」에 규정된 위로금 등의 각종 지원은 태평양전쟁이라는 특수한 상황에서 일제에 의한 강제동원희생자와 그 유족이 입은 고통을 치유하기 위한 시혜적 조치이며, 이러한 시혜적 급부를 받을 권리는 헌법 제23조에 의하여 보장되는 재산권이라고 할 수 없다.

① ㄱ(○), ㄴ(○), ㄷ(×), ㄹ(○), ㅁ(○)　② ㄱ(×), ㄴ(×), ㄷ(○), ㄹ(×), ㅁ(○)
③ ㄱ(○), ㄴ(×), ㄷ(×), ㄹ(×), ㅁ(×)　④ ㄱ(○), ㄴ(×), ㄷ(○), ㄹ(○), ㅁ(×)
⑤ ㄱ(×), ㄴ(○), ㄷ(○), ㄹ(×), ㅁ(○)

▶ **정답 및 해설**

ㄱ. [X] 주주권은 비록 주주의 자격과 분리하여 양도·질권 설정·압류할 수 없고 시효에 걸리지 않아 보통의 채권과는 상이한 성질을 갖지만, 다른 한편 주주의 자격과 함께 사용(결의)·수익(담보 제공)·처분(양도·상속)할 수 있다는 점에서는 분명히 '사적 유용성 및 그에 대한 원칙적 처분권을 내포하는 재산가치 있는 권리'로 볼 수 있으므로 헌법상 재산권 보장의 대상에 해당한다고 볼 것이다(2008.12.26., 2005헌바34).

ㄴ. [O] 이러한 심의·의결에 의하여 특수임무수행자로 인정되기 전에는 특임자보상법에 의한 보상금수급권은 헌법이 보장하는 재산권이라고 할 수 없고, 심의·의결이 있기 전의 신청인의 지위는 보상금수급권 취득에 대한 기대이익을 가지고 있는 것에 불과하다(대판 2014.7.24., 2012두23501).

ㄷ. [O] 헌법 제23조 제1항 및 제13조 제2항에 의하여 보호되는 재산권은 사적 유용성 및 그에 대한 원칙적 처분권을 내포하는 재산가치있는 구체적 권리이므로 구체적인 권리가 아닌 단순한 이익이나 재화의 획득에 관한 기회 등은 재산권 보장의 대상이 아니라 할 것이다(1997.11.27., 97헌바10).

ㄹ. [X] 장기미집행 도시계획시설결정의 실효제도는 도시계획시설부지로 하여금 도시계획시설결정으로 인한 사회적 제약으로부터 벗어나게 하는 것으로서 결과적으로 개인의 재산권이 보다 보호되는 측면이 있는 것은 사실이나, 이와 같은 보호는 입법자가 새로운 제도를 마련함에 따라 얻게 되는 법률에 기한 권리일 뿐 헌법상 재산권으로부터 당연히 도출되는 권리는 아니다(2005.9.29, 2002헌바84 등).

ㅁ. [O] 헌법재판소는 「태평양전쟁 전후 국외 강제동원희생자 등 지원에 관한 법률」에 규정된 위로금 등의 각종 지원이 태평양전쟁이라는 특수한 상황에서 일제에 의한 강제동원 희생자와 그 유족이 입은 고통을 치유하기 위한 시혜적 조치라고 판단한 바 있고, 「태평양전쟁 전후 국외 강제동원희생자 등 지원에 관한 법률」은 이 사건 미수금 지원금이 강제동원희생자와 그 유족 등에게 인도적 차원에서 지급하는 위로금임을 명시적으로 밝히고 있으며, 위 지원금을 받게 될 '유족'의 범위를 강제동원으로 인한 고통과 슬픔을 함께한 '친족'으로 한정하고 있으므로, 위 지원금은 인도적 차원의 시혜적인 금전 급부에 해당한다. 인도적 차원의 시혜적 급부를 받을 권리는 헌법 제23조에 의하여 보장된 재산권이라고 할 수 없으나, 이 지원금 산정방식은 입법자가 자의적으로 결정해서는 안되고 미수금의 가치를 합리적으로 반영하는 것이어야 한다는 입법적 한계를 가진다(2015.12.23, 2009헌바317 등).

정답 ⑤

116 재산권에 대한 설명으로 옳지 않은 것은?

① 해수로 포락된 토지("자연해몰지")를 법률로써 재산권으로 보호하고 있지 않은 것이 재산권보장정신에 반한다고 할 수 없다.
② 「공공용지의취득 및 손실보상에 관한 특례법」 제9조 제11항 소정의 환매권이 헌법상 재산권보장규정의 내용에 포함되는 권리이다.
③ 법률에 의하여 직접 수용이 이루어지는 소위 "입법적" 수용이 헌법에 위반된다고 할 수 없다.
④ 산재보험수급권은 사회보장수급권의 하나이면서 수급권자의 보험급여를 받을 권리를 대위하여 보험급여의 지급을 구한 청구인에게 있어서는 재산권의 성질을 갖는다고 보아야 할 것이다.
⑤ 어업면허의 우선순위에 관한 기대는 헌법상 보장되는 재산권에 포함되므로 신규어장을 개발하거나 어업면허의 유효기간 또는 연장허가기간이 끝난 어장에 관하여 새로이 어업면허를 부여할 때 우선순위의 적용을 배제하는 수산업법 재산권을 제한한다.

▶ 정답 및 해설

① [O] 자연해몰지를 사유재산권으로 인정할 경우에도 자연해몰지의 특성상 그 시기, 범위 및 보호정도에 관하여 입법자는 광범위한 선택·결정의 재량권을 가지는바, 우리나라 현행 법체계상 자연해몰지를 재산권으로 법률로써 보장하고 있지 않는데, 이는 입법자가 해면의 공공성, 해면에 대한 경제적 이용가능성, 바다와 육지의 기술적 구분가능성 등 여러 가지 자연적·사회적·경제적 사정을 고려하여 결정한 것으로서, 헌법 제23조 제1항의 재산권보장정신이나 사유재산제에 반하는 것이라 할 수 없다(헌재 1999. 11. 25. 98헌마456).
② [O] 「토지수용법」에 의한 강제취득방법이 사실상의 후속조치로 남아 있어 토지(土地) 등의 소유자로서는 협의에 불응하면 바로 수용을 당하게 된다는 심리적강박감으로 인하여 실제로는 그 의사에 반하여 협의에 응하는 경우가 많기 때문에, 위 특례법은 실질적으로는 토지수용법과 비슷한 공법적 기능을 수행하고 있다 할 것이다. 또한 국민의 재산권 보장이라는 헌법이념의 관점에서 위 협의취득은 이를 헌법 제23조 제3항 소정의 "재산권의 수용"과 동일한 것으로 보아 다루는 것이 보다 여러 가지 반위법적 사례가 생기는 것을 막을 수 있는 건전한 헌법해석이라 할 것이다. 따라서 위 특례법 제9조의 환매권도 「토지수용법」 제71조 소정의 환매권과 마찬가지로 헌법이 보장하는 재산권의 내용에 포함되는 권리라고 할 것이다(헌재 1994. 2. 24. 92헌가15등).
③ [O] "입법적" 수용은 법률에 근거하여 일련의 절차를 거쳐 별도의 행정처분에 의하여 이루어지는 소위 "행정적" 수용과 달리 법률에 의하여 직접 수용이 이루어지는 것이므로 "법률"에 의하여 수용하라는 헌법적 요청을 충족한다(헌재 1998. 3. 26. 93헌바12).
④ [O] 산재보험제도는 보험가입자(사업주)가 납부하는 보험료와 국고부담을 재원으로 하여 근로자에게 발생하는 업무상 재해라는 사회적 위험을 보험방식에 의하여 대처하는 사회보장제도이므로 이 제도에 따른 산재보험수급권은 사회보장수급권의 하나에 속한다. 한편 산업재해보상보험법상의 보험급여가 보험사고로 초래되는 가입자의 재산상의 부담을 전보하여 주는 경제적 유용성을 가진다(산재보험은 보험급여의 지급에 대응하여 사용자의 보상책임을 면제한다)는 점에서 산재보험수급권은, 적어도 이 사건에서와 같이 수급권자의 보험급여를 받을 권리를 대위하여 보험급여의 지급을 구한 청구인에게 있어서는 재산권의 성질을 갖는다고 보아야 할 것이다(헌재 2004. 11. 25. 2002헌바52).
⑤ [X] 어촌계 등에 어업면허를 하는 경우 우선순위규정의 적용대상에서 제외하도록 규정한 수산업법 재산권을 제한하는지 여부(소극)
심판대상조항은 어업면허의 유효기간 내에 있는 어업면허를 취소하거나 변경하는 것이 아니라, 신규어장을 개발하거나 어업면허의 유효기간 또는 연장허가기간이 끝난 어장에 관하여 새로이 어업면허를 부여할 때 우선순위의 적용을 배제하는 규정으로서, 어업면허의 우선순위에 관한 기대는 헌법상 보장되는 재산권에 포함되지 아니한다. 설령 우선순위에 관한 기대가 구체적인 기대권으로서 재산권에 포함된다고 보더라도 어업면허는 공유수면에서 장기간 어업을 독점적·배타적으로 경영할 수 있는 권리를 부여하는 것으로서 내재된 공적제약이 강하다고 할 것인바, 어업면허가 부여될 당시부터 내재되어 있는 제약이 구체화·현실화됨에 따라 면허기간이 만료된 후 다시 어업면허를 취득할 수 없다고 하더라도 그로 인하여 재산권에 어떠한 제한 또는 침해가 있다고는 할 수 없다. 따라서 심판대상조항은 재산권을 제한하지 아니한다(2019. 7. 25. 2017헌바133).

정답 ⑤

117 개발제한구역지정과 개발제한구역 내 건축금지에 대한 설명으로 옳은 것을 모두 조합한 것은?

ㄱ. 자신의 토지를 장래에 건축이나 개발목적으로 사용할 수 있으리라는 기대가능성이나 신뢰 및 이에 따른 지가상승의 기회는 원칙적으로 재산권의 보호범위에 속한다.
ㄴ. 토지가 종래 농지 등으로 사용되었으나 개발제한구역의 지정이 있은 후에 주변지역의 도시과

밀화로 인하여 농지가 오염되거나 수로가 차단되는 등의 사유로 토지를 더 이상 종래의 목적으로 사용하는 것이 불가능하거나 현저히 곤란하게 되어버린 경우 그 손실은 개발제한구역지정으로 인한 것으로 볼 수 없으므로 개발제한구역지정에 따른 보상이 필요하다고 할 수 없다.

ㄷ. 개발제한구역지정 당시의 상태대로 토지를 사용·수익·처분할 수 있는 경우, 구역지정에 따른 단순한 토지이용의 제한은 원칙적으로 재산권에 내재하는 사회적 제약의 범주를 넘지 않으므로 보상을 요하지 않는다.

ㄹ. 개발제한구역의 지정으로 말미암아 예외적으로 토지를 종래의 목적으로도 사용할 수 없는 나대지 소유자에 대한 재산권 제한은 비례원칙에 위반되므로 보상을 통해 특별한 희생을 완화시켜줄 필요가 있다.

ㅁ. 개발제한구역지정으로 인하여 토지를 종래의 목적으로도 사용할 수 없거나 더 이상 법적으로 허용된 토지이용의 방법이 없기 때문에, 실질적으로 토지의 사용·수익의 길이 없는 경우 토지소유자에게 헌법 제23조 제3항에 의한 정당한 보상이 지급되어야 한다.

① ㄱ, ㄴ, ㅁ ② ㄴ, ㄷ ③ ㄷ, ㄹ
④ ㄱ, ㄹ, ㅁ ⑤ ㄴ, ㄷ, ㄹ

▶ 정답 및 해설

ㄱ. [X] 개발제한구역의 지정으로 인한 개발가능성의 소멸과 그에 따른 지가의 하락이나 지가상승률의 상대적 감소는 토지소유자가 감수해야 하는 사회적 제약의 범주에 속하는 것으로 보아야 한다. 자신의 토지를 장래에 건축이나 개발목적으로 사용할 수 있으리라는 기대가능성이나 신뢰 및 이에 따른 지가상승의 기회는 원칙적으로 재산권의 보호범위에 속하지 않는다(1998.12.24, 89헌마214 등).

ㄴ. [X] 토지재산권의 내재적 한계로서 허용되는 사회적 제약의 범위를 넘어 감수하라고 할 수 없는 특별한 재산권 손해가 발생하였다고 볼 수 있는 구체적 예는 다음과 같은 경우를 들 수 있다. 토지가 종래 농지 등으로 사용되었으나 개발제한구역의 지정이 있은 후에 주변지역의 도시 과밀화로 인하여 농지가 오염되거나 수로가 차단되는 등의 사유로 토지를 더 이상 종래의 목적으로 사용하는 것이 불가능하거나 현저히 곤란하게 되어버린 경우에도 당해 토지소유자에게 위 나대지의 경우에서와 유사한 가혹한 부담이 발생한다. 개발제한구역으로 지정된 토지는 토지 주변상황의 변화로 인하여 지정 당시에 행사된 용도대로의 사용이 불가능한 경우에도 원칙적으로 형질변경이 허용되지 아니하여 다른 용도로도 이용할 수 없기 때문이다(1998.12.24, 89헌마214 등).

ㄷ. [O] 개발제한구역의 지정으로 인한 개발가능성의 소멸과 그에 따른 지가의 하락이나 지가상승률의 상대적 감소는 토지소유자가 감수해야 하는 사회적 제약의 범주에 속하는 것으로 보아야 한다. 자신의 토지를 장래에 건축이나 개발목적으로 사용할 수 있으리라는 기대가능성이나 신뢰 및 이에 따른 지가상승의 기회는 원칙적으로 재산권의 보호범위에 속하지 않는다. 구역지정 당시의 상태대로 토지를 사용·수익·처분할 수 있는 이상, 구역지정에 따른 단순한 토지이용의 제한은 원칙적으로 재산권에 내재하는 사회적 제약의 범주를 넘지 않는다(1998.12.24, 89헌마214 등).

ㄹ. [O] 개발제한구역지정으로 인하여 토지를 종래의 목적으로도 사용할 수 없거나 또는 더 이상 법적으로 허용된 토지이용의 방법이 없기 때문에 실질적으로 토지의 사용·수익의 길이 없는 경우에는 토지소유자가 수인해야 하는 사회적 제약의 한계를 넘는 것으로 보아야 한다(1998.12.24, 89헌마214 등).

ㅁ. [X] 입법자가 구 「도시계획법」 제21조를 통하여 국민의 재산권을 비례의 원칙에 부합하게 합헌적으로 제한하기 위해서는, 수인의 한계를 넘어 가혹한 부담이 발생하는 예외적인 경우에는 이를 완화하는 보상규정을 두어야 한다. 이러한 보상규정은 입법자가 헌법 제23조 제1항 및 제2항에 의하여 재산권의 내용을 구체적으로 형성하고 공공의 이익을 위하여 재산권을 제한하는 과정에서 이를 합헌적으로 규율하기 위하여 두

어야 하는 규정이다(1998.12.24, 89헌마214 등). 헌법재판소가 취하고 있는 분리이론에 따르면 보상규정이 없는 경우 헌법 제23조 제3항으로 전환되지 않는다.

정답 ③

118 재산권에 대한 설명 중 옳지 않은 것은?

① 헌법재판소는 수급권자 자신이 종전에 지급받던 평균임금을 기초로 산정된 장해보상연금을 수령하고 있던 수급권자에게, 실제의 평균임금이 노동부장관(현 고용노동부장관)이 고시한 한도금액 이상일 경우 그 한도금액을 실제임금으로 의제하는 내용으로 신설된 최고보상제도를, 2년 6개월의 유예기간 후 적용하는 「산업재해보상보험법」 부칙조항은 진정소급입법에는 해당하지 아니한다.
② 헌법재판소는 수급권자 자신이 종전에 지급받던 평균임금을 기초로 산정된 장해보상연금을 수령하고 있던 수급권자에게, 실제의 평균임금이 노동부장관(현 고용노동부장관)이 고시한 한도금액 이상일 경우 그 한도금액을 실제임금으로 의제하는 내용으로 신설된 최고보상제도를, 2년 6개월의 유예기간 후 적용하는 「산업재해보상보험법」 부칙조항이 신뢰보호원칙에 위배된다고 판시하였다.
③ 헌법 제23조 제3항은 정당한 보상을 전제로 하여 재산권의 수용 등에 관한 가능성을 규정하고 있지만, 재산권 수용의 주체를 한정하지 않으므로 사인이나 민간기업을 수용의 주체로 규정한 자체를 두고 위헌이라고 할 수 없다.
④ 고급골프장, 고급리조트 건설을 위한 토지수용은 국토균형발전, 지역경제활성화 등의 공공이익이 인정되는 것으로서 법익의 형량에 있어서 사인의 재산권 보호의 이익보다 월등하게 우월한 공익으로 판단되므로 공공필요에 의한 수용에 해당한다.
⑤ 헌법 제23조 제3항의 '공공필요'의 요건에 관하여, 공익성은 추상적인 공익 일반 또는 국가의 이익 이상의 중대한 공익을 요구하므로 기본권 일반의 제한사유인 '공공복리'보다 좁게 보는 것이 타당하다.

▶ 정답 및 해설

① [O] 심판대상조항은 청구인들과 같은 기존의 장해보상연금 수급권자에 대하여 이미 발생하여 이행기가 도래한 장해연금 수급권의 내용을 변경하지는 아니하고, 산재법 제38조 제6항 시행 이후의 법률관계, 즉 장래 이행기가 도래하는 장해연금 수급권의 내용을 변경하는 것에 불과하므로, 이미 종료된 과거의 사실관계 또는 법률관계에 새로운 법률이 소급적으로 적용되어 과거를 법적으로 새로이 평가하는 진정 소급입법에는 해당하지 아니한다(헌재 2009. 5. 28. 2005헌바20등).
② [O] 그러한 입법자의 결단은 최고보상제도 시행 이후에 산재를 입는 근로자들부터 적용될 수 있을 뿐, 제도 시행 이전에 이미 재해를 입고 산재보상수급권이 확정적으로 발생한 청구인들에 대하여 그 수급권의 내용을 일시에 급격히 변경하여 가면서까지 적용할 수 있는 것은 아니라고 보아야 할 것이다. 따라서 심판대상조항은 신뢰보호의 원칙에 위배하여 청구인들의 재산권을 침해하는 것으로서 헌법에 위반된다(헌재 2009. 5. 28. 2005헌바20등).
③ [O] <u>헌법 제23조 제3항은 정당한 보상을 전제로 하여 재산권의 수용 등에 관한 가능성을 규정하고 있지만, 재산권 수용의 주체를 한정하지 않고 있다.</u> 위 헌법조항의 핵심은 당해 수용이 공공필요에 부합하는가, 정당한 보상이 지급되고 있는가 여부 등에 있는 것이지, 그 수용의 주체가 국가인지 민간기업인지 여부에 달려 있다고 볼 수 없다. 또한 국가 등의 공적 기관이 직접 수용의 주체가 되는 것이든 그러한 공적 기관의

④ [×] 이 사건에서 문제된 지구개발사업의 하나인 '관광휴양지 조성사업' 중에는 고급골프장, 고급리조트 등 (이하 '고급골프장 등'이라 한다)의 사업과 같이 입법목적에 대한 기여도가 낮을 뿐만 아니라, 대중의 이용·접근가능성이 작아 공익성이 낮은 사업도 있다. 또한 고급골프장 등 사업은 그 특성상 사업운영 과정에서 발생하는 지방세수 확보와 지역경제 활성화는 부수적인 공익일 뿐이고, 이 정도의 공익이 그 사업으로 인하여 강제수용 당하는 주민들의 기본권 침해를 정당화할 정도로 우월하다고 볼 수는 없다. 따라서 이 사건 법률조항은 공익적 필요성이 인정되기 어려운 민간개발자의 지구개발사업을 위해서까지 공공수용이 허용될 수 있는 가능성을 열어두고 있어 헌법 제23조 제3항에 위반된다(2014.10.30, 2011헌바172 등).

⑤ [○] 오늘날 공익사업의 범위가 확대되는 경향에 대응하여 재산권의 존속보장과의 조화를 위해서는, '공공필요'의 요건에 관하여, 공익성은 추상적인 공익 일반 또는 국가의 이익 이상의 중대한 공익을 요구하므로 기본권 일반의 제한사유인 '공공복리'보다 좁게 보는 것이 타당하며, 공익성의 정도를 판단함에 있어서는 공용수용을 허용하고 있는 개별법의 입법목적, 사업내용, 사업이 입법목적에 이바지 하는 정도는 물론, 특히 그 사업이 대중을 상대로 하는 영업인 경우에는 그 사업 시설에 대한 대중의 이용·접근가능성도 아울러 고려하여야 한다(2014.10.30, 2011헌바172 등).

정답 ④

119 재산권에 대한 설명 중 옳은 것(○)과 옳지 않은 것(×)을 올바르게 조합한 것은? (다툼이 있는 경우 판례에 의함)

ㄱ. 지방의원 임기중 연금지급을 정지한 공무원연금법 제47는 공무원연금 재원을 확보하기 위한 것으로 입법자의 재량의 범위내 입법으로서 재산권을 침해한다고 할 수 없다.

ㄴ. 「군인연금법」상 퇴역연금수급권자가 「군인연금법」·「공무원연금법」 및 「사립학교교직원연금법」의 적용을 받는 군인·공무원 또는 사립학교교직원으로 임용된 경우 그 재직기간 중 해당 연금 전부의 지급을 정지하도록 하고 있는 구 「군인연금법」 제21조의2 제1항은 퇴역연금수급권자의 재산권을 침해한다.

ㄷ. 환매권의 발생기간을 토지의 협의취득일 또는 수용의 개시일부터 10년 이내로 제한하고 있는 '공익사업을 위한 토지 등의 취득 및 보상에 관한 법률' 제91조 제1항은 재산권을 침해한다고 할 수 없다.

ㄹ. 청중이나 관중으로부터 당해 공연에 대한 반대급부를 받지 아니하는 경우에는 상업용 목적으로 공표된 음반 또는 상업용 목적으로 공표된 영상저작물을 재생하여 공중에게 공연할 수 있다고 규정한 저작권법은 헌법 제23조 제1항, 제2항에 따라 장래에 있어서 일반·추상적인 형식으로 재산권의 내용을 형성하고 확정하는 규정이자 재산권의 사회적 제약을 구체화하는 규정으로 볼 수 있다.

ㅁ. 헌법적으로 가혹한 부담의 조정이란 '목적'을 달성하기 위하여 이를 완화·조정할 수 있는 '방법'의 선택에 있어서는 반드시 직접적인 금전적 보상의 방법에 한정되지 아니하고, 입법자에게 광범위한 형성의 자유가 부여된다.

① ㄱ(○), ㄴ(○), ㄷ(○), ㄹ(○), ㅁ(○)
② ㄱ(×), ㄴ(×), ㄷ(×), ㄹ(○), ㅁ(○)
③ ㄱ(○), ㄴ(×), ㄷ(×), ㄹ(×), ㅁ(×)
④ ㄱ(×), ㄴ(○), ㄷ(○), ㄹ(○), ㅁ(×)
⑤ ㄱ(×), ㄴ(○), ㄷ(○), ㄹ(○), ㅁ(×)

▶ **정답 및 해설**

ㄱ. [×] 이 사건 구법 조항과 같이 소득 수준을 고려하지 않으면 재취업 유인을 제공하지 못하여 정책목적 달성에 실패할 가능성도 크다. 다른 나라의 경우 연금과 보수 중 일부를 감액하는 방식으로 선출직에 취임하여 보수를 받는 것이 생활보장에 더 유리하도록 제도를 설계하고 있다. 따라서 기본권을 덜 제한하면서 입법목적을 달성할 수 있는 다양한 방법이 있으므로 이 사건 구법 조항은 침해의 최소성 요건을 충족하지 못하고, 법익의 균형성도 충족하지 못한다. 이 사건 구법 조항은 과잉금지원칙에 위배되어 청구인들의 재산권을 침해하므로 헌법에 위반된다(2022.01.27. 2019헌바161).

ㄴ. [×] 군인연금·공무원연금과 사립학교교직원연금은 보험의 대상이 서로 달라 각각 독립하여 운영되고 있을 뿐 동일한 사회적 위험에 대비하기 위한 하나의 통일적인 제도이므로 퇴직한 군인으로서 퇴역연금 수급자가 직역연금법 적용기관에 재취업한 경우에는 퇴역연금 지급사유가 발생하지 않은 것으로 볼 수 있다. 또한 이 사건 법률조항으로 인해 퇴직수당 등 다른 급여의 지급이 정지되는 것은 아니고, 수급자의 선택에 따라 종전 재직기간을 연금 계산의 기초가 되는 재직기간에 합산할 수 있다. 특히, 군인연금의 경우 퇴직연금 지급개시연령을 두지 않고 있어 연금 수급을 위한 최소가입기간 요건만 충족하면 퇴직 후 바로 연금이 지급되고, 계급별 조기정년제로 인해 연금 혜택이 다른 직역연금에 비해 높은 점 등을 더하여 보면, 이 사건 법률조항은 퇴역연금수급권자의 재산권을 침해하지 아니한다(2015.7.30, 2014헌바371).

ㄷ. [×] 2000년대 이후 다양한 공익사업이 출현하면서 공익사업 간 중복·상충 사례가 발생하였고, 산업구조 변화, 비용 대비 편익에 대한 지속적 재검토, 인근 주민들의 반대 등에 직면하여 공익사업이 지연되다가 폐지되는 사례가 다수 발생하고 있다. 이와 같은 상황에서 이 사건 법률조항의 환매권 발생기간 '10년'을 예외 없이 유지하게 되면 토지수용 등의 원인이 된 공익사업의 폐지 등으로 공공필요가 소멸하였음에도 단지 10년이 경과하였다는 사정만으로 환매권이 배제되는 결과가 초래될 수 있다. 다른 나라의 입법례에 비추어 보아도 발생기간을 제한하지 않거나 더 길게 규정하면서 행사기간 제한 또는 토지에 현저한 변경이 있을 때 환매거절권을 부여하는 등 보다 덜 침해적인 방법으로 입법목적을 달성하고 있다. 이 사건 법률조항은 침해의 최소성 원칙에 어긋난다(2020. 11. 26. 2019헌바131).

ㄹ. [○] 심판대상조항은 입법자가 헌법 제23조 제1항, 제2항에 따라 장래에 있어서 일반·추상적인 형식으로 재산권의 내용을 형성하고 확정하는 규정이자 재산권의 사회적 제약을 구체화하는 규정으로 볼 수 있다(2019. 11. 28. 2016헌마1115).

ㅁ. [○] 헌법적으로 가혹한 부담의 조정이란 '목적'을 달성하기 위하여 이를 완화·조정할 수 있는 '방법'의 선택에 있어서는 반드시 직접적인 금전적 보상의 방법에 한정되지 아니하고, 입법자에게 광범위한 형성의 자유가 부여된다(2019. 11. 28. 2016헌마1115).

정답 ②

120 재산권에 대한 설명 중 옳지 않은 것은?(정답2개)

① 피상속인에 대한 부양의무를 이행하지 않은 직계존속의 경우를 상속결격사유로 규정하지 않은 민법은 입법형성권의 한계를 일탈하여 다른 상속인인 청구인의 재산권을 침해한다고 볼 수 없다.
② 공무원과 이혼한 배우자에 대한 분할연금액은 공무원의 퇴직연금액 또는 조기퇴직연금액 중 혼인기간에 해당하는 연금액을 균등하게 나눈 금액으로 한다는 공무원연금법 제46조의3 제2항에도 불구하고, 민법상 재산분할청구에 따라 연금분할이 별도로 결정된 경우에는 그에 따르도록 한 공무원연금법은 분할연금 수급권자의 사회보장수급권 및 재산권을 침해한다고 볼 수 없다.
③ 총포의 소지허가를 받은 자는 총포와 그 실탄 또는 공포탄을 허가관청이 지정하는 곳에 보관하도록 한 총포·도검·화약류 등의 안전관리에 관한 법률은 재산권을 침해한다고 할 수 없다.
④ 별거나 가출 등으로 실질적인 혼인관계가 존재하지 아니하여 연금 형성에 기여가 없는 이혼배우자에 대해서까지 법률혼 기간을 기준으로 분할연금 수급권을 인정하는 국민연금법 제64조 제1항이 재산권을 침해한다고 할 수 없다.
⑤ 직무와 관련이 없는 과실로 인한 경우 및 소속상관의 정당한 직무상의 명령에 따르다가 과실로 인한 경우는 제외하고는 직무와 관련성 유무와 상관없이 범죄의 종류와 그 형의 경중을 가리지 않고 일률적으로 재직 중의 사유로 금고 이상의 형이 있으면 퇴직급여 및 퇴직수당의 일부를 감액하도록 규정하고 있는 공무원연금법은 금고 이상의 형이 확정되었다는 사정만으로 공무원의 지위를 박탈하는 것에서 나아가 일률적으로 퇴직급여·퇴직수당을 감액하도록 규정하고 있는바, 과잉금지원칙에 위배되어 재산권을 침해한다.

▶ 정답 및 해설

① [O] 직계존속이 피상속인에 대한 부양의무를 이행하지 않은 경우를 상속결격사유로 본다면, 과연 어느 경우에 상속결격인지 여부를 명확하게 판단하기 어려워 이에 관한 다툼으로 상속을 둘러싼 법적 분쟁이 빈번하게 발생할 가능성이 높고, 그로 인하여 상속관계에 관한 법적 안정성이 심각하게 저해된다. 피상속인에 대한 부양의무를 이행하지 않은 직계존속의 경우를 상속결격사유로 규정하지 않은 민법은 입법형성권의 한계를 일탈하여 다른 상속인인 청구인의 재산권을 침해한다고 보기 어렵다(2018. 2. 22. 2017헌바59).
② [O] 지급특례 조항은, 연금형성에 대한 실질적 기여도나 당사자 쌍방이 혼인생활 중 협력하여 취득한 모든 재산을 고려하여 연금분할에 관하여 달리 정할 수 있는 여지를 둠으로써, 당사자의 의사를 존중하고 구체적 타당성을 도모하기 위한 것이다. 재산분할에 관한 당사자의 합의 또는 법원의 결정을 존중하는 것이 당사자들 사이의 이해관계와 실질적 공평에 부합하므로, 지급특례조항이 입법재량의 한계를 일탈하여 분할연금 수급권자의 사회보장수급권이나 재산권을 침해한다고 볼 수 없다(2018. 4. 26. 2016헌마54).
③ [O] 심판대상조항들을 통하여 달성하고자 하는 공익은 공기총으로 인하여 야기될 수 있는 국민의 생명, 신체 및 재산에 대한 위험·재해의 예방과 이를 통한 질서유지 내지 공공의 안전 유지라는 공익은 공기총을 직접 보관하지 못하게 됨으로써 입는 불이익보다 훨씬 크다. 따라서 법익의 균형성도 인정된다. 따라서 심판대상조항들은 과잉금지원칙에 반하지 않는다(2019. 6. 28. 2018헌바400).
④ [X] 분할연금제도는 재산권적인 성격과 사회보장적 성격을 함께 가진다. 분할연금제도의 재산권적 성격은 노령연금 수급권도 혼인생활 중에 협력하여 이룬 부부의 공동재산이므로 이혼 후에는 그 기여분에 해당하는 몫을 분할하여야 한다는 것이고, 여기서 노령연금 수급권 형성에 대한 기여란 부부공동생활 중에 역할분담의 차원에서 이루어지는 가사·육아 등을 의미하므로, 분할연금은 국민연금 가입기간 중 실질적인 혼인 기간을 고려하여 산정하여야 한다. 따라서 법률혼 관계를 유지하고 있었다고 하더라도 실질적인 혼인관계가 해소되어 노령연금 수급권의 형성에 아무런 기여가 없었다면 그 기간에 대하여는 노령연금의

분할을 청구할 전제를 갖추었다고 볼 수 없다. 그럼에도 불구하고 심판대상조항은 법률혼 관계에 있었지만 별거·가출 등으로 실질적인 혼인관계가 존재하지 않았던 기간을 일률적으로 혼인 기간에 포함시켜 분할연금을 산정하도록 하고 있는바, 이는 분할연금제도의 재산권적 성격을 몰각시키는 것으로서 그 입법형성권의 재량을 벗어났다고 보아야 한다. 2015. 12. 29. 개정된 국민연금법은 제64조의2를 신설하여 민법상 재산분할청구제도에 따라 연금의 분할에 관하여 별도로 결정된 경우에는 그에 따르도록 하였다. 그런데, 위 조항이 신설되었다 하더라도 심판대상조항이 유효하다면 노령연금 수급권자로서는 하여금 먼저 재산분할청구권을 행사하여야 자신의 정당한 연금을 확보할 수 있으므로, 위 조항이 신설되었다 하여 심판대상조항은 법률혼 관계에 있었지만 별거·가출 등으로 실질적인 혼인관계가 존재하지 않았던 기간을 일률적으로 혼인 기간에 포함시켜 분할연금을 산정하도록 하고 있는바, 이는 분할연금제도의 재산권적 성격을 몰각시키는 것으로서 그 입법형성권의 재량을 벗어났다고 보아야 한다. 2015. 12. 29. 개정된 국민연금법은 제64조의2를 신설하여 민법상 재산분할청구제도에 따라 연금의 분할에 관하여 별도로 결정된 경우에는 그에 따르도록 하였다. 그런데, 위 조항이 신설되었다 하더라도 심판대상조항이 유효하다면 노령연금 수급권자로서는 하여금 먼저 재산분할청구권을 행사하여야 자신의 정당한 연금을 확보할 수 있으므로, 위 조항이 신설되었다 하여 심판대상조항의 위헌성이 해소되는 것은 아니다. 따라서 심판대상조항은 재산권을 침해한다[2016. 12. 29. 2015헌바182].

⑤ [×] 이 사건 시행령조항이 공무원에게 금고 이상의 형이 있는 경우 재직기간 5년을 기준으로 퇴직급여 감액의 정도를 달리한 것은, 퇴직급여 산정방법상 재직기간이 짧을수록 급여액 중 본인의 기여금이 차지하는 비율이 상대적으로 높은 것을 감안하여 재직기간이 짧은 사람의 경우에는 감액의 수준을 낮게 하고 재직기간이 긴 사람은 감액의 수준을 높게 하여 감액의 정도를 실질화한 것이고, 퇴직급여를 감액하는 경우에도 이미 낸 기여금 및 그에 대한 이자의 합산액 이하로는 감액할 수 없다고 하여 공무원의 퇴직급여를 보호하는 장치도 마련하고 있는바, 재직 중의 사유로 금고 이상의 형을 받은 경우 재직기간이 5년 이상인 공무원에 대하여 그 퇴직급여를 2분의 1 감액하도록 한 것은 입법재량의 한계를 넘은 것이라고 보기 어려우므로, 이 사건 시행령조항은 재산권, 인간다운생활을 할 권리, 평등권을 침해하지 아니한다[2019. 2. 28. 2017헌마403·2017헌바372(병합)].

정답 ④,⑤

121 대통령이 2016. 2. 10.경 개성공단의 운영을 즉시 전면 중단 조치와 통일부장관이 2010. 5. 24. 발표한 북한에 대한 신규투자 불허 및 진행 중인 사업의 투자확대 금지 등을 내용으로 하는 대북조치관련 보상입법부작위에 대해 헌법소원이 청구되었다. 이에 대한 설명으로 옳은 것을 모두 조합한 것은?

ㄱ. 이 사건 중단조치는 고도의 정치행위로서 통치행위에 해당하나 사법심사가 배제된다고 할 수 없다.
ㄴ. 이 사건 중단조치가 긴급재정경제처분·명령의 형태로 취해지지 않았다면 헌법과 법률에 근거하지 않은 조치이므로 법률유보원칙에 위배된다.
ㄷ. 이 사건 중단조치는 헌법 제89조 제2호의 선전·강화 기타 중요한 대외정책 또는 헌법 제89조13호의 행정각부의 중요한 정책의 수립과 조정이 필요한 사항에 해당하므로 국무회의 심의를 거쳐야 한다.
ㄹ. 이 사건 중단조치를 위해 이해관계자 등의 의견청취절차는 적법절차원칙에 따라 반드시 요구되는 절차라고 보기 어렵다. 따라서 이 사건 중단조치가 적법절차원칙에 위반되어 청구인들의 영업의 자유나 재산권을 침해한 것으로 볼 수 없다.
ㅁ. 통일부장관이 2010. 5. 24. 발표한 북한에 대한 신규투자 불허 및 진행 중인 사업의 투자확대 금지 등을 내용으로 하는 대북조치로 인한 재산상 손실에 대해 헌법 해석상 보상입법의 의무가 도출된다.

① ㄱㄴㅁ   ② ㄷㄹ   ③ ㄴㄷㄹ
④ ㄷㄹㅁ   ⑤ ㄱㄹ

▶ **정답 및 해설**

ㄱ. **[O]** 국민의 기본권 제한과 직접 관련된 공권력의 행사는 고도의 정치적 고려가 필요한 대통령의 행위라도 헌법과 법률에 따라 정책을 결정하고 집행하도록 함으로써 국민의 기본권이 침해되지 않도록 견제하는 것이 국민의 기본권 보장을 사명으로 하는 헌법재판소 본연의 임무이므로, 그 한도에서 헌법소원심판의 대상이 될 수 있다고 보아야 한다. 따라서 이 사건 중단조치에 대한 헌법소원심판이 사법심사가 배제되는 행위를 대상으로 한 것이어서 부적법하다고는 볼 수 없다(2022. 1. 27. 2016헌마364).

ㄴ. **[X]** 이 사건 중단조치가 긴급재정경제처분·명령의 형태로 취해지지 않았다고 하더라도 헌법과 법률에 근거하지 않은 조치라고 볼 수는 없고, 남북교류협력법 등 규정에 근거하여 개성공단 내 사업 중단을 결정하고 집행할 수 있다고 보더라도 그것이 헌법이 엄격하게 요건과 절차를 통제하고자 하는 긴급재정경제처분·명령에 따른 긴급한 재정, 경제상의 처분을 우회하는 방법을 허용하는 것이라고 볼 것도 아니다(2022. 1. 27. 2016헌마364).

ㄷ. **[X]** 헌법 제89조는 긴급재정경제처분·명령이 아니라도 정부의 중요한 대외정책(제2호), 행정각부의 중요한 정책의 조정(제13호)의 경우 국무회의 심의를 거치도록 하고 있다. 이 사건 중단조치는 개성공단의 운영 중단이라는 피청구인 대통령의 정책 결정을 포함하고 있는바, 국제 공조 하에 북한 핵개발을 저지하기 위한 제재조치로서 개성공단 운영을 중단하는 것은 국가 안보와 관련된 중요한 대외정책의 결정일 수 있다. 또한 개성공단은 한반도의 평화와 통일에 이바지하도록 하기 위해 정부가 정책적으로 개발과 운영을 지원하고 통일부가 주요 사업으로 선정하여 주무관청으로 관리, 감독해 왔으므로, 그 운영을 중단하기로 하는 결정은 행정각부인 통일부의 중요 정책의 조정이 될 수도 있다. 따라서 그 결정에 앞서 헌법 제89조 제2호, 제13호의 규정에 따라 반드시 국무회의 심의를 거쳐야 하는 것이 아닌가 하는 의문이 있을 수 있다.

ㄹ. **[O]** 피청구인 통일부장관은 이 사건 중단조치 전 개성공단기업협회 회장단과의 간담회를 개최하여 결정 배경을 설명하고 세부조치 내용을 고지하기도 하였으므로, 이 사건 중단조치의 특성, 절차 이행으로 제고될 가치, 국가작용의 효율성 등의 종합적 형량에 따른 필수적 절차는 거친 것으로 봄이 타당하고, 이해관계자 등의 의견청취절차는 적법절차원칙에 따라 반드시 요구되는 절차라고 보기 어렵다. 따라서 이 사건 중단조치가 적법절차원칙에 위반되어 청구인들의 영업의 자유나 재산권을 침해한 것으로 볼 수 없다.

ㅁ. **[X]** 경제협력사업에 참여하는 기업이나 개인으로서는 남북관계의 개선과 평화적 통일의 기틀을 마련하는 데 기여한 측면이 있고, 헌법 전문과 제4조 등에서 평화통일에 관한 내용을 규정하고 있으며, 경제협력사업이 평화적 통일을 위한 기반 조성의 일환으로 이루어진 것이라 하더라도, 재산상 손실의 위험성이 이미 예상된 상황에서 발생한 재산상 손실에 대해 헌법 해석상으로 어떠한 보상입법의 의무가 도출된다고까지 보기는 어렵다.(2022. 5. 26. 2016헌마95).

정답 ⑤

122 경제적 권리에 대한 설명 중 옳지 않은 것을 모두 조합한 것은?

ㄱ. 학원법에 따라 체육시설을 운영하는 자로서 어린이통학버스에 보호자를 동승하도록 강제하는 도로교통법이 과잉금지원칙에 반하여 청구인들의 직업수행의 자유를 침해한다고 볼 수 없다.
ㄴ. 만성신부전증환자에 대한 외래 혈액투석 의료급여수가의 기준을 정액수가로 규정한 '의료급여수가의 기준 및 일반기준'이 원가에도 미치지 못할 정도로 낮다면 의사들의 재산권이 제한된다.
ㄷ. 법무부장관이 2020. 11. 23.에 한 '코로나19 관련 제10회 변호사시험 응시자 유의사항 등 알림' 중 코로나바이러스감염증-19확진환자의 시험 응시를 금지한 부분은 청구인들의 직업선택의 자유를 침해한다.
ㄹ. 어린이집 원장 또는 보육교사가 아동학대 관련 범죄로 처벌을 받은 경우 행정청이 재량으로 그 자격을 취소할 수 있도록 정한 영유아보육법 제48조 제1항 제3호 중 '아동복지법 제17조 제5호를 위반하여 아동복지법 제71조 제1항 제2호에 따라 처벌받은 경우'에 관한 부분이 직업선택의 자유를 침해한다고 할 수 없다.
ㅁ. '거짓이나 그 밖의 부정한 수단으로 받은 운전면허를 취소하는 것'은 과잉금지원칙에 반하여 일반적 행동의 자유 또는 직업의 자유를 침해한다.

① ㄴㅁ ② ㄷㄹ ③ ㄴㄷㄹ
④ ㄷㄹㅁ ⑤ ㄱㄹ

▶ 정답 및 해설

ㄱ. [O] 이 사건 보호자동승조항이 학원 등 운영자로 하여금 어린이통학버스에 학원 강사 등의 보호자를 함께 태우고 운행하도록 한 것은 어린이 등이 안전사고 위험으로부터 벗어나 안전하고 건강한 생활을 영위하도록 하기 위한 것이다. 어린이통학버스의 동승보호자는 운전자와 함께 탑승함으로써 승·하차 시 뿐만 아니라 운전자만으로 담보하기 어려운 '차량 운전 중' 또는 '교통사고 발생 등의 비상상황 발생 시' 어린이 등의 안전을 효과적으로 담보하는 중요한 역할을 하는 점 등에 비추어 보면, 이 사건 보호자동승조항이 과잉금지원칙에 반하여 청구인들의 직업수행의 자유를 침해한다고 볼 수 없다(2020. 4. 23. 2017헌마479).

ㄴ. [X] 의사인 청구인들은 정액수가조항으로 정한 금액이 혈액투석 진료행위에 소요되는 원가에도 미치지 못할 정도로 낮아서 재산권이 침해된다고 주장한다. 그러나 헌법상 보호되는 재산권은 사적 유용성 및 그에 대한 원칙적 처분권을 내포하는 재산가치 있는 구체적 권리로서, 구체적인 이익이 아니라 단순한 이익이나 재화의 획득에 관한 기회 등은 재산권 보장의 대상이 아니다. 그러므로 위 조항이 의사인 청구인들의 재산권을 제한한다고 보기는 어렵다(2020. 4. 23. 2017헌마103).

ㄷ. [O] 감염병의 확산으로 인하여 의료자원이 부족할 수도 있다는 막연한 우려를 이유로 확진환자 등의 응시를 일률적으로 금지하는 것은 청구인들의 기본권을 과도하게 제한한 것이라고 볼 수밖에 없다. 확진환자가 시험장 이외에 의료기관이나 생활치료센터 등 입원치료를 받거나 격리 중인 곳에서 시험을 치를 수 있도록 한다면 감염병 확산 방지라는 목적을 동일하게 달성하면서도 확진환자의 시험 응시 기회를 보장할 수 있다. 따라서 이 사건 알림 중 코로나19 확진환자의 시험 응시를 금지한 부분은 청구인들의 직업선택의 자유를 침해한다(2023. 2. 23. 2020헌마1736).

ㄹ. [O] 심판대상조항으로 실현하고자 하는 공익은 영유아를 건강하고 안전하게 보육하는 것으로서, 이로 인하여 어린이집 원장 또는 보육교사 자격을 취득하였던 사람이 그 자격을 취소당한 결과 일정 기간 어린이집에 근무하지 못하는 제한을 받더라도, 그 제한의 정도가 위 공익에 비하여 더 중대하다고 할 수 없다. 따라서 심판대상조항은 과잉금지원칙에 반하여 직업선택의 자유를 침해하지 아니한다(2023. 5. 25. 2021헌바234).

ㅁ. [×] 부정 취득한 운전면허는 그 요건이 처음부터 갖추어지지 못한 것으로서 해당 면허를 박탈하더라도 기본권이 추가적으로 제한된다고 보기 어려워, 법익의 균형성 원칙에도 위배되지 않는다(2020. 6. 25. 2019헌가9·10(병합)). 다만 위법이나 비난의 정도가 미약한 사안을 포함한 모든 경우에 부정 취득하지 않은 운전면허까지 필요적으로 취소하고 이로 인해 2년 동안 해당 운전면허 역시 받을 수 없게 하는 것은, 공익의 중대성을 감안하더라도 지나치게 기본권을 제한하는 것이므로, 법익의 균형성 원칙에도 위배된다. 따라서 심판대상조항 중 각 '거짓이나 그 밖의 부정한 수단으로 받은 운전면허를 제외한 운전면허'를 필요적으로 취소하도록 한 부분은, 과잉금지원칙에 반하여 일반적 행동의 자유 또는 직업의 자유를 침해한다(2020. 6. 25. 2019헌가9·10(병합)).

정답 ①

123 재산권에 대한 설명으로 옳지 않은 것은?

① '감염병의 예방 및 관리에 관한 법률'상 집합제한 조치로 발생한 손실을 보상하는 규정을 두지 않은' 감염병의 예방 및 관리에 관한 법률' 제70조 제1항이 재산권을 제한한다고 할 수 없다.
② 세종시 공무원이 주택특별공급을 신청할 수 있는 지위는 재산권에서 보호되지 않으므로 행정중심복합도시 예정지역 이전기관 종사자 주택특별공급제도를 폐지하는 '주택공급에 관한 규칙 일부개정령'은 재산권을 침해할 가능성이 없다.
③ 요양기관이 의료법 제33조 제2항을 위반하였다는 사실을 수사기관의 수사 결과로 확인한 경우 공단으로 하여금 해당 요양기관이 청구한 요양급여비용의 지급을 보류할 수 있도록 규정한 구 국민건강보험법 제47조의2 제1항이 의료기관 개설자의 재산권을 침해한다.
④ 요양기관이 의료법 제33조 제2항을 위반하였다는 사실을 수사기관의 수사 결과로 확인한 경우 공단으로 하여금 해당 요양기관이 청구한 요양급여비용의 지급을 보류할 수 있도록 규정한 구 국민건강보험법 제47조의2 제1항이 무죄추정의 원칙에 위반된다.
⑤ 고용보험법상 육아휴직 급여수급권은 경제적 가치가 있는 권리로서 헌법 제23조에 의하여 보장되는 재산권에서 보호된다.

▶ 정답 및 해설

① [O] 헌법 제23조에서 보장하는 재산권은 사적 유용성 및 그에 대한 원칙적 처분권을 내포하는 재산가치 있는 구체적 권리이므로, 구체적인 권리가 아닌 단순한 이익이나 재화의 획득에 관한 기회 또는 기업활동의 사실적·법적 여건 등은 재산권보장의 대상에 포함되지 아니한다. 감염병예방법 제49조 제1항 제2호에 근거한 집합제한 조치로 인하여 청구인들의 일반음식점 영업이 제한되어 영업이익이 감소되었다 하더라도, 청구인들이 소유하는 영업 시설·장비 등에 대한 구체적인 사용·수익 및 처분권한을 제한받는 것은 아니므로, 보상규정의 부재가 청구인들의 재산권을 제한한다고 볼 수 없다(2023. 6. 29. 2020헌마1669).
② [O] 청구인들이 이 사건 주택특별공급을 신청할 수 있는 지위에 있었다고 하더라도 이는 그 자체로 어떠한 확정적인 권리를 취득한 것이 아니라, 이 사건 주택특별공급에 당첨될 수 있을 것이라는 단순한 기대이익을 가진 것에 불과하므로, 심판대상조항이 청구인들의 재산권을 침해할 가능성은 인정되지 않는다(2022. 12. 22. 2021헌마902).
③ [O] 지급보류처분은 잠정적 처분이고, 그 처분 이후 사무장병원에 해당하지 않는다는 사실이 밝혀져서 무죄판결의 확정 등 사정변경이 발생할 수 있다는 점 등을 고려하면, 지급보류처분의 '처분요건'뿐만 아니라 '지급보류처분의 취소'에 관하여도 명시적인 규율이 필요하고, 그 '취소사유'는 '처분요건'과 균형이 맞도록 규정되어야 한다. 또한 무죄판결이 확정되기 전이라도 하급심 법원에서 무죄판결이 선고되는 경우에는 그

때부터 일정 부분에 대하여 요양급여비용을 지급하도록 할 필요가 있다. 나아가, 사정변경사유가 발생할 경우 지급보류처분이 취소될 수 있도록 한다면, 이와 함께 지급보류기간 동안 의료기관의 개설자가 수인해야 했던 재산권 제한상황에 대한 적절하고 상당한 보상으로서의 이자 내지 지연손해금의 비율에 대해서도 규율이 필요하다. 이러한 사항들은 이 사건 지급보류조항으로 인한 기본권 제한이 입법목적 달성에 필요한 최소한도에 그치기 위해 필요한 조치들이지만, 현재 이에 대한 어떠한 입법적 규율도 없다. 따라서 **이 사건 지급보류조항은 과잉금지원칙에 반하여 요양기관 개설자의 재산권을 침해한다**[2023. 3. 23. 2018헌바433].

④ [X] 이 사건 지급보류조항은 사후적인 부당이득 환수절차의 한계를 보완하고, 건강보험의 재정 건전성이 악화될 위험을 방지하고자 마련된 조항으로서, 사무장병원일 가능성이 있는 요양기관이 일정 기간 동안 요양급여비용을 지급받지 못하는 불이익을 받더라도 이를 두고 유죄의 판결이 확정되기 전에 죄 있는 자에 준하여 취급하는 것이라고 보기 어렵다. 따라서 **이 사건 지급보류조항은 무죄추정의 원칙에 위반된다고 볼 수 없다**[2023. 3. 23. 2018헌바433].

⑤ [O] 육아휴직 급여제도는 고용보험료의 납부를 통하여 육아휴직 급여수급권자도 그 재원의 형성에 일부 기여한다는 점에서 후불임금의 성격도 가미되어 있으므로, 고용보험법상 **육아휴직 급여수급권은 경제적 가치가 있는 권리로서 헌법 제23조에 의하여 보장되는 재산권의 성격도 가지고 있다**[2023. 2. 23. 2018헌바240].

정답 ④

124 거주이전의 자유에 대한 설명으로 옳지 않은 것은?

① 복수국적자가 병역준비역에 편입된 때부터 3개월이 지난 경우 병역의무 해소 전에는 대한민국국적에서 이탈할 수 없도록 제한하는 국적법 조항은 국적이탈의 자유를 침해한다.
② 아프가니스탄 등 전쟁 또는 테러위험이 있는 해외 위난지역에서 여권사용을 제한하거나 방문 또는 체류를 금지한 외교통상부 고시는 거주이전의 자유를 침해한다고 할 수 없다.
③ 종교(선교활동)의 자유는 국민에게 그가 선택한 임의의 장소에서 자유롭게 행사할 수 있는 권리까지 보장한다고 할 수 없으므로 아프가니스탄 등 전쟁 또는 테러위험이 있는 해외 위난지역에서 여권사용을 제한하거나 방문 또는 체류를 금지한 외교통상부 고시는 종교의 자유를 제한한다고 할 수 없다.
④ 거주·이전의 자유는 국민에게 그가 선택할 직업 내지 그가 취임할 공직을 그가 선택하는 임의의 장소에서 자유롭게 행사할 수 있는 권리까지 포함한다고 할 수 없다.
⑤ 고속도로 또는 자동차전용도로에서 이륜자동차와 원동기장치자전거에 대해서 통행을 제한하는 것은 거주·이전의 자유를 제한한다.

▶ 정답 및 해설

① [O] 국적법 조항의 존재로 인하여 복수국적을 유지하게 됨으로써 대상자가 겪어야 하는 실질적 불이익은 구체적 사정에 따라 상당히 클 수 있다. 국가에 따라서는 복수국적자가 공직 또는 국가안보와 직결되는 업무나 다른 국적국과 이익충돌 여지가 있는 업무를 담당하는 것이 제한될 가능성이 있다. 현실적으로 이러한 제한이 존재하는 경우, 특정 직업의 선택이나 업무 담당이 제한되는 데 따르는 사익 침해를 가볍게 볼 수 없다. 심판대상 법률조항은 과잉금지원칙에 위배되어 청구인의 국적이탈의 자유를 침해한다(헌재 2020. 9. 24. 2016헌마889).
② [O] 대상지역을 당시 전쟁이 계속 중이던 이라크와 소말리아, 그리고 실제로 한국인에 대한 테러 가능성이 높았던 아프가니스탄 등 3곳으로 한정하고, 그 기간도 1년으로 하여 그다지 장기간으로 볼 수 없을 뿐 아니라, 부득이한 경우 예외적으로 외교통상부장관의 허가를 받아 여권의 사용 및 방문·체류가 가능하도

록 함으로써 국민의 거주·이전의 자유에 대한 제한을 최소화하고 법익의 균형성도 갖추었다(헌재 2008. 6. 26. 2007헌마1366).
③ [O] 종교(선교활동)의 자유는 국민에게 그가 선택한 임의의 장소에서 자유롭게 행사할 수 있는 권리까지 보장한다고 할 수 없으며, 그 임의의 장소가 대한민국의 주권이 미치지 아니하는 지역 나아가 국가에 의한 국민의 생명·신체 및 재산의 보호가 강력히 요구되는 해외 위난지역인 경우에는 더욱 그러하다(헌재 2008. 6. 26. 2007헌마1366).
④ [O] 거주·이전의 자유가 국민에게 그가 선택할 직업 내지 그가 취임할 공직을 그가 선택하는 임의의 장소에서 자유롭게 행사할 수 있는 권리까지 보장하는 것은 아니다. 물론 직업에 관한 규정이나 공직취임의 자격에 관한 제한규정에 의하여 헌법 제15조의 직업의 자유 내지 헌법 제25조의 공무담임권이 제한될 수는 있어도 헌법 제14조의 거주·이전의 자유가 제한되었다고 볼 수 없다(1996.6.26, 96헌마200).
⑤ [X] 청구인들은 원동기장치자전거 운전면허 또는 제2종 소형자동차 운전면허를 취득하여 이륜자동차와 원동기장치자전거(이하 두 가지를 합쳐 '이륜차'라고 한다)를 운전할 수 있지만, 이 사건 법률조항에 의하여 고속도로 또는 자동차전용도로(이하 '고속도로 등'이라 한다)의 통행이 금지되므로, 이륜차를 이용하여 고속도로 등을 통행할 수 있는 자유를 제한당하고 있다. 이는 행복추구권에서 우러나오는 일반적 행동의 자유를 제한하는 것이다. 그러나 이 사건 법률조항이 청구인들의 거주이전의 자유를 제한한다고 보기는 어렵다(2007. 1. 17. 2005헌마1111).

정답 ⑤

제8절 선거권, 공무담임임권, 청원권

125 집행유예자와 수형자 선거권 제한에 대한 설명 중 옳은 것(○)과 옳지 않은 것(×)을 올바르게 조합한 것은? (다툼이 있는 경우 판례에 의함)

ㄱ. 집행유예자와 수형자의 선거권 제한은 범죄자가 범죄의 대가로 선고받은 자유형의 본질에서 당연히 도출되는 것이다.
ㄴ. 수형자에 대해 선거권을 제한하고 있는 「공직선거법」 제18조 제1항 제2호가 헌법불합치결정됨에 따라 「공직선거법」이 개정되어 1년 이상의 징역 또는 금고의 형의 선고를 받고 그 집행이 종료되지 아니하거나 그 집행을 받지 아니하기로 확정되지 아니한 사람에 한해 선거권이 제한되고 있다.
ㄷ. 범죄자가 저지른 범죄의 경중을 전혀 고려하지 않고 수형자와 집행유예자 모두의 선거권을 제한하더라도 헌법에 위반되는 것은 아니다.
ㄹ. '유기징역 또는 유기금고의 선고를 받고 그 집행유예기간 중인 자'의 선거권을 전면적·획일적으로 제한하는 「공직선거법」 조항은 선거권 제한이 지나치게 광범위하므로 과잉금지원칙에 반하여 헌법에 위반된다. 다만, '유기징역 또는 유기금고의 선고를 받고 그 집행유예기간 중인 자'에게 선거권을 부여하는 구체적인 방안은 입법자의 형성재량에 속하므로 헌법불합치결정을 선고하는 것이 타당하다.
ㅁ. 선거일 현재 1년 이상의 형의 집행유예를 선고받고 유예기간 중에 있는 사람은 선거권을 가진다.

① ㄱ(×), ㄴ(○), ㄷ(×), ㄹ(×), ㅁ(○)   ② ㄱ(×), ㄴ(×), ㄷ(○), ㄹ(○), ㅁ(○)
③ ㄱ(○), ㄴ(×), ㄷ(×), ㄹ(×), ㅁ(×)   ④ ㄱ(×), ㄴ(○), ㄷ(○), ㄹ(○), ㅁ(×)
⑤ ㄱ(○), ㄴ(○), ㄷ(×), ㄹ(○), ㅁ(×)

▶ 정답 및 해설

ㄱ. [×] 보통선거원칙 및 그에 기초한 선거권을 법률로써 제한하는 것은 필요 최소한에 그쳐야 한다. 집행유예자와 수형자의 선거권 제한은 범죄자가 범죄의 대가로 선고받은 자유형의 본질에서 당연히 도출되는 것이 아니므로, 범죄자의 선거권 제한 역시 보통선거원칙에 기초하여 필요 최소한의 정도에 그쳐야 한다. 심판대상조항의 입법목적에 비추어 보더라도, 구체적인 범죄의 종류나 내용 및 불법성의 정도 등과 관계없이 일률적으로 선거권을 제한하여야 할 필요성이 있다고 보기는 어렵다. 범죄자가 저지른 범죄의 경중을 전혀 고려하지 않고 수형자와 집행유예자 모두의 선거권을 제한하는 것은 침해의 최소성원칙에 어긋난다(2014.1.28, 2012헌마409 등).

> 「공직선거법」 제18조【선거권이 없는 자】① 선거일 현재 다음 각 호의 어느 하나에 해당하는 사람은 선거권이 없다.
> 2. 1년 이상의 징역 또는 금고의 형의 선고를 받고 그 집행이 종료되지 아니하거나 그 집행을 받지 아니하기로 확정되지 아니한 사람. 다만, 그 형의 집행유예를 선고받고 유예기간 중에 있는 사람은 제외한다.

ㄴ. [○] 수형자에 관한 부분의 위헌성은 지나치게 전면적·획일적으로 수형자의 선거권을 제한한다는 데 있다. 그런데 그 위헌성을 제거하고 수형자에게 헌법합치적으로 선거권을 부여하는 것은 입법자의 형성재량에 속하므로 심판대상조항 중 수형자에 관한 부분에 대하여 헌법불합치결정을 선고한다(2014.1.28, 2012헌마409 등).

> 「공직선거법」 제18조【선거권이 없는 자】① 선거일 현재 다음 각 호의 어느 하나에 해당하는 사람은 선거권이 없다.
> 2. 1년 이상의 징역 또는 금고의 형의 선고를 받고 그 집행이 종료되지 아니하거나 그 집행을 받지 아니하기로 확정되지 아니한 사람. 다만, 그 형의 집행유예를 선고받고 유예기간 중에 있는 사람은 제외한다.

ㄷ. [×] 범죄자의 선거권을 제한할 필요가 있다 하더라도 그가 저지른 범죄의 경중을 전혀 고려하지 않고 수형자와 집행유예자 모두의 선거권을 제한하는 것은 침해의 최소성원칙에 어긋난다. 이와 같이 심판대상조항은 입법목적의 정당성과 수단의 적합성은 인정할 수 있지만 침해의 최소성과 법익의 균형성이 인정되지 않으므로, 헌법 제37조 제2항에 위반하여 청구인들의 선거권을 침해한 것이다(2014.1.28, 2012헌마409 등).

ㄹ. [×] '유기징역 또는 유기금고의 선고를 받고 그 집행유예기간 중인 자' 부분은 위헌결정을, '유기징역 또는 유기금고의 선고를 받고 그 집행이 종료되지 아니한 자(수형자)'에 관한 부분은 헌법불합치결정을 하였다.

> 범죄자가 저지른 범죄의 경중을 전혀 고려하지 않고 수형자와 집행유예자 모두의 선거권을 제한하는 것은 침해의 최소성원칙에 어긋난다. 특히 집행유예자는 집행유예 선고가 실효되거나 취소되지 않는 한 교정시설에 구금되지 않고 일반인과 동일한 사회생활을 하고 있으므로, 그들의 선거권을 제한해야 할 필요성이 크지 않다. 따라서 심판대상조항은 청구인들의 선거권을 침해하고, 보통선거원칙에 위반하여 집행유예자와 수형자를 차별취급하는 것이므로 평등원칙에도 어긋난다. 심판대상조항 중 수형자에 관한 부분의 위헌성은 지나치게 전면적·획일적으로 수형자의 선거권을 제한한다는 데 있다. 그런데 그 위헌성을 제거하고 수형자에게 헌법합치적으로 선거권을 부여하는 것은 입법자의 형성재량에 속하므로 심판대상조항 중 수형자에 관한 부분에 대하여 헌법불합치결정을 선고한다(2014.1.28, 2012헌마409 등).

ㅁ. [O] 「공직선거법」 제18조 제1항 제2호 단서에 따라 집행유예선고를 받은 자의 선거권은 제한되지 않는다.

> 「공직선거법」 제18조【선거권이 없는 자】① 선거일 현재 다음 각 호의 어느 하나에 해당하는 사람은 선거권이 없다.
> 1. 금치산선고를 받은 자
> 2. 1년 이상의 징역 또는 금고의 형의 선고를 받고 그 집행이 종료되지 아니하거나 그 집행을 받지 아니하기로 확정되지 아니한 사람. 다만, 그 형의 집행유예를 선고받고 유예기간 중에 있는 사람은 제외한다.

정답 ①

126. 1년 이상 징역형 수형자의 선거권 제한한 공직선거법에 대한 설명 중 옳은 것(○)과 옳지 않은 것(×)을 올바르게 조합한 것은? (다툼이 있는 경우 판례에 의함)

ㄱ. 선거권이 제한되는 수형자의 범위를 정함에 있어서 선고형이 중대한 범죄 여부를 결정하는 합리적 기준이 될 수 있다.
ㄴ. 1년 이상의 징역형 선고를 받고 그 집행이 종료되지 아니한 사람의 선거권을 제한하는 「공직선거법」 조항에 의한 선거권 박탈은 범죄자에 대해 가해지는 형사적 제재의 연장으로 범죄에 대한 응보적 기능을 갖는다.
ㄷ. 형 집행 중 가석방처분을 받았다는 후발적 사유를 고려하지 아니하고 1년 이상의 징역형 선고를 받은 사람의 선거권을 일률적으로 제한하는 것은 불필요한 제한에 해당한다.
ㄹ. 1년 이상의 징역형을 선고받은 사람의 범죄행위가 국가적·사회적 법익이 아닌 개인적 법익을 침해하는 경우라면 사회적·법률적 비난가능성의 정도는 달리 판단할 수 있다.
ㅁ. 수형자에 대한 형벌 이외의 기본권 제한은 수형자의 정상적 사회복귀라는 목적에 부응하는 것일 때 정당화될 수 있다. 수형자라고 하여 선거권을 제한하는 것은 이러한 목적에 부합한다고 볼 수 없으므로 수형자에 대한 사회적·형사적 제재라는 입법목적은 정당하지 않다.

① ㄱ(○), ㄴ(○), ㄷ(×), ㄹ(○), ㅁ(○)
② ㄱ(×), ㄴ(×), ㄷ(○), ㄹ(×), ㅁ(○)
③ ㄱ(○), ㄴ(○), ㄷ(×), ㄹ(×), ㅁ(×)
④ ㄱ(×), ㄴ(○), ㄷ(○), ㄹ(○), ㅁ(×)
⑤ ㄱ(×), ㄴ(○), ㄷ(×), ㄹ(○), ㅁ(×)

▶ 정답 및 해설

ㄱ. [O] 「공직선거법」에서 범죄의 종류나 침해된 법익을 기준으로 선거권이 제한되는 수형자의 범위를 일반적으로 정하는 것은 실질적으로 곤란하다. 대신 선거권이 제한되는 수형자의 범위를 정함에 있어서 선고형이 중대한 범죄 여부를 결정하는 합리적인 기준이 될 수 있다. 선고형에는 범인의 연령, 성행, 지능과 환경, 피해자에 대한 관계, 범행의 동기, 수단과 결과, 범행 후의 정황 등의 양형조건이 참작되기 때문이다(2017.5.25, 2016헌마292 등).

ㄴ. [O] 이 사건 법률조항은 공동체 구성원으로서 반드시 지켜야 할 기본적 의무를 저버린 범죄자에게 그 공동체의 운용을 주도하는 통치조직의 구성에 참여하도록 하는 것은 바람직하지 않다는 기본적 인식과 이러한 반사회적 행위에 대한 사회적 제재의 의미를 가지고 있다. 또한 이 사건 법률조항에 의한 선거권 박탈은 범

죄자에 대해 가해지는 형사적 제재의 연장으로서 범죄에 대한 응보적 기능도 갖는다. 나아가 이 사건 법률조항이 그가 선고받은 1년 이상의 징역의 형 외에 별도로 선거권을 박탈하는 것은 그 자신을 포함하여 일반국민으로 하여금 시민으로서의 책임성을 함양하고 법치주의에 대한 존중의식을 제고하는 데에도 기여할 수 있다. 이 사건 법률조항이 담고 있는 이러한 목적은 정당하고, 1년 이상의 징역의 형의 선고를 받고 그 집행이 종료되지 아니한 사람에 대하여 선거권을 제한하는 것은 이를 달성하기 위한 적합한 방법이다. 따라서 이 사건 법률조항은 입법목적의 정당성과 수단의 적합성을 갖추고 있다(2017.5.25, 2016헌마292 등).

ㄷ. [X] 이 사건 법률조항은 가석방되었으나 가석방기간 중에 있어 형의 집행 중에 있는 사람의 선거권은 제한하고 있다. 그런데 가석방은 수형자의 사회복귀를 촉진하기 위하여 형 집행 중에 있는 자 가운데 행상이 양호하고 개전의 정이 현저한 자를 그 형의 집행종료 전에 석방함으로써 수형자에 대한 무용한 구금의 연장을 피하고 수형자의 윤리적 자기형성을 촉진하고자 하는 의미에서 취해지는 형사정책적 행정처분으로서, 수형자의 개별적 요청이나 희망에 따라 행하여지는 것이 아니라 교정기관의 교정정책 혹은 형사정책적 판단에 따라 이루어지는 재량적 조치이다. 형 집행 중에 가석방을 받았다고 하여, 형의 선고 당시 법관에 의하여 인정된 범죄의 중대성이 감쇄되었다고 보기 어려운 점을 고려하면, 입법자가 가석방처분을 받았다는 후발적 사유를 고려하지 아니하고 1년 이상 징역의 형을 선고받은 사람의 선거권을 일률적으로 제한하였다고 하여 불필요한 제한이라고 보기는 어렵다(2017.5.25, 2016헌마292 등).

ㄹ. [X] 이 사건 법률조항은 1년 이상의 징역의 형을 선고받았는지 여부만을 기준으로 할 뿐, 과실범과 고의범 등 범죄의 종류를 불문하고, 범죄로 인하여 침해된 법익이 국가적 법익인지, 사회적 법익인지, 개인적 법익인지 그 내용 또한 불문한다. 그러나 재판을 통하여 1년 이상의 징역의 형을 선고받았다면, 범죄자의 사회적·법률적 비난가능성이 결코 작지 아니함은 앞서 본 바와 같으며, 이러한 사정은 당해 범죄자가 저지른 범죄행위가 과실에 의한 것이라거나 국가적·사회적 법익이 아닌 개인적 법익을 침해하는 것이라도 마찬가지이다(2017.5.25, 2016헌마292 등).

ㅁ. [X] 선지는 반대의견의 논리다.

> 이 사건 법률조항이 그가 선고받은 1년 이상의 징역의 형 외에 별도로 선거권을 박탈하는 것은 그 자신을 포함하여 일반 국민으로 하여금 시민으로서의 책임성을 함양하고 법치주의에 대한 존중의식을 제고하는 데에도 기여할 수 있다. 이 사건 법률조항이 담고 있는 이러한 목적은 정당하고, 1년 이상의 징역의 형의 선고를 받고 그 집행이 종료되지 아니한 사람에 대하여 선거권을 제한하는 것은 이를 달성하기 위한 적합한 방법이다(2017.5.25, 2016헌마292 등).

정답 ③

127 후보자등록요건으로서 기탁금에 대한 설명으로 옳지 않은 것은 모두 몇 개인가?

ㄱ. 대통령 선거의 기탁금은 5억 원이었는데, 헌법재판소가 헌법불합치결정을 함에 따라 3억원으로 낮춰졌고, 대통령 예비후보자로 등록하려면 6천만 원의 기탁금을 납부하여야 한다.

ㄴ. 정당후보자와 무소속후보자를 차별하여 기탁금을 정하는 것은 보통·평등선거에 위반한다.

ㄷ. 국회의원후보자등록요건으로서 기탁금 1,500만 원은 정당활동의 자유를 침해한다.

ㄹ. 「공직선거법」상 후보자등록을 신청하는 자는 등록신청시에 후보자 1명마다 일정 금액의 기탁금을 중앙선거관리위원회의 규칙으로 정하는 바에 따라 관할선거구선거관리위원회에 납부하여야 하는데, 특히 대통령 선거는 기탁금이 3억 원이다.

ㅁ. 헌법재판소는 공직선거에 입후보하려는 자에 대하여 기탁금을 부과하는 것 자체가 선거에 입후보하려고 하는 후보자의 공무담임권을 침해한다고 결정하였다.

ㅂ. 지역구국회의원 예비후보자에게 지역구국회의원이 납부할 기탁금의 100분의 20에 해당하

는 금액을 기탁금으로 납부하도록 하는 것은 예비후보자의 공무담임권을 침해하고, 비례대표 기탁금조항은 비례대표국회의원후보자가 되어 국회의원에 취임하고자 하는 자의 공무담임권을 침해한다.
ㅅ. 전북대학교 총장후보자로 지원하려는 사람에게 1,000만 원의 기탁금 납부를 요구하고, 납입하지 않을 경우 총장후보자에 지원하는 기회를 주지 않는 것은 공무담임권을 침해한다.
ㅇ. 대구교육대학교 총장임용후보자 선거에서 후보자가 되려는 사람은 1,000만 원의 기탁금을 납부하도록 규정한 '대구교육대학교 총장임용후보자 선정규정' 제23조 제1항 제2호 및 제24조 제1항이 과잉금지원칙에 위배되어 후보자가 되려는 청구인의 공무담임권을 침해한다.
ㅈ. 대구교육대학교 총장임용후보자 선거 후보자가 제1차 투표에서 최종 환산득표율의 100분의 15 이상을 득표한 경우에만 기탁금의 반액을 반환하도록 하고 반환하지 않는 기탁금은 대학 발전기금에 귀속되도록 규정한 '대구교육대학교 총장임용후보자 선정규정' 제24조 제2항이 과잉금지원칙에 위배되어 청구인의 재산권을 침해한다.

① 1개 ② 2개 ③ 3개
④ 4개 ⑤ 5개

▶ 정답 및 해설

ㄱ. [O] 대통령 기탁금 5억 원에 대하여 헌법재판소가 헌법불합치결정하였고(2008.11.27, 2007헌마1024), 이에 따라 3억 원으로 법이 개정되었다. 대통령 예비후보자로 등록하려면 기탁금의 20%를 등록시 납부하여야 하므로 6천만 원을 납부하여야 한다.
ㄴ. [O] 기탁금은 후보자의 난립방지를 목적으로 하지 정당 보호라는 측면은 없다. 따라서 헌법재판소는 국회의원 선거에서 정당후보자 1000만 원, 무소속후보자 2000만 원으로 기탁금을 달리하는 것에 대하여 보통·평등선거원칙에 반한다 하여 헌법불합치결정을 한 바 있다.
ㄷ. [X] 지역구국회의원 기탁금 1500만 원은 합헌이었으나, 비례대표국회의원 기탁금 1500만 원은 위헌이었다.

> 후보자등록신청시에 후보자 1명마다 1,500만 원의 기탁금을 납부하도록 규정한 「공직선거법」 제56조 제1항 제2호 중 비례대표국회의원 선거에 관한 부분은 지나치게 과다하여 공무담임권 등을 침해한다(2016.12.29, 2015헌마509 등).

ㄹ. [O] 대통령 선거에서의 기탁금은 3억원이다(「공직선거법」 제56조 제1항 제1호).
ㅁ. [X] 시·도지사 선거에서 무분별한 후보난립을 방지하기 위한 제재금 예납의 의미와 함께, 「공직선거 및 선거부정방지법」 위반행위에 대한 과태료 및 불법시설물 등에 대한 대집행비용과 부분적으로 선전벽보 및 선거공보의 작성비용에 대한 예납의 의미도 아울러 가지고 있는 기탁금제도는 그 기탁금액이 지나치게 많지 않는 한 이를 위헌이라고 할 수는 없다(1996.8.29, 95헌마108).
  ➡ 주의 : 기탁금제도 자체는 합헌이다.
ㅂ. [X] 일정한 범위의 이 허용된 예비후보자의 기탁금 액수를 해당 선거의 후보자등록시 납부해야 하는 기탁금의 100분의 20으로 설정한 것은 입법재량의 범위를 벗어난 것으로 볼 수 없다(2010.12.28, 2010헌마79).
ㅅ. [O] 이 사건 기탁금조항으로 인하여 기탁금을 납입할 자력이 없는 교원 등 학내 인사 및 일반 국민들은 총장후보자에 지원하는 것 자체를 단념하게 되므로, 이 사건 기탁금조항으로 제약되는 공무담임권의 정도는 결코 과소평가될 수 없다. 이 사건 기탁금조항으로 달성하려는 공익이 제한되는 공무담임권 정도보다 크다고 단정할 수 없으므로, 이 사건 기탁금조항은 법익의 균형성에도 반한다. 따라서, 이 사건 기탁금조항은 과잉금지원칙에 반하여 청구인의 공무담임권을 침해한다(2018.4.26, 2014헌마274).

ㅇ. [X] 이 사건 기탁금납부조항은 후보자 난립에 따른 선거의 과열을 방지하고 후보자의 성실성을 확보하기 위한 것이다. 대구교육대학교는 총장임용후보자 선거에서 과거 간선제를 채택하였을 때 어떤 홍보수단도 활용할 수 없도록 하였던 것과 달리 직선제를 채택하면서 다양한 방법의 선거운동을 허용하고 있으므로, 선거가 과열되거나 혼탁해질 위험성이 증대되었다. 기탁금제도를 두는 대신에 피선거권자의 자격요건을 강화하면 공무담임권이 오히려 더 제한될 소지가 있고, 추천인 요건을 강화하는 경우 사전 선거운동이 과열될 수 있으며, 선거운동방법의 제한 및 이에 관한 제재를 강화하면 선거운동이 위축될 염려도 있다. 이 사건 기탁금납부조항이 규정하는 1,000만 원이라는 기탁금액이 후보자가 되려는 사람이 납부할 수 없을 정도로 과다하다거나 입후보 의사를 단념케 할 정도로 과다하다고 할 수도 없다. 따라서 이 사건 기탁금납부조항은 청구인의 공무담임권을 침해하지 아니한다(2022.01.27, 2019헌바161).

ㅈ. [O] 이 사건 기탁금귀속조항에 따르면, 선거를 완주하여 성실성을 충분히 검증 받은 후보자는 물론, 최다득표를 하여 총장임용후보자로 선정된 사람조차도 기탁금의 반액은 반환받지 못하게 된다. 이는 난립후보라고 할 수 없는 성실한 후보자들을 상대로도 기탁금의 발전기금 귀속을 일률적으로 강요함으로써 대학의 재정을 확충하는 것과 다름없다. 기탁금반환조건을 현재보다 완화하더라도 충분히 후보자의 난립을 방지하고 후보자의 성실성을 확보할 수 있음에도, 이 사건 기탁금귀속조항은 후보자의 성실성이나 노력 여하를 막론하고 기탁금의 절반은 반드시 대학 발전기금에 귀속되도록 하고 나머지 금액의 반환 조건조차 지나치게 까다롭게 규정하고 있다. 그러므로 이 사건 기탁금귀속조항은 과잉금지원칙에 위반되어 청구인의 재산권을 침해한다(2018.4.26., 2014헌마274).

정답 ④

128 재외국민의 선거권에 대한 설명으로 옳지 않은 것은?(정답2개)

① 「공직선거법」상 재외선거인의 임기만료 지역구국회의원 선거권을 인정하지 않은 것이 재외선거인의 선거권을 침해하거나 보통선거원칙에 위배된다.
② 주민등록이 되어 있지 아니한 재외국민이 일정한 요건을 갖춘 경우, 외국에서 참여할 수 있는 선거에는 대통령선거와 임기만료에 따른 지역구국회의원 선거가 있고, 주민등록이 되어 있는 재외국민(18세 이상) 국내에서 참여할 수 있는 선거에는 대통령 선거와 임기만료에 따른 비례대표 국회의원 선거 지역구 국회의원 선거, 지방자치단체의 장 과 지방의원 선거가 있다.
③ 국내거주 재외국민은 주민등록을 할 수 없을 뿐이지 '국민인 주민'이라는 점에서는 '주민등록이 되어 있는 국민인 주민'과 실질적으로 동일하므로, 지방선거 선거권 부여에 있어 양자에 대한 차별을 정당화할 어떠한 사유도 존재하지 않는다.
④ 국내거주 재외국민에 대해 그 체류기간을 불문하고 지방선거 선거권을 전면적·획일적으로 박탈하는 것은 국내거주 재외국민의 지방의회의원 선거권을 침해하는 것이다.
⑤ 재외선거인에게 국회의원 재·보궐선거의 선거권을 인정하지 않은 재외선거인 등록신청조항이 재외선거인의 선거권을 침해하거나 보통선거원칙에 위배된다고 할 수 없다.

▼ 정답 및 해설

① [X] 지역구국회의원은 국민의 대표임과 동시에 소속 지역구의 이해관계를 대변하는 역할을 하고 있다. 전국을 단위로 선거를 실시하는 대통령 선거와 비례대표국회의원 선거에 투표하기 위해서는 국민이라는 자격만으로 충분한 데 반해, 특정한 지역구의 국회의원 선거에 투표하기 위해서는 '해당 지역과의 관련성'이 인정되어야 한다. 주민등록과 국내거소신고를 기준으로 지역구국회의원 선거권을 인정하는 것은 해당 국민의 지역적 관련성을 확인하는 합리적인 방법이다. 따라서 선거권조항과 재외선거인 등록신청조항이 재외선거인의 임기만료 지역구국회의원 선거권을 인정하지 않은 것이 재외선거인의 선거권을 침해하거나 보

통선거원칙에 위배된다고 볼 수 없다(2014.7.24, 2009헌마256 등).
②【X】**주민등록이 되어 있지 아니한 재외국민은 외국에서 지역구국회의원 선거권을 행사할 수 없다.** 주민등록이 되어 있는 재외국민(18세 이상) 국내에서 참여할 수 있는 선거에는 대통령 선거와 임기만료에 따른 비례대표 국회의원 선거, 지역구 국회의원 선거, 지방자치단체의 장과 지방의원 선거가 있다.

> 「공직선거법」제218조의5【재외선거인 등록신청】① 주민등록이 되어 있지 아니하고 재외선거인명부에 올라 있지 아니한 사람으로서 외국에서 투표하려는 선거권자는 대통령 선거와 임기만료에 따른 비례대표국회의원 선거를 실시하는 때마다 해당 선거의 선거일 전 60일까지(이하 이 장에서 '재외선거인 등록신청기한'이라 한다) 다음 각 호의 어느 하나에 해당하는 방법으로 중앙선거관리위원회에 재외선거인 등록신청을 하여야 한다.
> 〈각 호 생략〉

> 제15조【선거권】① 18세 이상의 국민은 대통령 및 국회의원의 선거권이 있다. 다만, 지역구국회의원의 선거권은 18세 이상의 국민으로서 제37조 제1항에 따른 선거인명부작성기준일 현재 다음 각 호의 어느 하나에 해당하는 사람에 한하여 인정된다.
> 1. 「주민등록법」제6조 제1항 제1호 또는 제2호에 해당하는 사람으로서 해당 국회의원지역선거구 안에 주민등록이 되어 있는 사람
> 2. 「주민등록법」제6조 제1항 제3호에 해당하는 사람으로서 주민등록표에 3개월 이상 계속하여 올라 있고 해당 국회의원지역선거구 안에 주민등록이 되어 있는 사람
> ② 18세 이상으로서 제37조 제1항에 따른 선거인명부작성기준일 현재 다음 각 호의 어느 하나에 해당하는 사람은 그 구역에서 선거하는 지방자치단체의 의회의원 및 장의 선거권이 있다.
> 1. 「주민등록법」제6조 제1항 제1호 또는 제2호에 해당하는 사람으로서 해당 지방자치단체의 관할 구역에 주민등록이 되어 있는 사람
> 2. 「주민등록법」제6조 제1항 제3호에 해당하는 사람으로서 주민등록표에 3개월 이상 계속하여 올라 있고 해당 지방자치단체의 관할 구역에 주민등록이 되어 있는 사람
> 3. 「출입국관리법」제10조에 따른 영주의 체류자격 취득일 후 3년이 경과한 외국인으로서 같은 법 제34조에 따라 해당 지방자치단체의 외국인등록대장에 올라 있는 사람

③【O】국내거주 재외국민은 주민등록을 할 수 없을 뿐이지 '국민인 주민'이라는 점에서는 '주민등록이 되어 있는 국민인 주민'과 실질적으로 동일하므로 지방선거 선거권 부여에 있어 양자에 대한 차별을 정당화할 어떠한 사유도 존재하지 않으며, 또한 헌법상의 권리인 국내거주 재외국민의 선거권이 법률상의 권리에 불과한 '영주의 체류자격 취득일로부터 3년이 경과한 18세 이상의 외국인'의 지방선거 선거권에 못 미치는 부당한 결과가 초래되고 있다는 점에서, 국내거주 재외국민에 대해 그 체류기간을 불문하고 지방선거 선거권을 전면적·획일적으로 박탈하는 법 제15조 제2항 제1호, 제37조 제1항은 국내거주 재외국민의 평등권과 지방의회의원 선거권을 침해한다(2007.6.28, 2004헌마644 등).
④【O】국내거주 재외국민에 대해 그 체류기간을 불문하고 지방선거 선거권을 전면적·획일적으로 박탈하는 법 제15조 제2항 제1호, 제37조 제1항은 국내거주 재외국민의 평등권과 지방의회의원 선거권을 침해한다(2007.6.28, 2004헌마644 등).
⑤【O】입법자는 재외선거제도를 형성하면서, 잦은 재·보궐선거는 재외국민으로 하여금 상시적인 선거체제에 직면하게 하는 점, 재외 재·보궐선거의 투표율이 높지 않을 것으로 계상되는 점, 재·보궐선거 사유가 확정될 때마다 전 세계 해외 공관을 가동하여야 하는 등 많은 비용과 시간이 소요된다는 점을 종합적으로 고려하여 재외선거인에게 국회의원의 재·보궐선거권을 부여하지 않았다고 할 것이고, 이와 같은 선거제도의 형성이 현저히 불합리하거나 불공정하다고 볼 수 없다. 따라서 재외선거인 등록신청조항은 재외선거인의 선거권을 침해하거나 보통선거원칙에 위배된다고 볼 수 없다(2014.7.24, 2009헌마256 등). **정답** ①,②

129 선거제도에 대한 설명으로 옳은 것은?

① 투표를 통한 정치적 의사표현은 가장 내밀한 영역에 해당하므로, 무엇보다 선거인은 자신이 신뢰할 수 있는 사람을 스스로 투표보조인으로 선정할 수 있어야 하지만, 신체의 장애로 인하여 자신이 기표할 수 없는 선거인에 대해 투표보조인이 가족이 아닌 경우 반드시 2인을 동반하여서만 투표를 보조하게 할 수 있도록 정하고 있는 공직선거법은 선거인이 자신에게 필요한 투표보조인의 수를 스스로 결정할 수 없게 하고, 2인의 투표보조인에게 투표의 내용을 공개하도록 하여 선거권 행사를 위축시킨다.
② 공개장소에서의 연설·대담장소 또는 대담·토론회장에서 연설·대담·토론용으로 사용하는 경우를 제외하고는 선거운동을 위하여 확성장치를 사용할 수 없도록 한 공직선거법 제91조 제1항 및 이에 위반한 경우 처벌하는 구 공직선거법 제255조 제2항 제4호는 정치적 표현의 자유를 침해한다.
③ 선거운동기간 중 어깨띠 등 표시물을 사용한 선거운동을 금지한 공직선거법 제68조 제2항 및 이에 위반한 경우 처벌하는 같은 법 제255조 제1항 제5호는 과잉금지원칙에 반하여 정치적 표현의 자유를 침해한다고 할 수 없다.
④ 한국철도공사의 상근직원에 대하여 선거운동을 금지하고 이를 위반한 경우 처벌하도록 규정한 공직선거법은 선거운동의 자유를 침해한다.
⑤ 재외투표기간 개시일 이후 귀국한 재외선거인에 대해 국내에서 선거일에 투표할 수 있도록 하는 절차를 마련하지 아니한 공직선거법 제218조의16은 재외투표기간 개시일에 임박하여 또는 재외투표기간 중에 재외선거사무 중지결정이 있었고 그에 대한 재개결정이 없었던 예외적인 상황에서 재외투표기간 개시일 이후에 귀국한 재외선거인등이 국내에서 선거일에 투표할 수 있도록 하는 절차를 마련하지 아니한 것은 과잉금지원칙을 위반하여 청구인의 선거권을 침해한다고 할 수 없다.

▶ **정답 및 해설**

① [×] 심판대상조항으로 인해 청구인이 받는 불이익은 투표보조인이 가족이 아닌 경우 2인을 동반해야 하므로, 투표보조인이 1인인 경우에 비하여 투표의 비밀이 더 유지되기 어렵고, 투표보조인을 추가로 섭외해야 한다는 불편에 불과하므로, 심판대상조항은 법익의 균형성원칙에 반하지 않는다.
② [×] 확성장치사용 금지조항은 선거운동 과정에서 확성장치 사용으로 인한 소음을 규제하여 국민의 건강하고 쾌적한 환경에서 생활할 권리를 보장하고자 한 것으로, 목적의 정당성 및 수단의 적합성이 인정된다. 확성장치의 출력수나 사용시간을 규제하는 입법이 확성장치사용 자체를 제한하는 방안과 동등하거나 유사한 효과를 불러온다고 보기 어려운 점 등을 종합하면, 확성장치사용 금지조항은 침해의 최소성에 어긋나지 않는다. 나아가 확성장치사용 금지조항이 달성하고자 하는 공익이 그로써 제한되는 정치적 표현의 자유보다 작다고 할 수 없으므로, 위 조항은 법익의 균형성에도 어긋나지 않는다. 따라서 확성장치사용 금지조항은 과잉금지원칙에 반하여 정치적 표현의 자유를 침해하지 않는다(2022. 7. 21. 2017헌바100).
③ [×] 공직선거법상 후보자 비방 금지 규정 등에 비추어 심판대상조항이 무분별한 흑색선전 방지 등을 위한 불가피한 수단이라고 보기도 어려우므로, 심판대상조항은 필요한 범위를 넘어 표시물을 사용한 선거운동을 포괄적으로 금지·처벌하는 것으로서 침해의 최소성에 반한다. 또한 심판대상조항으로 인하여 일반 유권자나 후보자가 받는 정치적 표현의 자유에 대한 제약이 달성되는 공익보다 중대하므로 심판대상조항은 법익의 균형성에도 위배된다(2022. 7. 21. 2017헌가4).

④ [○] 한국철도공사의 상근직원에 대하여 선거운동을 금지하고 이를 위반한 경우 처벌하도록 규정한 공직선거법은 더욱이 그 직을 유지한 채 공직선거에 입후보할 수 없는 상근임원과 달리, 한국철도공사의 상근직원은 그 직을 유지한 채 공직선거에 입후보하여 자신을 위한 선거운동을 할 수 있음에도 타인을 위한 선거운동을 전면적으로 금지하는 것은 과도한 제한이다. 따라서 심판대상조항은 선거운동의 자유를 침해한다(2018. 2. 22. 2015헌바124).
⑤ [×] 재외투표기간 개시일에 임박하여 또는 재외투표기간 중에 재외선거사무 중지결정이 있었고 그에 대한 재개결정이 없었던 예외적인 상황에서 재외투표기간 개시일 이후에 귀국한 재외선거인등이 국내에서 선거일에 투표할 수 있도록 하는 절차를 마련하지 아니한 것은 과잉금지원칙을 위반하여 청구인의 선거권을 침해한다(2022. 1. 27. 2020헌가8).

정답 ④

130 국회의원과 지방의원 지역선거구에 대한 설명으로 옳지 않은 것은?

① 헌법 제41조 제3항은 국회의원선거에 있어 필수적인 요소라고 할 수 있는 선거구에 관하여 직접 법률로 정하도록 규정하고 있으므로, 국회의원의 선거구를 법률로 정할 것인지는 입법형성의 자유가 존재한다.
② 자치구·시·군의회의원 선거구획정에서는 시·도의회의원 선거구획정에서 요구되는 허용편차 기준은 동일하다.
③ 현시점에서는 해당 선거구가 속한 각 자치구·시·군의회의원 1인당 평균인구 수 대비 인구편차 상하 50%(인구비례 3:1)기준으로 삼는 것이 가장 적절하다.
④ 국회의원의 지역대표성이나 도농 간의 인구격차, 불균형한 개발 등은 인구편차 상하 33⅓%, 인구비례 2:1의 기준을 넘어 인구편차를 완화할 수 있는 사유가 된다고 할 수 없다.
⑤ 인구편차의 허용기준을 제시함에 있어 최소선거구의 인구 수를 기준으로 할 것인가, 전국 선거구의 평균인구 수를 기준으로 할 것인가의 문제가 있으나, 평균선거구의 인구 수를 기준으로 하여 인구편차의 허용기준을 검토하기로 한다.

▶ 정답 및 해설

① [×] 헌법 제41조 제3항은 국회의원선거에 있어 필수적인 요소라고 할 수 있는 선거구에 관하여 직접 법률로 정하도록 규정하고 있으므로, 피청구인에게는 국회의원의 선거구를 입법할 명시적인 헌법상 입법의무가 존재한다. 나아가 헌법이 국민주권의 실현 방법으로 대의민주주의를 채택하고 있고 선거구는 이를 구현하기 위한 기초가 된다는 점에 비추어 보면, 헌법 해석상으로도 피청구인에게 국회의원의 선거구를 입법할 의무가 인정된다. 따라서 헌법재판소가 입법개선시한을 정하여 헌법불합치결정을 하였음에도 국회가 입법개선시한까지 개선입법을 하지 아니하여 국회의원의 선거구에 관한 법률이 존재하지 아니하게 된 경우, 국회는 이를 입법 하여야 할 헌법상 의무가 있다(헌재 2016. 4. 28. 2015헌마1177등).
② [○] 국회의원 선거구획정기준 평균 인구 수 기준 상하 33.33%)보다 완화된 기준에 의하였을 뿐이고, 자치구·시·군의원 선거구획정에 있어서도 시·도의회의원 선거구획정에서 요구되는 기준과 동일한 기준인 1인당 평균인구 수 대비 상하 50%를 적용하여 판단하였다.
③ [○] 현시점에서는 시·도의원지역구획정에서 허용되는 인구편차기준을 인구편차 상하 50%(인구비례 3:1)로 변경하는 것이 타당하다(2018.6.28., 2014헌마189).
④ [○] 헌법재판소는 2000헌마92 결정에서 단원제를 채택하고 있는 우리나라의 경우 국회의원이 국민의 대표이면서 현실적으로는 어느 정도의 지역대표성도 겸하고 있는 점, 인구의 도시집중으로 인한 도시와 농어촌 간의 인구편차와 각 분야에 있어서의 개발 불균형이 현저한 현실 등을 근거로 국회의원 선거구획정에 있

어 인구편차를 완화할 수 있다고 판단하였다. 그러나 국회의원의 지역대표성이나 도농 간의 인구격차, 불균형한 개발 등은 더 이상 인구편차 상하 33⅓%, 인구비례 2:1의 기준을 넘어 인구편차를 완화할 수 있는 사유가 되지 않는다고 판단된다(2014.10.30, 2012헌마190 등).
⑤ [O] 인구편차의 허용기준을 제시함에 있어 최소선거구의 인구 수를 기준으로 할 것인가, 전국 선거구의 평균 인구 수를 기준으로 할 것인가의 문제가 있으나, 우리 재판소는 이미 헌재 95헌마224 등 결정에서 독일 연방선거법의 규정이나 독일 연방헌법재판소의 판시기준 및 당시 중앙선거관리위원회의 의견 등의 예에 따라 전국 선거구의 평균인구 수를 기준으로 하여 인구편차의 허용기준을 제시한 바 있으므로, 이에 따라 전국 선거구의 평균인구 수를 기준으로 하여 인구편차의 허용기준을 검토하기로 한다(2001.10.25, 2000헌마92 등).

정답 ①

131 법학전문대학원 졸업연도에 실시된 변호사시험에 불합격하고 그 후 변호사자격을 취득하고 2021년 사회복무요원 소집해제 예정인 사람을 신규 검사임용대상자에서 제외한 2021년도 검사신규임용계획 공고에 대해 헌법소원심판을 청구하였다. 이에 대한 설명 중 옳지 않은 것을 모두 조합한 것은?

ㄱ. 헌법 제25조는 "모든 국민은 법률이 정하는 바에 의하여 공무담임권을 가진다."라고 규정하고 있는데, 공무담임권이란 입법부·집행부·사법부는 물론 지방자치단체 등 국가, 공공단체의 구성원으로서 그 직무를 담당할 수 있는 권리를 말한다. 여기서 직무를 담당한다는 것은 모든 국민이 현실적으로 그 직무를 담당할 수 있다는 의미이다.
ㄴ. 검사신규임용의 지원 기회가 부여되는 법무관 전역예정자 등 다른 신규법조인에 비하여 자신과 같은 사회복무요원 소집해제예정 변호사를 불합리하게 차별취급하여 평등권을 침해라는 청구인의 평등권 침해 주장에 관한 판단은 이 사건 공고가 청구인의 공무담임권을 침해하는지 여부에 관한 판단과 중복되므로 별도로 판단하지 않는다.
ㄷ. 법학전문대학원 졸업 직후 변호사자격을 취득할 경우 공백 없이 검사로 임용될 수 있는 졸업예정자나 이에 준하여 볼 수 있는 법무관 전역예정자로 검사신규임용대상을 한정한 것은 우수한 자질을 갖춘 신규 법조인을 선발하여 검사로 즉시 임용이라는 목적을 위한 것으로 수단의 적합성도 인정된다.
ㄹ. 사회복무요원 소집해제예정 변호사는 검사의 임명요건인 변호사자격을 취득한 사람이므로 특별한 결격사유가 없는 한 검사로 신규임용되는 것에 법적 문제가 없으므로 그 지원단계에서부터 사회복무요원 소집해제예정 변호사를 배제해야 할 필요성과 합리적인 이유가 있다고 볼 수 없다. 따라서 이 사건 공고는 과잉금지원칙에 반하여 사회복무요원 소집해제예정 변호사인 청구인의 공무담임권을 침해한다.
ㅁ. 사회복무요원 소집해제예정 변호사가 법학전문대학원 졸업 직후 변호사자격을 취득하지 못한 것이 검사에게 요구되는 자질을 갖추지 못하였음을 의미한다고 볼 수 없다. 검사신규임용절차에서 다양한 전형절차를 실시하여 지원자의 자질을 종합적으로 평가하고 있는 이상, 그 지원단계에서부터 사회복무요원 소집해제예정 변호사를 배제해야 할 필요성과 합리적인 이유가 있다고 볼 수 없다.

① ㄱㄴㅁ　　② ㄷㄹ　　③ ㄴㄷㄹ
④ ㄷㄹㅁ　　⑤ ㄱㄹㅁ

▶ 정답 및 해설

ㄱ. [X] 헌법 제25조는 "모든 국민은 법률이 정하는 바에 의하여 공무담임권을 가진다."라고 규정하고 있는데, 공무담임권이란 입법부·집행부·사법부는 물론 지방자치단체 등 국가, 공공단체의 구성원으로서 그 직무를 담당할 수 있는 권리를 말한다. 여기서 직무를 담당한다는 것은 모든 국민이 **현실적으로 그 직무를 담당할 수 있다는 의미가 아니라**, 국민이 공무담임에 관해서 자의적이지 않고 평등한 기회를 보장받음을 의미한다(헌재 2021.4.29, 2020헌마999).

ㄴ. [O] 청구인은 이 사건 공고가 검사신규임용의 지원 기회가 부여되는 법무관 전역예정자 등 다른 신규법조인에 비하여 자신과 같은 사회복무요원 소집해제예정 변호사를 불합리하게 차별취급하여 평등권을 침해한다고 주장한다. 그런데 위와 같은 평등권 침해 주장은 사회복무요원 소집해제예정 변호사를 검사신규임용대상에서 제외한 데서 비롯된 공직취임의 기회균등문제를 다루는 것으로, 이는 본질적으로 위 공고로 인한 공무담임권 침해 주장과 다르지 아니하다. 따라서 **청구인의 평등권 침해 주장에 관한 판단은** 이 사건 공고가 청구인의 공무담임권을 침해하는지 여부에 관한 **판단과 중복되므로 별도로 살피지 않기로 한다**(헌재 2021.4.29, 2020헌마999).

ㄷ. [O] 법학전문대학원 졸업 직후 변호사자격을 취득할 경우 공백 없이 검사로 임용될 수 있는 졸업예정자나 이에 준하여 볼 수 있는 법무관 전역예정자로 검사신규임용대상을 한정한 것은 위와 같은 목적의 달성에 기여할 수 있는 적합한 수단이라 할 것이므로, 위 공고는 수단의 적합성도 인정된다(헌재 2021.4.29, 2020헌마999).

ㄹ. [X] 졸업 직후 변호사자격을 취득하지 못할 경우 검사로 신규임용될 수 없는 여성이나 군면제인 사람보다 유리한 기준을 적용받는 것이 된다. 또한, 검사신규임용에 지원할 수 없다 하더라도 청구인에게는 추후 경력검사임용절차를 통하여 검사로 임용될 수 있는 기회가 여전히 남아 있다. 따라서 이 사건 공고는 사회복무요원 소집해제예정 변호사인 청구인의 공무담임권을 침해하지 않는다(헌재 2021.4.29., 2020헌마999).

ㅁ. [X] 문제의 선지는 위헌이라는 반대의견 논리이다.

정답 ⑤

132 공무담임권에 대한 설명으로 옳지 않은 것을 모두 조합한 것은?

> ㄱ. 지방자치단체의 장 선거권 역시 다른 선거권과 마찬가지로 헌법 제24조에 의해 보호되는 헌법상의 권리로 인정하여야 할 것이다
> ㄴ. 지방자치단체의 장 선거권이 헌법상 보장되는 기본권인지 여부와 지방자치단체의 장 선거에서 후보자 등록 마감시간까지 후보자 1인만이 등록한 경우 투표를 실시하지 않고 그 후보자를 당선인으로 결정하도록 하는 것은 선거권을 침해한다.
> ㄷ. 지방자치단체의 장이 그 임기 중에 그 직을 사퇴하여 대통령 선거, 국회의원 선거, 지방의회의원 선거 및 다른 지방자치단체의 장 선거에 입후보할 수 없도록 하는 것은 공무담임권을 침해한다.
> ㄹ. 지방자치단체의 장으로 하여금 당해 지방자치단체의 관할 구역과 같거나 겹치는 선거구역에서 실시되는 지역구국회의원 선거에 입후보하고자 하는 경우 당해 선거의 선거일 전 180일까지 그 직을 사퇴하도록 하는 것은 해당 지방자치단체장의 공무담임권을 침해하지 않는다.
> ㅁ. 지방자치단체의 장으로 하여금 당해 지방자치단체의 관할 구역과 겹치는 선거구역에서 실시되는 지역구 국회의원 선거에 입후보하고자 하는 경우 당해 선거의 선거일 전 120일까지 그 직을 사퇴하도록 한 「공직선거법」 조항은 해당 지방자치단체장의 평등권을 침해하지 않는다.

① ㄱ, ㄷ, ㅁ　　　　② ㄴ, ㄹ　　　　③ ㄴ, ㄹ, ㅁ
④ ㄷ, ㄹ　　　　　　⑤ ㄴ, ㅁ

▶ **정답 및 해설**

ㄱ. [O] 주민자치제를 본질로 하는 민주적 지방자치제도가 안정적으로 뿌리내린 현 시점에서 지방자치단체의 장 선거권을 지방의회의원 선거권, 더 나아가 국회의원 선거권 및 대통령 선거권과 구별하여 하나는 법률상의 권리로, 나머지는 헌법상의 권리로 이원화하는 것은 무의미한 것으로 보인다. 그러므로 지방자치단체의 장 선거권 역시 다른 선거권과 마찬가지로 헌법 제24조에 의해 보호되는 헌법상의 권리로 인정하여야 할 것이다(헌재 2016. 10. 27. 2014헌마797).

ㄴ. [X] 후보자가 1인일 경우에도 투표를 실시하도록 하면 당선자가 없어 재선거를 하게 되는 경우도 발생할 수 있는데 이 경우 재선거 실시에 따르는 새로운 후보자 확보 가능성의 문제, 행정적인 번거로움과 시간·비용의 낭비는 물론이고 지방자치단체의 장 업무의 공백 역시 필연적으로 뒤따르게 된다. 입법자가 위와 같은 사정을 고려하여 후보자가 1인일 경우 투표를 실시하지 않고 해당 후보자를 지방자치단체의 장 당선자로 정하도록 결단한 것은 입법목적 달성에 필요한 범위를 넘은 과도한 제한이라 할 수 없으므로 심판대상조항은 청구인의 선거권을 침해하지 않는다(헌재 2016. 10. 27. 2014헌마797).

ㄷ. [O] 「공직선거법」제53조 제1항의 '선거 전 공직사퇴조항'을 통하여 충분히 선거의 공정성을 확보하고 있다고 판단되므로, 이를 넘어서 포괄적인 입후보금지규정을 두는 것은, 입법목적을 달성하기 위하여 필요한 조치를 넘어 청구인들의 피선거권을 과도하게 제한하는 것이다(1999.5.27, 98헌마214).

ㄹ. [X] 이 사건 조항의 입법목적은 정당하고, 그 수단의 적정성도 긍정되나, 이 사건 조항은 선거의 공정성과 직무전념성이라는 입법목적 달성을 위한 적절한 수단들이 이미 공선법에 존재하고 있음에도 불구하고 불필요하고 과도하게 청구인들의 공무담임권을 제한하는 것이라 할 것이므로 침해의 최소성원칙에 위반되고, 이 사건 조항에 의해 실현되는 공익과 그로 인해 청구인들이 입는 기본권 침해의 정도를 비교형량할 경우 양자 간에 적정한 비례관계가 성립하였다고 할 수 없어 법익의 균형성원칙에 위배된다(2003.9.25, 2003헌마106).

ㅁ. [O] 이 사건 조항은 지방자치단체장에 대하여 공직사퇴시한을 '선거일 전 120일 전까지'로 하여 종전 조항보다 '60일'을 단축하고 있다. 단체장의 지위와 권한의 특수성, 이로 인한 단체장의 불이익의 크기, 단체장의 사퇴에 따른 업무공백의 정도 등을 고려할 때 합리성을 결여한 것이라 보기는 어렵다(2006.7.27, 2003헌마758 등).

정답 ②

133 공무원의 선거운동 제한에 대한 설명으로 옳지 않은 것은?

① 공무원에 대해 선거운동 기획에 참여할 수 없도록 한 「공직선거법」제86조는 공무원의 지위를 이용한 행위에 적용되면 헌법에 위반되지 않는다.
② 공무원이 그 지위를 이용하지 않고 사적인 지위에서 선거운동의 기획행위를 하는 것까지 금지하는 것은 선거의 공정성을 보장하려는 입법목적을 달성하기 위한 합리적인 차별취급이라고 볼 수 있으므로 평등권을 침해한다고 할 수 없다.
③ 공무원의 지위를 이용하여 선거에 영향을 미치는 행위를 금지하는 「공직선거법」이 죄형법정주의의 명확성원칙에 위배된다고 할 수 없다.
④ 대통령, 지방자치단체장, 국무총리, 국무위원과 다르게 국회의원과 지방의회의원은 선거운동의 주체로서 그에게는 선거에서의 정치적 중립성이 요구될 수 없으므로, 선거 결과에 영향을 미치

는 행위를 금지하는 「공직선거법」 제9조의 공무원에 포함되지 않는다고 해석된다.
⑤ 선거에서의 공무원의 정치적 중립의무는 헌법적 요청이며, 대통령, 지방자치단체의 장 등에게는 다른 공무원보다도 선거에서의 정치적 중립성이 특히 요구된다.

▶ **정답 및 해설**

① [O] 공무원의 편향된 영향력 행사를 배제하여 선거의 공정성을 확보한다는 공익은, 그 지위를 이용한 선거운동 내지 영향력 행사만을 금지하면 대부분 확보될 수 있으므로 공무원이 그 지위를 이용하였는지 여부에 관계없이 선거운동의 기획행위 일체를 금지하는 것은 정치적 의사표현의 자유라는 개인의 기본권을 중대하게 제한하는 반면, 그러한 금지가 선거의 공정성이라는 공익의 확보에 기여하는 바는 매우 미미하다는 점에서, 이 사건 법률조항은 공무원의 정치적 표현의 자유를 침해하나, 다만 위와 같은 위헌성은 공무원이 '그 지위를 이용하여' 하는 선거운동의 기획행위 외에 사적인 지위에서 하는 선거운동의 기획행위까지 포괄적으로 금지하는 것에서 비롯된 것이므로, 이 사건 법률조항은 공무원의 지위를 이용하지 아니한 행위에까지 적용하는 한 헌법에 위반된다(2008.5.29, 2006헌마1096).

② [X] 공무원이 그 지위를 이용하여 한 선거운동의 기획행위를 금지하는 것은 선거의 공정성을 보장하기 위한 것인바, 이로써 공무원인 입후보자와 공무원이 아닌 다른 입후보자, 지방자치단체의 장과 국회의원과 그 보좌관, 비서관, 비서 및 지방의회의원을 차별하는 것은 합리적 이유가 있다. 그러나 이 사건 법률조항이 공무원이 그 지위를 이용하지 않고 사적인 지위에서 선거운동의 기획행위를 하는 것까지 금지하는 것은 선거의 공정성을 보장하려는 입법목적을 달성하기 위한 합리적인 차별취급이라고 볼 수 없으므로 평등권을 침해한다(2008.5.29., 2006헌마1096).

③ [O] 이 사건 금지조항의 문언해석과 입법목적 및 「공직선거법」상 다른 유사조항의 해석례 등에 비추어 보면, '선거에 영향을 미치는 행위'란 「공직선거법」이 적용되는 선거에 있어 선거과정 및 선거결과에 변화를 주거나 그러한 영향을 미칠 우려가 있는 일체의 행동으로 해석할 수 있고, 구체적인 사건에서 그 행위가 이루어진 시기, 동기, 방법 등 제반 사정을 종합하여 그 내용을 판단할 수 있으므로, 이 사건 금지조항은 죄형법정주의 명확성원칙에 위배되지 아니한다(2016.7.28., 2015헌바6).

④ [O] 지방의회의원이 정당을 대표하며, 선거운동의 주체로서 그에게는 선거에서의 정치적 중립성이 요구될 수 없으므로, 선거 결과에 영향을 미치는 행위를 금지하는 「공직선거법」 제9조의 공무원에 포함되지 않는다고 해석된다(2020.3.26., 2018헌바3).

⑤ [O] 선거에서의 공무원의 정치적 중립의무는 국민 전체에 대한 봉사자로서 공무원의 지위를 규정하는 헌법 제7조 제1항, 자유선거원칙을 규정하는 헌법 제41조 제1항, 제67조 제1항 및 정당의 기회균등을 보장하는 헌법 제116조 제1항으로부터 나오는 헌법적 요청이다. 특히 직무의 기능이나 영향력을 이용하여 선거에서 국민의 자유로운 의사형성과정에 영향을 미치고 정당간의 경쟁관계를 왜곡할 가능성은 정부나 지방자치단체의 집행기관에 있어서 더욱 크므로, 대통령, 지방자치단체의 장 등에게는 다른 공무원보다도 선거에서의 정치적 중립성이 특히 요구된다(2021.3.26., 2018헌바90).

정답 ②

134 지방자치단체장에 대한 설명 중 옳은 것(○)과 옳지 않은 것(×)을 올바르게 조합한 것은? (다툼이 있는 경우 판례에 의함)

ㄱ. 지방자치단체장을 위한 별도의 퇴직급여제를 마련해야할 입법의무는 헌법 제7조, 헌법 제25조에서 도출된다.
ㄴ. 지방자치단체장은 헌법 제7조 제2항에 따라 신분 보장이 필요하고 정치적 중립성이 요구되는 공무원에 해당한다고 보기 어렵다.
ㄷ. 지방자치단체의 장이 금고 이상의 형을 선고받고 그 형이 확정되지 아니한 경우 부단체장이 그 권한을 대행하도록 규정한 지방자치법 조항이 자치단체의 장의 공무담임권을 침해한다.
ㄹ. 지방자치단체의 장이 '공소 제기된 후 구금상태에 있는 경우' 부단체장이 그 권한을 대행하도록 규정한 지방자치법은 구금되는 즉시로부터 민주적 정당성을 부여받은 자치단체장의 포괄적인 권한을 정지시키고 임명직에 불과한 부단체장에게 구금이 해소될 때까지라는 불확정 기간 동안 권한을 대행시키고 있으므로 필요 최소한의 범위를 넘어 자치단체장의 공무담임권을 과잉제한하고 있다.
ㅁ. 선거로 취임하는 공무원인 지방자치단체장을 「공무원연금법」의 적용대상에서 제외하는 법률조항은, 지방자치단체장도 국민 전체에 대한 봉사자로서 공무원법 상 각종 의무를 부담하고 영리업무 및 겸직금지 등 기본권 제한이 수반된다는 점에서 경력직공무원 또는 다른 특수경력직공무원 등과 차이가 없는데도 「공무원연금법」의 적용에 있어 지방자치단체장을 다른 공무원에 비하여 합리적 이유 없이 차별하는 것으로, 지방자치단체장들의 평등권을 침해한다.

① ㄱ(○), ㄴ(○), ㄷ(×), ㄹ(○), ㅁ(○)
② ㄱ(×), ㄴ(×), ㄷ(○), ㄹ(×), ㅁ(○)
③ ㄱ(○), ㄴ(×), ㄷ(×), ㄹ(×), ㅁ(×)
④ ㄱ(×), ㄴ(○), ㄷ(○), ㄹ(○), ㅁ(×)
⑤ ㄱ(×), ㄴ(○), ㄷ(○), ㄹ(×), ㅁ(×)

▶ 정답 및 해설

ㄱ. [×] 지방자치단체장을 위한 별도의 퇴직급여제도를 마련하지 않은 입법부작위가 헌법소원의 대상에 해당하는지 여부(소극)
「공무원연금법」의 공무원에서 지방자치단체장을 배제하는 「공무원연금법」 제3조는 평등권을 침해하지 않는다. 헌법 제7조 제2항에 따라 신분 보장이 필요하고 정치적 중립성이 요구되는 공무원에 해당한다고 보기 어려우므로 헌법 제7조의 해석상 지방자치단체장을 위한 퇴직급여제도를 마련하여야 할 입법적 의무가 도출된다고 볼 수 없고, 그 외에 헌법 제34조나 공무담임권 보장에 관한 헌법 제25조로부터 위와 같은 입법의무가 도출되지 않는다. 따라서 이 사건 입법부작위는 헌법소원의 대상이 될 수 없는 입법부작위를 그 심판대상으로 한 것으로 부적법하다(2014.6.26., 2012헌마).

ㄴ. [○]

ㄷ. [○] 이 사건 법률조항은 필요최소한의 범위를 넘어선 기본권제한에 해당할 뿐 아니라, 이 사건 법률조항으로 인하여 해당 자치단체장은 불확정한 기간 동안 직무를 정지당함은 물론 주민들에게 유죄가 확정된 범죄자라는 선입견까지 주게 되고, 더욱이 장차 무죄판결을 선고받게 되면 이미 침해된 공무담임권은 회복될 수도 없는 등의 심대한 불이익을 입게 되므로, 법익균형성 요건 또한 갖추지 못하였다. 따라서 이 사건 법률조항은 자치단체장인 청구인의 공무담임권을 침해한다. (2010.9.2., 2010헌마418).

ㄹ. [X] 정식 형사재판절차를 앞두고 있는 '공소 제기된 후'부터 시작하여 '구금상태에 있는' 동안만 직무를 정지시키고 있어 그 침해가 최소한에 그치도록 하고 있고, 이 사건 법률조항이 달성하려는 공익은 매우 중대한 반면, 일시적·잠정적으로 직무를 정지당할 뿐 신분을 박탈당하지도 않는 자치단체장의 사익에 대한 침해는 가혹하다고 볼 수 없으므로 과잉금지원칙에 위반되지 않는다(2011. 4. 28. 2010헌마474).

ㅁ. [X] 지방자치단체장은 특정 정당을 정치적 기반으로 할 수 있는 선출직공무원으로 임기가 4년이고 계속 재임도 3기로 제한되어 있어, 장기근속을 전제로 하는 공무원을 주된 대상으로 하고 이들이 재직 기간 동안 납부하는 기여금을 일부 재원으로 하여 설계된 「공무원연금법」의 적용대상에서 지방자치단체장을 제외하는 것에는 합리적 이유가 있다. 선출직공무원의 경우 선출 기반 및 재임가능성이 모두 투표권자에게 달려 있고, 정해진 임기가 대체로 짧으며, 공무원연금의 전체 기금은 기본적으로 기여금 및 국가 또는 지방자치단체의 비용으로 운용되는 것이므로 공무원연금급여의 종류를 구별하여 기여금 납부를 전제로 하지 않는 급여의 경우 선출직공무원에게 지급이 가능하다고 보기도 어렵다. 따라서 심판대상조항은 청구인들의 평등을 침해하지 않는다(2014.6.26., 2012헌마459).   정답 ⑤

제9절 재판청구권, 형사보상청구권, 국가배상청구권

135 청구권에 대한 설명으로 옳지 않은 것은?

① 국회에 청원하는 방법으로 국회의원의 소개를 받도록 정한 구 국회법 제123조 제1항 중 '의원의 소개를 얻어' 부분과 국회법 제123조 제1항 중 '의원의 소개를 받거나' 부분이 청원권을 침해한다고 할 수 없다.
② 법관에 의한 재판을 받을 권리를 보장한다고 함은 결국 법관이 사실을 확정하고 법률을 해석·적용하는 재판을 받을 권리를 보장한다는 뜻이고, 그와 같은 법관에 의한 사실 확정과 법률의 해석적용의 기회에 접근하기 어렵도록 제약이나 장벽을 쌓는 것은 허용되지 않는다.
③ 대법원은 특허청의 사실확정을 토대로 재판을 할 수밖에 없어, 특허심판위원회의 결정에 대해 대법원에 상고하도록 한 「특허법」 제186조는 법관에 의하여 사실확정을 받을 권리를 보장하는 재판청구권을 침해한다.
④ 대한변호사협회징계위원회에서 징계를 받은 변호사가 법무부 변호사징계위원회에서의 이의절차를 밟은 후 대법원에 즉시항고하도록 하였다면, 이를 가지고 재판을 받을 권리를 침해한 것이라 할 수 없다.
⑤ 법관에 대한 징계처분 취소청구소송을 대법원의 단심재판에 의하도록 한 구「법관징계법」 제27조는 사실확정이 법관징계위원회에서 결정되므로 법관에 의한 사실확정을 받을 권리인 재판청구권을 침해한 것이라 할 수 없다.

▶ 정답 및 해설

① [O] 구 의원소개조항이 이후 개정되면서 국회에 대한 청원방법으로 국민의 동의를 받는 방식이 추가되었다. 그러나 이 사건에서 문제되는, 의원소개를 받아 하는 청원방법에 근본적인 변화가 있었던 것은 아니며,

또한 구 의원소개조항의 실질적인 내용은 현 의원소개조항과 동일하므로, 위 선례의 판단은 구 의원소개조항 및 현 의원소개조항 모두에 대해서 그대로 타당하고, 이를 변경할 만한 사정변경이 없다. 따라서 의원소개조항이 청원권을 침해한다고 보기 어렵다(2023. 3. 23. 2018헌마460).

② [O] 재판이라 함은 구체적 사건에 관하여 사실의 확정과 그에 대한 법률의 해석적용을 그 본질적인 내용으로 하는 일련의 과정이다. 따라서 법관에 의한 재판을 받을 권리를 보장한다고 함은 결국 법관이 사실을 확정하고 법률을 해석·적용하는 재판을 받을 권리를 보장한다는 뜻이고, 그와 같은 법관에 의한 사실확정과 법률의 해석적용의 기회에 접근하기 어렵도록 제약이나 장벽을 쌓아서는 아니된다고 할 것이며, 만일 그러한 보장이 제대로 이루어지지 아니한다면 헌법상 보장된 재판을 받을 권리의 본질적 내용을 침해하는 것으로서 우리 헌법상 허용되지 아니한다(1995.9.28, 92헌가11).

③ [O] 헌법 제27조 제1항의 법관에 의한 재판을 받을 권리란 법관에 의한 사실확정 및 법률적용을 받을 권리를 의미한다. 그런데 대법원은 법률심으로서 사실관계에 대한 판단을 하지 아니한다. 따라서 특허청의 사실확정을 토대로 재판을 할 수밖에 없어, 특허심판위원회의 결정에 대해 대법원에 상고하도록 한「특허법」제186조는 법관에 의하여 사실확정을 받을 권리를 보장하는 재판청구권 침해이다(1995.9.28, 92헌가11).

④ [X] 대한변호사협회징계위원회에서 징계를 받은 변호사는 법무부변호사징계위원회에서의 이의절차를 밟은 후 곧바로 대법원에 즉시항고토록 하고 있는「변호사법」제81조 제4항 내지 제6항은 행정심판에 불과한 법무부변호사징계위원회의 결정에 대하여 법원의 사실적 측면과 법률적 측면에 대한 심사를 배제하고 대법원으로 하여금 변호사징계사건의 최종심 및 법률심으로서 단지 법률적 측면의 심사만을 할 수 있도록 하고 재판의 전심절차로서만 기능해야 할 법무부변호사징계위원회를 사실확정에 관한 한 사실상 최종심으로 기능하게 하고 있으므로, 일체의 <u>법률적 쟁송에 대한 재판기능을 대법원을 최고법원으로 하는 법원에 속하도록 규정하고 있는 헌법 제101조 제1항 및 재판의 전심절차로서 행정심판을 두도록 하는 헌법 제107조 제3항에 위반된다</u>(2000.6.29., 99헌가9).

⑤ [O] 구「법관징계법」제27조는 법관에 대한 대법원장의 징계처분 취소청구소송을 대법원에 의한 단심재판에 의하도록 규정하고 있는바, 이는 독립적으로 사법권을 행사하는 법관이라는 지위의 특수성과 법관에 대한 징계절차의 특수성을 감안하여 재판의 신속을 도모하기 위한 것으로 그 합리성을 인정할 수 있고, <u>대법원이 법관에 대한 징계처분 취소청구소송을 단심으로 재판하는 경우에는 사실확정도 대법원의 권한에 속하여 법관에 의한 사실확정의 기회가 박탈되었다고 볼 수 없으므로, 헌법 제27조 제1항의 재판청구권을 침해하지 아니한다</u>(2012.2.23., 2009헌바34).

정답 ④

136 재판청구권에 대한 설명으로 옳지 않은 것은?

① 심리불속행재판의 판결이유를 생략할 수 있도록 규정한「상고심절차에 관한 특례법」관련 규정은 이유기재가 없는 재판이 가능하도록 한 특례법 제5조 제1항은 헌법과 법률이 정한 바에 따라 재판이 이루어져야 한다는 법치주의원리에 따른 재판을 무의미하게 만들고 당사자의 주장에 대해 실질적으로 아무런 대답이 없는 재판을 가능하게 하는 것으로 재판의 본질에도 반하는 부당한 규정이다.

② 중요사건에 한해 심리하고 그렇지 않은 사건은 심리를 하지 않고 기각할 수 있도록 한「상고심절차에 관한 특례법」은 재판청구권을 침해한다고 할 수 없다.

③ 중형에 해당하는 사건에 대하여 검사의 청구에 의하여 법원으로 하여금 처음부터 의무적으로 궐석재판을 행하도록 한「반국가행위자의 처벌에 관한 특별조치법」제7조 제5항의 궐석재판제도는 피고인의 공정한 재판을 받을 권리를 과도하게 침해한 것이다.

④ 피고인이 체포되거나 임의로 검사에게 출석하지 아니하면 상소를 할 수 없도록 제한하고 상소권

회복청구에 관한「형사소송법」규정도 적용 배제하도록 하는「반국가행위자의 처벌에 관한 특별조치법」조항은 재판청구권을 침해한다.
⑤ 법원의 범죄인인도심사를 서울고등법원의 전속관할로 하고 그 심사결정에 대한 불복절차를 인정하지 않은 것이 재판청구권 등을 침해한다고 할 수 없다.

▶ 정답 및 해설

① [✕] 심리불속행재판의 판결이유를 생략할 수 있도록 규정한「상고심절차에 관한 특례법」제4조 제1항 및 제5조 제1항 중 제4조에 관한 부분은 비록 국민의 재판청구권을 제약하고 있기는 하지만 심급제도와 대법원의 기능에 비추어 볼 때 헌법이 요구하는 대법원의 최고법원성을 존중하면서 민사, 가사, 행정 등 소송사건에 있어서 상고심재판을 받을 수 있는 객관적 기준을 정함에 있어 개별적 사건에서의 권리구제보다 법령해석의 통일을 더 우위에 둔 규정으로서 그 합리성이 있다고 할 것이므로 헌법에 위반되지 아니한다(2009.4.30., 2007헌마589)

② [O] 제4조 제1항 및 제3항과 제5조 제1항 및 제2항은 비록 국민의 재판청구권을 제약하고 있기는 하지만 위 심급제도와 대법원의 기능에 비추어 볼 때 헌법이 요구하는 대법원의 최고법원성을 존중하면서 민사, 가사, 행정 등 소송사건에 있어서 상고심 재판을 받을 수 있는 객관적인 기준을 정함에 있어 개별적 사건에서의 권리구제보다 법령해석의 통일을 더 우위에 둔 규정으로서 그 합리성이 있다고 할 것이므로 헌법에 위반되지 아니한다(헌재 1997. 10. 30. 97헌바37등).

③ [O] 중형에 해당하는 사건에 대하여 검사의 청구에 의하여 법원으로 하여금 처음부터 의무적으로 궐석재판을 행하도록 하고 있고, 재판의 연기도 전혀 허용하지 않는 것은 피고인의 방어권이 일절 행사될 수 없는 상태에서 재판이 진행되도록 한 것이므로 그 입법목적의 달성에 필요한 최소한의 범위를 넘어서 피고인의 공정한 재판을 받을 권리를 과도하게 침해한 것이다(1996.1.25., 95헌가5).

④ [O] 특조법 제11조는 피고인이 체포되거나 임의로 검사에게 출석한 때에 한하여 판결선고일로부터 2주일 이내에 상소할 수 있게 하고, 제13조 제1항은 상소권회복청구에 관한 형사소송법 제345조 내지 348조를 적용배제하여 상소권회복청구의 길을 전면 봉쇄하고 있다. 판결선고가 특조법에 의한 궐석재판절차에 따라 이루어진 경우에는, 피고인 또는 피고인을 위하여 상소할 수 있는 자가 판결선고 사실 자체를 전혀 알지 못할 가능성이 매우 높다. 그러한 상황에서 위와 같이 피고인이 체포되거나 임의로 출석한 때에 한하여 상소할 수 있게 한 것은, 피고인이나 그 밖의 상소권자가 전혀 모르는 사이에 상소제기기간이 경과하도록 한 다음, 다시 상소권회복청구마저 전면 봉쇄하겠다는 취지라고 보지 않을 수 없다.
이에 관하여 법무부장관과 검찰총장은 특조법 제11조 제1항에서 피고인이 체포되거나 임의로 출석한 때에 한하여 상소할 수 있게 한 것은 반국가행위자인 피고인이 외국에 도피하고 있는 상태에서 가족 등을 통하여 상소하는 것을 막겠다는 것으로서 합리적인 제한이고, 상소권의 본질적 박탈이나 불합리한 차별이라고 할 수 없으며, 특조법 제13조에서 상소권회복청구를 제한한 것은 피고인이 도피하고 있는 상태에서는 상소제기기간의 도과가 그의 귀책사유라고 볼 수밖에 없으므로 재판청구권의 침해가 될 수 없다는 의견을 내고 있다. 그러나 피고인이 아무리 중죄를 범한 자이고, 또 외국에 도피하고 있더라도 체포되거나 임의로 출석하지 아니하면 상소를 할 수 없게 제한한 것은, 결국 상소권을 본질적으로 박탈하는 것이어서 적법절차주의에 반할 뿐만 아니라, 재판청구권을 침해하는 것이라고 보지 않을 수 없다. 또한 상소제기기간의 도과가 상소권자의 책임 없는 사유로 말미암은 것인지 여부와 피고인이 외국에 도피하고 있는 중이라는 것은 직접 관계가 없는 것이므로, 상소권회복청구 자체를 전면 봉쇄한 것 역시 적법절차주의위반인 동시에 재판청구권의 침해라고 보지 않을 수 없다(1993. 7. 29. 90헌바35).

⑤ [O] 이 사건에서 설사 범죄인인도를 형사처벌과 유사한 것이라 본다고 하더라도, 이 사건 법률조항이 적어도 법관과 법률에 의한 한 번의 재판을 보장하고 있고, 그에 대한 상소를 불허한 것이 적법절차원칙이 요구하는 합리성과 정당성을 벗어난 것이 아닌 이상, 그러한 상소 불허 입법이 입법재량의 범위를 벗어난 것으로서 재판청구권을 과잉 제한하는 것이라고 보기는 어렵다(헌재 2003. 1. 30. 2001헌바95).

정답 ①

137 재판청구권에 대한 설명으로 옳은 것은?

① 공공단체인 한국과학기술원의 총장이 교원소청심사위원회의 결정에 대하여 행정소송법으로 정하는 바에 따라 소송을 제기할 수 없도록 하는 구 '교원의 지위 향상 및 교육활동 보호를 위한 특별법' 제10조 제3항 중 '교원, 사립학교법 제2조에 따른 학교법인 또는 사립학교 경영자 등 당사자'에 관한 부분은 교원소청심사결정에 대하여 행정소송을 제기함으로써 법관에 의한 재판을 받을 권리를 합리적 이유 없이 부인하고 있으므로 공공단체인 한국과학기술원의 총장의 재판청구권을 침해한다.

② 교원징계재심위원회의 재심결정에 대하여 교원에게만 행정소송을 제기할 수 있도록 하고 학교법인에게는 이를 금지한 교원지위향상을 위한 특별법은 학교법인의 재판청구권을 침해한다고 할 수 없다.

③ '군용물'의 사전적 의미, 헌법 제27조 제1항과 제2항의 내용과 입법취지, 구 「군형법」의 내용과 구조 등을 종합적으로 고려하면, 헌법 제27조 제2항의 '군용물'은 널리 군사시설을 포함하여 군사상의 용도로 사용되거나 사용될 가능성이 있는 모든 물건을 포함하는 의미로 새기는 것이 타당하고, 이 사건 법률조항의 '전투용에 공하는 시설' 역시 헌법 제27조 제2항의 군용물에 당연히 포함된다고 해석하여야 할 것이다.

④ '전투용에 공하는 시설'을 평시에 손괴한 일반인을 모두 군사법원에서 재판받도록 한 군사법원법은 국민이 일반법원에서 재판받을 권리를 침해한다.

⑤ 학교안전사고에 대한 공제급여결정에 대하여 학교안전공제중앙회 소속의 학교안전공제보상재심사위원회가 재결을 행한 경우 재심사청구인이 공제급여와 관련된 소를 제기하지 아니하거나 소를 취하한 경우에는 학교안전공제회와 재심사청구인 간에 당해 재결 내용과 동일한 합의가 성립된 것으로 간주하는 「학교안전사고 예방 및 보상에 관한 법률」 제64조는 재판청구권을 침해한다고 할 수 없다.

▶ 정답 및 해설

①【✕】해당 대학의 공공단체로서의 지위를 고려하여 교원의 지위를 두텁게 제도를 형성하는 것이 가능하다. 교원소청심사위원회의 인용결정이 있을 경우 한국과학기술원 총장의 제소를 금지하여 교원으로 하여금 확정적이고 최종적으로 징계 등 불리한 처분에서 벗어날 수 있도록 한 것은 공공단체의 책무를 규정한 교원지위법의 취지에도 부합한다. 따라서 심판대상조항은 **청구인의 재판청구권을 침해하지 아니한다**(2022.10.27. 2019헌바117).

②【✕】학교법인에게 재심결정에 불복할 제소권한을 부여한다고 하여 이 사건 법률조항이 추구하는 사립학교 교원의 신분보장에 특별한 장애사유가 생긴다든가 그 권리구제에 공백이 발생하는 것도 아니므로 이 사건 법률조항은 분쟁의 당사자이자 재심절차의 피청구인인 **학교법인의 재판청구권을 침해한다**(2006. 2. 23. 2005헌가7).

③【✕】헌법개정의 취지, 군사법원의 재판권범위에 대한 엄격해석의 필요성 등을 종합하면, 현행헌법 제27조 제2항의 '군용물'은 '군사시설'을 포함하지 아니하는 것으로 해석함이 상당하다(2013.11.28., 2012헌가10).

④【O】헌법 제27조 제2항의 '군용물'은 '군사상의 용도로 사용되고 있거나 사용될 가능성이 있는 물건'을 통칭하므로, '군사시설'도 포함한다. 다만 헌법 제27조 제2항은 '중대한' 군용물에 관한 죄 중 '법률이 정한 경우'에 한하여 평시 군사법원의 재판권을 인정한다. 이 사건 법률조항은 군사적인 중요성과 관계없이 '전투용에 공하는 시설'을 평시에 손괴한 일반인을 모두 군사법원에서 재판받도록 함으로써, 군사법원의 재판에

의하지 아니하면 군의 조직과 기능을 보존하기 어렵다는 특별한 사정이 있는 유형과 내용의 중대한 범죄로 그 범위를 한정하지 아니하므로, 국민이 일반법원에서 재판받을 권리를 침해한다.

⑤ [X] 공제중앙회는 공제회의 상급기관이거나 지휘·감독기관으로 볼 수 없으므로 공제중앙회 소속 재심위원회의 재심사절차는 제3자적 입장에서 공제회와 재심사청구인 사이의 사법적 분쟁을 해결하기 위한 간이분쟁해결절차에 불과하다. 따라서 이러한 재심사절차에서 공제회는 재심사청구인과 마찬가지로 공제급여의 존부 및 범위에 관한 법률상 분쟁의 일방당사자의 지위에 있으므로, 공제회 역시 이에 관하여 법관에 의하여 재판받을 기회를 보장받아야 함에도 불구하고 이를 박탈하는 것은 헌법상 용인될 수 없다. 그런데 합의간주조항은 실질적으로 재심사청구인에게만 재결을 다툴 수 있도록 하고 있으므로, 합리적인 이유 없이 분쟁의 일방당사자인 공제회의 재판청구권을 침해한다(2015.7.30., 2014헌가7). 정답 ④

138 재판청구권에 대한 설명으로 옳은 것은?

① 즉시항고 제기기간을 3일로 제한하고 있는 형사소송법은 입법재량의 한계를 일탈하여 재판청구권을 침해한다고 할 수 없다.
② 행정심판의 피청구인이 된 경우 그 심판청구를 인용하는 재결에 기속되도록 정한 행정심판법 제49조 제1항은 행정심판청구를 인용하는 재결은 피청구인인 국립대학법인을 기속한다고 규정함으로써 서울대학교의 총장인 청구인으로 하여금 이 사건 재결 및 결정에 불복하여 행정소송을 제기할 수 없도록 하고 있다. 따라서 심판대상조항은 청구인의 재판청구권을 제한한다.
③ 촬영한 영상물에 수록된 피해자의 진술을 공판준비기일 또는 공판기일에 피해자나 조사 과정에 동석하였던 신뢰관계에 있는 사람 또는 진술조력인의 진술에 의하여 그 성립의 진정함이 인정된 경우에 증거로 할 수 있도록 성폭력범죄의 처벌 등에 관한 특례법 제30조은 성폭력 피해자의 2차 피해를 방지하기 위한 것이고 미성년 피해자의 보호만을 앞세워 피고인의 방어권을 무력화하고 있다고 볼 수 있으므로 공정한 재판을 받을 권리를 침해한다.
④ 행정소송법 제20조 제1항(처분이 있음을 안날로부터 90일이내 소제기) 중 '처분 등이 있음을 안 날'은 지나치게 짧은 기간이어서 재판청구권을 침해한다.
⑤ 배심원 연령을 '만 20세 이상'으로 정한 것은 당시 민법상 행위능력이 인정되는 성년연령과 일치시킨 결과였으므로, 2011년 성년연령이 만 19세 이상으로 민법이 개정된 이상 배심원 연령만을 그대로 유지할 합리적인 이유는 존재하지 않는다.

▶ 정답 및 해설

① [X] 민사소송, 민사집행, 행정소송, 형사보상절차 등의 즉시항고기간 1주나, 외국의 입법례와 비교하더라도 3일이라는 제기기간은 지나치게 짧다. 심판대상조항은 즉시항고 제도를 단지 형식적이고 이론적인 권리로서만 기능하게 함으로써 헌법상 재판청구권을 공허하게 하므로 입법재량의 한계를 일탈하여 재판청구권을 침해하는 규정이다(2018. 12. 27. 2015헌바77).
② [X] 서울대학교가 기본권의 수범자로 기능하면서 그 대표자가 행정심판의 피청구인이 된 경우에 적용되는 심판대상조항의 위헌성을 다투는 이 사건에서 서울대학교는 기본권의 주체가 된다고 할 수 없으므로, 청구인의 재판청구권 침해 주장은 더 나아가 살필 필요 없이 이유 없다(2023. 3. 23. 2018헌바385).
※ 재판관 이은애, 재판관 이종석, 재판관 문형배의 반대의견
국립대학법인이 비공개 대상 정보에 해당한다는 이유로 한 정보비공개결정은 대학의 자율권 행사의 일환으로 볼 수 있으므로, 서울대학교의 총장인 청구인은 대학의 자율권과 관련된 분쟁에 있어 재판청구권의

주체가 될 수 있다.

심판대상조항은 행정심판청구를 인용하는 재결은 피청구인인 국립대학법인을 기속한다고 규정함으로써 서울대학교의 총장인 청구인으로 하여금 이 사건 재결 및 결정에 불복하여 행정소송을 제기할 수 없도록 하고 있다. 따라서 심판대상조항은 청구인의 재판청구권을 제한한다.

③ [○] 우리 사회에서 성폭력범죄의 피해자가 겪게 되는 심각한 피해를 고려할 때 신체적·정신적으로 성인에 비하여 취약할 수 있는 미성년 피해자의 2차 피해를 방지하는 것이 중요한 공익에 해당함에는 의문의 여지가 없다. 그러나 심판대상조항으로 인하여 피고인의 방어권이 제한되는 정도가 중대하고, 미성년 피해자의 2차 피해를 방지할 수 있는 여러 조화적인 대안들이 존재함은 앞서 살핀 바와 같다. 이러한 점들을 고려할 때, 심판대상조항이 달성하려는 공익이 제한되는 피고인의 사익보다 우월하다고 쉽게 단정하기는 어렵다. 따라서 심판대상조항은 법익의 균형성 요건도 갖추지 못하였다. 심판대상조항은 과잉금지원칙을 위반하여 청구인의 공정한 재판을 받을 권리를 침해한다(2021. 12. 23. 2018헌바524).

④ [×] 지나치게 짧은 기간이라고 보기 어려워 재판청구권을 침해하지 아니한다(2018. 6. 28. 2017헌바66).

⑤ [×] 형사재판에서 적극적으로 공무를 담당할 배심원의 최저 연령을 정함에 있어서 민법상 성년 연령과 일치시킬 필요는 없다. 또한 선거권 행사에 요구되는 일정한 수준의 정치적 판단능력과 배심원으로서의 권한을 행사하고 책임을 부담할 수 있는 능력은 그 내용에서 구분되므로, 양자를 반드시 일치시켜야 할 논리적 연관성도 인정되지 않는다(2021. 5. 27. 2019헌가19).

정답 ③

139 위원회결정을 민사소송법 규정에 의한 재판상 화해가 성립한 것으로 보는 법률에 대한 설명으로 옳은 것은?

① 보상금 등의 지급결정은 신청인이 동의한 때에는 민주화운동과 관련하여 입은 피해에 대하여 「민사소송법」의 규정에 의한 재판상 화해가 성립된 것으로 보는 「민주화운동 관련자 명예회복 및 보상 등에 관한 법률」은 재판청구권을 침해한다.

② 특수임무수행자 등이 보상금 등의 지급결정에 동의한 때에는 특수임무수행 또는 이와 관련한 교육훈련으로 입은 피해에 대하여 재판상 화해가 성립된 것으로 보는 「특수임무수행자 보상에 관한 법률」 제17조의2 가운데 특수임무수행 또는 이와 관련한 교육훈련으로 입은 피해 중 '정신적 손해'에 관한 부분은 국가배상청구권 또는 재판청구권을 침해한다.

③ 보상금 등의 지급결정은 신청인이 동의한 때에는 민주화운동과 관련하여 입은 피해에 대하여 「민사소송법」의 규정에 의한 재판상 화해가 성립된 것으로 보는 민주화보상법은 적극적·소극적 손해(재산적 손해)에 대한 국가배상청구권을 침해한다.

④ 「4·16세월호참사 피해구제 및 지원 등을 위한 특별법」은 피해에 상응하는 보상이 이루어질 수 있도록 규정하고 있으므로 심의위원회의 배상금 등 지급결정에 동의한 때에는 재판상 화해가 성립한 것으로 간주하여 손해배상금의 지급을 청구할 수 없도록 한 것은 국가배상청구권을 침해한 것은 아니었다.

⑤ 5·18 민주화운동과 관련하여 보상금지급결정에 동의하면 정신적 손해에 관한 부분도 재판상 화해가 성립된 것으로 보는 구 「광주민주화운동 관련자 보상 등에 관한 법률」은 국가배상청구권을 침해한다고 할 수 없다.

▶ 정답 및 해설

① [×] 민주화보상법은 관련 규정을 통하여 보상금 등을 심의·결정하는 위원회의 중립성과 독립성을 보장하고 있고, 심의절차의 전문성과 공정성을 제고하기 위한 장치를 마련하고 있으며, 신청인으로 하여금 그에 대한 동의 여부를 자유롭게 선택하도록 정하고 있다. 따라서 심판대상조항은 관련자 및 유족의 재판청구권을 침해하지 아니한다(2018.8.30, 2014헌바108 등).

② [×] 특수임무수행자보상심의위원회는 위원 구성에 제3자성과 독립성이 보장되어 있고, 보상금 등 지급 심의절차의 공정성과 신중성이 갖추어져 있다. 특수임무수행자는 보상금 등 지급결정에 동의할 것인지 여부를 자유롭게 선택할 수 있으며, 보상금 등을 지급받을 경우 향후 재판상 청구를 할 수 없음을 명확히 고지받고 있다. 보상금 중 기본공로금은 채용·입대경위, 교육훈련여건, 특수임무종결일 이후의 처리사항 등을 고려하여 위원회가 정한 금액으로 지급되는데, 위원회는 음성적 모집 여부, 기본권 미보장 여부, 인권유린, 종결 후 사후관리 미흡 등을 참작하여 구체적인 액수를 정하므로, 여기에는 특수임무교육훈련에 관한 정신적 손해 배상 또는 보상에 해당하는 금원이 포함된다. 특수임무수행자는 보상금 등 산정과정에서 국가 행위의 불법성이나 구체적인 손해항목 등을 주장·입증할 필요가 없고 특수임무수행자의 과실이 반영되지도 않으며, 국가배상청구에 상당한 시간과 비용이 소요되는 데 반해 보상금 등 지급결정은 비교적 간이·신속한 점까지 고려하면, 특수임무수행자 보상에 관한 법령이 정한 보상금 등을 지급받는 것이 국가배상을 받는 것에 비해 일률적으로 과소보상된다고 할 수도 없다. 따라서 심판대상조항이 과잉금지원칙을 위반하여 국가배상청구권 또는 재판청구권을 침해한다고 보기 어렵다(2021.9.30, 2019헌가28).

③ [×] 적극적·소극적 손해(재산적 손해)에 대한 국가배상청구권 침해 여부에 대하여 살펴본다. 관련자와 유족이 위원회의 보상금 등 지급결정이 일응 적절한 배·보상에 해당된다고 판단하여 이에 동의하고 보상금 등을 수령한 경우 보상금 등의 성격과 중첩되는 적극적·소극적 손해에 대한 국가배상청구권의 추가적 행사를 제한하는 것은, 동일한 사실관계와 손해를 바탕으로 이미 적절한 보상을 받았음에도 불구하고 다시 동일한 내용의 손해배상청구를 금지하는 것이므로, 이를 지나치게 가혹한 제재로 볼 수 없다(2018.8.30, 2014헌바108 등).

④ [○] 「4·16세월호참사 피해구제 및 지원 등을 위한 특별법」(이하 '세월호피해지원법'이라 한다)은 피해에 상응하는 충분한 배상과 보상이 이루어질 수 있도록 제6조 제1항 제1호에서 배상금이 「민법」, 「국가배상법」 등 관계 법령에 따른 손해배상금이라는 점을 명시하고 있다. 신청인은 배상금 등 지급에 대한 동의를 포함한 지급 신청을 지급 결정서 정본을 송달받은 날부터 1년 이내에 하도록 하여(제15조 제3항) 충분히 생각하고 검토할 시간을 보장하고 있다. 또 신청인이 심의위원회의 배상금 등 지급결정에 동의하지 않는 경우 직접 손해배상금의 지급을 청구할 수 있으므로 배상금 등 지급결정에 대한 동의 여부를 자유롭게 선택할 수 있다. 세월호피해지원법에는 피해에 상응하는 배상 등을 받을 수 있는 제도적 장치가 충분히 마련되어 있으므로 심의위원회의 배상금 등 지급결정에 동의한 때에는 재판상 화해가 성립한 것으로 간주하더라도 이것이 재판청구권 행사에 대한 지나친 제한이라고 보기 어렵다(2017.6.29., 2015헌마654).

⑤ [×] 5·18보상법 및 같은 법 시행령의 관련조항을 살펴보면 정신적 손해배상에 상응하는 항목은 존재하지 아니하고, 보상심의위원회가 보상금 등 항목을 산정함에 있어 정신적 손해를 고려할 수 있다는 내용도 발견되지 아니한다. … 따라서 이 조항이 5·18보상법상 보상금 등의 성격과 중첩되지 않는 정신적 손해에 대한 국가배상청구권의 행사까지 금지하는 것은 국가배상청구권을 침해한다(2021.5.27., 2019헌가17). 정답 ④

140 헌법재판소는 "형법 제129조 제1항의 '공무원'에 구 '제주특별자치도 설치 및 국제자유도시 조성을 위한 특별법' 제299조 제2항의 제주특별자치도통합영향평가심의위원회 심의위원 중 위촉위원이 포함되는 것으로 해석하는 한 헌법에 위반된다."는 한정위헌결정하였다. 청구인은 헌법재판소의 한정위헌결정이 있자 헌법재판소법 제75조 제7항에 따라 재심을 청구하였으나 대법원은 한정위헌결정이 헌법재판소법 제75조 제7항의 인용결정에 해당하지 않는다고 보고 재심청구를 기각하였다. 이에 청구인은 대법원재판과 헌법재판소법 제68조 제1항의 법원의 재판에 대해 헌법소원심판을 청구하였다. 이에 대한 설명으로 옳지 않은 것은?

① 한정위헌결정도 일부위헌결정으로서, 헌법재판소가 헌법에서 부여받은 위헌심사권을 행사한 결과인 법률에 대한 위헌결정에 해당한다.
② 헌법재판소가 위헌으로 결정한 법령을 적용함으로써 국민의 기본권을 침해한 재판은 위헌결정의 기속력에 반하는 재판이므로 헌법소원심판을 청구를 부정한다면 헌법재판소법 제68조 제1항의 '법원의 재판을 제외'부분은 헌법에 위반된다.
③ 형법 제129조 제1항(수뢰죄) 중 "공무원"에 구 '제주특별자치도 설치 및 국제자유도시 조성을 위한 특별법'제299조 제2항의 제주특별자치도통합영향평가심의위원회 심의위원 중 위촉위원이 포함되는 것으로 해석하는 것은 죄형법정주의원칙에 위배된다.
④ "제주특별자치도통합영향평가심의위원회 심의위원 중 위촉위원이 포함되는 것으로 해석하는 한 헌법에 위반된다."는 한정위헌결정은 헌법재판소법 제75조 제6항, 제47조 제1항에 따라 법원과 그 밖의 국가기관 및 지방자치단체에 대하여 기속력이 있다.
⑤ 헌법재판소법 제68조 제1항은 법원재판을 헌법소원에서 제외하고 있으므로 한정위헌결정이 헌법재판소법 제75조 제7항의 인용결정에 해당하지 않는다고 보고 재심청구를 기각한 대법원의 결정은 헌법소원심판의 대상이 되지 않는다.

▼ 정답 및 해설

①【O】 헌법재판소가 법률의 위헌성 심사를 하면서 합헌적 법률해석을 하고 그 결과로서 이루어지는 한정위헌결정도 일부위헌결정으로서, 헌법재판소가 헌법에서 부여받은 위헌심사권을 행사한 결과인 법률에 대한 위헌결정에 해당한다(2020. 6. 30. 2014헌마760).
②【O】 헌법재판소법 제68조 제1항 본문 중 '법원의 재판' 가운데 '헌법재판소가 위헌으로 결정한 법령을 적용함으로써 국민의 기본권을 침해한 재판' 부분에 대하여 위헌결정을 한 바 있다. 그러나 위 결정의 효력은 위 부분에 국한되므로, 재판소원금지조항의 적용 영역에서 '법률에 대한 위헌결정의 기속력에 반하는 재판' 부분을 모두 제외하기 위해서는 해당 부분에 대한 별도의 위헌결정이 필요하다. 따라서 헌법재판소는 이번 결정에서 재판소원금지조항 가운데 '법률에 대한 위헌결정의 기속력에 반하는 재판' 부분은 헌법에 위반된다(2020. 6. 30. 2014헌마760).
③【O】 사용하기 위해서는 법률에 명시하는 것이 일반적 입법례인데, 우리의 경우에는 구 형법의 공무원 개념규정을 형법 제정 당시 두지 않았고, 국가공무원법·지방공무원법에 의한 공무원이 아니라고 하더라도 국가나 지방자치단체의 사무에 관여하거나 공공성이 높은 직무를 담당하여 청렴성과 직무의 불가매수성이 요구되는 경우에, 개별 법률에 '공무원 의제' 조항을 두어 공무원과 마찬가지로 뇌물죄로 처벌하거나, 특별규정을 두어 처벌하고 있다. 그런데 국가공무원법·지방공무원법에 따른 공무원이 아님에도 법령에 기하여 공무에 종사한다는 이유로 공무원 의제규정이 없는 사인(私人)을 이 사건 법률조항의 '공무원'에 포함된다고 해석하는 것은 처벌의 필요성만을 지나치게 강조하여 범죄와 형벌에 대한 규정이 없음에도 구성요건을 확대한 것으로서 죄형법정주의와 조화될 수 없다.

따라서 이 사건 법률조항의 '공무원'에 국가공무원법·지방공무원법에 따른 공무원이 아니고 공무원으로 간주되는 사람도 아닌 제주자치도 위촉위원이 포함된다고 해석하는 것은 법률해석의 한계를 넘은 것으로서 죄형법정주의에 위배된다(2012. 12. 27. 2011헌바117).

④ [O] 헌법재판소는 2012. 12. 27. 2011헌바117 결정에서 "형법 제129조 제1항의 '공무원'에 구 '제주특별자치도 설치 및 국제자유도시 조성을 위한 특별법' 제299조 제2항의 제주특별자치도통합영향평가심의위원회 심의위원 중 위촉위원이 포함되는 것으로 해석하는 한 헌법에 위반된다."는 한정위헌결정을 하였다. 이는 형벌조항의 일부가 헌법에 위반되어 무효라는 내용의 일부위헌결정으로, 법 제75조 제6항, 제47조 제1항에 따라 법원과 그 밖의 국가기관 및 지방자치단체에 대하여 기속력이 있다(2020. 6. 30. 2014헌마760).

⑤ [X] 이 사건 재심기각결정들은 이 사건 한정위헌결정의 기속력을 부인하여 헌법재판소법에 따른 청구인들의 재심청구를 기각하였다. 따라서 **이 사건 재심기각결정들은 모두 '법률에 대한 위헌결정의 기속력에 반하는 재판'**으로 이에 대한 헌법소원은 허용되고 청구인들의 헌법상 보장된 재판청구권을 침해하였으므로, 헌법재판소법 제75조 제3항에 따라 취소되어야 한다(2020. 6. 30. 2014헌마760). 정답 ⑤

141 형사보상청구권에 대한 설명으로 옳지 않은 것을 모두 조합한 것은?

ㄱ. 형사피고인으로서 무죄판결을 받은 자는 재판서 등본과 확정증명서를 송부 받게 되므로 형사보상청구권의 존재사실을 알고 있는 경우가 대부분이고, 이후 형사보상청구시 특별한 증거를 수집할 필요가 없다는 등의 사정을 고려하면, 무죄판결이 선고된 때로부터 '1년'이라는 기간은 형사보상청구권의 권리행사를 현저히 곤란하게 하는 것이라고 보기 어려우며, 형사보상청구권과 같이 그 발생을 예상하기 어려운 경우 불안정성이 적지 아니하여 단기간에 법률관계를 안정시켜야 할 필요성이 상대적으로 크다.

ㄴ. 구금에 대한 보상은 헌법 제28조의 형사보상청구권에서 보호되나 형사소송법은 구금여부와 관계없이 소송비용에 대한 보상을 규정하고 있는데 이는 헌법 제28조의 형사보상청구권에서 보호되는 것은 아니다.

ㄷ. 형사보상청구의 구체적 내용과 금액 및 절차에 관한 사항을 정하고 있는 입법을 함에 있어서는 비록 완화된 의미일지언정 헌법 제37조 제2항의 비례의 원칙이 준수되어야 한다.

ㄹ. 비용보상청구권의 제척기간을 무죄판결이 확정된 날부터 6개월로 규정한 구 형사소송법이 보호하고자 하는 공익은 경제적·금전적인 것에 불과하고, 그 액수 또한 국가 전체 예산규모에 비추어 매우 미미한 정도인 반면, 국가의 형사사법작용에 내재한 위험성에서 불가피하게 소송비용을 지출한 비용보상청구권자의 재판청구권 및 재산권은 보호할 필요성이 매우 크고, 비용보상청구권의 제척기간을 장기로 규정한다 하여 국가재정의 합리성이 결여된다고 보기도 어려우므로 이 사건 법률조항은 법익의 균형성 요건 또한 갖추었다고 할 수 없다. 따라서 이 사건 법률조항은 입법형성의 한계를 벗어난 것으로서, 비용보상청구권자의 재판청구권과 재산권을 침해한 것이다.

ㅁ. 원판결의 근거가 된 가중처벌규정에 대하여 헌법재판소의 위헌결정이 있었음을 이유로 개시된 재심절차에서, 공소장의 교환적 변경을 통해 위헌결정된 가중처벌규정보다 법정형이 가벼운 처벌규정으로 적용법조가 변경되어 피고인이 무죄판결을 받지는 않았으나 원판결보다 가벼운 형으로 유죄판결이 확정됨에 따라 원판결에 따른 구금형 집행이 재심판결에서 선고된 형을 초과하게 된 경우, 재심판결에서 선고된 형을 초과하여 집행된 구금에 대하여 보상요건을 규정하지 아니한 '형사보상 및 명예회복에 관한 법률'은 평등원칙에 위배된다.

① ㄱㄴㅁ   ② ㄷㄹ   ③ ㄴㄷㄹ
④ ㄷㄹㅁ   ⑤ ㄱㄹ

▶ 정답 및 해설

ㄱ. [X] 헌법재판소는 형사보상의 청구는 무죄재판이 확정된 때로부터 1년 이내에 하도록 규정하고 있는 형사보상법 제7조가 지나치게 짧다고 하여 청구인의 형사보상청구권을 침해한 것으로 보았다(헌재 2010. 7. 29. 2008헌가4). 선지는 반대의견이다.

ㄴ. [O] 형사소송법 제194조의2 내지 제194조의5에 따른 비용보상청구 제도는 형사사법절차에 내재하는 불가피한 위험성으로 인해 손해를 입은 사람에게 그 위험에 관한 부담을 덜어주기 위해 국가의 고의나 과실 여부를 불문하고 그 손해를 보상해주는 것이다. 이는 구금되었음을 전제로 하는 헌법 제28조의 형사보상청구권이나 국가의 귀책사유를 전제로 하는 헌법 제29조의 국가배상청구권이 헌법적 차원에서 명시적으로 규정되어 보호되고 있는 것과 달리, 입법자가 입법의 목적, 국가의 경제적·사회적·정책적 사정들을 참작하여 제정하는 법률에 적용요건, 적용대상, 범위 등 구체적인 사항이 규정될 때 비로소 형성되는 권리이다(2015. 4. 30. 2014헌바408).

ㄷ. [O] 형사보상청구권이라 하여도 '법률이 정하는 바에 의하여' 행사되므로(헌법 제28조) 그 내용은 법률에 의하여 정해지는바, 이 과정에서 입법자에게 일정한 입법재량이 부여될 수 있고, 따라서 형사보상의 구체적 내용과 금액 및 절차에 관한 사항은 입법자가 정하여야 할 사항이라 할 것이다. 그러나 **이러한 입법을 함에 있어서는 비록 완화된 의미일지언정 헌법 제37조 제2항의 비례의 원칙이 준수되어야 한다**. 형사보상청구권은 국가가 형사사법절차를 운영함에 있어 결과적으로 무고한 사람을 구금한 것으로 밝혀진 경우 구금당한 개인에게 인정되는 권리이고, 헌법 제28조는 이에 대하여 '정당한 보상'을 명문으로 보장하고 있으므로, 따라서 법률에 의하여 제한되는 경우에도 이러한 본질적인 내용은 침해되어서는 아니되기 때문이다(2010. 10. 28. 2008헌마514).

ㄹ. [X] 이 사건 법률조항이 비용보상청구에 관한 제척기간을 규정한 것은 비용보상에 관한 국가의 채무관계를 조속히 확정하여 국가재정을 합리적으로 운영하기 위한 것으로 입법목적의 정당성 및 수단의 적합성이 인정된다. 비용보상청구권은 그 보상기준이 법령에 구체적으로 정해져 있어 비용보상청구인은 특별한 증명책임이나 절차적 의무의 부담 없이 객관적 재판 진행상황에 관한 간단한 소명만으로 권리의 행사가 가능하므로 이 사건 법률조항에 규정된 제척기간이 현실적으로 비용보상청구권 행사를 불가능하게 하거나 현저한 곤란을 초래할 정도로 지나치게 짧다고 단정할 수 없다. 이 사건 법률조항을 통해 달성하려고 하는 비용보상에 관한 국가 채무관계를 조기에 확정하여 국가재정을 합리적으로 운영한다는 공익이 청구인 등이 입게 되는 경제적 불이익에 비해 작다고 단정하기도 어려워 법익의 균형성도 갖추었다. 따라서 이 사건 법률조항은 과잉금지원칙에 위반되어 청구인의 재판청구권 및 재산권을 침해하지는 않는다(2015. 4. 30. 2014헌바408).

ㅁ. [O] 원판결의 근거가 된 가중처벌규정에 대하여 헌법재판소의 위헌결정이 있었음을 이유로 개시된 재심절차에서, 공소장의 교환적 변경을 통해 위헌결정된 가중처벌규정보다 법정형이 가벼운 처벌규정으로 적용법조가 변경되어 피고인이 무죄판결을 받지는 않았으나 원판결보다 가벼운 형으로 유죄판결이 확정됨에 따라 원판결에 따른 구금형 집행이 재심판결에서 선고된 형을 초과하게 된 이 사건과 같은 경우, <u>소송법상 이유로 무죄재판을 받을 수는 없으나 그러한 사유가 없었다면 무죄재판을 받았을 것임이 명백하고 원판결의 형 가운데 재심절차에서 선고된 형을 초과하는 부분의 전부 또는 일부에 대해서는 결과적으로 부당한 구금이 이루어진 것으로 볼 수 있다는 점에서 심판대상조항이 형사보상 대상으로 규정하고 있는 경우들과 본질적으로 다르다고 보기 어렵다</u>(2022. 2. 24. 2018헌마998).

정답 ⑤

142 국가배상청구권에 대한 설명으로 옳지 않은 것은?

① 다양한 법해석이 가능한 상태에서 공무원이 그중 하나의 해석을 택하여 처분하였는데 그 후 대법원이 다른 법해석을 하여 그 처분이 위법하게 된 경우 과실이 인정된다고 할 수 없다.
② 공무원이 직무수행 중 불법행위로 타인에게 손해를 입힌 경우에 국가나 지방자치단체가 국가배상책임을 부담하는 외에 공무원 개인도 고의가 있는 경우에는 불법행위로 인한 손해배상책임을 지지만, 공무원에게 과실이 있을 뿐인 경우에는 공무원 개인은 불법행위로 인한 손해배상책임을 부담하지 아니한다.
③ 대한변호사협회장으로서 국가로부터 위탁받은 공행정사무인 '변호사등록에 관한 사무'를 수행하는 범위 내에서는 「국가배상법」 제2조에서 정한 공무원에 해당한다.
④ 대한변호사협회장 甲의 등록 거부는 경과실에 의한 것이므로 甲은 배상책임을 지지 않는다.
⑤ 대한변호사협회장인 甲은 변호사 등록 거부사유가 없음에도 乙의 변호사등록신청을 거부한 경우 대한변호사협회장 甲의 등록 거부는 경과실에 의한 것이나 대한변호사협회는 배상책임을 진다.

▶ 정답 및 해설

① [○] 대법원 판례가 나오기 전에 다양한 법해석이 가능한 상태에서 그 중 하나의 해석을 택했는데 그 후 대법원이 다른 법해석을 한 경우에는 과실을 인정되지 않으나, 다양한 법해석이 없는 경우와 대법원의 확립된 법령해석이 나온 후 이에 어긋난 처분을 한 경우 고의·과실이 인정된다.
② [×] 공무원이 직무수행 중 불법행위로 타인에게 손해를 입힌 경우에 국가 등이 국가배상책임을 부담하는 외에 공무원 개인도 고의 또는 중과실이 있는 경우에는 불법행위로 인한 손해배상책임을 진다고 할 것이지만, 공무원에게 경과실뿐인 경우에는 공무원 개인은 손해배상책임을 부담하지 아니한다고 해석하는 것이 헌법 제29조 제1항 본문과 단서 및 「국가배상법」 제2조의 입법취지에 조화되는 올바른 해석이다(대판 1996.2.15., 95다38677).
③ [○] 피고 2는 대한변호사협회의 장으로서 국가로부터 위탁받은 공행정사무인 '변호사등록에 관한 사무'를 수행하는 범위 내에서는 「국가배상법」 제2조에서 정한 공무원에 해당한다(대판 2021.1.28., 2019다260197).
④ [○] 대한변호사협회는 乙 및 등록심사위원회 위원들이 속한 행정주체의 지위에서 甲에게 변호사등록이 위법하게 지연됨으로 인하여 얻지 못한 수입 상당액의 손해를 배상할 의무가 있는 반면, 乙은 경과실 공무원의 면책법리에 따라 甲에 대한 배상책임을 부담하지 않는다(대판 2021.1.28., 2019다260197).
⑤ [○] 대한변호사협회는 乙 및 등록심사위원회 위원들이 속한 행정주체의 지위에서 甲에게 변호사등록이 위법하게 지연됨으로 인하여 얻지 못한 수입 상당액의 손해를 배상할 의무가 있는 반면, 乙은 경과실 공무원의 면책법리에 따라 甲에 대한 배상책임을 부담하지 않는다(대판 2021.1.28., 2019다260197).

정답 ②

143. 군인 등에 대한 보상외 배상금지를 규정한 국가배상법 제2조 제1항 단서에 대한 설명으로 옳지 않은 것은 모두 몇 개인가?

ㄱ. 전투·훈련 또는 이에 준하는 직무집행가 아닌 '일반 직무집행'에 관하여도 국가나 지방자치단체의 배상책임을 제한하는 것이 아니므로 경찰공무원이 낙석사고 현장으로 이동하던 중 낙석이 순찰차를 덮쳐 사망한 경우, 도로를 관리하는 지방자치단체는 「국가배상법」 제2조 제1항 단서에 따른 면책되지 아니한다.

ㄴ. 대법원은 전투경찰순경은 헌법 제29조 제2항 및 「국가배상법」 제2조 제1항 단서 등의 경찰공무원에 해당한다고 보아야 하지만, 현역병으로 입영하여 소정의 군사교육을 마치고 경비교도로 임용된 자는 군인의 신분을 상실하고 군인과는 다른 경비교도로서의 신분을 취득하게 되어 국가배상청구권을 행사할 수 있다고 판시하였다.

ㄷ. 헌법재판소에 따르면 군인·군무원·경찰공무원 또는 향토예비군대원이 전투·훈련 등 직무집행과 관련하여 전·순직하거나 공상을 입은 경우에 본인이나 그 유족이 다른 법령에 따라 재해보상금·유족연금·상이연금 등의 보상을 지급받을 수 있을 때에는 이 법 및 「민법」에 따른 손해배상을 청구할 수 없도록 한 「국가배상법」 제2조 제1항 단서는 헌법 제29조 제2항에 직접 근거하고, 실질적으로 그 내용을 같이하는 것이므로 헌법에 위반되지 아니한다.

ㄹ. 헌법은 이중배상청구가 금지될 수 있는 자를 법률로 정할 수 있도록 하였고, 「국가배상법」은 향토예비군대원을 규정하고 있는데, 향토예비군대원은 전역 당시의 계급과 복무기간에 따른 보상금만을 지급하고 있어, 사고 발생 당시의 보수액을 기준으로 산정하는 군인·군무원·경찰공무원에 비해 형평에 반하므로 위헌이다.

ㅁ. 군인이 직무집행과 관련하여 공상을 입었더라도 「군인연금법」 또는 「국가유공자 등 예우 및 지원에 관한 법률」에 의하여 재해보상금, 상이연금 등 별도의 보상을 받을 수 없는 경우에도 「국가배상법」 제2조 제1항 단서의 적용대상에서 제외되어 배상을 청구할 수 있다.

ㅂ. 숙직실 연탄가스 중독으로 사망한 경우 「공무원연금법」상 순직연금을 받는 경우라도 국가배상을 청구할 수 있다.

ㅅ. 훈련 후 경찰서 복귀과정에서 사고 전투경찰대원이 국민학교 교정에서 다중범죄 진압훈련을 일단 마치고 점심을 먹기 위하여 근무하던 파출소를 향하여 걸어가다가 경찰서 소속 대형버스에 충격되어 사망하였고 보상을 받았더라도 배상을 청구할 수 있다.

① 1개   ② 2개   ③ 3개
④ 4개   ⑤ 5개

▶ 정답 및 해설

ㄱ. [×] 경찰공무원이 낙석사고 현장 주변 교통정리를 위하여 사고현장 부근으로 이동하던 중 대형 낙석이 순찰차를 덮쳐 사망하자, 도로를 관리하는 지방자치단체가 「국가배상법」 제2조 제1항 단서에 따른 면책을 주장한 사안에서, 경찰공무원 등이 '전투·훈련 등 직무집행과 관련하여' 순직 등을 한 경우 같은 법 및 「민법」에 의한 손해배상책임을 청구할 수 없다고 정한 「국가배상법」 제2조 제1항 단서의 면책조항은 구 「국가배상법」 제2조 제1항 단서의 면책조항과 마찬가지로 전투·훈련 또는 이에 준하는 직무집행뿐만 아니라

ㄱ. '일반 직무집행'에 관하여도 국가나 지방자치단체의 배상책임을 제한하는 것이라고 해석하여, 위 면책 주장을 받아들인 원심판단은 정당하다(대판 2011.3.10, 2010다85942).
ㄴ. [O] 전투경찰순경은 「국가배상법」 제2조 제1항 단서 소정의 '경찰공무원'에 해당한다고 보아야 한다(대판 1995.3.24, 94다25414). 반면, 경비교도로 근무 중 공무수행과 관련하여 사망한 자에 대하여 구 「국가유공자 예우 등에 관한 법률」 제4조 제1항 제5호 소정의 순직군경에 해당한다 하여 국가유공자로 결정하고 사망급여금 등이 지급되었다 하더라도 그러한 사실 때문에 신분이 군인 또는 경찰공무원으로 되는 것은 아니다(대판 1993.4.9, 92다43395). 2002년 사시
ㄷ. [O] 「국가배상법」 제2조 제1항 단서는 헌법 제29조 제1항에 의하여 보장되는 국가배상청구권을 헌법 내재적으로 제한하는 헌법 제29조 제2항에 직접 근거하고, 실질적으로 그 내용을 같이하는 것이므로 헌법에 위반되지 아니한다(1995.12.28, 95헌바3).
ㄹ. [×] 합헌으로 보았다.

> 심판대상조항은 헌법 제29조 제2항의 명시적인 위임에 따라 임무수행 중 사고를 당한 향토예비군대원에 대한 이중의 보상으로 인한 일반인들과의 불균형을 시정하고 국가재정의 지출부담을 절감한다는 공공의 이익을 보호하기 위하여 다른 법령의 규정에 의하여 재해보상금 등을 지급받을 수 있는 권리가 보장된 향토예비군대원의 개별적인 국가배상청구권의 행사를 금지하는 것이므로 그로 인하여 보호되는 법익과 침해되는 법익 간에 입법자의 자의라고 할 정도의 불균형이 있다고 보여지지 아니한다(1996.6.13, 94헌바20).

ㅁ. [O] 군인 또는 경찰공무원으로서 교육훈련 또는 직무 수행중 상이(공무상의 질병 포함)를 입고 전역 또는 퇴직한 자라고 하더라도 「국가유공자 예우 등에 관한 법률」에 의하여 국가보훈처장이 실시하는 신체검사에서 대통령령이 정하는 상이등급에 해당하는 신체의 장애를 입지 않은 것으로 판명되고 또한 「군인연금법」상의 재해보상 등을 받을 수 있는 장애등급에도 해당하지 않는 것으로 판명된 자는 위 각 법에 의한 적용대상에서 제외되고, 따라서 그러한 자는 「국가배상법」 제2조 제1항 단서의 적용을 받지 않아 국가배상을 청구할 수 있다(대판 1997.2.14, 96다28066).
ㅂ. [O] 대법원은 경찰관이 숙직실에서 숙직하다가 연탄가스중독으로 사망한 경우 숙직실이 전투훈련에 관련된 시설이 아니므로 「공무원연금법」에 의한 순직연금 외에도 손해배상청구소송이 가능하다고 판결하여 국가보상과 국가배상을 양립시키려 하고 있다(대판 전합체 1979.1.30, 77다2389).
ㅅ. [O] **훈련 후 경찰서 복귀과정에서 사고**
전투경찰대원이 국민학교 교정에서 다중범죄진압훈련을 일단 마치고 점심을 먹기 위하여 근무하던 파출소를 향하여 걸어가다가 경찰서소속 대형버스에 충격되어 사망하였다면 망인이 그와 같은 경위로 도로상을 걷는 것이 진압훈련과정의 일부라고 할 수 없고 또 그가 경찰관전투복을 착용하고 있었고 전투경찰이 치안업무의 보조를 그 임무로 하고 있더라도 「국가배상법」 제2조 제1항 단서에서 말하는 전투, 훈련 기타 직무집행과 관련하여 사망한 것이라고 단정하기 어렵다(대판 1989.4.11, 88다카4222).

정답 ②

144 甲은 승용차를 운전하고 있었고 오토바이를 운전하여 직무를 집행하던 육군중사 乙의 과실이 경합하여 교통사고가 발생하였다. 이 사고로 오토바이 뒷좌석에 동승했던 丙은 상해를 입었다. 甲은 丙에게 그로 인한 손해배상을 하였다. 甲은 乙의 과실로 인한 손해배상 부담 부분에 관하여 그 사용자인 대한민국을 상대로 서울민사지방법원에 구상금청구소송 제기하였고 국가배상법 제2조 제1항 단서에 대해 위헌제청을 신청하였다가 기각되자 헌법재판소법 제68조 제2항의 헌법소원심판을 청구하였다. 이에 대한 설명으로 옳지 않은 것은? (별도의 언급이 없는 경우 헌법재판소 결정에 따름)

> 「국가배상법」 제2조(배상책임) ① … 다만, 군인·군무원·경찰공무원 또는 예비군대원이 전투·훈련 등 직무 집행과 관련하여 전사·순직하거나 공상을 입은 경우에 본인이나 그 유족이 다른 법령에 따라 재해보상금·유족연금·상이연금 등의 보상을 지급받을 수 있을 때에는 이 법 및 민법에 따른 손해배상을 청구할 수 없다.

① 대법원은 甲이 전액을 배상했다고 하더라도 육군중사 乙의 불법행위를 이유로 국가에게 구상권을 행사할 수 없다고 한다.
② 대법원은 甲은 丙이 받은 손해 전부를 배상할 필요는 없고 자신의 부담부분에 한하여 손해배상 의무를 부담하면 된다고 한다.
③ 헌법재판소는 甲이 전액을 배상했다면 乙이 부담할 부분에 대해 국가에게 구상권을 행사할 수 있다고 한다.
④ 국가에 대한 구상권은 헌법 제23조 제1항에 의하여 보장되는 재산권이고 국가에 대한 구상권 행사를 허용하지 않는 것으로 심판대상을 해석한다면 재산권의 제한에 해당한다.
⑤ 헌법 제29조 제2항은 군인등의 보상 외 배상 청구를 금지하고 있으므로 이에 근거한 국가배상법 제2조 제1항 단서의 적용 범위를 폭넓게 해석해야 한다.

▶ **정답 및 해설**

① [O] 헌법 제29조 제2항, 국가배상법 제2조 제1항 단서의 입법 취지를 관철하기 위하여는 국가배상법 제2조 제1항 단서가 적용되는 공무원의 직무상 불법행위로 인하여 직무집행과 관련하여 피해를 입은 군인 등에 대하여 위 불법행위에 관련된 일반국민이 그 손해를 자신의 귀책부분을 넘어서 배상한 경우에도, 국가 등은 피해 군인 등에 대한 국가배상책임을 면할 뿐만 아니라, 나아가 민간인에 대한 국가의 귀책비율에 따른 구상의무도 부담하지 않는다고 하여야 할 것이다(대판 2001.2.15. 96다42420).
② [O] 공동불법행위자 등이 부진정연대채무자로서 각자 피해자의 손해 전부를 배상할 의무를 부담하는 공동불법행위의 일반적인 경우와 달리 예외적으로 민간인은 피해 군인 등에 대하여 그 손해 중 국가 등이 민간인에 대한 구상의무를 부담한다면 그 내부적인 관계에서 부담하여야 할 부분을 제외한 나머지 **자신의 부담부분에 한하여 손해배상의무를 부담하고, 한편 국가 등에 대하여는 그 귀책부분의 구상을 청구할 수 없다고 해석함이 상당하다 할 것이고,** 이러한 해석이 손해의 공평·타당한 부담을 그 지도원리로 하는 손해배상제도의 이상에도 맞는다 할 것이다(대판 2001.2.15. 96다42420).
③ [O] 이 사건 심판대상 부분은, 일반국민이 직무집행 중인 군인과의 공동불법행위로 직무집행 중인 다른 군인에게 공상을 입혀 그 피해자에게 공동의 불법행위로 인한 손해를 배상한 다음 공동불법행위자인 군인의 부담부분에 관하여 국가에 대하여 구상권을 행사하는 것을 허용하지 아니한다고 해석하는 한, 헌법 제117조, 제23조 제1항, 제29조 및 제37조 제2항에 위반된다(1994.12.29. 93헌바21).
④ [O] 국가에 대한 구상권은 헌법 제23조 제1항에 의하여 보장되는 재산권이고 위와 같은 해석은 그러한 재산권의 제한에 해당하며 재산권의 제한은 헌법 제37조 제2항에 의한 기본권 제한의 한계 내에서만 가능한

데, 위와 같은 해석은 헌법 제37조 제2항에 의하여 기본권을 제한할 때 요구되는 비례의 원칙에 위배하여 일반 국민의 재산권을 과잉제한하는 경우에 해당하여 헌법 제23조 제1항 및 제37조 제2항에도 위반된다고 할 것이다(1994.12.29., 93헌바21).

⑤ [×] 국가는 국민의 기본권을 보장할 의무가 있고, 헌법 제29조 제2항은 제1항 의하여 보장되는 국가배상청구권을 헌법내재적으로 제한하는 규정이므로 그 적용범위에 대하여는 엄격하고도 제한적으로 해석하여야 할 것이다. 그러므로 헌법 제29조 제2항의 입법목적은, 피해자인 군인 등이 법률이 정하는 보상 외에 국가에 대하여 직접 손해배상청구권을 행사하지 못하게 하는 범위 내에서, 즉 일반 국민에게 경제적 부담을 전가시키지 아니하는 범위 내에서 군인 등의 국가에 대한 손해배상청구권을 상대적으로 소멸시킴으로써 군인 등에 대한 이중배상을 금지하여 국가의 재정적 부담을 줄인다고 하는 의미로 제한하여 이해하여야 할 것이다(1994.12.29., 93헌바21).

정답 ⑤

145 국가배상법 제2조의 배상요건으로서 고의 또는 과실에 대한 설명으로 옳은 것은?

① 헌법상 국가배상청구권이 성립하기 위한 요건으로서 헌법 제29조 제1항 제1문은 '공무원의 직무상 불법행위로 손해를 받은' 것을 요건으로 하나, 한편으로 '법률이 정하는 바에 의하여'라고 하여 국가배상청구권의 구체적 제한을 법률에 유보하고 있다.

② 헌법상의 국가배상청구권에 관한 규정은 국가배상청구권을 청구권적 기본권으로 보장하며, 국가배상청구권은 그 요건에 해당하는 사유가 발생한 개별 국민에게는 금전청구권으로서의 재산권으로 보장된다.

③ 긴급조치 제1호, 제9호의 발령·적용 집행을 통한 국가의 의도적·적극적 불법행위는 우리 헌법의 근본이념인 자유민주적 기본질서를 정면으로 훼손하고, 국민의 기본권을 존중하고 보호하여야 한다는 국가의 본질을 거스르는 행위이므로 국가배상책임의 성립요건으로서 공무원의 고의 또는 과실 요건에 예외를 인정하여야 한다.

④ '긴급조치 제1호, 제9호의 발령·적용·집행을 통한 국가의 의도적·적극적 불법행위에 관한 부분'에 고의 또는 과실을 요건으로 한다면 국가배상법 제2조 제1항은 청구인들의 국가배상청구권을 침해하여 헌법에 위반된다.

⑤ 국가배상청구권의 성립요건으로서 공무원의 고의 또는 과실을 규정한 것은 법률은 국가배상청구권의 내용을 형성하는 것이라고 할 것이 아니라 이미 형성된 국가배상청구권의 행사 및 존속을 제한하는 것이므로, 국가배상청구권의 성립요건으로서 공무원의 고의 또는 과실을 규정한 것은 법률의 위헌여부는 과잉금지원칙 위반여부를 기준으로 심사하여야 한다.

▶ 정답 및 해설

① [×] 헌법상 국가배상청구권이 성립하기 위한 요건으로서 헌법 제29조 제1항 제1문은 '공무원의 직무상 불법행위로 손해를 받은' 것을 요건으로 하나, 한편으로 '법률이 정하는 바에 의하여'라고 하여 국가배상청구권의 구체적 형성을 법률에 유보하고 있다. 따라서 헌법상 국가배상청구권의 '불법행위' 역시 이를 법률에서 구체적으로 형성할 수 있는 개념이라고 할 것이다(2020. 3. 26. 2016헌바55).

② [O] 헌법상의 국가배상청구권에 관한 규정은 국가배상청구권을 청구권적 기본권으로 보장하며, 국가배상청구권은 그 요건에 해당하는 사유가 발생한 개별 국민에게는 금전청구권으로서의 재산권으로 보장된다(2020. 3. 26. 2016헌바55).

③ [×] ④ [×] 국가의 행위로 인한 모든 손해가 이 조항으로 구제되어야 하는 것은 아니다. 긴급조치 제1호

또는 제9호로 인한 손해의 특수성과 구제 필요성 등을 고려할 때 공무원의 고의 또는 과실 여부를 떠나 국가가 더욱 폭넓은 배상을 할 필요가 있는 것이라면, 이는 <u>국가배상책임의 일반적 요건을 규정한 심판대상조항이 아니라 국민적 합의를 토대로 입법자가 별도의 입법을 통해 구제하면 된다.</u> 이상의 내용을 종합하면, 심판대상조항이 헌법상 국가배상청구권을 침해하지 않는다고 판단한 헌법재판소의 선례는 여전히 타당하고, 이 사건에서 선례를 변경해야 할 특별한 사정이 있다고 볼 수 없다(2020. 3. 26. 2016헌바55).

⑤ [×] 심판대상조항이 국가배상청구권의 성립요건으로서 공무원의 고의 또는 과실을 규정한 것은 법률로 이미 형성된 국가배상청구권의 행사 및 존속을 <u>제한한다고 보기 보다는 국가배상청구권의 내용을 형성하는 것이라고 할 것이므로, 헌법상 국가배상제도의 정신에 부합하게 국가배상청구권을 형성하였는지의 관점에서 심사하여야 한다.</u> 이하에서는 심판대상조항이 국가배상청구권의 성립요건으로서 공무원의 고의 또는 과실을 요구함으로써 무과실책임을 인정하지 않은 것이 입법형성권의 자의적 행사로서 헌법상 국가배상청구권을 침해하는지 여부를 살펴본다(헌재 2020. 3. 26. 2016헌바55 등).

정답 ②

146 국가배상청구권의 소멸시효에 대한 설명으로 옳지 않은 것은?

> 「민법」제766조(손해배상청구권의 소멸시효) ① 불법행위로 인한 손해배상의 청구권은 피해자나 그 법정대리인이 그 손해 및 가해자를 안 날로부터 3년간 이를 행사하지 아니하면 시효로 인하여 소멸한다.
> ② 불법행위를 한 날로부터 10년을 경과한 때에도 전항과 같다.

① 헌법 제28조와 제29조 제1항에서 규정하고 있는 형사보상청구권 및 국가배상청구권은 청구권이자 재산권을 보장하는 권리이다.
② 헌법 제28조, 제29조 제1항은 형사보상청구권 및 국가배상청구권의 내용을 법률에 의해 구체화하도록 규정하고 있으므로, 그 구체적인 내용은 입법자가 형성할 수 있으며 권리구제의 실효성이 상당한 정도로 보장되도록 하여야 한다.
③ 「진실·화해를 위한 과거사정리 기본법」제2조 제1항 제3호·제4호의 민간인 집단희생사건, 중대한 인권침해·조작의혹사건에 「민법」제766조 제1항의 '주관적 기산점'이 적용되도록 하는 것은 합리적 이유가 인정된다.
④ 「민법」제166조 제1항, 제766조 제2항의 '객관적 기산점'을 「진실·화해를 위한 과거사정리 기본법」제2조 제1항 제3호·제4호의 민간인 집단희생사건, 중대한 인권 침해·조작의혹사건에 적용하도록 규정하는 것은 소멸시효제도를 통한 법적 안정성을 위한 것으로 입법형성의 한계를 일탈하여 청구인들의 국가배상청구권을 침해한다고 할 수 없다.
⑤ 국가배상청구권에 적용되는 소멸시효의 기산점과 시효기간을 어떻게 정할 것인가의 문제는 원칙적으로 입법자의 형성재량에 맡겨져 있어 민법의 소멸시효 조항들이 입법형성의 한계를 일탈하여 헌법이 보장한 국가배상청구권을 침해하고 있는지를 기준으로 심사한다.

▼ 정답 및 해설

① [O] 헌법은 제23조 제1항에서 국민의 재산권을 일반적으로 규정하고 있으나, <u>제28조와 제29조 제1항에서 그 특칙으로 형사보상청구권 및 국가배상청구권을 규정함으로써</u>, 형사피의자·피고인으로 구금되어있었으나 불기소처분·무죄판결을 받은 경우 및 공무원의 직무상 불법행위로 손해를 받은 경우에 국민이 국가에 대하여 물질적·정신적 피해에 대한 정당한 보상 및 배상을 청구할 수 있는 권리를 보장하고 있다. 이러한

형사보상청구권과 국가배상청구권은 일반적인 재산권으로서의 보호 필요성뿐만 아니라, 국가의 형사사법작용 및 공권력 행사로 인하여 신체의 자유 등이 침해된 국민의 구제를 헌법상 권리로 인정함으로써 관련 기본권의 보호를 강화하는 데 그 목적이 있다(2018.8.30, 2014헌바148 등).

② [O] 헌법 제28조, 제29조 제1항은 형사보상청구권 및 국가배상청구권의 내용을 법률에 의해 구체화하도록 규정하고 있으므로, 그 구체적인 내용은 입법자가 형성할 수 있다. 그러나 국가의 형사사법절차 및 공권력 행사에 내재하는 불가피한 위험에 의해 국민의 신체의 자유 등에 피해가 발생한 경우 국가가 이에 대하여 보상 및 배상을 할 것을 헌법에서 명문으로 선언하고 있으므로, 형사보상 및 국가배상의 구체적 절차에 관한 입법은 단지 그 보상 및 배상을 청구할 수 있는 형식적인 권리나 이론적인 가능성만을 허용하는 것이어서는 아니되고, 권리구제의 실효성이 상당한 정도로 보장되도록 하여야 한다(2018.8.30, 2014헌바148 등).

③ [O] 불법행위의 피해자가 '손해 및 가해자를 인식하게 된 때'로부터 3년 이내에 손해배상을 청구하도록 하는 것은 불법행위로 인한 손해배상청구에 있어 피해자와 가해자 보호의 균형을 도모하기 위한 것이므로, 「진실·화해를 위한 과거사정리 기본법」 제2조 제1항 제3호·제4호에 규정된 사건에 「민법」 제766조 제1항의 '주관적 기산점'이 적용되도록 하는 것은 합리적 이유가 인정된다. 그러나, 국가가 소속 공무원들의 조직적 관여를 통해 불법적으로 민간인을 집단 희생시키거나 장기간의 불법구금·고문 등에 의한 허위자백으로 유죄판결을 하고 사후에도 조작·은폐를 통해 진상규명을 저해하였음에도 불구하고, 그 불법행위 시점을 소멸시효의 기산점으로 삼는 것은 피해자와 가해자 보호의 균형을 도모하는 것으로 보기 어렵고, 발생한 손해의 공평·타당한 분담이라는 손해배상제도의 지도원리에도 부합하지 않는다. 그러므로 「진실·화해를 위한 과거사정리 기본법」 제2조 제1항 제3호·제4호에 규정된 사건에 「민법」 제166조 제1항, 제766조 제2항의 '객관적 기산점'이 적용되도록 하는 것은 합리적 이유가 인정되지 않는다(2018.8.30, 2014헌바148 등).

④ [X] 「민법」 제166조 제1항, 제766조 제2항의 객관적 기산점을 「진실·화해를 위한 과거사 정리 기본법」 제2조 제1항 제3호·제4호의 민간인 집단희생사건, 중대한 인권침해·조작의혹사건에 적용하도록 규정하는 것은, 소멸시효제도를 통한 법적 안정성과 가해자 보호만을 지나치게 중시한 나머지 합리적 이유 없이 위 사건 유형에 관한 국가배상청구권 보장필요성을 외면한 것으로서 입법형성의 한계를 일탈하여 청구인들의 국가배상청구권을 침해한다(2018.8.30, 2014헌바148 등).

⑤ [O] 심판대상조항들은 공무원의 직무상 불법행위로 손해를 받은 국민의 손해배상청구권에 적용되는 소멸시효의 기산점과 시효기간을 정하고 있다. 국가배상청구권에 적용되는 소멸시효의 기산점과 시효기간을 어떻게 정할 것인가의 문제는 원칙적으로 입법자의 형성재량에 맡겨져 있는 것이지만, 그것이 지나치게 단기간이거나 불합리하여 국민의 국가배상청구를 현저히 곤란하게 만들거나 사실상 불가능하게 한다면 이는 입법형성의 한계를 넘어선 것으로서 위헌이라 하지 않을 수 없다. 이하에서는 심판대상조항들이 입법형성의 한계를 일탈하여 헌법이 보장한 국가배상청구권을 침해함으로써 위헌인지 여부를 살펴본다[2018. 8. 30. 2014헌바148].

정답 ④

147 국가배상청구권의 소멸시효에 대한 설명으로 옳지 않은 것을 모두 조합한 것은?

> 민법 제166조(소멸시효의 기산점) ① 소멸시효는 권리를 행사할 수 있는 때로부터 진행한다.
> 제766조(손해배상청구권의 소멸시효) ① 불법행위로 인한 손해배상의 청구권은 피해자나 그 법정대리인이 그 손해 및 가해자를 안 날로부터 3년간 이를 행사하지 아니하면 시효로 인하여 소멸한다.
> ② 불법행위를 한 날로부터 10년을 경과한 때에도 전항과 같다.

ㄱ. 헌법 제28조와 제29조 제1항에서 규정하고 있는 형사보상청구권 및 국가배상청구권은 국민의 재산권을 일반적으로 규정하고 있는 헌법 제23조 제1항의 특칙이기도 하므로 재산권을 보장하는 권리이기도 하다.
ㄴ. 국가배상청구권에 관한 3년의 단기시효기간 기산에는 민법 제766조 제1항가 적용되므로 소멸시효의 기산점에 관한 일반규정인 민법 제166조 제1항이 적용된다고 할 수 없어 3년의 단기시효기간은 그 '손해 및 가해자를 안 날'에 진행되므로 그 '권리를 행사할 수 있는 때'가 도래하여야 비로소 시효가 진행한다고 할 수 없다.
ㄷ. 과거사정리법 제2조 제1항 제3, 4호의 민간인 집단희생사건, 중대한 인권침해·조작의혹사건에 민법 제766조 제1항의 '주관적 기산점'이 적용되도록 하는 것은 합리적 이유가 인정된다.
ㄹ. 민법 제166조 제1항, 제766조 제2항의 객관적 기산점을 과거사정리법 제2조 제1항 제3, 4호의 민간인 집단희생사건, 중대한 인권침해·조작의혹사건에 적용하도록 규정하는 것은, 소멸시효제도를 통한 법적 안정성과 가해자 보호만을 지나치게 중시한 나머지 합리적 이유 없이 위 사건 유형에 관한 국가배상청구권 보장 필요성을 외면한 것으로서 입법형성의 한계를 일탈하여 청구인들의 국가배상청구권을 침해한다.
ㅁ. 진실·화해를 위한 과거사정리 기본법 제2조 제1항 제3호의 '민간인 집단 희생사건', 같은 항 제4호의 '중대한 인권침해사건·조작의혹사건'에서 공무원의 위법한 직무집행으로 입은 손해에 대한 국가배상청구권에 민법 제766조 제2항에 따른 장기소멸시효가 적용된다.

① ㄱ, ㄴ, ㄹ ② ㄱ, ㄹ ③ ㄴ, ㅁ
④ ㄷ, ㅁ ⑤ ㄱ, ㄷ, ㅁ

▼ 정답 및 해설

ㄱ. [O] 헌법은 제23조 제1항에서 국민의 재산권을 일반적으로 규정하고 있으나, 제28조와 제29조 제1항에서 그 특칙으로 형사보상청구권 및 국가배상청구권을 규정함으로써, 형사피의자·피고인으로 구금되어있었으나 불기소처분·무죄판결을 받은 경우 및 공무원의 직무상 불법행위로 손해를 받은 경우에 국민이 국가에 대하여 물질적·정신적 피해에 대한 정당한 보상 및 배상을 청구할 수 있는 권리를 보장하고 있다. 이러한 형사보상청구권과 국가배상청구권은 일반적인 재산권으로서의 보호 필요성뿐만 아니라, 국가의 형사사법작용 및 공권력행사로 인하여 신체의 자유 등이 침해된 국민의 구제를 헌법상 권리로 인정함으로써 관련 기본권의 보호를 강화하는 데 그 목적이 있다(2018. 8. 30. 2014헌바148).
ㄴ. [X] 국가배상청구권에 관한 3년의 단기시효기간 기산에는 민법 제766조 제1항 외에 소멸시효의 기산점에 관한 일반규정인 민법 제166조 제1항이 적용된다. 따라서 3년의 단기시효기간은 그 '손해 및 가해자를 안 날'에 더하여 그 '권리를 행사할 수 있는 때'가 도래하여야 비로소 시효가 진행한다(대법원 2023. 1. 12. 선고

2021다201184 판결)
- ㄷ. [O] 불법행위의 피해자가 '손해 및 가해자를 인식하게 된 때'로부터 3년 이내에 손해배상을 청구하도록 하는 것은 불법행위로 인한 손해배상청구에 있어 피해자와 가해자 보호의 균형을 도모하기 위한 것이므로, 과거사정리법 제2조 제1항 제3, 4호에 규정된 사건에 민법 제766조 제1항의 '주관적 기산점'이 적용되도록 하는 것은 합리적 이유가 인정된다. 그러나, 국가가 소속 공무원들의 조직적 관여를 통해 불법적으로 민간인을 집단 희생시키거나 장기간의 불법구금·고문 등에 의한 허위자백으로 유죄판결을 하고 사후에도 조작·은폐를 통해 진상규명을 저해하였음에도 불구하고, 그 불법행위 시점을 소멸시효의 기산점으로 삼는 것은 피해자와 가해자 보호의 균형을 도모하는 것으로 보기 어렵고, 발생한 손해의 공평·타당한 분담이라는 손해배상제도의 지도원리에도 부합하지 않는다. 그러므로 과거사정리법 제2조 제1항 제3, 4호에 규정된 사건에 민법 제166조 제1항, 제766조 제2항의 '객관적 기산점'이 적용되도록 하는 것은 합리적 이유가 인정되지 않는다.
- ㄹ. [O] 민법 제166조 제1항, 제766조 제2항의 객관적 기산점을 과거사정리법 제2조 제1항 제3, 4호의 민간인 집단희생사건, 중대한 인권침해·조작의혹사건에 적용하도록 규정하는 것은, 소멸시효제도를 통한 법적 안정성과 가해자 보호만을 지나치게 중시한 나머지 합리적 이유 없이 위 사건 유형에 관한 국가배상청구권 보장 필요성을 외면한 것으로서 입법형성의 한계를 일탈하여 청구인들의 국가배상청구권을 침해한다.
- ㅁ. [×] 헌법재판소는 2018. 8. 30. 민법 제156조 제1항, 제766조 제2항 중 '진실·화해를 위한 과거사정리 기본법'(이하 '과거사정리법'이라 한다) 제2조 제1항 제3호의 '민간인 집단 희생사건', 같은 항 제4호의 '중대한 인권침해사건·조작의혹사건'에 적용되는 부분은 헌법에 위반된다는 결정을 선고하였다. 따라서 과거사정리법상 '민간인 집단 희생사건', '중대한 인권침해사건·조작의혹사건'에서 공무원의 위법한 직무집행으로 입은 손해에 대한 국가배상청구권에 대해서는 민법 제766조 제2항에 따른 장기소멸시효가 적용되지 않는다 (대법원 2023. 1. 12. 선고 2021다201184 판결).

정답 ③

제10절 교육의 권리, 근로의 권리, 근로3권

148 검정고시로 고등학교 졸업학력을 취득한 사람들의 수시모집 지원을 제한하는 내용의 피청구인 국립교육대학교 등의 2017학년도 신입생 수시모집 입시요강에 대한 헌법재판소 판례와 일치하지 않는 것은?

① 수시모집에서 검정고시 출신자의 지원을 제한하는 사유로 제시된 공교육을 정상화하기 위한 조치라는 이유는 합리적 이유에 해당하지 않는다.
② 검정고시로 고등학교 졸업학력을 취득한 사람들의 수시모집 지원을 제한하는 내용의 피청구인 국립교육대학교 등의 2017학년도 신입생 수시모집 입시요강은 균등하게 교육을 받을 권리를 침해한다.
③ 능력에 따라 균등하게 교육을 받을 권리는 개인의 정신적·육체적·경제적 능력에 따른 차별만을 허용할 뿐 성별·종교·사회적 신분에 의한 차별은 허용하지 않는다.
④ 헌법 제31조 제4항에서 보장하고 있는 대학의 자율성에 따라 대학이 학생의 선발 및 전형 등 대학입시제도를 자율적으로 마련할 수 있다 하더라도, 이러한 대학의 자율적 학생 선발권을 내세워 국민의 '균등하게 교육을 받을 권리'를 침해할 수 없다.

⑤ 헌법 제31조는 취학의 기회에 있어서 고려될 수 있는 차별의 기준으로서 능력을 제시하고 있는데, 수학능력은 학교 입학에 있어서 고려될 수 있는 합리적인 차별기준이 될 수 있다.

▶ 정답 및 해설

① 【O】 피청구인들은 수시모집에서 검정고시 출신자의 지원을 제한하는 것은 공교육을 정상화하기 위한 조치라는 취지로 주장한다. 그러나 대학입학제도에서 학교생활기록부를 활용하는 것이 공교육을 정상화하기 위한 하나의 수단이 될 수 있음을 인정하더라도, 학교라는 공교육과정과는 별도로 동일한 학력을 인정하는 검정고시제도를 둔 이상, 공교육에서 이탈한 학생들을 수시모집에서 제외하는 방식으로 공교육의 정상화를 달성하려는 것은 바람직한 방법이라고 보기 어렵다. 이러한 사정을 종합하면, 이 사건 수시모집요강은 검정고시 출신자인 청구인들을 합리적인 이유 없이 차별하여 청구인들의 교육을 받을 권리를 침해한다고 할 수 있다(2017.12.28, 2016헌마649).

② 【O】 수시모집에서 검정고시 출신자에게 수학능력이 있는지 여부를 평가받을 기회를 부여하지 아니하고 이를 박탈한다는 것은 수학능력에 따른 합리적인 차별이라고 보기 어렵다. 피청구인들은 정규 고등학교 학교생활기록부가 있는지 여부, 공교육 정상화, 비교내신 문제 등을 차별의 이유로 제시하고 있으나 이러한 사유가 차별취급에 대한 합리적인 이유가 된다고 보기 어렵다. 그렇다면 이 사건 수시모집요강은 검정고시 출신자인 청구인들을 합리적인 이유 없이 차별함으로써 청구인들의 균등하게 교육을 받을 권리를 침해한다(2017.12.28, 2016헌마649).

③ 【X】 교육을 받을 권리의 중요성을 인식하고 이를 실현하기 위하여 우리 헌법은 제31조 제1항에서 "모든 국민은 능력에 따라 균등하게 교육을 받을 권리를 가진다."고 규정함으로써 모든 국민의 교육의 기회균등권을 보장하고 있다. 이는 정신적·육체적 능력 이외의 성별·종교·경제력·사회적 신분 등에 의하여 교육을 받을 기회를 차별하지 않고, 즉 합리적 차별사유 없이 교육을 받을 권리를 제한하지 아니함과 동시에 국가가 모든 국민에게 균등한 교육을 받게 하고 특히 경제적 약자가 실질적인 평등교육을 받을 수 있도록 적극적 정책을 실현해야 한다는 것이다(1994. 2. 24. 선고 93헌마192).

④ 【O】 헌법 제22조 제1항이 보장하고 있는 학문의 자유와 헌법 제31조 제4항에서 보장하고 있는 대학의 자율성에 따라 대학이 학생의 선발 및 전형 등 대학입시제도를 자율적으로 마련할 수 있다 하더라도, 이러한 대학의 자율적 학생 선발권을 내세워 국민의 '균등하게 교육을 받을 권리'를 침해할 수 없으며, 이를 위해 대학의 자율권은 일정 부분 제약을 받을 수 있다(2017.12.28, 2016헌마649).

⑤ 【O】 헌법 제31조 제1항은 취학의 기회에 있어서 고려될 수 있는 차별기준으로 '능력'을 제시함으로써, 능력 이외의 다른 요소에 의한 차별을 원칙적으로 제한하고 있다. 여기서 '능력'이란 '수학능력'을 의미하고 교육제도에서 '수학능력'은 개인의 인격발현과 밀접한 관계에 있는 인격적 요소이며, 학교 입학에 있어서 고려될 수 있는 합리적인 차별기준을 의미한다(2017.12.28, 2016헌마649). 　　　정답 ③

149 자율형 사립고등학교를 후기학교로 정하여 신입생을 일반고와 동시에 선발하도록 한 초·중등교육법 시행령에 관한 헌법소원청구에 대한 설명으로 옳지 않은 것은 몇 개인가?

ㄱ. 과학고를 지원하는 학생은 전기학교와 후기학교 모두 지원할 수 있으나 자사고를 지원하는 학생은 자사고를 제외한 후기학교에 지원이 불가능하므로 전기학교 지원자와 후기학교 지원자는 상호 배타적인 두 개의 비교집단이라고 볼 수 있다.

ㄴ. 자율형 사립고등학교를 후기학교로 정하여 신입생을 일반고와 동시에 선발하도록 한 초·중등교육법 시행령과 자사고를 지원한 학생에게 평준화지역 후기학교에 중복지원하는 것을 금지한 시행령 제81조 제5항은 교육제도 법정주의에 위반하여 청구인들의 기본권을 침

해한다고 할 수 없다.
ㄷ. 자율형 사립고등학교를 후기학교로 정하여 신입생을 일반고와 동시에 선발하도록 한 초·중등교육법 시행령은 학교법인의 사학운영의 자유를 침해한다고 할 수 없다.
ㄹ. '대통령령'으로 '전기학교 선발'을 보장함으로써 형성된 학교법인의 이러한 신뢰는 헌법상 특별히 보호가치가 있는 신뢰이므로 자사고를 후기선발로 전환하면서 일반고와 동시선발하도록 한 시행령은 신뢰보호원칙에 의배하여 청구인 학교법인의 사학운영의 자유를 침해한다고 할 수 없다.
ㅁ. 이 사건 동시선발 조항이 자사고를 후기학교로 규정함으로써 과학고와 달리 취급하고, 일반고와 같이 취급하는 데에는 합리적인 이유가 없으므로 청구인 학교법인의 평등권을 침해한다.
ㅂ. 자율형 사립고등학교를 후기학교로 정하여 신입생을 일반고와 동시에 선발하도록 하여 일반고와 자사고 중복지원을 금지한 초·중등교육법 시행령의 평등원칙위반여부는 자의금지원칙에 따라 심사하여야 한다.
ㅅ. 자율형 사립고등학교를 후기학교로 정하여 신입생을 일반고와 동시에 선발하도록 하여 일반고와 자사고 중복지원을 금지한 초·중등교육법 시행령은 학부모와 학생의 평등권을 침해한다.

① 1개　　② 2개　　③ 3개
④ 4개　　⑤ 5개

▶ 정답 및 해설

ㄱ. [X] 청구인 학생 및 학부모는, 심판대상조항으로 인하여 **자사고를 지원하는 학생은 ① 과학고에 지원하는 학생과 달리 해당 자사고를 제외한 후기학교에 지원이 불가능하고, ② 평준화지역 일반고에 지원하는 학생과 달리 중복지원이 불가능하므로, 심판대상조항은 청구인 학생 및 학부모의 평등권을 침해한다고 주장한다.** 그러나 평등원칙 위반의 특수성은 대상 법률이 정하는 '법률효과' 자체가 위헌이 아니라, 그 법률효과가 수범자의 한 집단에만 귀속하여 '다른 집단과 사이에 차별'이 발생한다는 점에 있기 때문에, 평등원칙의 위반을 인정하기 위해서는 우선 법적용에 관련하여 상호 배타적인 '두 개의 비교집단'을 일정한 기준에 따라서 구분할 수 있어야 한다. **전기학교 지원은 누구나 할 수 있고, 전기학교에 지원하였다가 불합격한 학생은 다시 후기학교에 지원할 수 있다**(시행령 제85조 제2항 참조). 그렇다면 전기학교 지원자와 후기학교 지원자는 상호 배타적인 두 개의 비교집단이라고 볼 수 없다. 따라서 이 사건 중복지원금지 조항이 청구인 학생 및 학부모를 평준화지역 일반고에 지원하는 학생과 달리 취급하여 청구인 학생 및 학부모의 평등권을 침해하는지 여부만을 살펴본다.

ㄴ. [O] 초·중등교육법은 고등학교 교육제도와 그 운영에 관하여 기본적인 사항을 이미 규정하고 있고, 다만 고등학교의 입학방법과 절차 등 입학전형에 관한 사항은 각 지역과 시점에 따라 달라지는 고등학교 교육에 대한 수요 및 공급의 상황과, 각종 고등학교별 특성 등을 고려하여야 할 필요성으로 인하여 행정입법에 위임하고 있다(제47조 제2항). 따라서 **심판대상조항이 신입생 선발시기와 지원 방법을 대통령령으로 규정한 것 자체가 교육제도 법정주의에 위반된다고 보기는 어렵다.**

ㄷ. [O] 시행령은 입학전형 실시권자나 학생 모집 단위 등도 그대로 유지하여 자사고의 사학운영의 자유 제한을 최소화하였다. 또한 일반고 경쟁력 강화만으로 고교서열화 및 입시경쟁 완화에 충분하다고 단정할 수 없다. 따라서 이 사건 동시선발 조항은 국가가 학교 제도를 형성할 수 있는 재량 권한의 범위 내에 있다.

ㄹ. [O] 자사고가 전기학교로 유지되리라는 기대 내지 신뢰는 자사고의 교육과정을 도입취지에 충실하게 운영할 것을 전제로 한 것이므로 그 전제가 충족되지 않은 이상 청구인 학교법인의 신뢰를 보호하여야 할 가치나 필요성은 **그만큼 약하다.** 고교서열화 및 입시경쟁 완화라는 공익은 매우 중대하고, 자사고를 전기학교로 유지할 경우

우수학생 선점 문제를 해결하기 곤란하여 고교서열화 현상을 완화시키기 어렵다는 점, 청구인 학교법인의 신뢰의 보호가치가 작다는 점을 고려하면 이 사건 동시선발 조항은 신뢰보호원칙에 위배되지 아니한다.

ㅁ. [X] 과학고는 '과학분야의 인재 양성'이라는 설립 취지나 전문적인 교육과정의 측면에서 과학 분야에 재능이나 소질을 가진 학생을 후기학교보다 먼저 선발할 필요성을 인정할 수 있으나, 자사고의 경우 교육과정 등을 고려할 때 후기학교보다 먼저 특정한 재능이나 소질을 가진 학생을 선발할 필요성은 적다. 따라서 **이 사건 동시선발 조항이 자사고를 후기학교로 규정함으로써 과학고와 달리 취급하고, 일반고와 같이 취급하는 데에는 합리적인 이유가 있으므로 청구인 학교법인의 평등권을 침해하지 아니한다.**

ㅂ. [X] 이 사건 중복지원금지 조항은 고등학교 진학 기회에 있어서의 평등이 문제된다. 비록 고등학교 교육이 의무교육은 아니지만 매우 보편화된 일반교육임을 고려할 때 고등학교 진학 기회의 제한은 당사자에게 미치는 **제한의 효과가 커 엄격히 심사하여야 하므로 차별 목적과 차별 정도가 비례원칙을 준수하는지 살펴야 한다.**

ㅅ. [O] 자사고에 지원하였다가 불합격한 평준화지역 소재 학생들은 이 사건 중복지원금지 조항으로 인하여 원칙적으로 평준화지역 일반고에 지원할 기회가 없고, 통학이 힘든 먼 거리의 비평준화지역의 학교에 진학하거나 학교의 장이 입학전형을 실시하는 고등학교에 정원미달이 발생할 경우 추가선발에 지원하여야 하고 그조차 곤란한 경우 고등학교 재수를 하여야 하는 등 고등학교 진학 자체가 불투명하게 되기도 한다. **이 사건 중복지원금지 조항은 중복지원금지 원칙만을 규정하고 자사고 불합격자에 대하여 아무런 고등학교 진학 대책을 마련하지 않았다. 결국 이 사건 중복지원금지 조항은 고등학교 진학 기회에 있어서 자사고 지원자들에 대한 차별을 정당화할 수 있을 정도로 차별 목적과 차별 정도 간에 비례성을 갖춘 것이라고 볼 수 없다**(2019. 4. 11. 2018헌마221).

정답 ③

150 학교용지부담금과 무상교육에 대한 설명으로 옳지 않은 것을 모두 조합한 것은?

ㄱ. 의무교육의 무상성에 관한 헌법상 규정은 교육을 받을 권리를 보다 실효성 있게 보장하기 위해 의무교육 비용을 학령아동 보호자의 부담으로부터 의무교육의 모든 비용을 조세로 해결해야 함을 의미한다.

ㄴ. 의무교육에 필요한 학교용지의 부담금을 개발사업지역 내 주택의 수분양자들에게 부과·징수하는 것은 의무교육의 무상원칙에 위배된다.

ㄷ. 학교용지부담금을 개발사업자에게 부과하는 법률규정은 개발사업자가 학교용지부담금을 수분양자에게 전가할 것이 분명하다는 점에서 목적 달성을 위한 수단의 적절성을 인정할 수 없고, 국가의 일반적 과제에 대해 개발사업자에게 종국적이고 과도한 책임을 지우는 것으로 피해의 최소성이나 법익균형성도 충족하지 못하므로 재산권을 침해한다.

ㄹ. 「학교용지 확보 등에 관한 특례법」 제5조 제1항 단서 제5호 중 「도시 및 주거환경정비법」 제2조 제2호 '다목'의 규정에 따른 '주택재건축사업'에 관한 부분이 매도나 현금청산의 대상이 되어 제3자에게 분양됨으로써 기존에 비하여 가구 수가 증가하지 아니하는 개발사업분을 학교용지 부담금 부과대상에서 제외하는 규정을 두지 아니한 것은 평등원칙에 위반된다.

ㅁ. 의무교육 무상의 원칙이 의무교육을 위탁받은 사립학교를 설치·운영하는 학교법인 등과의 관계에서 이미 학교법인이 부담하도록 규정되어 있는 경비까지 국가나 지방자치단체의 부담으로 한다는 취지로 볼 수는 없다.

① ㄱ, ㄷ ② ㄱ, ㄷ, ㅁ ③ ㄴ, ㄷ, ㅁ
④ ㄱ, ㄴ, ㄷ ⑤ ㄷ, ㄹ

▶ **정답 및 해설**

ㄱ. **[X]** 의무교육의 무상성에 관한 헌법상 규정은 교육을 받을 권리를 보다 실효성 있게 보장하기 위해 의무교육 비용을 학령아동 보호자의 부담으로부터 공동체 전체의 부담으로 이전하라는 명령일 뿐 의무교육의 모든 비용을 조세로 해결해야 함을 의미하는 것은 아니므로, 학교용지부담금의 부과대상을 수분양자가 아닌 개발사업자로 정하고 있는 이 사건 법률조항은 의무교육의 무상원칙에 위배되지 아니한다(2008.9.25, 2007헌가1).

ㄴ. **[O]** 학교용지는 의무교육을 시행하기 위한 물적 기반으로서 필수조건임은 말할 필요도 없으므로 이를 달성하기 위한 비용은 국가의 일반재정으로 충당하여야 한다. 따라서 적어도 의무교육에 관한 한 일반재정이 아닌 부담금과 같은 별도의 재정수단을 동원하여 특정한 집단으로부터 그 비용을 추가로 징수하여 충당하는 것은 의무교육의 무상성을 선언한 헌법에 반한다(2005.3.31., 2003헌가20).

ㄷ. **[X]** 학교용지부담금을 개발사업자에게 부과하는 것은 학교용지 확보를 위한 새로운 재원의 마련이라는 정당한 입법목적을 달성하기 위한 적절한 수단으로서 교육의 기회를 균등하게 보장하여야 한다는 공익과 개발사업자의 재산적 이익이라는 사익을 조절히 형량하고 있으므로 개발사업자의 재산권을 과도하게 침해하지 아니한다(2008. 9.25, 2007헌가1).

ㄹ. **[O]** 개발사업이 진행되는 지역에서 단기간에 형성된 취학 수요에 부응하기 위하여 학교를 신설 및 증축하는 것은 개발지역의 기반시설을 확보하려는 것이므로, 그 재정을 충당하기 위하여 학교용지부담금을 개발사업의 시행자에게 부과하는 것은, 개발사업의 시행자가 위와 같은 학교시설 확보의 필요성을 유발하였기 때문이다. 학교시설 확보의 필요성은 개발사업에 따른 인구 유입으로 인한 취학 수요의 증가로 초래되므로, 주택재건축사업의 시행으로 공동주택을 건설하는 경우에는 신규로 주택이 공급되는 개발사업분만을 기준으로 학교용지부담금의 부과대상을 정하여야 한다. 이 사건 법률조항이 주택재건축사업의 경우 학교용지부담금 부과대상에서 '기존 거주자와 토지 및 건축물의 소유자에게 분양하는 경우'에 해당하는 개발사업분만 제외하고, 매도나 현금청산의 대상이 되어 제3자에게 분양됨으로써 기존에 비하여 가구 수가 증가하지 아니하는 개발사업분을 제외하지 아니한 것은, 주택재건축사업의 시행자들 사이에 학교시설 확보의 필요성을 유발하는 정도와 무관한 불합리한 기준으로 학교용지부담금의 납부액을 달리 하는 차별을 초래하므로, 이 사건 법률조항은 평등원칙에 위배된다(2013.7.25., 2011헌가32).

■ **학교용지 부담금 정리**

- 수분양자에게 학교용지 부담금 부과: 헌법 제31조 제3항에 위반된다(2005.3.31, 2003헌가20).
- 개발사업자에게 학교용지 부담금 부과: 헌법 제31조 제3항에 위반되지 않는다(2008.9.25, 2007헌가9).
- 가구 수가 증가하지 아니한 개발사업분을 학교용지 부담금에서 제외하지 않은 것 평등원칙 위반(2013.7.25, 2011헌가32)

ㅁ. **[O]** 헌법 제31조 제3항의 의무교육 무상의 원칙이 의무교육을 위탁받은 사립학교를 설치·운영하는 학교법인 등과의 관계에서 관련 법령에 의하여 이미 학교법인이 부담하도록 규정되어 있는 경비까지 종국적으로 국가나 지방자치단체의 부담으로 한다는 취지로 볼 수는 없다. 따라서 사립학교를 설치·경영하는 학교법인이 공유재산을 점유하는 목적이 의무교육 실시라는 공공 부문과 연결되어 있다는 점만으로 그 점유자를 변상금 부과대상에서 제외하여야 한다고 할 수 없고, 심판대상조항이 공익목적 내지 공적 용도로 무단점유한 경우와 사익추구의 목적으로 무단점유한 경우를 달리 취급하지 않았다 하더라도 평등원칙에 위반되지 아니한다(2017.7.27., 2016헌바374).

정답 ①

151 과외교습금지에 대한 설명으로 옳은 것은?

① 헌법재판소는 과외교습금지결정에서 부모의 자녀에 대한 교육권은 비록 헌법에 명문으로 규정되어 있지 않으나 교육을 받을 권리를 보장하는 헌법 제31조 제1항에서 도출되는 권리라고 한다.
② 원칙적으로 모든 과외교습행위를 금지하고 그에 위반된 경우 형사처벌하도록 한 규정은 문화국가원리에 위반되는 것이다.
③ 부모의 자녀에 대한 교육권은 모든 인간이 국적과 관계없이 누리는 양도할 수 없는 불가침의 인권이라기 보다는 국민의 권리이므로 외국인은 그 주체성이 부정된다.
④ 학교교육에 관한 한 국가는 헌법 제31조에 의하여 부모의 교육권으로부터 원칙적으로 독립된 독자적인 교육권한을 부여받음으로써 부모의 교육권보다 우위를 차지하지만, 학교 밖의 영역에서는 원칙적으로 부모의 교육권이 우위를 차지한다.
⑤ 헌법 제31조의 '능력에 따라 균등한 교육을 받을 권리'는 학교교육 밖에서의 사적인 교육영역에까지 균등한 교육이 이루어지도록 개인이 별도로 교육을 시키거나 받는 행위를 국가가 금지하거나 제한할 수 있는 근거를 부여하는 수권규범이다.

▶ 정답 및 해설

①【×】부모의 자녀에 대한 교육권은 비록 헌법에 명문으로 규정되어 있지는 아니하지만, 혼인과 가족생활을 보장하는 헌법 제36조 제1항, 행복추구권을 보장하는 헌법 제10조 및 "국민의 자유와 권리는 헌법에 열거되지 아니한 이유로 경시되지 아니한다."라고 규정하는 헌법 제37조 제1항에서 나오는 중요한 기본권이며, 이러한 부모의 자녀교육권이 학교영역에서는 자녀의 교육진로에 관한 결정권 내지는 자녀가 다닐 학교를 선택하는 권리로 구체화된다(2009.4.30., 2005헌마514).
②【O】단지 일부 지나친 고액과외교습을 방지하기 위하여 모든 학생으로 하여금 오로지 학원에서만 사적으로 배울 수 있도록 규율한다는 것은 어디에도 그 예를 찾아볼 수 없는 것일 뿐만 아니라 자기결정과 자기책임을 생활의 기본원칙으로 하는 헌법의 인간상이나 개성과 창의성, 다양성을 지향하는 문화국가원리에도 위반되는 것이다(2000.4.27, 98헌가16 등).
③【×】'부모의 자녀에 대한 교육권'은 비록 헌법에 명문으로 규정되어 있지는 아니하지만, 이는 모든 인간이 국적과 관계없이 누리는 양도할 수 없는 불가침의 인권으로서 혼인과 가족생활을 보장하는 헌법 제36조 제1항, 행복추구권을 보장하는 헌법 제10조 및 '국민의 자유와 권리는 헌법에 열거되지 아니한 이유로 경시되지 아니한다'고 규정하는 헌법 제37조 제1항에서 나오는 중요한 기본권이다(2000.4.27, 98헌가16 등).
④【×】자녀의 양육과 교육에 있어서 부모의 교육권은 교육의 모든 영역에서 존중되어야 하며, 다만, 학교교육의 범주 내에서는 국가의 교육권한이 헌법적으로 독자적인 지위를 부여받음으로써 부모의 교육권과 함께 자녀의 교육을 담당하지만, 학교 밖의 교육영역에서는 원칙적으로 부모의 교육권이 우위를 차지한다(2000.4.27, 98헌가16).
⑤【×】헌법 제31조의 '능력에 따라 균등한 교육을 받을 권리'는 국가에 의한 교육제도의 정비·개선 외에도 의무교육의 도입 및 확대, 교육비의 보조나 학자금의 융자 등 교육영역에서의 사회적 급부의 확대와 같은 국가의 적극적인 활동을 통하여 사인간의 출발기회에서의 불평등을 완화해야 할 국가의 의무를 규정한 것이다. 그러나 위 조항은 교육의 모든 영역, 특히 학교교육 밖에서의 사적인 교육영역에까지 균등한 교육이 이루어지도록 개인이 별도로 교육을 시키거나 받는 행위를 국가가 금지하거나 제한할 수 있는 근거를 부여하는 수권규범이 아니다(2000.4.27., 98헌가16).

정답 ②

152. 교원지위법정주의에 대한 설명 중 옳은 것(○)과 옳지 않은 것(×)을 올바르게 조합한 것은? (다툼이 있는 경우 판례에 의함)

ㄱ. 교수 정년제를 채택하지 않고 교수 기간임용제를 채택한 것은 헌법 제31조 제6항의 교원지위법정주의에 위배된다.
ㄴ. 교원지위법정주의(헌법 제31조 제6항)에 의하여 입법자가 법률로 정하여야 할 교원지위의 기본적 사항에는 대학 교원의 신분이 부당하게 박탈되지 않도록 하는 최소한의 절차적 보장에 관한 사항이 포함되어야 한다.
ㄷ. 임용기간 만료시에 재임용대상으로부터 배제하는 기준 및 그 사유의 사전통지절차 내지는 부당한 재임용 거부시의 구제절차에 관한 아무런 규정을 두지 않은 구「사립학교법」제53조의2 제3항은 교원지위법정주의이 위반되지 않는다는 것이 헌법재판소의 판례이다.
ㄹ. 임용기간이 만료한 대학교원에 대한 재임용거부를 재심청구의 대상으로 명시하지 않은 교원지위향상을 위한 특별법 제9조는 헌법 제31조 제6항 소정의 교원지위법정주의에 위반된다.
ㅁ. 교원 재임용의 심사요소로 학생교육·학문연구·학생지도를 언급하되 이를 모두 필수요소로 강제하지 않는 「사립학교법」은 교원지위법정주의에 위반된다.

① ㄱ(○), ㄴ(○), ㄷ(×), ㄹ(○), ㅁ(○)
② ㄱ(×), ㄴ(×), ㄷ(○), ㄹ(×), ㅁ(○)
③ ㄱ(○), ㄴ(×), ㄷ(×), ㄹ(×), ㅁ(×)
④ ㄱ(×), ㄴ(○), ㄷ(○), ㄹ(○), ㅁ(×)
⑤ ㄱ(×), ㄴ(○), ㄷ(×), ㄹ(○), ㅁ(×)

▶ 정답 및 해설

ㄱ. [×] 이 사건 법률조항에 대하여 단순위헌을 선언하는 경우에는 기간임용제 자체까지도 위헌으로 선언하는 결과를 초래하게 되므로, 단순위헌결정 대신 헌법불합치결정을 하는 것이다. 입법자는 되도록 빠른 시일 내에 이 사건 법률조항 소정의 기간임용제에 의하여 임용되었다가 그 임용기간이 만료되는 대학 교원이 재임용 거부되는 경우에 그 사전절차 및 그에 대해 다툴 수 있는 구제절차규정을 마련하여 이 사건 법률조항의 위헌적 상태를 제거하여야 할 것이다(2003.2.27, 2000헌바26).

ㄴ. [○] 교육이 수행하는 이와 같은 중요한 기능에 비추어 우리 헌법은 제31조에서 학교교육 및 평생교육을 포함한 교육제도와 그 운영, 교육재정 및 교원의 지위에 관한 기본적 사항을 법률로 정하도록(제6항) 한 것이다. 따라서, 입법자가 법률로 정하여야 할 교원지위의 기본적 사항에는 교원의 신분이 부당하게 박탈되지 않도록 하는 최소한의 보호의무에 관한 사항이 포함된다(2003.2.27., 2000헌바26).

ㄷ. [×] 객관적인 기준의 재임용 거부사유와 재임용에서 탈락하게 되는 교원이 자신의 입장을 진술할 수 있는 기회 그리고 재임용거부를 사전에 통지하는 규정 등이 없으며, 나아가 재임용이 거부되었을 경우 사후에 그에 대해 다툴 수 있는 제도적 장치를 전혀 마련하지 않고 있는 이 사건 법률조항은, 현대사회에서 대학교육이 갖는 중요한 기능과 그 교육을 담당하고 있는 대학 교원의 신분의 부당한 박탈에 대한 최소한의 보호요청에 비추어 볼 때 헌법 제31조 제6항에서 정하고 있는 교원지위법정주의에 위반된다고 볼 수밖에 없다(2003.2.27, 2000헌바26).

ㄹ. [○] 임기만료 교원에 대한 재임용 거부는 이 사건「교원의 지위 향상 및 교육활동 보호를 위한 특별법」조항 소정의 '징계처분 기타 그 의사에 반하는 불리한 처분'에 버금가는 효과를 가진다고 보아야 하므로 이에 대하여는 마땅히 교육인적자원부 교원징계재심위원회의 재심사유, 나아가 법원에 의한 사법심사의 대상이 되어야 한다. 그럼에도 불구하고 이 사건「교원의 지위 향상 및 교육활동 보호를 위한 특별법」조항은 이에 대하여 아무런 규정을 하고 있지 아니하므로, 입법자가 법률로 정하여야 할 교원지위의 기본적 사

항에는 교원의 신분이 부당하게 박탈되지 않도록 하는 최소한의 보호의무에 관한 사항이 포함되어야 한다는 헌법 제31조 제6항 소정의 교원지위법정주의에 위반된다고 할 것이다(2003.12.18, 2002헌바14 등).

ㅁ.[×] 교원의 신분에 대한 부당한 박탈을 방지함과 동시에 대학의 자율성을 도모한 것이므로 교원 재임용의 심사요소로 학생교육·학문연구·학생지도를 언급하되 이를 모두 필수요소로 강제하지 않는 「사립학교법」은 교원지위법정주의에 위반되지 않는다(2014.4.24, 2012헌바336). **정답 ⑤**

153 외국인의 근로의 권리에 대한 설명 중 옳은 것을 모두 조합한 것은?

> ㄱ. 근로의 권리의 내용 중 일할 자리에 관한 권리는 사회권적 기본권의 성격도 갖고 있으나, 외국인 근로자라고 하여 일할 자리에 관한 권리에 대한 기본권 주체성을 부인할 수는 없다.
> ㄴ. 기본권 주체성의 인정 문제와 기본권 제한의 정도는 별개의 문제이므로 외국인에게 근로의 권리에 대한 기본권 주체성을 인정한다는 것이 곧바로 우리 국민과 동일한 수준의 보장을 한다는 것을 의미한다.
> ㄷ. 외국인 산업연수생이 연수라는 명목하에 사업주의 지시·감독을 받으면서 사실상 노무를 제공하고 수당 명목의 금품을 수령하는 등 실질적인 근로관계에 있는 경우에도 「근로기준법」이 보장한 근로기준 중 주요사항을 그들에게 적용되지 않도록 하는 「외국인산업기술연수생의 보호 및 관리에 관한 지침」은 합리적인 근거가 없으므로 자의적인 차별이다.
> ㄹ. 출국만기보험금은 퇴직금의 성질을 가지고 있으나 근로조건의 문제이므로 외국인에게 출국만기보험금을 수령할 권리는 근로의 권리에서 인정된다.
> ㅁ. 「노동조합 및 노동관계조정법」상의 근로자성이 인정되는 한, 출입국관리법령에 따라 취업활동을 할 수 있는 체류자격을 받지 아니한 외국인 근로자도 노동조합을 설립하거나 노동조합에 가입할 수 있다.

① ㄱㄴㅁ ② ㄷㄹ ③ ㄴㄷㄹ
④ ㄷㄹㅁ ⑤ ㄱㄹ

▶ **정답 및 해설**

ㄱ.[×] 근로의 권리란 인간이 자신의 의사와 능력에 따라 근로관계를 형성하고, 타인의 방해를 받음이 없이 근로관계를 계속 유지하며, 근로의 기회를 얻지 못한 경우에는 국가에 대하여 근로의 기회를 제공하여 줄 것을 요구할 수 있는 권리를 말하며, 이러한 근로의 권리는 사회권적 기본권의 성격이 강하므로 이에 대한 외국인의 기본권 주체성을 전면적으로 인정하기는 어렵다. 그러나 근로의 권리는 '일할 자리에 관한 권리'만이 아니라 '일할 환경에 관한 권리'도 함께 내포하고 있는바, 후자는 자유권적 기본권의 성격도 갖고 있어 건강한 작업환경, 일에 대한 정당한 보수, 합리적인 근로조건의 보장 등을 요구할 수 있는 권리 등을 포함한다고 할 것이므로 외국인 근로자라고 하여 이 부분에까지 기본권 주체성을 부인할 수는 없다. 즉 근로의 권리의 구체적인 내용에 따라, 국가에 대하여 고용증진을 위한 사회적·경제적 정책을 요구할 수 있는 권리는 사회권적 기본권으로서 국민에 대하여만 인정해야 하지만, 최소한의 근로조건을 요구할 수 있는 권리로서 자유권적 기본권의 성격도 아울러 가지므로 이러한 경우 외국인 근로자에게도 그 기본권 주체성을 인정함이 타당하다(2002.11.28, 2001헌바50).

ㄴ.[×] 기본권 주체성의 인정 문제와 기본권 제한의 정도는 별개의 문제이므로 외국인에게 근로의 권리에 대한 기본권 주체성을 인정한다는 것이 곧바로 <u>우리 국민과 동일한 수준의 보장을 한다는 것을 의미하는 것은 아니다</u>(2016.3.31., 2014헌마367).

ㄷ. [○] 산업연수생이 연수라는 명목하에 사업주의 지시·감독을 받으면서 사실상 노무를 제공하고 수당 명목의 금품을 수령하는 등 실질적인 근로관계에 있는 경우에도, 「근로기준법」이 보장한 근로기준 중 주요사항을 외국인 산업연수생에 대하여만 적용되지 않도록 하는 것은 자의적인 차별이라 아니할 수 없다(2007.8.30, 2004헌마670).

ㄹ. [○] 헌법상 근로의 권리는 '일할 자리에 관한 권리'만이 아니라 '일할 환경에 관한 권리'도 의미하는데, '일할 환경에 관한 권리'는 인간의 존엄성에 대한 침해를 방어하기 위한 권리로서 외국인에게도 인정되며, 건강한 작업환경, 일에 대한 정당한 보수, 합리적인 근로조건의 보장 등을 요구할 수 있는 권리 등을 포함한다. 여기서의 근로조건은 임금과 그 지불방법, 취업시간과 휴식시간 등 근로계약에 의하여 근로자가 근로를 제공하고 임금을 수령하는 데 관한 조건들이고, 이 사건 출국만기보험금은 퇴직금의 성질을 가지고 있어서 그 지급시기에 관한 것은 근로조건의 문제이므로 외국인인 청구인들에게도 기본권 주체성이 인정된다(2016.3.31., 2014헌마367).

ㅁ. [○] 타인과의 사용종속관계하에서 근로를 제공하고 그 대가로 임금 등을 받아 생활하는 사람은 「노동조합 및 노동관계조정법」(이하 '노동조합법'이라 한다)상 근로자에 해당하고, 노동조합법상의 근로자성이 인정되는 한, 그러한 근로자가 외국인인지 여부나 취업자격의 유무에 따라 노동조합법상 근로자의 범위에 포함되지 아니한다고 볼 수는 없다(대판 전합체 2015.5.25., 2007두4995).

정답 ④

154 근로의 권리에 대한 설명 중 옳은 것(○)과 옳지 않은 것(×)을 올바르게 조합한 것은? (다툼이 있는 경우 판례에 의함)

ㄱ. 근로자에게 그 퇴직금 전액에 대하여 질권자나 저당권자에 우선하는 변제수령권을 인정하는 내용인 구 근로기준법 제30조의2 제2항 및 근로기준법 제37조 제2항은 과잉금지원칙에 위배하여 저당권자의 재산을 침해한다.

ㄴ. 특수경비원의 파업·태업 그 밖에 경비업무의 정상적인 운영을 저해하는 일체의 쟁의행위를 금지하는 경비업법 제15조 제3항이 헌법에 위반되지 아니한다고 판시한 기존판례는 변경되었다.

ㄷ. 청원경찰의 복무에 관하여 「국가공무원법」의 해당 조항을 준용함으로써 노동운동을 금지하는 「청원경찰법」의 해당 조항 중 「국가공무원법」의 해당 조항 가운데 '노동운동' 부분을 준용하는 부분은 헌법에 위반되지 아니한다고 판시한 기존판례는 변경되었다.

ㄹ. 동물의 사육 사업 근로자에 대하여 근로기준법 제4장에서 정한 근로시간 및 휴일 규정의 적용을 제외하도록 한 구 근로기준법은 축산 사업장을 근로기준법 적용 제한의 기준으로 삼고 있어 축산업 근로자들의 근로 환경 개선과 산업의 발전을 저해하고 있다. 따라서 이 조항은 인간의 존엄을 보장하기 위한 최소한의 근로조건 마련에 미흡하여 청구인의 근로의 권리를 침해한다.

ㅁ. 근로조건의 향상을 위한 쟁의행위 가운데 집단적 노무제공 거부행위인 단순파업을 사람의 업무를 방해한 자는 5년 이하의 징역 또는 1천 500만 원 이하의 벌금에 처벌하는 형법 제314조 제1항로 처벌하는 것은 과잉금지원칙에 위배되어 근로자의 단체행동권을 침해한다.

① ㄱ(○), ㄴ(○), ㄷ(×), ㄹ(○), ㅁ(○)
② ㄱ(×), ㄴ(×), ㄷ(○), ㄹ(×), ㅁ(○)
③ ㄱ(○), ㄴ(×), ㄷ(○), ㄹ(×), ㅁ(×)
④ ㄱ(×), ㄴ(○), ㄷ(○), ㄹ(○), ㅁ(×)
⑤ ㄱ(×), ㄴ(○), ㄷ(×), ㄹ(○), ㅁ(×)

정답 및 해설

ㄱ. 【O】 이 사건 법률조항은 근로자의 생활보장 내지 복지증진이라는 공공복리를 위하여 담보권자의 담보권을 제한함에 있어서 그 방법의 적정성을 그르친 것이며 침해의 최소성 및 법익의 균형성 요청에도 저촉되는 것이므로 과잉금지의 원칙에도 위배된다고 할 것이다(헌재 1997. 8. 21. 94헌바19).

ㄴ. 【X】 청구인들의 심판청구에 대하여는 재판관 이선애, 재판관 이은애, 재판관 이종석, 재판관 이영진은 기각의견이고 재판관 유남석, 재판관 이석태, 재판관 김기영, 재판관 문형배, 재판관 이미선은 위헌의견으로, 위헌의견이 다수이기는 하나, 헌법 제113조 제1항, 헌법재판소법 제23조 제2항 단서 제1호에서 정한 헌법소원심판 인용 결정을 위한 심판정족수에는 이르지 못하므로 이들의 심판청구를 기각하기로 하여 주문과 같이 결정한다(2023. 3. 23. 2019헌마937).
※ 재판관 이선애, 재판관 이은애, 재판관 이종석, 재판관 이영진의 기각의견
심판대상조항은 경비업무의 정상적인 운영을 저해하는 쟁의행위를 금지함으로써 국가중요시설의 안전을 도모하고 국가중요시설의 정상적인 기능을 유지하여 방호혼란을 방지하려는 것이므로 입법목적의 정당성 및 수단의 적합성이 인정된다.
국가중요시설에서 발생할 수 있는 보안 관련 사건의 심각성, 이에 대응하기 위하여 무기 휴대가 가능한 특수경비원 업무의 중요성을 감안하면 경비업무의 정상적인 운영을 저해하는 일체의 쟁의행위를 금지할 수밖에 없고, 그 외 다른 수단으로는 위 목적 달성에 기여할 수 없다. 특수경비원은 단체행동권에 대한 대상조치인 노동조합법상 조정 및 중재를 통하여 노동쟁의에 대한 해결책을 마련할 수도 있다. 따라서 심판대상조항은 침해의 최소성을 갖추었다.
심판대상조항으로 인하여 특수경비원이 받는 불이익이 국가나 사회의 중추를 이루는 중요시설 운영에 안정을 기함으로써 얻게 되는 국가안전보장, 질서유지, 공공복리 등의 공익보다 중대한 것이라고 볼 수 없다. 따라서 심판대상조항은 법익의 균형성을 갖추었다. 그러므로 심판대상조항은 과잉금지원칙에 위배되어 나머지 청구인들의 단체행동권을 침해하지 않는다.

ㄷ. 【O】 심판대상조항은 헌법에 합치되지 아니하나 2018. 12. 31.을 시한으로 입법자의 개선입법이 이루어질 때까지 잠정적으로 적용하기로 하여 관여 재판관 전원의 일치된 의견에 따라 주문과 같이 결정한다. 종래 이와 견해를 달리하여 심판대상조항이 헌법에 위반되지 아니한다고 판시한 우리 재판소 결정(헌재 2008. 7. 31. 2004헌바9)은, 이 결정 취지와 저촉되는 범위 안에서 변경하기로 한다(2017. 9. 28. 2015헌마653).

ㄹ. 【X】 축산업은 가축의 양육 및 출하에 있어 기후 및 계절의 영향을 강하게 받으므로, 근로시간 및 근로내용에 있어 일관성을 담보하기 어렵고, 축산업에 종사하는 근로자의 경우에도 휴가에 관한 규정은 여전히 적용되며, 사용자와 근로자 사이의 근로시간 및 휴일에 관한 사적 합의는 심판대상조항에 의한 제한을 받지 않는다. 현재 우리나라 축산업의 상황을 고려할 때, 축산업 근로자들에게 근로기준법을 전면적으로 적용할 경우, 인건비 상승으로 인한 경제적 부작용이 초래될 위험이 있다. 위 점들을 종합하여 볼 때, 심판대상조항이 입법자가 입법재량의 한계를 일탈하여 인간의 존엄을 보장하기 위한 최소한의 근로조건을 마련하지 않은 것이라고 보기 어려우므로, **심판대상조항은 청구인의 근로의 권리를 침해하지 않는다**(2021. 8. 31. 2018헌마563).

ㅁ. 【X】 심판대상조항은 사용자가 예측하지 못한 시기에 전격적으로 이루어져 사용자의 사업운영에 심대한 혼란이나 막대한 손해를 초래하여 사용자의 사업계속에 관한 자유의사를 제압·혼란시켰다고 평가할 수 있는 집단적 노무제공 거부를 형사처벌의 대상으로 삼고 있다.
이러한 단체행동권의 행사를 금지함으로써 근로자 집단이 받은 불이익은 단체행동권 행사의 시기·방법적 제약으로서 사용자 및 제3자의 기본권 보장이나 거래질서 유지의 공익보다 중대한 것이라 단언하기는 어렵다. 따라서 심판대상조항은 법익균형성 요건도 갖추었다. 그러므로 심판대상조항은 과잉금지원칙을 위배하여 단체행동권을 침해하지 아니한다(2022. 5. 26. 2012헌바66).

정답 ③

155 공무원의 근로3권에 대한 설명으로 옳지 않은 것은?

① 국회는 헌법 제33조 제2항에 따라 공무원인 근로자에게 단결권·단체교섭권·단체행동권을 인정할 것인가의 여부, 어떤 형태의 행위를 어느 범위에서 인정할 것인가 등에 대하여 광범위한 입법형성의 자유를 가진다.
② 헌법 제33조 제2항은 공무원의 근로자적 성격을 인정하는 것을 전제로 한 규정이다.
③ 공무원인 근로자 중 법률이 정하는 자 이외의 공무원은 노동3권의 주체가 되지 못하므로 노동3권이 인정됨을 전제로 하여 헌법 제37조 제2항의 과잉금지원칙을 적용할 수는 없다.
④ 단체행동권을 보장받는 '사실상 노무에 종사하는 공무원'의 범위를 조례에 위임할 수 있도록 한 「지방공무원법」 조항은 헌법에 위반된다.
⑤ 지방자치단체인 피청구인들이 지방공무원법 제58조 제2항의 위임에 따라 '사실상 노무에 종사하는 공무원의 범위'를 정하는 조례를 제정하지 아니한 부작위에 의하여 청구인들의 근로3권을 침해한다.

▶ 정답 및 해설

① [O] 우리 헌법은 제33조 제1항에서 근로자의 자주적인 노동3권을 보장하고 있으면서도, 같은 조 제2항에서 공무원인 근로자에 대하여는 법률에 의한 제한을 예정하고 있는바, 이는 공무원의 국민 전체에 대한 봉사자로서의 지위 및 그 직무상의 공공성을 고려하여 합리적인 공무원제도의 보장과 이와 관련된 주권자의 권익을 공공복리의 목적 아래 통합 조정하려는 것이다. 따라서 국회는 헌법 제33조 제2항에 따라 공무원인 근로자에게 단결권·단체교섭권·단체행등권을 인정할 것인가의 여부, 어떤 형태의 행위를 어느 범위에서 인정할 것인가 등에 대하여 광범위한 입법형성의 자유를 가진다(2008.12.26, 2005헌마971 등).
② [O] 공무원이란 직접 또는 간접적으로 국민에 의하여 선출 또는 임용되어 국가나 공공단체와 공법상의 근무관계를 맺고 공공적 업무를 담당하고 있는 사람들을 가리킨다고 할 수 있고, 공무원도 각종 노무의 대가로 얻는 수입에 의존하여 생활하는 사람이라는 점에서는 통상적인 의미의 근로자적인 성격을 지니고 있으므로, 헌법 제33조 제2항 역시 공무원의 근로자적 성격을 인정하는 것을 전제로 규정하고 있다(2005.10.27, 2003헌바50 등).
③ [O] 헌법 제33조 제2항이 직접 '법률이 정하는 자'만이 노동3권을 향유할 수 있다고 규정하고 있어서 '법률이 정하는 자' 이외의 공무원은 노동3권의 주체가 되지 못하므로, '법률이 정하는 자' 이외의 공무원에 대해서도 노동3권이 인정됨을 전제로 하여 헌법 제37조 제2항의 과잉금지원칙을 적용할 수는 없는 것이다(2007. 8.30, 2003헌바51 등).
④ [X] 법 제117조 제1항은 "지방자치단체는 주민의 복리에 관한 사무를 처리하고 재산을 관리하며, 법령의 범위 안에서 자치에 관한 규정을 제정할 수 있다."라고 규정하여 법률의 위임이 있는 경우에는 조례에 의하여 소속 공무원에 대한 인사와 처우를 스스로 결정하는 권한이 있다고 할 것이므로, 사실상 노무에 종사하는 공무원의 범위에 관하여 당해 지방자치단체에 조례제정권을 부여하고 있다고 하여 헌법에 위반된다고 할 수 없다(2005.10.27, 2003헌바50 등).
⑤ [O] 헌법 제33조 제2항과 지방공무원법 제58조 제1항 단서 및 제2항에 의하면 조례에 의하여 '사실상 노무에 종사하는 공무원'으로 규정되는 지방공무원만이 단체행동권을 보장받게 되므로 조례가 아예 제정되지 아니하면 지방공무원 중 누구도 단체행동권을 보장받을 수 없게 된다. 따라서 이 사건 부작위는 청구인들이 단체행동권을 향유할 가능성조차 봉쇄하여 버리는 것으로 청구인들의 기본권을 침해한다(헌재 2009. 7. 30. 2006헌마358).

정답 ④

156 대학교 교원은 교원의 노동조합 설립 및 운영 등에 관한 법률(이하 '교원노조법'이라 한다) 적용을 배제하는 교원노조법에 대해 법원이 위헌제청하였다. 이에 대한 설명으로 옳지 않은 것을 모두 조합한 것은?
(헌법재판소 판례에 따름)

ㄱ. 초·중·고 교원은 교원노조법을 적용하면서 대학교 교원은 적용을 배제하는 교원노조법의 목적의 정당성은 인정될 수 없다.

ㄴ. 심판대상조항은 교원노조법이 적용되는 '교원'을 초·중등교육법상의 교원에 한정함으로써 대학 교원의 경우 노조 설립 또는 가입을 할 수 없도록 하고 있는바, 대학 교원의 단결권 제한은 심판대상조항에 의한 구분과 차별취급의 결과에 해당한다고 할 것이므로, 이 사건의 주된 쟁점은 심판대상조항에 의한 차별취급이 평등원칙에 위반되는지 여부이다.

ㄷ. 공무원 아닌 대학 교원에 대해서는 입법형성의 범위를 일탈하였는지 여부를 기준으로 교육공무원인 대학 교원에 대해서는 과잉금지원칙 준수 여부를 기준으로 나누어 심사하기로 한다.

ㄹ. 초·중등교원과 달리 대학 교원은 정당가입 및 선거운동 등이 가능하므로, 정치활동 및 각종 위원회, 정부기관 연구 활동 등을 통하여 사회 정책 및 제도 형성에 폭넓게 참여할 수 있고, 노조형태의 단결체가 아니더라도 전문가단체 혹은 교수회 등을 통하여 사회적·경제적 지위 향상을 도모할 수 있다는 점에서 초·중등교원과 구별된다. 따라서 심판대상조항은 합리적인 이유가 있으므로 평등원칙에 위배되지 아니한다.

ㅁ. 대학 교원의 교원노조가입을 금지하고 있는「교원의 노동조합 설립 및 운영 등에 관한 법률」은 과잉금지원칙에 위배되어 교육공무원인 교원의 단결권 침해한다.

① ㄱ, ㄷ, ㄹ   ② ㄴ, ㄷ, ㅁ   ③ ㄱ, ㄹ
④ ㄱ, ㄹ, ㅁ   ⑤ ㄴ, ㄷ, ㄹ, ㅁ

▶ 정답 및 해설

ㄱ. [O] 심판대상조항의 입법목적이 재직 중인 초·중등교원에 대하여 교원노조를 인정해 줌으로써 교원노조의 자주성과 주체성을 확보한다는 측면에서는 그 정당성을 인정할 수 있을 것이나, 교원노조를 설립하거나 가입하여 활동할 수 있는 자격을 초·중등교원으로 한정함으로써 교육공무원이 아닌 대학 교원에 대해서는 근로기본권의 핵심인 단결권조차 전면적으로 부정한 측면에 대해서는 그 입법목적의 정당성을 인정하기 어렵고, 수단의 적합성 역시 인정할 수 없다.(2018.8.30, 2015헌가38).

ㄴ. [X] 문제의 선지는 반대의견이다.
법정의견 : 이 사건의 쟁점은 이와 같이 근로기본권의 핵심적인 권리인 단결권조차 인정되지 아니하는 대학 교원에 대한 기본권의 제한이 헌법적으로 정당화될 수 있는지 여부이다. **평등원칙 위배에 관한 제청이유**는 초·중등교원과 달리 대학 교원의 단결권 등을 인정하지 않는 것의 위헌성에 관한 주장으로서, 단결권 침해의 위헌성에 대한 주장과 실질적으로 같다고 할 것이므로 별도로 살펴보지 아니한다(2018.8.30, 2015헌가38).

ㄷ. [X] 교육공무원인 대학 교원과 공무원 아닌 대학 교원으로 나누어, 각각의 단결권 침해가 헌법에 위배되는지 여부에 관하여, 공무원 아닌 대학 교원에 대해서는 과잉금지원칙 준수 여부를 기준으로, 교육공무원인 대학 교원에 대해서는 입법형성의 범위를 일탈하였는지 여부를 기준으로 나누어 심사하기로 한다(2018.8.30, 2015헌가38).

ㄹ. [X] 반대의견은 평등원칙에 위배되지 않는다고 보았다.

ㅁ. [×] 심판대상조항은 입법형성의 범위를 벗어난 입법이어서 교육공무원인 대학 교원의 단결권을 침해한다. 심판대상조항은 과잉금지원칙에 위배되어 공무원 아닌 대학 교원의 단결권을 침해한다(2018. 8. 30, 2015헌가38).

정답 ⑤

제11절 인간다운 생활을 할 권리, 혼인과 가족 보호, 보건권, 환경권

157 인간다운 생활을 할 권리에 대한 설명으로 옳은 것은?

① 모든 국민은 인간다운 생활을 할 권리를 가지며 국가는 생활능력 없는 국민을 보호할 의무가 있다는 헌법의 규정은 모든 국가기관을 기속하므로, 그 기속의 의미는 적극적·형성적 활동을 하는 입법부 또는 행정부의 경우와 헌법재판에 의한 사법적 통제기능을 하는 헌법재판소에 있어서 동일하다.
② 국가에게 장애인의 복지를 위하여 노력해야 할 의무가 있다는 것은 장애인도 인간다운 생활을 누릴 수 있는 사회질서를 형성해야 할 국가의 일반적인 의무를 뜻하는 것이므로, 장애인을 위한 저상버스를 도입해야 한다는 구체적 의무가 헌법으로부터 도출된다.
③ 인간다운 생활을 할 권리규정은 헌법재판에 있어서는 국민소득, 국가의 재정능력과 정책 등을 고려하여 가능한 범위 안에서 최대한으로 모든 국민이 물질적인 최저생활을 넘어서 인간의 존엄성에 맞는 건강하고 문화적인 생활을 누릴 수 있도록 하여야 한다는 행위의 지침, 즉 행위규범으로서 작용한다.
④ 인간다운 생활을 보장하기 위한 객관적인 내용의 최소한을 보장하고 있는지 여부는 특정한 법률에 의한 생계급여만을 가지고 판단하면 되고 여타 다른 법령에 의해 국가가 최저생활보장을 위하여 지급하는 각종 급여나 각종 부담의 감면 등을 총괄한 수준으로 판단할 것을 요구하지는 않는다.
⑤ 인간다운 생활을 할 권리의 법적 성질에 비추어 볼 때 그 법규범력이 미치는 범위는 '최소한의 물질적 생존'의 보장에 필요한 급부의 요구권으로 한정될 뿐, 그것으로부터 그 이상의 급부를 내용으로 하는 구체적 권리가 직접 도출되어 나오는 것은 아니다.

▶ 정답 및 해설

①[×] 모든 국민은 인간다운 생활을 할 권리를 가지며 국가는 생활능력 없는 국민을 보호할 의무가 있다는 헌법의 규정은 모든 국가기관을 기속하지만, 그 기속의 의미는 적극적·형성적 활동을 하는 입법부 또는 행정부의 경우와 헌법재판에 의한 사법적 통제기능을 하는 헌법재판소에 있어서 동일하지 아니하다(1997. 5. 29, 94헌마33).
②[×] 장애인의 복지를 향상해야 할 국가의 의무가 다른 다양한 국가과제에 대하여 최우선적인 배려를 요청할 수 없을 뿐 아니라, 나아가 헌법의 규범으로부터는 '장애인을 위한 저상버스의 도입'과 같은 구체적인 국가의 행위의무를 도출할 수 없는 것이다. 국가에게 헌법 제34조에 의하여 장애인의 복지를 위하여 노력을 해야 할 의무가 있다는 것은, 장애인도 인간다운 생활을 누릴 수 있는 정의로운 사회질서를 형성해야 할 국가의 일반적인 의무를 뜻하는 것이지, 장애인을 위하여 저상버스를 도입해야 한다는 구체적 내용의

의무가 헌법으로부터 나오는 것은 아니다(2002.12.18., 2002헌마52).
③ [X] 헌법의 규정이, 입법부나 행정부에 대하여는 국민소득, 국가의 재정능력과 정책 등을 고려하여 가능한 범위 안에서 최대한으로 모든 국민이 물질적인 최저생활을 넘어서 인간의 존엄성에 맞는 건강하고 문화적인 생활을 누릴 수 있도록 하여야 한다는 행위의 지침 즉 행위규범으로서 작용하지만, 헌법재판에 있어서는 다른 국가기관, 즉 입법부나 행정부가 국민으로 하여금 인간다운 생활을 영위하도록 하기 위하여 객관적으로 필요한 최소한의 조치를 취할 의무를 다하였는지를 기준으로 국가기관의 행위의 합헌성을 심사하여야 한다는 통제규범으로 작용하는 것이다(1997.5.29., 94헌마33).
④ [X] 인간다운 생활을 보장하기 위한 객관적 내용의 최소한을 보장하고 있는지의 여부는 「생활보호법」에 의한 생계보호급여만을 가지고 판단하여서는 아니되고 그 외의 법령에 의거하여 국가가 생계보호를 위하여 지급하는 각종 급여나 각종 부담의 감면 등을 총괄한 수준을 가지고 판단하여야 한다(1997.5.29, 94헌마33).
⑤ [O] 인간다운 생활을 할 권리로부터 인간의 존엄에 상응하는 '최소한의 물질적인 생활'의 유지에 필요한 급부를 요구할 수 있는 구체적인 권리가 상황에 따라서는 직접 도출될 수 있다고 할 수는 있어도, 동 기본권이 직접 그 이상의 급부를 내용으로 하는 구체적인 권리를 발생케 한다고는 볼 수 없다고 할 것이다. 이러한 구체적 권리는 국가가 재정형편 등 여러가지 상황들을 종합적으로 감안하여 법률을 통하여 구체화할 때에 비로소 인정되는 법률적 차원의 권리라고 할 것이다(1998.2.27, 97헌가10 등). 정답 ⑤

158 인간다운 생활을 할 권리에 대한 설명으로 옳지 않은 것은?

① 「산업재해보상보험법」 제4조 제2호 단서 및 「근로기준법 시행령」 제4조가 정하는 경우에 관하여 노동부장관이 평균임금을 정하여 고시하지 아니하는 부작위는 인간다운 생활을 할 권리를 침해한다.
② 소득에 대한 과세는 원칙적으로 최저생계비를 초과하는 소득에 대해서만 가능하므로 법률이 최저생계비는 과세되어서는 아니 된다는 헌법적 요청에 대한 예외를 설정한다면 당연히 저소득층의 인간다운 생활을 할 권리가 침해되었다고 할 수 있다.
③ 기초연금 수급액을 「국민기초생활 보장법」상 이전소득에 포함시키도록 하는 구 「국민기초생활 보장법 시행령」 제5조 제1항 제4호 다목 중 「기초연금법」에 관한 부분이 청구인들과 같이 기초연금을 함께 수급하고 있거나 장차 수급하려는 「국민기초생활 보장법」상 수급자인 노인들의 인간다운 생활을 할 권리를 침해한다고 할 수 없다.
④ 경과실에 의한 범죄행위에 기인하는 보험사고에 대하여 의료보험급여를 제한하는 것이 재산권에 대한 과도한 제한이며, 사회적 기본권으로서의 의료보험수급권의 본질을 침해한다.
⑤ 4·19혁명공로자에게 지급되는 보훈급여의 종류를 보상금이 아닌 수당으로 규정한 국가유공자법 제16조의4 제1항 및 2019년도 공로수당의 지급월액을 31만 1천 원으로 규정한 같은 법 시행령 제27조의4가 정한 수당의 지급월액이 지나치게 과소하여 인간다운 생활을 할 권리를 침해한다고 할 수 없다.

▶ 정답 및 해설

① [O] 「산업재해보상보험법」이 개정되어 행정입법의 작위의무가 발생한 때로부터 이미 30년 정도가 경과되도록 그 의무의 이행이 이루어지지 않고 있는바, 이로 말미암아 고용기간이 극히 짧아 수령임금이 없는 자의 유족으로서 「산업재해보상보험법」상 유족급여 등의 대상자인 청구인들은 정당한 유족급여 등을 받게 될 재산권 및 인간다운 생활을 할 권리를 침해당하고 있다(2002.7.18., 2000헌마707).
② [X] 헌법은 국민 각자가 자신의 생활을 스스로 경제적으로 형성한다는 것을 전제로 하고 있으므로, 국가

는 납세자가 자신과 가족의 기본적인 생계유지를 위하여 꼭 필요로 하는 소득을 제외한 잉여소득 부분에 대해서만 납세의무를 부과할 수 있다. 따라서 **소득에 대한 과세는 원칙적으로 최저생계비를 초과하는 소득에 대해서만 가능하다.** 이는 국민에게 인간다운 생활을 할 최소한의 조건을 마련해 주어야 한다는 사회국가원리의 관점에서 요청되는 것이다. 그러나 법률이 최저생계비는 과세되어서는 아니 된다는 헌법적 요청에 대한 예외를 설정하고 있다고 할지라도 이를 정당화할 수 있는 합리적 사유가 있는 경우에는 그로 인하여 저소득층의 인간다운 생활을 할 권리가 침해되었다고 보기 어렵다(헌재 2006. 11. 30. 2006헌마489).

③ [O] 이 사건 시행령조항으로 인하여 기초연금수급액이 「국민기초생활 보장법」상 이전소득에 포함된다는 사정만으로, 국가가 노인가구의 생계보호에 관한 입법을 전혀 하지 아니하였다거나 그 내용이 현저히 불합리하여 헌법상 용인될 수 있는 재량의 범위를 명백히 일탈하였다고 보기는 어렵다. 따라서 이 사건 시행령조항은 청구인들의 인간다운 생활을 할 권리를 침해하지 않는다(2019.12.27., 2017헌마1299).

④ [O] 경과실범에 의한 보험사고의 경우에까지 의료보험수급권을 부정하는 것은 기본권 제한에 있어서의 최소침해의 원칙에 어긋나며, 나아가 보호되는 공익에 비하여 침해되는 사익이 현저히 커서 법익균형의 원칙에도 어긋나므로 이는 재산권에 대한 과도한 제한으로서 헌법에 위반된다. 경과실의 범죄로 인한 사고는 개념상 우연한 사고의 범위를 벗어나지 않으므로 경과실로 인한 범죄행위에 기인하는 보험사고에 대하여 의료보험급여를 부정하는 것은 우연한 사고로 인한 위험으로부터 다수의 국민을 보호하고자 하는 사회보장제도로서의 의료보험의 본질을 침해하여 헌법에 위반된다(헌재 2003. 12. 18. 2002헌바1).

⑤ [O] 공로수당은 4·19혁명공로자의 소득수준의 많고 적음에 상관없이 지급되는 금원으로서, 그 지급취지는 공로수당 하나만으로 기존 공공부조체계상으로 마련된 생계급여를 대체할 정도의 지원을 하겠다는 것이라기보다는, 4·19혁명공로자에 대한 예우의 의미로서 그의 생활을 보조하려는 것이다. 국가유공자법상 제공되는 국가유공자에 대한 보훈혜택과 국민기초생활 보장법, 기초연금법에 따른 사회보장 및 생활보장을 고려하면, 이 사건 시행령조항이 공로수당의 지급금액을 월 31만 1천 원으로 정한 것이 지나치게 과소하여 입법재량의 범위를 일탈하여 청구인들의 인간다운 생활을 할 권리를 침해하였다고 볼 수 없다(2022. 2. 24. 2019헌마883).

정답 ②

159 혼인의 자유에 대한 설명 중 옳은 것을 모두 조합한 것은?

> ㄱ. 민법 제809조 제1항은 "동성동본인 혈족 사이에서는 혼인하지 못한다."라고 하여, 촌수를 불문하고 부계혈족 간의 혼인을 금지한 것은 그 입법목적이 정당하지 않다는 점에서 헌법 제37조 제2항에도 위반된다.
> ㄴ. 8촌 이내의 혈족 사이의 혼인을 금지하고, 이에 위반한 혼인은 무효로 하는 민법은 혼인의 자유를 제한하나 비례원칙을 준수해야한다.
> ㄷ. 동성동본인 혈족 간의 혼인을 금지한다고 하더라도 우리나라의 인구와 성씨의 분포 및 그 구성원의 수에 비추어 볼 때 혼인 상대방을 자유롭게 선택할 기본권을 본질적으로 침해하는 정도에까지 이른다고 할 수는 없다.
> ㄹ. 유전학적 연구결과에 의하더라도 8촌 이내 혈족 사이의 혼인이 일률적으로 그 자녀나 후손에게 유전적으로 유해한지에 대한 과학적인 증명이 있었다고 보기 어려우므로, 유전학적 관점은 혼인의 상대방을 선택할 자유를 제한하는 합리적인 이유가 될 수 없다. 따라서 8촌 이내의 혈족 사이에서는 혼인할 수 없도록 하는 민법 제809조는 입법목적 달성에 필요한 범위를 넘는 과도한 제한으로서 과잉금지원칙에 위배하여 혼인의 자유를 침해한다.
> ㅁ. 금혼조항을 위반한 혼인을 무효로 하는 민법 제815조 제2호는 과잉금지원칙에 위배하여 혼인의 자유를 침해한다.

① ㄱㄴㅁ　　　　② ㄷㄹ　　　　③ ㄴㄷㄹ
④ ㄷㄹㅁ　　　　⑤ ㄱㄴ

▶ 정답 및 해설

ㄱ. [O] 민법 제809조 제1항은 "동성동본인 혈족 사이에서는 혼인하지 못한다."라고 하여, 촌수를 불문하고 부계혈족 간의 혼인을 금지하였다. 위 조항에 대하여 헌법재판소는 1997. 7. 16. 95헌가6등 사건에서, '자유와 평등을 근본이념으로 하고 남녀평등의 관념이 정착된 현대의 자유민주주의사회에서 동성동본금혼을 규정한 민법 제809조 제1항은 이제 사회적 타당성 내지 합리성을 상실하고 있음과 아울러 인간으로서의 존엄과 가치 및 행복추구권을 규정한 헌법이념 및 개인의 존엄과 양성의 평등에 기초한 혼인과 가족생활의 성립·유지라는 헌법규정에 정면으로 배치될 뿐 아니라, 남계혈족에만 한정하여 성별에 의한 차별을 함으로써 헌법상의 평등의 원칙에도 위반되며, **그 입법목적이 정당하지 않다는 점에서 헌법 제37조 제2항에도 위반된다.**'는 이유로 헌법불합치 결정을 하였고, 위 결정의 주문에 따라 구 민법 제809조 제1항은 1999. 1. 1.부터 효력이 상실되었다(2022.10.27. 2018헌바115).

ㄴ. [O] 심판대상조항은 8촌 이내의 혈족 사이의 혼인을 금지하고, 이에 위반한 혼인은 무효로 하여 '혼인과 가족생활을 스스로 결정하고 형성할 수 있는 자유'(이하 '혼인의 자유'라 한다)를 제한하고 있다. 이러한 제한이 헌법 제37조 제2항이 정한 기본권 제한의 한계 원리 내의 것인지 살펴본다(2022.10.27. 2018헌바115).

ㄷ. [X] 이 사건 법률조항은 헌법 제10조, 제11조 제1항, 제36조 제1항에 위반될 뿐만 아니라 그 입법목적이 이제는 혼인에 관한 국민의 자유와 권리를 제한할 '사회질서'나 '공공복리'에 해당될 수 없다는 점에서 헌법 제37조 제2항에도 위반된다 할 것이다(1997.7.16, 95헌가6 등).

ㄹ. [X] 이 사건 금혼조항으로 인하여 법률상의 배우자 선택이 제한되는 범위는 친족관계 내에서도 8촌 이내의 혈족으로, 넓다고 보기 어렵다. 그에 비하여 8촌 이내 혈족 사이의 혼인을 금지함으로써 가족질서를 보호하고 유지한다는 공익은 매우 중요하므로 이 사건 금혼조항은 법익균형성에 위반되지 아니한다. 그렇다면 이 사건 금혼조항은 과잉금지원칙에 위배하여 **혼인의 자유를 침해하지 않는다**(2022.10.27. 2018헌바115).

ㅁ. [O] 이 사건 무효조항은 이 사건 금혼조항의 실효성을 보장하기 위한 것으로서 정당한 입법목적 달성을 위한 적합한 수단에 해당한다. 이 사건 무효조항의 입법목적은 근친혼이 가까운 혈족 사이의 신분관계 등에 현저한 혼란을 초래하고 가족제도의 기능을 심각하게 훼손하는 경우에 한정하여 무효로 하더라도 충분히 달성 가능하고, 위와 같은 경우에 해당하는지 여부가 명백하지 않다면 혼인의 취소를 통해 장래를 향하여 혼인을 해소할 수 있도록 규정함으로써 가족의 기능을 보호하는 것이 가능하므로, 이 사건 무효조항은 입법목적 달성에 필요한 범위를 넘는 과도한 제한으로서 침해의 최소성을 충족하지 못한다. 나아가 이 사건 무효조항을 통하여 달성되는 공익은 결코 적지 아니하나, 이 사건 무효조항으로 인하여 제한되는 사익 역시 중대함을 고려하면, 이 사건 무효조항은 법익균형성을 충족하지 못한다. 그렇다면 이 사건 무효조항은 과잉금지원칙에 위배하여 혼인의 자유를 침해한다(2022.10.27. 2018헌바115).　　　정답 ①

160 혼인과 가족생활에 대하여 규정하고 있는 헌법 제36조 제1항에 대한 설명 중 옳은 것(○)과 옳지 않은 것(×)을 올바르게 조합한 것은? (다툼이 있는 경우 판례에 의함)

ㄱ. 자(子)의 성을 정함에 있어 부성주의를 원칙으로 하는 것은 헌법 제10조, 제36조 제1항에 위반된다고 할 수 없다.

ㄴ. 호주제는 당사자의 의사나 복리와 무관하게 남계혈통 중심의 가의 유지와 계승이라는 관념에 뿌리박은 특정한 가족관계의 형태를 일방적으로 규정·강요함으로써 개인을 가족 내에서 존엄한 인격체로 존중하는 것이 아니라 가의 유지와 계승을 위한 도구적 존재로 취급하

고 있는데, 이는 혼인·가족생활을 어떻게 꾸려나갈 것인지에 관한 개인과 가족의 자율적 결정권을 존중하라는 헌법 제36조 제1항에 부합한다.
ㄷ. 개인의 존엄과 양성평등에 반하는 호주제도는 헌법 제9조의 전통문화 계승·발전을 근거로 그 헌법적 정당성을 주장할 수 있다.
ㄹ. 혼인 종료 후 300일 이내에 출생한 자를 전남편의 친생자로 추정하는 것이 모(母)의 가정생활과 신분관계에서 누려야 할 인격권, 혼인과 가족생활에 관한 기본권을 침해한다.
ㅁ. 종합부동산세의 과세방법을 '세대별 합산'으로 규정한 「종합부동산세법」 조항이 혼인이나 가족생활을 근거로 부부 등 가족이 있는 자를 혼인하지 아니한 자 등에 비하여 차별취급하더라도, 과세단위를 정하는 것은 입법자의 입법형성의 재량에 속하는 정책적 문제이므로, 그 차별이 헌법 제36조 제1항에 위반되는지 여부는 자의금지원칙에 의한 심사를 통하여 판단하면 족하다.

① ㄱ(○), ㄴ(○), ㄷ(×), ㄹ(○), ㅁ(○)
② ㄱ(○), ㄴ(×), ㄷ(×), ㄹ(○), ㅁ(×)
③ ㄱ(○), ㄴ(×), ㄷ(×), ㄹ(×), ㅁ(○)
④ ㄱ(×), ㄴ(○), ㄷ(○), ㄹ(○), ㅁ(×)
⑤ ㄱ(×), ㄴ(○), ㄷ(×), ㄹ(○), ㅁ(×)

▶ 정답 및 해설

ㄱ. [○] 부성주의 자체는 합헌이나 부가 사망하였거나 부모가 이혼하여 모가 단독으로 친권을 행사하고 양육할 것이 예상되는 경우 혼인의 자를 부가 인지하였으나 모가 단독으로 양육하고 있는 경우 등에 있어서 부성을 사용토록 강제하면서 모의 성의 사용을 허용하지 않은 것은 헌법 제36조 제1항에 위반된다. 이 사건 법조항에 대하여 위헌결정을 선고할 경우 부성주의원칙 자체까지 위헌으로 선언되는 결과를 초래하게 되므로 헌법불합치결정을 선고하되 2007.12.31.까지 잠정적용을 명한다(2005.12.22, 2003헌가5 등).
ㄴ. [×] 호주제는 남계혈통을 중시하여 혼인과 가족생활에서 여성을 부당하게 차별하므로 헌법 제36조에 위반된다. 전통문화도 헌법이념인 개인의 존엄과 양성의 평등에 반하는 것이어서는 안 된다는 한계가 도출되므로 전래의 가족제도가 헌법 제36조 제1항이 요구하는 개인의 존엄과 양성평등에 반한다면 헌법 제9조(전통문화계승발전)를 근거로 그 헌법적 정당성을 주장할 수 없다(2005.2.3, 2001헌가9 등).
ㄷ. [×] 호주제는 남계혈통을 중시하여 혼인과 가족생활에서 여성을 부당하게 차별하므로 헌법 제36조에 위반된다. 전통문화도 헌법이념인 개인의 존엄과 양성의 평등에 반하는 것이어서는 안 된다는 한계가 도출되므로 전래의 가족제도가 헌법 제36조 제1항이 요구하는 개인의 존엄과 양성평등에 반한다면 <u>헌법 제9조(전통문화 계승·발전)를 근거로 그 헌법적 정당성을 주장할 수 없다</u>(2005.2.3., 2001헌가9).
ㄹ. [○] 민법 제정 이후의 사회적·법률적·의학적 사정변경을 전혀 반영하지 아니한 채, 이미 혼인관계가 해소된 이후에 자가 출생하고 생부가 출생한 자를 인지하려는 경우마저도, 아무런 예외없이 그 자를 전남편의 친생자로 추정함으로써 친생부인의 소를 거치도록 하는 심판대상조항은 입법형성의 한계를 벗어나 모가 가정생활과 신분관계에서 누려야 할 인격권, 혼인과 가족생활에 관한 기본권을 침해한다(헌재 2015. 4. 30. 2013헌마623).
ㅁ. [×] 특정한 조세 법률조항이 혼인이나 가족생활을 근거로 부부 등 가족이 있는 자를 혼인하지 아니한 자 등에 비하여 차별취급하는 것이라면 <u>비례의 원칙에 의한 심사에 의하여 정당화되지 않는 한 헌법 제36조 제1항에 위반된다</u> 할 것인데, 종합부동산세의 과세방법을 '인별 합산'이 아니라 '세대별 합산'으로 규정한 것은 혼인한 자 또는 가족과 함께 세대를 구성한 자를 비례의 원칙에 반하여 개인별로 과세되는 독신자, 사실혼 관계의 부부, 세대원이 아닌 주택 등의 소유자 등에 비하여 불리하게 차별하여 취급하고 있으므로, 헌법 제36조 제1항에 위반된다(2008.11.13, 2006헌바112 등).

정답 ②

161 혼인과 가족생활에 대하여 규정하고 있는 헌법 제36조 제1항에 대한 설명 중 옳은 것(○)과 옳지 않은 것(×)을 올바르게 조합한 것은? (다툼이 있는 경우 판례에 의함)

ㄱ. 종합부동산세의 세대별 합산과세제도는 세대별 부동산 보유를 하나의 과세단위로 파악하는 조세정책적 결정이고, 세대원들의 소유명의 분산을 통한 조세회피행위를 방지하여 종합부동산세 부담의 실질적 공평을 도모하려는 것이므로, 조세부담능력을 잘못 파악하였다거나 응능부담의 원칙에 어긋난다거나 헌법 제36조 제1항 또는 제11조 제1항에 위반된다고 보기 어렵다.

ㄴ. 태어난 즉시 '출생등록될 권리'는 헌법에 명시되지 아니한 독자적 기본권으로서, 자유로운 인격실현을 보장하는 자유권적 성격과 아동의 건강한 성장과 발달을 보장하는 사회적 기본권의 성격을 함께 지닌다.

ㄷ. '혼인 중 여자와 남편 아닌 남자 사이에서 출생한 자녀에 대한 생부의 출생신고'를 허용하도록 규정하지 아니한 '가족관계의 등록 등에 관한 법률' 제46조 제2항은 민법상 친생추정을 받는 생모와 그 남편의 혼인 외 출생자에 대한 출생신고가 담보될 수 없을 때 민법상 친생추정에 따른 법적 신분관계의 형성을 벗어나지 않는 범위에서 혼인 외 출생자를 보호하기 위해 생부의 출생신고를 허용함으로써 가족생활의 자유를 보장하는 것보다 더 중하다고 볼 수 없음으로 과잉금지원칙을 위배하여 생부인 청구인들의 가족생활의 자유를 침해한다.

ㄹ. '혼인 중 여자와 남편 아닌 남자 사이에서 출생한 자녀에 대한 생부의 출생신고'를 허용하도록 규정하지 아니한 '가족관계의 등록 등에 관한 법률'은 혼인 외 출생자인 청구인들의 태어난 즉시 '출생등록될 권리'를 침해한다.

ㅁ. 입양신고서의 기재사항은 일방당사자의 신분증명서를 가지고 있다면 손쉽게 가족관계증명서를 발급받아 알 수 있어 진정한 입양의 합의가 존재한다는 점을 담보할 수 없다는 점에서 입양신고 시 신고사건 본인이 시·읍·면에 출석하지 아니하는 경우에는 신고사건 본인의 신분증명서를 제시하도록 한 '가족관계의 등록 등에 관한 법률'이 입법형성권의 한계를 넘어서서 입양당사자의 가족생활의 자유를 침해한다.

① ㄱ(○), ㄴ(○), ㄷ(×), ㄹ(○), ㅁ(○)
② ㄱ(×), ㄴ(×), ㄷ(○), ㄹ(○), ㅁ(×)
③ ㄱ(○), ㄴ(×), ㄷ(×), ㄹ(×), ㅁ(○)
④ ㄱ(×), ㄴ(○), ㄷ(○), ㄹ(○), ㅁ(×)
⑤ ㄱ(×), ㄴ(○), ㄷ(×), ㄹ(○), ㅁ(×)

▶ **정답 및 해설**

ㄱ. **[×]** 이 사건 세대별 합산규정으로 인한 조세부담의 증가라는 불이익은 이를 통하여 달성하고자 하는 조세회피의 방지 등 공익에 비하여 훨씬 크고, 조세회피의 방지와 경제생활 단위별 과세의 실현 및 부동산 가격의 안정이라는 공익은 입법정책상의 법익인 데 반해 혼인과 가족생활의 보호는 헌법적 가치라는 것을 고려할 때 법익균형성도 인정하기 어렵다. 따라서 이 사건 세대별 합산규정은 혼인한 자 또는 가족과 함께 세대를 구성한 자를 비례의 원칙에 반하여 개인별로 과세되는 독신자, 사실혼관계의 부부, 세대원이 아닌 주택 등의 소유자 등에 비하여 불리하게 차별하여 취급하고 있으므로, 헌법 제36조 제1항에 위반된다(2008. 11.13, 2006헌바112 등).

ㄴ. **[○]** 태어난 즉시 '출생등록될 권리'는 '출생 후 아동이 보호를 받을 수 있을 최대한 빠른 시점'에 아동의

출생과 관련된 기본적인 정보를 국가가 관리할 수 있도록 등록할 권리로서, 아동이 사람으로서 인격을 자유로이 발현하고, 부모와 가족 등의 보호하에 건강한 성장과 발달을 할 수 있도록 최소한의 보호장치를 마련하도록 요구할 수 있는 권리이다. 이는 헌법 제10조의 인간의 존엄과 가치 및 행복추구권으로부터 도출되는 일반적 인격권을 실현하기 위한 기본적인 전제로서 헌법 제10조뿐만 아니라, 헌법 제34조 제1항의 인간다운 생활을 할 권리, 헌법 제36조 제1항의 가족생활의 보장, 헌법 제34조 제4항의 국가의 청소년 복지향상을 위한 정책실시의무 등에도 근거가 있다. 이와 같은 태어난 즉시 '출생등록될 권리'는 앞서 언급한 기본권 등의 어느 하나에 완전히 포섭되지 않으며, 이들을 이념적 기초로 하는 헌법에 명시되지 아니한 독자적 기본권으로서, 자유로운 인격실현을 보장하는 자유권적 성격과 아동의 건강한 성장과 발달을 보장하는 사회적 기본권의 성격을 함께 지닌다(2023. 3. 23. 2021헌마975).

ㄷ. [X] 심판대상조항들이 혼인 중인 여자와 남편 아닌 남자 사이에서 출생한 자녀의 경우에 혼인 외 출생자의 신고의무를 모에게만 부과하고, 남편 아닌 남자인 생부에게 자신의 혼인 외 자녀에 대해서 출생신고를 할 수 있도록 규정하지 아니한 것은 모는 출산으로 인하여 그 출생자와 혈연관계가 형성되는 반면에, 생부는 그 출생자와의 혈연관계에 대한 확인이 필요할 수도 있고, 그 출생자의 출생사실을 모를 수도 있다는 점에 있으며, 이에 따라 가족관계등록법은 모를 중심으로 출생신고를 규정하고, 모가 혼인 중일 경우에 그 출생자는 모의 남편의 자녀로 추정하도록 한 민법의 체계에 따르도록 규정하고 있는 점에 비추어 합리적인 이유가 있다. 그렇다면, 심판대상조항들은 생부인 청구인들의 평등권을 침해하지 않는다(2023. 3. 23. 2021헌마975).

ㄹ. [O] 신고기간 내에 모나 그 남편이 출생신고를 하지 않는 경우 생부가 생래적 혈연관계를 소명하여 인지의 효력이 없는 출생신고를 할 수 있도록 하거나, 출산을 담당한 의료기관 등이 의무적으로 모와 자녀에 관한 정보 등을 포함한 출생신고의 기재사항을 미리 수집하고, 그 정보를 출생신고를 담당하는 기관에 송부하여 출생신고가 이루어지도록 한다면, 민법상 신분관계와 모순되는 내용이 가족관계등록부에 기재되는 것을 방지하면서도 출생신고가 이루어질 수 있다.
따라서 심판대상조항들은 입법형성권의 한계를 넘어서 실효적으로 출생등록될 권리를 보장하고 있다고 볼 수 없으므로, 혼인 중 여자와 남편 아닌 남자 사이에서 출생한 자녀에 해당하는 혼인 외 출생자인 청구인들의 태어난 즉시 '출생등록될 권리'를 침해한다(2023. 3. 23. 2021헌마975).

ㅁ. [X] 이 사건 법률조항은 입양의 당사자가 출석하지 않아도 입양신고를 하여 가족관계를 형성할 수 있는 자유를 보장하면서도, 출석하지 아니한 당사자의 신분증명서를 제시하도록 하여 입양당사자의 신고의사의 진실성을 담보하기 위한 조항이다. 비록 출석하지 아니한 당사자의 신분증명서를 요구하는 것이 허위의 입양을 방지하기 위한 완벽한 조치는 아니라고 하더라도 이 사건 법률조항이 원하지 않는 가족관계의 형성을 방지하기에 전적으로 부적합하거나 매우 부족한 수단이라고 볼 수는 없다. 따라서 이 사건 법률조항이 입양당사자의 가족생활의 자유를 침해한다고 보기 어렵다(2022.11.24. 2019헌바108).

정답 ⑤

162 보건권에 대한 설명으로 옳지 않은 것은?

① 교도소·구치소에 수용 중인 자를 '국민기초생활 보장법'상 급여의 지급대상에서 제외시킨 것이 인간다운 생활을 할 권리와 보건권을 침해한다고 할 수 없다.
② 의료급여 1종 수급권자에 대한 본인부담금제 및 선택병의원제가 1종 수급권자의 인간다운 생활을 할 권리, 보건권, 평등권 등을 침해한다고 할 수 없다.
③ 건강보험수급권은 재산권에서 보장되는 권리인데 반해 의료급여수급권은 공공부조에 불과하므로 의료급여 수급자와 건강보험가입자는 본질적으로 동일한 비교집단이라고 보기 어렵고 의료급여 수급자를 대상으로 선택병의원제도 및 비급여항목 등을 달리 규정하고 있는 것을 두고, 본질적으로 동일한 것을 다르게 취급하고 있다고 볼 수는 없으므로 이 사건 개정법령의 규정이 청구인들의 평등권을 침해한다고 볼 수 없다.
④ 만성신부전증환자에 대한 외래 혈액투석 의료급여수가의 기준을 정액수가로 한 것은 현행 정액수가제는 재정의 한계를 이유로 외래 혈액투석진료를 받는 수급권자에 대하여 정액수가를 벗어나는 의료서비스를 선택할 수 있는 가능성을 완전히 차단하고 있어 수급권자인 청구인의 의료행위선택권을 침해한다.
⑤ 헌법 제36조 제3항이 규정하고 있는 국민의 보건에 관한 권리는 국민이 자신의 건강을 유지하는 데 필요한 국가적 급부와 배려를 요구할 수 있는 권리를 말하는 것으로서, 국가는 국민의 건강을 소극적으로 침해하여서는 아니 될 의무를 부담 뿐 아니라 적극적으로 국민의 보건을 위한 정책을 수립하고 시행하여야 할 의무를 부담한다는 것을 의미한다.

▶ 정답 및 해설

① [O] '형의 집행 및 수용자의 처우에 관한 법률' 및 치료감호법에 의한 구치소·치료감호시설에 수용 중인 자는 당해 법률에 의하여 생계유지의 보호와 의료적 처우를 받고 있으므로 이러한 구치소·치료감호시설에 수용 중인 자에 대하여 '국민기초생활 보장법'에 의한 중복적인 보장을 피하기 위하여 개별가구에서 제외하기로 한 입법자의 판단이 헌법상 용인될 수 있는 재량의 범위를 일탈하여 인간다운 생활을 할 권리와 보건권을 침해한다고 볼 수 없다(헌재 2012. 2. 23. 2011헌마123).

② [O] 의료급여 1종 수급권자에 대한 본인부담금제 및 선택병의원제를 규정한 이 사건 개정법령으로 인해 그 개정 전보다 청구인들의 의료급여 수급권에 다소의 제한이 초래된다 하더라도 이로 인하여 국가가 실현해야 할 객관적 내용의 최소한도의 보장에도 이르지 못하였다거나 헌법상 용인될 수 있는 재량의 범위를 명백히 일탈하였다고 보기 어렵다 할 것이어서, 위 조항들로 인해 1종 수급권자인 청구인들의 인간다운 생활을 할 권리, 보건권이 침해되었다거나 국가가 사회보장, 사회복지증진의무, 생활무능력자 보호의무 등을 위반하였다고 볼 수 없다(2009. 11. 26. 2007헌마734).

③ [O] 건강보험제도는 사회보험으로서 이 제도 하에서는 법이 정하는 요건을 충족시키는 국민에게 가입의무가 부과됨으로써 보험에의 가입이 법적으로 강제되며 보험법적 관계가 당사자의 의사와 관계없이 법률에 의하여 성립된다. 건강보험제도에 따른 건강보험 수급권은 사회보장 수급권의 하나에 속하고 헌법 제34조 제1항에 의한 인간다운 생활을 보장하기 위한 사회적 기본권에 속한다. 보험급여를 받을 권리인 의료보험 수급권은 의료보험법이라는 입법에 의하여 구체적으로 형성된 권리이며 의료보험법상 재산권의 보장을 받는 공법상의 권리이다. 한편 의료급여제도는 생활유지능력이 없거나 경제능력을 상실한 사람들을 대상으로 정부가 의료서비스를 제공하는 공공부조제도로서, 의료급여 수급권은 순수하게 사회정책적 목적에서 주어지는 권리이다. 즉 최저생계비 이하의 빈곤계층 등을 의료급여 수급자로 선정하여 아무런 자기기여 없이 상대적으로 저렴한 비용으로 의료이용을 할 수 있도록 하고 있다. …이러한 양자 간의 차이점을 종합

하여 보면 의료급여 수급자와 건강보험가입자는 사회보장의 한 형태로서 의료보장의 대상인 점에서만 공통점이 있다고 할 수 있을 뿐, 그 선정방법, 법적지위, 재원조달방식, 자기기여 여부 등에서는 명확히 구분된다. 따라서 의료급여 수급자와 건강보험가입자는 본질적으로 동일한 비교집단이라고 보기 어렵고 의료급여 수급자를 대상으로 선택병의원제도 및 비급여항목 등을 달리 규정하고 있는 것을 두고, 본질적으로 동일한 것을 다르게 취급하고 있다고 볼 수는 없으므로 이 사건 개정법령의 규정이 청구인들의 평등권을 침해한다고 볼 수 없다.(2009. 11. 26. 2007헌마734).

④ [×] 심판대상조항은 의료급여의 수준이 국가가 실현해야 할 객관적 내용의 최소한도의 보장에도 이르지 못하였다거나, 국가가 국민의 보건권 등을 보호하는 데 적절하고 효율적인 최소한의 조치를 취하지 아니하였다고 볼 수 없다. 심판대상조항은 수급권자인 청구인의 인간다운 생활을 할 권리 내지 보건권을 침해하지 않는다(헌재 2020. 4. 23. 2017헌마103).

⑤ [○] 헌법 제36조 제3항이 규정하고 있는 국민의 보건에 관한 권리는 국민이 자신의 건강을 유지하는 데 필요한 국가적 급부와 배려를 요구할 수 있는 권리를 말하는 것으로서, 국가는 국민의 건강을 소극적으로 침해하여서는 아니 될 의무를 부담하는 것에서 한걸음 더 나아가 적극적으로 국민의 보건을 위한 정책을 수립하고 시행하여야 할 의무를 부담한다는 것을 의미한다(헌재 2013. 6. 26. 2010헌마204등). **정답** ④

163 공직선거 선거운동 시 확성장치 사용에 따른 소음 규제를 하지 아니한 공직선거법 제79조에 대한 설명 중 옳지 않은 것을 모두 조합한 것은?

ㄱ. 환경권의 내용과 행사는 법률에 의해 구체적으로 정해지므로 환경권 보호를 위한 입법이 없거나 현저히 불충분하여 국민의 환경권을 침해하고 있더라도 헌법재판소에 그 구제를 구할 수 없다.
ㄴ. 생명·신체의 보호와 같은 중요한 기본권적 법익 침해에 대해서는 그것이 국가가 아닌 제3자로서의 사인에 의해서 유발된 것이라고 하더라도 국가가 적극적인 보호의 의무를 진다.
ㄷ. 공직선거 선거운동 시 확성장치 사용에 따른 소음 규제를 하지 아니한 공직선거법 제79조는 과잉금지원칙에 위반하여 환경권을 침해한다.
ㄹ. 국가가 국민의 건강하고 쾌적한 환경에서 생활할 권리에 대한 보호의무를 다하지 않았는지 여부를 헌법재판소가 심사할 대에는 최대한의 보호조치를 취하였는가 하는 이른바 '과잉금지 원칙'의 위반 여부를 기준으로 삼아야 한다.
ㅁ. 공직선거법은 확성장치를 사용할 수 있는 기간과 장소, 시간, 용도 등을 엄격하게 제한하고, 자동차에 부착하는 확성장치와 휴대용 확성장치의 개수도 각 1개로 제한하면서 이로써 국민의 건강하고 쾌적한 환경에서 생활할 권리 보호에 충분하다.
ㅂ. 확성장치의 최고출력 내지 소음 규제기준에 관한 규정을 두지 아니한 것은, 국민이 건강하고 쾌적하게 생활할 수 있는 양호한 주거환경을 위하여 노력하여야 할 국가의 의무를 부과한 헌법 제35조 제3항에 비추어 보면, 적절하고 효율적인 최소한의 보호조치를 취하지 아니하여 국가의 기본권 보호의무를 과소하게 이행한 것으로서, 청구인의 건강하고 쾌적한 환경에서 생활할 권리를 침해한다.

① ㄱㄴㅁ ② ㄷㄹㅂ ③ ㄱㄷㄹㅁ
④ ㄷㄹㅁㅂ ⑤ ㄱㄹㅂ

▶ 정답 및 해설

ㄱ. [×] 일정한 경우 국가에 대하여 건강하고 쾌적한 환경에서 생활할 수 있도록 요구할 수 있는 권리가 인정되기도 하는바, 환경권은 그 자체 종합적 기본권으로서의 성격을 지닌다. 환경권의 내용과 행사는 법률에 의해 구체적으로 정해지는 것이기는 하나(헌법 제35조 제2항), 이 헌법조항의 취지는 특별히 명문으로 헌법에서 정한 환경권을 입법자가 그 취지에 부합하도록 법률로써 내용을 구체화하도록 한 것이지 환경권이 완전히 무의미하게 되는데도 그에 대한 입법을 전혀 하지 아니하거나, 어떠한 내용이든 법률로써 정하기만 하면 된다는 것은 아니다. 그러므로 **일정한 요건이 충족될 때 환경권 보호를 위한 입법이 없거나 현저히 불충분하여 국민의 환경권을 침해하고 있다면 헌법재판소에 그 구제를 구할 수 있다고 해야 할 것이다.**

ㄴ. [○] 헌법 제10조의 규정에 의하면, 국가는 개인이 가지는 불가침의 기본적 인권을 확인하고 이를 보장할 의무를 지고 기본권은 공동체의 객관적 가치질서로서의 성격을 가지므로, 적어도 생명·신체의 보호와 같은 중요한 기본권적 법익 침해에 대해서는 그것이 국가가 아닌 제3자로서의 사인에 의해서 유발된 것이라고 하더라도 국가가 적극적인 보호의 의무를 진다.

ㄷ. [×] 국가가 국민의 건강하고 쾌적한 환경에서 생활할 권리에 대한 보호의무를 다하지 않았는지 여부를 헌법재판소가 심사할 때에는 국가가 이를 보호하기 위하여 적어도 적절하고 효율적인 최소한의 보호조치를 취하였는가 하는 이른바 '과소보호금지 원칙'의 위반 여부를 기준으로 삼아야 한다.

ㄹ. [×] 국가가 국민의 건강하고 쾌적한 환경에서 생활할 권리에 대한 보호의무를 다하지 않았는지 여부를 헌법재판소가 심사할 때에는 국가가 이를 보호하기 위하여 적어도 적절하고 효율적인 최소한의 보호조치를 취하였는가 하는 이른바 '과소보호금지 원칙'의 위반 여부를 기준으로 삼아야 한다.

ㅁ. [×] 확성장치의 최고출력 내지 소음 규제기준에 관한 규정을 두지 아니한 것은, 국민이 건강하고 쾌적하게 생활할 수 있는 양호한 주거환경을 위하여 노력하여야 할 국가의 의무를 부과한 헌법 제35조 제3항에 비추어 보면, 적절하고 효율적인 최소한의 보호조치를 취하지 아니하여 국가의 기본권 보호의무를 과소하게 이행한 것으로서, 청구인의 건강하고 쾌적한 환경에서 생활할 권리를 침해하므로 헌법에 위반된다.

ㅂ. [○] 확성장치의 최고출력 내지 소음 규제기준에 관한 규정을 두지 아니한 것은, 국민이 건강하고 쾌적하게 생활할 수 있는 양호한 주거환경을 위하여 노력하여야 할 국가의 의무를 부과한 헌법 제35조 제3항에 비추어 보면, 적절하고 효율적인 최소한의 보호조치를 취하지 아니하여 국가의 기본권 보호의무를 과소하게 이행한 것으로서, 청구인의 건강하고 쾌적한 환경에서 생활할 권리를 침해하므로 헌법에 위반된다(2019. 12. 27. 2018헌마730).

정답 ③

표 준 판 례 및 최 신 판 례 정 리

Part 03.
국가 조직

01. 입법부
02. 행정부
03. 사법부
04. 헌법재판소

01. 입법부

Part 03. 국가조직

164 자유위임원칙에 대한 설명으로 옳지 않은 것은?

① 자유위임은 의회내에서의 정치의사형성에 정당의 협력을 배척하는 것이 아니나, 의원이 정당과 교섭단체의 지시에 기속되는 것을 배제하는 근거가 된다.
② 국회의원의 국민대표성을 중시하는 입장에서도 특정 정당에 소속된 국회의원이 당론에 위반하는 정치활동을 한 이유로 제재를 받는 경우, 국회의원 신분을 상실하게 할 수는 없으나 "정당내부의 사실상의 강제" 또는 소속 "정당으로부터의 제명"은 가능하다.
③ 당론과 다른 견해를 가진 소속 국회의원을 당해 교섭단체의 필요에 따라 다른 상임위원회로 전임(사·보임)하는 조치는 특별한 사정이 없는 한 헌법상 용인될 수 있는 "정당내부의 사실상 강제"의 범위 내에 해당한다고 할 것이다.
④ 자유위임원칙은 헌법이 추구하는 가치를 보장하고 실현하기 위한 통치구조의 구성원리 중 하나이므로, 다른 헌법적 이익에 언제나 우선하는 것은 아니고, 국회의 기능 수행을 위해서 필요한 범위 내에서 제한될 수 있다.
⑤ 법안에 대한 신속처리대상안건 지정에 반대하겠다는 의사를 표명하였다는 이유로 이루어진 상임위원 개선행위가 자유위임원칙에 위배된다고 할 수 없다.

▶ **정답 및 해설**

① [X] 자유위임은 의회내에서의 정치의사형성에 정당의 협력을 배척하는 것이 아니며, 의원이 정당과 교섭단체의 지시에 기속되는 것을 배제하는 근거가 되는 것도 아니다(헌재 2003.10.30. 2002헌라1).
② [O], ③ [O] 국회의원의 국민대표성을 중시하는 입장에서도 특정 정당에 소속된 국회의원이 정당기속 내지는 교섭단체의 결정(소위 '당론')에 위반하는 정치활동을 한 이유로 제재를 받는 경우, 국회의원 신분을 상실하게 할 수는 없으나 "정당내부의 사실상의 강제" 또는 소속 "정당으로부터의 제명"은 가능하다고 보고 있다. 그렇다면, 당론과 다른 견해를 가진 소속 국회의원을 당해 교섭단체의 필요에 따라 다른 상임위원회로 전임(사·보임)하는 조치는 특별한 사정이 없는 한 헌법상 용인될 수 있는 "정당내부의 사실상 강제"의 범위 내에 해당한다고 할 것이다(헌재 2003.10.30. 2002헌라1).
④ [O] 자유위임원칙은 헌법이 추구하는 가치를 보장하고 실현하기 위한 통치구조의 구성원리 중 하나이므로, 다른 헌법적 이익에 언제나 우선하는 것은 아니고, 국회의 기능 수행을 위해서 필요한 범위 내에서 제한될 수 있다(헌재 2020.5.27. 2019헌라6).
⑤ [O] 사법개혁에 관한 국가정책결정의 가능성을 높이기 위하여 국회가 자율권을 행사한 것으로서, 이 사건 개선행위로 인하여 자유위임원칙이 제한되는 정도가 위와 같은 헌법적 이익을 명백히 넘어선다고 단정하기 어렵다. 따라서 이 사건 개선행위는 자유위임원칙에 위배되지 않는다(헌재 2020.5.27. 2019헌라6). **정답** ①

165 다수결원칙에 대한 설명으로 옳은 것을 모두 조합한 것은?

ㄱ. 국회의장이 야당의원들에게 개의일시를 통지하지 않음으로써 출석의 기회를 박탈한 채 본회의를 개의하여 법률안을 가결처리한 것은 법률안은 재적의원의 과반수인 국회의원 155인이 출석한 가운데 개의된 본회의에서 출석의원 전원의 찬성으로(결국 재적의원 과반수의 찬성으로) 의결처리되었다고 하더라도 다수결 원칙에 위배된다.
ㄴ. 우리 헌법은 국회의 의사절차에 관한 기본원칙으로 제49조에서 '다수결의 원칙'을, 제50조에서 '회의공개의 원칙'을 규정하고 있다.
ㄷ. 다수결의 원리를 실현하는 국회의 의결방식은 헌법이나 법률에 특별한 규정이 없는 한 재적의원 과반수의 출석과 출석의원 과반수의 찬성을 요하는 일반정족수를 기본으로 하므로 헌법이나 법률에 의결의 요건을 달리 규정할 수 없다.
ㄹ. 일반정족수는 다수결의 원리를 실현하는 국회의 의결방식 중 하나로서 국회의 의사결정시 합의에 도달하기 위한 최소한의 기준일 뿐 이를 헌법상 절대적 원칙이라고 보기는 어려운 바, 어떠한 사항을 일반정족수가 아닌 특별정족수에 따라 의결할 것인지 여부는 국회 스스로 판단하여 법률에 정할 사항이다.
ㅁ. 표결이 종료되어 '재적의원 과반수의 출석'에 미달하였다는 결과가 확인된 이상, '출석의원 과반수의 찬성'에 미달한 경우와 마찬가지로 국회의 의사는 부결로 확정되었다고 보아야 한다.

① ㄱ, ㄴ, ㅁ ② ㄴ, ㄹ ③ ㄷ, ㄹ, ㅁ
④ ㄴ, ㄹ, ㅁ ⑤ ㄱ, ㄹ

▶ 정답 및 해설

ㄱ. [X] 우리 헌법은 국회의 의사절차에 관한 기본원칙으로 제49조에서 '다수결의 원칙'을, 제50조에서 '회의공개의 원칙'을 각 선언하고 있으므로, 이 사건 법률안의 가결선포행위의 효력 유무는 결국 그 절차상에 위 헌법규정을 명백히 위반한 흠이 있는지 여부에 의하여 가려져야 할 것이다. 그러므로 나아가 이 사건 기록과 변론에 나타난 자료를 토대로 이 사건 법률안의 의결절차에 과연 위 헌법규정을 명백히 위반한 흠이 있는지에 관하여 보건대, 이 사건 법률안은 재적의원의 과반수인 국회의원 155인이 출석한 가운데 개의된 본회의에서 출석의원 전원의 찬성으로(결국 재적의원 과반수의 찬성으로) 의결처리되었고, 그 본회의에 관하여 일반국민의 제3편 제1장 입법부 227방청이나 언론의 취재를 금지하는 조치가 취하여지지도 않았음이 분명하므로, 그 의결절차에 위 헌법규정을 명백히 위반한 흠이 있다고는 볼 수 없다(헌재 1997.7.16. 96헌라2).
ㄴ. [O] 우리 헌법은 국회의 의사절차에 관한 기본원칙으로 제49조에서 '다수결의 원칙'을, 제50조에서 '회의공개의 원칙'을 각 선언하고 있으므로, 이 사건 법률안의 가결선포행위의 효력 유무는 결국 그 절차상에 위 헌법규정을 명백히 위반한 흠이 있는지 여부에 의하여 가려져야 할 것이다(헌재 1997.7.16. 96헌라2).
ㄷ. [X] 다수결의 원리를 실현하는 국회의 의결방식은 헌법이나 법률에 특별한 규정이 없는 한 재적의원 과반수의 출석과 출석의원 과반수의 찬성을 요하는 일반정족수를 기본으로 한다. 일반정족수는 국회의 의결이 유효하기 위한 최소한의 출석의원 또는 찬성의원의 수를 의미하므로, 의결대상 사안의 중요성과 의미에 따라 헌법이나 법률에 의결의 요건을 달리 규정할 수 있다(헌재 2016.5.26. 2015헌라1).
ㄹ. [O] 일반정족수는 다수결의 원리를 실현하는 국회의 의결방식 중 하나로서 국회의 의사결정시 합의에 도달하기 위한 최소한의 기준일 뿐 이를 헌법상 절대적 원칙이라고 보기는 어렵다. 헌법 제49조에 따라 어떠한 사항을 일반정족수가 아닌 특별정족수에 따라 의결할 것인지 여부는 국회 스스로 판단하여 법률에 정할 사항이다(헌재 2016.5.26. 2015헌라1)

ㅁ. [O] 헌법 제49조 및 국회법 제109조에서는 의결정족수에 관하여 "…재적의원 과반수의 출석과 출석의원의 과반수의 찬성으로 의결한다."라고 규정하여, 일부 다른 입법례와는 달리(독일과 일본 등은 의결을 위한 출석정족수와 찬성을 위한 정족수를 단계적으로 구성하고 있다), 의결을 위한 출석정족수와 찬성정족수를 병렬적으로 규정하고 있다. 나아가 '재적의원 과반수의 출석'과 '출석의원 과반수의 찬성'이라는 규정의 성격이나 흠결의 효력을 별도로 구분하여 규정하고 있지도 아니한다. 따라서 표결이 종료되어 '재적의원 과반수의 출석'에 미달하였다는 결과가 확인된 이상, '출석의원 과반수의 찬성'에 미달한 경우와 마찬가지로 국회의 의사는 부결로 확정되었다고 보아야 한다(헌재 2009.10.29. 2009헌라8등). **정답** ④

166 면책특권에 대한 설명으로 옳지 않은 것은?

① 국회의원의 면책특권의 대상이 되는 행위는 직무상의 발언과 표결이라는 의사표현행위 자체에 국한되지 아니하고 이에 통상적으로 부수하여 행하여지는 행위까지 포함한다.
② 국회의원이 국회본회의에서 질문할 원고를 원내 기자실에서 사전에 배포한 행위가 면책특권의 대상이 되는 직무부수행위에 해당된다.
③ 국회의원이 구 국가안전기획부 내 정보수집팀이 대기업 고위관계자와 중앙일간지 사주 간의 사적 대화를 불법 녹음한 자료를 입수한 후 그 대화내용과, 위 대기업으로부터 이른바 떡값 명목의 금품을 수수하였다는 검사들의 실명이 게재된 보도자료를 작성하여 자신의 인터넷 홈페이지에 게재한 행위가 국회의원 면책특권의 대상이 된다.
④ 발언 내용 자체에 의하더라도 직무와는 아무런 관련이 없음이 분명하거나, 명백히 허위임을 알면서도 허위의 사실을 적시하여 타인의 명예를 훼손하는 경우 등까지 면책특권의 대상이 될 수는 없다.
⑤ 발언 내용이 허위라는 점을 인식하지 못하였다면 비록 발언 내용에 다소 근거가 부족하거나 진위 여부를 확인하기 위한 조사를 제대로 하지 않았다고 하더라도 그것이 직무 수행의 일환으로 이루어진 것인 이상 이는 면책특권의 대상이 된다.

▶ 정답 및 해설

① [O] 국회의원의 면책특권의 대상이 되는 행위는 직무상의 발언과 표결이라는 의사표현행위 자체에 국한되지 아니하고 이에 통상적으로 부수하여 행하여지는 행위까지 포함하고, 그와 같은 부수행위인지 여부는 결국 구체적인 행위의 목적, 장소, 태양 등을 종합하여 개별적으로 판단할 수밖에 없다(대법원 1992.9.22. 선고 91도3317 판결).
② [O] 원고의 내용이 공개회의에서 행할 발언내용이고(회의의 공개성), 원고의 배포시기가 당초 발언하기로 예정된 회의 시작 30분 전으로 근접되어 있으며(시간적 근접성), 원고 배포의 장소 및 대상이 국회의사당 내에 위치한 기자실에서 국회출입기자들만을 상대로 한정적으로 이루어지고(장소 및 대상의 한정성), 원고 배포의 목적이 보도의 편의를 위한 것(목적의 정당성)이라면, 국회의원이 국회본회의에서 질문할 원고를 사전에 배포한 행위는 면책특권의대상이 되는 직무부수행위에 해당한다(대법원 1992.9.22. 선고 91도3317 판결).
③ [X] 설사 피고인이 이 사건 도청자료를 취득하는 과정에 위법한 점이 없었다고 하더라도 이를 내용으로 하는 이 사건 보도자료를 인터넷 홈페이지에 게재함으로써 통신비밀을 공개한 행위는 형법 제20조의 정당행위로서 위법성이 조각되는 경우에 해당한다고 볼 수 없다(대법원 2011.5.13. 선고 2009도14442 판결).
④ [O], ⑤ [O] 발언 내용 자체에 의하더라도 직무와는 아무런 관련이 없음이 분명하거나, 명백히 허위임을 알면서도 허위의 사실을 적시하여 타인의 명예를 훼손하는 경우 등까지 면책특권의 대상이 될 수는 없지

만, 발언 내용이 허위라는 점을 인식하지 못하였다면 비록 발언 내용에 다소 근거가 부족하거나 진위 여부를 확인하기 위한 조사를 제대로 하지 않았다고 하더라도, 그것이 직무 수행의 일환으로 이루어진 것인 이상 이는 면책특권의 대상이 된다(대법원 2007.1.11. 선고 2005다57752 판결). **정답** ③

167 원안인 공직선거법은 국회의원 정수 300명의 구성을 지역구 225명, 비례대표 75명으로 정하여 비례대표국회의원의 의석수를 증가시키면서 연동비례대표제를 도입하는 안이었다. 연동대표제를 2020년 국회의원 총선거에 한해 적용하는 부칙을 추가하면서 지역구 253명, 비례대표 47명으로 하는 공직선거법이 새롭게 제안되었고 국회의장은 새로운 안을 수정안으로 인정하고 수정안 가결을 선포하였다. 이에 대한 권한쟁의심판이 청구되었다. 이에 대한 설명으로 옳은 것은?

> 「국회법」 제77조(의사일정의 변경) 의원 20명 이상의 연서에 의한 동의(動議)로 본회의 의결이 있거나 의장이 각 교섭단체 대표의원과 협의하여 필요하다고 인정할 때에는 의장은 회기 전체 의사일정의 일부를 변경하거나 당일 의사일정의 안건 추가 및 순서 변경을 할 수 있다. 이 경우 의원의 동의에는 이유서를 첨부하여야 하며, 그 동의에 대해서는 토론을 하지 아니하고 표결한다.
> 제95조(수정동의) ④ 의안에 대한 대안은 위원회에서 그 원안을 심사하는 동안에 제출하여야 하며, 의장은 그 대안을 그 위원회에 회부한다.
> ⑤ 제1항에 따른 수정동의는 원안 또는 위원회에서 심사보고(제51조에 따라 위원회에서 제안하는 경우를 포함한다)한 안의 취지 및 내용과 직접 관련이 있어야 한다. 다만, 의장이 각 교섭단체 대표의원과 합의를 하는 경우에는 그러하지 아니하다.

① 국회법 제93조는 '위원회의 심의를 거치지 아니한 안건에 대해서는 제안자가 그 취지를 설명하도록' 규정하고 있으나, 그러한 취지설명의 방식에는 제한이 없으므로 제안자가 발언석에서 구두설명을 하지 않더라도 서면이나 컴퓨터 단말기에 의한 설명 등으로 이를 대체할 수 있다 할 것이다.
② 신속처리대상안건으로 본회의에 상정된 이 사건 원안에 대해서 이 사건 수정안을 제출한 것은 국회법 제85조의2에 위배된다.
③ 의사일정변경을 위한 교섭단체의 대표의원과 협의를 거치지 아니하였다면 국회법 제77조에 위배된다.
④ 국회법 제95조 제6항의 수정안의 요건으로서 '원안의 취지 및 내용과의 직접 관련성'은 원안과 수정안의 근본 목적이 동일하고 수정안의 내용인 개정법률 조항이 원안이 법률개정을 통해 실현하고자 하는 근본 목적을 이루기 위한 적절한 수단이 되는 관계에 있어야 하고 원안과 수정안의 각 개정법률 조항이 동일한 주제를 다루어야 한다는 3가지의 직접 관련성을 모두 갖추어야 할 것이고, 만일 그 중 단 하나의 직접 관련성이라도 흠결할 경우에는 수정동의를 통해 발의할 수 있는 적법한 수정안이 될 수 없다.
⑤ 이 사건 수정안은 본회의 심의단계에서 수정동의를 통해 발의될 수 있는 적법한 수정안으로서 갖추어야 할 국회법 제95조 제5항 본문의 요건을 구비하지 못하였으므로, 이 사건 수정안을 이 사건 원안과 함께 본회의에 상정한 피청구인 국회의장의 행위는 국회법 제95조 제5항을 위반하였다고 할 것이다.

▶ **정답 및 해설**

① [O] 국회법 제93조는 '위원회의 심의를 거치지 아니한 안건에 대해서는 제안자가 그 취지를 설명하도록' 규정하고 있으나, 그러한 취지설명의 방식에는 제한이 없으므로(헌재 2004.5.14. 2004헌나1), 제안자가 발언석에서 구두설명을 하지 않더라도 서면이나 컴퓨터 단말기에 의한 설명 등으로 이를 대체할 수 있다 할 것이다. 이 사건의 경우 제372회 국회(임시회) 국회본회의회의록(임시회의록) 제1호의 기재내용에 의하면, 피청구인 국회의장이 의사진행을 방해하는 소란이 계속되는 상황에서 이 사건 원안과 이 사건 수정안에 대한 심사보고와 제안자의 취지설명을 컴퓨터 단말기로 대체하도록 하였음을 인정할 수 있다. 그렇다면 이러한 피청구인 국회의장의 행위는 국회법 제93조에 위배되었다고 할 수 없다(2020.5.27. 2019헌라6).

② [X] 국회법은 신속처리대상안건에 대한 수정동의를 명시적으로 금지하고 있지 않다. 신속처리대상안건이 신속처리절차를 거쳐 본회의에 부의되었다 하더라도 이를 수정할 필요성이 있을 수 있다. 신속처리대상안건을 입안하였던 국회의원들이 원안에 대하여 수정할 필요성을 느끼고 본회의에서 수정안을 제출한다고 하더라도 이는 폐기된 의안을 부의하는 경우와 정족수도 동일하므로, 굳이 수정동의의 형태를 금지할 필요가 없다. 의회 소수파 또한 신속처리절차에서 자신들의 의사가 반영되지 못한 경우에 본회의에서 신속처리대상안건을 자신들이 원하는 방향으로 수정할 것을 제안할 수 있는 기회도 보장될 필요가 있다. 따라서 신속처리대상안건에 대해서 본회의에서 수정안을 제출하였다고 하더라도, 그 수정안이 곧바로 국회법 제85조의2에 위배되었다고 할 수 없고, 위에서 살펴본 바와 같은 이유로 이 사건 수정안 또한 국회법 제85조의2에 위배되었다고 할 수 없다.

③ [X] 이 사건의 경우 피청구인 국회의장이 교섭단체인 자유한국당의 대표의원과 협의를 거쳤다고 볼 수는 없으나, 윤후덕 의원 외 155인의 연서에 의한 동의로 '의사일정 변경의 건'이 상정되었고, 표결을 거쳐 피청구인 국회의장이 가결선포 후 의사일정을 변경한 것이므로, 의원 20명 이상의 연서에 의한 동의로 본회의 의결이 있는 경우에 해당한다. 따라서 위 의사일정 변경은 국회법 제77조에 위배되었다고 할 수 없다.

④ [X] 반대의견 : '원안의 취지 및 내용과의 직접 관련성'은 원안과 수정안의 **근본 목적이 동일하여야** 한다는 '원안의 취지와 수정안 취지 사이의 직접 관련성', 수정안의 내용인 개정법률 조항이 원안이 법률개정을 통해 실현하고자 하는 **근본 목적을 이루기 위한 적절한 수단이 되는 관계에 있어야** 한다는 '원안의 취지와 수정안의 **내용 사이의 직접 관련성**', 원안과 수정안의 각 개정법률 조항이 **동일한 주제(主題)를 다루어야** 한다는 '원안의 내용과 수정안의 내용 사이의 직접 관련성'으로 나누어 볼 수 있다. 국회법 제95조 제5항 소정의 수정안은 위 3가지의 직접 관련성을 모두 갖추어야 할 것이고, 만일 그 중 단 하나의 직접 관련성이라도 흠결할 경우에는 수정동의를 통해 발의할 수 있는 적법한 수정안이 될 수 없다.

⑤ [X] 이 사건 수정안은 이 사건 원안의 개정취지에 변화를 초래한 것이 아니고 이 사건 원안이 개정취지 달성을 위해 제시한 여러 입법수단 중 일부만 채택한 것에 불과한 것으로서, 이 사건 원안에 대한 위원회의 심사절차에서 이 사건 수정안의 내용까지 심사할 수도 있었으므로, 이 사건 원안의 취지 및 내용과 직접 관련성이 인정된다. 따라서 이 사건 수정안 가결선포행위는 국회법 제95조 제5항 본문에 위배되지 않는다.

정답 ①

168 무제한토론에 대한 설명으로 옳은 것은?

① 재적의원 3분의 1 이상이 서명한 무제한토론 요구서가 제출되면 해당 안건에 대하여 시간의 제한을 받지 아니하는 토론을 반드시 실시하여야 한다.
② 무제한토론의 종결이 선포되었거나 선포된 것으로 보는 안건에 대해서는 무제한토론을 요구할 수 있다.
③ 무제한토론을 실시하는 중에 해당 회기가 끝나는 경우에는 무제한토론의 종결이 선포된 것으로 보고, 해당 안건은 폐기된다.
④ 국회 소수파에게 의견 제시의 기회를 보장하여 의사의 진행을 지연할 수 있도록 기회를 부여하는 무제한토론의 취지를 고려할 때, 무제한토론은 특별한 사정이 없는 한 모든 의안에 대해서 인정되어야 한다.
⑤ '회기결정의 건'도 무제한토론의 대상이 되므로 회기결정의 건에 대해서 청구인 국회의원들의 무제한토론 요구를 거부한 국회의장의 행위는 국회법 제106조의2 제1항을 위반하였다고 할 것이다.

▶ 정답 및 해설

① [O] 국회법 제106조의2 제1항, 제3항 전문, 제4항은 재적의원 3분의 1 이상이 서명한 <u>무제한토론 요구서가 제출되면 해당 안건에 대하여 시간의 제한을 받지 아니하는 토론을 반드시 실시하도록 규정함으로써</u> 의원이 해당 안건에 대하여 충분히 의견을 개진할 수 있는 기회를 보장하고 있다(2020.5.27. 2019헌라6).

> 「국회법」 제106조의2(무제한토론의 실시 등) ① 의원이 본회의에 부의된 안건에 대하여 이 법의 다른 규정에도 불구하고 시간의 제한을 받지 아니하는 토론(이하 이 조에서 "무제한토론"이라 한다)을 하려는 경우에는 재적의원 3분의 1 이상이 서명한 요구서를 의장에게 제출하여야 한다. 이 경우 의장은 해당 안건에 대하여 무제한토론을 실시하여야 한다.

② [×] 같은 조 제3항 후문은 의원 1명당 해당 안건에 대하여 한 차례만 토론할 수 있도록 제한하고 있고, 같은 조 제9항은 무제한토론의 종결이 선포되었거나 선포된 것으로 보는 안건에 대해서는 무제한토론을 요구할 수 없도록 하여 해당 안건에 대하여 한 차례만 무제한토론이 이루어지도록 제한하고 있다(2020.5.27. 2019헌라6).

> 「국회법」 제106조의2(무제한토론의 실시 등) ⑨ 제7항이나 제8항에 따라 무제한토론의 종결이 선포되었거나 선포된 것으로 보는 안건에 대해서는 무제한토론을 요구할 수 없다.

③ [×] 제8항은 무제한토론을 실시하는 중에 해당 회기가 끝나는 경우에는 <u>무제한토론의 종결이 선포된 것으로 보고, 바로 다음 회기에서 해당 안건을 지체 없이 표결하도록 규정하고 있다</u>(2020.5.27. 2019헌라6).

> 「국회법」 제106조의2(무제한토론의 실시 등) ⑧ 무제한토론을 실시하는 중에 해당 회기가 끝나는 경우에는 무제한토론의 종결이 선포된 것으로 본다. 이 경우 해당 안건은 바로 다음 회기에서 지체 없이 표결하여야 한다.

④ [×] **반대의견은 모든 안건이 무제한 토론의 대상이 된다고 하였으나 헌법재판소는 회기결정의 건은 무제한 토론의 대상이 되지 않는다고 한다. 선지는 반대의견이다.**
⑤ [×] '회기결정의 건'이 무제한토론의 대상이라고 보면, 앞서 본 바와 같이 의정활동이 사실상 마비될 가능성이 있다. 그렇다면, '회기결정의 건'은 그 본질상 국회법 제106조의2에 따른 무제한토론의 대상이 되지 않는다고 보는 것이 타당하다. 피청구인 국회의장이 '회기결정의 건'에 대하여는 무제한토론이 허용되지 않

는다고 판단하고 이 사건 회기 수정안의 가결을 선포한 행위가 피청구인 국회의장이 갖는 의사진행의 재량권을 벗어나 명백히 국회법 제106조의2이 위배된다고 볼 수 없으므로, 피청구인 국회의장의 이 사건 회기 수정안 가결선포행위는 청구인 국회의원들의 심의·표결권을 침해하였다고 볼 수 없다(2020.5.27. 2019헌라6).

정답 ①

169 탄핵제도에 대한 설명으로 옳지 않은 것은?

① 국민 개개인에게 탄핵심판 청구권은 인정되는 바, 국민에게 공무원 탄핵청구권을 부여하지 아니한 입법부작위는 헌법소원 심판의 대상이 된다.
② 중앙선거관리위원회결정에 유감을 표시하고, 현행 선거법을 관권시대의 유물로 폄하한 청와대 홍보수석의 발언은 대통령의 행위로 볼 수 있으므로 대통령의 헌법을 수호할 의무를 위반한 것으로 볼 수 있다.
③ 부당한 정책 결정 행위, 정치적 무능력에 의해 야기되는 행위 등과 불성실한 직책 수행, 경솔한 국정 운영으로 인한 정국 혼란 및 경제 파탄은 탄핵소추사유가 될 수 없다.
④ 대통령의 성실한 직책수행의무는 헌법을 수호할 의무와 다르게 규범적으로 관철될 수 있는 성격이 아니므로 원칙적으로 사법적 판단의 대상이 될 수 없다.
⑤ 대통령 당선 후 취임시까지 이루어진 대통령 당선자의 행위는 탄핵소추사유가 될 수 없다.

▶ 정답 및 해설

①[X] 청구인의 주장과 같이 국민 개개인에게 공무원에 대한 탄핵청구권을 보장하도록 법률로 정할 것을 명시적으로 위임하고 있지 않고, 달리 헌법해석상 이러한 입법의무가 발생하였다고 보기도 어려우므로, 이 사건 입법부작위를 대상으로 한 이 사건 심판청구는 부적법하다(헌재 2017.1.11. 2016헌마1136).

②[O] 청와대 홍보수석의 발언도 대통령의 행위로 본다.
[관련 판례] 대통령이 현행법을 '관권선거시대의 유물'로 폄하하고 법률의 합헌성과 정당성에 대하여 대통령의 지위에서 공개적으로 의문을 제기하는 것은 헌법과 법률을 준수해야 할 의무와 부합하지 않는다. 물론, 대통령도 정치인으로서 현행 법률의 개선방향에 관한 입장과 소신을 피력할 수는 있으나, 어떠한 상황에서, 어떠한 연관관계에서 법률의 개정에 관하여 논의하는가 하는 것은 매우 중요하며, 이 사건의 경우와 같이, 대통령이 선거법위반행위로 말미암아 중앙선거관리위원회로부터 경고를 받는 상황에서 그에 대한 반응으로서 현행 선거법을 폄하하는 발언을 하는 것은 법률을 존중하는 태도라고 볼 수 없는 것이다. 모든 공직자의 모범이 되어야 하는 대통령의 이러한 언행은 법률을 존중하고 준수해야 하는 다른 공직자의 의식에 중대한 영향을 미치고, 나아가 국민 전반의 준법정신을 저해하는 효과를 가져오는 등 법치국가의 실현에 있어서 매우 부정적인 영향을 미칠 수 있다. 결론적으로, 대통령이 국민 앞에서 현행법의 정당성과 규범력을 문제삼는 행위는 법치국가의 정신에 반하는 것이자, 헌법을 수호해야 할 의무를 위반한 것이다(헌재 2004.5.14. 2004헌나1).

③[O] 헌법재판소는 헌법이나 법률을 위반한 때에 국한되기 때문에 헌법이나 법률의 해석을 그르친 행위, 위법정도에 이르지 않는 불합리하거나 부당한 정책결정행위, 정치적 무능력으로 야기되는 행위 등은 탄핵의 사유가 되지 아니한다고 하여 대통령의 불성실한 직책 수행과 경솔한 국정운영으로 인한 정국의 혼란 및 경제파탄은 헌법이나 법률에 위반한 때에 해당하지 않아 탄핵소추 사유가 될 수 없다고 판시한 바 있다(헌재 2004.5.14. 2004헌나1).

④[O] 대통령의 '성실한 직책수행의무'는 헌법적 의무에 해당하나, '헌법을 수호해야 할 의무'와는 달리, 규범적으로 그 이행이 관철될 수 있는 성격의 의무가 아니므로, 원칙적으로 사법적 판단의 대상이 될 수 없다

고 할 것이다(헌재 2004.5.14. 2004헌나1).
⑤ [O] 대통령 당선 후 취임 시까지의 기간에 이루어진 대통령 당선자의 행위는 탄핵소추의 사유가 될 수 없다(헌재 2004.5.14. 2004헌나1).

정답 ①

170 탄핵소추에 관한 설명 중 옳은 것(○)과 옳지 않은 것(×)을 올바르게 조합한 것은? (다툼이 있는 경우 판례에 의함)

ㄱ. 대통령이 전직 비서관과의 오찬 과정에서 한 발언은 탄핵소추사유인 직무집행에 해당한다.
ㄴ. 대통령이 헌법 등에 위배되는 행위가 있을 때에도 국회는 탄핵소추를 의결해야 할 의무가 없으므로 국회의 탄핵소추 의결 부작위는 헌법소원의 대상이 되지 않는다.
ㄷ. 헌법은 탄핵사유를 "헌법이나 법률을 위배한 때"로 규정하고 있는데, '헌법'에는 명문의 헌법규정은 포함되고 헌법재판소의 결정에 의하여 형성되어 확립된 불문헌법은 포함되지 않는다.
ㄹ. 탄핵소추사유는 직무집행과 관련된 것이어야 하는데 직무집행이란 법령에 근거한 행위뿐 아니라 법령에 근거하지 아니한 모든 행위를 포괄한다.
ㅁ. 대통령이 각종 단체 산업현장 등 방문 행위, 준공식 공식 참석 등 각종 행사에 참석하는 행위뿐만 아니라 방송에 출연하여 정부의 정책을 설명하는 행위, 기자회견에 응하는 행위 모두 직무집행에 해당한다.

① ㄱ(○), ㄴ(○), ㄷ(×), ㄹ(○), ㅁ(○)
② ㄱ(×), ㄴ(×), ㄷ(○), ㄹ(×), ㅁ(○)
③ ㄱ(○), ㄴ(×), ㄷ(×), ㄹ(×), ㅁ(×)
④ ㄱ(×), ㄴ(○), ㄷ(○), ㄹ(○), ㅁ(×)
⑤ ㄱ(×), ㄴ(○), ㄷ(×), ㄹ(○), ㅁ(○)

▌ **정답 및 해설**

ㄱ. [×] 전직 비서관과의 오찬 회동은 직무집행과정으로 보기 힘듦으로 탄핵소추사유에 해당하지 않는다(헌재 2004.5.14. 2004헌나1).
ㄴ. [○] 국회에게 대통령의 헌법 등 위배행위가 있을 경우에 탄핵소추의결을 하여야 할 헌법상의 작위의무가 있다거나 청구인에게 탄핵소추의결을 청구할 헌법상 기본권이 있다고 할 수 없으므로, 국회의 탄핵소추의 결의 부작위는 헌법소원의 대상이 되는 공권력의 불행사에 해당한다고 할 수 없다(헌재 1996.2.29. 93헌마186).
ㄷ. [×] 헌법 제65조에 규정된 탄핵사유를 구체적으로 살펴보면, '직무집행에 있어서'의 '직무'란, 법제상 소관 직무에 속하는 고유 업무 및 통념상 이와 관련된 업무를 말한다. 따라서 직무상의 행위란, 법령·조례 또는 행정관행·관례에 의하여 그 지위의 성질상 필요로 하거나 수반되는 모든 행위나 활동을 의미한다. 헌법은 탄핵사유를 "헌법이나 법률에 위배한 때"로 규정하고 있는데, '헌법'에는 명문의 헌법규정뿐만 아니라 헌법재판소의 결정에 의하여 형성되어 확립된 불문헌법도 포함된다. '법률'이란 단지 형식적 의미의 법률 및 그와 동등한 효력을 가지는 국제조약, 일반적으로 승인된 국제법규 등을 의미한다(헌재 2004.5.14. 2004헌나1).
ㄹ [○], ㅁ [○] 직무집행에 있어서의 직무란, 법제상 소관 직무에 속하는 고유 업무 및 통념상 이와 관련된 업무를 말한다. 따라서 직무상의 행위란, 법령·조례 또는 행정관행·관례에 의하여 그 지위의 성질상 필요로 하거나 수반되는 모든 행위나 활동을 의미한다. 이에 따라 대통령의 직무상 행위는 법령에 근거한 행위뿐만 아니라, 대통령의 지위에서 국정수행과 관련하여 행하는 모든 행위를 포괄하는 개념으로서, 예컨대 각종 단체·산업현장 등 방문행위, 준공식·공식만찬 등 각종 행사에 참석하는 행위, 대통령이 국민의 이

해를 구하고 국가정책을 효율적으로 수행하기 위하여 방송에 출연하여 정부의 정책을 설명하는 행위, 기자회견에 응하는 행위 등을 모두 포함한다(헌재 2004.5.14. 2004헌나1).   정답 ⑤

171 탄핵심판에 대한 설명으로 옳은 것을 모두 조합한 것은?

ㄱ. 헌법재판소법은 중대한 법위반의 경우 피청구인을 파면하는 결정을 선고한다고 규정하고 있다.
ㄴ. 대통령이 탄핵되려면 다른 탄핵 대상자보다 더 중대한 법위반이 있어야 한다.
ㄷ. 헌법재판소는 탄핵소추의결서에 기재된 소추사유에 구속을 받아 탄핵소추의결서에 기재되지 아니한 소추사유를 판단기준으로 삼을 수 없다.
ㄹ. 탄핵소추의결서에 그 위반을 주장하는 법 규정의 판단에 관하여 헌법재판소는 구속을 받지 않으므로 국회가 그 위반을 주장한 법규정 외에 다른 관련 법규 등에 근거하여 탄핵의 원인이 된 사실관계를 판단할 수 있다.
ㅁ. 기자회견과정에서 특정정당을 지지한 대통령의 발언은 공무원의 정치적 중립의무를 규정한 공직선거법 제9조에 위반되고, 공무원의 선거운동을 금지한 공직선거법 제60조에도 위반된다.

① ㄱ, ㄴ, ㅁ   ② ㄷ, ㄹ   ③ ㄴ, ㄷ, ㄹ
④ ㄷ, ㄹ, ㅁ   ⑤ ㄱ, ㄹ

▶ 정답 및 해설

ㄱ. [X], ㄴ. [O]

「헌법재판소법」제53조(결정의 내용) ① 탄핵심판 청구가 이유 있는 경우에는 헌법재판소는 피청구인을 해당 공직에서 파면하는 결정을 선고한다.

[관련 판례] 헌법재판소법 제53조 제1항의 '탄핵심판청구가 이유 있는 때'란, 모든 법위반의 경우가 아니라, 단지 공직자의 파면을 정당화할 정도로 '중대한' 법위반의 경우를 말한다(헌재 2004.5.14. 2004헌나1). → 헌법재판소법은 '탄핵심판 청구가 이유 있는 경우'라 규정하고 있고, 헌법재판소 판례는 이를 대통령의 지위를 고려하여 '더 중대한 법 위반이 있는 경우'라고 해석하고 있다.

ㄷ. [O], ㄹ. [O] 헌법재판소는 원칙적으로 탄핵소추기관인 국회의 탄핵소추의결서에 기재된 소추사유에 구속을 받아 탄핵소추의결서에 기재되지 아니한 소추사유를 판단의 대상으로 삼을 수 없지만, 탄핵소추의결서에서 그 위반을 주장하는 '법규정의 판단'에 관하여는 원칙적으로 구속을 받지 않으므로, 청구인이 그 위반을 주장한 법규정 외에 다른 관련 법규정에 근거하여 탄핵의 원인이 된 사실관계를 판단할 수 있다(헌재 2004.5.14. 2004헌나1).

ㅁ. [X] 대통령과 지방자치단체장도 선거에서의 중립성의무를 부담한다. 대통령이 기자회견에서 특정 정당을 지지한다고 발언한 것은 공선법 제9조에 위반된다. 국회의원 후보자가 결정이 안된 상황에서 대통령이 특정 정당이 많은 의석을 차지하기를 바란다고 한 발언은 선거운동에 해당하지 않으므로 공선법 제60조 선거운동금지에 위반되지 않는다(헌재 2004.5.14. 2004헌나1).   정답 ③

172 탄핵사건에 대한 헌법재판소 결정과 일치하지 않는 것은?

① 국회가 탄핵소추사유에 대하여 별도의 조사를 하지 않았다거나 국정조사의 결과나 특별검사의 수사 결과를 기다리지 않고 탄핵소추안을 의결하였다고 하여 헌법과 법률에 위반했다고 할 수 없다.
② 국회법에 탄핵소추안에 대하여 표결 전에 반드시 토론을 거쳐야 하는 명문규정은 없다.
③ 피청구인이 문화체육관광부 소속 공무원에 대해 문책성인사를 하도록 지시한 행위를 법에 위반했다고 단정할 수는 없다.
④ 행정부의 수반으로서 국가가 국민의 생명과 신체의 안전 보호의무를 충실하게 이행할 수 있도록 권한을 행사하고 직책을 수행하여야 하는 의무를 부담한다. 하지만 국민의 생명이 위협받는 재난상황이 발생하였다고 하여 피청구인이 직접구조 활동에 참여하여야 하는 등 구체적이고 특정한 행위의무까지 발생하므로 세월호 참사에 대한 피청구인의 대응조치에 미흡하고 부적절한 면이 있으므로 생명권보호의무에 위배된다.
⑤ 법제사법위원회의 탄핵소추사유에 대한 조사 절차는 임의적 절차이므로 법제사법위원회의 조사를 거치지 않고 본회의에서 탄핵소추를 의결했더라도 헌법이나 법률에 위반되지 않는다.

▶ 정답 및 해설

① [O] 국회의 의사절차에 헌법이나 법률을 명백히 위반한 흠이 있는 경우가 아니면 국회 의사절차의 자율권은 권력분립의 원칙상 존중되어야 하고, 국회법 제130조 제1항은 탄핵소추의 발의가 있을 때 그 사유 등에 대한 조사 여부를 국회의 재량으로 규정하고 있으므로, 국회가 탄핵소추사유에 대하여 별도의 조사를 하지 않았다거나 국정조사결과나 특별검사의 수사결과를 기다리지 않고 탄핵소추안을 의결하였다고 하여 그 의결이 헌법이나 법률을 위반한 것이라고 볼 수 없다(헌재 2004.5.14. 2004헌나1, 2017.3.10. 2016헌나1).
② [O] 탄핵소추의 중대성에 비추어 소추의결을 하기 전에 충분한 찬반토론을 거치는 것이 바람직하다. 그러나 국회법에 탄핵소추안에 대하여 표결 전에 반드시 토론을 거쳐야 한다는 명문 규정은 없다. 또 본회의에 상정된 안건에 대하여 토론하고자 하는 의원은 국회법 제106조에 따라 미리 찬성 또는 반대의 뜻을 의장에게 통지하고 얼마든지 토론할 수 있는데, 이 사건 소추의결 당시 토론을 희망한 의원이 없었기 때문에 탄핵소추안에 대한 제안 설명만 듣고 토론 없이 표결이 이루어졌을 뿐, 의장이 토론을 희망하는 의원이 있었는데도 고의로 토론을 못하게 하거나 방해한 사실은 없다(헌재 2017.3.10. 2016헌나1).
③ [O] 피청구인이 노○강과 진○수에 대하여 문책성 인사를 하도록 지시한 이유가 이들이 최○원의 사익 추구에 방해가 되기 때문이었다고 보기는 부족하고, 달리 이 사건에서 이러한 사실을 인정할 수 있는 증거가 없다. 또 피청구인이 유○룡을 면직한 이유나 대통령비서실장이 1급 공무원 6인으로부터 사직서를 제출받도록 지시한 이유도 이 사건에서 제출된 증거만으로는 분명하지 않다. 따라서 이 부분 소추사유는 받아들일 수 없다(헌재 2017.3.10. 2016헌나1).
④ [X] 피청구인은 행정부의 수반으로서 국가가 국민의 생명과 신체의 안전 보호의무를 충실하게 이행할 수 있도록 권한을 행사하고 직책을 수행하여야 하는 의무를 부담한다. 하지만 국민의 생명이 위협받는 재난상황이 발생하였다고 하여 피청구인이 직접구조 활동에 참여하여야 하는 등 구체적이고 특정한 행위의무까지 바로 발생한다고 보기는 어렵다. 세월호 참사로 많은 국민이 사망하였고 그에 대한 피청구인의 대응조치에 미흡하고 부적절한 면이 있었다고 하여 곧바로 피청구인이 생명권 보호의무를 위반하였다고 인정하기는 어렵다. 그 밖에 세월호 참사와 관련하여 피청구인이 생명권 보호의무를 위반하였다고 인정할 수 있는 자료가 없다(헌재 2017.3.10. 2016헌나1).
⑤ [O] "본회의는 의결로 법제사법위원회에 회부하여 조사하게 할 수 있다"고 하여, 조사의 여부를 국회의 재량으로 규정하고 있으므로, 이 사건에서 국회가 별도의 조사를 하지 않았다 하더라도 헌법이나 법률을 위반하였다고 할 수 없다(헌재 2004.5.14. 2004헌나1).

정답 ④

173 임기 만료로 퇴직한 법관에 탄핵심판에 대한 설명으로 옳은 것은?

① 국회의 탄핵소추의결만으로 해당 공직자가 그 권한을 행사하지 못하도록 한 것은 제헌헌법부터이다.
② 탄핵소추의결에 의한 해당 공직자의 권한 행사 정지는 그에 대한 헌법재판소의 결정으로 이루어진다.
③ 탄핵제도를 법치주의 수호를 위한 통상적 장치가 아니라 통상의 사법절차를 보충하는 법치주의의 특별한 보장자로서의 역할을 수행하는 것이고, 이러한 점에서 탄핵제도는 법치주의 실현을 위해 헌법이 예정해 둔 비상수단이라고 평가할 수 있다.
④ '탄핵으로 파면된 후 5년이 지나지 아니한 사람'은 법관으로 임용할 수 없는 것은 헌법에 규정된 결격사유이다.
⑤ 탄핵결정으로 파면된 5년간의 공직 취임 제한을 규정한 헌법재판소법 제54조 제2항에서 정한 '탄핵결정에 의하여 파면된 사람' 이외어 '임기만료로 퇴직한 사람에게 탄핵사유가 있었던 것으로 확인되는 경우'에까지 공직 취임 제한 조항을 적용하도록 유추해석할 수 있다.

▶ **정답 및 해설**

①【X】국회의 탄핵소추의결만으로 해당 공직자가 그 권한을 행사하지 못하도록 한 것은 1960년 제3차 개정 헌법 제47조 전문에서 "탄핵소추의 결의를 받은 자는 탄핵판결이 있을 때까지 그 권한행사가 정지된다."라고 규정한 때부터이다. 이러한 탄핵소추의결에 의한 해당 공직자의 권한 행사 정지는 그에 대한 헌법재판소의 심리나 어떤 예외도 없이 헌법에 근거하여 당연히 이루어진다.

②【X】국회의 탄핵소추의결만으로 해당 공직자가 그 권한을 행사하지 못하도록 한 것은 1960년 제3차 개정 헌법 제47조 전문에서 "탄핵소추의 결의를 받은 자는 탄핵판결이 있을 때까지 그 권한행사가 정지된다."라고 규정한 때부터이다. 이러한 탄핵소추의결에 의한 해당 공직자의 권한 행사 정지는 그에 대한 헌법재판소의 심리나 어떤 예외도 없이 헌법에 근거하여 당연히 이루어진다.

③【O】탄핵소추를 발의·의결할 것인지는 국회가 재량적으로 판단할 사항일 뿐 국회에게 탄핵소추를 발의·의결할 의무가 있는 것은 아니므로 탄핵제도를 법치주의 수호를 위한 통상적 장치로 이해할 수는 없다. 탄핵제도는 일반 사법기관에 의한 통상의 사법절차 내지 조직 내부의 징계권 행사로는 공직자의 직무집행상 중대한 위헌·위법행위를 제어할 것이 기대되기 어려울 때에, 국회가 탄핵소추의결을 하고 헌법재판소가 탄핵심판을 함으로써 통상의 사법절차를 보충하는 법치주의의 특별한 보장자로서의 역할을 수행하는 것이고, 이러한 점에서 <u>탄핵제도는 법치주의 실현을 위해 헌법이 예정해 둔 비상수단이라고 평가할 수 있다.</u>

④【X】헌법 제65조 제4항 전문은 "탄핵결정은 공직으로부터 파면함에 그친다."라고 규정하고 있다. 그런데 헌법재판소법 제54조 제2항은 "탄핵결정에 의하여 파면된 사람은 결정 선고가 있은 날부터 5년이 지나지 아니하면 공무원이 될 수 없다."라고 하여 '탄핵결정에 의한 파면'의 부수적 효력으로서 '탄핵결정에 의하여 파면된 사람'에 대하여 '5년간의 공직 취임 제한'을 법률로써 부가하고 있다. 법원조직법 제43조 제1항 제3호에서도 '탄핵으로 파면된 후 5년이 지나지 아니한 사람'은 법관으로 임용할 수 없는 것으로 규정하고 있는데, 이 역시 헌법 아닌 법률에 규정된 결격사유이다.

⑤【X】'국회의 탄핵소추의결에 의한 권한 행사의 정지'도 국가기관 사이의 권력분립원칙에 따른 견제라는 성격이 있고, 헌법상 명문 규정에 의한 것이라는 점에서 '공무원 권한 행사의 부당한 정지'가 될 여지가 없다. 헌법재판소법 제54조 제2항에서 정한 '탄핵결정에 의하여 파면된 사람' 이외에 '임기만료로 퇴직한 사람에게 탄핵사유가 있었던 것으로 확인되는 경우'에까지 공직 취임 제한 조항을 적용하도록 유추해석하는 것은 법률조항에서 명문으로 규정되지 않은 범위까지 공직 취임이 제한될 수 있는 경우를 확장하여 형사적 제재에 준하는 불이익을 가하는 것이다. 이것은 공무담임권의 자의적 배제 또는 부당한 박탈에 해당될 뿐만 아니라 의심스러울 때에는 국민의 기본권을 우선해야 한다는 입헌주의 원칙의 근간을 흔드는 것이다.

정답 ③

174 임기 만료로 퇴직한 법관에 탄핵심판에 대한 설명으로 옳은 것은?

① 헌법재판소의 탄핵심판 계속 중 피청구인이 임기만료로 퇴직한 경우, 파면을 할 수 없어 목적 달성이 불가능하면 심판의 이익은 소멸했는바, 탄핵심판청구는 부적법하다.
② 탄핵소추절차는 국가기관 사이의 권력분립원칙에 따른 견제의 성격을 가진다. 반면 탄핵심판절차는 '사법절차'에 의하여 '법치주의'에 따라 파면하는 결정을 선고하는 '정치적 심판절차'이다.
③ 법관 임기제는 사법의 독립성과 책임성의 조화를 위해 법관의 민주적 정당성을 소멸시키는 '비상적 수단'이다. 반면, 법치주의의 특별한 보장자로서 국회와 헌법재판소가 역할을 분담하는 탄핵제도는 고위공직자에게 부여된 민주적 정당성을 박탈함으로써 헌법을 수호하는 '일상적 수단'이다.
④ 탄핵결정에 따라 파면결정된 자는 5년간 공직 취임 제한되는데 이 효력은 헌법상 탄핵제도의 본질에서 당연히 도출된다.
⑤ 피청구인이 2021. 2. 28. 임기만료로 퇴직하여 그 직에서 파면할 수 없으므로, 피청구인의 행위가 중대한 헌법위반에 해당함을 확인하는 것에 그칠 수밖에 없다.

정답 및 해설

①【O】 탄핵심판이 피청구인을 해당 공직에서 파면할 것인지 여부를 판단하는 절차임을 명확히 하고 있다. 탄핵심판의 이익이란 탄핵심판청구가 이유 있는 경우에 피청구인을 해당 공직에서 파면하는 결정을 선고할 수 있는 가능성을 상정하여 탄핵심판의 본안심리에 들어가 그 심리를 계속할 이익이다. 이것은 본안판단에 나아가는 것이 탄핵심판절차의 목적에 기여할 수 있는지 여부에 관한 문제이다. 이를 통해 무익한 탄핵심판절차의 진행이 통제되고, 탄핵심판권 행사의 범위와 한계가 설정된다. 탄핵심판절차는 파면결정을 선고함으로써 헌법의 규범력을 확보하기 위한 수단이므로, 파면을 할 수 없어 목적 달성이 불가능하면 심판의 이익은 소멸한다(2021.10.28. 2021헌나1).

②【X】 헌법 제65조는 행정부와 사법부의 고위공직자에 의한 헌법·법률위반에 대하여 탄핵소추의 가능성을 규정함으로써 그들에 의한 헌법위반을 경고하고 방지하는 기능을 하며, 국민으로부터 국가권력을 위임받은 국가기관이 권한을 남용하여 헌법을 위반하는 경우 그 권한을 박탈하는 기능을 한다. 이러한 공직박탈은 국회의 탄핵소추절차와 헌법재판소의 탄핵심판절차를 통해 단계적으로 구현된다. 탄핵소추절차는 국가기관 사이의 권력분립원칙에 따른 견제의 성격을 가진다. 반면 탄핵심판절차는 '사법절차'에 의하여 '법치주의'에 따라 파면하는 결정을 선고하는 '규범적 심판절차'이다(2021.10.28. 2021헌나1).

③【X】 법관 임기제에 관한 현행 헌법은 1948년 제정헌법에서 유래하였다. 1948년 제헌 당시 국회속기록에 따르면, 헌법제정권자는 '법관은 임기 10년 동안 신분을 보장받음'과 동시에, '그 10년이 지나면 임기만료와 연임제도를 통해 사법의 책임성을 달성함'으로써, 법관 임기제를 통해 "일종의 청신한 민주주의의 공기를 불어넣어보려고 한 것"임을 확인할 수 있다. 즉, 법관 임기제는 사법의 독립성과 책임성의 조화를 위해 법관의 민주적 정당성을 소멸시키는 '일상적 수단'이다. 반면, 법치주의의 특별한 보장자로서 국회와 헌법재판소가 역할을 분담하는 탄핵제도는 고위공직자에게 부여된 민주적 정당성을 박탈함으로써 헌법을 수호하는 '비상적 수단'이다(2021.10.28. 2021헌나1).

④【X】 헌법재판소법 제54조 제2항이 파면결정의 효력으로 5년간 공직 취임 제한을 규정하고 있으므로, 임기만료 퇴직의 경우에도 공직 취임 제한의 효력을 미치기 위해 탄핵심판의 이익을 인정해야 한다고 주장한다. 탄핵결정에 의한 파면의 부수적 효력인 공직 취임 제한은 헌법이 아닌 법률에 규정되어 왔고, 그 내용에도 몇 차례 변화가 있었던 점을 종합하면, 이 효력은 헌법상 탄핵제도의 본질에서 당연히 도출되는 것이 아니다(2021.10.28. 2021헌나1).

⑤【X】 위헌확인을 하자는 인용의견에서 주장했던 내용이다. 헌법재판소는 심판할 이익을 부정하고 각하결정하였다.

정답 ①

175 국회의 자율권에 대한 설명으로 옳지 않은 것은?

① 야당의원들에게 개의일시를 통지하지 않고 법안을 가결한 국회의장의 행위는 국회의 자율권에 속하므로 사법심사의 대상이 되지 않는다.
② 국회의원이 불법 정치자금 수수로 100만 원 이상의 벌금형을 받은 경우 당연퇴직하도록 규정한 정치자금법 제57조, 국회법 제136조는 국회의 자율권을 침해하지 않는다.
③ 국민이 국회회의를 방청하는 것은 알권리에서 보장되는 내용이나, 방청허용여부는 국회자율권에 속한다고 볼 수 있다.
④ 국회의 자율권의 범위 내에 속하는 사항이라도 헌법이나 법률규정을 명백히 위반한 흠이 있는 경우라면 국회의 자율권을 인정할 수 없다.
⑤ 국회법이 회의절차 전반에 관하여 국회의장에게 폭넓은 권한을 부여하고 있는 점에 비추어 볼 때, 개별적인 수정안에 대한 평가와 그 처리에 대한 국회의장의 판단은 명백히 법에 위반되지 않는 한 존중되어야 한다.

▶ **정답 및 해설**

①[×] 국회의장이 국회의원의 헌법상 권한을 침해하였다는 이유로 국회의원인 청구인들이 국회의장을 상대로 권한쟁의심판을 청구한 사건이므로 이 사건 심판대상은 국회의 자율권이 허용되는 사항이라고 볼 수 없고, 따라서 헌법재판소가 심사할 수 없는 국회내부의 자율에 관한 문제라고 할 수는 없다(헌재 1997.7.16. 96헌라2).
②[○] 청구인은 경미한 법위반으로 사법부가 국회의원을 당연퇴직 시킬 것이 아니라 국회 내부의 자율적 징계절차로서 충분하므로 위 조항들이 국회의 자율권을 침해한다고 주장하나, 위 조항들은 국회가 스스로 법관에 의하여 100만 원 이상의 벌금형이 선고, 확정되면 의원직에서 자동적으로 퇴직되도록 입법재량을 행사한 것이며, 그러한 입법과정에서 적법절차가 위배되었다고 볼만한 사정도 없고, 또한 국회의 내부 징계가 위 조항들과 마찬가지의 입법목적을 효과적으로 달성하게 될 것인지 여부도 불명확하므로 청구인의 주장은 이유 없다(헌재 2008.1.17. 2006헌마1075).
③[○] 예산특별위원회의 계수조정위원회가 시민단체회원의 방청을 불허한 행위는 국회의 자율권에 속하므로, 명백히 자의적인지 여부를 기준으로 심사해야 하고, 이 사건 방청불허행위는 명백히 자의적인 것으로 볼 수 없으므로 알 권리 침해라고 할 수 없다(헌재 2000.6.29. 98헌마443).
④[○] 국회는 국민의 대표기관, 입법기관으로서 폭넓은 자율권을 가지고 있고, 그 자율권은 권력분립의 원칙이나 국회의 지위, 기능에 비추어 존중되어야 하는 것이지만, 한편 법치주의의 원리상 모든 국가기관은 헌법과 법률에 의하여 기속을 받는 것이므로 국회의 자율권도 헌법이나 법률을 위반하지 않는 범위내에서 허용되어야 하고 따라서 국회의 의사절차나 입법절차에 헌법이나 법률의 규정을 명백히 위반한 흠이 있는 경우에도 국회가 자율권을 가진다고는 할 수 없다(헌재 1997.7.16. 96헌라-2).
⑤[○] 국회법 제10조는 국회의장으로 하여금 국회를 대표하고 의사를 정리하며 질서를 유지하고 사무를 감독하도록 하고 있고, 국회법 제6장의 여러 규정들은 회의절차 전반에 관하여 국회의장에게 폭넓은 권한을 부여하고 있어 국회의 의사진행에 관한 한 원칙적으로 의장에게 그 권한과 책임이 귀속된다. 따라서 개별적인 수정안에 대한 평가와 그 처리에 대한 피청구인의 판단은 명백히 법에 위반되지 않는 한 존중되어야 한다(헌재 2006.2.23. 2005헌라6).

정답 ①

02. 행정부

Part 03. 국가조직

176 대통령의 불소추특권에 관한 설명으로 옳은 것은?

① 헌법 제84조는 "대통령은 내란 또는 외환의 죄를 범한 경우를 제외하고는 재직중 형사상의 소추를 받지 아니한다"고만 규정하고 있어, 대통령의 재직 중 공소시효는 진행된다.
② 대통령은 내란 또는 외환의 죄를 범한 경우를 제외하고는 재직 중에 법적 책임을 지지 아니하나, 퇴직 후에는 형사소추 등의 책임 추궁이 가능하다.
③ 대통령은 재직 중 탄핵소추를 받지 아니하나, 형사상, 행정상, 민사상 소제기는 가능하다.
④ 대통령으로 재직 시 공소시효가 정지되려면 헌법과 법률의 명문 규정이 있어야 하는 것은 아니다.
⑤ 내란·외환의 죄는 재직 중 소추될 수 있으나 대통령은 나머지 범죄로는 현행범인이 아닌 한 재직 중 소추되지 아니한다.

▶ 정답 및 해설

①[X] 비록 헌법 제84조에는 "대통령은 내란 또는 외환의 죄를 범한 경우를 제외하고는 재직중 형사상의 소추를 받지 아니한다"고만 규정되어 있을 뿐 헌법이나 형사소송법 등의 법률에 대통령의 재직중 공소시효의 진행이 정지된다고 명백히 규정되어 있지는 않다고 하더라도, 위 헌법규정은 바로 공소시효진행의 소극적 사유가 되는 국가의 소추권행사의 법률상 장애사유에 해당하므로, 대통령의 재직중에는 공소시효의 진행이 당연히 정지되는 것으로 보아야 한다(헌재 1995.1.20. 94헌마246).
②[X] 불소추특권이 인정되더라도, 민사상 책임이 면제되는 것은 아니므로, 재직 중에도 민사상 책임을 부담한다.
③[X] 대통령은 재직 중 형사상 소추를 받지 아니하나 탄핵소추는 받을 수 있다.
④[O] 만약 재직 중 소추할 수 없는 범죄의 경우 공소시효까지 진행한다면 대부분의 범죄가 재직 후 공소시효가 완성되기 때문에 처벌할 수 없게 된다. 그러면 불소추특권을 넘어서 사실상 면책특권이 되기 때문에 제84조 해석상 재직 중 공소시효는 정지되어야 한다(헌재 1995.1.20. 94헌마246).
⑤[X] 현행범인 여부와 무관하게 불소추특권이 적용된다.

[참조 조문]
「헌법」 제84조 대통령은 내란 또는 외환의 죄를 범한 경우를 제외하고는 재직중 형사상의 소추를 받지 아니한다.

정답 ④

177 국민투표권에 관한 설명으로 옳지 않은 것은?

① 대통령이 국민투표를 정치적 무기화하고 정치적으로 남용할 수 있는 위험성이 있다는 점을 고려해, 국민투표부의권을 규정한 헌법 제72조는 엄격하게 해석되어야 한다.
② 특정의 국가정책에 대하여 다수의 국민들이 국민투표를 원할 경우 대통령이 국민투표에 회부하지 아니했다면 이를 헌법에 위반된다고 할 수 없다.
③ 대통령은 헌법상 국민에게 자신에 대한 신임을 국민투표의 형식으로 물을 수 없을 뿐만 아니라, 특정 정책을 국민투표에 붙이면서 이에 자신의 신임을 결부시키는 대통령의 행위도 위헌적인 행위로서 헌법적으로 허용되지 않는다.
④ 국민투표의 가능성은 국민주권주의나 민주주의원칙과 같은 일반적인 헌법원칙에 근거하여 인정될 수 없으므로, 헌법에 명문으로 규정되지 않으면 허용되지 않는다.
⑤ 국민은 특정의 국가정책에 관하여 국민투표에 회부할 것을 대통령에게 요구할 권리는 인정된다.

▶ 정답 및 해설

①[O] 대통령이 단순히 특정 정책에 대한 국민의 의사를 확인하는 것을 넘어서 자신의 정책에 대한 추가적인 정당성을 확보하거나 정치적 입지를 강화하는 등, 국민투표를 정치적 무기화하고 정치적으로 남용할 수 있는 위험성을 안고 있다. 이러한 점을 고려할 때, 대통령의 부의권을 부여하는 헌법 제72조는 가능하면 대통령에 의한 국민투표의 정치적 남용을 방지할 수 있도록 엄격하고 축소적으로 해석되어야 한다(헌재 2004.5.14. 2004헌나1).
②[O] 특정의 국가정책에 대하여 다수의 국민들이 국민투표를 원하고 있음에도 불구하고 대통령이 이러한 희망과는 달리 국민투표에 회부하지 아니한다고 하여도 이를 헌법에 위반된다고 할 수 없고 국민에게 특정의 국가정책에 관하여 국민투표에 회부할 것을 요구할 권리가 인정된다고 할 수도 없다(헌재 2005.11.24. 2005헌마579).
③[O] 대통령은 헌법상 국민에게 자신에 대한 신임을 국민투표의 형식으로 물을 수 없을 뿐만 아니라, 특정 정책을 국민투표에 붙이면서 이에 자신의 신임을 결부시키는 대통령의 행위도 위헌적인 행위로서 헌법적으로 허용되지 않는다(헌재 2004.5.14. 2004헌나1).
④[O] 헌법은 명시적으로 규정된 국민투표 외에 다른 형태의 재신임 국민투표를 허용하지 않는다. 이는 주권자인 국민이 원하거나 또는 국민의 이름으로 실시하더라도 마찬가지이다. 국민은 선거와 국민투표를 통하여 국가권력을 직접 행사하게 되며, 국민투표는 국민에 의한 국가권력의 행사방법의 하나로서 명시적인 헌법적 근거를 필요로 한다. 따라서 국민투표의 가능성은 국민주권주의나 민주주의원칙과 같은 일반적인 헌법원칙에 근거하여 인정될 수 없으며, 헌법에 명문으로 규정되지 않는 한 허용되지 않는다(헌재 2004.5.14. 2004헌나1).
⑤[X] 특정의 국가정책에 대하여 다수의 국민들이 국민투표를 원하고 있음에도 불구하고 대통령이 이러한 희망과는 달리 국민투표에 회부하지 아니한다고 하여도 이를 헌법에 위반된다고 할 수 없고 국민에게 특정의 국가정책에 관하여 국민투표에 회부할 것을 요구할 권리가 인정된다고 할 수도 없다(헌재 2005.11.24. 2005헌마579).

정답 ⑤

178 통치행위에 대한 설명으로 옳지 않은 것은? (다툼이 있는 경우 헌법재판소 판례에 따름)

① 긴급조치는 법률과 동일한 효력을 가지므로 긴급조치의 위헌 여부 심사권한은 헌법재판소에 전속한다.
② 헌법재판소가 행하는 구체적 규범통제의 심사기준은 원칙적으로 긴급조치 발령에 규범적 효력을 가지는 헌법이다.
③ 고도의 정치적 결단에 의하여 행해지는 통치행위이라고 할지라도 그것이 국민의 기본권 침해와 직접 관련되는 경우에는 당연히 헌법재판소의 심판대상이 될 수 있다.
④ 긴급재정경제명령이 헌법 제76조 소정의 요건과 한계에 부합하는 것이라면 그 자체로 기본권제한의 한계로서의 과잉금지원칙을 준수하는 것이 된다.
⑤ 정부가 분쟁의 상황과 성질, 국내외 정세, 국제법과 보편적으로 통용되는 관행 등을 감안하여 정책결정을 함에 있어 폭넓은 재량이 허용되는 영역임을 부인할 수 없으나 외교행위라는 영역도 사법심사의 대상에서 완전히 배제되는 것으로는 볼 수 없다.

▶ 정답 및 해설

① [O] 헌법 제107조 제1항, 제2항은 법원의 재판에 적용되는 규범의 위헌 여부를 심사할 때, '법률'의 위헌 여부는 헌법재판소가, 법률의 하위 규범인 '명령·규칙 또는 처분' 등의 위헌 또는 위법 여부는 대법원이 그 심사권한을 갖는 것으로 권한을 분배하고 있다. 이 조항에 규정된 '법률'인지 여부는 그 제정 형식이나 명칭이 아니라 규범의 효력을 기준으로 판단하여야 하고, '법률'에는 국회의 의결을 거친 이른바 형식적 의미의 법률은 물론이고 그 밖에 조약 등 '형식적 의미의 법률과 동일한 효력'을 갖는 규범들도 모두 포함된다. 따라서 최소한 법률과 동일한 효력을 가지는 이 사건 긴급조치들의 위헌 여부 심사권한도 헌법재판소에 전속한다(헌재 2013.3.21. 2010헌바132등).
② [X] 유신헌법 일부 조항과 긴급조치 등이 기본권을 지나치게 침해하고 자유민주적 기본질서를 훼손하였다는 반성에 따른 헌법 개정사, 국민의 기본권의 강화·확대라는 헌법의 역사성, 헌법재판소의 헌법해석은 헌법이 내포하고 있는 특정한 가치를 탐색·확인하고 이를 규범적으로 관철하는 작업인 점에 비추어, 헌법재판소가 행하는 구체적 규범통제의 심사기준은 원칙적으로 헌법재판을 할 당시에 규범적 효력을 가지는 현행헌법이다(헌재 2013.3.21. 2010헌바132등).
③ [O] 헌법재판소는 헌법의 수호와 국민의 기본권 보장을 사명으로 하는 국가기관이므로 비록 고도의 정치적 결단에 의하여 행해지는 국가작용이라고 할지라도 그것이 국민의 기본권 침해와 직접 관련되는 경우에는 당연히 헌법재판소의 심판대상이 될 수 있다(헌재 1996.2.29. 93헌마186).
④ [O] 긴급재정경제명령이 헌법 제76조 소정의 요건과 한계에 부합하는 것이라면 그 자체로 기본권제한의 한계로서의 과잉금지원칙을 준수하는 것이 된다(헌재 2011.8.30. 2006헌마788).
⑤ [O] 헌법상의 기본권은 모든 국가권력을 기속하므로 행정권력 역시 이러한 기본권 보호의무에 따라 기본권이 실효적으로 보장될 수 있도록 행사되어야 하고, 외교행위라는 영역도 사법심사의 대상에서 완전히 배제되는 것으로는 볼 수 없다. 특정 국민의 기본권이 관련되는 외교행위에 있어서, 앞서 본 바와 같이 법령에 규정된 구체적 작위의무의 불이행이 헌법상 기본권 보호의무에 대한 명백한 위반이라고 판단되는 경우에는 기본권 침해행위로서 위헌이라고 선언되어야 한다(헌재 2011.8.30. 2006헌마788).

정답 ②

179 법률안 거부권에 대한 설명으로 옳은 것은?

① 법률안에 이의가 있을 때에는 대통령은 15일 이내에 이의서를 붙여 국회로 환부하고, 그 재의를 요구할 수 있다. 국회가 폐회 중이면 국회에 환부하는 기간인 15일은 차기 국회 개회일까지 정지된다.
② 대통령의 재의의 요구가 있을 때에는 국회는 재의에 붙이고 재적의원 과반수의 출석과 출석의원 3분의 2 이상의 찬성으로 전과 같은 의결을 하면 그 법률안은 법률로서 확정되며, 이 경우 대통령이 공포하지 않더라도 법률로서의 효력에는 영향이 없다.
③ 법률안의 거부권 행사는 국회가 재의결하기 전에는 언제든지 철회할 수 있다.
④ 대통령의 법률안 거부권은 헌법재판소의 위헌법률심판권과 마찬가지로 법률의 내용적 위헌성을 전제로 한다.
⑤ 법률안 거부권은 법률안의 완성을 해제하는 해제조건에 해당한다.

▶ 정답 및 해설

①[×] 국회의 폐회 중에 대통령은 환부거부 할 수 있다.

> **[참조 조문]**
> 「헌법」제53조 ① 국회에서 의결된 법률안은 정부에 이송되어 15일 이내에 대통령이 공포한다.
> ② 법률안에 이의가 있을 때에는 대통령은 제1항의 기간내에 이의서를 붙여 국회로 환부하고, 그 재의를 요구할 수 있다. 국회의 폐회중에도 또한 같다.

②[×]

> **[참조 조문]**
> 「헌법」제53조 ⑥ 대통령은 제4항과 제5항의 규정에 의하여 확정된 법률을 지체없이 공포하여야 한다. 제5항에 의하여 법률이 확정된 후 또는 제4항에 의한 확정법률이 정부에 이송된 후 5일 이내에 대통령이 공포하지 아니할 때에는 국회의장이 이를 공포한다.
> ⑦ 법률은 특별한 규정이 없는 한 공포한 날로부터 20일을 경과함으로써 효력을 발생한다.
> → 법률안은 공포를 효력발생요건으로 한다.

③[○] '지방교육자치에 관한 법률' 제28조 제1항은 교육감에게 시·도의회 등의 의결에 대한 재의요구 권한이 있다는 점만 규정하고 있고 재의요구를 철회할 권한이 있다는 점에 대하여는 명시적인 규정을 두고 있지 않다. 그러나 조례안에 대한 교육감의 재의요구 권한은 조례안의 완성에 대한 조건부의 정지적인 권한에 지나지 않으므로, 시·도의회의 재의결 전에는 언제든지 재의요구를 철회할 수 있다고 보아야 한다(헌재 2013.9.26. 2012헌라1).

④[×] 헌법은 어떤 경우에 법률안 거부권을 행사할 수 있는지 그 요건에 관하여 규정하고 있지 아니하나, 그 남용을 막기 위하여 정당한 사유와 필요성이 인정되어야 한다. 즉 ⅰ) 법률안이 헌법에 위반되거나, ⅱ) 집행이 불가능한 법률안, ⅲ) 국익에 반하는 법률안, ⅳ) 예산상의 뒷받침이 없는 법률안, ⅴ) 집행부에 대한 부당한 정치적 압박을 내용으로 하는 경우 등에 한정된다. 이 중 ⅱ)와 ⅳ)의 경우는 법률의 내용적 위헌성을 전제한 것이 아니다. 따라서 대통령의 법률안 거부권은 법률의 내용적 위헌성을 전제로 하지 않는다.

⑤[×] 조례안에 대한 교육감의 재의요구 권한은 조례안의 완성에 대한 조건부의 정지적인 권한에 지나지 않으므로, 시·도의회의 재의결 전에는 언제든지 재의요구를 철회할 수 있다고 보아야 한다(헌재 2013.9.26. 2012헌라1).

정답 ③

180 위임입법에 대한 설명으로 옳은 것을 모두 조합한 것은?

ㄱ. 관련 법률 내지 모법에서 어떠한 기본권 제한과 관련한 입법사항이 언급되었다거나 일부 규정되어 있다면 그것이 곧 입법위임의 근거로 될 수 있다.
ㄴ. 처벌법규나 조세법규와 같이 국민의 기본권을 직접적으로 제한하거나 침해할 소지가 있는 법규에서는 구체성의 요구가 강화되어 그 위임의 요건과 범위가 일반적인 급부행정법규의 경우보다 더 엄격하게 제한적으로 규정되어야 한다.
ㄷ. 위임하고 있는 법률의 특정조항에서 대통령령에 위임될 내용이 예측되어야 하고 예측가능성이 없으면 포괄위임에 해당한다.
ㄹ. 다른 법령에 근거한 '지정 또는 고시·공고'를 범죄구성요건의 일부로 차용하고 있는 법률조항은 위임입법의 일종이 아니다.
ㅁ. 포괄위임금지의 원칙 내지 위임입법의 한계에 관한 원칙이 적용되기 위해서는 법률이 일정한 사항을 하위법규인 대통령령에 위임하였을 것이 논리적 전제로서 요구된다.

① ㄱ, ㄴ, ㅁ ② ㄷ, ㄹ ③ ㄴ, ㄹ, ㅁ
④ ㄷ, ㄹ, ㅁ ⑤ ㄱ, ㄹ

▶ 정답 및 해설

ㄱ. [×] 무엇보다 어떤 입법사항을 대통령령에 위임하는 법률조항은 위임의 뜻과 범위를 구체적으로 명시하는 것이 원칙으로서, 그것이 헌법 제75조의 취지라고 할 것인 바, 관련 법률 내지 모법에서 어떠한 기본권 제한과 관련한 입법사항이 단지 언급되었다거나 일부 규정되어 있다고 하여 그것이 곧 입법위임의 근거로 될 수는 없는 것이다(헌재 2005.2.24. 2003헌마289).

ㄴ. [O] 특히 처벌법규나 조세법규와 같이 국민의 기본권을 직접적으로 제한하거나 침해할 소지가 있는 법규에서는 구체성의 요구가 강화되어 그 위임의 요건과 범위가 일반적인 급부행정법규의 경우보다 더 엄격하게 제한적으로 규정되어야 하는 반면에 다양한 사실관계를 규율하거나 사실관계가 수시로 변화될 것이 예상될 때에는 위임의 명확성의 요건은 완화되는 것이다(헌재 1995.11.30. 94헌바40등).

ㄷ. [×] 헌법 제75조의 입법취지에 비추어 볼 때, '구체적으로 범위를 정하여'라 함은 법률에 대통령령 등 하위법규에 규정될 내용 및 범위의 기본사항이 가능한 한 구체적이고도 명확하게 규정되어 있어서 누구라도 당해 법률 그 자체로부터 대통령령 등에 규정될 내용의 대강을 예측할 수 있어야 함을 의미한다고 할 것이고, 그 예측가능성의 유무는 당해 특정조항 하나만을 가지고 판단할 것은 아니고 관련 법조항 전체를 유기적·체계적으로 종합판단하여야 하며, 각 대상법률의 성질에 따라 구체적·개별적으로 검토하여야 한다(헌재 1998.7.16. 96헌바52).

ㄹ. [O] 이 사건 법률조항은 이미 존재하는 다른 법령을 전제하고 그 법령에 기한 지정 또는 고시·공고를 구성요건으로 '차용'하고 있는 데 불과한 것이고, 하위법령에 구성요건의 형성을 '위임'하고 있는 위임입법이 아니다(헌재 2013.7.25. 2011헌바39).

ㅁ. [O] 포괄위임금지의 원칙 내지 위임입법의 한계에 관한 원칙이 적용되기 위해서는 법률이 일정한 사항을 하위법규인 대통령령에 위임하였을 것이 논리적 전제로서 요구된다. 그런데 구 상속세법 제34조의2 제2항은 '현저히 높은 가액'에 관한 사항에 관하여 대통령령에서 정하도록 위임을 하였다고 볼 수 없다. 그러므로 위 법률조항에 대하여는 포괄위임금지의 원칙 또는 위임입법의 한계에 관한 원칙이 적용될 여지가 없다(헌재 2001.8.30. 99헌바90).

정답 ③

181 권력분립에 대한 설명으로 옳은 것은?

① 검사가 가지는 수사권과 공소권은 국가의 행정 목적 달성을 위하여 일원적인 권력행사가 이루어져야 하는 시원적(始原的) 행정행위로서 전통적이고 기본적인 행정영역이다. 그럼에도 구 공수처법 제2조 및 공수처법 제3조 제1항은 법무부 소속의 검사에게 귀속되어 있던 권한과 기능 중 가장 중요한 수사권과 공소권의 일부를 분리하여 행정각부에 소속되지 않은 수사처에 부여하고 있는데, 이는 "행정권은 대통령을 수반으로 하는 정부에 속한다"라고 규정하여 행정권의 핵심영역이나 전통적으로 행정부의 영역에 해당하는 전형적인 행정업무는 헌법에서 따로 규정하고 있지 않는 한 행정각부에 속하도록 하는 헌법 제66조 제4항에 위반된다.
② 수사권 및 공소권을 가진 고위공직자범죄수사처가 어느 행정부서에도 소속되지 않고 어느 곳에서도 통제받지 않는 형태로 설치되는 것은 권력분립원칙에 반한다.
③ 정치적 중립성을 엄격하게 지켜야 할 대법원장을 정치적 사건을 담당하게 될 특별검사의 임명에 관여시키는 국회의 관련법 제정행위는 헌법상 권력분립의 원칙에 어긋난다.
④ 권력분립원칙은 입법권, 행정권, 사법권의 분할과 이들 간의 견제와 균형의 원리이나 수사처의 설치로 말미암아 수사처와 기존의 다른 수사기관과의 관계가 문제된다면 동일하게 행정부 소속인 수사처와 다른 수사기관 사이의 권한 배분의 문제는 헌법상 권력분립원칙의 문제라고 볼 수 있다.
⑤ 헌법은 대통령의 명을 받은 국무총리가 행정각부를 통할하도록 규정하고 있으나(제86조 제2항), 국무총리의 통할을 받는 '행정각부'에 모든 행정기관이 포함된다고 볼 수 없다.

▶ 정답 및 해설

①[✗] 헌법 제66조 제4항은 "행정권은 대통령을 수반으로 하는 정부에 속한다."고 규정하고 있는데, 여기서의 '정부'란 입법부와 사법부에 대응하는 넓은 개념으로서의 집행부를 일컫는다 할 것이다. 그리고 헌법 제86조 제2항은 대통령의 명을 받은 국무총리가 행정각부를 통할하도록 규정하고 있는데, 대통령과 행정부, 국무총리에 관한 헌법 규정의 해석상 국무총리의 통할을 받는 '행정각부'에 모든 행정기관이 포함된다고 볼 수 없다. 즉 정부의 구성단위로서 그 권한에 속하는 사항을 집행하는 중앙행정기관을 반드시 국무총리의 통할을 받는 '행정각부'의 형태로 설치하거나 '행정각부'에 속하는 기관으로 두어야 하는 것이 헌법상 강제되는 것은 아니므로, 법률로써 '행정각부'에 속하지 않는 독립된 형태의 행정기관을 설치하는 것이 헌법상 금지된다고 할 수 없다(2021.1.28. 2020헌마264).

②[✗] 청구인들은 수사권 및 공소권을 가진 수사처가 어느 행정부서에도 소속되지 않고 어느 곳에서도 통제받지 않는 형태로 설치되는 것은 권력분립원칙에 반한다고 주장한다. 그러나 수사처가 중앙행정기관임에도 불구하고 대통령을 비롯하여 기존의 행정조직에 소속되지 않고 이들로부터 구체적인 지휘·감독을 받지 않는 형태로 설치된 것은 수사처 업무의 특수성에서 기인한 것이다 공수처법이 고위공직자범죄등을 독립된 위치에서 수사하고 기소할 수 있는 수사처를 설치한 취지는 고위공직자 등의 범죄를 척결하고 국가의 투명성과 공직사회의 신뢰성을 높이는 한편 검찰의 기소독점주의 및 기소편의주의에 대한 제도적 견제장치를 마련하려는 데에 있다.
공수처법은 제3조에서 수사처의 소속에 대하여 아무런 규정을 하지 않은 것이고, 나아가 제22조에서 수사처 소속 공무원의 정치적 중립 및 직무상 독립을 천명한 것이다.
이처럼 수사처를 대통령 등 기존의 행정조직에서 독립된 형태로 설치한 것은 수사처로 하여금 행정부의 통제로부터 가능한 벗어나 독립적이고 중립적으로 그 과제를 완수하도록 하고, 정치적 환경의 변화에도 불구하고 조직적 지속성을 보장받도록 하기 위한 것이므로, 수사처가 기존의 행정조직에 소속되어 있지 않다는 사정만으로 공수처법상 수사처의 설치가 권력분립원칙에 반한다고 보기 어렵다(2021.1.28. 2020헌마264).
③ [X] 정치적 중립성을 엄격하게 지켜야 할 대법원장의 지위에 비추어 볼 때 정치적 사건을 담당하게 될 특별검사의 임명에 대법원장을 관여시키는 것이 과연 바람직한 것인지에 대하여 논란이 있을 수 있으나, 그렇다고 국회의 이러한 정치적·정책적 판단이 **헌법상 권력분립원칙에 어긋난다거나 입법재량의 범위에 속하지 않는다고는 할 수 없다**(헌재 2008.12.16. 2002헌마333).
④ [X] 나아가 전통적으로 권력분립원칙은 입법권, 행정권, 사법권의 분할과 이들 간의 견제와 균형의 원리이므로, 설령 수사처의 설치로 말미암아 수사처와 기존의 다른 수사기관과의 관계가 문제된다 하더라도 동일하게 행정부 소속인 수사처와 다른 수사기관 사이의 권한 배분의 문제는 헌법상 권력분립원칙의 문제라고 볼 수 없다. 물론 오늘날 고전적 의미의 3권 분립은 그 의미가 약화되고 통치권을 행사하는 여러 권한과 기능들의 실질적인 분산과 상호간의 조화를 도모하는 이른바 기능적 권력분립이 중요한 의미를 갖게 되었다(헌재 2014.1.28. 2012헌바26 참조).
기능적 권력분립론은 몽테스키외적인 고전적 권력분립 이념을 존중하면서 국가권력 또는 국가기능의 단순한 기계적·획일적 분리보다는 실질적인 기능적 권력통제에 중점을 둔 이론이라 할 수 있다. 기능적 권력분립의 구체적인 내용은 주장하는 학자마다 다르고, 구체적인 입법형태 역시 다양하다. 위헌법률심판, 헌법소원심판, 탄핵심판 등과 같은 헌법재판제도와 지방자치제도, 직업공무원제도, 다원적 민주주의에서의 사회단체를 통한 권력분립 등도 현대 자유민주국가에서 권력분립에 기여하는 제도들로 주창되고 있다(2021.1.28. 2020헌마264).
⑤ [O] 대통령과 행정부, 국무총리에 관한 헌법 규정의 해석상 국무총리는 행정에 관하여 독자적인 권한을 가지지 못하고 대통령의 명을 받아 행정각부를 통할하는 기관으로서의 지위만을 가지며 행정권 행사에 대한 최후의 결정권자는 대통령으로 보아야 할 것이므로, 국무총리의 통할을 받는 '행정각부'에 모든 행정기관이 포함된다고 볼 수 없다(2021.1.28. 2020헌마264). **정답 ⑤**

182 행정규칙형식의 법규명령에 관한 설명으로 옳은 것은?

① 행정규칙은 법규명령과 같은 엄격한 제정 및 개정절차를 필요로 하지 아니하므로, 기본권을 제한하는 내용의 입법을 위임할 때에는 법규명령에 위임해야 하므로 고시에 위임하는 것은 허용되지 않는다.
② 기본권을 제한하는 내용의 입법을 위임할 때에는 법규명령에 위임하는 것이 원칙이고, 고시와 같은 형식으로 입법위임을 할 때에는 법령이 전문적·기술적 사항이나 경미한 사항으로서 업무의 성질상 위임이 불가피한 사항에 한정된다.
③ 헌법에 규정된 위임입법의 형식은 한정적, 열거적이라는 것이 헌법재판소의 판례이다.
④ 헌법재판소 판례에 의하면 입법자가 규율형식을 선택하여 법령에서 행정규칙에 위임할 수 있고, 이 경우 행정규칙은 법령과는 독립적으로 대외적 효력을 가지는 명령이 된다.
⑤ 헌법 제117조 제1항(법령의 범위 안에서 자치에 관한 규정을 제정할 수 있다.)의 법령에는 행정규칙 형식의 법규명령, 법령보충적 행정규칙은 포함되지 않는다.

▶ **정답 및 해설**

①[X] 헌법 제40조, 제75조, 제95조의 의미를 살펴보면, 국회가 입법으로 행정기관에게 구체적인 범위를 정하여 위임한 사항에 관하여는 당해 행정기관이 법 정립의 권한을 갖게 되고, 이때 입법자는 그 규율의 형식도 선택할 수 있으므로, **헌법이 인정하고 있는 위임입법의 형식은 예시적인 것으로 보아야 한다.** 법률이 일정한 사항을 행정규칙에 위임하더라도 그 행정규칙은 위임된 사항만을 규율할 수 있고, 이는 국회입법의

원칙과 상치되지 않는다. 다만, 행정규칙은 법규명령과 같은 엄격한 제정 및 개정절차를 필요로 하지 아니하므로, **기본권을 제한하는 내용의 입법을 위임할 때에는 법규명령에 위임하는 것이 원칙이고, 고시와 같은 형식으로 입법위임을 할 때에는 법령이 전문적·기술적 사항이나 경미한 사항으로서 업무의 성질상 위임이 불가피한 사항에 한정된다**(헌재 2021.2.25. 2017헌바222).

② [○] 법률이 일정한 사항을 행정규칙에 위임하더라도 그 행정규칙은 위임된 사항만을 규율할 수 있으므로, 국회입법의 원칙과 상치되지 않는다. 다만, 행정규칙은 법규명령과 같은 엄격한 제정 및 개정절차를 필요로 하지 아니하므로, 기본권을 제한하는 내용의 입법을 위임할 때에는 법규명령에 위임하는 것이 원칙이고, 고시와 같은 형식으로 입법위임을 할 때에는 법령이 전문적·기술적 사항이나 경미한 사항으로서 업무의 성질상 위임이 불가피한 사항에 한정된다(헌재 2014.7.24. 2013헌바183).

③ [×] 오늘날 의회의 입법독점주의에서 입법중심주의로 전환하여 일정한 범위 내에서 행정입법을 허용하게 된 동기가 사회적 변화에 대응한 입법수요의 급증과 종래의 형식적 권력분립주의로는 현대사회에 대응할 수 없다는 기능적 권력분립론에 있다는 점 등을 감안하여 헌법 제40조와 헌법 제75조, 제95조의 의미를 살펴보면, 국회입법에 의한 수권이 입법기관이 아닌 행정기관에게 법률 등으로 구체적인 범위를 정하여 위임한 사항에 관하여는 당해 행정기관에게 법정립의 권한을 갖게 되고 입법자가 규율의 형식도 선택할 수 있다 할 것이므로, 헌법이 인정하고 있는 위임입법의 형식은 예시적인 것으로 보아야 할 것이다(헌재 2004.10.28. 99헌바91).

④ [×] 법령이 행정관청에 법령의 구체적 내용을 보충할 권한을 부여한 경우 또는 법령의 직접적인 위임에 따라 수임행정기관이 법령의 위임한계를 벗어나지 아니하는 범위 내에서 그 법령을 시행하는데 필요한 구체적 사항을 정하는 경우 등에 있어서는 행정규칙은 **상위 법령과 결합하여** 법규로서의 성질과 효력을 가지는 것이므로 직접적으로 대외적 구속력을 갖는다(헌재 2011.10.25. 2009헌마588).

⑤ [×] 법령에는 법규명령으로 기능하는 행정규칙이 포함된다는 것이 헌법재판소 판례이다. **정답 ②**

183 위임입법에 대한 설명 중 옳은 것은?

① 법률이 자치법적 사항을 정관에 위임한 경우 포괄적인 위임입법의 금지는 원칙적으로 적용된다.
② 헌법 제75조에 근거한 포괄위임금지원칙은 법률에서 위임하는 하위규범의 형식이 대법원규칙인 경우에는 적용되지 않는다.
③ 포괄위임입법금지의 원칙은 법규적 효력을 가지는 행정입법 뿐만 아니라 공법적 기관의 자치규약 제정에도 적용된다.
④ 법규명령에 대한 법률위임은 반드시 구체적 위임을 요하나, 조례에 대한 법률의 위임은 포괄적으로 족하다.
⑤ 행정부에서 제정된 대통령령에서 규정한 내용이 정당한 것인지 여부와 위임의 적법성은 직접적인 관계가 있으므로 대통령령으로 규정한 내용이 헌법에 위반된 경우 입법권을 위임한 수권법률까지도 위헌으로 된다.

▶ 정답 및 해설

① [×] **법률에서 공사가 자율적으로 정할 사항을 공사정관에 위임할 때** 법률이 행정부가 아니거나 행정부에 속하지 않는 공법적기관의 정관에 특정 사항을 정할 수 있다고 위임하는 경우에는 **그러한 권력분립의 원칙을 훼손할 여지가 없다.** 이는 자치입법에 해당되는 영역이므로 자치적으로 정하는 것이 바람직하다(헌재 2001.4.26. 2000헌마122).

② [×] 헌법 제75조에서 근거한 포괄위임금지원칙은 법률에 이미 대통령령 등 하위법규에 규정될 내용 및 범

위의 기본사항이 구체적으로 규정되어 있어서 누구라도 당해 법률로부터 하위법규에 규정될 내용의 대강을 예측할 수 있어야 함을 의미하는데, 위임입법이 대법원규칙인 경우에도 수권법률에서 이 원칙을 준수하여야 하는 것은 마찬가지이다(헌재 2014.10.30. 2013헌바368).

③【×】행정부에 의한 법규사항의 제정은 입법부의 권한 내지 의무를 침해하고 자의적인 시행령 제정으로 국민들의 자유와 권리를 침해할 수 있기 때문에 엄격한 헌법적 기속을 받게 하는 것이다. 그런데 법률이 행정부가 아니거나 행정부에 속하지 않는 공법적 기관의 정관에 특정 사항을 정할 수 있다고 위임하는 경우에는 그러한 권력분립의 원칙을 훼손할 여지가 없다. 이는 자치입법에 해당되는 영역이므로 자치적으로 정하는 것이 바람직하다. 따라서 법률이 정관에 자치법적 사항을 위임한 경우에는 헌법 제75조, 제95조가 정하는 포괄적인 위임입법의 금지는 원칙적으로 적용되지 않는다고 봄이 상당하다(헌재 2006.3.30. 2005헌바31).

④【○】조례의 제정권자인 지방의회는 선거를 통해서 그 지역적인 민주적 정당성을 지니고 있는 주민의 대표기관이고 헌법이 지방자치단체에 포괄적인 자치권을 보장하고 있는 취지로 볼 때, 조례에 대한 법률의 위임은 법규명령에 대한 법률의 위임과 같이 반드시 구체적으로 범위를 정하여 할 필요가 없으며 포괄적인 것으로 족하다(헌재 1995.4.20. 92헌마264등).

⑤【×】위임입법의 법리는 헌법의 근본원리인 권력분립주의와 의회주의 내지 법치주의에 바탕을 두는 것이기 때문에 행정부에서 제정된 대통령령에서 규정한 내용이 정당한 것인지 여부와 위임의 적법성은 직접적인 관계가 없다. 따라서 대통령령으로 규정한 내용이 헌법에 위반될 경우라도 그 대통령령의 규정이 위헌으로 되는 것은 별론으로 하고 그로 인하여 정당하고 적법하게 입법권을 위임한 수권법률인 이 사건 심판대상까지도 위헌으로 되는 것은 아니다(헌재 1996.6.26. 93헌바2).

정답 ④

184 사면에 관한 설명으로 옳지 않은 것은?

① 복권대상자가 수개의 형으로 각각 자격제한을 받고 있는 경우 모든 수형범죄 사실이 복권의 심사 대상으로 되어 일괄심사한 후 심사결과에 따라 복권이 가능하다.
② 특별사면으로 유죄판결 선고의 효력이 상실된 경우 법원의 유죄확정판결에 대한 재심청구의 대상이 될 수 있다.
③ 징역형의 집행유예와 벌금형이 병과된 자에 대하여 대통령이 특별사면을 하는 경우 선고된 형의 전부를 사면할 것인지 또는 일부만을 사면할 것인지를 결정하는 것은 대통령의 전권사항에 속하는 것이다.
④ 징역형에 대해 특별사면하고 벌금형에 대해 특별사면하지 않았다고 해도 형평원칙에 반한다.
⑤ 사면은 형의 선고의 효력 또는 공소권을 상실시키거나, 형의 집행을 면제시키는 국가원수의 고유한 권한이다.

▼ 정답 및 해설

①【○】복권대상자가 수개의 죄를 범하여 수개의 형의 선고를 받은 경우에 그 수개의 형이 모두 다른 법령에 의한 자격제한의 효력을 수반하고 있을 때에는 그 각 형의 선고의 효력으로 인하여 각각 상실 또는 정지된 자격을 일시에 일괄하여 회복하지 아니하면 자격회복의 목적을 달성할 수 없는 것이고 수개의 형의 선고의 효력으로 인하여 각각 상실 또는 정지된 자격이 일괄 회복되려면 자격제한의 효력을 수반하고 있는 모든 수형범죄 사실이 복권의 심사대상으로 빠짐없이 상신되어 그 모든 수형범죄사실을 일괄 심사한 후 그 심사결과를 토대로 복권이 이루어져야 한다(대판 1986.7.3. 95수2).

②【○】유죄판결은 형 선고의 효력만 상실된 채로 여전히 존재하는 것으로 보아야 하고, 한편 형사소송법 제420조 각 호의 재심사유가 있는 피고인으로서는 재심을 통하여 특별사면에도 불구하고 여전히 남아 있는

불이익, 즉 유죄의 선고는 물론 형 선고가 있었다는 기왕의 경력 자체 등을 제거할 필요가 있다. …따라서 특별사면으로 형 선고의 효력이 상실된 유죄의 확정판결도 형사소송법 제420조의 '유죄의 확정판결'에 해당하여 재심청구의 대상이 될 수 있다고 해석함이 타당하다. 이와 달리 유죄의 확정판결 후 형 선고의 효력을 상실케 하는 특별사면이 있었다면 이미 재심청구의 대상이 존재하지 않아 그러한 판결을 대상으로 하는 재심청구는 부적법하다고 판시한 대법원 1997. 7. 22. 선고 96도2153 판결과 대법원 2010. 2. 26.자 2010모24 결정 등은 이 판결과 배치되는 범위에서 이를 변경한다(대판 2015.5.21. 2011도1932).

③ [O] 선고된 형 전부를 사면할 것인지 또는 일부만을 사면할 것인지를 결정하는 것은 **사면권자의 전권사항**에 속하는 것이고, 징역형의 집행유예에 대한 사면이 병과된 벌금형에도 미치는 것으로 볼 것인지 여부는 사면권자의 의사인 사면의 내용에 대한 해석문제에 불과하다 할 것이다(헌재 2000.6.1. 97헌바74).

④ [X] 사면의 은사적 성격 및 특별사면의 입법취지 등을 종합하면 병과된 형의 일부만을 사면하는 것은 헌법에 위반된다고 볼 수 없다. 즉 징역형의 집행유예와 벌금형이 병과된 자에 대하여 벌금형선고의 효력은 유지하고 징역형선고의 효력만을 상실시키는 특별사면도 가능하다(헌재 2000.6.1. 97헌바74).

⑤ [O] 사면은 형의 선고의 효력 또는 공소권을 상실시키거나, 형의 집행을 면제시키는 국가원수의 고유한 권한을 의미하며, 사법부의 판단을 변경하는 제도로서 권력분립의 원리에 대한 예외가 된다(헌재 2000.6.1. 97헌바74).

정답 ④

03. 사법부

Part 03. 국가조직

185 법관에 대한 설명으로 옳지 않은 것은?

① 1980년 국가보위비상대책위원회에서 추진한 정화계획에 의하여 의사에 반하여 해직된 공무원들에 대한 보상 대상자에서 제외된 '차관급 상당 이상의 보수를 받는 자'에 법관을 포함시키는 것이 헌법에 위반된다.
② 신분보장은 법관의 재판상의 독립을 보장하는데 있어서 필수적인 전제로서 정당한 법절차에 따르지 않은 법관의 파면이나 면직처분 내지 불이익처분의 금지를 의미한다.
③ 헌법은 법관에 대하여 일반적인 공무원 신분보장규정과는 별도로 제헌 헌법 당시부터 그 신분보장규정을 두고 있다.
④ 헌법 제105조 제4항 법관정년제 규정에 대한 위헌성판단은 인정된다.
⑤ 법관의 정년을 규정하고 있는 법원조직법 규정이 헌법상의 법관 신분보장 규정에 위반된다고 할 수 없다.

▶ **정답 및 해설**

①[O] 만일 법관이 위 비적용대상에 포함된다면 법관의 신분을 직접 가중적으로 보장하고 있는 헌법의 규정 취지에 정면으로 배치되게 될 것이며, 직업공무원으로서 그 신분이 보장되고 있는 일반직 공무원과 비교하더라도 그 처우가 차별되고 있는 것이라 할 수 있는 것이어서 평등권의 보장규정에도 저촉된다고 할 것이다(헌재 1992.11.12. 91헌가2).
②[O] 사법권의 독립은 재판상의 독립, 즉 법관이 재판을 함에 있어서 오직 헌법과 법률에 의하여 그 양심에 따라 할 뿐 어떠한 외부적인 압력이나 간섭도 받지 않는다는 것뿐만 아니라 그 수단으로서 법관의 신분보장도 차질없이 이루어져야 함을 의미한다. 특히 신분보장은 법관의 재판상의 독립을 보장하는데 있어서 필수적인 전제로서 정당한 법절차에 따르지 않은 법관의 파면이나 면직처분 내지 불이익처분의 금지를 의미한다(헌재 1992.11.12. 91헌가2).
③[O] 모든 직업공무원의 신분은 보장되어야 하지만 그 중에서도 시비선악을 가리는 판관인 법관은 더욱 두텁게 그 신분이 보장되어야 하는 것이며 그것이 헌법이 법관에 대하여 일반적인 공무원 신분보장규정과는 별도로 제헌 헌법 당시부터 그 신분보장규정을 두고 있는 이유이다(헌재 1992.11.12. 91헌가2).
④[X] 헌법규정 사이의 우열관계, 헌법규정에 대한 위헌성판단은 인정되지 아니하므로, 그에 따라 헌법 제106조 법관의 신분보장 규정은 헌법 제105조 제4항 법관정년제 규정과 병렬적 관계에 있는 것으로 보아 조화롭게 해석하여야 할 것이고(헌재 2002.10.31. 2001헌마557).
⑤[O] 헌법 제105조 제4항에 따라 입법자가 법관의 정년을 결정한 이 사건 법률조항은 그것이 입법자의 입법재량을 벗어나지 않고 기본권을 침해하지 않는 한 헌법에 위반된다고 할 수 없고, 위에서 본 바와 같이

그 입법 자체가 평등권, 직업선택의 자유나 공무담임권 등 기본권을 침해하였다고 볼 수 없어, 결국 신분보장 규정에도 위배된다고 할 수 없다(헌재 2002.10.31. 2001헌마557). **정답 ④**

186 법관에 대한 설명 중 옳은 것(○)과 옳지 않은 것(×)을 올바르게 조합한 것은? (다툼이 있는 경우 판례에 의함)

ㄱ. 법관에 대한 징계사유로 '법관이 그 품위를 손상하거나 법원의 위신을 실추시킨 경우'를 규정한 법관징계법 규정이 명확성의 원칙에 위반되거나 법관의 표현의 자유를 과도하게 제한하였다고 할 수 없다.

ㄴ. 근무성적이 현저히 불량하여 판사로서 정상적인 직무를 수행할 수 없는 경우에 연임발령을 하지 않도록 한 법원조직법 규정이 사법의 독립을 침해한다고 할 수 없다.

ㄷ. 현역병의 군대 입대 전 범죄에 대한 군사법원의 재판권을 규정하고 있는 군사법원법 규정이 재판청구권을 침해하여 헌법에 위반된다.

ㄹ. 법원조직법상 사법보좌관에 의한 소송비용액 확정결정에 대한 이의신청은 허용되지 않는다.

ㅁ. 사법보좌관에 의한 소송비용액 확정결정절차를 규정한 법원조직법 규정은 법관에 의한 재판을 받을 권리를 침해한다.

① ㄱ(○), ㄴ(○), ㄷ(×), ㄹ(×), ㅁ(×)
② ㄱ(×), ㄴ(×), ㄷ(○), ㄹ(○), ㅁ(○)
③ ㄱ(○), ㄴ(×), ㄷ(×), ㄹ(×), ㅁ(×)
④ ㄱ(×), ㄴ(○), ㄷ(○), ㄹ(○), ㅁ(×)
⑤ ㄱ(×), ㄴ(○), ㄷ(×), ㄹ(○), ㅁ(○)

▶ 정답 및 해설

ㄱ. [○] 법관징계법 제2조 제2호가 '품위 손상', '위신 실추'와 같은 추상적인 용어를 사용하고 있기는 하나, 수범자인 법관이 구체적으로 어떠한 행위가 이에 해당하는지를 충분히 예측할 수 없을 정도로 그 적용범위가 모호하다거나 불분명하다고 할 수 없고, 법관이 사법부 내부 혁신 등을 위한 표현행위를 하였다는 것 자체가 위 법률조항의 징계사유가 되는 것이 아니라, 표현행위가 이루어진 시기와 장소, 표현의 내용 및 방법, 행위의 상대방 등 제반 사정을 종합하여 볼 때 법관으로서의 품위를 손상하거나 법원의 위신을 실추시킨 행위에 해당하는 경우에 한하여 징계사유가 되는 것이므로, 구 법관징계법 제2조 제2호는 그 적용범위가 지나치게 광범위하거나 포괄적이어서 법관의 표현의 자유를 과도하게 제한한다고 볼 수 없어 과잉금지원칙에 위배되지 아니한다(헌재 2012.2.23. 2009헌바34).

ㄴ. [○] 근무성적평정을 실제로 운용함에 있어서는 재판의 독립성을 해칠 우려가 있는 사항을 평정사항에서 제외하는 등 평정사항을 한정하고 있으며, 연임 심사과정에서 해당 판사에게 의견진술권 및 자료제출권이 보장되고, 연임하지 않기로 한 결정에 불복하여 행정소송을 제기할 수 있는 점 등을 고려할 때, 판사의 신분보장과 관련한 예측가능성이나 절차상의 보장이 현저히 미흡하다고 볼 수도 없으므로, 이 사건 연임결격조항은 사법의 독립을 침해한다고 볼 수 없다(헌재 2016.9.29. 2015헌바331).

ㄷ. [×] 선고시점의 피고인의 군인신분을 주요 고려 요소로 해 군의 특수성을 반영할 수 있어야 하므로, 이러한 양형은 군사법원에서 담당하도록 하는 것이 타당하다. 나아가 군사법원의 상고심은 대법원에서 관할하고 군사법원에 관한 내부규율을 정함에 있어서도 대법원이 종국적인 관여를 하고 있으므로 이 사건 법률조항이 군사법원의 재판권과 군인의 재판청구권을 형성함에 있어 그 재량의 헌법적 한계를 벗어났다고 볼

수 없다(헌재 2009.7.30. 2008헌바162).
* 헌법재판소는 합헌결정 하였으나 최근 군사법원법 개정으로 현역병의 군대 입대 전 범죄에 대한 군사법원의 재판권을 제외하고 있다.

ㄹ. [×] 법원조직법 제54조 제3항 등에서는 <u>사법보좌관의 처분에 대한 이의신청을 허용함으로써 동일 심급 내에서 법관으로부터 다시 재판받을 수 있는 권리를 보장하고 있는데</u>, 이 사건 조항에 의한 소송비용액 확정결정절차의 경우에도 이러한 이의절차에 의하여 법관에 의한 판단을 거치도록 함으로써 법관에 의한 사실확정과 법률해석의 기회를 보장하고 있다(헌재 2009.2.26. 2007헌바8등).

ㅁ. [×] 사법보좌관제도는 이의절차 등에 의하여 법관이 사법보좌관의 소송비용액 확정결정절차를 처리할 수 있는 장치를 마련함으로써 적정한 업무처리를 도모함과 아울러 사법보좌관의 처분에 대하여 법관에 의한 사실확정과 법률의 해석적용의 기회를 보장하고 있는바, 이는 한정된 사법 인력을 실질적 쟁송에 집중하도록 하면서 궁극적으로 국민의 재판받을 권리를 실질적으로 보장한다는 입법목적 달성에 기여하는 적절한 수단임을 인정할 수 있다. 따라서 사법보좌관에게 소송비용액 확정결정절차를 처리하도록 한 이 사건 조항이 그 입법재량권을 현저히 불합리하게 또는 자의적으로 행사하였다고 단정할 수 없으므로 헌법 제27조 제1항에 위반된다고 할 수 없다(헌재 2009.2.26. 2007헌바8등).   **정답** ①

187 행정심판전치주의와 사법권에 대한 옳지 않은 것은 몇 개인가?

ㄱ. 교원에 대한 징계처분에 관하여 재심청구를 거치지 아니하고서는 행정소송을 제기할 수 없도록 한 법률 규정은 교원징계처분의 전문성과 자주성을 고려한 것으로 재판청구권을 침해한다.

ㄴ. 행정심판을 임의적 절차로 규정하면서 그 절차에 사법절차가 준용되지 않으면 재판청구권과 헌법 제107조 제3항에 위반된다.

ㄷ. 국가배상법상의 손해배상청구에 대한 배상심의 및 배상결정의 성격을 사법작용이라고는 할 수 있고, 행정심판의 성질을 가진다.

ㄹ. 행정기관에 의한 심판은 재판의 전심절차로서만 허용되기 때문에, 그에 대해서는 반드시 법원에 의한 정식재판의 길이 열려 있어야 한다.

ㅁ. 입법자가 행정심판을 전심절차가 아니라 종심절차로 규정할 경우 이는 헌법 제107조 제3항에 위반될 뿐 아니라 재판청구권을 보장하고 있는 헌법 제27조에도 위반된다.

ㅂ. 도로교통법상 주취운전을 이유로 한 운전면허 취소 처분에 대하여 행정심판의 재결을 거치지 아니하면 행정소송을 제기할 수 없도록 한 것은 재판청구권을 침해하는 것은 아니다.

ㅅ. 지방공무원이 면직처분에 불복할 경우 반드시 소청심사를 거쳐 행정소송을 제기하도록 한 지방공무원법은 재판청구권을 침해한다고 할 수 없다.

ㅇ. 산업재해보상보험법상의 보험급여결정에 대한 행정소송을 제기하기 위하여 심사청구·재심사청구의 행정심판을 거치도록 한 것이 행정심판에 관한 헌법 제107조 제3항에 위반된다고 할 수 없다.

ㅈ. 이의신청 및 심사청구를 거치지 아니하면 지방세 부과처분에 대하여 행정소송을 제기할 수 없도록 한 지방세법 제78조 제2항은 헌법 제107조 제3항에 위반된다.

① 1개 ② 2개 ③ 3개
④ 4개 ⑤ 5개

▶ 정답 및 해설

ㄱ. [X] 교원에 대한 징계처분은 그 적법성을 판단함에 있어서 전문성과 자주성에 기한 사전심사가 필요하고, 판단기관인 재심위원회의 독립성 및 공정성이 확보되어 있고 심리절차에 있어서도 상당한 정도로 사법절차가 준용되어 권리구제절차로서의 실효성을 가지고 있으며, 재판청구권의 제약은 경미한 데 비하여 그로 인하여 달성되는 공익은 크므로, 재심제도가 입법형성권의 한계를 벗어나 국민의 재판청구권을 침해하는 제도라고 할 수 없다(헌재 2007.1.17. 2005헌바86).

ㄴ. [X] 행정심판에 관한 헌법 제107조 제3항의 의미 헌법 제107조 제3항은 '재판의 전심절차로서 행정심판을 할 수 있다. 행정심판의 절차는 법률로 정하되, 사법절차가 준용되어야 한다"고 규정하고 있으므로, 입법자가 행정심판을 전심절차가 아니라 종심절차로 규정함으로써 정식재판의 기회를 배제하거나, 어떤 행정심판을 필요적 전심절차로 규정하면서도 그 절차에 사법절차가 준용되지 않는다면 이는 위 헌법조항, 나아가 재판청구권을 보장하고 있는 헌법 제27조에도 위반되며, 헌법 제107조 제3항은 사법절차가 "준용"될 것만을 요구하고 있으나 판단기관의 독립성과 공정성, 대심적 심리구조, 당사자의 절차적 권리보장 등의 면에서 사법절차의 본질적 요소를 현저히 결여하고 있다면 "준용"의 요청에마저 위반된다(헌재 2001.6.28. 2000헌바30).

ㄷ. [X] 배상위원회의 배상결정은 배상신청인의 동의 없이는 효력을 발생하지 않는 것으로서 배상신청인을 구속하지도 않고, 지방자치단체를 상대로 하는 배상사건에 있어서 지방자치단체를 구속하지도 않는다(국가배상법 제15조 참조). 이와 같은 배상결정의 효력에 초점을 맞추어 보면 배상심의 및 배상결정의 성격을 사법작용이라고는 할 수 없고, 행정심판과도 다르다. 배상심의회가 법무부장관의 지휘를 받는 등(국가배상법 제10조 제3항) 결정주체의 제3자성이나 독립성이 부족한 점에서 일반적인 민사분쟁조정제도와는 차이가 있지만 결정의 효력에 있어서는 이와 유사하므로 배상결정제도는 민사분쟁조정제도에 가까운 일종의 소송 외 분쟁해결제도라고 말할 수 있다. 또, 배상결정이 법에 의한 배상사건에 대한 법원의 재판을 배제하는 것이 아니다. 그렇다면, 이 사건 법률조항이 사법국가주의를 표명하고 있는 헌법 제101조 제1항에 위배된다고는 볼 수 없다(헌재 2000.2.24. 99헌바17등).

ㄹ. [O] 일체의 법률적 쟁송을 심리 재판하는 작용인 사법작용은 헌법 그 자체에 의한 유보가 없는 한 오로지 대법원을 최고법원으로 하는(헌법 제101조 제2항) 법원만이 담당할 수 있고, 또 행정심판은 어디까지나 법원에 의한 재판의 전심절차로서만 기능하여야 함을 의미한다(헌재 1995.9.28. 92헌가11).

ㅁ. [O] 입법자가 행정심판을 전심절차가 아니라 종심절차로 규정함으로써 정식재판의 기회를 배제하면 헌법에 위반된다. 어떤 행정심판을 필요적 전심절차로 규정하면서도 그 절차에 사법절차를 준용하지 않는다면 이는 헌법 제107조 제3항, 나아가 재판청구권을 보장하고 있는 헌법 제27조에도 위반된다(헌재 2000.6.1. 98헌바8).

ㅂ. [O] 이 사건 법률조항에 의하여 달성하고자 하는 공익과 한편으로는 전심절차를 밟음으로써 야기되는 국민의 일반적인 수고나 시간의 소모 등을 비교하여 볼 때, 이 사건 법률조항에 의한 재판청구권의 제한은 정당한 공익의 실현을 위하여 필요한 정도의 제한에 해당하는 것으로 헌법 제37조 제2항의 비례의 원칙에 위반되어 국민의 재판청구권을 과도하게 침해하는 위헌적인 규정이라 할 수 없다. 입법자는 행정심판을 임의적 또는 필요적 전치절차로 할 것인가에 관하여 행정심판을 통한 권리구제의 실효성, 행정청에 의한 자기시정의 개연성, 문제되는 행정처분의 특수성 등을 고려하여 구체적으로 형성할 수 있는데, 이 사건 법률조항에서 교통관련 행정처분에 대하여 행정심판 전치주의를 규정한 것은, '교통관련 행정처분이 대량으로 행해지는 것으로서 행정의 통일을 기할 필요가 있고, 처분의 적법여부에 관한 판단에 있어서 전문성과 기술성이 요구된다'는 행정심판사항의 특수성에 기인하는 것이다. 따라서 이 사건 법률조항에 나타난 입법자의 결정이 차별을 정당화하는 합리적인 이유를 결여하고 있다고 볼 수 없으므로, 평등권에 위반되지 않는다(헌재 2002.10.31. 2001헌바40).

ㅅ. [O] 직권면직처분을 받은 지방공무원이 그에 대해 불복할 경우 행정소송의 제기에 앞서 반드시 소청심사를 거치도록 규정한 것은 행정기관 내부의 인사행정에 관한 전문성 반영, 행정기관의 자율적 통제, 신속성

추구라는 행정심판의 목적에 부합한다. 소청심사제도에도 심사위원의 자격요건이 엄격히 정해져 있고, 임기와 신분이 보장되어 있는 등 독립성과 공정성이 확보되어 있으며, 증거조사절차나 결정절차 등 심리절차에 있어서도 사법절차가 상당 부분 준용되고 있다. 나아가 소청심사위원회의 결정기간은 엄격히 제한되어 있고, 행정심판전치주의에 대해 다양한 예외가 인정되고 있으며, 행정심판의 전치요건은 행정소송 제기 이전에 반드시 갖추어야 하는 것은 아니어서 전치요건을 구비하면서도 행정소송의 신속한 진행을 동시에 꾀할 수 있으므로, 이 사건 필요적 전치조항은 입법형성의 한계를 벗어나 재판청구권을 침해하거나 평등원칙에 위반된다고 볼 수 없다(헌재 2015.3.26. 2013헌바186).

ㅇ. [O] 재결기관의 독립성·공정성에 관하여 보건대, 재심사청구의 재결기관인 산업재해보상보험심사위원회는 그 구성과 운영에 있어서 심의·재결의 독립성과 공정성을 객관적으로 신뢰할 수 있을만 하고, 심사청구의 경우에도 근로복지공단이 그 재결기관으로 되어 있다는 점만으로 심의·재결의 독립성과 공정성이 본질적으로 배제되어 있다고 하기 어려우며 심사청구에 관한 결정에 불복이 있는 자는 재심사청구의 기회가 보장되어 있다. 그렇다면 전체적으로 볼 때 위법에서 규정한 심사청구·재심사청구제도는 헌법 제107조 제3항에 위반된다고 할 수 없다(헌재 2000.6.1. 98헌바8).

ㅈ. [O] 지방세법상의 이의신청·심사청구제도는 그 판단기관의 독립성·중립성도 충분하지 않을 뿐 아니라, 무엇보다도 그 심리절차에 있어서 사법절차적 요소가 매우 미흡하고 특히 당사자의 절차적 참여권이라는 본질적 요소가 현저히 흠결되어 있어 사법절차 "준용"의 요청을 외면하고 있다고 하지 않을 수 없다. 이와 같이 이의신청·심사청구라는 2중의 행정심판을 필요적으로 거치도록 하면서도 사법절차를 준용하고 있지 않으므로 지방세법 제78조 제2항은 헌법 제107조 제3항에 위반된다. 또한 지방세법 제78조 제2항은 사법절차를 준용하지 않으면서 이의신청·심사청구라는 2중의 행정심판을 필요적으로 거치도록 하는 점에서, 또한 행정심판제도의 취지를 살릴 수 없어 전적으로 무용하거나 그 효용이 극히 미미한 경우에까지 무조건적으로 전심절차를 강요한다는 점에서 헌법 제107조 제3항에 위반된다(헌재 2001.6.28. 2000헌바30). **정답** ③

188 재판청구권에 관한 설명 중 옳지 않은 것은?

① 법무부 징계위원회의 결정에 불복이 있는 자는 대법원에 즉시 항고할 수 있도록 한 변호사법 제81조 제4항은 재판청구권을 침해한다.
② 특허심판위원회의 결정에 불복하려면 대법원에 상고하도록 한 특허법 제186조는 재판청구권을 침해한다.
③ 형사보상의 청구에 대하여 한 보상의 결정에 대하여는 불복을 신청할 수 없도록 하여 형사보상의 결정을 단심재판으로 규정한 형사보상법 규정이 형사보상청구권을 침해한다.
④ 심리불속행 재판의 판결이유를 생략할 수 있도록 규정한 상고심절차에 관한 특례법 관련 규정은 해당 당사자의 재판청구권을 침해하여 헌법에 위반된다고 볼 수 없다.
⑤ 법관에 대한 징계처분 취소청구소송을 대법원의 단심재판에 의하도록 한 구 법관징계법 제27조는 법관에 의한 사실확정을 받을 권리를 침해한다.

▶ 정답 및 해설

① [O] 대법원은 법률심으로서 사실관계에 대한 판단을 하지 아니하므로, 법무부 징계위원회의 사실확정을 토대로 재판을 할 수 밖에 없어, 징계위원회의 결정에 대해 대법원에 상고하도록 한 변호사법은 법관에 의하여 사실확정을 받을 권리를 보장하는 재판청구권 침해이다(헌재 2000.6.29. 99헌가7).
② [O] 헌법 제27조 제1항의 법관에 의한 재판을 받을 권리란 법관에 의한 사실확정 및 법률적용을 받을 권리를 의미한다. 그런데 대법원은 법률심으로서 사실관계에 대한 판단을 하지 아니한다. 따라서 특허청의

사실확정을 토대로 재판을 할 수밖에 없어 특허심판위원회의 결정에 대해 대법원에 상고하도록 한 특허법 제186조는 법관에 의하여 사실확정을 받을 권리를 보장하는 재판청구권 침해이다(헌재 1995.9.28. 92헌가11).
③ [O] 불복을 허용한다고 하여 상급심에 과도한 부담을 줄 가능성은 별로 없다고 할 것인 반면, 사실관계 인정 및 보상액 산정의 판단에 오류가 있을 경우 그로 인하여 침해되는 보상청구인의 기본권은 보다 중대하다고 할 것이다. 따라서 이 사건 불복금지조항은 추구하고자 하는 공익에 비하여 훨씬 중대한 국민의 기본권을 침해하는 것이라고 할 것이다(헌재 2010. 10. 28. 2008헌마514등).
④ [O] 심리불속행 재판의 판결이유를 생략할 수 있도록 규정한 상고심절차에 관한 특례법 제4조 제1항 및 제5조 제1항 중 제4조에 관한 부분은 비록 국민의 재판청구권을 제약하고 있기는 하지만 대법원의 최고법원성을 존중하면서 민사, 가사, 행정 등 소송사건에 있어서 상고심재판을 받을 수 있는 객관적 기준을 정함에 있어 개별적 사건에서의 권리구제보다 법령해석의 통일을 더 우위에 둔 규정으로서 그 합리성이 있다고 할 것이므로 헌법에 위반되지 아니한다(헌재 2009.4.30. 2007헌마589).
⑤ [X] 구 법관징계법 제27조는 법관에 대한 대법원장의 징계처분 취소청구소송을 대법원에 의한 단심재판에 의하도록 규정하고 있는바, 이는 독립적으로 사법권을 행사하는 법관이라는 지위의 특수성과 법관에 대한 징계절차의 특수성을 감안하여 재판의 신속을 도모하기 위한 것으로 그 합리성을 인정할 수 있고, 대법원이 법관에 대한 징계처분 취소청구소송을 단심으로 재판하는 경우에는 사실확정도 대법원의 권한에 속하여 법관에 의한 사실확정의 기회가 박탈되었다고 볼 수 없으므로, 헌법 제27조 제1항의 재판청구권을 침해하지 아니한다(헌재 2012.2.23. 2009헌바34).

정답 ⑤

189 심급제도와 상고심 제한에 대한 설명으로 옳지 않은 것은?

① 모든 사건에 대해 똑같이 세 차례의 법률적 측면에서의 심사의 기회의 제공이 곧 헌법상의 재판을 받을 권리의 보장이라고는 할 수 없다.
② 헌법 제27조 제1항의 '모든 국민은 헌법과 법률이 정한 법관에 의하여 법률에 의한 재판을 받을 권리'로부터 모든 사건에 관하여 상고심 재판을 받을 권리가 도출되지 않는다.
③ 소액사건에 관하여 일반사건에 비하여 상고 및 재항고를 제한하고 있는 소액사건심판법 규정이 재판을 받을 권리의 침해라고 할 수 없다.
④ 상고제도의 목적을 법질서의 통일과 법발전 또는 법창조에 관한 공익의 추구에 둘 것인지, 아니면 구체적 사건의 적정한 판단에 의한 당사자의 권리구제에 둘 것인지, 아니면 양자를 다 같이 고려할 것인지는 역시 입법자의 형성의 자유에 속하는 사항이고, 그 중 어느 하나를 더 우위에 두었다 하여 헌법에 위반되는 것은 아니다.
⑤ 대법원의 민사소송사건에 있어서 상고심 재판을 받을 수 있는 객관적인 기준으로서 법질서의 통일 및 법의 발전을 구체적 사건에서의 적정한 판단에 의한 당사자의 권리구제보다 더 우위에 둔 규정은 헌법에 위반된다.

▶ 정답 및 해설

① [O] 모든 사건에 대해 똑같이 세 차례의 법률적 측면에서의 심사의 기회의 제공이 곧 헌법상의 재판을 받을 권리의 보장이라고는 할 수 없을 것이다. 국가에 따라서는 국민에게 상고심에서 재판을 받을 권리를 헌법상 명문화한 예도 있다. 그러나 그와 같은 명문규정이 없고 상고문제가 일반 법률에 맡겨진 것이 우리 법제라면 헌법 제27조에서 규정한 재판을 받을 권리에 모든 사건에 대해 상고법원의 구성법관에 의한, 상고심 절차에 의한 재판을 받을 권리까지도 포함된다고 단정할 수 없을 것이고, 모든 사건에 대해 획일적으로 상고할 수 있게 하느냐 않느냐는 특단의 사정이 없는 한 입법정책의 문제라고 할 것으로, 결국 재판을

받을 권리의 침해라는 논지는 받아들일 수 없다(헌재 1992.6.26. 90헌바25).
② [O] 법률에 의한 재판을 받을 권리라 함은 법관에 의한 재판을 받되 법에 정한 대로의 재판, 즉 절차법이 정한 절차에 따라 실체법이 정한 내용대로 재판을 받을 권리를 보장하는 취지로서 자의와 전단에 의한 재판을 배제한다는 것이므로 여기에서 곧바로 상고심재판을 받을 권리가 생겨난다고 보기 어렵다(헌재 1995.10.26. 94헌바28).
③ [O] 상고심 절차에 의한 재판을 받을 권리까지도 포함된다고 단정할 수 없을 것이고, 모든 사건에 대해 획일적으로 상고할 수 있게 하느냐 않느냐는 특단의 사정이 없는 한 입법정책의 문제라고 할 것으로, 결국 재판을 받을 권리의 침해라는 논지는 받아들일 수 없다(헌재 1992.6.26. 90헌바25).
④ [O] 상고제도의 목적을 법질서의 통일과 법발전 또는 법창조에 관한 공익의 추구에 둘 것인지, 아니면 구체적 사건의 적정한 판단에 의한 당사자의 권리구제에 둘 것인지, 아니면 양자를 다 같이 고려할 것인지는 역시 입법자의 형성의 자유에 속하는 사항이고, 그 중 어느 하나를 더 우위에 두었다 하여 헌법에 위반되는 것은 아니다. 위와 같은 관점에서 개정 전 특례법 제11조 및 제12조 소정의 상고제한제도를 볼 때 이는 합리성을 인정할 수 있으므로 헌법에 어긋나는 것이라고 할 수 없다(헌재 1995.1.20. 90헌바1).
⑤ [X] 상고이유 제한 및 상고허가제를 규정한 소송촉진등에관한특례법 제11조 및 제12조는 헌법이 요구하는 대법원의 최고법원성을 존중하면서 다른 한편, 대법원의 민사소송사건에 있어서 상고심 재판을 받을 수 있는 객관적인 기준으로서 법질서의 통일 및 법의 발전을 구체적 사건에서의 적정한 판단에 의한 당사자의 권리구제보다 더 우위에 둔 규정으로서 합리성이 있다고 할 것이므로 헌법에 위반되지 아니한다(헌재 1995.1.20. 90헌바1).

정답 ⑤

190 대법원 규칙에 관한 헌법재판소 설명으로 옳지 않은 것을 모두 조합한 것은?

ㄱ. 헌법 제75조는 입법권을 행정부에 위임하는 경우에 한정하여 위임의 명확성을 요청하고 있으므로, 헌법 제75조의 포괄위임금지원칙은 대법원규칙에는 적용되지 않는다.
ㄴ. 법률에서 소송에 관한 절차 등을 대법원 규칙에 위임하는 경우 구체성의 정도는 다른 규율영역에 비하여 완화될 수 있다.
ㄷ. 소송을 대리한 변호사에게 당사자가 지급하였거나 지급할 보수는 대법원 규칙이 정하는 금액의 범위 안에서 소송비용으로 인정한다고 규정한 민사소송법은 포괄적 위임금지 원칙에 위배된다.
ㄹ. 헌법 제108조 "대법원은 법률에서 저촉되지 아니하는 범위 안에서 소송에 관한 절차, 법원의 내부규율과 사무처리에 관한 규칙을 제정할 수 있다."에 열거하고 있는 사항은 법률에 의한 수권이 없으면 대법원 규칙으로 정할 수 없다.
ㅁ. 법률은 헌법 제108조에서 열거하고 있는 사항은 물론, 위 조항에서 열거하고 있지 않은 사항에 대해서도 이를 대법원규칙에서 정하도록 위임할 수 있으므로, 소송비용에 관한 사항이 소송에 관한 절차에 관련된 사항인지 여부와 관계없이 심판대상조항이 이를 대법원규칙에 위임하였다 하여 이것이 헌법 제108조에 위반된다고 볼 수는 없다.

① ㄱ, ㄴ, ㅁ ② ㄷ, ㄹ ③ ㄴ, ㄷ, ㄹ
④ ㄷ, ㄹ, ㅁ ⑤ ㄱ, ㄷ, ㄹ

▶ 정답 및 해설

ㄱ. [X] 헌법 제75조에 근거한 포괄위임금지원칙은 법률에 이미 대통령령 등 하위법규에 규정될 내용 및 범위의 기본사항이 구체적으로 규정되어 있어서 누구라도 당해 법률로부터 하위법규에 규정될 내용의 대강을 예측할 수 있어야 함을 의미하므로, 위임입법이 대법원규칙인 경우에도 수권법률에서 이 원칙을 준수하여야 하는 것은 마찬가지이다(헌재 2016.6.30. 2013헌바370·392·421, 2014헌바7·296, 2015헌바74(병합)).

ㄴ. [O] 대법원규칙에 대한 입법위임과 포괄위임금지원칙: **대법원규칙으로 규율될 내용들은 소송에 관한 절차와 같이 법원의 전문적이고 기술적인 사무에 관한 것이 대부분일 것인바, 법원의 축적된 지식과 실제적 경험의 활용, 규칙의 현실적 적응성과 적시성의 확보라는 측면에서 수권법률에서의 위임의 구체성·명확성의 정도는 다른 규율 영역에 비해 완화될 수 있을 것이다**(헌재 2016.6.30. 2013헌바27).

ㄷ. [X] 위임입법이 대법원규칙인 경우에도 수권법률에서 헌법 제75조에 근거한 포괄위임금지원칙을 준수하여야 하는 것은 마찬가지이나, 위임의 구체성·명확성의 정도는 다른 규율 영역에 비해 완화될 수 있다. 변호사보수 가운데 어느 정도를 소송비용으로 인정할 것인지는 기술적이고 전문적인 사항이므로, 소송비용 산입기준에 관한 세부 사항을 법률보다 탄력성이 있는 하위규범에 위임할 필요성이 있다. 심판대상조항은 소송비용으로 인정되는 변호사보수 금액의 '범위'를 정하도록 위임하였으므로, 일정한 하한과 상한이 정해질 것임을 알 수 있다. 또 소송목적의 값 등과 같이 개별 변호사보수 계약내용과 상관없이 적용할 수 있는 객관적 기준이 마련될 것임을 어렵지 않게 예상할 수 있다. 대법원규칙으로 정하는 사항에는 금액 산정 기준을 토대로 법원이 구체적 판단을 달리할 수 있다는 내용이 포함될 수 있고, 개별 사정에 따라 법원 판단으로 금액을 가감할 수 있다는 내용이 마련될 것임도 충분히 예측할 수 있으므로, 심판대상조항은 포괄위임금지원칙을 위반하지 아니한다(헌재 2016.6.30. 2013헌바370).

ㄹ. [X] 헌법 제108조는 "대법원은 법률에서 저촉되지 아니하는 범위 안에서 소송에 관한 절차, 법원의 내부규율과 사무처리에 관한 규칙을 제정할 수 있다."고 규정하고 있는바, 이는 위 조항에서 열거하고 있는 사항에 대해서는 대법원이 법률에 저촉되지 않는 한 **법률에 의한 명시적인 수권이 없이도 이를 규칙으로 정할 수 있다는 의미이다**(헌재 2016.6.30. 2013헌바370·392·421, 2014헌바7·296, 2015헌바74(병합)).

ㅁ. [O] 헌법상 입법권에 관하여는 특별한 제한이 없으므로 국회가 입법권을 행사함에 있어서 그 내용은 물론 그 규율의 형식 또한 선택할 수 있는데, 헌법이 위임입법의 형태로 제75조와 제95조에서 열거하고 있는 대통령령, 총리령 또는 부령 등의 행정입법은 예시적인 것으로 보아야 한다. 따라서 법률은 헌법 제108조에서 열거하고 있는 사항은 물론, 위 조항에서 열거하고 있지 않은 사항에 대해서도 이를 대법원규칙에서 정하도록 위임할 수 있으므로, 소송비용에 관한 사항이 소송에 관한 절차에 관련된 사항인지 여부와 관계없이 심판대상조항이 이를 대법원규칙에 위임하였다 하여 이것이 헌법 제108조에 위반된다고 볼 수는 없다(헌재 2016.6.30. 2013헌바370등).

정답 ⑤

191 재판권과 관할배분에 대한 설명으로 옳은 것은?

① 부동산에 대한 강제집행을 부동산 소재지 지방법원의 전속관할로 규정한 민사집행법 규정은 입법형성권의 한계를 벗어나 재판청구권을 침해한다.
② 국민참여재판 대상을 합의부관할 사건으로 정한 것은 합리적인 이유가 있어 헌법에 위반되는 것으로 볼 수 없다.
③ 특정범죄가중법 조항의 법정형은 2년 이상 20년 이하이므로 명백히 합의부가 심판하여야 할 사항인데, 특정범죄가중법에 해당하는 사건을 합의부의 심판권에서 제외하고 단독 판사가 재판하도록 한 법원조직법 제32조는 피고인의 재판받을 권리와 법관의 양형권을 침해하는 것이다.
④ 재판업무의 수행상 필요가 있는 경우 고등법원 부로 하여금 그 관할구역 안의 지방법원 소재지에서 사무를 처리할 수 있도록 한 법원조직법은 평등권을 침해한다.
⑤ 기피신청에 대한 재판을 그 신청을 받은 법관의 소속 법원 합의부에서 하도록 한 민사소송법은 공정한 재판을 받을 권리를 침해한다.

▶ 정답 및 해설

① 【X】 부동산 강제경매절차에 참가하는 다양한 이해관계인들의 집행절차에의 참가기회를 보장하고 집행절차의 적정·신속·효율 등 공익을 위하여 부동산 소재지 지방법원에 배타적으로 부동산 강제경매의 관할을 인정할 필요성이 있는 점 및 법원이 부동산의 합리적 이용관계 등을 고려하여 관할이 다른 여러 부동산에 대한 일괄매각을 결정할 수 있는 점 등을 고려하면, 부동산에 대한 강제집행을 부동산 소재지 지방법원의 전속관할로 규정한 민사집행법 제21조 및 제79조 제1항은 입법형성권의 한계를 벗어나 국민의 재판청구권을 침해한다고 할 수 없다(헌재 2007.10.25. 2006헌바39).
② 【O】 사형·무기 또는 단기 1년 이상의 징역 또는 금고에 해당하는 합의부 관할사건만을 국민참여재판의 대상사건이 되도록 함에 따라 단독판사 관할사건으로 재판받는 피고인이 합의부 관할사건으로 재판받는 피고인과 다르게 취급되는 것은 합리적인 이유가 있다고 인정된다(헌재 2016.12.29. 2015헌바63).
③ 【X】 법원조직법은 재판사무의 효율적 분담을 위하여 법정형이 중함에도 불구하고 단독판사의 관할로 할 사건을 법원조직법 제32조 제1항 제3호의 각 목에 정하였고, 이 사건 관할조항 또한 이 사건 특정범죄가중법 조항에 해당하는 사건의 난이도 또는 중대성을 고려하여 그 법정형에도 불구하고 이를 단독판사가 심판하도록 한 것이다. 이 사건 특정범죄가중법 조항의 적용을 받는 피고인은 합의부에서 재판을 받을 수 없게 되지만, 법관의 자격을 갖추고 물적 독립과 인적 독립이 보장된 판사에 의하여 사실의 확정과 법률의 해석·적용에 관하여 심리를 받을 수 있을 뿐만 아니라, 합의부에서 심판을 받는 것과 비교하여 특별한 형사소송법상의 불이익을 받지 아니한다. 또한 이 사건 특정범죄가중법 조항에 해당하는 사건이라고 하더라도 구체적인 사건의 난이도와 중대성에 비추어 합의부의 재판이 필요한 사건은 결정을 통하여 합의부에서 심판을 받을 수 있다. 따라서 이 사건 관할조항이 재판사무 배분에 관한 입법형성의 재량을 일탈하였다고 볼 수 없으므로, 국민의 재판받을 권리를 침해하지 않는다(2019.7.25. 2018헌바209).
④ 【X】 청구인들은 '서울고등법원 춘천재판부에서 재판받는 사람'과 '서울고등법원에서 재판받는 사람' 사이에 불합리한 차별이 존재한다고 주장하나, 서울고등법원의 재판과 서울고등법원 춘천재판부의 재판은 재판의 장소만 다를 뿐 같은 고등법원에 소속된 판사들에 의한 2심 재판이라는 점에서 아무런 차이가 없으므로, 위 두 집단 사이에 차별이 있다고 할 수 없다(2013.6.27. 2012헌마1015).
⑤ 【X】 어떠한 경우에도 기피신청을 받은 법관 자신은 기피재판에 관여하지 못하고, 기피신청을 받은 법관의 소속 법원이 기피신청을 받은 법관을 제외하면 합의부를 구성하지 못하는 경우에는 바로 위 상급법원이 결정하도록 규정하고 있으며, 기피신청에 대한 기각결정에 대하여는 즉시항고를 할 수 있도록 하여 상급심에 의한 시정의 기회가 부여되는 등 민사소송법에는 기피신청을 한 자의 공정한 재판을 받을 권리를 담보할 만한 법적 절차와 충분한 구제수단이 마련되어 있다. 따라서 이 사건 법률조항은 공정한 재판을 받을 권리를 침해하지 아니한다(2013.3.21. 2011헌바219).

정답 ②

04. 헌법재판소

Part 03. 국가조직

192 일사부재리에 관한 설명으로 옳은 것은?

① 심판대상법률조항이 일부 중복되는 경우 동일사건에 해당한다.
② 합헌결정이 된 법조항은 합헌결정의 기속력으로 인해 법원은 다시 위헌제청할 수 없다.
③ 합헌 결정된 법률에 대해 사건이 다른 경우에, 또다시 위헌법률심판 제청이 있을 때 헌법재판소가 다시 심리하는 것은 일사부재리원칙에 반한다.
④ 헌법재판소법에 일사부재리원칙 규정은 없으나 판례를 통해 일사부재리원칙이 인정되고 있다.
⑤ 헌법재판소법 제68조 제1항 소정의 권리구제형 헌법소원과 같은 조 제2항 소정의 위헌심사형 헌법소원은 별개의 사건부호가 부여되는 등 법적 성격을 달리하므로 하나의 심판청구에 양자를 병합하여 제기할 수 있다.

▶ 정답 및 해설

①[×] 심판대상 법률조항은 국가보안법 제15조 중 같은 법 제8조의 죄에 관한 부분이고 90헌마82사건의 심판대상 법률조항은 국가보안법 제19조 중 제3조 내지 제10조의 각 죄에 관한 부분이므로 서로 중복되기는 하나, 90헌마82 사건에서 위헌으로 결정한 법률조항은 국가보안법 제7조 및 제10조의 각 죄에 관한 것이고 같은 법 제8조의 죄에 대하여는 위헌판단을 한 바 없으며 또한 두 사건들의 청구인들이 동일하지 아니하므로 두 사건이 동일한 사건이라고 할 수 없다(헌재 1997.8.21. 96헌마48).
②[×] 합헌결정이 된 법조항은 합헌결정의 기속력이 인정되지 않아, 다른 사건에서 다시 위헌제청할 수 있다.
③[×] 합헌 결정된 법률에 대해 사건이 다른 경우에는 또다시 위헌법률심판 제청이 있더라도 다시 심판한다.
④[×]

> 「헌법재판소법」 제39조(일사부재리) 헌법재판소는 이미 심판을 거친 동일한 사건에 대하여는 다시 심판할 수 없다.

⑤[○] ㉠ 헌법재판소법 제68조 제1항에 의한 헌법소원과 헌법재판소법 제68조 제2항에 의한 헌법소원은 비록 그 요건과 대상은 다르다고 하더라도 헌법재판소라는 동일한 기관에서 재판을 받고, 개인에 의한 심판청구라는 헌법소원의 측면에서는 그 성질이 동일한 점, ㉡ 헌법재판소 판례 중에는 헌법재판소법 제68조 제2항의 헌법소원 절차에서 청구변경의 방법으로 예비적 청구를 헌법재판소법 제68조 제2항에 의한 청구에서 위 법 제68조 제1항에 의한 청구로 변경하는 것을 허용한 예, 법원에 위헌법률심판제청신청을 한 적이 없는 청구인의 헌법소원심판청구를 헌법재판소법 제68조 제1항에 의한 헌법소원심판청구로 본 예, 헌법재판소법 제68조 제1항에 의한 헌법소원심판청구와 위 법 제68조 제2항에 의한 헌법소원심판청구를 병합하여 심판한 예가 있는 점, ㉢ 헌법재판소가 헌법재판소 사건의 접수에 관한 규칙에 의하여 헌법재판소

법 제68조 제1항의 헌법소원사건의 사건부호를 '헌마'로, 헌법재판소법 제68조 제2항의 헌법소원사건의 사건부호를 '헌바'로 달리 부여하고 있지만 이는 편의적인 것에 불과한 점, ⓔ 만약 이를 허용하지 않을 경우 당사자는 관련청구소송을 하나는 헌법재판소법 제68조 제1항에 의한 헌법소원으로, 다른 하나는 헌법재판소법 제68조 제2항에 의한 헌법소원으로 제기하여야 하는데 이는 소송경제에 반하는 점 등을 살펴볼 때, 하나의 헌법소원으로 헌법재판소법 제68조 제1항에 의한 청구와 헌법재판소법 제68조 제2항에 의한 청구를 함께 병합하여 제기함이 가능하다고 할 것이다(헌재 2010.3.25. 2007헌마933). **정답** ⑤

193 일사부재리에 관한 설명 중 옳지 않은 것을 모두 조합한 것은?

ㄱ. 헌법재판소법 제39조의 일사부재리의 효력이 미친다고 하기 위해서는 선행사건과 후행사건이 '동일한 사건'임이 인정되어야 한다.

ㄴ. 동일한 사건은 통상적으로 소송의 주체(소송당사자)가 동일할 뿐만 아니라, 소송의 객체(소송상 청구)가 동일해야 하고 더 나아가 '선행사건의 심판유형과 후행사건의 심판유형이 동일할 것'까지 요구되므로 선행사건은 '권리구제형 헌법소원심판'인 데 반하여, 후행사건은 '위헌법률심판'이라 한다면, 일사부재리의 효력이 미치지 않는다.

ㄷ. 선행사건과 후행사건이 청구인과 심판대상조항에 있어서 동일하고 다만 당해사건만 상이한 경우 일사부재리의 효력이 미치는 것으로 보아야 한다.

ㄹ. 헌법재판소법 제68조 제2항에 의한 헌법소원에 있어서 이미 헌법재판소의 심판을 거친 종전 사건과 당사자와 심판대상이 동일하더라도 재판의 전제가 되는 당해 사건이 다른 경우에는 일사부재리의 원칙이 적용된다.

ㅁ. 헌법소원 심판에서 청구가 부적법하여 각하결정이 된 후 각하결정에서 판시한 요건의 흠결을 보완하여 다시 청구하는 것은 허용되지 않는다.

① ㄱ, ㄴ, ㅁ　　② ㄷ, ㄹ　　③ ㄴ, ㄷ, ㄹ
④ ㄷ, ㄹ, ㅁ　　⑤ ㄱ, ㄹ

▶ **정답 및 해설**

ㄱ. [O], ㄴ. [O] 양자의 심판대상 법률조항이 일부 중복되기는 하나, 90헌마82 사건은 헌법재판소법 제68조 제1항에 의한 헌법소원심판청구사건이고, 이 사건은 같은 법 제41조 제1항에 의한 위헌법률심판제청사건으로서, 심판청구의 유형이 상이하므로, 위 두 사건이 동일한 사건이라고 할 수 없다. 따라서 이 사건 심판청구를 동일한 사건의 중복청구로 보아 '헌법재판소법 제39조의 일사부재리에 위반된다'는 위 주장은 받아들일 수 없다(헌재 1997.6.26. 96헌가8등).

ㄷ. [X] 헌법재판소법 제68조 제2항에 의한 헌법소원에 있어서 당사자와 심판대상이 동일하더라도 당해 사건이 다른 경우에는 동일한 사건이 아니므로 일사부재리의 원칙이 적용되지 아니한다(2006.5.25. 2003헌바115).

ㄹ. [X] 헌법재판소법 제68조 제2항에 의한 헌법소원에 있어서 이미 헌법재판소의 심판을 거친 종전 사건과 당사자와 심판대상은 동일하나 <u>당해 사건이 다른 경우에는 동일한 사건이 아니므로</u> 일사부재리의 원칙이 적용되지 아니한다(헌재 2006.5.25. 2003헌바115등).

ㅁ. [X] 헌법소원심판 청구가 부적법하여 각하된 경우 그 결정에서 판시한 <u>요건의 흠결을 보정할 수 있는 때에 한하여 이를 보정한 후 다시 심판청구를 하는 것은 모르되</u>, 이를 보완하지 아니한 채 동일한 내용의 심판청구를 되풀이 하는 것은 허용되지 아니한다(헌재 2013.8.20. 2013헌마505). **정답** ④

194. 헌법재판소의 결정에 대한 재심에 관한 설명으로 옳지 않은 것은?

① 불기소처분 취소사건에 있어서 헌법소원 청구기간 계산을 잘못하여 각하한 경우 헌법재판소 결정에 대한 재심은 허용된다.
② 법령에 관한 헌법소원에 있어서도 그 인용결정은 일반적 기속력과 대세적·법규적 효력을 가지며, 재심을 허용하지 아니함으로써 얻을 수 있는 법적 안정성의 이익이 재심을 허용함으로써 얻을 수 있는 구체적 타당성의 이익보다 훨씬 높을 것으로 예상할 수 있으므로 헌법재판소의 이러한 결정에는 재심에 의한 불복방법이 그 성질상 허용될 수 없다.
③ 헌법재판소법 제68조 제1항의 헌법소원심판에서 판단유탈은 재심사유에 해당한다는 것이 헌법재판소의 판례이다.
④ 헌법재판소법 제68조 제2항에 의한 헌법소원의 경우 헌법재판소의 결정에 대해서는 그 성질상 재심에 의한 불복방법이 허용될 수 없다.
⑤ 헌법재판소법 제68조 제1항의 헌법소원심판에서 법률에 대해 합헌결정이 있는 경우 재심은 허용될 수 있다.

▶ 정답 및 해설

①【O】, ③【O】 헌법재판소법 제70조 제4항에 의하여 헌법소원심판의 청구기간을 산정함에 있어서 청구인이 국선대리인 선임신청을 한 날로부터 위 선임신청 기각결정의 통지를 받은 날까지의 기간은 청구기간에 산입하지 아니함에도 불구하고 이를 간과한 채 청구기간을 잘못 계산하여 심판청구가 청구기간을 도과하여 부적법하다는 이유로 각하하는 결정을 한 경우, 재심대상 사건에는 헌법재판소법 제40조 제1항에 의하여 준용되는 민사소송법 제451조 제1항 제9호의 '판결에 영향을 미칠 중요한 사항에 관하여 판단을 누락한 때'에 해당하는 재심사유가 있다고 할 것이다(헌재 2007.10.4. 2006헌아53).

②【O】 헌법재판소법 제68조 제1항에 의한 헌법소원 중 법령에 대한 헌법소원의 경우 헌법재판소의 인용(위헌)결정은 이른바 일반적 기속력과 대세적·법규적 효력을 가지는 것이므로 그 효력 면에서 같은 법 제68조 제2항의 헌법소원과 유사한 성질을 지니고 있다. 그런데 헌법재판소법 제68조 제2항에 의한 헌법소원에 있어서 그 인용결정은 위헌법률심판의 경우와 마찬가지로 일반적 기속력과 대세적·법규적 효력을 가지며, 위헌법률심판을 구하는 헌법소원에 대한 헌법재판소의 결정에 대하여는 재심을 허용하지 아니함으로써 얻을 수 있는 법적 안정성의 이익이 재심을 허용함으로써 얻을 수 있는 구체적 타당성의 이익보다 훨씬 높을 것으로 쉽사리 예상할 수 있으므로 헌법재판소의 이러한 결정에는 재심에 의한 불복방법이 그 성질상 허용될 수 없다고 보는 것이 상당하다(헌재 2006.9.26. 2006헌아37).

④【O】 헌법재판소법은 헌법재판소의 심판절차에 대한 재심의 허용 여부에 관하여 별도의 명문규정을 두고 있지 않으나, 일반적으로 위헌법률심판을 구하는 헌법소원에 대한 헌법재판소의 결정에 대하여는 재심을 허용하지 아니함으로써 얻을 수 있는 법적 안정성의 이익이 재심을 허용함으로써 얻을 수 있는 구체적 타당성의 이익보다 훨씬 높을 것으로 쉽사리 예상할 수 있으므로, 헌법재판소의 이러한 결정에 대하여는 재심에 의한 불복방법이 성질상 허용될 수 없다고 보는 것이 상당하다(헌재 1992.6.26. 90헌아1).

⑤【X】 법률에 대한 결정에 대한 재심은 허용되지 않고 있다.

정답 ⑤

195 가처분에 관한 설명으로 옳은 것은?

① 헌법재판소는 본안심판청구가 부적법하거나 이유없음이 명백한 경우에도 가처분 할 수 있다.
② 헌법재판소는 헌법재판소법 제68조 제2항에 의한 헌법소원심판과 관련하여 그 소원의 전제가 된 민사소송절차의 일시정지 가처분 신청을 인용한 바 있다.
③ 가처분심판에는 재판관 6인 이상의 찬성으로 결정한다.
④ 법령의 효력정지를 구하는 가처분 신청은 공공복리에 중대한 영향을 미칠 우려가 있을 때에는 인용되어서는 안 된다.
⑤ 헌법재판소법에 가처분을 명시적으로 허용하고 있는 규정이 없는 한 헌법소원심판 사건과 관련하여 민사소송법상 가처분 규정 내지 행정소송법상 집행정지에 관한 규정을 준용하여 가처분을 할 수 없다.

▶ 정답 및 해설

①[×] 가처분의 요건은 헌법소원심판에서 다투어지는 '공권력 행사 또는 불행사'의 현상을 그대로 유지시킴으로 인하여 생길 회복하기 어려운 손해를 예방할 필요가 있어야 한다는 것과 그 효력을 정지시켜야 할 긴급한 필요가 있어야 한다는 것 등이 된다. 따라서 본안심판이 부적법하거나 이유없음이 명백하지 않는 한, 위와 같은 가처분의 요건을 갖춘 것으로 인정되면, 가처분을 인용한 뒤 종국결정에서 청구가 기각되었을 때 발생하게 될 불이익과 가처분을 기각한 뒤 청구가 인용되었을 때 발생하게 될 불이익을 비교형량하여 후자가 전자보다 큰 경우에, 가처분을 인용할 수 있다(헌재 2000.12.8. 2000헌사471).
②[×] 헌법재판소법 제68조 제2항에 의한 헌법소원에서 당해 소원의 심판이 있을 때까지 그 소원의 전제가 된 민사소송절차의 일시정지를 구하는 가처분신청을 이유 없다고 하여 기각한 사례(헌재 1993.12.20. 93헌사81)
③[×]

> 「헌법재판소법」 제23조(심판정족수) ① 재판부는 재판관 7명 이상의 출석으로 사건을 심리한다.
> ② 재판부는 종국심리에 관여한 재판관 과반수의 찬성으로 사건에 관한 결정을 한다. 다만, 다음 각 호의 어느 하나에 해당하는 경우에는 재판관 6명 이상의 찬성이 있어야 한다.
>   1. 법률의 위헌결정, 탄핵의 결정, 정당해산의 결정 또는 헌법소원에 관한 인용결정을 하는 경우
>   2. 종전에 헌법재판소가 판시한 헌법 또는 법률의 해석 적용에 관한 의견을 변경하는 경우
> → 가처분심판은 헌법 제23조 제2항 각호에 해당되지 아니하므로 종국심리에 관여한 재판관 과반수 찬성으로 결정한다.

④[○] 현재 시행되고 있는 법령의 효력을 정지시키는 것일 때에는 그 효력의 정지로 인하여 파급적으로 발생되는 효과가 클 수 있으므로 비록 일반적인 보전의 필요성이 인정된다고 하더라도 공공복리에 중대한 영향을 미칠 우려가 있을 때에는 인용되어서는 안 될 것이다(헌재 2002.4.25. 2002헌사129).
⑤[×] 헌법재판소법은 정당해산심판과 권한쟁의심판에 관해서만 가처분에 관한 규정(같은 법 제57조 및 제65조)을 두고 있을 뿐, 다른 헌법재판절차에 있어서도 가처분이 허용되는가에 관하여는 명문의 규정을 두고 있지 않다. 그러나 위 두 심판절차 이외에 같은 법 제68조 제1항 헌법소원심판절차에 있어서도 가처분의 필요성은 있을 수 있고, 달리 가처분을 허용하지 아니할 상당한 이유를 찾아볼 수 없으므로 위 헌법소원심판청구사건에서도 가처분이 허용된다고 할 것이다. 그러므로 헌법재판소법 제40조 제1항에 따라 준용되는 행정소송법 제23조 제2항의 집행정지규정과 민사소송법 제714조의 가처분규정에 비추어 볼 때, 이와 같은 가처분결정은 헌법소원심판에서 다투어지는 '공권력 행사 또는 불행사'의 현상을 그대로 유지시킴으로 인하여 생길 회복하기 어려운 손해를 예방할 필요가 있어야 하고 그 효력을 정지시켜야 할 긴급한 필요가 있어야 한다는 것 등이 그 요건이 된다 할 것이다(헌재 2000.12.8. 2000헌사471).

정답 ④

196 위헌법률심판에 대한 설명으로 옳지 않은 것은?

① 헌법 제107조 제1항과 헌법재판소법 제41조, 제43조 등의 각 규정의 취지는, 법원은 문제되는 법률조항이 담당법관 스스로의 법적견해에 의하여 합리적으로 의심의 여지가 없을 만큼 명백한 경우 위헌심판제청을 할 수 있다는 의미이다.
② 재판의 전제성이 제청 이후의 사정변경으로 소멸한 경우에도 예외적으로 객관적인 헌법질서의 수호·유지를 위하여 심판의 필요성이 인정되는 경우에는 그 위헌제청의 적법성을 인정할 수 있다.
③ 헌법상 명문규정 뿐만 아니라 각 명문규정들에 대한 종합적 검토 및 구체적인 논증 등을 통하여 도출될 수 있는 헌법원칙과 관습헌법의 경우도 위헌법률심판의 심사기준이 될 수 있다.
④ 규범통제절차인 헌법재판소법 제41조 제1항에 의한 위헌법률심판 사건에서 민사소송법 제71조를 준용한 보조참가신청이 허용된다고 할 수 없다.
⑤ 1945. 8. 9. 이후 성립된 거래를 전부무효로 한 재조선미국육군사령부군정청 법령 제2호 제4조 본문과 1945. 8. 9. 이후 일본 국민이 소유하거나 관리하는 재산을 1945. 9. 25.자로 전부 미군정청이 취득하도록 정한 재조선미국육군사령부군정청 법령은 위헌법률심판의 대상이 될 수 있다.

▶ 정답 및 해설

① [X] 헌법 제107조 제1항과 헌법재판소법 제41조, 제43조 등의 각 규정의 취지는, 법원은 문제되는 법률조항이 담당법관 스스로의 법적견해에 의하여 단순한 의심을 넘어선 합리적인 위헌의 의심이 있으면 위헌여부심판을 제청하라는 취지이지…합리적으로 의심의 여지가 없을 만큼 명백한 경우 위헌심판제청을 할 수 있다는 의미는 아니다(헌재 1993.12.23. 93헌가2).
② [O] 심리기간 중 사태진행으로 소의 이익이 소멸되었더라도 헌법재판소로서는 제청당시 전제성이 인정되는 한 예외적으로 객관적인 헌법질서의 수호·유지를 위하여 그 위헌여부에 대한 판단을 할 수 있다(헌재 2000.7.20. 99헌가7등).
③ [O] 일반적으로 헌법상 명문규정 뿐만 아니라 각 명문규정들에 대한 종합적 검토 및 구체적인 논증 등을 통하여 도출될 수 있는 헌법원칙과 관습헌법의 경우도 위헌법률심판의 심사기준이 될 수 있다(헌재 2003.12.18. 2002헌마593등).
④ [O] 규범통제절차인 헌법재판소법 제41조 제1항에 의한 위헌법률심판 사건에서 민사소송과 유사한 대립당사자 개념을 상정하기 어려운 점 등에 비추어보면, 보조참가를 규정하고 있는 민사소송법 제71조는 위헌법률심판의 성질상 준용하기 어렵다. 그렇다면 이 사건 보조참가신청인의 보조참가 신청은 위헌법률심판의 성질에 반하여 준용되지 아니하는 민사소송법 제71조에 근거한 것으로서 허용되지 아니한다(2020.3.26. 2016헌가17).
⑤ [O] 당시 군정장관이 제정한 법령 기타 법규의 공포방식에 관하여는 이를 규율하는 법규가 없었고, 그로 인하여 오늘날 법률로 제정되어야 할 사항 중 많은 부분이 '법령 기타 법규'의 형식으로 제정되었으며, 그 공표절차에 있어서는 관보게재의 방식에 의하거나 관보게재 외의 방식이 의하기도 하였다. '법령 기타의 법규'의 형식을 가졌다고 하여 반드시 '법률'보다 하위의 규범인 것은 아니었고, 그 내용이 입법사항에 관한 것이라면 법률과 같은 효력을 가지는 것으로 이해되었다. 이 사건 법령들은 1945. 9. 25., 1945. 12. 6. 각 군정장관의 명의로 공포된 것으로 법령(Ordinance)의 형식을 가졌지만, 각 '패전국 정부 등의 재산권 행사 등의 금지에 관한 사항', '재산권 이전 조치에 관한 사항'과 같이 오늘날 법률로 제정되어야 할 입법사항을 규율하고 있으므로 **법률로서의 효력을 가진다고 볼 수 있다.** 심판대상조항은 법률로서의 효력을 가지고 시행되었고 이후 폐지된 조항이지만 계쟁 토지가 귀속재산인지 여부와 관련하여 현재까지도 여전히 유효한 재판규범으로서 적용되고 있고, 당해 사건 재판에서도 이 사건 토지가 심판대상조항에 따라 귀속재산에 해당하는지 여부가 당해 사건 재판의 결론에 결정적인 영향을 미치므로, 심판대상조항은 헌법소원대상성 및 재판의 전제성이 모두 인정된다(헌재 2021.1.28. 2018헌바88).

정답 ①

197 권한쟁의심판의 당사자에 대한 설명으로 옳은 것을 모두 조합한 것은?

ㄱ. 정당은 헌법 제111조 제1항 제4호 및 헌법재판소법 제62조 제1항 제1호의 '국가기관'에 해당한다고 볼 수 없으므로, 권한쟁의심판의 당사자능력이 인정되지 아니한다.
ㄴ. 국회의원과 국회의장은 헌법 제111조 제1항 제4호에서 말하는 '국가기관 상호 간의 권한쟁의심판'의 당사자가 될 수 있다.
ㄷ. '국가기관 상호 간의 권한쟁의심판'의 당사자능력은 헌법에 의하여 설치된 국가기관에 한정하여 인정함이 타당하다.
ㄹ. 교섭단체의 권한 침해는 교섭단체에 속한 국회의원 개개인의 심의·표결권 등 권한 침해로 이어질 가능성이 높고, 교섭단체와 국회의장 등 사이에 분쟁을 해결할 적당한 기관이나 방법이 없으므로 교섭단체는 그 권한침해를 이유로 권한쟁의심판을 청구할 수 있다.
ㅁ. 국가경찰위원회는 헌법 제111조 제1항 제4호 소정의 헌법에 의하여 설치된 국가기관에 해당하므로 권한쟁의심판의 당사자능력이 인정된다.

① ㄱ, ㄴ, ㄷ ② ㄴ, ㄷ, ㄹ ③ ㄷ, ㄹ, ㅁ
④ ㄱ, ㄷ, ㅁ ⑤ ㄴ, ㄹ, ㅁ

▶ **정답 및 해설**

ㄱ. [O] 정당은 헌법 제111조 제1항 제4호 및 헌법재판소법 제62조 제1항 제1호의 '국가기관'에 해당한다고 볼 수 없으므로, 권한쟁의심판의 당사자능력이 인정되지 아니한다(2020.5.27. 2019헌라1).

ㄴ. [O] 국회의원과 국회의장 사이에 권한의 존부 및 범위와 행사를 둘러싸고 생긴 분쟁은, 서로 별개인 헌법상 국가기관들 사이에서의 권한 분쟁이라 할 것인데, 이러한 분쟁은 행정소송법상의 기관소송으로는 해결할 수 없고, 권한쟁의심판 이외에 달리 해결할 적당한 기관이나 방법도 없으므로, 국회의원과 국회의장은 헌법 제111조 제1항 제4호에서 말하는 '국가기관 상호 간의 권한쟁의심판'의 당사자가 될 수 있다고 보아야 할 것이다(헌재 1997.7.16. 96헌라2).

ㄷ. [O] 국가인권위원회는 국가인권위원회법에 의하여 비로소 설립되고 국회의 입법행위에 의하여 그 존폐 및 권한범위 등이 좌우될 수 있는 국가기관이라는 점에서, '헌법에 설치근거를 둔 국가기관'에 해당하지 않는다. '국가기관 상호 간의 권한쟁의심판'의 당사자능력은 헌법에 의하여 설치된 국가기관에 한정하여 인정함이 타당하므로, 결국 국가인권위원회에게는 이러한 권한쟁의심판의 당사자능력이 부정되어야 한다(헌재 2010.10.28. 2009헌라6).

ㄹ. [X] 교섭단체의 권한 침해는 교섭단체에 속한 국회의원 개개인의 심의·표결권 등 권한 침해로 이어질 가능성이 높은바, 교섭단체와 국회의장 등 사이에 분쟁이 발생하더라도 국회의원과 국회의장 등 사이의 권한쟁의심판으로 해결할 수 있다. 따라서 위와 같은 분쟁을 해결할 적당한 기관이나 방법이 없다고 할 수 없다. 이러한 점을 종합하면, 교섭단체는 그 권한침해를 이유로 권한쟁의심판을 청구할 수 없다. 위에서 본 바와 같이, 정당은 사적 결사와 국회 교섭단체로서의 이중적 지위를 가지나, 어떠한 지위에서든 헌법 제111조 제1항 제4호 및 헌법재판소법 제62조 제1항 제1호의 '국가기관'에 해당한다고 볼 수 없으므로, 권한쟁의심판의 당사자능력이 인정되지 아니한다. 따라서 청구인 자유한국당의 승계인 미래통합당의 심판청구는 청구인능력이 없는 자가 제기한 것으로서 모두 부적법하다(2020.5.27. 2019헌라1).

ㅁ. [X] 국회가 제정한 경찰법에 의하여 비로소 설립된 청구인은 국회의 경찰법 개정행위에 의하여 존폐 및 권한범위 등이 좌우되므로, 헌법 제111조 제1항 제4호 소정의 헌법에 의하여 설치된 국가기관에 해당한다고 할 수 없다. 국가경찰위원회 제도를 채택하느냐의 문제는 우리나라 치안여건의 실정이나 경찰권에 대한 민주적 통제의 필요성 등과 관련하여 입법 정책적으로 결정되어야 할 사항이다.

정부조직법상 합의제 행정기관을 포함한 정부의 부분기관 사이의 권한에 관한 다툼은 정부조직법상의 상하 위계질서나 국무회의, 대통령에 의한 조정 등을 통하여 자체적으로 해결될 가능성이 있고 청구인의 경우도 정부 내의 상하관계에 의한 권한질서에 의하여 권한쟁의를 해결하는 것이 불가능하지 않다.
따라서 권한쟁의심판의 당사자능력은 헌법에 의하여 설치된 국가기관에 한정하여 인정하는 것이 타당하므로, 법률에 의하여 설치된 청구인에게는 권한쟁의심판의 당사자능력이 인정되지 아니한다(2022.12.22. 2022헌라5).

정답 ①

198 권한쟁의심판의 당사자에 대한 설명 중 옳은 것(○)과 옳지 않은 것(×)을 올바르게 조합한 것은? (다툼이 있는 경우 판례에 의함)

ㄱ. 지방자치단체의 의결기관인 지방의회를 구성하는 지방의회 의원과 지방의회의 대표자인 지방의회 의장 간의 권한쟁의심판은 헌법 및 헌법재판소법에 의하여 헌법재판소가 관장하는 '지방자치단체 상호 간의 권한쟁의심판'의 범위에 속한다고 볼 수 없다.
ㄴ. 헌법재판소법 제62조 제1항 제1호가 규정하는 '국회, 정부, 법원 및 중앙선거관리위원회'를 국가기관의 예시에 불과한 것이라고 해석한 것과 마찬가지로 지방자치단체'의 경우에는 지방자치단체 상호간의 권한쟁의심판을 규정하고 있는 헌법재판소법 제62조 제1항 제3호를 예시적으로 해석할 필요가 있다.
ㄷ. 헌법재판소법 제62조 제1항 제1호가 규정하는 '국회, 정부, 법원 및 중앙선거관리위원회'를 국가기관의 예시에 불과하므로 국회 소위원회인 안건조정위원회나 위원장도 권한쟁의 심판의 당사자가 될 수 있다.
ㄹ. '법무부장관'은 헌법상 국가기관이 아니므로 권한쟁의심판에서 일반적인 당사자능력은 인정되지 않는다.
ㅁ. 헌법재판소는 '검사'는 헌법 제4장(정부)에서 명시적으로 그 설치가 규정되어 있지 아니하고, 헌법에 규정된 영장신청권자로서의 검사는 '검찰권을 행사하는 국가기관'으로서 일반적 의미의 검사를 의미하므로 '검찰청법상 검사'와 일치하는 것이 아닌 점을 고려하여, 검찰청법상 검사인 청구인은 당사자능력 인정의 전제인 '헌법에 의해 설치된 국가기관'에 해당되지 않는다고 하였다.

① ㄱ(○), ㄴ(○), ㄷ(×), ㄹ(○), ㅁ(○)
② ㄱ(×), ㄴ(×), ㄷ(○), ㄹ(×), ㅁ(○)
③ ㄱ(○), ㄴ(×), ㄷ(×), ㄹ(×), ㅁ(×)
④ ㄱ(×), ㄴ(○), ㄷ(○), ㄹ(○), ㅁ(×)
⑤ ㄱ(×), ㄴ(○), ㄷ(×), ㄹ(○), ㅁ(×)

▶ 정답 및 해설

ㄱ. [○] 지방자치단체의 의결기관인 지방의회를 구성하는 지방의회 의원과 지방의회의 대표자인 지방의회 의장 간의 권한쟁의심판은 헌법 및 헌법재판소법에 의하여 헌법재판소가 관장하는 '지방자치단체 상호 간의 권한쟁의심판'의 범위에 속한다고 볼 수 없다(헌재 2010.4.29. 2009헌라11).
ㄴ. [×] '국가기관'의 경우에는 헌법 자체에 의하여 그 종류나 범위를 확정할 수 없고 달리 헌법이 법률로 정하도록 위임하지도 않았기 때문에 헌법재판소법 제62조 제1항 제1호가 규정하는 '국회, 정부, 법원 및 중앙선거관리위원회'를 국가기관의 예시에 불과한 것이라고 해석할 필요가 였었던 것과는 달리, '지방자치단체'의 경우에는 지방자치단체 상호간의 권한쟁의심판을 규정하고 있는 헌법재판소법 제62조 제1항 제3호를

예시적으로 해석할 필요성 및 법적 근거가 없다(2016.6.30. 2014헌라1).
ㄷ. [×] 헌법 제62조는 '국회의 위원회'를 명시하고 있으나 '국회의 소위원회'를 명시하지 않고 있다. 국회법 제57조를 설치근거로 하고, 또한 그 설치·폐지 및 권한이 원칙적으로 위원회의 의결에 따라 결정될 뿐인 소위원회는 위원회의 부분기관에 불과하여 헌법에 의하여 설치된 국가기관에 해당한다고 볼 수 없다(2020. 5.27. 2019헌라5).
ㄹ. [×] '법무부장관'은 헌법 제4장(정부)에서 "행정각부의 장은 국무위원 중에서 국무총리의 제청으로 대통령이 임명한다."라고 규정한 헌법 제94조에 의해 설치된 국가기관으로서, 소관 사무에 관하여 부령을 발할 수 있고(헌법 제95조) 검찰·행형·인권옹호·출입국관리 그 밖에 법무에 관한 사무를 관장하여(정부조직법 제32조) 헌법과 법률에 의해 독자적인 권한을 부여받고 있다. 그러므로 청구인 법무부장관은 권한쟁의심판에서 일반적인 당사자능력이 인정된다(2023.3.23. 2022헌라4).
ㅁ. [×] '검사'는 헌법 제4장(정부)에서 명시적으로 그 설치가 규정되어 있지 아니하고, 헌법에 규정된 영장신청권자로서의 검사는 '검찰권을 행사하는 국가기관'으로서 일반적 의미의 검사를 의미하므로 '검찰청법상 검사'와 일치하는 것이 아닌 점을 고려하면, 검찰청법상 검사인 청구인은 당사자능력 인정의 전제인 '헌법에 의해 설치된 국가기관'에 해당되지 않는다고 판단할 여지도 있다.
다만, 헌법은 검찰청법상 검사의 경우 '검찰총장과 검사'로 구성된다는 조직법적 기초를 규정하는 것으로 해석할 여지가 있고(헌법 제89조 제16호), 수사기관이 국민의 신체의 자유와 주거의 자유를 제한하기 위해서는 '검찰권을 행사하는 국가기관'인 일반적 의미의 검사(검찰청법상 검사 포함)의 영장신청권의 통제를 받아야 한다는 기능법적 기초를 규정하는 것으로 해석할 여지가 있다는 점에서(헌법 제12조 제3항, 제16조), 검찰청법상 검사를 '헌법에 의해 설치된 국가기관'이 아니라고 단정하기 어려운 측면도 있다. 또한 검찰청법상 검사는 영장신청권을 행사하고(헌법 제12조 제3항, 제16조) 공익의 대표자로서 범죄수사, 공소제기 및 그 유지에 필요한 사항 등에 관한 직무를 담당하여(검찰청법 제4조 제1항) 헌법과 법률에 의해 독자적인 권한을 부여받고 있다. 그러므로 청구인 검사들에게도 일응 권한쟁의심판에서 일반적인 당사자능력을 인정할 수 있다. 따라서 청구인 법무부장관과 청구인 검사들은 권한쟁의심판에서 일반적인 당사자능력이 인정된다(2023.3.23. 2022헌라4).

정답 ③

199 권한쟁의심판에 대한 설명 중 옳지 않은 것을 모두 조합한 것은?

ㄱ. 지방자치단체의 장이 국가위임 사무에 대해 국가기관의 지위에서 처분을 행한 경우에는 권한쟁의 심판청구의 당사자가 될 수 있다.
ㄴ. 지방자치단체의 장이 지방자치법에 따라 지방자치단체사무의 집행기관으로서 과세처분을 한 것에 불과하다면 지방자치단체 기관의 권한쟁의 심판청구를 허용하고 있지 않은 현행법 하에서는 당사자능력이 없다.
ㄷ. 태안군수의 어업면허처분에 대해 홍성군은 청구인적격을 가지고 태안군수는 피청구인 적격을 가진다.
ㄹ. '지방교육자치에 관한 법률'은 교육감을 시·도의 교육·학예에 관한 사무의 '집행기관'으로 규정하고 있으므로, 교육감과 해당 지방자치단체 상호간의 권한쟁의심판은 '서로 상이한 권리주체간'의 권한쟁의심판청구로 볼 수 있으므로 시·도의 교육·학예에 관한 집행기관인 교육감과 해당 지방자치단체 사이의 내부적 분쟁과 관련된 심판청구는 헌법재판소가 관장하는 권한쟁의심판에 속한다.
ㅁ. 국가사무인 사립대학의 신설이나 학생정원 증원에 관한 수도권 사립대학 정원규제는 경기도의 권한을 침해하거나 침해할 현저한 위험이 있다고 할 수 있으므로, 경기도의 심판청구는 적법하다.

① ㄱ, ㄴ, ㅁ ② ㄷ, ㄹ ③ ㄴ, ㄷ, ㄹ
④ ㄷ, ㄹ, ㅁ ⑤ ㄱ, ㄹ

▶ 정답 및 해설

ㄱ. [○] 지방자치단체의 장이 국가위임 사무에 대해 국가기관의 지위에서 처분을 행한 경우에는 권한쟁의 심판청구의 당사자가 될 수 있다. ○○ 주식회사에 대한 피청구인 순천시장의 과세처분이 국가위임 사무에 해당하고 피청구인 순천시장이 국가기관의 지위에서 이 사건 세금에 대한 부과처분을 한 것이라면, 이것은 지방자치단체와 국가기관 사이에 발생한 권한의 다툼으로 볼 수도 있을 것이다(헌재 2006.8.31. 2003헌라1).

ㄴ. [○] 피청구인 순천시장의 ○○ 주식회사에 대한 세금 부과는 아래에서 보는 바와 같이 국가사무가 아닌 지방자치단체의 권한에 속하는 사항으로, 피청구인 순천시장은 지방자치법 제92조와 제94조에 따라 지방자치단체사무의 집행기관으로서 위 부과처분을 한 것에 불과하므로 지방자치단체 기관의 권한쟁의 심판청구를 허용하고 있지 않은 현행법 하에서는 당사자능력이 없다(헌재 2006.8.31. 2003헌라1).

ㄷ. [×] 태안군수의 어업면허처분에 대해 홍성군은 청구인적격을 가지고 태안군이 피청구인 적격을 가진다. 태안군수는 지방자치단체가 아니라 그 기관이므로 피청구인적격이 없다.
[관련 판례] 청구인과 피청구인은 **지방자치단체들로서** 권한쟁의심판의 당사자능력이 있고, 이 사건 어업면허처분들로 인해 이 사건 쟁송해역에 대한 관할권한이 침해되었다고 주장하는 홍성군에게는 청구인적격이, 이 사건 쟁송해역에 대한 관할권한이 자신에게 있으므로 위 어업면허처분들은 정당하다고 주장하는 태안군에게는 피청구인적격이 각 인정된다(2015.7.30. 2010헌라2).

ㄹ. [×] 헌법 제111조 제1항 제4호는 지방자치단체 상호간의 권한쟁의에 관한 심판을 헌법재판소가 관장하도록 규정하고 있고, 지방자치단체 '상호간'의 권한쟁의심판에서 말하는 '상호간'이란 '서로 상이한 권리주체간'을 의미한다. 그런데 '지방교육자치에 관한 법률'은 교육감을 시·도의 교육·학예에 관한 사무의 '집행기관'으로 규정하고 있으므로, 교육감과 해당 지방자치단체 상호간의 권한쟁의심판은 '서로 상이한 권리주체간'의 권한쟁의심판청구로 볼 수 없다.
나아가 헌법은 '국가기관'과는 달리 '지방자치단체'의 경우에는 그 종류를 법률로 정하도록 규정하고 있으며(헌법 제117조 제2항), 지방자치법은 지방자치단체의 종류를 특별시, 광역시, 특별자치시, 도, 특별자치도와 시, 군, 구로 정하고 있고(지방자치법 제2조 제1항), 헌법재판소법은 이를 감안하여 권한쟁의심판의 종류를 정하고 있다. 즉, 지방자치법은 헌법의 위임을 받아 지방자치단체의 종류를 규정하고 있으므로, 지방자치단체 상호간의 권한쟁의심판을 규정하는 헌법재판소법 제62조 제1항 제3호를 예시적으로 해석할 필요성 및 법적 근거가 없다. 따라서 시·도의 교육·학예에 관한 집행기관인 교육감과 해당 지방자치단체 사이의 내부적 분쟁과 관련된 심판청구는 헌법재판소가 관장하는 권한쟁의심판에 속하지 아니한다(2016.6.30. 2014헌라1).

ㅁ. [×] 고등교육법 및 같은 법 시행령, 사립학교법, 지방자치법의 관련 규정을 종합하면, 청구인의 학교 설치, 운영 및 지도에 관한 사무는 지역적 특성에 따라 달리 다루어야 할 필요성이 있는 사무로서 유아원부터 고등학교 및 이에 준하는 학교에 관한 사무에 한하여 이를 자치사무로 보아야 할 것이고, **대학의 설립 및 대학생정원 증원** 등 운영에 관한 사무는 국가적 이익에 관한 것으로서 전국적인 통일을 기할 필요성이 있는 **국가사무로 보아야 할 것이다.**
따라서 국가사무인 사립대학의 신설이나 학생정원 증원에 관한 이 사건 수도권 사립대학 정원규제는 경기도의 권한을 침해하거나 침해할 현저한 위험이 있다고 할 수 없으므로, 이 사건 심판청구는 부적법하다(2012.7.26. 2010헌라3).

정답 ④

200 권한쟁의심판에 대한 설명 중 옳지 않은 것을 모두 조합한 것은?

ㄱ. 헌법재판소법 제61조 제2항에 따라 권한쟁의심판 대상인 처분은 입법행위와 같은 법률의 제정과 관련된 권한의 존부 및 행사상의 다툼, 행정처분은 물론 행정입법과 같은 모든 행정작용 그리고 법원의 재판 및 사법행정작용 등을 포함하는 넓은 의미의 공권력처분을 의미하는 것으로 보아야 할 것이다.

ㄴ. 법률에 대한 권한쟁의심판은 '법률의 제정행위'가 아니라 '법률 그 자체'를 그 심판대상으로 해야 할 것이다.

ㄷ. 정부가 법률안을 제출하는 행위는 입법을 위한 하나의 사전 준비행위에 불과하고, 권한쟁의심판의 독자적 대상이 되기 위한 법적 중요성을 지닌 행위로 볼 수 없다.

ㄹ. '처분'은 법적 중요성을 지닌 것에 한하므로, 청구인의 법적 지위에 구체적으로 영향을 미칠 가능성이 없는 행위는 '처분'이라 할 수 없어 이를 대상으로 하는 권한쟁의심판청구는 허용되지 않는다. 따라서 단순한 업무협조 요청이나 견해의 표명, 상호 협력 차원에서 조언·권고한 것은 법적 구속력이 없으므로 권한쟁의심판의 대상이 되는 '처분'이라 할 수 없다

ㅁ. 보건복지부장관이 광역지방자치단체의 장에게 '지방자치단체 유사·중복 사회보장사업 정비지침'에 따라 정비를 추진하고 정비계획(실적) 등을 제출해 주기 바란다는 취지의 통보를 한 행위는 권한쟁의심판의 대상이 되는 '처분'이라고 볼 수 있다.

① ㄱ, ㄴ, ㅁ
② ㄴ, ㄹ, ㅁ
③ ㄴ, ㄷ, ㄹ
④ ㄷ, ㄹ
⑤ ㄴ, ㅁ

▶ 정답 및 해설

ㄱ.【O】헌법재판소법 제61조 제2항에 따라 권한쟁의심판을 청구하려면, 피청구인의 처분 또는 부작위가 존재하여야 한다. 여기서의 처분은 입법행위와 같은 법률의 제정과 관련된 권한의 존부 및 행사상의 다툼, 행정처분은 물론 행정입법과 같은 모든 행정작용 그리고 법원의 재판 및 사법행정작용 등을 포함하는 넓은 의미의 공권력처분을 의미하는 것으로 보아야 할 것이다(헌재 2006.5.25. 2005헌라4).

ㄴ.【X】권한쟁의심판과 위헌법률심판은 원칙적으로 구분되어야 한다는 점에서, 법률에 대한 권한쟁의심판은 '법률 그 자체'가 아니라, '법률의 제정행위'를 그 심판대상으로 해야 할 것이다(헌재 2006.5.25. 2005헌라4).

ㄷ.【O】'처분'이란 법적 중요성을 지닌 것에 한하므로, 청구인의 법적 지위에 구체적으로 영향을 미칠 가능성이 없는 행위는 '처분'이라 할 수 없어 이를 대상으로 하는 권한쟁의심판청구는 허용되지 않는다. 정부가 법률안을 제출하였다 하더라도 그것이 법률로 성립되기 위해서는 국회의 많은 절차를 거쳐야 하고, 법률안을 받아들일지 여부는 전적으로 헌법상 입법권을 독점하고 있는 의회의 권한이다. 따라서 정부가 법률안을 제출하는 행위는 입법을 위한 하나의 사전 준비행위에 불과하고, 권한쟁의심판의 독자적 대상이 되기 위한 법적 중요성을 지닌 행위로 볼 수 없다(헌재 2005.12.22. 2004헌라3)

ㄹ.【O】'처분'은 법적 중요성을 지닌 것에 한하므로, 청구인의 법적 지위에 구체적으로 영향을 미칠 가능성이 없는 행위는 '처분'이라 할 수 없어 이를 대상으로 하는 권한쟁의심판청구는 허용되지 않는다. 따라서 단순한 업무협조 요청이나 견해의 표명, 상호 협력 차원에서 조언·권고한 것은 법적 구속력이 없으므로 권한쟁의심판의 대상이 되는 '처분'이라 할 수 없다. 보건복지부장관이 광역지방자치단체의 장에게 '지방자치단체 유사·중복 사회보장사업 정비지침'에 따라 정비를 추진하고 정비계획(실적) 등을 제출해 주기 바란다는 취지의 통보를 한 행위는, 유사·중복 사회보장사업 정비라는 행정목적 달성을 위해 지방자치단체의 임의적·자발적 협력을 기대하고 한 행위로서, 각 지방자치단체의 실정이나 여건이 허락하는 한 이 사건 정비지침에 따라 선정된 지방자치단체 사업을 정비하는 것이 좋겠다는 보건복지부의 업무협조 요청에 불과하

다. 따라서 청구인들은 이 사건 통보행위로 인하여 헌법상·법률상 보장된 권한들이 박탈되거나 권한행사에 제약을 받는다고 볼 수 없으므로, 이 사건 통보행위는 권한쟁의심판의 대상이 되는 '처분'이라고 볼 수 없다(헌재 2018.7.26. 2015헌라4).

ㅁ. [×] 보건복지부장관이 광역지방자치단체의 장에게 '지방자치단체 유사·중복 사회보장사업 정비지침'에 따라 정비를 추진하고 정비계획(실적) 등을 제출해 주기 바란다는 취지의 통보를 한 행위는, 유사·중복 사회보장사업 정비라는 행정목적 달성을 위해 지방자치단체의 임의적·자발적 협력을 기대하고 한 행위로서, 각 지방자치단체의 실정이나 여건이 허락하는 한 이 사건 정비지침에 따라 선정된 지방자치단체 사업을 정비하는 것이 좋겠다는 보건복지부의 업무협조 요청에 불과하다. 따라서 청구인들은 이 사건 통보행위로 인하여 헌법상·법률상 보장된 권한들이 박탈되거나 권한행사에 제약을 받는다고 볼 수 없으므로, 이 사건 통보행위는 권한쟁의심판의 대상이 되는 '처분'이라고 볼 수 없다(헌재 2018.7.26. 2015헌라4). **정답** ⑤

201 권한쟁의심판에 대한 설명 중 옳은 것을 모두 조합한 것은?

ㄱ. 국회의원의 상임위원 신분의 변경을 가져온 국회의장의 상임위원 사·보임 결재행위는 권한쟁의심판의 대상이 되는 처분이라고 할 것이다.

ㄴ. 채권채무관계에서 채무를 이행하지 아니한 부작위를 다투는 소극적 쟁의는 권한침해가능성이 없어 권한쟁의심판의 대상적격이 인정되지 않는다.

ㄷ. 대통령이 국회의 권한을 침해한 경우 소수당 소속의원이 국회의 권한 침해를 이유로 권한쟁의심판을 청구하는 것은 제3자 소송담당인데 이는 법률의 명문규정이 없더라도 소수자 보호차원에서 허용될 수 있다.

ㄹ. 국회의원의 조약안에 대한 심의·표결권은 국회의 대내적인 관계에서 행사되고 침해될 수 있을 뿐, 다른 국가기관과의 대외적인 관계에서는 침해될 수 없는 것이므로, 국회의원들 상호 간 또는 국회의원과 국회의장 사이와 같이 국회 내부적으로만 직접적인 법적 연관성을 발생시킬 수 있을 뿐이고, 대통령 등 국회 이외의 국가기관과 사이에서는 권한침해의 직접적인 법적 효과를 발생시키지 아니한다.

ㅁ. 지방자치단체는 자치사무의 집행에 관한 권한의 존부 및 범위에 관한 권한분쟁을 이유로 자치사무를 집행하는 국가기관 또는 다른 지방자치단체의 장을 상대로 권한쟁의심판청구를 할 수 없다고 할 것이다.

① ㄱ, ㄴ, ㅁ ② ㄴ, ㄷ, ㄹ ③ ㄷ, ㄹ, ㅁ
④ ㄴ, ㄹ, ㅁ ⑤ ㄱ, ㄴ, ㄹ

▶ **정답 및 해설**

ㄱ. [○] 국회는 국민의 대표기관이자 입법기관으로서 폭넓은 자율권을 가지고 있다. 그러나 이 사건은 국회의장인 피청구인이 국회의원인 청구인의 헌법 및 법률상 보장된 법률안 심의·표결권을 침해하였다는 이유로 권한쟁의심판이 청구된 사건이므로, 피청구인의 이 사건 사·보임행위는 헌법재판소가 심사할 수 없는 국회내부의 자율에 관한 문제라고 할 수 없다. 따라서 청구인의 상임위원 신분의 변경을 가져온 피청구인의 이 사건 사·보임 결재행위는 권한쟁의심판의 대상이 되는 처분이라고 할 것이다(헌재 2003.10.30. 2002헌라1).

ㄴ. [○] 가사 피청구인이 이 사건 불허가 처분으로 인한 손실보상금채무의 채무자로서 그 채무를 이행하지

않고 있다고 하더라도 피청구인이 그 채무를 이행하지 않는 것과 청구인이 그 채무를 이행하는 것과는 법률상 전혀 별개의 문제로 직접적인 관련이 있다고 할 수 없으므로, 청구인이 주장하는 피청구인의 부작위인 채무불이행이 헌법 또는 법률에 의하여 부여받은 청구인의 권한을 침해하였거나 침해할 현저한 위험이 있는 경우에 해당한다고 할 수도 없다. 따라서 이 사건 심판청구는 청구인이 피청구인을 상대로 권한쟁의심판을 청구할 수 있는 요건을 갖추지 못한 것으로서 부적법하다(헌재 1998.6.25. 94헌라1).

ㄷ. [×] 권한쟁의심판에서 국회의원이 국회의 권한침해를 주장하여 심판청구를 하는 이른바 '제3자 소송담당'을 허용하는 명문의 규정이 없고, 다른 법률의 준용을 통해서 이를 인정하기도 어려운 현행법 체계 하에서, 국회의 의사가 다수결로 결정되었음에도 다수결의 결과에 반하는 소수의 국회의원에게 권한쟁의심판을 청구할 수 있게 하는 것은 다수결의 원리와 의회주의의 본질에 어긋날 뿐만 아니라, 국가기관이 기관 내부에서 민주적인 토론을 통해 기관의 의사를 결정하는 대신 모든 문제를 사법적 수단에 의해 해결하려는 방향으로 남용될 우려도 있다. 따라서 '제3자 소송담당'이 허용되지 않는 현행법 하에서 국회의 구성원인 국회의원은 국회의 조약 체결·비준 동의권 침해를 주장하는 권한쟁의심판에서 청구인적격이 없다(헌재 2007. 7.26. 2005헌라8).

ㄹ. [○] 국회의원의 심의·표결권은 국회의 대내적인 관계에서 행사되고 침해될 수 있을 뿐, 다른 국가기관과의 대외적인 관계에서는 침해될 수 없는 것이므로, 국회의원들 상호 간 또는 국회의원과 국회의장 사이와 같이 국회 내부적으로만 직접적인 법적 연관성을 발생시킬 수 있을 뿐이고, 대통령 등 국회 이외의 국가기관과 사이에서는 권한침해의 직접적인 법적 효과를 발생시키지 아니한다. 따라서 피청구인인 대통령이 국회의 동의 없이 조약을 체결·비준하였다 하더라도 국회의원인 청구인들의 심의·표결권이 침해될 가능성은 없다(헌재 2007.7.26. 2005헌라8).

ㅁ. [×] 기관위임사무는 지방자치단체의 사무라고 할 수 없고, 지방자치단체의 장은 기관위임사무의 집행권한과 관련된 범위에서는 그 사무를 위임한 국가기관의 지위에 서게 될 뿐 지방자치단체의 기관이 아니다. 따라서 지방자치단체는 기관위임사무의 집행에 관한 권한의 존부 및 범위에 관한 권한분쟁을 이유로 기관위임사무를 집행하는 국가기관 또는 다른 지방자치단체의 장을 상대로 권한쟁의심판청구를 할 수 없다고 할 것이다(헌재 2004.9.23. 2000헌라2).

정답 ⑤

202 권한쟁의심판에 대한 설명 중 옳은 것(○)과 옳지 않은 것(×)을 올바르게 조합한 것은? (다툼이 있는 경우 판례에 의함)

ㄱ. 국회부의장이 국회의장의 위임에 따라 그 직무를 대리하여 법률안 가결선포행위를 할 경우 국회부의장의 권한쟁의심판청구의 피청구인적격은 인정된다.

ㄴ. 개별 상임위원회에서 일부 소속 상임위원들이 배제된 상태에서 상임위원회 전체회의를 개의하고 안건을 상정, 소위원회로 안건심사 회부를 한 것과 관련해 국회의장을 상대로 권한쟁의심판을 청구할 수 없다.

ㄷ. 국회 상임위원회가 그 소관에 속하는 의안, 청원 등을 심사할 권한은, 국회의장이 안건을 상임위원회에 회부함으로써 부여되는 것이지, 법률상 부여된 상임위원회의 고유한 권한이 아니다.

ㄹ. 국회 외교통상통일위원회 폭력사태에서 국회의장에게 특별한 질서유지조치를 하여야 할 구체적 작위의무가 인정된다.

ㅁ. 권한침해 상태가 이미 종료하여 이를 취소할 여지가 없어졌다 하더라도 같은 유형의 침해행위가 앞으로도 반복될 위험이 있고, 헌법질서의 수호·유지를 위하여 그에 대한 헌법적 해명이 긴요한 사항에 대하여는 심판청구의 이익을 인정할 수 있다.

① ㄱ(○), ㄴ(○), ㄷ(×), ㄹ(○), ㅁ(○)
② ㄱ(×), ㄴ(×), ㄷ(○), ㄹ(×), ㅁ(○)
③ ㄱ(×), ㄴ(×), ㄷ(×), ㄹ(×), ㅁ(×)
④ ㄱ(×), ㄴ(○), ㄷ(○), ㄹ(○), ㅁ(×)
⑤ ㄱ(×), ㄴ(○), ㄷ(×), ㄹ(×), ㅁ(○)

▶ 정답 및 해설

ㄱ. [×] 피청구인 국회부의장은 국회의장의 위임에 따라 그 직무를 대리하여 법률안 가결선포행위를 할 수 있을 뿐(국회법 제12조 제1항 참조), 법률안 가결선포행위에 따른 법적 책임을 지는 주체가 될 수 없으므로 권한쟁의심판청구의 피청구인적격이 인정되지 아니한다. 따라서 피청구인 국회부의장에 대한 이 사건 심판청구는 피청구인적격이 인정되지 아니하는 자를 상대로 제기된 것으로 부적법하다(헌재 2009.10.29. 2009헌라8등).

ㄴ. [○] 국회 상임위원회가 그 소관에 속하는 의안, 청원 등을 심사할 권한은, 국회의장이 안건을 상임위원회에 회부함으로써 부여되는 것이 아니라, 법률상 부여된 상임위원회의 고유한 권한이다(국회법 제36조, 제37조 참조). 따라서 상임위원회 위원장이 위원회를 대표해서 의안을 심사하는 권한이 국회의장으로부터 위임된 것임을 전제로 한 국회의장에 대한 이 사건 심판청구는 피청구인적격이 없는 자를 상대로 한 청구로서 부적법하다(헌재 2010.12.28. 2008헌라7등).

ㄷ. [×] 국회 상임위원회가 그 소관에 속하는 의안, 청원 등을 심사할 권한은, 국회의장이 안건을 상임위원회에 회부함으로써 부여되는 것이 아니라, 법률상 부여된 상임위원회의 고유한 권한이다(헌재 2010.12.28. 2008헌라7등).

ㄹ. [×] 부작위에 의해 권한이 침해당하였다고 주장하는 권한쟁의심판청구는 피청구인에게 헌법상 또는 법률상 유래하는 작위의무가 있음에도 불구하고 피청구인이 그러한 의무를 다하지 아니한 경우에 허용된다. 그런데 이 사건 당일 오전의 국회 외교통상통일위원회 폭력사태는 급작스럽게 벌어진 상황으로서, 당시 국회의장이 사태를 인식하고 그에 대처하여 외통위 차원을 넘어 국회 차원의 특별한 질서유지조치를 취할 것이 요구되는 상황이었다고는 인정하기 어렵다. 그러므로 이 사건 당시 국회의장에게 특별한 질서유지조치를 하여야 할 구체적 작위의무가 있었다는 것을 전제로 하여 국회의장의 피청구인적격이 있다는 주장은 받아들일 수 없다(헌재 2010.12.28. 2008헌라7등).

ㅁ. [○] 헌법소원심판과 마찬가지로 권한쟁의심판도 주관적 권리구제뿐만 아니라 객관적인 헌법질서 보장의 기능도 겸하고 있으므로, 청구인에 대한 권한침해 상태가 이미 종료하여 이를 취소할 여지가 없어졌다 하더라도 같은 유형의 침해행위가 앞으로도 반복될 위험이 있고, 헌법질서의 수호·유지를 위하여 그에 대한 헌법적 해명이 긴요한 사항에 대하여는 심판청구의 이익을 인정할 수 있다고 할 것이다(헌재 2003.10.30. 2002헌라1).

정답 ⑤

203 「헌법재판소법」 제68조 제1항에 의한 헌법소원심판에 대한 설명으로 옳지 않은 것은?

① 침해행위가 이미 종료하여서 이를 취소할 여지가 없기 때문에 헌법소원이 주관적 권리구제에는 별 도움이 안 되는 경우라도 그러한 침해행위가 앞으로도 반복될 위험이 있거나 당해 분쟁의 해결이 헌법질서의 수호·유지를 위하여 긴요한 사항이어서 헌법적으로 그 해명이 중대한 의미를 지니고 있는 경우에는 심판청구의 이익을 인정하여 이미 종료한 침해행위가 위헌이었음을 선언적 의미에서 확인할 필요가 있는 것이다.
② 헌재법 제68조 제1항에 의한 헌법소원심판은 구체적 규범통제의 헌법소원으로서 헌재법 제41조 제1항의 규정에 의한 법률의 위헌여부심판의 제청신청이 법원에 의하여 기각된 때에는 헌법재판소에 제청신청이 기각된 법률의 위헌 여부를 가리기 위한 헌법소원심판이다.
③ 하나의 심판청구로 헌법재판소법 제68조 제1항에 의한 헌법소원심판청구와 동조 제2항에 의한 헌법소원심판청구를 병합하여 제기할 수 있다.
④ 기본권의 주체라야만 헌법소원을 청구할 수 있고, 기본권의 주체가 아닌 자는 헌법소원을 청구할 수 없다는 것을 의미하는 것이다.
⑤ '외국인'은 기본권주체가 되므로 헌법소원을 청구할 수 있다.

▶ 정답 및 해설

① [O] 침해행위가 이미 종료하여서 이를 취소할 여지가 없기 때문에 헌법소원이 주관적 권리구제에는 별 도움이 안 되는 경우라도 그러한 침해행위가 앞으로도 반복될 위험이 있거나 당해 분쟁의 해결이 헌법질서의 수호·유지를 위하여 긴요한 사항이어서 헌법적으로 그 해명이 중대한 의미를 지니고 있는 경우에는 심판청구의 이익을 인정하여 이미 종료한 침해행위가 위헌이었음을 선언적 의미에서 확인할 필요가 있는 것이다(헌재 1992.1.28. 91헌마111).
② [X] 헌재법 제68조 제1항에 의한 헌법소원심판은 주관적 권리구제의 헌법소원으로서, 개별적인 공권력의 행사 또는 불행사로 인하여 헌법상 보장된 기본권을 침해받은 자가 청구할 수 있고 이 경우 헌재법 제75조 제2항 및 제5항에 의한 부수적 위헌심판청구도 할 수 있음에 대하여, 헌재법 제68조 제2항에 의한 헌법소원심판은 구체적 규범통제의 헌법소원으로서 헌재법 제41조 제1항의 규정에 의한 법률의 위헌여부심판의 제청신청이 법원에 의하여 기각된 때에는 그 신청을 한 당사자는 헌법재판소에 제청신청이 기각된 법률의 위헌 여부를 가리기 위한 헌법소원심판을 청구할 수 있는바, 그렇다면 헌재법 제68조 제1항과 같은 조 제2항에 규정된 헌법소원심판청구들은 그 심판청구의 요건과 그 대상이 각기 다른 것임이 명백하다(헌재 1994. 4.28. 89헌마221).
③ [O] 헌재법 제68조 제1항에 의한 헌법소원과 헌법재판소법 제68조 제2항에 의한 헌법소원은 비록 그 요건과 대상은 다르다고 하더라도 헌법재판소라는 동일한 기관에서 재판을 받고, 개인에 의한 심판청구라는 헌법소원의 측면에서는 그 성질이 동일한 점, 헌법재판소 판례 중에는 양 청구 간의 청구의 변경을 허용한 예가 있는 점, 양 청구의 사건번호 부여는 편의적인 것에 불과한 점, 이를 허용하지 않을 경우 별도로 헌법소원을 제기하여야 하는데, 이는 소송경제에 반하는 점 등을 살펴볼 때, 양 청구를 함께 병합하여 제기함이 가능하다고 할 것이다(헌재 2010.3.25. 2007헌마933).
④ [O] 헌재법 제68조 제1항은 "공권력의 행사 또는 불행사로 인하여 기본권을 침해받은 자는 헌법소원의 심판을 청구할 수 있다"고 규정하고 있다. 여기서 기본권을 침해받은 자만이 헌법소원을 청구할 수 있다는 것은 곧 기본권의 주체라야만 헌법소원을 청구할 수 있고, 기본권의 주체가 아닌 자는 헌법소원을 청구할 수 없다는 것을 의미하는 것이다(헌재 2008.7.31. 2004헌바81).
⑤ [O] '국민' 또는 국민과 유사한 지위에 있는 '외국인'은 기본권의 주체가 될 수 있다 판시하여 원칙적으로 외국인의 기본권 주체성을 인정하였다(헌재 2001.11.29. 99헌마494).

정답 ②

204. 「헌법재판소법」 제68조 제1항에 의한 헌법소원심판에 대한 설명으로 옳은 것을 모두 조합한 것은?

ㄱ. 법인 아닌 사단·재단이라고 하더라도 대표자의 정함이 있고 독립된 사회적 조직체로서 활동하는 때에는 성질상 법인이 누릴 수 있는 기본권을 침해당하게 되면 그의 이름으로 헌법소원심판을 청구할 수 있다.
ㄴ. 공법인인 지방자치단체의 의결기관인 청구인의회는 기본권의 주체가 될 수 있고 따라서 헌법소원을 제기할 수 있는 적격이 있다고 할 것이다.
ㄷ. 국립대학교는 국가기관의 일부이므로 기본권의 소지자가 아니라 수범자이므로 대학의 자율권의 주체로서 헌법소원심판의 청구인능력이 인정된다고 할 수 없다.
ㄹ. 국민이 어떤 법률 또는 법률조항 자체에 의하여 직접 자신의 기본적 권리를 현재 침해받고 있는 경우에는 그 법률 또는 법률조항에 대하여 바로 헌법재판소법이 정한 절차에 따라 그 권리구제를 구하는 헌법소원심판을 청구할 수 있다.
ㅁ. 한일어업협정은 우리나라 정부가 일본 정부와의 사이에서 어업에 관해 체결·공포한 조약으로서 헌법 제6조 제1항에 의하여 국내법과 같은 효력을 가지므로, 그 체결행위는 고권적 행위로서 '공권력의 행사'에 해당한다.

① ㄱ, ㄴ, ㅁ
② ㄴ, ㄷ, ㄹ
③ ㄷ, ㄹ, ㅁ
④ ㄱ, ㄹ, ㅁ
⑤ ㄴ, ㄹ

▶ 정답 및 해설

ㄱ. [O] 법인 아닌 사단·재단이라고 하더라도 대표자의 정함이 있고 독립된 사회적 조직체로서 활동하는 때에는 성질상 법인이 누릴 수 있는 기본권을 침해당하게 되면 그의 이름으로 헌법소원심판을 청구할 수 있다(헌재 1991.6.3. 90헌마56).

ㄴ. [X] 국가나 국가기관 또는 국가조직의 일부나 공법인은 기본권의 '수범자(Adressat)'이지 기본권의 주체로서 그 '소지자(Träger)'가 아니고 오히려 국민의 기본권을 보호 내지 실현하여야 할 '책임'과 '의무'를 지니고 있는 지위에 있을 뿐이므로, 공법인인 지방자치단체의 의결기관인 청구인의회는 기본권의 주체가 될 수 없고 따라서 헌법소원을 제기할 수 있는 적격이 없다고 할 것이다(헌재 1998.3.26. 96헌마345).

ㄷ. [X] 헌법 제31조 제4항이 규정하는 교육의 자주성 및 대학의 자율성은 헌법 제22조 제1항이 보장하는 학문의 자유의 확실한 보장을 위해 꼭 필요한 것으로서 대학에 부여된 헌법상 기본권인 대학의 자율권이므로, 국립대학인 청구인도 이러한 대학의 자율권의 주체로서 헌법소원심판의 청구인능력이 인정된다(헌재 2015.12.23. 2014헌마1149).

ㄹ. [O] 헌법재판소법 제68조 제1항에는 공권력의 행사 또는 불행사로 인하여 기본권을 침해받은 자는 헌법소원 심판을 청구할 수 있다고 규정하고 있고, 공권력의 행사에는 입법권자의 입법행위도 포함된다 할 것이므로, 국민이 어떤 법률 또는 법률조항 자체에 의하여 직접 자신의 기본적 권리를 현재 침해받고 있는 경우에는 그 법률 또는 법률조항에 대하여 바로 헌법재판소법이 정한 절차에 따라 그 권리구제를 구하는 헌법소원심판을 청구할 수 있다(헌재 1989.9.29. 89헌마13).

ㅁ. [O] 헌법소원심판의 대상이 되는 것은 헌법에 위반된 "공권력의 행사 또는 불행사"이다. 여기서 '공권력'이란 입법권·행정권·사법권을 행사하는 모든 국가기관·공공단체등의 고권적 작용이라고 할 수 있는바, 이 사건 협정은 우리나라 정부가 일본 정부와의 사이에서 어업에 관해 체결·공포한 조약으로서 헌법 제6조 제1항에 의하여 국내법과 같은 효력을 가지므로, 그 체결행위는 고권적 행위로서 '공권력의 행사'에 해당한다(헌재 2001.3.21. 99헌마139등).

정답 ④

205 입법부작위에 대한 설명으로 옳은 것은?

① 헌법에서 기본권 보장을 위하여 법률에 명시적으로 입법위임을 하였음에도 불구하고 입법자가 이를 이행하지 않고 있는 경우에 한해 헌법소원심판의 대상이 될 수 있다.
② 헌법에 명시적 규정이 없는 한 해석상 특정인의 기본권을 보장하기 위한 국가의 입법의무가 발생한 것으로는 입법부작위는 헌법소원의 대상이 될 수 없다.
③ 입법자가 헌법상 입법의무가 있는 사항에 관하여 전혀 입법을 하지 아니한 경우에 한해 헌법소원청구를 할 수 있다.
④ 결함이 있는 입법권의 행사는 진정입법부작위에 해당한다.
⑤ 입법부작위에 대해 헌법소원심판을 청구하려면 다른 법률의 구제절차를 거쳐야 한다.

▶ 정답 및 해설

① [×], ② [×] "진정입법부작위", 즉 본래의 의미에서의 입법부작위를 대상으로 하여 헌법소원을 제기하려면 헌법에서 기본권보장을 위하여 법령에 명시적인 입법위임을 하였음에도 불구하고 입법자가 상당한 기간내에 이를 이행하지 아니하거나 또는 헌법의 해석상 특정인에게 구체적인 기본권이 생겨 이를 보장하기 위한 국가의 행위의무 내지 보호의무가 발생하였음이 명백함에도 불구하고 입법자가 아무런 입법조치를 취하지 않고 있는 경우이어야 한다.

③ [○] 초·중등교육법 제23조 제3항의 위임에 따라 동 교육법시행령 제43조가 의무교육인 초·중등학교의 교육과정을 규정함에 있어 헌법과목을 필수과목으로 규정하고 있지 않다 하더라도, 이는 입법행위에 결함이 있는 '부진정 입법부작위'에 해당하여 구체적인 입법을 대상으로 헌법소원 심판청구를 해야 할 것이므로, 이 부분 입법부작위 위헌확인 심판청구는 허용되지 않는 것을 대상으로 한 것으로서 부적법하다(헌재 2011.9.29. 2010헌바66).

④ [×] 넓은 의미의 입법부작위에는 첫째, 입법자가 헌법상 입법의무가 있는 어떤 사항에 관하여 전혀 입법을 하지 아니함으로써 입법행위의 흠결이 있는 경우(즉, 입법권의 불행사)와 둘째, 입법자가 어떤 사항에 관하여 입법은 하였으나 그 입법의 내용·범위·절차 등이 당해 사항을 불완전·불충분 또는 불공정하게 규율함으로써 입법행위에 결함이 있는 경우(즉, 결함이 있는 입법권의 행사)가 있는데, 일반적으로 전자를 "진정입법부작위", 후자를 "부진정입법부작위"라고 부르고 있다.

⑤ [×] 입법부작위에 대한 행정소송의 적법여부에 관하여 대법원은 "행정소송은 구체적 사건에 대한 법률상 분쟁을 법에 의하여 해결함으로써 법적 안정을 기하자는 것이므로, 부작위위법확인소송의 대상이 될 수 있는 것은 구체적 권리의무에 관한 분쟁이어야 하고, 추상적인 법령에 관하여 제정의 여부 등은 그 자체로서 국민의 구체적인 권리의무에 직접적인 변동을 초래하는 것이 아니어서 행정소송의 대상이 될 수 없다"라고 판시하고 있으므로, 입법부작위에 대한 헌법소원청구는 다른 구제절차가 없는 경우에 해당한다.

정답 ③

206 입법부작위에 대한 설명으로 옳은 것은?

① 어떤 사항에 관하여 입법은 하였으나 그 입법의 내용·범위·절차 등의 사항을 불완전·불충분 또는 불공정하게 규율함으로써 입법행위에 결함이 있는 경우는 입법부작위에 대해 헌법소원을 제기할 수 있다.
② 입법자가 어떤 사항에 관하여 입법을 하였으나 문언상 명백하지 아니하지만 반대해석을 통해 규

정의 입법취지를 알고 있다면 이는 진정입법부작위이다.
③ 부진정입법부작위의 경우 결함이 있는 당해 입법규정 그 자체를 대상으로 적극적으로 헌법소원심판을 청구할 수 있다.
④ 전혀 입법을 하지 아니함으로써 입법행위의 흠결이 있는 경우 즉, 입법권의 불행사는 부진정입법부작위이다.
⑤ 입법자가 어떤 사항에 관하여 입법을 하였으나 그 입법내용 범위, 절차 등이 당해사항을 불완전, 불충분, 불공정하게 규율함으로써 입법행위의 결함이 있는 경우를 진정입법부작위라고 한다.

▶ 정답 및 해설

① [X] 어떤 사항에 관하여 입법은 하였으나 그 입법의 내용·범위·절차 등의 사항을 불완전·불충분 또는 불공정하게 규율함으로써 입법행위에 결함이 있는 경우로서 불완전한 법규정을 대상으로 하여 그것이 헌법위반이라는 적극적인 헌법소원을 할 수 있으나, 이를 부작위라하여 헌법소원을 제기할 수는 없다.
② [X] 행정입법자가 어떤 사항에 관하여 입법은 하였으나 문언상 명백하지 않고 반대해석으로만 그 규정의 입법취지를 알 수 있도록 함으로써 불완전, 불충분 또는 불공정하게 규율할 경우에 불과하므로, 이를 '부진정 입법부작위'라고는 할 수 있을지언정 '진정 입법부작위'에 해당한다고는 볼 수 없다(헌재 2009.7.14. 2009헌마349).
③ [O] "부진정입법부작위"를 대상으로, 즉 입법의 내용·범위·절차 등의 결함을 이유로 헌법소원을 제기하려면 이 경우에는 결함이 있는 당해 입법규정 그 자체를 대상으로 하여 그것이 평등의 원칙에 위배된다는 등 헌법위반을 내세워 <u>적극적인 헌법소원을 제기</u>하여야 한다(헌재 2000.4.27. 99헌마76).
④ [X], ⑤ [X] 넓은 의미의 "입법부작위"는, 1. 입법자가 헌법상 입법의무가 있는 어떤 사항에 관하여 전혀 입법을 하지 아니함으로써 "입법행위의 흠결(Locke)이 있는 경우"(즉, 입법권의 불행사)와 2. 입법자가 어떤 사항에 관하여 입법은 하였으나 그 입법의 내용·범위·절차 등이 당해 사항을 불완전, 불충분 또는 불공정하게 규율함으로써 "입법행위에 결함(Fehler)이 있는 경우"(즉, 결함이 있는 입법권의 행사)가 있는데, 일반적으로 전자를 진정입법부작위, 후자를 부진정입법부작위라고 부르고 있다(헌재 1996.10.31. 94헌마108).

정답 ③

207 헌법소원심판에 관한 설명으로 옳지 않은 것은?

① 국회의장이 국회의원을 상임위원회의 위원으로 선임하는 행위는 헌법소원의 대상이 되지 않는다.
② 법령보충적 행정규칙은 헌법소원의 대상이 될 수 있다.
③ 계구사용에 관한 법무부 훈령인 계호근무준칙은 헌법소원의 대상이 된다.
④ 지방공무원법이 '사실상 노무에 종사하는 공무원의 범위'를 조례에 위임하고 있음에도 불구하고 지방자치단체가 그러한 공무원의 구체적인 범위를 조례로 제정하지 않은 부작위에 대해서는 헌법소원을 청구할 수 없다.
⑤ 헌법재판소법 제68조 제1항의 공권력의 불행사에 대하여서도 그 대상으로 할 수 있지만, 행정권력의 부작위에 대한 소원의 경우에 있어서는 공권력의 주체에게 헌법에서 유래하는 작위의무가 특별히 구체적으로 규정되어 이에 의거하여 기본권의 주체가 행정행위를 청구할 수 있음에도 공권력의 주체가 그 의무를 해태하는 경우에 허용된다고 할 것이며, 따라서 의무위반의 부작위 때문에 피해를 입었다는 단순한 일반적인 주장만으로는 족하지 않다고 할 것으로 기본권의 침해없이 행정행위의 단순한 부작위의 경우는 헌법소원으로서는 부적법하다고 할 것이다.

▶ 정답 및 해설

① [O] 국회의장이 국회의원을 상임위원회의 위원으로 선임하는 행위는 국회 조직 구성에 관한 기관 내부의 행위에 불과하여 헌법소원의 대상이 되지 않는다(헌재 1999.6.24. 98헌마472).
② [O] 법령에서 행정관청에 법령의 구체적 내용을 보충할 권한을 부여한 경우에는 그것이 상위법령의 위임 한계를 벗어나지 아니하는 한, 상위법령과 결합하여 대외적인 구속력을 갖는 법규명령으로 기능하여 헌법 소원의 대상이 될 수 있다(헌재 2002.7.18. 2001헌마605).
③ [O] 법무부 훈령인 계호근무준칙은 검사 조사실에서의 계구사용에 관한 재량권 행사의 준칙으로서 오랫동안 반복적으로 시행되어 그 내용이 관행으로 확립되었고(헌재 2005.5.26. 2004헌마49) 대외적 구속력이 있는 공권력 행사로서 헌법소원의 대상이 된다.
④ [X] 상위 법령에서 일정한 사항을 조례에 위임한 경우 지방자치 단체는 해당 조례를 제정할 헌법상 의무를 부담하므로 지방공무원법이 '사실상 노무에 종사하는 공무원의 범위'를 조례에 위임하고 있음에도 불구하고 지방자치단체가 그러한 공무원의 구체적인 범위를 조례로 제정하지 않은 부작위에 대해서는 헌법소원을 청구할 수 있다(헌재 2009.7.30. 2006헌마358).
⑤ [O] 헌법소원은 헌법재판소법 제68조 제1항에 규정한 바와 같이 공권력의 불행사에 대하여서도 그 대상으로 할 수 있지만, 행정권력의 부작위에 대한 소원의 경우에 있어서는 공권력의 주체에게 헌법에서 유래하는 작위의무가 특별히 구체적으로 규정되어 이에 의거하여 기본권의 주체가 행정행위를 청구할 수 있음에도 공권력의 주체가 그 의무를 해태하는 경우에 허용된다고 할 것이며, 따라서 의무위반의 부작위 때문에 피해를 입었다는 단순한 일반적인 주장만으로는 족하지 않다고 할 것으로 기본권의 침해없이 행정행위의 단순한 부작위의 경우는 헌법소원으로서는 부적법하다고 할 것이다(헌재 1991.9.16. 89헌마163). 정답 ④

208 헌법소원심판에 관한 설명으로 옳지 않은 것은?

① 개발제한구역의 해제 또는 조정의 내용을 담고 있는 건설교통부장관의 '개발제한구역 제도개선 방안'은 헌법소원의 대상이 되는 공권력의 행사에 해당되지 않는다.
② 법학전문대학원은 교육기관으로서의 성격과 함께 법조인 양성이라는 국가의 책무를 일부 위임 받은 직업교육기관으로서의 성격을 가지고 있으나, 학교법인 이화학당을 공권력의 주체로 볼 수 없고, 사립대학인 학교법인 이화학당의 법학전문대학원 모집요강은 헌법소원심판의 대상이 되는 공권력의 행사라고 볼 수 없다.
③ 기획재정부장관이 확정·공표한 공공기관의 선진화계획은 헌법소원의 대상이 되는 공권력의 행사에 해당한다.
④ 국무총리의 새만금간척사업에 대한 조치계획·지시사항시달, 농림부장관의 그 후속 세부실천계획 및 새만금간척사업공사재개행위는 헌법소원의 대상이 될 수 없다.
⑤ 행정계획안인 서울대학교 입시요강이 국민의 기본권에 직접 영향을 끼치는 내용이고 앞으로 법령의 뒷받침에 의하여 그대로 실시될 것이 틀림없을 것으로 예상될 수 있는 것일 때에는 헌법소원의 대상이 되는 헌법재판소법 제68조 제1항 소정의 공권력의 행사에 해당된다고 할 것이다.

▶ 정답 및 해설

① [O] 개발제한구역의 해제 또는 조정의 내용을 담고 있는 건설교통부장관의 '개발제한구역 제도개선방안'에 대해, 이는 개발제한구역의 운용에 대한 국가의 기본방침을 천명하는 정책계획안이며, 장차 이루어질 개발제한구역의 해제 내지 조정에 대한 정보를 국민들에게 사전에 제공하는 행정계획안으로서 사실상의 준비

행위 내지 대외적 효력이 없는 비구속적 행정계획안에 불과하므로 헌법소원의 대상이 되는 공권력의 행사에 해당되지 않는다(헌재 2000.6.1. 99헌마538등).

② [O] 법학전문대학원은 교육기관으로서의 성격과 함께 법조인 양성이라는 국가의 책무를 일부 위임받은 직업교육기관으로서의 성격을 가지고 있기는 하나, 이화여자대학교는 사립대학으로서 국가기관이나 공법인, 국립대학교와 같은 공법상의 영조물에 해당하지 아니하고, 일반적으로 사립대학과 그 학생과의 관계는 사법상의 계약관계이므로 학교법인 이화학당을 공권력의 주체라거나 그 모집요강을 공권력의 행사라고 볼 수 없다. 따라서 이 사건 모집요강은 헌법소원심판의 대상이 되는 공권력의 행사라고 볼 수 없다(헌재 2013.5.30. 2009헌마514).

③ [X] 이 사건 선진화 계획은 그 법적 성격이 행정계획이라고 할 것인바, 국민의 기본권에 직접적인 영향을 미친다고 볼 수 없고, 장차 법령의 뒷받침에 의하여 그대로 실시될 것이 틀림없을 것으로 예상된다고 보기도 어려우므로, 헌법소원의 대상이 되는 공권력의 행사에 해당한다고 할 수 없다(헌재 2011.12.29. 2009헌마330).

④ [O] 국무총리의 새만금간척사업에 대한 조치계획·지시사항시달, 농림부장관의 그 후속 세부실천계획 및 새만금간척사업공사재개행위 역시 당초 새만금간척사업시행계획에 따라 진행되다 중단된 공사를 재개하는 것에 불과하여 헌법소원의 대상이 될 수 없다(헌재 2003.1.30. 2001헌마579).

⑤ [O] 이러한 사실상의 준비행위나 사전안내라도 그 내용이 국민의 기본권에 직접 영향을 끼치는 내용이고 앞으로 법령의 뒷받침에 의하여 그대로 실시될 것이 틀림없을 것으로 예상될 수 있는 것일 때에는 그로 인하여 직접적으로 기본권침해를 받게되는 사람에게는 사실상의 규범작용으로 인한 위험성이 이미 발생하였다고 보아야 할 것이므로 이러한 것도 헌법소원의 대상은 될 수 있다고 보아야 하고 서울대학교의 "94학년도 대학입학고사 주요요강"은 교육법시행령 제71조의2의 규정이 개정되어 그대로 시행될 수 있을 것이, 그것을 제정하여 발표하게 된 경위에 비추어 틀림없을 것으로 예상되므로 이를 제정·발표한 행위는 헌법소원의 대상이 되는 헌법재판소법 제68조 제1항 소정의 공권력의 행사에 해당된다고 할 것이다(헌재 1992.10.1. 92헌마68등).

정답 ③

209 헌법소원심판에 관한 설명 중 옳은 것을 모두 조합한 것은?

ㄱ. 교육인적자원부장관의 대학총장들에 대한 학칙시정요구는 그 법적 성격이 대학총장의 임의적인 협력을 통하여 사실상의 효과를 발생시키는 행정지도의 한계를 넘는 헌법소원의 대상이 되는 공권력의 행사로 볼 수 있다.

ㄴ. ○○교도소장이 2014. 7. 30. 외부인으로부터 연예인 사진을 교부받을 수 있는지에 관한 청구인의 문의에 대하여 청구인이 '다약류수용자'로 분류되어 있고 연예인 사진은 처우상 필요한 것으로 인정하기 어려워 불허될 수 있다는 취지로 청구인에게 고지한 행위는 헌법소원심판의 대상이 된다고 할 수 없다.

ㄷ. 구치소의 미결수용자가 구치소장에 대하여 우표를 제공할 것을 요구하였으나 이를 거부한 행위는 비권력적 사실행위로서 헌법소원의 대상이 되지 않는다.

ㄹ. '금융위원회가 2017. 12. 28. 시중 은행들을 상대로 가상통화 거래를 위한 가상계좌의 신규제공을 중단하도록 한 조치' 및 '금융위원회가 2018. 1. 23. 가상통화 거래 실명제를 2018. 1. 30.부터 시행하도록 한 조치는 헌법소원의 대상인 공권력의 행사에 해당한다.

ㅁ. 변호사 광고를 규제하고 있는 대한변호사협회의 방송광고규정은 헌법소원의 대상이 되는 공권력의 행사에 해당한다고 할 수 없다.

① ㄱ, ㄴ, ㄷ ② ㄴ, ㄷ, ㄹ ③ ㄷ, ㄹ, ㅁ
④ ㄱ, ㄹ, ㅁ ⑤ ㄴ, ㄹ

정답 및 해설

ㄱ. 【O】 교육인적자원부장관의 대학총장들에 대한 이 사건 학칙시정요구는 대학총장의 임의적인 협력을 통하여 사실상의 효과를 발생시키는 행정지도의 일종이지만, 그에 따르지 않을 경우 일정한 불이익조치를 예정하고 있어 사실상 상대방에게 그에 따를 의무를 부과하는 것과 다를 바 없으므로 단순한 행정지도로서의 한계를 넘어 규제적·구속적 성격을 상당히 강하게 갖는 것으로서 헌법소원의 대상이 되는 공권력의 행사라고 볼 수 있다(헌재 2003.6.26. 2002헌마337).

ㄴ. 【O】 피청구인의 이 사건 고지행위는, 청구인이 외부인으로부터 연예인 사진을 교부받을 수 있는지를 문의한 것에 대하여 피청구인의 담당직원이 형집행법 관련 법령과 행정규칙을 해석·적용한 결과를 청구인에게 알려준 것에 불과할 뿐, 이를 넘어 청구인에게 어떠한 새로운 법적 권리의무를 부과하거나 일정한 작위 또는 부작위를 구체적으로 지시하는 내용이라고 볼 수 없으므로, 헌법소원의 대상이 되는 '공권력의 행사'로 볼 수 없다(헌재 2016.10.27. 2014헌마626).

ㄷ. 【O】 구치소의 미결수용자가 구치소장에 대하여 우표를 제공할 것을 요구하였으나 이를 거부한 행위는 비권력적 사실행위로서 헌법소원의 대상이 되지 않는다(헌재 2009.12.29. 2008헌마617).

ㄹ. 【X】 이 사건 조치는, '특정 금융거래정보의 보고 및 이용 등에 관한 법률' 등에 따라 자금세탁 방지의무 등을 부담하고 있는 금융기관에 대하여, 종전 가상계좌가 목적 외 용도로 남용되는 과정에서 자금세탁 우려가 상당하다는 점을 주지시키면서 그 우려를 불식시킬 수 있는 감시·감독체계와 새로운 거래체계, 소위 '실명확인 가상계좌 시스템'이 정착되도록, 금융기관에 방향을 제시하고 자발적 호응을 유도하려는 일종의 '단계적 가이드라인'에 불과하다. 은행들이 이에 응하지 아니하더라도 행정상, 재정상 불이익이 따를 것이라는 내용은 확인할 수 없는 점, 이 사건 조치 이전부터 금융기관들이 상당수 거래소에는 자발적으로 비실명가상계좌를 제공하지 아니하여 왔고 이를 제공해오던 거래소라 하더라도 위험성이 노정되면 자발적으로 제공을 중단해 왔던 점, 이 사건 조치 이전부터 '국제자금세탁방지기구'를 중심으로 가상통화 거래에 관한 자금세탁 방지규제가 계속 강화되어 왔는데 금융기관들이 이를 고려하지 않을 수 없었던 점, 다른 나라에 비견하여 특히 가상통화의 거래가액이 이례적으로 높고 급등과 급락을 거듭해 왔던 대한민국의 현실까지 살핀다면, 가상통화 거래의 위험성을 줄여 제도화하기 위한 전제로 이루어지는 단계적 가이드라인의 일환인 이 사건 조치를 금융기관들이 존중하지 아니할 이유를 달리 확인하기 어렵다. 이 사건 조치는 당국의 우월적인 지위에 따라 일방적으로 강제된 것으로 볼 수 없으므로 헌법소원의 대상이 되는 공권력의 행사에 해당된다고 볼 수 없다(2021.11.25. 2017헌마1384, 2018헌마90, 145, 391(병합)).

ㅁ. 【X】 변협은 위와 같이 변호사법에서 위임받은 변호사 광고에 관한 규제를 설정함에 있어 공법인으로서 공권력 행사의 주체가 된다. 나아가, 변협의 구성원인 변호사등은 위 규정을 준수하여야 할 의무가 있고, 이를 위반하게 되면 변호사법 제91조 등 관련 규정에 따라 변협 및 법무부에 설치된 변호사징계위원회에 의하여 변호사법 제90조에서 정한 징계를 받게 되는바, 이 사건 규정이 단순히 변협 내부 기준이라거나 사법적인 성질을 지니는 것이라 보기 어렵고, 수권법률인 변호사법과 결합하여 대외적 구속력을 가진다고 할 것이다. 따라서 변협이 변호사 광고에 관한 규제와 관련하여 정립한 규범인 심판대상조항은 헌법소원의 대상이 되는 공권력의 행사에 해당한다(헌재 2022.5.26. 2021헌마619).

정답 ①

210 공고에 대한 설명 중 옳은 것을 모두 조합한 것은?

ㄱ. 한국산업인력공단의 2019년도 제56회 변리사 국가자격시험 시행계획 공고" 가운데 '2019년 제2차 시험과목 중 특허법과 상표법 과목에 실무형 문제를 각 1개씩 출제' 부분은 헌법소원의 대상이 되는 공권력의 행사에 해당한다.
ㄴ. '고입검정고시'에 합격했던 자는 해당 검정고시에 다시 응시할 수 없도록 응시자격을 제한한 전라남도 교육청 공고는 헌법소원의 대상이 되지 않는다.
ㄷ. 시험일을 토요일로 정하고 있는 법학전문협의회의 법학적성시험 공고는 헌법소원심판의 대상이 된다.
ㄹ. 5급 공채시험 응시연령에 대한 행정안전부장관의 공고는 헌법소원의 대상이 된다.
ㅁ. 행정고시 응시연령 기준일을 최종시험일로 하고 최종시험일을 12월 14일로 한 행정자치부장관의 공고는 헌법소원의 대상이 된다.

① ㄱ, ㄴ, ㅁ ② ㄴ, ㄷ, ㄹ ③ ㄷ, ㄹ, ㅁ
④ ㄱ, ㄷ, ㅁ ⑤ ㄴ, ㄹ

▶ 정답 및 해설

ㄱ. [O] 이 사건 공고의 근거법령의 내용만으로는 변리사 제2차 시험에서 '실무형 문제'가 출제되는지 여부가 정해져 있다고 볼 수 없고, 이 사건 공고에 의하여 비로소 2019년 제56회 변리사 제2차 시험에 실무형 문제가 출제되는 것이 확정된다. 이 사건 공고는 법령의 내용을 구체적으로 보충하고 세부적인 사항을 확정함으로써 대외적 구속력을 가지므로, 헌법소원의 대상이 되는 공권력의 행사에 해당한다(2019.5.30. 2018헌마1208).

ㄴ. [X] '고입검정고시'에 합격했던 자는 해당 검정고시에 다시 응시할 수 없도록 응시자격을 제한한 전라남도 교육청 공고에 대해서도, 2010년도 고졸검정고시의 구체적인 시행은 이 공고에 따라 비로소 확정되므로 헌법소원의 대상이 된다(헌재 2012.5.31. 2010헌마139).

ㄷ. [O] 법학전문대학원협의회는 교육과학기술부장관으로부터 적성시험의 주관 및 시행업무를 위임받아 매년 1회 이상의 적성시험을 실시하므로, 최소한 적성시험의 주관 및 시행에 관해서는 교육과학기술부장관의 지정 및 권한의 위탁에 의해 관련 업무를 수행하는 공권력 행사의 주체라고 할 것이며, 2010학년도 적성시험의 구체적인 시험 일시는 위 공고에 따라 비로소 확정되는 것으로 위 공고는 헌법소원의 대상이 되는 공권력의 행사에 해당한다(헌재 2010.4.29. 2009헌마399).

ㄹ. [X] 법령에 규정된 내용을 그대로 공고한 것은 공고로 인하여 기본권 침해여지가 발생하지 아니하므로 헌법소원의 대상이 되지 아니하나 법령에 규정되어 있지 아니한 내용을 추가로 공고한 행위는 이로 인하여 국민의 권리 또는 의무에 변동을 야기하므로 헌법소원의 대상이 된다. 법령에 규정되어 있는 공무원시험 연령을 그대로 공고한 2000년도 기술고시, 지방고시 응시연령 공고는 헌법소원의 대상이 되지 아니한다(헌재 2001.9.27. 2000헌마173).

ㅁ. [O] 지방고시 응시연령의 기준일을 최종시험일인 1999년 12월 14일로 규정한 공고는 헌법소원의 대상이 된다(헌재 2001.1.27. 99헌마123). 또한 법학전문협의회의 법학적성시험시행계획공고도 헌법소원의 대상이 된다(헌재 2010.4.29. 2009헌마399).

정답 ④

211 헌법소원심판의 대상에 대한 설명 중 옳은 것을 모두 조합한 것은?

ㄱ. 검사가 수사과정에서 피의자에 대하여 한 비공개 지명수배처분은 이로 인하여 지명수배자가 거주·이전의 자유에 제약을 받으므로 헌법소원심판의 대상이 되는 공권력의 행사에 해당한다.
ㄴ. 재무부장관이 제일은행장에 대하여 한 국제그룹의 해체준비착수지시와 언론발표 지시는 상급관청의 하급관청에 대한 지시가 아님은 물론 동 은행에 대한 임의적 협력을 기대하여 행하는 비권력적 권고·조언 등의 단순한 행정지도로서의 한계를 넘어선 것이어서 일종의 권력적 사실행위로서 헌법소원의 대상이 되는 공권력의 행사에 해당한다.
ㄷ. 헌법재판소에 따르면 행정소송으로 행정처분의 취소를 구한 청구인의 청구를 받아들이지 아니한 법원의 판결에 대해 헌법소원의 청구가 예외적으로 허용되어 그 재판이 취소되는 경우에 한해 원래의 행정처분에 대한 헌법소원심판의 청구도 이를 인용하는 것이 상당하다.
ㄹ. 대통령이 국회 본회의의 시정연설에서 자신에 대한 신임국민투표를 실시하고자 한다고 밝혔다면 헌법소원의 대상이 되는 공권력의 행사라고 할 수 있다.
ㅁ. 피청구인 중앙선거관리위원회가 2020. 1. 13. '비례○○당'의 명칭은 정당법 제41조 제3항에 위반되어 정당의 명칭으로 사용할 수 없다고 결정·공표한 행위는 헌법소원의 대상이 되는 '공권력의 행사'에 해당하지 않는다.

① ㄱ, ㄴ, ㅁ   ② ㄴ, ㄷ, ㄹ   ③ ㄷ, ㄹ, ㅁ
④ ㄱ, ㄹ, ㅁ   ⑤ ㄴ, ㄷ, ㅁ

▶ 정답 및 해설

ㄱ. [X] 수사과정에서의 비공개 지명수배 조치는 수사기관 내부의 단순한 공조 내지 의사연락에 불과할 뿐이고 그 자체만으로는 아직 국민에 대하여 직접 효력을 가지는 것이라 할 수 없다. 또한 수사기관간에 비공개리에 이루어지는 지명수배 조치의 속성상 이로 인하여 피의자가 거주·이전의 자유에 제약을 받는다고 보기도 어렵거니와 설사 그러한 제약적 효과가 있다 하더라도 이는 지명수배자가 그 소재발견을 회피하려는 데 따른 선택적 결과에 불과할 뿐 지명수배 조치로 인한 필연적·직접적인 효과로 보기 어려우므로, 이는 헌법소원심판의 대상이 되는 '공권력의 행사'에 해당한다고 볼 수 없다(헌재 2002.9.19. 99헌마181).
ㄴ. [O] 재무부장관이 제일은행장에 대하여 한 국제그룹의 해체준비착수지시와 언론발표 지시는 상급관청의 하급관청에 대한 지시가 아님은 물론 동 은행에 대한 임의적 협력을 기대하여 행하는 비권력적 권고·조언 등의 단순한 행정지도로서의 한계를 넘어선 것이고, 이와 같은 공권력의 개입은 주거래 은행으로 하여금 공권력에 순응하여 제3자 인수식의 국제그룹 해체라는 결과를 사실상 실현시키는 행위라고 할 것으로, 이와 같은 유형의 행위는 형식적으로는 사법인인 주거래 은행의 행위였다는 점에서 행정행위는 될 수 없더라도 그 실질이 공권력의 힘으로 재벌기업의 해체라는 사태변동을 일으키는 경우인 점에서 일종의 권력적 사실행위로서 헌법소원의 대상이 되는 공권력의 행사에 해당한다(헌재 1993.7.29. 89헌마31).
ㄷ. [O] 행정처분이 헌법에 위반되는 것이라는 이유로 그 취소를 구하는 행정소송을 제기하였으나 법원에 의하여 그 청구가 받아들여지지 아니한 후 다시 원래의 행정처분에 대하여 헌법소원심판을 청구하는 것이 원칙적으로 허용될 수 있는지의 여부에 관계없이, 이 사건의 경우와 같이 행정소송으로 행정처분의 취소를 구한 청구인의 청구를 받아들이지 아니한 법원의 판결에 대한 헌법소원심판의 청구가 예외적으로 허용되어 그 재판이 헌법재판소법 제75조 제3항에 따라 취소되는 경우에는 원래의 행정처분에 대한 헌법소원심판의 청구도 이를 인용하는 것이 상당하다(헌재 1997.12.24. 96헌마172등).

ㄹ. [X] 대통령이 국회 본회의 시정연설에서 자신에 대한 신임국민투표를 실시하고자 한다고 밝혔다 하더라도, 그것이 단순한 정치적 제안에 불과하다고 인정되는 이상 헌법소원의 대상이 되는 공권력의 행사라고 할 수 없다(헌재 2003.11.27. 2003헌마694).

ㅁ. [O] 이 사건 결정·공표는 '비례○○당'이 정당법 제41조 제3항에 따라 사용이 금지되는 유사명칭에 해당하는지 여부에 대한 피청구인의 내부적인 판단을 공표한 것으로서, 그 자체로 청구인의 법적 지위에 어떠한 영향을 미친다고 볼 수 없다. 따라서 이 사건 결정·공표는 헌법소원의 대상이 되는 '공권력의 행사'에 해당하지 않는다(헌재 2021.3.25. 2020헌마94).
* 청구인이 정당등록을 신청하고 중앙선거관리위원회가 이를 거부한 경우, 비로소 법적 지위가 변동된다.

정답 ⑤

212. 헌법소원심판의 대상에 대한 설명 중 옳은 것을 모두 조합한 것은? (다툼이 있는 경우 헌법재판소 결정에 따름)

ㄱ. 인터넷회선을 통하여 송·수신하는 전기통신의 감청을 대상으로 하는 법원의 통신제한조치 허가에 대한 헌법소원 심판청구는 부적법하다.

ㄴ. 제주특별자치도통합영향평가심의위원회 심의위원 중 위촉위원이 포함되는 것으로 해석하는 한 헌법에 위반된다."는 한정위헌결정에도 불구하고 재심청구를 기각한 법원의 결정은 헌법소원의 대상이 된다.

ㄷ. 헌법재판소법 제75조 제7항은 "제68조 제2항에 따른 헌법소원이 인용된 경우에 해당 헌법소원과 관련된 소송사건이 이미 확정된 때에는 당사자는 재심을 청구할 수 있다."라고 규정함으로써 소송당사자가 재심을 청구할 권리를 부여하고 있고, 여기서 '헌법소원이 인용된 경우'에는 헌법재판소의 단순위헌결정을 의미한다.

ㄹ. 헌법재판소의 위헌결정의 기속력을 부인하고 헌법재판소법 제75조 제7항의 재심사유로 받아들이지 아니한 법원의 재심기각결정들은 재판청구권을 침해하는 것이다.

ㅁ. "구 조세감면규제법의 시행에도 불구하고 구 조세감면규제법 부칙 제23조가 실효되지 않은 것으로 해석하는 것은 헌법에 위반된다."는 헌법재판소의 한정위헌결정이 이루어지기 전에 확정된 법원의 재판은 헌법소원심판의 대상이 된다.

① ㄱ, ㄴ, ㅁ ② ㄴ, ㄷ, ㄹ ③ ㄷ, ㄹ, ㅁ
④ ㄱ, ㄹ, ㅁ ⑤ ㄱ, ㄴ, ㄹ

▶ 정답 및 해설

ㄱ. [O] 통신제한조치에 대한 법원의 허가는 통신비밀보호법에 근거한 소송절차 이외의 파생적 사항에 관한 법원의 공권적 법률판단으로 헌법재판소법 제68조 제1항에서 헌법소원의 대상에서 제외하고 있는 법원의 재판에 해당하므로, 이에 대한 심판청구는 부적법하다(2018.8.30. 2016헌마263).

ㄴ. [O] 이 사건 재심기각결정들은 이 사건 한정위헌결정의 기속력을 부인하여 헌법재판소법에 따른 청구인들의 재심청구를 기각하였다. 따라서 이 사건 재심기각결정들은 모두 '법률에 대한 위헌결정의 기속력에 반하는 재판'으로 이에 대한 헌법소원은 허용되고 청구인들의 헌법상 보장된 재판청구권을 침해하였으므로, 헌법재판소법 제75조 제3항에 따라 취소되어야 한다(2020.6.30. 2014헌마760).

ㄷ. [X] 헌법재판소법 제75조 제7항은 "제68조 제2항에 따른 헌법소원이 인용된 경우에 해당 헌법소원과 관련

된 소송사건이 이미 확정된 때에는 당사자는 재심을 청구할 수 있다."라고 규정함으로써 소송당사자가 재심을 청구할 권리를 부여하고 있고, 여기서 '헌법소원이 인용된 경우'에는 헌법재판소가 한정위헌결정을 한 경우도 포함된다. 또한 법 제47조 제3항 및 제4항은 '형벌에 관한 법률조항은 소급하여 그 효력을 상실하고 이 경우 위헌으로 결정된 법률조항에 근거한 유죄의 확정판결에 대하여는 재심을 청구할 수 있다'고 규정함으로써, 형벌에 관한 법률조항에 대하여 위헌결정이 있는 경우 이미 유죄판결을 받은 사람에게도 재심청구를 허용하고 있고, 법 제75조 제6항은 '법 제68조 제2항에 따른 헌법소원을 인용하는 경우' 이를 준용하도록 정하고 있다. 여기서 '헌법소원을 인용하는 경우'에는 헌법재판소가 한정위헌결정을 한 경우도 포함된다. 따라서 이 사건 한정위헌결정의 기속력을 부인하여 재심사유로 받아들이지 아니한 이 사건 재심기각결정들은 청구인들의 재판청구권을 침해하는 것이다(2020.6.30. 2014헌마760).

ㄹ. [O] 이 사건 한정위헌결정의 기속력을 부인하여 재심사유로 받아들이지 아니한 이 사건 재심기각결정들은 청구인들의 재판청구권을 침해하는 것이다(2020.6.30. 2014헌마760).

ㅁ. [X] "구 조세감면규제법의 시행에도 불구하고 구 조세감면규제법 부칙 제23조가 실효되지 않은 것으로 해석하는 것은 헌법에 위반된다."는 헌법재판소의 한정위헌결정의 기속력을 부인하고 청구인의 재심청구를 기각한 법원의 재판이 '법률에 대한 위헌결정의 기속력에 반하는 재판'으로 예외적으로 헌법소원심판의 대상이 되고 청구인의 기본권을 침해한다. 그러나 이 사건 한정위헌결정이 이루어지기 전에 확정된 법원의 재판은 위헌결정이 있기 전에 그 법률을 법원이 적용하는 것은 제도적으로 정당성이 보장되므로 아직 헌법재판소에 의하여 위헌으로 선언된 바가 없는 법률이 적용된 재판을 그 후에 위헌결정이 선고되었다는 이유로 위법한 공권력의 행사라고 하여 헌법소원심판의 대상으로 삼을 수는 없다(2022.7.21. 2013헌마497).

정답 ⑤

213 헌법소원심판의 기본권 침해와 자기관련성에 대한 설명으로 옳지 않은 것을 모두 조합한 것은?

> ㄱ. 영화인협회는 기본권의 주체가 될 수 없어 헌법소원 청구능력이 인정되지 않아 구성원의 권리침해를 이유로 헌법소원을 청구할 수 없다.
> ㄴ. 공권력의 행사 또는 불행사로 인하여 기본권의 침해를 받은 자라 함은 간접적, 사실적 또는 경제적인이해관계에 있을 뿐인 제3자를 포함한다.
> ㄷ. 변호사가 변리사등록을 하면 변리사자격을 부여하는 변리사법 조항에 대하여 변리사 시험을 통해 변리사가 되고자 하는 자들이 헌법소원심판을 청구한 경우 자기관련성이 인정된다.
> ㄹ. 예술·체육 분야 특기자들에게 병역 혜택을 부여하는 조항에 대하여 행정지원업무를 행하는 공익근무요원으로 소집되어 병역의무를 수행 중인 자가 단순히 위 병역 혜택의 부당성만을 주장하며 평등권 침해를 이유로 헌법소원심판을 청구한 경우 자기관련성이 인정되지 않는다.
> ㅁ. 소비자들은 백화점 등의 셔틀버스 운행을 금지하는 법률조항에 대해 청구인적격이 인정될 수 있다.

① ㄱ, ㄴ, ㅁ
② ㄴ, ㄷ, ㄹ
③ ㄷ, ㄹ, ㅁ
④ ㄱ, ㄹ, ㅁ
⑤ ㄴ, ㄹ

▶ 정답 및 해설

ㄱ. [X] 영화인협회는 기본권의 주체가 되므로 헌법소원을 청구할 능력이 있다. 다만 구성원의 권리가 침해되었다는 이유로 헌법소원을 청구하는 것은 자기관련성이 없으므로 각하 당하게 된다(1991.6.3. 90헌마56).

ㄴ. [×] 공권력의 행사 또는 불행사로 인하여 기본권의 침해를 받은 자라 함은 공권력의 행사 또는 불행사로 인하여 자기의 기본권이 현재 그리고 직접적으로 침해받은 경우를 의미하므로 원칙적으로 공권력의 행사 또는 불행사의 직접적인 상대방만이 이에 해당한다고 할 것이고, 공권력의 작용에 단순히 간접적, 사실적 또는 경제적인이해관계에 있을 뿐인 제3자는 이에 해당하지 않는다(헌재 1997.9.25. 96헌마133).

ㄷ. [O] 변호사에 의한 신규 변리사의 충원이 중단된다면 제2차시험의 최소합격인원을 늘이는 등의 방법으로 시험합격자에 의한 충원의 기회는 개념상 늘어날 수밖에 없고 따라서 제2차시험에 **응시한 청구인들의 법적 지위가 상대적으로 향상된다고 볼 여지가 있는바**, 변리사법 제3조 제1항 제2호에 대한 심판청구는 자기관련성이 인정된다(헌재 2010.2.25. 2007헌마956).

ㄹ. [O] 이 사건 법령조항이 위헌이라고 선고되어 예술·체육 분야 특기자들에 대한 병역 혜택이 제거되더라도, 현재 공익근무요원으로 소집되어 병역의무를 수행 중인 청구인의 직업선택이나 그 수행 또는 병역의무의 기간이나 정도 등에 영향을 미침으로써 **청구인의 법적 지위가 상대적으로 향상된다고 보기도 어려우므로** 기본권침해의 자기관련성이 인정되지 아니한다. (헌재 2010.4.29. 2009헌마340)

ㅁ. [×] 소비자들이 그동안 백화점 등의 셔틀버스를 이용할 수 있었던 것은 백화점 등의 경영자가 셔틀버스를 운행함으로써 누린 반사적인 이익에 불과한 것이므로 소비자들은 백화점 등의 셔틀버스 운행을 금지하는 법률조항에 대해 청구인적격이 인정될 수 없다(헌재 2001.6.28. 2001헌마132).

정답 ①

214 헌법소원심판 요건으로서 직접성에 대한 설명으로 옳지 않은 것은?

① 법률규정이 그 규정의 구체화를 위하여 하위규범을 시행할 것을 예정하고 있는 경우에는 원칙적으로 당해 법률규정의 직접성은 인정된다.
② 구체적 집행행위가 존재한 경우라도 그 집행행위를 대상으로 하는 구제절차가 없거나 구제절차가 있다고 하더라도 권리구제의 기대가능성이 없고 다만 기본권침해를 당한 청구인에게 불필요한 우회절차를 강요하는 것밖에 되지 않는 경우 등으로서 당해 법률에 대한 전제 관련성이 확실하다고 인정되는 때에는 당해 법률을 헌법소원의 직접 대상으로 삼을 수 있다 할 것이다.
③ 일정한 행위를 금지하고 그 위반에 대한 형벌을 규정한 법률조항이 있을 경우, 직접 그 법률조항에 대하여 헌법소원을 제기할 수 있다.
④ 법률에서 집행기관에 재량을 준 경우에는 법령의 직접성 요건이 충족되지 않는다.
⑤ 부진정 입법부작위를 다투는 형태의 헌법소원심판 청구의 경우에는 해당 법률 또는 법령 조항 자체를 심판의 대상으로 삼는 것이므로 원칙적으로 법령소원에 있어서 요구되는 기본권침해의 직접성 요건을 요구한다.

▶ 정답 및 해설

① [×] 법률 또는 법률조항 자체가 헌법소원의 대상이 될 수 있으려면 구체적인 집행행위를 기다리지 아니하고 그 법률 또는 법률조항에 의하여 직접, 현재, 자기의 기본권을 침해받아야 하는 바, 위에서 말하는 집행행위에는 입법행위도 포함되므로 법률규정이 그 규정의 구체화를 위하여 하위규범의 시행을 예정하고 있는 경우에는 당해 법률 규정의 직접성은 부인된다(헌재 1996.2.29. 94헌마213).

② [O] 구체적 집행행위가 존재한 경우라고 하여 언제나 반드시 법률자체에 대한 헌법소원심판청구의 적법성이 부정되는 것은 아니다. 예외적으로 집행행위가 존재하는 경우라도 그 집행행위를 대상으로 하는 구제절차가 없거나 구제절차가 있다고 하더라도 권리구제의 기대가능성이 없고 다만 기본권침해를 당한 청구인에게 불필요한 우회절차를 강요하는 것밖에 되지 않는 경우 등으로서 당해 법률에 대한 전제 관련성이 확실하다고 인정되는 때에는 당해 법률을 헌법소원의 직접 대상으로 삼을수 있다 할 것이다(헌재 1992.4.

14. 90헌마82).
③ [O] 국민에게 일정한 행위의무 또는 행위금지의무를 부과하는 법규정을 정한 후 이를 위반할 경우 제재수단으로서 형벌 또는 행정벌 등을 부과할 것을 정한 경우에, 그 형벌이나 행정벌의 부과를 위 직접성에서 말하는 집행행위라고는 할 수 없다. 국민은 별도의 집행행위를 기다릴 필요 없이 제재의 근거가 되는 법률의 시행 자체로 행위의무 또는 행위금지의무를 직접 부담하는 것이기 때문이다(헌재 1996.2.29. 94헌마213).
④ [O] ※ **법령이 집행기관에 재량을 준 경우와 주지 않은 경우**
   1. 법령에서 재량을 준 경우 : 법령의 직접성 요건이 충족되지 않는다.
   2. 주지 않은 경우 : 법령은 직접성 요건을 충족한다.
⑤ [O] 부진정 입법부작위를 다투는 형태의 헌법소원심판 청구의 경우에도 해당 법률 또는 법령 조항 자체를 심판의 대상으로 삼는 것이므로 원칙적으로 법령소원에 있어서 요구되는 기본권침해의 직접성 요건을 갖추어야 한다(헌재 2010.7.29. 2009헌마51).

정답 ①

215 헌법소원심판의 보충성 요건에 관한 설명으로 옳은 것은?

① 행정심판이나 행정소송 등의 사전구제절차를 거치지 아니하고 청구한 국가인권위원회의 진정에 대한 각하 또는 기각결정의 취소를 구하는 헌법소원심판은 보충성 요건을 충족하였다고 할 수 없다.
② 헌법소원심판의 청구인이 그의 불이익으로 돌릴 수 없는 정당한 이유가 있는 착오라도 전심절차를 거치지 않은 경우에는 보충성의 예외가 인정되지 않는다.
③ 헌법소원이 헌법재판소에 계속 중 청구인들이 다른 법률에 정한 구제절차를 모두 거친 경우 청구당시에 존재하였던 적법요건 흠결의 하자는 치유되지 않는다.
④ 헌법재판소법 제68조 제1항 단서에서 말하는 다른 권리구제절차는 공권력의 행사 또는 불행사를 직접대상으로 하여 그 효력을 다툴 수 있는 권리구제절차뿐 아니라, 사후적·보충적 구제수단인 손해배상청구나 손실보상청구도 이에 해당한다.
⑤ 지적공부에 일정한 등록사항을 직권으로 정정하거나 등록사항에 대한 변경신청을 거부(반려)하는 소관청의 행위에 대해 바로 헌법소원을 청구할 수 있다.

▌ 정답 및 해설

① [O] 진정에 대한 국가인권위원회의 각하 및 기각결정은 피해자인 진정인의 권리행사에 중대한 지장을 초래하는 것으로서 항고소송의 대상이 되는 행정처분에 해당하므로, 그에 대한 다툼은 우선 행정심판이나 행정소송에 의하여야 할 것이다(헌재 2015.3.26. 2013헌마214등).
② [X] 헌법소원심판청구인이 그의 불이익으로 돌릴 수 없는 정당한 이유있는 착오로 전심절차를 밟지 않은 경우 또는 전심절차로 권리가 구제될 가능성이 거의 없거나 권리구제절차가 허용되는지의 여부가 객관적으로 불확실하여 전심절차이행의 기대가능성이 없을 때에는 예외적으로 헌법재판소법 제68조 제1항 단서 소정의 전심절차이행요건은 배제된다(헌재 1989.9.4. 88헌마22).
③ [X] 헌법소원이 헌법재판소에 계속중 청구인들이 다른 법률에 정한 구제절차를 모두 거친 경우 청구당시에 존재하였던 적법요건 흠결의 하자는 치유된다(헌재 1995.4.20. 91헌마52).
④ [X] 헌법재판소법 제68조 제1항 단서 소정의 "다른 권리구제절차"라 함은 공권력의 행사 또는 불행사를 직접 대상으로 하여 그 효력을 다툴 수 있는 권리구제절차를 의미하고, 사후적·보충적 구제수단을 뜻하는 것은 아니다(헌재 1993.5.13. 92헌마297).
⑤ [X] 과거에는 법원이 지적공부에 일정한 등록사항을 직권으로 정정하거나 등록사항에 대한 변경신청을 거부(반려)하는 소관청의 행위가 행정소송의 대상이 되는 행정처분이 아니라고 보았기 때문에 지목변경신

청 반려행위에 대해 바로 헌법소원심판을 청구할 수 있었으나(헌재 1999.6.24. 97헌마315), 법원이 종전의 판례를 변경하여 항고소송의 대상이 되는 행정처분에 해당한다고 판시(대법원 2004.4.22. 선고 2003두9015 판결)한 이후에는 이에 대한 헌법소원심판청구의 경우 보충성 요건의 흠결을 이유로 각하하고 있다(헌재 2005.7.19. 2005헌마623). 다만, 판례가 변경되는 과도기에 청구된 헌법소원심판의 경우에는 그 권리구제의 실효성을 위하여 보충성요건을 요구하지 않는다(헌재 2004.6.24. 2003헌마72).

정답 ①

216 헌법재판소법 제68조 제1항 헌법소원심판의 청구기간에 대한 설명으로 옳지 않은 것은?

① 법령이 어떠한 규제를 시행하면서 그 유예기간을 둔 경우에는 그 유예기간이 도과됨으로써 비로소 구체적인 기본권 침해의 결과가 발생하므로 그 법령에 대한 헌법소원 청구기간은 유예기간 도과시로부터 기산된다.

② 법령조항이 그 자구만 수정되었을 뿐 이전 조항과 비교하여 실질적인 내용에 변화가 없어 청구인이 기본권을 침해당하고 있다고 주장하는 내용에 전혀 영향을 주지 않는다면, 법령조항이 일부 개정되었다고 하더라도 청구기간의 기산은 이전의 법령을 기준으로 한다.

③ 국선대리인 선임신청이 청구기간 내 신청된 경우 국선대리인 선임 신청일을 기준으로 헌법소원 청구기간의 준수여부는 결정되므로 선임신청 이후에 선임결정 국선대리인의 헌법소원 청구서의 제출이 청구기간을 도과하였다 하더라도 청구기간을 준수한 것으로 봐야 한다.

④ 법령에 대한 헌법소원에 있어서 아직 그 법령에 의해 기본권 침해가 발생하지 않았으나 장래 그 침해가 확실히 예상되어 기본권침해의 현재성 요건을 예외적으로 충족한 경우에는 기본권 침해가 없더라도 청구기간의 도과문제가 발생할 수 있다.

⑤ 피청구인 대통령의 지시로 피청구인 대통령 비서실장, 정무수석비서관, 교육문화수석비서관, 문화체육관광부장관이 야당 소속 후보를 지지하였거나 정부에 비판적 활동을 한 문화예술인이나 단체를 정부의 문화예술 지원사업에서 배제할 목적으로, 청구인 윤○○, 정○○의 정치적 견해에 관한 정보를 수집·보유·이용한 행위에 대한 헌법소원심판 청구가 행정소송법 제20조 제2항 단서의 청구기간을 준수할 수 없었던 정당한 사유가 있다고 볼 수 있다.

▶ 정답 및 해설

① [O] 부칙 조항들에 따라 도로교통법 제53조 제3항의 개정규정의 시행일인 2015. 1. 29.로부터 2년이 경과하기 전까지는 어린이 통학버스 운행 시에 보호자를 동승시키지 않아도 된다. 따라서 청구인들은 심판대상 조항의 시행과 동시에 기본권을 침해받지는 않고, '시행일로부터 2년 경과'라는 사유가 발생하는 2017. 1. 29.에 비로소 도로교통법 제53조 제3항의 개정규정을 구체적이고 현실적으로 적용받게 되어 보호자 동승 의무를 부담한다. 따라서 이 사건 보호자동승조항으로 인한 기본권 침해가 구체적이고 현실적으로 발생하는 날은 2017. 1. 29.이고, 이 날이 청구인들에 대한 헌법소원심판청구의 청구기간 기산점이 된다. 청구인들은 청구기간 기산점인 2017. 1. 29.로부터 1년 및 90일 이내인 2017. 4. 28. 헌법소원심판을 청구하였으므로 이 사건 보호자동승조항에 대한 청구기간은 준수되었다. 따라서 이하 본안에서는 이 사건 보호자동승조항이 청구인들의 기본권을 침해하는지 여부를 판단한다. 종래 이와 견해를 달리하여, 법령의 시행일 이후 법령에 규정된 일정한 기간이 경과한 후에 비로소 법령의 적용을 받는 청구인들에 대한 헌법재판소법 제68조 제1항의 규정에 의한 법령에 대한 헌법소원심판 청구기간의 기산점을 법령의 시행일이라고 판시한 우리 재판소 결정들은(헌재 96.3.28. 93헌마198; 헌재 99.7.22. 98헌마480 등; 헌재 2003.1.30. 2002헌마516; 헌재 2011.3.31. 2010헌마45; 헌재 2011.5.26. 2009헌마285; 헌재 2013.11.28. 2011헌마372), 이 결정의 취지와 저촉

되는 범위 안에서 변경한다(2020.4.23. 2017헌마479).

② [O] 법령조항이 그 자구만 수정되었을 뿐 이전 조항과 비교하여 실질적인 내용에 변화가 없어 청구인이 기본권을 침해당하고 있다고 주장하는 내용에 전혀 영향을 주지 않는다면, 법령조항이 일부 개정되었다고 하더라도 청구기간의 기산은 이전의 법령을 기준으로 한다(헌재 2021.5.27. 2018헌마1168).

③ [O] 헌법재판소법 제69조 제1항에 의한 헌법소원심판 청구기간의 기산점 및 기간은 법령에 대한 헌법소원의 경우에도 적용되므로 법령이 시행된 뒤에 그 법령에 해당하는 사유가 발생하여 기본권의 침해를 받게 된 자는 그 사유가 발생하였음을 안 날로부터 90일 이내에, 그 사유가 발생한 날로부터 1년 이내에 헌법소원을 청구하여야 하며, 국선대리인선임신청이 인용되고 헌법소원심판청구가 제기된 경우에는 **국선대리인 선임신청일을 기준으로** 헌법소원심판청구기간 준수여부를 정하여야 한다(헌재 1998.3.26. 96헌마345).

④ [X] 청구인들이 헌법소원을 제기할 당시에는 법무사시험이 아직 시행되지 않은 상황이었으나, 법무사법 제4조 제1항 제1호에 의한 청구인들의 기본권침해 여부가 문제되는 상황이 장래에 발생할 것이 확실히 예측되고, 따라서 기본권침해를 예방하기 위해서는 청구인들이 미리 헌법소원을 제기하는 것을 허용할 필요가 있으므로, 청구기간의 준수여부는 문제되지 않는다. 왜냐하면 청구기간의 준수여부에 대한 심사는 기본권침해 여부가 문제되는 상황이 과거에 이미 발생한 것을 전제로 하는 것이므로 기본권침해 여부가 문제되는 상황이 장래에 발생할 것이 확실하여 미리 앞당겨 헌법소원의 제기를 허용하는 경우에는 **청구기간은 아직 그 진행이 개시조차 된 것이 아니기 때문이다**(헌재 2001.11.29. 2000헌마84).

⑤ [O] 이 사건 심판청구가 비록 청구기간을 경과하여서 한 것이라 하더라도 정당한 사유가 있는 경우에는 이를 허용하는 것이 헌법소원제도의 취지와 헌법재판소법 제40조에 의하여 준용되는 행정소송법 제20조 제2항 단서에 부합하는 해석이라 할 것이다. 여기서 정당한 사유라 함은 청구기간 도과의 원인 등 여러 가지 사정을 종합하여 지연된 심판청구를 허용하는 것이 사회통념상으로 보아 상당한 경우를 뜻하는 것으로, 일반적으로 천재 기타 피할 수 없는 사정과 같은 객관적 불능의 사유와 이에 준할 수 있는 사유뿐만 아니라 일반적 주의를 다하여도 그 기간을 준수할 수 없는 사유를 포함한다고 할 것이다(헌재 2001.12.20. 2001헌마39 참조). 이 사건 정보수집 등 행위는 대통령의 지시를 받은 대통령비서실 및 문체부에서 비밀리에 행해진 것으로, '박근혜 정부의 최순실 등 민간인에 의한 국정농단 의혹 사건 규명을 위한 특별검사의 임명 등에 관한 법률'에 따라 임명된 특별검사의 수사를 통해 공소제기가 된 이후 비로소 그 사실관계의 일부가 공식적인 과정을 통해 일반에게 알려졌으므로, 청구인 윤OO, 정OO도 자신에 관한 개인정보가 수집되어 보유 및 이용되었을 가능성이 매우 높다는 것을 특별검사의 공소장 내용이 언론에 알려진 2017. 1. 30. 이후에야 알게 되었다고 볼 것이다. 청구인 윤OO, 정OO이 그 이전에 이러한 사실을 알지 못하는 것에 아무런 과실 내지 책임이 없는 점을 고려할 때, 헌법소원의 청구기간을 준수할 수 없었던 정당한 사유가 있다고 볼 수 있다(2020.12.23. 2017헌마416).

정답 ④

217 권리보호이익에 대한 설명으로 옳지 않은 것은?

① 부산광역시 기장군의회 운영행정위원장이 2015. 10. 26. 및 2015. 10. 28. 청구인들에게 한 부산광역시 기장군의회 운영행정위원회 제209회 제1차, 제3차 임시회의 방청불허행위에 대한 심판청구가 권리보호이익이 인정되지 않는다.

② '중·고등학교 교과용도서 국·검·인정 구분' 중 중학교 역사 및 고등학교 한국사 과목의 교과용도서를 각 국정도서로 정한 부분에 대해 권리보호이익 내지 심판의 이익이 인정된다고 볼 수 없다.

③ 보충역으로서 입학일 전에 전역할 수 없는 자는 지원할 수 없다는 부산대학교와 제주대학교의 의학전문대학원 신입생 모집요강에 대한 헌법소원 심판청구는 권리보호이익이 인정되지 않는다.

④ 정보위원회 법안심사소위원회 회의의 방청신청을 불허한 행위에 대한 헌법소원 심판청구는 권리보호이익이 인정된다.

⑤ 피청구인 중앙선거관리위원회의 2020. 3. 26.자 재외선거사무 중지 결정에 대한 헌법소원심판청구는 권리보호이익이 인정되지 아니한다.

▶ **정답 및 해설**

①【O】이 사건 방청불허행위에서 문제된 운영행정위원회 제209회 제1차, 제3차 임시회는 모두 종료되었으므로 권리보호이익이 소멸하였다. 지방의회 위원회 위원장은 특정 방청신청에 대하여 구체적 사정을 고려하여 허가 여부를 결정하고, 위원회 회의는 논의가 속행되지 않는 이상 개별 회의마다 성격이 다르므로 이 사건 방청불허행위와 동일한 행위가 반복될 위험성은 없다. 설령 반복 위험성이 있더라도 이 사건에서는 이 사건 방청불허행위가 지방자치법 제60조 제1항의 적법한 요건을 갖추고 있는가에 관한 위법성이 문제될 뿐이므로, 헌법적으로 해명이 중대한 의미를 지니는 경우로 보기 어렵다. 따라서 이 사건 방청불허행위에 대한 심판청구는 권리보호이익이 없고, 심판청구의 이익도 인정되지 않는다(2017.7.27. 2016헌마53).

②【O】이 사건 심판청구 이후 국정 역사교과서의 시행일을 2017. 3. 1.로 정한 고시가 2017. 1. 6. 교육부 고시(제2017-108호)로 폐지되었고, 이 사건 국정화 고시는 2017. 2. 23. 역사교과서 국·검정 혼용 체제를 내용으로 하는 교육부 고시(제 2017-114호) 개정, 2017. 5. 31. 역사교과서에 대해 검정교과서만 인정하는 검정체제를 내용으로 하는 교육부 고시(제2017-123호) 재개정을 통해 완전히 폐지되어 그 효력을 상실하였다. 이로써 청구인들이 이 사건 국정화 고시의 위헌 여부를 가릴 권리보호이익은 소멸하였다. 한편, 역사교과서 국정제 발표 이후 교육의 자주성·정치적 중립성에 대한 심도있는 논의 끝에 해당 고시가 폐지되었으므로 우리 사회에 이 사건과 같은 유형의 침해행위가 재현될 위험이 있다고 단언하기 어렵고, 이 사건 국정화 고시가 시행되기도 전에 역사교과서가 검정도서 체제로 바뀌어 국정 역사교과서가 학교에서 실제 사용된 상황이 전혀 발생하지 않았고, 국정도서의 우선 사용 의무를 정한 이 사건 규정 제3조 제1항도 개정되었으므로 현재 상황에서 역사교과서의 국정제에 대한 헌법적 해명의 필요성도 인정할 수 없다(2018.3.29. 2015헌마1060·1184(병합)).

③【O】부산대학교와 제주대학교의 2016학년도 의학전문대학원 신입생 모집절차는 이미 종료되었으므로, 부산대와 제주대 모집요강의 위헌 여부를 다툴 청구인의 권리보호이익은 더 이상 없게 되었다. 나아가 부산대학교는 2017학년도부터 의학전문대학원을 폐지하기로 하여 2017년부터 의학전문대학원 신입생을 모집하지 않고 있다. 또 제주대학교도 2021학년도부터 의학전문대학원을 폐지하기로 하였고, 2017학년도 신입생 모집에서 입학일 이전에 의무근무기간이 만료되지 않은 대체복무자의 지원을 제한하던 지원 자격 요건도 없앴다. 따라서 부산대학교와 제주대학교가 의학전문대학원 신입생 모집 과정에서 병역의무를 이행하는 사람의 지원 자격을 제한하는 일이 반복될 가능성도 없게 되었다(2017.7.27. 2015헌마684).

④【X】이 사건 방청불허행위의 대상이 되었던 회의는 이미 종료되었으므로 방청불허행위에 관한 주관적 권리보호이익은 소멸하였고, 정보위원회 회의를 비공개하도록 한 국회법에 대한 심판청구의 적법성을 인정하여 본안 판단에 나아가는 이상 이 사건 방청불허행위에 대해서는 별도의 심판의 이익도 인정되지 아니하므로, 이 사건 방청불허행위에 대한 심판청구는 부적법하다(헌재 2022.1.27. 2018헌마1162).

⑤【O】위 청구인들을 제외한 나머지 청구인들의 경우 재외투표소 설치·운영기간이 종료되었고, 제21대 국회의원선거도 실시·종료되었으므로, 이 사건 심판청구가 인용된다 하더라도 권리구제에는 도움이 되지 않는다. 따라서 나머지 청구인들의 심판청구는 권리보호이익이 없다.
헌법소원은 주관적 권리구제뿐만 아니라 헌법질서 보장의 기능도 겸하고 있으므로 청구인의 권리구제에는 도움이 되지 아니한다 하더라도, 같은 유형의 침해행위가 앞으로도 반복될 위험이 있거나 당해 분쟁의 해결이 헌법질서의 유지·수호를 위하여 긴요한 사항이어서 헌법적으로 그 해명이 중대한 의미를 가지는 경우에는 예외적으로 심판청구의 이익을 인정할 수 있다. 여기서 '헌법적 해명이 중대한 의미를 가지는 경우'는 당해 사건을 떠나 일반적이고 중요한 의미를 지니고 있어 헌법질서의 유지·수호를 위하여 그 해명이 긴요한 경우를 의미하는바, 행정청이 적용 법률의 해석에 있어서 법 규정에 미치는 기본권의 효력을 간과하거나 오해함으로써 법 규정을 위헌적으로 해석·적용한 경우에는 헌법적 해명의 필요성이 인정된다. 그러나 단순히 '행정청의 행위가 법률이 정한 바에 부합하는가'라는 점을 문제 삼는 경우와 같이 법률의 해

석·적용 또는 포섭을 다투는 경우에는 헌법적 해명의 필요성이 인정되지 아니하고, 설사 유사한 침해행위가 앞으로도 반복될 위험이 있다 하더라도 공권력 행사의 위헌 여부를 확인할 실익이 없어 심판청구의 이익이 부인된다(2022.1.27. 2020헌마497).　　**정답** ④

218 헌법소원심판에 대한 설명으로 옳지 않은 것은?

① 헌법재판소는 청구인의 심판청구서에 기재된 피청구인이나 청구취지에 한정해 기본권 침해여부를 심사한다.
② 청구인이 변호사를 대리인으로 선임할 자력이 없는 경우 헌법재판소는 국선대리인을 직권으로 선임할 수는 없고 청구하려는 자의 신청이 있는 경우에 선임할 수 있다.
③ 피청구인의 위헌적인 공권력행사는 위헌법률에 기인한 것이라고 인정되면 헌법재판소법 제75조 제5항에 의하여 법률조항에 대하여 위헌선언할 수 있다.
④ 지정재판부는 3인 모두가 찬성한 경우 인용결정 할 수 없다.
⑤ 헌법재판소가 공익상 필요하다고 인정할 때에는 국선대리인을 선임할 수 있다.

▶ 정답 및 해설

① [X] 헌법재판소는 청구인의 심판청구서에 기재된 피청구인이나 청구취지에 구애됨이 없이 청구인이 주장하는 침해된 기본권과 침해의 원인이 되는 공권력을 직권으로 조사하여 피청구인과 심판대상을 확정해 왔다(헌재 1993.5.13. 91헌마190).

② [O]

「헌법재판소법」 제70조(국선대리인) ① 헌법소원심판을 청구하려는 자가 변호사를 대리인으로 **선임할 자력(資力)이 없는 경우**에는 헌법재판소에 국선대리인을 선임하여 줄 것을 <u>신청할 수 있다.</u> 이 경우 제69조에 따른 청구기간은 국선대리인의 선임신청이 있는 날을 기준으로 정한다.

③ [O] 미결수용자(피의자, 피고인)의 변호인 접견에도 행형법 제18조 제3항에 따라서 교도관이 참여할 수 있게 하였는바 이는 앞에서 설명한 바와 같이 신체구속을 당한 미결수용자에게 보장된 변호인의 조력을 받을 권리를 침해하는 것이어서 헌법에 위반되는 법률이고 피청구인의 위헌적인 공권력행사는 바로 위와 같은 위헌법률에 기인한 것이라고 인정되므로 헌법재판소법 제75조 제5항에 의하여 행형법 제62조의 준용규정 중 행형법 제18조 제3항을 미결수용자의 변호인 접견에도 준용하도록 한 부분에 대하여 위헌선언하기로 하여 주문과 같이 결정한다(헌재 1992.1.28. 91헌마111).

④ [O]

「헌법재판소법」 제72조(사전심사) ④ 지정재판부는 <u>전원의 일치된 의견으로 제3항의 각하결정</u>을 하지 아니하는 경우에는 결정으로 헌법소원을 재판부의 심판에 회부하여야 한다. 헌법소원심판의 청구 후 30일이 지날 때까지 각하결정이 없는 때에는 **심판에 회부하는 결정**(이하 "심판회부결정"이라 한다)이 **있는 것으로 본다.**

⑤ [O]

「헌법재판소법」 제70조(국선대리인) ② <u>제1항에도 불구하고 헌법재판소가 공익상 필요하다고 인정할 때에는 국선대리인을 선임할 수 있다.</u>

정답 ①

219 「헌법재판소법」 제68조 제2항에 의한 헌법소원심판에 대한 설명으로 옳은 것은?

① 헌법재판소법 제68조 제2항에 의한 헌법소원은 동법 제68조 제1항의 헌법소원에서 요구되는 기본권침해나 제소요건(자기관련성, 현재성, 직접성, 청구기간)을 갖출 것을 요한다.
② 당사자가 위헌법률심판 제청신청의 대상으로 삼지 않았고 또한 법원이 기각 또는 각하결정의 대상으로도 삼지 않았음이 명백한 법률조항이라 하더라도 예외적으로 위헌제청신청을 기각 또는 각하한 법원이 위 조항을 실질적으로 판단하였거나 위 조항이 명시적으로 위헌제청신청을 한 조항과 필연적 연관관계를 맺고 있어서 법원이 위 조항을 묵시적으로나마 위헌제청신청으로 판단을 하였을 경우에는 헌법재판소법 제68조 제2항의 헌법소원으로서 적법한 것이다.
③ 헌법재판소법 제68조 제2항은 당사자는 당해 사건의 소송절차에서 동일한 사유를 이유로 다시 위헌여부심판의 제청을 신청할 수 없다고 규정하고 있는바, 이때 당해 사건의 소송절차란 당해 사건의 상소심 소송절차를 포함한다고 할 수 없다고 할 것이다.
④ 한정위헌결정을 구하는 한정위헌청구는 원칙적으로 허용되지 않는다.
⑤ 기본권 침해를 전제로 하므로 기본권 주체가 아닌 서울시의회, 인천시의회, 행정청 등은 제68조 제2항의 헌법소원을 제기할 수 없다.

▶ 정답 및 해설

①[X] 헌법재판소법 제68조 제2항에 의한 헌법소원은 그 형식에도 불구하고 실질은 위헌법률심판제도이다. 따라서 위 조항에 의한 헌법소원은 구체적인 사건에 적용될 법률의 위헌여부가 '재판의 전제'가 되면 제소요건을 충족하고(동법 제41조 제1항) 그 외에 따로 동법 제68조 제1항의 헌법소원에서 요구되는 기본권침해나 제소요건(자기관련성, 현재성, 직접성, 청구기간)을 갖출 것을 요하지 않는다(헌재 2003.5.15. 2001헌바98).

②[O] 헌법재판소법 제68조 제2항의 헌법소원은 법률의 위헌여부심판의 제청신청을 하여 그 신청이 기각된 때에만 청구할 수 있는 것이므로, 청구인이 특정 법률조항에 대한 위헌여부심판의 제청신청을 하지 않았고 따라서 법원의 기각결정도 없었다면 그 부분 심판청구는 심판청구요건을 갖추지 못하여 부적법한 것이다. 다만, 우리 재판소는 당사자가 위헌법률심판 제청신청의 대상으로 삼지 않았고 또한 법원이 기각 또는 각하결정의 대상으로도 삼지 않았음이 명백한 법률조항이라 하더라도 예외적으로 위헌제청신청을 기각 또는 각하한 법원이 위 조항을 실질적으로 판단하였거나 위 조항이 명시적으로 위헌제청신청을 한 조항과 필연적 연관관계를 맺고 있어서 법원이 위 조항을 묵시적으로나마 위헌제청신청으로 판단을 하였을 경우에는 헌법재판소법 제68조 제2항의 헌법소원으로서 적법한 것이다(헌재 2005.2.24. 2004헌바24).

③[X] 헌법재판소법 제68조 제2항은 법률의 위헌여부심판의 제청신청이 기각된 때에는 그 신청을 한 당사자는 헌법재판소에 헌법소원심판을 청구할 수 있으나, 다만 이 경우 그 당사자는 당해 사건의 소송절차에서 동일한 사유를 이유로 다시 위헌여부심판의 제청을 신청할 수 없다고 규정하고 있는바, 이때 <u>당해 사건의 소송절차란 당해 사건의 상소심 소송절차를 포함한다 할 것이다</u>(헌재 2007.7.26. 2006헌바40).

④[X] 법률의 의미는 결국 개별·구체화된 법률해석에 의해 확인되는 것이므로 법률과 법률의 해석을 구분할 수는 없고, 재판의 전제가 된 법률에 대한 규범통제는 해석에 의해 구체화된 법률의 의미와 내용에 대한 헌법적 통제로서 헌법재판소의 고유권한이며, 헌법합치적 법률해석의 원칙상 법률조항 중 위헌성이 있는 부분에 한정하여 위헌결정을 하는 것은 입법권에 대한 자제와 존중으로서 당연하고 불가피한 결론이므로, 이러한 한정위헌결정을 구하는 한정위헌청구는 원칙적으로 적법하다고 보아야 한다. 다만, 재판소원을 금지하는 헌법재판소법 제68조 제1항의 취지에 비추어, 개별·구체적 사건에서 단순히 법률조항의 포섭이나 적용의 문제를 다투거나, 의미있는 헌법문제에 대한 주장없이 단지 재판결과를 다투는 헌법소원 심판청구는 여전히 허용되지 않는다(헌재 2012.12.27. 2011헌바117).

⑤[X] 헌법재판소법 제68조 제1항의 헌법소원은 기본권 침해를 전제로 하므로 기본권 주체만이 헌법소원을

청구할 수 있으나, 헌법재판소법 제68조 제2항의 헌법소원은 기본권 침해를 전제로 하지 않는다. 다만, 사건의 당사자라면 기본권 주체가 아닌 인천시의회, 행정청도 위헌제청 신청할 수 있고, 위헌제청 신청이 기각되면 헌법재판소법 제68조 제2항의 헌법소원을 제기할 수 있다. 정답 ②

220 변호사 등록료를 규정하고 있는 변호사협회의 변호사 등록 등에 관한 규칙에 대한 헌법소원이 청구되었다. 이에 대한 설명으로 옳지 않은 것은?

① 국가가 행정상 필요로 인해 변호사 등록사무에 대한 감독과 통제를 실시하면서, 변호사법 제7조 제1항에 근거하여, 변협에 변호사 등록과 관련한 권한을 이관한 것이므로 변협은 변호사 등록에 관한 한 공법인으로서 공권력 행사의 주체라고 할 것이다.
② 변호사 등록에 관한 한 공법인 성격을 가지는 변협이 등록사무의 수행과 관련하여 정립한 규범을 단순히 내부 기준이라거나 사법적인 성질을 지니는 것이라 볼 수는 없어 변호사 등록을 신청하는 자에게 등록료 1,000,000원을 납부하도록 정한 대한변호사협회의 '변호사 등록 등에 관한 규칙'은 헌법소원심판의 대상이 되는 '공권력의 행사'에 해당한다.
③ 심판청구 후 이 사건 규정이 개정되어 변호사 등록료가 변경되었지만, 헌법적 해명의 필요성이 있으므로, 예외적으로 변호사 등록을 신청하는 자에게 등록료 1,000,000원을 납부하도록 정한 대한변호사협회의 '변호사 등록 등에 관한 규칙'에 대한 심판의 이익이 인정된다.
④ 변협은 변호사로서 개업하기 위해서 강제로 가입해야하는 단체임에도 불구하고, 1,000,000원이라는 지나치게 과도한 등록료를 책정하고 있다. 신규변호사에 대한 처우가 매우 열악한 현 상황에서 이 사건 규정은 등록료를 낼 경제적 여력이 없는 자에 대해서도 예외조항을 두지 않고 있다. 따라서 이 사건 규정은 청구인의 직업수행의 자유를 침해한다.
⑤ 헌법재판소법 제68조 제1항에 의하여 헌법소원의 대상이 되는 행위는 국가기관의 공권력작용에 속하여야 한다. 여기서의 국가기관은 입법·행정·사법 등의 모든 기관을 포함하며, 간접적인 국가행정, 예를 들어 공법상의 사단, 재단 등의 공법인, 국립대학교와 같은 영조물 등의 작용도 헌법소원의 대상이 된다.

▶ 정답 및 해설

① 【O】 국가가 행정상 필요로 인해 변호사 등록사무에 대한 감독과 통제를 실시하면서, 변호사법 제7조 제1항에 근거하여, 변협에 변호사 등록과 관련한 권한을 이관한 것이다. 이에 변협은 변호사 등록과 관련하여 심사권, 거부권 등 일정한 권한을 가짐과 동시에, 법무부장관에게 등록 및 등록거부 등에 관한 사항을 보고해야 하고(변호사법 제20조), 법무부장관이 등록거부에 대한 이의신청사건을 처리하는 등(제8조 제4항, 제5항) 국가의 관리·감독을 받고 있다. 따라서 변호사 등록이 단순히 변협과 그 소속 변호사 사이의 내부 법률문제라거나, 변협의 고유사무라고 할 수 없다.
이와 같은 점을 고려할 때, 변협은 변호사 등록에 관한 한 공법인으로서 공권력 행사의 주체라고 할 것이다(2019.11.28. 2017헌마759).
② 【O】 변호사 등록에 관한 한 공법인 성격을 가지는 변협이 등록사무의 수행과 관련하여 정립한 규범을 단순히 내부 기준이라거나 사법적인 성질을 지니는 것이라 볼 수는 없고, <u>변호사 등록을 하려는 자와의 관계에서 대외적 구속력을 가지는 공권력 행사에 해당한다고 할 것이다.</u> 따라서 변협이 변호사 등록사무의 수행과 관련하여 정립한 규범인 심판대상조항들은 헌법소원 대상인 공권력의 행사에 해당한다(2019.11.28. 2017헌마759).

③ [○] 변협이 등록료를 쉽게 인상할 수 있어 침해의 반복가능성이 인정되며, 변호사 등록료는 변호사로 등록하고자 하는 자 모두에게 적용되는 것으로 청구인에 대한 개별적 사안의 성격을 넘어 일반적으로 헌법적 해명의 필요성이 있으므로, 예외적으로 심판대상조항들에 대한 심판의 이익이 인정된다(2019.11.28. 2017헌마759).

④ [×] 법정단체에 가입이 강제되는 유사직역의 입회비 등을 고려했을 때 금 1,000,000원이라는 돈이 신규가입을 제한할 정도로 현저하게 과도한 금액이라고 할 수는 없다. 따라서 심판대상조항들은 과잉금지원칙에 위반하여 청구인의 직업의 자유를 침해하지 않는다(2019.11.28. 2017헌마759).

⑤ [○] 2019.11.28. 2017헌마759

정답 ④

221 피청구인 대통령의 지시로 피청구인 대통령 비서실장, 정무수석비서관, 교육문화수석비서관, 문화체육관광부장관이 야당 소속 후보를 지지하였거나 정부에 비판적 활동을 한 문화예술인이나 단체를 정부의 문화예술 지원사업에서 배제할 목적으로, 한국문화예술위원회, 영화진흥위원회, 한국출판문화산업진흥원 소속 직원들로 하여금 특정 개인이나 단체를 문화예술인 지원사업에서 배제하도록 한 일련의 지시행위에 대해 헌법소원이 청구되었다. 이에 대한 설명으로 옳은 것은?

① 대통령의 지원배제 지시는 예술위 등의 임의적 협력을 기대하여 행한 비권력적인 권고·조언 정도의 단순한 행정지도에 해당한다.
② 대통령의 지원배제 지시는 헌법상 문화국가원리와 법률유보원칙에 반하는 자의적인 것으로 정당화될 수 없다.
③ 비법인사단은 그 해산 이후에도 청산사무가 완료될 때까지 청산의 목적범위 내에서 권리·의무의 주체가 되므로 이 사건 헌법소원심판 청구는 청구인 ○○패의 청산 목적과 관련되어 있다고 보기 어렵다고 하더라도, 그 당사자능력을 인정할 수 있다.
④ 대통령의 지원배제 지시는 목적은 정당하나 방법의 적정성이 인정되지 않는다.
⑤ 피청구인들의 이 사건 지원배제 지시는 형식적으로는 예술위 등에 대하여 이루어진 것이었으므로 예술인들인 청구인들의 자기관련성이 인정된다고 할 수 없다.

▶ 정답 및 해설

① [×] 이 사건 지원배제 지시는 예술위 등으로 하여금 피청구인들의 뜻대로 순응케 하여 그 이름으로 청구인들에 대한 지원을 배제하는 결과를 사실상 실현시킨 행위이며, 그 자체로 청구인들의 법적 지위를 결정짓는 구체화되고 특정된 지시로서, 청구인들에 대한 문화예술 지원배제라는 일정한 사실상의 결과발생을 목적으로 우월한 지위에서 개입한 권력적 사실행위임을 인정할 수 있다. 따라서 이 사건 지원배제 지시는 헌법소원의 대상이 되는 공권력의 행사에 해당한다(2020.12.23. 2017헌마416).
② [○] 피청구인들이 이러한 중립성을 보장하기 위하여 법률에서 정하고 있는 제도적 장치를 무시하고 정치적 견해를 기준으로 청구인들을 문화예술계 정부지원사업에서 배제되도록 차별취급한 것은 헌법상 문화국가원리와 법률유보원칙에 반하는 자의적인 것으로 정당화될 수 없다.
③ [×] 비법인사단은 그 해산 이후에도 청산사무가 완료될 때까지 청산의 목적범위 내에서 권리·의무의 주체가 되나, 이 사건 헌법소원심판 청구는 청구인 ○○패의 청산 목적과 관련되어 있다고 보기 어려우므로, 그 당사자능력을 인정할 수 없어 심판절차가 종료되었다.
④ [×] 정부에 대한 반대 견해나 비판에 대하여 합리적인 홍보와 설득으로 대처하는 것이 아니라 비판적 견해를 가졌다는 이유만으로 국가의 지원에서 일방적으로 배제함으로써 정치적 표현의 자유를 제재하는 공

권력의 행사는 헌법의 근본원리인 국민주권주의와 자유민주적 기본질서에 반하는 것으로 그 목적의 정당성을 인정할 수 없다. 따라서 피청구인들의 이 사건 지원배제 지시는 더 나아가 살필 필요 없이 과잉금지원칙에 위반된다. 이 사건 지원배제 지시는 청구인들의 표현의 자유를 침해한다.

⑤ [X] 피청구인들의 이 사건 지원배제 지시는 형식적으로는 예술위 등에 대하여 이루어진 것이었으나, 그 실질은 청구인들에 대한 문화예술 지원배제라는 일정한 목적을 관철하기 위하여 단지 예술위 등을 이용한 것에 불과하고 청구인들은 그에 따라 문화예술 지원 대상에서 제외되었으므로, 청구인들의 자기관련성이 인정되고, 이러한 점에서 기본권 침해의 직접성도 인정된다(2020.12.23. 2017헌마416). **정답** ②

222
학원법에 따라 체육시설을 운영하는 자로서 어린이통학버스에 보호자를 동승하도록 강제하는 도로교통법은 2015. 1. 29. 시행되었고 부칙에서는 2년간 유예기간을 두고 있어 기존 운영자 A는 2017. 1. 29.부터 법의 적용을 받게 되었다. A의 헌법소원청구에 대한 설명으로 옳지 않은 것을 모두 조합한 것은?

㉠ 이 사건 보호자동승조항의 시행으로 말미암아 보호자 동승 없이 어린이통학버스를 운행할 수 있었던 청구인 A는 보호자동승조항의 시행으로 기본권이 현실적·구체적으로 제한을 받게 되므로 법률시행일인 2015. 1. 29. 이 청구기간의 기산점이 된다.
㉡ 학원법에 따라 체육시설을 운영하는 자로서 어린이통학버스에 보호자를 동승하도록 강제하는 도로교통법으로 새로이 동승보호자를 고용함으로 인하여 추가적인 비용 지출이 발생하므로 이 사건 보호자동승조항 시행으로 청구인들의 재산권이 제한된다.
㉢ 이 사건 보호자동승조항은 A의 직업수행의 자유를 제한한다.
㉣ 학원법에 따라 체육시설을 운영하는 자로서 어린이통학버스에 보호자를 동승하도록 강제하는 도로교통법이 과잉금지원칙에 반하여 청구인들의 직업수행의 자유를 침해한다고 볼 수 없다.

① ㉠　　　　② ㉠, ㉡　　　　③ ㉠, ㉡, ㉢
④ ㉢, ㉣　　　⑤ ㉡, ㉢

▶ 정답 및 해설

㉠ [X] 부칙 조항들에 따라 도로교통법 제53조 제3항의 개정규정의 시행일인 2015. 1. 29.로부터 2년이 경과하기 전까지는 어린이통학버스 운행 시에 보호자를 동승시키지 않아도 된다. 따라서 <u>청구인들은 심판대상조항의 시행과 동시에 기본권을 침해받지는 않고, '시행일로부터 2년 경과'라는 사유가 발생하는 2017. 1. 29.에 비로소 도로교통법 제53조 제3항의 개정규정을 구체적이고 현실적으로 적용받게 되어 보호자 동승 의무를 부담한다.</u> 따라서 이 사건 보호자동승조항으로 인한 기본권 침해가 구체적이고 현실적으로 발생하는 날은 <u>2017. 1. 29.이고, 이 날이 청구인들에 대한 헌법소원심판청구의 청구기간 기산점이 된다.</u> 청구인들은 청구기간 기산점인 2017. 1. 29.로부터 1년 및 90일 이내인 2017. 4. 28. 헌법소원심판을 청구하였으므로 이 사건 보호자동승조항에 대한 청구기간은 준수되었다. 따라서 이하 본안에서는 이 사건 보호자동승조항이 청구인들의 기본권을 침해하는지 여부를 판단한다. 종래 이와 견해를 달리하여, 법령의 시행일 이후 법령에 규정된 일정한 기간이 경과한 후에 비로소 법령의 적용을 받는 청구인들에 대한 헌법재판소법 제68조 제1항의 규정에 의한 법령에 대한 <u>헌법소원심판 청구기간의 기산점을 법령의 시행일이라고 판시한 우리 재판소 결정들은</u>(헌재 96.3.28. 93헌마198; 헌재 99.7.22. 98헌마480 등; 헌재 2003.1.30. 2002헌마516; 헌재 2011.3.31. 2010헌마45; 헌재 2011.5.26. 2009헌마285; 헌재 2013.11.28. 2011헌마372), 이 결정의 취지와 저촉되는 범위 안에서 변경한다(2020.4.23. 2017헌마479).

ⓒ [×] 이 사건 보호자동승조항은 어린이통학버스를 운영함에 있어서 반드시 보호자를 동승하도록 함으로써 학원 등의 영업방식에 제한을 가하고 있으므로 청구인들의 직업수행의 자유를 제한한다. 한편, 청구인들은 이 사건 보호자동승조항으로 인하여 재산권도 침해된다고 주장하나, 이 사건 보호자동승조항은 어린이통학버스 운영자로 하여금 어린이통학버스에 어린이나 영유아를 태울 때 브호자를 동승하도록 규정하고 있을 뿐 어린이통학버스 운영자의 재산권에 제한을 가하는 내용을 규정하고 있지 아니하다. 또한 이 사건 보호자동승조항으로 인하여 동승보호자를 서로이 고용할 것인지, 기존의 학원 강사 등을 동승보호자로서 어린이통학버스에 함께 동승하게 할 것인지는 어린이통학버스 운영자의 선택에 달려 있는 것이고, 가사 새로이 동승보호자를 고용함으로 인하여 추가적인 비용 지출이 발생한다고 하여도 이는 이 사건 보호자동승조항 시행에 따른 반사적·사실적인 불이익에 불과하므로, 이 사건 보호자동승조항으로 인하여 청구인들의 재산권이 제한된다고 볼 수는 없다. 따라서 이 사건의 쟁점은 이 사건 보호자동승조항이 청구인들의 직업수행의 자유를 침해하는지 여부이다(2020.4.23. 2017헌마479).

ⓒ [○] 이 사건 보호자동승조항은 어린이통학버스를 운영함에 있어서 반드시 보호자를 동승하도록 함으로써 학원 등의 영업방식에 제한을 가하고 있으므로 청구인들의 직업수행의 자유를 제한한다.

ⓔ [○] 이 사건 보호자동승조항이 학원 등 운영자로 하여금 어린이통학버스에 학원 강사 등의 보호자를 함께 태우고 운행하도록 한 것은 어린이 등이 간전사고 위험으로부터 벗어나 간전하고 건강한 생활을 영위하도록 하기 위한 것이다. 어린이통학버스의 동승보호자는 운전자와 함께 탑승함으로써 승·하차 시 뿐만 아니라 운전자만으로 담보하기 어려운 '차량 운전 중' 또는 '교통사고 발생 등의 비상상황 발생 시' 어린이 등의 안전을 효과적으로 담보하는 중요한 역할을 하는 점 등에 비추어 보면, 이 사건 보호자동승조항이 과잉금지원칙에 반하여 청구인들의 직업수행의 자유를 침해한다고 볼 수 없다(2020.4.23. 2017헌마479). 정답 ②

223 장기간 불법체류를 해 온 외국인 甲에 대해 서울출입국관리사무소장 乙은 출입국관리법에 따라 긴급보호 및 강제퇴거집행을 하여 출국시켰다. 이에 대해 甲은 자신의 기본권이 침해되었다고 주장하면서 헌법소원심판을 청구하였다. 이에 대한 설명으로 옳지 않은 것을 모두 조합한 것은? (다툼이 있는 경우 헌법재판소 판례에 의함)

ㄱ. 甲이 침해받았다고 주장하는 주거의 자유·재판청구권 등의 기본권이 그 성질상 인간의 권리에 해당한다고 하더라도, 甲이 대한민국에 불법체류하고 있는 이상 위 기본권들에 관하여 기본권 주체성이 인정될 수 없다.
ㄴ. 甲에 대한 긴급보호 및 강제퇴거는 이미 종료된 권력적 사실행위로서 행정소송을 통해 구제될 가능성이 거의 없고 헌법소원심판 이외에 달리 효과적인 구제방법을 찾기 어려우므로, 甲의 헌법소원심판청구가 보충성원칙에 위반된다고 할 수 없다.
ㄷ. 불법체류 외국인에 대한 긴급보호의 경우에도 「출입국관리법」이 정한 요건에 해당하지 않거나 법률이 정한 절차를 위반하는 때에는 적법절차원칙에 반하여 신체의 자유 등 기본권을 침해라고 할 수 없다.
ㄹ. 긴급보호의 과정에서 서울출입국관리사무소 소속 직원들이 甲의 주거에 들어갔다고 하더라도, 甲에 대한 긴급보호를 위해 필요한 행위로서 그 긴급보호가 적법한 이상 甲의 주거의 자유를 침해하였다고 볼 수 없다.
ㅁ. 만약 甲의 진정에 의한 국가인권위원회의 조사가 완료되기도 전에 甲을 강제퇴거시켰더라도, '국가인권위원회의 공정한 조사를 받을 권리'가 이는 헌법 제10조와 제37조 제1항에서 도출되는 기본권이 아니므로 기본권 침해가능성이 없다.

① ㄱ, ㄴ　　② ㄱ, ㅁ　　③ ㄱ, ㄷ
④ ㄴ, ㄷ, ㄹ　　⑤ ㄴ, ㄷ, ㅁ

▶ **정답 및 해설**

ㄱ.[×] 청구인들이 불법체류 중인 외국인들이라 하더라도, 불법체류라는 것은 관련 법령에 의하여 체류자격이 인정되지 않는다는 것일 뿐이므로, '인간의 권리'로서 외국인에게도 주체성이 인정되는 일정한 기본권에 관하여 불법체류 여부에 따라 그 인정 여부가 달라지는 것은 아니다. 청구인들이 침해받았다고 주장하고 있는 신체의 자유, 주거의 자유, 변호인의 조력을 받을 권리, 재판청구권 등은 성질상 인간의 권리에 해당한다고 볼 수 있으므로, 위 기본권들에 관하여는 청구인들의 기본권 주체성이 인정된다(2012.8.23. 2008헌마430).
ㄴ.[○] 이 사건 보호 및 강제퇴거는 이미 종료한 권력적 사실행위로서 행정소송을 통해 구제될 가능성이 거의 없고 헌법소원심판 이외에 달리 효과적인 구제방법을 찾기 어려우므로 이 사건 심판청구가 보충성원칙에 위반된다고 할 수 없다(2012.8.23. 2008헌마430).
ㄷ.[×] 불법체류 외국인에 대한 보호 또는 긴급보호의 경우에도 「출입국관리법」이 정한 요건에 해당하지 않거나 법률이 정한 절차를 위반하는 때에는 적법절차원칙에 반하여 신체의 자유 등 기본권을 침해하게 된다(2012.8.23. 2008헌마430).
ㄹ.[○] 수사절차에서 피의자를 영장에 의해 체포·구속하거나 영장 없이 긴급체포 또는 현행범인으로 체포하는 경우, 필요한 범위 내에서 타인의 주거 내에서 피의자를 수사할 수 있으므로(「형사소송법」 제216조 제1항 참조), 「출입국관리법」에 의한 보호에 있어서도 용의자에 대한 긴급보호를 위해 그의 주거에 들어간 것이라면, 그 긴급보호가 적법한 이상 주거의 자유를 침해한 것으로 볼 수 없다고 할 것이다(2012.8.23. 2008헌마430).
ㅁ.[○] '국가인권위원회의 공정한 조사를 받을 권리'는 헌법상 인정되는 기본권이라고 하기 어렵고, 이 사건 보호 및 강제퇴거가 청구인들의 노동3권을 직접 제한하거나 침해한 바 없음이 명백하므로, 위 기본권들에 대하여는 본안판단에 나아가지 아니한다(2012.8.23. 2008헌마430).

정답 ③

표 준 판 례 및 최 신 판 례 정 리

부록

2022년 1월 - 2023년 10월 판례 문제

224 국적법에 대한 설명 중 옳은 것을 모두 조합한 것은?

ㄱ. 직계존속이 외국에서 영주할 목적 없이 체류한 상태에서 출생한 자는 병역의무를 해소한 경우에만 국적이탈을 신고할 수 있도록 하는 구 국적법 제12조 제3항은 명확성원칙에 위배되지 않는다.

ㄴ. 거주·이전의 자유를 규정한 헌법 제14조는 국적이탈의 자유의 근거조항이고 직계존속이 외국에서 영주할 목적 없이 체류한 상태에서 출생한 자는 병역의무를 해소한 경우에만 국적이탈을 신고할 수 있도록 하는 구 국적법 제12조 제3항은 출입국 등 거주·이전 그 자체에 어떠한 제한을 가한다고 보기 어려운바, 출입국에 관련하여 거주·이전의 자유가 침해된다는 청구인의 주장에 대해서는 판단하지 아니한다.

ㄷ. 직계존속이 외국에서 영주할 목적 없이 체류한 상태에서 출생한 자는 병역의무를 해소한 경우에만 국적이탈을 신고할 수 있도록 하는 구 국적법이 국적이탈의 자유를 침해한다.

ㄹ. 복수국적자가 외국에 주소가 있는 경우에만 국적이탈을 신고할 수 있도록 하는 국적법은 국적이탈의 자유를 침해하지 않는다.

ㅁ. 고의적 원정출산이 아닌 유학 등 목적으로 외국에 일시체류한 직계존속에게서 출생한 자에게도 적용되므로 규제범위가 지나치게 넓은 점을 고려하면 직계존속이 외국에서 영주할 목적 없이 체류한 상태에서 출생한 자는 병역의무를 해소한 경우에만 국적이탈을 신고할 수 있도록 하는 구 국적법 제12조 제3항은 과잉금지원칙에 위배되어 국적이탈의 자유를 침해하는 동시에 그로 인해 국적을 이탈할 수 없는 복수국적자들의 대한민국의 출입국을 간접적으로 제한하므로 거주·이전의 자유를 침해한다.

① ㄱㄴㄹ ② ㄴㄷㄹ ③ ㄷㄹㅁ
④ ㄴㄹㅁ ⑤ ㄱㄷㅁ

▶ 정답 및 해설

ㄱ. [O] '외국에서 영주할 목적'이 없다고 함은 다른 나라에서 오랫동안 살고자 하는 목적이 없다는 것이므로, 일반인도 일시적인 유학이나 파견, 출장 등의 목적으로 외국에 머무르는 경우에는 영주할 목적이 인정되지 않는다는 것을 쉽게 이해할 수 있다. 따라서 명확성원칙에 위배되지 아니한다(2023. 2. 23. 2019헌바462).

ㄴ. [O] 심판대상조항은 '직계존속이 외국에서 영주할 목적 없이 체류한 상태에서 출생한 자'에 대해서는 병역의무를 해소한 경우에만 대한민국 국적이탈을 신고할 수 있도록 하므로, 위와 같이 출생한 사람의 국적이탈의 자유를 제한한다. 다만 거주·이전의 자유를 규정한 헌법 제14조는 국적이탈의 자유의 근거조항이고 심판대상조항은 출입국 등 거주·이전 그 자체에 어떠한 제한을 가한다고 보기 어려운바, 출입국에 관련하여 거주·이전의 자유가 침해된다는 청구인의 주장에 대해서는 판단하지 아니한다(2023. 2. 23. 2019헌바462).

ㄷ. [X] 심판대상조항으로 제한받는 사익은 그에 해당하는 사람이 국적이탈을 하려는 경우 모든 대한민국 남성에게 두루 부여된 병역의무를 해소하도록 요구받는 것에 지나지 않는 반면 심판대상조항으로 달성하려는 공익은 대한민국이 국가 공동체로서 존립하기 위해 공평한 병역분담에 대한 국민적 신뢰를 보호하여 국방역량이 훼손되지 않도록 하려는 것으로 매우 중요한 국익인 점 등을 감안할 때 심판대상조항은 과잉금지원칙에 위배되어 국적이탈의 자유를 침해하지 아니한다(2023. 2. 23. 2019헌바462).

ㄹ. [O] 심판대상조항은 국가 공동체의 운영원리를 보호하고자 복수국적자의 기회주의적 국적이탈을 방지하기 위한 것으로, 더 완화된 대안을 찾아보기 어려운 점, 외국에 생활근거 없이 주로 국내에서 생활하며 대한민국과 유대관계를 형성한 자가 단지 법률상 외국 국적을 지니고 있다는 사정을 빌미로 국적을 이탈하

려는 행위를 제한한다고 하여 과도한 불이익이 발생한다고 보기도 어려운 점 등을 고려할 때 심판대상조항은 과잉금지원칙에 위배되어 국적이탈의 자유를 침해하지 아니한다[2023. 2. 23. 2020헌바603].
ㅁ [×] 심판대상조항은 공평한 병역의무 분담에 관한 국민적 신뢰를 확보하려는 것으로, 장차 대한민국과 유대관계가 형성되기 어려울 것으로 예상되는 사람에 대해서는 병역의무 해소 없는 국적이탈을 허용함으로써 국적이탈의 자유에 대한 제한을 조화롭게 최소화하고 있는 점, 병역기피 목적의 국적이탈에 대하여 사후적 제재를 가하거나 생활근거에 따라 국적이탈을 제한하는 방법으로는 입법목적을 충분히 달성할 수 있다고 보기 어려운 점, 심판대상조항으로 제한받는 사익은 그에 해당하는 사람이 국적이탈을 하려는 경우 모든 대한민국 남성에게 두루 부여된 병역의무를 해소하도록 요구받는 것에 지나지 않는 반면 심판대상조항으로 달성하려는 공익은 대한민국이 국가 공동체로서 존립하기 위해 공평한 병역분담에 대한 국민적 신뢰를 보호하여 국방역량이 훼손되지 않도록 하려는 것으로 매우 중요한 국익인 점 등을 감안할 때 심판대상조항은 과잉금지원칙에 위배되어 국적이탈의 자유를 침해하지 아니한다[2023. 2. 23. 2019헌바462].

정답 ①

225 법률유보원칙에 대한 설명으로 옳은 것은?

① 전기판매사업자로 하여금 전기요금에 관한 약관을 작성하여 산업통상자원부장관의 인가를 받도록 한 전기사업법 제16조 제1항은 전기의 보편적 공급의 기본요소인 전기요금의 산정에 관하여 전기공급약관의 인가기준의 핵심적인 사항에 대해 정하지 않고 약관으로 장하도록 하고 있으므로 법률유보원칙에 위반된다.
② 노인장기요양 급여비용의 구체적인 산정방법 등에 관하여 필요한 사항을 보건복지부령에 정하도록 위임한 노인장기요양보험법 제39조 제3항이 법률유보원칙에 위배된다고 할 수 없다.
③ '금융위원회가 2017. 12. 28. 시중 은행들을 상대로 가상통화 거래를 위한 가상계좌의 신규 제공을 중단하도록 한 조치' 및 '금융위원회가 2018. 1. 23. 가상통화 거래 실명제를 2018. 1. 30.부터 시행하도록 한 조치는 구체적인 법적 근거 없이 이루어진 이 사건 조치는 법률유보원칙에 위반하여 청구인들의 기본권을 침해한다.
④ 금융위원회위원장이 2019. 12. 16. 시중 은행을 상대로 투기지역·투기과열지구 내 초고가 아파트(시가 15억 원 초과)에 대한 주택구입용 주택담보대출을 2019. 12. 17.부터 금지한 조치는 권력적 사실행위로서 이 사건 조치의 시행일당시 그 법적 근거가 될 수 없었음이 명백하므로, 결국 이 사건 조치는 법률유보원칙에 반하여 청구인의 재산권 및 계약의 자유를 침해한다.
⑤ 의료기관의 장으로 하여금 보건복지부장관에게 비급여 진료비용에 관한 사항을 보고하도록 한 의료법 제45조의2 제1항 중 '비급여 진료비용'에 관한 부분이 법률유보원칙에 반하여 의사의 직업수행의 자유와 환자의 개인정보자기결정권을 침해한다.

▶ 정답 및 해설

①[×] 전기요금의 산정이나 부과에 필요한 세부적인 기준을 정하는 것은 전문적이고 정책적인 판단을 요할 뿐 아니라 기술의 발전이나 환경의 변화에 즉각적으로 대응할 필요가 있다. 전기요금의 결정에 관한 내용을 반드시 입법자가 스스로 규율해야 하는 부분이라고 보기 어려우므로, 심판대상조항은 의회유보원칙에 위반되지 아니한다[2021. 4. 29. 2017헌가25].
②[O] 노인장기요양보험법은 요양급여의 실시와 그에 따른 급여비용 지급에 관한 기본적이고도 핵심적인 사항을 이미 법률로 규정하고 있다. 따라서 '시설 급여비용의 구체적인 산정방법 및 항목 등에 관하여 필

요한 사항'을 반드시 법률에서 직접 정해야 한다고 보기는 어렵고, 이를 보건복지부령에 위임하였다고 하여 그 자체로 법률유보원칙에 반한다고 할 수는 없다[2021. 8. 31. 2019헌바73].

③ [×] 이 사건 조치는, '특정 금융거래정보의 보고 및 이용 등에 관한 법률' 등에 따라 자금세탁 방지의무 등을 부담하고 있는 금융기관에 대하여, 종전 가상계좌가 목적 외 용도로 남용되는 과정에서 자금세탁 우려가 상당하다는 점을 주지시키면서 그 우려를 불식시킬 수 있는 감시·감독체계와 새로운 거래체계, 소위 '실명확인 가상계좌 시스템'이 정착되도록, 금융기관에 방향을 제시하고 자발적 호응을 유도하려는 일종의 '단계적 가이드라인'에 불과하다. 은행들이 이에 응하지 아니하더라도 행정상, 재정상 불이익이 따를 것이라는 내용은 확인할 수 없는 점, 이 사건 조치 이전부터 금융기관들이 상장수 거래소에는 자발적으로 비실명가상계좌를 제공하지 아니하여 왔고 이를 제공해오던 거래소라 하더라도 위험성이 노정되면 자발적으로 제공을 중단해 왔던 점, 이 사건 조치 이전부터 '국제자금세탁방지기구'를 중심으로 가상통화 거래에 관한 자금세탁 방지규제가 계속 강화되어 왔는데 금융기관들이 이를 고려하지 않을 수 없었던 점, 다른 나라에 비견하여 특히 가상통화의 거래가액이 이례적으로 높고 급등과 급락을 거듭해 왔던 대한민국의 현실까지 살핀다면, 가상통화 거래의 위험성을 줄여 제도화하기 위한 전제로 이루어지는 단계적 가이드라인의 일환인 이 사건 조치를 금융기관들이 존중하지 아니할 이유를 달리 확인하기 어렵다. <u>이 사건 조치는 당국의 우월적인 지위에 따라 일방적으로 강제된 것으로 볼 수 없으므로 헌법소원의 대상이 되는 공권력의 행사에 해당된다고 볼 수 없다</u>[2021. 11. 25. 2017헌마1384, 2018헌마90, 145, 391(병합)].

④ [×] 금융위원회위원장이 2019. 12. 16. 시중 은행을 상대로 투기지역·투기과열지구 내 초고가 아파트(시가 15억 원 초과)에 대한 주택구입용 주택담보대출을 2019. 12. 17.부터 금지한 조치가 법률유보원칙에 반하여 청구인의 재산권 및 계약의 자유를 침해하는지 여부(소극)
피청구인은 언제든 은행업감독규정 〈별표6〉을 개정하여 이 사건 조치와 동일한 내용의 규제를 할 수 있는 권한이 있고, 은행업감독규정 〈별표6〉에 근거한 주택담보대출의 규제에는 은행법 제34조와 은행법 시행령 제20조 제1항 등 법률적 근거가 있다. 또한 피청구인은 해당 권한을 행사하여 이 사건 조치를 통해 은행업감독규정 〈별표6〉을 개정할 것임을 예고하고 개정될 때까지 당분간 개정될 내용을 준수해 줄 것을 요청한 것이고, 이 사건 조치에 불응하더라도 불이익한 조치가 이루어지지 않을 것임이 명시적으로 고지되었으므로 이 사건 조치로 인한 기본권 제한의 정도는 은행업감독규정의 기본권 제한 정도에는 미치지 않는다. 결국 행정지도로 이루어진 이 사건 조치는 금융위원회에 적법하게 부여된 규제권한을 벗어나지 않았으므로, <u>법률유보원칙에 반하여 청구인의 재산권 및 계약의 자유를 침해하지 아니한다</u>[2023. 3. 23. 2019헌마1399].
※ 재판관 이선애, 재판관 이은애, 재판관 이종석의 법률유보원칙 위반 여부에 관한 반대의견
이 사건 조치가 법률유보원칙을 준수하려면, 그 시행일인 2019. 12. 17. 당시 이 사건 조치에 따른 주택담보대출 금지가 '금융위원회고시'에 규정되어 있어야 한다. 그러나 2019. 12. 17. 당시 금융위원회고시인 '은행업감독규정 〈별표6〉'에는 '투기지역·투기과열지구 내 초고가 아파트에 대한 주택구입용 주택담보대출 금지'에 관한 내용은 물론, '초고가 아파트(시가 15억 원 초과)'에 대한 정의규정조차 존재하지 않았다. 오히려 이 사건 조치로부터 1년 후인 2020. 12. 3.에 이르러서야 관련 내용이 '은행업감독규정 〈별표6〉'에 신설되었음이 확인된다. 그렇다면 피청구인이 주장하는 법령은 권력적 사실행위인 이 사건 조치의 시행일(2019. 12. 17.) 당시 그 법적 근거가 될 수 없었음이 명백하므로, 결국 이 사건 조치는 법률유보원칙에 반하여 청구인의 재산권 및 계약의 자유를 침해한다.

⑤ [×] 의료기관의 장으로 하여금 보건복지부장관에게 비급여 진료비용에 관한 사항을 보고하도록 한 의료법 제45조의2 제1항 중 '비급여 진료비용'에 관한 부분이 법률유보원칙에 반하여 의사의 직업수행의 자유와 환자의 개인정보자기결정권을 침해하는지 여부(소극)
보고의무조항은 '비급여 진료비용의 항목, 기준, 금액, 진료내역'을 보고하도록 함으로써 보고의무에 관한 기본적이고 본질적인 사항을 법률에서 직접 정하고 있으므로, 법률유보원칙에 반하여 청구인들의 기본권을 침해하지 아니한다[2023. 2. 23. 2021헌마93].
의료기관 개설자로 하여금 보건복지부장관이 정하여 고시하는 비급여 대상을 제공하려는 경우 환자 또는 환자의 보호자에게 진료 전 해당 비급여 대상의 항목과 가격을 직접 설명하도록 한 의료법 시행규칙 제42조의2 제2항 본문이 법률유보원칙에 반하여 의사의 직업수행의 자유를 침해하는지 여부(소극) 설명의무조항은 의료법 제45조 제1항에 명시된 '의료기관 개설자의 비급여 진료비용 고지의무'의 이행방법을 구체화

한 것으로서 법률상 '고지'에는 '서면'고지뿐 아니라 '구두'고지인 설명도 포함된다. 따라서 설명의무조항은 상위법령의 위임범위 내에서 규정한 것이므로 법률유보원칙에 반하여 청구인들의 기본권을 침해하지 아니한다(2023. 2. 23. 2021헌마93).

정답 ②

226 법률유보원칙에 대한 설명으로 옳은 것은?

① '변호사의 공공성이나 공정한 수임질서를 해치거나 소비자에게 피해를 줄 우려가 있는 광고 '참여 또는 협조하여서는 아니 된다'는 변호사 광고에 관한 규정이 법률유보원칙에 위배된다.
② '공정한 수임질서를 저해할 우려가 있는 무료 또는 부당한 염가' 법률상담 방식에 의한 광고를 금지하는 변호사 광고에 관한 규정이 법률유보원칙에 위배된다.
③ 의료급여 수가기준은 전문적이고 정책적인 영역이어서 구체적인 수가기준을 반드시 법률로 정하여야 할 사항은 아니다.
④ 대한변호사 협회의 유권해석에 반하는 내용의 광고를 금지하는 변호사 광고에 관한 규정, 협회의 회규, 유권해석에 위반되는 행위를 목적 또는 수단으로 하여 행하는 법률상담 광고를 금지하는 변호사 광고에 관한 규정이 법률유보원칙에 위반되지 않는다.
⑤ 서울특별시장의 정비구역 직권해제 대상에서 '상업지역의 도시정비형 재개발사업을 제외한 '서울특별시 도시 및 주거환경정비 조례' 부칙 제23조 제2항은도시정비법의 구체적 위임 없이 해당 정비구역 내 건물·토지 소유자의 권리 제한 및 의무 부담을 존속시키도록 하였으므로, 법률유보원칙에 반하여 청구인들의 재산권을 침해한다.

▶ 정답 및 해설

① [X] 위 제5조 제2항 각 호에서 금지하는 광고에 참여하거나 협조하는 행위 또한 그 수권조항인 변호사법 제23조에서 위임하고 있는 '<u>변호사의 공공성이나 공정한 수임질서를 해치거나 소비자에게 피해를 줄 우려가 있는</u>' 경우로서 수권조항의 위임 범위 내에 있는 것으로 볼 수 있다. 따라서 위 조항 부분은 법률유보원칙에 위배되지 아니한다(2022. 5. 26. 2021헌마619).
② [X] 이 사건 규정의 수권법률인 변호사법 제23조 제2항 제7호에서도 위 표지와 같은 '공정한 수임 질서를 해치는 광고'라는 개념을 사용하고 있는데, 이 사건 규정 제4조 제12호의 '공정한 수임질서를 저해할 우려가 있는 무료 또는 부당한 염가' 부분 및 제8조 제1항의 '무료 또는 부당한 염가' 부분은 법률유보원칙에 위배되지 아니한다(2022. 5. 26. 2021헌마619).
③ [O] 만성신부전증환자에 대한 외래 혈액투석 의료급여수가의 기준을 정액수가로 규정한 '의료급여수가의 기준 및 일반기준'이 법률유보원칙에 위배되는지 여부(소극)
의료급여수가기준은 전문적이고 정책적인 영역이어서 구체적 <u>수가기준을</u> **반드시 법률로 정하여야 한다거나 의료급여법 등 상위법령이 행위별수가나 포괄수가만을 예정하고 있다고 볼 수 없다.** 정액수가조항은 의료급여법 등 상위법령의 위임에 따라 의료수가기준과 그 계산방법을 정한 것이어서 법률유보원칙에 위배되지 않는다(2020. 4. 23. 2017헌마103).
④ [X] 이 사건 유권해석위반 광고금지규정의 '협회의 유권해석'을 전자의 일반적·추상적인 법령 해석이라고 보든, 후자의 개별적·구체적인 사안에 대한 질의 회신이라고 보든, 위 규정 위반이 징계사유가 될 수 있음을 고려하면 적어도 <u>수범자인 변호사등은 이 사건 유권해석위반 광고금지규정에서 유권해석을 통해 금지될 수 있는 내용들의 대강을 알 수 있어야 한다.</u>
그런데 수범자들은 유권해석이 내려지기 전까지는 금지되는 내용이 무엇인지 도저히 알 수 없다. 따라서 <u>이 사건 유권해석위반 광고금지규정은 수권법률로부터 위임된 범위를 벗어나는 규율 내용까지 포함할 가</u>

능성이 있으므로, 위임 범위 내에서 명확하게 규율 범위를 정하고 있다고 보기 어렵다. 그러므로 이 사건 유권해석위반 광고금지규정은 **법률유보원칙을 위반하여** 청구인들의 표현의 자유, **직업의 자유를 침해한다**(2022. 5. 26. 2021헌마619).

⑤ [×] 조례는 선거를 통해 지역적 민주적 정당성 있는 주민의 대표기관인 지방의회가 제정하는 것이고, 헌법이 지방자치단체에 포괄적인 자치권을 보장하는 취지를 고려할 때, 조례에 대한 지나친 제약은 바람직하지 않다. 특히 지방자치단체마다 구체적인 도시환경 개선 필요성 등은 서로 다를 수 있으므로, 개별 정비구역에 대한 직권해제의 구체적 내용은 개별 지방자치단체의 실정을 고려하여 지방의회가 조례를 통해 개별적으로 정하도록 허용할 필요성이 크다. 이에 국회는 그러한 사정을 고려하여 도시정비법 제21조 제1항 후문에 따른 '구체적인 기준 등에 필요한 사항'을 개별 조례에 위임하였고, 서울특별시의회는 그 위임에 근거하여 구체적인 기준을 보충하면서 '상업지역의 도시정비형 재개발사업'을 그 직권해제 대상에서 제외하였다. 결국 심판대상조항은 도시정비법 제21조 제1항 후문의 위임범위를 일탈하였다고 보기 어려우므로, 법률유보원칙에 반하여 청구인들의 재산권을 침해하지 아니한다(2023. 3. 23. 2019헌마758).

※ 재판관 이선애의 재산권 침해 여부에 관한 반대의견
도시정비법은 정비구역의 '지정' 및 '해제'를 모두 '정비구역의 지정권자'에게 부여함으로써 지방자치단체의 장이 다양한 사정을 종합적으로 고려하여 그 권한을 행사하도록 정하되, 그 다양한 직권해제 사유 중 '제1호 및 제2호에 따른 구체적인 기준 등에 필요한 사항'만을 조례로 정하도록 위임하고 있을 뿐, **특정지역을 직권해제의 적용대상에서 원칙적으로 배제함으로써 주민의 권리 제한 및 의무 부담을 존속시키는 범위까지 구체적으로 위임하고 있지 아니한다**. 그럼에도 불구하고 심판대상조항은 '제1호 및 제2호에 따른 구체적인 기준 등에 필요한 사항'이란 도시정비법 제21조 제1항 후문의 위임 범위를 일탈하여, '상업지역의 도시정비형 재개발사업'을 지방자치단체의 장의 직권해제의 대상에서 제외함으로써, 도시정비법의 구체적 위임 없이 해당 정비구역 내 건물·토지 소유자의 권리 제한 및 의무 부담을 존속시키도록 하였으므로, 법률유보원칙에 반하여 청구인들의 재산권을 침해한다.

정답 ③

227 신뢰보호원칙에 대한 설명으로 옳지 않은 것은?

① 변호사시험 응시기회를 석사학위 취득한 달의 말일부터 5년 내 5회만 응시할 수 있도록 응시횟수를 제한하는 변호사시험법은 직업선택의 자유를 침해하거나 신뢰보호를 위반한다고 할 수 없다.
② 개성공단 전면중단 조치가 신뢰보호원칙을 위반하여 청구인들의 영업의 자유와 재산권을 침해한다고 할 수 없다.
③ 전문과목을 표시한 치과의원은 그 표시한 전문과목에 해당하는 환자만을 진료하여야 한다고 규정한 의료법 제77조 제3항은 신뢰보호원칙에 위배되어 청구인들의 직업수행의 자유를 침해한다.
④ 미성년자에 대한 성폭력범죄의 공소시효는 형사소송법 제252조 제1항에도 불구하고 해당 성폭력범죄로 피해를 당한 미성년자가 성년에 달한 날부터 진행하도록 한 '성폭력범죄의 처벌 등에 관한 특례법' 부칙을 '성폭력범죄의 처벌 등에 관한 특례법' 시행 전 행하여진 성폭력범죄로 아직 공소시효가 완성되지 아니한 사건에도 적용하도록 한 '성폭력범죄의 처벌 등에 관한 특례법'은 신뢰보호원칙에 반한다고 할 수 없다.
⑤ 헌법재판소가 성인대상 성범죄자에 대하여 10년 동안 일률적으로 의료기관에의 취업제한 등을 하는 규정에 대하여 위헌결정을 한 뒤, 개정법 시행일 전까지 성인대상 성범죄로 형을 선고받아 그 형이 확정된 사람에 대해서 형의 종류 또는 형량에 따라 기간에 차등을 두어 의료기관에의 취업 등을 제한하는 아동·청소년의 성보호에 관한 법률 부칙 제5조 제1호는 헌법상 원칙적으로 금지되는 진정소급입법에 해당하지 아니한다.

▶ 정답 및 해설

① [O] 변호사시험에 무제한 응시함으로 인하여 발생하는 인력 낭비, 응시인원의 누적으로 인한 시험합격률의 저하 및 법학전문대학원의 전문적인 교육효과 소멸 등을 방지하고자 하는 공익은 청구인들의 제한되는 기본권에 비하여 더욱 중대하다. 따라서 응시기회제한조항은 법익의 균형성도 인정된다. 청구인들은 국가가 법학전문대학원의 입학정원을 제한함으로써 법학전문대학원에 일단 입학하여 교육과정을 충실히 이수하면 변호사가 되리라는 신뢰를 유도하였다고 주장하나, 법학전문대학원의 입학정원을 제한하였다고 하여 변호사시험의 응시기회를 무제한으로 보장한다는 신뢰를 준 것이라고 보기는 어렵다. 따라서 <u>응시기회제한조항은 신뢰보호원칙에 위배되어 청구인들의 직업선택의 자유를 침해한다고 할 수 없다.</u> (헌재 2016.9.29. 2016헌마47 등 병합)
② [O] 불안정한 남북관계의 영향으로 과거 개성공단 가동이 중단되었던 사례가 있음에 비추어 볼 때 <u>북한의 핵실험 등으로 안보위기가 고조되는 경우 개성공단이 다시 중단될 가능성을 충분히 예상할 수 있었다.</u> 따라서 위 합의서가 청구인들에 대하여 직접적으로 그 효력과 존속에 대한 신뢰를 부여하였다고 인정하기 어렵고, 이 사건 중단조치가 청구인들의 신뢰이익을 침해하는 정도는 비교적 낮은 수준에 불과하며, 이 사건 중단조치를 통해 달성하려는 공익은 그와 같은 신뢰의 손상을 충분히 정당화할 수 있다. 그러므로 이 사건 중단조치는 신뢰보호원칙을 위반하여 청구인들의 영업의 자유와 재산권을 침해하지 아니한다(2022. 5. 26. 2016헌마95).
③ [X] 청구인들은 2014. 1. 1.부터 치과의원에서 전문과목을 표시할 수 있게 되면 모든 전문과목의 진료를 할 수 있을 것이라고 신뢰하였다고 주장하나, 이와 같은 신뢰는 장래의 법적 상황을 청구인들이 미리 일정한 방향으로 예측 내지 기대한 것에 불과하므로 심판대상조항은 신뢰보호원칙에 위배되어 직업수행의 자유를 침해한다고 볼 수 없다. (2015.5.28. 2013헌마799).
④ [O] 심판대상조항이 형사소송법의 공소시효에 관한 조항의 적용을 배제하고 새롭게 규정된 조항을 적용하도록 하였다고 하더라도, 이로 인하여 제한되는 성폭력 가해자의 신뢰이익이 공익에 우선하여 특별히 헌법적으로 보호해야 할 가치나 필요성이 있다고 보기 어렵다. 따라서 심판대상조항은 신뢰보호원칙에 반한다고 할 수 없다(헌재 2021.6.24., 2018헌바457).
⑤ [O] 이 사건 부칙조항은 개정법 시행일부터 의료기관을 운영하거나 의료기관에 취업 등을 하는 행위를 금지할 뿐 개정법 시행 전에 이루어진 의료기관 운영 행위에 대해 소급적으로 불이익을 가하고 있지 아니하므로, 헌법상 원칙적으로 금지되는 진정소급입법에 해당하지 아니한다[2023. 5. 25. 2020헌바45]. **정답** ③

228 명확성원칙에 대한 설명으로 옳지 않은 것은?

① 전시·사변 등 국가비상사태에 있어서 전투에 종사하는 자에 대하여 각령(閣令)이 정하는 바에 의하여 전투근무수당을 지급하도록 한 구 군인보수법 제17조 중 '전시·사변 등 국가비상사태' 부분은 명확성원칙에 위반되지 않는다.
② 선량한 풍속 기타 사회질서에 위반한 사항을 내용으로 하는 법률행위를 무효로 하는 민법 제103조가 명확성원칙에 위반되지 않는다.
③ '교통의 안전과 위험방지를 위하여 필요하다고 인정하는 경우' 음주측정을 요구할 수 있도록 한 구 도로교통법 제44조 제2항이 죄형법정주의 명확성원칙에 위반된다고 할 수 없다.
④ 항문성교나 그 밖의 추행을 한 사람은 2년 이하의 징역에 처하도록 한 군형법 제92조는 범죄구성요건을 단순히 '그 밖의 추행'이라는 추상적이고 모호하며 포괄적인 용어만을 사용함으로써, 어느 정도의 어떤 행위가, 누구와 누구의 행위가, 그리고 언제, 어디에서의 행위가 이 사건 조항

의 적용을 받는지 여부를 수범자가 예측할 수 없도록 하였는바, 죄형법정주의의 명확성원칙에 위배된다.
⑤ '다단계판매'의 개념을 정의하고 있는 '방문판매 등에 관한 법률'계2조 제5호는 명확성원칙에 위배되지 않는다.

▶ 정답 및 해설

① [O] 심판대상조항의 '전시', '사변'은 그 문언 자체로도 그 의미가 명확하고, '전시·사변 등'이라는 예시가 있는 점, 그리고 심판대상조항이 전투근두수당의 지급대상으로 '전투에 종사한 자'를 규정하고 있는 점에 비추어 '국가비상사태'는 위 전시, 사변과 같이 전투가 발생하였거나 발생할 수 있는 수준의 대한민국의 국가적인 비상사태를 의미함을 쉽게 알 수 있다. 심판대상조항 중 '전시·사변 등 국가비상사태' 부분은 명확성원칙에 위반되지 않는다(2023. 8. 31. 2020헌바594).

② [O] 문제되는 법률행위의 내용이 선량한 풍속 기타 사회질서에 위반한 것인지는 헌법을 최고규범으로 하는 전체 법질서, 그 법질서가 추구하는 가치 및 이미 구체화된 개별입법 등을 종합적으로 고려하여 판단되어야 하고, 개별 사례들에 관한 학설과 판례 등의 집적을 통해 그 판단에 대한 예측 가능성을 높일 수 있다. 이로써 문제되는 법률행위가 선량한 풍속 기타 사회질서에 위반한 것인지에 대한 판단은 법관의 주관적·자의적 신념이 아닌 헌법을 최고규범으로 하는 법 공동체의 객관적 관점에 의하여 이루어질 수 있다. 따라서 심판대상조항은 명확성원칙에 위반된다고 볼 수 없다(2023. 9. 26. 2020헌바552).

③ [O] 심판대상조항의 문언과 입법취지, 도로교통법의 입법목적, 도로교통법 관련 규정, 음주운전이 초래하는 위험성과 폐해 등을 종합적으로 고려하면, 심판대상조항의 '교통의 안전과 위험방지를 위하여 필요하다고 인정하는 경우'란 음주운전을 제지하지 않고 방치할 때 초래될 도로교통상 안전에 대한 침해 또는 위험을 미리 방지하기 위해 필요한 경우를 의미함을 충분히 알 수 있다. 따라서 심판대상조항은 죄형법정주의의 명확성원칙에 위배되지 않는다(2023. 10. 26. 2019헌바91).

④ [×] 군형법 제92조의6의 제정취지, 개정연혁 등을 살펴보면, 이 사건 조항은 동성 간의 성적 행위에만 적용된다고 할 것이고, 추행죄의 객체 또한 군인·군무원 등으로 명시하고 있으므로 불명확성이 있다고 볼 수 없다. 이러한 점에 비추어보면, 건전한 상식과 통상적인 법 감정을 가진 군인, 군무원 등 군형법 피적용자는 어떠한 행위가 이 사건 조항의 구성요건에 해당되는지 여부를 충분히 파악할 수 있다고 판단되므로, 이 사건 조항은 죄형법정주의의 명확성원칙에 위배되지 아니한다(2023. 10. 26. 2017헌가16).

⑤ [O] 심판대상조항에 의하면 '다단계판매조직'은 ① 판매업자에 속한 판매원이 특정인을 해당 판매원의 하위 판매원으로 가입하도록 권유하는 모집방식이 있을 것, ② 위 항목에 따른 판매원의 가입이 3단계 이상 단계적으로 이루어질 것, ③ 판매업자가 판매원에게 후원수당을 지급하는 방식을 가지고 있을 것의 세 가지 요건을 모두 충족하는 판매조직을 말하고, 다단계판매조직을 통하여 재화등을 판매하는 것을 '다단계판매'라고 한다. 따라서 심판대상조항은 명확성원칙에 위배되지 아니한다(2023. 8. 31. 2020헌바473). **정답** ④

229 명확성원칙에 대한 설명으로 옳지 않은 것은?

① 인체면역결핍 바이러스에 감염된 사람이 혈액 또는 체액을 통하여 다른 사람에게 전파매개 행위를 하는 것을 금지하고 이를 위반한 경우를 3년 이하의 징역형으로 처벌한다고 규정한 '후천성면역결핍증 예방법'은 죄형법정주의 명확성원칙에 위반되지 않는다.
② 죄형법정주의 명확성원칙을 위반하지 않는다 복수국적자가 외국에 주소가 있는 경우에만 국적이탈을 신고할 수 있도록 하는 국적법 제14조 제1항 본문이 명확성원칙에 위배된다.
③ 환매권의 요건 등에 관하여 규정한 구 '공익사업을 위한 토지 등의 취득 및 보상에 관한 법률' 제91조 제1항 중 '필요 없게 된 경우' 부분이 명확성원칙에 위반되지 않는다.
④ 정치자금법에 정하지 않은 방법으로 정치자금을 기부받는 것을 금지하는 조항이 '정치자금' 및 '기부' 부분이 죄형법정주의 명확성원칙에 위반되지 않는다.
⑤ "반송"이란 국내에 도착한 외국물품이 수입통관절차를 거치지 아니하고 다시 외국으로 반출되는 것을 말한다고 규정한 관세법 제2조 제3호가 죄형법정주의 명확성원칙에 위배되지 않는다.

▶ 정답 및 해설

①【O】인체면역결핍바이러스 감염을 예방하고자 하는 심판대상조항의 입법취지를 고려하면 심판대상조항이 규정하는 '체액'이란 타인에게 감염을 일으킬 만한 인체면역결핍바이러스를 가진 체액으로 한정되고, '전파매개행위'는 체액이 전달되는 성행위 등과 같이 인체면역결핍바이러스 감염가능성이 있는 행위에 국한될 것임을 예측할 수 있다.
②【X】'외국에 주소가 있는 경우'라는 표현은 국적법 등 법률에서만 사용되는 표현이 아닌 일상적으로 사용되고 있는 표현으로, '주소'라 함은 실질적인 생활의 근거가 되는 장소를 뜻한다.
민법 제18조 제1항도 '생활의 근거되는 곳'을 주소로 한다고 규정하고 있는바, 이를 판단함에 있어서는 주민등록 여부뿐만이 아니라 가족 등 관계자의 출입국 경위 및 거주사실, 생계를 같이하는 가족이나 자산의 소재 등 실체적인 생활관계에 관련된 다양한 객관적 사정들을 종합적으로 고려하여야 한다.
앞서 살펴본 심판대상조항의 입법취지 및 관계법령에서의 정의, 주소에 대한 일반 국민의 인식 등을 종합하여 볼 때, '외국에 주소가 있는 경우'란 '다른 나라에 생활근거가 있는 경우'를 의미하는 것으로, 외국에 거주지, 근무지 등 생활근거를 찾을 수 없는 경우에는 그곳에 주소가 있다고 인정할 수 없음을 쉽게 이해할 수 있다.
그렇다면 심판대상조항은 수범자의 예측가능성을 해하거나 법집행기관의 자의적 법집행을 초래할 정도로 불명확하지 않으므로 명확성원칙에 위배된다고 볼 수 없다.
③【O】심판대상조항은 문언상 그 의미가 비교적 명백하고, 구체적 사안에서 법원이 원소유자의 재산권의 존속보장이라는 사익과 공익사업 시행을 전제로 하여 형성된 법률관계의 안정이라는 공익을 형량하여, 협의취득 또는 수용된 토지가 해당 사업의 폐지·변경 또는 그 밖의 사유로 필요 없게 되었는지 여부를 충분히 판단할 수 있다. 그러므로 심판대상조항이 수범자의 예측가능성을 해친다거나, 법 집행기관의 자의적인 해석을 가능하게 하는 불명확한 법률조항이라고 볼 수는 없다. 따라서 심판대상조항은 명확성원칙에 위반되지 아니한다[2023. 8. 31. 2020헌바178].
④【O】정치자금법 제3조 제2호는 '기부'를 '정치활동을 위하여 개인 또는 후원회 그 밖의 자가 정치자금을 제공하는 일체의 행위'라고 정의하고 이어서 "제3자가 정치활동을 하는 자의 정치활동에 소요되는 비용 부담하거나 지출하는 경우와 금품이나 시설의 무상대여, 채무의 면제·경감 그 밖의 이익을 제공하는 행위 등은 이를 기부로 본다."라고 정하고 있어 정치자금법상 기부가 무슨 의미인지에 관하여 불명료성은 없다. 심판대상조항의 '기부' 부분에 의하여 금지되고 처벌되는 행위는 정치자금법 등 관련 조항의 문언과 입법취지, 규정형식 등을 종합하여 구체화될 수 있으므로 심판대상조항의 '기부' 부분은 죄형법정주의 명확성원칙에 반한다고 할 수 없다[2023. 10. 26. 2020헌바402].

⑤ [O] 이 사건 정의조항의 사전적 의미와 관련 조항을 종합하면, 이 사건 정의조항에서 규정하는 '국내에 도착한' 외국물품이란 외국으로부터 우리나라에 들어와 관세법에 따른 장치 장소, 즉 보세구역 또는 관세법 제155조 및 제156조의 장치 장소에 있는 물품으로서 수입신고가 수리되기 전의 물품을 의미하는 것으로 충분히 예측할 수 있다. 따라서 이 사건 정의조항은 죄형법정주의 명확성원칙에 위배되지 아니한다[2023. 6. 29. 2020헌바177].

정답 ②

230 기본권에 대한 설명 중 옳은 것은?

① 행정심판의 피청구인이 된 경우에 적용되는 행정심판법 조항의 위헌성을 다투는 이 사건에 있어, 주택재개발조합인 청구인은 기본권의 주체가 된다고 볼 수 있다.
② 국립대학법인 서울대학교가 정보공개의무를 부담하는 경우에 있어서는 서울대학교가 기본권의 수범자로 기능하면서 행정심판의 피청구인이 된 경우에는 기본권의 주체가 된다고 할 수 있다.
③ 헌법 제31조 제4항이 규정하는 교육의 자주성 및 대학의 자율성은 헌법 제22조 제1항이 보장하는 학문의 자유의 확실한 보장을 위해 꼭 필요한 것으로서 국립대학인 청구인도 이러한 대학의 자율권의 주체로서 헌법소원심판의 청구인능력이 인정된다.
④ 국립대학인 서울대학교는 입시요강을 결정함에 있어서는 다른 국가기관 내지 행정기관과는 마찬가지로 공권력의 행사자의 지위를 가질 기본권의 주체라고 할 수 없다.
⑤ 검사가 발부한 형집행장에 의하여 검거된 벌금미납자의 신병에 관한 업무와 관련하여 경찰공무원인 청구인은 공권력행사의 주체일 뿐 아니라 기본권의 주체라 할 수 있으므로 헌법소원을 제기할 청구인적격이 인정된다.

▶ 정답 및 해설

① [X] 재개발조합의 공공성과 '도시 및 주거환경정비법'에서 위 조합에 행정처분을 할 수 있는 권한을 부여한 취지 등을 종합하여 볼 때, 재개발조합이 공법인의 지위에서 행정처분의 주체가 되는 경우에 있어서는, 위 조합은 재개발사업에 관한 국가의 기능을 대신하여 수행하는 공권력 행사자 내지 기본권 수범자의 지위에 있다. 따라서 재개발조합이 기본권의 수범자로 기능하면서 행정심판의 피청구인이 된 경우에 적용되는 심판대상조항의 위헌성을 다투는 이 사건에 있어, 재개발조합인 청구인은 기본권의 주체가 된다고 볼 수 없다(2022.7.21. 2019헌바543).
② [X] 학교는 국민의 '교육을 받을 권리'를 보장하는 핵심적인 역할과 기능을 담당하는 등 그 수행하는 업무가 뚜렷한 공공성을 갖고 있는바, 학교가 보유·관리하는 정보는 국가기관이나 지방자치단체 등이 보유·관리하는 정보와 마찬가지로 국민의 알 권리의 대상이 되는 공적 정보에 해당한다. 따라서 국립대학법인 서울대학교가 정보공개의무를 부담하는 경우에 있어서는 국민의 알 권리를 보호해야 할 의무를 부담하는 기본권 수범자의 지위에 있다고 할 것이다. 그렇다면, 서울대학교가 기본권의 수범자로 기능하면서 행정심판의 피청구인이 된 경우에 적용되는 심판대상조항의 위헌성을 다투는 이 사건에서 서울대학교는 기본권의 주체가 된다고 할 수 없으므로 재판청구권 침해 주장은 이유 없다[2023. 3. 23. 2018헌마385].
③ [O] 헌법 제31조 제4항이 규정하는 교육의 자주성 및 대학의 자율성은 헌법 제22조 제1항이 보장하는 학문의 자유의 확실한 보장을 위해 꼭 필요한 것으로서 대학에 부여된 헌법상 기본권인 대학의 자율권이므로, 국립대학인 청구인도 이러한 대학의 자율권의 주체로서 헌법소원심판의 청구인능력이 인정된다(2015. 12. 23. 2014헌마1149).
④ [X] 교육의 자주성이나 대학의 자율성은 헌법 제22조 제1항이 보장하고 있는 학문의 자유의 확실한 보장수단으로 꼭 필요한 것으로서 이는 대학에게 부여된 헌법상의 기본권이다. 따라서 국립대학인 서울대학교

는 다른 국가기관 내지 행정기관과는 달리 공권력의 행사자의 지위와 함께 기본권의 주체라는 점도 중요하게 다루어져야 한다(1992. 10. 1. 92헌마68).

⑤ [X] 일반적으로 청구인과 같은 경찰공무원은 기본권의 주체가 아니라 국민 모두에 대한 봉사자로서 공공의 안전 및 질서유지라는 공익을 실현할 의무가 인정되는 기본권의 수범자라 할 것인바, 검사가 발부한 형집행장에 의하여 검거된 벌금미납자의 신병에 관한 업무는 국가 조직영역 내에서 수행되는 공적 과제 내지 직무영역에 대한 것으로 이와 관련해서 청구인은 국가기관의 일부 또는 그 구성원으로서 공법상의 권한을 행사하는 공권력행사의 주체일 뿐, 기본권의 주체라 할 수 없으므로 이 사건에서 청구인에게 헌법소원을 제기할 청구인적격을 인정할 수 없다(2009. 3. 24. 2009헌마118).

정답 ③

231 혼인의 자유와 '출생등록될 권리'에 대한 설명 중 옳지 않은 것을 모두 조합한 것은?

ㄱ. 유전학적 연구결과에 의하더라도 8촌 이내 혈족 사이의 혼인이 일률적으로 그 자녀나 후손에게 유전적으로 유해한지에 대한 과학적인 증명이 있었다고 보기 어려우므로, 유전학적 관점은 혼인의 상대방을 선택할 자유를 제한하는 합리적인 이유가 될 수 없다. 따라서 8촌 이내의 혈족 사이에서는 혼인할 수 없도록 하는 민법 제809조은 입법목적 달성에 필요한 범위를 넘는 과도한 제한으로서 과잉금지원칙에 위배하여 혼인의 자유를 침해한다.

ㄴ. 금혼조항을 위반한 혼인을 무효로 하는 민법 제815조 제2호는 과잉금지원칙에 위배하여 혼인의 자유를 침해한다.

ㄷ. '혼인 중 여자와 남편 아닌 남자 사이에서 출생한 자녀에 대한 생부의 출생신고'를 허용하도록 규정하지 아니한 '가족관계의 등록 등에 관한 법률' 제46조 제2항은 민법상 친생추정을 받는 생모와 그 남편의 혼인 외 출생자에 대한 출생신고가 담보될 수 없을 때 민법상 친생추정에 따른 법적 신분관계의 형성을 벗어나지 않는 범위에서 혼인 외 출생자를 보호하기 위해 생부의 출생신고를 허용함으로써 가족생활의 자유를 보장하는 것보다 더 중하다고 볼 수 없으므로 과잉금지원칙을 위배하여 생부인 청구인들의 가족생활의 자유를 침해한다.

ㄹ. '혼인 중 여자와 남편 아닌 남자 사이에서 출생한 자녀에 대한 생부의 출생신고'를 허용하도록 규정하지 아니한 '가족관계의 등록 등에 관한 법률'은 혼인 외 출생자인 청구인들의 태어난 즉시 '출생등록될 권리'를 침해한다.

ㅁ. 입양신고서의 기재사항은 일방당사자의 신분증명서를 가지고 있다면 손쉽게 가족관계증명서를 발급받아 알 수 있어 진정한 입양의 합의가 존재한다는 점을 담보할 수 없다는 점에서 입양신고 시 신고사건 본인이 시·읍·면에 출석하지 아니하는 경우에는 신고사건 본인의 신분증명서를 제시하도록 한 '가족관계의 등록 등에 관한 법률'이 입법형성권의 한계를 넘어서서 입양당사자의 가족생활의 자유를 침해한다.

① ㄱㄴㄷ ② ㄴㄷㄹ ③ ㄷㄹㅁ
④ ㄴㄷㅁ ⑤ ㄱㄷㅁ

▶ 정답 및 해설

ㄱ [X] 이 사건 금혼조항으로 인하여 법률상의 배우자 선택이 제한되는 범위는 친족관계 내에서도 8촌 이내의 혈족으로, 넓다고 보기 어렵다. 그에 비하여 8촌 이내 혈족 사이의 혼인을 금지함으로써 가족질서를 보

호하고 유지한다는 공익은 매우 중요하므로 이 사건 금혼조항은 법익균형성에 위반되지 아니한다. 그렇다면 이 사건 금혼조항은 과잉금지원칙에 위배하여 **혼인의 자유를 침해하지 않는다**(2022.10.27. 2018헌바115).

ㄴ [O] 이 사건 무효조항은 이 사건 금혼조항의 실효성을 보장하기 위한 것으로서 정당한 입법목적 달성을 위한 적합한 수단에 해당한다. 이 사건 무효조항의 입법목적은 근친혼이 가까운 혈족 사이의 신분관계 등에 현저한 혼란을 초래하고 가족제도의 기능을 심각하게 훼손하는 경우에 한정하여 무효로 하더라도 충분히 달성 가능하고, 위와 같은 경우에 해당하는지 여부가 명백하지 않다면 혼인의 취소를 통해 장래를 향하여 혼인을 해소할 수 있도록 규정함으로써 가족의 기능을 보호하는 것이 가능하므로, 이 사건 무효조항은 입법목적 달성에 필요한 범위를 넘는 과도한 제한으로서 침해의 최소성을 충족하지 못한다. 나아가 이 사건 무효조항을 통하여 달성되는 공익은 결코 적지 아니하나, 이 사건 무효조항으로 인하여 제한되는 사익 역시 중대함을 고려하면, 이 사건 무효조항은 법익균형성을 충족하지 못한다. 그렇다면 이 사건 무효조항은 과잉금지원칙에 위배하여 **혼인의 자유를 침해한다**(2022.10.27. 2018헌바115).

ㄷ [X] 심판대상조항들이 혼인 중인 여자와 남편 아닌 남자 사이에서 출생한 자녀의 경우에 혼인 외 출생자의 신고의무를 모에게만 부과하고, 남편 아닌 남자인 생부에게 자신의 혼인 외 자녀에 대해서 출생신고를 할 수 있도록 규정하지 아니한 것은 모는 출산으로 인하여 그 출생자와 혈연관계가 형성되는 반면에, 생부는 그 출생자와의 혈연관계에 대한 확인이 필요할 수도 있고, 그 출생자의 출생사실을 모를 수도 있다는 점에 있으며, 이에 따라 가족관계등록법은 모를 중심으로 출생신고를 규정하고, 모가 혼인 중일 경우에 그 출생자는 모의 남편의 자녀로 추정하도록 한 민법의 체계에 따르도록 규정하고 있는 점에 비추어 **합리적인 이유가 있다. 그렇다면, 심판대상조항들은 생부인 청구인들의 평등권을 침해하지 않는다**[2023. 3. 23. 2021헌마975].

ㄹ [O] 신고기간 내에 모나 그 남편이 출생신고를 하지 않는 경우 생부가 생래적 혈연관계를 소명하여 인지의 효력이 없는 출생신고를 할 수 있도록 하거나, 출산을 담당한 의료기관 등이 의무적으로 모와 자녀에 관한 정보 등을 포함한 출생신고의 기재사항을 미리 수집하고, 그 정보를 출생신고를 담당하는 기관에 송부하여 출생신고가 이루어지도록 한다면, 민법상 신분관계와 모순되는 내용이 가족관계등록부에 기재되는 것을 방지하면서도 출생신고가 이루어질 수 있다.
따라서 심판대상조항들은 입법형성권의 한계를 넘어서 실효적으로 출생등록될 권리를 보장하고 있다고 볼 수 없으므로, 혼인 중 여자와 남편 아닌 남자 사이에서 출생한 자녀에 해당하는 혼인 외 출생자인 청구인들의 태어난 즉시 '출생등록될 권리'를 침해한다[2023. 3. 23. 2021헌마975].

ㅁ [X] 이 사건 법률조항은 입양의 당사자가 출석하지 않아도 입양신고를 하여 가족관계를 형성할 수 있는 자유를 보장하면서도, 출석하지 아니한 당사자의 신분증명서를 제시하도록 하여 입양당사자의 신고의사의 진실성을 담보하기 위한 조항이다. 비록 출석하지 아니한 당사자의 신분증명서를 요구하는 것이 허위의 입양을 방지하기 위한 완벽한 조치는 아니라고 하더라도 이 사건 법률조항이 원하지 않는 가족관계의 형성을 방지하기에 전적으로 부적합하거나 매우 부족한 수단이라고 볼 수는 없다. 따라서 이 사건 법률조항이 입양당사자의 가족생활의 자유를 침해한다고 보기 어렵다(2022.11.24. 2019헌바108). **정답** ⑤

232 인격권과 행복추구권에 대한 설명으로 옳은 것은?

① 한국인 BC급 전범들의 대일청구권이 '대한민국과 일본국 간의 재산 및 청구권에 관한 문제의 해결과 경제협력에 관한 협정' 제2조 제1항에 의하여 소멸하였는지 여부에 관한 한·일 양국 간 해석상 분쟁을 이 사건 협정 제3조가 정한 절차에 따른 외교적 협상등 분쟁해결절차를 진행할 의무가 인정된다.

② 의료분쟁 조정신청의 대상인 의료사고가 사망에 해당하는 경우 한국의료분쟁조정중재원의 원장은 지체 없이 조정절차를 개시해야 한다고 규정한 '의료사고 피해구제 및 의료분쟁 조정 등에 관한 법률' 제27조 제9항이 청구인의 일반적 행동의 자유를 침해한다고 할 수 없다.

③ 가해학생의 선도·교육을 도모하기 위한 관점에서도 출석정지기간의 상한은 반드시 규정되어야 함에도 상한을 규정하지 않은 학교폭력예방 및 대책에 관한 법률 제17조는 과잉금지원칙에 위반되어 청구인들의 자유롭게 교육을 받을 권리, 즉 학습의 자유를 침해한다.

④ 유치원의 학교에 속하는 회계의 예산과목 구분을 정한 「사학기관 재무·회계 규칙」은 입법형성의 한계를 일탈하여 사립유치원 설립·경영자의 사립유치원 운영의 자유를 침해한다.

⑤ 물품을 반송하려면 세관장에게 신고하도록 하는 관세법 제241조 제1항 중 '반송'에 관한 과잉금지원칙에 반하여 환승 여행객의 일반적 행동자유권을 침해한다.

▶ 정답 및 해설

①【×】국제전범재판에 관한 국제법적 원칙, 우리 헌법 전문, 제5조 제1항, 제6조의 문언 등을 종합하면, 국내의 모든 국가기관은 헌법과 법률에 근거하여 국제전범재판소의 국제법적 지위와 판결의 효력을 존중하여야 한다. 따라서 한국인 BC급 전범들이 국제전범재판에 따른 처벌로 입은 피해와 관련하여 피청구인에게 이 사건 협정 제3조에 따른 분쟁해결절차에 나아가야 할 구체적 작위의무가 인정된다고 보기 어렵다. 한국인 BC급 전범들이 일제의 강제동원으로 인하여 입은 피해의 경우에는 일본의 책임과 관련하여 이 사건 협정의 해석에 관한 한·일 양국 간의 분쟁이 현실적으로 존재하는지 여부가 분명하지 않으므로, 피청구인에게 이 사건 협정 제3조에 따른 분쟁해결절차로 나아갈 작위의무가 인정된다고 보기 어렵다. 설령 한국과 일본 사이에 이 사건 협정의 해석상의 분쟁이 존재한다고 보더라도, 피청구인이 그동안 외교적 경로를 통하여 한국인 BC급 전범 문제에 관한 전반적인 해결 및 보상 등을 일본 측에 지속적으로 요구하여 온 이상, 피청구인은 이 사건 협정 제3조에 따른 자신의 작위의무를 불이행하였다고 보기 어렵다(2021. 8. 31. 2014헌마888).

②【O】의료사고로 사망의 결과가 발생한 경우 의료분쟁 조정절차를 자동으로 개시하도록 한 심판대상조항이 청구인의 일반적 행동의 자유를 침해한다고 할 수 없다(헌재 2021.5.27. 2019헌마321).

③【×】이 사건 징계조치 조항에서 수개의 조치를 병과하고 출석정지기간의 상한을 두지 않음으로써 구체적 사정에 따라 다양한 조치를 취할 수 있도록 한 것은, 피해학생의 보호 및 가해학생의 선도·교육을 위하여 바람직하다고 할 것이고, 이 사건 징계조치 조항이 가해학생에 대하여 수개의 조치를 병과할 수 있도록 하고 출석정지조치를 취함에 있어 기간의 상한을 두고 있지 않다고 하더라도, 가해학생의 학습의 자유에 대한 제한이 입법 목적 달성에 필요한 최소한의 정도를 넘는다고 볼 수 없다(2019. 4. 11. 2017헌바140).

④【×】사립유치원 설립·경영자의 사립유치원 운영의 자유를 침해하는지 여부(소극)
개인이 설립한 사립유치원 역시 사립학교법·유아교육법상 학교로서 공교육 체계에 편입되어 그 공공성이 강조되고 공익적인 역할을 수행하며, 국가 및 지방자치단체로부터 재정지원 및 세제혜택을 받고 있다. 따라서 사립유치원의 재정 및 회계의 투명성은 그 유치원에 의하여 수행되는 교육의 공공성과 직결된다. 심판대상조항이 규정한 예산과목의 내용은 유치원의 재정 건전성 확보를 위해 그 필요성이 인정되고, 일정 부분 사립유치원에 운영의 자율성을 보장하고 있으며, 교육감이 예산과목 구분을 조정할 수 있도록 함으로

써 구체적 타당성도 도모하고 있다. 비록 심판대상조항의 사립유치원 세입·세출예산 과목에 청구인들이 주장하는 바와 같은 항목들(유치원 설립을 위한 차입금 및 상환금, 유치원 설립자에 대한 수익배당, 통학 및 업무용 차량 이외의 설립자 개인 차량의 유류대 등)을 두지 않았다고 하더라도, 그러한 사정만으로는 심판대상조항이 현저히 불합리하거나 자의적이라고 볼 수 없다. 따라서 심판대상조항이 입법형성의 한계를 일탈하여 사립유치원 설립·경영자의 사립유치원 운영의 자유를 침해한다고 볼 수 없다(헌재 2019. 7. 25. 2017헌마1038).
⑤ [X] 통관질서의 유지는 국가경제의 보호·발전이라는 측면에서 그 자체로 중요성이 매우 큰 공익인 반면, 반송신고의무자는 반송물품에 대하여 기본적인 신고 및 검사 절차를 진행하여야 하는 불이익을 입을 뿐이다. 따라서 이 사건 신고의무조항은 과잉금지원칙에 반하여 환승 여행객의 일반적 행동자유권을 침해하지 아니한다(2023. 6. 29. 2020헌바177).

정답 ②

233 인격권과 행복추구권에 대한 설명으로 옳은 것은?

① 품위를 손상하는 행위를 징계사유로 규정한 청원경찰법은 과잉금지원칙에 위배되어 일반적 행동의 자유를 침해한다.
② 누구든지 금융회사등에 종사하는 자에게 타인의 금융거래의 내용에 관한 정보 또는 자료를 요구하는 것을 금지하고, 이를 위반 시 형사처벌하는 구 '금융실명거래 및 비밀보장에 관한 법률' 제4조 제1항은 헌법 제10조의 행복추구권에서 파생되는 일반적 행동자유권을 제한한다.
③ 누구든지 금융회사등에 종사하는 자에게 타인의 금융거래의 내용에 관한 정보 또는 자료를 요구하는 것을 금지하고, 이를 위반 시 형사처벌하는 구 '금융실명거래 및 비밀보장에 관한 법률' 제4조 제1항은 알권리를 제한한다.
④ 금융거래의 비밀보장을 통하여 경제정의와 국민경제의 건전한 발전을 실현시킴으로써 얻는 공익을 달성하고자 하는 것이고, 이러한 공익은 타인의 금융거래에 관한 정보제공을 자유롭게 요구할 수 있는 일반적 행동자유권으로 인한 사익보다 중대하다. 따라서 누구든지 금융회사등에 종사하는 자에게 타인의 금융거래의 내용에 관한 정보 또는 자료를 요구하는 것을 금지하고, 이를 위반 시 형사처벌하는 구 '금융실명거래 및 비밀보장에 관한 법률' 제4조 제1항은 과잉금지원칙에 반하여 일반적 행동자유권을 침해하지 아니한다.
⑤ 항문성교나 그 밖의 추행을 한 사람은 2년 이하의 징역에 처하도록 한 군형법은 군기라는 추상적인 공익을 이유로 합의에 의한 성적 행위를 형사처벌의 대상으로 삼는 것은 개인의 내밀한 성적 지향에 심대한 제약을 가하는 것으로서 법익의 균형성 요건도 충족하지 못하여 과잉금지원칙에 위배되어 군인의 성적 자기결정권 또는 사생활의 비밀과 자유를 침해한다.

▶ 정답 및 해설

① [X] 이 사건 품위손상조항은 청원경찰이 품위손상행위를 한 경우 청원경찰 전체에 대한 국민의 신뢰가 손상되고 그 결과 직무수행이 어려워지며 공공의 이익을 해하는 결과를 초래할 수 있다는 점에서 제재가 불가피하다는 점, 청원경찰이 수행하는 업무의 특수성으로 인해 일반 근로자보다 두텁게 신분이 보장되므로 이에 부합하는 특별한 책임이 요구된다는 점, 직무와 관련된 사유에 한해 징계사유로 삼는 것만으로 국민의 신뢰를 제고하려는 입법목적을 달성하기 어려운 점 등을 고려하면 과잉금지원칙에 위배되어 일반적 행동의 자유를 침해한다고 보기도 어렵다 [2022. 5. 26. 2019헌바530] *합헌결정.
② [O] 심판대상조항은 누구든지 금융회사등에 종사하는 자에게 타인의 금융거래 관련 정보를 요구하는 것을 금지하고, 이를 처벌조항으로 강제하고 있으므로, 헌법 제10조의 행복추구권에서 파생되는 일반적 행동

자유권을 제한한다[2022. 2. 24. 2020헌가5].
③ [×] 한편 제청신청인은 알 권리의 침해도 주장한다. 헌법 제21조 등에서 도출되는 기본권인 알 권리는 일반적으로 접근할 수 있는 정보원으로부터 자유롭게 정보를 수령·수집하거나, 국가기관 등에 대하여 정보의 공개를 청구할 수 있는 권리를 말하는데, 타인의 금융거래정보는 불특정다수인에게 개방되어 일반적으로 접근할 수 있는 정보라고 보기 어렵고, <u>금융회사등에 종사하는 자에 대한 정보요구가 국가기관 등에 대하여 정보의 공개를 청구할 수 있는 권리와 관련되어 있다고 보기도 어려운바, 알 권리는 심판대상조항에 의해 제한되는 기본권에 해당하지 않는다</u>[2022. 2. 24. 2020헌가5].
④ [×] 금융거래의 비밀보장을 통한 경제정의 실현과 국민경제의 건전한 발전이라는 공익의 중요성은 충분히 인정된다. 그러나 금융거래는 금융기관을 매개로 하여서만 이루어지므로 금융기관과 그 종사자에 대해서만 금지의무를 부과하거나 거래제공요구에 불법적인 수단을 사용하거나 정보의 내용이 금융거래의 비밀과 관련이 있는 경우 등에 한정하여 금지하는 것만으로도 입법목적 달성에 충분함에도 불구하고 이를 전혀 고려하지 아니하고 일률적으로 일반 국민들이 거래정보등의 제공을 요구하는 것을 금지하고 그 위반 시 형사처벌하는 것은 심판대상조항이 달성하려는 공익에 비하여 지나치게 일반 국민의 일반적 행동자유권을 제한하는 것으로 법익의 균형성을 갖추지 못하였다고 할 것이다. 따라서 심판대상조항은 과잉금지원칙에 반하여 일반적 행동자유권을 침해하므로 헌법에 위반된다.
⑤ [×] 군대는 상명하복의 수직적 위계질서체계 하에 있으므로, 직접적인 폭행·협박이 없더라도 위력에 의한 경우 또는 자발적 의사합치가 없는 동성 군인 사이의 추행에 대해서는 처벌의 필요성이 인정된다. 뿐만 아니라, 동성 군인 사이의 합의에 의한 성적 행위라 하더라도 그러한 행위가 근무장소나 임무수행 중에 이루어진다면, 이는 국군의 전투력 보존에 심각한 위해를 초래할 위험성이 있으므로, 이를 처벌한다고 하여도 과도한 제한이라고 할 수 없다. 그렇다면 이 사건 조항은 과잉금지원칙에 위배하여 군인의 성적 자기결정권 또는 사생활의 비밀과 자유를 침해한다고 볼 수 없다[2023. 10. 26. 2017헌가16]. 정답 ②

234 인격권과 행복추구권에 대한 설명으로 옳은 것은?

① 법인의 대표자가 노동조합 지배개입금지조항과 노동조합 전임자에 대한 급여지원금지조항을 위반할 경우 법인을 함께 처벌하는 노동조합 및 노동관계조정법 제94조는 책임주의원칙에 위배된다.
② 명의신탁이 증여로 의제되는 경우 명의신탁의 당사자에게 '증여세의 과세가액 및 과세표준을 납세지관할세무서장에게 신고할 의무를 부과하는 구 '상속세 및 증여세법' 제68조 제1항은 일반적 행동의 자유를 침해한다.
③ 지역아동센터 시설별 신고정원의 80% 이상을 돌봄취약아동으로 구성하도록 정한 '2019년 지역아동센터 지원 사업안내'는 청구인 운영자들이 지역아동센터를 취약계층 아동이 주로 이용하는 돌봄시설로 운영할 수밖에 없게끔 강제하는 것으로서, 지역아동센터를 이용하려는 청구인 아동들은 진입 전에는 주저함과 망설임을, 진입 후에는 낙인감과 무력감을 경험하게 될 수 있다. 설령 이용아동이 직접적인 낙인감을 느끼지 않더라도 인격 형성에 있어 다양한 배경에서 성장한 아동을 접할 기회를 박탈하는 것 역시 인격권의 침해를 구성할 수 있다. 이 사건 이용아동규정은 과잉금지원칙에 위반하여 청구인 운영자들의 직업수행의 자유 및 청구인 아동들의 인격권을 침해한다.
④ 각급선거관리위원회 위원·직원의 선거범죄 조사에 있어서 피조사자에게 자료제출의무를 부과한 공직선거법이 일반적 행동자유권을 침해한다.
⑤ 도로교통법 제44조 제1항을 위반하여 자동차를 운전한 사람이 다시 음주운전 금지규정을 위반하여 자동차를 운전해서 운전면허 정지사유에 해당된 경우 필요적으로 그의 운전면허를 취소하도

록 하는 구 도로교통법 제93조 제1항이 과잉금지원칙에 위반되지 않는다.

▶ 정답 및 해설

① [X] 법인의 행위는 법인을 대표하는 자연인 대표기관의 의사결정에 따른 행위에 의하여 실현되므로, 자연인인 대표기관의 의사결정 및 행위에 따라 법인의 책임 유무를 판단할 수 있다. 즉, 법인은 기관을 통하여 행위하므로 법인이 대표자를 선임한 이상 그의 행위로 인한 법률효과는 법인에게 귀속되어야 하고, 법인 대표자의 범죄행위에 대하여는 법인 자신이 자신의 행위에 대한 책임을 부담하는 것이다. 이 사건에서 문제되고 있는 사용자의 부당노동행위와 관련하여서도 법인인 사용자는 이 사건 지배개입금지조항과 이 사건 급여지원금지조항에 따라 부당노동행위를 하여서는 아니 될 의무를 부담하지만, 이 경우 법인은 직접 범행의 주체가 될 수 없고 대표자의 행위를 매개로 하여서만 범행을 실현할 수 있으므로 대표자의 행위를 곧 법인의 행위로 볼 수밖에 없다. 더 이상의 감독기관이 없는 대표자의 행위에 대하여는 누군가의 감독상 과실을 인정할 수도 없고, 달리 대표자의 책임과 분리된 법인만의 책임을 상정하기도 어려운 것이다.
결국 법인 대표자의 법규위반행위에 대한 법인의 책임은 법인 자신의 법규위반행위로 평가될 수 있는 행위에 대한 법인의 직접책임이므로, 대표자의 고의에 의한 위반행위에 대하여는 법인이 고의 책임을, 대표자의 과실에 의한 위반행위에 대하여는 법인이 과실 책임을 부담한다. 따라서 이 사건 양벌조항은 법인의 직접책임을 근거로 하여 법인을 처벌하므로 책임주의원칙에 위배되지 않는다(2022. 5. 26. 2019헌바341).

② [X] 증여세 납세의무를 부담하는 명의신탁의 당사자에게 신고의무를 부담시키고 증여세를 부과하는 것은 명의신탁이 증여의 은폐수단으로 이용되거나 각종 조세의 회피수단으로 이용되는 것을 방지하는 데 결정적으로 기여하고, 이러한 공익은 심판대상조항이 부과하는 증여세 신고의무로 인해 청구인들이 받게 되는 불편함보다 훨씬 중대하다. 따라서 심판대상조항이 일반적 행동의 자유를 침해한다고 볼 수 없다(2022. 2. 24. 2019헌바225).

③ [X] 이 사건 이용아동규정의 취지는 지역아동센터 이용에 있어서 돌봄취약아동과 일반아동을 분리하려는 것이 아니라 돌봄취약아동에게 우선권을 부여하려는 것이다. 돌봄취약아동이 일반아동과 함께 초·중등학교를 다니고 방과 후에도 다른 돌봄기관을 이용할 선택권이 보장되고 있는 이상, 설령 이 사건 이용아동규정에 따라 돌봄취약아동이 일반아동과 교류할 기회가 다소 제한된다고 하더라도 그것만으로 청구인 아동들의 인격 형성에 중대한 영향을 미친다고 보기는 어렵다.
이 사건 이용아동규정은 과잉금지원칙에 위반하여 청구인 운영자들의 직업수행의 자유 및 청구인 아동들의 인격권을 침해하지 않는다(2022. 1. 27. 2019헌마583).

④ [X] 선거범죄를 신속하고 효율적으로 단속하고 자료를 확보함으로써 공정하고 자유로운 선거의 실현을 달성하고자 하는 공익은 허위자료가 아닌 자료를 제출해야 함으로써 제한되는 피조사자의 일반적 행동자유권에 비해 결코 작다고 볼 수 없다. 그러므로 심판대상조항은 과잉금지원칙에 위배되어 피조사자의 일반적 행동자유권을 침해한다고 볼 수 없다(2019. 9. 26. 2016헌바381).

⑤ [O] 운전면허가 취소되더라도 적용받는 결격기간이 상대적으로 짧고, 경우에 따라 결격기간이 배제되기도 하는 점을 고려하면, 심판대상조항으로 제한되는 사익이 교통질서를 확립하고 국민의 생명, 신체 및 재산을 보호하려는 공익에 비하여 중요하다고 할 수 없으므로, 심판대상조항은 법익의 균형성에 반하지 아니한다. 그렇다면 심판대상조항은 과잉금지원칙에 위반된다고 할 수 없다(2023. 6. 29. 2020헌바182). **정답 ⑤**

235 일반행동의 자유에 대한 설명 중 옳은 것(O)과 옳지 않은 것(X)을 올바르게 조합한 것은?

ㄱ. 금융위원회위원장이 2019. 12. 16. 시중 은행을 상대로 투기지역·투기과열지구 내 초고가 아파트(시가 15억 원 초과)에 대한 주택구입용 주택담보대출을 2019. 12. 17.부터 금지한 조치가 과잉금지원칙에 반하여 청구인의 재산권 및 계약의 자유를 침해한다.

ㄴ. 일반택시운송사업에서 운전업무에 종사하는 근로자의 최저임금에 산입되는 임금의 범위는 생산고에 따른 임금을 제외한 대통령령으로 정하는 임금으로 하도록 한 최저임금법이 일반택시운송사업자의 계약의 자유와 직업의 자유를 침해한다고 할 수 없다.

ㄷ. 못된 장난 등으로 다른 사람, 단체 또는 공무수행 중인 자의 업무를 방해한 사람을 20만 원 이하의 벌금, 구류 또는 과료로 처벌하는 '경범죄 처벌법'은 표현의 자유를 직접 제한한다.

ㄹ. 못된 장난 등으로 다른 사람, 단체 또는 공무수행 중인 자의 업무를 방해한 사람을 20만 원 이하의 벌금, 구류 또는 과료로 처벌하는 '경범죄 처벌법' 제3조 제2항 제3호가 죄형법정주의 명확성원칙을 위반하여 청구인의 일반적 행동자유권을 침해한다고 할 수 없다.

ㅁ. 미결수용자의 가족이 인터넷화상접견이나 스마트접견과 같이 영상통화를 이용하여 접견할 권리가 접견교통권의 핵심적 내용에 해당되므로 미결수용자와 배우자간 인터넷화상접견을 허용하지 않는 구 '수용관리 및 계호업무 등에 관한 지침'에 의한 접견교통권 제한이나 행복추구권 또는 일반적 행동자유권의 제한에 해당한다.

① ㄱ(O), ㄴ(O), ㄷ(X), ㄹ(O), ㅁ(O)
② ㄱ(X), ㄴ(X), ㄷ(O), ㄹ(X), ㅁ(O)
③ ㄱ(O), ㄴ(X), ㄷ(X), ㄹ(X), ㅁ(X)
④ ㄱ(X), ㄴ(O), ㄷ(O), ㄹ(O), ㅁ(X)
⑤ ㄱ(X), ㄴ(O), ㄷ(X), ㄹ(O), ㅁ(X)

정답 및 해설

ㄱ [X] 이 사건 조치는 투기지역·투기과열지구로 그 적용 '장소'를 한정하고, 시가 15억 원 초과 아파트로 '대상'을 한정하였으며, 초고가 아파트를 담보로 한 주택구입목적의 주택담보대출로 '목적'을 구체적으로 한정하였음을 고려할 때, 침해의 최소성과 법익의 균형성도 인정된다. 따라서 이 사건 조치는 과잉금지원칙에 반하여 청구인의 재산권 및 계약의 자유를 침해하지 아니한다[2023. 3. 23. 2019헌마1399].

ㄴ [O] 택시의 공급 과잉, 열악한 근로조건에 따른 택시운전근로자들의 이탈, 심판대상조항과 운송수입금 전액관리제의 기반이 되는 적정한 요금 및 서비스체계의 미비 등 우리 택시산업이 안고 있는 오래된 구조적 문제가 코로나19의 확산에 따른 사회적 거리두기 등으로 인한 택시수요의 급속한 감소와 맞물려 일반택시운송사업자의 경영난에 큰 영향을 준 점 등을 고려하면, 심판대상조항을 통해 택시운송사업자들의 계약의 자유와 직업의 자유를 다소간 제한하는 것을 감수하고서라도 택시운전근로자들의 생활안정 및 국민의 교통안전을 확보하고자 한 입법자의 판단이 공익과 사익 사이의 비례관계를 명백하게 벗어났다고 볼 수 없다[2023. 2. 23. 2020헌바1].

ㄷ [X] 청구인은 심판대상조항으로 인하여 정치적 표현의 자유가 제한된다고 주장한다. 그러나 심판대상조항은 의사표현을 직접 제한하는 조항이 아니고 위에서 본 바와 같이 심판대상조항에 의하여 주로 제한되는 기본권은 일반적 행동자유권이라고 할 것이다 (2022.11.24. 2021헌마426).

ㄹ [O] 심판대상조항의 입법 목적, '못된 장난'의 사전적 의미, '경범죄 처벌법'의 예방적·보충적·도덕적 성격 등을 종합하면, 심판대상조항의 '못된 장난 등'은 타인의 업무에 방해가 될 수 있을 만큼 남을 괴롭고 귀찮게 하는 행동으로 일반적인 수인한도를 넘어 비난가능성이 있으나 형법상 업무방해죄, 공무집행방해죄에 이르지 않을 정도의 불법성을 가진 행위를 의미한다고 할 것이다. 형법상 업무방해죄, 공무집행방해

죄에 이르지 아니하나 업무나 공무를 방해하거나 그러한 위험이 있는 행위의 유형은 매우 다양하므로 심판대상조항에서는 '못된 장난 등'이라는 다소 포괄적인 규정으로 개별 사안에서 법관이 그 적용여부를 판단할 수 있도록 하고 있으나, '경범죄 처벌법'은 제2조에서 남용금지 규정을 둠으로써 심판대상조항이 광범위하게 자의적으로 적용될 수 있는 가능성을 차단하고 있다. 따라서 심판대상조항은 죄형법정주의의 명확성원칙을 위반하여 청구인의 일반적 행동자유권을 침해하지 않는다(2022. 11. 24. 2021헌마426).

ㅁ [×] 미결수용자는 적법하게 구속되어 외부와의 접촉이 차단된 상태이므로 미결수용자의 가족이 접견교통권을 행사하려면 국가가 별도로 접견교통의 수단과 절차를 마련해 주어야 한다. 그런데 입법자는 '형의 집행 및 수용자의 처우에 관한 법률'에 대면(제41조), 편지수수(제43조), 전화통화(제44조)만을 접견교통의 수단으로 규정하였을 뿐이고, 미결수용자의 가족이 인터넷화상접견이나 스마트접견과 같이 **영상통화를 이용하여 접견할 권리가 접견교통권의 핵심적 내용에 해당되어 헌법에 의해 직접 보장된다고 보기도 어렵다.** 이와 같이 영상통화를 이용한 접견이 접견교통권의 보호영역에 포함되지 않는 이상, 인터넷화상접견 대상자 지침조항 및 스마트접견 대상자 지침조항에 의한 접견교통권 제한이나 행복추구권 또는 일반적 행동자유권의 제한 역시 인정하기 어렵다(2021. 11. 25. 2018헌마598).

정답 ⑤

236 학교폭력예방법에 대한 헌법재판소 결정에 대한 설명이다. 옳지 않은 것은?

① 가해학생에 대한 조치로 피해학생에 대한 서면사과를 규정한 구 학교폭력예방법은 가해학생의 양심의 자유, 인격권 및 일반적 행동자유권을 제한한다.
② '사과한다'는 행위는 내심의 윤리적 판단·감정 내지 의사의 표현이므로, 외부에서 강제할 수 있는 성질의 것이 아니다. 아직 성장과정에 있는 학생이라 하더라도 의사에 반한 윤리적 판단이나 감정을 외부에 표명하도록 강제하는 것은 학생들의 인격과 양심의 형성에 왜곡을 초래하는바, 가해학생에 대한 조치로 피해학생에 대한 서면사과를 규정한 구 학교폭력예방법은 양심의 자유와 인격권을 침해한다.
③ 가해학생에 대한 조치로 피해학생 및 신고·고발한 학생에 대한 접촉, 협박 및 보복행위의 금지를 규정한 구 학교폭력예방법은 일반적 행동의 자유를 제한하나 침해한다고 할 수 없다.
④ 학부모대표가 전체위원의 과반수를 구성하고 있는 자치위원회에서 일정한 요건을 갖춘 경우 반드시 회의를 소집하여 가해학생에 대한 조치의 내용을 결정하게 하고 학교의 장이 이에 구속되도록 규정한 구 학교폭력예방법은 가해학생의 양심의 자유, 인격권 및 일반적 행동자유권을 침해한다고 할 수 없다.
⑤ 가해학생에 대한 조치로 학급교체를 규정한 구 학교폭력예방법은 일반적 행동의 자유를 제한하나 침해한다고 할 수 없다.

▶ 정답 및 해설

①[○] 이 사건 서면사과조항은 가해학생에게 자신의 의사나 신념에 반하여 자신의 행동이 잘못되었다는 윤리적 판단의 형성을 강요하고 이를 서면으로 표명할 것을 강제하므로 양심의 자유를 제한한다. 또한, 사과의 의사를 외부에 표명하도록 강제함으로써 인격의 자유로운 발현을 위한 의사결정이나 행동을 자율적으로 결정할 수 있는 자유도 제한하므로, 인격권 제한도 인정된다.
이 사건 접촉 등 금지조항과 이 사건 학급교체조항은 가해학생의 의사에 반하여 피해학생 등에 대한 접촉 등 행위를 금지하고 학급이 교체되도록 하므로, 가해학생의 일반적 행동자유권을 제한한다.
따라서 위 조항들이 과잉금지원칙을 위반하여 가해학생의 양심의 자유, 인격권 및 일반적 행동자유권을 침해하는지 여부를 살펴본다.

② [×] 서면사과 조치는 내용에 대한 강제 없이 자신의 행동에 대한 반성과 사과의 기회를 제공하는 교육적 조치로 마련된 것이고, 가해학생에게 의견진술 등 적정한 절차적 기회를 제공한 뒤에 학교폭력 사실이 인정되는 것을 전제로 내려지는 조치이며, 이를 불이행하더라도 추가적인 조치나 불이익이 없다. 또한 이러한 서면사과의 교육적 효과는 가해학생에 대한 주의나 경고 또는 권고적인 조치만으로는 달성하기 어렵다. 따라서 이 사건 서면사과조항이 가해학생의 양심의 자유와 인격권을 과도하게 침해한다고 보기 어렵다[2023. 2. 23. 2019헌바93].

*재판관 이선애, 재판관 김기영, 재판관 문형배의 이 사건 서면사과조항에 대한 반대의견
이 사건 서면사과조항은 피해학생의 피해를 회복하고 가해학생의 선도·교육을 위한 것이므로, 목적의 정당성과 수단의 적합성은 인정된다.
그러나 '사과한다'는 행위는 내심의 윤리적 판단·감정 내지 의사의 표현이므로, 외부에서 강제할 수 있는 성질의 것이 아니다. 아직 성장과정에 있는 학생이라 하더라도 의사에 반한 윤리적 판단이나 감정을 외부에 표명하도록 강제하는 것은 학생들의 인격과 양심의 형성에 왜곡을 초래하고, 그 양심의 자유 및 인격권의 제한 정도가 성인들의 것보다 작다고 단정할 수 없다.
만약 가해학생에게 학교폭력에 대한 경각심이나 잘못된 행위임을 일깨울 필요가 있다면, 이 사건 서면사과조항과 같은 사과의 강제가 아니라 주의나 경고 등의 조치로도 충분히 목적을 달성할 수 있고, 피해학생에 대한 사과를 위한 교사의 적절한 개입과 지도가 이루어질 수 있는 법적 근거가 필요하다면 피해학생에 대한 서면사과를 권고적 조치로 규정하는 것도 가능하다. 따라서 가해학생에게 서면사과를 강제하는 이 사건 서면사과조항은 가해학생의 양심의 자유와 인격권을 침해한다.

③ [○] 가해학생의 접촉, 협박이나 보복행위를 금지하는 것은 피해학생과 신고·고발한 학생의 안전한 학교생활을 위한 불가결한 조치이다. 이 사건 접촉 등 금지조항은 가해학생의 의도적인 접촉 등만을 금지하고 통상적인 학교 교육활동 과정에서 의도하지 않은 접촉까지 모두 금지하는 것은 아니며, 학교폭력의 지속성과 은닉성, 가해학생의 접촉, 협박 및 보복행위 가능성, 피해학생의 피해 정도 등을 종합적으로 고려하여 이루어지는 것이므로, 가해학생의 일반적 행동자유권을 침해한다고 보기 어렵다[2023. 2. 23. 2019헌바93, 254(병합)].

④ [○] 자치위원회의 가해학생에 대한 조치 요청이나 학교장의 조치는 모두 학교폭력 사실이 인정되는 것을 전제로 의무화된 것이고, 의무화 규정 도입 당시 학교 측의 불합리한 처리나 은폐가능성을 차단하고 학교폭력에 대한 교사와 학교의 책임을 강화하려는 사회적 요청이 있었으며, 가해학생 측에 의견진술 등 적정한 절차가 보장되고, 가해학생 측이 이에 불복하는 경우 민사소송이나 행정소송 등을 통하여 다툴 수 있다는 점 등을 고려하면, 이 사건 의무화 규정이 가해학생의 양심의 자유와 인격권, 일반적 행동자유권을 침해한다고 보기 어렵다[2023. 2. 23. 2019헌바93].

⑤ [○] 이 사건 학급교체조항은 학교폭력의 심각성, 가해학생의 반성 정도, 피해학생의 피해 정도 등을 고려하여 가해학생과 피해학생의 격리가 필요한 경우에 행해지는 조치로서 가해학생은 학급만 교체될 뿐 기존에 받았던 교육 내용이 변경되는 것은 아니다. 피해학생이 가해학생과 동일한 학급 내에 있으면서 지속적으로 학교폭력의 위험에 노출된다면 심대한 정신적, 신체적 피해를 입을 수 있으므로, 이 사건 학급교체조항이 가해학생의 일반적 행동자유권을 과도하게 침해한다고 보기 어렵다[2023. 2. 23. 2019헌바93, 254(병합)].

정답 ②

237 평등권에 대한 설명으로 옳지 않은 것은?

① 4·19혁명공로자에게 지급되는 보훈급여의 종류를 보상금이 아닌 수당으로 규정한 국가유공자법 제16조의4 제1항 및 2019년도 공로수당의 지급월액을 31만 1천 원으로 규정한 같은 법 시행령 제27조의4가 각각 보상금으로 월 172만 4천 원을 받는 건국포장 수훈 애국지사에 비하여 4·19혁명공로자를 합리적 이유 없이 차별 취급하여 평등권을 침해한다고 할 수 없다.
② 재산권의 청구가 공법상 법률관계를 전제로 한다는 점만으로 국가를 상대로 하는 당사자소송에서 국가를 우대할 합리적인 이유가 있다고 할 수 없으므로 국가를 상대로 하는 당사자소송의 경우에는 가집행선고를 할 수 없다고 규정한 행정소송법 제43조는 평등원칙에 반한다.
③ 국가를 상대로 하는 당사자소송의 경우에는 가집행선고를 할 수 없다고 규정한 행정소송법 제43조의 평등원칙 위반 여부는 엄격한 심사척도인 비례원칙에 따라 판단한다.
④ 전시·사변 등 국가비상사태에 있어서 전투에 종사하는 자에 대하여 각령(閣令)이 정하는 바에 의하여 전투근무수당을 지급하도록 한 구 군인보수법이 평등원칙에 위반되지 않는다.
⑤ 집합제한 조치로 발생한 손실을 보상하는 규정을 두지 않은 구 감염병의 예방 및 관리에 관한 법률 제70조 제1항은 평등권을 침해한다고 할 수 없다.

▶ 정답 및 해설

① [O] 국가유공자나 그 가족에 대한 보상은 국가유공자의 희생과 공헌의 정도에 따른다. 4·19혁명공로자와 건국포장을 받은 애국지사는 활동기간의 장단(長短), 활동 당시의 시대적 상황, 국권이 침탈되었는지 여부, 인신의 자유 제약 정도, 입은 피해의 정도, 기회비용 면에서 차이가 있다. 이와 같은 점을 고려하면, 입법자가 4·19혁명공로자의 희생과 공헌의 정도를 건국포장을 받은 애국지사와 달리 평가하여 이 사건 법률조항에서 4·19혁명공로자에 대한 보훈급여의 종류를 수당으로 정하고, 이 사건 시행령조항에서 보훈급여의 지급금액을 애국지사보다 적게 규정한 것이 합리적인 이유 없는 차별이라 할 수 없다[2022. 2. 24. 2019헌마883].
② [O] 재산권의 청구가 공법상 법률관계를 전제로 한다는 점만으로 국가를 상대로 하는 당사자소송에서 국가를 우대할 합리적인 이유가 있다고 할 수 없고, 집행가능성 여부에 있어서도 국가와 지방자치단체 등이 실질적인 차이가 있다고 보기 어렵다는 점에서, 심판대상조항은 국가가 당사자소송의 피고인 경우 가집행의 선고를 제한하여, 국가가 아닌 공공단체 그 밖의 권리주체가 피고인 경우에 비하여 합리적인 이유 없이 차별하고 있으므로 평등원칙에 반한다[2022. 2. 24. 2020헌가12 위헌결정]
③ [X] 가집행선고 제한은 헌법에서 특별한 평등을 요구하는 영역에 해당하지 않고, 소송 절차와 관련된 내용은 국민의 권리 구제에 있어 공정하고 신속하게 소송이 진행될 수 있도록 하는 목적에 따라 그 내용에 광범위한 입법재량이 인정되는 영역이다. 따라서 심판대상조항의 평등원칙 위반 여부는 자의금지원칙에 따라 판단하기로 한다[2022. 2. 24. 2020헌가12].
④ [O] 군인보수법령은 전시·사변 등 국가비상사태에서 전투에 종사하지 않는 군인에게도 그 군인이 수행하는 업무, 근무지, 근무형태 및 그 위험성 등을 고려하여 그에 맞는 특수근무수당을 지급하도록 하고 있는 점 등을 종합하면, 전시·사변 등 국가비상사태에 있어서 전투에 종사하는 자를 전투근무수당의 지급대상으로 한 심판대상조항은 평등원칙에 위반되지 않는다[2023. 8. 31. 2020헌바594].
⑤ [O] 비수도권에서 음식점을 영업하는 청구인들은 영업시간 제한을 받은 기간이 짧고, 영업이 제한된 시간 이외에는 정상적으로 영업이 가능하였으며 영업이 제한된 시간 동안에도 포장·배달을 통한 영업은 가능하였다. 그러므로 심판대상조항이 감염병의 예방을 위하여 집합제한 조치를 받은 영업장의 손실을 보상하는 규정을 두고 있지 않다고 하더라도 청구인들의 평등권을 침해한다고 할 수 없다[2023. 6. 29. 2020헌마1669].

정답 ③

238 평등권에 대한 설명 중 옳지 않은 것을 모두 조합한 것은?

ㄱ. 근로자의 날을 관공서의 공휴일에 포함시키지 않은 관공서의 공휴일에 관한 규정 제2조는 일반근로자와 달리 공무원에게 근로자의 날을 유급휴일로 보장하지 않는 것은 더 이상 합리적 이유가 있다고 볼 수 없으므로 청구인들의 평등권을 침해한다.
ㄴ. 지방의원 후원회를 금지한 정치자금법은 평등권을 침해한다고 할 수 없다.
ㄷ. 주택재개발조합이 행정심판의 피청구인이 된 경우 그 인용재결에 기속되도록 규정한, 행정심판법 제49조 제1항은 평등원칙에 위배된다.
ㄹ. 공무원이 지위를 이용하여 범한 공직선거법위반죄의 경우 일반인이 범한 공직선거법위반죄와 달리 공소시효를 10년으로 정한 공직선거법 제268조는 평등원칙에 위배되지 않는다.
ㅁ. 내국인 및 영주(F-5)·결혼이민(F-6)의 체류자격을 가진 외국인과 달리 외국인 지역가입자에 대하여 납부할 월별 보험료의 하한을 전년도 전체 가입자의 평균을 고려하여 정하는 구 '장기체류 재외국민 및 외국인에 대한 건강보험 적용기준'이 외국인 지역가입자인 청구인들의 평등권을 침해하지 않는다.

① ㄱㄴㄷ   ② ㄴㄷㄹ   ③ ㄷㄹㅁ
④ ㄴㄹㅁ   ⑤ ㄱㄷㅁ

▶ 정답 및 해설

ㄱ [×] 공무원의 근로조건을 정할 때에는 공무원의 국민전체에 대한 봉사자로서의 지위 및 직무의 공공성을 고려할 필요가 있고, 공무원의 경우 심판대상조항이 정하는 관공서의 공휴일 및 대체공휴일뿐만 아니라 '국가공무원 복무규정' 등에서 토요일도 휴일로 인정되므로, 공무원에게 부여된 휴일은 근로기준법상의 휴일제도의 취지에 부합한다고 볼 수 있다. 따라서 심판대상조항이 근로자의 날을 공무원의 유급휴일로 규정하지 않았다고 하여 일반근로자에 비해 현저하게 부당하거나 합리성이 결여되어 있다고 보기 어려우므로, 청구인들의 평등권을 침해한다고 볼 수 없다 [2022. 8. 31. 2020헌마1025].

ㄴ [×] 지방의회의원의 후원회의 설치 및 운영을 제한하는 것은 경제력을 갖춘 사람만이 지방의회의원이 될 수 있도록 하는 차별적 결과를 야기하거나, 다른 직의 겸직을 통해 소득을 확보할 것을 사실상 강요하는 결과를 초래하여 지방의회의원이 의정활동에 전념하는 것을 불가능하게 한다. 특히 지방자치제도가 확립되어 지방의회는 유능한 신인정치인이 정치무대로 유입되는 통로가 되기도 하는바, 지방의회의원에게 후원회를 지정하여 둘 수 없도록 하는 것은 경제력을 갖추지 못한 사람의 정치입문을 저해할 수 있다. 이와 같은 사정을 종합해 볼 때, 그동안 정치자금법이 여러 차례 개정되어 후원회지정권자의 범위가 지속적으로 확대되어 왔음에도 불구하고, 선거와 무관하게 후원회를 설치 및 운영할 수 있는 자를 중앙당과 국회의원으로 한정하여 국회의원과 지방의회의원을 달리 취급하는 것은, 불합리한 차별에 해당하고 입법재량을 현저히 남용하거나 한계를 일탈한 것이다. 따라서 지방의회의원을 후원회지정권자에서 제외하고 있는 심판대상조항은 청구인들의 평등권을 침해한다.
아울러 종전에 헌법재판소가 이와 견해를 달리하여 심판대상조항과 실질적으로 동일한 내용을 규정하고 있던 개정 전 조항에 대하여 헌법에 위반되지 않는다고 판시한 헌재 2000. 6. 1. 99헌마576 결정은 이 결정 취지와 저촉되는 범위 안에서 이를 변경한다. 이 결정은 아래 6.과 같은 재판관 이선애, 재판관 이종석의 반대의견이 있는 외에는 관여 재판관들의 의견이 일치되었다(2022. 11. 24, 2019헌바528).

ㄷ [×] 이 사건에서 재개발조합인 청구인은 기본권의 주체가 된다고 볼 수 없고, 설령 그렇지 않다 하더라도 심판대상조항은 행정청의 자율적 통제와 국민 권리의 신속한 구제라는 행정심판의 취지에 맞게 행정청으로 하여금 행정심판을 통하여 스스로 내부적 판단을 종결시키고자 하는 것이므로 그 합리성이 인정된다.

따라서 심판대상조항은 평등원칙에 반하지 않는다[2022. 7. 21. 2019헌바543].
ㄹ. [○] 공무원이 지위를 이용하여 범한 공직 선거법위반죄의 경우 선거의 공정성을 중대하게 저해하고 공권력에 의하여 조직적으로 은폐되어 단기간에 밝혀지기 어려울 수도 있어 단기 공소시효에 의할 경우 처벌규정의 실효성을 확보하지 못할 수 있다. 이러한 취지에서 공무원이 지위를 이용하여 범한 공직선거법위반죄의 경우 해당 선거일 후 10년으로 공소시효를 정한 입법자의 판단은 합리적인 이유가 인정되므로 평등원칙에 위반되지 않는다[2022. 8. 31. 2018헌바440].
ㅁ. [○] 보험료하한 조항이 보험급여와 보험료 납부의 상관관계를 고려하고 외국인의 보험료 납부의무 회피를 위한 출국 등의 제도적 남용 행태를 막기 위하여 외국인 지역가입자가 납부해야 할 월별 보험료의 하한을 내국인등 지역가입자가 부담하는 보험료 하한(보험료가 부과되는 연도의 전전년도 평균 보수월액보험료의 1천분의 60 이상 1천분의 65 미만의 범위에서 보건복지부장관이 정하여 고시하는 금액)보다 높게 정한 것은 합리적인 이유가 있는 차별이다[2023. 9. 26. 2019헌마1165].

정답 ①

239 평등권에 대한 설명으로 옳지 않은 것은?

① 주택재개발조합이 행정심판의 피청구인이 된 경우 그 인용재결에 기속되도록 규정한, 행정심판법 제49조 제1항 중 피청구인 가운데 '도시 및 주거환경정비법상 재개발사업의 사업시행자인 조합'에 관한 부분은 평등원칙에 위배된다고 할 수 없다.
② 내국인등과 달리 보험료를 체납한 경우에는 다음 달부터 곧바로 보험급여를 제한하는 국민건강보험법 제109조 제10항이 청구인들의 평등권을 침해하지 않는다.
③ 국공립어린이집, 사회복지법인어린이집, 법인·단체등어린이집 등과 달리 민간어린이집에는 보육교직원 인건비를 지원하지 않는 '2020년도 보육사업안내'는 합리적 근거 없이 민간어린이집을 운영하는 청구인을 차별하여 청구인의 평등권을 침해하였다고 볼 수 없다.
④ 1945년 8월 15일 이후에 사망한 독립유공자의 유족으로 최초로 등록할 당시 자녀까지 모두 사망하거나 생존 자녀가 보상금을 지급받지 못하고 사망한 경우에 한하여 독립유공자의 손자녀 1명에게 보상금을 지급하도록 하는 '독립유공자예우에 관한 법률' 제12조 제2항 제2호가 독립유공자의 사망시기를 기준으로 보상금 지급을 달리하여 청구인의 평등권을 침해한다고 할 수 없다.
⑤ 경상국립대학교의 교원, 직원 및 조교, 학생에게 총장선거권을 부여한 '경상국립대학교 총장임용후보자 선정에 관한 규정' 제12조 제1항 본문이 같은 대학의 강사인 청구인들의 평등권을 을 침해하지 않는다.

▶ 정답 및 해설

① [○] 이 사건에서 재개발조합인 청구인은 기본권의 주체가 된다고 볼 수 없고, 설령 그렇지 않다 하더라도 심판대상조항은 행정청의 자율적 통제와 국민 권리의 신속한 구제라는 행정심판의 취지에 맞게 행정청으로 하여금 행정심판을 통하여 스스로 내부적 판단을 종결시키고자 하는 것이므로 그 합리성이 인정된다. 따라서 심판대상조항은 평등원칙에 반하지 않는다[2022.7.21. 2019헌바543].
② [×] 보험급여제한 조항은 외국인의 경우 보험료의 1회 체납만으로도 별도의 공단 처분 없이 곧바로 그 다음 달부터 보험급여를 제한하도록 규정하고 있으므로, 보험료가 체납되었다는 통지도 실시되지 않는다. 그러나 절차적으로 보험료 체납을 통지하는 것은 당사자로 하여금 착오를 시정할 수 있도록 하거나 잘못된 보험료 부과 또는 보험급여제한처분에 불복할 기회를 부여하는 것이기 때문에, 이를 통지하지 않는 것은 정당화될 수 없는 차별이다.
보험료 체납에도 불구하고 보험급여를 실시할 수 있는 예외를 전혀 인정하지 않는 것은 합리적인 이유 없

이 외국인을 내국인등과 달리 취급한 것이다. 따라서 보험급여제한 조항은 청구인들의 평등권을 침해한다 [2023. 9. 26. 2019헌마1165].
③ [O] 보건복지부장관이 민간어린이집, 가정어린이집에 대하여 국공립어린이집 등과 같은 기준으로 인건비 지원을 하는 대신 기관보육료를 지원하는 것은 전체 어린이집 수, 어린이집 이용 아동수를 기준으로 할 때 민간어린이집, 가정어린이집의 비율이 여전히 높고 보육예산이 한정되어 있는 상황에서 이들에 대한 지원을 국공립어린이집 등과 같은 수준으로 당장 확대하기 어렵기 때문이다. 심판대상조항이 합리적 근거 없이 민간어린이집을 운영하는 청구인을 차별하여 청구인의 평등권을 침해하였다고 볼 수 없다 [2022. 2. 24. 2020헌마177].
④ [O] 심판대상조항 각목의 취지는 유족 간 형평을 고려하여 예외적으로 손자녀에게 보상금 지급의 기회를 열어주고자 하는 것으로서 합리적 이유가 있다. 따라서 심판대상조항이 1945년 8월 15일 이후에 사망한 독립유공자의 손자녀에 대하여 최초 등록 시 독립유공자 자녀의 사망 여부 또는 보상금 수령 여부를 기준으로 보상금 지급 여부를 달리 취급하는 것은 평등권을 침해하지 않는다 [2022. 1. 27. 2020헌마594].
⑤ [O] 국립대학의 직원이나 조교는 국가공무원 내지 교육공무원에 해당하는 반면 강사는 대학과 일시적이고 비전속적인 고용관계를 맺고 있고, 국립대학의 학생은 영조물 이용자로서 대학의 정책 방향에 높은 이해관계를 가지는 반면, 강사는 대학의 교육역무를 지원·보조하기 위하여 일시적으로 고용된 사람으로서 대학의 정책방향과 관련하여 선거권 보장의 필요성이 상대적으로 낮다. 이러한 사정을 고려할 때 심판대상조항이 교원, 직원 및 조교, 학생과 강사를 달리 취급한 데에는 합리적 이유가 있으므로, 심판대상조항은 청구인들의 평등권을 침해하지 아니한다[2023. 9. 26. 2020헌마553]. 정답 ②

240 평등권에 대한 설명으로 옳은 것은?

① 영화업자가 영화근로자와 계약을 체결할 때 근로시간을 구체적으로 밝히도록 하고 위반 시 처벌하는 영화 및 비디오물의 진흥에 관한 법률 제3조가 영화제작계약을 일반적인 근로계약과 마찬가지로 취급하는 것으로서 영화업자의 평등권을 침해한다고 할 수 없다.
② 퇴직공제금 수급 자격에 있어 '외국거주 외국인유족'이 '외국인'이라는 사정 또는 '외국에 거주'한다는 사정이 '대한민국 국민인 유족' 혹은 '국내거주 외국인유족'과 달리 취급받을 합리적인 이유가 될 수 없으므로 근로자가 사망할 당시 그 근로자와 생계를 같이 하고 있던 유족 중 '대한민국 국민인 유족' 및 '국내거주 외국인유족'은 퇴직공제금을 지급받을 유족의 범위에 포함하면서 청구인과 같은 '외국거주 외국인유족'을 그 범위에서 제외하는 구 건설근로자의 고용개선 등에 관한 법률 제14조 제2항은 평등원칙에 위반된다고 할 수 없다.
③ 안장 대상자의 사망 후 배우자가 재혼하였다는 이유만으로 그 기여를 전혀 고려하지 않고 일률적으로 국립묘지 합장 대상에서 제외한 '국립묘지의 설치 및 운영에 관한 법률' 제5조 제3항 본문 제1호 단서 은 재혼한 배우자를 불합리하게 차별한 것으로서 평등원칙에 위배된다.
④ 가정폭력 가해자에 대해 피해자 또는 가정구성원에 대한 「전기통신사업법」 제2조 제1호의 전기통신을 이용한 접근금지 만 규정하여 우편을 이용한 접근금지를 피해자보호명령에 포함시키지 아니한 구 '가정폭력범죄의 처벌 등에 관한 특례법' 제55조의2 제1항은 전기통신을 이용한 접근금지를 규정하고 있는 것과 달리 우편을 이용한 접근금지에 대하여 규정하지 아니한 것은 합리적 이유 없는 차별로서 평등원칙에 위배된다.
⑤ 예비역 복무의무자의 범위에서 일반적으로 여성을 제외하는 구 병역법 제3조 제1항 중 '예비역 복무'에 관한 부분 및 지원에 의하여 현역복무를 마친 여성을 일반적인 여성의 경우와 동일하게 예비역 복무의무자의 범위에서 제외하는 군인사법 제41조 제4호 및 단서, 제42조가 청구인의 평등권을 침해한다.

▶ 정답 및 해설

① [○] 심판대상조항은 사용자로 하여금 근로계약을 체결할 때 소정근로시간을 명시하도록 하는 근로기준법 조항이 영화근로자와 계약을 체결하는 영화업자에게도 적용됨을 분명히 한 것으로서, 사용자에 비해 상대적으로 취약한 지위에 있는 근로자를 보호하기 위해서 핵심적인 근로조건에 해당하는 근로시간을 근로계약 체결 당시에 미리 알리도록 할 필요가 있는 것은 영화근로자의 경우에도 마찬가지이다. 영화근로자의 업무가 재량근로 대상 업무에 해당할 수 있다는 사실만으로 달리 볼 수도 없다. 따라서 심판대상조항은 영화업자의 평등권을 침해하지 않는다(2022.1.24. 2018헌바514).

② [×] 외국거주 외국인유족에게 퇴직공제금을 지급하더라도 국가 및 사업주의 재정에 영향을 미치거나 건설근로자공제회의 재원 확보 및 퇴직공제금 지급 업무에 특별한 어려움이 초래될 일도 없으므로 외국거주 외국인유족을 퇴직공제금을 지급받을 유족의 범위에서 제외할 이유가 없다는 점, '일시금' 지급 방식인 퇴직공제금의 지급에서는 산업재해보상보험법상의 유족보상연금의 지급에서와 같이 수급자격 유지 확인의 어려움과 보험급여 부당지급의 우려가 없으므로 '연금' 지급 방식인 산업재해보상보험법상의 유족보상연금 수급자격자 규정을 '일시금' 지급 방식인 퇴직공제금에 준용하는 것은 불합리하다는 점, 외국거주 외국인유족은 자신이 거주하는 국가에서 발행하는 공신력 있는 문서로서 퇴직공제금을 지급받을 유족의 자격을 충분히 입증할 수 있으므로 그가 '외국인'이라는 사정 또는 '외국에 거주'한다는 사정이 대한민국 국민인 유족 혹은 국내거주 외국인유족과 달리 취급받을 합리적인 이유가 될 수 없다는 점 등을 종합하면, 심판대상조항은 합리적 이유 없이 외국거주 외국인유족을 대한민국 국민인 유족 및 국내거주 외국인유족과 차별하는 것이므로 평등원칙에 위반된다(2023. 3. 23. 2020헌바471].

③ [×] 안장 대상자의 사망 후 재혼하지 않은 배우자나 배우자 사망 후 안장 대상자가 재혼한 경우의 종전 배우자는 자신이 사망할 때까지 안장 대상자의 배우자로서의 실체를 유지하였다는 점에서 합장을 허용하는 것이 국가와 사회를 위하여 헌신하고 희생한 안장 대상자의 충의와 귀훈의 정신을 기리고자 하는 국립묘지 안장의 취지에 부합하고, 안장 대상자의 사망 후 그 배우자가 재혼을 통하여 새로운 가족관계를 형성한 경우에 그를 안장 대상자와의 합장 대상에서 제외하는 것은 합리적인 이유가 있다. 따라서 심판대상조항은 평등원칙에 위배되지 않는다(2022.11.24. 2020헌바463).

④ [×] 피해자보호명령제도의 특성, 우편을 이용한 접근행위의 성질과 그 피해의 정도 등을 고려할 때, 입법자가 심판대상조항에서 우편을 이용한 접근금지를 피해자보호명령의 종류로 정하지 아니하였다고 하더라도 이것이 입법자의 재량을 벗어난 자의적인 입법으로서 평등원칙에 위반된다고 보기 어렵다(2023. 2. 23. 2019헌바43]

⑤ [×] 현역복무를 마친 여성에 대한 예비역 복무의무 부과는 합리적 병력충원제도의 설계, 여군의 역할 확대 및 복무 형태의 다양성 요구 충족 등을 복합적으로 고려하여 결정할 사항으로, 현시점에서 이에 대한 입법자의 판단이 현저히 자의적이라고 단정하기 어렵다. 따라서 이 사건 예비역 조항은 청구인의 평등권을 침해하지 아니한다(2023. 10. 26. 2018헌마357].

정답 ①

241 '가구 내 고용활동'에 대해서는 근로자퇴직급여 보장법을 적용하지 않도록 규정한 근로자퇴직급여 보장법 제3조에 대한 헌법소원 심판이 청구되었다 이에 대한 설명으로 옳은 것은?

① '가구 내 고용활동'에 대해서는 근로자퇴직급여 보장법을 적용하지 않도록 규정한 근로자퇴직급여 보장법 제3조는 가구 내 고용활동근로자의 재산권을 제한한다고 할 수 없다.
② 헌법 제32조 제4항은 고용·임금 및 근로조건에 있어서 여성에 대한 부당한 차별을 금지하고 있는데 '가구 내 고용활동'에 대해서는 근로자퇴직급여 보장법을 적용하지 않도록 규정한 근로자퇴직급여 보장법 제3조는 여성에 대한 근로에서 부당한 차별을 금지하고 있는 헌법 제32조 제4항의 위반문제가 발생한다.
③ 헌법 제32조 제4항은 "여자의 근로는 특별한 보호를 받으며, 고용·임금 및 근로조건에 있어서 부당한 차별을 받지 아니한다"고 규정하여 "근로" 내지 "고용"의 영역에 있어서 특별히 남녀평등을 요구하고 있다. 그런데 '가구 내 고용활동'에 대해서는 근로자퇴직급여 보장법을 적용하지 않도록 규정한 근로자퇴직급여 보장법 제3조로 인해 거의 대부분이 여성인 가구 내 활동에 종사하는 가사사용인과 퇴직급여법의 적용을 받는 다른 근로자를 달리 취급하고 있는 바, 이에 대해서는 엄격한 심사척도를 적용하여 비례성 원칙에 따른 심사를 행하여야 할 것이다.
④ 가구 내 고용활동은 크게 가사관리와 돌봄으로 구분할 수 있는데 양자의 차이를 고려하지 않고 일률적으로 전부 퇴직급여법의 적용범위에서 배제하는 것은 타당하지 않다. 가사사용인은 고용보험, 산업재해보상보험, 국민건강보험 등 사회보장제도에서 소외되고 있는바, 퇴직급여제도에서까지 배제하는 것은 사회안전망의 사각지대를 발생시키게 된다. 따라서 '가구 내 고용활동'에 대해서는 근로자퇴직급여 보장법을 적용하지 않도록 규정한 근로자퇴직급여 보장법 제3조은 평등원칙에 위배된다.
⑤ 헌법 제10조의 행복추구권은 국민이 행복을 추구하기 위하여 필요한 급부를 국가에게 적극적으로 요구할 수 있는 것을 내용으로 하므로 심판대상조항은 청구인의 행복추구권이 제한되었다고 할 수 있다.

▶ **정답 및 해설**

① [O] 심판대상조항은 '가구 내 고용활동'을 퇴직급여법의 적용범위에서 제외하여 가사사용인을 다른 근로자와 달리 취급하고 있는바, 이것이 평등원칙에 위배되는지 살펴본다.
한편 임금 내지 퇴직금채권은 법령 등에서 정하고 있는 요건이 충족되는 경우에 비로소 재산권적 성격이 인정되므로, 애초 퇴직급여법의 적용대상에서 명시적으로 제외되어 있는 가사사용인의 경우 법령에서 정하고 있는 퇴직급여의 요건 자체가 결여되어 있다는 점에서 심판대상조항으로 인한 재산권 제한 문제는 발생하지 않으므로, 이에 대하여는 판단하지 아니한다.(헌재 2022. 10. 27. 2019헌바454).
② [X] 헌법 제10조의 행복추구권은 국민이 행복을 추구하기 위하여 필요한 급부를 국가에게 적극적으로 요구할 수 있는 것을 내용으로 하는 것이 아니라, 국민이 행복을 추구하기 위한 활동을 국가권력의 간섭 없이 자유롭게 할 수 있다는 포괄적인 의미의 자유권으로서의 성격을 가진다(헌재 2004. 4. 29. 2003헌바64 참조). 심판대상조항은 근로자의 퇴직급여제도의 적용범위에 관한 조항이므로 설령 청구인이 심판대상조항으로 퇴직급여를 받지 못하였더라도 그 자체만으로 청구인의 행복추구권이 제한되었다고 보기는 어려우므로, 행복추구권에 대하여도 판단하지 아니한다.
나아가 헌법 제32조 제4항은 고용·임금 및 근로조건에 있어서 여성에 대한 부당한 차별을 금지하고 있지만, 여성만이 가구 내 고용활동에 종사하는 것이 아니고 가사사용인 중 여성근로자가 많다고 하더라도 이는 심판대상조항에 의하여 초래되는 법적 효과라고 볼 수 없으므로 심판대상조항이 헌법 제32조 제4항에

위반되는지 여부에 대해서는 별도로 판단하지 아니한다(헌재 2022. 10. 27. 2019헌바454).
③ [X] 반대의견은 '가구 내 고용활동'에 대해서는 근로자퇴직급여 보장법을 적용하지 않도록 규정한 근로자퇴직급여 보장법 제3조가 헌법 제32조 제4항의 여성에 대한 차별금지로 보아 엄격한 비례심사를 주장했으나 법정의견은 헌법 제32조 제4항의 문제로 보지 않고 합리성 심사를 하고 있다.
관련 판례 : 헌법 제32조 제4항은 고용·임금 및 근로조건에 있어서 여성에 대한 부당한 차별을 금지하고 있지만, 여성만이 가구 내 고용활동에 종사하는 것이 아니고 가사사용인 중 여성근로자가 많다고 하더라도 이는 심판대상조항에 의하여 초래되는 법적 효과라고 볼 수 없으므로 심판대상조항이 헌법 제32조 제4항에 위반되는지 여부에 대해서는 별도로 판단하지 아니한다(헌재 2022. 10. 27. 2019헌바454).
④ [X] 최근 제정된 '가사근로자의 고용개선 등에 관한 법률'(이하 '가사근로자법'이라 한다)에 의하면 인증받은 가사서비스 제공기관과 근로계약을 체결하고 이용자에게 가사서비스를 제공하는 사람은 가사근로자로서 퇴직급여법의 적용을 받게 된다. 이에 따라 가사사용인은 가사서비스 제공기관을 통하여 가사근로자법과 근로 관계 법령을 적용받을 것인지, 직접 이용자와 고용계약을 맺는 대신 가사근로자법과 근로 관계 법령의 적용을 받지 않을 것인지 선택할 수 있다. 이를 종합하면 심판대상조항이 가사사용인을 일반 근로자와 달리 퇴직급여법의 적용범위에서 배제하고 있다 하더라도 합리적 이유가 있는 차별로서 평등원칙에 위배되지 아니한다(2022. 10. 27. 2019헌바454).
⑤ [X] 헌법 제10조의 행복추구권은 국민이 행복을 추구하기 위하여 필요한 **급부를 국가에게 적극적으로 요구할 수 있는 것을 내용으로 하는 것이 아니라,** 국민이 행복을 추구하기 위한 활동을 국가권력의 간섭 없이 자유롭게 할 수 있다는 포괄적인 의미의 자유권으로서의 성격을 가진다. 심판대상조항은 근로자의 퇴직급여제도의 적용범위에 관한 조항이므로 설령 청구인이 심판대상조항으로 **퇴직급여를 받지 못하였더라도 그 자체만으로 청구인의 행복추구권이 제한되었다고 보기는 어려우므로,** 행복추구권에 대하여도 판단하지 아니한다(2022. 10. 27. 2019헌바454).

정답 ①

242 평등의 원칙에 대한 설명으로 옳은 것은? (다툼이 있으면 판례에 의함)

① 미결수용자의 배우자의 인터넷화상접견이나 스마트접견을 수형자의 배우자의 후순위로 허용해 주는 등의 방법을 통해 수형자와 미결수용자의 접견교통권을 조화롭게 보장할 수 있는 수단을 마련할 수 있다. 미결수용자의 배우자와 수형자의 배우자 사이의 차별에는 합리적인 이유를 인정하기 어려우므로, 수형자의 배우자에 대해 인터넷화상접견과 스마트접견을 할 수 있도록 하고 미결수용자의 배우자에 대해서는 이를 허용하지 않는 구 '수용관리 및 계호업무 등에 관한 지침'은 청구인의 평등권을 침해한다.
② 공유재산 및 물품 관리법 제81조 제1항은 의무교육 실시와 같은 공익 목적 내지 공적 용도로 공유재산을 무단점유한 경우를 사익추구의 목적으로 무단점유한 경우와 동일하게 변상금을 부과하고 있어 평등원칙에 위반된다.
③ 특별교통수단에 있어 표준휠체어만을 기준으로 휠체어 고정설비의 안전기준을 정하고 있는 '교통약자의 이동편의 증진법 시행규칙' 제6조 제3항 별표 1의2가 합리적 이유 없이 표준휠체어를 이용할 수 있는 장애인과 표준휠체어를 이용할 수 없는 장애인을 달리 취급하여 청구인의 평등권을 침해한다고 할 수 없다.
④ 우정직 공무원을 우체국장 및 과·실장의 보직 부여 대상에서 제외한 '우정사업본부 직제 시행규칙'이 우정직 공무원인 청구인들의 평등권을 침해하지 않는다.
⑤ '개별가구 또는 개인의 여건'에 관한 조건 부과 유예 대상자의 범위를 정함에 있어 '대학원에 재학 중인 사람'을 제외한 국민기초생활 보장법 시행령 평등권을 침해한다고 할 수 있다.

▶ **정답 및 해설**

① [X] 미결수용자는 수사나 재판 절차가 진행 중이므로 증거인멸 시도 등 접견 제도를 남용할 위험이 수형자에 비해 상대적으로 크고, 미결수용자의 배우자도 거주지 인근 교정시설을 방문하여 그 곳에 설치된 영상통화 설비를 이용하여 실시하는 화상접견은 할 수 있다. 수형자의 배우자와 미결수용자의 배우자 사이에 차별을 둔 데에는 합리적인 이유가 있으므로, 이 사건 지침조항들은 청구인의 평등권을 침해하지 않는다(2021. 11. 25. 2018헌마598).

② [X] 공유재산의 효용 및 공유재산을 점유하기 위한 절차 규정에 비추어 보면, 공유재산을 무단점유하는 자로부터 그 사용료 또는 대부료 상당의 부당이득을 환수하고 이에 덧붙여 추가로 일정한 금액을 징벌적으로 징수하는 것은, 그것이 과도한 금액의 책정이 아닌 한 점유의 목적이나 용도와 관계없이 공유재산을 점유하려는 자를 사전에 적법한 절차에 따라 공유재산에 대한 권원을 취득하도록 유도하여 지방자치단체가 정상적으로 사용료 또는 대부료를 징수하며 공유재산을 적절히 보호·관리하는 데 필요한 적합한 수단이다. 또한 헌법 제31조 제3항의 의무교육 무상의 원칙이 의무교육을 위탁받은 사립학교를 설치·운영하는 학교법인 등과의 관계에서 관련 법령에 의하여 이미 학교법인이 부담하도록 규정되어 있는 경비까지 종국적으로 국가나 지방자치단체의 부담으로 한다는 취지로 볼 수는 없다. 따라서 사립학교를 설치·경영하는 학교법인이 공유재산을 점유하는 목적이 의무교육 실시라는 공공 부문과 연결되어 있다는 점만으로 그 점유자를 변상금 부과대상에서 제외하여야 한다고 할 수 없고, 심판대상조항이 공익 목적 내지 공적 용도로 무단점유한 경우와 사익추구의 목적으로 무단점유한 경우를 달리 취급하지 않았다 하더라도 평등원칙에 위반되지 아니한다(2017.7.27. 2016헌바374).

③ [X] 누워서 이동할 수밖에 없는 장애인을 위한 휠체어 고정설비 안전기준 등을 별도로 규정한다고 하여 국가의 재정적 부담이 심해진다고 볼 수도 없다. 제4차 교통약자 이동편의 증진계획이 표준휠체어를 사용할 수 없는 장애인을 위한 특별교통수단의 도입 등을 계획하고 있기는 하나, 일부 지방자치단체에서 침대형 휠체어가 탑승할 수 있는 특수형 구조차량을 운행하였다가 침대형 휠체어 고정장치에 대한 안전기준이 없어 운행을 중단한 점에서 볼 수 있듯이 그 안전기준의 제정이 시급하므로 위와 같은 계획이 있다는 사정만으로 안전기준 제정 지연을 정당화하기 어렵다. 따라서 심판대상조항은 합리적 이유 없이 표준휠체어를 이용할 수 있는 장애인과 표준휠체어를 이용할 수 없는 장애인을 달리 취급하여 청구인의 평등권을 침해한다(2023. 5. 25. 2019헌마1234).

④ [O] 우정직 공무원이 우체국장 및 과·실장 보직에서 제외되었다 하더라도 이는 우정직 공무원의 채용, 인사관리 및 담당 업무의 독자성 등을 고려하여 이루어진 것이므로 이러한 차별취급이 불합리한 것으로서 우정직 공무원인 청구인들의 평등권을 침해한다고 보기 어렵다(2023. 8. 31. 2020헌마116).

⑤ [X] 이 사건 시행령조항은 '고등교육법 제2조 각 호(제5호는 제외한다)에 따른 학교에 재학 중인 사람'은 조건 부과 유예 대상자로 규정하면서도 '대학원에 재학 중인 사람'은 그 대상자로 규정하지 않음으로써, 이들이 모두 '학교에 재학 중인 사람'이라는 점에서 본질적으로 동일함에도 이들을 차별하고 있다. '대학' 중에는 졸업 후 직업인이 되기 위한 지식이나 기술을 연마하기 위한 곳도 있는데, '대학원'은 대학 졸업생이 고도의 전문지식을 습득하거나 전문적 직업훈련을 받기 위한 과정이다. '대학원에 재학 중인 사람'도 자활사업 참가조건의 이행이 사실상 불가능할 수 있으나, 수급자가 자활에 나아갈 수 있도록 돕는 생계급여제도의 취지에 생계급여에 관한 재원의 한계를 고려할 때 조건 부과 유예 대상자를 제한할 수밖에 없는 점, '대학원에 재학 중인 사람'은 이미 자활에 나아가기 위한 지식이나 기술을 익힌 자라는 점에서 근로조건의 부과를 유예할 필요성이 낮은 점 등을 종합하여 보면, 입법자가 조건 부과 유예의 대상자를 규정함에 있어 '대학원에 재학 중인 사람'을 '고등교육법 제2조 각 호(제5호는 제외한다)에 따른 학교에 재학 중인 사람'과 달리 취급하는 데에는 합리적인 이유가 있다(2017.11.30. 2016헌마448).

정답 ④

243 평등의 원칙에 대한 설명으로 옳지 않은 것은? (다툼이 있으면 판례에 의함)

① 국군포로로서 억류기간 동안의 보수를 지급받을 권리를 국내로 귀환하여 등록절차를 거친 자에게만 인정하는 '국군포로의 송환 및 대우 등에 관한 법률'은 평등원칙에 위배되지 않는다.
② 경유를 연료로 사용하는 자동차의 소유자로부터 환경개선부담금을 부과·징수하도록 정한 환경개선비용 부담법 제9조 제1항이 과잉금지원칙을 위반하여 경유차 소유자의 평등권을 침해한다고 할 수 없다.
③ 폭력범죄를 목적으로 한 단체 또는 집단의 구성원으로 활동한 사람을 2년 이상의 유기징역으로 처벌하도록 한 구 '폭력행위 등 처벌에 관한 법률' 제4조 제1항 제3호는 형벌체계상의 균형을 상실하여 평등원칙에 위배된다.
④ 병역의무 수행 및 둘 이상의 자녀 출산에 따른 국민연금 가입기간 추가 산입제를 시행하면서 그 적용대상을 개정법 시행일 이후 병역의무를 최초로 수행하거나 자녀를 얻은 가입자로 한정한 국민연금법 부칙 제19조가 2008. 1. 1. 전에 병역의무를 최초로 수행하고 두 자녀를 얻은 가입자인 청구인의 평등권을 침해한다고 할 수 없다.
⑤ 영화업자가 영화근로자와 계약을 체결할 때 근로시간을 구체적으로 밝히도록 하고 위반 시 처벌하는 영화 및 비디오물의 진흥에 관한 법률 제3조가 영화제작계약을 일반적인 근로계약과 마찬가지로 취급하는 것으로서 영화업자의 평등권을 침해한다고 할 수 없다.

▶ 정답 및 해설

① [O] 국군포로의 신원, 귀환동기, 억류기간 중의 행적을 확인하여 등록 및 등급을 부여하는 것은 국군포로가 국가를 위하여 겪은 희생을 위로하고 국민의 애국정신을 함양한다는 국군포로송환법의 취지에 비추어 볼 때 보수를 지급하기 위해 선행되어야 할 필수적인 절차이다. 귀환하지 못한 국군포로의 경우 등록을 할 수가 없고, 대우와 지원을 받을 대상자가 현재 대한민국에 존재하지 않아 보수를 지급하는 제도의 실효성이 인정되기 어렵다. 따라서 심판대상조항은 평등원칙에 위배되지 않는다[2022. 12. 22. 2020헌바39].
② [O] 이 사건 법률조항은 경유차 소유자에게는 환경개선부담금을 부과하면서, 휘발유차 소유자에게는 부담금을 부과하지 않고 있다.
경유차는 휘발유차에 비해 미세먼지, 초미세먼지, 질소산화물 등 대기오염물질을 훨씬 더 많이 배출하는 것으로 조사되고 있고, 경유차가 초래하는 환경피해비용 또한 휘발유차에 비해 월등히 높은 것으로 연구되고 있다. 입법자는 이와 같은 과학적 조사·연구결과 등을 토대로 자동차의 운행으로 인한 대기오염물질 및 환경피해비용을 저감하기 위해서는 환경개선부담금의 부과를 통해 휘발유차보다 경유차의 소유·운행을 억제하는 것이 더 효과적이라고 판단한 것으로 보이고, 위와 같은 입법자의 판단은 합리적인 이유가 인정되므로, 이 사건 법률조항은 평등원칙에 위반되지 아니한다[2022. 6. 30. 2019헌바440].
③ [X] 형법 제114조는 법정형을 기준으로 사형, 무기 또는 장기 4년 이상의 징역에 해당하는 범죄를 목적으로 하는 단체 또는 집단의 구성원으로 활동한 사람을 처벌한다. 이에 반하여 심판대상조항은 조직폭력범죄가 사회에 미치는 영향과 폐해를 고려하여 폭력행위처벌법에 규정된 범죄를 목적으로 하는 단체 또는 집단의 구성원으로 활동한 사람을 처벌하도록 하여, 단체나 집단이 목적으로 하는 범죄의 내용과 특성을 기준으로 범위를 제한하고 있다. 이와 같이 형법 제114조와 이 조항들은 그 보호법익이 서로 동일하다고 보기 어렵고, 목적 범죄의 유형별 죄질과 범정의 차이를 고려하여 법정형에 차이를 둔 것에 합리적인 이유가 있다고 할 것이므로, 심판대상조항이 형벌체계상의 정당성과 균형을 잃어 평등원칙에 위배된다고 볼 수 없다[2022. 12. 22. 2019헌바401].
④ [O] 병역의무 크레딧의 경우, 한정된 재원을 통하여 병역의무를 수행한 사람에게 적절한 사회적 보상이 이루어지도록 하면서도 후속세대의 가입을 촉진하여 연금제도의 지속 가능성을 추구하고자 병역 크레딧

시행 이후 병역의무를 최초로 수행한 사람에게만 적용하도록 한정한 것이고, 자녀 크레딧의 경우, 둘 이상 자녀 출산에 대한 유인을 제공함으로써 출산율을 제고하기 위하여 자녀 크레딧 시행 이후 자녀를 얻은 사람에게만 적용하도록 한정한 것으로, 이를 불합리한 차별이라고 보기 어렵다. 따라서 심판대상조항은 청구인의 평등권을 침해하지 않는다[2023. 2. 23. 2020헌마1271].

⑤ [O] 심판대상조항은 사용자로 하여금 근로계약을 체결할 때 소정근로시간을 명시하도록 하는 근로기준법 조항이 영화근로자와 계약을 체결하는 영화업자에게도 적용됨을 분명히 한 것으로서, 사용자에 비해 상대적으로 취약한 지위에 있는 근로자를 보호하기 위해서 핵심적인 근로조건에 해당하는 근로시간을 근로계약 체결 당시에 미리 알리도록 할 필요가 있는 것은 영화근로자의 경우에도 마찬가지이다. 영화근로자의 업무가 재량근로 대상 업무에 해당할 수 있다는 사실만으로 달리 볼 수도 없다. 따라서 심판대상조항은 영화업자의 평등권을 침해하지 않는다[2022. 11. 24. 2018헌바514].

정답 ③

244 평등의 원칙에 대한 설명으로 옳지 않은 것은? (다툼이 있으면 판례에 의함)

① '감염병의 예방 및 관리에 관한 법률'상 집합제한 조치로 발생한 손실을 보상하는 규정을 두지 않은 '감염병의 예방 및 관리에 관한 법률' 제70조 제1항은 평등권을 침해한다.

② 병역의무 수행 및 둘 이상의 자녀 출산에 따른 국민연금 가입기간 추가 산입제를 시행하면서 그 적용대상을 개정법 시행일 이후 병역의무를 최초로 수행하거나 자녀를 얻은 가입자로 한정한 국민연금법 부칙 제19조가 2008. 1. 1. 전에 병역의무를 최초로 수행하고 두 자녀를 얻은 가입자인 청구인의 평등권을 침해한다고 할 수 없다.

③ 근로자가 산업재해보상보험의 보험료를 부담하지 않는 것과 달리, '고용보험 및 산업재해보상보험의 보험료징수 등에 관한 법률' 제49조의3 제2항 본문이 특수형태근로종사자에 대하여 위 보험료의 2분의 1을 부담시키는 것이 합리적인 이유 없이 특수형태근로종사자를 불리하게 대우하는 것으로서 평등원칙에 위반된다고 할 수 없다.

④ 총장임용후보자 추천위원회의 직원위원 수를 4인으로 정한 '부경대학교 총장임용후보자 선정 및 추천에 관한 규정' 제4조 제1항 제2호는 부경대학교 직원인 청구인들의 평등권을 침해한다고 할 수 없다.

⑤ 현역병, 지원에 의하지 아니하고 임용된 부사관, 방위, 상근예비역, 보충역 등의 복무기간과는 달리 사관생도의 사관학교 교육기간을 연금 산정의 기초가 되는 군 복무기간으로 산입할 수 있도록 규정하지 아니한 구 군인연금법 제16조 제5항이 청구인들의 평등권을 침해한다고 할 수 없다.

▶ 정답 및 해설

① [×] 심판대상조항은 지역사회 전파가 거의 이루어지지 않아 집합제한 또는 금지 조치가 일반적으로 시행되지 않았던 2015년 메르스 사태를 계기로 현행법과 같이 개정되었다. 감염병 예방을 위한 '집합'의 제한 또는 금지 조치는 그 자체로 구체적인 재산상 손실을 초래하는 것이 아니고, 다만 이러한 조치로 인하여 사람의 모임·방문을 전제로 하는 영업이 제한되는 경우 영업손실이 발생한다. 유례없이 높은 전파력과 치명률의 코로나19 유행으로 인하여 집합제한 또는 금지가 장기화되는 상황은 처음 겪는 것이었기 때문에, 장기간의 집합제한 또는 금지 조치로 인하여 중대한 영업상 손실이 발생하리라는 것을 예상하기 어려웠다. 따라서 입법자가 미리 집합제한 또는 금지 조치로 인한 영업상 손실을 보상하는 규정을 마련하지 않았다고 하여 곧바로 평등권을 침해하는 것이라고 할 수 없다[2023. 6. 29. 2020헌마1669].

② [O] 병역의무 및 자녀 크레딧은 국고와 국민연금기금에서 비용을 부담하여 일정한 가입기간을 추가 산입하는 제도로서, 이를 무한정 적용할 경우 재정수지를 악화시키고 국민연금기금 고갈을 앞당길 우려가 크

다. 이에 입법자가 국가 재정, 국민연금기금 상황 등을 고려하여 병역의무 수행에 따른 기회비용 보상 및 출산 장려라는 제도의 목적을 달성하는 데 기여하는 합리적인 수준에서 적용범위를 제한하였다면, 이를 두고 합리적 근거가 없다거나 현저히 자의적이라고 평가할 수는 없다. 따라서 심판대상조항은 청구인의 평등권을 침해하지 않는다[2023. 2. 23. 2020헌마1271].

③ 【O】 특수형태근로종사자는 독립적 노동의 모습(자영인의 징표)과 종속적 노동의 모습(근로자의 징표)을 동시에 갖고 있으므로 사업주와 그 종사자가 각각 보험료의 2분의 1씩 부담하도록 하고 다만 사용종속관계 정도 등을 고려하여 대통령령으로 정하는 직종에 종사하는 특수형태근로종사자의 경우에는 사업주가 부담하도록 한 것으로 그 합리성을 인정할 수 있어 평등원칙에 반하지 않는다[2023. 3. 23. 2022헌바139].

④ 【O】 대학의 직원은 교원의 연구 및 교수활동과 학생들의 대학에서의 수학을 행정적으로 지원하기 위한 역할을 담당하고 대학의 본래적 기능인 학문적 활동에 관여한다고 볼 수 없으므로, 학문의 자유와 밀접한 관련이 있는 총장후보자의 선출 과정에 반드시 교원과 동등한 수준의 참여 비율이나 참여 가치를 보장받아야 하는 것은 아니다. 따라서 이 사건 구성조항이 대학 직원과 대학 교원을 달리 취급한 데에는 합리적 이유가 있으므로, 이 사건 구성조항은 부경대학교 직원인 청구인들의 평등권을 침해하지 아니한다[2023. 5. 25. 2020헌마1336].

⑤ 【O】 사관생도는 병역의무의 이행을 위해 본인의 의사와 상관없이 복무 중인 현역병 등과 달리 자발적으로 직업으로서 군인이 되기를 선택한 점, 사관생도의 교육기간은 장차 장교로서의 복무를 준비하는 기간으로 이를 현역병 등의 복무기간과 동일하게 평가하기는 어려운 점 등 군인연금법상 군 복무기간 산입제도의 목적과 취지, 현역병 등과 사관생도의 신분, 역할, 근무환경 등을 종합적으로 고려하면, 심판대상조항이 사관생도의 사관학교에서의 교육기간을 현역병 등의 복무기간과 달리 연금 산정의 기초가 되는 복무기간으로 산입할 수 있도록 규정하지 아니한 것이 현저히 자의적인 차별이라 볼 수 없다 [2022. 6. 30. 2019헌마150].

정답 ①

245 신체의 자유에 대한 설명으로 옳은 것은?

① 음주운항 전력이 있는 사람이 다시 음주운항을 한 경우 2년 이상 5년 이하의 징역이나 2천만 원 이상 3천만 원 이하의 벌금에 처하도록 규정한 해사안전법 제104조의2 제2항은 음주운항 관련 범죄를 예방하려는 형사정책적 고려에 따라 입법화된 규정이고, 반복되는 음주운항은 비난가능성이 매우 크므로, 그에 대한 가중처벌은 합리적인 이유가 있다.

② 음주운전 금지규정 위반 전력이 1회 이상 있는 사람이 다시 음주측정거부를 한 경우 2년 이상 5년 이하의 징역이나 1천만 원 이상 2천만 원 이하의 벌금에 처하도록 규정한 구 도로교통법 제148조의 2 제1항은 죄질이 비교적 가벼운 유형의 재범으로 분류되는 음주측정거부행위에 대해서까지 일률적으로 가중처벌하도록 하고 있으므로 책임과 형벌 사이의 비례원칙에 위반된다.

③ '마약류 관리에 관한 법률' 제2조 제3호 나목에 해당하는 향정신성의약품의 매매 등 행위를 한 자를 10년 이하의 징역 또는 1억 원 이하의 벌금에 처하도록 규정한 마약류관리법은 책임과 형벌 사이의 비례원칙에 위배된다.

④ '2명 이상이 공동하여 형법 제257조 제1항(상해)의 죄를 범한 사람'에 대해 가중처벌하도록 한 '폭력행위 등 처벌에 관한 법률' 제2조 제2항 제3호는 명확성원칙에 위반된다.

⑤ 가족 중 성년자가 예비군훈련 소집통지서를 예비군대원 본인에게 전달하여야 하는 의무를 위반한 행위를 한 경우 6개월 이하의 징역 또는 500만 원 이하의 벌금에 처하도록 한 예비군법 제15조 제10항이 책임과 형벌 간의 비례원칙에 위반된다고 보기 어렵다.

▶ 정답 및 해설

① [X] 심판대상조항은 가중요건이 되는 과거의 위반행위와 처벌대상이 되는 재범 음주운항 사이에 시간적 제한을 두지 않고 있다. 그런데 과거의 위반행위가 상당히 오래 전에 이루어져 그 이후 행해진 음주운항을 '해상교통법규에 대한 준법정신이나 안전의식이 현저히 부족한 상태에서 이루어진 반규범적 행위' 또는 '반복적으로 사회구성원에 대한 생명·신체 등을 위협하는 행위'라고 평가하기 어렵다면, 이를 가중처벌할 필요성이 인정된다고 보기 어렵다. 또한 심판대상조항은 과거 위반 전력의 시기 및 내용이나 음주운항 당시의 혈중알코올농도 수준 등을 고려할 때 비난가능성이 상대적으로 낮은 재범행위까지도 <u>법정형의 하한인 2년 이상의 징역 또는 2천만 원 이상의 벌금을 기준으로 처벌하도록 하고 있어, 책임과 형벌 사이의 비례성을 인정하기 어렵다</u>. 따라서 심판대상조항은 책임과 형벌 간의 비례원칙에 위반된다[2022. 8. 31. 2022헌가10].

② [O] 형사정책적인 면에서 볼 때, 중한 형벌이 일시적으로 범죄 억지력을 발휘할 수 있으나 결국에는 중벌에 대한 면역성과 무감각이 생기게 되어, 범죄예방과 법질서 수호에 아무런 기여도 하지 못하는 상황이 발생할 수 있다. 특히 음주운전이 적발되거나 사고가 나지 않을 것이라고 전망하는 음주운전자에게 형벌의 강화는 효과가 없고, 그러한 낙관을 교정할 수 있는 확실한 단속이나 교정수단이 더 중요하며, 설령 효과가 있더라도 형벌의 강화는 최후의 수단이 되어야 한다. 반복적인 음주운전이나 음주측정거부에 대해서는 음주치료와 교육프로그램을 강화하고 혈중알코올농도가 일정 수치 이상이 되면 시동 자체가 걸리지 않도록 하는 음주운전 방지장치를 차량에 부착하게 하는 등의 방안도 형벌강화에 대한 대안으로 충분히 고려할 수 있고, 형벌의 강화에 앞서 일차적으로 검토되어야 할 수단이다.
위와 같은 비형벌적인 방지 수단에 대한 충분한 고려 없이, 가중처벌의 요건이 되는 과거의 음주운전 금지규정 위반 전력과 관련하여 아무런 시간적 또는 유형적 제한을 두지 않음으로써, 가중처벌할 필요가 없거나 죄질이 비교적 가벼운 유형의 재범으로 분류되는 음주측정거부행위에 대해서까지 일률적으로 가중처벌하도록 한 심판대상조항은 형벌 본래의 기능에 필요한 정도를 현저히 일탈하는 과도한 법정형을 정하고 있다. 그러므로 심판대상조항은 책임과 형벌 사이의 비례원칙에 위반된다(2022. 5. 26. 2021헌가32).

③ [X] 나목 향정신성의약품은 오용하거나 남용할 경우 심한 신체적 또는 정신적 의존성을 일으키는 약물 또는 이를 함유하는 물질이다. 인체에 심각한 위해를 가하는 이러한 향정신성의약품에 대한 접근을 원칙적으로 차단하기 위해서는 그 유통 및 확산에 작용하는 일체의 행위를 중한 법정형으로 처벌할 필요성이 인정된다. 마약류관리법은 나목 향정신성의약품과 관련하여 금지되는 행위유형이 가지는 사회적 위험성 내지 불법성의 정도, 영리 목적 또는 상습성 유무 등 여러 기준을 고려하여 법정형을 차등적으로 정하고 있다. 심판대상조항도 나목 향정신성의약품의 매수 등 일정한 행위유형에 관하여 제조나 수출입 등의 경우에 비해서는 낮고 장소·시설 제공 등의 경우에 비해서는 높은 법정형을 규정하는 등 불법과 책임에 상응하는 처벌이 이루어질 수 있도록 하고 있다. 심판대상조항은 징역형과 벌금형을 선택형으로 규정하고 있고, 법정형 하한에 제한이 없다. 이와 같은 점을 종합하여 보면, 심판대상조항의 법정형이 지나치게 가혹하다거나 필요한 정도를 벗어나 책임과 형벌의 비례원칙에 위배된다고 볼 수 없다[2021. 10. 28. 2019헌바414].

④ [X] 건전한 상식과 통상적인 법감정을 가진 사람이라면 심판대상조항이 가중처벌하는 행위의 내용, 즉 상해죄의 구성요건행위를 2명 이상이 그 현장에서 함께 분담하여 실행하였는지 여부를 일의적으로 파악할 수 있을 것이고, 법원의 확립된 해석에 비추어 법 집행기관의 자의적인 해석이나 적용 가능성이 있다고 보기도 어렵다. 따라서 심판대상조항이 죄형법정주의의 명확성원칙에 위반된다고 할 수 없다[2022. 6. 30. 2019헌바185].

⑤ [X] 소집통지서를 전달하지 아니하여 행정절차적 협력의무를 위반한다고 하여도 과태료 등의 행정적 제재를 부과하는 것만으로도 그 목적의 달성이 충분히 가능하다고 할 것임에도 불구하고, 심판대상조항은 훨씬 더 중한 형사처벌을 하고 있어 그 자체만으로도 형벌의 보충성에 반하고, 책임에 비하여 처벌이 지나치게 과도하여 비례원칙에도 위반된다고 할 것이다(2022.5.26.2019헌가12) .

정답 ②

246 명확성원칙에 대한 설명 중 옳은 것을 모두 조합한 것은?

ㄱ. 폭력범죄를 목적으로 한 단체 또는 집단의 구성원으로 활동한 사람을 처벌하는 구 '폭력행위 등 처벌에 관한 법률' 제4조 제1항 제3호에서 어떤 행위가 '활동'에 해당하는지 여부는 법관의 통상적인 해석작용에 의하여 충분히 보완될 수 있고, 건전한 상식과 통상적인 법감정을 가진 일반인으로서 금지되는 행위가 무엇인지를 예측하는 것이 현저히 곤란하다고는 보기 어렵다. 따라서 죄형법정주의의 명확성원칙에 위배되지 않는다.

ㄴ. 정보통신망을 통하여 음란한 화상 또는 영상을 공공연하게 전시하여 유통하는 것을 금지하고 이를 위반하는 자를 처벌하도록 정한 '정보통신망 이용촉진 및 정보보호 등에 관한 법률'이 죄형법정주의의 명확성원칙에 위배된다고 할 수 없다.

ㄷ. 어린이 보호구역에서 제한속도 준수의무 또는 안전운전의무를 위반하여 어린이를 상해에 이르게 한 경우 1년 이상 15년 이하의 징역 또는 500만 원 이상 3천만 원 이하의 벌금에, 사망에 이르게 한 경우 무기 또는 3년 이상의 징역에 처하도록 규정한 '특정범죄 가중처벌 등에 관한 법률' 제5조의13이 죄형법정주의의 명확성원칙에 위배된다고 할 수 없다.

ㄹ. 누구든지 약사법 제42조 제1항을 위반하여 수입된 의약품을 판매하거나 판매할 목적으로 저장 또는 진열하여서는 아니 된다고 규정한 구 약사법 제61조 제1항 제2호 중 '제42조 제1항을 위반하여 수입된 의약품'에 관한 부분이 죄형법정주의의 명확성원칙에 위배된다.

ㅁ. 2회 이상 음주운전한 자를 2년 이상 5년 이하의 징역이나 1천만 원 이상 2천만 원 이하의 벌금에 처하도록 한 도로교통법은 죄형법정주의의 명확성원칙에 위반된다.

① ㄱㄴㄷ ② ㄴㄷㄹ ③ ㄷㄹㅁ
④ ㄴㄹㅁ ⑤ ㄱㄷㅁ

정답 및 해설

ㄱ. [O] '활동'은 범죄단체 또는 집단의 내부규율 및 통솔체계에 따른 조직적, 집단적 의사결정에 의하여 행해지고 범죄단체 또는 집단의 존속·유지를 지향하는 적극적인 행위로서 그 기여의 정도가 폭력행위처벌법 제4조 제3항, 제4항에 규정된 행위에 준하는 것을 의미한다. 어떤 행위가 '활동'에 해당하는지 여부는 사회통념과 건전한 상식에 따라 구체적, 개별적으로 정해질 수밖에 없다. 약간의 불명확성은 법관의 통상적인 해석작용에 의하여 충분히 보완될 수 있고, 건전한 상식과 통상적인 법감정을 가진 일반인으로서 금지되는 행위가 무엇인지를 예측하는 것이 현저히 곤란하다고는 보기 어렵다. 따라서 죄형법정주의의 명확성원칙에 위배되지 않는다.[2022. 12. 22. 2019헌바401]

ㄴ. [O] 헌법재판소와 대법원은 음란의 개념에 대하여, 단순히 저속하거나 문란하다는 정도를 넘어 사람의 존엄성과 가치를 심각하게 훼손·왜곡하였다고 할 수 있을 정도로 노골적인 방법에 의하여 성적 부위나 행위를 적나라하게 표현한 것으로서, 사회통념에 비추어 전적으로 또는 지배적으로 성적 흥미에만 호소하고 하등의 문학적·예술적·사상적·과학적·의학적·교육적 가치를 지니지 아니하는 것이라고 판시함으로써 그 해석 기준을 제시해 왔고, 이에 따라 자의적인 법해석이나 법집행을 배제할 수 있으므로, 심판대상조항은 죄형법정주의의 명확성원칙에 위배되지 않는다.[2023. 2. 23. 2019헌바305]

ㄷ. [O] 차량의 통행에 관하여 운전자에게 주세하게 규율된 의무를 부여하고 있는 도로교통법의 개정 연혁과 개정 취지, 그리고 특별한 보호가 필요한 보행자에 관한 구역을 별도로 지정할 수 있도록 도로교통법이 근거조항을 두게 된 경위와 연혁을 종합하면, 건전한 상식과 통상적 법 감정을 가진 운전자의 경우 어린이 보호구역에서 도로의 유형과 형태, 횡단보도 및 신호기 설치 여부, 주요 표지 및 어린이의 존부 등을 살핌

으로써 해당 보호구역에서 운전자에게 부여되는 안전운전의무의 구체적 의미 내용이 무엇인지 충분히 파악할 수 있을 것으로 보이고, 달리 심판대상조항이 법 해석·적용기관에 의한 자의적 법 집행 여지를 두고 있다고 보기 어렵다. 따라서 심판대상조항은 죄형법정주의의 명확성원칙에 위반되지 아니한다(2023. 2. 23. 2020헌마460).

ㄹ. [×] '제42조 제1항을 위반하여 수입된 의약품'이라 함은 약사법 제42조 제1항에 따라 의약품 수입업 신고를 하지 아니한 자가 수입한 의약품 또는 의약품 수입업 신고를 한 경우라 하더라도 약사법 제42조 제1항에 따라 수입 품목허가를 받거나 품목신고를 하지 아니한 의약품이 모두 이에 해당하고, 수입업자뿐만 아니라 누구라도 이러한 의약품을 판매하거나 판매할 목적으로 저장 또는 진열하여서는 아니 된다. 이러한 해석은 건전한 상식과 통상적인 법감정을 가진 사람이라면 누구나 인식할 수 있는 것으로서 불명확한 개념이라고 볼 수는 없으므로, 심판대상조항은 죄형법정주의의 명확성원칙에 위배되지 아니한다(2022.10.27. 2020헌바375).

ㅁ. [×] 심판대상조항의 문언, 입법목적과 연혁, 관련 규정과의 관계 및 법원의 해석 등을 종합하여 볼 때, 심판대상조항에서 '제44조 제1항을 2회 이상 위반한 사람'이란 '2006. 6. 1. 이후 도로교통법 제44조 제1항을 위반하여 술에 취한 상태에서 운전을 하였던 사실이 인정되는 사람으로서, 다시 같은 조 제1항을 위반하여 술에 취한 상태에서 운전한 사람'을 의미함을 충분히 알 수 있으므로, 심판대상조항은 **죄형법정주의의 명확성원칙에 위반된다고 할 수 없다** (2021.11.25. 2019헌바446). 정답 ①

247 신체의 자유에 대한 설명으로 옳지 않은 것은?

① 피고인이 정식재판을 청구한 사건에 대하여 약식명령의 형보다 '중한 형'을 선고하지 못하도록 하던 구 형사소송법 제457조의2가 '중한 종류의 형'을 선고하지 못하도록 규정하는 형사소송법 제457조의2로 개정되면서, 형종상향금지조항의 시행 전에 정식재판을 청구한 사건에 대해서는 종전의 불이익변경금지조항에 따르도록 규정한 형사소송법 부칙 제2조는 형벌불소급원칙에 위배된다고 할 수 없다.
② '성폭력범죄의 처벌 등에 관한 특례법' 제3조 제1항 중 '형법 제319조 제1항(주거침입)의 죄를 범한 사람이 같은 법 제299조(준강제추행)의 죄를 범한 경우에는 무기징역 또는 5년 이상의 징역에 처한다.'는 부분은 책임과 형벌 간의 비례원칙에 위반된다고 할 수 없다.
③ 주거침입강제추행죄와 주거침입준강제추행죄에 대하여 무기징역 또는 7년 이상의 징역에 처하도록 한 '성폭력범죄의 처벌 등에 관한 특례법'이 제3조 제1항이 책임과 형벌 간의 비례원칙에 위배된다.
④ 야간주거침입절도죄의 미수범이 준강제추행죄를 범한 경우 무기징역 또는 7년 이상의 징역에 처하도록 한 성폭력범죄의 처벌 등에 관한 특례법 제3조 제1항은 지나치게 높은 형벌을 규정하기 때문에, 법관은 범행별로 책임에 상응하는 형벌을 선고할 수 없어 책임과 형벌 사이의 비례원칙에 위배된다.
⑤ 음주운전 금지규정 위반 전력이 1회 이상 있는 사람이 다시 음주측정거부를 한 경우 2년 이상 5년 이하의 징역이나 1천만 원 이상 2천만 원 이하의 벌금에 처하도록 규정한 구 도로교통법 제148조의 2 제1항은 비형벌적인 방지 수단에 대한 충분한 고려 없이, 가중처벌의 요건이 되는 과거의 음주운전 금지규정 위반 전력과 관련하여 아무런 시간적 또는 유형적 제한을 두지 않음으로써, 가중처벌할 필요가 없거나 죄질이 비교적 가벼운 유형의 재범으로 분류되는 음주측정거부행위에 대해서까지 일률적으로 가중처벌하도록 한 심판대상조항은 형벌 본래의 기능에 필요한 정

도를 현저히 일탈하는 과도한 법정형을 정하고 있다. 그러므로 심판대상조항은 책임과 형벌 사이의 비례원칙에 위반된다.

▶ **정답 및 해설**

① [O] 심판대상조항은 입법자가 형사소송법상 불이익변경금지조항을 형종상향금지조항으로 변경하면서 그 개정 전후에 이루어진 정식재판청구에 대하여 적용될 규범의 시적 적용범위를 정하고 있다. 여기서 불이익변경금지조항이나 형종상향금지조항은 약식명령을 받은 피고인에 대하여 정식재판청구권의 행사를 절차적으로 보장하면서, 그 남용을 방지하거나 사법자원을 적정하게 분배한다는 등의 정책적인 고려를 통하여 선고형의 상한에 조건을 설정하거나 조정하는 내용의 규정들이다. 이들 조항이 규율하는 내용은 행위의 불법과 행위자의 책임을 기초로 하는 실체적인 가벌성에는 영향을 미치지 아니하므로, 행위자가 범죄행위 당시 예측가능성을 확보하여야 하는 범죄구성요건의 제정이나 형벌의 가중에 해당한다고 볼 수 없다. 형종상향금지조항의 시행 전에 범죄행위를 하고 위 조항의 시행 후에 정식재판을 청구한 피고인이 정식재판절차에서 약식명령의 형보다 중한 형을 선고받을 가능성이 발생하게 되었다 하더라도, 이는 원래의 법정형과 처단형의 범위 내에서 이루어지는 것이므로 가벌성의 신설이나 추가라고 보기도 어렵다. 따라서 심판대상조항은 헌법 제13조 제1항 전단의 형벌불소급원칙에 위배되지 아니한다[2023. 2. 23. 2018헌바513].

② [O] 사생활의 중심으로 개인의 인격과 불가분적으로 연결되어 있는 주거 등의 공간에서 준강제추행을 당한다면 피해자의 인식 여부와 상관없이 현실적 또는 잠재적으로 정신적·정서적 장애를 입게 되는 등 그로 인한 피해는 심각할 수 있고, 이러한 보호법익의 중요성, 죄질, 행위자의 책임의 정도, 형사정책적 측면 등 여러 요소를 고려하면 입법자가 이러한 중대한 법익 침해자에 대해 특별형법인 성폭력범죄의 처벌 등에 관한 특례법에 '주거침입준강제추행죄'라는 구성요건을 별도로 신설하여 **무기징역 또는 5년 이상의 징역이라는 비교적 중한 법정형을 정한 것**에는 합리적인 이유가 있으며, 법관은 작량감경을 통하여 얼마든지 집행유예를 선고할 수 있어 그 불법의 중대성에 비추어 볼 때 법정형에 벌금을 규정하지 않은 것이 불합리하다고 할 수도 없으므로, 심판대상조항은 책임과 형벌 간의 비례원칙에 위반되지 아니한다[2020. 9. 24. 2018헌바171].

③ [O] 주거침입강제추행죄의 법정형을 '무기징역 또는 5년 이상의 징역'으로 정한 규정에 대하여 2006. 12. 28. 2005헌바85 결정부터 2018. 4. 26. 2017헌바498 결정에 이르기까지 여러 차례 합헌으로 판단하였고, 동일한 법정형을 규정한 주거침입준강제추행죄에 관한 조항에 대해서도 2020. 9. 24. 2018헌바171 결정에서 합헌으로 판단하였다. 심판대상조항은 법정형의 하한을 '징역 5년'으로 정하였던 2020. 5. 19. 개정 이전의 구 성폭력처벌법 제3조 제1항과 달리 **그 하한을 '징역 7년'으로 정함으로써, 주거침입의 기회에 행해진 강제추행 및 준강제추행의 경우에는** 다른 법률상 감경사유가 없는 한 법관이 정상참작감경을 하더라도 집행유예를 선고할 수 없도록 하였다. 이에 따라 주거침입의 기회에 행해진 강제추행 또는 준강제추행의 불법과 책임의 정도가 아무리 경미한 경우라고 하더라도, 다른 법률상 감경사유가 없으면 일률적으로 징역 3년 6월 이상의 중형에 처할 수밖에 없게 되어, 형벌개별화의 가능성이 극도로 제한된다. 심판대상조항은 법정형의 '상한'을 무기징역으로 높게 규정함으로써 불법과 책임이 중대한 경우에는 그에 상응하는 형을 선고할 수 있도록 하고 있다. 그럼에도 불구하고 법정형의 **'하한'을 일률적으로 높게 책정하여 경미한 강제추행 또는 준강제추행의 경우까지 모두 엄하게 처벌하는 것은 책임주의에 반한다.** 심판대상조항은 그 법정형이 형벌 본래의 목적과 기능을 달성함에 있어 필요한 정도를 일탈하였고, 각 행위의 개별성에 맞추어 그 책임에 알맞은 형을 선고할 수 없을 정도로 과중하므로, 책임과 형벌 간의 비례원칙에 위배된다[2023. 2. 23. 2021헌가9].

④ [X] 대상조항이 규율하는 **야간주거침입절도미수준강제추행죄는** 평온과 안전을 보호받아야 하는 사적 공간에 대하여, 특히 평온과 안전이 강하게 요청되는 시간대인 야간에 재물을 절취할 의도로 침입한 사람이 정신적·신체적 사정으로 인하여 자기를 방어할 수 없는 상태에 있는 피해자의 성적 자기결정권을 침해하는 범죄로서, 행위의 불법성이 크고 법익 침해가 중대하다. 따라서 입법자가 이 사건 범죄의 법정형을 무기징역 또는 7년 이상의 징역으로 정한 데에는 합리적인 이유가 있고, 위 법정형이 이 사건 범죄의 죄질이나 행위자의 책임에 비하여 지나치게 가혹하다고 할 수 없다.

야간주거침입절도죄가 성립하기 위해서는 '주거침입'행위가 있을 것을 전제로 하는 동시에 그 주거침입행위가 야간에 이루어져야 하고, 타인의 재물을 절취할 의사가 있어야 한다는 점에서 단순 주거침입죄의 경우보다 범행의 동기와 정황이 제한적이고, 야간에 절도의 의사로 타인의 주거 등에 침입한 기회에 충동적으로 성범죄를 저지르거나 절도의 범행을 은폐하기 위하여 계획적으로 성범죄를 저지르는 등 이 사건 범죄의 불법성이나 범행에 이르게 된 동기의 비난가능성이 현저히 큰 점 등을 고려하면, 이 사건 범죄의 행위 태양의 다양성이나 불법의 경중의 폭은 주거침입준강제추행죄의 그것만큼 넓지 아니하므로, 주거침입준강제추행죄와 달리 이 사건 범죄에 대하여 법관의 정상참작감경만으로는 집행유예를 선고하지 못하도록 한 것이 법관의 양형판단재량권을 침해하는 것이라고 볼 수 없다. 따라서 심판대상조항은 책임과 형벌 간의 비례원칙에 위배되지 않는다 [2023. 2. 23. 2022헌가2].

⑤ 【○】 형사정책적인 면에서 볼 때, 중한 형벌이 일시적으로 범죄 억지력을 발휘할 수 있으나 결국에는 중벌에 대한 면역성과 무감각이 생기게 되어, 범죄예방과 법질서 수호에 아무런 기여도 하지 못하는 상황이 발생할 수 있다. 특히 음주운전이 적발되거나 사고가 나지 않을 것이라고 전망하는 음주운전자에게 형벌의 강화는 효과가 없고, 그러한 낙관을 교정할 수 있는 확실한 단속이나 교정수단이 더 중요하며, 설령 효과가 있더라도 형벌의 강화는 최후의 수단이 되어야 한다. 반복적인 음주운전이나 음주측정거부에 대해서는 음주치료와 교육프로그램을 강화하고 혈중알코올농도가 일정 수치 이상이 되면 시동 자체가 걸리지 않도록 하는 음주운전 방지장치를 차량에 부착하게 하는 등의 방안도 형벌강화에 대한 대안으로 충분히 고려할 수 있고, 형벌의 강화에 앞서 일차적으로 검토되어야 할 수단이다.
위와 같은 비형벌적인 방지 수단에 대한 충분한 고려 없이, 가중처벌의 요건이 되는 과거의 음주운전 금지규정 위반 전력과 관련하여 아무런 시간적 또는 유형적 제한을 두지 않음으로써, 가중처벌할 필요가 없거나 죄질이 비교적 가벼운 유형의 재범으로 분류되는 음주측정거부행위에 대해서까지 일률적으로 가중처벌하도록 한 심판대상조항은 형벌 본래의 기능에 필요한 정도를 현저히 일탈하는 과도한 법정형을 정하고 있다. 그러므로 심판대상조항은 책임과 형벌 사이의 비례원칙에 위반된다(2022. 5. 26. 2021헌가32). **정답** ④

248 검사의 수사권에 대한 설명 중 옳은 것을 모두 조합한 것은?

ㄱ. 헌법 제12조 제3항 및 제16조에 따라 검사가 영장을 신청하는 것도, 사법경찰관의 수사 중 신청에 따른 것이든, 검사가 직접 수사를 개시한 사건의 수사 또는 사법경찰관이 송치한 사건의 보완수사를 하면서 청구하는 것이든, 법관에게 영장발부를 신청하는 행위 그 자체로 '국가의 수사기능'을 실현하는 것이므로 '헌법상 수사권'의 행사에 해당한다.

ㄴ. 헌법 제12조 제3항의 영장신청권자로서 검사는 '검찰청법상 검사'와 동일한 것은 아니고 '검찰권을 행사하는 국가기관'으로서 일반적 의미의 검사를 의미한다.

ㄷ. 검찰청법상 검사를 '헌법에 의해 설치된 국가기관'이 아니라고 단정하기 어려운 측면도 있어 권한쟁의 심판의 당사자인 헌법상 국가기관에 해당한다.

ㄹ. 수사권 및 소추권은 입법부·사법부가 아닌 '대통령을 수반으로 하는 행정부'에 부여된 '헌법상 권한'이라 할 것이다.

ㅁ. 행정부 내에서 수사권 및 소추권의 구체적인 조정·배분은 입법사항이 아닌 '헌법사항'이므로 헌법이 수사권 및 소추권을 행정부 내의 특정 국가기관에 독점적·배타적으로 부여한 것으로 볼 수 있다.

ㅂ. 검사의 영장신청권은 제5차 개정헌법(1962. 12. 26. 헌법 제6호)에서 처음 도입되었다.

ㅅ. 헌법상 영장신청권이 수사과정에서 남용될 수 있는 강제수사를 '법률전문가이자 인권옹호기관'인 검사가 합리적으로 '통제'하기 위한 연혁과 취지에서 도입된 것임을 고려할 때, 검

사에 대한 영장신청권 부여 조항으로부터 검사에 대한 수사권 부여까지 헌법상 도출된다.
ㅇ. 국회가 입법사항인 수사권 및 소추권의 일부를 행정부에 속하는 국가기관 사이에서 조정·배분하도록 법률을 개정한 것으로 인해, 청구인 검사들의 헌법상 권한이 침해되거나 침해될 가능성이 있다고 볼 수 없다.

① ㄱㄴㄹ   ② ㄴㄷㄹ   ③ ㄷㄹㅁ
④ ㄴㄹㅁ   ⑤ ㄱㄷㅁ

▶ 정답 및 해설

ㄱ. 【×】 문제의 선지는 반대의견이다.
  법정의견 : 헌법개정권자는 영장신청의 신속성·효율성 증진의 측면이 아니라 수사기관의 강제수사 남용가능성을 경계하는 맥락에서, 법률전문가이자 인권옹호기관인 검사로 하여금 제3자의 입장에서 수사기관이 추진하는 강제수사의 오류와 무리를 통제하게 하기 위한 취지에서 영장신청권을 헌법에 도입한 것으로 해석되므로, 검사의 영장신청권 조항에서 검사에게 헌법상 수사권까지 부여한다는 내용까지 논리 필연적으로 도출된다고 보기 어렵다[2023. 3. 23. 2022헌라4].

ㄴ. 【O】 헌법재판소는 2021. 1. 28. 2020헌다264등 결정에서, 아래와 같은 관시를 통해 헌법 제12조 제3항 및 제16조에서의 검사는 '검찰권을 행사하는 국가기관'으로서 일반적 의미의 검사(검찰청법상 검사, 군검사, 특별검사 등)를 의미하는 것이므로 '검찰청법상 검사'와 동일한 것은 아님을 확인한바 있다. 이와 같이 '검사'는 헌법 제4장(정부)에서 명시적으로 그 설치가 규정되어 있지 아니하고, 헌법에 규정된 영장신청권자로서의 검사는 '검찰권을 행사하는 국가기관'으로서 일반적 의미의 검사를 의미하므로 '검찰청법상 검사'와 일치하는 것이 아닌 점을 고려하면, 검찰청법상 검사인 청구인은 당사자능력 인정의 전제인 '헌법에 의해 설치된 국가기관'에 해당되지 않는다고 판단할 여지도 있다[2023. 3. 23. 2022헌라4]

ㄷ. 【O】 헌법은 검찰청법상 검사의 경우 '검찰총장과 검사로' 구성된다는 조직법적 기초를 규정하는 것으로 해석할 여지가 있고(헌법 제89조 제16호), 수사기관이 국민의 신체의 자유와 주거의 자유를 제한하기 위해서는 '검찰권을 행사하는 국가기관'인 일반적 의미의 검사(검찰청법상 검사 포함)의 영장신청권의 통제를 받아야 한다는 기능법적 기초를 규정하는 것으로 해석할 여지가 있다는 점에서(헌법 제12조 제3항, 제16조), 검찰청법상 검사를 '헌법에 의해 설치된 국가기관'이 아니라고 단정하기 어려운 측면도 있다. 또한 검찰청법상 검사는 영장신청권을 행사하고(헌법 제12조 제3항, 제16조) 공익의 대표자로서 범죄수사, 공소제기 및 그 유지에 필요한 사항 등에 관한 직무를 담당하여(검찰청법 제4조 제1항) 헌법과 법률에 의해 독자적인 권한을 부여받고 있다. 그러므로 **청구인 검사들에게도 일응 권한쟁의심판에서 일반적인 당사자능력을 인정할 수 있다.** 따라서 청구인 법무부장관과 청구인 검사들은 권한쟁의심판에서 일반적인 당사자능력이 인정된다 [2023. 3. 23. 2022헌라4]

ㄹ. 【O】 수사와 공소제기·유지는 원칙적으로 입법권과 사법권에 포함되지 않는 국가기능으로서 우리 헌법상 본질적으로 행정에 속하는 사무이고, 법률로써 폐지·소멸시킬 수 없는 헌법상 기능이므로, 특별한 사정이 없는 한 수사권 및 소추권은 입법부·사법부가 아닌 '대통령을 수반으로 하는 행정부'에 부여된 '헌법상 권한'이라 할 것이다[2023. 3. 23. 2022헌라4].

ㅁ. 【×】 수사권 및 소추권이 행정부 중 어느 '특정 국가기관'에 전속적으로 부여된 것으로 해석할 헌법상 근거를 발견하기는 어렵다. 이에 헌법재판소는, 아래와 같은 다양한 선례를 통해, 우리 헌법은 수사 및 공소제기의 주체·방법·절차에 관하여 직접적인 규정을 두고 있지 아니하므로, 이는 입법자가 우리의 역사와 문화, 입법당시의 시대적 상황과 국민 일반의 가치관 내지 법감정, 범죄경향, 우리가 채택한 형사사법제도의 기본골격 등을 종합적으로 고려하여 결정해야 할 입법형성의 자유에 속하는 사항이라는 취지를 반복하여 판시함으로써, 행정부 내에서 수사권 및 소추권의 구체적인 조정·배분은 헌법사항이 아닌 '입법사항'이므로 헌법이 수사권 및 소추권을 행정부 내의 특정 국가기관에 독점적·배타적으로 부여한 것이 아님을 밝히고 있다[2023. 3. 23. 2022헌라4].

ㅂ. [O] 검사의 영장신청권은 제5차 개정헌법(1962. 12. 26. 헌법 제6호)에서 처음 도입되었다. 제5차 개정헌법은 제10조 제3항 본문에서 "체포·구금·수색·압수에는 검찰관의 신청에 의하여 법관이 발부한 영장을 제시하여야 한다."라고 규정함으로써, '검찰관의 영장신청권'을 명시적으로 도입하였고, 이후 검찰관을 '검사'로 수정하는 등 표현에 있어 일부 차이가 있지만 같은 내용으로 존속되어 현행 헌법에 이르고 있다[2023. 3. 23. 2022헌라4].
ㅅ. [X] 수사권 및 소추권이 본질적으로 '대통령을 수반으로 하는 행정부'에 부여된 헌법상 권한이고(제66조 제4항), 영장신청권이 '검사'에 부여된 헌법상 권한임은 다툼의 여지가 없으나(제12조 제3항, 제16조), 이를 바탕으로 헌법이 수사권을 (검찰청법상) 검사에게 부여한 것으로 해석하기는 어렵다. 헌법이 행정부에 속하는 국가기관 중 어느 기관에 수사권을 부여할 것인지에 대해 침묵하는 이상, 행정부 내에서 수사권의 구체적인 조정·배분의 문제는 헌법사항이 아닌 입법사항이고, 입법권은 국회에 속하므로(제40조), 특정 범죄에 대한 수사권을 반드시 특정 기관에 전속시켜야 한다는 헌법적 근거나 논리적 당위성은 없기 때문이다. 헌법상 영장신청권이 수사과정에서 남용될 수 있는 강제수사를 '법률전문가이자 인권옹호기관'인 검사가 합리적으로 '통제'하기 위한 연혁과 취지에서 도입된 것임을 고려할 때, **검사에 대한 영장신청권 부여 조항으로부터 검사에 대한 수사권 부여까지 헌법상 도출된다고 볼 수도 없다**[2023. 3. 23. 2022헌라4].
ㅇ. [O] 국회가 입법사항인 수사권 및 소추권의 일부를 행정부에 속하는 국가기관 사이에서 조정·배분하도록 법률을 개정한 것으로 인해, 청구인 검사들의 헌법상 권한이 침해되거나 침해될 가능성이 있다고 볼 수 없다. 또한 이 사건 법률개정행위는 검사의 영장신청권에 대해서는 아무런 제한을 두고 있지 않으므로, 검사에게 부여된 헌법상 영장신청권이 침해될 가능성도 없다. 따라서 피청구인의 이 사건 법률개정행위로 인해 검사의 '헌법상 권한'(영장신청권)이 침해될 가능성은 존재하지 아니하고, 국회의 구체적인 입법행위를 통해 비로소 그 내용과 범위가 형성되어 부여된 검사의 '법률상 권한'(수사권 및 소추권)은 그 자체로 국회의 법률개정행위로 인해 침해될 가능성이 없으므로, 피청구인의 이 사건 법률개정행위로 인한 청구인 검사들의 헌법상 권한 침해가능성은 인정되지 아니한다[2023. 3. 23. 2022헌라4]. 정답 ②

249 영장주의에 대한 설명으로 옳지 않은 것은?

① 헌법상 영장주의의 본질은 체포·구속·압수·수색 등 기본권을 제한하는 강제처분을 함에 있어서는 중립적인 법관의 구체적 판단을 거쳐야 한다는 데에 있다
② 수사기관 등이 전기통신사업자에게 이용자의 성명 등 통신자료의 열람이나 제출을 요청할 수 있도록 한 전기통신사업법 제83조 제3항에는 영장주의가 적용된다.
③ 기지국 수사를 허용하는 통신사실 확인자료 제공요청은 통신비밀보호법이 규정하는 강제처분에 해당하므로 헌법상 영장주의가 적용된다.
④ 기지국수사를 위한 통신사실확인자료 요청함에 있어 법원의 허가를 받도록 한 통신비밀보호법은 관할 지방법원 또는 지원의 허가를 받도록 규정하고 있으므로 헌법상 영장주의에 위배되지 아니한다.
⑤ 영장주의를 완전히 배제하는 특별한 조치는 비상계엄에 준하는 국가비상사태에 있어서도 가급적 회피하여야 할 것이고, 영장 없이 이루어진 수사기관의 강제처분에 대하여는 사후적으로 조속한 시간 내에 법관에 의한 심사가 이루어질 수 있는 장치가 마련되어 있지 않다면 헌법 제77조의 특별한 조치에 해당한다고 볼 수 없다.

▶ 정답 및 해설

① [O] 우리 헌법이 채택하여 온 영장주의는 형사절차와 관련하여 체포·구속·압수·수색의 강제처분을 함에 있어서는 사법권 독립에 의하여 신분이 보장되는 법관이 발부한 영장에 의하지 않으면 아니 된다는 원

칙이다. 따라서 헌법상 영장주의의 본질은 체포·구속·압수·수색 등 기본권을 제한하는 강제처분을 함에 있어서는 중립적인 법관의 구체적 판단을 거쳐야 한다는 데에 있다(헌재 2012. 5. 31. 2010헌마672).

② [X] 이 사건 법률조항은 수사기관 등이 전기통신사업자에 대하여 통신자료의 제공을 요청할 수 있는 권한을 부여하면서 전기통신사업자는 '그 요청에 따를 수 있다'고 규정하고 있을 뿐, 전기통신사업자에게 수사기관 등의 통신자료 제공요청에 응하거나 협조하여야 할 의무를 부과하지 않으며, 달리 전기통신사업자의 통신자료 제공을 강제할 수 있는 수단을 마련하고 있지 아니하다. 따라서 이 사건 법률조항에 따른 **통신자료 제공요청은 강제력이 개입되지 아니한 임의수사에 해당하고 이를 통한 수사기관 등의 통신자료 취득에는 영장주의가 적용되지 아니하는바**, 이 사건 법률조항은 헌법상 영장주의에 위배되지 아니한다(2022. 7. 21. 2016헌마388).

③ [O] 기지국 수사를 허용하는 통신사실 확인자료 제공요청은 법원의 허가를 받으면, 해당 가입자의 동의나 승낙을 얻지 아니하고도 제3자인 전기통신사업자에게 해당 가입자에 관한 통신사실 확인자료의 제공을 요청할 수 있도록 하는 수사방법으로, 통신비밀보호법이 규정하는 강제처분에 해당하므로 헌법상 영장주의가 적용된다(2018.6.28. 2012헌마538).

④ [O] 기지국수사는 통신비밀보호법이 정한 강제처분에 해당되므로 헌법상 영장주의가 적용된다. 헌법상 영장주의의 본질은 강제처분을 함에 있어 중립적인 법관이 구체적 판단을 거쳐야 한다는 점에 있는바, 이 사건 허가조항은 수사기관이 전기통신사업자에게 통신사실 확인자료 제공을 요청함에 있어 관할 지방법원 또는 지원의 허가를 받도록 규정하고 있으므로 헌법상 영장주의에 위배되지 아니한다(2018.6.28. 2012헌마538).

⑤ [O] 당시의 국내외 정세를 현재 상황에서 판단하는 것은 쉽지 않고, 그에 따라 위 계엄선포가 적법한 절차와 권한에 근거한 것인지에 대하여는 다툼의 여지가 있을 수 있다. 하지만 이 사건 법률조항과 같이 영장주의를 완전히 배제하는 특별한 조치는 비상계엄에 준하는 국가비상사태에 있어서도 가급적 회피하여야 할 것이고, 설사 그러한 조치가 허용된다고 하더라도 지극히 한시적으로 이루어져야 할 것이며, 영장 없이 이루어진 수사기관의 강제처분에 대하여는 사후적으로 조속한 시간 내에 법관에 의한 심사가 이루어질 수 있는 장치가 마련되어야 할 것임에는 의문의 여지가 없다.

그런데 이 사건 법률조항은 1961. 8. 7.부터 계엄이 해제된 이후인 1963. 12. 17.까지 무려 2년 4개월이 넘는 기간 동안 시행되었는바, 비록 일부 범죄에 국한되는 것이라도 이러한 장기간 동안 영장주의를 완전히 무시하는 입법상 조치가 허용될 수 없음은 명백하고, 따라서 이 사건 법률조항은 구 헌법 제64조나 현행 헌법 제77조의 특별한 조치에 해당한다고 볼 수 없다(2012. 12. 27. 2011헌가5).

정답 ②

250 적법절차원칙에 대한 설명으로 옳지 않은 것은?

① 통신자료 취득에 대한 사후통지절차를 두지 않은 전기통신사업법은 적법절차원칙에 위배된다.
② 수사가 장기간 진행되거나 기소중지결정이 있는 경우에는 정보주체에게 위치정보 추적자료 제공사실을 통지할 의무를 규정하지 아니하고, 수사가 장기간 진행되거나 기소중지결정이 있는 경우에는 정보주체에게 위치정보 추적자료 제공사실을 통지할 의무를 규정하지 아니한 통신비밀보호법 통지조항은 통신사실 확인자료 제공사실을 수사 종료 후에 통지하도록 하고, 그 사유를 통지사항으로 정하지 아니하였다고 하여, 적법절차원칙에 위배된다고 보기 어렵다.
③ '급속을 요하는 때'에는 형사소송법 제121조에 정한 참여권자에 대한 압수수색 집행의 사전 통지를 생략할 수 있도록 규정한 형사소송법 제122조 단서는 적법절차원칙에 위배된다고 할 수 없다.
④ '통지의 대상을 수사대상이 된 가입자로만 한정한 통신비밀보호법 제9조의3 제2항이 적법절차원칙에 위배되어 개인정보자기결정권을 침해한다고 할 수 없다.
⑤ 보호명령을 발령하기 전에 당사자에게 의견을 제출할 수 있는 절차적 기회가 마련되어 있지 아니하였다면 강제퇴거명령을 받은 사람을 보호할 수 있도록 하면서 보호기간의 상한을 마련하지 아니한 출입국관리법 제63조 제1항은 적법절차원칙에 위배되어 피보호자의 신체의 자유를 침해한다.

▶ 정답 및 해설

① [O] 이 사건 법률조항에 의한 통신자료 제공요청이 있는 경우 통신자료의 정보주체인 이용자에게는 통신자료 제공요청이 있었다는 점이 사전에 고지되지 아니하며, 전기통신사업자가 수사기관 등에게 통신자료를 제공한 경우에도 이러한 사실이 이용자에게 별도로 통지되지 않는다. 그런데 당사자에 대한 통지는 당사자가 기본권 제한 사실을 확인하고 그 정당성 여부를 다툴 수 있는 전제조건이 된다는 점에서 매우 중요하다. 효율적인 수사와 정보수집의 신속성, 밀행성 등의 필요성을 고려하여 사전에 정보주체인 이용자에게 그 내역을 통지하도록 하는 것이 적절하지 않다면 수사기관 등이 통신자료를 취득한 이후에 수사 등 정보수집의 목적에 방해가 되지 않는 범위 내에서 통신자료의 취득사실을 이용자에게 통지하는 것이 얼마든지 가능하다. 그럼에도 **이 사건 법률조항은 통신자료 취득에 대한 사후통지절차를 두지 않아 적법절차원칙에 위배된다**[2022. 7. 21. 2016헌마388].

② [X] 수사의 밀행성 확보는 필요하지만, 적법절차원칙을 통하여 수사기관의 권한남용을 방지하고 정보주체의 기본권을 보호하기 위해서는, 위치정보 추적자료 제공과 관련하여 정보주체에게 적절한 고지와 실질적인 의견진술의 기회를 부여해야 한다. 그런데 이 사건 통지조항은 수사가 장기간 진행되거나 기소중지결정이 있는 경우에는 정보주체에게 위치정보 추적자료 제공사실을 통지할 의무를 규정하지 아니하고, 그 밖의 경우에 제공사실을 통지받더라도 그 제공사유가 통지되지 아니하며, 수사목적을 달성한 이후 해당 자료가 파기되었는지 여부도 확인할 수 없게 되어 있어, 정보주체로서는 위치정보 추적자료와 관련된 수사기관의 권한남용에 대해 적절한 대응을 할 수 없게 되었다. 이에 대해서는, 수사가 장기간 계속되거나 기소중지된 경우라도 일정 기간이 경과하면 원칙적으로 정보주체에게 그 제공사실을 통지하도록 하되 수사에 지장을 초래하는 경우에는 중립적 기관의 허가를 얻어 통지를 유예하는 방법, 일정한 조건 하에서 정보주체가 그 제공요청 사유의 통지를 신청할 수 있도록 하는 방법, 통지의무를 위반한 수사기관을 제재하는 방법 등의 개선방안이 있다. 이러한 점들을 종합할 때, 이 사건 통지조항은 **적법절차원칙에 위배되어 청구인들의 개인정보자기결정권을 침해한다**[2018. 6. 28. 2012헌마191].
※ 재판관 김창종, 재판관 서기석, 재판관 조용호의 이 사건 통지조항에 대한 반대의견
수사기관으로 하여금 통신사실 확인자료의 제공을 요청할 수 있도록 하는 것은 수사활동 보장에 목적이 있으므로 성질상 기밀성을 요한다. 그런데 통신사실 확인자료 제공사실을 수사 진행 중에 정보주체에게 알려준다면, 피의자 및 그와 관계있는 자들이 이동전화·인터넷의 이용을 중단하거나 도주·증거인멸할 가능성을 배제할 수 없고, 그로 인하여 범죄수사에 지장을 초래하거나 추가 범행에 대처하기 어려워지게 된다. 반면 제공사실을 공소제기 또는 불기소처분 이후에 통지받는다 하더라도, 통신사실 확인자료의 비내용적 성격을 고려할 때, 그로 인해 제한되는 정보주체의 사익은 크다고 보기 어렵다. 한편, 정보주체가 피의자인 경우에는 공소장부본을 송달받거나 불기소처분결과를 통지받음으로써 통신사실 확인자료 제공요청 사유를 알 수 있고, 정보주체가 피의자 아닌 경우에는 피의자의 명예와 사생활 보호 필요성이 있기 때문에 그 제공요청 사유를 통지하지 않는 것이 바람직할 수 있다. 그 밖에 이 사건 요청조항 및 허가조항을 위반하여 취득한 통신사실 확인자료에 대해서는 형사절차에서 위법수집증거 배제법칙을 통해 증거능력을 부정하거나, 해당 수사관 및 국가에 대해 손해배상을 청구하는 등 사후적인 권리구제수단도 마련되어 있다. 사정이 이러하다면, 이 사건 통지조항이 통신사실 확인자료 제공사실을 수사 종료 후에 통지하도록 하고, 그 사유를 통지사항으로 정하지 아니하였다고 하여, 적법절차원칙에 위배된다고 보기 어렵다.

③ [O] 이 사건 법률조항에 의하여 피의자 등이 압수수색 사실을 사전 통지받을 권리 및 이를 전제로 한 참여권을 일정 정도 제한받게 되기는 하지만, 그 제한은 '사전통지에 의하여 압수수색의 목적을 달성할 수 없는 예외적인 경우'로 한정되어 있고, 전자우편의 경우에도 사용자가 그 계정에서 탈퇴하거나 메일 내용을 삭제·수정함으로써 증거를 은닉·멸실시킬 가능성을 배제할 수 없으며, 준항고 제도나 위법수집증거의 증거능력 배제 규정 등 조항 적용의 남용을 적절히 통제할 수 있는 방법이 마련되어 있는 점, 반면에 이와 같은 제한을 통해 압수수색 제도가 전자우편에 대하여도 실효적으로 기능하도록 함으로써 실체적 진실 발견 및 범죄수사의 목적을 달성할 수 있도록 하여야 할 공익은 매우 크다고 할 수 있는 점 등을 종합해 보면, 이 사건 법률조항에 의하여 형성된 절차의 내용이 적법절차원칙에서 도출되는 절차적 요청을 무시하였다거나

비례의 원칙이나 과잉금지원칙을 위반하여 합리성과 정당성을 상실하였다고 볼 수 없다(2012. 12. 27. 2011헌바225).

④ [O] 전기통신의 특성상 수사대상이 된 가입자와 전기통신을 송·수신한 상대방은 다수일 수 있는데, 이들 모두에 대하여 그 압수·수색 사실을 통지하도록 한다면, 수사대상이 된 가입자가 수사를 받았다는 사실이 상대방 모두에게 알려지게 되어 오히려 위 가입자가 예측하지 못한 피해를 입을 수 있고, 또한 통지를 위하여 상대방의 인적사항을 수집해야 함에 따라 또 다른 개인정보자기결정권의 침해를 야기할 수도 있다. 이상과 같은 점들을 종합하여 볼 때, 송·수신이 완료된 전기통신에 대한 압수·수색 사실을 수사대상이 된 가입자에게만 통지하도록 하고, 그 상대방에 대하여는 통지하지 않도록 한 심판대상조항은 적법절차원칙에 위배되어 청구인들의 개인정보자기결정권을 침해하지 않는다(2018. 4. 26. 2014헌마1178).

⑤ [O] 현재 출입국관리법상 보호의 개시 또는 연장 단계에서 집행기관으로부터 독립된 중립적 기관에 의한 통제절차가 마련되어 있지 아니하다. 또한 당사자에게 의견 및 자료 제출의 기회를 부여하는 것은 적법절차원칙에서 도출되는 중요한 절차적 요청이므로, 심판대상조항에 따라 보호를 하는 경우에도 피보호자에게 위와 같은 기회가 보장되어야 하나, 심판대상조항에 따른 보호명령을 발령하기 전에 당사자에게 의견을 제출할 수 있는 절차적 기회가 마련되어 있지 아니하다. 따라서 심판대상조항은 적법절차원칙에 위배되어 피보호자의 신체의 자유를 침해한다.(2023. 3. 23. 2020헌가1)

정답 ②

251 개인정보자기결정권에 대한 설명으로 옳지 않은 것은?

① '개인정보 보호법' 제28조의2 제1항이 통계작성, 과학적 연구, 공익적 기록보존을 위하여 정보주체의 동의 없이 가명정보를 처리할 수 있도록 하고, '신용정보의 이용 및 보호에 관한 법률' 제32조 제6항 제9호의2는 청구인들의 개인정보자기결정권을 침해한다고 할 수 없다.

② 가명정보는 원래의 상태로 복원하기 위한 추가 정보의 사용·결합을 통해서 특정 개인을 알아볼 수 있는 정보이므로 개인정보자기결정권의 보호대상이 되는 개인정보에 해당한다고 할 수 없다.

③ 의료기관의 장으로 하여금 보건복지부장관에게 비급여 진료비용에 관한 사항을 보고하도록 한 의료법 제45조의2 제1항 중 '비급여 진료비용'에 관한 부분이 법률유보원칙에 반하여 의사의 직업수행의 자유와 환자의 개인정보자기결정권을 침해한다고 할 수 없다.

④ 대한적십자사의 회비모금 목적으로 자료제공을 요청받은 국가와 지방자치단체는 특별한 사유가 없으면 그 자료를 제공하여야 한다고 규정한 '대한적십자사 조직법'이 명확성원칙에 반하여 청구인들의 개인정보자기결정권을 침해한다고 할 수 없다.

⑤ 법무부장관은 변호사시험의 합격자가 결정되면 즉시 '명단'을 공고하여야 한다고 규정한 변호사시험법은 개인정보자기결정권을 침해하지 않는다.

▶ 정답 및 해설

① [O] 정보주체의 동의 없는 처리는 "통계작성, 연구, 공익적 기록보존" 목적으로만 가능하며, 법률에서 정보주체를 보호하기 위한 여러 규정을 두고 있으므로, 침해의 최소성도 인정된다. "통계작성, 연구, 공익적 기록보존"을 효과적으로 수행하고자 하는 공익이 가명정보가 제한된 목적으로 동의 없이 처리되는 정보주체의 불이익보다 크다고 할 수 있으므로, 법익의 균형성도 갖추었다. 따라서 심판대상조항은 청구인들의 개인정보자기결정권을 침해하지 않는다(2023. 10. 26. 2020헌마1476).

② [X] 가명정보는 원래의 상태로 복원하기 위한 추가 정보의 사용·결합을 통해서 특정 개인을 알아볼 수 있는 정보이므로 개인정보자기결정권의 보호대상이 되는 개인정보에 해당한다. 심판대상조항은 신용정보회사 등을 포함하는 개인정보처리자로 하여금 통계작성 등을 위하여 정보주체의 동의 없이 가명정보를 처

리할 수 있도록 하므로, 심판대상조항이 정보주체인 청구인들의 개인정보자기결정권을 침해하는지 살펴보기로 한다(2023. 2. 23. 2021헌마93].

③ [O] 보고의무조항은 '비급여 진료비용의 항목, 기준, 금액, 진료내역'을 보고하도록 함으로써 보고의무에 관한 기본적이고 본질적인 사항을 법률에서 직접 정하고 있다.

다만, '보건복지부령이 정하는 바에 따라' 보고하여야 한다고 규정함으로써 보고제도에 관한 세부적인 사항을 하위법령에 위임하고 있으나, 비급여 대상은 그 유형과 종류가 매우 다양하고 발생요인과 특성, 중증도, 환자의 선택적 요소 등에 따라 급여화 가능성이나 정보 수집의 필요성에 차이가 있을 수 있으므로, '보고대상'의 구체적인 내용과 범위를 입법자가 미리 법률로 정하는 것은 쉽지 않다. 그 밖에 '보고방법'이나 '절차' 등 보고에 필요한 사항들도 당시의 의료상황이나 여건 등을 반영하여 탄력적으로 정해야 할 전문적·기술적 사항이므로 입법자가 반드시 스스로 결정하여야 하는 본질적 사항이라고 보기 어렵다. 따라서 보고의무조항은 법률유보원칙에 반하여 청구인들의 기본권을 침해하지 아니한다(2023. 2. 23. 2021헌마93].

④ [O] 이 사건 자료제공조항은 자료제공을 요청받은 국가 등은 '특별한 사유'가 없으면 자료를 제공하여야 한다고 규정하고 있는바 이때 '특별한 사유'가 명확성원칙에 반하는 것이 아닌지 의문이 든다. 그런데 이 사건 자료제공조항은 '개인정보 보호법'상 개인정보처리자가 수집한 목적 외의 용도로 제3자에게 개인정보를 제공하는 경우의 한 형태에 해당한다. 그렇다면 '특별한 사유'라는 문언 자체는 비록 불확정적 개념이라 하더라도, 개인정보의 목적 외 제3자 제공을 더욱 엄격하게 제한하는 '개인정보 보호법'의 취지를 고려해보면 이 사건 자료제공조항의 '특별한 사유'도 '정보주체 또는 제3자의 이익을 부당하게 침해할 우려가 있을 때'에 준하는 경우로서 그 규율 범위의 대강을 예측할 수 있다. 따라서 이 사건 자료제공조항이 명확성원칙에 위반하여 청구인들의 개인정보자기결정권을 침해한다고 볼 수 없다(2023. 2. 23. 2019헌마1404].

⑤ [O] 심판대상조항은 공공성을 지닌 전문직인 변호사의 자격 소지에 대한 일반 국민의 신뢰를 형성하는 데 기여하며, 변호사에 대한 정보를 얻는 수단이 확보되어 법률서비스 수요자의 편의가 증진된다. 합격자 명단을 공고하는 경우, 시험 관리 당국이 더 엄정한 기준과 절차를 통해 합격자를 선정할 것이 기대되므로 시험 관리 업무의 공정성과 투명성이 강화될 수 있다. 따라서 심판대상조항이 과잉금지원칙에 위배되어 응시자들의 개인정보자기결정권을 침해한다고 볼 수 없다(2023. 3. 23. 2020헌마358].

정답 ②

252 강제퇴거명령을 받은 사람을 보호할 수 있도록 하면서 보호기간의 상한을 마련하지 아니한 출입국관리법에 관한 위헌법률심판에 대한 설명으로 옳지 않은 것을 모두 조합한 것은?

ㄱ. 신체의 자유는 인간의 권리에 해당하고, 국내 체류자격 유무에 따라 그 인정 여부가 달라지는 것이 아니다.

ㄴ. 강제퇴거명령을 받은 사람을 보호할 수 있도록 하면서 보호기간의 상한을 마련하지 아니한 출입국관리법이 신체의 자유를 침해하는지 여부에 대해서는 엄격한 심사기준이 적용되어야 한다.

ㄷ. 보호기간의 상한이 규정될 경우, 그 상한을 초과하면 보호는 해제되어야 하는데, 강제퇴거 대상자들이 보호해제 된 후 잠적할 경우 강제퇴거명령의 집행이 현저히 어려워질 수 있고, 보호의 일시해제, 이의신청, 행정소송 및 집행정지 등 강제퇴거대상자가 보호에서 해제될 수 있는 다양한 제도가 마련되어 있으므로 심판대상조항은 과잉금지원칙에 위배되어 신체의 자유를 침해하지 아니한다.

ㄹ. 강제퇴거대상자는 행정소송 등을 통해 사법부로부터 보호의 적법 여부를 판단받을 수 있고, 강제퇴거 심사 전 조사, 이의신청이나 행정소송 과정에서 자신의 의견을 진술하거나 자료를 제출할 수 있으므로 심판대상조항은 헌법상 적법절차원칙에 위반된다고 볼 수 없다.

① ㄱㄴ　　　　　　　　② ㄴㄷ　　　　　　　　③ ㄷㄹ
④ ㄱㄹ　　　　　　　　⑤ ㄱㄷ

▶ 정답 및 해설

ㄱ. [O] 헌법 제12조 제1항의 신체의 자유는 인간의 존엄과 가치를 구현하기 위한 가장 기본적인 최소한의 자유이자 모든 기본권 보장의 전제가 되는 것으로서 그 성질상 인간의 권리에 해당하고, 국내 체류자격 유무에 따라 그 인정 여부가 달라지는 것이 아니다(2023. 3. 23. 2020헌가1).

ㄴ. [O] 심판대상조항이 신체의 자유를 침해하는지 여부에 대해서는 엄격한 심사기준이 적용되어야 한다(2023. 3. 23. 2020헌가1).

ㄷ. [X] 강제퇴거명령의 효율적 집행이라는 행정목적 때문에 기간의 제한이 없는 보호를 가능하게 하는 것은 행정의 편의성과 획일성만을 강조한 것으로 피보호자의 신체의 자유를 과도하게 제한하는 것인 점, 강제퇴거명령을 받은 사람을 보호함에 있어 그 기간의 상한을 두고 있는 국제적 기준이나 외국의 입법례에 비추어 볼 때 보호기간의 상한을 정하는 것이 불가능하다고 볼 수 없는 점, 강제퇴거명령의 집행 확보는 심판대상조항에 의한 보호 외에 주거지 제한이나 보고, 신원보증인의 지정, 적정한 보증금의 납부, 감독관 등을 통한 지속적인 관찰 등 다양한 수단으로도 가능한 점, 현행 보호일시해제제도나 보호명령에 대한 이의신청, 보호기간 연장에 대한 법무부장관의 승인제도만으로는 보호기간의 상한을 두지 않은 문제가 보완된다고 보기 어려운 점 등을 고려하면, 심판대상조항은 침해의 최소성과 법익균형성을 충족하지 못한다. 따라서 심판대상조항은 과잉금지원칙을 위반하여 피보호자의 신체의 자유를 침해한다(2023. 3. 23. 2020헌가1).

ㄹ. [X] 행정절차상 강제처분에 의해 신체의 자유가 제한되는 경우 강제처분의 집행기관으로부터 독립된 중립적인 기관이 이를 통제하도록 하는 것은 적법절차원칙의 중요한 내용에 해당한다. 심판대상조항에 의한 보호는 신체의 자유를 제한하는 정도가 박탈에 이르러 형사절차상 '체포 또는 구속'에 준하는 것으로 볼 수 있는 점을 고려하면, 보호의 개시 또는 연장 단계에서 그 집행기관인 출입국관리공무원으로부터 독립되고 중립적인 지위에 있는 기관이 보호의 타당성을 심사하여 이를 통제할 수 있어야 한다. 그러나 현재 출입국관리법상 보호의 개시 또는 연장 단계에서 집행기관으로부터 독립된 중립적 기관에 의한 통제절차가 마련되어 있지 아니하다. 또한 당사자에게 의견 및 자료 제출의 기회를 부여하는 것은 적법절차원칙에서 도출되는 중요한 절차적 요청이므로, 심판대상조항에 따라 보호를 하는 경우에도 피보호자에게 위와 같은 기회가 보장되어야 하나, 심판대상조항에 따른 보호명령을 발령하기 전에 당사자에게 의견을 제출할 수 있는 절차적 기회가 마련되어 있지 아니하다. 따라서 심판대상조항은 적법절차원칙에 위배되어 피보호자의 신체의 자유를 침해한다(2023. 3. 23. 2020헌가1).

정답 ③

253 직계혈족의 가족관계증명서 교부청구에 대한 설명으로 옳은 것은?

① 직계혈족이면 가족관계기본증명서 교부를 청구하도록 하여 가정폭력 피해자의 개인정보를 보호하기 위한 구체적 방안을 마련하지 아니한 것은 청구인의 개인정보자기결정권을 침해한다고 할 수 없다.
② 직계혈족이 자녀의 가족관계증명서와 기본증명서의 교부를 청구하는 것 자체가 위헌이다.
③ 정보주체의 배우자나 직계혈족이 정보주체의 위임 없이도 정보주체의 가족관계 상세증명서의 교부 청구를 할 수 있도록 하는 '가족관계의 등록 등에 관한 법률' 제14조 제1항은 정보주체의 현재의 혼인의 배우자 및 직계혈족의 이익 보호에만 지나치게 치우친 방법이므로, 달성하려는 입법목적과 그로 인해 제한되는 개인정보자기결정권 사이에 적절한 균형을 달성하지 못하였다. 따라서 과잉금지원칙에 위반되어 청구인의 개인정보자기결정권을 침해한다.

④ 직계혈족이면 가족관계증명서 및 기본증명서의 교부를 청구하도록 가족관계의 등록 등에 관한 법률은 목적은 정당하나 목적 달성을 위하여 적합한 수단이 된다고 할 수 없다.
⑤ 개인정보의 공개와 이용에 관하여 정보주체 스스로가 결정할 권리인 개인정보자기결정권의 보호대상이 되는 개인정보는 개인의 신체, 신념, 사회적 지위, 신분 등과 같이 개인의 인격주체성을 특징짓는 사항으로서 그 개인의 동일성을 식별할 수 있게 하는 일체의 정보라고 할 수 있다.

▶ **정답 및 해설**

① [X] 이 사건 법률조항은 가정폭력 가해자에 대한 별도의 제한 없이 직계혈족이기만 하면 사실상 자유롭게 그 자녀의 가족관계증명서와 기본증명서의 교부를 청구하여 발급받을 수 있도록 함으로써, 그로 인하여 가정폭력 피해자인 청구인의 개인정보가 가정폭력 가해자인 전 배우자에게 무단으로 유출될 수 있는 가능성을 열어놓고 있다. 이 사건 법률조항에 대하여 단순위헌결정을 하여 당장 그 효력을 상실시킬 경우 가정폭력 가해자가 아닌 직계혈족까지 자녀의 가족관계증명서와 기본증명서의 교부를 청구할 수 있는 근거규정이 없어지게 되어 법적 공백의 상태가 발생한다. <u>이는 직계혈족이 자녀의 가족관계증명서와 기본증명서의 교부를 청구하는 것 자체를 위헌으로 판단한 것이 아닌데도</u> 이를 위헌으로 판단한 경우와 동일한 결과를 나타내게 된다. 이러한 이유로 이 사건 법률조항에 대하여 단순위헌결정을 하는 대신 헌법불합치결정을 선고하되, 2021년 12월 31일을 시한으로 입법자가 이 사건 법률조항의 위헌성을 제거하고 합리적인 내용으로 법률을 개정할 때까지 이를 계속 적용하도록 할 필요가 있다(2020. 8. 28, 2018헌마927).

② [X] <u>이는 직계혈족이 자녀의 가족관계증명서와 기본증명서의 교부를 청구하는 것 자체를 위헌으로 판단한 것이 아닌데도</u> 이를 위헌으로 판단한 경우와 동일한 결과를 나타내게 된다. 이러한 이유로 이 사건 법률조항에 대하여 단순위헌결정을 하는 대신 헌법불합치결정을 선고하되, 2021년 12월 31일을 시한으로 입법자가 이 사건 법률조항의 위헌성을 제거하고 합리적인 내용으로 법률을 개정할 때까지 이를 계속 적용하도록 할 필요가 있다(2020. 8. 28, 2018헌마927).

③ [X] 심판대상조항은 정보주체의 배우자나 직계혈족이 스스로의 정당한 법적 이익을 지키기 위하여 정보주체 본인의 위임 없이도 가족관계 상세증명서를 간편하게 발급받을 수 있게 해 주는 것이므로, 상세증명서 추가 기재 자녀의 입장에서 보아도 자신의 개인정보가 공개되는 것을 중대한 불이익이라고 평가하기는 어렵다. 나아가 가족관계 관련 법령은 가족관계증명서 발급 청구에 관한 부당한 목적을 파악하기 위하여 '<u>청구사유기재</u>'라는 나름의 소명절차를 규정하는 점 등을 아울러 고려하면 심판대상조항은 그 입법목적과 그로 인해 제한되는 개인정보자기결정권 사이에 적절한 균형을 달성한 것으로 평가할 수 있다. 심판대상조항은 과잉금지원칙에 위배되어 청구인의 개인정보자기결정권을 침해하지 아니한다(2022. 11. 24. 2021헌마130).

④ [X] 이 사건 법률조항은 가족 간의 신뢰와 유대에 기초하여 직계혈족이 자신이나 그 자녀의 친족·상속 등과 관련된 권리의무관계를 증명하기 위한 기초자료로서 자녀 본인 및 부모 등의 신분정보가 기재되어 있는 가족관계증명서 및 기본증명서를 쉽고 편리하게 발급받을 수 있도록 하기 위한 것이다. 이처럼 직계혈족과 자녀 등의 편익 증진을 위해 직계혈족에게 가족관계증명서 및 기본증명서의 교부청구권을 부여하고 있는 이 사건 <u>법률조항의 입법목적은 정당하다.</u> 또한, <u>이 사건 법률조항이 특별한 제한 없이 직계혈족에게 가족관계등록법상 가족관계증명서 및 기본증명서의 교부청구권을 부여하는 것은 그 목적 달성을 위하여 적합한 수단이 된다.</u>
이 사건 법률조항은 직계혈족이기만 하면 가정폭력 가해자인지 여부를 불문하고 개인정보주체의 동의나 제한 없이 가족관계증명서 및 기본증명서의 교부를 청구하여 발급받을 수 있도록 하여, 그 결과 오히려 가정폭력 가해자인 직계혈족이 그 자녀의 가족관계증명서 및 기본증명서에 기재된 가정폭력 피해자인 (전) 배우자의 개인정보를 이용하여 이들에게 추가 가해를 끼칠 수 있는 상황을 방치하고 있다. 물론 가정폭력 가해자라고 하더라도 범죄 등과 같은 부당한 목적이 아닌 자녀의 이익이나 정당한 알권리의 충족 등을 이유로 그 자녀 명의의 가족관계증명서와 기본증명서가 필요할 수도 있다. 그러나 이러한 문제는 자녀 본인의 사전 동의를 얻으면 가족관계증명서와 기본증명서의 발급을 허용하거나, 가정폭력 가해자인 직계혈족

이 그 자녀의 가족관계증명서와 기본증명서를 청구할 때 가정폭력 피해자에 대하여 추가가해를 행사하려는 등의 부당한 목적이 없음을 구체적으로 소명한 경우에만 발급하도록 하고 그러한 경우에도 가정폭력 피해자의 개인정보를 삭제하도록 하는 등의 대안적 조치를 마련함으로써 그 해결이 충분히 가능하다. 이 사건 법률조항이 가정**폭력 가해자인 직계혈족에 대하여 아무런 제한 없이 그 자녀의 가족관계증명서 및 기본증명서의 발급을 청구할 수 있도록 하여, 결과적으로 가정폭력 피해자인 청구인의 개인정보가 무단으로 가정폭력 가해자에게 유출될 수 있도록 한 것은 입법목적**을 달성하기 위하여 필요한 범위를 넘어선 것이므로 침해의 최소성에 위배된다(2020. 8. 28. 2018헌마927).

⑤【O】개인정보자기결정권은 자신에 관한 정보가 언제 누구에게 어느 범위까지 알려지고 또 이용되도록 할 것인지를 그 정보주체가 스스로 결정할 수 있는 권리로서, 헌법 제10조 제1문에서 도출되는 일반적 인격권 및 헌법 제17조의 사생활의 비밀과 자유에 의하여 보장된다. 이와 같이 개인정보의 공개와 이용에 관하여 정보주체 스스로가 결정할 권리인 개인정보자기결정권의 보호대상이 되는 개인정보는 개인의 신체, 신념, 사회적 지위, 신분 등과 같이 개인의 인격주체성을 특징짓는 사항으로서 그 개인의 동일성을 식별할 수 있게 하는 일체의 정보라고 할 수 있다. 또한, 그러한 개인정보를 대상으로 한 조사·수집·보관·처리·이용 등의 행위는 모두 원칙적으로 개인정보자기결정권에 대한 제한에 해당한다(2020. 8. 28. 2018헌마927).

정답 ⑤

254 교도관의 수용자 서신에 대한 검열과 개봉에 대한 설명으로 옳지 않은 것은?

① 피의자나 피고인과 변호인 사이의 서신의 비밀을 보장받기 위하여는 교도소측에서 상대방이 변호인 또는 변호인이 되려는 자라는 사실을 확인할 수 있어야 하고 미결수용자의 변호인과의 사이의 서신임이 확인되었다고 하더라도, 이를 통하여 마약 등 소지금지품의 반입을 도모한다든가, 그 내용에 도주·증거인멸·수용시설의 구율과 질서의 파괴·기타 형벌법령에 저촉되는 내용이 기재되어 있다고 의심할 만한 합리적인 이유가 있는 경우가 아니어야 할 것이다.

② 미결수용자의 지위를 가지는 수형자와 변호인과의 서신 개봉행위는 변호인의 조력을 받을 권리를 제한하므로 변호인의 조력을 받을 권리 침해여부를 심사하는 것으로 족하며 통신비밀의 자유 침해 여부에 대하여는 별도로 판단하지 아니한다.

③ 미결수용자와 변호인과의 서신을 검열한 행위는 서신에 소지금지품이 포함되어 있거나 불법적인 내용이 기재되어 있다고 의심할 만한 사정은 보이지 아니하다면 통신의 비밀을 침해받지 아니할 권리와 변호인의 조력을 받을 권리를 침해한 것이라 할 것이다.

④ 교도소장이 금지물품 동봉 여부를 확인하기 위하여 미결수용자와 같은 지위에 있는 수형자의 변호인이 위 수형자에게 보낸 서신을 개봉한 후 교부한 행위가 위 수형자가 변호인의 조력을 받을 권리를 침해한다.

⑤ 피청구인 교도소장이 법원, 검찰청 등이 청구인에게 보낸 문서를 열람한 행위는 청구인의 통신의 자유를 침해한다고 할 수 없다.

▶ 정답 및 해설

①【O】피의자나 피고인과 변호인 사이의 서신의 비밀을 보장받기 위하여는 다음과 같은 조건을 갖추어야 할 것이다.
첫째, 교도소측에서 상대방이 변호인 또는 변호인이 되려는 자라는 사실을 확인할 수 있어야 한다. 왜냐하면 변호인이 피의자나 피고인을 면회하는 경우에는 교도관이 그 신분을 직접 확인할 수 있지만, 서신의 경우에는 이를 확인할 수 없어서 제3자가 변호인이라고 사칭하거나 수감자가 제3자를 변호인으로 칭하여 서

신을 교환하면서, 도주·증거인멸·수용시설의 규율과 질서의 파괴·기타 위법행위를 도모할 수도 있기 때문이다.

둘째, 미결수용자의 변호인과의 사이의 서신임이 확인되었다고 하더라도, 이를 통하여 마약 등 소지금지품의 반입을 도모한다든가, 그 내용에 도주·증거인멸·수용시설의 규율과 질서의 파괴·기타 형벌법령에 저촉되는 내용이 기재되어 있다고 의심할 만한 합리적인 이유가 있는 경우가 아니어야 할 것이다. 왜냐하면 이러한 불법을 도모한다고 의심할 만한 사정이 있는 경우에도 단지 변호인과의 서신이라는 이유만으로 검열을 하지 못한다고 한다면 이는 변호인의 조력을 받을 권리를 빙자하여 행하여지는 불법을 방치하는 결과가 될 수 있기 때문이다. 물론 이 경우 그 의심은 교도소측의 자의적인 것이어서는 아니되고 합리적인 기준에서 판단되어야 하며, 그 판단기준으로는 피고인의 범죄혐의 내용, 신분, 평소의 생활이력 및 구금시설 안에서의 생활태도 등이 고려될 수 있을 것이다(1995. 7. 21. 92헌마144).

② [O] 변호인의 조력을 받을 권리란 국가권력의 일방적인 형벌권 행사에 대항하여 자신에게 부여된 헌법상·소송법상 권리를 효율적이고 독립적으로 행사하기 위하여 변호인의 도움을 얻을 피의자 및 피고인의 권리를 말한다. 헌법은 제12조 제4항에서 "누구든지 체포 또는 구속을 당한 때에는 즉시 변호인의 조력을 받을 권리를 가진다."고 규정하여 변호인의 조력을 받을 권리를 헌법상 기본권으로 명시하고 있다. 수형자는 원칙적으로 변호인의 조력을 받을 권리의 주체가 될 수 없다고 하더라도 예외적으로 교정시설 수용 중 새로 기소된 '형사사건'에 있어서는 헌법상 변호인의 조력을 받을 권리의 주체가 될 수 있다. 따라서 청구인이 교정시설 수용 중 새로 기소된 형사사건에 있어 변호인이 청구인에게 보낸 서신을 피청구인이 개봉한 행위는 변호인과의 자유로운 접견·교통을 제한하는바, 이 사건 서신개봉행위는 헌법 제12조 제4항에서 정하는 **변호인의 조력을 받을 권리를 제한한다.** 청인은 이 사건 서신개봉행위가 통신비밀의 자유를 침해한다고도 주장한다. 그러나 그 내용을 살펴보면 청구인은 미결수용자의 일반 서신 개봉 점으로 하고 있다. 변호인의 조력을 받을 권리의 주요 내용은 신체구속을 당한 사람과 변호인 사이의 충분한 접견교통을 허용하여야 한다는 것으로, 이는 교통 내용에 대한 비밀보장과 부당한 간섭의 배제를 포괄하며, 청구인의 주장은 위와 같은 의미의 변호인의 조력을 받을 권리 침해에 관한 것이라고 볼 수 있으므로 통신비밀의 자유 침해 여부에 대하여는 별도로 판단하지 아니한다[2021. 10. 28. 2019헌마973].

③ [O] 이 사건 기록에 의하면 위 박○옥이 위 이○호에게 보낸 같은 해 5.26.자 서신과 위 이○호가 같은 해 6.2.자로 위 박○옥에게 보낸 서신의 경우에는 그 각 서신의 봉투에 발신인 또는 수신인이 변호사라는 사실이 표시되어 있고, 위 이○호는 위 박○옥으로부터 발송된 위 5.25.자 서신을 전달받으면서 변호인으로부터 온 서신을 검열한 데 대하여 항의하였음을 알 수 있으며, 그 서신에 소지금지품이 포함되어 있거나 불법적인 내용이 기재되어 있다고 의심할 만한 사정은 보이지 아니한다. 따라서 청구인 박○옥과 이○호 사이의 위 5.26.자 서신과 6.2.자 서신에 대하여는 그것이 변호인과의 사이의 서신교환이라는 사실이 확인되었고 또 위 이○호의 범죄혐의내용(집회 및 시위에 관한 법률 위반)이나 신분(교사) 등에 비추어 소지금지품의 포함 또는 불법내용의 기재 등이 있다고 의심할 만한 사정이 없음에도 피청구인이 이를 검열한 것이므로, 이는 헌법상 보장된 청구인들의 통신의 비밀을 침해받지 아니할 권리와 청구인 이○호의 변호인의 조력을 받을 권리를 침해한 것이라 할 것이다(1995. 7. 21. 92헌마144).

④ [X] 발신자가 변호사로 표시되어 있다고 하더라도 실제 변호사인지 여부 및 수용자의 변호인에 해당하는지 여부를 확인하는 것은 불가능하거나 지나친 행정적 부담을 초래한다. 미결수용자와 같은 지위에 있는 수형자는 서신 이외에도 접견 또는 전화통화에 의해서도 변호사와 접촉하여 형사소송을 준비할 수 있다. 이 사건 서신개봉행위와 같이 금지물품이 들어 있는지를 확인하기 위하여 서신을 개봉하는 것만으로는 **미결수용자와 같은 지위에 있는 수형자가 변호인의 조력을 받을 권리를 침해하지 아니한다**[2021. 10. 28. 2019헌마973].

⑤ [O] 피청구인의 문서열람행위는 형집행법 시행령 제67조에 근거하여 법원 등 관계기관이 수용자에게 보내온 문서를 열람한 행위로서, 문서 전달 업무에 정확성을 기하고 수용자의 편의를 도모하며 법령상의 기간 준수 여부 확인을 위한 공적 자료를 마련하기 위한 것이다. 수용자 스스로 고지하도록 하거나 특별히 엄중한 계호를 요하는 수용자에 한하여 열람하는 등의 방법으로는 목적 달성에 충분하지 않고, 다른 법령에 따라 열람이 금지된 문서는 열람할 수 없으며, 열람한 후에는 본인에게 신속히 전달하여야 하므로, 문서열람행위는 청구인의 통신의 자유를 침해하지 아니한다[2021. 9. 30. 2019헌마919].

정답 ④

255 전기통신역무를 타인의 제공에 대한 설명으로 옳지 않은 것을 모두 조합한 것은?

ㄱ. 이동통신사업자가 제공하는 전기통신역구를 타인의 통신용으로 제공하는 것을 원칙적으로 금지하고, 위반시 형사처벌하는 전기통신사업법 제30조는 일반적 행동의 자유 제한에 해당한다.

ㄴ. 이동통신사업자가 제공하는 전기통신역무를 타인의 통신용으로 제공하는 것을 원칙적으로 금지하고, 위반시 형사처벌하는 전기통신사업법 제30조는 이동통신서비스를 타인의 통신용으로 제공한 행위에 이르게 된 경위, 행위의 태양, 위법성의 정도 등 제반사정을 고려할 여지를 전혀 두지 아니한 채 이동통신서비스 이용자가 이동통신서비스를 타인의 통신용으로 제공하는 행위를 일률적으로 금지하고 위반 시 형사처벌하도록 함으로써 그것이 달성하려는 공익의 비중에도 불구하고 이동통신서비스 이용자의 일반적 행동자유권을 과도하게 제한하고 있다.

ㄷ. 누구든지 전기통신사업자가 제공하는 전기통신역무를 이용하여 타인의 통신을 매개하거나 타인의 통신용에 제공한 자를 형사처벌하도록 규정한 구 전기통신사업법 제32조의 2 및 제74조는 명확성원칙에 위배된다.

ㄹ. 이동통신사업자가 제공하는 전기통신역무를 타인의 통신용으로 제공하는 것을 원칙적으로 금지하고, 위반시 형사처벌하는 전기통신사업법 제30조는 자기 명의로 전기통신역무 이용계약을 체결하고 특별한 사정이 없는 한 자기의 통신으로만 사용하도록 의무를 지우고, 이를 위반하면 형사처벌하는 구조로 되어 있어서 이른바 통신 실명제를 구현하고 있다. 이러한 통신 실명제는 누가 누구에게 어떠한 통신매체를 이용하여 정보를 전달했는지를 통신의 비밀로 보장하는 헌법 제18조에 위반된다.

① ㄱㄴ ② ㄴㄷ ③ ㄷㄹ
④ ㄱㄷ ⑤ ㄴㄹ

▶ 정답 및 해설

ㄱ 【O】 심판대상조항은 누구든지 이동통신사업자가 제공하는 전기통신역무를 타인의 통신용으로 제공하는 것을 원칙적으로 금지하고 위반 시 형사처벌하므로, 이동통신서비스 이용자의 일반적 행동자유권을 제한한다[2022. 6. 30. 2019헌가14].

ㄴ 【X】 이동통신서비스 이용자는 심판대상조항으로 인해 이동통신서비스 이용계약 체결에 필요한 증서 등을 타인에게 제공하거나 자기 명의로 이동통신서비스 이용계약을 체결한 후 실제 이용자에게 휴대전화를 양도할 수 없는 불이익을 입을 뿐이므로, 이동통신서비스 이용자가 제한받는 사익의 정도가 공익에 비하여 과다하다고 보기도 어렵다. 따라서 심판대상조항은 이동통신서비스 이용자의 일반적 **행동자유권을 침해하지 아니한다**[2022. 6. 30. 2019헌가14].

ㄷ 【O】 누구든지 전기통신사업자가 제공하는 전기통신역무를 이용하여 타인의 통신을 매개하거나 타인의 통신용에 제공한 자를 형사처벌하도록 규정한 구 전기통신사업법 제32조의 2 및 제74조가 죄형법정주의에서 도출되는 명확성의 원칙에 위배되는지 여부 및 위임입법의 한계를 일탈하였는지 여부 (적극) 이 사건 법률조항에 의하면, 전기통신사업자가 제공하는 전기통신역무를 이용하여 타인의 통신을 매개하는 더 한층 발전된 전기통신역무의 제공이나 그 산업발전의 기초가 되는 새로운 기술과 장비의 연구·개발행위 등도 금지될 수 있고, 또한 대가의 수령 여부를 불문하고, 전화나 피씨(PC)통신 등을 위하여 개인이 그 전화기나

컴퓨터를 친지 또는 이웃에게 빌려주든지, 전자제품 매장에서 전시·판매용 전화기나 컴퓨터를 시용(試用)하도록 하는 것 등도 모두 금지행위에 해당하게 되는 것은 아닌가 하는 의문이 제기될 여지가 있어 죄형법정주의에서 도출되는 명확성의 원칙에 위배된다(헌재 2002. 5. 30. 2001헌바5).

ㄹ [×] 심판대상조항은 이동통신서비스 이용자로 하여금 해당 서비스를 다른 사람의 통신용으로 제공하는 행위를 금지할 뿐 이동통신서비스 이용자의 의사소통이나 의사표현을 제한하는 내용이 아니다. 그러므로 심판대상조항이 통신수단을 자유로이 이용하여 타인과 의사소통하려는 이동통신서비스 이용자의 권리나 통신수단에 의하여 이루어지는 이용자와 타인 간의 의사소통과정의 비밀을 제한한다거나 이용자의 발언내용을 제한한다고 보기 어렵다.

이동통신서비스 이용자는 심판대상조항으로 인해 이동통신서비스 이용계약 체결에 필요한 증서 등을 타인에게 제공하거나 자기 명의로 이동통신서비스 이용계약을 체결한 후 실제 이용자에게 휴대전화를 양도할 수 없는 불이익을 입을 뿐이므로, 이동통신서비스 이용자가 제한받는 사익의 정도가 공익에 비하여 과다하다고 보기도 어렵다. 따라서 심판대상조항은 **이동통신서비스 이용자의 일반적 행동자유권을 침해하지 아니한다**(2022. 6. 30. 2019헌가14).

정답 ⑤

256
논산훈련소장은 2019. 6. 2. 청구인들에 대하여 육군훈련소 내 종교 시설에서 개최되는 개신교, 불교, 천주교, 원불교 종교행사 중 하나에 참석하도록 하였다. 이에 대한 헌법소원심판에 대한 설명으로 옳지 않은 것은?

① 우리 헌법 제20조는 제1항의 종교의 자유는 무종교의 자유도 포함하는 것으로, 신앙을 가지지 않고 종교적 행위 및 종교적 집회에 참석하지 아니할 소극적 자유도 함께 보호한다.
② 종교시설에서 개최되는 종교행사에의 참석을 강제한 것만으로 청구인들이 신앙을 가지지 않을 자유와 종교적 집회에 참석하지 않을 자유를 제한하는 것이라고 평가할 수 있다. 따라서 이 사건 종교행사 참석조치는 청구인들의 종교의 자유를 제한한다.
③ 정교분리원칙에 따라 국가는 특정 종교의 특권을 인정하지 않고 종교에 대한 중립을 유지하여야 하는데 국가가 특정한 종교를 장려하는 것은 다른 종교 또는 무종교의 자유에 대한 침해가 될 수 있다.
④ 육군훈련소 내 종교행사에 참석하도록 한 이 사건 종교행사 참석조치는 피청구인이 우월적 지위에서 청구인들에게 일방적으로 강제한 행위로, 헌법소원심판의 대상이 되는 권력적 사실행위에 해당한다.
⑤ 논산훈련소장은 2019. 6. 2. 청구인들에 대하여 육군훈련소 내 종교 시설에서 개최되는 개신교, 불교, 천주교, 원불교 종교행사 참석조치는 그 목적의 정당성을 인정할 수 없다.

▶ 정답 및 해설

① [○] 우리 헌법 제20조는 제1항에서 모든 국민은 종교의 자유를 가진다고 규정하고 제2항에서 국교는 인정되지 아니하며 종교와 정치는 분리된다고 규정하여 종교의 자유와 정교분리원칙을 선언하고 있다. 종교의 자유는 일반적으로 신앙의 자유, 종교적 행위의 자유 및 종교적 집회·결사의 자유의 3요소를 내용으로 한다. 종교의 자유는 무종교의 자유도 포함하는 것으로, 신앙을 가지지 않고 종교적 행위 및 종교적 집회에 참석하지 아니할 소극적 자유도 함께 보호한다(2022.11.24. 2019헌마941).

② [○] (2022.11.24. 2019헌마941).

③ [○] 헌법 제20조 제2항에서 정하고 있는 정교분리원칙은 종교와 정치가 분리되어 상호간의 간섭이나 영향력을 행사하지 않는 것으로 국가의 종교에 대한 중립을 의미한다. 정교분리원칙에 따라 국가는 특정 종교

의 특권을 인정하지 않고 종교에 대한 중립을 유지하여야 한다. 국가의 종교적 중립성은 종교의 자유를 온전히 실현하기 위하여도 필요한데, 국가가 특정한 종교를 장려하는 것은 다른 종교 또는 무종교의 자유에 대한 침해가 될 수 있다(2022.11.24. 2019헌마941).

④ [○] 피청구인이 청구인들로 하여금 육군훈련소 내 종교행사에 참석하도록 한 이 사건 종교행사 참석조치는 피청구인이 우월적 지위에서 청구인들에게 일방적으로 강제한 행위로 헌법소원심판의 대상이 되는 권력적 사실행위에 해당한다 (2022.11.24. 2019헌마941).

⑤ [X] 피청구인이 이 사건 종교행사 참석조치를 통하여 궁극적으로는 군인의 정신적 전력을 강화하고자 하였다고 볼 수 있는바, 일응 그 목적의 정당성을 인정할 여지가 있다. 그러나 개인이 자율적으로 형성한 종교적 신념이나 자발적인 종교행사 참석의 긍정적인 측면을 인정하고 적극적으로 수용한 것에 그치지 않고 더 나아가 종교를 가지지 않은 자로 하여금 종교행사에 참석하도록 강제하는 것은, 군에서 필요한 정신전력을 강화하는 데 기여하기보다 오히려 해당 종교와 군 생활에 대한 반감이나 불쾌감을 유발하여 역효과를 일으킬 소지가 크다. 따라서 청구인들의 의사에 반하여 개신교, 불교, 천주교, 원불교 종교행사에 참석하도록 하는 방법으로 군인의 정신전력을 제고하려는 이 사건 종교행사 참석조치는 그 수단의 적합성을 인정할 수 없다. 따라서 이 사건 종교행사 참석조치는 정교분리원칙과 과잉금지원칙을 위반하여 청구인들의 종교의 자유를 침해한다 (2022.11.24. 2019헌마941).   **정답 ⑤**

257 정신적 자유에 대한 설명으로 옳지 않은 것은?

① 연 2회 실시하는 2021년도 간호조무사 국가시험의 시행일시를 모두 토요일 일몰 전으로 정한 '2021년도 간호조무사 국가시험 시행계획 공고'로 재림교인들은 토요일에 시행되는 두 번의 시험에 모두 응시하지 못하도록 한 것은 청구인의 종교의 자유를 침해한다.

② 교원, 직원, 학생 등 대학평의원회의 각 구성단위에 속하는 평의원의 수가 전체 평의원 정수의 2분의 1을 초과할 수 없도록 규정한 구 고등교육법 제19조의2 제2항 후문이 국·공립대학 교수회 및 교수들의 대학의 자율권을 침해한다고 할 수 없다.

③ 법률에 따라 국내에서 출원공개된 경우 신규성 상실의 예외를 인정하지 않는 디자인보호법 제36조 제1항 단서는 입법형성권의 한계를 일탈하였다 할 수 없다.

④ 준법서약서사건에서 헌법재판소는 양심의 자유에 의해 보호되는 양심에는 개인의 세계관이나 주의·신조 등도 포함되고, 준법서약서를 쓰지 않을 경우 자신의 신조 또는 사상을 그대로 유지한다는 것을 소극적으로 표명하게 되므로, 양심의 영역을 건드린다고 볼 수 없다고 하였다.

⑤ 연말정산 간소화를 위하여 의료기관에게 환자들의 의료비 내역에 관한 정보를 국세청에 제출하는 의무를 부과하고 있는 「소득세법」 제165조 제1항에 대한 헌법소원심판에서 헌법재판소는 법적 강제수단의 존부와 관계없이 양심의 자유를 제한한다고 하였다.

▶ 정답 및 해설

① [X] 대부분의 지방자치단체에서 시험장소 임차 및 인력동원 등의 이유로 일요일 시험실시가 불가하거나 어려워, 현재로서는 일요일에 시험을 시행하는 것도 현실적으로 어려운 상황이다. 이러한 사정을 고려할 때, 연 2회 실시되는 간호조무사 국가시험을 모두 토요일에 실시한다고 하여 그로 인한 기본권 제한이 지나치다고 볼 수 없다. 따라서 이 사건 공고는 과잉금지원칙에 반하여 청구인의 종교의 자유를 침해하지 아니한다[2023. 6. 29. 2021헌마171].

② [○] 이 사건 구성제한조항은 대학의 의사결정에 영향을 받는 다양한 구성원들의 자유로운 논의와 의사결정 참여를 보장하기 위한 것으로서 합리적 이유가 있다고 할 것이므로, 국·공립대학 교수회 및 교수들의

대학의 자율권을 침해한다고 볼 수 없다[2023. 10. 26. 2018헌마872].

③ 【O】 디자인보호법상 디자인권의 효력, 관련디자인제도 등을 고려할 때 법률에 따라 국내에서 출원공개된 경우 신규성 상실의 예외를 인정하지 않는다고 하더라도 디자인 등록 출원인에게 가혹한 결과를 초래한다고 볼 수 없다. 그러므로 심판대상조항은 입법형성권의 한계를 일탈하였다고 보기 어렵다[2023. 7. 20. 2020헌바497].

④ 【O】 이 사건 준법서약은 어떤 구체적이거나 적극적인 내용을 담지 않은 채 단순한 헌법적 의무의 확인·서약에 불과하다 할 것이어서 양심의 영역을 건드리는 것이 아니다[2002.4.25, 98헌마425 등].

⑤ 【O】 소득공제증빙서류 제출의무자들인 의료기관 등으로서는 과세자료를 제출하지 않을 경우 국세청으로부터 행정지도와 함께 세무조사와 같은 불이익을 받을 수 있다는 심리적 강박감을 가지게 되는바, 결국 이 사건 법령조항에 대하여는 의무불이행에 대하여 간접적이고 사실적인 강제수단이 존재하므로 법적 강제수단의 존부와 관계없이 청구인들의 양심의 자유를 제한한다[2008.10.30, 2006헌마1401 등]. **정답 ①**

258 표현의 자유에 대한 설명으로 옳지 않은 것은?

① 헌법 제50조의 의사공개원칙은 단순한 행정적 회의를 제외하고 국회의 헌법적 기능과 관련된 모든 회의는 원칙적으로 국민에게 공개되어야 함을 천명한 것으로, 국회 본회의뿐만 아니라 위원회의 회의에도 적용된다.

② 본회의든 위원회의 회의든 국회의 회의는 원칙적으로 공개하여야 하며, 원하는 모든 국민은 원칙적으로 그 회의를 방청할 수 있다.

③ 정보위원회 회의는 공개하지 아니한다고 정하고 있는 국회법 제54조의2 제1항 본문은 정보위원회 회의의 비공개로 인해 정보의 취득이 제한됨으로써 발생하는 알 권리에 대한 제약에 비하여 국가의 기밀을 보호하고 국가안전보장에 기여하고자 하는 공익은 매우 중대하다. 따라서 심판대상조항은 과잉금지원칙에 위배되지 아니한다.

④ 정보공개청구권은 정부나 공공기관이 보유하고 있는 정보에 대하여 정당한 이해관계가 있는 자가 그 공개를 요구할 수 있는 권리로서, 알 권리의 청구권적 성질과 밀접하게 관련된다. 정보공개청구권은 알 권리의 당연한 내용으로서 헌법 제21조에 의하여 직접 보장된다.

⑤ 공정거래위원회의 처분과 관련된 자료를 대상으로 한 당사자의 열람·복사 요구에 대하여 공정위로 하여금 자료를 제출한 자의 동의가 있거나 공익상 필요하다고 인정할 때에는 이에 응하도록 한 구 '독점규제 및 공정거래에 관한 법률'은 과잉금지원칙에 위반되어 알 권리를 침해한다고 할 수 없다.

▶ 정답 및 해설

① 【O】 의사공개원칙은 방청 및 보도의 자유와 회의록의 공표를 그 내용으로 한다. 의사공개원칙의 헌법적 의미를 고려할 때, 헌법 제50조 제1항 본문은 단순한 행정적 회의를 제외하고 국회의 헌법적 기능과 관련된 모든 회의는 <u>원칙적으로 국민에게 공개되어야 함을 천명한 것으로, 국회 본회의뿐만 아니라 위원회의 회의에도 적용된다</u>. 따라서 본회의든 위원회의 회의든 국회의 회의는 원칙적으로 공개하여야 하며, 원하는 모든 국민은 원칙적으로 그 회의를 방청할 수 있다[2022. 1. 27. 2018헌마1162].

② 【O】 의사공개원칙은 방청 및 보도의 자유와 회의록의 공표를 그 내용으로 한다. 의사공개원칙의 헌법적 의미를 고려할 때, 헌법 제50조 제1항 본문은 단순한 행정적 회의를 제외하고 국회의 헌법적 기능과 관련된 모든 회의는 <u>원칙적으로 국민에게 공개되어야 함을 천명한 것으로, 국회 본회의뿐만 아니라 위원회의</u>

회의에도 적용된다. 따라서 본회의든 위원회의 회의든 국회의 회의는 원칙적으로 공개하여야 하며, 원하는 모든 국민은 원칙적으로 그 회의를 방청할 수 있다[2022. 1. 27. 2018헌마1162].

③ [×] 심판대상조항은 정보위원회의 회의 일체를 비공개 하도록 정함으로써 정보위원회 활동에 대한 국민의 감시와 견제를 사실상 불가능하게 하고 있다. 또한 헌법 제50조 제1항 단서에서 정하고 있는 비공개사유는 각 회의마다 충족되어야 하는 요건으로 입법과정에서 재적의원 과반수의 출석과 출석의원 과반수의 찬성으로 의결되었다는 사실만으로 헌법 제50조 제1항 단서의 '출석위원 과반수의 찬성'이라는 요건이 충족되었다고 볼 수도 없다. 따라서 심판대상조항은 헌법 제50조 제1항에 위배되는 것으로 과잉금지원칙 위배 여부에 대해서는 더 나아가 판단할 필요 없이 청구인들의 알 권리를 침해한다[2022. 1. 27. 2018헌마1162].

④ [O] 알 권리는 일반적으로 접근할 수 있는 정보원으로부터 자유롭게 정보를 수령·수집하거나, 국가기관 등에 대하여 정보의 공개를 청구할 수 있는 권리를 말한다. 알 권리는 표현의 자유와 표리일체의 관계에 있으며, 자유권적 성질과 청구권적 성질을 겸유한다. 자유권적 성질은 일반적으로 정보에 접근하고 수집·처리함에 있어서 국가권력의 방해를 받지 아니한다는 것을 말하며, 청구권적 성질은 의사형성이나 여론형성에 필요한 정보를 적극적으로 수집할 권리 등을 의미한다. 정보공개청구권은 정부나 공공기관이 보유하고 있는 정보에 대하여 정당한 이해관계가 있는 자가 그 공개를 요구할 수 있는 권리로서, 알 권리의 청구권적 성질과 밀접하게 관련된다. 정보공개청구권은 알 권리의 당연한 내용으로서 헌법 제21조에 의하여 직접 보장된다[2023. 7. 20. 2019헌바417].

⑤ [O] 당사자의 열람·복사요구가 정당한 사유 없이 거부되었다면 당사자는 그 거부처분의 취소를 구하는 항고소송을 제기할 수도 있고, 또한 공정위가 정당한 사유 없이 열람·복사를 거부한다면 당사자의 방어권 행사에 실질적으로 지장이 초래되었다고 볼 수 없는 예외적인 경우가 아닌 한 그 자체로 제재처분에 관한 공정위의 심의의결은 절차적 정당성이 결여된 것이어서 취소되어야 하므로, 공정위의 거부처분이 자의적으로 집행될 가능성은 그 거부처분의 위법을 다투는 재판뿐만 아니라 공정위의 제재처분의 위법을 다투는 재판을 통해서도 적절히 통제될 수 있다. 나아가 심판대상조항에 의한 청구인들의 사익 제한이 중대하다고 보기 어렵고, 위 조항이 추구하는 공익이 그보다 더 크다고 할 것이므로, 공정거래위원회의 처분과 관련된 자료를 대상으로 한 당사자의 열람·복사 요구에 대하여 공정위로 하여금 자료를 제출한 자의 동의가 있거나 공익상 필요하다고 인정할 때에는 이에 응하도록 한 구 '독점규제 및 공정거래에 관한 법률'은 과잉금지원칙에 위반되어 알 권리를 침해하지 않는다[2023. 7. 20. 2019헌바417]. **정답** ③

259 알권리에 대한 설명으로 옳은 것은?

① 헌법 제50조의 의사공개원칙은 단순한 행정적 회의를 제외하고 국회의 헌법적 기능과 관련된 모든 회의는 원칙적으로 국민에게 공개되어야 함을 천명한 것으로, 국회 본회의뿐만 아니라 위원회의 회의에도 적용된다.

② 공공기관이 보유·관리하는 인사관리에 관한 정보 중, 공개될 경우 업무의 공정한 수행에 현저한 지장을 초래한다고 인정할 만한 상당한 이유가 있는 정보를 비공개 대상 정보로 규정한, 구 공공기관의 정보공개에 관한 법률 제9조 제1항 단서 제5호는 과잉금지원칙에 위배되어 청구인의 정보공개청구권을 침해한다.

③ 정보위원회 회의는 공개하지 아니한다고 정하고 있는 국회법 제54조의2 제1항 본문은 정보위원회 회의의 비공개로 인해 정보의 취득이 제한됨으로써 발생하는 알 권리에 대한 제약에 비하여 국가의 기밀을 보호하고 국가안전보장에 기여하고자 하는 공익은 매우 중대하다. 따라서 정보위원회 회의는 공개하지 아니한다고 정하고 있는 국회법 제54조의2 제1항 본문은 과잉금지원칙에 위배되지 아니한다.

④ 정치자금법에 따라 회계보고된 자료의 열람기간을 3월간으로 제한한 정치자금법 제42조 제2항 본문 중 '3월간' 부분이 과잉금지원칙에 위배되어 청구인 신○○의 알권리를 침해한다고 할 수 없다.

⑤ 성적공개조항을 변호사시험법이 개정된 2017. 12. 12. 이후에 실시하는 변호사시험에 응시한 사람에게 적용하도록 하면서 기존 합격자는 법시행일로부터 6개월 내에 법무부장관에게 본인의 성적 공개를 청구할 수 있도록 한 변호사시험법 부칙은 정보에 대한 접근을 본질적으로 침해하는 정도로 짧다고 보기 어려워 과잉금지원칙을 위반하여 청구인의 정보공개청구권을 침해한다고 할 수 없다.

▶ **정답 및 해설**

① [O] 의사공개원칙은 방청 및 보도의 자유와 회의록의 공표를 그 내용으로 한다. 의사공개원칙의 헌법적 의미를 고려할 때, 헌법 제50조 제1항 본문은 단순한 행정적 회의를 제외하고 국회의 헌법적 기능과 관련된 모든 회의는 <u>원칙적으로 국민에게 공개되어야 함을 천명한 것으로, 국회 본회의뿐만 아니라 위원회의 회의에도 적용된다.</u> 따라서 본회의든 위원회의 회의든 국회의 회의는 원칙적으로 공개하여야 하며, 원하는 모든 국민은 원칙적으로 그 회의를 방청할 수 있다(2022. 1. 27. 2018헌마1162).

② [X] 공공기관의 재량을 통제하는 방법으로 정보공개법은 비공개결정에 대하여 청구인이 이의신청할 수 있는 절차도 마련하고 있다. 공공기관 전체 업무의 적정성을 높이기 위하여 내부적으로 적시에 적절한 인사 행정이 가능하도록 보장하는 것이 무엇보다 중요하다는 점을 고려할 때, 심판대상조항으로 인하여 제한되는 사익보다 보호되는 공익이 크다고 할 것이다. 따라서 심판대상조항은 정보공개청구권을 침해한다고 할 수 없다(2021. 5. 27. 2019헌바224).

③ [X] 심판대상조항은 정보위원회의 회의 일체를 비공개 하도록 정함으로써 정보위원회 활동에 대한 국민의 감시와 견제를 사실상 불가능하게 하고 있다. 또한 헌법 제50조 제1항 단서에서 정하고 있는 비공개사유는 각 회의마다 충족되어야 하는 요건으로 입법과정에서 재적의원 과반수의 출석과 출석의원 과반수의 찬성으로 의결되었다는 사실만으로 헌법 제50조 제1항 단서의 '<u>출석위원 과반수의 찬성</u>'이라는 요건이 충족되었다고 볼 수도 없다. 따라서 심판대상조항은 헌법 제50조 제1항에 위배되는 것으로 과잉금지원칙 위배 여부에 대해서는 더 나아가 판단할 필요 없이 청구인들의 알 권리를 침해한다(2022. 1. 27. 2018헌마1162).

④ [X] 짧은 열람기간으로 인해 청구인 신○○는 회계보고된 자료를 충분히 살펴 분석하거나, 문제를 발견할 실질적 기회를 갖지 못하게 되는바, 달성되는 공익과 비교할 때 이러한 사익의 제한은 정치자금의 투명한 공개가 민주주의 발전에 가지는 의미에 비추어 중대하다. 그렇다면 이 사건 열람기간제한 조항은 과잉금지원칙에 위배되어 청구인 신○○의 알권리를 침해한다(2021. 5. 27. 2018헌마1168).

⑤ [X] 변호사시험 성적은 변호사시험 합격자의 우수성의 징표로 작용할 수 있고, 법조직역의 진출과정에서 객관적 지표로서 기능할 수 있다. 변호사 채용 과정에서 변호사시험 성적 제출을 요구하는 경우도 적지 않으며, 구직자 스스로 채용에 유리하다고 판단하여 성적을 제출하는 경우도 있다. 이처럼 변호사시험 합격자는 변호사시험 성적에 관하여 특별한 이해관계를 맺는다. 변호사의 취업난이 가중되고 있다는 점, 이직을 위해서도 변호사시험 성적이 필요할 수 있다는 점 등을 고려하면, 변호사시험 합격자에게 취업 및 이직에 필요한 상당한 기간 동안 자신의 성적을 활용할 기회를 부여할 필요가 있다. 특례조항에서 정하고 있는 '이 법 시행일부터 6개월 내'라는 기간은 변호사시험 합격자가 취업시장에서 성적 정보에 접근하고 이를 활용하기에 지나치게 짧다. <u>변호사시험 합격자는 성적 공개 청구기간 내에 열람한 성적 정보를 인쇄하는 등의 방법을 통해 개별적으로 자신의 성적 정보를 보관할 수 있으나, 성적 공개 청구기간이 지나치게 짧아 정보에 대한 접근을 과도하게 제한하는 이상, 이러한 점을 들어 기본권 제한이 충분히 완화되어 있다고 보기도 어렵다.</u> 이상을 종합하면, 특례조항은 과잉금지원칙에 위배되어 청구인의 정보공개청구권을 침해한다(2019. 7. 25. 2017헌마1329).

정답 ①

260 표현의 자유에 대한 설명으로 옳은 것은?

① 신문의 편집인 등으로 하여금 아동보호사건에 관련된 아동학대행위자를 특정하여 파악할 수 있는 인적 사항 등을 신문 등 출판물에 싣거나 방송매체를 통하여 방송할 수 없도록 하는 '아동학대범죄의 처벌 등에 관한 특례법'은 알권리를 제한한다.
② 언론·출판의 자유나 알 권리는 매우 중요한 기본권이므로 제한할 수 없는 기본권이라고 할 수 있다.
③ 신문의 편집인 등으로 하여금 아동보호사건에 관련된 아동학대행위자를 특정하여 파악할 수 있는 인적 사항 등을 신문 등 출판물에 싣거나 방송매체를 통하여 방송할 수 없도록 하는 '아동학대범죄의 처벌 등에 관한 특례법'은 알권리를 침해한다.
④ 정보통신망을 통하여 음란한 화상 또는 영상을 공공연하게 전시하여 유통하는 것을 금지하고 이를 위반하는 자를 처벌하도록 정한 '정보통신망 이용촉진 및 정보보호 등에 관한 법률'이 과잉금지원칙에 위배되어 표현의 자유를 침해한다.
⑤ 진실한 사실을 적시한 표현만으로는 '비방할 목적'이 있었는지 여부를 판단하기 어렵고, 진실한 사실을 적시한 것에 '비방할 목적'이 있는지 여부에 대한 판단을 결적으로 법관의 주관적인 판단에 일임함으로써 일반 국민으로서는 스스로 표현행위를 자제하는 위축효과를 발생시킬 가능성이 커지게 된 사람을 비방할 목적으로 정보통신망을 통하여 공공연하게 사실을 드러내어 다른 사람의 명예를 훼손한 자를 형사처벌하도록 규정한 정보통신망이용 촉진 및 정보보호법은 과잉금지원칙에 반하여 표현의 자유를 침해한다.

▶ **정답 및 해설**

① [O] 알 권리는 국민이 일반적으로 접근할 수 있는 정보원으로부터 자유롭게 정보를 수령·수집하거나 의사형성이나 여론형성에 필요한 정보를 적극적으로 수집하고 수집에 대한 방해의 제거를 국가기관 등에 청구할 수 있는 권리로서 헌법 제21조에 의하여 직접 보장되는 기본권으로, 신문, 방송 등은 국민이 일반적으로 접근할 수 있는 정보원에 해당한다. 심판대상조항은 아동보호사건에 관련된 아동학대행위자의 식별정보에 대한 보도를 금지함으로써 결과적으로 국민들이 아동학대행위자에 대한 정보에 일반적으로 접근할 수 없게 하므로, 알 권리를 제한한다(2022.10.27. 2021헌가4).
② [X] 언론·출판의 자유나 알 권리는 매우 중요한 기본권이지만 어떠한 경우에도 제한할 수 없는 기본권이라고 할 수는 없으며 타인의 명예나 권리 공중도덕이나 사회윤리를 침해해서는 아니 되고(헌법 제21조 제4항), 헌법 제37조 제2항에 따라 국가안전보장·질서유지 또는 공공복리를 위하여 필요한 경우 법률로써 제한할 수 있다(2022.10.27. 2021헌가4).
③ [X] 아동학대행위자에 대한 식별정보의 보도를 금지하는 것이 과도하다고 보기 어렵다. 보도금지조항은 아동학대사건 보도를 전면금지하지 않으며 오직 식별정보에 대한 보도를 금지할 뿐으로, 익명화된 형태의 사건보도는 가능하다. 따라서 보도금지조항으로 제한되는 사익은 아동학대행위자의 식별정보 보도라는 자극적인 보도의 금지에 지나지 않는 반면 이를 통해 달성하려는 2차 피해로부터의 아동보호 및 아동의 건강한 성장이라는 공익은 매우 중요하다. 따라서 보도금지조항은 언론·출판의 자유와 국민의 알 권리를 침해하지 않는다(2022.10.27. 2021헌가4).
④ [X] 심판대상조항은 정보통신망을 건전하고 안전하게 이용할 수 있는 환경을 조성하고 그 이용자를 보호하여 국민생활의 향상과 공공복리를 증진하기 위한 것으로 입법목적이 정당하며, 음란한 영상 등의 유통을 금지하고 위반 시 형사처벌하는 것은 위 입법목적을 달성하는 데 기여하는 적합한 수단이다. 그 수단에 있어서도 전파가능성이 아주 높은 정보통신망을 이용한 유통 행위만을 규율하고 있다는 점 등에 비추어 보

면, 심판대상조항은 침해의 최소성 및 법익의 균형성에 위배되지 않는다. 결국 심판대상조항은 과잉금지원칙에 위배되지 않으므로 표현의 자유를 침해하지 않는다[2023. 2. 23. 2019헌바305].

⑤ 【×】 심판대상조항의 '사실'을 '사생활의 비밀에 해당하는 사실'로 한정하더라도 '사생활의 비밀에 해당하는 사실'과 '사생활의 비밀에 해당하지 아니하는 사실'의 불명확성으로 인해 위축효과가 발생할 가능성은 여전히 존재하는 점 등을 고려하면, 심판대상조항은 과잉금지원칙에 반하여 표현의 자유를 침해하지 아니한다 [2023. 9. 26. 2021헌바281].

정답 ①

261 표현의 자유에 대한 설명으로 옳지 않은 것은?

① 이동통신사업자가 제공하는 전기통신역무를 타인의 통신용으로 제공하는 것을 원칙적으로 금지하고, 위반 시 형사처벌하는 전기통신사업법 제30조는 이용자와 타인 간의 의사소통과정의 비밀을 제한한다거나 이용자의 발언내용을 제한한다고 보기 어렵다.

② 신문의 편집인 등으로 하여금 아동보호사건에 관련된 아동학대행위자를 특정하여 파악할 수 있는 인적 사항 등을 신문 등 출판물에 싣거나 방송매체를 통하여 방송할 수 없도록 하는 '아동학대범죄의 처벌 등에 관한 특례법'은 알권리를 침해한다고 할 수 없다.

③ 국가기관, 지방자치단체, 「공공기관의 운영에 관한 법률」 제5조 제3항에 따른 공기업·준정부기관 및 「지방공기업법」에 따른 지방공사·지방공단으로 하여금 정보통신망 상에 게시판을 설치·운영하려면 게시판 이용자의 본인 확인을 위한 방법 및 절차의 마련 등 대통령령으로 정하는 필요한 조치를 하도록 규정한 '정보통신망 이용촉진 및 정보보호 등에 관한 법률'은 과잉금지원칙을 준수하고 있으므로 청구인의 익명표현의 자유를 침해한다.

④ 인터넷게시판을 설치·운영하는 정보통신서비스 제공자에게 본인확인조치의무를 부과하여 게시판 이용자로 하여금 본인확인절차를 거쳐야만 게시판을 이용할 수 있도록 하는 본인확인제를 규정한 '정보통신망 이용촉진 및 정보보호 등에 관한 법률'은 표현의 자유, 개인정보자기결정권, 언론의 자유를 침해한다.

⑤ 방송편성에 관하여 간섭을 금지하고 그 위반 행위자를 처벌하는 방송법 제105조 제1호 중 제4조 제2항의 '간섭'에 관한 부분이 과잉금지원칙에 위반되어 표현의 자유를 침해한다고 할 수 없다.

▶ 정답 및 해설

① 【O】 이동통신사업자가 제공하는 전기통신역무를 타인의 통신용으로 제공금지는 이동통신서비스 이용자로 하여금 해당 서비스를 다른 사람의 통신용으로 제공하는 행위를 금지할 뿐 이동통신서비스 이용자의 의사소통이나 의사표현을 제한하는 내용이 아니다. 그러므로 심판대상조항이 통신수단을 자유로이 이용하여 타인과 의사소통하려는 이동통신서비스 이용자의 권리나 통신수단에 의하여 이루어지는 이용자와 타인 간의 의사소통과정의 비밀을 제한한다거나 이용자의 발언내용을 제한한다고 보기 어렵다[2022.6.30. 2019헌가14].

② 【O】 신문의 편집인 등으로 하여금 아동보호사건에 관련된 아동학대행위자를 특정하여 파악할 수 있는 인적 사항 등을 신문 등 출판물에 싣거나 방송매체를 통하여 방송할 수 없도록 하는 '아동학대범죄의 처벌 등에 관한 특례법'은 알권리를 제한한다. 그러나 보도금지조항으로 제한되는 사익은 아동학대행위자의 식별정보 보도라는 자극적인 보도의 금지에 지나지 않는 반면 이를 통해 달성하려는 2차 피해로부터의 아동보호 및 아동의 건강한 성장이라는 공익은 매우 중요하다. 따라서 보도금지조항은 언론·출판의 자유와 국민의 알 권리를 침해하지 않는다[2022. 10. 27. 2021헌가4].

③ 【×】 국가기관, 지방자치단체, 「공공기관의 운영에 관한 법률」 제5조 제3항에 따른 공기업·준정부기관

및 「지방공기업법」에 따른 지방공사·지방공단으로 하여금 정보통신망 상에 게시판을 설치·운영하려면 게시판 이용자의 본인 확인을 위한 방법 및 절차의 마련 등 대통령령으로 정하는 필요한 조치를 하도록 규정한 '정보통신망 이용촉진 및 정보보호 등에 관한 법률'은 공공기관등이 설치·운영하는 게시판이라는 한정적 공간에 적용되는 점 등에 비추어 볼 때 기본권 제한의 정도가 크지 않다. 그에 반해 공공기관등이 설치·운영하는 게시판에 언어폭력, 명예훼손, 불법정보의 유통이 이루어지는 것을 방지함으로써 얻게 되는 건전한 인터넷 문화 조성이라는 공익은 중요하다. 따라서 심판대상조항은 법익의 균형성을 충족한다. 심판대상조항은 과잉금지원칙을 준수하고 있으므로 청구인의 익명표현의 자유를 침해하지 않는다(2022.12.22. 2019헌마654).

④【O】게시판 이용자의 표현의 자유를 사전에 제한하여 의사표현 자체를 위축시킴으로써 자유로운 여론의 형성을 방해하고, 게시판 이용자의 개인정보가 외부로 유출되거나 부당하게 이용될 가능성이 증가하게 되었는바, 인터넷게시판을 설치·운영하는 정보통신서비스 제공자에게 본인확인조치의무를 부과하여 게시판 이용자로 하여금 본인확인절차를 거쳐야만 게시판을 이용할 수 있도록 하는 본인확인제를 규정한 '정보통신망 이용촉진 및 정보보호 등에 관한 법률'은 표현의 자유, 개인정보자기결정권, 언론의 자유 침해이다(2012.8.23. 2010헌마47).

⑤【O】방송의 자유는 민주주의의 원활한 작동을 위한 기초인바, 국가권력은 물론 정당, 노동조합, 광고주 등 사회의 여러 세력이 법률에 정해진 절차에 의하지 아니하고 방송편성에 개입한다면 국민 의사가 왜곡되고 민주주의에 중대한 위해가 발생하게 된다. 심판대상조항은 방송편성의 자유와 독립을 보장하기 위하여 방송에 개입하여 부당하게 영향력을 행사하는 '간섭'에 이르는 행위만을 금지하고 처벌할 뿐이고, 방송법과 다른 법률들은 방송 보도에 대한 의견 개진 내지 비판의 통로를 충분히 마련하고 있다. 따라서 심판대상조항이 과잉금지원칙에 반하여 표현의 자유를 침해한다고 볼 수 없다(2021. 8. 31. 2019헌바439). **정답** ③

262 방송통신심의위원회가 2019. 2. 11. 주식회사 ○○ 외 9개 정보통신서비스제공자 등에 대하여 895개 웹사이트에 대한 접속차단의 시정을 요구한 행위에 대한 헌법소원심판이 청구되었다. 이에 대한 설명으로 옳지 않은 것은?

① 방송통신심의위원회가 2019. 2. 11. 주식회사 ○○ 외 9개 정보통신서비스제공자 등에 대하여 895개 웹사이트에 대한 접속차단의 시정을 요구한 행위로 접속차단의 시정요구 대상이 된 웹사이트에 대한 접속을 차단함으로써 정보에 대한 청구인들의 자유로운 접근·수집·처리를 제한하므로, 이 사건 시정요구로 인하여 청구인들의 알 권리가 제한된다.

② 방송통신심의위원회가 보안접속 프로토콜(https)을 이용하여 통신하는 경우에도 '서버 이름 표시(Server Name Indication, 'SNI')'를 활용하여 차단이 가능한 이른바 'SNI 차단 방식'을 도입하도록 한 것은 청구인들이 접속하고자 하는 웹사이트를 알 수 있는 SNI 등의 접속정보가 정보통신서비스제공자에게 공개되어 청구인들의 통신의 비밀과 자유가 제한된다.

③ 통신의 자유 침해 여부를 판단하는 이상 사생활의 비밀과 자유 침해 여부에 관하여는 별도로 판단하지 않는다.

④ 불법정보 등을 포함한 웹사이트의 운영자에 대한 제재를 강화하는 방법 등의 덜 침해적인 방법이 가능함에도 불구하고 이 사건 시정요구에 따라 정보통신서비스제공자가 SNI 차단 방식을 적용하여 접속차단의 대상이 된 웹사이트에 대한 접속을 차단하는 것은, 차단 대상이 아닌 웹사이트에 접속하려는 이용자를 포함하여 모든 이용자의 접속에 관한 정보를 파악하는 것으로서 과잉금지원칙에 위배되어 청구인의 통신의 비밀과 자유 및 사생활의 비밀과 자유를 침해한다.

⑤ 이 사건 시정요구를 공권력의 행사라고 보는 이상 이는 항고소송의 대상에 해당하는 행정처분에 해당하나 청구인들과 같이 단순히 정보통신망을 통하여 정보통신서비스를 제공받는 이용자에 대해 법원이 피청구인이 정보통신서비스제공자 등에 대하여 한 시정요구처분의 취소를 구할 원고적격을 부정하기도 하는 등 다른 구제절차가 없으므로, 이 사건 심판청구는 보충성의 요건을 갖추었다.

▶ 정답 및 해설

① [O] 사건 시정요구는 정보통신서비스제공자 등이 피청구인과 사전에 협의한 내용을 바탕으로 기존의 차단 방식과 SNI 차단 방식을 함께 적용하여 특정 웹사이트에 대한 접속을 차단하도록 하므로, 그 차단 과정에서 접속차단의 시정요구 대상이 된 웹사이트에 대한 접속을 차단함으로써 정보에 대한 청구인들의 자유로운 접근·수집·처리를 제한하므로, 이 사건 시정요구로 인하여 청구인들의 알 권리가 제한된다(2023. 1 0. 26. 2019헌마158).
② [O] 이 사건 시정요구는 **청구인들이 접속하고자 하는 웹사이트를 알 수 있는 SNI 등의 접속정보가 정보통신서비스제공자에게 공개되어 청구인들의 통신의 비밀과 자유가 제한된다**(2023. 10. 26. 2019헌마158).
③ [O] 사생활의 비밀과 자유에 포섭될 수 있는 사적 영역에 속하는 통신의 자유는 헌법이 제18조에서 별도의 기본권으로 보장하고 있으므로, 통신의 자유 침해 여부를 판단하는 이상 사생활의 비밀과 자유 침해 여부에 관하여는 별도로 판단하지 않기로 한다(2023. 10. 26. 2019헌마158).
④ [X] 보안접속 프로토콜이 일반화되어 기존의 방식으로는 차단이 어렵기 때문에 SNI 차단 방식을 동원할 필요가 있고, 인터넷을 통해 유통되는 정보는 복제성, 확장성, 신속성을 가지고 있어 사후적 조치만으로는 이 사건 시정조치의 목적을 동일한 정도로 달성할 수 없다. 또한, 시정요구의 상대방인 정보통신서비스제공자 등에 대해서는 의견진술 및 이의신청의 기회가 보장되어 있고, 해외에 서버를 둔 웹사이트의 경우 다른 조치에 한계가 있어 접속을 차단하는 것이 현실적인 방법이다. 따라서 침해의 최소성 및 법익의 균형성도 인정된다. 그렇다면 이 사건 시정요구는 청구인들의 통신의 비밀과 자유 및 알 권리를 침해하지 아니한다(2023. 10. 26. 2019헌마158).
⑤ [O] 앞서 본 바와 같이 이 사건 시정요구를 공권력의 행사라고 보는 이상 이는 항고소송의 대상에 해당하는 행정처분에 해당한다. 그러나 청구인들과 같이 단순히 정보통신망을 통하여 정보통신서비스를 제공받는 이용자에 대해 법원이 피청구인이 정보통신서비스제공자 등에 대하여 한 시정요구처분의 취소를 구할 원고적격을 부정하기도 하는 등(서울고등법원 2015. 4. 10. 선고 2014누65693 판결 참조), 청구인들이 이 사건 시정요구에 대하여 행정소송으로 다툴 수 있는지 여부가 불확실하고, 다른 구제절차가 없으므로, 이 사건 심판청구는 보충성의 요건을 갖추었다(2023. 10. 26. 2019헌마158).

정답 ④

263 북한 쪽으로의 전단등 살포금지한 남북관계발전법에 대해 헌법소원심판이 청구되었다. 이에 대한 설명 중 옳은 것(O)과 옳지 않은 것(X)을 올바르게 조합한 것은?

ㄱ. 청구인들이 전단등 살포를 통하여 북한 주민들을 상대로 자신의 의견을 표명하는 것을 금지·처벌하는 심판대상조항은 청구인들의 표현의 자유를 제한한다.
ㄴ. 전단등 살포금지한 남북관계발전법은 청구인들의 알 권리를 제한한다.
ㄷ. 북한 쪽으로의 전단등 살포금지한 남북관계발전법에 따른 규율은 헌법 제21조 제2항이 금지하고 있는 '검열'에 해당한다.
ㄹ. 심판대상조항은 표현의 내용을 제한하는 결과를 가져오는바, 국가가 표현 내용을 규제하는 것은 원칙적으로 중대한 공익의 실현을 위하여 불가피한 경우에 한하여 허용되고, 특히 정

치적 표현의 내용 중에서도 특정한 견해, 이념, 관점에 기초한 제한은 과잉금지원칙 준수 여부를 심사할 때 더 엄격한 기준이 적용되어야 한다.
ㅁ. 전단등 살포를 극도로 경계하는 북한 당국 입장에서는 전단등 살포의 억제를 위해서라도 남북합의서를 준수할 이익이 있고, 북한이 이를 준수하면 접경지역 주민의 안전은 물론, 한반도 전체의 평화가 유지될 수 있다. 따라서 심판대상조항은 과잉금지원칙에 위배되어 표현의 자유를 침해한다고 볼 수 없다.

① ㄱ(○), ㄴ(○), ㄷ(×), ㄹ(×), ㅁ(○)
② ㄱ(×), ㄴ(×), ㄷ(○), ㄹ(×), ㅁ(○)
③ ㄱ(○), ㄴ(×), ㄷ(×), ㄹ(○), ㅁ(×)
④ ㄱ(×), ㄴ(○), ㄷ(○), ㄹ(○), ㅁ(×)
⑤ ㄱ(×), ㄴ(○), ㄷ(×), ㄹ(○), ㅁ(×)

▶ **정답 및 해설**

ㄱ. [○] 청구인들이 전단등 살포를 통하여 북한 주민들을 상대로 자신의 의견을 표명하는 것을 금지·처벌하는 심판대상조항은 청구인들의 표현의 자유를 제한하는 것이므로, 심판대상조항이 과잉금지원칙을 위반하여 청구인들의 표현의 자유를 침해하는지 여부를 살펴본다[2023. 9. 26. 2020헌마1724].

ㄴ. [×] 청구인들은 심판대상조항이 북한 주민들의 알 권리를 침해한다고 주장하고 있으나, 알 권리는 한반도 군사분계선 이남 지역에 거주하고 있는 청구인들과는 직접적인 관련이 없으므로 살펴보지 않는다[2023. 9. 26. 2020헌마1724].

ㄷ. [×] 남북관계발전법상 '살포'는 남북교류협력법 제13조 또는 제20조에 따른 '승인'을 받지 않고 한 행위로 규정되어 있으나(제4조 제6호), 이는 심판대상조항과의 관계에서 통일부장관의 승인을 받은 행위라면 금지·처벌의 대상이 아니라는 점을 명확히 하는 역할을 할 뿐, 표현물의 제출의무나 행정권의 사전심사절차 등을 일반적으로 예정·도입하는 것이 아니므로, 심판대상조항에 따른 규율이 헌법 제21조 제2항이 금지하고 있는 '검열'에 해당한다고 보기는 어렵다[2023. 9. 26. 2020헌마1724].

ㄹ. [○] 심판대상조항은 표현의 내용을 제한하는 결과를 가져오는바, 국가가 표현 내용을 규제하는 것은 원칙적으로 중대한 공익의 실현을 위하여 불가피한 경우에 한하여 허용되고, 특히 정치적 표현의 내용 중에서도 특정한 견해, 이념, 관점에 기초한 제한은 과잉금지원칙 준수 여부를 심사할 때 더 엄격한 기준이 적용되어야 한다 [2023. 9. 26. 2020헌마1724].

ㅁ. [×] 심판대상조항으로 북한의 적대적 조치가 유의미하게 감소하고 이로써 접경지역 주민의 안전이 확보될 것인지, 나아가 남북 간 평화통일의 분위기가 조성되어 이를 지향하는 국가의 책무 달성에 도움이 될 것인지 단언하기 어려운 반면, 심판대상조항이 초래하는 정치적 표현의 자유에 대한 제한은 매우 중대하다. 그렇다면 심판대상조항은 과잉금지원칙에 위배되어 청구인들의 표현의 자유를 침해한다[2023. 9. 26. 2020헌마1724].

정답 ③

264 결사의 자유에 대한 설명으로 옳지 않은 것은?

① 총사원 4분의 3 이상의 동의가 있으면 사단법인을 해산할 수 있도록 규정한 민법 제78조 전문은 결사의 자유를 침해한다고 할 수 없다.
② 근로자의 단결권이 근로자 단결체로서 사용자와의 관계에서 특별한 보호를 받아야 할 경우에는 헌법 제33조가 우선적으로 적용되므로 노동조합에도 헌법 제21조 제2항의 결사에 대한 허가제금지원칙이 적용된다고 할 수 없다.
③ 노동조합을 설립할 때 행정관청에 설립신고서를 제출하게 하고 그 요건을 충족하지 못하는 경우 설립신고서를 반려하도록 하고 있는 「노동조합 및 노동관계조정법」은 결사의 자유에 대한 허가제에 해당한다고 할 수 없다.
④ 운송사업자로 구성된 협회로 하여금 연합회에 강제로 가입하게 하고 임의로 탈퇴할 수 없도록 하는 '화물자동차 운수사업법' 제50조 제1항은 과잉금지원칙에 위배되어 결사의 자유를 침해한다고 볼 수 없다.
⑤ 상공회의소가 결사의 자유의 주체가 되는 사법인으로 기본적으로는 임의단체라고 하더라도 일반결사에 비하여 여러 규제와 혜택을 법령으로 규정하고 있으므로, 결사의 자유의 제한과 관련하여 순수한 사적인 임의결사의 기본권이 제한되는 경우에 비해서는 완화된 심사기준을 적용할 수 있다.

정답 및 해설

① 【O】 심판대상조항이 추구하는 사단법인의 자율성과 존속 보장이라는 공익은 심판대상조항으로 인하여 사단법인의 해산에 반대하는 소수의 사원이 입게 되는 불이익에 비하여 훨씬 중대하다. 따라서 심판대상조항은 과잉금지원칙을 위반하여 결사의 자유를 침해하지 아니한다. (2017.5.25. 2015헌바260)
② 【X】 노동조합은 헌법 제33조에서 일차적으로 보호되나, 헌법 제33조에서는 허가제금지가 규정되어 있지 않으므로 일반법조항인 헌법 제21조 제2항의 허가제금지원칙이 적용된다.
③ 【O】 이 사건 법률조항은 노동조합 설립에 있어 노동조합법상의 요건 충족 여부를 사전에 심사하도록 하는 구조를 취하고 있으나, 이 경우 노동조합법상 요구되는 요건만 충족되면 그 설립이 자유롭다는 점에서 일반적인 금지를 특정한 경우에 해제하는 허가와는 개념적으로 구분되고, 더욱이 행정관청의 설립신고서 수리 여부에 대한 결정은 재량 사항이 아니라 의무 사항으로 그 요건 충족이 확인되면 설립신고서를 수리하고 그 신고증을 교부하여야 한다는 점에서 단체의 설립 여부 자체를 사전에 심사하여 특정한 경우에 한해서만 그 설립을 허용하는 '허가'와는 다르다. 따라서 <u>이 사건 법률조항의 노동조합 설립신고서 반려제도가 헌법 제21조 제2항 후단에서 금지하는 결사에 대한 허가제라고 볼 수 없다.</u> (헌재 2012.3.29. 2011헌바53)
④ 【O】 연합회는 법령에 따라 다양한 공익적 기능을 수행하는바, 전국적인 단일 조직을 갖추지 못한다면 업무 수행의 효율성과 신속성 등이 저해될 우려가 있다. <u>국가나 지방자치단체가 공익적 기능을 직접 수행하거나 별개의 단체를 설립하는 방안은 연합회에의 가입강제 내지 임의탈퇴 불가와 같거나 유사한 효과를 가진다고 보기 어렵다. 따라서 심판대상조항이 과잉금지원칙에 위배되어 결사의 자유를 침해한다고 볼 수 없다</u>[2022. 2. 24. 2018헌가8] *합헌결정
⑤ 【O】 상공회의소는 상공업자들의 사적인 단체이기는 하나, 설립·회원·기관·의결방법·예산편성과 결산 등이 「상공회의소법」에 의하여 규율되고, 단체결성·가입·탈퇴에 상당한 제한이 있는 조직이며 다른 결사와 달리 일정한 공적인 역무를 수행하면서 지방자치단체의 행정지원과 자금지원 등의 혜택을 받고 있는 법인이므로, 이 사건 법률조항에 의한 결사의 자유 제한이 과잉금지원칙에 위배되는지 판단할 때에는, 순수한 사적인 임의결사에 비해서 완화된 기준을 적용할 수 있다(2006.5.25., 2004헌가1).

정답 ②

265 집회 결사의 자유에 대한 설명으로 옳지 않은 것은?

① 대규모로 확산될 우려가 없는 소규모 옥외집회·시위의 경우, '국회의장 공관의 경계 지점으로부터 100미터 이내에 있는 장소'에서 옥외집회 금지조항에 의하여 보호되는 법익에 직접적인 위협을 가할 가능성은 상대적으로 낮다.
② 농업협동조합중앙회회장선거의 관리를 선거관리위원회법에 따른 중앙선거관리위원회에 위탁하도록 한 농업협동조합법 제130조 제8항이 농협중앙회 및 회원조합의 결사의 자유를 침해하거나 평등원칙에 위반된다고 할 수 없다.
③ 대통령 관저 100미터 이내 옥외집회금지한 집시법은 입법목적 달성을 위한 적합한 수단으로 볼 수 없다.
④ 폭력·불법적이거나 돌발적인 상황이 발생할 위험이 있다는 가정만을 근거로 하여 대통령 관저 인근이라는 특정한 장소에서 열리는 모든 집회를 금지하는 것은 헌법적으로 정당화되기 어렵다.
⑤ 외교기관 인근의 옥외집회 또는 시위를 예외적으로 허용하는 구 집회 및 시위에 관한 법률은 헌법 제21조 제2항의 허가제 금지에 위배되지 아니한다.

▶ 정답 및 해설

① [O] 심판대상조항이 집회 금지 장소로 설정한 '국회의장 공관의 경계 지점으로부터 100미터 이내에 있는 장소'에는, 해당 장소에서 옥외집회·시위가 개최되더라도 국회의장에게 물리적 위해를 가하거나 국회의장 공관으로의 출입 내지 안전에 위협을 가할 우려가 없는 장소까지 포함되어 있다. 또한 대규모로 확산될 우려가 없는 소규모 옥외집회·시위의 경우, 심판대상조항에 의하여 보호되는 법익에 직접적인 위협을 가할 가능성은 상대적으로 낮다. 국회의장 공관 인근에서 예외적으로 옥외집회·시위를 허용한다고 하더라도 국회의장 공관의 기능과 안녕은 충분히 보장될 수 있다. 그럼에도 심판대상조항은 국회의장 공관 인근 일대를 광범위하게 전면적인 집회 금지 장소로 설정함으로써 입법목적 달성에 필요한 범위를 넘어 집회의 자유를 과도하게 제한하고 있는바, 심판대상조항은 피해의 최소성에 반하여 집회의 자유를 침해한다[2023. 3. 23. 2021헌가1].

② [O] 의무위탁조항에 따라 반드시 회장 선출에 대한 선거관리를 중앙선관위에 위탁해야 하는 농협중앙회와 달리, 중소기업협동조합법은 중소기업중앙회장 선출에 대한 선거관리를 중앙선관위에 임의로 위탁할 수 있도록 규정하고 있으므로, 농협중앙회와 중소기업중앙회 간에 차별취급이 존재한다. 그러나 이는 입법자가 각 조합 및 중앙회 선거가 진행되어 온 역사적 경험을 비롯해 사회 제반 여건 등을 종합적으로 고려하여 농협중앙회장선거와 중소기업중앙회장선거를 달리 규율한 것으로 볼 수 있으므로, 위와 같은 차별에는 합리적인 이유가 있다고 볼 수 있다. 그러므로 의무위탁조항은 평등원칙에 위반되지 않는다[2023. 5. 25. 2021헌바136].

③ [X] 심판대상조항은 대통령과 그 가족의 신변 안전 및 주거 평온을 확보하고, 대통령과 그 가족, 대통령 관저 직원과 관계자 등이 자유롭게 대통령 관저에 출입할 수 있도록 하며, 경우에 따라서는 대통령의 원활한 직무수행을 보장함으로써, 궁극적으로는 대통령의 헌법적 기능 보호를 목적으로 한다. 이러한 심판대상조항의 입법목적은 정당하고, 대통령 관저 인근에 옥외집회 및 시위(이하 '옥외집회 및 시위'를 통틀어 '집회'라 한다) 금지장소를 설정하는 것은 입법목적 달성을 위한 적합한 수단이다(2022. 12. 22. 2018헌바48). 최소성원칙 위반임

④ [O] 대통령 관저 인근에서의 일부 집회를 예외적으로 허용한다고 하더라도 위와 같은 수단들을 통하여 심판대상조항이 달성하려는 대통령의 헌법적 기능은 충분히 보호될 수 있다. 따라서 개별적인 경우에 구체적인 위험 상황이 발생하였는지를 고려하지 않고, 막연히 폭력·불법적이거나 돌발적인 상황이 발생할 위험이 있다는 가정만을 근거로 하여 대통령 관저 인근이라는 특정한 장소에서 열리는 모든 집회를 금지하는 것은 헌법적으로 정당화되기 어렵다.

이러한 사정들을 종합하여 볼 때, 심판대상조항은 그 입법목적을 달성하는 데 필요한 최소한도의 범위를 넘어, 규제가 불필요하거나 또는 예외적으로 허용하는 것이 가능한 집회까지도 이를 일률적·절대적으로 금지하고 있으므로, 침해의 최소성에 위배된다[2022.12.22. 2018헌바48].

⑤ [O] 헌법 제21조 제2항의 '허가'는 '행정청이 주체가 되어 집회의 허용 여부를 사전에 결정하는 것'으로서 행정청에 의한 사전허가는 헌법상 금지되지만, 입법자가 법률로써 일반적으로 집회를 제한하는 것은 헌법상 '사전허가금지'에 해당하지 않는다. 심판대상조항은 입법자가 법률로써 직접 집회의 장소적 제한을 규정한 것으로, 행정청이 주체가 되어 집회의 허용 여부를 사전에 결정하는 것이 아니므로 헌법 제21조 제2항의 허가제 금지에 위배되지 않는다[2023. 7. 20. 2020헌바131].

정답 ③

266 집회 또는 시위를 하기 위하여 인천애(愛)뜰 중 잔디마당과 그 경계 내 부지에 대한 사용허가 신청을 한 경우 인천광역시장이 이를 허가할 수 없도록 제한하는 인천애(愛)뜰의 사용 및 관리에 관한 조례에 대해 헌법소원심판이 청구되었다. 이에 대한 설명 중 옳은 것(O)과 옳지 않은 것(X)을 올바르게 조합한 것은?

ㄱ. 집회 또는 시위를 하기 위하여 인천애(愛)뜰 중 잔디마당과 그 경계 내 부지에 대한 사용허가 신청을 한 경우 인천광역시장이 이를 허가할 수 없도록 제한하는 인천애(愛)뜰의 사용 및 관리에 관한 조례는 청구인들이 잔디마당을 집회 장소로 선택할 권리를 제한한다. 집회 장소를 자유롭게 선택할 권리는 집회의 자유에 의하여 보호된다.

ㄴ. 심판대상조항은 잔디마당에서 집회 또는 시위를 하려고 하는 경우 시장이 그 사용허가를 할 수 없도록 전면적·일률적으로 불허하고 있으므로 헌법 제21조 제2항의 허가제금지에 위반된다.

ㄷ. 거주이전의 자유는 잔디마당과 그 경계 내 부지에 대한 사용허가 신청을 한 경우 인천광역시장이 이를 허가할 수 없도록 제한하는 인천애(愛)뜰의 사용 및 관리에 관한 조례에 의한 제한되는 기본권이다.

ㄹ. 집회 또는 시위를 하기 위하여 인천애(愛)뜰 중 잔디마당과 그 경계 내 부지에 대한 사용허가 신청을 한 경우 인천광역시장이 이를 허가할 수 없도록 제한하는 인천애(愛)뜰의 사용 및 관리에 관한 조례 제7조 제1항 제5호 가목이 법률유보원칙에 위배되어 청구인들의 집회의 자유를 침해한다고 할 수 없다.

ㅁ. 집회 또는 시위를 하기 위하여 인천애(愛)뜰 중 잔디마당과 그 경계 내 부지에 대한 사용허가 신청을 한 경우 인천광역시장이 이를 허가할 수 없도록 제한하는 인천애(愛)뜰의 사용 및 관리에 관한 조례는 과잉금지원칙에 위배되어 청구인들의 집회의 자유를 침해한다.

① ㄱ(O), ㄴ(×), ㄷ(×), ㄹ(O), ㅁ(O)
② ㄱ(×), ㄴ(O), ㄷ(O), ㄹ(×), ㅁ(O)
③ ㄱ(O), ㄴ(×), ㄷ(×), ㄹ(×), ㅁ(×)
④ ㄱ(×), ㄴ(O), ㄷ(O), ㄹ(O), ㅁ(×)
⑤ ㄱ(×), ㄴ(O), ㄷ(×), ㄹ(O), ㅁ(×)

▶ **정답 및 해설**

ㄱ. [O] 인천애(愛)뜰에서 집회 또는 시위를 개최하려면 이 사건 조례에 따라 미리 사용허가를 받아야 하는데, 심판대상조항에 의하면 시장은 신청자가 잔디마당에서 집회 또는 시위를 하려고 하는 경우에는 그 사용허가를 할 수 없다. 따라서 심판대상조항은 청구인들이 잔디마당을 집회 장소로 선택할 권리를 제한한다. 집

회 장소를 자유롭게 선택할 권리는 집회의 자유에 의하여 보호된다[2023. 9. 26. 2019헌마1417].
ㄴ. [×] 심판대상조항은 잔디마당에서 집회 또는 시위를 하려고 하는 경우 시장이 그 사용허가를 할 수 없도록 전면적·일률적으로 불허하고, '허가제'의 핵심 요소라 할 수 있는 '예외적 허용'의 가능성을 열어 두고 있지 않다. 그렇다면 심판대상조항은 집회에 대한 허가제를 규정하였다고 보기 어려우므로, 헌법 제21조 제2항 위반 주장에 대해서는 나아가 살펴보지 않기로 한다[2023. 9. 26. 2019헌마1417].
ㄷ. [×] 청구인들은 심판대상조항이 일반적 행동의 자유도 침해한다고 주장하고 있으나, 집회의 자유에 대한 침해 여부를 살펴보는 이상, 그에 대한 보충적 지위에 있다고 할 수 있는 일반적 행동의 자유 침해 여부는 살펴보지 않기로 한다. 또한 청구인들은 심판대상조항이 거주·이전의 자유도 침해한다고 주장하고 있으나, 생활의 근거지에 이르지 않는 일시적 이동을 위한 장소의 선택·변경은 거주·이전의 자유에 의하여 보호되는 것이 아니므로 심판대상조항에 의한 기본권 제한으로 볼 수 없다[2023. 9. 26. 2019헌마1417].
ㄹ. [○] 이 사건 조례는 지방자치법 제13조 제2항 제1호 자목 및 제5호 나목 등에 근거하여 인천광역시가 소유한 공유재산이자 공공시설인 인천애(愛)뜰의 사용 및 관리에 필요한 사항을 규율하기 위하여 제정되었고, 심판대상조항은 잔디마당과 그 경계 내 부지의 사용 기준을 정하고 있다. 그렇다면 심판대상조항은 법률의 위임 내지는 법률에 근거하여 규정된 것이라고 할 수 있으므로 법률유보원칙에 위배되지 않는다[2023. 9. 26. 2019헌마1417].
ㅁ. [○] 심판대상조항에 의하여 잔디마당을 집회 장소로 선택할 자유가 완전히 제한되는바, 공공에 위험을 야기하지 않고 시청사의 안전과 기능에도 위협이 되지 않는 집회나 시위까지도 예외 없이 금지되는 불이익이 발생한다. 그렇다면 심판대상조항은 과잉금지원칙에 위배되어 청구인들의 집회의 자유를 침해한다[2023. 9. 26. 2019헌마1417].

정답 ①

267 재산권에 대한 설명 중 옳은 것을 모두 조합한 것은?

ㄱ. 선출직 공무원으로서 받게 되는 보수가 기존의 연금에 미치지 못하는 경우에도 연금 전액의 지급을 정지하도록 정한 구 공무원연금법 제47조 제1항 제2호 중 '지방의회의원'에 관한 부분이 과잉금지원칙에 위배되어 재산권을 침해한다.
ㄴ. 보험금청구권에 대하여 2년의 단기소멸시효를 규정하고, 그 기산점은 별도로 정하지 않은 구 상법 제662조는 그 기산점을 별도로 정하지 않은 결과 보험금청구권자가 귀책사유 없이 보험사고의 발생 사실이나 보험금청구권의 존재 등을 모르더라도 일률적으로 보험사고 발생 시부터 진행되는 짧은 시효기간을 적용하므로 입법재량을 일탈함으로써 재산권을 침해한다.
ㄷ. 이용자의 개인정보를 유출한 경우로서 정보통신서비스 제공자가 법률상 요구되는 기술적·관리적 보호조치를 하지 아니한 경우 위반행위와 관련한 매출액의 100분의 3 이하에 해당하는 금액을 과징금으로 부과할 수 있도록 한 구 '정보통신망 이용촉진 및 정보보호 등에 관한 법률' 제64조의3은 '위반행위와 관련한 매출액'을 기준으로 과징금의 상한을 정한 것이 불합리하다고 보기도 어렵다. 따라서 과징금부과조항은 과잉금지원칙에 위배되어 청구인의 직업수행의 자유 및 재산권을 침해하지 않는다.
ㄹ. 이용자의 개인정보를 유출한 경우로서 정보통신서비스 제공자가 법률상 요구되는 기술적·관리적 보호조치를 하지 아니한 경우 위반행위와 관련한 매출액의 100분의 3 이하에 해당하는 금액을 과징금으로 부과할 수 있도록 한 구 '정보통신망 이용촉진 및 정보보호 등에 관한 법률' 제64조의3 중 '위반행위와 관련한 매출액'은 명확성원칙에 위반되지 않는다.
ㅁ. 법률에 따라 국내에서 출원공개된 경우 신규성 상실의 예외를 인정하지 않는 디자인보호법 제36조 제1항 단서는 재산권을 제한한다.

① ㄱㄷㄹ　　　　　　　　② ㄴㄷㄹ　　　　　　　　③ ㄷㄹㅁ
④ ㄴㄹㅁ　　　　　　　　⑤ ㄱㄷㅁ

▶ **정답 및 해설**

ㄱ [O] 심판대상조항과 같이 재취업소득액에 대한 고려 없이 퇴직연금 전액의 지급을 정지할 경우 재취업 유인을 제공하지 못하여 정책목적 달성에 실패할 가능성이 크다. 연금과 보수 중 일부를 감액하는 방식으로 선출직에 취임하여 보수를 받는 것이 생활보장에 더 유리하도록 하는 등 기본권을 덜 제한하면서 입법목적을 달성할 수 있는 다양한 방법이 있다. 따라서 심판대상조항은 과잉금지원칙에 위배되어 재산권을 침해한다[2022. 1. 27. 2019헌바161]*헌법불합치결정

ㄴ [X] 보험의 특수성에 더하여, 권리행사의 편의성과 신속성이 제고되고 있다는 점 등을 종합하여 볼 때, 위 소멸시효 기간이 지나치게 짧다고 단정하기도 어렵다. 그 외에도 소멸시효 중단 또는 정지 규정이나 법원의 해석 등을 통해 구체적인 사안에서 나타날 수 있는 불합리한 결과를 보완할 수 있다는 점도 고려할 필요가 있다. 따라서 심판대상조항이 입법형성의 한계를 넘어 재산권을 침해한다고 볼 수 없다[2022. 5. 26. 2018헌바153] *합헌결정

ㄷ [O] 위반행위로 인하여 취득한 이익 및 위반행위와 관련한 분야의 일반적인 경제적 능력을 동시에 반영하는 '위반행위와 관련한 매출액'을 기준으로 과징금의 상한을 정한 것이 불합리하다고 보기도 어렵다. 따라서 과징금부과조항은 과잉금지원칙에 위배되어 청구인의 직업수행의 자유 및 재산권을 침해하지 않는다[2022. 5. 26. 2020헌바259].

ㄹ [O] 과징금부과조항 중 '위반행위와 관련한 매출액'은 위반행위로 인하여 취득한 이익만을 의미하는 것이 아니라 위반행위로 인하여 직접 또는 간접적으로 영향을 받는 서비스의 매출액을 의미하는 것임을 충분히 알 수 있으므로, 과징금부과조항 중 '위반행위와 관련한 매출액' 부분은 명확성원칙에 위반되지 않는다[2022. 5. 26. 2020헌바259].

ㅁ [X] 이 사건 출원디자인은 디자인등록거절결정이 되었으므로 청구인은 이 사건 출원디자인에 관하여는 독점배타적인 디자인권을 취득한 사실이 없다. 그렇다면 심판대상조항은 청구인의 재산권을 제한하지 않으므로, 재산권 침해 여부에 관하여는 더 나아가 살펴보지 아니한다[2023. 7. 20. 2020헌바49]. **정답** ①

268 재산권에 대한 설명으로 옳지 않은 것은?

① 세종시 공무원이 주택특별공급을 신청할 수 있는 지위는 재산권에서 보호되지 않으므로 행정중심복합도시 예정지역 이전기관 종사자 주택특별공급제도를 폐지하는 '주택공급에 관한 규칙 일부개정령'은 재산권을 침해할 가능성이 없다.
② 택시운송사업자의 영리 획득의 기회나 사업 영위를 위한 사실적·법적 여건은 헌법상 보장되는 재산권에 속하지 아니하므로 일반택시운송사업에서 운전업무에 종사하는 근로자의 최저임금에 산입되는 임금의 범위는 생산고에 따른 임금을 제외한 대통령령으로 정하는 임금으로 하도록 한 최저임금법이 택시운송사업자의 재산권을 제한한다고 볼 수 없다.
③ 고용보험법상 육아휴직 급여수급권은 경제적 가치가 있는 권리로서 헌법 제23조에 의하여 보장되는 재산권에서 보호되지 않는다.
④ 육아휴직 급여를 육아휴직이 끝난 날 이후 12개월 이내에 신청하도록 한 고용보험법 제70조 제2항이 육아휴직 급여수급권자의 인간다운 생활을 할 권리나 재산권을 침해한다고 할 수 없다.
⑤ 디자인보호법상의 요건을 갖춰 등록을 마친 디자인권은 재산권에 포함된다.

▶ 정답 및 해설

① [O] 청구인들이 이 사건 주택특별공급을 신청할 수 있는 지위에 있었다고 하더라도 이는 그 자체로 어떠한 확정적인 권리를 취득한 것이 아니라, 이 사건 주택특별공급에 당첨될 수 있을 것이라는 단순한 기대이익을 가진 것에 불과하므로, 심판대상조항이 청구인들의 재산권을 침해할 가능성은 인정되지 않는다[2022. 12. 22. 2021헌마902].

② [O] 택시운송사업자의 영리 획득의 기회나 사업 영위를 위한 사실적·법적 여건은 헌법상 보장되는 재산권에 속하지 아니한다. 따라서 일반택시운송사업에서 운전업무에 종사하는 근로자의 최저임금에 산입되는 임금의 범위는 생산고에 따른 임금을 제외한 대통령령으로 정하는 임금으로 하도록 한 최저임금법이 택시운송사업자의 재산권을 제한한다고 볼 수 없다[2023. 2. 23. 2020헌바11].

③ [X] 육아휴직 급여제도는 고용보험료의 납부를 통하여 육아휴직 급여수급권자도 그 재원의 형성에 일부 기여한다는 점에서 후불임금의 성격도 가미되어 있으므로, 고용보험법상 **육아휴직 급여수급권은 경제적 가치가 있는 권리로서 헌법 제23조에 의하여 보장되는 재산권의 성격도 가지고 있다**[2023. 2. 23. 2018헌바240].

④ [O] 육아휴직 수급권자가 육아휴직이 끝난 날 이후 12개월 이내에 급여를 신청하는 데 큰 부담이 있다고 보기 어렵고, 신청기간의 제한은 최초의 육아휴직 급여 신청 시에만 적용되어 국면이 한정적이며, 고용보험법 시행령에서 신청기간의 예외 사유도 인정하고 있는 등 그 내용이 현저히 불합리하여 헌법상 용인될 수 있는 재량의 범위를 명백히 벗어났다고 볼 수 없다. 따라서 심판대상조항은 육아휴직 급여수급권자의 인간다운 생활을 할 권리나 재산권을 침해한다고 볼 수 없다[2023. 2. 23. 2018헌바240].

⑤ [O] 디자인보호법은 디자인권자에게 독점적 실시권을 부여하여 경제적 이익을 보장하고(제92조), 디자인권의 이전을 허용하므로(제96조), 디자인보호법상의 요건을 갖춰 등록을 마친 디자인권은 재산권에 포함된다[2023. 7. 20. 2020헌바497].

정답 ③

269 대통령이 2016. 2. 10.경 개성공단의 운영을 즉시 전면 중단하기로 결정하고, 피청구인 통일부장관은 피청구인 대통령의 지시에 따라 철수계획을 마련하여 관련 기업인들에게 통보한 다음 개성공단 전면중단 성명을 발표하고, 이에 대응한 북한의 조치에 따라 개성공단에 체류 중인 국민들 전원을 대한민국 영토 내로 귀환하도록 한 일련의 행위로 이루어진 개성공단 전면중단 조치에 대해 헌법소원이 청구되었다. 이에 대한 설명으로 옳은 것은?

① 이 사건 중단조치가 통치행위에 해당하여 사법심사가 배제된다.
② 이 사건 중단조치가 긴급재정경제처분·명령의 형태로 취해지지 않았다면 헌법과 법률에 근거하지 않은 조치이므로 법률유보원칙에 위배된다.
③ 이 사건 중단조치는 헌법 제89조 제2호의 선전·강화 기타 중요한 대외정책 또는 헌법 제89조 13호의 행정각부의 중요한 정책의 수립과 조정이 필요한 사항에 해당하므로 국무회의 심의를 거쳐야 한다.
④ 이 사건 중단조치를 위해, 이해관계자 등의 의견청취절차는 적법절차원칙에 따라 반드시 요구되는 절차라고 보기 어렵다. 따라서 이 사건 중단조치가 적법절차원칙에 위반되어 청구인들의 영업의 자유나 재산권을 침해한 것으로 볼 수 없다.
⑤ 개성공단 전면중단 조치는 공익 목적을 위하여 개별적, 구체적으로 형성된 구체적인 재산권의 이용을 제한하는 공용 제한이므로, 이에 대한 정당한 보상이 지급되지 않았다면 그 조치는 헌법 제23조 제3항을 위반하여 개성공단 투자기업인 청구인들의 재산권을 침해한 것으로 볼 수 있다.

▶ 정답 및 해설

① [X] 국민의 기본권 제한과 직접 관련된 공권력의 행사는 고도의 정치적 고려가 필요한 대통령의 행위라도 헌법과 법률에 따라 정책을 결정하고 집행하도록 함으로써 국민의 기본권이 침해되지 않도록 견제하는 것이 국민의 기본권 보장을 사명으로 하는 헌법재판소 본연의 임무이므로, 그 한도에서 헌법소원심판의 대상이 될 수 있다고 보아야 한다. 따라서 이 사건 중단조치에 대한 헌법소원심판이 사법심사가 배제되는 행위를 대상으로 한 것이어서 부적법하다고는 볼 수 없다. (2022. 1. 27. 2016헌마364).

② [X] 이 사건 중단조치가 긴급재정경제처분·명령의 형태로 취해지지 않았다고 하더라도 헌법과 법률에 근거하지 않은 조치라고 볼 수는 없고, 남북교류협력법 등 규정에 근거하여 개성공단 내 사업 중단을 결정하고 집행할 수 있다고 보더라도 그것이 헌법이 엄격하게 요건과 절차를 통제하고자 하는 긴급재정경제처분·명령에 따른 긴급한 재정, 경제상의 처분을 우회하는 방법을 허용하는 것이라고 볼 것도 아니다 (2022. 1. 27. 2016헌마364).

③ [X] 헌법 제89조는 긴급재정경제처분·명령이 아니라도 정부의 중요한 대외정책(제2호), 행정각부의 중요한 정책의 조정(제13호)의 경우 국무회의 심의를 거치도록 하고 있다. 이 사건 중단조치는 개성공단의 운영 중단이라는 피청구인 대통령의 정책 결정을 포함하고 있는바, 국제 공조 하에 북한 핵개발을 저지하기 위한 제재조치로서 개성공단 운영을 중단하는 것은 국가 안보와 관련된 중요한 대외정책의 결정일 수 있다. 또한 개성공단은 한반도의 평화와 통일에 이바지하도록 하기 위해 정부가 정책적으로 개발과 운영을 지원하고 통일부가 주요 사업으로 선정하여 주무관청으로 관리, 감독해 왔으므로, 그 운영을 중단하기로 하는 결정은 행정각부인 통일부의 중요 정책의 조정이 될 수도 있다. 따라서 그 결정에 앞서 헌법 제89조 제2호, 제13호의 규정에 따라 반드시 국무회의 심의를 거쳐야 하는 것이 아닌가 하는 의문이 있을 수 있다.

④ [O] 피청구인 통일부장관은 이 사건 중단조치 전 개성공단기업협회 회장단과의 간담회를 개최하여 결정 배경을 설명하고 세부조치 내용을 고지하기도 하였으므로, 이 사건 중단조치의 특성, 절차 이행으로 제고될 가치, 국가작용의 효율성 등의 종합적 형량에 따른 필수적 절차는 거친 것으로 봄이 타당하고, 이해관계자 등의 의견청취절차는 적법절차원칙에 따라 반드시 요구되는 절차라고 보기 어렵다. 따라서 이 사건 중단조치가 적법절차원칙에 위반되어 청구인들의 영업의 자유나 재산권을 침해한 것으로 볼 수 없다.

⑤ [X] 개성공단 전면중단 조치는 공익 목적을 위하여 개별적, 구체적으로 형성된 구체적인 재산권의 이용을 제한하는 공용 제한이 아니므로, 이에 대한 정당한 보상이 지급되지 않았다고 하더라도, 그 조치가 헌법 제23조 제3항을 위반하여 개성공단 투자기업인 청구인들의 재산권을 침해한 것으로 볼 수 없다(2022. 1. 27. 2016헌마364).

정답 ④

270 대통령이 2016. 2. 10.경 개성공단의 운영을 즉시 전면 중단 조치와 통일부장관이 2010. 5. 24. 발표한 북한에 대한 신규투자 불허 및 진행 중인 사업의 투자확대 금지 등을 내용으로 하는 대북조치관련 보상입법부작위에 대해 헌법소원이 청구되었다. 이에 대한 설명으로 옳지 않은 것은?

① 개성공단 전면중단 조치가 과잉금지원칙을 위반하여 청구인들의 영업의 자유와 재산권을 침해하는지 여부는 엄격하게 심사하여야 한다.
② 개성공단 전면중단 조치가 과잉금지원칙을 위반하여 청구인들의 영업의 자유와 재산권을 침해한다고 할 수 없다.
③ 개성공단 전면중단 조치가 신뢰보호원칙을 위반하여 청구인들의 영업의 자유와 재산권을 침해한다고 할 수 없다.
④ 통일부장관이 2010. 5. 24. 발표한 북한에 대한 신규투자 불허 및 진행 중인 사업의 투자확대 금지 등을 내용으로 하는 대북조치로 인한 토지이용권의 제한은 헌법 제23조 제1항, 제2항에 따라 재산

권의 내용과 한계를 정한 것인 동시에 재산권의 사회적 제약을 구체화하는 것으로 볼 수 있다.
⑤ 통일부장관이 2010. 5. 24. 발표한 북한에 대한 신규투자 불허 및 진행 중인 사업의 투자확대 금지 등을 내용으로 하는 대북조치로 인한 재산상 손실에 대해 헌법 해석상으로 어떠한 보상입법의 의무가 도출된다고까지 보기는 어렵다.

▶ 정답 및 해설

① [×] 이러한 정치적 판단에 있어서 어떠한 정책이 국가안보에 도움이 되고 궁극적으로 국익과 국제평화에 기여하는지는 국민으로부터 직접 선출되고 국민에게 책임을 지는 대의기관이 정치적 책임 하에 결정하여야 할 사안이므로, 정치적 대의기관인 대통령에게 광범위한 판단 재량이 인정되는 것으로 보아야 한다. 따라서 그러한 정치적 결정이 국민의 기본권 침해와 직접 관련되어 사법심사의 대상이 되는 경우라도 이에 대한 사법심사는 정책판단이 명백하게 재량의 한계를 유월(逾越)하거나 선택된 정책이 현저히 합리성을 결여한 것인지를 살피는 데 한정되어야 하고, 그 한계 내의 것이라면 국가 계속성 보장의 책무와 조국의 평화적 통일을 위한 성실한 의무를 지는 대통령이 헌법이 부여한 권한 범위 내에서 정치적 책임을 지고 한 판단과 선택으로서 존중되어야 한다.

② [〇] 북한의 핵개발에 맞서 개성공단의 운영 중단을 통해 대한민국의 존립과 안전 등을 보장할 필요가 있다는 피청구인 대통령의 결정은 헌법이 대통령에게 부여한 권한 범위 내에서 정치적 책임을 지고 한 판단과 선택이며, 그 판단이 현저히 합리성을 결여한 것이거나 명백히 잘못된 것이라고 평가하기 어렵다. 따라서 개성공단 전면중단 조치는 과잉금지원칙을 위반하여 개성공단 투자기업인 청구인들의 영업의 자유와 재산권을 침해하지 아니한다.

③ [〇] 불안정한 남북관계의 영향으로 과거 개성공단 가동이 중단되었던 사례가 있음에 비추어 볼 때 북한의 핵실험 등으로 안보위기가 고조되는 경우 개성공단이 다시 중단될 가능성을 충분히 예상할 수 있었다. 따라서 위 합의서가 청구인들에 대하여 직접적으로 그 효력과 존속에 대한 신뢰를 부여하였다고 인정하기 어렵고, 이 사건 중단조치가 청구인들의 신뢰이익을 침해하는 정도는 비교적 낮은 수준에 불과하며, 이 사건 중단조치를 통해 달성하려는 공익은 그와 같은 신뢰의 손상을 충분히 정당화할 수 있다. 그러므로 이 사건 중단조치는 신뢰보호원칙을 위반하여 청구인들의 영업의 자유와 재산권을 침해하지 아니한다.

④ [〇] 공익목적을 위해 이미 형성된 구체적 재산권을 개별적, 구체적으로 제한하는 헌법 제23조 제3항 소정의 공용 제한과는 구별된다. 그렇다면 2010. 5. 24.자 대북조치로 인한 토지이용권의 제한은 헌법 제23조 제1항, 제2항에 따라 재산권의 내용과 한계를 정한 것인 동시에 재산권의 사회적 제약을 구체화하는 것으로 볼 수 있다(2022. 5. 26. 2016헌마95).

⑤ [〇] 경제협력사업에 참여하는 기업이나 개인으로서는 남북관계의 개선과 평화적 통일의 기틀을 마련하는 데 기여한 측면이 있고, 헌법 전문과 제4조 등에서 평화통일에 관한 내용을 규정하고 있으며, 경제협력사업이 평화적 통일을 위한 기반 조성의 일환으로 이루어진 것이라 하더라도, 재산상 손실의 위험성이 이미 예상된 상황에서 발생한 재산상 손실에 대해 헌법 해석상으로 어떠한 보상입법의 의무가 도출된다고까지 보기는 어렵다.(2022. 5. 26. 2016헌마95)

정답 ①

271 재산권에 대한 설명으로 옳지 않은 것은?

① 공무원연금법상 유족연금수급권은 사회보장적 급여로서 헌법 제34조 제1항의 인간다운 생활을 할 권리로 보호되는 한편, 경제적 가치 있는 권리로서 헌법 제23조의 재산권에 의하여 보장된다.
② 지뢰피해자법상 위로금과 같이 수급권의 발생요건이 법정되어 있는 경우 법정요건을 갖춘 후 발생하는 위로금수급권은 구체적인 법적 권리로 보장되는 경제적·재산적 가치가 있는 공법상의 권리라 할 것이지만, 그러한 법정요건을 갖추기 전에는 헌법이 보장하는 재산권이라고 할 수 없다.
③ '국가의 납입의 고지로 인하여 시효중단의 효력을 종국적으로 받지 않고 계속하여 소멸시효를 누릴 기대이익'은 헌법적으로 보호될만한 재산권적 성질의 것은 아니며, 단순한 기대이익에 불과하다고 볼 것이므로 국가의 납입 고지에 시효중단의 효력을 인정하는 것이 재산권을 제한한다고 할 수 없다.
④ 변호사에 대한 징계결정정보를 인터넷 홈페이지에 공개하도록 한 변호사법 제98조의5 제3항과 징계결정정보의 공개범위와 시행방법을 정한 변호사법 시행령은 인격권과 재산권을 제한한다고 할 수 없다.
⑤ 장기미집행 도시계획시설결정의 실효제도는 도시계획시설부지로 하여금 도시계획시설결정으로 인한 사회적 제약으로부터 벗어나게 하는 것으로서 결과적으로 개인의 재산권이 보다 보호되는 측면이 있는 것은 사실이며, 이와 같은 보호는 헌법상 재산권으로부터 당연히 도출되는 권리이다.

▶ 정답 및 해설

① [O] 재혼을 유족연금수급권 상실사유로 규정한 구 공무원연금법 제59조는 유족연금수급권자인 배우자의 재혼(사실상 혼인관계 포함)을 유족연금수급권 상실사유로 규정하고 있다. <u>공무원연금법상 유족연금수급권은 사회보장적 급여로서 헌법 제34조 제1항의 인간다운 생활을 할 권리로 보호되는 한편, 경제적 가치 있는 권리로서 헌법 제23조의 재산권에 의하여 보장되므로</u>, 배우자의 재혼을 유족연금수급권 상실사유로 규정하고 있는 재혼을 유족연금수급권 상실사유로 규정한 구 공무원연금법 제59조는 재혼한 배우자의 인간다운 생활을 할 권리와 재산권을 침해하는지 여부가 문제된다(2022. 8. 31. 2019헌가31).

② [O] 청구인들은 심판대상조항이 재산권을 침해한다고 주장한다. 헌법 제23조 제1항이 보장하고 있는 재산권은 사적 유용성 및 그에 대한 원칙적 처분권을 내포하는 재산가치 있는 구체적 권리이므로, 구체적인 권리가 아닌 단순한 이익이나 재화의 획득에 관한 기회 등은 재산권 보장의 대상으로 볼 수 없다. 지뢰피해자법상 위로금과 같이 수급권의 발생요건이 법정되어 있는 경우 법정요건을 갖춘 후 발생하는 위로금수급권은 구체적인 법적 권리로 보장되는 경제적·재산적 가치가 있는 공법상의 권리라 할 것이지만, 그러한 법정요건을 갖추기 전에는 헌법이 보장하는 재산권이라고 할 수 없다. 지뢰사고로 인한 피해자 또는 그 유족의 위로금수급권에 관한 지위는 수급권 발생에 필요한 법정요건을 갖춘 후에 비로소 재산권인 위로금수급권을 취득할 수 있다는 기대이익을 갖는 것에 불과하므로 심판대상조항에 의하여 청구인들의 재산권이 제한된다고 볼 수 없다(2019. 12. 27. 2018헌바236).

③ [O] '국가의 납입의 고지로 인하여 시효중단의 효력을 종국적으로 받지 않고 계속하여 **소멸시효를 누릴 기대이익**'은 헌법적으로 보호될만한 재산권적 성질의 것은 아니며 단순한 기대이익에 불과하다고 볼 것이므로 국가의 납입 고지에 대해 시효중단의 효력을 규정한 예산회계법 제98조에 의해 청구인의 재산권이 제한되거나 침해될 여지는 없다. (헌재 2004.3.25. 2003헌바22)

④ [O] 이처럼 헌법소원의 대상이 되는 규범에 의하여 여러 기본권이 동시에 제약을 받는 기본권 경합의 경우에는 기본권 침해를 주장하는 청구인의 의도 및 기본권을 제한하는 입법자의 객관적 동기 등을 참작하여 사안과 가장 밀접한 관계에 있고, 또 침해의 정도가 큰 주된 기본권을 중심으로 해서 그 제한의 한계를 검토하면 족한 것이고, 관련 기본권을 모두 심사할 필요는 없다. 징계결정 공개조항과 가장 밀접하게 관련

되고 가장 침해 정도가 큰 기본권은 일반적 인격권이므로 이를 중심으로 과잉금지원칙위반 여부를 판단한다. 청구인은 이외에도 이 사건 징계결정 공개조항으로 인하여 청구인의 재산권이 침해된다고 주장한다. 그러나 청구인이 주장하는 변호사 영업에의 타격은 인격권의 침해에 따른 사실적 효과에 불과하고, 징계결정 공개조항이 직접 청구인의 재산권을 제한하는 것은 아니다. (2018.7.26. 2016헌마1029)

⑤ [×] 장기미집행 도시계획시설결정의 실효제도는 도시계획시설부지로 하여금 도시계획시설결정으로 인한 사회적 제약으로부터 벗어나게 하는 것으로서 결과적으로 개인의 재산권이 보다 보호되는 측면이 있는 것은 사실이나, 이와 같은 보호는 입법자가 새로운 제도를 마련함에 따라 얻게 되는 법률에 기한 권리일 뿐 헌법상 재산권으로부터 당연히 도출되는 권리는 아니다(2005.9.29, 2002헌바84 등). **정답** ⑤

272 재산권에 대한 설명으로 옳지 않은 것은?

① '감염병의 예방 및 관리에 관한 법률'상 집합제한 조치로 발생한 손실을 보상하는 규정을 두지 않은 '감염병의 예방 및 관리에 관한 법률' 제70조 제1항이 재산권을 제한한다고 할 수 없다.
② '10년 이상 근무하고 퇴직하여 「사립학교교직원 연금법」에 따라 퇴직연금일시금을 지급받게 되었을 때' 14호봉을 넘지 못하도록 한 「공무원보수규정」이 청구인들의 재산권을 제한한다고 할 수 없다.
③ 요양기관이 의료법 제33조 제2항을 위반하였다는 사실을 수사기관의 수사 결과로 확인한 경우 공단으로 하여금 해당 요양기관이 청구한 요양급여비용의 지급을 보류할 수 있도록 규정한 구 국민건강보험법 제47조의2 제1항이 의료기관 개설자의 재산권을 침해한다.
④ 요양기관이 의료법 제33조 제2항을 위반하였다는 사실을 수사기관의 수사 결과로 확인한 경우 공단으로 하여금 해당 요양기관이 청구한 요양급여비용의 지급을 보류할 수 있도록 규정한 구 국민건강보험법 제47조의2 제1항이 무죄추정의 원칙에 위반된다.
⑤ 어업면허의 우선순위에 관한 기대는 헌법상 보장되는 재산권에 포함되므로 신규어장을 개발하거나 어업면허의 유효기간 또는 연장허가기간이 끝난 어장에 관하여 새로이 어업면허를 부여할 때 우선순위의 적용을 배제하는 수산업법 재산권을 제한한다고 할 수 없다.

▼ 정답 및 해설

① [O] 헌법 제23조에서 보장하는 재산권은 사적 유용성 및 그에 대한 원칙적 처분권을 내포하는 재산가치 있는 구체적 권리이므로, 구체적인 권리가 아닌 단순한 이익이나 재화의 획득에 관한 기회 또는 기업활동의 사실적·법적 여건 등은 재산권보장의 대상에 포함되지 아니한다. 감염병예방법 제49조 제1항 제2호에 근거한 집합제한 조치로 인하여 청구인들의 일반음식점 영업이 제한되어 영업이익이 감소되었다 하더라도, 청구인들이 소유하는 영업 시설·장비 등에 대한 구체적인 사용·수익 및 처분권한을 제한받는 것은 아니므로, 보상규정의 부재가 청구인들의 재산권을 제한한다고 볼 수 없다(2023. 6. 29. 2020헌마1669).
② [O] 공무원의 보수청구권은 법률 및 법률의 위임을 받은 하위법령에 의해 그 구체적 내용이 형성되면 재산적 가치가 있는 공법상의 권리가 되어 재산권의 내용에 포함되지만, 법령에 의하여 구체적 내용이 형성되기 전의 권리, 즉 공무원이 국가 또는 지방자치단체에 대하여 어느 수준의 보수를 청구할 수 있는 권리는 단순한 기대이익에 불과하여 재산권의 내용에 포함된다고 볼 수 없다. 교육공무원법, 공무원보수규정 등 관련 법령의 규정들에 의하면 청구인들은 기간제교원 채용계약을 체결할 때마다 그 계약기간에 지급받을 호봉을 매번 새로 획정받는 것에 불과하므로, 청구인들이 주장하는 특정한 보수수준에 관한 내용이 법령에 의하여 이미 구체적으로 형성되었다고 볼 수 없으므로, 이 사건 예규조항에 의하여 청구인들의 재산권이 제한된다고 볼 수 없다(헌재 2012. 10. 25. 2011헌마307).

③ [O] 지급보류처분은 잠정적 처분이고, 그 처분 이후 사무장병원에 해당하지 않는다는 사실이 밝혀져서 무죄판결의 확정 등 사정변경이 발생할 수 있다는 점 등을 고려하면, 지급보류처분의 '처분요건'뿐만 아니라 '지급보류처분의 취소'에 관하여도 명시적인 규율이 필요하고, 그 '취소사유'는 '처분요건'과 균형이 맞도록 규정되어야 한다. 또한 무죄판결이 확정되기 전이라도 하급심 법원에서 무죄판결이 선고되는 경우에는 그 때부터 일정 부분에 대하여 요양급여비용을 지급하도록 할 필요가 있다. 나아가, 사정변경사유가 발생할 경우 지급보류처분이 취소될 수 있도록 한다면, 이와 함께 지급보류기간 동안 의료기관의 개설자가 수인해야 했던 재산권 제한상황에 대한 적절하고 상당한 보상으로서의 이자 내지 지연손해금의 비율에 대해서도 규율이 필요하다. 이러한 사항들은 이 사건 지급보류조항으로 인한 기본권 제한이 입법목적 달성에 필요한 최소한도에 그치기 위해 필요한 조치들이지만, 현재 이에 대한 어떠한 입법적 규율도 없다. 따라서 **이 사건 지급보류조항은 과잉금지원칙에 반하여 요양기관 개설자의 재산권을 침해한다**[2023. 3. 23. 2018헌바433].

④ [X] 이 사건 지급보류조항은 사후적인 부당이득 환수절차의 한계를 보완하고, 건강보험의 재정 건전성이 악화될 위험을 방지하고자 마련된 조항으로서, 사무장병원일 가능성이 있는 요양기관이 일정 기간 동안 요양급여비용을 지급받지 못하는 불이익을 받더라도 이를 두고 유죄의 판결이 확정되기 전에 죄 있는 자에 준하여 취급하는 것이라고 보기 어렵다. 따라서 **이 사건 지급보류조항은 무죄추정의 원칙에 위반된다고 볼 수 없다**[2023. 3. 23. 2018헌바433].

⑤ [O] 어촌계 등에 어업면허를 하는 경우 우선순위규정의 적용대상에서 제외하도록 규정한 수산업법 재산권을 제한하는지 여부(소극)

심판대상조항은 어업면허의 유효기간 내에 있는 어업면허를 취소하거나 변경하는 것이 아니라, 신규어장을 개발하거나 어업면허의 유효기간 또는 연장허가기간이 끝난 어장에 관하여 새로이 어업면허를 부여할 때 우선순위의 적용을 배제하는 규정으로서, 어업면허의 우선순위에 관한 기대는 헌법상 보장되는 재산권에 포함되지 아니한다. 설령 우선순위에 관한 기대가 구체적인 기대권으로서 재산권에 포함된다고 보더라도 어업면허는 공유수면에서 장기간 어업을 독점적·배타적으로 경영할 수 있는 권리를 부여하는 것으로서 내재된 공적제약이 강하다고 할 것인바, 어업면허가 부여될 당시부터 내재되어 있는 제약이 구체화·현실화됨에 따라 면허기간이 만료된 후 다시 어업면허를 취득할 수 없다고 하더라도 그로 인하여 재산권에 어떠한 제한 또는 침해가 있다고는 할 수 없다. 따라서 심판대상조항은 재산권을 제한하지 아니한다(2019. 7. 25. 2017헌바133).

정답 ④

273 직업의 자유에 대한 설명 중 옳은 것(O)과 옳지 않은 것(X)을 올바르게 조합한 것은?

ㄱ. 직업선택의 자유와 직업행사의 자유는 기본권 주체에 대한 그 제한의 효과가 다르기 때문에 제한에 대한 위헌심사기준도 다르며, 특히 직업행사의 자유에 대한 제한의 경우 인격발현에 대한 침해의 효과가 일반적으로 직업선택 그 자체에 대한 제한에 비하여 작기 때문에 그 제한이 보다 폭넓게 허용된다.

ㄴ. 시설경비업을 허가받은 경비업자로 하여금 허가받은 경비업무 외의 업무에 경비원을 종사하게 하는 것을 금지하고, 이를 위반한 경비업자에 대한 허가를 취소하도록 정하고 있는 경비업법 제7조 제5항은 과잉금지원칙에 반하여 시설경비업을 수행하는 경비업자의 직업의 자유를 침해한다.

ㄷ. 경비업을 경영하고 있는 자들이나 다른 업종을 경영하면서 새로이 경비업에 진출하고자 하는 자들로 하여금, 경비업을 전문으로 하는 별개의 법인을 설립하지 않는 한 경비업과 그 밖의 업종을 겸영하지 못하도록 금지하고 있는 「경비업법」은 당사자의 능력이나 자격과 상관있는 주관적 사유에 의한 제한이므로 유연하고 탄력적 심사가 필요하다.

ㄹ. 경비업을 경영하고 있는 자들이나 다른 업종을 경영하면서 새로이 경비업에 진출하고자 하

는 자들로 하여금, 경비업을 전문으로 하는 별개의 법인을 설립하지 않는 한 경비업과 그 밖의 업종을 겸영하지 못하도록 금지하고 있는 「경비업법」은 목적의 정당성이 있으나 방법의 적절성을 갖추지 못하여 직업의 자유를 침해한다.
ㅁ. 경비업자가 시설경비업무 또는 신변보호업무 중 집단민원현장에 일반경비원을 배치하는 경우 경비원을 배치하기 48시간 전까지 배치허가를 신청하고 허가를 받도록 정한 「경비업법」 제18조 제2항은 과잉금지원칙을 위반하여 경비업자의 직업수행의 자유를 침해한다.

① ㄱ(O), ㄴ(O), ㄷ(×), ㄹ(O), ㅁ(O)
② ㄱ(×), ㄴ(×), ㄷ(O), ㄹ(×), ㅁ(O)
③ ㄱ(O), ㄴ(×), ㄷ(×), ㄹ(×), ㅁ(×)
④ ㄱ(O), ㄴ(O), ㄷ(×), ㄹ(O), ㅁ(×)
⑤ ㄱ(×), ㄴ(O), ㄷ(×), ㄹ(O), ㅁ(×)

▶ 정답 및 해설

ㄱ. [O] 헌법재판소는 직업수행의 자유 제한의 경우에는 입법자의 재량의 여지가 많으므로, 그 제한을 규정하는 법령에 대한 위헌 여부를 심사하는데 있어서 좁은 의미의 직업선택의 자유에 비하여 상대적으로 폭넓은 법률상의 규제가 가능한 것으로 보아 다소 완화된 심사기준을 적용하여 왔다(헌재 2001. 6. 28. 2001헌마132).

ㄴ. [O] 비경비업무의 수행이 경비업무의 전념성을 직접적으로 해하지 아니하는 경우가 있음에도 불구하고, 심판대상조항은 경비업무의 전념성이 훼손되는 정도를 고려하지 아니한 채 경비업자가 경비원으로 하여금 비경비업무에 종사하도록 하는 것을 일률적·전면적으로 금지하고, 경비업자가 허가받은 시설경비업무 외의 업무에 경비원을 종사하게 한 때에는 필요적으로 경비업의 허가를 취소하도록 규정하고 있는 점, 누구든지 경비원으로 하여금 경비업무의 범위를 벗어난 행위를 하게 하여서는 아니 된다며 이에 대한 제재를 규정하고 있는 「경비업법」 제15조의2 제2항 제19조 제1항 제7호 등을 통해서도 경비업무의 전념성을 충분히 확보할 수 있는 점 등에 비추어 볼 때, 심판대상조항은 침해의 최소성에 위배되고, 경비업무의 전념성을 중대하게 훼손하지 않는 경우에도 경비원에게 비경비업무를 수행하도록 하면 허가받은 경비업 전체를 취소하도록 하여 경비업을 전부 영위할 수 없도록 하는 것은 법익의 균형성에도 반한다. 따라서 심판대상조항은 **과잉금지원칙에 위반하여 시설경비업을 수행하는 경비업자의 직업의 자유를 침해한다**(2023. 3. 23. 2020헌가19).

ㄷ. [×] 심판대상조항은 경비업을 경영하고 있는 자들이나 다른 업종을 경영하면서 새로이 경비업에 진출하고자 하는 자들로 하여금 경비업을 전문으로 하는 별개의 법인을 설립하지 않는 한 경비업과 그 밖의 업종 간에 택일하도록 법으로 강제하고 있다. 이와 같이 **당사자의 능력이나 자격과 상관없는 객관적 사유**에 의한 제한은 월등하게 중요한 공익을 위하여 명백하고 확실한 위험을 방지하기 위한 경우에만 정당화될 수 있고, 따라서 헌법재판소가 이 사건을 심사함에 있어서는 헌법 제37조 제2항이 요구하는바 과잉금지의 원칙, 즉 엄격한 비례의 원칙이 그 심사척도가 된다(헌재 2002. 4. 25. 2001헌마614).

ㄹ. [O] 심판대상조항은 비전문적인 영세경비업체의 난립을 막고 전문경비업체를 양성하며, 경비원의 자질을 높이고 무자격자를 차단하여 불법적인 노사분규 개입을 막고자 하는 입법목적 자체는 정당하다고 보인다. 그러나 방법의 적절성의 관점에서 살펴볼 때 '경비업체의 전문화'라는 측면에서 현대의 경비업은 경비장비의 제조·설비·판매업이나 네트워크를 통한 정보산업, 시설물 유지관리, 나아가 경비원교육업 등을 포함하는 '토탈서비스(total service)'를 절실히 요구하고 있는 추세이고 법에서 규정하고 있는 좁은 의미의 경비업만을 영위하도록 하는 것은 영세한 경비업체의 난립을 방치하는 효과를 가진다는 점과 '경비원의 자질을 높이고 무자격자를 차단하여 불법적인 노사분규 개입을 방지하는 것'도 경비원교육의 강화·자격요건이나 보수 등의 근무여건의 향상을 통해 그 목적을 효과적이고 적절하게 달성할 수 있다는 점에서 방법의 적절성을 갖추지 못했다(헌재 2002. 4. 25. 2001헌마614).

ㅁ. [×] 배치허가 신청기한에 예외를 두거나 사후신고를 할 수 있도록 하는 경우에는 자격미달의 경비원을

기습 배치하는 등 악용의 소지가 있다. 따라서 심판대상조항이 일률적으로 경비업자에게 집단민원현장에 경비원을 배치하는 시점을 기준으로 48시간 전까지 배치허가를 신청하도록 한 것은 과도하지 않으며, 심판대상조항을 통해 달성되는 공익인 국민의 생명과 안전 및 재산은 제한되는 경비업자의 사익보다 월등히 크므로, **심판대상조항은 과잉금지원칙을 위반하여 경비업자의 직업수행의 자유를 침해하지 않는다**(2023. 2. 23. 2018헌마246).

정답 ④

274 협회의 유권해석에 반하는 내용의 광고를 금지하는 변호사 광고에 관한 규정에 대해 헌법소원심판이 청구되었다. 이에 대한 설명으로 옳지 않은 것은?

① 심판대상조항은 청구인 변호사들의 표현의 자유, 직업의 자유를 제한한다.
② 심판대상조항으로 인하여 ㅁㅁ 서비스를 기존과 같이 운영하지 못하는 영업상 어려움으로 경제적인 손해를 입게 된다고 하더라도 이는 사실상의 영향에 지나지 않으므로, 이 사건 심판대상조항이 청구인 회사의 재산권을 제한한다.
③ 심판대상조항의 위헌여부는 직업의 자유 침해 여부에 대하여 심사하는 것으로 충분하므로 헌법 제119조의 경제질서형성에 개인과 자유창의 존중에 관한 주장 역시 별도로 판단하지 않는다.
④ 협회의 유권해석에 반하는 내용의 광고를 금지하는 변호사 광고에 관한 규정, 협회의 회규, 유권해석에 위반되는 행위를 목적 또는 수단으로 하여 행하는 법률상담 광고를 금지하는 변호사 광고에 관한 규정이 법률유보원칙 위반된다.
⑤ 수사기관과 행정기관의 처분·법원 판결 등의 결과 예측을 표방하는 광고와 변호사등이 아님에도 수사기관과 행정기관의 처분·법원 판결 등의 결과 예측을 표방하는 서비스를 취급·제공하는 행위를 금지하는 변호사 광고에 관한 규정이 과잉금지원칙에 위반된다고 할 수 없다.

▶ **정답 및 해설**

①[O] 이 사건 규정은 변협이 변호사법 제23조 제2항 제7호의 위임을 받아 변호사등이 광고를 함에 있어 금지되는 광고의 방법 또는 내용 등을 정한 것이고, 청구인 변호사들은 변호사법 제25조, 변협 회칙 제9조 제1항에 따라 위 규정을 준수할 의무가 있으며, 이를 위반할 경우 변호사법 제91조 제2항 제2호, 제90조에 따라 제명, 3년 이하 정직, 3천만 원 이하의 과태료, 견책의 징계를 받을 수 있다. 따라서 심판대상조항은 청구인 변호사들의 표현의 자유, 직업의 자유를 제한한다(2022. 5. 26. 2021헌마619).
②[X] 청구인 회사는 심판대상조항이 재산권을 침해한다고 주장하나, 청구인 회사가 심판대상조항으로 인하여 ㅁㅁ 서비스를 기존과 같이 운영하지 못하는 영업상 어려움으로 경제적인 손해를 입게 된다고 하더라도 이는 사실상의 영향에 지나지 않으므로, 이 사건 심판대상조항이 청구인 회사의 재산권을 제한한다고 보기 어렵다(2022. 5. 26. 2021헌마619).
③[O] 청구인들은 심판대상조항이 헌법상 경제질서에 위배된다고 주장하나, 헌법 제119조의 경제질서는 국가의 경제정책에 대한 헌법적 지침으로서 직업의 자유와 같은 경제에 관한 기본권에 의하여 구체화되는 것이다. 따라서 청구인들의 헌법 제119조에 관한 주장 역시 직업의 자유 침해 여부에 대하여 심사하는 것으로 충분하므로 별도로 판단하지 않는다(2022. 5. 26. 2021헌마619).
④[O] 이 사건 유권해석위반 광고금지규정의 '협회의 유권해석'을 전자의 일반적·추상적인 법령 해석이라고 보든, 후자의 개별적·구체적인 사안에 대한 질의 회신이라고 보든, 위 규정 위반이 징계사유가 될 수 있음을 고려하면 적어도 수범자인 변호사등은 이 사건 유권해석위반 광고금지규정에서 유권해석을 통해 금지될 수 있는 내용들의 대강을 알 수 있어야 한다.
그런데 수범자들은 유권해석이 내려지기 전까지는 금지되는 내용이 무엇인지 도저히 알 수 없다. 따라서

이 사건 유권해석위반 광고금지규정은 수권법률로부터 위임된 범위를 벗어나는 규율 내용까지 포함할 가능성이 있으므로, 위임 범위 내에서 명확하게 규율 범위를 정하고 있다고 보기 어렵다. 그러므로 이 사건 유권해석위반 광고금지규정은 법률유보원칙을 위반하여 청구인들의 표현의 자유, 직업의 자유를 침해한다 (2022. 5. 26. 2021헌마619).

⑤ [O] 수사기관과 행정기관의 처분이나 법원 판결 등의 결과 예측을 표방하는 광고를 금지하는 위 규정들은 법률사무 처리의 공공성과 신뢰성을 유지하고 소비자의 피해를 방지라는 입법목적을 달성하기 위한 적합한 수단이다.

특정한 내용의 광고만을 금지하는 위 규정으로 인하여 제한되는 청구인들의 사익은 위 규정들로 달성하려는 법률사무 처리의 공공성과 신뢰성 유지, 소비자 피해방지라는 공익보다 크다고 할 수 없으므로, 위 규정들은 법익의 균형성도 갖추었다. 따라서 위 규정들은 과잉금지원칙에 위배되지 아니한다(2022. 5. 26. 2021헌마619).

정답 ②

275 협회의 유권해석에 반하는 내용의 광고를 금지하는 변호사 광고에 관한 규정에 대해 헌법소원심판이 청구되었다. 이에 대한 설명 중 옳지 않은 것을 모두 조합한 것은?

ㄱ. 이 사건 또는 법률사무의 수임료에 관하여 공정한 수임질서를 저해할 우려가 있는 무료 또는 부당한 염가를 표방하는 광고오- 변호사 등은 무료 또는 부당한 염가의 법률상담 방식에 의한 광고를 금지하는 변호사 광고에 관한 규정이 과잉금지원칙에 위반된다.

ㄴ. 변호사 또는 소비자로부터 금전·기타 경제적 대가(알선료, 중개료, 수수료, 회비, 가입비, 광고비 등 명칭과 정기·비정기 형식을 불문한다)를 받고 법률상담 또는 사건 등을 소개·알선·유인하기 위하여 변호사등과 소비자를 연결하거나 변호사등을 광고·홍보·소개하는 행위를 금지하는 변호사 광고에 관한 규정 중 '변호사등과 소비자를 연결하거나' 부분이 과잉금지원칙에 위반된다고 할 수 없다.

ㄷ. '변호사 등이 아님에도 변호사 등의 직무와 관련한 서비스의 취급·제공 등을 표시하거나 소비자들이 변호사 등으로 오인하게 만들 수 있는 자에게 광고를 의뢰하거나 참여·협조하는 행위를 금지한 변호사 광고에 관한 규정이 과잉금지원칙에 위반된다고 할 수 없다.

ㄹ. 변호사 또는 소비자로부터 금전·기타 경제적 대가(알선료, 중개료, 수수료, 회비, 가입비, 광고비 등 명칭과 정기·비정기 형식을 불문한다)를 받고 법률상담 또는 사건등을 소개·알선·유인하기 위하여 변호사등과 소비자를 연결하거나 변호사등을 광고·홍보·소개하는 행위를 금지한 변호사 광고에 관한 규정 중 '변호사등을 광고·홍보·소개하는 행위' 부분은 과잉금지원칙에 위반하여 청구인들의 표현의 자유, 직업의 자유를 침해한다고 할 수 없다.

ㅁ. 협회의 유권해석에 반하는 내용의 광고를 금지하는 변호사 광고에 관한 규정, 협회의 회규, 유권해석에 위반되는 행위를 목적 또는 수단으로 하여 행하는 법률상담 광고를 금지하는 변호사 광고에 관한 규정이 법률유보원칙에 위반되지 않는다.

① ㄱㄴㄹ
② ㄴㄷㄹ
③ ㄷㄹㅁ
④ ㄴㄹㅁ
⑤ ㄱㄹㅁ

▶ 정답 및 해설

ㄱ. [X] 무료 또는 부당한 염가의 수임료를 표방하거나 무료 또는 부당한 염가의 법률상담 방식을 내세운 광고를 금지하는 것은, 무고한 법률 소비자들의 피해를 막고 정당한 수임료나 법률상담료를 제시하는 변호사들을 보호함으로써 공정한 수임질서를 확립하기 위한 것으로 그 공익은 매우 중대하다. 위와 같은 내용의 광고를 제외하고도 청구인들에게는 다양한 방법과 내용의 광고가 원칙적으로 허용되는 점과 위 조항들로 인한 제한은 변호사에게 법률사무 전반을 독점시키고 있음에 따라 발생하는 규제인 점 등을 고려하면, 위 조항으로 달성하고자 하는 공익은 제한되는 사익보다 크다고 할 것이므로, 위 규정들은 법익의 균형성도 갖추었다. 따라서 위 규정들은 과잉금지원칙에 위배되지 아니한다(2022. 5. 26. 2021헌마619).

ㄴ. [O] 경제적 대가가 결부된 사건 등의 알선 행위에 터 잡은 광고 행위를 규제하는 위 규정들은 변호사의 공공성 및 공정한 수임질서의 유지, 소비자의 피해방지라는 입법목적을 달성하기 위한 적합한 수단이다. 위 규정들로 달성하고자 하는 변호사의 공공성이나 공정한 수임질서의 유지, 소비자 피해방지는 매우 중대한 데 반해, 법률상담 또는 사건 등의 연결이나 알선과 관련하여 경제적 대가를 지급하는 형태의 광고를 할 수 없게 됨으로써 침해되는 청구인들의 이익은 크다고 보기 어려우므로, 위 규정은 법익의 균형성도 갖추었다. 따라서 위 규정들은 과잉금지원칙에 위배되지 아니한다(2022. 5. 26. 2021헌마619).

ㄷ. [O] 위 규정은 '변호사 등이 아님에도 변호사 등의 직무와 관련한 서비스의 취급·제공 등을 표시하거나 소비자들이 변호사등으로 오인하게 만들 수 있는 자에게 광고를 의뢰하거나 참여·협조하는 행위를 금지'하고 있다. 이는 비변호사의 법률사무 취급행위를 미연에 방지함으로써 법률 전문가로서 변호사 자격제도를 유지하고 소비자의 피해를 방지하기 위한 적합한 수단이다. 위 규정이 달성하고자 하는 공익에 비하여, 제한되는 청구인들의 이익은 상정하기 어려우므로 법익의 균형성도 갖추었다. 따라서 위 규정은 과잉금지원칙에 위배되지 아니한다(2022. 5. 26. 2021헌마619).

ㄹ. [X] 이 사건 대가수수 광고금지규정으로 인하여 청구인 변호사들은 광고업자에게 유상으로 광고를 의뢰하는 것이 사실상 금지되어 표현의 자유, 직업의 자유에 중대한 제한을 받게 되고, 청구인 회사로서도 변호사들로부터 광고를 수주하지 못하게 되어 영업에 중대한 제한을 받게 된다. 따라서 위 규정은 법익의 균형성도 갖추지 못하였다. 그러므로 이 사건 대가수수 광고금지규정은 과잉금지원칙을 위반하여 청구인들의 표현의 자유, 직업의 자유를 침해한다(2022. 5. 26. 2021헌마619).

ㅁ. [X] 이 사건 유권해석위반 광고금지규정의 '협회의 유권해석'을 전자의 일반적·추상적인 법령 해석이라고 보든, 후자의 개별적·구체적인 사안에 대한 질의 회신이라고 보든, 위 규정 위반이 징계사유가 될 수 있음을 고려하면 적어도 수범자인 변호사등은 이 사건 유권해석위반 광고금지규정에서 유권해석을 통해 금지될 수 있는 내용들의 대강을 알 수 있어야 한다.
그런데 수범자들은 유권해석이 내려지기 전까지는 금지되는 내용이 무엇인지 도저히 알 수 없다. 따라서 이 사건 유권해석위반 광고금지규정은 수권법률로부터 위임된 범위를 벗어나는 규율 내용까지 포함할 가능성이 있으므로, 위임 범위 내에서 명확하게 규율 범위를 정하고 있다고 보기 어렵다. 그러므로 이 사건 유권해석위반 광고금지규정은 법률유보원칙을 위반하여 청구인들의 표현의 자유, 직업의 자유를 침해한다(2022. 5. 26. 2021헌마619).

정답 ⑤

276 직업의 자유에 대한 설명으로 옳지 않은 것은?

① 방송문화진흥회가 최다 출자자인 방송사업자의 경우 한국방송광고진흥공사가 위탁하는 방송광고에 한하여 방송광고를 할 수 있도록 한 「방송광고판매 대행 등에 관한 법률」은 제3단계인 객관적 사유에 의한 직업선택의 자유 제한이다.

② 헌법 제15조가 보장하는 직장선택의 자유는 개인이 선택한 직업분야에서 구체적인 취업기회를 가질 수 있도록 하는 것이지 원하는 직장을 제공하여 줄 것을 청구할 권리를 보장하는 것은 아

③ '특정 시점부터 해당 직업을 선택하고 직업수행을 개시할 자유'가 직업선택의 자유, 직업수행의 자유의 내용으로 보호된다고 보기는 어렵다.
④ 공중보건의사가 군사교육에 소집된 기간을 복무기간에 산입하지 않도록 규정한 병역법 제34조로 인해 청구인들의 수련 시작이 늦어져 이 점이 개별 수련병원 별로 진행되는 채용경쟁상 불리한 요소로 작용할 수 있다고 하더라도, 이는 개별 수련병원의 구체적 사정에 따른 사실상의 불이익에 불과하므로 청구인들의 직업의 자유가 침해될 여지는 없다.
⑤ 지역아동센터 시설별 신고정원의 80% 이상을 돌봄취약아동으로 구성하도록 정한 '2019년 지역아동센터 지원 사업안내'는 직업수행의 자유를 침해한다고 할 수 없다.

▶ 정답 및 해설

① [×] 직업수행의 자유가 보장된다 하더라도 기본권 제한 입법의 한계조항인 헌법 제37조 제2항에 따라 국가안전보장·질서유지 또는 공공복리를 위하여 불가피한 경우에는 이를 제한할 수 있고, 이 경우 직업선택의 자유에 비하여 상대적으로 폭넓은 입법적 규제가 가능하다. 물론 이러한 경우 그 수단은 목적 달성에 적절한 것이어야 하고, 또한 필요한 정도를 넘는 지나친 것이어서는 아니 된다. 이 사건 심판대상조항이 공영방송사의 경우 공영미디어렙인 한국방송광고진흥공사만을 통해 방송광고 판매를 하도록 한 것은 미디어렙 경쟁체제에서 나타날 수 있는 방송의 상업화 등 부작용을 방지하고, 공영방송사에 대한 광고주나 특정인의 부당한 영향력 행사를 차단하여 방송의 공공성, 공정성, 다양성을 확보하기 위한 것으로, 방송문화진흥회가 최다출자자인 청구인과 같은 공영방송사는 그 존립근거나 운영주체의 특성상 상대적으로 더 높은 수준의 공공성을 요구받는 것이 당연하다. 방송광고의 가격이나 광고총량을 통제하여 방송이 시청률 위주의 지나친 상업적 방송이 되는 것을 막고, 시청률은 낮더라도 공익성이 높은 프로그램의 경우에는 적정한 가격에 방송광고를 판매할 수 있도록 그 규제가 가능한 공영미디어렙을 통해 방송광고를 판매하도록 하는 것은 과잉금지원칙에 위반된다고 볼 수 없다(2013.9.26, 2012헌마271).

② [〇] 헌법 제15조가 보장하는 직장선택의 자유는 개인이 선택한 직업분야에서 구체적인 취업기회를 가질 수 있도록 하는 것이지 원하는 직장을 제공하여 줄 것을 청구할 권리를 보장하는 것은 아니다 [2020. 9. 24. 2019헌마472].

③ [〇] 병역의무 이행을 이유로 수련기간에서 2개월이 제외되었다고 하여 어떠한 불이익한 처우를 받는 것도 아니므로, 이 사건에서 청구인들이 주장하는 취지의 '특정 시점부터 해당 직업을 선택하고 직업수행을 개시할 자유'가 직업선택의 자유, 직업수행의 자유의 내용으로 보호된다고 보기는 어렵다 [2020. 9. 24. 2019헌마472].

④ [〇] 심판대상조항으로 인해 청구인들의 수련 시작이 늦어져 이 점이 개별 수련병원 별로 진행되는 채용경쟁상 불리한 요소로 작용할 수 있다고 하더라도, 이는 개별 수련병원의 구체적 사정에 따른 사실상의 불이익에 불과할 뿐이다. 그렇다면 심판대상조항으로 인해 청구인들의 직업의 자유가 침해될 여지는 없으므로, 위 주장은 더 나아가 판단하지 않는다 [2020. 9. 24. 2019헌마472].

⑤ [〇] 이용 아동구성이 달라진다고 하여 청구인 운영자들의 지역아동센터 운영에 어떠한 본질적인 차이를 가져온다고 보기 어렵고, 청구인 운영자들은 국가의 재정적 지원에 상응하는 공익적 의무를 부담할 수 있다는 것을 충분히 예견할 수 있다. 따라서 이 사건 이용아동규정이 청구인 운영자들의 직업 수행의 자유를 중대하게 제한하고 있다고 할 수 없다[2022. 1. 27. 2019헌마583].

정답 ①

277 직업의 자유에 대한 설명으로 옳지 않은 것을 모두 조합한 것은?

ㄱ. 경비업자가 시설경비업무 또는 신변보호업무 중 집단민원현장에 일반경비원을 배치하는 경우 경비원을 배치하기 48시간 전까지 배치허가를 신청하고 허가를 받도록 정한 경비업법 제18조 제2항은 과잉금지원칙을 위반하여 경비업자의 직업수행의 자유를 침해하지 않는다.
ㄴ. 경비업자에게 비경비업무의 수행이 금지되거나 그 업무의 허가가 취소됨에 따라 영업의 기회가 박탈되었다고 하더라도, 이는 재산권 보장의 대상이 아니다.
ㄷ. 시설경비업을 허가받은 경비업자로 하여금 허가받은 경비업무 외의 업무에 경비원을 종사하게 하는 것을 금지하고, 이를 위반한 경비업자에 대한 허가를 취소하도록 정하고 있는 경비업법 제7조 제5항은 과잉금지원칙에 반하여 시설경비업을 수행하는 경비업자의 직업의 자유를 침해하지 아니한다.
ㄹ. 집단급식소에 근무하는 영양사의 직무를 규정한 조항인 식품위생법 제52조 제2항을 위반한 자를 처벌하는, 식품위생법 제96조는 직무를 수행하지 아니한 행위 일체를 처벌대상으로 하는 것이 아니라 집단급식소의 위생과 안전을 침해할 위험이 있는 행위로 한정하여 처벌대상으로 하고 있다. 그러므로 처벌조항은 과잉금지원칙에 위반되지 않는다.

① ㄱㄴ　　② ㄱㄷ　　③ ㄷㄹ
④ ㄴㄹ　　⑤ ㄱㄷㄹ

▶ **정답 및 해설**

ㄱ. [O] 경비업법상 '집단민원현장'으로 분류된, 이해당사자 간 갈등이 표출될 가능성이 큰 성격의 장소들에 경비원을 배치함으로 인하여 발생할 수 있는 폭력사태를 억제하고 그러한 위험성을 관리하기 위해서는 관할 경찰관서장이 배치할 경비원의 결격사유 해당 여부, 교육 이수 여부, 배치할 집단민원현장에서의 이해당사자 간의 갈등 정도 및 폭력 발생의 가능성을 비롯한 다양한 요소를 종합적으로 검토하여 충분한 시간을 갖고 경비원 배치허가 여부를 결정할 필요가 있다.
배치허가 신청기한에 예외를 두거나 사후신고를 할 수 있도록 하는 경우에는 자격미달의 경비원을 기습 배치하는 등 악용의 소지가 있다. 따라서 심판대상조항이 일률적으로 경비업자에게 집단민원현장에 경비원을 배치하는 시점을 기준으로 48시간 전까지 배치허가를 신청하도록 한 것은 과도하지 않으며, 심판대상조항을 통해 달성되는 공익인 국민의 생명과 안전 및 재산은 제한되는 경비업자의 사익보다 월등히 크므로, **심판대상조항은 과잉금지원칙을 위반하여 경비업자의 직업수행의 자유를 침해하지 않는다**(2023. 2. 23. 2018헌마246).
ㄴ. [O] 제청법원은 심판대상조항에 의하여 재산권도 침해된다고 주장한다. 그러나 헌법상 보장된 재산권은 사적 유용성 및 그에 대한 원칙적 처분권을 내포하는 재산가치 있는 구체적 권리인바, **경비업자에게 비경비업무의 수행이 금지되거나 그 업무의 허가가 취소됨에 따라 영업의 기회가 박탈되었다고 하더라도, 이는 재산권 보장의 대상이 아니므로** 더 나아가 살펴보지 아니한다(2023. 3. 23. 2020헌가19).
ㄷ. [X] 비경비업무의 수행이 경비업무의 전념성을 직접적으로 해하지 아니하는 경우가 있음에도 불구하고, 심판대상조항은 경비업무의 전념성이 훼손되는 정도를 고려하지 아니한 채 경비업자가 경비원으로 하여금 비경비업무에 종사하도록 하는 것을 일률적·전면적으로 금지하고, 경비업자가 허가받은 시설경비업무 외의 업무에 경비원을 종사하게 한 때에는 필요적으로 경비업의 허가를 취소하도록 규정하고 있는 점, 누구든지 경비원으로 하여금 경비업무의 범위를 벗어난 행위를 하게 하여서는 아니 된다며 이에 대한 제재를 규정하고 있는 경비업법 제15조의2 제2항, 제19조 제1항 제7호 등을 통해서도 경비업무의 전념성을 충분히 확보할 수 있는 점 등에 비추어 볼 때, 심판대상조항은 침해의 최소성에 위배되고, 경비업무의 전념성을

중대하게 훼손하지 않는 경우에도 경비원에게 비경비업무를 수행하도록 하면 허가받은 경비업 전체를 취소하도록 하여 경비업을 전부 영위할 수 없도록 하는 것은 법익의 균형성에도 반한다. 따라서 심판대상조항은 **과잉금지원칙에 위반하여 시설경비업을 수행하는 경비업자의 직업의 자유를 침해한다**(2023. 3. 23. 2020헌가19).

※ 재판관 유남석, 재판관 이은애, 재판관 이미선의 반대의견
경비업제도는 경비대상에 대한 위험을 예방적·방어적으로 방지하기 위한 것으로, 심판대상조항이 경비업무의 전념성을 확보하기 위해 개별적·구체적 사정을 고려하지 아니한 채 경비원의 비경비업무 수행 자체를 허용하지 아니하도록 정하고 있다고 하여 이를 지나친 제한으로 볼 수 없으며, 경비업 허가에 대한 임의적 취소나 영업정지 등의 방법만으로는 경비업무의 전념성이 훼손되는 상황을 충분히 방지할 수 없다. 또한 심판대상조항에 의해 제한되는 경비업자의 직업의 자유의 정도가 경비업의 전문성과 안정성을 유지하여 국민의 생명·신체 및 재산을 보호하려는 공익에 비하여 중하다고 할 수도 없으므로, 심판대상조항은 법익의 균형성도 인정된다. 따라서 심판대상조항은 과잉금지원칙에 반하여 시설경비업을 수행하는 경비업자의 직업의 자유를 침해하지 아니한다.

ㄹ. [×] 처벌조항으로 인해 집단급식소에 근무하는 영양사는 그 경중 또는 실질적인 사회적 해악의 유무에 상관없이 직무수행조항에서 규정하고 있는 직무를 단 하나라도 불이행한 경우 상시적인 형사처벌의 위험에 노출된다. 이는 범죄의 설정에 관한 입법재량의 한계를 현저히 일탈하여 과도하다고 하지 않을 수 없다. 그러므로 **처벌조항은 과잉금지원칙에 위반된다**(2023. 3. 23. 2019헌바141).

※ 재판관 이은애, 재판관 이미선의 반대의견
처벌조항이 집단급식소에 근무하는 영양사에 한정하여 특별히 형사책임을 묻는 것은, 집단급식소의 경우 다수의 식사 제공에 관여하게 되고 식재료도 대량을 구매하여 보관하게 되어 영양사가 그 직무를 제대로 수행하지 아니할 경우 발생하는 위해의 정도가 높기 때문이라고 볼 수 있다. 이와 같은 피해의 중대성과 광범위성에 비추어 볼 때, 입법자로서는 단순한 행정적 제재만으로는 입법목적을 달성할 수 없다고 판단하여 형사처벌을 택할 수 있으며, 그러한 판단이 명백히 불합리하다고 볼 수 없다. 또한, 처벌조항은 직무를 수행하지 아니한 행위 일체를 처벌대상으로 하는 것이 아니라 집단급식소의 위생과 안전을 침해할 위험이 있는 행위로 한정하여 처벌대상으로 하고 있다. 그러므로 처벌조항은 과잉금지원칙에 위반되지 않는다.

정답 ③

278 법무부장관이 변호사 시험 공고를 통해 코로나 확진자 변호사 시험 응시를 제한하자 응시가 제한된 코로나 환자들이 헌법소원심판을 청구하였다. 이에 대한 설명으로 옳지 않은 것은?

① 코로나 확진자의 응시금지가 청구인들의 건강권과 생명권을 침해할 여지는 없다.
② 확진환자와 자가격리자의 응시를 허용한 대학수학능력시험 응시자와 비교하여 청구인들을 차별한 것이므로 평등권 침해문제가 발생한다.
③ 법무부장관이 2020. 11. 23.에 한 '코로나19 관련 제10회 변호사시험 응시자 유의사항 등 알림' 중 코로나바이러스감염증-19확진환자의 시험 응시를 금지한 부분은 청구인들의 직업선택의 자유를 침해한다.
④ 법무부장관이 2020. 11. 20.에 한 '제10회 변호사시험 일시·장소 및 응시자준수사항 공고' 및 이 사건 알림 중 각 자가격리자의 사전 신청 마감 기한을 '2021. 1. 2.(일) 18:00'까지로 제한한 부분이 청구인들의 직업선택의 자유를 침해한다.
⑤ 법무부장관이 2020. 11. 23.에 한 '코로나19 관련 제10회 변호사시험 응시자 유의사항 등 알림' 중 고위험자를 의료기관에 이송하도록 한 부분이 청구인들의 직업선택의 자유를 침해한다.

▶ 정답 및 해설

① 【O】 청구인들은 이 사건 자가격리자 신청기한 제한이나 이 사건 확진환자 응시금지가 코로나19에 감염된 응시자들로 하여금 그 감염사실을 숨기고 시험에 응시하도록 유도하므로 청구인들의 건강권과 생명권을 침해한다고 주장한다. 그러나 이는 이 사건 응시제한을 의도적으로 위반한 자의 행위로 인한 것이지 이 사건 자가격리자 신청기한 제한과 이 사건 확진환자 응시금지의 직접적인 효과라고 보기 어렵다. 따라서 청구인들의 이 부분 주장은 더 나아가 판단하지 아니한다[2023. 2. 23. 2020헌마1736].

② 【X】 청구인들은 이 사건 응시제한이 확진환자와 자가격리자의 응시를 허용한 대학수학능력시험 응시자와 비교하여 청구인들을 차별한다고 주장하나, 이 사건 변호사시험과 2021학년도 대학수학능력시험은 그 응시 목적, 응시자 수, 응시 장소 및 방법 등이 서로 다르므로 **방역조치의 차별이 문제되는 비교집단이라고 보기 어렵다. 따라서 이와 관련한 청구인들의 주장은 판단하지 아니한다**[2023. 2. 23. 2020헌마1736].

③ 【O】 감염병의 확산으로 인하여 의료자원이 부족할 수도 있다는 막연한 우려를 이유로 확진환자 등의 응시를 일률적으로 금지하는 것은 청구인들의 기본권을 과도하게 제한한 것이라고 볼 수밖에 없다. 확진환자가 시험장 이외에 의료기관이나 생활치료센터 등 입원치료를 받거나 격리 중인 곳에서 시험을 치를 수 있도록 한다면 감염병 확산 방지라는 목적을 동일하게 달성하면서도 확진환자의 시험 응시 기회를 보장할 수 있다. 따라서 이 사건 알림 중 코로나19 확진환자의 시험 응시를 금지한 부분은 청구인들의 직업선택의 자유를 침해한다[2023. 2. 23. 2020헌마1736]..

④ 【O】 이 사건 공고 및 이 사건 알림 중 자가격리자의 사전 신청 마감 기한을 '2021. 1. 3.(일) 18:00'까지로 제한한 부분은 청구인들의 직업선택의 자유를 침해한다[2023. 2. 23. 2020헌마1736].

⑤ 【O】 피청구인은 시험장 출입 시나 시험 중에 발열이나 호흡기 증상이 발현된 사람을 일반 시험실과 분리된 예비 시험실에서 시험에 응시할 수 있도록 하고 있으므로 이를 통해 감염병 확산 방지의 목적을 충분히 달성할 수 있다. 또한 감염병 증상이 악화된 응시자는 본인의 의사에 따라 응시 여부를 판단할 수 있게 하더라도 시험의 운영이나 관리에 심각한 지장이 초래될 것이라고 보기 어렵다. 따라서 이 사건 알림 중 고위험자를 의료기관에 이송하도록 한 부분은 청구인들의 직업선택의 자유를 침해한다[2023. 2. 23. 2020헌마1736].

정답 ②

279 직업의 자유에 대한 설명으로 옳지 않은 것은?

① 청원경찰이 금고 이상의 형의 선고유예를 받은 경우 당연 퇴직되도록 규정한 청원경찰법은 직업의 자유를 침해한다고 볼 수 없다.
② 폐기물처리업자로 하여금 환경부령으로 정하는 바에 따라 폐기물을 허가받은 사업장 내 보관시설이나 승인받은 임시보관시설 등 적정한 장소에 보관하도록 하고, 이를 위반할 경우 형사처벌하도록 한 폐기물관리법이 과잉금지원칙에 위반되어 폐기물처리업자의 직업의 자유를 침해한다고 할 수 없다.
③ 위생안전기준 적합 여부에 대하여 수도법상 인증을 받은, 물에 접촉하는 수도용 제품이 수도법상 정기검사 기준에 적합하지 아니한 경우 환경부장관이 그 인증을 필요적으로 취소하도록 하는 수도법이 과잉금지원칙에 위반되어 수도용 제품 제조업자의 직업수행의 자유를 침해한다고 할 수 없다.
④ 행정사로 하여금 그 사무소 소재지를 관할하는 특별시장·광역시장·특별자치시장·도지사·특별자치도지사가 시행하는 연수교육을 받도록 하는 행정사법 제25조 제3항이 청구인의 직업의 자유를 침해한다고 할 수 없다.

⑤ 어린이집 원장 또는 보육교사가 아동학대관련범죄로 처벌을 받은 경우 행정청이 재량으로 그 자격을 취소할 수 있도록 정한 영유아보육법 제48조 제1항 제3호 중 '아동복지법 제17조 제5호를 위반하여 아동복지법 제71조 제1항 제2호에 따라 처벌받은 경우'에 관한 부분이 직업선택의 자유를 침해한다고 할 수 없다.

▶ 정답 및 해설

① [×] 심판대상조항은 청원경찰이 저지른 범죄의 종류나 내용을 불문하고 금고 이상의 형의 선고유예를 받게 되면 당연히 퇴직되도록 규정함으로써 청원경찰에게 공무원보다 더 가혹한 제재를 가하고 있으므로, 침해의 최소성 원칙에 위배된다. 심판대상조항은 청원경찰이 저지른 범죄의 종류나 내용을 불문하고 범죄행위로 금고 이상의 형의 선고유예를 받게 되면 당연히 퇴직되도록 규정함으로써 그것이 달성하려는 공익의 비중에도 불구하고 청원경찰의 직업의 자유를 과도하게 제한하고 있어 법익의 균형성 원칙에도 위배된다. 따라서, 심판대상조항은 과잉금지원칙에 반하여 직업의 자유를 침해한다. (2018.1.25. 2017헌가26)

② [○] 심판대상조항에 의하여 폐기물처리업자가 제한받게 되는 사익의 정도가 매우 중대하다고 보기 어려운 반면, 심판대상조항에 의하여 달성되는 환경보전과 국민건강 보호라는 공익은 그보다 더 크다고 할 것이므로, 심판대상조항은 법익의 균형성도 갖추었다[2023. 2. 23. 2020헌바504].

③ [○] 심판대상조항은 정기검사 기준에 부적합한 제품의 인증만을 취소하도록 할 뿐 해당 제품의 제조업자가 다른 수도용 제품을 인증 받아 제조·판매하는 데에는 아무런 제한을 두지 않는 등, 직업수행의 자유의 제한을 입법목적 달성에 필요한 범위 내에서 최소화하고 있다. 따라서 심판대상조항은 과잉금지원칙에 위배되어 물에 접촉하는 수도용 제품 제조업자의 직업수행의 자유를 침해하지 아니한다[2023. 2. 23. 2021헌바179].

④ [○] 다른 전문자격사에 대해서도 이와 유사한 교육이 의무화되어 있는 사정, 교육에 소요되는 시간이나 이수의 편의성 등을 고려하면 심판대상조항이 행정사에게만 과도한 기준을 설정하였다고 볼 수 없다. 따라서 심판대상조항은 과잉금지원칙에 위배되어 청구인의 직업의 자유를 침해하지 않는다[2023. 3. 23. 2021헌마50].

⑤ [○] 심판대상조항으로 실현하고자 하는 공익은 영유아를 건강하고 안전하게 보육하는 것으로서, 이로 인하여 어린이집 원장 또는 보육교사 자격을 취득하였던 사람이 그 자격을 취소당한 결과 일정 기간 어린이집에 근무하지 못하는 제한을 받더라도, 그 제한의 정도가 위 공익에 비하여 더 중대하다고 할 수 없다. 따라서 심판대상조항은 과잉금지원칙에 반하여 직업선택의 자유를 침해하지 아니한다[2023. 5. 25. 2021헌바234].

정답 ①

280 직업의 자유에 대한 설명으로 옳지 않은 것은?

① 누구든지 게임물의 유통질서를 저해하는 행위로서, 게임물의 이용을 통하여 획득한 유·무형의 결과물(점수, 경품, 게임 내에서 사용되는 가상의 화폐로서 대통령령이 정하는 게임머니 및 대통령령이 정하는 이와 유사한 것을 말한다)을 환전 또는 환전 알선하거나 재매입을 업으로 하는 행위를 하여서는 아니 된다고 규정한 '게임산업진흥에 관한 법률' 제32조 제1항 제7호가 과잉금지원칙을 위반하여 직업수행의 자유를 침해한다고 할 수 없다.
② 방치폐기물 처리이행보증보험계약의 갱신명령을 불이행한 건설폐기물 처리업자의 허가를 취소하는 '건설폐기물의 재활용촉진에 관한 법률' 제25조 제1항 제4호의2가 과잉금지원칙에 반하여 직업의 자유를 침해한다고 할 수 없다.
③ 2019. 11. 29.자 '2020년도 제57회 변리사 국가자격시험 시행계획 공고' 중 영어과목을 대체하는 것으로 인정되는 영어능력검정시험을 제1차 시험 응시원서 접수마감일인 2020. 1. 17.까지 실시된 시험으로 정한 부분이 청구인의 직업선택의 자유를 침해한다고 할 수 없다.
④ 집단급식소에서의 식단 작성, 검식(檢食) 및 배식관리등을 집단급식소에 근무하는 영양사의 직무를 규정한 조항인 식품위생법 제52조 제2항을 위반한 자를 처벌하는, 식품위생법 제96조은 직무를 수행하지 아니한 행위 일체를 처벌대상으로 하는 것이 아니라 집단급식소의 위생과 안전을 침해할 위험이 있는 행위로 한정하여 처벌대상으로 하고 있다. 그러므로 처벌조항은 과잉금지원칙에 위반되지 않는다.
⑤ 사회복무요원으로 하여금 군사역무와 관련없는 업무에 종사하는 병역법조항의 위헌여부는 가장 밀접한 기본권인 일반적 행동자유권 침해 여부를 살펴보는 이상 직업의 자유침해여부를 별도로 판단하지 아니한다.

▶ **정답 및 해설**

①[O] 게임물의 유통질서를 저해하는 행위를 방지하는 것은 게임산업의 진흥 및 건전한 게임문화의 확립에 필요한 기초가 되는 공익이며, 이에 비하여 청구인들의 직업수행의 자유가 제한되는 정도가 결코 중하다고 볼 수 없으므로, 법익의 균형성도 인정된다. 따라서 이 사건 법률조항들은 과잉금지원칙을 위반하여 직업수행의 자유를 침해하지 아니한다(2022. 2. 24. 2017헌바438).
②[O] 건설폐기물 처리업자가 처리이행보증보험계약이 만료되었음에도 이를 갱신하지 않았다는 것은 향후 해당 폐기물 처리업자가 폐기물 처리를 제대로 하지 않아 폐기물이 방치될 우려가 매우 높은 경우이므로, 이러한 업체에 대하여는 허가취소를 통하여 폐기물 처리업을 더 이상 하지 못하도록 하는 것이 방치폐기물의 발생가능성을 줄일 수 있는 불가피한 조치이다.
심판대상조항으로 인하여 건설폐기물 처리업자는 더 이상 건설폐기물 처리업을 하지 못하게 되는 불이익을 입게 되나, 이러한 사익은 건설폐기물이 방치될 위험성을 차단하고 그로 인한 환경오염을 막기 위한 공익보다 중하다고 보기 어렵다. 따라서 심판대상조항은 과잉금지원칙에 반하여 직업의 자유를 침해한다고 볼 수 없다(2022. 2. 24. 2019헌바184).
③[O] 응시자는 제1차 시험 응시원서 접수마감일부터 역산하여 2년이 되는 날 이후에 실시된 토익, 텝스 등 총 6개의 영어능력검정시험 중 어느 하나의 기준점수만 충족하면 되므로, 영어능력검정시험을 여러 차례 치를 수 있다. 따라서 인정되는 영어능력검정시험의 종기를 제1차 시험 응시원서 접수마감까지 실시된 시험으로 정한 것은 침해의 최소성 및 법익의 균형성에도 반하지 않는다. 따라서 위 공고는 청구인의 직업선택의 자유를 침해하지 않는다(2022. 2. 24. 2020헌마290).
④[X] 재판관 이석태, 재판관 이종석, 재판관 이영진, 재판관 김기영, 재판관 문형배의 위헌의견

처벌조항에 규정된 '위반'이라는 문언은 집단급식소에 근무하는 영양사가 직무를 수행하지 아니한 경우 처벌한다는 의미만을 전달할 뿐, 그 판단기준에 관해서는 구체적이고 유용한 지침을 제공하지 않는다. 이는 식품위생법의 다른 금지규정 및 형벌규정과 대조된다. 이상과 같은 점을 고려할 때 처벌조항은 죄형법정주의의 명확성원칙에 위반된다(2023.3.23. 2019헌바141).

2. 재판관 유남석, 재판관 이선애의 위헌의견

처벌조항은 그 내용이 포괄적이고 광범위하기는 하지만, 그로 인하여 법규범의 의미내용에 대한 예측가능성이 없다거나, 자의적인 법해석이나 법집행이 배제되지 않는다고 보기는 어렵다. 따라서 처벌조항은 죄형법정주의의 명확성원칙에 위반되지는 않는다.

처벌조항으로 인해 집단급식소에 근무하는 영양사는 그 경중 또는 실질적인 사회적 해악의 유무에 상관없이 직무수행조항에서 규정하고 있는 직무를 단 하나라도 불이행한 경우 상시적인 형사처벌의 위험에 노출된다. 이는 범죄의 설정에 관한 입법재량의 한계를 현저히 일탈하여 과도하다고 하지 않을 수 없다. 그러므로 처벌조항은 과잉금지원칙에 위반된다(2023.3.23. 2019헌바141).

⑤ 【O】 사회복무 업무조항은 사회복무요원의 업무에 관하여 정하면서 "사회복무요원은 다음 각 호의 어느 하나에 해당하는 업무에 복무하게 하여야 한다."라고 규정하고, 정당한 사유 없이 복무를 이탈할 경우 등에는 연장복무나 형사처벌 등의 제재를 받도록 하고 있다(병역법 제33조 제1항 본문, 제89조의2 제1호, 제89조의3 제3호). 이는 국가가 사회복무요원에게 병역의무의 부과를 통하여 특정 행위를 해야 할 법적의무를 부과하고 의무의 이행을 처벌조항 등을 통하여 강제하는 경우에 해당하므로 일반적 행동자유권을 제한한다. 따라서 사회복무 업무조항이 청구인들의 일반적 행동자유권을 침해하는지 여부가 문제된다. 청구인 강○○은 사회복무 업무조항이 헌법 제39조 제1항에 위반된다는 주장을 하나, 이러한 주장도 결국 사회복무 업무조항이 군사적 역무와 무관하고 국방의 의무 수행과 관련이 없는 일을 사회복무요원에게 강요한다는 취지의 주장이므로, 일반적 행동자유권을 침해하는지 여부를 판단하는 것으로 족하다. 청구인 노○○은 사회복무 업무조항이 자신의 신체의 자유, 거주이전의 자유, 직업선택의 자유, 근로의 자유도 침해한다고 주장하나, 사회복무 업무조항과 가장 밀접한 기본권인 일반적 행동자유권 침해 여부를 살펴보는 이상 위 청구인의 위 주장에 대해서는 별도로 판단하지 아니한다(2023. 10. 26. 2019헌마959). 정답 ④

281 직업의 자유에 대한 설명 중 옳은 것을 모두 조합한 것은?

ㄱ. 동물약국 개설자가 수의사 또는 수산질병관리사의 처방전 없이 판매할 수 없는 동물용의약품을 규정한 '처방대상 동물용의약품 지정에 관한 규정' 제3조의 동물약국 개설자인 청구인들의 직업수행의 자유를 침해한다고 할 수 없다.

ㄴ. 한국언론진흥재단에 사실상 정부광고 시장에 있어서의 광고대행을 독점하고 있고 이는 우리 헌법상의 시장경제질서에 비추어 볼 때, 위와 같은 독점 체제는 특별한 사정이 없는 한 헌법적 정당성을 갖기 어려운 바, 문화체육관광부장관이 정부광고 업무를 한국언론진흥재단에 위탁하도록 한, '정부기관 및 공공법인 등의 광고시행에 관한 법률 시행령' 제6조 제1항은 광고대행업에 종사하는 청구인들의 직업수행의 자유를 침해한다.

ㄷ. 공기업 등으로부터 입찰참가자격제한처분을 받은 자가 국가 중앙관서나 다른 공기업 등이 집행하는 입찰에 참가할 수 없도록 한 구 '국가를 당사자로 하는 계약에 관한 법률 시행령'이 과잉금지원칙에 위배하여 직업수행의 자유를 침해한다고 할 수 없다.

ㄹ. 금고 이상의 형의 집행유예선고를 받고 그 유예기간 중에 있는 자는 특수경비원이 될 수 없다고 규정한 구 경비업법 제10조 제2항 제2호 중 제1항 제4호에 관한 부분이 과잉금지원칙에 위배하여 특수경비원의 직업의 자유를 침해한다.

ㅁ. 시설경비업을 허가받은 경비업자로 하여금 허가받은 경비업무 외의 업무에 경비원을 종사하게 하는 것을 금지하고, 이를 위반한 경비업자에 대한 허가를 취소하도록 정하고 있는 경비업법은 경비업자의 직업의 자유를 침해한다.

① ㄱㄴㄹ
② ㄴㄷㄹ
③ ㄷㄹㅁ
④ ㄴㄹㅁ
⑤ ㄱㄷㅁ

▶ **정답 및 해설**

ㄱ. [O] 백신 주사 후 예상치 못한 부작용이 발생한 경우 곧바로 필요한 조치를 할 필요성과, 관련 폐기용품의 처리도 안전하게 이루어져야 한다는 측면 등을 고려하면 심판대상조항이 동물약국 개설자에 대한 과도한 제약이라고 보기 어려워, 동물약국 개설자인 청구인들의 직업수행의 자유를 침해하지 아니한다[2023. 6. 29. 2021헌마199].

ㄴ. [X] 정부광고가 전체 국내 광고시장에서 차지하는 비중이 크지 않고, 정부기관등을 제외한 나머지 광고주들이 의뢰하는 광고는 이 사건 시행령조항의 적용을 받지 않으므로, 이 사건 시행령조항으로 인한 기본권 제한의 정도는 제한적이다. 나아가 민간 광고사업자들이 경우에 따라 한국언론진흥재단을 통하여 정부광고에 참여할 수 있는 길이 열려 있다.
따라서 이 사건 시행령조항은 과잉금지원칙에 위배되어 청구인들의 직업수행의 자유를 침해한다고 볼 수 없다[2023. 6. 29. 2019헌마227].

ㄷ. [O] 이 사건 시행령 및 규칙조항은 국가, 공기업 등의 계약체결의 공정성과 그 충실한 이행을 확보하기 위한 것으로, 입찰참가제한의 범위를 좁히거나 낙찰자 결정과정에서 고려하는 등의 방법은 입찰참가자격 제한으로 인한 불이익이 크지 않아 제재의 효과가 미약하거나, 제재의 효과를 쉽게 회피할 우려가 있어 입법목적을 충분히 달성할 수 있다고 볼 수 없으므로 위 조항들은 침해의 최소성을 충족한다. 나아가 위 조항들로 인하여 부정당업자가 입는 피해가 계약의 공정성과 충실한 이행의 담보라는 공익보다 중요한 것이라고 볼 수 없으므로, 위 조항들은 법익의 균형성도 갖추었다. 따라서 위 조항들이 과잉금지원칙에 위배하여 청구인의 직업수행의 자유를 침해한다고 볼 수 없다[2023. 7. 20. 2017헌마1376].

ㄹ. [X] 심판대상조항은 범죄행위로 금고 이상의 형의 집행유예를 선고받은 경우 특수경비원의 신분을 영원히 박탈하는 것이 아니라 집행유예기간 동안만을 결격사유로 규정하고 있고, 그 기간은 개인이 받는 형벌의 정도에 따라 달리 정해지므로, 기본권침해를 최소화하고 있다. 따라서 심판대상조항은 과잉금지원칙에 반하여 특수경비원의 직업의 자유를 침해하지 않는다[2023. 6. 29. 2021헌마157].

ㅁ. [O] 심판대상조항은 침해의 최소성에 위배되고, 경비업무의 전념성을 중대하게 훼손하지 않는 경우에도 경비원에게 비경비업무를 수행하도록 하면 허가받은 경비업 전체를 취소하도록 하여 경비업을 전부 영위할 수 없도록 하는 것은 법익의 균형성에도 반한다. 따라서 심판대상조항은 과잉금지원칙에 위반하여 시설경비업을 수행하는 경비업자의 직업의 자유를 침해한다(2023.3.23. 2020헌가19). **정답** ⑤

282 직업의 자유에 대한 설명 중 옳은 것(O)과 옳지 않은 것(X)을 올바르게 조합한 것은?

ㄱ. 간행물 판매자에게 정가 판매 의무를 부과하고, 가격할인의 범위를 가격할인과 경제상의 이익을 합하여 정가의 15퍼센트 이하로 제한하는 출판문화산업 진흥법 제22조 제4항, 제5항에 의한 직업의 자유 제한이 과잉금지원칙에 위반되는지 여부를 판단함에 있어 보다 유연하고 탄력적인 심사가 필요하다.

ㄴ. 간행물 판매자에게 정가 판매 의무를 부과하고, 가격할인의 범위를 가격할인과 경제상의

이익을 합하여 정가의 15퍼센트 이하로 제한하는 출판문화산업 진흥법 제22조 제4항, 제5항은 과잉금지원칙에 위배되어 청구인의 직업의 자유를 침해한다고 할 수 없다.
ㄷ. 사회복지사업법을 위반하여 100만 원 이상의 벌금형을 선고받고 그 형이 확정된 후 5년이 지나지 아니한 사람에 해당하는 경우 사회복지법인 임원의 자격을 상실하도록 규정한 구 사회복지사업법 제19조 제2항 중 제1항 제1호의7 가목 가운데 '이 법을 위반하여'에 관한 부분이 직업선택의 자유를 침해한다고 할 수 없다.
ㄹ. 법무부장관이 2020.11.23.에 한 '코로나19 관련 제10회 변호사시험 응시자 유의사항 등 알림' 중 코로나바이러스감염증-19확진환자의 시험 응시를 금지한 부분이 청구인들의 직업선택의 자유를 침해한다고 할 수 없다.
ㅁ. 사회복지사업법을 위반하여 100만 원 이상의 벌금형을 선고받고 그 형이 확정된 후 5년이 지나지 아니한 사람에 해당하는 경우 사회복지법인 임원의 자격을 상실하도록 규정한 구 사회복지사업법은 청구인들의 직업선택의 자유를 침해한다.

① ㄱ(O), ㄴ(O), ㄷ(×), ㄹ(O), ㅁ(O)
② ㄱ(×), ㄴ(×), ㄷ(O), ㄹ(O), ㅁ(O)
③ ㄱ(×), ㄴ(×), ㄷ(×), ㄹ(×), ㅁ(×)
④ ㄱ(O), ㄴ(O), ㄷ(O), ㄹ(×), ㅁ(×)
⑤ ㄱ(×), ㄴ(O), ㄷ(×), ㄹ(O), ㅁ(O)

▶ 정답 및 해설

ㄱ. [O] 직업의 자유에 대한 제한이 헌법상 긍인되기 위해서는 헌법 제37조 제2항의 과잉금지원칙을 준수하여야 한다. 다만, 우리 헌법 전문과 제119조에 의할 때 경쟁의 자유는 국가의 법질서에 의하여 자유로운 경쟁을 해하는 행위를 효율적으로 규제함으로써 공정한 경쟁질서를 형성하고 확보하는 가운데 누리는 자유를 의미하는바, 직업의 자유와 같은 경제적 기본권 제한에 대한 위헌심사에 있어서는 헌법 제119조에 규정된 경제질서 조항의 의미를 충분히 고려하여야 한다. 위에서 살핀 바와 같이 도서정가제는 도서의 대형할인매장의 등장과 전자상거래 활성화에 따른 온라인 서점의 할인판매실시로 가격경쟁이 격화되자 과도한 할인경쟁의 방지를 통한 출판 유통질서의 확립 등을 위해 도입된 제도인바, 이 사건 심판대상조항에 의한 직업의 자유 제한이 과잉금지원칙에 위반되는지 여부를 판단함에 있어 보다 유연하고 탄력적인 심사가 필요하다[2023. 7. 20. 2020헌마104].

ㄴ. [O] 지식문화 상품인 간행물에 관한 소비자의 후생이 단순히 저렴한 가격에 상품을 구입함으로써 얻는 경제적 이득에만 한정되지는 않고 다양한 관점의 간행물을 선택할 권리 및 간행물을 선택함에 있어 필요한 지식 및 정보를 용이하게 제공받을 권리도 포괄하므로, 이 사건 심판대상조항으로 인하여 전체적인 소비자후생이 제한되는 정도는 크지 않다.
따라서 이 사건 심판대상조항은 과잉금지원칙에 위배되어 청구인의 직업의 자유를 침해한다고 할 수 없다[2023. 7. 20. 2020헌마104].

ㄷ. [O] 따라서 사회복지사업법 위반행위로 인해 사회복지사업에 부정적 영향을 끼침으로써 지역사회복지 및 국가 전체에 미칠 수 있는 병폐 등을 고려하여, 사회복지사업법 위반행위로 인하여 100만 원 이상의 벌금형을 선고받고 그 형이 확정된 사람의 임원 자격을 5년 동안 제한되도록 정한 것은 입법재량을 벗어난 것이라고 볼 수 없다.
그렇다면 심판대상조항이 사회복지법인 임원의 윤리성과 청렴성의 담보를 통해 달성하고자 하는 공익은 자신이 선택하려는 직업에서 일정기간 배제되는 사익에 비해 더 중대하다고 할 것이므로, 심판대상조항은 직업선택의 자유를 침해하지 아니한다[2023. 9. 26. 2021헌바240].

ㄹ. [×] 확진환자가 시험장 이외에 의료기관이나 생활치료센터 등 입원치료를 받거나 격리 중인 곳에서 시험을 치를 수 있도록 한다면 감염병 확산 방지라는 목적을 동일하게 달성하면서도 확진환자의 시험 응시 기

회를 보장할 수 있다. 따라서 이 사건 알림 중 코로나19 확진환자의 시험 응시를 금지한 부분은 청구인들의 직업선택의 자유를 침해한다(2023.2.23. 2020헌마1736).
ㅁ. [×] 심판대상조항이 사회복지법인 임원의 윤리성과 청렴성의 담보를 통해 달성하고자 하는 공익은 자신이 선택하려는 직업에서 일정기간 배제되는 사익에 비해 더 중대하다고 할 것이므로, 심판대상조항은 직업선택의 자유를 침해하지 아니한다(2023. 9. 26. 2021헌바240).　　　　　　　　　　　　　　　　　　　　　　　정답 ④

283 직업의 자유에 대한 설명으로 옳지 않은 것은?

① 누구든지 약사법 제42조 제1항을 위반하여 수입된 의약품을 판매하거나 판매할 목적으로 저장 또는 진열하여서는 아니 된다고 규정한 구 약사법이 과잉금지원칙에 위배되어 직업수행의 자유를 침해한다고 할 수 없다.
② 공인회계사시험위원회 위원장이 2019.8.7.에 한 '2020년도 제55회 공인회계사시험 서류접수계획 공고' 및 피청구인 금융위원회 위원장이 2019.11.22.에 한 '2020년도 제55회 공인회계사시험 시행계획 공고' 중 각 '영어성적인정신청일을 응시원서 접수기간 이전인 2019.12.31. 18:00까지로 한정한 부분'은 청구인의 직업선택의 자유를 침해한다고 할 수 없다.
③ 지역아동센터 시설별 신고정원의 80% 이상을 돌봄취약아동으로 구성하도록 정한 '2019년 지역아동센터 지원 사업안내'는 직업수행의 자유를 침해한다.
④ 일반게임제공업자에 대해 게임물의 버튼 등 입력장치를 자동으로 조작하여 게임을 진행하는 장치 또는 소프트웨어를 제공하거나 게임물 이용자가 이를 이용하게 하는 행위를 금지하는 '게임산업진흥에 관한 법률 시행령' 별표2 제9가 과잉금지원칙을 위반하여 일반게임제공업자의 직업의 자유를 침해한다고 할 수 없다.
⑤ 공증인법 제10조 제2항 전문 및 법무부령으로 각 지방검찰청 소속 공증인의 정원을 정한 '공증인의 정원 및 신원보증금에 관한 규칙' 제2조는 청구인들의 직업의 자유를 침해한다고 할 수 없다.

▶ 정답 및 해설

① [O] 약사법은 임상시험용 의약품이나 방역, 방제 등을 위하여 긴급히 사용할 필요가 있는 의약품의 경우에 품목허가 또는 품목신고 없이 의약품을 수입할 수 있는 예외 조항을 두고 있다. 따라서 심판대상조항은 과잉금지원칙에 위배되어 직업수행의 자유를 침해하지 아니한다(2022.10.27. 2020헌바375).
② [O] 청구인으로서는 제1차 시험일부터 역산하여 2년이 되는 날이 속하는 해의 1.1. 이후에 실시되는 토플, 토익 등 영어시험을 여러 차례 치를 수 있고 이를 충족하여 매년 실시되는 공인회계사시험에 응시할 수 있는 점을 고려하면, 청구인이 받는 불이익이 공익보다 크다고 할 수 없다. 따라서 이 사건 공고 부분은 청구인의 직업선택의 자유를 침해하지 않는다(2022.10.27. 2020헌마68).
③ [×] 이용아동 구성이 달라진다고 하여 청구인 운영자들의 지역아동센터 운영에 어떠한 본질적인 차이를 가져온다고 보기 어렵고, 청구인 운영자들은 국가의 재정적 지원에 상응하는 공익적 의무를 부담할 수 있다는 것을 충분히 예견할 수 있다. 따라서 이 사건 이용아동규정이 청구인 운영자들의 직업 수행의 자유를 중대하게 제한하고 있다고 할 수 없다(2022. 1. 27. 2019헌마583).
④ [O] 일반게임제공업자인 청구인들은 자동진행장치를 게임물 이용자에게 제공하거나 이용하게 하는 영업방식이 제한될 뿐이므로 이로 인한 불이익이 크다고 보기는 어려운 반면, 게임물의 사행적 이용행위를 방지함으로써 건전한 게임문화를 확립하여 국민의 문화적 삶의 질을 향상시키고자 하는 공익은 중대하다. 따라서 심판대상조항은 과잉금지원칙을 위반하여 일반게임제공업자인 청구인들의 직업의 자유를 침해한다고 볼 수 없다(2022. 5. 26. 2020헌마670).

⑤ [O] 공증사무는 국가사무의 일종으로서 부실한 공증을 사전에 방지하는 것은 공증사무의 적절성과 공정성을 확보하고 공증사무 전체에 대한 국민의 신뢰를 제고한다는 측면에서 중요한 의미를 갖는 점, 공증인에 대한 관리·감독이 실효적으로 이루어지기 위해서는 법무부가 공증인을 유효·적절하게 관리할 수 있을 만큼 공증인의 정원을 제한할 필요가 있는 점, 공증사무만을 전담하는 임명공증인의 정원을 늘리는 대신 변호사 업무와 공증사무를 겸업하는 인가공증인의 정원을 축소한 것은 공증사무의 적절성, 신뢰성 확보를 위한 것인 점, 2009년 공증인법 개정 이후 공증사무 수요에 큰 변화가 없는 상태에서 공증인 정원을 증원하지 않은 것은 일응 수긍할 만한 이유가 있다고 보이는 점 등을 고려하면 이 사건 정원 규정은 입법형성권의 한계를 벗어나 청구인들의 직업의 자유를 침해하지 아니한다(2022.11.24. 2019헌마572). **정답** ③

284 수용자와 접견이나 증인 신문에 대한 설명으로 옳지 않은 것은?

① 변호사와 접견하는 경우에도 수용자의 접견은 원칙적으로 접촉차단시설이 설치된 장소에서 하도록 규정하고 있는 형의 집행 및 수용자의 처우에 관한 법률 시행령 제58조 제4항은 재판청구권을 침해한다.
② 민사재판, 행정재판, 헌법재판 등에서 소송사건의 대리인이 되려고 하는 변호사는 아직 소송대리인으로 선임되기 전이라는 이유로 접촉차단시설이 설치된 장소에서 일반접견의 형태로 수용자를 접견하도록 한 '형의 집행 및 수용자의 처우에 관한 법률 시행령' 제58조 제4항 제2호는 과잉금지원칙에 반하여 변호사인 청구인의 직업수행의 자유를 침해한다.
③ 소송사건의 대리인 변호사가 수형자를 접견하고자 하는 경우 소송계속 사실을 소명할 수 있는 자료를 제출하도록 규정하고 있는 '형의 집행 및 수용자의 처우에 관한 법률 시행규칙' 제29조의2 제1항 제2호 중 '수형자 접견'에 관한 부분은 과잉금지원칙에 위배되어 변호사인 청구인의 직업수행의 자유를 침해한다.
④ '피고인 등'에 대하여 차폐시설을 설치하고 증인을 신문할 수 있도록 한 부분이 청구인의 공정한 재판을 받을 권리 및 변호인의 조력을 받을 권리를 침해한다고 할 수 없다.
⑤ 변호사와 접견하는 경우에도 수용자의 접견은 원칙적으로 접촉차단시설이 설치된 장소에서 하도록 규정하고 있는 「형의 집행 및 수용자의 처우에 관한 법률 시행령」 규정은 청구인의 재판청구권을 지나치게 제한하고 있으므로 헌법에 위반된다.

▶ 정답 및 해설

① [O] 이 사건 접견조항에 따르면 수용자는 효율적인 재판준비를 하는 것이 곤란하게 되고, 특히 교정시설 내에서의 처우에 대하여 국가 등을 상대로 소송을 하는 경우에는 소송의 상대방에게 소송자료를 그대로 노출하게 되어 무기대등의 원칙이 훼손될 수 있다. 변호사 직무의 공공성, 윤리성 및 사회적 책임성은 변호사 접견권을 이용한 증거인멸, 도주 및 마약 등 금지물품 반입 시도 등의 우려를 최소화시킬 수 있으며, 변호사접견이라 하더라도 교정시설의 질서 등을 해할 우려가 있는 특별한 사정이 있는 경우에는 예외를 두도록 한다면 악용될 가능성도 방지할 수 있다. 따라서 이 사건 접견조항은 과잉금지원칙에 위배하여 청구인의 **재판청구권을 지나치게 제한하고 있으므로, 헌법에 위반된**다(2013. 8. 29. 2011헌마122).
② [X] 상소권회복 또는 재심청구 사건은 형 집행의 직접적 원인이 되는 확정판결에 대한 불복절차이고 청구요건과 절차가 까다롭기 때문에 변호사 선임 전이라도 접견상의 제약을 완화하고 있으나, 민사·행정 등 일반적인 소송사건의 경우 형 집행의 원인이 되는 확정판결과 직접 관련되어 있다거나 소송대리인이 되려는 변호사와의 접견 장소나 방법에 특례를 두어야 할 정도로 요건과 절차가 특별히 까다롭다고 볼 수 없다. 따라서 **심판대상조항은 변호사인 청구인의 업무를 원하는 방식으로 자유롭게 수행할 수 있는 자유를 침해한**

다고 할 수 없다. [2022. 2. 24. 2018헌마1010] 기각결정
③ [○] 심판대상조항은 이른바 '집사 변호사' 등 소송사건과 무관하게 수형자를 접견하는 변호사의 접견권 남용행위를 방지함으로써, 한정된 교정시설 내의 수용질서 및 규율을 유지하고, 수용된 상태에서 소송수행을 해야 하는 수형자들의 변호사접견을 원활하게 실시하기 위한 것으로서, **그 입법목적은 정당하다.**
　심판대상조항이 소송계속 사실 소명자료를 제출하도록 규정하고 있어 집사 변호사가 접견권을 남용하여 소를 제기하지도 아니한 채 수형자와 접견하는 것이 방지되는 것은 사실이다. 그러나 집사 변호사라면 소 제기 여부를 진지하게 고민할 필요가 없으므로 얼마든지 불필요한 소송을 제기하고 변호사접견을 이용할 수 있다. 집사 변호사를 고용하는 수형자 역시 소송의 승패와 상관없이 변호사를 고용할 확실한 동기가 있고 이를 위한 충분한 자력이 있는 경우가 보통이므로 손쉽게 변호사접견을 이용할 수 있다. 그에 반해 진지하게 소 제기 여부 및 변론 방향을 고민해야 하는 변호사라면 일반접견만으로는 수형자에게 충분한 조력을 제공하기가 어렵고, 수형자 역시 소송의 승패가 불확실한 상황에서 접견마저 충분하지 않다면 변호사를 신뢰하고 소송절차를 진행하기가 부담스러울 수밖에 없다. 따라서 심판대상조항이 변호사의 접견권 남용행위 방지에 실효적인 수단이라고 보기 어려울 뿐 아니라 수형자의 재판청구권 행사에 장애를 초래할 뿐이므로, **심판대상조항은 수단의 적합성이 인정되지 아니한다**[2021. 10. 28. 2018헌마60]
④ [○] 강력범죄 또는 조직폭력범죄의 수사와 재판에서 범죄입증을 위해 증언한 자의 안전을 효과적으로 보장해 줄 수 있는 조치가 마련되어야 할 필요성은 매우 크고, 경우에 따라서는 증인이 피고인의 변호인과 대면하여 진술하는 것으로부터 보호할 필요성이 있을 수 있다. 피고인 등과 증인 사이에 차폐시설을 설치한 경우에도 피고인 및 변호인에게는 여전히 반대신문권이 보장되고, 증인신문과정에서 증언의 신빙성에 대한 최종 판단 권한을 가진 재판부가 증인의 진술태도를 충분히 관찰할 수 있으며, 형사소송법은 차폐시설을 설치하고 증인신문절차를 진행할 경우 피고인으로부터 의견을 듣도록 하는 등 피고인이 받을 수 있는 불이익을 최소화하기 위한 장치를 마련하고 있다. 따라서 심판대상조항은 과잉금지원칙에 위배되어 청구인의 공정한 재판을 받을 권리 및 변호인의 조력을 받을 권리를 침해한다고 할 수 없다[2016. 12. 29. 2015헌바221]
⑤ [○] 이 사건 접견조항에 따르면 수용자는 효율적인 재판준비를 하는 것이 곤란하게 되고, 특히 교정시설 내에서의 처우에 대하여 국가 등을 상대로 소송을 하는 경우에는 소송의 상대방에게 소송자료를 그대로 노출하게 되어 무기대등의 원칙이 훼손될 수 있다. 변호사 직무의 공공성, 윤리성 및 사회적 책임성은 변호사접견권을 이용한 증거인멸, 도주 및 마약 등 금지물품 반입 시도 등의 우려를 최소화시킬 수 있으며, 변호사접견이라 하더라도 교정시설의 질서 등을 해할 우려가 있는 특별한 사정이 있는 경우에는 예외를 두도록 한다면 악용될 가능성도 방지할 수 있다. 따라서 이 사건 접견조항은 과잉금지원칙에 위배하여 청구인의 재판청구권을 지나치게 제한하고 있으므로, 헌법에 위반된다(2013.8.29., 2011헌마122). **정답 ②**

285 정당에 대한 설명으로 옳은 것을 모두 조합한 것은?

ㄱ. 정당에 대한 후원을 금지하고 위반시 형사처벌하는 구 정치자금법 제6조는 정당 후원회를 금지함으로써 불법 정치자금 수수로 인한 정경유착을 막고 정당의 정치자금 조달의 투명성을 확보하여 정당 운영의 투명성과 도덕성을 제고하기 위한 것으로 목적의 정당성이 인정되므로 정당활동의 자유를 침해하지 않는다.
ㄴ. 「공직선거법」제192조 제4항은 소속 정당이 헌법재판소의 정당해산결정에 따라 해산된 경우 비례대표 지방의회의원의 퇴직을 규정하는 조항이라고 할 수 없어 헌법재판소의 위헌정당 해산결정에 따라 해산된 정당 소속 비례대표 지방의회의원은 비례대표 지방의회의원의 지위를 상실하지 않는다.
ㄷ. 후원회를 설치·운영할 수 있는 자를 국회의원으로 한정하고 지방의회의원을 제외한 것은

지방의회의원의 평등권을 침해한다
ㄹ. 새로운 정책이념을 가진 신생정당이나 군소정당의 진입과 활동이 어렵지 않도록 당원의 수를 상대적으로 정하는 것이 정당설립의 자유와 복수정당제를 규정한 헌법 제8조 제1항의 취지에 부합한다. 정당법상 법정당원수 조항은 과잉금지원칙을 위반하여 각 시·도당창당준비위원회의 대표자인 나머지 청구인들의 정당조직의 자유와 정당활동의 자유를 포함한 정당의 자유를 침해한다.
ㅁ. 국회의원이 아닌 정당 소속 당원협의회 위원장을 후원회지정권자에서 제외하고 있는 정치자금법 제6조 제2호는 과잉금지원칙에 위배되어 정치활동의 자유 내지 정치적 의사표현의 자유를 침해한다고 볼 수 없다.

① ㄱㄷㄹ　　② ㄴㄷㅁ　　③ ㄷㄹㅁ
④ ㄱㄹㅁ　　⑤ ㄱㄴㄷ

▶ 정답 및 해설

ㄱ.【X】나아가 정당제 민주주의 하에서 정당에 대한 재정적 후원이 전면적으로 금지됨으로써 정당이 스스로 재정을 충당하고자 하는 정당활동의 자유와 국민의 정치적 표현의 자유에 대한 제한이 매우 크다고 할 것이므로, 이 사건 법률조항은 정당의 정당활동의 자유와 국민의 정치적 표현의 자유를 침해한다(2015.12.23. 2013헌바168).

ㄴ.【O】헌법재판소의 위헌정당 해산결정에 따라 해산된 정당 소속 비례대표 지방의회의원 甲이 공직선거법 제192조 제4항에 따라 지방의회의원직을 상실하는지가 문제 된 사안에서, 공직선거법 제192조 제4항은 소속 정당이 헌법재판소의 정당해산결정에 따라 해산된 경우 비례대표 지방의회의원의 퇴직을 규정하는 조항이라고 할 수 없어 甲이 비례대표 지방의회의원의 지위를 상실하지 않았다고 본 원심판단을 정당하다고 한 사례(대법원 2021.4.29. 2016두39825).

ㄷ.【O】지방의원 후원회를 금지한 정치자금법 선거와 무관하게 후원회를 설치 및 운영할 수 있는 자를 중앙당과 국회의원으로 한정하여 국회의원과 지방의회의원을 달리 취급하는 것은, 불합리한 차별에 해당하고 입법재량을 현저히 남용하거나 한계를 일탈한 것이다. 따라서 지방의회의원을 후원회지정권자에서 제외하고 있는 심판대상조항은 청구인들의 평등권을 침해한다. 아울러 종전에 헌법재판소가 이와 견해를 달리하여 심판대상조항과 실질적으로 동일한 내용을 규정하고 있던 개정 전 조항에 대하여 헌법에 위반되지 않는다고 판시한 헌재 2000. 6. 1. 99헌마576 결정은 이 결정 취지와 저촉되는 범위 안에서 이를 변경한다. 이 결정은 아래 6.과 같은 재판관 이선애, 재판관 이종석의 반대의견이 있는 외에는 관여 재판관들의 의견이 일치되었다.(2022. 11. 24. 2019헌마528) 헌법불합치결정

ㄹ.【X】각 시·도당창당준비위원회의 대표자들은 법정당원수 조항으로 인해 당원이 1,000명 이상이 될 때까지 시·도당 창당이 지연되는 불이익을 입을 뿐이므로, 이들이 제한받는 사익의 정도가 공익에 비하여 크다고 보기도 어렵다. 따라서 법정당원수 조항은 과잉금지원칙을 위반하여 각 시·도당창당준비위원회의 대표자들의 정당조직의 자유와 정당활동의 자유를 포함한 정당의 자유를 침해하지 아니한다(2022.11.24. 2019헌마445).

ㅁ.【O】후원회 가입이 허용된다면 공무원의 정치적 의사가 표명되어 정치적 중립성에 대한 국민의 신뢰는 유지되기 어렵고, 정당가입을 금지한 취지를 잠탈하게 될 위험성이 있다. 또한 공무원인 이상 직급을 불문하고 정치적 중립성을 유지할 의무가 있다. 이러한 점들을 고려하면 후원회회원자격조항이 과잉금지원칙에 위배되어 정치활동의 자유 내지 정치적 의사표현의 자유를 침해한다고 볼 수 없다(2022.10.27. 2019헌마1271).

정답 ②

286 정당제도에 대한 설명 중 옳은 것을 모두 조합한 것은?

ㄱ. 정당등록제도는 어떤 정치적 결사가 정당법상 정당임을 법적으로 확인하여 줌으로써 법적 안정성과 확실성에 기여하고, 창당준비위원회가 형식적 요건을 구비하여 등록을 신청하면 중앙선거관리위원회는 이를 반드시 수리하여야 한다.
ㄴ. 정당법상 등록된 정당이 아니면 정당이라는 명칭을 사용하지 못하게 하는 정당법 제41조 제1항 및 제59조 제2항 중 제41조 제1항에 관한 부분이 헌법에 위반된다고 할 수 없다.
ㄷ. 정당은 수도에 소재하는 중앙당과 5 이상의 특별시·광역시·도에 각각 소재하는 시·도당을 갖추어야 한다고 정한 정당법상 전국정당조항은 모든 정당에 대하여 일률적으로 전국 규모의 조직을 요구하여 지역정당이나 군소정당, 신생정당을 배제하고 있는데 이는 헌법 제8조 제1항의 정당의 자유를 부정하는 것이어서 입법목적의 정당성 및 수단의 적합성을 인정하기 어렵다.
ㄹ. 시·도당은 1천인 이상의 당원을 가져야 한다고 정한 정당법은 헌법 제8조 제1항의 정당의 자유 자체를 처음부터 부정한다는 점에서 입법목적의 정당성 및 수단의 적합성을 인정하기 어렵다.
ㅁ. 정당법 제15조도 "등록신청을 받은 관할 선거관리위원회는 형식적 요건을 구비하는 한 이를 거부하지 못한다."고 규정하여, 정당법에 명시된 요건이 아닌 다른 사유로 정당등록신청을 거부하는 등으로 정당설립의 자유를 제한할 수 없도록 하고 있다.

① ㄱㄴㄷ   ② ㄴㄷㄹ   ③ ㄷㄹㅁ
④ ㄱㄴㅁ   ⑤ ㄴㄹㅁ

▶ 정답 및 해설

ㄱ. [O] 정당등록제도는 어떤 정치적 결사가 정당법상 정당임을 법적으로 확인하여 줌으로써 법적 안정성과 확실성에 기여하고, 창당준비위원회가 형식적 요건을 구비하여 등록을 신청하면 중앙선거관리위원회는 이를 반드시 수리하여야 하므로, 정당등록제도가 정당의 이념 등을 이유로 등록 여부를 결정하는 것이라고 볼 수는 없다. 따라서 정당등록조항이 과잉금지원칙을 위반하여 정당의 자유를 침해한다고 볼 수 없다[2023. 9. 26. 2021헌가23].

ㄴ. [O] 정당명칭사용금지조항은 정당법에 따른 등록요건을 갖추지 못한 단체들이 임의로 정당이라는 명칭을 사용하는 것을 금지하여 정당등록제도 및 등록요건의 실효성을 담보하고, 국민의 정치적 의사형성 참여과정에 혼란이 초래되는 것을 방지하기 위한 것이다. 따라서 정당명칭사용금지조항이 과잉금지원칙을 위반하여 정당의 자유를 침해한다고 볼 수 없다[2023. 9. 26. 2021헌가23].

ㄷ. [X] 전국정당조항은, 정당이 특정 지역에 편중되지 않고 전국적인 규모의 구성과 조직을 갖추어 국민의 정치적 의사를 균형 있게 집약, 결집하여 국가정책의 결정에 영향을 미칠 수 있도록 함으로써, 헌법 제8조 제2항 후단에 따라 정당에게 부여된 기능인 '국민의 정치적 의사형성에의 참여'를 실현하고자 하는 것이다. 지역적 연고에 지나치게 의존하는 정당정치 풍토가 다른 나라와 달리 우리의 정치현실에서는 특히 문제시 되고 있고, 지역정당을 허용할 경우 지역주의를 심화시키고 지역 간 이익갈등이 커지는 부작용을 야기할 수도 있다는 점에서, 정당의 구성과 조직의 요건을 정함에 있어 전국적인 규모를 확보할 필요성이 인정된다. 이러한 정치현실과 우리나라에 현존하는 정당의 수에 비추어 보면, 전국정당조항이 과잉금지원칙에 반하여 정당의 자유를 침해한다고 볼 수 없다[2023. 9. 26. 2021헌가23].

ㄹ. [X] 시·도당은 1천인 이상의 당원을 가져야 한다고 규정한 정당법 제18조 제1항이 신생정당의 창당이나

기성정당의 추가적인 시·도당 창당을 현저히 어렵게 하여 창당준비위원회의 대표자들에게 지나치게 과도한 부담을 지운 것이라고 보기도 어렵다[2023. 9. 26. 2021헌가23].

ㅁ. [O] 헌법 제8조가 정당설립의 자유와 복수정당제를 보장하고 있으므로, 정당등록제도는 정당법상의 정당임을 법적으로 확인하는 것을 넘어 정당의 이념적 목적이나 지향성 등을 이유로 정당의 등록 여부를 결정하는 제도로는 볼 수 없다. 정당법 제15조도 "등록신청을 받은 관할 선거관리위원회는 형식적 요건을 구비하는 한 이를 거부하지 못한다."고 규정하여, 정당이 정당법에 정한 형식적 요건을 구비한 경우 피청구인은 이를 반드시 수리하도록 하고, 정당법에 명시된 요건이 아닌 다른 사유로 정당등록신청을 거부하는 등으로 정당설립의 자유를 제한할 수 없도록 하고 있다 (2023.2.23. 2020헌마275). **정답 ④**

287 정치자금법에 대한 설명으로 옳지 않은 것은?

① 정치자금법에 정하지 않은 방법으로 정치자금을 기부받는 것을 금지하는 조항이 과잉금지원칙에 위배되어 정치인에게 기부하는 자의 정치활동 내지 정치적 표현의 자유를 침해한다고 할 수 없다.

② 국회의원에 대해서는 상시 후원회를 통하여 정치자금을 모금할 수 있도록 한 반면, 국회의원이 아닌 원외 당협위원장 또는 국회의원선거를 준비하는 자 등을 후원회지정권자에서 제외하여 정치자금을 모금할 수 없도록 하고 이를 위반하면 처벌하는 것은 평등원칙에 위배된다.

③ 국회의원을 후원회지정권자로 정하면서 지방자치법 제2조 제1항 제1호의 '도'의회의원과 같은 항 제2호의 '시'의회의원(지방의회의원)을 후원회지정권자에서 제외하고 있는 정치자금법 제6조 제2호은 청구인들의 평등권을 침해한다.

④ 특별시장·광역시장·특별자치시장·도지사·특별자치도지사 선거의 예비후보자를 후원회지정권자에서 제외하고 있는 정치자금법 제6조 제6호 부분이 청구인들의 평등권을 침해한다.

⑤ 정당에 대한 후원을 금지하고 위반시 형사처벌하는 구 정치자금법 제6조는 정당 후원회를 금지함으로써 불법 정치자금 수수로 인한 정경유착을 막고 정당의 정치자금 조달의 투명성을 확보하여 정당 운영의 투명성과 도덕성을 제고하기 위한 것으로 목적은 정당하나 정당활동의 자유를 침해한다.

▶ 정답 및 해설

① [O] 정치자금법은 특정 정치인에 대한 정치자금 기부를 후원회에 후원금을 내는 방법으로만 허용하고 후원금 기부한도, 모금 방법, 수입과 지출에 대한 회계처리 등에 관하여 상세히 정하고 있다. 그런데 정치인에게 노무를 제공하여 정치활동에 소요되는 비용을 직접 부담하는 등의 기부행위는 음성적으로 이루어질 가능성이 높고 정치자금 기부에 대한 법적 규제를 잠탈하는 수단으로 악용될 수 있어 사전에 차단할 필요성이 크다. 이처럼 정치자금의 적정 제공을 보장하기 위하여 정치자금법에 정하지 않은 방법으로 정치자금을 기부받는 행위를 금지하는 것은 불가피한 조치라고 볼 수 있다. 따라서 심판대상조항은 과잉금지원칙에 위배되어 정치자금을 기부하고자 하는 자의 정치활동 내지 정치적 표현의 자유를 침해하지 않는다[2023. 10. 26. 2020헌바402].

② [×] 심판대상조항이 원외 당협위원장을 후원회지정권자에서 제외하여 정치자금을 모금할 수 없도록 한 것은 지역구국회의원과의 지위, 정치활동의 대상 및 범위에 있어서의 차이, 후원회의 효과적인 통제 등을 고려한 것이다. 또한 지역구국회의원 선거를 준비하는 자를 후원회지정권자에서 제외한 것은 어느 시점을 기준으로 정치활동을 위한 경비의 지출이 객관적으로 예상되는 위치에 있다고 볼 것인지 명확하지 아니하기 때문이다.

이처럼 원외 당협위원장이나 지역구국회의원 선거를 준비하는 자를 지역구국회의원과 달리 취급하는 것은 합리적인 이유가 인정되므로 심판대상조항은 평등원칙에 위배되지 않는다(2023. 10. 26. 2020헌바402).

③ [O] 현재 지방의회의원에게 지급되는 의정활동비 등은 의정활동에 전념하기에 충분하지 않고, 지방의회는 유능한 신인정치인의 유입 통로가 되므로, 지방의회의원에게 후원회를 지정할 수 없도록 하는 것은 경제력을 갖추지 못한 사람의 정치입문을 저해할 수도 있다. 따라서 심판대상조항이 국회의원과 달리 지방의회의원을 후원회지정권자에서 제외하고 있는 것은 불합리한 차별로서 청구인들의 평등권을 침해한다(2022. 11. 24. 2019헌마528).

④ [O] 그동안 정치자금법이 여러 차례 개정되어 후원회지정권자의 범위가 지속적으로 확대되어 왔음에도 불구하고, 국회의원선거의 예비후보자 및 그 예비후보자에게 후원금을 기부하고자 하는 자와 광역자치단체장선거의 예비후보자 및 이들 예비후보자에게 후원금을 기부하고자 하는 자를 계속하여 달리 취급하는 것은, 불합리한 차별에 해당하고 입법재량을 현저히 남용하거나 한계를 일탈한 것이다.
따라서 심판대상조항 중 광역자치단체장선거의 예비후보자에 관한 부분은 청구인들 중 광역자치단체장선거의 예비후보자 및 이들 예비후보자에게 후원금을 기부하고자 하는 자의 평등권을 침해한다(2019. 12. 27. 2018헌마301).

⑤ [O] 나아가 정당제 민주주의 하에서 정당에 대한 재정적 후원이 전면적으로 금지됨으로써 정당이 스스로 재정을 충당하고자 하는 정당활동의 자유와 국민의 정치적 표현의 자유에 대한 제한이 매우 크다고 할 것이므로, 이 사건 법률조항은 정당의 정당활동의 자유와 국민의 정치적 표현의 자유를 침해한다(2015.12.23. 2013헌바168).

정답 ②

288 선거제도에 대한 설명으로 옳지 않은 것은?

① 헌법 제41조 제3항은 "국회의원의 선거구와 비례대표제 기타 선거에 관한 사항은 법률로 정한다."라고 규정하여 선거제도의 내용에 관한 구체적인 결정을 국회의 입법에 맡기고 있다. 입법자가 대·중·소선거구제 중 어느 것을 채택할 것인지, 당선인을 결정하는 방식으로 다수대표제·비례대표제·혼합형선거제 중에서 어느 것을 택할 것인지 등에 대한 구체적인 헌법적 기준은 없다.

② 준연동형 비례대표제를 규정한 공직선거법 제189조 제2항은 개정 전 공직선거법상의 병립형 선거제도보다 선거의 비례성을 향상시키고 있고, 이러한 방법이 헌법상 선거원칙에 명백히 위반된다는 사정이 발견되지 않으므로 평등선거원칙에 위배되지 않는다.

③ 인천광역시 서구 청라동을 분리하여 서로 다른 선거구에 편입시킨 공직선거법 제25조 제3항 별표 1 중 '인천광역시 서구갑선거구' 및 '인천광역시 서구을선거구' 부분이 자의적인 선거구획정으로 청구인들의 선거권과 평등권을 침해한다.

④ 헌법재판소가 입법개선시한을 정하여 헌법불합치결정을 하였음에도 국회가 입법개선시한까지 개선입법을 하지 아니하여 국회의원의 선거구에 관한 법률이 존재하지 아니하게 된 경우 국회에 국회의원의 선거구를 입법할 헌법상 의무가 존재한다.

⑤ 재외투표기간 개시일 이후 귀국한 재외선거인에 대해 국내에서 선거일에 투표할 수 있도록 하는 절차를 마련하지 아니한 공직선거법 제218조의16는 재외투표기간 개시일에 임박하여 또는 재외투표기간 중에 재외선거사무 중지결정이 있었고 그에 대한 재개결정이 없었던 예외적인 상황에서 재외투표기간 개시일 이후에 귀국한 재외선거인등이 국내에서 선거일에 투표할 수 있도록 하는 절차를 마련하지 아니한 것은 청구인의 선거권을 침해한다.

▶ 정답 및 해설

① [O] 헌법 제41조 제3항은 "국회의원의 선거구와 비례대표제 기타 선거에 관한 사항은 법률로 정한다."라고 규정하여 선거제도의 내용에 관한 구체적인 결정을 국회의 입법에 맡기고 있다. 입법자가 대·중·소선거구제 중 어느 것을 채택할 것인지, 당선인을 결정하는 방식으로 다수대표제·비례대표제·혼합형선거제 중에서 어느 것을 택할 것인지 등에 대한 구체적인 헌법적 기준은 없다. 따라서 국회의원 선거제도는 법률이 정하는 바에 의하여 구체적으로 결정되는 것이므로, 입법형성권을 갖고 있는 입법자는 우리나라 선거제도와 정당의 역사성, 우리나라 선거 및 정치문화의 특수성, 정치적·경제적·사회적 환경, 선거와 관련된 국민의 의식의 정도와 법 감정을 종합하여 국회의원 선거제도를 합리적으로 입법할 수 있다. 입법자가 국회의원 선거제도를 형성함에 있어 헌법 제41조 제1항에 명시된 보통·평등·직접·비밀선거의 원칙과 자유선거 등 국민의 선거권이 부당하게 제한되지 않는 한 헌법에 위반된다고 할 수 없다(2023. 7. 20. 2019헌마1443).

② [O] 이 사건 의석배분조항은 위성정당 창당과 같은 지역구의석과 비례대표의석의 연동을 차단시키기 위한 선거전략을 통제하는 제도를 마련하고 있지 않으나, 이 사건 의석배분조항이 개정 전 공직선거법상의 병립형 선거제도보다 선거의 비례성을 향상시키고 있고, 이러한 방법이 헌법상 선거원칙에 명백히 위반된다는 사정이 발견되지 않으므로, 정당의 투표전략으로 인하여 실제 선거에서 양당체제를 고착화시키는 결과를 초래하였다는 이유만으로, 이 사건 의석배분조항이 투표가치를 왜곡하거나 선거의 대표성의 본질을 침해할 정도로 현저히 비합리적인 입법이라고 보기는 어렵다. 따라서 이 사건 의석배분조항은 평등선거원칙에 위배되지 않는다(2023. 7. 20. 2019헌마1443).

③ [×] 이 사건 선거구획정 경위와 청라동과 다른 지역들과의 인접성, 생활환경이나 교통, 교육환경 등을 종합적으로 고려하면, 이 사건 선거구구역표가 선거구 간 인구편차를 줄이기 위하여 청라3동을 청라1, 2동과 다른 선거구에 편입시킨 것으로 합리적인 이유가 있다(2023. 6. 29. 2020헌마356).

④ [O] 헌법 제41조 제3항은 국회의원선거에 있어 필수적인 요소라고 할 수 있는 선거구에 관하여 직접 법률로 정하도록 규정하고 있으므로, 피청구인에게는 국회의원의 선거구를 입법할 명시적인 헌법상 입법의무가 존재한다. 나아가 헌법이 국민주권의 실현 방법으로 대의민주주의를 채택하고 있고 선거구는 이를 구현하기 위한 기초가 된다는 점에 비추어 보면, 헌법 해석상으로도 피청구인에게 국회의원의 선거구를 입법할 의무가 인정된다. 따라서 헌법재판소가 입법개선시한을 정하여 헌법불합치결정을 하였음에도 국회가 입법개선시한까지 개선입법을 하지 아니하여 국회의원의 선거구에 관한 법률이 존재하지 아니하게 된 경우, 국회는 이를 입법 하여야 할 헌법상 의무가 있다(2016. 4. 28. 2015헌마1177).

⑤ [O] 재외투표기간 개시일에 임박하여 또는 재외투표기간 중에 재외선거사무 중지결정이 있었고 그에 대한 재개결정이 없었던 예외적인 상황에서 재외투표기간 개시일 이후에 귀국한 재외선거인등이 국내에서 선거일에 투표할 수 있도록 하는 절차를 마련하지 아니한 것은 과잉금지원칙을 위반하여 청구인의 선거권을 침해한다(2022. 1. 27. 2020헌마895).

정답 ③

289 선거제도에 대한 설명으로 옳지 않은 것은?

① 공개장소에서의 연설·대담장소 또는 대담·토론회장에서 연설·대담·토론용으로 사용하는 경우를 제외하고는 선거운동을 위하여 확성장치를 사용할 수 없도록 한 공직선거법 제91조 제1항 및 이에 위반한 경우 처벌하는 구 공직선거법 제255조 제2항 제4호는 정치적 표현의 자유를 침해한다.
② 선거기간 중 선거에 영향을 미치게 하기 위한 그 밖의 집회나 모임의 개최를 금지하는 공직선거법 제103조 제3항은 과잉금지원칙에 반하여 집회의 자유, 정치적 표현의 자유를 침해한다.
③ 선거운동기간 전에 공직선거법에 의하지 않은 선전시설물·용구를 이용한 선거운동을 금지하고, 이에 위반한 경우 처벌하도록 한 공직선거법 제254조 제2항 중 '선전시설물·용구'에 관한 부분이 선거운동 등 정치적 표현의 자유를 침해한다고 할 수 없다.
④ 선거일 이전에 행하여진 선거범죄의 공소시효 기산점을 '당해 선거일후'로 규정한 공직선거법이 평등원칙에 위배된다고 할 수 없다.
⑤ 사전투표관리관이 투표용지의 일련번호를 떼지 아니하고 선거인에게 교부하도록 정한 공직선거법 제158조 제3항은 청구인들의 선거권을 침해하지 아니한다.

▶ 정답 및 해설

①【X】확성장치사용 금지조항은 선거운동 과정에서 확성장치 사용으로 인한 소음을 규제하여 국민의 건강하고 쾌적한 환경에서 생활할 권리를 보장하고자 한 것으로, 목적의 정당성 및 수단의 적합성이 인정된다. 확성장치의 출력수나 사용시간을 규제하는 입법이 확성장치사용 자체를 제한하는 방안과 동등하거나 유사한 효과를 불러온다고 보기 어려운 점 등을 종합하면, 확성장치사용 금지조항은 침해의 최소성에 어긋나지 않는다. 나아가 확성장치사용 금지조항이 달성하고자 하는 공익이 그로써 제한되는 정치적 표현의 자유보다 작다고 할 수 없으므로, 위 조항은 법익의 균형성에도 어긋나지 않는다. 따라서 확성장치사용 금지조항은 과잉금지원칙에 반하여 정치적 표현의 자유를 침해하지 않는다[2022. 7. 21. 2017헌바100].
②【O】집회개최 금지조항은 선거에서의 균등한 기회보장과 선거의 공정성 확보를 위한 것으로서 정당한 목적 달성을 위한 적합한 수단이나, 선거기간 중 선거에 영향을 미치게 하기 위한 집회나 모임이라면 선거의 공정과 평온에 대한 위험이 구체적으로 존재하지 않는 경우까지도 예외 없이 개최를 금지하고 있다. 집회개최 금지조항은 입법목적 달성을 위하여 필요한 범위를 넘어 선거기간 중 선거에 영향을 미치게 하기 위한 유권자의 집회나 모임을 일률적으로 금지·처벌하고 있으므로 침해의 최소성에 반한다. 또한 집회개최 금지조항으로 인하여 일반 유권자가 받는 집회의 자유, 정치적 표현의 자유에 대한 제약이 달성되는 공익보다 중대하므로 법익의 균형성에도 위배된다. 따라서 집회개최 금지조항은 과잉금지원칙에 반하여 집회의 자유, 정치적 표현의 자유를 침해한다 [2022. 7. 21. 2018헌바357]
③【O】사전선거운동 금지조항은 선거에 관한 정치적 표현행위 가운데 특정후보자의 당선 또는 낙선을 도모한다는 목적의사가 뚜렷하게 인정되는 선거운동, 그중에서도 선전시설물·용구를 이용한 선거운동을 선거운동기간 전에 한정하여 금지하고 있다. 이는 선거의 과열경쟁으로 인한 사회·경제적 손실의 발생을 방지하고 후보자 간의 실질적인 기회균등을 보장하기 위한 것으로서, 선거운동 등 정치적 표현의 자유를 침해하지 아니한다[2022. 11. 24. 2021헌바301].
④【O】선거로 인한 법적 불안정 상태를 신속히 해소하면서도 선거의 공정성을 보장함과 동시에 선거로 야기된 정국의 불안을 특정한 시기에 일률적으로 종료시키기 위한 입법자의 형사정책적 결단 등에서 비롯된 것이므로, 그 합리성을 인정할 수 있다. 따라서 심판대상조항은 평등원칙에 위반되지 않는다(2020. 3. 26. 2019헌바71).
⑤【O】게다가 바코드 방식의 일련번호는 육안으로 식별이 어려워 누군가가 바코드를 기억하는 방법으로 비

밀투표 원칙에 위배되는 상황을 상정하기 어렵고, 공직선거법은 바코드에 선거인을 식별할 수 있는 개인정보가 들어가지 않도록 관리하므로, 바코드를 투표용지로부터 분리하지 않았다는 이유만으로 비밀투표원칙에 위배된다고 할 수 없다. 따라서 공선법 조항은 청구인들의 선거권을 침해하지 아니한다[2023. 10. 26. 2022헌마231].

정답 ①

290 선거운동에 대한 설명으로 옳지 않은 것은?

① 누구든지 선거일 전 180일(보궐선거등에서는 그 선거의 실시사유가 확정된 때)부터 선거일까지 선거에 영향을 미치게 하기 위한 벽보 게시, 인쇄물 배부·게시를 금지하는 공직선거법 제93조 제1항 본문 중 '벽보 게시, 인쇄물 배부·게시'에 관한 부분 및 이에 위반한 경우 처벌하는 공직선거법 제255조 제2항 제5호 중 '제93조 제1항 본문의 벽보 게시, 인쇄물 배부·게시'에 관한 부분이 정치적 표현의 자유를 침해한다.

② 일정기간 선거에 영향을 미치게 하기 위한 광고, 문서·도화의 첩부·게시를 금지하는 공직선거법 제93조 제1항 본문 중 '광고, 문서·도화 첩부·게시'에 관한 부분 및 이에 위반한 경우 처벌하는 공직선거법 제255조 제2항 제5호 중 '제93조 제1항 본문의 광고, 문서·도화 첩부·게시'에 관한 부분은 정치적 표현의 자유를 침해한다.

③ 선거일 전 180일부터 선거일까지 선거에 영향을 미치게 하기 위하여 선거에 영향을 미치게 하기 위한 광고물의 설치·진열·게시나 표시물의 착용을 금지하는 공직선거법 제90조 제1항 제1호는 정치적 표현의 자유를 침해한다.

④ 선거운동기간 중 어깨띠 등 표시물을 사용한 선거운동을 금지한 공직선거법 제68조 제2항 및 이에 위반한 경우 처벌하는 같은 법 제255조 제1항 제5호는 과잉금지원칙에 반하여 정치적 표현의 자유를 침해한다고 할 수 없다.

⑤ 누구든지 선거일 전 180일부터 선거일까지 선거에 영향을 미치게 하기 위하여 이 법의 규정에 의한 것을 제외하고는 다음 화환설치를 할 수 없도록 한 공직선거법 제90조 제1항은 과잉금지원칙에 위반되어 정치적 표현의 자유를 침해한다.

▶ 정답 및 해설

① [○] 인쇄물배부 등 금지조항은 선거에서의 균등한 기회를 보장하고 선거의 공정성을 확보하기 위한 것으로서 입법목적의 정당성 및 수단의 적합성이 인정된다. 그러나 벽보·인쇄물은 시설물 등과 비교하여 보더라도 투입되는 비용이 상대적으로 적어 경제력 차이로 인한 선거 기회 불균형의 문제가 크지 않고, 그러한 우려도 선거비용을 규제하거나 벽보·인쇄물의 종류나 금액 등을 제한하는 수단을 통해서 방지할 수 있다. 또한 공직선거법상 후보자 비방 금지 규정 등을 통해 무분별한 흑색선전 등의 방지도 가능한 점을 종합하면, 인쇄물배부 등 금지조항은 목적 달성에 필요한 범위를 넘어 장기간 동안 벽보 게시, 인쇄물 배부·게시를 금지·처벌하는 것으로서 침해의 최소성에 반한다. 또한 인쇄물배부 등 금지조항으로 인하여 일반 유권자나 후보자가 받는 정치적 표현의 자유에 대한 제약이 위 조항을 통하여 달성되는 공익보다 중대하므로 인쇄물배부 등 금지조항은 법익의 균형성에도 위배된다. 따라서 인쇄물배부 등 금지조항은 과잉금지원칙에 반하여 정치적 표현의 자유를 침해한다[2022. 7. 21. 2017헌바100].

② [○] 광고, 문서·도화에 담긴 정보가 반드시 일방적·수동적으로 전달되거나 수용되는 것은 아니므로 매체의 특성만을 이유로 광범위한 규제를 정당화할 수 없는바, 문서·도화게시 등 금지조항은 입법목적 달성을 위하여 필요한 범위를 넘어 광고, 문서·도화의 첩부·게시를 통한 정치적 표현을 장기간 동안 포괄적

으로 금지·처벌하고 있으므로 침해의 최소성에 반한다. 또한 문서·도화게시 등 금지조항으로 인하여 유권자나 후보자가 받는 정치적 표현의 자유에 대한 제약이 달성되는 공익보다 중대하므로 법익의 균형성에도 위배된다. 따라서 문서·도화게시 등 금지조항은 과잉금지원칙에 반하여 정치적 표현의 자유를 침해한다[2022. 7. 21. 2018헌바357].

③ [O] 심판대상조항은 선거에서의 균등한 기회를 보장하고 선거의 공정성을 확보하기 위한 것으로서 정당한 목적 달성을 위한 적합한 수단에 해당한다. 그러나 선거비용 제한·보전 제도 및 일반 유권자가 과도한 비용을 들여 물건을 설치·진열·게시하거나 착용하는 행위를 제한하는 수단을 통해서 선거에서의 기회균등이라는 심판대상조항의 입법목적의 달성이 가능하며, 공직선거법상 후보자 비방 금지 규정 등을 통해 무분별한 흑색선전 등의 방지도 가능한 점을 종합하면, 심판대상조항은 목적 달성에 필요한 범위를 넘어 장기간 동안 선거에 영향을 미치게 하기 위한 광고물의 설치·진열·게시나 표시물의 착용을 금지·처벌하는 것으로서 침해의 최소성에 반한다. 또한 심판대상조항으로 인하여 일반 유권자나 후보자가 받는 정치적 표현의 자유에 대한 제약이 달성되는 공익보다 중대하므로 심판대상조항은 법익의 균형성에도 위배된다. 따라서 심판대상조항은 과잉금지원칙에 반하여 정치적 표현의 자유를 침해한다[2022. 7. 21. 2017헌가1].

④ [×] 공직선거법상 후보자 비방 금지 규정 등에 비추어 심판대상조항이 무분별한 흑색선전 방지 등을 위한 불가피한 수단이라고 보기도 어려우므로, 심판대상조항은 <u>필요한 범위를 넘어 표시물을 사용한 선거운동을 포괄적으로 금지·처벌하는 것으로서 침해의 최소성에 반한다</u>. 또한 심판대상조항으로 인하여 일반 유권자나 후보자가 받는 정치적 표현의 자유에 대한 제약이 달성되는 공익보다 중대하므로 심판대상조항은 법익의 균형성에도 위배된다[2022. 7. 21. 2017헌가4].

⑤ [O] 선거의 공정성 등을 해치는 것이 명백하다고 볼 수 없는 방법조차 선거일 전 180일부터 선거일까지 장기간에 걸쳐 규제하고 있다. 그로 인하여 일반 유권자나 후보자가 받게 되는 정치적 표현의 자유에 대한 제약은 매우 크다고 할 것이고, 심판대상조항이 달성하고자 하는 공익이 그보다 중대하다고 볼 수 없다. 따라서 심판대상조항은 법익의 균형성도 갖추지 못하였다. 과잉금지원칙에 위반되어 정치적 표현의 자유를 침해한다[2023. 6. 29. 2023헌가12].

정답 ④

291 대학교 총장 선거에 대한 설명으로 옳지 않은 것은?

① 총장후보자에 지원하려는 사람에게 접수시 1,000만 원의 기탁금을 납부하도록 하고, 지원서 접수 시 기탁금 납입 영수증을 제출하도록 한 '전북대학교 총장임용후보자 선정에 관한 규정'은 청구인의 공무담임권을 침해한다.

② 대구교육대학교 총장임용후보자선거에서 후보자가 되려는 사람은 1,000만 원의 기탁금을 납부하도록 규정한 '대구교육대학교 총장임용후보자 선정규정' 제23조 제1항 제2호 및 제24조 제1항이 과잉금지원칙에 위배되어 후보자가 되려는 청구인의 공무담임권을 침해한다고 할 수 없다.

③ 경북대학교 총장임용후보자선거의 후보자로 등록하려면 3,000만 원의 기탁금을 납부하고 후보자 등록신청 시 기탁금납부영수증을 제출하도록 정한 '경북대학교 총장임용후보자 선정 규정' 제20조 제1항 및 제26조 제2항 제7호가 청구인의 공무담임권을 침해한다고 할 수 없다.

④ 대구교육대학교 총장임용후보자선거 후보자가 제1차 투표에서 최종 환산득표율의 100분의 15 이상을 득표한 경우에만 기탁금의 반액을 반환하도록 하고 반환하지 않는 기탁금은 대학 발전기금에 귀속되도록 규정한 '대구교육대학교 총장임용후보자 선정규정' 제24조 제2항이 과잉금지원칙에 위배되어 청구인의 재산권을 침해한다고 할 수 없다.

⑤ 제1차 투표에서 유효투표수의 100분의 15 이상을 득표한 경우에는 기탁금 전액을, 100분의 10 이상 100분의 15 미만을 득표한 경우에는 기탁금 반액을 반환하고, 반환되지 않은 기탁금은 경북대

학교발전기금에 귀속하도록 정한 '경북대학교 총장임용후보자 선정 규정' 제20조 제2항 및 제3항이 청구인의 재산권을 침해한다고 할 수 없다.

▶ 정답 및 해설

① [O] 이 사건 기탁금조항의 1,000만 원 액수는 교원 등 학내 인사뿐만 아니라 일반 국민들 입장에서도 적은 금액이 아니다. 여기에, 추천위원회의 최초 투표만을 기준으로 기탁금 반환 여부가 결정되는 점, 일정한 경우 기탁자 의사와 관계없이 기탁금을 발전기금으로 귀속시키는 점 등을 종합하면, 이 사건 기탁금조항의 1,000만 원이라는 액수는 자력이 부족한 교원 등 학내 인사와 일반 국민으로 하여금 총장후보자에 지원하려는 의사를 단념토록 할 수 있을 정도로 과다한 액수라고 할 수 있다. 이러한 사정들을 종합하면 이 사건 기탁금조항은 침해의 최소성에 반한다.
현행 총장후보자 선정규정에 따른 간선제 방식에서는 이 사건 기탁금조항으로 달성하려는 공익은 제한적이다. 반면 이 사건 기탁금조항으로 인하여 기탁금을 납입할 자력이 없는 교원 등 학내 인사 및 일반 국민들은 총장후보자에 지원하는 것 자체를 단념하게 되므로, 이 사건 기탁금조항으로 제약되는 공무담임권의 정도는 결코 과소평가될 수 없다.
이 사건 기탁금조항으로 달성하려는 공익이 제한되는 공무담임권 정도보다 크다고 단정할 수 없으므로, 이 사건 기탁금조항은 법익의 균형성에도 반한다. 따라서, 이 사건 기탁금조항은 과잉금지원칙에 반하여 청구인의 공무담임권을 침해한다(2018. 4. 26. 2014헌마274).

② [O] 이 사건 기탁금납부조항은 후보자 난립에 따른 선거의 과열을 방지하고 후보자의 성실성을 확보하기 위한 것이다. 대구교육대학교는 총장임용후보자선거에서 과거 간선제를 채택하였을 때 어떤 홍보수단도 활용할 수 없도록 하였던 것과 달리 직선제를 채택하면서 다양한 방법의 선거운동을 허용하고 있으므로, 선거가 과열되거나 혼탁해질 위험성이 증대되었다. 기탁금 제도를 두는 대신에 피선거권자의 자격 요건을 강화하면 공무담임권이 오히려 더 제한될 소지가 있고, 추천인 요건을 강화하는 경우 사전 선거운동이 과열될 수 있으며, 선거운동 방법의 제한 및 이에 관한 제재를 강화하면 선거운동이 위축될 염려도 있다. 이 사건 기탁금납부조항이 규정하는 1,000만 원이라는 기탁금액이 후보자가 되려는 사람이 납부할 수 없을 정도로 과다하다거나 입후보 의사를 단념케 할 정도로 과다하다고 할 수도 없다. 따라서 이 사건 기탁금납부조항은 청구인의 공무담임권을 침해하지 아니한다(2021. 12. 23. 2019헌마825).

③ [O] 기탁금 제도를 두는 대신에 피선거권자의 자격 요건을 강화하면 공무담임권이 더 크게 제한될 소지가 있고, 추천인 요건을 강화하는 경우 사전 선거운동이 과열될 수 있으며, 선거운동 방법의 제한 및 이에 관한 제재를 강화하면 선거운동의 자유가 위축될 우려도 있다. 3,000만 원의 기탁금액은 경북대학교 전임교원의 급여액 등을 고려하면 납부할 수 없거나 입후보 의사를 단념케 할 정도로 과다하다고 할 수 없다. 따라서 이 사건 기탁금납부조항은 청구인의 공무담임권을 침해하지 아니한다(2022. 5. 26. 2020헌마1219).

④ [X] 이 사건 기탁금귀속조항에 따르면, 선거를 완주하여 성실성을 충분히 검증 받은 후보자는 물론, 최다득표를 하여 총장임용후보자로 선정된 사람조차도 기탁금의 반액은 반환 받지 못하게 된다. 이는 난립후보라고 할 수 없는 성실한 후보자들을 상대로도 기탁금의 발전기금 귀속을 일률적으로 강요함으로써 대학의 재정을 확충하는 것과 다름없다. 기탁금 반환 조건을 현재보다 완화하더라도 충분히 후보자의 난립을 방지하고 후보자의 성실성을 확보할 수 있음에도, 이 사건 기탁금귀속조항은 후보자의 성실성이나 노력 여하를 막론하고 기탁금의 절반은 반드시 대학 발전기금에 귀속되도록 하고 나머지 금액의 반환 조건조차 지나치게 까다롭게 규정하고 있다. 그러므로 이 사건 기탁금귀속조항은 과잉금지원칙에 위반되어 청구인의 재산권을 침해한다(2021. 12. 23. 2019헌마825).

⑤ [O] 이 사건 기탁금귀속조항이 적용된 총장임용후보자선거에서 9명에 이르는 적지 않은 후보자가 후보자로 등록하였고, 이 중 3명의 후보자가 납부한 기탁금 전액 내지 반액을 반환받았다. 기탁금 반환 요건을 완화하면 기본권 제한은 완화되지만, 기탁금 납부 부담 또한 줄게 되어 후보자 난립 방지 및 후보자의 성실성 확보라는 목적은 달성하기 어려울 수 있다. 기탁금 반환 요건을 충족하지 못한 후보자들을 모두 불성실하다고 평할 수 없지만, 이러한 반환 조건을 둔 것은 이를 완화할 경우 우려되는 폐해를 막기 위한 불가

피한 선택이자 후보자의 진지성과 성실성을 담보하기 위한 최소한의 제한이다. 따라서 이 사건 기탁금귀속조항은 청구인의 재산권을 침해하지 않는다(2022. 5. 26. 2020헌마1219).   **정답** ④

292 공무담임권에 대한 설명으로 옳지 않은 것은?

① 변호사, 공인회계사, 관세사에 대한 가산비율 5%를 부여하는 구 공무원임용시험령은 공무담임권을 침해한다고 할 수 없다.
② 교육부 및 그 소속기관에서 근무하는 교육연구사 선발에 수석교사가 응시할 수 없도록 응시 자격을 제한한 교육부장관의 '2017년도 교육전문직 선발 계획 공고'가 과잉금지원칙에 위배되어 청구인들의 공무담임권을 침해한다고 할 수 없다.
③ 전년도에 비해 모집인원을 대폭 축소한 관세직 국가공무원의 선발예정인원을 정한 인사혁신처 공고조항은 청구인의 기본권을 침해할 가능성이 없다.
④ 아동·청소년의 성보호에 관한 법률 제11조 제5항 가운데 '아동·청소년이용음란물임을 알면서 이를 소지한 죄로 형을 선고받아 그 형이 확정된 사람은 일반직공무원이 될 수 없도록 한 국가공무원법 제33조 제6호의4 나목 및 지방공무원법 제31조 제6호의4는 과잉금지원칙에 위배되어 청구인들의 공무담임권을 침해한다.
⑤ '2021학년도 강원도 공·사립 중등학교 교사 임용후보자 선정경쟁 제1차 시험 합격자 및 제2차 시험 시행계획 공고' 중 코로나바이러스감염증-19(이하 '코로나19'라 한다) 확진자의 응시를 금지한 부분은 공무담임권을 침해한다.

▶ **정답 및 해설**

① [O] 관세직 국가공무원의 업무상 전문성 강화라는 공익과 함께, 위와 같은 가산점 제도가 1993. 12. 31. 이후 유지되어 온 점, 자격증 없는 자들의 응시기회 자체가 박탈되거나 제한되는 것이 아닌 점, 가산점 부여를 위해서는 일정한 요건을 갖추도록 하고 있는 점 등을 고려하면 법익균형성도 인정된다(2023. 2. 23. 2019헌마401).
② [O] 교육전문직원으로 전직하면 추후에 교감, 교장으로 임용되는 데 유리한 측면이 있으므로, 수석교사의 교육연구사 선발 응시를 허용하는 경우 수석교사제도의 도입취지가 몰각될 수 있다. 또한 수석교사가 임기 종료 후 재임용을 받지 않거나 수석교사직을 포기하면 교육연구사 선발에 응시할 수 있고, 수석교사직을 잃더라도 교사 지위는 유지된다는 점에 비추어 보면 침해의 최소성 및 법익의 균형성에도 반하지 않는다. 결국 이 사건 공고는 과잉금지원칙에 위배되어 공무담임권을 침해하지 않는다(2023. 2. 23. 2017헌마604).
③ [O] 모집인원이 적어 공무원 임용시험에 합격할 가능성이 감소하였다는 것은 **단순히 간접적이고 사실적인 불이익에 불과할 뿐, 공무담임권이나 평등권에 대한 제한에 해당한다고 볼 수 없으므로,** 이 사건 **인원조항은 청구인의 기본권을 침해할 가능성이 없**다(2023. 2. 23. 2019헌마401).
④ [O] 심판대상조항은 아동·청소년과 관련이 없는 직무를 포함하여 모든 일반직공무원에 임용될 수 없도록 하므로, 제한의 범위가 지나치게 넓고 포괄적이다. 또한, 심판대상조항은 영구적으로 임용을 제한하고, 결격사유가 해소될 수 있는 어떠한 가능성도 인정하지 않는다. 그런데 아동·청소년이용음란물소지죄로 형을 선고받은 경우라고 하여도 범죄의 종류, 죄질 등은 다양하므로, 개별 범죄의 비난가능성 및 재범 위험성 등을 고려하여 상당한 기간 동안 임용을 제한하는 덜 침해적인 방법으로도 입법목적을 충분히 달성할 수 있다. 따라서 심판대상조항은 과잉금지원칙에 위배되어 청구인들의 공무담임권을 침해한다. 다만, 이 조항들의 위헌성을 해소하는 구체적인 방법은 입법자가 논의를 거쳐 결정해야 할 사항이므로 이 조항들에 대하여 헌법불합치 결정을 선고하되 2024. 5. 31.을 시한으로 입법자가 개정할 때까지 계속 적용을 명하기

로 한다 (2023. 6. 29. 2020헌마1605).
　　※ 반대의견(재판관 이은애, 재판관 이종석)
　　사회적 비난가능성이 높은 범죄를 저지른 사람으로 하여금 공무원의 직무를 수행하게 하는 것은 공직에 대한 국민의 신뢰를 손상시키고 원활한 공무수행에 어려움을 초래할 우려가 있다. 아동·청소년이용음란물소지죄는 그 자체로 죄질이 불량하고 비난가능성이 높다. 또한, 심판대상조항은 아동·청소년 관련 직무 여부를 불문하고, 기간의 제한을 두지 않고 영구적으로 임용을 제한하지만 아동·청소년대상 성범죄는 재범 위험성이 높고 시간이 지나도 공무수행을 맡기기에 충분할 만큼 국민의 신뢰가 회복되기 어려우므로 침해의 최소성이 인정된다. 아동·청소년이용음란물소지죄를 저지른 사람이 공무를 수행할 경우 공직 전반에 대한 국민의 신뢰를 유지하기 어렵다는 점을 고려하면, 법익의 균형성도 인정된다. 따라서 이 조항들은 청구인들의 공무담임권을 침해하지 않는다.

⑤ [X] 헌법재판소의 가처분결정을 계기로 보건당국과 교육부가 확진자의 응시를 허용하는 방향으로 지침을 변경함에 따라 피청구인도 이 사건 제2차 시험 시행 전인 2021. 1. 13. 확진자의 응시를 허용하였다. 이후에 실시된 전국단위 자격시험 등도 변경된 지침에 따라 확진자의 응시를 허용하였다. 이처럼 청구인들이 당초 다투던 확진자의 일률적인 응시 금지는 더 이상 문제되지 않을 뿐만 아니라 이 사건 제2차 시험도 이미 종료되었으므로, 이 사건 확진자 응시금지에 관하여 심판을 구할 주관적인 권리보호이익은 더 이상 존재하지 않는다. 또한 감염병 확진자에 대하여 이 사건 확진자 응시금지와 같은 기본권제한이 반복될 가능성이 있다거나 이에 관한 헌법적 해명의 필요성이 인정된다고 보기도 어렵다. 따라서 이 사건 헌법소원심판청구 중 이 사건 확진자 응시금지 부분은 심판의 이익이 인정되지 아니하므로 부적법하다(2023. 2. 23. 2021헌마48).
　　＊ 재판관 이선애의 이 사건 확진자 응시금지에 대한 반대의견
　　피청구인이 확진자의 응시를 일률적으로 제한할 법률상 근거를 찾아볼 수 없고, 이러한 추가적인 응시결격사유의 창설은 교육공무원법상 응시자격 및 응시결격사유를 법으로 정한 내용에 반하는 것이다. 따라서 이 사건 확진자 응시금지는 법률상 근거 없이 기본권을 제한하므로 법률유보원칙에 위배되어 청구인들의 공무담임권을 침해한다.

정답 ⑤

293 공무담임권에 대한 설명 중 옳은 것(O)과 옳지 않은 것(X)을 올바르게 조합한 것은?

ㄱ. 아동·청소년이용음란물소지죄를 저지른 사람이 공무를 수행할 경우 공직 전반에 대한 국민의 신뢰를 유지하기 어렵다는 점을 고려하면, 아동·청소년이용음란물임을 알면서 이를 소지한 죄로 형을 선고받아 그 형이 확정된 사람은 국가공무원법 제2조 제2항 제1호의 일반직공무원으로 임용될 수 없도록 한 국가공무원법은 청구인들의 공무담임권을 침해하지 않는다.

ㄴ. 모집인원이 적어 공무원 임용시험에 합격할 가능성이 감소하였다는 것은 단순히 간접적이고 사실적인 불이익에 불과할 뿐, 공무담임권이나 평등권에 대한 제한에 해당한다.

ㄷ. 변호사, 공인회계사, 관세사에 대한 가산비율 5%를 부여하는 구 공무원임용시험령은 청구인들의 공무담임권을 침해하지 않는다.

ㄹ. 국가공무원법 제33조 제6호의4 나목 중 아동복지법 제17조 제2호 가운데 '아동에게 성적 수치심을 주는 성희롱 등의 성적 학대행위로 형을 선고받아 그 형이 확정된 사람은 국가공무원법 제2조 제2항 제1호의 일반직공무원으로 임용될 수 없도록 한 것'에 관한 부분은 공무담임권을 침해한다.

ㅁ. 해당 지방공무원의 동의없이도 지방자치단체의 장 사이의 동의만으로 지방공무원에 대한 전출 및 전입명령이 가능하다고 풀이하는 것은 헌법적으로 용인되지 아니한다.

① ㄱ(○), ㄴ(○), ㄷ(×), ㄹ(○), ㅁ(○) ② ㄱ(×), ㄴ(×), ㄷ(○), ㄹ(○), ㅁ(○)
③ ㄱ(○), ㄴ(×), ㄷ(×), ㄹ(×), ㅁ(×) ④ ㄱ(×), ㄴ(○), ㄷ(○), ㄹ(×), ㅁ(×)
⑤ ㄱ(×), ㄴ(○), ㄷ(×), ㄹ(○), ㅁ(×)

정답 및 해설

ㄱ. [×] 아동·청소년이용음란물소지죄로 형을 선고받아 확정된 자에 대하여 일반직공무원에 임용되는 것을 제한하는 것이 입법목적을 달성하는 데 적합한 수단이라고 하더라도, 범죄의 경중이나 재범의 위험성 등 구체적 사정을 고려하지 아니하고 직무의 종류에 상관없이 일반직공무원에 임용되는 것을 영구적으로 제한하고 있는 심판대상조항은 침해의 최소성에 위반된다(2023. 6. 29. 2020헌마1605).

ㄴ. [×] 모집인원이 적어 공무원 임용시험에 합격할 가능성이 감소하였다는 것은 단순히 간접적이고 사실적인 불이익에 불과할 뿐, 공무담임권이나 평등권에 대한 제한에 해당한다고 볼 수 없으므로, 이 사건 인원조항은 청구인의 기본권을 침해할 가능성이 없다(2023.2.23. 2019헌마401).

ㄷ. [○] 관세직 국가공무원의 업무상 전문성 강화라는 공익과 함께, 위와 같은 가산점 제도가 1993.12.31. 이후 유지되어 온 점, 자격증 없는 자들의 응시기회 자체가 박탈되거나 제한되는 것이 아닌 점, 가산점 부여를 위해서는 일정한 요건을 갖추도록 하고 있는 점 등을 고려하면 법익균형성도 인정된다(2023.2.23. 2019헌마401).

ㄹ. [○] 심판대상조항은 아동과 관련이 없는 직무를 포함하여 모든 일반직공무원 및 부사관에 임용될 수 없도록 하므로, 제한의 범위가 지나치게 넓고 포괄적이다. 또한, 심판대상조항은 영구적으로 임용을 제한하고, 결격사유가 해소될 수 있는 어떠한 가능성도 인정하지 않는다. 아동에 대한 성희롱 등의 성적 학대행위로 형을 선고받은 경우라고 하여도 범죄의 종류, 죄질 등은 다양하므로, 개별 범죄의 비난가능성 및 재범 위험성 등을 고려하여 상당한 기간 동안 임용을 제한하는 덜 침해적인 방법으로도 입법목적을 충분히 달성할 수 있다. 따라서 심판대상조항은 과잉금지원칙에 위배되어 청구인의 공무담임권을 침해한다[2022. 11. 24. 2020헌마1181].

ㅁ. [○] 지방공무원법 제29조의3은 "지방자치단체의 장은 다른 지방자치단체의 장의 동의를 얻어 그 소속 공무원을 전입할 수 있다"라고만 규정하고 있어, 이러한 전입에 있어 지방공무원 본인의 동의가 필요한지에 관하여 다툼의 여지없이 명백한 것은 아니나, 위 법률조항을, 해당 지방공무원의 동의없이도 지방자치단체의 장 사이의 동의만으로 지방공무원에 대한 전출 및 전입명령이 가능하다고 풀이하는 것은 헌법적으로 용인되지 아니하며, 헌법 제7조에 규정된 공무원의 신분보장 및 헌법 제15조에서 보장하는 직업선택의 자유의 의미와 효력에 비추어 볼 때 위 법률조항은 해당 지방공무원의 동의가 있을 것을 당연한 전제로 하여 그 공무원이 소속된 지방자치단체의 장의 동의를 얻어서만 그 공무원을 전입할 수 있음을 규정하고 있는 것으로 해석하는 것이 타당하고, 이렇게 본다면 인사교류를 통한 행정의 능률성이라는 입법목적도 적절히 달성할 수 있을 뿐만 아니라 지방공무원의 신분보장이라는 헌법적 요청도 충족할 수 있게 된다. 따라서 위 법률조항은 헌법에 위반되지 아니한다.(2002. 11. 28. 98헌바101)

정답 ②

294
법학전문대학원 졸업연도에 실시된 변호사시험에 불합격하고 그 후 변호사자격을 취득하고 2021년 사회복무요원 소집해제 예정인 사람을 신규 검사임용대상자에서 제외한 2021년도 검사신규임용계획 공고에 대해 헌법소원심판을 청구하였다. 이에 대한 설명으로 옳은 것은?

① 헌법 제25조는 "모든 국민은 법률이 정하는 바에 의하여 공무담임권을 가진다."라고 규정하고 있는데, 공무담임권이란 입법부·집행부·사법부는 물론 지방자치단체 등 국가, 공공단체의 구성원으로서 그 직무를 담당할 수 있는 권리를 말한다. 여기서 직무를 담당한다는 것은 모든 국민이 현실적으로 그 직무를 담당할 수 있다는 의미이다.

② 법학전문대학원 졸업연도에 실시된 변호사시험에 불합격했다는 이유로 사회복무요원 소집해제예정 변호사를 검사신규임용대상에서 제외하고 있어 청구인의 평등권 침해 여부를 중심으로 이 사건 공고가 헌법에 위반되는지 여부를 판단한다.
③ 법학전문대학원 졸업 직후 변호사자격을 취득할 경우 공백 없이 검사로 임용될 수 있는 졸업예정자나 이에 준하여 볼 수 있는 법무관 전역예정자로 검사신규임용대상을 한정한 것은 우수한 자질을 갖춘 신규 법조인을 선발하여 검사로 즉시 임용이라는 목적을 위한 것으로 수단의 적합성도 인정된다.
④ 사회복무요원 소집해제예정 변호사는 검사의 임명요건인 변호사자격을 취득한 사람이므로 특별한 결격사유가 없는 한 검사로 신규임용되는 것에 법적 문제가 없으므로 그 지원단계에서부터 사회복무요원 소집해제예정 변호사를 배제해야 할 필요성과 합리적인 이유가 있다고 볼 수 없다. 따라서 이 사건 공고는 과잉금지원칙에 반하여 사회복무요원 소집해제예정 변호사인 청구인의 공무담임권을 침해한다.
⑤ 헌법 제25조의 공무담임권 조항은 부당한 공직박탈은 금지하나 모든 국민이 누구나 그 능력과 적성에 따라 공직에 취임할 수 있는 균등한 기회를 보장하는 것은 아니다.

▶ **정답 및 해설**

①【X】헌법 제25조는 "모든 국민은 법률이 정하는 바에 의하여 공무담임권을 가진다."라고 규정하고 있는데, 공무담임권이란 입법부·집행부·사법부는 물론 지방자치단체 등 국가, 공공단체의 구성원으로서 그 직무를 담당할 수 있는 권리를 말한다. 여기서 직무를 담당한다는 것은 모든 국민이 **현실적으로 그 직무를 담당할 수 있다는 의미가 아니라**, 국민이 공무담임에 관해서 자의적이지 않고 평등한 기회를 보장받음을 의미한다(헌재 2021.4.29, 2020헌마999).

②【X】청구인은 이 사건 공고가 검사신규임용의 지원 기회가 부여되는 법무관 전역예정자 등 다른 신규법조인에 비하여 자신과 같은 사회복무요원 소집해제예정 변호사를 불합리하게 차별취급하여 평등권을 침해한다고 주장한다. 그런데 위와 같은 평등권 침해 주장은 사회복무요원 소집해제예정 변호사를 검사신규임용대상에서 제외한 데서 비롯된 공직취임의 기회균등문제를 다루는 것으로, 이는 본질적으로 위 공고로 인한 공무담임권 침해 주장과 다르지 아니하다. 따라서 **청구인의 평등권 침해 주장에 관한 판단은** 이 사건 공고가 청구인의 공무담임권을 침해하는지 여부에 관한 **판단과 중복되므로 별도로 살피지 않기로 한다**(헌재 2021.4.29, 2020헌마999).

③【O】법학전문대학원 졸업 직후 변호사자격을 취득할 경우 공백 없이 검사로 임용될 수 있는 졸업예정자나 이에 준하여 볼 수 있는 법무관 전역예정자로 검사신규임용대상을 한정한 것은 위와 같은 목적의 달성에 기여할 수 있는 적합한 수단이라 할 것이므로, 위 공고는 수단의 적합성도 인정된다(헌재 2021.4.29, 2020헌마999).

④【X】졸업 직후 변호사자격을 취득하지 못할 경우 검사로 신규임용될 수 없는 여성이나 군면제인 사람보다 유리한 기준을 적용받는 것이 된다. 또한, 검사신규임용에 지원할 수 없다 하더라도 청구인에게는 추후 경력검사임용절차를 통하여 검사로 임용될 수 있는 기회가 여전히 남아 있다. 따라서 이 사건 공고는 사회복무요원 소집해제예정 변호사인 청구인의 공무담임권을 침해하지 않는다(헌재 2021.4.29., 2020헌마999).

⑤【X】직업공무원에게는 정치적 중립성과 더불어 효율적으로 업무를 수행할 수 있는 능력이 요구되므로, 직업공무원으로의 공직취임권에 관하여 규율함에 있어서는 임용희망자의 능력·전문성·적성·품성을 기준으로 하는 이른바 능력주의 또는 성과주의를 바탕으로 하여야 한다. 그러므로 결국 **헌법 제25조의 공무담임권 조항은 '모든 국민이 누구나 그 능력과 적성에 따라 공직에 취임할 수 있는 균등한 기회를 보장함'을 내용으로 한다**(헌재 2021.4.29., 2020헌마999).

정답 ③

295 재판을 받을 권리에 대한 설명으로 옳은 것은? (다툼이 있는 경우 헌법재판소 판례에 의함)

① "제주특별자치도통합영향평가심의위원회 심의위원 중 위촉위원이 포함되는 것으로 해석하는 한 헌법에 위반된다."는 한정위헌결정에도 불구하고 재심청구를 기각한 대법원 결정은 재판청구권을 침해한다.
② '피고인 등'에 대하여 차폐시설을 설치하고 증인을 신문할 수 있도록 한 부분은 청구인의 공정한 재판을 받을 권리 및 변호인의 조력을 받을 권리를 침해한다.
③ 공공단체인 한국과학기술원의 총장이 교원소청심사위원회의 결정에 대하여 행정소송법으로 정하는 바에 따라 소송을 제기할 수 없도록 하는 구 '교원의 지위 향상 및 교육활동 보호를 위한 특별법' 제10조 제3항 중 '교원, 사립학교법 제2조에 따른 학교법인 또는 사립학교 경영자 등 당사자'에 관한 부분은 교원소청심사결정에 대하여 행정소송을 제기함으로써 법관에 의한 재판을 받을 권리를 합리적 이유 없이 부인하고 있으므로 공공단체인 한국과학기술원의 총장의 재판청구권을 침해한다.
④ 교원징계재심위원회의 재심결정에 대하여 교원에게만 행정소송을 제기할 수 있도록 하고 학교법인에게는 이를 금지한 교원지위향상을 위한 특별법은 학교법인의 재판청구권을 침해한다고 할 수 없다.
⑤ 판결의 증거가 된 문서, 그 밖의 물건이 가벌성 있는 위조 또는 변조행위에 의한 것일 때를 재심사유로 규정한 민사소송법 제451조 제1항 제6호가 재판을 받을 권리를 침해한다.

▶ **정답 및 해설**

①[O] 이 사건 재심기각결정들은 이 사건 한정위헌결정의 기속력을 부인하여 헌법재판소법에 따른 청구인들의 재심청구를 기각하였다. 따라서 이 사건 재심기각결정들은 모두 '법률에 대한 위헌결정의 기속력에 반하는 재판'으로 이에 대한 헌법소원은 허용되고 청구인들의 헌법상 보장된 재판청구권을 침해하였으므로, 헌법재판소법 제75조 제3항에 따라 취소되어야 한다(2020. 6. 30. 2014헌마760).
②[X] 강력범죄 또는 조직폭력범죄의 수사와 재판에서 범죄입증을 위해 증언한 자의 안전을 효과적으로 보장해 줄 수 있는 조치가 마련되어야 할 필요성은 매우 크고, 경우에 따라서는 증인이 피고인의 변호인과 대면하여 진술하는 것으로부터 보호할 필요성이 있을 수 있다. 피고인 등과 증인 사이에 차폐시설을 설치한 경우에도 피고인 및 변호인에게는 여전히 반대신문권이 보장되고, 증인신문과정에서 증언의 신빙성에 대한 최종 판단 권한을 가진 재판부가 증인의 진술태도를 충분히 관찰할 수 있으며, 형사소송법은 차폐시설을 설치하고 증인신문절차를 진행할 경우 피고인으로부터 의견을 듣도록 하는 등 피고인이 받을 수 있는 불이익을 최소화하기 위한 장치를 마련하고 있다. 따라서 심판대상조항은 과잉금지원칙에 위배되어 **청구인의 공정한 재판을 받을 권리 및 변호인의 조력을 받을 권리를 침해한다고 할 수 없다**[2016. 12. 29. 2015헌바221].
③[X] 해당 대학의 공공단체로서의 지위를 고려하여 교원의 지위를 두텁게 제도를 형성하는 것이 가능하다. 교원소청심사위원회의 인용결정이 있을 경우 한국과학기술원 총장의 제소를 금지하여 교원으로 하여금 확정적이고 최종적으로 징계 등 불리한 처분에서 벗어날 수 있도록 한 것은 공공단체의 책무를 규정한 교원지위법의 취지에도 부합한다. 따라서 심판대상조항은 **청구인의 재판청구권을 침해하지 아니한다**(2022.10.27. 2019헌바117).
④[X] 학교법인에게 재심결정에 불복할 제소권한을 부여한다고 하여 이 사건 법률조항이 추구하는 사립학교 교원의 신분보장에 특별한 장애사유가 생긴다든가 그 권리구제에 공백이 발생하는 것도 아니므로 이 사건 법률조항은 분쟁의 당사자이자 재심절차의 피청구인인 **학교법인의 재판청구권을 침해한다**(2006. 2. 23. 2005헌가7.)

⑤ [×] 재심사유조항은 처벌의 대상이 되는 문서 등의 위조·변조행위에 영향을 받은 판결에 대해서는 법적 안정성을 유지하여야 할 요청보다 그 판결을 바로잡아 구체적 정의를 실현하고 재판제도에 대한 국민의 신뢰를 유지하여야 한다는 요청이 더 크게 고려된 것이므로, 입법재량의 한계를 벗어나 재판을 받을 권리를 침해한다고 볼 수 없다(2023. 6. 29. 2020헌바519).

정답 ①

296 갑은 서울대학교 법학전문대학원의 정성평가 및 정량평가의 실질반영방법과 실질반영비율에 대한 정보공개를 청구하였으나, 서울대학교 총장은 위 정보가 공개될 경우 학생 선발 업무의 공정성을 해할 우려가 있어 '공공기관의 정보공개에 관한 법률' 제9조 제1항 제5호에서 정하는 비공개 대상 정보에 해당한다는 이유로 이를 비공개하는 결정을 하였다. 이에 갑은 행정심판을 청구하였고 중앙행정심판위원회는 위 정보를 공개하라는 재결을 하였다.
서울대학교 총장은 행정심판의 피청구인이 된 경우 그 심판청구를 인용하는 재결에 기속되도록 정한 행정심판법 제49조 제1항이 재판청구권을 침해한다는 이유로 헌법재판소법 제68조 제2항의 헌법소원이 청구하였다. 이에 대한 설명 중 옳은 것(O)과 옳지 않은 것(X)을 올바르게 조합한 것은? (다툼이 있는 경우 판례에 의함)

ㄱ. 공법인이나 이에 준하는 지위를 가진 자라 하더라도 공무를 수행하거나 고권적 행위를 하는 경우가 아닌 사경제 주체로서 활동하는 경우나 조직법상 국가로부터 독립한 고유 업무를 수행하는 경우, 그리고 다른 공권력 주체와의 관계에서 지배복종관계가 성립되어 일반사인처럼 그 지배하에 있는 경우 등에는 기본권 주체가 될 수 있다.
ㄴ. 국립대학법인이 비공개 대상 정보에 해당한다는 이유로 한 정보비공개결정은 대학의 자율권 행사의 일환으로 볼 수 있으므로, 서울대학교의 총장인 청구인은 대학의 자율권과 관련된 분쟁에 있어 재판청구권의 주체가 될 수 있다.
ㄷ. 행정심판의 피청구인이 된 경우 그 심판청구를 인용하는 재결에 기속되도록 정한 행정심판법 제49조 제1항은 행정심판청구를 인용하는 재결은 피청구인인 국립대학법인을 기속한다고 규정함으로써 서울대학교의 총장인 청구인으로 하여금 이 사건 재결 및 결정에 불복하여 행정소송을 제기할 수 없도록 하고 있다. 따라서 심판대상조항은 청구인의 재판청구권을 제한한다.
ㄹ. 대학의 자율권의 주체인 국립대학법인이 법원의 재판을 받을 기회를 차단하고 있는 행정심판의 피청구인이 된 경우 그 심판청구를 인용하는 재결에 기속되도록 정한 행정심판법 제49조 제1항은 재판청구권을 침해하여 헌법에 위반된다.
ㅁ. 헌법 제107조 제3항은, 행정심판의 심리절차에서 대심구조적 사법절차가 준용되어야 한다는 취지일 뿐, 심급제에 따른 불복할 권리까지 준용되어야 한다는 의미는 아니므로 기본권의 수범자 사이의 의견충돌에 대하여도 사법부가 최종적으로 판단할 권한을 가져야 한다거나 국민에 대한 공권력 행사자에게까지 사법부의 판단을 받을 권리를 보장해야 한다고 볼 수도 없다.

① ㄱ(O), ㄴ(O), ㄷ(O), ㄹ(O), ㅁ(O)
② ㄱ(×), ㄴ(×), ㄷ(×), ㄹ(×), ㅁ(×)
③ ㄱ(O), ㄴ(×), ㄷ(×), ㄹ(×), ㅁ(O)
④ ㄱ(×), ㄴ(O), ㄷ(O), ㄹ(O), ㅁ(×)
⑤ ㄱ(×), ㄴ(O), ㄷ(×), ㄹ(O), ㅁ(×)

▶ 정답 및 해설

ㄱ. [○] 기본권 보장규정인 헌법 제2장의 제목이 "국민의 권리와 의무"이고 그 제10조 내지 제39조에서 "모든 국민은 … 권리를 가진다."라고 규정하고 있으므로 이러한 기본권의 보장에 관한 각 헌법규정의 해석상 국민만이 기본권의 주체라 할 것이며, 국가, 지방자치단체나 그 기관 또는 국가조직의 일부나 공법인은 원칙적으로 기본권의 '수범자'일 뿐 기본권의 주체가 아니고 오히려 국민의 기본권을 보호 내지 실현해야 할 책임과 의무를 지니고 있을 뿐이다. 다만, 공법인이나 이에 준하는 지위를 가진 자라 하더라도 공무를 수행하거나 고권적 행위를 하는 경우가 아닌 사경제 주체로서 활동하는 경우나 조직법상 국가로부터 독립한 고유 업무를 수행하는 경우, 그리고 다른 공권력 주체와의 관계에서 지배복종관계가 성립되어 일반 사인처럼 그 지배하에 있는 경우 등에는 기본권 주체가 될 수 있다[2023. 3. 23. 2018헌바385].

ㄴ. [×] 서울대학교가 기본권의 수범자로 기능하면서 그 대표자가 행정심판의 피청구인이 된 경우에 적용되는 심판대상조항의 위헌성을 다투는 이 사건에서 서울대학교는 기본권의 주체가 된다고 할 수 없으므로, 청구인의 재판청구권 침해 주장은 더 나아가 살필 필요 없이 이유 없다[2023. 3. 23. 2018헌바385].
※ 재판관 이은애, 재판관 이종석, 재판관 문형배의 반대의견
국립대학법인이 비공개 대상 정보에 해당한다는 이유로 한 정보비공개결정은 대학의 자율권 행사의 일환으로 볼 수 있으므로, 서울대학교의 총장인 청구인은 대학의 자율권과 관련된 분쟁에 있어 재판청구권의 주체가 될 수 있다.
심판대상조항은 행정심판청구를 인용하는 재결은 피청구인인 국립대학법인을 기속한다고 규정함으로써 서울대학교의 총장인 청구인으로 하여금 이 사건 재결 및 결정에 불복하여 행정소송을 제기할 수 없도록 하고 있다. 따라서 심판대상조항은 청구인의 재판청구권을 제한한다.

ㄷ. [×] 서울대학교가 기본권의 수범자로 기능하면서 그 대표자가 행정심판의 피청구인이 된 경우에 적용되는 심판대상조항의 위헌성을 다투는 이 사건에서 서울대학교는 기본권의 주체가 된다고 할 수 없으므로, 청구인의 재판청구권 침해 주장은 더 나아가 살필 필요 없이 이유 없다[2023. 3. 23. 2018헌바385].
※ 재판관 이은애, 재판관 이종석, 재판관 문형배의 반대의견
국립대학법인이 비공개 대상 정보에 해당한다는 이유로 한 정보비공개결정은 대학의 자율권 행사의 일환으로 볼 수 있으므로, 서울대학교의 총장인 청구인은 대학의 자율권과 관련된 분쟁에 있어 재판청구권의 주체가 될 수 있다. 심판대상조항은 행정심판청구를 인용하는 재결은 피청구인인 국립대학법인을 기속한다고 규정함으로써 서울대학교의 총장인 청구인으로 하여금 이 사건 재결 및 결정에 불복하여 행정소송을 제기할 수 없도록 하고 있다. 따라서 심판대상조항은 청구인의 재판청구권을 제한한다.

ㄹ. [×] 서울대학교가 기본권의 수범자로 기능하면서 그 대표자가 행정심판의 피청구인이 된 경우에 적용되는 심판대상조항의 위헌성을 다투는 이 사건에서 서울대학교는 기본권의 주체가 된다고 할 수 없으므로, 청구인의 재판청구권 침해 주장은 더 나아가 살필 필요 없이 이유 없다[2023. 3. 23. 2018헌바385].
※ 재판관 이은애, 재판관 이종석, 재판관 문형배의 반대의견
대학의 자율권의 주체인 국립대학법인이 법원의 재판을 받을 기회를 차단하고 있는 행정심판의 피청구인이 된 경우 그 심판청구를 인용하는 재결에 기속되도록 정한 행정심판법 제49조 제1항은 재판청구권을 침해하여 헌법에 위반된다.

ㅁ. [○] 헌법 제107조 제3항은, 행정심판의 심리절차에서 대심구조적 사법절차가 준용되어야 한다는 취지일 뿐, 심급제에 따른 불복할 권리까지 준용되어야 한다는 의미는 아니다. 또한 기본권의 수범자 사이의 의견 충돌에 대하여도 사법부가 최종적으로 판단할 권한을 가져야 한다거나 국민에 대한 공권력 행사자에게까지 사법부의 판단을 받을 권리를 보장해야 한다고 볼 수도 없다. 따라서 심판대상조항이 정보공개에 있어 기본권 수범자의 지위에 있는 서울대학교 등 국립대학법인으로 하여금 행정심판의 인용재결에 기속되도록 정한 것이 헌법 제107조 제3항에 위반된다고 볼 수는 없다[2023. 3. 23. 2018헌바385].

정답 ③

297 재판청구권에 관한 설명으로 옳지 않은 것을 모두 조합한 것은?

ㄱ. 특정범죄가중법 조항의 법정형은 2년 이상 20년 이하이므로 명백히 합의부가 심판하여야 할 사항인데, 특정범죄가중법에 해당하는 사건을 합의부의 심판권에서 제외하고 단독 판사가 재판하도록 한 법원조직법 제32조는 피고인의 재판받을 권리와 법관의 양형권을 침해하는 것이다.
ㄴ. 사법보좌관에게 민사소송법에 따른 독촉절차에서의 법원의 사무를 처리할 수 있도록 규정한 법원조직법 제54조 제2항 제1호는 법관에 의한 재판받을 권리를 침해한다고 할 수 없다.
ㄷ. 전문증거인 참고인진술조서의 증거능력을 일정한 요건하에 인정하는 형사소송법 제312조 제4항이 공정한 재판을 받을 권리를 침해한다.
ㄹ. 형의 선고와 함께 소송비용부담의 재판을 받은 피고인이 '빈곤'을 이유로 해서만 집행면제를 신청할 수 있도록 한 형사소송법 제487조 중 제186조 제1항 본문에 따른 소송비용에 관한 부분이 피고인의 재판청구권을 침해한다고 할 수 없다.

① ㄱㄴ
② ㄴㄷ
③ ㄷㄹ
④ ㄴㄹ
⑤ ㄱㄷ

▶ 정답 및 해설

ㄱ. [X] 법원조직법은 재판사무의 효율적 분담을 위하여 법정형이 중함에도 불구하고 단독판사의 관할로 할 사건을 법원조직법 제32조 제1항 제3호의 각 목에 정하였고, 이 사건 관할조항 또한 이 사건 특정범죄가중법 조항에 해당하는 사건의 난이도 또는 중대성을 고려하여 그 법정형에도 불구하고 이를 단독판사가 심판하도록 한 것이다. 이 사건 특정범죄가중법 조항의 적용을 받는 피고인은 합의부에서 재판을 받을 수 없게 되지만, 법관의 자격을 갖추고 물적 독립과 인적 독립이 보장된 판사에 의하여 사실의 확정과 법률의 해석·적용에 관하여 심리를 받을 수 있을 뿐만 아니라, 합의부에서 심판을 받는 것과 비교하여 특별한 형사소송법상의 불이익을 받지 아니한다. 또한 이 사건 특정범죄가중법 조항에 해당하는 사건이라고 하더라도 구체적인 사건의 난이도와 중대성에 비추어 합의부의 재판이 필요한 사건은 결정을 통하여 합의부에서 심판을 받을 수 있다. 따라서 이 사건 관할조항이 재판사무 배분에 관한 입법형성의 재량을 일탈하였다고 볼 수 없으므로, **국민의 재판받을 권리를 침해하지 않는다**(2019. 7. 25. 2018헌바209).

ㄴ. [O] 법원조직법 및 사법보좌관규칙 등에서 전문성과 능력을 갖춘 사법보좌관을 선발할 수 있도록 객관적인 선발자격 및 절차에 관하여 규정하고 있고, 사법보좌관에 관한 법관의 구체적 감독권, 사법보좌관에 대한 제척·기피·회피절차 등 사법보좌관의 공정성과 중립성을 확보할 수 있는 여러 보장 장치를 마련하고 있다. 따라서 이 사건 법원조직법 조항이 입법재량권의 한계를 벗어난 자의적인 입법으로 법관에 의한 재판받을 권리를 침해한다고 할 수 없다(2020. 12. 23. 2019헌바353).

ㄷ. [X] 참고인진술조서의 증거능력을 전혀 인정하지 않는다면 증인들의 법정진술만을 증거로 삼아야 하는 바, 이러한 방법으로는 신속한 재판과 실체적 진실발견이라는 입법목적을 충분히 달성할 수 없다. 참고인진술조서의 증거능력은 일정한 요건이 갖추어진 경우에만 인정되고, 법원은 해당 요건을 엄격하게 해석·적용하고 있다. 또한 증거능력이 인정되는 경우에도, 피고인은 제도적으로 보장된 반대신문의 과정에서 증명력을 탄핵할 수도 있다. 따라서 이 조항으로 인하여 피고인이 공격·방어권 행사를 부당하게 제한받는다거나 검사에 비하여 불리한 입장에 처하게 된다고 볼 수 없다. 형사소송법 제312조 제4항은 **과잉금지원칙을 위반하여 공정한 재판을 받을 권리를 침해하지 않는다**[2022. 11. 24. 2019헌바477].

ㄹ. [O] 소송비용의 범위가 '형사소송비용 등에 관한 법률'에서 정한 증인·감정인·통역인 또는 번역인과 관련된 비용 등으로 제한되어 있고, 법원이 피고인에게 소송비용부담을 명하는 재판을 할 때에 피고인의 방

어권 남용 여부, 경제력 능력 등을 종합적으로 고려하여 소송비용부담 여부 및 그 정도를 정하므로, 소송비용부담의 재판이 확정된 이후에 빈곤 외에 다른 사유를 참작할 여지가 크지 않다. 따라서 집행면제 신청 조항은 피고인의 재판청구권을 침해하지 아니한다(헌재 2021.2.25., 2019헌바64). **정답** ⑤

298 재판청구권에 대한 설명으로 옳지 않은 것은?

① 비용보상청구권의 제척기간을 무죄판결이 확정된 날부터 6개월 이내로 규정한 구 군사법원법 제227조의12 제2항은 평등원칙에 위반된다고 할 수 없다.
② 비용보상청구권은 구금되었음을 전제로 하는 헌법 제28조의 형사보상청구권이나 국가의 귀책사유를 전제로 하는 헌법 제29조의 국가배상청구권이 헌법적 차원에서 명시적으로 규정되어 보호되고 있는 것과 달리 법률에 규정하여 제정함으로써 비로소 형성된 권리이다.
③ 비용보상청구권의 제척기간을 무죄판결이 확정된 날부터 6개월로 규정한 구 형사소송법은 재판청구권을 침해하지는 않는다.
④ 형사보상의 청구는 무죄재판이 확정된 때로부터 1년 이내에 하도록 규정하고 있는 형사보상법은 재판청구권 침해이다.
⑤ 형사보상청구의 구체적 내용과 금액 및 절차에 관한 사항을 정하고 있는 입법을 함에 있어서는 비록 완화된 의미일지언정 헌법 제37조 제2항의 비례의 원칙이 준수되어야 한다.

▶ **정답 및 해설**

①[✕] 비용보상청구권의 제척기간을 무죄판결이 확정된 날부터 6개월 이내로 규정한 구 군사법원법이 헌법에 위반되는지 여부(적극)
재판관 유남석, 재판관 김기영, 재판관 문형배, 재판관 이미선의 위헌의견
제척기간을 단기로 규정하는 것은 권리의 행사가 용이하고 빈번히 발생하는 것이거나, 법률관계를 신속히 확정하여 분쟁을 방지할 필요가 있는 경우이다. 그런데 군사법원법상 비용보상청구권은 이러한 사유에 해당하지 않을 뿐만 아니라, 피고인의 방어권 및 재산권을 보호하기 위해서 일반적인 사법상의 권리보다 더 확실하게 보호되어야 하므로, 심판대상조항은 제척기간을 6개월이라는 단기로 규정할 합리적인 이유가 있다고 볼 수 없다. 군사법원법상 피고인이 재판의 진행이나 무죄판결의 선고 사실을 모르는 경우가 발생할 수 있는데, 심판대상조항은 기산점에 관한 예외를 인정하지 않는다. 심판대상조항의 제척기간을 보다 장기로 규정하더라도 국가재정의 합리적인 운영을 저해한다고 보기 어려운 점 등을 고려하면, 심판대상조항은 **과잉금지원칙을 위반하여 비용보상청구권자의 재판청구권 및 재산권을 침해한다.**
재판관 이은애, 재판관 이종석, 재판관 이영진, 재판관 정정미의 위헌의견
헌법재판소는 2015. 4. 30. 2014헌바408등 결정에서 심판대상조항과 동일한 내용의 구 형사소송법 제194조의3 제2항에 대하여, 비용보상청구권의 특성, 입법형성에 관한 재량권 등을 종합하면 과잉금지원칙에 위배하여 재판청구권이나 재산권을 침해하지 않는다고 보았다. 심판대상조항은 비용보상청구권자가 군사법원법의 적용을 받는 차이가 있을 뿐, 선례와 달리 판단할 사정변경이나 이유를 찾기 어렵기 때문에, **과잉금지원칙에 위반되지 않는다.**
하지만 형사소송법은 2014. 12. 30. 비용보상청구권의 제척기간을 '무죄판결이 확정된 사실을 안 날부터 3년, 무죄판결이 확정된 때부터 5년 이내'로 개정하였다. 무죄를 선고받은 비용보상청구권자가 형사소송법이 적용되는지와 군사법원법이 적용되는지는 본질적인 차이가 없는데, 심판대상조항의 제척기간이 형사소송법보다 짧은 것에는 그 차별을 정당화할 합리적인 이유를 찾아보기 어렵다. 군사법원법이 규정하는 비용보상청구권은 군사재판의 특수성이 적용될 영역이 아니기 때문이다. 따라서 심판대상조항은 군사법원법

과 형사소송법의 적용을 받는 **비용보상청구권자를 자의적으로 다르게 취급하여 평등원칙에 위반된다**(2023. 8. 31. 2020헌바252).

② 【O】 비용보상청구권은 구금되었음을 전제로 하는 헌법 제28조의 형사보상청구권이나 국가의 귀책사유를 전제로 하는 헌법 제29조의 국가배상청구권이 헌법적 차원에서 명시적으로 규정되어 보호되고 있는 것과 달리, 입법자가 입법의 목적, 국가의 경제적·사회적·정책적 사정들을 참작하여 적용요건, 적용대상, 범위 등 구체적인 사항을 법률에 규정하여 제정함으로써 비로소 형성된 권리이다(2023. 8. 31. 2020헌바252).

③ 【O】 비용보상청구권의 제척기간을 무죄판결이 확정된 날부터 6개월로 규정한 구 형사소송법은 무죄판결이 확정된 경우 피고인이 비용보상청구권을 재판상 행사할 수 있는 기간을 제한하는 규정이므로 기본적으로 청구권자의 재판청구권을 제한한다. 비용보상청구권의 제척기간을 무죄판결이 확정된 날부터 6개월로 규정한 구 형사소송법 제194조의3 제2항은 재판청구권을 침해하지는 않는다(헌재 2015.4.30. 2014헌바408).

④ 【O】 형사보상의 청구는 무죄재판이 확정된 때로부터 1년 이내에 하도록 규정하고 있는 형사보상법은 형사피고인이 책임질 수 없는 사유에 의하여 제척기간을 도과할 가능성이 있는바 재판청구권 침해이다(헌재 2010.7.29. 2008헌가4).

⑤ 【O】 형사보상청구권이라 하여도 '법률이 정하는 바에 의하여' 행사되므로(헌법 제28조) 그 내용은 법률에 의하여 정해지는바, 이 과정에서 입법자에게 일정한 입법재량이 부여될 수 있고, 따라서 형사보상의 구체적 내용과 금액 및 절차에 관한 사항은 입법자가 정하여야 할 사항이라 할 것이다.

그러나 **이러한 입법을 함에 있어서는 비록 완화된 의미일지언정 헌법 제37조 제2항의 비례의 원칙이 준수되어야 한다**. 형사보상청구권은 국가가 형사사법절차를 운영함에 있어 결과적으로 무고한 사람을 구금한 것으로 밝혀진 경우 구금당한 개인에게 인정되는 권리이고, 헌법 제28조는 이에 대하여 '정당한 보상'을 명문으로 보장하고 있으므로, 따라서 법률에 의하여 제한되는 경우에도 이러한 본질적인 내용은 침해되어서는 아니되기 때문이다(2010. 10. 28. 2008헌마514).

정답 ①

299 헌법상 보장된 국민의 기본권을 침해하였다. 긴급조치 제9호는 제1, 2, 7항에서 유언비어 날조·유포 및 사실왜곡·전파 행위, 집회·시위 또는 표현물 등에 의하여 대한민국헌법을 부정·비방하거나 개정·폐지를 청원·선동하는 행위, 학교 당국의 감독이나 학교장의 사전 허가를 받은 경우를 제외한 학생들의 집회·시위·정치관여 행위 등을 금지하고, 위반시 형사처벌하도록 하고 있다. 대통령의 긴급조치 제9호 발령행위나 그에 따른 강제수사· 공소제기, 유죄판결의 선고 등 긴급조치 제9호의 적용·집행 행위로 인한 국가배상책임에 대한 설명으로 옳지 않은 것은 몇 개인가?

ㄱ. 긴급조치 제9호의 발령 및 적용·집행 등 일련의 국가작용은 전체적으로 보아 객관적 주의의무를 소홀히 하여 객관적 정당성을 상실한 것으로서 이에 따라 강제수사를 받거나 유죄판결을 선고받고 복역함으로써 개별 국민이 입은 손해에 대해서는 국가배상책임이 인정된다.

ㄴ. 대통령의 긴급조치 제9호의 발령행위는 위법하므로 그 발령행위 자체만으로는 개별 국민에게 구체적인 손해가 발생하였다고 볼 수 있다.

ㄷ. 헌법재판소의 위헌결정으로 소급하여 효력을 상실하였거나 법원에서 위헌·무효로 선언하여 법령이 위헌으로 선언되기 전에 그 법령에 기초하여 수사를 개시하여 공소를 제기한 수사기관의 직무행위 및 유죄판결을 선고한 법관의 재판상 직무행위가 국가배상법 제2조 제1항에서 말하는 공무원의 고의 또는 과실에 의한 불법행위에 해당한다고 단정할 수 없다.

ㄹ. 긴급조치 제9호의 적용·집행으로 강제수사를 받거나 유죄판결을 선고받고 복역함으로써 개별 국민이 입은 손해에 대해서는 국가배상책임이 인정될 수 있다.

ㅁ. 긴급조치 제9호에 대한 위헌성의 심사 없이 이를 적용하여 유죄판결을 선고한 법관의 재판상 직무행위는 대통령의 위법한 직무행위와 구별되는 독립적인 불법행위로서 국가배상책임을 구성한다.
ㅂ. 대통령의 긴급조치 제9호 발령 및 적용·집행행위가 국가배상법 제2조 제1항에서 말하는 공무원의 고의 또는 과실에 의한 불법행위에 해당하지 않는다.

① 1개 ② 2개 ③ 3개
④ 4개 ⑤ 5개

정답 및 해설

ㄱ. 【O】 긴급조치 제9호의 발령과 적용·집행에 관한 국가작용 및 이에 관여한 다수 공무원들의 직무수행은 법치국가 원리에 반하여 유신헌법 제8조가 정하는 국가의 기본권 보장의무를 다하지 못한 것으로서 전체적으로 보아 객관적 주의의무를 소홀히 하여 그 정당성을 결여하였다고 평가되고, 그렇다면 개별 국민의 기본권이 침해되어 현실화된 손해에 대하여는 국가배상책임을 인정하여야 한다.

ㄴ. 【X】 긴급조치 제9호의 발령행위가 위법하다고 하더라도 그 발령행위 자체만으로는 개별 국민에게 구체적인 손해가 발생하였다고 보기 어렵고, 긴급조치 제9호의 적용·집행과정에서 개별 공무원의 위법한 직무집행을 구체적으로 특정하거나 개별 공무원의 고의·과실을 증명 또는 인정하는 것은 쉽지 않다(2022. 8. 30. 2018다212610).

ㄷ. 【O】 헌법재판소의 위헌결정으로 소급하여 효력을 상실하였거나 법원에서 위헌·무효로 선언되었다는 사정만으로 형벌에 관한 법령을 제정한 행위나 법령이 위헌으로 선언되기 전에 그 법령에 기초하여 수사를 개시하여 공소를 제기한 수사기관의 직무행위 및 유죄판결을 선고한 법관의 재판상 직무행위가 국가배상법 제2조 제1항에서 말하는 공무원의 고의 또는 과실에 의한 불법행위에 해당한다고 단정할 수 없다(2022. 8. 30. 2018다212610).

ㄹ. 【O】 긴급조치 제9호는 위헌·무효임이 명백하고 긴급조치 제9호 발령으로 인한 국민의 기본권 침해는 그에 따른 강제수사와 공소제기, 유죄판결의 선고를 통하여 현실화되었다.
이러한 경우 긴급조치 제9호의 발령부터 적용·집행에 이르는 일련의 국가작용은, 전체적으로 보아 공무원이 직무를 집행하면서 객관적 주의의무를 소홀히 하여 그 직무행위가 객관적 정당성을 상실한 것으로서 위법하다고 평가되고, 긴급조치 제9호의 적용·집행으로 강제수사를 받거나 유죄판결을 선고받고 복역함으로써 개별 국민이 입은 손해에 대해서는 국가배상책임이 인정될 수 있다.

ㅁ. 【X】 별개의견이다. 법정의견은 법관의 고의 과실을 인정하지는 않았다.
법관의 재판상 직무행위에 대하여 국가배상책임이 인정되려면 해당 법관이 위법 또는 부당한 목적을 가지고 재판을 하는 등 법관이 그에게 부여된 권한의 취지에 명백히 어긋나게 이를 행사하였다고 인정할 만한 특별한 사정이 있어야 한다.
그러나 위와 같은 특별한 사정이 인정되어 법관의 재판상 직무행위가 독립적인 불법행위를 구성하는지 여부와 관계없이 재판상 직무행위를 포함한 긴급조치의 발령 및 적용·집행이라는 일련의 국가작용이 전체적으로 객관적 정당성을 상실한 때에는 국가배상책임이 성립할 수 있다고 보아야 한다(2022. 8. 30. 2018다212610).

ㅂ. 【X】 대통령의 긴급조치 제9호 발령 및 적용·집행행위가 국가배상법 제2조 제1항에서 말하는 공무원의 고의 또는 과실에 의한 불법행위에 해당하지 않는다는 것은 기존 판례인데 변경되었다(2022. 8. 30. 2018다212610).

정답 ③

300 헌법재판소는 "형법 제129조 제1항의 '공무원'에 구 '제주특별자치도 설치 및 국제자유도시 조성을 위한 특별법' 제299조 제2항의 제주특별자치도통합영향평가심의위원회 심의위원 중 위촉위원이 포함되는 것으로 해석하는 한 헌법에 위반된다."는 한정위헌결정하였다. 청구인은 헌법재판소의 한정위헌결정이 있자 헌법재판소법 제75조 제7항에 따라 재심을 청구하였으나 대법원은 한정위헌결정이 헌법재판소법 제75조 제7항의 인용결정에 해당하지 않는다고 보고 재심청구를 기각하였다. 이에 청구인은 대법원재판과 헌법재판소법 제68조 제1항의 법원의 재판에 대해 헌법소원심판을 청구하였다. 이에 대한 설명으로 옳지 않은 것은?

① 한정위헌결정도 일부위헌결정으로서 헌법재판소가 헌법에서 부여받은 위헌심사권을 행사한 결과인 법률에 대한 위헌결정에 해당한다.
② 헌법재판소가 위헌으로 결정한 법령을 적용함으로써 국민의 기본권을 침해한 재판은 위헌결정의 기속력에 반하는 재판이므로 까지 헌법소원심판을 청구를 부정한다면 헌법재판소법 제68조 제1항의 '법원의 재판을 제외' 부분은 은 헌법에 위반된다.
③ 형법 제129조 제1항(수뢰죄) 중 "공무원"에 구 '제주특별자치도 설치 및 국제자유도시 조성을 위한 특별법'제299조 제2항의 제주특별자치도통합영향평가심의위원회 심의위원 중 위촉위원 포함되는 것으로 해석하는 것이 죄형법정주의원칙에 위배된다.
④ 제주특별자치도통합영향평가심의위원회 심의위원 중 위촉위원이 포함되는 것으로 해석하는 한 헌법에 위반된다."는 한정위헌결정은 헌법재판소법 제75조 제6항, 제47조 제1항에 따라 법원과 그 밖의 국가기관 및 지방자치단체에 대하여 기속력이 있다.
⑤ 이 사건 법원의 재심기각결정들은 '법률에 대한 위헌결정의 기속력에 반하는 재판'으로 이에 대한 헌법소원은 허용되고 청구인들의 헌법상 보장된 재판청구권을 침해하였으나 헌법재판소가 대법원의 재판을 취소하는 하는 것은 사법권을 침해할 수 있는 바 위헌확인에 그친다.

▶ **정답 및 해설**

①【○】헌법재판소가 법률의 위헌성 심사를 하면서 합헌적 법률해석을 하고 그 결과로서 이루어지는 한정위헌결정도 일부위헌결정으로서, 헌법재판소가 헌법에서 부여받은 위헌심사권을 행사한 결과인 법률에 대한 위헌결정에 해당한다(2020. 6. 30. 2014헌마760).

②【○】헌법재판소법 제68조 제1항 본문 중 '법원의 재판' 가운데 '헌법재판소가 위헌으로 결정한 법령을 적용함으로써 국민의 기본권을 침해한 재판' 부분에 대하여 위헌결정을 한 바 있다. 그러나 위 결정의 효력은 위 부분에 국한되므로, 재판소원금지조항의 적용 영역에서 '법률에 대한 위헌결정의 기속력에 반하는 재판' 부분을 모두 제외하기 위해서는 해당 부분에 대한 별도의 위헌결정이 필요하다. 따라서 헌법재판소는 이번 결정에서 재판소원금지조항 가운데 '법률에 대한 위헌결정의 기속력에 반하는 재판' 부분은 헌법에 위반된다(2020. 6. 30. 2014헌마760).

③【○】사용하기 위해서는 법률에 명시하는 것이 일반적 입법례인데, 우리의 경우에는 구 형법의 공무원 개념규정을 형법 제정 당시 두지 않았고, 국가공무원법·지방공무원법에 의한 공무원이 아니라고 하더라도 국가나 지방자치단체의 사무에 관여하거나 공공성이 높은 직무를 담당하여 청렴성과 직무의 불가매수성이 요구되는 경우에, 개별 법률에 '공무원 의제' 조항을 두어 공무원과 마찬가지로 뇌물죄로 처벌하거나, 특별규정을 두어 처벌하고 있다. 그런데 국가공무원법·지방공무원법에 따른 공무원이 아님에도 법령에 기하여 공무에 종사한다는 이유로 공무원 의제규정이 없는 사인(私人)을 이 사건 법률조항의 '공무원'에 포함된다고 해석하는 것은 처벌의 필요성만을 지나치게 강조하여 범죄와 형벌에 대한 규정이 없음에도 구성요건을 확대한 것으로서 죄형법정주의와 조화될 수 없다.

따라서 이 사건 법률조항의 '공무원'에 국가공무원법·지방공무원법에 따른 공무원이 아니고 공무원으로 간주되는 사람도 아닌 제주자치도 위촉위원이 포함된다고 해석하는 것은 법률해석의 한계를 넘은 것으로서 죄형법정주의에 위배된다(2012. 12. 27. 2011헌바117).

④ [○] 헌법재판소는 2012. 12. 27. 2011헌바117 결정에서 "형법 제129조 제1항의 '공무원'에 구 '제주특별자치도 설치 및 국제자유도시 조성을 위한 특별법' 제299조 제2항의 제주특별자치도통합영향평가심의위원회 심의위원 중 위촉위원이 포함되는 것으로 해석하는 한 헌법에 위반된다."는 한정위헌결정을 하였다. 이는 형벌 조항의 일부가 헌법에 위반되어 무효라는 내용의 일부위헌결정으로, 법 제75조 제6항, 제47조 제1항에 따라 법원과 그 밖의 국가기관 및 지방자치단체에 대하여 기속력이 있다(2020. 6. 30. 2014헌마760).

⑤ [×] 이 사건 재심기각결정들은 이 사건 한정위헌결정의 기속력을 부인하여 헌법재판소법에 따른 청구인들의 재심청구를 기각하였다. 따라서 이 사건 재심기각결정들은 모두 '법률에 대한 위헌결정의 기속력에 반하는 재판'으로 이에 대한 헌법소원은 허용되고 청구인들의 헌법상 보장된 재판청구권을 침해하였으므로, 헌법재판소법 제75조 제3항에 따라 취소되어야 한다(2020. 6. 30. 2014헌마760). **정답 ⑤**

301 법원판결의 근거가 된 가중처벌규정에 대하여 헌법재판소의 위헌결정이 있었음을 이유로 개시된 재심절차에서, 공소장의 교환적 변경을 통해 위헌결정된 가중처벌규정보다 법정형이 가벼운 처벌규정으로 적용법조가 변경되어 피고인이 무죄판결을 받지는 않았으나 원판결보다 가벼운 형으로 유죄판결이 확정됨에 따라 원판결에 따른 구금형 집행이 재심판결에서 선고된 형을 초과하게 된 경우, 재심판결에서 선고된 형을 초과하여 집행된 구금에 대하여 보상요건을 규정하지 아니한 '형사보상 및 명예회복에 관한 법률' 제26조 제1항에 대한 헌법소원심판이 청구되었다. 이에 대한 설명으로 옳은 것은?

① 우리 헌법은 제헌헌법에서부터 형사피의자로서 구금되었던 자가 불기소처분을 받은 때의 형사보상청구권을 인정하였고, 1987년 헌법 개정으로 피고인에 대하여도 이를 확대 보장하기에 이르렀다.

② 형사보상법은 형사보상을 크게 '무죄재판을 받아 확정된 사건의 피고인에 대한 보상'과 '불기소처분 또는 불송치결정을 받은 피의자에 대한 보상'으로 나누어 규율하되, 전자를 중심으로 규정하고 후자에 대하여서는 특별한 규정이 있는 경우를 제외하고는 그 성질에 반하지 아니하는 범위에서 전자에 관한 규정을 준용하는 형태를 취한다.

③ 헌법 제10조 후문은 "국가는 개인이 가지는 불가침의 기본적 인권을 확인하고 이를 보장할 의무를 진다."고 규정하고 있고, 재심판결에서 선고된 형을 초과하여 집행된 구금에 대하여 보상요건을 규정하지 아니한 '형사보상 및 명예회복에 관한 법률' 제26조 제1항의 위헌여부는 국가가 그러한 기본권 보호의무를 다하였는지를 기준으로 판단해야 한다.

④ 이 사건 재심절차에서 이루어진 교환적 공소장 변경은 국가형벌권의 적정한 행사를 위해 가능하고 필요하였으며, 헌법재판소의 결정 취지에도 부합하는 것이므로, 이와 다른 공소장 변경의 경우를 가정하여 이 사건 청구인들이 실질적으로 무죄 재판을 받을 수 있었던 경우라고 볼 수 없으므로 이를 보상대상에서 제외했다고 하더라도 평등원칙에 위배되지 않는다.

⑤ 심판대상조항이 헌법상 형사보상청구권을 구현함에 있어 평등권을 침해하는지 여부는 엄격한 비례원칙에 따라야 한다.

▶ 정답 및 해설

① [×] 우리 헌법은 제헌헌법에서부터 형사피고인으로서 구금되었던 자가 구죄판결을 받은 때의 형사보상청구권을 인정하였고, 1987년 헌법 개정으로 피의자에 대하여도 이를 확대 보장하기에 이르렀다.

② [○] 형사보상법은 형사보상을 크게 '무죄재판을 받아 확정된 사건의 피고인에 대한 보상'과 '불기소처분 또는 불송치결정을 받은 피의자에 대한 보상'으로 나누어 규율하되, 전자를 중심으로 규정하고 후자에 대하여서는 특별한 규정이 있는 경우를 제외하고는 그 성질에 반하지 아니하는 범위에서 전자에 관한 규정을 준용하는 형태를 취한다. 헌법 제28조의 형사보상청구권이 국가의 형사사법작용에 의하여 신체의 자유가 침해된 국민에게 그 구제를 인정하여 국민의 기본권 보호를 강화하는 데 그 목적이 있는 점에 비추어 보면, 외형상·형식상으로 무죄재판이 없다고 하더라도 형사사법절차에 내재하는 불가피한 위험으로 인하여 국민의 신체의 자유에 관하여 피해가 발생하였다면 형사보상청구권을 인정하는 것이 타당하다. 이에 형사보상법은 무죄재판을 받아 확정된 경우(제2조)뿐만 아니라 소송법상 이유 등으로 무죄재판을 받을 수는 없으나 그러한 사정이 없었더라면 무죄재판을 받을 만한 사유가 있는 경우에도 심판대상조항을 통하여 형사보상청구권을 인정하고 있다(2022. 2. 24. 2018헌마998).

③ [×] 헌법 제10조 후문은 "국가는 개인이 가지는 불가침의 기본적 인권을 확인하고 이를 보장할 의무를 진다."고 규정하고 있고, 국가가 그러한 기본권 보호의무를 다하였는지 여부는 국가가 최소한의 보호조치를 취했는가를 기준으로 판단하므로, 이 사건에서 평등권을 침해하는지 여부를 판단하는 이상, 이를 별도로 판단하지 아니한다(2022. 2. 24. 2018헌가9).

④ [×] 원판결의 근거가 된 가중처벌규정에 대하여 헌법재판소의 위헌결정이 있었음을 이유로 개시된 재심절차에서, 공소장의 교환적 변경을 통해 위헌결정된 가중처벌규정보다 법정형이 가벼운 처벌규정으로 적용법조가 변경되어 피고인이 무죄판결을 받지는 않았으나 원판결보다 가벼운 형으로 유죄판결이 확정됨에 따라 원판결에 따른 구금형 집행이 재심판결에서 선고된 형을 초과하게 된 이 사건과 같은 경우, 소송법상 이유로 무죄재판을 받을 수는 없으나 그러한 사유가 없었다면 무죄재판을 받았을 것임이 명백하고 원판결의 형 가운데 재심절차에서 선고된 형을 초과하는 부분의 전부 또는 일부에 대해서는 결과적으로 부당한 구금이 이루어진 것으로 볼 수 있다는 점에서 심판대상조항이 형사보상 대상으로 규정하고 있는 경우들과 본질적으로 다르다고 보기 어렵다(2022. 2. 24. 2018헌마998).

⑤ [×] 청구인 한○○은 침해된 기본권으로 헌법 제28조의 형사보상청구권을 들고 있고, 제청법원은 제청이유로 평등권 침해를 들고 있으며, 청구인 박○○도 평등권 침해를 주장한다. 그런데 청구인들과 제청법원의 주장의 핵심은 '이 사건에서 문제되는 위 (1)과 같은 경우도 심판대상조항의 형사보상 대상과 동일하게 형사보상 대상에 포함되어야 한다.'는 것으로, 실질적으로 심판대상조항이 평등권을 침해한다는 주장이라고 볼 수 있다. 따라서 심판대상조항이 헌법상 형사보상청구권을 구현함에 있어 양자가 본질적으로 동일함에도 불구하고 이를 자의적으로 차별하고 있는지 본다(2022. 2. 24. 2018헌마998).

정답 ②

302 사회적 기본권에 대한 설명으로 옳지 않은 것은?

① 4·19혁명공로자에게 지급되는 보훈급여의 종류를 보상금이 아닌 수당으로 규정한 국가유공자법 제16조의4 제1항 및 2019년도 공로수당의 지급월액을 31만 1천 원으로 규정한 것은 수당의 지급월액이 지나치게 과소하여 인간다운 생활을 할 권리를 침해한다고 할 수 없다.
② 서울대학교가 2021. 4. 29. 발표한 '서울대학교 2023학년도 대학 신입학생 입학전형 시행계획' 중 수능위주전형 정시모집 '나'군의 전형방법의 2단계 평가에서 교과평가를 20점 반영하도록 한 '서울대학교 2023학년도 대학 신입학생 입학전형 시행계획'은 서울대학교에 진학하고자 하는 청구인들의 균등하게 교육을 받을 권리를 침해한다고 할 수 없다.
③ 서울대학교가 2021. 4. 29. 발표한 '서울대학교 2023학년도 대학 신입학생 입학전형 시행계획' 중 수능위주전형 정시모집 '나'군의 전형방법의 2단계 평가에서 교과평가를 20점 반영하도록 한 '서울대학교 2023학년도 대학 신입학생 입학전형 시행계획'은 매 입학연도의 전 학년도가 개시되는 날의 10개월 전에 공표된 것이라면 신뢰보호원칙에 위반되지 않으므로, 청구인들의 균등하게 교육을 받을 권리를 침해하지 않는다.
④ 검정고시로 고등학교 졸업학력을 취득한 사람들의 수시모집 지원을 제한하는 내용의 피청구인 국립교육대학교 등의 '2017학년도 신입생 수시모집 입시요강'이 청구인들의 균등하게 교육을 받을 권리를 침해한다.
⑤ 동물의 사육 사업 근로자에 대하여 근로기준법 제4장에서 정한 근로시간 및 휴일 규정의 적용을 제외하도록 한 구 근로기준법은 축산 사업장을 근로기준법 적용 제한의 기준으로 삼고 있어 축산업 근로자들의 근로 환경 개선과 산업의 발전을 저해하고 있어 인간의 존엄을 보장하기 위한 최소한의 근로조건 마련에 미흡하여 청구인의 근로의 권리를 침해한다.

▶ 정답 및 해설

①【O】공로수당은 4·19혁명공로자의 소득수준의 많고 적음에 상관없이 지급되는 금원으로서, 그 지급취지는 공로수당 하나만으로 기존 공공부조체계상으로 마련된 생계급여를 대체할 정도의 지원을 하겠다는 것이라기보다는, 4·19혁명공로자에 대한 예우의 의미로서 그의 생활을 보조하려는 것이다. 국가유공자법상 제공되는 국가유공자에 대한 보훈혜택과 국민기초생활 보장법, 기초연금법에 따른 사회보장 및 생활보장을 고려하면, 이 사건 시행령조항이 공로수당의 지급금액을 월 31만 1천 원으로 정한 것이 지나치게 과소하여 입법재량의 범위를 일탈하여 청구인들의 인간다운 생활을 할 권리를 침해하였다고 볼 수 없다[2022. 2. 24. 2019헌마883].
②【O】이 사건 계획은 대학수학능력시험(이하 '수능'이라 한다)의 개편으로 수능 응시자들이 선택할 수 있는 탐구과목의 조합이 크게 늘어나게 되자, 수능 성적과 아울러 고등학교 교육과정을 충실히 이수하였는지도 입학전형에서 전형요소로 반영하고자 한 것이다.
이 사건 계획에 따르더라도 서울대학교 2023학년도 정시모집 일반전형에서 수학능력시험 성적은 여전히 가장 중요한 전형요소이고, 교과평가를 전형요소로 도입한 것은 서울대학교에 입학하고자 하는 수험생이 해당 모집단위 관련 학문 분야에 필요한 수학능력을 지니고 있는지를 평가할 만한 합리적인 지표를 반영하고자 한 것이어서 그 합리성이 인정되며, <u>2단계 전형에서 수험생 사이의 교과평가 점수 차이는 최대 5점에 그치고, 학생생활기록부가 없는 수험생의 경우 대체서류 등을 통하여 교과평가가 이루어진다는 점을 종합하여 보면, 이 사건 계획이 불합리하다거나 자의적이라고 볼 수 없고, 따라서 청구인들의 균등하게 교육을 받을 권리를 침해하지 않는다</u>[2022. 5. 26. 2021헌마527].
③【O】이 사건 계획은 고등교육법 제34조의5 제3항, 제4항에 따라 매 입학연도의 전 학년도가 개시되는 날의

10개월 전에 공표된 것이고, 피청구인은 여기에서 한발 더 나아가 이로부터 6개월 전에 미리 인터넷 홈페이지에 이 사건 계획을 예고하기도 하였다. 그리고 이 사건 계획은 매년 새로운 내용이 규정될 수 있는 대학입학전형기본사항에 바탕하여 수립된 것이어서 매년 새로운 내용이 규정될 수 있다는 점은 충분히 예측할 수 있고, 청구인들이 주장하는 신뢰는 원칙적으로 사적 위험부담의 범위에 속하는 것이어서 그 신뢰이익의 보호가치가 크다고 보기 어려운 반면, 이 사건 계획이 추구하는 교실 수업의 질적 개선에 따른 고교교육 내실화라는 공익은 이보다 더 크다고 할 것이다. 따라서 이 사건 계획은 신뢰보호원칙에 위반되지 않으므로, 청구인들의 균등하게 교육을 받을 권리를 침해하지 않는다.

④ [O] 현행 대입입시제도 중 수시모집은 대학수학능력시험 점수를 기준으로 획일적으로 학생을 선발하는 것을 지양하고, 각 대학별로 다양한 전형방법을 통하여 대학의 독자적 특성이나 목표 등에 맞추어 다양한 경력과 소질 등이 있는 자를 선발하고자 하는 것이다. 수시모집은 과거 정시모집의 예외로서 그 비중이 그리 크지 않았으나 점차 그 비중이 확대되어, 정시모집과 같거나 오히려 더 큰 비중을 차지하는 입시전형의 형태로 자리 잡고 있다. 이러한 상황에서는 수시모집의 경우라 하더라도 응시자들에게 동등한 입학 기회가 주어질 필요가 있다. 그런데 이 사건 수시모집요강은 기초생활수급자·차상위계층, 장애인 등을 대상으로 하는 일부 특별전형에만 검정고시 출신자의 지원을 허용하고 있을 뿐 수시모집에서의 검정고시 출신자의 지원을 일률적으로 제한함으로써 실질적으로 검정고시 출신자의 대학입학 기회의 박탈이라는 결과를 초래하고 있다. 수시모집의 학생선발방법이 정시모집과 동일할 수는 없으나, 이는 수시모집에서 응시자의 수학능력이나 그 정도를 평가하는 방법이 정시모집과 다른 것을 의미할 뿐, 수학능력이 있는 자들에게 동등한 기회를 주고 합리적인 선발 기준에 따라 학생을 선발하여야 한다는 점은 정시모집과 다르지 않다. 따라서 수시모집에서 검정고시 출신자에게 수학능력이 있는지 여부를 평가받을 기회를 부여하지 아니하고 이를 박탈한다는 것은 수학능력에 따른 합리적인 차별이라고 보기 어렵다. 피청구인들은 정규 고등학교 학교생활기록부가 있는지 여부, 공교육 정상화, 비교내신 문제 등을 차별의 이유로 제시하고 있으나 이러한 사유가 차별취급에 대한 합리적인 이유가 된다고 보기 어렵다.
그렇다면 이 사건 수시모집요강은 검정고시 출신자인 청구인들을 합리적인 이유 없이 차별함으로써 청구인들의 균등하게 교육을 받을 권리를 침해한다(2017. 12. 28. 2016헌마649).

⑤ [×] 축산업은 가축의 양육 및 출하에 있어 기후 및 계절의 영향을 강하게 받으므로, 근로시간 및 근로내용에 있어 일관성을 담보하기 어렵고, 축산업에 종사하는 근로자의 경우에도 휴가에 관한 규정은 여전히 적용되며, 사용자와 근로자 사이의 근로시간 및 휴일에 관한 사적 합의는 심판대상조항에 의한 제한을 받지 않는다. 현재 우리나라 축산업의 상황을 고려할 때, 축산업 근로자들에게 근로기준법을 전면적으로 적용할 경우, 인건비 상승으로 인한 경제적 부작용이 초래될 위험이 있다. 위 점들을 종합하여 볼 때, 심판대상조항이 입법자가 입법재량의 한계를 일탈하여 인간의 존엄을 보장하기 위한 최소한의 근로조건을 마련하지 않은 것이라고 보기 어려우므로, 심판대상조항은 청구인의 근로의 권리를 침해하지 않는다[2021. 8. 31. 2018헌마563].

정답 ⑤

303 사회적 기본권에 대한 설명 중 옳은 것을 모두 조합한 것은?

ㄱ. 보건복지부장관으로 하여금 공공기관들에게 장애인전용 주차구역이나 장애인용 승강기 등을 설치하거나 시정조치를 하도록 요청할 구체적 작위의무가 도출된다.
ㄴ. 교비회계의 전용을 금지하는 구 사립학교법 제29조 제6항 본문 및 교비회계 전용 금지 규정을 위반하는 경우 처벌하는 구 사립학교법 제73조의2가 사립학교 운영의 자유를 침해한다고 할 수 없다.
ㄷ. 대통령이 구 '고용보험 및 산업재해보상보험의 보험료징수 등에 관한 법률' 제49조의3 제2항 단서에 따라 특수형태근로종사자의 산재보험료를 사업주에게 부담시키는 대통령령을 제정할 작위의무가 인정된다.
ㄹ. 대통령이 구 '고용보험 및 산업재해보상보험의 보험료징수 등에 관한 법률' 제49조의3 제2항 단서에 따라 특수형태근로종사자의 산재보험료를 사업주에게 부담시키는 대통령령 입법부작위에 정당한 사유가 있다.
ㅁ. 대통령이 구 '고용보험 및 산업재해보상보험의 보험료징수 등에 관한 법률' 제49조의3 제2항 단서에 따라 특수형태근로종사자의 산재보험료를 사업주에게 부담시키는 대통령령 입법부작위는 청구인들의 근로의 권리를 침해한 것으로 헌법에 위반된다.

① ㄱㄴㄹ   ② ㄴㄷㄹ   ③ ㄷㄹㅁ
④ ㄴㄹㅁ   ⑤ ㄱㄷㅁ

▶ 정답 및 해설

ㄱ. [X] 헌법상 명문 규정이나 헌법의 해석으로부터 청구인의 주장과 같이 보건복지부장관이 이 사건에서 문제된 해당 공공기관에 장애인전용 주차구역, 장애인용 승강기 및 화장실을 설치하도록 할 작위의무가 도출된다고 보기 어렵고, '장애인·노인·임산부 등의 편의증진 보장에 관한 법률' 등 규정을 살펴보더라도 위 대상시설에 대한 시정조치 요청 행위는 재량행위로 보건복지부장관이 해당 시설의 규모나 상태, 안전성 등을 종합적으로 고려하여 판단할 사안에 해당하여 보건복지부장관으로 하여금 위 공공기관들에게 장애인전용 주차구역이나 장애인용 승강기 등을 설치하거나 **시정조치를 하도록 요청할 구체적 작위의무를 도출하기 어렵다.** 따라서 이 부분 심판청구는 작위의무 없는 공권력의 불행사에 대한 헌법소원이어서 부적법하다[2023. 7. 20. 2019헌마709].

ㄴ. [O] 사립학교법은 교비회계에 속하는 수입이나 재산을 다른 회계에 전출하거나 대여할 수 있는 예외적인 경우를 규정하고 있으며, 법원은 구체적인 개별 사안에서 그 지출이 당해 학교의 교육에 직접 필요한 경비인지 여부를 결정함으로써 구체적인 타당성을 도모하고 있는 점 등을 종합하면, 이 사건 위임조항과 처벌조항은 사립학교 운영의 자유를 침해한다고 할 수 없다[2023. 8. 31. 2021헌바180].

ㄷ. [O] 이 사건 위임규정이 산재보험료의 사업주 전액 부담과 관련하여 그 시행 여부를 행정부의 재량에 맡긴 것으로 해석하기 어렵고, 특수형태근로종사자를 산재보험제도 내로 편입할 당시의 입법 경위에 비추어 보더라도 산재보험료의 사업주전액부담제도의 시행은 이미 예정되어 있었던 것으로 볼 수 있으므로 피청구인에게는 산재보험료를 사업주가 전부 부담하는 직종을 대통령령으로 제정할 의무가 있다[2023. 10. 26. 2020헌마93].

ㄹ. [O] 행정부가 대통령령을 제정하려고 시도하였으나 실무적인 문제에 부딪혀 이를 제정하지 못하고 다른 방향에서 특수형태근로종사자를 보호하기 위한 제도를 개선시켜 왔으며, 그 위임 입법에 따른 행정입법 의무의 이행이 오히려 사용종속관계가 다른 특수형태근로종사자들을 획일적으로 취급함으로써 헌법상의 평

등원칙 위반 등의 문제를 야기할 수 있다는 점 등을 고려하면 피청구인이 사업주가 산재보험료를 전액 부담하는 직종에 관해 대통령령을 제정하지 못하고 있는 것에는 정당한 이유가 있다고 볼 수 있다[2023. 10. 26. 2020헌마93].
ㅁ. [X] 피청구인이 사업주가 산재보험료를 전액 부담하는 직종에 관해 대통령령을 제정하지 못하고 있는 것에는 정당한 이유가 있다고 보아 기각결정하였다[2023. 10. 26. 2020헌마53].　　　　정답 ②

304 근로의 권리와 근로3권에 관한 설명 중 옳은 것(O)과 옳지 않은 것(X)을 올바르게 조합한 것은? (다툼이 있는 경우 판례에 의함)

ㄱ. 사용자가 노동조합의 운영비를 원조하는 행위를 부당노동행위로 금지하는 '노동조합 및 노동관계조정법'은 노동조합의 단체교섭권을 침해한다.
ㄴ. 특수경비원의 파업·태업 그 밖에 경비업무의 정상적인 운영을 저해하는 일체의 쟁의행위를 금지하는 경비업법 제15조 제3항이 헌법에 위반되지 아니한다고 판시한 기존판례는 변경되었다.
ㄷ. 청원경찰의 복무에 관하여 「국가공무원법」의 해당 조항을 준용함으로써 노동운동을 금지하는 「청원경찰법」의 해당 조항 중 「국가공무원법」의 해당 조항 가운데 '노동운동' 부분을 준용하는 부분은 헌법에 위반되지 아니한다고 판시한 기존판례는 변경되었다.
ㄹ. 동물의 사육 사업 근로자에 대하여 근로기준법 제4장에서 정한 근로시간 및 휴일 규정의 적용을 제외하도록 한 구 근로기준법은 축산 사업장을 근로기준법 적용 제한의 기준으로 삼고 있어 축산업 근로자들의 근로 환경 개선과 산업의 발전을 저해하고 있다. 따라서 이 조항은 인간의 존엄을 보장하기 위한 최소한의 근로조건 마련에 미흡하여 청구인의 근로의 권리를 침해한다.
ㅁ. 연차유급휴가에 관한 권리는 인간의 존엄성을 보장받기 위한 최소한의 근로조건을 요구할 수 있는 권리가 아니므로 근로의 권리의 내용에 포함되지 않는다.

① ㄱ(O), ㄴ(O), ㄷ(X), ㄹ(O), ㅁ(O)
② ㄱ(X), ㄴ(X), ㄷ(X), ㄹ(X), ㅁ(X)
③ ㄱ(O), ㄴ(X), ㄷ(O), ㄹ(X), ㅁ(X)
④ ㄱ(X), ㄴ(O), ㄷ(X), ㄹ(O), ㅁ(O)
⑤ ㄱ(X), ㄴ(O), ㄷ(X), ㄹ(O), ㅁ(X)

▶ 정답 및 해설

ㄱ. [O] 노동조합의 자주성을 저해하거나 저해할 위험이 현저하지 않은 운영비 원조 행위를 부당노동행위로 규제하는 것은 입법목적 달성에 기여하는 바가 전혀 없는 반면, 운영비원조금지조항으로 인하여 청구인은 사용자로부터 운영비를 원조받을 수 없을 뿐만 아니라 궁극적으로 노사자치의 원칙을 실현할 수 없게 되므로, 운영비원조금지조항은 법익의 균형성에도 반한다.
따라서 운영비원조금지조항은 과잉금지원칙을 위반하여 청구인의 단체교섭권을 침해하므로 헌법에 위반된다[2018.5.31. 2012헌바90].
ㄴ. [X] 청구인들의 심판청구에 대하여는 재판관 이선애, 재판관 이은애, 재판관 이종석, 재판관 이영진은 기각의견이고 재판관 유남석, 재판관 이석태, 재판관 김기영, 재판관 문형배, 재판관 이미선은 위헌의견으로, 위헌의견이 다수이기는 하나, 헌법 제113조 제1항, 헌법재판소법 제23조 제2항 단서 제1호에서 정한 헌법소원심판 인용 결정을 위한 심판정족수에는 이르지 못하므로 이들의 심판청구를 기각하기로 하여 주문과

같이 결정한다[2023. 3. 23. 2019헌마937]
※ 재판관 이선애, 재판관 이은애, 재판관 이종석, 재판관 이영진의 기각의견
심판대상조항은 경비업무의 정상적인 운영을 저해하는 쟁의행위를 금지함으로써 국가중요시설의 안전을 도모하고 국가중요시설의 정상적인 기능을 유지하여 방호혼란을 방지하려는 것이므로 입법목적의 정당성 및 수단의 적합성이 인정된다.
국가중요시설에서 발생할 수 있는 보안 관련 사건의 심각성, 이에 대응하기 위하여 무기 휴대가 가능한 특수경비원 업무의 중요성을 감안하면 경비업무의 정상적인 운영을 저해하는 일체의 쟁의행위를 금지할 수밖에 없고, 그 외 다른 수단들로는 위 목적 달성에 기여할 수 없다. 특수경비원은 단체행동권에 대한 대상조치인 노동조합법상 조정 및 중재를 통하여 노동쟁의에 대한 해결책을 마련할 수도 있다. 따라서 심판대상조항은 침해의 최소성을 갖추었다.
심판대상조항으로 인하여 특수경비원이 받는 불이익이 국가나 사회의 중추를 이루는 중요시설 운영에 안정을 기함으로써 얻게 되는 국가안전보장, 질서유지, 공공복리 등의 공익보다 중대한 것이라고 볼 수 없다. 따라서 심판대상조항은 법익의 균형성을 갖추었다. 그러므로 심판대상조항은 과잉금지원칙에 위배되어 나머지 청구인들의 단체행동권을 침해하지 않는다.
※ 재판관 유남석, 재판관 이석태, 재판관 김기영, 재판관 문형배, 재판관 이미선의 위헌의견
특수경비원은 공무원인 근로자 또는 법률이 정하는 주요방위산업체에 종사하는 근로자가 아닌 일반근로자로서 단체행동권이 철저하게 보장되어야 하고, 쟁의권은 단체행동권 중에서도 핵심적인 권리이다. 따라서 특수경비원이 근무하는 시설의 중요성이나 담당하는 업무의 공공성이 크다는 이유만으로 쟁의행위의 전면 금지와 같은 중대한 기본권 제한이 정당화될 수는 없다.
특수경비원은 국가중요시설의 전체 경비업무 중 일부를 분담하고 있고, 일반근로자의 쟁의행위를 제한하는 각종 규제가 관계 법령에 존재하며, 특수경비원의 무기 사용과 관련하여 시민의 안전을 확보하기 위한 사전적·사후적 통제 절차가 마련되어 있다. 쟁의행위로 인한 사회적 혼란은 헌법이 정상적인 업무의 저해를 본질로 하는 쟁의권을 단체행동권의 일환으로 보장함으로써 필연적으로 예정된 부분이므로, 이를 이유로 기본권 자체를 대폭 제한하기보다는 입법목적을 달성하면서도 기본권 제한을 최소화하는 방법을 모색하여야 한다. 이를 위한 다양한 대안이 존재함에도 불구하고, 심판대상조항은 기본권 제한을 완화하거나 보상할 수 있는 어떠한 조치조차 없이 일반근로자인 특수경비원의 쟁의행위를 획일적·전면적으로 금지하고 있다. 따라서 심판대상조항은 침해의 최소성을 갖추지 못하였다. 심판대상조항은 특수경비원의 전문성 저하를 야기할 수 있어 공익 실현의 측면에서 양면적인 효과가 있는 반면, 심판대상조항으로 인하여 제한되는 기본권의 정도가 매우 크다. 따라서 심판대상조항은 법익의 균형성을 갖추지 못하였다.
그러므로 심판대상조항은 과잉금지원칙에 위배되어 나머지 청구인들의 단체행동권을 침해한다.

ㄷ. [O] 심판대상조항은 헌법에 합치되지 아니하나 2018. 12. 31.을 시한으로 입법자의 개선입법이 이루어질 때까지 잠정적으로 적용하기로 하여 관여 재판관 전원의 일치된 의견에 따라 주문과 같이 결정한다. 종래 이와 견해를 달리하여 심판대상조항이 헌법에 위반되지 아니한다고 판시한 우리 재판소 결정(헌재 2008. 7. 31. 2004헌바9)은, 이 결정 취지와 저촉되는 범위 안에서 변경하기로 한다(2017.9.28. 2015헌마653).
헌법은 주요방위산업체 근로자들의 경우에도 단체행동권만을 제한하고 있고, 경비업법은 무기를 휴대하고 국가중요시설의 경비 업무를 수행하는 특수경비원의 경우에도 쟁의행위를 금지할 뿐이다. 청원경찰은 특정 경비구역에서 근무하며 그 구역의 경비에 필요한 한정된 권한만을 행사하므로, 청원경찰의 업무가 가지는 공공성이나 사회적 파급력은 군인이나 경찰의 그것과는 비교하여 견주기 어렵다. 그럼에도 <u>심판대상조항은 군인이나 경찰과 마찬가지로 모든 청원경찰의 근로3권을 획일적으로 제한하고 있다. 이상을 종합하여 보면, 심판대상조항이 모든 청원경찰의 근로3권을 전면적으로 제한하는 것은 과잉금지원칙을 위반하여 청구인들의 근로3권을 침해하는 것이다.</u> … 심판대상조항에 대하여 잠정적용 헌법불합치결정을 선고하되, 입법자는 늦어도 2018. 12. 31.까지 개선입법을 하여야 한다(2017.9.28. 2015헌마653).

ㄹ. [X] 축산업은 가축의 양육 및 출하에 있어 기후 및 계절의 영향을 강하게 받으므로, 근로시간 및 근로내용에 있어 일관성을 담보하기 어렵고, 축산업에 종사하는 근로자의 경우에도 휴가에 관한 규정은 여전히 적용되며, 사용자와 근로자 사이의 근로시간 및 휴일에 관한 사적 합의는 심판대상조항에 의한 제한을 받지 않는다. 현재 우리나라 축산업의 상황을 고려할 때, 축산업 근로자들에게 근로기준법을 전면적으로 적

용할 경우, 인건비 상승으로 인한 경제적 부작용이 초래될 위험이 있다. 위 점들을 종합하여 볼 때, 심판대상조항이 입법자가 입법재량의 한계를 일탈하여 인간의 존엄을 보장하기 위한 최소한의 근로조건을 마련하지 않은 것이라고 보기 어려우므로, **심판대상조항은 청구인의 근로의 권리를 침해하지 않는다**[2021. 8. 31. 2018헌마563].

※ 재판관 유남석, 재판관 이석태, 재판관 김기영, 재판관 문형배, 재판관 이미선의 헌법불합치의견

축산업은 주로 근로자의 육체 노동력에 의존하고, 일단 근로에 임하게 되면 장시간 근로가 불가피하다. 현재 우리나라 축산업은 지위가 불안정한 일용직 내지 임시직 근로자가 다수를 차지하는 구조를 가지고 있어, 사적 합의를 통하여 합리적인 근로조건을 정하기 어려운 상황이다. 위와 같은 점에서 축산업 근로자들에게 육체적·정신적 휴식을 보장하고 장시간 노동에 대한 경제적 보상을 해야 할 필요성이 요청됨에도 불구하고, 심판대상조항은 축산 사업장을 근로기준법 적용 제한의 기준으로 삼고 있어 축산업 근로자들의 근로 환경 개선과 산업의 발전을 저해하고 있다. 따라서 이 조항은 인간의 존엄을 보장하기 위한 최소한의 근로조건 마련에 미흡하여 청구인의 근로의 권리를 침해한다.

ㅁ. [×] 헌법 제32조 제3항은 위와 같은 근로의 권리가 실효적인 것이 될 수 있도록 "근로조건의 기준은 인간의 존엄성을 보장하도록 법률로 정한다."고 하여 근로조건 법정주의를 규정하고 있고, 연차유급휴가는 근로자의 건강하고 문화적인 생활의 실현에 이바지할 수 있도록 여가를 부여하는 데 그 목적이 있는 것으로, 인간의 존엄성을 보장하기 위한 합리적인 근로조건에 해당하므로 연차유급휴가에 관한 권리는 근로의 권리의 내용에 포함된다(2015.5.28. 2013헌마619).

정답 ③

305 근로3권 침해여부에 대한 설명으로 옳지 않은 것을 모두 조합한 것은?

ㄱ. 헌법 제33조 제1항이 보장하는 근로3권은 자유권적 성격과 사회·경제적으로 열등한 지위에 있는 근로자로 하여금 근로자단체의 힘을 배경으로 그 지위를 보완·강화함으로써 근로자가 사용자와 실질적으로 대등한 지위에서 교섭할 수 있도록 해주는 기능을 부여하는 사회권적 성격을 함께 지닌 기본권이다.

ㄴ. 당해 사업장에 종사하는 근로자의 3분의 2 이상을 대표하는 노동조합의 경우 단체협약을 매개로 한 조직강제(이른바 유니언 숍(Union Shop) 협정의 체결를 용인하고 있는 노동조합 및 노동관계조정법은 근로자의 단결하지 아니할 자유뿐만 아니라 단결선택권마저 제한한다.

ㄷ. 근로조건의 향상을 위한 쟁의행위 가운데 집단적 노무제공 거부행위인 단순파업을 사람의 업무를 방해한 자는 5년 이하의 징역 또는 1천 500만 원 이하의 벌금에 처벌하는 형법 제314조 제1항로 처벌하는 것은 과잉금지원칙에 위배되어 근로자의 단체행동권을 침해한다.

ㄹ. 대학교원의 교원노조가입을 금지하고 있는 교원의 노동조합 설립 및 운영 등에 관한 법률은 과잉금지원칙에 위반하여 교육공무원인 대학 교원의 단결권을 침해한다.

① ㄱㄴ   ② ㄱㄷ   ③ ㄴㄷ
④ ㄷㄹ   ⑤ ㄱㄹ

▶ 정답 및 해설

ㄱ. [○] 헌법 제33조 제1항이 보장하는 근로3권은 근로자가 자주적으로 단결하여 근로조건의 유지·개선과 근로자의 복지증진 기타 사회적·경제적 지위의 향상을 도모함을 목적으로 단체를 자유롭게 결성하고, 이를 바탕으로 사용자와 근로조건에 관하여 자유롭게 교섭하며, 때로는 자신의 요구를 관철하기 위하여 단체행동을 할 수 있는 자유를 보장하는 자주권적 성격과 사회·경제적으로 열등한 지위에 있는 근로자로 하

여금 근로자단체의 힘을 배경으로 그 지위를 보완·강화함으로써 근로자가 사용자와 실질적으로 대등한 지위에서 교섭할 수 있도록 해주는 기능을 부여하는 사회권적 성격을 함께 지닌 기본권이다.

ㄴ. [O] 이 사건 법률조항은 비록 명시적으로 근로자의 단결하지 아니할 자유 또는 단결선택권을 침해·박탈하고 있지는 않지만 노동조합의 조직강제 수단인 유니언 샵 협정의 실정법적 근거조항으로서 이러한 조직강제의 유효성을 인정하고 있고, 그 내용도 특정한 지배적 노동조합으로의 단결강제를 예정하고 있어 해당 노동조합의 가입을 원하지 않는 개별근로자의 단결선택권 등 기본권을 제한하고 있다. 이러한 조직강제는 그 내용에 따라 어느 적당한 노동조합에 가입할 것을 고용조건으로 하는 일반적 조직강제의 경우 근로자의 단결하지 아니할 자유만을 제한하나, 특정한 노동조합의 조합원이 될 것을 고용조건으로 하는 제한적 조직강제의 경우 근로자의 단결하지 아니할 자유뿐만 아니라 단결선택권마저 제한한다(2005.11.24. 2002헌바95).

ㄷ. [X] 심판대상조항은 사용자가 예측하지 못한 시기에 전격적으로 이루어져 사용자의 사업운영에 심대한 혼란이나 막대한 손해를 초래하여 사용자의 사업계속에 관한 자유의사를 제압·혼란시켰다고 평가할 수 있는 집단적 노무제공 거부를 형사처벌의 대상으로 삼고 있다. 이러한 단체행동권의 행사를 금지함으로써 근로자 집단이 받은 불이익은 단체행동권 행사의 시기·방법적 제약으로서 사용자 및 제3자의 기본권 보장이나 거래질서 유지의 공익보다 중대한 것이라 단언하기는 어렵다. 따라서 심판대상조항은 법익균형성 요건도 갖추었다. 그러므로 심판대상조항은 과잉금지원칙을 위배하여 단체행동권을 침해하지 아니한다(2022. 5. 26. 2012헌바66).

ㄹ. [X] 심판대상조항은 입법형성의 범위를 벗어난 입법이어서 **교육공무원인 대학 교원**의 단결권을 침해한다(2018. 8. 30. 2015헌가38). 다만, 심판대상조항은 과잉금지원칙에 위배되어 공무원 아닌 대학 교원의 단결권을 침해한다(2018. 8. 30. 2015헌가38).

정답 ④

306 근로3권에 대한 설명으로 옳지 않은 것은?

① 노동조합을 지배·개입하는 행위를 금지하는 노동조합 및 노동관계조정법 제81조 제4호는 죄형법정주의의 명확성원칙에 위배되지 않는다.
② 노조전임자의 급여를 지원하는 행위를 금지하는 노동조합 및 노동관계조정법 제81조는 직업의 자유 중 사용자인 청구인의 기업활동의 자유를 제한하고 있다.
③ 노조전임자의 급여를 지원하는 행위를 금지하는 노동조합 및 노동관계조정법 제81조는 과잉금지원칙에 위배된다고 할 수 없다.
④ 법인의 대표자가 지배개입금지조항과 이 사건 급여지원금지조항을 위반할 경우 법인을 함께 처벌하는 노동조합 및 노동관계조정법 제94조는 책임주의원칙에 위배된다.
⑤ 단체행동권을 제한이 불가능한 절대적 기본권으로 인정할 수는 없으나 단체행동권 역시 헌법 제37조 제2항의 일반적 법률유보조항에 따른 기본권 제한의 대상이 되므로, 그 제한의 위헌 여부는 과잉금지원칙을 준수하였는지 여부에 따라 판단되어야 한다.

▶ 정답 및 해설

① [O] '지배·개입행위'란 사용자가 노동조합의 조직·운영을 조종하거나 이에 간섭하는 일체의 행위로서 노동조합의 자주성을 저해하거나 저해할 위험성이 있는 행위라고 볼 수 있다. 비록 이 사건 지배개입금지조항은 '지배·개입'이라는 다소 광범위한 용어를 사용하고 있으나 수범자인 사용자가 노동조합과의 관계에서 자신의 행위를 결정해 나가기에 충분한 기준이 될 정도의 의미내용을 가지고 있다고 할 것이다. 또한 앞서 본 바와 같은 학설, 판례 등의 집적을 통하여 실무적 기준이 충분히 확립되어 있으므로 법 집행자가 자의적으로 해석하는 것을 허용한다고 보기도 어렵다.

따라서 이 사건 지배개입금지조항이 헌법상 죄형법정주의가 요구하는 명확성원칙에 위반된다고 볼 수 없다(2022. 5. 26. 2019헌바341).

② [O] 직업의 자유에는 영업의 자유와 기업의 자유가 포함되는데 이 사건 급여지원금지조항의 경우 사용자가 노조전임자에게 급여를 지원하는 것을 금지하고 있으므로 사용자인 청구인의 기업활동의 자유를 제한하고 있다(2022. 5. 26. 2019헌바341).

③ [O] 이 사건 급여지원금지조항으로 인하여 초래되는 사용자의 기업의 자유의 제한은 근로시간 면제 제도로 인하여 상당히 완화되는 반면에, 이 사건 급여지원금지조항은 노동조합의 자주성과 독립성 확보, 안정적인 노사관계의 유지와 산업 평화를 도모하기 위한 것으로서 그 공익은 중대하므로 법익의 균형성도 인정된다. 따라서 이 사건 급여지원금지조항은 과잉금지원칙에 위배되지 아니한다(2022. 5. 26. 2019헌바341).

④ [×] 법인의 행위는 법인을 대표하는 자연인인 대표기관의 의사결정에 따른 행위에 의하여 실현되므로, 자연인인 대표기관의 의사결정 및 행위에 따라 법인의 책임 유무를 판단할 수 있다. 즉, 법인은 기관을 통하여 행위하므로 법인이 대표자를 선임한 이상 그의 행위로 인한 법률효과는 법인에게 귀속되어야 하고, 법인 대표자의 범죄행위에 대하여는 법인 자신이 자신의 행위에 대한 책임을 부담하는 것이다. 이 사건에서 문제되고 있는 사용자의 부당노동행위와 관련하여서도 법인인 사용자는 이 사건 지배개입금지조항과 이 사건 급여지원금지조항에 따라 부당노동행위를 하여서는 아니 될 의무를 부담하지만, 이 경우 법인은 직접 범행의 주체가 될 수 없고 대표자의 행위를 매개로 하여서만 범행을 실현할 수 있으므로 대표자의 행위를 곧 법인의 행위로 볼 수밖에 없다. 더 이상의 감독기관이 없는 대표자의 행위에 대하여는 누군가의 감독상 과실을 인정할 수도 없고, 달리 대표자의 책임과 분리된 법인만의 책임을 상정하기도 어려운 것이다.
결국 법인 대표자의 법규위반행위에 대한 법인의 책임은 법인 자신의 법규위반행위로 평가될 수 있는 행위에 대한 법인의 직접책임이므로, 대표자의 고의에 의한 위반행위에 대하여는 법인이 고의 책임을, 대표자의 과실에 의한 위반행위에 대하여는 법인이 과실 책임을 부담한다. 따라서 이 사건 양벌조항은 법인의 직접책임을 근거로 하여 법인을 처벌하므로 책임주의원칙에 위배되지 않는다(2022. 5. 26. 2019헌바341).

⑤ [O] 입법자로서는 근로자의 권리행사의 실질적 조건을 형성하고 유지할 수 있도록 법률을 통해 단체행동권을 보장하고 실현하여야 할 것이나, 단체행동권의 보장은 사용자와 근로자단체와의 관계에서 사용자에게 일정한 손해를 감수할 의무를 수반할 수밖에 없다는 점을 감안하면 단체행동권을 제한이 불가능한 절대적 기본권으로 인정할 수는 없다. 단체행동권 역시 헌법 제37조 제2항의 일반적 법률유보조항에 따른 기본권 제한의 대상이 되므로, 그 제한의 위헌 여부는 과잉금지원칙을 준수하였는지 여부에 따라 판단되어야 한다(2022. 5. 26. 2012헌바66).

정답 ④

▼ 2022년~2023년 통치구조 최신 판례문제 ◀

307 행정안전부장관(이상민) 탄핵심판에 대한 설명으로 옳지 않은 것은?

① 국민으로부터 선출되어 민주적 정당성을 갖추고 있는 대통령과 달리 피청구인은 파면되더라도 직무대행자가 장관의 직무를 대행하는 데 어려움이 없고, 비교적 빠르게 후임자를 임명할 수 있으므로 설령 탄핵에 따른 행정공백이 있다고 하더라도 대통령 탄핵의 경우에 비교될 수 없다. 따라서 피청구인에 대한 탄핵심판에 있어서는 '법 위반의 중대성' 요건은 고려되어서는 안 된다.
② '재난 및 안전관리 기본법' 시행령은 재난관리주관기관이 없는 경우 행정안전부장관이 사후에 이를 지정할 수 있도록 한 것으로, 재난관리주관기관을 참사 발생 전에 미리 지정하지 않았다고 하여 재난안전법을 위반한 것으로 보기 어렵다.
③ 피청구인이 성실의무를 위반하였다고 보기 어렵다. 그 밖에 국민의 생명·신체의 안전을 보호하기 위한 조치가 필요한 상황이었음에도 피청구인이 아무런 보호조치를 취하지 않거나, 적절하고 효율적인 보호조치가 분명히 존재하는 상황에서 피청구인이 이를 이행하지 않은 것이 명백한 경우에 해당하지 않으므로, 헌법상 기본권 보호의무를 위반하였다고 볼 수도 없다.
④ 탄핵심판절차는 대상자의 형사상 책임을 묻거나 반대로 이를 면제하기 위한 제도가 아니므로, 대상자의 행위가 품위유지의무를 위반한 것인지 여부는 해당 행위가 형사상 범죄를 구성하는지 여부와는 별개로 판단되어야 한다.
⑤ 행정각부의 장은 정해진 임기가 없고, 정무직 공무원으로서 국가공무원법상 징계에 관한 규정이나 당연퇴직 등에 관한 규정이 적용되지 않으므로 행정각부의 장에 대한 탄핵심판은 행정각부의 장이 직무집행에 있어 헌법이나 법률을 위반한 경우 고유한 법적 책임을 추궁하여 파면함으로써, 누구도 법 위에 있지 않다는 법의 지배 원리를 구현하고 국가권력을 통제하며, 침해된 헌법질서를 회복하고 헌법을 수호하기 위한 제도이다

▼ 정답 및 해설

①【X】행정각부의 장은 정부 권한에 속하는 중요정책을 심의하는 국무회의의 구성원이자(헌법 제88조 제1항, 제94조) 행정부의 소관 사무를 통할하고 소속공무원을 지휘·감독하는 기관(헌법 제96조, 정부조직법 제7조 제1항)으로서 행정부 내에서 통치기구와 집행기구를 연결하는 가교 역할을 하므로, 그에 대한 파면 결정이 가져올 수 있는 국정공백과 정치적 혼란 등 국가적 손실이 경미하다고 평가하기는 어렵다. 다만 국가 원수이자 행정부의 수반으로서 국민의 선거에 의하여 선출되어 직접적인 민주적 정당성을 부여받은 대통령(헌법 제66조 제1항, 제4항, 제67조)과 행정각부의 장은 정치적 기능이나 비중에서 본질적 차이가 있고, 양자 사이의 직무계속성의 공익이 다름에 따라 파면의 효과 역시 근본적인 차이가 있다. 따라서 '법 위반행위의 중대성'과 '파면 결정으로 인한 효과' 사이의 법익형량을 함에 있어 이와 같은 점이 고려되어야 한다(2023. 7. 25. 2023헌나1).
②【O】'재난 및 안전관리 기본법' 시행령은 재난관리주관기관이 없는 경우 행정안전부장관이 사후에 이를 지정할 수 있도록 한 것으로, 재난관리주관기관을 이 사건 참사 발생 전에 미리 지정하지 않았다고 하여 재난안전법을 위반한 것으로 보기 어렵다. 또 이 사건 참사 당시 적용된 '제4차 국가안전관리기본계획'과 '2022년 행정안전부 집행계획'은 법령에 따라 피청구인이 행정안전부장관으로 임명되기 전에 이미 작성된 것으로, 피청구인이 위 계획을 수정·변경하지 않았다는 이유로 위법하다고 볼 수 없다(2023. 7. 25. 2023헌나1).

③ [○] 중앙재난안전상황실의 설치·운영 및 국가재난관리시스템의 구축·운영에 관한 재난안전법을 위반하였다고 보기도 어렵다. 또 이 사건 참사 발생 당시 주최자 있는 지역축제에 적용되는 안전관리계획의 수립·점검, 매뉴얼 등을 유추 적용할 수 있는지에 관한 확립된 기준이 없어 체계적 대응이 어려웠으며, 피청구인이 참사 현장으로 이동하는 과정에서 지시 및 협력요청을 계속한 점을 고려할 때, 피청구인이 성실의 무를 위반하였다고 보기 어렵다. 그 밖에 국민의 생명·신체의 안전을 보호하기 위한 조치가 필요한 상황이었음에도 피청구인이 아무런 보호조치를 취하지 않거나, 적절하고 효율적인 보호조치가 분명히 존재하는 상황에서 피청구인이 이를 이행하지 않은 것이 명백한 경우에 해당하지 않으므로, 헌법상 기본권 보호의무를 위반하였다고 볼 수도 없다. 결국 피청구인의 사후 재난대응 조치가 헌법 제34조 제6항, 재난안전법 제4조 제1항, 제6조, 제14조, 제15조, 제15조의2, 제18조, 제74조를 위반하였다고 보기는 어렵고, 나아가 헌법 제7조 제1항, 제10조, 국가공무원법 제56조를 위반하였다고 볼 수 없다(2023. 7. 25. 2023헌나1).

④ [○] 탄핵심판절차는 대상자의 형사상 책임을 묻거나 반대로 이를 면제하기 위한 제도가 아니므로, 대상자의 행위가 품위유지의무를 위반한 것인지 여부는 해당 행위가 형사상 범죄를 구성하는지 여부와는 별개로 판단되어야 한다.
피청구인의 표현행위가 품위손상행위로서 탄핵사유에 해당하는지 여부의 판단에는 문제된 발언의 통상적 의미, 용법, 문제된 발언 등이 사용된 문맥과 표현의 전(全)취지, 표현의 대상과 상대방, 표현의 경위와 사회적 맥락 등이 종합적으로 고려되어야 한다.
국회의원이자 국정조사 위원의 질문에 대한 수동적 답변으로서, 답변의 책임이 있는 반면 시간적 제한 등으로 충분한 설명이 어려운 한계 속에 이루어졌다. 피청구인은 비교적 빠른 시간 내에 위 발언들의 부적절함을 인식하고 유감을 표시하며 사과하였다. 이를 종합하면, 피청구인의 위 발언들로 인하여 재난 및 안전관리 업무에 관한 국민의 신뢰가 현저히 실추되었다거나 파면을 정당화할 정도로 재난 및 안전관리 행정의 기능이 훼손되었다고 단정하기 어렵다.
그 밖의 사후 발언을 모두 종합하여 보더라도, 이 사건 참사 발생 이후 피청구인의 발언에 관하여 탄핵사유는 인정되지 아니한다(2023. 7. 25. 2023헌나1).

⑤ [○] 행정각부의 장은 정해진 임기가 없고, 정무직 공무원으로서 국가공무원법상 징계에 관한 규정이나 당연퇴직 등에 관한 규정이 적용되지 않으므로(국가공무원법 제3조 제1항, 제2항) 형사처벌을 받는 경우에도 곧바로 공직에서 추방되지 않는다. 국회는 국무위원인 행정각부의 장의 해임을 대통령에게 건의할 수 있지만(헌법 제63조), 해임건의에는 법적 구속력이 없다. 행정각부의 장에 대한 탄핵심판은 행정각부의 장이 직무집행에 있어 헌법이나 법률을 위반한 경우 고유한 법적 책임을 추궁하여 파면함으로써, 누구도 법 위에 있지 않다는 법의 지배 원리를 구현하고 국가권력을 통제하며, 침해된 헌법질서를 회복하고 헌법을 수호하기 위한 제도이다(2023. 7. 25. 2023헌나1).

정답 ①

308 포괄위임금지원칙에 대한 설명으로 옳지 않은 것은?

① 보건의료기관개설자는 제1항에 따른 손해배상금의 대불에 필요한 비용을 부담하여야 하고, 그 금액과 납부방법 및 관리 등에 관하여 필요한 사항은 대통령령으로 정하도록 한 의료분쟁조정법 제47조 제2항 중 '그 금액' 부분은 포괄위임금지원칙에 위배되지 않는다.

② 보건의료기관개설자는 제1항에 따른 손해배상금의 대불에 필요한 비용을 부담하여야 하고, 그 금액과 납부방법 및 관리 등에 관하여 필요한 사항은 대통령령으로 정하도록 한 의료분쟁조정법 제47조 제2항 후단 중 '납부방법 및 관리 등' 부분이 법률유보원칙 또는 포괄위임금지원칙에 위배되지 않는다.

③ 특별수선충당금의 요율 등을 대통령령으로 정하도록 위임한 구 임대주택법 제17조의3 제3항 중 '요율' 부분, 제17조의4 제3항 중 '요율' 부분, 제31조 제3항 중 '요율' 부분이 법률유보원칙, 포괄위임금지원칙에 위배된다고 할 수 없다.

④ 시·도지정문화재의 현상변경 행위에 관하여 시·도조례에 위임하고 있는 구 문화재보호법 제74조 제2항 중 제35조 제1항 제1호를 준용하는 부분이 포괄위임금지원칙에 위배된다고 할 수 없다.
⑤ 별정우체국 직원의 복무 및 징계에 관하여 필요한 사항을 과학기술정보통신부령에 위임한 별정우체국법 제10조 중 '복무' 및 '징계'에 관한 부분이 포괄위임금지원칙에 위배된다고 할 수 없다.

정답 및 해설

① [×] 이 사건 위임조항은 부담금의 액수를 어떻게 산정하고 이를 어떤 요건 하에 추가로 징수하는지에 관하여 그 대강조차도 정하지 않고 있고, 관련조항 등을 살펴보더라도 이를 예측할 만한 단서를 찾을 수 없다. 또한, 반복적인 부담금 추가 징수가 예상되는 상황임에도 대불비용 부담금이 '부담금관리 기본법'의 규율대상에서 제외되는 등 입법자의 관여가 배제되어 있다는 점도 문제가 있다. 따라서 이 사건 위임조항 중 '그 금액' 부분은 포괄위임금지원칙에 위배된다(2022.7.21. 2018헌바504).

② [○] 개별 보건의료기관개설자들의 부담액이나 납부절차 등에 관련된 사항은 전문적인 판단이 필요하고 수시로 변화하는 상황에 대응해야 하므로 하위법령에 위임할 필요가 있고, 손해배상금 대불제도의 입법목적 및 관련조항을 종합하면, 대불비용 부담금을 부과하는 산정기준으로 의료행위에 따른 위험성의 정도 차이와 의료기관에서 행해지는 의료행위의 양 등이 주로 고려될 것이라는 점과 시행 초기에 대불비용 부담금이 적립된 후의 추가적인 부담은 대불이 필요한 손해배상금의 총액이 증가하는 정도와 결손이 발생하는 정도를 고려하여 정해질 것이라는 점을 충분히 예측할 수 있으므로, 이 사건 위임조항은 포괄위임입법금지원칙에 위배되지 아니한다고 판단하였다. 이 사건 위임조항이 법률유보원칙에 위배되지 않는다(022.7.21. 2018헌바504).

③ [○] 특별수선충당금의 적립 및 인계의무에 관한 본질적인 사항은 법률에서 직접 정하고 있고, 대통령령에 위임하고 있는 특별수선충당금의 요율 등은 세부적·기술적 사항이므로 입법자가 반드시 스스로 결정하여야 하는 본질적 사항이라고 보기 어렵다. 장기수선계획의 내용이 유동적인 이상 특별수선충당금의 요율도 위 계획의 변동에 수시로 영향을 받을 수밖에 없고, 그 내용도 전문적·기술적인 사항이므로 행정부로 하여금 요율을 정하도록 위임할 필요성이 인정된다. 그 수범자는 임대사업자이므로 특별수선충당금의 요율이 어느 정도가 될 것인지 그 대강의 내용을 충분히 예측할 수 있다. 따라서 위임조항은 법률유보원칙과 포괄위임금지원칙에 위배되지 아니한다(2023. 5. 25. 2019헌바132).

④ [○] 시·도지정문화재의 현상변경 행위에 관한 구체적인 사항은 문화재가 위치한 지역 고유의 특성과 주변 환경과의 관계, 각 지방자치단체의 문화재 관련 시책, 지역 내 문화재의 전반적인 보존상태 등 시·도의 제반 사정을 감안하여 탄력적으로 규율하여야 하므로 자치법규인 조례에 위임할 필요성을 인정할 수 있다. 또한, 현상변경의 사전적 의미, 원형유지를 문화재 보존의 기본원칙으로 정한 문화재보호법 규정 등 관련조항과의 유기적·체계적 해석, 문화재를 보존하여 민족문화를 계승한다는 문화재보호법의 입법목적 등을 아울러 고려하면, 시·도지정문화재의 현상변경 행위에 관하여 조례에 규정될 내용을 충분히 예측할 수 있다. 따라서 심판대상조항은 포괄위임금지원칙에 위배되지 아니한다(2023. 3. 23. 2020헌바507).

⑤ [○] 별정우체국 직원의 복무 및 징계에 관한 사항은 세부적이고 기술적인 내용들이고, 그 임용 등에 사인이 관여하는 만큼 자율성을 고려할 필요가 있다. 따라서 위임의 필요성이 인정된다. 또한, 관련조항 등을 종합하여 보면, 과학기술정보통신부령에 규정될 별정우체국 직원의 복무 및 징계에 관한 사항은 우정사업본부 소속 공무원의 그것과 유사한 규정들, 별정우체국의 설치·운영에 있어 피지정인 또는 국장의 관여에 따른 특징 등을 반영한 규정들이 될 것이라는 점을 충분히 예측할 수 있다. 그렇다면 심판대상조항은 포괄위임금지원칙에 위배되지 아니한다(2023. 7. 20. 2020헌바330).

정답 ①

309 헌법소원심판의 대상에 대한 설명으로 옳지 않은 것은?

① 수사기관 등이 전기통신사업자에게 이용자의 성명 등 통신자료의 제공을 요청하여 취득한 행위는 청구인들의 개인정보인 통신자료에 대하여 대물적으로 행하는 수사행위로서 권력적 사실행위에 해당하므로, 헌법소원의 대상이 되는 공권력행사에 해당한다.
② 육군훈련소장이 논산훈련소 신병으로 하여금 육군훈련소 내 종교행사에 참석하도록 한 행위는 헌법소원심판의 대상이 되는 권력적 사실행위에 해당한다.
③ 대통령이 2016. 2. 10.경 개성공단의 운영을 즉시 전면 중단하기로 결정하고, 피청구인 통일부장관은 피청구인 대통령의 지시에 따라 철수계획을 마련하여 관련 기업인들에게 통보한 다음 개성공단 전면중단 성명을 발표하고, 이에 대응한 북한의 조치에 따라 개성공단에 체류 중인 국민들 전원을 대한민국 영토 내로 귀환하도록 한 일련의 행위로 이루어진 개성공단 전면중단 조치는 헌법소원심판의 대상이 될 수 있다.
④ 대통령의 개성공단 중단조치가 통치행위에 해당하더라도 사법심사가 배제되는 것은 아니다.
⑤ 피청구인 방송통신심의위원회가 2019. 2. 11. 주식회사 ○○ 외 9개 정보통신서비스제공자 등에 대하여 895개 웹사이트에 대한 접속차단의 시정을 요구한 행위는 공권력 행사에 해당한다.

▶ 정답 및 해설

① [×] 수사기관 등에 의한 통신자료 제공요청은 임의수사에 해당하는 것으로, 전기통신사업자가 이에 응하지 아니한 경우에도 어떠한 법적 불이익을 받는다고 볼 수 없다. 따라서 이 사건 통신자료 취득행위는 헌법소원의 대상이 되는 공권력의 행사에 해당하지 않는다(2022.7.21. 2016헌마388).
※ 재판관 이석태, 재판관 이영진, 재판관 김기영, 재판관 문형배, 재판관 이미선의 판시사항 *법정의견 아님
이 사건 통신자료 취득행위의 공권력 행사성은 인정되나 심판의 이익이 없음을 이유로 각하되어야 한다. 이사건 통신자료 취득행위는 정보주체인 청구인들의 의사와 상관없이 이루어진 것으로, 청구인들이 전기통신사업자의 통신자료 제공을 저지하기 위해 개입할 여지가 전혀 없을 뿐만 아니라, 수사기관 등이 청구인들의 의사와 무관하게 이들의 통신자료를 취득한 순간 곧바로 청구인들의 법적 지위가 불리하게 변화된다. 따라서 이 사건 통신자료 취득행위는 청구인들의 개인정보인 통신자료에 대하여 대물적으로 행하는 수사행위로서 권력적 사실행위에 해당하므로, 헌법소원의 대상이 되는 공권력행사에 해당한다. 그러나 이 사건 통신자료 취득행위는 이 사건 법률조항에 근거하여 이루어진 것이고, 청구인들이 종국적으로 다투고자 하는 것도 이 사건 법률조항의 위헌성이므로, 이 사건 법률조항에 대한 심판청구의 적법성을 인정하여 본안 판단에 나아가는 이상, 이 사건 통신자료 취득행위에 대해서는 별도로 심판청구의 이익을 인정할 실익이 없다(2022.7.21. 2016헌마388, 2022헌마105·110·126(병합)).
② [〇] 피청구인이 청구인들로 하여금 육군훈련소 내 종교행사에 참석하도록 한 이 사건 종교행사 참석조치는 피청구인이 우월적 지위에서 청구인들에게 일방적으로 강제한 행위로, 헌법소원심판의 대상이 되는 권력적 사실행위에 해당한다(2022.11.24. 2019헌마941).
③ [〇] 개성공단 전면중단 조치가 고도의 정치적 결단을 요하는 문제이기는 하나, 조치 결과 개성공단 투자기업인 청구인들에게 기본권 제한이 발생하였고, 국민의 기본권 제한과 직접 관련된 공권력의 행사는 고도의 정치적 고려가 필요한 행위라도 헌법과 법률에 따라 결정하고 집행하도록 견제하는 것이 헌법재판소 본연의 임무이므로, 그 한도에서 헌법소원심판의 대상이 될 수 있다(2022.1.27. 2016헌마364).
④ [〇] 국민의 기본권 제한과 직접 관련된 공권력의 행사는 고도의 정치적 고려가 필요한 대통령의 행위라도 헌법과 법률에 따라 정책을 결정하고 집행하도록 함으로써 국민의 기본권이 침해되지 않도록 견제하는 것이 국민의 기본권 보장을 사명으로 하는 헌법재판소 본연의 임무이므로, 그 한도에서 헌법소원심판의 대상이 될 수 있다고 보아야 한다. 따라서 이 사건 중단조치에 대한 헌법소원심판이 사법심사가 배제되는 행위

를 대상으로 한 것이어서 부적법하다고는 볼 수 없다(2022.1.27. 2016헌마364).
⑤ [O] 피청구인은 공권력 행사의 주체인 국가행정기관이고, 정보통신서비스제공자는 조치결과 통지의무 등을 부담하며, 시정요구에 따르지 않을 경우 제재수단이 있으므로, 이 사건 시정요구는 헌법소원심판의 대상이 되는 공권력 행사에 해당한다(2023. 10. 26. 2019헌마158].

정답 ①

310 헌법소원심판의 대상에 대한 설명으로 옳지 않은 것은?

① 통일부장관이 2010. 5. 24. 발표한 북한에 대한 신규투자 불허 및 진행 중인 사업의 투자확대 금지 등을 내용으로 하는 대북조치로 인하여 재산상 손실을 입은 자에 대한 보상입법을 헌법 해석상으로도 하여야 할 입법의무가 도출된다고 보기 어려운 바, 입법부작위에 대한 심판청구는 부적법하다.
② 70세 이상인 불구속 피의자에 대하여 피의자신문을 할 때 법률구조제도에 대한 안내 등을 통해 피의자가 변호인의 조력을 받을 권리를 행사하도록 조치하지 않은 법무부장관의 부작위는 헌법소원심판의 대상이 되는 공권력의 불행사에 해당하지 않는다.
③ 금융위원회위원장이 2019. 12. 16. 시중 은행을 상대로 투기지역·투기과열지구 내 초고가 아파트(시가 15억 원 초과)에 대한 주택구입용 주택담보대출을 2019. 12. 17.부터 금지한 조치는 행정지도에 해당하여 대외적 구속력이 없는 행정상의 사실행위로서 헌법소원심판 대상이 되는 공권력 행사에 해당한다.
④ 마약류수형자를 아동 돌봄접견의 대상에서 제외하는 법무부 교정본부의 2020. 11. 25.자 '교정시설 수용자 접견 방식 변경 안내' 공고는 헌법소원의 대상이 되는 공권력의 행사에 해당하지 않는다.
⑤ 강원특별자치도인사위원회가 지방공무원인 청구인에 관해 비위사실이 인정된다는 취지의 이유를 포함하여 한 불문의결과 청구인에게 위 불문의결 내용을 통지한 행위는 공권력 행사에 해당한다.

▶ **정답 및 해설**

① [O] 정부는 예기치 못한 정치적 상황 변동에 따른 경제협력사업자의 손실을 보전하기 위하여 남북협력기금을 재원으로 하는 비영리 정책보험인 경제협력보험제도를 운영하고, 남북 당국의 조치에 의하여 개성공단 사업이 상당기간 중단되는 경우 경영 안정을 위한 자금지원, 투자기업의 국내 이전이나 대체생산시설 설치에 대한 자금지원 등 필요한 조치를 취할 수 있도록 하고 있다. 이를 종합하면, <u>헌법 해석상으로도 2010. 5. 24.자 대북조치로 인하여 재산상 손실을 입은 자에 대한 보상을 하여야 할 입법의무가 도출된다고 보기 어렵다. 따라서 이 사건 입법부작위에 대한 심판청구는 부적법하다</u>[2022. 5. 26. 2016헌마95].
② [O] 헌법은 명문으로 '70세 이상인 불구속 피의자에 대하여 피의자신문을 할 때 법률구조제도에 대한 안내 등을 통해 피의자가 변호인의 조력을 받을 권리를 행사하도록 조치할 작위의무'를 규정하고 있지 아니하다. 한편, 변호인이 피의자의 조력자로서의 역할을 수행할 수 있도록 하기 위한 절차적 권리 등은 <u>구체적 입법형성을 통해 비로소 부여되므로, 헌법 해석상 변호인의 조력을 받을 권리로부터 위와 같은 법무부장관의 작위의무가 곧바로 도출된다고 볼 수도 없다.</u> 위와 같은 법무부장관의 작위의무가 법률구조법, 형사소송법 등 관련 법령에 구체적으로 규정되어 있지도 아니하다. 따라서 이 사건 행정부작위에 대한 심판청구는 헌법소원의 대상이 될 수 없는 공권력의 불행사에 대한 것으로서 부적법하다[2023. 2. 23. 2020헌마1030].
③ [O] 이 사건 조치는 비록 행정지도의 형식으로 이루어졌으나, 일정한 경우 주택담보대출을 금지하는 것을 내용으로 하므로 규제적 성격이 강하고, 부동산 가격 폭등을 억제할 정책적 필요성에 따라 추진되었으며,

그 준수 여부를 확인하기 위한 현장점검반 운영이 예정되어 있었다. 그러므로 이 사건 조치는 규제적·구속적 성격을 갖는 행정지도로서 헌법소원의 대상이 되는 공권력 행사에 해당된다(2023. 3. 23. 2019헌마1399).

④ [O] '수용관리 및 계호업무 등에 관한 지침' 제103조 제2항 본문 제4호 중 '규칙 제204조의 수용자' 부분에 의하면, 마약류수용자의 경우에는 이러한 장소변경접견이 허용되지 않았다. 결국 심판대상공고 발표 이전부터 존재하던 이 사건 지침조항에 의하여, 마약류수용자의 경우 미성년자인 자녀와 접견할 때 그 실시일을 불문하고 접촉차단시설이 없는 장소에서 접견하는 것이 일체 허용되지 않는다는 점은 이미 확정되어 있었다. 따라서 심판대상공고는 이 사건 지침조항에 의하여 이미 확정된 내용을 확인한 것에 불과할 뿐 기본권을 새로이 제한한다고 볼 수 없어, 독자적으로 헌법소원의 대상이 되는 공권력의 행사에 해당하지 않는다(2023. 3. 23. 2021헌마115).

⑤ [X] 이 사건 불문의결은 청구인에 대한 징계처분을 위한 행정기관 내부의 일련의 절차 중 하나에 불과할 뿐만 아니라, 불문의 경우 지방공무원법상 징계의 종류에 해당하지도 않고 불문(경고)의 경우와 달리 그에 따른 불이익이 관련 법령상 명시되어 있지도 아니하며, 이 사건 통지행위 역시 피청구인의 의결결과에 따라 징계하지 아니한다는 뜻을 청구인에게 알려주는 사실의 고지에 불과하다. 따라서 이 사건 불문의결과 통지행위만으로는 청구인의 권리와 의무에 대하여 직접적인 법률효과를 발생시켜 청구인의 법률관계 내지 법적 지위를 불리하게 변화시킨다고 볼 수 없고, 결국 헌법소원의 대상이 되는 공권력 행사에 해당하지 않는다(2023. 10. 26. 2022헌마178).

정답 ⑤

311 헌법소원심판의 권리보호이익에 대한 설명으로 옳지 않은 것은?

① 논산훈련소장이 훈련병들로 하여금 육군훈련소 내 종교행사에 참석하도록 한 행위가 종료되었다 하더라도 대하여 예외적인 소의 이익을 인정할 필요가 있다.
② 소송대리인이 되려는 변호사가 신청한 소송대리인 접견신청을 교도소장이 불허한 행위에 관한 심판청구는 권리보호이익이 인정된다.
③ 피청구인 중앙선거관리위원회의 2020. 3. 26.자 재외선거중지행위에 대한 헌법소원심판청구는 권리보호이익이 인정되지 않는다.
④ 정보위원회 법안심사소위원회 회의의 방청신청을 불허한 행위에 대한 헌법소원 심판청구는 심판의 이익도 인정되지 아니한다.
⑤ 대학이 교육서비스와 교내 시설물에 대한 정상적인 이용서비스를 일정 기간 동안 제공할 수 없는 경우 등록금을 감액할 수 있도록 규정하지 아니한 '대학 등록금에 관한 규칙' 제3조의 부진정입법부작위를 다투는 헌법소원심판청구가 권리보호이익의 요건을 갖추었다고 할 수 없다.

▶ 정답 및 해설

① [O] 종교행사에 참석하도록 한 이 사건 종교행사 참석조치는 이미 종료된 행위이나, 반복 가능성과 헌법적 해명의 중요성을 고려할 때 심판의 이익을 인정할 수 있다(2022. 11. 24. 2019헌마941).
② [X] 청구인은 소송대리인 접견신청이 불허된 이후 소송대리인이 되어 소송대리인 접견이 가능하게 되었으므로 이 사건 심판청구 당시 이미 이 사건 접견불허행위에 관한 주관적 권리보호이익은 소멸하였다. 이 사건 접견불허행위는 형의 집행 및 수용자의 처우에 관한 법률 시행령을 근거로 한 것으로서, 형의 집행 및 수용자의 처우에 관한 법률 시행령에 대하여 본안 판단에 나아가는 이상 이 사건 접견불허행위에 대해서는 별도로 심판청구의 이익이 인정되지 않는다(2022. 2. 24. 2018헌마1010).
③ [O] 제21대 국회의원선거와 관련하여 재외선거인명부 또는 국외부재자신고명부에 등재된 사실이 확인되지 아니하는 일부 청구인들이 이 사건 중지결정에 대하여 한 심판청구는 기본권 침해의 자기관련성이 인

정되지 않아 모두 부적법하다. 위 청구인들을 제외한 나머지 청구인들의 경우 재외투표소 설치·운영기간이 종료되었고, 제21대 국회의원선거도 실시·종료되었으므로, 이 사건 심판청구가 인용된다 하더라도 권리구제에는 도움이 되지 않는다. 따라서 나머지 청구인들의 심판청구는 권리보호이익이 없다(2022.1.27. 2020헌마497).

④ [O] 이 사건 방청불허행위의 대상이 되었던 회의는 이미 종료되었으므로 방청불허행위에 관한 주관적 권리보호이익은 소멸하였고, 정보위원회 회의를 비공개하도록 한 국회법에 대한 심판청구의 적법성을 인정하여 본안 판단에 나아가는 이상 이 사건 방청불허행위에 대해서는 별도의 심판의 이익도 인정되지 아니하므로, 이 사건 방청불허행위에 대한 심판청구는 부적법하다(2022. 1. 27. 2018헌마1162).

⑤ [O] 청구인은 이 사건 심판청구 이후 다니던 대학교로부터 이미 납부한 2020년 1학기 등록금의 일부를 코로나-19특별장학금 명목으로 돌려받았고, 곧바로 대학교를 졸업하였다. 그렇다면 이 사건 심판청구가 인용되어도 청구인의 권리가 구제된다고 보기 어려우므로 주관적 권리보호이익을 인정할 수 없다.
또한 고등교육법이 2020. 10. 20. 개정되면서 코로나-19 등으로 인한 학교시설의 이용제한이나 학사운영의 부실 등이 이루어진 경우 등록금을 감면할 수 있는 법적 근거가 마련되었으므로, 예외적 심판이익도 인정하기 어렵다.
따라서 이 사건 심판청구는 권리보호이익의 요건을 갖추지 못하여 부적법하다(2023. 7. 20. 2020헌마434).

정답 ②

312 헌법소원심판의 요건에 대한 설명으로 옳지 않은 것은?

① 청구인들이 용적률을 제한하는 조례에 대한 헌법소원심판을 청구하여 심판계속 중 당해 토지를 신탁회사에 신탁함으로써 그 소유권을 상실한 경우 자기관련성은 인정되지 않는다.
② 수사기관 등이 전기통신사업자에게 이용자의 성명 등 통신자료의 열람이나 제출을 요청할 수 있도록 한 전기통신사업법 제83조 제3항 중 '검사 또는 수사관서의 장(군 수사기관의 장을 포함한다), 정보수사기관의 장의 수사, 형의 집행 또는 국가안전보장에 대한 위해 방지를 위한 정보수집을 위한 통신자료 제공요청'에 관한 부분이 직접성 요건을 갖추었다고 할 수 없다.
③ 별건으로 공소제기 후 확정되어 검사가 보관하고 있는 서류에 대하여 법원의 열람·등사 허용 결정이 있었음에도 검사가 청구인에 대한 형사사건과의 관련성을 부정하면서 해당 서류의 열람·등사를 허용하지 아니한 행위에 대한 헌법소원심판에 있어서 심판청구의 이익은 인정된다.
④ 금융위원회 위원장이 2020.1.9.경 청구인에 대하여 한 공인회계사시험 제1차 시험 응시원서접수 거부처분에 대한 헌법소원심판청구가 보충성을 갖추었다고 할 수 없다.
⑤ 서울고등법원, 청주지방검찰청 충주지청, 서울광역수사대 마약수사계, 서울서초경찰서, 서울구치소, 인천구치소에 장애인전용 주차구역, 장애인용 승강기 또는 화장실을 설치하지 아니한 부작위에 대한 심판청구가 보충성 요건을 갖추었다고 할 수 없다.

▶ 정답 및 해설

① [O] 청구인들은 신탁회사에 당해 토지를 신탁함으로써 그 소유권을 상실하여 이 사건 조례의 직접적인 적용을 받지 않게 되었다. 따라서 청구인들은 이 사건 조례에 의한 규율과 관련하여 당해 토지에 대한 신탁계약상 위탁자로서 간접적·사실적·경제적 이해관계만을 갖는다고 할 것이므로 자기관련성이 인정되지 아니한다 (2022.7.21. 2019헌마757).
② [X] 이 사건 법률조항은 수사기관 등의 전기통신사업자에 대한 통신자료 제공요청이라는 행위를 예정하고 있으나, 이 사건 통신자료 취득행위에 대한 직접적인 불복수단이 존재하는지 여부가 불분명하고, 청구인들

이 영장주의 및 적법절차원칙 위반을 다투고 있는 부분과 관련하여서는 법률 그 자체에 의하여 청구인들의 법적 지위에 영향을 미친다고 볼 수 있다. 따라서 이 사건 법률조항은 직접성이 인정된다. 직접성을 부정한 헌재 2012.8.23. 2010헌마439 결정은 이 결정과 저촉되는 범위 안에서 이를 변경한다(2022.7.21. 2016헌마388,).

③ 【O】 헌법재판소는 형사소송법 제266조의4에 기한 변호인의 수사기록에 대한 열람·등사신청을 거부한 검사의 처분이 변호인의 기본권을 침해하여 위헌임을 확인한 바 있으나, 이는 당해 형사사건의 수사기록에 대한 열람·등사가 문제된 사건인 반면에, 이 사건은 별건으로 공소제기 후 확정되어 검사가 보관하고 있는 서류의 열람·등사가 문제되는 사건이어서 차이가 있다. 또한 피청구인은 청구인에 대한 재판기록 및 수사기록에 해당 서류가 없고, 해당 서류가 편철되어 있는 형사사건이 청구인에 대한 형사사건과 별건이라는 이유로 이 사건 거부행위를 하였는바, 이와 같은 침해행위가 반복될 가능성이 크다. 따라서 이 사건 심판청구에 있어서는 심판청구의 이익이 여전히 존재한다(2022.6.30. 2019헌마356).

④ 【O】 청구인과 같은 응시자가 사전에 영어시험성적인정을 받지 않았을 경우 인터넷 홈페이지 원서접수 사이트에서 다음 단계로의 진행이 불가능하여 응시원서를 접수할 수 없도록 하는 방식으로 원서접수절차를 진행한 것은, 원서접수 창구에서 직접 대면하여 서류접수를 거부하는 것과 실질적으로 다름이 없는 것으로 행정소송의 대상이 되는 행정처분에 해당한다고 봄이 타당하다. 그런데 청구인이 이러한 절차를 거치지 아니한 채 헌법소원심판을 청구하였으므로, 응시원서접수 거부처분에 대한 심판청구는 보충성을 갖추지 못하여 부적법하다(2022.10.27. 2020헌마68).

⑤ 【O】 장애인차별금지 및 권리구제 등에 관한 법률'(이하 '장애인차별금지법'이라 한다) 제48조 제2항에 따르면, 법원은 피해자의 청구에 따라 차별적 행위의 중지, 임금 등 근로조건의 개선, 그 시정을 위한 적극적 조치 등의 판결을 할 수 있고, 장애인차별금지법 제18조 제1항, 제3항, 제4항, 제26조 제1항, 제4항, 제8항 등 관련 법령의 규정을 종합하면, 이 사건에서 문제된 시설물을 이용하는 장애인은 장애인전용 주차구역, 장애인용 승강기 또는 화장실 등 정당한 편의의 미제공과 관련하여 장애인차별금지법에 따른 차별행위가 존재하는지 여부에 대한 판단과 그러한 차별행위가 존재할 경우에 이를 시정하는 적극적 조치의 이행을 청구하기 위하여 법원의 판결을 구할 수 있다. 그런데 이 사건 기록을 살펴보면 청구인이 위와 같은 구제절차를 거쳤다고 볼 만한 자료가 발견되지 아니하므로, 이 부분 심판청구는 보충성 요건을 흠결하여 부적법하다[2023. 7. 20. 2019헌마709].

정답 ②

313 변호사에게 광고를 할 수 없도록 한 변호사 광고에 관한 규정 제3조 제2항에 대해 헌법소원심판이 청구되었다. 이에 대한 설명으로 옳지 않은 것은?

① 대한변호사협회가 제정한 변호사 광고에 관한 규정 제3조 제2항은 제정형식이 법규명령이 아니더라도 그것이 상위법령의 위임한계를 벗어나지 아니하는 한 상위법령과 결합하여 대외적인 구속력을 갖는 규범으로서 기능하게 되므로 헌법소원심판의 대상이 된다.

② 대한변호사협회는 변호사법에서 위임받은 변호사 광고에 관한 규제를 설정함에 있어 공법인으로서 공권력 행사의 주체가 된다.

③ 헌법소원에 있어서는 원칙적으로 공권력의 행사 또는 불행사의 직접적인 상대방만이 자기관련성이 인정되고, 공권력 작용에 단지 간접적이나 사실적 또는 경제적인 이해관계가 있을 뿐인 제3자의 경우에는 자기관련성이 인정되지 않으나 공권력 작용의 직접적인 상대방이 아닌 제3자라고 하더라도 공권력 작용이 그 제3자의 기본권을 직접적이고 법적으로 침해하고 있는 경우에는 예외적으로 그 제3자에게 자기관련성이 인정될 수 있다.

④ 심판대상조항의 직접적인 수범자는 변호사이고, 수범자인 변호사의 상대방으로서 법률서비스 온라인 플랫폼을 운영하며 변호사등의 광고·홍보·소개 등에 관한 영업행위를 하는 회사는 수범

자가 아니어서 광고금지로 경제적, 간접적인 피해자에 해당하므로 광고회사의 헌법소원심판 청구는 자기관련성이 인정되지 않는다.
⑤ 공권력 작용의 직접적인 상대방이 아닌 제3자라고 하더라도 공권력 작용이 그 제3자의 기본권을 직접적이고 법적으로 침해하고 있는 경우에는 예외적으로 그 제3자에게 자기관련성이 인정될 수 있다.

▶ 정답 및 해설

① 【O】 변호사 광고에 관한 규제는 변호사의 공공성과 공정한 수임질서의 유지, 법률사무에 대한 소비자들의 보호 등 공익적 목적을 달성하기 위하여 변호사등의 기본권을 제한하는 것이다. 이 사건 규정은 변호사법 제23조 제2항 제7호 및 같은 조 제4항의 명시적인 위임에 따라 변호사 광고에 관한 규제를 시행하는 데에 필요한 구체적 사항을 정한 것인바, 비록 그 제정형식이 법규명령이 아니더라도 그것이 상위법령의 위임한 계를 벗어나지 아니하는 한 상위법령과 결합하여 대외적인 구속력을 갖는 규범으로서 기능하게 된다(2022. 5. 26. 2021헌마619).

② 【O】 변협은 위와 같이 변호사법에서 위임받은 변호사 광고에 관한 규제를 설정함에 있어 공법인으로서 공권력 행사의 주체가 된다. 나아가, 변협의 구성원인 변호사등은 위 규정을 준수하여야 할 의무가 있고, 이를 위반하게 되면 변호사법 제91조 등 관련 규정에 따라 변협 및 법무부에 설치된 변호사징계위원회에 의하여 변호사법 제90조에서 정한 징계를 받게 되는바, 이 사건 규정이 단순히 변협 내부 기준이라거나 사법적인 성질을 지니는 것이라 보기 어렵고, 수권법률인 변호사법과 결합하여 대외적 구속력을 가진다고 할 것이다. 따라서 변협이 변호사 광고에 관한 규제와 관련하여 정립한 규범인 심판대상조항은 헌법소원의 대상이 되는 공권력의 행사에 해당한다(2022. 5. 26. 2021헌마619).

③ 【O】 헌법소원에 있어서는 원칙적으로 공권력의 행사 또는 불행사의 직접적인 상대방만이 자기관련성이 인정되고, 공권력 작용에 단지 간접적이나 사실적 또는 경제적인 이해관계가 있을 뿐인 제3자의 경우에는 자기관련성이 인정되지 않는다. 다만 공권력 작용의 직접적인 상대방이 아닌 제3자라고 하더라도 공권력 작용이 그 제3자의 기본권을 직접적이고 법적으로 침해하고 있는 경우에는 예외적으로 그 제3자에게 자기관련성이 인정될 수 있을 것이지만, 그 판단에 있어서는 입법의 목적, 실질적인 규율대상, 법규정에서의 제한이나 금지가 제3자에게 미치는 효과나 진지성의 정도 및 직접적인 수범자에 의한 헌법소원 제기의 기대가능성 등이 종합적으로 고려되어야 한다(2022. 5. 26. 2021헌마619).

④ 【X】 청구인 회사는 심판대상조항의 직접적인 수범자는 아니지만, 수범자인 변호사의 상대방으로서 법률서비스 온라인 플랫폼을 운영하며 변호사등의 광고·홍보·소개 등에 관한 영업행위를 하고 있는바, 이 사건 규정의 수범자인 변호사가 준수해야 하는 광고방법, 내용 등의 제약을 그대로 이어받게 된다. 이는 실질적으로는 변호사등과 거래하는 위와 같은 사업자의 광고 수주 활동을 제한하거나 해당 부문 영업을 금지하는 것과 다르지 않다. 심판대상조항의 개정 목적을 살펴보더라도 가장 주요한 것이 청구인 회사가 운영하는 ㅁㅁ 서비스와 같은 온라인 플랫폼을 규제하는 것이었고, 변협은 이 사건 규정 개정을 전후하여 그러한 입장을 여러 차례에 걸쳐 밝혔다. 따라서 심판대상조항은 청구인 회사의 영업의 자유 내지 법적 이익에 불리한 영향을 주는 것이므로, 기본권침해의 자기관련성을 인정할 수 있다(2022. 5. 26. 2021헌마619).

⑤ 【O】 헌법소원에 있어서는 원칙적으로 공권력의 행사 또는 불행사의 직접적인 상대방만이 자기관련성이 인정되고, 공권력 작용에 단지 간접적이나 사실적 또는 경제적인 이해관계가 있을 뿐인 제3자의 경우에는 자기관련성이 인정되지 않는다. 다만 공권력 작용의 직접적인 상대방이 아닌 제3자라고 하더라도 공권력 작용이 그 제3자의 기본권을 직접적이고 법적으로 침해하고 있는 경우에는 예외적으로 그 제3자에게 자기관련성이 인정될 수 있을 것이지만, 그 판단에 있어서는 입법의 목적, 실질적인 규율대상, 법규정에서의 제한이나 금지가 제3자에게 미치는 효과나 진지성의 정도 및 직접적인 수범자에 의한 헌법소원 제기의 기대가능성 등이 종합적으로 고려되어야 한다(2022. 5. 26. 2021헌마619).

정답 ④

314 헌법재판소는 2012.5.31. 2009헌바123 구 조세감면규제법(1990.12.31. 법률 제4285호) 부칙 제23조에 대해 "조세감면규제법 부칙 제23조가 실효되지 않은 것으로 해석하는 것은 헌법에 위반됨을 확인한다"는 취지의 한정위헌결정을 하였다. 이에 대한 설명으로 옳지 않은 것은? (헌법재판소 결정에 따름)

① 헌법재판소가 법률의 위헌성 심사를 하면서 합헌적 법률해석을 하고 그 결과로서 이루어지는 한정위헌결정은 일부위헌결정으로서, 헌법재판소가 헌법에서 부여받은 위헌심사권을 행사한 결과인 법률에 대한 위헌결정에 해당한다.
② '조세감면규제법 부칙 제23조가 실효되지 않은 것으로 해석하는 것은 헌법에 위반됨을 확인한다.'는 헌재 2012.7.26. 2009헌바35 등 결정의 기속력을 부인하고 청구인의 재심청구를 기각한 법원의 재판이 '법률에 대한 위헌결정의 기속력에 반하는 재판'으로 예외적으로 헌법소원심판의 대상이 되고 청구인의 재판청구권을 침해한다.
③ 헌법재판소의 한정위헌결정이 이루어지기 전에 확정된 법원의 재판은 위헌결정의 기속력에 반하는 재판에 해당하지 않으므로 이에 대한 심판청구는 부적법하다.
④ 구 조세감면규제법(1990.12.31. 법률 제4235호) 부칙 제23조를 적용한 과세처분이 헌법재판소가 한정위헌결정하기 전에 법원의 재판을 거쳐 확정된 경우에도 그 과세처분은 기속력에 반하므로 헌법소원심판의 대상이 된다.
⑤ 우리나라에서 헌법재판소가 위헌을 선언하기 전까지 모든 법률은 합헌으로 추정되므로, 법원으로서도 위헌의 의심이 있는 경우 헌법재판소에 해당 법률에 대한 위헌제청을 하여 그 적용을 일시 유보할 수는 있더라도, 그 법률의 적용을 거부할 수는 없다.

▶ **정답 및 해설**

① [O] 헌법재판소는 2022.6.30. 2014헌마760 등 결정에서 "헌법재판소법 제68조 제1항 본문 중 '법원의 재판' 가운데 '법률에 대한 위헌결정의 기속력에 반하는 재판' 부분은 헌법에 위반된다."라는 결정을 선고하였다. 헌법재판소가 법률의 위헌성 심사를 하면서 합헌적 법률해석을 하고 그 결과로서 이루어지는 한정위헌결정은 일부위헌결정으로서, 헌법재판소가 헌법에서 부여받은 위헌심사권을 행사한 결과인 법률에 대한 위헌결정에 해당한다. 따라서 이 사건 한정위헌결정으로 구 조세감면규제법(1990.12.31. 법률 제4285호) 부칙 제23조의 규범 영역 중 1993.12.31. 법률 제4666호로 전부개정된 구 조세감면규제법의 시행일인 1994.1.1. 이후에 적용되는 부분은 그 효력을 상실하였고, 이는 법원을 비롯한 모든 국가기관과 지방자치단체에 대하여 기속력이 있다.
② [O] 법원은 이 사건 한정위헌결정의 기속력을 부인하여 청구인의 재심 청구를 기각하였는바, 이는 '법률에 대한 위헌결정의 기속력에 반하는 재판'으로 헌법소원심판의 대상이 되고 청구인의 재판청구권을 침해하였으므로 헌법재판소법 제75조 제3항에 따라 취소되어야 한다(2022.7.21. 2013헌마496).
③ [O] 위헌결정이 있기 전에 그 법률을 법원이 적용하는 것은 제도적으로 정당성이 보장되므로 아직 헌법재판소에 의하여 위헌으로 선언된 바가 없는 법률이 적용된 재판을 그 후에 위헌결정이 선고되었다는 이유로 위법한 공권력의 행사라고 하여 헌법소원심판의 대상으로 삼을 수는 없다. 청구인은 이 사건 한정위헌결정이 이루어지기 전에 이미 확정된 법원의 재판에 대하여 헌법재판소법 제75조 제7항에 따라 재심을 청구하였는바, 이러한 재심대상판결은 법률에 대한 위헌결정의 기속력에 반하는 재판에 해당하지 않으므로 이에 대한 심판청구는 부적법하다(2022.7.21. 2013헌마496).
④ [×] 위헌결정이 있기 전에 그 법률을 법원이 적용하는 것은 제도적으로 정당성이 보장되므로 아직 헌법재판소에 의하여 위헌으로 선언된 바가 없는 법률이 적용된 재판을 그 후에 위헌결정이 선고되었다는 이유로 위법한 공권력의 행사라고 하여 헌법소원심판의 대상으로 삼을 수는 없다. 그러므로, 이 사건 과세처분

을 심판대상으로 삼았던 법원의 재판인 재심대상판결은 법률에 대한 위헌결정의 기속력에 반하는 재판에 해당하지 않는다. 따라서 이 사건 과세처분을 심판의 대상으로 삼았던 법원의 재판이 예외적으로 헌법소원의 대상이 되어 취소되는 경우에 해당하지 아니하므로, 원행정처분인 이 사건 과세처분에 대한 심판청구는 부적법하다(2022.7.21. 2013헌마496).

※ 이 사건 과세처분에 대한 재판관 이석태, 재판관 이영진의 반대의견
원행정처분에 대한 헌법소원 심판청구는 절대적으로 허용되지 않는 것이 아니라, 법원이 헌법재판소의 위헌결정의 효력을 인정하지 않음으로써 국민의 기본권을 침해하는 경우와 같이 헌법재판소법 제68조 제1항에서 원칙적으로 재판소원을 금지하고 있는 취지를 더 이상 존중할 필요가 없는 경우에는 달리 판단될 수 있다.

이 사건 과세처분의 근거가 된 법률조항에 대하여 헌법재판소의 위헌결정이 있었고 이 사건 과세처분을 심판의 대상으로 삼았던 법원의 재판이 취소될 수 있는 재심 절차가 법에 마련되어 있음에도, 법원 스스로 이를 위반하여 해당 재판이 취소될 수 없는 결과가 초래된 것이다. 이러한 경우에는 법원의 확정판결이 가지는 효력인 기판력에 의한 법적 안정성을 더 이상 유지시켜야 할 이유가 없으며, 헌법재판소는 위헌결정의 실효성을 확보함과 동시에 법원에 의하여 훼손된 헌법 우위의 법질서를 바로 잡고 국민의 기본권을 신속하고 효율적으로 구제하기 위하여 예외적으로 원행정처분에 대한 헌법소원심판청구를 허용할 필요가 있다. 따라서 이 사건 한정위헌결정의 기속력을 부인하여 청구인의 재심청구를 기각한 법원의 재판과 함께 이 사건 과세처분도 함께 취소하여야 한다.

⑤ [O] 헌법과 법률에 의하여 법률의 위헌 여부를 심사하는 헌법재판절차를 통상의 사법절차와 분리하여 제도화하고 있는 <u>우리나라에서 헌법재판소가 위헌을 선언하기 전까지 모든 법률은 합헌으로 추정되므로, 법원으로서도 위헌의 의심이 있는 경우 헌법재판소에 해당 법률에 대한 위헌제청을 하여 그 적용을 일시 유보할 수는 있더라도, 그 법률의 적용을 거부할 수는 없다.</u> 이에 위헌결정이 있기 전에 그 법률을 법원이 적용하는 것은 제도적으로 정당성이 보장된다. 따라서 아직 헌법재판소에 의하여 위헌으로 선언된 바가 없는 법률이 적용된 재판을 그 뒤에 위헌결정이 선고되었다는 이유로 위법한 공권력의 행사라고 하여 헌법소원심판의 대상으로 삼을 수는 없고, 그에 대한 구제 및 기판력의 제거는 재심절차에 의해서 가능하다(2022.7.21. 2013헌마496).

정답 ④

315 헌법소원심판의 요건에 대한 설명으로 옳지 않은 것은?

① 관련 자격증 소지자에게 가산점을 부여하도록 한 인사혁신처 공고조항이 헌법소원의 대상이 되는 공권력 행사에 해당하지 않는다.

② '2021학년도 강원도 공·사립 중등학교 교사 임용후보자 선정경쟁 제1차 시험 합격자 및 제2차 시험시행계획 공고' 중 시험장에서 확진자와 접촉한 응시자에 대하여 다음날 시험을 별도시험장·별도시험실에서의 비대면 평가로 응시하도록 조치할 수 있다고 정하면서 이의제기를 제한한 부분('이 사건 접촉자 응시제한')의 기본권 침해가능성이 인정된다고 보기 어렵다.

③ 피청구인이 미래한국당의 중앙당 정당등록신청을 수리한 행위가 기존에 정당법에 따라 등록된 정당인 청구인에 대하여 기본권침해의 자기관련성은 인정된다.

④ 교육공무원 호봉 획정 시 같은 수준의 2개 이상의 학교를 졸업한 경우 교원자격 취득을 위한 학력 외의 학력이 사범계학교(대학에 설치하는 교육계 학과 포함) 또는 임용된 교원자격증 표시과목과 동일한 분야인 경우에만 경력으로 산입하도록 하는 내용의, '교육공무원 호봉 획정 시 경력환산율표의 적용 등에 관한 예규' 에 대하여, 사립학교 교원 및 교육대학교 재학 중 또는 졸업 후 초등교사 임용후보자 선정경쟁시험을 준비 중인 청구인들의 심판청구가 자기관련성 내지 현재성을 갖추었다고 할 수 없다.

⑤ 피청구인 방송통신심의위원회가 2019. 2. 11. 주식회사 ○○ 외 9개 정보통신서비스제공자 등에 대하여 895개 웹사이트에 대한 접속차단의 시정을 요구한 행위에 대한 심판청구가 보충성을 갖추었다고 할 수 있다.

▶ **정답 및 해설**

① [O] 이 사건 가산점조항은 관련 법령에 확정적으로 규정되어 있는 것을 단순히 알린 것에 지나지 아니하므로 헌법소원의 대상이 되는 공권력 행사에 해당하지 아니한다[2023. 2. 23. 2019헌마401].

② [O] 이 사건 접촉자 응시제한 부분은, 확진자와 접촉한 응시자의 경우 시험에 응시할 수는 있으며, 다만, 별도시험장·별도시험실에서 비대면 평가의 방법으로 시험의 방법을 변경할 수 있고, 그 시험 방법의 변경에 대한 이의제기를 제한하는 내용으로 해석되므로, 청구인들의 주장처럼 피청구인의 재량에 따라 접촉자의 응시 자체가 허용되지 않을 가능성이 인정된다고 보기 어렵다. 따라서 이 사건 헌법소원심판청구 중 이 사건 접촉자 응시제한 부분도 기본권 침해가능성이 인정되지 아니하므로 부적법하다[2023. 2. 23. 2021헌마48].

③ [X] 정당등록제도는 정당과 그 외 정치적 결사를 구분하여 법적 관계를 명확하게 하는 취지의 제도이므로, 이 사건 수리행위로 인하여 미래한국당이 정당법상의 정당임을 법적으로 확인받는 것 외에 기존에 등록된 정당들에게 곧바로 어떠한 법적 불이익이 발생한다고 보기 어렵다. 청구인이 주장하는 선거에서의 불공정한 경쟁이나 정당보조금 등의 불이익은 공직선거법이나 정치자금법 등 별도의 법률 규정에 의하여 결정되는 것이므로, 설령 청구인이 그러한 불이익을 입었다고 하더라도 이는 이 사건 수리행위로 인한 간접적·사실적·경제적 불이익에 불과하다. 따라서 청구인은 이 사건 수리행위에 대하여 기본권침해의 자기관련성을 갖추었다고 보기 어렵다[2023. 2. 23. 2020헌마275].

④ [O] 교육공무원의 보수에 관하여 규정하는 심판대상조항은 사립학교 교원인 청구인들의 법적 지위에 어떠한 영향을 미친다고 보기 어렵고, 설령 학교법인과의 계약 내지 학교법인의 정관 등을 통해 청구인들에게 심판대상조항이 준용된다고 하더라도 이는 위 계약 내지 정관에서 비롯하는 것일 뿐 심판대상조항으로 인한 것이라 할 수 없다.
또한 청구인 108 내지 185는 교육대학교 재학생이거나 졸업 후 임용시험을 준비하고 있는 자에 불과하여 교육공무원의 지위를 확정적으로 부여받았다고 볼 수 없고, 교육대학교에 재학 중이라거나 교육대학교를 졸업하였다는 사실만으로는 장차 교육공무원으로 임용되어 심판대상조항에 의한 기본권 제한을 받을 것이 확실히 예측된다고 볼 수도 없다.
따라서 위 청구인들의 심판청구는 기본권 침해의 자기관련성 내지 현재성을 갖추지 못하여 부적법하다[2023. 3. 23. 2020헌마1159].

⑤ [O] 정보통신망을 통하여 정보통신서비스를 제공받는 이용자인 청구인들이 이 사건 시정요구에 대하여 행정소송으로 다툴 수 있는지 여부가 불확실하고 다른 구제절차가 없으므로 보충성이 인정된다[2023. 10. 26. 2019헌마158].

정답 ③

316 헌법소원심판의 요건에 대한 설명으로 옳지 않은 것은?

① 학내구성원의 투표 산정비율은 선거일 7일 전까지 추천위원회 위원장이 주요 국립대학(그 범위는 시행세칙으로 정한다)의 직원, 조교, 학생 투표 산정비율을 고려하고 학내구성원의 합의에 의하여 정하도록 규정한 부경대학교 총장임용후보자 선정 및 추천에 관한 규정에 대한 청구인 부경대학교 공무원직장협의회와 청구인 전국공무원노동조합 부경대학교 지부의 심판청구가 기본권 침해의 자기관련성 요건을 갖추었다고 할 수 없다.
② 시·도지사 등이 감염병을 예방하기 위하여 집합을 제한하거나 방역지침의 준수를 명하는 등의 감염병 예방조치를 할 수 있도록 규정한 구 '감염병의 예방 및 관리에 관한 법률'이 기본권 침해의 직접성 요건을 충족했다고 할 수 있다.
③ 소송대리인이 되려는 변호사가 신청한 소송대리인 접견신청을 교도소장이 불허한 행위에 관한 심판청구가 권리보호이익이 인정되지 않는다.
④ 공무원보수규정 제5조 중 [별표 11]의 비고 가운데 '「사립학교교직원 연금법」을 적용받는 사람이 기간제교원으로 채용되는 경우의 봉급은 연금 또는 명예퇴직수당을 지급받은 사실 등을 고려하여 교육부장관이 정하는 금액으로 한다'에 관한 부분에 대한 심판청구 기본권침해의 직접성이 인정되지 않아 부적법하다.
⑤ 비례대표국회의원에 궐원이 생기는 경우 별도의 보궐선거 없이, 궐원된 의원이 그 선거 당시에 소속되어 있던 정당의 비례대표국회의원후보자명부에 기재된 순서대로 의석이 승계되도록 정한 공직선거법 제200조 제2항 중 '비례대표국회의원'에 관한 부분이 선거권자인 청구인의 기본권을 침해할 가능성이 인정되지 않는다.

▶ 정답 및 해설

①[O] 청구인 부경대학교 공무원직장협의회와 청구인 전국공무원노동조합 부경대학교 지부의 심판청구는 단체 자신의 기본권을 직접 침해당한 경우에 해당하지 아니하므로 기본권침해의 자기관련성을 갖추지 못하였다[2023. 5. 25. 2020헌마1336].
②[X] 심판대상조항들은 시·도지사 등의 집회제한행위, 방역지침준수명령 또는 특별자치도지사 등의 시설폐쇄명령, 운영중단명령 등의 구체적 집행행위를 예정하고 있으므로, 청구인들이 주장하는 기본권 제한은 심판대상조항에 의하여 곧바로 발생하는 것이 아니라 위 조항들에 근거한 구체적인 집행행위에 의하여 비로소 발생한다. 따라서 심판대상조항들에 대한 청구인들의 심판청구는 기본권 침해의 직접성 요건을 결여하여 부적법하다[2023. 2. 23. 2020헌마1678].
③[O] 청구인은 소송대리인 접견신청이 불허된 이후 소송대리인이 되어 소송대리인 접견이 가능하게 되었으므로 이 사건 심판청구 당시 이미 이 사건 접견불허행위에 관한 주관적 권리보호이익은 소멸하였다. 이 사건 접견불허행위는 형의 집행 및 수용자의 처우에 관한 법률 시행령을 근거로 한 것으로서, 형의 집행 및 수용자의 처우에 관한 법률 시행령에 대하여 본안판단에 나아가는 이상 이 사건 접견불허행위에 대해서는 별도로 심판청구의 이익이 인정되지 않는다(2022.2.24. 2018헌마1010).
④[O] 이 사건 시행령조항은 '사학연금법을 적용받는 사람이 기간제교원으로 채용되는 경우' 그 봉급을 '연금 또는 명예퇴직수당을 지급받은 사실 등을 고려하여 교육부장관이 정하는 금액'으로 한다고 규정함으로써 봉급의 구체적 금액에 관하여 교육부장관에게 하위규범을 제정·시행할 권한을 부여하고 있을 뿐, 기간제교원으로 임용된 청구인들에 대하여 자유 제한, 의무 부과, 권리 또는 법적 지위의 박탈이라는 법적 효과를 발생시키는 내용을 직접 규정하고 있지 않다. 따라서 이 사건 시행령조항에 대한 심판청구는 기본권침해의 직접성이 인정되지 않아 부적법하다[2023. 3. 23. 2022헌마353]

⑤ 【O】 판대상조항은 위와 같은 선거권 행사에 의하여 이미 형성된 의석 분포에 기초하여, 임기 중 비례대표 국회의원에 궐원이 생기는 경우 위 분포를 변화시키지 않는 범위 내에서 궐원된 의석을 어떻게 승계할지의 문제만을 규정하고 있으므로, 선거권을 제한하거나 선거권에 영향을 미치는 조항이라고 볼 수 없다. 그러므로 심판대상조항이 선거권자인 청구인의 기본권을 침해할 가능성은 인정되지 아니한다(2023. 9. 26. 2021헌마26).

정답 ②

317 헌법소원심판의 요건에 대한 설명으로 옳지 않은 것은?

① '2021학년도 강원도 공·사립 중등학교 교사 임용후보자 선정경쟁 제1차 시험 합격자 및 제2차 시험시행계획 공고' 중 코로나바이러스감염증-19 확진자의 응시를 금지한 부분은 심판의 이익을 인정할 수 없다.
② 마약류수형자를 스마트접견의 대상에서 제외하는 '수용관리 및 계호업무 등에 관한 지침' 제125조 제2항 본문 중 제132조 제1항 가운데 '마약류수형자'에 관한 부분에 대한 심판청구가 권리보호이익 요건을 충족했다고 할 수 없다.
③ 코로나바이러스감염증-19의 예방을 위하여 음식점 및 PC방 운영자 등에게 영업시간을 제한하거나 이용자 간 거리를 둘 의무를 부여하는 서울특별시고시들에 대한 심판청구가 보충성 요건을 충족하지 못하였다.
④ 수원시장의 여객자동차운송사업(택시) 개선명령 및 준수사항 중 '개인택시 부제 운행'(3부제(2일 운행, 1일 운휴 반복) 공고는 보충성요건을 갖추지 못하여 부적법하다.
⑤ 동물약국 개설자가 수의사 또는 수산질병관리사의 처방전 없이 판매할 수 없는 동물용의약품을 규정한 '처방대상 동물용의약품 지정에 관한 규정' 제3조에 대한 동물보호자인 청구인들의 심판청구가 기본권 침해의 자기관련성 요건을 갖추었다고 할 수 있다.

▶ 정답 및 해설

① 【O】 헌법재판소의 가처분결정을 계기로 보건당국과 교육부가 확진자의 응시를 허용하는 방향으로 지침을 변경함에 따라 피청구인도 이 사건 제2차 시험 시행 전인 2021. 1. 13. 확진자의 응시를 허용하였다. 이후에 실시된 전국단위 자격시험 등도 변경된 지침에 따라 확진자의 응시를 허용하였다. 이처럼 청구인들이 당초 다투던 확진자의 일률적인 응시 금지는 더 이상 문제되지 않을 뿐만 아니라 이 사건 제2차 시험도 이미 종료되었으므로, 이 사건 확진자 응시금지에 관하여 심판을 구할 주관적인 권리보호이익은 더 이상 존재하지 않는다. 또한 감염병 확진자에 대하여 이 사건 확진자 응시금지와 같은 기본권제한이 반복될 가능성이 있다거나 이에 관한 헌법적 해명의 필요성이 인정된다고 보기도 어렵다. 따라서 이 사건 헌법소원심판청구 중 이 사건 확진자 응시금지 부분은 심판의 이익이 인정되지 아니하므로 부적법하다(2023. 2. 23. 2021헌마48).
※ 재판관 이선애의 이 사건 확진자 응시금지에 대한 반대의견
이 사건 제2차 시험을 전후로 확진자의 시험 응시를 허용하는 방향으로 지침이 변경되었다고 하더라도, 해당 지침은 구속력이 있는 것이 아니므로 차차 감염병의 유행 상황에서 응시제한도 반복될 위험이 충분히 있다. 또한 이러한 응시제한이 공무담임권과 직결되는 임용시험에 부과될 경우 그 헌법적 한계에 관한 해명이 중대한 의미를 지니고 있다고 볼 수 있으므로, 예외적으로 심판의 이익을 인정할 수 있다.
교육공무원의 신규채용 방법, 절차, 임용후보자 선정경쟁시험의 응시자격과 응시결격사유에 관하여 정하고 있는 교육공무원법 등 관련 법령의 내용과 위임의 범위를 고려할 때, 위 법은 시험실시기관인 교육감에 대하여 교사의 신규채용을 위한 공개전형 시험의 시험과목이나 배점, 그밖에 시험 실시에 필요한 기술적·

절차적인 사항들을 위임한 것일 뿐, 감염병 감염을 이유로 응시를 제한할 수 있는 권한까지 위임한 것이라고 보기는 어렵다. 또한 감염병예방법 관련 규정은 확진환자나 자가격리자의 입원, 격리나 이동 제한 등에 관한 강제처분을 정하고 있을 뿐, 응시제한과 같이 전혀 새로운 기본권 제한을 초래하는 처분을 예정하고 있지 않다.

결국, 피청구인이 확진자의 응시를 일률적으로 제한할 법률상 근거를 찾아볼 수 없고, 이러한 추가적인 응시결격사유의 창설은 교육공무원법상 응시자격 및 응시결격사유를 법으로 정한 내용에 반하는 것이다. 따라서 이 사건 확진자 응시금지는 법률상 근거 없이 기본권을 제한하므로 법률유보원칙에 위배되어 청구인들의 공무담임권을 침해한다.

② [○] 청구인은 이미 형기종료로 출소하였으므로 청구인에게 주관적 권리보호이익은 인정되지 않고, 2021. 12. 20.자 법무부 교정본부의 '미결수용자 등 스마트접견 확대 시행 계획'에 따라서 심판대상지침에도 불구하고 2022. 1. 3.부터는 마약류수형자에 대하여도 스마트접견이 허용되고 있으며, 심판대상지침은 삭제하는 내용의 개정이 예정되어 있다. 향후 마약류수형자에 대하여 스마트접견의 제한이 반복될 위험이 있다고 보기 어려우므로, 심판대상지침에 대하여는 예외적인 심판의 이익도 인정되지 아니한다[2023. 3. 23. 2021헌마115].

③ [○] 심판대상고시는 관내 음식점 및 PC방의 관리자·운영자들에게 일정한 방역수칙을 준수할 의무를 부과하는 것으로서, 피청구인 서울특별시장은 구 감염병예방법 제49조 제1항 제2호에 근거하여 행정처분을 발하려는 의도에서 심판대상고시를 발령한 것이다. 그러므로 심판대상고시는 항고소송의 대상인 행정처분에 해당한다.

그렇다면 심판대상고시는 항고소송의 대상이 되는 행정처분에 해당하고 그 취소를 구할 소의 이익이 인정된다. 따라서 이에 대한 다툼은 우선 행정심판이나 행정소송이라는 구제절차를 거쳤어야 함에도, 이 사건 심판청구는 이러한 구제절차를 거치지 아니하고 제기된 것이므로 보충성 요건을 충족하지 못하였다[2023. 5. 25. 2021헌마21].

④ [○] 이 사건 개선명령은 수원시장이 '여객자동차 운수사업법' 제23조 제1항 제9호에 기하여 수원시 택시운송사업자들이라는 특정인을 상대방으로 하여 개별적·구체적으로 행한 행정처분에 해당하므로 항고소송의 대상이 된다. 청구인으로서는 법률에 정한 구제절차를 모두 거친 후에야 헌법소원심판을 청구할 수 있음에도 이를 거치지 아니한 채 곧바로 헌법소원심판을 청구하였으므로, 이 사건 심판청구는 보충성요건을 갖추지 못하여 부적법하다[2019.4.11. 2018헌마42].

⑤ [×] 심판대상조항은 '동물약국 개설자'를 그 직접적인 규율대상으로 하고 있으며, 동물보호자인 청구인들과 같은 동물용의약품 소비자는 직접적인 규율대상이 아닌 제3자에 불과하고, 동물보호자인 청구인들이 수의사 등의 처방전 없이 동물용의약품을 구매할 수 없게 되는 데 따르는 불편함이나 경제적 부담은 간접적·사실적·경제적인 것에 지나지 아니하므로, 동물보호자인 청구인들의 심판청구는 기본권 침해의 자기관련성이 인정되지 아니한다[2023. 6. 29. 2021헌마199].

정답 ⑤

318 권한쟁의 심판에 대한 설명으로 옳은 것은?

① 경기도가 2020. 6. 4. 남양주시를 특별조정교부금 배분에서 제외한 행위로 인하여 헌법 또는 법률에 의하여 부여받은 남양주시의 권한이 침해될 가능성이 없으므로 남양주시의 권한쟁의 심판청구는 부적법하다.

② 경기도는 지역경제 활성화 차원에서 도내 시·군으로 하여금 지역화폐로 재난기본소득을 지급하도록 하고, 이를 조건으로 하여 특별조정교부금을 배분하도록 하였는데, 남양주시가 지역화폐가 아닌 현금으로 재난기본소득을 지급했다는 이유로 남양주시를 특별조정교부금 배분에서 제외한 행위는 법령상 허용되는 배분기준을 위반한 자의적인 배분으로서 위법한 것이므로 남양주시의 자치재정권을 침해하는 것이다.

③ 경기도가 2021. 4. 1. 남양주시에 통보한 종합감사 실시계획에 따른 자료제출요구 중, 자치사무에 관한 부분은 자치사무에 대한 사전조사 개시 여부를 판단하기 위해 필요한 범위에 해당되고 그로 인해 청구인의 자치권이 중대하게 제한되었다고 보기 어려우므로 헌법 및 지방자치법에 의하여 부여된 남양주의 지방자치권을 침해한다고 할 수 없다.
④ 자료제출요구가 자치사무에 대한 포괄적·사전적 감사나 법령위반사항을 적발하기 위한 감사 절차와 그 양태나 효과가 동일하고, 감사자료가 아닌 사전조사자료 명목으로 해당 자료를 요청하였다면 합법성 감사로 제한되는 자치사무에 대한 감사의 한계를 벗어난 것으로서 헌법상 청구인에게 보장된 지방자치권을 침해한다고 할 수 없다.
⑤ 국회법상 교섭단체의 대표의원은 국회 내부의 기관 구성에 참여하고, 의사와 관련하여 합의권이나 협의권 등 각종 권한을 부여받고 있으나, 교섭단체 대표의원이 가지는 이러한 권한은 원활한 국회 의사진행을 위하여 국회법에서 인정하고 있는 권한일 뿐, 국회의원으로서의 권한행사와 구분되는 독자적인 권한에 해당하지 아니한다.

▶ 정답 및 해설

①【X】재난기본소득을 지급할 경우 남양주시 인구 1인당 1만 원으로 계산된 약 70억 원을 특별조정교부금 형태로 도의 재정지원을 받을 수 있다는 구체적인 기대가 형성되어 남양주 시민에 대하여 재난기본소득을 지급하였음에도 이 사건 배분 제외행위로 인하여 특별조정교부금을 전혀 지급받지 못하여 그 자치재정 운영에 차질이 생길 위험이 있는 점을 고려할 때, 이 사건 배분 제외행위는 특별조정교부금에 관한 청구인의 권한과 구체적으로 관련이 있으며, 청구인의 자치재정권이 침해될 가능성이 있다고 볼 수 있다. 따라서 이 사건 심판청구는 적법하다(2022.12.22. 2020헌라3).

②【X】피청구인이 지역화폐의 경기부양 효과 등을 고려하여 지역화폐 형태의 재난기본소득 지급을 유도하기 위하여 이를 특별조정교부금 우선 배분의 기준으로 정한 것이 객관적으로 명백히 부당하거나 현저하게 자의적이라고 볼 수 없다. 따라서, 피청구인이 청구인을 이 사건 특별조정교부금 배분에서 제외한 행위가 청구인의 지방재정권을 침해한 것이라고 볼 수 없다(2022.12.22. 2020헌라3).

③【X】이 사건 자료제출요구는 ① 피청구인의 청구인에 대한 종합감사 계획에 포함되어, 사전조사 및 감사 절차 직전에 오로지 사전조사 및 감사 대상을 특정하기 위한 목적으로 이루어진 것이고, ② 청구인의 자치사무 전 분야에 걸쳐 그 구체적인 업무처리 내용을 압축적으로 요약하는 형식으로 제출할 것을 요구하는 것으로서 내용적으로 사전적·일반적 자료 요청이며, ③ 피청구인의 청구인에 대한 마지막 종합 감사 이후 현재까지의 기간 동안에 수행된 업무 내용을 포괄하는 것으로 시기적으로도 정기적인 자료요청에 해당한다. 이러한 점을 종합적으로 고려할 때, 이 사건 자료제출요구는 피청구인의 청구인에 대한 감사 절차의 일환으로서 청구인의 자치사무 전반에 대한 사전적·일반적 자료제출요청이고, 피청구인은 이를 통하여 청구인의 자치사무 처리와 관련된 문제점을 발견하거나 취약 분야를 확인하여 감사대상을 발굴할 목적이 있었음을 인정할 수 있다.

이 사건 자료제출요구는 그 목적이나 범위에서 감독관청의 일상적인 감독권 행사를 벗어난 것으로 구 지방자치법 제171조 제1항 전문 전단에서 예정하고 있는 보고수령 권한의 한계를 준수하였다고 볼 수 없으며, 사전조사 업무에 대한 수권조항인 구 '지방자치단체에 대한 행정감사규정' 제7조 제2항 제3호를 근거로 적법하다고 볼 여지도 없다.

지방자치단체의 자치권 보장을 위하여 자치사무에 대한 감사는 합법성 감사로 제한되어야 하는바, 포괄적·사전적 일반감사나 법령위반사항을 적발하기 위한 감사는 합목적성 감사에 해당하므로 구 지방자치법 제171조 제1항 후문 상 허용되지 않는다는 점은 헌법재판소가 2009.5.28. 2006헌라6 결정에서 확인한 바 있다. 이 사건 자료제출요구는 헌법재판소가 위 결정에서 허용될 수 없다고 확인한 자치사무에 대한 포괄적·사전적 감사나 법령위반사항을 적발하기 위한 감사 절차와 그 양태나 효과가 동일하고, 감사자료가 아닌 사전조사자료 명목으로 해당 자료를 요청하였다고 하여 그 성질이 달라진다고 볼 수 없다. 따라서, **이 사건 자료제출요구는 합법성 감사로 제한되는 자치사무에 대한 감사의 한계를 벗어난 것으로서 헌법상 청구인에게 보장된 지방자치권을 침해한다**(2022.8.31. 2021헌라1).

④ [×] 3번 해설 참조

※ 재판관 유남석, 재판관 이석태, 재판관 이은애, 재판관 김기영의 반대의견
구 지방자치법은 보고수령권에 대해서는 특별한 법률상의 제한을 규정하지 않는 반면, 자치사무에 관한 감사권에 대해서는 법령위반사항에 대하여만 감사를 실시하여야 한다는 실체적 한계(제171조 제1항 후문) 및 감사 실시 전에 법령 위반 여부 등을 미리 확인하여야 한다는 절차적 한계를 규정한다(제171조 제2항).
구 지방자치법이나 행정감사규정에 보고수령권 행사의 실체적·절차적 한계에 관한 명문의 규정이 없으므로, 보고수령권 행사는 법치국가원리에 따라 요구되는 헌법원칙에 반하지 않는 한 적법하다. 또한 보고수령권은 자치사무에 대한 감사권과 근거규정을 달리하고 절차상으로도 분명히 구별되므로, 감사권 행사 재량의 한계에 관한 헌법재판소 2009. 5. 28. 2006헌라6 결정의 법리를 보고수령권의 행사 재량의 적법성 판단에 그대로 원용하는 것은 적절하지 않다.
피청구인은 청구인의 자치사무 전체가 아니라, 다른 시·군에서 반복적으로 지적되고 있는 분야 등에 한정하여 이 사건 자료제출요구를 하였다. 또한 이 사건 자료제출요구의 구체적 내용은 청구인의 자치사무 중 일부에 관한 현황 보고 요구에 그칠 뿐이고, 장부나 물품의 제출과 같은 침익적인 것이 아니다. 따라서 이 사건 자료제출요구는 피청구인이 자치사무에 대한 사전조사 개시 여부를 판단하기 위해 필요한 범위에 해당되고 그로 인해 청구인의 자치권이 중대하게 제한되었다고 보기 어렵다. 따라서 이 사건 자료제출요구는 비례원칙에 부합하는 적법한 보고수령권의 행사에 해당된다.
그 밖에 피청구인이 청구인에 대해서만 보고수령권을 차별적으로 행사하였다는 등의 사정 역시 인정하기 어렵다. 따라서 이 사건 자료제출요구는 피청구인의 적법한 권한 범위 내에 있고, 이로 인하여 청구인의 자치권이 침해되었다고 볼 수 없다. 이와 달리, 감독기관이 감사 개시 혹은 사전조사 개시를 위해 보고수령권을 행사할 수 없다고 본다면, 자치사무에 대한 감사는 실질상 제보나 언론 보도 등에 의해 이미 알려진 위법 사무 정도로 그 대상이 제한된다. 그 결과 감독기관의 감사권이 무력화되어 자치사무의 합법성 보장에 공백이 발생할 위험이 있다.

⑤ [○] 국회법상 교섭단체의 대표의원은 국회 내부의 기관 구성에 참여하고, 의사와 관련하여 합의권이나 협의권 등 각종 권한을 부여받고 있으나, 교섭단체 대표의원이 가지는 이러한 권한은 원활한 국회 의사진행을 위하여 국회법에서 인정하고 있는 권한일 뿐, 국회의원으로서의 권한행사와 구분되는 독자적인 권한에 해당하지 아니한다. 나아가 교섭단체가 대표의원을 통하여 권한을 행사하는 과정에서 교섭단체 대표의원이나 소속 국회의원들의 권한이 침해된 경우에는 국회의원의 지위에서 권한쟁의심판을 청구함으로써 이를 해결할 수도 있다[2023. 9. 26. 2020헌라2]

정답 ⑤

319 권한쟁의 심판에 대한 설명으로 옳은 것은?

① 헌법상 국가에 부여된 임무 또는 의무를 수행하고 그 독립성이 보장된 국가기관이라고 하더라도, 오로지 법률에 설치근거를 둔 국가기관이라면 국회의 입법행위에 의하여 존폐 및 권한범위가 결정될 수 있으므로, 이러한 국가기관은 '헌법에 의하여 설치되고 헌법과 법률에 의하여 독자적인 권한을 부여받은 국가기관'이라고 할 수 없다.

② 국가경찰위원회는 경찰법 제7조에 따라 국가경찰행정에 관한 주요정책 등을 심의·의결하기 위해 설치되었고, 같은 법 제10조 제1항 제4호에 따라 다른 국가기관으로부터의 업무협조 요청에 관한 사항도 청구인의 심의·의결 대상에 해당하는 점을 고려하면 청구인은 권한쟁의 심판의 당사자가 될 수 있는 국가기관에 해당한다.

③ 행정안전부 장관은 '치안사무'를 관장할 수 없으므로, 행정안전부 장관의 '경찰 관련 법령 제정·

개정이 필요한 기본계획의 수립과 그 변경에 관한 사항 등'에 대하여 경찰청장이 미리 피청구인(행정안전부장관)의 승인을 받도록 하는 행정안전부장관의 소속청장 지휘에 관한 규칙 제정행위는 국가경찰위원회의 권한을 침해한다.
④ 법무부장관은 헌법상 국가기관으로 볼 여지가 있으므로 권한쟁의심판에서 일반적인 당사자능력이 인정되나 검찰청법상 검사인 청구인은 당사자능력 인정의 전제인 '헌법에 의해 설치된 국가기관'에 해당되지 않아 권한쟁의심판에서 일반적인 당사자능력이 인정되지 않는다.
⑤ 교섭단체 대표의원은 헌법 제111조 제1항 제4호 및 헌법재판소법 제62조 제1항 제1호의 '국가기관'에 해당하므로 권한쟁의심판의 당사자능력이 있다.

▶ 정답 및 해설

① [O] (2022. 12. 22. 2022헌라5).
② [X] 국회가 제정한 경찰법에 의하여 비로소 설립된 국가경찰위원회는 국회의 경찰법 개정행위에 의하여 존폐 및 권한범위 등이 좌우되므로, 헌법 제111조 제1항 제4호 소정의 헌법에 의하여 설치된 국가기관에 해당한다고 할 수 없다. 국가경찰위원회 제도를 채택하느냐의 문제는 우리나라 치안여건의 실정이나 경찰권에 대한 민주적 통제의 필요성 등과 관련하여 입법정책적으로 결정되어야 할 사항이다. 권한쟁의심판의 당사자능력은 헌법에 의하여 설치된 국가기관에 한정하여 인정하는 것이 타당하므로, 법률에 의하여 설치된 청구인에게는 권한쟁의심판의 당사자능력이 인정되지 아니한다(2022. 12. 22. 2022헌라5).
③ [X] 국가경찰위원회의 당사자능력이 인정되지 않아 각하된 바 있다(2022. 12. 22. 2022헌라5).
④ [X] '검사'는 헌법 제4장(정부)에서 명시적으로 그 설치가 규정되어 있지 아니하고, 헌법에 규정된 영장신청권자로서의 검사는 '검찰권을 행사하는 국가기관'으로서 일반적 의미의 검사를 의미하므로 '검찰청법상 검사'와 일치하는 것이 아닌 점을 고려하면, 검찰청법상 검사인 청구인은 당사자능력 인정의 전제인 '헌법에 의해 설치된 국가기관'에 해당되지 않는다고 판단할 여지도 있다.
다만, 헌법은 검찰청법상 검사의 경우 '검찰총장과 검사로 구성된다는 조직법적 기초를 규정하는 것으로 해석할 여지가 있고(헌법 제89조 제16호), 수사기관이 국민의 신체의 자유와 주거의 자유를 제한하기 위해서는 '검찰권을 행사하는 국가기관'인 일반적 의미의 검사(검찰청법상 검사 포함)의 영장신청권의 통제를 받아야 한다는 기능법적 기초를 규정하는 것으로 해석할 여지가 있다는 점에서(헌법 제12조 제3항, 제16조), 검찰청법상 검사를 '헌법에 의해 설치된 국가기관'이 아니라고 단정하기 어려운 측면도 있다. 또한 검찰청법상 검사는 영장신청권을 행사하고(헌법 제12조 제3항, 제16조) 공익의 대표자로서 범죄수사, 공소제기 및 그 유지에 필요한 사항 등에 관한 직무를 담당하여(검찰청법 제4조 제1항) 헌법과 법률에 의해 독자적인 권한을 부여받고 있다. 그러므로 청구인 검사들에게도 일응 권한쟁의심판에서 일반적인 당사자능력을 인정할 수 있다. 따라서 청구인 법무부장관과 청구인 검사들은 권한쟁의심판에서 일반적인 당사자능력이 인정된다(2023. 3. 23. 2022헌라4).
⑤ [X] 헌법은 국회의원들이 교섭단체 대표의원을 정하여 이를 통해 일정한 권한을 행사할 것을 예정하지 않고 있으며, 교섭단체 대표의원이 가지는 국회법상 권한이 국회의원으로서의 권한과 구분되는 독자적인 권한에 해당하는 것도 아니다. 따라서 교섭단체 대표의원은 헌법 제111조 제1항 제4호 및 헌법재판소법 제62조 제1항 제1호의 '국가기관'에 해당한다고 볼 수 없으므로, 권한쟁의심판의 당사자능력이 인정되지 아니한다(2023. 9. 26. 2020헌라2).

정답 ①

320 검사가 수사를 개시할 수 있는 범죄의 범위를 부패범죄 및 경제범죄 등으로 축소하고, 검사는 자신이 수사개시한 범죄에 대하여는 공소를 제기할 수 없도록 하는 검찰청법 개정행위와 사법경찰관으로부터 송치받은 사건에 관하여는 해당 사건과 동일성을 해치지 아니하는 범위 내에서 수사할 수 있도록 한 형사소송법 개정행위에 대한 권한쟁의심판에 대한 설명으로 옳지 않은 것은 것을 모두 조합한 것은?

ㄱ. 권한쟁의 심판청구는 피청구인의 처분 또는 부작위(不作爲)가 헌법에 의하여 부여받은 권한 뿐 아니라 법률에 의하여 부여받은 청구인의 권한을 침해하였거나 침해할 현저한 위험이 있는 경우에도 할 수 있다.
ㄴ. 문제된 침해의 원인이 '국회의 입법행위'인 경우에는 '법률상 권한'을 침해의 대상으로 삼는 심판청구는 권한침해가능성을 인정할 수 있다.
ㄷ. 수사 및 소추는 우리 헌법상 본질적으로 행정에 속하는 사무이므로, 특별한 사정이 없는 한 '대통령을 수반으로 하는 행정부'(헌법 제66조 제4항)에 부여된 '헌법상 권한'이다.
ㄹ. 헌법 제12조 제3항 및 제16조에 따라 검사가 영장을 신청하는 것도, 사법경찰관의 수사 중 신청에 따른 것이든, 검사가 직접 수사를 개시한 사건의 수사 또는 사법경찰관이 송치한 사건의 보완수사를 하면서 청구하는 것이든, 법관에게 영장발부를 신청하는 행위 그 자체로 '국가의 수사기능'을 실현하는 것이므로 '헌법상 수사권'의 행사에 해당한다.
ㅁ. 이 사건 법률개정행위는 법무부장관이 헌법상 행정각부의 장으로서 정부조직법에 의하여 검찰 및 검사에 관한 사무를 관장하면서 갖는, 검찰청법상 검사에 대한 일반적인 지휘·감독권, 검찰조직 전반의 운용 및 검사와 검찰청 직원의 보직에 관한 권한에 영향을 미치는 것이므로, 청구인 법무부장관의 청구인적격과 권한침해가능성이 인정된다.
ㅂ. 검사의 직접 수사개시 범죄의 범위를 축소한 개정 검찰청법 제4조 제1항 제1호 가목은 개정 형사소송법 제196조 제2항 및 제245조의7 제1항에 관한 부분과 결합하여 청구인들 중 검사들의 소추권과 수사권의 본질적 내용을 침해한다.
ㅅ. 헌법재판소가 가처분신청의 본안사건에 대하여 종국결정을 선고하는 이상, 이 사건에서 가처분결정을 할 필요성이 인정된다고 보기 어렵다.

① ㄱㄷㅁㅂ   ② ㄴㄹㅁㅂ   ③ ㄷㄹㅅ
④ ㄱㄴㅁㅂ   ⑤ ㄴㄷㄹㅅ

▶ **정답 및 해설**

ㄱ. [○]

> 헌법재판소법 제61조(청구 사유) ② 제1항의 심판청구는 피청구인의 처분 또는 부작위(不作爲)가 헌법 또는 법률에 의하여 부여받은 청구인의 권한을 침해하였거나 침해할 현저한 위험이 있는 경우에만 할 수 있다.

ㄴ. [×] 국가기관의 '헌법상 권한'은 국회의 입법행위를 비롯한 다양한 국가기관의 행위로 침해될 수 있다. 그러나 국가기관의 '법률상 권한'은, 다른 국가기관의 행위로 침해될 수 있음은 별론으로 하고, 국회의 입법행위로는 침해될 수 없다. 국가기관의 '법률상 권한'은 국회의 입법행위에 의해 비로소 형성·부여된 권한일 뿐, 역으로 국회의 입법행위를 구속하는 기준이 될 수 없기 때문이다. 따라서 문제 된 침해의 원인이 '국회의 입법행위'인 경우에는 '법률상 권한'을 침해의 대상으로 삼는 심판청구는 권한침해가능성을 인정할

수 없다[2023. 3. 23. 2022헌라4].

ㄷ. 【O】 이 사건 법률개정행위는 검사의 수사권 및 소추권을 조정·배분하는 내용을 담고 있으므로, 해당 수사권 및 소추권이 검사의 '헌법상 권한'인지 아니면 '법률상 권한'인지 문제 된다. 수사 및 소추는 우리 헌법상 본질적으로 행정에 속하는 사무이므로, 특별한 사정이 없는 한 '대통령을 수반으로 하는 행정부'(헌법 제66조 제4항)에 부여된 '헌법상 권한'이다.

ㄹ. 【X】 영장신청의 신속성·효율성 측면이 아니라, 법률전문가이자 인권옹호기관인 검사로 하여금 제3자의 입장에서 수사기관의 강제수사 남용을 통제하는 취지에서 영장신청권이 헌법에 도입된 것으로 해석되므로, 헌법상 검사의 영장신청권 조항에서 '헌법상 검사의 수사권'까지 도출된다고 보기 어렵다. 결국 이 사건 법률개정행위는 검사의 '헌법상 권한'(영장신청권)을 제한하지 아니하고, 국회의 입법행위로 그 내용과 범위가 형성된 검사의 '법률상 권한'(수사권·소추권)이 법률개정행위로 침해될 가능성이 있다고 볼 수 없으므로, 권한침해가능성이 인정되지 아니한다[2023. 3. 23. 2022헌라4].

ㅁ. 【X】 이 사건 법률개정행위가 이와 같은 법무부장관의 지휘·감독권한을 제한하는 것이 아님은 명백하며, 이 사건 법률개정행위에 대하여 수사권·소추권을 직접적으로 행사하는 검사들이 청구인으로서 권한쟁의심판을 청구한 이상, 수사권·소추권을 직접적으로 행사하지 아니하는 법무부장관에게 이 사건 법률개정행위에 대하여 권한쟁의심판을 청구할 적절한 관련성이 있다고 보기 어렵다. 따라서 청구인 법무부장관은 이 사건 권한쟁의심판에서 청구인적격이 인정되지 아니한다. 따라서 이 사건 권한쟁의심판에서 청구인 검사들은 청구인적격이 인정되나, 청구인 법무부장관은 청구인적격이 인정되지 아니한다[2023. 3. 23. 2022헌라4].

ㅂ. 【X】 검사의 수사권이 헌법상 권한이 아니므로 법률개정행위는 권한침해가능성이 인정되지 않는다는 것이 판례 입장이다.

ㅅ. 【O】 국회 법제사법위원회 위원장이 검사의 수사권한을 제한하는 취지의 검찰청법 일부개정법률안(대안)과 형사소송법 일부개정법률안(대안)을 법사위 법률안으로 가결선포하자, 국회의원이자 법사위 위원인 신청인들이 법사위 위원장에 대한 위 개정법률안 가결선포행위의 효력정지 및 국회의장에 대한 위 개정법률안의 부의 및 상정 등을 금지하는 취지의 가처분신청을 하였고, 이후 국회의 법률안 심의절차에 따라 청구취지를 변경하면서 결국 법사위 위원장의 위 개정법률안에 대한 가결선포행위와 국회의장의 위 개정법률안을 원안으로 하는 수정안에 대한 가결선포행위에 대하여 그 효력정지를 구하는 가처분을 신청한 사안에서, 위 가처분신청에 대한 결정을 본안사건인 권한쟁의심판청구 사건의 종국결정과 같은 날 선고하면서 가처분결정의 필요성을 부인한 사례
헌법재판소가 권한쟁의심판의 청구를 받은 때에는 종국결정의 선고 시까지 심판 대상이 된 피청구인의 처분의 효력을 정지하는 결정을 할 수 있다. 그런데 헌법재판소가 가처분신청의 본안사건에 대하여 종국결정을 선고하는 이상, 이 사건에서 가처분결정을 할 필요성이 인정된다고 보기 어렵다[2023. 3. 23. 2022헌사366].

정답 ②

321 경기도는 각종 특혜사업 등 다수의 의혹이 언론에 보도되고 있어 해당 논란과 익명제보 사항에 대한 조사·점검·확인을 통하여 부당 건에 대한 책임소재 확인 및 시 행정 투명성 검증을 위해 특별조사를 실시하겠다고 남양주시에 통보하였다. 경기도의 남양주시에 대한 자치사무 감사에 대한 권한쟁의 심판에 대한 설명이다. 이에 대한 설명으로 옳지 않은 것은 몇 개인가?

> **참고법조항**
> 구지방자치법 제190조(지방자치단체의 자치사무에 대한 감사) ① 행정안전부장관이나 시·도지사는 지방자치단체의 자치사무에 관하여 보고를 받거나 서류·장부 또는 회계를 감사할 수 있다. 이 경우 감사는 법령 위반사항에 대해서만 한다. ② 행정안전부장관 또는 시·도지사는 제1항에 따라 감사를 하기 전에 해당 사무의 처리가 법령에 위반되는지 등을 확인하여야 한다.

ㄱ. 광역지방자치단체가 기초지방자치단체의 자치사무에 대한 감사에 착수하기 위해서는 자치사무에 관하여 특정한 법령위반행위가 확인되었거나 위법행위가 있었으리라는 합리적 의심이 가능한 경우이어야 하고 그 감사대상을 특정하여야 하며, 위법사항을 특정하지 않고 개시하는 감사 또는 법령위반사항을 적발하기 위한 감사는 허용될 수 없다.
ㄴ. 광역지방자치단체가 기초지방자치단체의 자치사무에 대하여 실시하는 감사 중 연간 감사계획에 포함되지 아니하고 사전조사도 수행되지 아니한 감사의 경우 감사대상의 사전 통보는 감사의 개시요건이다.
ㄷ. 감사대상의 특정은 지방자치단체의 자치사무에 대한 감사의 개시요건이다.
ㄹ. 감사대상은 감사에 착수하기 전에 특정되어야 하므로 감사 개시 이후에 감사대상을 확장하거나 추가하는 것은 허용되지 아니한다.
ㅁ. 감사대상은 감사에 착수하기 전에 특정되어야 하므로 감사 개시 이후에 당초 특정된 감사대상과 관련성이 인정되는 것으로서 당해 절차에서 함께 감사를 진행하더라도 감사대상 지방자치단체가 절차적인 불이익을 받을 우려가 없고, 해당 감사대상을 적발하기 위한 목적으로 감사가 진행된 것으로 볼 수 없는 사항이라도 감사대상의 확장 내지 추가가 허용되지 아니한다.
ㅂ. 경기도의 남양주시에 대한 자치감사 개시 전 단계에서 위법이 의심되는 사항에 대하여 엄격한 의미의 위법성 확인이 필요하다.
ㅅ. 시·도지사 등이 제보나 언론보도 등을 통해 감사대상 지방자치단체의 자치사무의 위법성에 관한 정보를 수집하고, 객관적인 자료에 근거하여 해당 정보가 믿을만하다고 판단함으로써 위법행위가 있었으리라는 합리적 의심이 가능한 경우라면, 의혹이 제기된 사실관계가 존재하지 않거나 위법성이 문제되지 않는다는 점이 명백하지 아니한 이상 감사를 개시할 수 있을 정도의 위법성 확인은 있었다고 봄이 타당하다.

① 1개 ② 2개 ③ 3개
④ 4개 ⑤ 5개

▶ **정답 및 해설**

ㄱ. [○] 헌법재판소 2006헌라6 결정의 내용은 광역지방자치단체의 기초지방자치단체의 자치사무에 대한 감사에 대해서도 그대로 적용되어야 할 것으로, 광역지방자치단체가 기초지방자치단체의 자치사무에 대한 감사에 착수하기 위해서는 자치사무에 관하여 특정한 법령위반행위가 확인되었거나 위법행위가 있었으리라는 합리적 의심이 가능한 경우이어야 하고 그 감사대상을 특정하여야 하며, 위법사항을 특정하지 않고 개시하는 감사 또는 법령위반사항을 적발하기 위한 감사는 허용될 수 없다[2023. 3. 23. 2020헌라5].

ㄴ. [X] 광역지방자치단체가 기초지방자치단체의 자치사무에 대한 감사에 착수하기 위해서는 감사대상을 특정하여야 하나, 이에 더하여 감사대상 지방자치단체에게 특정된 감사대상을 사전에 통보할 것까지 요구된다고 볼 수는 없다. 따라서 피청구인이 이 사건 조사개시 통보를 하면서 내부적으로 특정한 감사대상을 통보하지 않았다고 하더라도, 그러한 사정만으로는 이 사건 감사가 위법하다고 할 수 없다. 따라서 연간 감사계획에 포함되지 아니하고 사전조사가 수행되지 아니한 감사의 경우 지방자치법에 따른 감사의 절차와 방법 등에 관한 사항을 규정하는 '지방자치단체에 대한 행정감사규정' 등 관련 법령에서 감사대상이나 내용을 통보할 것을 요구하는 명시적인 규정이 없다. 광역지방자치단체가 자치사무에 대한 감사에 착수하기 위해서는 감사대상을 특정하여야 하나, 특정된 감사대상을 사전에 통보할 것까지 요구된다고 볼 수는 없다[2023. 3. 23. 2020헌라5].

ㄷ. [○] 중앙행정기관 및 광역지방자치단체의 지방자치단체의 자치사무에 대한 감사권을 사전적·일반적인 포괄감사권이 아닌 그 대상과 범위가 한정된 감사권으로 보는 이상, 자치사무에 대한 감사에 착수하기 위해서는 감사대상이 특정되어야 함은 당연하다고 할 것이다.[2023. 3. 23. 2020헌라5]

ㄹ. [○] 지방자치단체의 자치사무에 대한 무분별한 감사권의 행사는 헌법상 보장된 지방자치권을 침해할 가능성이 크므로, 원칙적으로 감사 과정에서 사전에 감사대상으로 특정되지 아니한 사항에 관하여 위법사실이 발견되었다고 하더라도 감사대상을 확장하거나 추가하는 것은 허용되지 않는다. 다만, 자치사무의 합법성 통제라는 감사의 목적이나 감사의 효율성 측면을 고려할 때, 당초 특정된 감사대상과 관련성이 인정되는 것으로서 당해 절차에서 함께 감사를 진행하더라도 감사대상 지방자치단체가 절차적인 불이익을 받을 우려가 없고, 해당 감사대상을 적발하기 위한 목적으로 감사가 진행된 것으로 볼 수 없는 사항에 대하여는 감사대상의 확장 내지 추가가 허용된다[2023. 3. 23. 2020헌라5].

ㅁ. [X] 자치사무의 합법성 통제라는 감사의 목적이나 감사의 효율성 측면을 고려할 때, 당초 특정된 감사대상과 관련성이 인정되는 것으로서 당해 절차에서 함께 감사를 진행하더라도 감사대상 지방자치단체가 절차적인 불이익을 받을 우려가 없고, 해당 감사대상을 적발하기 위한 목적으로 감사가 진행된 것으로 볼 수 없는 사항에 대하여는 감사대상의 확장 내지 추가가 허용된다[2023. 3. 23. 2020헌라5].

ㅂ. [X] 구 지방자치법 제171조가 규정하는 지방자치단체의 자치사무에 대한 감사는 법령위반사항에 대한 감사로서 시·도지사 등이 감사를 통해 구체적인 법령위반사항을 확인하고 필요한 조치를 취함으로써 자치사무의 합법성을 보장함을 그 목적으로 하는 점, 자치사무의 위법성은 궁극적으로 감사라는 조사절차를 통해 확인할 수 있는 점 등을 고려하면, 감사 개시 전 단계에서 위법이 의심되는 사항에 대하여 엄격한 의미의 위법성 확인이 필요하다고 볼 경우에는 감사제도의 존재가 무의미해질 우려가 있다. 헌법재판소 2006헌라6 결정이 '특정한 법령위반행위가 확인되었거나 위법행위가 있었으리라는 합리적 의심이 가능한 경우'에 감사에 착수할 수 있다고 판시한 것도 이러한 사정을 고려한 것으로 볼 수 있다.

ㅅ. [○] 따라서 시·도지사 등이 제보나 언론보도 등을 통해 감사대상 지방자치단체의 자치사무의 위법성에 관한 정보를 수집하고, 객관적인 자료에 근거하여 해당 정보가 믿을만하다고 판단함으로써 위법행위가 있었으리라는 합리적 의심이 가능한 경우라면, 의혹이 제기된 사실관계가 존재하지 않거나 위법성이 문제되지 않는다는 점이 명백하지 아니한 이상 감사를 개시할 수 있을 정도의 위법성 확인은 있었다고 봄이 타당하다. 시·도지사 등이 제보나 언론보도 등을 통해 감사대상 지방자치단체의 자치사무의 위법성에 관한 정보를 수집하고, 객관적인 자료에 근거하여 해당 정보가 믿을만하다고 판단함으로써 위법행위가 있었으리라는 합리적 의심이 가능한 경우라면, 의혹이 제기된 사실관계가 존재하지 않거나 위법성이 문제되지 않는다는 점이 명백하지 아니한 이상 감사를 개시할 수 있을 정도의 위법성 확인은 있었다고 봄이 타당하다.

정답 ③

322 검찰청법과 형사소송법 개정과정에서 민주당 소속이던 민형배의원이 탈당하고 법제사법위원장은 민형배의원을 안건조정위원회 위원을 선임하여 안건조정안이 의결되었고 법제사법위원장은 해당 법률안을 가결선포하였다. 그 후 국회의장도 검찰청법과 형사소송법 개정을 가결선포하였다. 이에 소수당 의원들이 권한쟁의심판을 청구하였다. 이에 대한 설명으로 옳은 것은 몇 개인가?

> **참고조항**
> **국회법 제57조의2(안건조정위원회)** ③ 조정위원회는 조정위원회의 위원장(이하 이 조에서 "조정위원장"이라 한다) 1명을 포함한 6명의 조정위원회의 위원(이하 이 조에서 "조정위원"이라 한다)으로 구성한다. ⑤ 제1항에 따른 축조심사는 위원회의 의결로 생략할 수 있다. 다만, 제정법률안과 전부개정법률안에 대해서는 그러하지 아니하다. ⑥ 조정위원회는 제1항에 따라 회부된 안건에 대한 조정안을 재적 조정위원 3분의 2 이상의 찬성으로 의결한다. 이 경우 조정위원장은 의결된 조정안을 지체 없이 위원회에 보고한다.
> **제58조(위원회의 심사)** ① 위원회는 안건을 심사할 때 먼저 그 취지의 설명과 전문위원의 검토보고를 듣고 대체토론(안건 전체에 대한 문제점과 당부(當否)에 관한 일반적 토론을 말하며 제안자와의 질의·답변을 포함한다)과 축조심사 및 찬반토론을 거쳐 표결한다.
> **제93조의2(법률안의 본회의 상정시기)** 본회의는 위원회가 법률안에 대한 심사를 마치고 의장에게 그 보고서를 제출한 후 1일이 지나지 아니하였을 때에는 그 법률안을 의사일정으로 상정할 수 없다. 다만, 의장이 특별한 사유로 각 교섭단체 대표의원과의 협의를 거쳐 이를 정한 경우에는 그러하지 아니하다.
> **제106조의2(무제한토론의 실시 등)** ⑧ 무제한토론을 실시하는 중에 해당 회기가 끝나는 경우에는 무제한토론의 종결이 선포된 것으로 본다. 이 경우 해당 안건은 바로 다음 회기에서 지체 없이 표결하여야 한다.

> ㄱ. 피청구인 법사위 위원장은 조정위원 선임 당시 이미 민주당을 탈당하여 더 이상 교섭단체에 속하지 않은 민형배 위원을 비교섭단체 몫의 조정위원으로 선임한 것이므로, 국회법에서 이를 금지하거나 제한하는 규정을 두고 있지 않은 이상 국회법 제57조의2 제4항을 명백히 위반하였다고 볼 수 없다.
> ㄴ. 법제사법위원장의 가결선포행위는 그 절차상 하자가 명백한 바 그 효력을 유지할 필요가 없으므로 무효확인결정해야 한다.
> ㄷ. 법사위에서 대안으로 제안된 개정법률안을 원안으로 하는 각 수정안을 본회의에서 가결한 경우 법사위에서의 절차적 하자는 모두 피청구인 국회의장의 가결선포행위에 승계되는데 법제사법위원회 의결이 헌법에 위반되면 그 원안이 헌법을 중대하게 위반하여 제안된 것으로서 본회의에서 수정안 부의, 상정과 의결도 헌법 위반에 해당한다.
> ㄹ. 헌법과 국회법에서 임시회 회기, 특히 회기의 하한에 관한 규정을 두고 있지 않으므로, 회기를 본회의가 개회된 당일로 종료되도록 하거나 단 하루로 정하였다 하더라도 헌법과 국회법을 위반한 회기로 볼 수 없다.
> ㅁ. 이 사건 형사소송법 수정안은 원안에 없는 사법경찰관의 불송치결정에 대한 고발인의 이의신청권을 배제하는 내용을 포함하고 있었고, 이는 수정동의에 관한 국회법 제95조 제5항의 '원안의 취지 및 내용과의 직접 관련성' 요건에 위배된다.

ㅂ. 법률에 대한 권한쟁의심판은 '법률' 그 자체가 아니라 '법률의 제·개정행위'를 그 심판대상으로 하여야 하고 이 경우 피청구인은 국회의장이 아니라 국회이다.

① 1개　　　　　② 2개　　　　　③ 3개
④ 4개　　　　　⑤ 5개

▶ 정답 및 해설

ㄱ. [✕] 민형배 위원의 탈당 과정과 피청구인 법사위 위원장의 조정위원 선임과정 및 법사위 위원 구성 등의 사정을 살펴보면, 민형배 위원은 법사위에서 조정위원회가 구성될 경우 비교섭단체 몫의 조정위원으로 선임되어 더불어민주당 소속 조정위원들과 함께 조정위원회의 의결정족수를 충족시킬 의도로 민주당과 협의하여 민주당을 탈당하였고, 같은 당 소속으로 민형배 위원과 함께 그 교섭단체 대표의원이 발의한 법률안에 찬성자로 참여하였던 피청구인 법사위 위원장은 이러한 사정을 알고도 검사의 수사권을 폐지 또는 축소하는 내용의 입법이 민주당의 당론에 따라 신속하게 추진될 수 있도록 하기 위해 민형배 위원을 조정위원으로 선임한 것임을 합리적으로 추단할 수 있다.
이는 제1교섭단체 소속 조정위원 수와 그렇지 않은 조정위원 수를 동수로 구성하도록 한 국회법 제57조의2 제4항을 위반한 것이고, 제1교섭단체인 민주당 소속 조정위원 3명과 민형배 위원만으로 재적 조정위원 6명의 3분의 2인 4명이 충족되도록 함으로써 국회 내 다수세력의 일방적 입법 시도를 저지할 수 있도록 의결정족수를 규정한 국회법 제57조의2 제6항의 기능을 형해화한 것이며, 위원회의 안건심사절차에 관하여 규정한 국회법 제58조도 위반한 것이다. 그뿐만 아니라 피청구인 법사위 위원장은 이를 통해 회의 주재자의 중립적인 지위에서 벗어나 **법사위 법안심사에서의 실질적인 토론의 기회를 형해화하였다는 점에서 헌법 제49조도 위반하였다**[2023. 3. 23. 2022헌라2].
※ 재판관 유남석, 재판관 이석태, 재판관 김기영, 재판관 문형배의 반대의견
피청구인 법사위 위원장은 국회법 제58조 제4항에 규정된 소위원회 직회부 요건을 갖추어 박홍근 의원이 발의한 법안을 법사위 소위원회에 직회부하였다.
또한 피청구인 법사위 위원장은 조정위원 선임 당시 이미 민주당을 탈당하여 더 이상 교섭단체에 속하지 않은 민형배 위원을 비교섭단체 몫의 조정위원으로 선임한 것이므로, 국회법에서 이를 금지하거나 제한하는 규정을 두고 있지 않은 이상 국회법 제57조의2 제4항을 명백히 위반하였다고 볼 수 없다.
청구인들은 조정위원회에 출석하여 법률안 심의·표결에 참여할 기회를 보장받았고, 이 사건 개정법률안이 이미 소위원회 법안심사가 종결될 정도로 법안심사가 진행되었다는 점 등을 고려하면, 조정위원장이 당시 법사위 법안심사 과정과 회의장의 상황 등을 고려하여 질의·토론 등의 절차를 생략한 것이 실질적인 조정심사 없이 조정안을 가결선포한 것이라고 보기 어렵다.
청구인들은 법사위 전체회의에 참여하여 법률안 심의·표결에 참여할 기회를 보장받았고, 당시 피청구인 법사위 위원장은 정상적인 회의 진행을 시도하였으나 장내소란이 진정되지 않자, 그 동안의 법사위 법안심사 과정, 국회의장과 여야 교섭단체 대표의원의 합의, 당시 회의장의 상황 등을 종합적으로 고려하여 표결절차에 나아간 것이므로, 위원회 심사절차에 관한 국회법 제58조를 위반하였다고 볼 수 없다.
이처럼 피청구인 법사위 위원장의 이 사건 가결선포행위는 헌법 및 국회법을 위반하지 않았으므로, 청구인들의 법률안 심의·표결권을 침해하였다고 보기 어렵다.

ㄴ. [✕] 피청구인 법사위 위원장의 이 사건 가결선포행위가 무효인지 여부(소극)
청구인들이 비록 이 사건 조정위원회의 의결 과정과 제4차 법사위 전체회의 표결 과정에서 심의·표결권을 침해받기는 하였으나, 법사위 법안 심사과정에서 전혀 심의·표결권을 행사할 수 없는 등 의회주의 이념에 입각한 국회의 기능이 형해화될 정도의 중대한 헌법 위반이 있었다고 보기 어렵다.
또한 국회법이 위원회 중심주의를 택하고 있으나, 위원회의 역할은 국회의 예비적 심사기관으로서 본회의에 판단자료를 제공하는 데 있으므로, 헌법재판소가 위원회 단계에서 이루어진 의결의 하자만을 기준으로 국회의 정치적 형성권을 존중할 필요가 없다거나 다른 정치적 형성방법을 기대할 수 없다고 평가하는 것

은 적절하지 아니하다.
따라서 피청구인 법사위 위원장의 이 사건 가결선포행위가 청구인들의 법률안 심의·표결권을 침해하였다고 확인한 이상, 피청구인 법사위 위원장의 이 사건 가결선포행위에 대한 무효확인청구는 국회의 정치적 형성권을 존중하여 **기각하여야 한다**[2023. 3. 23. 2022헌라2].
※ 반대의견 : 피청구인 법사위 위원장의 이 사건 가결선포행위는 입법절차의 일부에 해당하는 행위로서, 그 효력이 법사위 소속 개별 위원에 따라 달라질 수는 없고, 의결정족수 충족에 관한 중대한 위헌 사유로 가결선포행위의 효력을 부인하면서 법사위 대안을 본회의에 부의·상정한 국회의장과 같이 입법과정에 관여하는 다른 국가기관과의 관계에서는 그 의결의 효력이 그대로 유지되도록 하기도 어렵다. 따라서 피청구인 법사위 위원장의 이 사건 가결선포행위의 효력을 부인하는 형성적 결정으로는, 그 행위의 성질상 무효확인결정만 할 수 있을 뿐, 헌법재판소법 제67조 제2항의 적용을 고려한 취소결정은 할 수 없다.

ㄷ. [X] 반대의견이다. 법정의견은 국회의장 가결선포는 위법이 아니라고 보았다.
※ 법정의견 : 청구인들은 이 사건 개정법률안에 대한 법사위 법안심사 과정에서 법률안 심의·표결권을 침해받았다. 그런데 위원회의 법안심사는 국회의 예비적 심사기관으로서 본회의의 판단자료를 제공하는 의미가 있으므로, 청구인들이 법사위 법안심사 과정에서 법률안 심의·표결권을 침해받았다 하더라도 본회의에서 위원회 심사보고와 수정안 제안설명, 무제한토론 등 적법하게 의사절차가 진행되어 자유로운 토론의 기회를 보장받은 이상, **법사위에서의 절차상 하자만으로 본회의에서도 법률안 심의·표결권을 침해받았다고 보기 어렵다**[2023. 3. 23. 2022헌라2].
※ 재판관 이선애, 재판관 이은애, 재판관 이종석, 재판관 이영진의 반대의견
이 사건 본회의에서 의결되어 개정 법률의 내용으로 확정된 법률안은, 법사위에서 대안으로 제안된 이 사건 개정법률안을 원안으로 하는 각 수정안이다. 이러한 본회의의 이 사건 수정안 의결은 그 원안이 헌법을 중대하게 위반하여 제안된 것으로서 그 부의 및 상정 자체가 헌법 위반에 해당하므로, 더 나아가 살펴볼 필요 없이 헌법에 위반된다.

ㄹ. [O] 피청구인 국회의장은 교섭단체 대표의원과 협의한 뒤 이 사건 검찰청법 개정법률안을 본회의에 상정하였으므로, 국회법 제93조의2를 위반하였다고 볼 수 없다.
또한 헌법과 국회법에서 임시회 회기, 특히 회기의 하한에 관한 규정을 두고 있지 않으므로, 회기를 본회의가 개회된 당일로 종료되도록 하거나 단 하루로 정하였다 하더라도 헌법과 국회법을 위반한 회기로 볼 수 없다. 따라서 피청구인 국회의장이 무제한토론이 신청된 본회의 당일로 회기가 종료되거나 당일 하루만 회기로 정하는 회기결정의 건을 가결선포하였다고 하더라도 무제한토론권한을 침해한 것이라고 보기 어렵다.
이 사건 수정안은 이미 법사위에서 논의되었던 사항이 포함된 것이므로, 그 원안과의 직접관련성이 인정되는 적법한 수정동의이다. 이처럼 피청구인 국회의장의 이 사건 가결선포행위는 헌법 및 국회법을 위반하였다고 볼 수 없으므로, 청구인들의 법률안 심의·표결권을 침해하였다고 보기 어렵다[2023. 3. 23. 2022헌라2].

ㅁ. [X] 반대의견에서 제시된 내용이다.
※ 법정의견 : 이 사건 수정안은 이미 법사위에서 논의되었던 사항이 포함된 것이므로, 그 원안과의 직접관련성이 인정되는 적법한 수정동의이다. 이처럼 피청구인 국회의장의 이 사건 가결선포행위는 헌법 및 국회법을 위반하였다고 볼 수 없으므로, 청구인들의 법률안 심의·표결권을 침해하였다고 보기 어렵다.
※ 반대의견 : 이 사건에서 법사위의 제안으로 본회의에 부의 및 상정된 이 사건 형사소송법 개정법률안은 사법경찰관이 송치한 사건에 대한 검사의 보완수사의 범위에 관한 내용만 포함하고 있을 뿐, 사법경찰관의 송치 여부에 관한 규율로 검사의 소추권을 직접적으로 제한하는 내용을 포함하고 있지 않았다. 그런데 이 사건 형사소송법 수정안에 포함된 사법경찰관의 불송치결정에 대한 고발인의 이의신청권을 배제하는 내용은, 사건의 송치 여부와 관련된 규율로서 검사의 소추권을 직접적으로 제한하는 것이므로, 이러한 수정안은 원안과 '동일한 주제'를 다루는 것이 아니어서 '원안의 내용과 수정안의 내용 사이'에 직접 관련성이 없는 경우에 해당하고, 이와 같은 수정동의에 관해 피청구인 국회의장이 각 교섭단체 대표의원과 합의한 사정도 없다. 따라서 피청구인 국회의장이 이 사건 형사소송법 개정법률안에 대한 수정안을 상정하여 표결한 것은 수정동의에 관한 국회법 제95조 제5항에 위배된다.

ㅂ. [O] 청구인들은 이 사건 검찰청법과 이 사건 형사소송법 자체에 대해서도 심판청구를 하고 있다. 그러나 법률에 대한 권한쟁의심판은 '법률' 그 자체가 아니라 '법률의 제·개정행위'를 그 심판대상으로 하여야 한다. 그런데 법률의 제·개정행위의 주체는 국회이므로, 위 법률들의 개정행위는 피청구인 국회의장의 처분으로 볼 수 없다. 또한 이 사건 검찰청법과 형사소송법은 검사의 수사권을 조정하는 내용으로 국회의원인 청구인들의 법률안 심의·표결권에 영향을 미치는 내용을 전혀 규율하고 있지 않아 청구인들이 침해되었다고 주장하는 법률안 심의·표결권과는 아무런 관련이 없다. 이 사건 검찰청법 및 형사소송법의 개정과 관련하여 청구인들이 주장하는 절차상 하자는 피청구인들의 위 각 가결선포행위를 판단하면서 충분히 함께 판단될 수 있으므로, 이 사건 검찰청법과 형사소송법 자체에 대한 심판청구나 위 법률들의 개정행위에 대한 심판청구는 심판대상에 포함시키지 않기로 한다[2023. 3. 23. 2022헌라2].

정답 ②

323 국회의원과 국회 과학기술정보방송통신위원회 위원장 간의 권한쟁의에 대한 설명 중 옳지 않은 것은? [2023. 10. 26. 2023헌라2]

[관련대상조항]
국회법(2021. 9. 14. 법률 제18453호로 개정된 것) 제86조(체계·자구의 심사) ③ 법제사법위원회가 제1항에 따라 회부된 법률안에 대하여 <u>이유 없이 회부된 날부터 60일 이내에 심사를 마치지 아니하였을 때에는</u> 심사대상 법률안의 소관 위원회 위원장은 간사와 협의하여 이의가 없는 경우에는 의장에게 그 법률안의 본회의 부의를 서면으로 요구한다. 다만, 이의가 있는 경우에는 그 법률안에 대한 본회의 부의 요구 여부를 무기명투표로 표결하되, 해당 위원회 재적위원 5분의 3 이상의 찬성으로 의결한다.

① 국회가 국회법 제86조 제3항 및 제4항이 정하고 있는 절차를 준수하여 법률안을 본회의에 부의하기로 결정하였다면, 여기에 헌법적 원칙이 현저히 훼손되었다는 등의 특별한 사정이 없는 한, 국회 이외의 기관이 그 판단에 개입하는 것은 가급적 자제함이 바람직하다.
② '이유 없이' 유무에 대하여 실체적으로 판단한다고 하더라도, 국회법 제86조 제3항의 입법취지를 고려할 때 '이유'의 유무는 법사위가 '법사위의 책임 없는 불가피한 사유로 그 기간을 준수하지 못하였는지 여부'를 기준으로 엄격하게 판단하여야 한다.
③ 법사위는 방송법 등 일부개정법률안에 더해서는 체계·자구 심사권한을 벗어나는 내용에 대한 정책적 심사를 하면서 60일의 심사기간을 도과한 것으로 보이고, 달리 국회 내의 사정에 비추어 법사위가 심사절차를 진행하는 것이 현저히 곤란하거나 심사기간 내에 심사를 마치는 것이 물리적으로 불가능하였다고 볼만한 사정도 인정되지 아니하다면 피청구인 과방위 위원장의 이 사건 본회의 부의 요구행위는 청구인들의 법률안 심의·표결권을 침해하지 아니하였다고 판단된다.
④ 법제사법위원회가 회부된 법률안에 대하여 이유 없이 회부된 날부터 60일 이내에 심사를 마치지 아니하였을 때에는 심사대상 법률안의 소관 위원회 위원장은 의장에게 그 법률안의 본회의 부의를 서면으로 요구한다.
⑤ 국회법은 소관 위원회의 심사를 거친 법률안이 국가 전체의 법률체계에 통일·조화될 수 있도록 하기 위해, 소관 위원회의 심사를 마친 법률안에 대해서 원칙적으로 법사위의 체계·자구 심사를 거치도록 하는 이중의 입법 심의 절차를 마련하고 있다.

정답 및 해설

① [O], ② [O] 이러한 국회법의 취지와 국회법 제86조 제3항 및 제4항의 내용을 종합하면, 국회법은 법사위의 심사지연에 이유가 있는지 여부를 둘러싸고 소관 위원회 내부 또는 소관 위원회와 법사위 사이에 이견이 발생한 경우, 일차적으로 소관 위원회 내에서 간사와의 협의 또는 의결절차를 통해 해결하도록 하고, 그 판단의 당부가 다시 국회의장과 교섭단체 대표의원과의 합의 또는 본회의에서의 표결이라는 국회 내의 절차를 통해 판단되도록 정하고 있다고 봄이 타당하다.

따라서 국회가 국회법 제86조 제3항 및 제4항이 정하고 있는 절차를 준수하여 법률안을 본회의에 부의하기로 결정하였다면, 여기에 헌법적 원칙이 현저히 훼손되었다는 등의 특별한 사정이 없는 한, 국회 이외의 기관이 그 판단에 개입하는 것은 가급적 자제함이 바람직하다.

또한, '이유 없이' 유무에 대하여 실체적으로 판단한다고 하더라도, 국회법 제86조 제3항의 입법취지를 고려할 때 '이유'의 유무는 법사위가 '법사위의 책임 없는 불가피한 사유로 그 기간을 준수하지 못하였는지 여부'를 기준으로 엄격하게 판단하여야 한다.

③ [O] 피청구인 과방위 위원장의 이 사건 본회의 부의 요구행위는 국회법 제86조 제3항의 절차를 준수하여 이루어졌고, 그 정당성이 국회법 제86조 제4항이 정하고 있는 본회의 내에서의 표결절차를 통해 인정되었다. 따라서 피청구인 과방위 위원장의 이 사건 본회의 부의 요구행위에는 국회법을 위반한 위법이 없다. 한편, 법사위는 방송법 등 일부개정법률안에 대해서는 체계·자구 심사권한을 벗어나는 내용에 대한 정책적 심사를 하면서 60일의 심사기간을 도과한 것으로 보이고, 달리 국회 내의 사정에 비추어 법사위가 심사절차를 진행하는 것이 현저히 곤란하거나 심사기간 내에 심사를 마치는 것이 물리적으로 불가능하였다고 볼만한 사정도 인정되지 아니하므로, 국회법 제86조 제3항의 '이유 없이'를 실체적으로 판단하더라도 법사위의 심사지연에는 여전히 이유가 없다. 따라서 피청구인 과방위 위원장의 이 사건 본회의 부의 요구행위는 청구인들의 법률안 심의·표결권을 침해하지 아니한다. 피청구인 과방위 위원장의 이 사건 본회의 부의 요구행위는 청구인들의 법률안 심의·표결권을 침해하지 아니하였다고 판단되므로, 그 침해를 전제로 하는 이에 대한 무효확인청구는 더 나아가 살펴볼 필요 없이 이유 없다.

④ [×]

> 「국회법」(2021. 9. 14. 법률 제18453호로 개정된 것) 제86조(체계·자구의 심사) ③ 법제사법위원회가 제1항에 따라 회부된 법률안에 대하여 이유 없이 회부된 날부터 60일 이내에 심사를 마치지 아니하였을 때에는 심사대상 법률안의 <u>소관 위원회 위원장은 간사와 협의하여 이의가 없는 경우에는 의장에게 그 법률안의 본회의 부의를 서면으로 요구한다.</u> 다만, 이의가 있는 경우에는 그 법률안에 대한 본회의 부의 요구 여부를 무기명투표로 표결하되, 해당 위원회 재적위원 5분의 3 이상의 찬성으로 의결한다.

⑤ [O] 국회는 의안 심의에 관한 국회운영의 원리로 '위원회 중심주의'를 채택하고 있으므로, 소관 위원회는 국회법 제58조에 따라 법률안에 대한 심사권을 가진다. 다만, 국회법은 소관 위원회의 심사를 거친 법률안이 국가 전체의 법률체계에 통일·조화될 수 있도록 하기 위해, 소관 위원회의 심사를 마친 법률안에 대해서 원칙적으로 법사위의 체계·자구 심사를 거치도록 하는 이중의 입법 심의 절차를 마련하고 있다.

정답 ④

지은이 **황남기**

- 제27회 외무고시 수석합격
- 2012년 공무원 공채시험 출제위원
- 동국대 법대 겸임교수
- 사법시험 연세대, 성균관대, 한양대, 이화여대, 중앙대, 전남대, 전북대 특강
- 사법시험 바이블이었던 황남기 헌법 저자-

표준판례 및 최신판례정리 -헌법편-

2024년 01월 25일 발행

저　　자 : 황 남 기
발 행 인 : 이 인 규
발 행 처 : 도서출판 (주)학연
주　　소 : 충청북도 진천군 백곡면 명암길 341
출판등록 : 2012.02.06. 제445-2510020 2000013호
www.baracademy.co.kr / e-mail:baracademy@naver.com / Fax : 02-6008-1800

저자와 협의하여
인지를 생략함

정 가 : 35,000원   ISBN : 979-11-5824-931-1(94360)

* 파본은 구입하신 서점에서 바꿔드립니다
* 본 서는 저작권법에 의하여 보호를 받는 저작물이므로 무단 전재와 복제를 금합니다